Sicile

2022/2023

Cofondateurs : Philippe GLOAGUEN et Michel DUVAL

Directeur de collection et auteur
Philippe GLOAGUEN

Secrétaire général
Gavin's CLEMENTE-RUIZ

Rédacteurs en chef
Amanda KERAVEL (France)
Benoît LUCCHINI (Étranger)

Directrice administrative
Bénédicte GLOAGUEN

Conseiller à la rédaction
Pierre JOSSE

Responsable voyages
Carole BORDES

Direction éditoriale
Élise ERNEST

Rédaction
Isabelle AL SUBAIHI
Emmanuelle BAUQUIS
Mathilde de BOISGROLLIER
Marie BURIN des ROZIERS
Camille CAMPET
Véronique de CHARDON
Laura CHARLIER
Florence CHARMETANT
Fiona DEBRABANDER
Anaëlle HASCOËT
Géraldine LEMAUF-BEAUVOIS
Alain PALLIER
Anne POINSOT
Alexia POULAIN

hachette

TABLE DES MATIÈRES

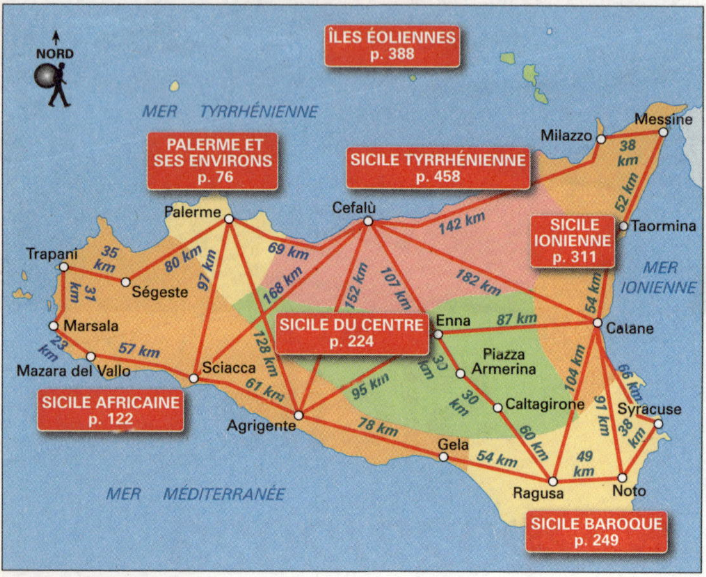

PRÉAMBULE

COMMENT Y ALLER ? 36

SICILE UTILE 44

PALERME ET SES ENVIRONS 76

LA SICILE AFRICAINE 122

LA SICILE DU CENTRE 224

LA SICILE BAROQUE 249

LA SICILE IONIENNE 311

LES ÎLES ÉOLIENNES 388

LA SICILE TYRRHÉNIENNE 458

HOMMES, CULTURE, ENVIRONNEMENT 488

Pictogrammes du Routard

Établissements

- Hôtel, auberge, chambre d'hôtes
- Camping
- Restaurant
- Terrasse
- Pizzeria
- Boulangerie, sandwicherie
- Pâtisserie
- Glacier
- Café, salon de thé
- Café, bar
- Bar musical
- Club, boîte de nuit
- Salle de spectacle
- Boutique, magasin, marché

Infos pratiques

- Office de tourisme
- Poste
- Accès Internet
- Hôpital, urgences
- Adapté aux personnes handicapées

Sites

- Présente un intérêt touristique
- Point de vue
- Plage
- Spot de surf
- Site de plongée
- Recommandé pour les enfants
- Inscrit au Patrimoine mondial de l'Unesco
- Pas de côté

Transports

- Aéroport
- Gare ferroviaire
- Gare routière, arrêt de bus
- Station de métro
- Station de tramway
- Parking
- Taxi
- Taxi collectif
- Bateau
- Bateau fluvial
- Piste cyclable, parcours à vélo

« OSONS LE PAS DE CÔTÉ »

Le surtourisme ? Tous concernés. Et pourtant, à l'écart des grands flux touristiques, il existe plein de pépites méconnues, souvent oubliées des circuits trop encombrés. Ici un site ignoré ; là un quartier secret ; plus loin un village caché au charme discret, avec un troquet d'une autre époque. Il existe une infinité de lieux peinards que l'on a envie de mettre en avant avec ce pictogramme. Un vagabondage enfin calme favorisé aussi par les **visites aux heures creuses.** Vive le *slow trip* !

#osonslepasdecote

☎ **112 :** c'est le numéro d'urgence commun à la France et à tous les pays de l'UE, à composer en cas d'accident, agression ou détresse. Il permet de se faire localiser et aider en français, tout en améliorant les délais d'intervention des services de secours.

Important : dernière minute

Entre 2 parutions du *Routard,* des événements fortuits (conditions sanitaines, catastrophes naturelles mais aussi formalités, taux de change, conditions d'accès aux sites, fermetures inopinées, etc.) peuvent modifier vos projets de voyage. Pour éviter les déconvenues, nous vous recommandons de consulter la rubrique « Guide » par pays de notre site • **routard.com** • et plus particulièrement les dernières ***Actus voyageurs.***

Sites inscrits au Patrimoine mondial de l'Unesco
Pas de côté
NAPLES, GÊNES, CIVITAVECCHIA, CAGLIARI, SALERNE
MER TYRRHÉNIENNE
TUNIS
Ustica
Sferracavallo
Isola delle Femmine
Mondello
Monte Pellegrino
PALERME
Solunto
Porticello
Bagheria
S. Vito lo Capo
Capo S. Vito
Punta Tannure
Torretta
Monreale
Riserva dello Zingaro
San Martino
A 19
S 113
Custonaci
Scopello
A 29
PALERME ET SES ENVIRONS p. 76
Erice
Castellammare del Golfo
Trapani
Buseto Palizzolo
Levanzo
Nubia
Îles Égades
Marausa
Ségeste
MADONIE
S 121
Roccapalumba
S 113
S 624
Corleone
Marettimo
Favignana
San Pantaleo
S 115
Salemi
Mozia
S 118
Nuova Gibellina
S 189
Marsala
SICILE AFRICAINE p. 122
S 115
Castelvetrano
Petrosino
A 29
S 115
Caltabellotta
Mazara del Vallo
Selinunte
Porto Palo di Menfi
Sciacca
Aragona
S 115
Eraclea Minoa
Agrigento
Favara
Siculiana Marina
Scala dei Turchi
Porto Empedocle
S. Leone
MER MÉDITERRANÉE
Pantelleria
0 10 20 30 km
LINOSA, LAMPEDUSA, ÎLES PÉLAGIQUES

NORD
Stromboli
Îles Éoliennes
Panarea
ÎLES ÉOLIENNES p. 388
Salina
Filicudi
Alicudi
Lipari
Vulcano
NAPLES
Scilia
Punta Faro
Sparta
Salice
Villafranca
Capo Milazzo
Milazzo
Messine
A 3
Tindari
Monforte San Giorgio
Reggio di Calabria
Itala
Alì
SICILE TYRRHÉNIENNE p. 458
Capo d'Orlando
S 113
S 116
Sant'Agata di Militello
Santo Stefano di Camastra
San Marco d'Alunzio
Casalvecchio Siculo
Savoca
Forza d'Agrò
CATANZARO
Castel di Tusa
A 20
Parco naturale delle Nebrodi
Mont Soro 1 847
Francavilla
Motta Camastra
Castelmola
Cefalù
S 113
San Fratello
NEBRODI
Castiglione
Taormina
Randazzo
Giardini Naxos
Isnello
Santuario di Gibilmanna
Castelbuono
Cesarò
Gorges de l'Alcantara
Collesano
San Mauro Castelverde
S 284
Mont Etna
Linguaglossa
Piano Battaglia
Parco naturale delle Madonie
Geraci Siculo
Cerami
Bronte
Piano Provenzana
3 350
Gangi
Sperlinga
Troina
Parco dell'Etna
Rifugio Sapienza
Zafferana Etnea
Santa Venerina
Polizzi
Petralia
Nicosia
Acireale
Scillato
Petralia Soprana
Petralia Sottana
Alimena
Agira
Nicolosi
A 18
Aci Trezza
A 19
Leonforte
Aci Castello
Calascibetta
S 121
A 19
Catane
Marianopoli
S 121
Enna
S 192
Lidi Playa
Pergusa
S 417
MER IONIENNE
S 117b
Area archeologica di Morgantina
SICILE IONIENNE p. 311
S 114
Caltanissetta
S 117b
Aidone
S 640
Piazza Armerina
Racalmuto
S 626
Villa romana del Casale
Militello in Val di Catania
Castello Eurialo
SICILE DU CENTRE p. 224
Mazzarino
Grammichele
Necropoli di Pantalica
S 417
Caltagirone
S 124
Syracuse
Palma di Montechiaro
S 514
Vizzini
Ferla
S 287
SP 14
Fontane Bianche
Falconara
Palazzolo Acréide
SICILE BAROQUE p. 249
Gela
SP 4
Riserva naturale Cavagrande
Avola
Noto
S 115
Vittoria
Lido di Noto
Ragusa
S 115
Scoglitti
Modica
Riserva naturale Oasi di Vendicari
Castello di Donnafugata
Rosolini
Scicli
Punta Secca
Ispica
Marzamemi
Marina di Ragusa
Pachino
Donnalucata
Pozzallo
Portopalo di Capo Passero
Cava d'Aliga
Sampieri
Capo Passero
Marina di Modica
Île de Malte

LA SICILE

LA RÉDACTION DU ROUTARD

© R. Delalande et E. Dessons

La saga du *Routard* : en 1971, 2 étudiants, Philippe et Michel, avaient une furieuse envie de découvrir le monde. De retour du Népal germe l'idée d'un guide différent qui regrouperait tuyaux malins et itinéraires sympas, destiné aux jeunes fauchés en quête de liberté. 1973. Après 19 refus d'éditeurs et la faillite de leur 1re maison d'édition, l'aventure commence vraiment avec Hachette. Aujourd'hui, le *Routard*, c'est plus d'une cinquantaine d'enquêteurs impliqués et sincères. Ils parcourent le monde toute l'année dans l'anonymat et s'acharnent à restituer leurs coups de cœur avec passion.

Merci à tous les Routards qui sont solidaires de nos convictions : liberté et indépendance d'esprit ; découverte et partage ; sincérité, tolérance et respect des autres.

NOS SPÉCIALISTES SICILE

Géraldine Lemauf-Beauvois : ch'ti et fière de sa région natale vers laquelle elle revient toujours, elle est dotée d'une curiosité qui l'a poussée à voyager aux 4 coins du monde. Géraldine est passionnée d'histoire et d'art, auxquels elle a consacré ses études. Son œil aiguisé, son appétit pour les belles et bonnes choses font d'elle une routarde qui aime partager ses découvertes culinaires et culturelles.

Grégory Dalex : engagé avec le *Routard* depuis près de 20 ans, il a choisi le voyage en solo et en immersion totale. Le moyen d'être au plus près de son sujet en privilégiant les rencontres humaines… et leurs bonnes adresses ! Une immersion jusque dans la mer, l'autre passion de sa vie, qu'il brûle en travaillant aussi dans l'archéologie sous-marine.

Loup-Maëlle Besançon : cette Normande se méfie des GPS et des autoroutes, leur préférant cartes et chemins de traverse. Entre 2 traductions de livres norvégiens, elle explore avec gourmandise des contrées plus ou moins exotiques. Son constat : si les voyages ouvrent l'esprit, nul n'est besoin de partir loin pour faire des rencontres et des découvertes extraordinaires.

Éric Milet : né à Saint-Nazaire, il a passé son enfance à regarder s'éloigner les bateaux. 1er voyage à 15 ans. Seul. Depuis, il n'a pas cessé. Voyager, c'est comme une petite vie dans la vie : on naît, on vit, on meurt… et on renaît (ouf !). Juste l'envie de voir, de toucher, de sentir. Envie de raconter, aussi, qu'on arrive du bout du monde ou du fond de son jardin.

Jean Tiffon : passionné par les cartes depuis l'enfance, il a commencé à voyager dans les livres. Longtemps éditeur de guides de voyage, il aime parcourir le monde avec ses obsessions pour bagages : manger local et penser global. Ce qui lui donne envie de repartir ? Une grande ville méconnue, un jardin qu'il n'a pas arpenté ou la promesse d'une nuit de fête.

UN GRAND MERCI À NOS AMI(E)S SUR PLACE ET EN FRANCE

Pour cette nouvelle édition, nous remercions particulièrement :

- **Federica Galbesi,** responsable de l'ENIT à Paris ;
- **Anne Lefèvre,** chargée des relations presse à l'ENIT ;
- **Antonella Botta,** du service marketing à l'ENIT ;
- **Jean-Paul Barreaud,** pour sa connaissance et son amour de Palerme et de la Sicile ;
- **Loredana Cannova,** pour son dynamisme et son aide ;
- **Laurence Aventin,** coéquipière de choc et italienne d'adoption.

NOS ENQUÊTEURS-FURETEURS

Nous tenons à remercier tout particulièrement Loup-Maëlle Besançon, Thierry Bessou, François Chauvin, Grégory Dalex, Fabrice Doumergue, Cédric Fischer, Carole Fouque, Guillaume Garnier, Nicolas George, Michelle Georget, David Giason, Claude Hervé-Bazin, Emmanuel Juste, Fabrice de Lestang, Éric Milet, Pierre Mitrano, Louis Nagot, Olivier Page, Jean-Sébastien Petitdemange, André Poncelet, Thomas Rivallain et Jean Tiffon pour leur collaboration régulière.

Guillem Aurenche, Andrea Blin, Jean-Jacques Bordier-Chêne, Philippe Coupy, Agnès Debiage, Jérôme Denoix, Tovi et Ahmet Diler, Clélie Dudon, Agustina Ernesta, Alain Fisch, Hermine Frachon, Adrien et Clément Gloaguen, Simon Hafi, Chloé Iacono, Lawrence Lemoine, Maeva Libessart, Marine Lucas, Lise Machu, Elisa Moreau, Martine Partrat, Odile Paugam et Didier Jehanno, Orianne Pouchard, Marva Prevost, Alexia Rambaud, Prakit Saiporn, Lara Tantawi, Sarah Toson, Lucas Truffier-Blanc, Emma Vadillo Quesada.

DU CÔTÉ D'HACHETTE-LIVRE

Direction : Sidonie Chollet
Direction éditoriale : Élise Ernest
Édition : Matthieu Devaux, Olga Krokhina, Gia-Quy Tran, Julie Dupré, Amélie Ramond, Margaux Lefebvre, Lucie Léna, Joséphine Bonneau, Morgane Zambrelli et Tony De Sousa
Ont également collaboré : Agnès Petit, Claire-Estelle Gaudin et Sophie Berger
Cartographie : Frédéric Clémençon et Aurélie Huot
Contrôle de gestion : Jérôme Boulingre et Yannis Villeneuve
Marketing : Clotilde Tougeron et Margot Guinotte
Assistance : Julia Lorrain
Fabrication : Nathalie Lautout, Liza Sacco et Aude Cauchet
Relations presse : COM'PROD, Fred Papet et Laëtitia de Cerval. ☎ 01-70-69-04-69. • info@comprod.fr • Martine Levens (Belgique) ☎ +32-47-568-35-76.
Contact Partenariats : Jérôme Denoix • jeromedenoix@gmail.com •
Contact Partenariats et régie pub : Florence Brunel-Jars • fbrunel@hachette-livre.fr •
Silhouette du Routard : Clément Gloaguen (d'après Solé)
Couverture : le-bureau-des-affaires-graphiques.com ;
Maquette intérieure : le-bureau-des-affaires-graphiques.com, Thibault Reumaux et npeg.fr

Cathédrale de Monreale, Palerme

« En Sicile, les femmes sont plus dangereuses que les coups de fusil. »

Le Parrain, *Francis Ford Coppola*

Des volcans fougueux, des bois profonds, des vallées fertiles, des salines et des îles et bien sûr la mer… Car c'est bien par la mer et pour la mer qu'est née la Sicile, ce caillou mystérieux que la Botte italienne semble vouloir expédier tout droit vers l'Afrique. Rien d'étonnant alors qu'aient débarqué ici, à l'aube de l'histoire, les 1ers **grands navigateurs de la Méditerranée…** Et que sur cette île stratégiquement placée pour commercer ou batailler ou tout simplement pour faire pousser la vigne et l'olivier, se soient succédé avec autant de ferveur et parfois même de grâce, **un nombre aussi éloquent de civilisations.** Des Grecs aux Carthaginois, des Romains aux Byzantins, aux Normands ou aux Arabes, des Souabes aux Aragonais, aux Angevins, aux Espagnols et aux Bourbons… Tous fusionnant en une **formidable mosaïque** pour bâtir des villes et des ports, s'immisçant au cœur même des terres pour y édifier des temples et des églises, des forteresses et des châteaux.

Rien d'étonnant, encore, que se soit façonnée, au fil des siècles, une **identité aussi singulière** que celle des Siciliens, entre omerta maladive et nonchalance, pour tirer parti d'une **nature plus généreuse ici qu'ailleurs.** Car en Sicile, tout est plus fort qu'ailleurs : les citrons sont plus acides, les kakis plus suaves, les vins plus entêtants, le blé plus riche, la charcuterie plus sèche et que dire du thon aussi rouge que les joues d'une pénitente un jour de confesse… Rien d'étonnant alors que la nature ait permis aux hommes (mais surtout aux femmes, avouons-le) de concocter d'aussi remarquables recettes de cuisine pour le simple bonheur de recevoir l'autre et de lui faire partager sa culture.

Cannoli *siciliens*

NOS COUPS DE CŒUR

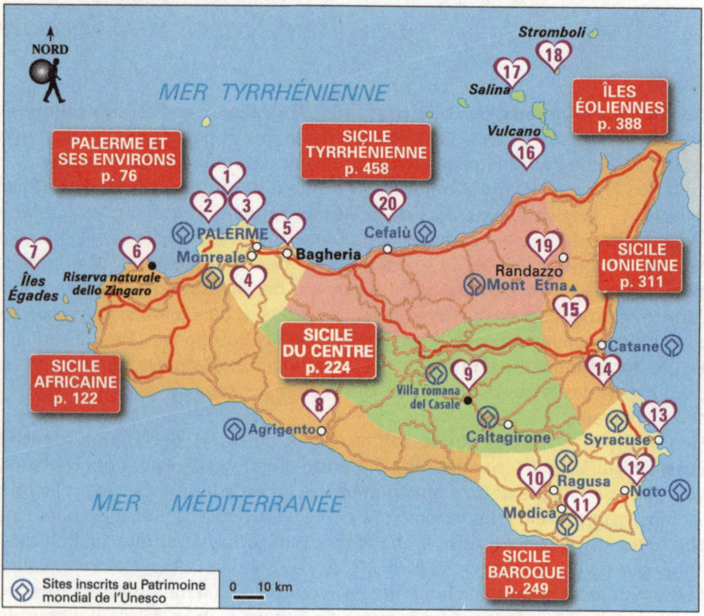

1 Admirer, à Palerme, la chapelle palatine, nichée au cœur du palais des Normands.

Classé au Patrimoine mondial de l'Unesco en 2015 avec 8 autres monuments du même style, c'est le chef-d'œuvre incontesté de l'art arabo-normand avec ses sublimes mosaïques byzantines à fond d'or et ses *muqarnas* typiques de l'architecture islamique. Maintes fois remanié et agrandi depuis le IXe s, le palais est aujourd'hui le siège du Parlement sicilien. *p. 107*

© Guiziou Franck/hemis.fr

2 Être subjugué devant les ors et les couleurs intenses des mosaïques de la Martorana, sans doute parmi les plus belles de l'île.
Cette église orthodoxe de Palerme, datant du XIIe s et dotée d'un beau campanile, a conservé, malgré des mutilations successives, un cycle de mosaïques byzantines exceptionnelles, notamment dans sa coupole. *p. 102*
Bon à savoir : la Martorana observe encore le rite chrétien oriental.

© Alvaro German Vilela/Alamy/Hemis

3 Croquer à belles dents un goûteux *pane c'a meusa,* un sandwich aux abats, ou déguster des maquereaux cuits à la braise dans la rue, sur le marché du Capo, l'un des marchés typiques de Palerme.
On se faufile entre les étals d'épices, de primeurs, des bouchers et des poissonniers entrecoupés de petits stands où on déguste des *arancini* ou *crochette*, tout frais puisque préparés sous vos yeux. *p. 104*

4 S'émerveiller de la finesse des mosaïques byzantines de la cathédrale de Monreale, située à 7 km au sud-ouest de Palerme.

Classées au Patrimoine mondial de l'Unesco en 2015 et typiques de l'école de Venise, elles recouvrent une surface gigantesque (6 340 m²) et illustrent des épisodes de l'Ancien Testament. Impossible de rater la plus grande icône byzantine du monde, derrière l'autel, le visage du Christ mesure presque 4 m de haut ! *p. 115*

5 **Tirer la langue à la soixantaine de statues grotesques de la villa Palagonia, à Bagheria.**

Elles représentent des êtres difformes et grimaçants. Ces statues, en tuf, seraient, paraît-il, des caricatures d'amis et de connaissances du prince qui fit construire la villa en 1715. *p. 118*

6 **Caboter le long de la réserve naturelle du Zingaro, l'une des plus belles de Sicile.**

Et au passage, piquer une tête dans les eaux cristallines ou se balader sur le sentier principal du bord de mer à flanc de montagne, découpé de petites anses. Le rêve ! *p. 130*

***Bon à savoir :** remplissez aux préalables gourdes et sac à dos car aucun stand alimentaire dans la réserve.*

7 **Vivre au rythme tranquille des îles Égades, un archipel de 3 îles classé zone marine protégée.**
Un environnement naturel superbe pour les amoureux des grands espaces. Notre préférée ? Marettimo, la plus éloignée, presque sauvage avec ses criques cristallines, son charmant petit port, ses falaises vertigineuses, ses chemins balisés et l'accueil en toute simplicité de ses habitants. *p. 157*

8 **L'été, déambuler dans les lumières des temples grecs d'Agrigente.** Inscrite au Patrimoine mondial de l'Unesco en 1997, la vallée des Temples d'Agrigente offre un émouvant exemple de ce que furent les cités de l'Antiquité grecque. Tout comme ceux de Sélinonte et de Ségeste, ses temples sont de style dorique. Une découverte unique ! *p. 216*

Bon à savoir : *en été, le meilleur moment pour visiter la vallée des Temples est en fin de journée, entre 17h et la fermeture du site. Il fait moins chaud, il y a moins de monde, et l'éclairage du site sublime ses vieilles pierres.*

9 Près de Piazza Armerina, découvrir les extraordinaires mosaïques de la villa romana del Casale, grande maison romaine datant du IVe s.
L'un des centres d'intérêt les plus importants de Sicile ! Superbement conservés, ces 3 500 m² de mosaïques représentent des scènes de la vie quotidienne de l'époque, notamment la *chambre des Jeunes Filles en bikini* ou le *couloir de la Grande Chasse* ; un témoignage extraordinaire pour les visiteurs et les historiens ! p. 237

© René Mattes

(10) **À Ragusa, superbe ville baroque perchée, emprunter la fameuse *scalinata*, un escalier de 250 marches plein de charme et de recoins qui serpente entre les 2 quartiers anciens de la cité.**
De marche en marche, on découvre vieilles églises et *palazzi* pittoresques, avec quelques formidables points de vue panoramiques sur la ville ! *p. 257*

11 À Modica, se régaler du chocolat local introduit par les Espagnols et fabriqué sur place depuis le XVIIIe s.

Ce délice légèrement granuleux est travaillé à froid et sans ajout de lait ni de beurre. En plus d'avoir un goût puissant et peu sucré, il a le mérite de ne pas fondre (en Sicile, c'est malin !). À savourer en sillonnant les ruelles de cette ravissante cité. *p. 265*

12 Se galber les mollets avant de plonger dans les *laghetti* de la *riserva naturale Cavagrande del Cassibile,* au nord de Noto.

La rivière Cassibile a creusé ici comme un canyon de 10 km de long et 320 m de profondeur (quand même). Plusieurs accès possibles, mais il vous faudra toujours descendre (et remonter) ! Heureusement, vos efforts seront récompensés à l'arrivée avec de superbes petites piscines d'eau claire dans un paysage étonnamment verdoyant. *p. 284*

13 Explorer l'île d'Ortigia, centre historique de Syracuse, une étape incontournable d'un voyage en Sicile.

L'histoire et les styles s'y chevauchent : églises baroques, temples antiques, ruelles labyrinthiques, *palazzi* décrépits. Cette Syracuse méconnue réserve plein de surprises à qui prend le temps de l'arpenter, l'œil aux aguets. *p. 303*

© Nicolas Thibaut/Photononstop

14 **Suivre la marée au marché aux poissons quotidien de Catane (dimanche excepté), le plus beau et authentique de Sicile.**
Dans un capharnaüm, on se harangue, on se hèle, on s'invective même ! Les visiteurs mêlés aux locaux en prennent plein les mirettes… et le museau ! *p. 324*
Bon à savoir : *on trouve là quelques bons restos de poisson et de fruits de mer, pour un repas d'anthologie !*

© René Mattes

15 **Gravir l'Etna, le plus grand volcan d'Europe avec ses 1 300 km² de superficie et ses 3 350 m d'altitude, mais qui demeure toujours l'un des plus actifs de la planète, inscrit dans un grand parc naturel !**
C'est pourquoi il est obligatoire de finir l'ascension avec un guide vulcanologue et seulement si les conditions météo le permettent. *p. 339*

16 **À Vulcano, découvrir les couleurs étonnantes des champs de lave.** Profiter aussi de la plage de sable noir et patauger dans les bains de boue sulfureuse. Les visiteurs apprécient également le charme du petit port. *p. 413*

17 **D'une superficie de 27 km², encore un peu sauvage, Salina invite à de longues randonnées.**

N'hésitez pas à parcourir le vignoble, où est élevé le malvoisie, le « nectar des dieux » des Anciens. *p. 422*

18 **Entamer, à la tombée du jour, l'ascension du Stromboli, en activité incessante depuis l'Antiquité, et assister au spectacle fascinant des feux volcaniques rougeoyant dans la nuit.**

Attention cependant à l'humeur du géant et aux facéties d'Éole ! Et bien sûr, c'est une ascension obligatoirement encadrée avec un guide vulcanologue ! *p. 447*

19 **Flâner dans les ruelles anthracite de Randazzo.**
Petite ville médiévale de charme et surtout point de départ idéal pour la visite des parcs naturels de l'Alcantara, de l'Etna et des Nebrodi. Ne pas manquer non plus le petit train qui circule tout autour de l'Etna, avec Randazzo comme étape importante de cette pittoresque balade ferroviaire au départ de Catane. *p. 461*

© Samuele Gallini/AdobeStock

20 **Visiter Cefalù, véritable carte postale de port de pêche médiéval avec ses ruelles pavées et sa belle plage de sable fin.**
Pousser la visite pour admirer la mosaïque du Christ pantocrator, datant de 1148 et ornant l'abside de la cathédrale-forteresse du XIIe s, classée au Patrimoine mondial de l'Unesco en 2015. *p. 477*

© Sime/Simeone Giovanni/Photononstop

Église de San Domenico, Noto

ITINÉRAIRES CONSEILLÉS

1 semaine en Sicile africaine

Palerme (1 ; 3 j.) : avec les quartiers des Quattro Canti et celui de San Giovanni degli Eremiti. À ne pas manquer : la piazza Pretoria, l'église de la Martorana, la chapelle palatine et la cathédrale, ainsi que les oratoires du quartier della Loggia. Le lendemain, flânez dans les marchés et les ruelles du Palerme populaire, et faites un tour dans le quartier du port, sans manquer la visite de la galleria regionale della Sicilia. Consacrez le dernier jour à **Monreale (2),** à 7 km au sud-ouest de Palerme, pour voir sa cathédrale aux superbes mosaïques byzantines et son cloître.

Ségeste (3) : le 4e jour, vous laisserez derrière vous Palerme pour une campagne riante et visiterez le site remarquable de Ségeste, un temple grec très bien conservé dominé par un théâtre au sommet d'une colline.

Mettez ensuite le cap, le 5e jour, sur **Erice (4),** pour en parcourir les rues médiévales, puis descendez dormir à **Trapani (5).**

Le 6e jour, perdez-vous dans les ruelles de la casbah de **Mazara (6),** avant d'arpenter le **site antique de Sélinonte (7).**

7e jour : **Agrigente et la vallée des Temples (8).** Les temples grecs d'Agrigente sont les plus beaux de toute la Sicile. Le centre historique, autour de la cathédrale, est charmant avec ses dédales de rues et ses innombrables escaliers. Offrez-vous une plage dans les environs de **Siculiana Marina (9),** avant de retourner sur Palerme.

2 semaines entre Sicile ionienne et îles Éoliennes

Catane (1 ; 2 j.) : avec son marché aux poissons le plus grand et le plus vivant de toute la Sicile, son palazzo Biscari, sa piazza del Duomo, la via Etnea et la via Crociferi bordée de belles demeures bourgeoises.
3e jour : l'**Etna (2).** Prenez la journée pour grimper sur l'un des volcans les plus actifs de la planète ! Préparez-vous à une montée au sommet aux allures de voyage au centre de la Terre, accompagné – c'est obligatoire – d'un guide vulcanologue…
Le lendemain, au 4e jour, vous redescendrez vers **Acireale (3),** baroquisante en diable. Connue de longue date pour ses eaux sulfureuses, elle est aussi la ville du citron et de la *cassata* (pâtisserie typiquement sicilienne).
Taormina (4 ; 2 j.) : 5e et 6e jours. Un charmant village en terrasses au-dessus de la grande bleue, avec ses ruelles bordées de vieilles maisons de maître, qui conserve bien du charme. S'il fait trop chaud, prenez le téléphérique et allez piquer une tête sur la superbe plage d'Isola Bella. Et pour les amateurs de nature, prévoir une petite excursion du côté des **gorges de l'Alcantara (5)** et de **Castiglione di Sicilia (6),** charmant vieux village perché.

Pour la 2de partie du voyage, prévoir 7-8 jours dans les îles Éoliennes en comptant le retour par Catane ou Palerme. La découverte d'un chapelet d'îles toutes différentes qui contentera les routards amoureux de nature, de mer et de légendes. **Lipari (7)** vous étonnera avec son château-acropole au riche Musée archéologique et le charmant petit port de pêche de Marina Corta. **Salina (8),** tapissée encore de vignobles de malvoisie, attire les randonneurs. Quant à **Stromboli (9),** façonnée par le feu ardent du volcan, elle incite aussi bien à l'ascension qu'à la villégiature dans son charmant village blanc. **Panarea (10)** est la destination friquée et jet-set des Milanais, à l'opposé d'**Alicudi (11)** et de **Filicudi (12),** qui demeurent les plus éloignées et les plus sauvages des îles. Reste l'attachante et bien nommée **Vulcano (13),** pour prendre des bains de mer divins, sur fond de sable noir, sans parler des bains de boue… euh, disons… odorants !

Taormina et le mont Etna

1 semaine en Sicile baroque et du Centre

Jour 1 : traversez rapidement la banlieue moderne de **Syracuse (1)** pour rejoindre son centre historique, l'île d'**Ortigia,** où se dressent et se redressent les vieux palais. Prenez votre temps pour flâner dans le quartier.

Jour 2 : Noto (2), c'est le baroque à portée de plage, et ça se sait ! Faites encore un crochet par la *riserva naturale Oasi di Vendicari*, où se trouvent les plus belles plages du sud-est de la Sicile, étendues sur une bande littorale de 12 km. Et pour un gros plouf dans une rivière, foncez à la *riserva naturale Cavagrande del Cassibile*.

Jour 3 : éloignez-vous un peu des circuits touristiques pour apprécier une petite ville encore méconnue, **Scicli (3),** bijou architectural niché dans un cirque de roche. Puis mettez le cap sur la séduisante (et gourmande) **Modica (4).**

Jour 4 : la superbe et pittoresque **Ragusa (5)** et sa ville ancienne perchée, très attachante. À voir : les façades baroques, la splendide *chiesa di San Giorgio,* le palais Cosentini, le *giardino Ibleo* et la *scalinata,* un escalier de 250 marches plein de charme et de recoins qui serpente entre vieilles églises et palais vénérables.

Jour 5 : grimpez à travers les ruelles aux façades colorées de **Palazzolo Acréide (6)** jusqu'au site grec d'**Akrai,** ancienne colonie de Syracuse, pour voir son théâtre envahi par les herbes folles, avant de redescendre sur **Caltagirone (7),** ville de la céramique, ses anciens *palazzi*… et les 142 marches de la *scalinata,* reliant la *città bassa* à la *città alta medievale.*

Jour 6 : laissez-vous envoûter par la magie de **Piazza Armerina (8),** ville de l'intérieur, par sa douceur de vivre et ses palais décatis. En chemin, ne ratez surtout pas les exceptionnelles mosaïques romaines de la **villa romana del Casale (9).**

Jour 7 : ne quittez pas cette Sicile millénaire sans avoir déambulé dans les ruines de **Morgantina (10)** en contemplant au loin le majestueux Etna fumant. Puis redescendez vers le nombril de l'île : **Enna (11).**

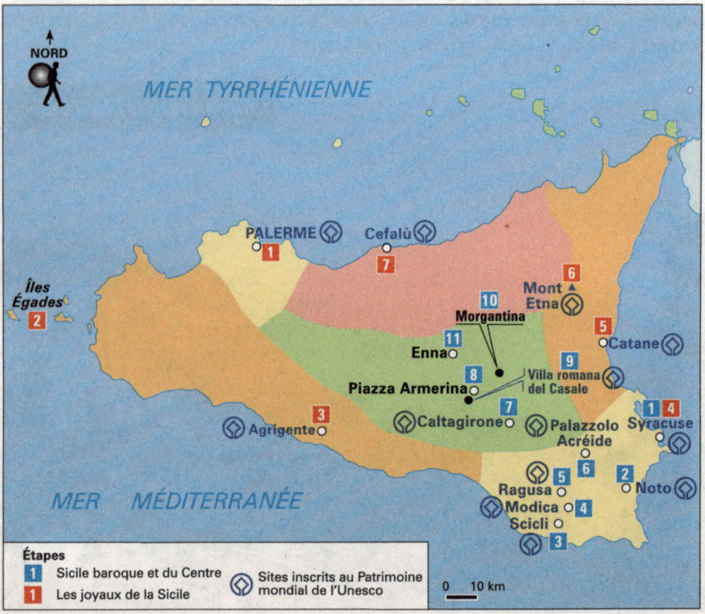

Théâtre grec d'Akrai

Les joyaux de la Sicile en 12 jours

Palerme (1 ; 3 j.) : il faut au moins réserver 3 jours à la belle cité sicilienne qui offre un mélange d'art et d'architecture unique : la cathédrale, le palais normand avec la chapelle palatine, sans oublier le quartier du port et la *galleria regionale della Sicilia* ainsi que le quartier Quattro Canti, cœur de la ville et son étonnante *galleria d'Arte moderna*.

Les îles Égades (2 ; 2 j.) : 3 îles tranquilles au large de Trapani avec une petite préférence pour Marettimo, la plus éloignée mais aussi la plus sauvage. Lové au fond d'une anse cristalline, c'est le moment de s'adonner au farniente et au *snorkeling*.

Agrigente (3 ; 1 j.) : le parc archéologique de la vallée des Temples est un passage obligé. Classés au Patrimoine mondial de l'Unesco, ses monuments aux colonnes doriques sont magnifiques, le temple de Junon tout particulièrement !

Syracuse (4 ; 2 j.) : faire une escapade en Sicile baroque est l'une des étapes obligatoires. Pour cela, il vous faudra rejoindre l'île d'Ortigia, son cœur historique. À voir : le *duomo*, la *galleria regionale* et le parc archéologique.

Catane (5 ; 2 j.) : pour son marché aux poissons pittoresque et ses ruelles de suie, ourlées de *palazzi* et d'églises baroques. Un superbe morceau de Sicile à elle seule !

Etna (6 ; 1 j.) : faire l'ascension de l'Etna, obligatoirement accompagné par un guide vulcanologue, est un incontournable de votre séjour. Et, comme en altitude les conditions climatiques évoluent rapidement, toujours se renseigner auprès du point info.

Cefalù (7 ; 1 j.) : enfin, dernière étape dans ce petit port médiéval de carte postale, coincé entre un roc vertigineux et les flots bleus ; vous aurez le loisir de visiter son cœur historique dominé par sa sublime cathédrale aux allures de forteresse et de profiter des jolies plages de sable fin.

SI VOUS ÊTES…

Plutôt rat des villes : les pavés noircis des ruelles de Palerme sauront venir à bout de vos plus épaisses semelles, tant on peut errer sans fin entre les *palazzi* décrépits, sauter d'atmosphère en atmosphère en passant du marché bouillonnant du Capo à l'élégance de la piazza Verdi, des ruelles entrelacées du quartier du port aux vénérables monuments du corso Vittorio Emanuele. Et si la capitale ne suffit pas, Sciacca, Agrigente et Syracuse et leur cœur historique – la mythique île d'Ortigia – dévoilent à chaque coin de rue une nouvelle merveille ! Tout à fait différente, plus méconnue, mais terriblement séduisante, Raguse et ses 2 quartiers perchés, reliés l'un à l'autre par de longs escaliers…

Plutôt rat des champs : une escapade dans les replètes Madonie, où la Sicile sait être verte au printemps, vous mènera vers de belles randonnées dans la fraîcheur des forêts, au départ de villages – Gangi, Petralia Sottana ou Piano Battaglia – qui semblent figés pour toujours dans le temps et leurs vieilles pierres. En redescendant dans la plaine, laissez-vous séduire par le charme indolent des petites bourgades semées entre les collines rondes, les champs d'oliviers, de blé et les figuiers de Barbarie : Piazza Armerina et sa fabuleuse *villa romana del Casale,* Caltagirone et son interminable *scalinata,* et enfin Enna, formidable belvédère d'où vous dominerez tout ce petit monde.

Attiré par la grande bleue : après avoir usé vos semelles dans la magnifique réserve naturelle du Zingaro, faites une pause sur la plage de San Vito lo Capo. Ceux qui ont un peu de temps n'hésiteront pas à prendre l'*aliscafo* (catamaran rapide) pour les îles Égades. Au nord, à Milazzo, toujours avec l'*aliscafo,* rejoignez l'une (ou l'autre) des 7 îles Éoliennes. Les randonneurs seront ravis d'y découvrir, au détour des sentiers, de magnifiques paysages donnant sur les eaux cristallines de la mer Tyrrhénienne. Plages de sable noir, lits de galets, criques rocheuses… tout invite à la baignade !

Gourmand et gourmet : un plat de *pasta* au milieu des étals des marchés du Capo et de la Vucciria à Palerme, ou de la Pescheria de Catane, suffira à vous mettre en appétit ! Ensuite, libre à vous de revenir sur les côtes pour déguster un couscous de poisson à San Vito lo Capo, Mazara del Vallo ou Sciacca, ou de mettre le cap sur Palazzolo Acréide, Ragusa et Modica. Aux revêches Éoliennes, c'est la câpre qui s'impose, dans le pesto des pâtes, avec l'espadon frais et jusque sur les pizzas.

Amateur de vieilles pierres et d'art contemporain : l'histoire de la Sicile est passée par la construction des grands temples doriques d'Agrigente, de Sélinonte et de Ségeste – dont on admire aujourd'hui encore la grâce et la puissance intactes. Leur état de conservation est bien meilleur que la plupart de ceux de Grèce ! Plus récent, à Palerme dans le quartier de la Kalsa, le palazzo Butera, magnifiquement restauré par Francesca et Massimo Valsecchi, avec une collection d'art contemporain incroyable, ainsi que Nuova Gibellina et ses musées qui satisferont la curiosité des amateurs d'art contemporain et de land art.

Vulcanologue dans l'âme : la Sicile est un terrain idéal pour s'imprégner de la force des volcans. L'Etna est l'un des plus actifs de la planète. L'ascension jusqu'au sommet n'est autorisée qu'accompagné d'un guide vulcanologue, mais vous pouvez toujours vous en approcher en bus 4x4… Aux Éoliennes, le sommet du Vulcano n'est qu'à 45 mn de marche du village. Là-haut, panorama sur l'archipel garanti, au milieu des fumerolles et des évents sulfureux. Magnifique ! La montée au Stromboli est, elle, nettement plus physique (et aléatoire en fonction de la météo et des humeurs du monstre), mais elle vous réserve un spectacle grandiose : avez-vous déjà vu voler en gerbes dorées des filaments de lave incandescente ?!

Interview #experienceroutard

Par la rédaction du *Routard*

En quoi cette destination est unique ?

À moins de 2h d'avion de la plupart des villes d'Europe, la Sicile, c'est un monde mystérieux aux portes de chez soi. Car ce formidable morceau de terre dominé par l'Etna (l'un des volcans les plus actifs au monde) a su tirer le meilleur de toutes les civilisations qu'il a accueillies. Aux Phéniciens, Grecs et Romains, la Sicile doit son amour du vin, de fabuleux sites antiques et de grands penseurs ; aux Arabes, la science de l'eau et leur passion pour les jardins d'agrumes ; aux Normands, l'art de se défendre ; aux Espagnols, une certaine idée de la religion et de fabuleux palais. Quant au baroque, ce n'est que merveilles et ravissement... Les villes siciliennes sont d'un raffinement insoupçonnable, et toujours pleines de surprises...

Une rencontre absolument magique ?

Plus qu'une rencontre, la ville de Palerme est une expérience à vivre au moins une fois dans sa vie. Car Palerme est un véritable concentré de l'âme sicilienne. À la fois généreuse et secrète, la belle s'offre au promeneur dans un mélange de saveurs et d'odeurs à nul autre pareil. Des palais aussi raffinés que décrépits, des catacombes poignantes, des places débordant de vie, des musées d'art époustouflants, des églises toutes dorées, des ruelles encombrées... Palerme, c'est la vie avec un grand « V » !

Une activité à faire absolument ?

Des sentiers de rando tracés au cœur des Madonie à l'ascension de l'Etna en passant par le tour des îles Éoliennes, la Sicile demeure l'une des destinations les plus prisées par les amateurs de pleine nature. Randonneurs ou VTTistes, chacun y trouvera un parcours à la mesure de ses envies et de ses mollets. Car oui, cette île se vit de l'intérieur. De plus, la Sicile est à la fois la mer à la montagne et inversement (!), offrant la quasi-certitude de pouvoir se régaler d'un petit bain de mer dans une eau cristalline après une bonne journée de crapahute...

Un souvenir de voyage inoubliable ?

Pour toutes celles et tous ceux qui en ont les capacités physiques (les autres opteront pour les excursions en bateau qui permettent d'observer au plus près le volcan éructer au soleil couchant), l'ascension du Stromboli (sur l'île du même nom) est certainement l'une des plus belles aventures sportives de Sicile. La montée est franchement raide, il faut bien l'avouer mais, une fois au sommet, c'est carrément magique !

La spécialité culinaire à goûter absolument ?

C'est bien simple, en Sicile, tout a plus de goût qu'ailleurs... Les citrons sont plus citronnés, les tomates plus rouges, le vin plus gouleyant, la pistache plus apéritive... Et partout des kiosques où l'on vend des *arancini,* ces petites boulettes de riz frites, fourrées au fromage ou au jambon, typiquement siciliennes, qui vous calent l'estomac pour 3 fois rien. Le bonheur !

LES QUESTIONS QU'ON SE POSE AVANT LE DÉPART

• Infos détaillées dans le chapitre « Sicile utile » *p. 44*

➢ Quels sont les documents nécessaires pour aller en Italie ?

– Pour les ressortissants de l'Union européenne et de la Suisse, la carte nationale d'identité ou le passeport en cours de validité suffit pour entrer sur le territoire italien.

– Les mineurs voyageant seuls (sans leurs parents) doivent être munis de leur propre pièce d'identité (carte d'identité ou passeport), ainsi que d'une autorisation de sortie du territoire ***signée par l'un des parents.*** Plus d'infos sur • *service-public.fr* •

– Face à la Covid-19, l'Italie a mis en place un certificat de vaccination pour voyager librement dans les pays de l'Union européenne. Ce passe sanitaire (*green pass* italien) effectif depuis le 1er juillet 2021 est disponible sur l'application TousAntiCovid. **Il faut impérativement se renseigner avant de partir, sur les mesures sanitaires obligatoires en vigueur. Plus d'infos sur • *diplomatie.gouv.fr* • *dgc.gov.it* •**

– Toute personne qui entre sur le territoire italien doit préalablement se déclarer également par un formulaire de localisation à remplir en ligne sur le site : • *app.euplf.eu* •

➢ Quelle est la meilleure saison ?

La pleine saison s'étend de juin à octobre, mais la fréquentation est moins dense jusqu'au 15 juillet et dès septembre. Au cœur de l'été (surtout au mois d'août et dans les îles), les prix comme les températures atteignent des sommets ! Avant ou après la grosse chaleur et les foules d'estivants, les mois de mai et d'octobre sont des périodes idéales.

➢ Quel budget prévoir ?

C'est surtout l'hébergement et, dans une moindre mesure, les restaurants qui grèvent le budget. Préférez les *B & B* qui, dans l'ensemble, offrent un meilleur rapport qualité-prix. Les îles Éoliennes sont globalement plus chères que le reste de la Sicile.

➢ Comment se déplacer ?

Même si le stationnement est un vrai casse-tête, la voiture reste le moyen le plus souple pour voyager si vous souhaitez sortir des sentiers battus. Les petites villes ne sont pas desservies par le train ni par les bus (ou alors, l'attente peut s'éterniser). Un conseil, louez une petite voiture pour pouvoir circuler plus facilement. Aux Éoliennes, ce sera plutôt à vélo ou à pied.

➢ Y a-t-il des problèmes de sécurité ?

La Sicile traîne une sale réputation mafieuse, mais elle n'est pas dangereuse pour autant. Attention à vos affaires dans certains quartiers de Palerme, de Syracuse et de Catane. Lorsque vous garez votre voiture, ne laissez rien de visible à l'intérieur et prenez soin d'ôter la plage arrière pour montrer que votre coffre est vide !

➢ Y a-t-il un décalage horaire ?

Non, été comme hiver, la France et l'Italie affichent la même heure, car les passages heure d'été/heure d'hiver se font aux mêmes dates.

➢ Quel est le temps de vol ou de traversée ?

Compter 2h30 pour un vol Paris-Catane (direct). Même durée pour Palerme. Mais il n'y a pas que l'avion pour venir en Sicile : plusieurs compagnies maritimes assurent des traversées de nuit en bateau avec le sud de la France ou les côtes italiennes (Gênes, Rome, Naples). Beaucoup plus long bien sûr.

➢ Côté santé, quelles précautions ?

Être à jour des vaccins traditionnels, obligation de présenter son passe sanitaire. En été, prévoir de la crème solaire et un répulsif antimoustiques. Et puis penser à emporter sa Carte européenne d'assurance maladie (CEAM).

➢ Peut-on y aller avec des enfants ?

Bien sûr ! Cependant, le riche patrimoine sicilien risque d'épuiser vos chérubins. Pensez à alterner les balades et les visites de musées. Et, question nourriture, c'est le top ! Pizzas, pâtes, glaces... Repérez nos meilleurs sites à visiter grâce aux symboles .

➢ Quel est le taux de change ? Comment payer sur place ?

La monnaie est l'euro, ce qui est bien pratique pour les Français. Pour nos amis canadiens et suisses, le taux de change est d'environ 1 € = 1,46 $Ca = 1,04 CHF. Sur place, nombreux distributeurs de billets, change plus ou moins aisé ; et on peut régler à peu près partout avec une carte de paiement, hormis dans certaines petites pensions ou *B & B* et les bars les plus modestes.

➢ Faut-il parler l'italien pour se faire comprendre ?

Quelques notions d'italien sont toujours utiles et facilitent les échanges. Les Siciliens apprécient qu'on fasse l'effort de baragouiner l'italien, même avec un horrible accent. Les jeunes communiquent de plus en plus en anglais.

➢ Quels sont les volcans encore actifs ?

L'Etna, à l'est de l'île, est le plus connu, mais il y a aussi le Stromboli et le Vulcano sur les îles Éoliennes.

➢ Doit-on redouter la chaleur ?

Oui, en juillet et août ! Il arrive fréquemment que les températures atteignent 40 °C. Veillez à toujours vous munir d'une bouteille d'eau et d'un chapeau. À noter que l'air est un peu plus frais sur les côtes, où il est aisé de faire un gros plouf pour se rafraîchir !

COMMENT Y ALLER ?

EN AVION

▲ **AIR FRANCE**
Rens et résas au ☎ 09-69-39-36-54 (appel non surtaxé), sur • airfrance.fr •, en agences de voyages. Également à votre écoute tlj, 24h/24, sur Messenger, Facebook et Twitter.
Vols quotidiens vers Palerme et Catane via Milan ou Rome au départ de Paris-Roissy-CDG.
Air France propose à tous des tarifs attractifs toute l'année. Pour consulter les offres et promotions du moment sur Internet, consultez la page « Nos meilleures offres » sur *• airfrance.fr • Flying Blue,* le programme de fidélité gratuit d'Air France-KLM, permet de gagner des *Miles* en voyageant sur les vols Air France, KLM et grâce à de nombreux partenaires aériens et non aériens... Les *Miles* peuvent ensuite être échangés contre des billets d'avion ou des services (surclassement, bagage supplémentaire, Menu à la Carte...) ainsi qu'auprès des partenaires. Pour en savoir plus, rendez-vous sur *• flyingblue.com •*

▲ **ITA AIRWAYS**
• itaspa.coml •
➢ Plusieurs vols/sem pour Palerme ou Catane via Milan (Linate ou Malpensa) ou Rome au départ de Paris et Bruxelles.

▲ **BRUSSELS AIRLINES**
Rens au ☎ 0892-640-030 (0,33 €/mn). • brusselsairlines.com •
➢ Avr-début oct, 2-3 vols/j. avec escales depuis Bruxelles vers Palerme et Catane.

Les compagnies *low-cost*

▲ **EASYJET**
• easyjet.com •
➢ Vols hebdomadaires vers Palerme depuis Paris-Orly et Lyon (juil-août) et vers Catane depuis Paris-CDG (tte l'année).

▲ **RYANAIR**
• ryanair.com •
➢ Vols hebdomadaires pour Palerme depuis Paris-Beauvais et vers Catane et Palerme depuis Marseille-Provence.

▲ **TRANSAVIA**
Infos et résas sur • transavia.com •
➢ Vols hebdomadaires avr-nov à destination de Palerme ou Catane depuis Paris-Orly.

▲ **VOLOTEA**
• volotea.com •
➢ Avr-août, quelques vols/sem vers Palerme et/ou Catane depuis Bordeaux, Nantes, Nice, Strasbourg et Toulouse.

LES ORGANISMES DE VOYAGES

En France

▲ **ALTIPLANO VOYAGE**
– Annecy (Metz-Tessy) : Park Nord, Les Pléiades n° 35, 74370. ☎ 04-57-09-80-05. Lun-ven 9h-13h, 14h-18h. • italie@altiplano-voyage.com •
Altiplano Voyage, votre spécialiste du voyage sur mesure, vous invite à découvrir l'Italie autrement. À votre écoute, la créatrice de voyage, experte sur cette destination, partage avec vous ses conseils et astuces afin de créer un voyage comme vous l'imaginez, avec le degré d'autonomie souhaité (en liberté ou avec guide et visites). Écoute et créativité semblent être les maîtres mots de cette équipe de passionnés ! Cette agence est aussi spécialisée en circuit multidestinations (Suisse, Slovénie).

▲ **CERCLE DES VOYAGES**
– Paris : 4, rue Gomboust (angle 31, av. de l'Opéra), 75002. ☎ 01-40-15-15-19.

● cercledesvoyages.com ● Ⓜ Pyramides ou Opéra. Lun-ven 9h-20h, sam 10h-18h30.

Le vrai voyage sur mesure, à destination de l'Italie : Italie du Nord, Italie du Sud, Sicile et îles Éoliennes. Cercle des Vacances propose un large choix de voyages adaptés à chaque client : séjour en amoureux, escapade et week-ends, voyages au volant de votre voiture de location... Les experts Cercle des Vacances partagent leurs conseils et leurs petits secrets pour faire de chaque voyage une expérience inoubliable. Cercle des Vacances offre également un service liste de mariage gratuit. Les petits plus qui font la différence : billet coupe-file pour les musées, excursion en bateau, adresses de charme.

▲ COMPTOIR DES VOYAGES

● comptoirdesvoyages.fr ● Lun-sam 9h30-18h30.

– Paris : 2-18, rue Saint-Victor, 75005. ☎ 01-53-10-30-15.

– Bordeaux : 26, cours du Chapeau-Rouge, 33000. ☎ 05-35-54-31-40.

– Lille : 76, rue Nationale, 59800. ☎ 03-28-04-68-20.

– Lyon : 10, quai Tilsitt, 69002. ☎ 04-72-44-13-40.

– Marseille : 12, rue Breteuil, 13001. ☎ 04-84-25-21-80.

– Nice : 62, rue Gioffredo, 06000. ☎ 04-97-03-64-80.

– Toulouse : 43, rue Peyrolières, 31000. ☎ 05-62-30-15-00.

En plus de 30 ans, Comptoir des Voyages s'est imposé comme la référence incontournable du voyage sur mesure en immersion, avec plus de 90 destinations couvrant les 5 continents. Nos conseillers-spécialistes construisent des voyages uniques en s'adaptant à votre budget, vos goûts et vos envies. Pour favoriser les rencontres et l'immersion dans la vie locale, ils privilégient des hébergements typiques et des expériences authentiques. Sur place, nos *Welcome Hosts* francophones partagent avec vous conseils et bonnes adresses le temps d'un café. Sur votre smartphone, notre application mobile Luciole vous informe sur le déroulé de votre voyage, vous suggère des lieux de visite et vous guide grâce à un GPS hors connexion.

Comptoir des Voyages est membre d'Agir pour un tourisme responsable depuis 2009. Sa labellisation ATR a été renouvelée par Ecocert Environnement cette année.

▲ ITALIE AUTHENTIQUE

● italie-authentique.com ●

Contactez Italie Authentique, une agence locale de confiance, pour organiser votre voyage sur mesure en Italie. Leurs conseillers, fins connaisseurs du terrain et de la réalité du pays, vous accompagnent dans la préparation de votre voyage, en couple, en famille ou en groupe d'amis. Vous avez ainsi accès à un service personnalisé en bénéficiant d'un prix accessible. Étant membre de *bynativ,* la communauté des agences de voyages locales, Italie Authentique vous propose un maximum de garanties et de services : règlement de votre voyage en ligne – et ce de façon sécurisée –, possibilité de souscrire à une assurance de voyage et de bénéficier de garanties solides en cas d'imprévu. De quoi voyager de façon authentique et en toute tranquillité !

▲ ROUTE DES VOYAGES (LA)

● laroutedesvoyages.com ● Agences ouv lun-ven 9h-19h (18h ven). Rdv conseillé.

– Paris : 10, rue Choron, 75009. ☎ 01-55-31-98-80. Ⓜ Notre-Dame-de-Lorette.

– Angers : 6, rue Corneille, 49000. ☎ 02-41-43-26-65.

– Annecy : 4 bis, av. d'Aléry, 74000. ☎ 04-50-45-60-20.

– Bordeaux : 19, rue des Frères-Bonie, 33000. ☎ 05-56-90-11-20.

– Lorient : 42, av. de la Perriere, 56100. 📱 06-15-48-82-69. Sur rdv lun-mer.

– Lyon : 59, rue Franklin, 69002. ☎ 04-78-42-53-58.

– Toulouse : 27, rue Perchepinte, 31000. ☎ 05-62-27-00-68.

Plus de 25 ans d'expérience de voyage sur mesure sur les 5 continents ! 15 pays en Europe complètent à présent leur offre. Cette équipe de voyageurs passionnée a développé un vrai savoir-faire du voyage personnalisé : écoute, conseils, voyages de repérage réguliers et des correspondants

400 pages
D'INSPIRATION

sur place soigneusement sélectionnés avec qui elle travaille en direct. Son engagement à promouvoir un tourisme responsable se traduit par des possibilités de séjours solidaires à insérer dans les itinéraires de découverte individuelle. Elle a aussi créé un programme de compensation solidaire qui permet de financer des projets de développement locaux.

▲ TERRES LOINTAINES

• terres-lointaines.com • Sur rdv uniquement, lun-ven 9h-19h, sam 10h-18h.

– Paris : 2, rue Maurice-Hartmann, 92130, Issy-les-Moulineaux. ☎ 01-75-60-63-50.

– Bordeaux : 4, rue Esprit-des-Lois, 33000. ☎ 05-33-09-09-10.

– Lille : 6, rue Jean-Roisin, 59800. ☎ 03-59-61-59-40.

– Lyon : 39, rue de la République, 69002. ☎ 04-65-07-02-70.

– Nantes : 22, rue Crébillon, 44000. ☎ 02-52-59-48-00.

Terres Lointaines affiche clairement son ambition : démocratiser le voyage sur mesure au prix le plus juste. Convaincu qu'un voyage réussi est un voyage qui dépasse les attentes du client, c'est en visant l'excellence que Terres Lointaines met le monde à votre portée, en individuel ou en petits groupes allant jusqu'à 12 personnes. Afrique, Amériques, Asie, Europe, Océanie... La palette de destinations proposée est vaste avec des conseillers à l'écoute de vos envies. Grâce à leur expertise et à des partenaires locaux de confiance, Terres Lointaines crée des voyages de qualité pour vous offrir des découvertes exceptionnelles et de merveilleux souvenirs.

▲ TERRES DE CHARME & ÎLES DU MONDE

– Paris : 14, pl. Denfert-Rochereau, 75014. ☎ 01-55-42-74-10. • terresdecharme.com • Lun-ven 10h-18h.

Artisans du voyage individuel sur mesure depuis plus de 20 ans, leurs scénaristes du voyage ont à cœur de faire partager leurs passions en concevant des séjours authentiques, inoubliables et singuliers aux 4 coins du monde. C'est la rareté et le charme raffiné savamment dosés qui animent l'équipe pour créer des voyages placés sous le signe d'émotions intenses et rares. *Sandals* privés glissant le long du Nil, camp privatif au cœur du Masaï Mara, îles exclusives de l'océan Indien, décors magiques des Caraïbes, sites cachés en Asie, trains de luxe et de légende... Telles sont quelques-unes des créations de Terres de charme & Îles du monde pour faire de votre voyage une expérience unique.

▲ TERRE VOYAGES

– Paris : 28, bd de la Bastille, 75012. ☎ 01-44-32-12-81. • terre-voyages.com • Ⓜ Bastille. Lun-ven 8h-18h30, sam 10h-18h.

Les créateurs de voyages de Terre Voyages sont de fins connaisseurs, des experts des pays proposés, car tous natifs ou passionnés de leur destination. Ils sauront écouter vos attentes pour créer une offre de voyages sur mesure qui réponde à vos envies de découverte, et vous proposeront une approche authentique des cultures et des peuples dans le respect de leur environnement naturel et au juste prix. Pour tous les voyageurs qui attendent d'une échappée lointaine plus qu'une simple visite mais, au contraire, une véritable connaissance et un apprentissage responsable des différentes cultures de l'Italie, Terre Voyages est le spécialiste qu'il faut.

▲ VOYAGEURS DU MONDE EN ITALIE

• voyageursdumonde.fr •

– Paris : La Cité des Voyageurs, 55, rue Sainte-Anne, 75002. ☎ 01-42-86-17-20. Ⓜ Opéra ou Pyramides. Lun-sam 9h30-19h. Avec une librairie spécialisée sur les voyages.

– Également des agences à Bordeaux, Grenoble, Lille, Lyon, Marseille, Montpellier, Nantes, Nice, Rennes, Rouen, Strasbourg et Toulouse. Ainsi qu'à Bruxelles, Montréal, Québec et Genève.

Parce que chaque voyageur est différent, que chacun a ses rêves et ses idées pour les réaliser, Voyageurs du Monde conçoit, depuis plus de 30 ans, des projets sur mesure. Les séjours proposés sur 120 destinations sont élaborés par leurs 180 conseillers

voyageurs. Spécialistes par pays et même par régions, ils vous aideront à personnaliser les voyages présentés à travers une trentaine de brochures d'un nouveau type et sur le site internet, où vous pourrez également découvrir les hébergements exclusifs et consulter votre espace personnalisé. Au cours de votre séjour, vous bénéficiez des services personnalisés Voyageurs du Monde, dont la possibilité de modifier à tout moment votre voyage, l'assistance d'un concierge local, la mise en place de rencontres et de visites privées et l'accès à votre carnet de voyage via une application iPhone et Android.
Voyageurs du Monde est membre de l'association ATR (Agir pour un tourisme responsable) et a obtenu sa certification « Tourisme responsable AFAQ AFNOR ».

Comment aller à Roissy et à Orly ?

Toutes les infos sur notre site • *routard.com* •

En Belgique

▲ CONNECTIONS
Infos et résas : ☎ 070-233-313. • connections.be •
Fort d'une expérience de plus de 20 ans dans le domaine du voyage, Connections dispose d'un réseau de 32 *Travel shops,* dont une à Brussels Airport. Connections propose des vols dans le monde entier à des tarifs avantageux et des voyages destinés à des voyageurs désireux de découvrir la planète de façon autonome. Connections propose une gamme complète de produits : vols, hébergements, locations de voitures, autotours, vacances sportives, excursions...

▲ MPACT
Pour ttes les adresses Mpact : ☎ 070-222-292. • mpact.be •
– Bruxelles : rue Thérésienne, 7a, 1000.
– Gent : Maria Hendrikaplein, 65b, 9000.
– Gembloux : rue Buisson-Saint-Guilbert, 1b, 5090.
Mpact propose un système de covoiturage, ainsi que d'autres services comme l'échange de maisons ou le gardiennage.

▲ SENS INVERSE ÉCOTOURISME
– Louvain-la-Neuve : cours de Valduc, 18, B 1348. ☎ 02-476-830-570. • sensinverse.be •
Agence de voyages écotouristique qui propose des voyages accompagnés de guides locaux passionnés, et axés sur la découverte de l'environnement naturel, culturel, rural et humain de différentes régions de France comme à l'étranger, notamment en Sicile. L'équipe est très engagée dans la protection de la nature et la sauvegarde du patrimoine et des cultures. Tous leurs voyages ont comme point commun la marche à pied à un rythme modéré et en petits groupes.

▲ VOYAGEURS DU MONDE
– Bruxelles : chaussée de Charleroi, 23, 1060. ☎ 02-543-95-50. Le spécialiste du voyage en individuel sur mesure. • voyageursdumonde.com •
Voir texte dans la partie « En France ».

En Suisse

▲ ALTIPLANO VOYAGES
– Genève : pl. du Temple 3, 1227 Carouge. ☎ 022-342-49-49. • altiplano-voyage.ch • Agence ouv lun-mar et jeu-ven sur rdv.
Voir texte dans la partie « En France ».

▲ ROUTE DES VOYAGES (LA)
☎ 022-552-34-46. • geneve@route-voyages.com • laroutedesvoyages.com • Rdv par tél.
Voir texte dans la partie « En France ».

▲ VOYAGES ARTISANS AUX PIEDS NUS
– Carouge : rue de Saint-Victor, 3, 1227. ☎ 022-301-01-50. • apnvoyages.ch • Tlj sauf mer et w-e 10h-13h et 14h-16h (10h-12h et 14h-16h ven).
Voyages APN propose des destinations hors des sentiers battus, particulièrement en Europe (Grèce, Italie et pays nordiques), avec un contact direct avec les prestataires, notamment dans le cadre des agritourismes. Certains programmes sont

particulièrement adaptés aux familles. L'accent est mis sur le tourisme responsable et durable. Dans ce cadre, une sélection de destinations telles que la Mongolie ou le Burkina Faso est également proposée.

▲ **VOYAGEURS DU MONDE**

– Genève : 19, rue de la Rôtisserie, 1204. ☎ 022-519-12-10. • voyageursdumonde.com • Lun-ven 9h30-19h, sam 9h30-18h30 ; fermé dim.

– Lausanne : rue de Bourg 6, 1003 Lausanne (2e étage). Ouv lun-ven 9h-18h30, sam sur rdv uniquement.

Le spécialiste du voyage en individuel sur mesure.

Voir texte dans la partie « En France ».

Au Québec

▲ **TOURS CHANTECLERC**

• tourschanteclerc.com •

Tours Chanteclerc est un tour-opérateur qui publie différentes brochures de voyages : Europe, Amérique du Nord, Amérique du Sud, Asie et Pacifique sud, Afrique et le Bassin méditerranéen en circuits ou en séjours. Il s'adresse aux voyageurs indépendants qui réservent un billet d'avion, un hébergement (dans toute l'Europe), des excursions ou une location de voiture. Également spécialiste de Paris, le tour-opérateur offre une vaste sélection d'hôtels et d'appartements dans la capitale française.

EN BATEAU

Remarque : si vous partez en voiture, n'oubliez pas de réserver, si possible, 6 à 3 mois à l'avance notamment pour les camping-cars.

▲ **LA CENTRALE DES FERRIES**

Résas online et par tél : ☎ 01-84-80-06-12. • lacentraledesferries.com •

Spécialiste des traversées en ferry et représentant des compagnies maritimes *GNV, Moby Lines, Snav, Grimaldi Lines, Tirrenia.* Prix direct, sans intermédiaire.

➢ Au départ de Gênes, Civitavecchia (près de Rome), Salerne, Cagliari ou Naples.

SICILE UTILE

ABC de la Sicile

- ***Superficie :*** 25 711 km².
- ***Population :*** 5 032 000 hab.
- ***Densité :*** 196 hab./km².
- ***Statut dans la République italienne :*** région autonome depuis 1946, dotée d'un parlement régional.
- ***Capitale régionale :*** Palerme.
- ***Divisions administratives :*** Agrigente, Caltanissetta, Catane, Enna, Messine, Palerme, Raguse, Syracuse, Trapani.
- ***Langue :*** l'italien, langue officielle, mais le dialecte sicilien est couramment employé dans les conversations familiales ou amicales.
- ***Indice de développement humain :*** 0,892 (30e rang mondial).

AVANT LE DÉPART

Adresses utiles

En France

Office national italien de tourisme (ENIT) : *23, rue de la Paix, 75002 Paris. ☎ 01-42-66-87-29 (centre d'appel : lun-ven 9h30-12h30). • infoitalie.paris@enit.it • enit.it • (site très complet à consulter absolument avt de partir). Ⓜ Opéra. RER A : Auber.* Agence fermée au public. Pas d'infos par courrier postal, uniquement par e-mail.

Consulats d'Italie en France :
– Paris : 5, bd Émile-Augier, 75116. ☎ 01-44-30-47-00 (lun-ven 9h-17h ; standard automatique qui oriente selon la demande). • informazioni.parigi@esteri.it • consparigi.esteri.it • Ⓜ La Muette. RER C : Boulainvilliers. Lun-ven 9h-12h, plus mer 14h30-16h30.
– Consulats honoraires et correspondants consulaires à Lyon, Marseille et Metz.

***Institut culturel italien** (hôtel de Gallifet) : 50, rue de Varenne, 75007 Paris. ☎ 01-85-14-62-50. • iicparigi.esteri.it • Ⓜ Varenne, Rue-du-Bac ou Sèvres-Babylone. Lun-ven 10h-13h, 15h-18h. Bibliothèque de consultation : ☎ 01-85-14-62-55. Mêmes horaires sauf lun mat. Fermé de mi-juil à début sept.*

Ambassade d'Italie : *51, rue de Varenne, 75007 Paris. ☎ 01-49-54-03-00. • ambasciata.parigi@esteri.it • ambparigi.esteri.it • Ⓜ Rue-du-Bac, Varenne ou Sèvres-Babylone.* Superbe hôtel particulier ouvert au public uniquement lors des Journées du patrimoine en septembre.

En Belgique

Office de tourisme : *rue Joseph-II, 22-24, Bruxelles 1000. ☎ 02-647-11-54. • brussels@enit.it • enit.it • Bureau situé dans l'ambassade et fermé au public, seulement par e-mail.*

Consulat d'Italie : *rue de Livourne, 38, Bruxelles 1000. ☎ 02-543-15-50. • segr.consolare.bruxelles@esteri.it • ambbruxelles.esteri.it • Lun-ven 9h-12h30, plus mer 14h30-16h.*

Ambassade d'Italie : *rue Joseph-II, 22-24, Bruxelles 1000. ☎ 02-643-38-50. • ambbruxelles.esteri.it • Lun-ven 9h-12h30, 14h30-16h.*

En Suisse

■ ***Consulats d'Italie :***
– Genève : rue Charles-Galland, 14, 1206. ☎ 022-839-67-44. • consolato.ginevra@esteri.it • consginevra.esteri.it • Lun-ven 9h-12h30, mar-jeu 14h-17h.
– Berne : Willadingweg, 23, 3006 Berne. ☎ 031-390-10-10. • berna.consolare@esteri.it • ambberna.esteri.it • Lun-ven 9h30-12h30 (sur rdv uniquement).
*– **Autres consulats** à Lausanne et Zurich.*

Au Canada

ℹ ***Office national de tourisme :*** *365 Bay St, suite 503, Toronto (Ontario) M5H 2V1. ☎ (416) 925-4882. • toronto@enit.it • enit.it • Sur rdv ou par tel.*
■ ***Ambassade d'Italie :*** *275 Slater St, 21st floor, Ottawa (Ontario) K1P 5H9. ☎ (1-613) 232-2401. • ambasciata.ottawa@esteri.it • ambottawa.esteri.it • Lun-ven 9h-12h, plus mer 14h-16h.*
■ ***Consulat général :*** *136 Berverley St, Toronto (Ontario) M5T 1Y5. ☎ (416) 977-1566. • constoronto.esteri.it • Pour tte demande : • ancip.toronto@esteri •*

Des sites utiles avant le départ

• ***routard.com*** • Le site de voyage nº 1, avec plus de 800 000 membres et plusieurs millions d'internautes chaque mois. Pour s'inspirer et s'organiser, près de 300 guides destinations actualisés, avec les infos pratiques, les incontournables et les dernières actus, ainsi que les reportages terrain et idées week-end de la rédaction. Partagez vos expériences avec la communauté de voyageurs : forums de discussion avec avis et bons plans, carnets de route et photos de voyage. Enfin, vous trouverez tout pour vos vols, hébergements, voitures et activités, sans oublier notre sélection de bons plans, pour réserver votre voyage au meilleur prix.
• ***italia.it*** • En français. Site de l'office de tourisme italien, très riche en informations. Nombreuses rubriques pratiques qui vous aideront à préparer votre séjour. Permet aussi de faire un tour d'horizon complet des régions italiennes.
• ***radici-press.net*** • Un site franco-italien qui offre un large choix d'articles sur la politique, l'économie et la culture italiennes.

Formalités d'entrée

Pas de contrôles aux frontières italiennes car l'Italie fait partie de l'espace Schengen. Néanmoins, quelques précautions d'usage. Voir plus haut le chapitre « Les questions qu'on se pose avant le départ ».
– ***Pour un séjour de moins de 3 mois :*** carte d'identité en cours de validité ou passeport pour les ressortissants de l'Union européenne et de la Suisse. Ressortissants canadiens : passeport en cours de validité.
– Les ***mineurs*** doivent être munis de leur propre pièce d'identité (carte d'identité ou passeport). Pour l'autorisation de sortie de territoire lorsque les enfants ne sont pas accompagnés par un de leurs parents, chaque pays a mis en place sa propre régulation. Ainsi, pour les ***mineurs français,*** une loi entrée en vigueur en janvier 2017 a ***rétabli l'autorisation de sortie du territoire.*** Pour voyager à l'étranger, ils doivent être munis d'une pièce d'identité (carte d'identité ou passeport), d'un formulaire signé par l'un des parents titulaires de l'autorité parentale et de la photocopie de la pièce d'identité du parent signataire. Renseignements auprès des services de votre commune et sur • *service-public.fr* •
– ***Green Pass obligatoire*** (l'équivalent de notre passe sanitaire) pour entrer sur le territoire italien ainsi qu'un formulaire à remplir avant votre départ sur le site • *app.euplf.eu* • **Pour suivre l'évolution des mesures gouvernementales, renseignements sur le site italien du ministère de la Santé (• *salute.gov.it* •) ou sur celui de l'office de tourisme italien (• *italia.it* •).**

- ***Pour une voiture :*** permis de conduire, carte grise et carte verte d'assurance internationale. Munissez-vous d'une procuration si vous n'êtes pas propriétaire du véhicule.

Avant de partir, *pensez à scanner* passeport, carte de paiement, billet d'avion et *vouchers* d'hôtel. Ensuite, adressez-les-vous par e-mail, en pièces jointes. En cas de perte ou de vol, rien de plus facile pour les récupérer. Et les démarches administratives seront bien plus rapides.

Assurances voyage

■ ***Routard Assurance par AVI International :*** *Le Colisée Gardens, 10, av. de l'Arche, CS 70126, 92419 Courbevoie Cedex.* ☎ *01-44-63-51-00.* • *routard@avi-international.com* • *avi-international.com* • Ⓜ *La Défense.* Enrichie au fil des années par les retours des lecteurs, *Routard Assurance* reste l'assurance voyage référence des globe-trotters. Tout y est inclus, même la ***Covid*** : frais médicaux, assistance rapatriement, bagages, responsabilité civile... Avant votre départ, appelez *AVI* pour un conseil personnalisé. Besoin d'une ***attestation Covid,*** d'un avis médical, d'une prise en charge dans un hôpital ? Téléchargez l'appli mobile *AVI International* pour garder le contact avec *AVI Assistance* et disposer d'un vaste réseau médical à travers le monde. *AVI Assistance* est disponible 24h/24 pour une réponse en temps réel. De simples frais de santé en voyage ? Envoyez les factures à *AVI* dès votre retour, ils vous remboursent sous 1 semaine.

■ ***AVA assurance Voyages et assistance :*** *25, rue de Maubeuge, 75009 Paris.* ☎ *01-53-20-44-20.* • *ava.fr* • Ⓜ *Cadet.* Un autre courtier fiable pour ceux qui souhaitent s'assurer en cas de décès-invalidité-accident lors d'un voyage à l'étranger, mais surtout pour bénéficier d'une assistance rapatriement, perte de bagages et annulation. Attention, franchises pour leurs contrats d'assurance voyage.

■ ***Pixel Assur :*** *18, rue des Plantes, BP 35, 78601 Maisons-Laffitte.* ☎ *01-39-62-28-63.* • *pixel-assur.com* • *RER A : Maisons-Laffitte.* Assurance de matériel photo et vidéo tous risques dans le monde entier. Devis basé sur le prix d'achat de votre matériel. Avantage : garantie à l'année.

Ariane, ayez les bons réflexes sur le site du ministère de l'Europe et des affaires étrangères

- Consultez les conseils aux voyageurs : préparez soigneusement votre voyage (risques liés à la sécurité, formalités de séjour, conseils et obligations sanitaires...) en vous connectant sur • *diplomatie.gouv.fr* • ou via l'application mobile.
- Inscrivez-vous sur Ariane : en quelques clics, créez votre compte sur • *diplomatie.gouv.fr* • pour recevoir par e-mail ou sms des alertes et des consignes de sécurité, en cas de nécessité.

Carte internationale d'étudiant (carte ISIC)

Elle prouve le statut d'étudiant dans le monde entier et permet de bénéficier d'avantages, services et réductions dans les domaines du transport, de l'hébergement, de la culture, des loisirs, du shopping...
La carte ISIC permet aussi d'accéder à des avantages exclusifs (billet d'avion spécial étudiants, hôtels et auberges de jeunesse, assurances, cartes SIM internationales, location de voitures...).

Renseignements et inscriptions

- **En France :** ● *isic.fr* ● *13 € (en ligne) pour 1 année scolaire.*
- **En Belgique :** ● *isic.be* ●
- **En Suisse :** ● *isic.ch* ●
- **Au Canada :** ● *isiccanada.com* ●

Carte d'adhésion internationale aux auberges de jeunesse (carte FUAJ)

Cette carte vous ouvre les portes des 4 000 auberges de jeunesse du réseau *HI-Hostelling International* en France et dans le monde. Vous pouvez ainsi parcourir 90 pays à des prix avantageux et bénéficier de tarifs préférentiels avec les partenaires des auberges de jeunesse *HI.* Enfin, vous intégrez une communauté mondiale de voyageurs partageant les mêmes valeurs : plaisir de la rencontre, respect des différences et échange dans un esprit convivial. Il n'y a pas de limite d'âge pour séjourner en auberge de jeunesse. Il faut simplement être adhérent.

Renseignements et inscriptions

- **En France :** ● *hifrance.org* ●
- **En Belgique :** ● *lesaubergesdejeunesse.be* ●
- **En Suisse :** ● *youthhostel.ch* ●
- **Au Canada :** ● *hihostels.ca* ●

Si vous prévoyez un séjour itinérant, vous pouvez réserver plusieurs auberges en une seule fois en France et dans le monde : ● *hihostels.com* ●

ARGENT, BANQUES

Banques

Les banques sont généralement ouvertes du lundi au vendredi de 8h30 à 13h30 et de 14h30 à 16h ; certaines sont aussi ouvertes le samedi matin. La plupart disposent d'un distributeur de billets à l'extérieur.

> ***Petite mesure de précaution :*** si vous retirez de l'argent dans un distributeur, utilisez de préférence ceux attenants à une agence bancaire. En cas de pépin avec votre carte (carte avalée, erreurs de code secret...), vous aurez un interlocuteur dans l'agence, pendant les heures ouvrables.

Cartes de paiement

La majorité des restaurants, hôtels et stations-service acceptent les cartes de paiement. Nous vous signalons, dans la mesure du possible, nos adresses les refusant (de plus en plus rares, à l'exception notable des chambres d'hôtes). Sur place, vous verrez, en principe, sur les vitrines des établissements les acceptant, l'autocollant *Carta Sì.*
Attention, certains loueurs de voitures refusent les cartes de paiement marquées « Débit », même si elles font quand même office de carte de crédit. Voir aussi plus loin la rubrique « Voiture » dans « Transports intérieurs ».

Perte ou vol des cartes de paiement

Avertissement

Si vous comptez effectuer des retraits d'argent aux distributeurs, il est très vivement conseillé d'avertir votre banque avant votre départ (pays visités et dates). Elle pourra éventuellement ***relever le plafond pour les retraits*** mais aussi pour les paiements... quitte à le faire rebaisser à votre retour. En effet, votre carte peut être bloquée dès le 1er retrait pour suspicion de fraude. C'est de plus en plus fréquent. Bonjour les tracasseries administratives pour faire rentrer les choses dans l'ordre, et on se retrouve vite dans l'embarras !

Avant de partir, notez donc bien le numéro d'opposition propre à votre banque (il figure souvent sur votre contrat, au dos des tickets de retrait ou à côté des distributeurs de billets), ainsi que le numéro à 16 chiffres de votre carte. Bien entendu, conservez ces informations en lieu sûr et séparément de votre carte. N'oubliez pas enfin de vérifier la date d'expiration de votre carte de paiement avant votre départ !
En zone euro, pas de frais bancaires sur les paiements par carte. Les retraits sont soumis aux mêmes conditions tarifaires que ceux effectués en France (gratuits pour la plupart des cartes).
Une carte perdue ou volée peut être rapidement remplacée. Le plus simple est de faire opposition en ligne via le site de votre agence bancaire ou leur application mobile, ou en les appelant directement. Un système d'opposition, d'avance d'argent et de remplacement de carte pourra être mis en place afin de poursuivre son séjour en toute quiétude.
Sinon, voici les numéros des centres d'assistance des différentes cartes.

– ***Carte Visa :*** *n° d'urgence depuis l'Italie* (Europ Assistance), ☎ *(00-33) 800-819-014 (24h/24).* • *visa.fr* •
– ***Carte MasterCard :*** *n° d'urgence depuis l'Italie,* ☎ *0800-870-866.* • *master.fr* •
– ***Carte American Express :*** *n° d'urgence,* ☎ *(00-33) 1-47-77-72-00 (n° accessible tlj 24h/24).* • *americanexpress.com* •
– Il existe également un ***serveur interbancaire*** d'opposition à carte bancaire : ☎ *0-892-705-705 (service 0,34 €/mn + prix d'appel).*

Besoin urgent d'argent liquide

Vous pouvez être dépanné en quelques minutes grâce au système ***Western Union Money Transfer.*** L'argent vous est transféré en moins de 1h. La commission, assez élevée, est payée par l'expéditeur. Possibilité d'effectuer un transfert auprès d'un des bureaux *Western Union* ou, plus rapide, en ligne, 24h/24 par carte de paiement (*Visa* ou *MasterCard*).
Même principe avec d'autres organismes de transfert d'argent liquide comme ***MoneyGram, PayTop*** ou ***Azimo.*** Transfert en ligne sécurisé, en moins de 1h.
Dans tous les cas, se munir d'une pièce d'identité. Toutefois, en cas de perte/vol de papiers, certains organismes permettent de convenir d'une question/réponse type pour pouvoir récupérer votre argent. Chacun de ces organismes possède aussi des applications disponibles sur téléphone portable. Consulter les sites internet pour connaître les pays concernés, les conditions tarifaires (frais, commission) et trouver le correspondant local le plus proche : • *westernunion.com* • *moneygram.fr* • *paytop.com* • *azimo.com/fr* •
– ***La Poste*** est un agent mandataire de *Western Union.* Cela signifie que certains bureaux de poste peuvent recevoir vos transferts d'argent. *Infos :* • *labanquepostale.fr* •

ACHATS

Les produits de bouche, une fois dégustés à la maison, prolongent un peu le goût de vos vacances : vins, huile, condiments, pâtisserie, confiserie, etc. Mais attention, n'oubliez pas de les glisser dans vos bagages enregistrés en soute, sans quoi on risque de vous les confisquer au contrôle de sécurité, notamment les liquides. Et gare au surpoids de bagages !

– ***Huile d'olive :*** comme partout en Méditerranée, chaque province se vante d'avoir la meilleure ! Les Arabes ont implanté les oliviers en Sicile quand ils occupèrent l'île entre le IXe s et le XIe s. Une des variétés d'olive sicilienne s'appelle d'ailleurs la « *zaituna* », ce terme venant de l'arabe *zaitun* qui signifie « olive ». Les meilleures olives siciliennes sont souvent vertes, de la variété dite « *nocellara del Belice* », plus grosses et plus goûteuses que les autres...

Si vous arrivez à dénicher cette huile produite à Castelvetrano, près de Trapani par la *Casa dei Giovani,* un centre d'accueil pour jeunes en difficulté, avec l'étiquette (en italien) : « Huile d'olive produite sur des terres siciliennes libérées de la Mafia », n'hésitez pas ! L'association travaille sur des terres confisquées à un *capo* de la Mafia en fuite...

– ***Vins :*** on ne saurait trop vous conseiller l'excellent *marsala* de la région du même nom, ou le *malvoisie* des îles Éoliennes. Mais il existe également plusieurs routes des vins siciliens propices à faire quelques achats (surtout si vous êtes venu en voiture), notamment dans l'Ouest, comme la route des Vins d'Erice ou celle du Val di Mazara, celle d'Alcamo, de Monreale ou celle des Terres Sicane qui se déploie dans l'arrière-pays de Sciacca. Il s'agit d'une vinification d'assemblage avec des cépages typiques du cru comme le *grillo, inzolia, ansonica, catarratto* pour le blanc, sans compter le *nero d'Avola* ou le *perricone (pignatello)* pour le rouge. Des vins aux saveurs d'agrumes pour les blancs, puissants et charpentés pour les rouges.

– ***Câpres :*** ce bouton floral, conservé dans du sel ou du vinaigre, parfume tous les plats de la cuisine méditerranéenne de sa saveur à la fois acide et astringente. On trouve des câpres en bocaux, ou encore en sachets scellés qui se transportent et se conservent sans aucun problème. Autre option : les *cucunciu,* les fruits du câprier, au goût similaire, utilisés à la façon des cornichons.

– ***Pasta reale*** *(frutta Martorana)* **:** les fruits en pâte d'amande (massepain) ont un avantage indéniable sur les *cannoli* et la *cassata alla ricotta,* ils supportent beaucoup mieux le voyage ! Il ne s'agit pas seulement de fruits : on a vu aussi des savonnettes et des sandwichs au jambon en pâte d'amande !

– ***Céramique :*** à Caltagirone (difficile d'échapper aux innombrables magasins) ainsi qu'à Erice et Sciacca. C'est souvent cher, sauf si vous privilégiez de petits objets comme des carreaux de faïence. Vous trouverez aussi de belles céramiques à Santo Stefano di Camastra, important centre de production situé à l'est de Cefalù, moins fréquenté et donc moins cher que les 2 précédents.

– ***Casquette :*** on l'appelle *il berretto* en italien et la *coppola* en sicilien. Ses origines remontent au début du XIXe s lorsque les troupes anglaises stationnaient dans l'île pour contrer une possible invasion napoléonienne. Le *cap* britannique a été récupéré par les paysans siciliens, car de confection facile et peu onéreuse. Longtemps associé aux acolytes

ACHAT DE MAISONS « *LOW-COST* »

La commune de Sambuca di Sicilia, dans le sud-ouest de l'île, a trouvé une solution pour freiner le dépeuplement et l'abandon de son centre ancien. Elle a mis en vente, en 2019, des dizaines de maisons à bas prix, afin de redynamiser le village. Certaines – en très mauvais état – se sont vendues pour quelques euros ! Mais il y a des conditions : les acheteurs doivent s'engager à les restaurer à leurs frais ; le montant minimum à investir étant de 15 000 €, avec une caution de 5 000 € à déposer auprès de la municipalité. L'acquéreur ne récupère celle-ci qu'une fois les travaux effectués...

des hommes d'honneur de la Mafia qui le portaient en noir, il se décline de nos jours en plusieurs coloris et étoffes légères et chatoyantes. Contrairement au couvre-chef à l'anglaise, la casquette fabriquée dans la région de Palerme (à San Giuseppe Jato particulièrement) est plus ronde et moins effilée sur les côtés, puis soutenue par un élastique à l'arrière.
- ***Papyrus :*** Syracuse se targue d'être le seul endroit en Europe où pousse du papyrus à l'égyptienne à l'état naturel. Pas donné pour du papier et pas vraiment tendance, on l'admet...
- ***Pupi :*** à ne pas confondre avec les *putti,* qui sont les angelots présents à profusion dans la déco des églises baroques ! Les *pupi* sont les marionnettes dont on peut voir des spectacles à Palerme, Syracuse ou du côté d'Acireale.

BUDGET

Le poste hébergement demeure celui qui pèse le plus lourd dans votre budget. En Sicile et dans ses îles satellites – destination très prisée des Italiens en été –, le tarif des hôtels peut aller jusqu'à tripler au mois d'août ! Sinon, à l'exception des îles Éoliennes, les prix sont sensiblement équivalents à ceux pratiqués en France, voire inférieurs pour ce qui est de l'alimentation...

Hébergement

- Sauf exception (signalée), ***les prix indiqués sont ceux d'une chambre double et incluent le petit déjeuner.*** En revanche, ils ne comprennent pas la taxe de séjour, obligatoire pour les hébergements (hôtels, chambres d'hôtes, location), qui s'élève à environ 2 € par jour et par personne (tout dépend de la catégorie de l'hôtel).
- Les personnes voyageant seules sont désavantagées : le prix des chambres simples est souvent identique à celui des doubles. De nombreux hôtels proposent des chambres familiales.
- Globalement, on peut dire que ***la basse saison s'étale de novembre à mars.*** Tout devient alors plus raisonnable.
- ***Réservez votre hébergement le plus tôt possible.*** C'est plus sûr et cela permet souvent, dans les villes notamment, si vous réservez par Internet, de profiter de réductions non négligeables.
- ***Réservez en direct*** auprès des hébergements ; les prix sont plus intéressants.
- Méfiez-vous des réservations faites par téléphone (surtout pour celles très à l'avance), confirmez-les toujours par e-mail et demandez un accusé de réception.
- Enfin, sachez que le petit déjeuner est presque toujours inclus dans les prix des *B & B,* hôtels et pensions, quand bien même ça devient de plus en plus rare depuis la pandémie de Covid (on prend vite des habitudes...) : nous l'indiquons donc uniquement pour celles de nos adresses qui ne le proposent pas ou qui demandent un supplément.
- La location d'appartements, proposée par beaucoup d'organismes d'***agrotourisme*** *(agriturismi),* peut se révéler avantageuse (voir aussi plus loin notre rubrique « Hébergement »). Économies non seulement sur les nuitées, mais aussi sur les repas.
- Pour les routards au budget serré, reste les ***AJ*** ou ***hostels*** (toutefois peu nombreux dans certaines parties de l'île), quelques chambres d'hôtes pas chères qui proposent aussi parfois des triples ou quadruples si vous voyagez à plusieurs, les hébergements destinés à accueillir des pèlerins *(foresterie)* et enfin les campings (pas donnés en haute saison cependant), dont certains mettent à disposition des bungalows, des mobile homes ou des caravanes à un prix assez inférieur à celui d'une chambre d'hôtel.

Pour une chambre double standard en haute saison, il faut compter :
- ***bon marché :*** moins de 60 € ;
- ***prix moyens :*** de 60 à 100 € ;

– ***plus chic :*** de 100 à 150 € ;
– ***très chic :*** au-delà de 150 €.
Rappelons que, dans les Éoliennes, cette fourchette se trouve assez largement tirée vers le haut...

Restaurants

– Avant toute chose, ***demandez toujours s'il y a un menu*** en plus de la carte et vérifier bien le prix demandé pour le « pain et couvert » (voir ci-dessous). Si vous décidez de faire confiance au patron pour le choix des plats, l'addition peut se révéler douloureuse, surtout s'il s'agit de produits vendus au poids ! Idem avec les plats du jour que l'on vous annonce en complément du menu : il faut demander leur prix.
– Attention, un restaurant qui affiche un menu à 15-20 € le midi peut doubler son prix le soir. Ce sont des menus rapides et efficaces dédiés à l'origine aux gens qui travaillent.
– Attention au poisson et à certaines viandes, souvent ***facturés au poids*** (à partir de 50-60 €/kg), en fonction du prix du jour. L'addition peut alors monter très vite.
– Un plan sympa le midi consiste à aller dans un *alimentari* (épicerie) ou une *salumeria* (une boutique qui vend de la charcuterie) pour ***se faire préparer un panino,*** en puisant dans la vitrine réfrigérée. Aussi de bonnes parts de *pizze, focacce,* tartes sucrées ou salées et autres petits gâteaux secs confectionnés dans les boulangeries-pâtisseries *(panificio-pasticceria).* On indique quelques adresses dans la rubrique « Où manger sur le pouce ? ».
– On peut aussi ***faire son marché,*** ou le prix des fruits et des légumes est souvent moins cher que ceux pratiqués en France (sauf dans les sites touristiques) ; ambiance toute locale en prime !
Les prix s'entendent pour un ***repas complet par personne, boisson non comprise :***
– ***sur le pouce/très bon marché :*** moins de 10 € ;
– ***bon marché :*** de 10 à 20 € ;
– ***prix moyens :*** de 20 à 30 € ;
– ***plus chic :*** de 30 à 50 € ;
– ***très chic :*** plus de 50 €.

Pourboire, service et couvert

Ne vous étonnez pas de voir votre addition majorée du traditionnel ***pane e coperto*** (pain et couvert ; appliqué dans la majorité des restos). Il varie entre 1,50 et 3 € (sur les îles Éoliennes, il n'est pas rare de le voir à 4, voire 5 € par personne !). Seuls les snacks n'appliquent pas de couvert – et encore...
En revanche, l'eau minérale n'est pas trop chère (autour de 2 € la grande bouteille) et aucun pourboire n'est attendu à la fin du repas (ce qui ne vous empêche évidemment pas d'en laisser un si le service et le repas vous ont plu).

Visites des églises et musées

En raison de la Covid et de ses suites, les horaires sont susceptibles d'être momentanément modifiés, et la réservation devient parfois obligatoire, pour contingenter le nombre de visiteurs. De même, certains services (audioguide, consigne, ou café et restaurant) proposés par les musées peuvent être éventuellement suspendus. Dernière chose, en cas de situation sanitaire compliquée, certains musées relevant d'une gestion régionale invitent les visiteurs à réserver leur entrée à l'avance sur le site • *laculturariparte.youline.cloud* • Dans tous les cas, il est impératif de vous renseigner au préalable pour éviter toute mauvaise surprise.

– ***Les églises sont souvent gratuites,*** sauf l'accès aux sacristies, salles capitulaires ou cryptes recelant des *tesori* (trésors). Il arrive, cependant, qu'elles soient payantes (dans des villes comme Erice ou Agrigente – en Sicile africaine – ou Syracuse, etc.) ou que l'on insiste un peu lourdement sur la possibilité de laisser une petite pièce (ou un gros billet, à vous de voir !), mais c'est en général pour la bonne cause : cet argent est en effet celui qui permet de restaurer, de sauvegarder et d'ouvrir ces édifices à la visite.
Pour le reste, les tarifs des sites ou musées varient souvent entre 4 et 15 €, avec parfois un petit supplément de 2-3 € lors d'une exposition temporaire.
– ***Bon à savoir :*** certaines villes proposent aussi des ***passes*** ou ***billets combinés*** pour faciliter l'accès à leurs musées. Renseignez-vous à l'office de tourisme dès votre arrivée.
– ***Attention, tous les musées sont fermés le jour de Noël, et pratiquement tous le Jour de l'an.***
– Les professeurs et les étudiants de moins de 25 ans ont quelquefois droit à une réduction de 50 %. ***Les moins de 18 ans, les étudiants et les enseignants en architecture et en histoire de l'art, et les guides touristiques de l'Union européenne bénéficient de la gratuité dans les musées d'État.*** Munissez-vous donc de votre carte d'identité et de votre carte d'étudiant le cas échéant.
– Les musées n'acceptent pas toujours les cartes de paiement : prévoir des espèces !
– Enfin, la tradition de la *mancia* (la manche, en quelque sorte...) voulait que l'on donne un pourboire aux sacristains qui montraient les peintures des églises. Ils sont aujourd'hui remplacés par des tirelires électriques qui permettent d'admirer les chefs-d'œuvre sans forcer la main (1 à 2 €)...

CLIMAT

Méditerranéen par excellence, le climat est (un peu) tempéré par l'influence marine.

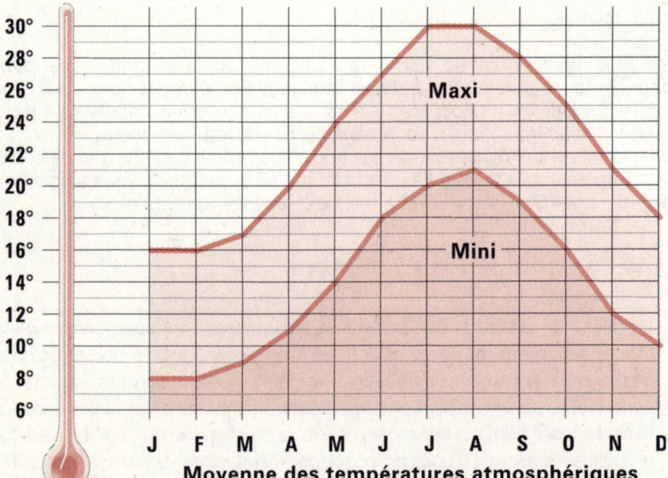

Moyenne des températures atmosphériques
PALERME

Au printemps, de mi-avril à fin mai, les températures demeurent fraîches. La Sicile est alors toute verte et pleine de fleurs. Celles des orangers embaument sublimement l'air.

En été, juillet et août, c'est le climat africain : paysage pelé, champs couverts d'une végétation rase, jaunie et desséchée. Il fait alors chaud, très chaud (40 °C ou plus), la luminosité est aveuglante, l'air brûlant. Comme l'écrit Lampedusa dans *Le Guépard,* « il neige du feu »... Les Siciliens eux-mêmes évitent de sortir entre 13h et 17h. De gros orages se forment régulièrement.

Les ***automnes*** sont doux et pluvieux, les ***hivers*** assez ensoleillés, avec toutefois des jours un peu frisquets. À Palerme, en janvier, la température moyenne tourne autour de 11-13 °C tandis qu'à Enna, dans les montagnes, elle est de 4 °C. La neige recouvre alors souvent les sommets de l'Etna et des massifs des Madonie et des Nebrodi. Il pleut irrégulièrement de fin octobre à mars, avec parfois des pics de précipitations dues à la formation en mer d'un cyclone subtropical méditerranéen appelé aussi *medicane* (contraction de *mediterranean hurricane*). Ces phénomènes, malheureusement aggravés ces dernières années par le réchauffement climatique, peuvent être d'une violence inouïe, comme ceux qui se sont abattus sur les régions de Catane et de Sciacca en octobre 2021. Sinon, la Sicile reçoit en moyenne 700 mm d'eau par an.

Saison idéale : pour parcourir la Sicile et ses îles, l'idéal est de mai à juillet ou septembre-octobre. Il fait bon et beau, il y a moins de monde, et les prix sont plus bas.

LA PLUIE OU LA POTENCE !

En 1893, la Sicile connut une terrible sécheresse qui dura 6 mois. Les Siciliens prièrent, allumèrent des cierges, défilèrent en procession. Tous les moyens furent utilisés pour obtenir de la pluie. Certains se flagellèrent avec des verges de fer. Partout, on invoqua les saints. Ceux-ci ne firent rien. Les Siciliens se fâchèrent alors contre eux. Ici, on mit une statue dans un jardin pour qu'elle grille au soleil. Là, les saints furent insultés, dénudés, outragés. À Licata, le patron de la ville, saint Angelo, fut menacé de noyade ou de pendaison. « La pluie ou la potence ! », hurlaient les Siciliens en détresse.

Le sirocco, un vent redoutable

– Le *scirocco* (« sirocco » en français), ce vent sec du Sahara, souffle du sud-est environ 20 à 25 jours par an (plus fortement en mars et en novembre). Parfois lourd de sable du désert, il se gorge d'humidité en franchissant la Méditerranée et rend l'air étouffant. Il coupe les jambes et provoque de violentes migraines à rendre fou le plus doux des agneaux (dit-on) ! Autrefois, les familles se réfugiaient dans la « pièce du sirocco », sans fenêtre. Rassurez-vous, si vous êtes surpris par le sirocco, vous pourrez toujours vous rabattre sur les *granite* (glace pilée parfumée), délicieusement rafraîchissantes !

– Sans oublier le mistral, la tramontane et le grec, des vents frais qui soufflent sur la Sicile surtout en automne et en hiver.

DANGERS ET ENQUIQUINEMENTS

Sécurité

Dans les grandes villes comme Palerme et Catane, s'il est vrai qu'en haute saison le rythme des vols à la tire augmente un peu, nulle raison d'en faire une obsession – d'autant que les Siciliens se vexent facilement face aux attitudes méfiantes ! Évitez de porter des objets de valeur de façon ostentatoire et contentez-vous d'appliquer les mêmes règles élémentaires de prudence que dans n'importe quelle

autre grande ville ou site touristique en France. Quant à la Mafia, si elle est toujours bien active, rien à craindre : ce n'est pas aux touristes qu'elle s'en prend...
En cas de perte ou de vol, faites-vous établir un constat pour votre compagnie d'assurances, en vous adressant au poste de *carabinieri* (gendarmerie) ou de *polizia* le plus proche. L'idéal est d'obtenir une déclaration en français, celle en italien devant au retour être traduite et validée par l'administration. Vous pouvez généralement proposer de la rédiger vous-même. Adressez-vous aux agences consulaires de Palerme et de Catane seulement en cas de vol ou de perte de vos papiers d'identité.

Dans la rue

– Portez votre sac en bandoulière et gardez-le sur le ventre, plutôt qu'à l'épaule.
– Évitez de conserver vos papiers, votre téléphone et votre argent dans vos poches arrière.
– Ne mettez pas tous vos œufs dans le même panier : grosses coupures à l'abri des regards (ou au coffre à l'hôtel) et porte-monnaie contenant l'argent nécessaire pour la journée.

En voiture

– Côté passager, ne conservez pas votre sac sur les genoux, car il est plus facile pour une équipe à scooter de vous le dérober à l'arraché.
– Ne laissez rien en évidence à l'intérieur ni vos bagages dans le coffre. Pensez même à retirer la plage arrière de manière à montrer que vous n'avez rien dans la voiture ! Dans les grosses villes, le garage, quoique cher, est conseillé en cas de stationnement prolongé.

Contrefaçons

Les vendeurs à la sauvette sont nombreux dans les rues des grandes villes, tout autour des sites touristiques. Évitez de succomber aux ***imitations*** de sacs de grandes marques. Acheter ce genre de produit est rigoureusement interdit et passible d'une ***très forte amende.*** À la douane, en rentrant chez vous, si vous êtes pris la main dans le sac, vous risquez là encore une forte amende, et même une peine d'emprisonnement. Depuis quelque temps, les autorités italiennes et françaises ont renforcé les ***contrôles, particulièrement dans les aéroports.***

Amendes

Si vous devez payer une amende (PV) après avoir été verbalisé (excès de vitesse, mauvais stationnement, infraction au code de la route...), faites-le ! Ne quittez pas l'Italie sans l'avoir payée. Car la police italienne vous rattrapera, même en France, et vous devrez payer le double ou même le triple du montant initial ! Cela concerne ***aussi et surtout les voitures de location,*** hélas (pour lesquelles vous devrez payer, en plus, des frais de dossier !).

ÉLECTRICITÉ

Tension électrique : 230 V, 50 Hz. Les prises sont parfois un peu différentes, mais on peut brancher les rasoirs et les chargeurs d'appareil photo ou de téléphone portable sans problème. C'est plus difficile pour les appareils qui possèdent une prise de terre (sèche-cheveux, ordinateur, etc.). Dans ce cas-là, il faut un adaptateur (qu'on trouve dans la plupart des supermarchés et des drogueries).

FÊTES ET JOURS FÉRIÉS

Fêtes et festivals

Les fêtes religieuses se déroulent, pour la plupart, de janvier à début juillet, et les villes célèbrent leurs saints patrons tout au long de l'année. L'été est plus propice aux festivals musicaux et aux représentations de théâtre qui se tiennent dans les sites privilégiés, tels que les théâtres gréco-romains. *Taormina* accueille, par exemple, un festival international de musique, théâtre, cinéma et ballet, parfois en jumelage avec le Festival d'Avignon...

– ***Janvier :*** dans la province de Palerme, à *Piana degli Albanesi* comme à *Mezzojuso,* la fête de l'Épiphanie *(Epifania)* se déroule selon le rite orthodoxe *(a vulata d'a palumma).*

– ***Février :*** le carnaval témoigne d'un faste particulier à *Acireale* ; c'est même, avec ceux de Venise et de Viareggio, l'un des plus grands d'Italie. N'oublions pas non plus ceux de *Sciacca* et de *Termini Imerese* (réputé pour être le plus ancien de Sicile). *Agrigente* accueille le Festival international de folklore, à l'occasion de la fête de l'Amandier en fleurs. Et du 1er au 3, *Catane* célèbre sa patronne : sainte Agathe.

– ***Mars :*** saint Joseph *(san Giuseppe)* est fêté le 19 ou le dimanche le plus proche de cette date à *Salemi, Prizzi, Santa Croce Camerina* et *Niscemi.* À *Salemi,* en particulier, se déroulent des célébrations autour du rite des « pains ».

– ***Avril :*** les cérémonies de la Semaine sainte sont célébrées dans de très nombreuses villes de Sicile, dont *Caltanissetta, Caltagirone, Enna, Erice.* La procession pascale de *Trapani* est exceptionnelle : les croyants y portent des ensembles de statues en bois du XVIIe s baptisées *misteri.* Celles-ci sont fixées sur une plateforme pesant entre 800 kg et 1 t ! Il faut pour chacune d'entre elles entre 12 et 18 porteurs. *Ragusa* et *Modica* fêtent la Saint-Georges (patron de la ville) le dernier dimanche d'avril. Et *Taormina* fête la charrette sicilienne à la fin du mois.

– ***Mai :*** fête de San Crocifisso à *Monreale.* À *Caltagirone,* à la fin du mois, c'est la *scala Infiorata* : le célèbre escalier orné de céramiques est illuminé de milliers de lumignons formant des dessins changeants. Le 1er dimanche du mois, *Syracuse* célèbre sainte Lucie qui aurait sauvé la ville de la famine en 1646. Quant à *Scicli,* le dernier dimanche du mois, elle promène sur son cheval la *Madonna delle Milizie,* sorte de Jeanne d'Arc locale qui mena la reconquête sur les Sarrasins en 1091.

– ***Juin :*** à *Aci Trezza,* fête de San Giovanni. À *San Vito lo Capo,* fête patronale de San Vito lo Capo, saint sicilien à l'origine de la cathédrale Saint-Guy à Prague (voir encadré à San Vito lo Capo). À *Palerme,* foire des pays méditerranéens *(fiera Campionaria)* la 1re quinzaine du mois. À *Syracuse,* le Festival de tragédies classiques s'empare du théâtre gréco-romain jusqu'à la fin juillet. Le festival international culturel *Taormina Arte* dure de mi-juin à mi-septembre dans le cadre grandiose du *teatro antico.* Sans compter le prestigieux *Taormina Film Fest,* de fin juin à début juillet, festival de cinéma né dans les années 1950 et qui attire le gratin du 7e art, avec des films en compétition...

– ***Juillet :*** *Palerme* célèbre sa patronne, sainte Rosalie, du 10 au 15, avec un cortège historique, un char gigantesque, des lumières et des feux d'artifice. Des représentations théâtrales, de musique classique ou d'opérette, voire de jazz, de cinéma ou de ballet, ont lieu dans différentes villes, parmi lesquelles *Catane, Erice* (musique médiévale et de la Renaissance), *Gibellina, Ségeste, Tindari* ou encore *Trapani.*

– ***Août :*** des joutes de chevaliers costumés sont organisées à *Geraci Siculo. Piazza Armerina* fête la victoire du Normand Roger de Hauteville sur les Sarrasins en 1071 par des chevauchées en costume médiéval, des courses et des jeux d'adresse, ainsi que le *Palio dei Normanni* les 13 et 14 (processions, chars géants et théâtres de rue). *Messine,* elle, promène ses géants, Mata et Grifone, les 13, 14 et 15.

– ***Septembre :*** fête de saint Michel archange à *Caltanissetta.* Exposition du cheval de San Fratello dans sa ville à la fin du mois. Grande fête médiévale en tout début

de mois au château de *Mussomeli* et concours international de couscous à *San Vito lo Capo,* où la petite graine est à l'honneur 1 semaine durant.
– ***Novembre :*** *Palerme, Catane* et *Messine* accueillent leur saison lyrique. Le 2, *Palerme* fête « ses morts » en offrant aux enfants cadeaux et gâteaux de la part de leurs ancêtres disparus. *Monreale* accueille le Festival international de musique sacrée.
– ***Décembre :*** expositions et foires-expositions de crèches à *Caltagirone, Catane, Custonaci* et *Acireale. Syracuse* fête à nouveau sainte Lucie le 13, lors d'une grande procession.
– Et n'oublions pas que la Sicile participe aux ***Journées européennes du patrimoine, un week-end en septembre,*** où certains palais et autres sites privés ouvrent exceptionnellement leurs portes au public. Infos sur • *fondoambiente.it* • *musei.beniculturali.it/eventi/giornate-europee-del-patrimonio* •

Jours fériés

Attention aux faux amis : *giorno feriale* signifie « jour ouvrable », soit du lundi au samedi. Le *giorno festivo* correspond aux dimanches et jours fériés ! Ces derniers sont à peu près identiques aux nôtres, même si moins nombreux (exit l'Ascension et la Pentecôte, par exemple).
– ***1er janvier :*** *Primo dell'Anno* (ou *Capodanno,* le Jour de l'an).
– ***6 janvier :*** *Epifania.*
– ***Lundi de Pâques :*** *Pasquetta* (ou *lunedì dell'Angelo*).
– ***25 avril :*** *Liberazione del 1945* (fête nationale).
– ***1er mai :*** *festa del Lavoro.*
– ***2 juin :*** *festa della Repubblica.*
– ***15 août :*** *festa dell'Assunta* (ou *Ferragosto*).
– ***1er novembre :*** *Ognissanti.*
– ***8 décembre :*** *Immacolata Concezione.*
– ***25 et 26 décembre :*** *Natale* et *Santo Stefano.*
Sont aussi considérés comme des jours semi-fériés les ***14 août, 24 et 31 décembre.*** Certaines festivités comme celles du 15 août peuvent durer plusieurs jours et paralyser en partie la vie économique.

SORCIÈRE D'UN JOUR

Pour tous les Italiens, l'Épiphanie est le jour de la Befana, une gentille sorcière qui circule à califourchon sur son balai de paille. Elle rend visite aux enfants : aux méchants, elle dépose du charbon dans la chaussette suspendue à la cheminée, et aux gentils, des confiseries et des cadeaux...

HÉBERGEMENT

Ainsi que l'indique notre rubrique « Budget », le gros de vos dépenses sera consacré à l'hébergement. Pour la très haute saison (du 20 juillet au 20 août), et dans une moindre mesure pour la haute saison (du 1er juin au 19 juillet et du 21 août au 15 septembre, les périodes de fêtes, les ponts et les festivals, ***réservez votre hébergement le plus tôt possible.*** Si vous êtes en couple, précisez « *matrimoniale* », sinon vous risquez de vous retrouver avec 2 lits séparés !

Campings

Les campings, étoilés et classés par catégories, sont généralement ouverts d'avril à octobre, et parfois toute l'année. En Sicile, on paie en général un tarif fixe par personne (prix *speciale bambini* pour les moins de 12 ans), auquel on ajoute le prix de la voiture et de la (ou des) tente(s), plus ou moins cher selon la taille. Bref, l'addition peut vite grimper. En plein été, il n'est ainsi pas rare de payer dans les 35-40 € pour 2 personnes, avec une petite tente et une voiture. Toutefois, en cherchant bien, on trouve encore des campings qui tournent autour de 25 € pour 2 en haute saison – mais là, vous ne serez pas nécessairement en bord de mer et un peu les uns sur les autres.

– ***La plupart des campings disposent d'une piscine.*** Il arrive que celle-ci soit payante et le bonnet de bain exigé.
Pour la liste des terrains de camping, on peut consulter les sites ● *guidacampeggi.com* ● ou ● *campeggi.it* ● Vous pourrez aussi vous procurer une brochure avec la liste complète des terrains éditée par la Confédération italienne de camping, *Guida ai Campeggi,* dans des librairies de la péninsule ou, avant le départ, à l'adresse suivante :

■ ***Fédération française de camping et caravaning :*** ● *info@ffcc.fr* ● *ffcc.fr* ● Possibilité d'acheter en ligne la carte *FFCC Multi-avantages* qui permet de bénéficier d'assurances spécifiques, dont l'assurance annulation/interruption de séjour, ainsi que de de nombreuses publications dont le guide de l'Europe du Sud. La carte *FFCC* comprend également la *Camping Card International,* qui vous permettra d'obtenir, entre autres, de multiples réductions dans les campings italiens.

Auberges de jeunesse (AJ)

On trouve un certain nombre d'auberges de jeunesse officielles *(ostelli della gioventù)* en Sicile. Elles sont généralement bien tenues mais ne disposent pas toujours de cuisine. La carte internationale y est obligatoire. Vous pouvez vous la procurer en France auprès de ***Hostelling International,*** représenté à Paris par la ***Fédération unie des auberges de jeunesse*** (*FUAJ* ; coordonnées plus haut dans la rubrique « Avant le départ »). Vous pouvez aussi vous adresser au central de réservation des AJ italiennes :
■ ***AIG Associazione italiana Alberghi per la gioventù :*** ● *hihostels.com* ●
– Il existe aussi des ***AJ/hostels privés*** *(ostello)* proposant le même type d'hébergement, dans une ambiance souvent plus conviviale et à peu près aux mêmes tarifs. Ces *ostelli* ont le mérite d'être souvent bien mieux situés *(● hostelworld.com ●).*

Le logement dans les communautés religieuses

– Ce type d'hébergement est encore fréquent en Sicile. Pour être hébergé dans les monastères, il n'est pas nécessaire d'être pratiquant. L'essentiel est de se montrer respectueux des lieux et de la culture religieuse catholique romaine. Toutefois, les couples non mariés se renseigneront avant ! Certaines communautés n'acceptent pas les couples, d'autres refusent la mixité.
– Les chambres sont en général sobrement décorées, fonctionnelles et très propres. Prévoir parfois un couvre-feu (vers 23h). Les offices de tourisme disposent des listes de ces hébergements ; sinon, voir le site très bien fait et illustré : ● *monasterystays.com* ●

Affittacamere et Bed & Breakfast

Quand il n'y a pas d'AJ ou d'hébergement au couvent du coin, l'***affittacamere*** est généralement l'option la moins chère. On se contente d'une simple chambre, avec salle de bains à partager ou non. Déco basique, et confort souvent réduit à l'essentiel. Certains abritent aussi des chambres avec kitchenette (parfois cachée dans une armoire !) ou des ministudios.
Se confondant parfois avec les *affittacamere,* les ***B & B*** peuvent regrouper différentes sortes d'hébergement : de l'authentique maison d'hôtes offrant charme et confort (pour un prix moindre que l'hôtel à qualité égale) aux médiocres pensions déguisées, en passant par de véritables petites structures hôtelières...
On rappelle qu'en théorie, un *B & B* est une maison particulière qui ne peut offrir plus de 5 chambres et qui, comme son nom l'indique, doit vous fournir le petit déj

dans le prix de la chambre. Dans les faits, il est de plus en plus rare que le propriétaire habite sur place. Un numéro de téléphone est souvent affiché sur la porte à l'extérieur. Si vous n'avez pas réservé, il faut appeler et attendre votre hôte qui ne vient pas toujours dans la minute, ni dans l'heure. Bien que ne vivant pas sur les lieux, certains proprios vous accueillent chaleureusement et se montrent généreux en bons conseils. Malheureusement, il arrive aussi que l'accueil soit inexistant, avec un petit déjeuner servi sur place, mais souvent par un employé de la maison qui n'y passe que pour cela ou encore mis à disposition au café du coin.
– ***Côté pratique :*** méfiez-vous de ces types d'hébergements situés dans les « ***zona a traffico limitato*** » (*ZTL*, comme le quartier d'Ortigia à Syracuse) : ceux-ci n'étant pas forcément déclarés, leurs propriétaires omettent de vous enregistrer auprès de la police pour éviter les contrôles. ***Or, si vous circulez ou stationnez dans ces zones sans que votre plaque d'immatriculation ait été signalée aux services concernés, cela vous vaudra une amende.*** Par ailleurs, cette illégalité se traduit souvent par une absence de panneaux qui rend ces *B & B* difficiles à trouver... sauf sur Internet, évidemment...

Hôtels

Les établissements de Sicile sont le plus souvent familiaux – toutes catégories confondues – et aménagés dans de grandes villas, vieux immeubles ou maisons plus ou moins remodelés. Ils sont classés en 5 catégories (1 à 4 étoiles et luxe). Les prix sont parfois élevés pour un confort et un service parfois discutables. Toutefois, hors le mois d'août (où les prix s'emballent affreusement) ou dès que l'on s'éloigne des côtes ou des sites archéologiques, ils tendent à devenir plus raisonnables. La plupart des chambres sont climatisées et dotées du wifi et même souvent d'un frigo, voire d'une kitchenette.
– Ayez toujours avec vous une ***preuve écrite de la confirmation de la réservation*** (e-mail, photocopie du relevé bancaire montrant le versement d'arrhes...). Dans les petits hôtels, passer un coup de fil pour confirmer la veille de votre arrivée n'est pas superflu... car il peut survenir que les résas soient annulées pour cause de surbooking !
– Le ***petit déjeuner,*** généralement un buffet, de qualité très variable d'un établissement à l'autre, est la plupart du temps inclus dans le prix.
– Si vous êtes en ville côté rue, renseignez-vous sur la présence ou non du ***double vitrage*** !

Échange d'appartements et de maisons

Cette formule de vacances de plus en plus appréciée permet à ceux qui possèdent une maison, un appartement ou un studio d'échanger leur logement contre celui d'un adhérent du même organisme, dans le pays de leur choix, pendant la période des vacances. Une formule qui offre l'avantage de passer des vacances à l'étranger à moindres frais, en particulier pour les couples avec enfants. Voici 2 agences qui ont fait leurs preuves :

■ ***Homelink :*** • *homelink.fr* • *Adhésion annuelle : 125 € avec diffusion d'annonce sur Internet.*

■ ***Intervac France :*** • *intervac.fr* • *3 formules d'adhésion annuelle avec diffusion d'annonce sur Internet : 99-135 €.*

Agriturismo

Le tourisme rural *(agriturismo)* est, à notre avis, ***l'une des meilleures façons de découvrir la Sicile et ses habitants,*** même si certaines adresses ressemblent davantage à de petites structures hôtelières à la campagne qu'à de vraies chambres d'hôtes à la ferme. Il n'est pas rare qu'un séjour de minimum 2 nuits soit exigé. Côté confort, on trouve de tout. Certaines adresses sont simples, d'autres

carrément luxueuses avec piscine, spa et salle de fitness. Dans la catégorie supérieure, les ***bagli*** sont de vieilles fermes cossues ou de petits manoirs à la campagne, pour dormir entre des murs plus que centenaires.
La plupart du temps, les chambres ont leur propre salle de bains et la clim. De nombreux *agriturismi* proposent de ***dîner sur place avec les produits de l'exploitation*** (olives, huile d'olive, citrons, amandes, oranges, légumes du jardin, vin du domaine...) ou de la région (poissons et fruits de mer pour les maisons du littoral). Lors de votre séjour, on vous recommande chaudement de vivre au moins une fois un de ces repas (souvent simples, savoureux et... très, très copieux !).
Souvent proposés en parallèle dans les mêmes structures, les ***gîtes*** (ou ***appartements***) se louent parfois à la nuitée hors saison, mais quasiment toujours à la semaine en été. Pour les familles et les groupes d'amis, c'est l'hébergement idéal : le prix ramené à la nuitée et par personne est souvent intéressant, les enfants ont davantage de liberté de mouvement, et on peut manger « à la maison », ce qui réduit sacrément le budget nourriture. Plus reposant que de changer de chambre et de ville tous les jours, c'est aussi une manière de découvrir plus en profondeur un endroit. Véhicule indispensable toutefois si l'on veut visiter le reste de la région.
– Pour trouver un hébergement et réserver en amont : ● *agriturist.it* ● *agriturismo.it* ● *agriturismo-sicilia.it* ●

HORAIRES

La pandémie de *Covid-19* a contraint de nombreux établissements à adopter des horaires provisoires, que vous trouverez toujours affichés à l'entrée. Nous avons préféré conserver dans nos textes les horaires habituels, en tablant sur un futur rétablissement de la situation sanitaire. Dès votre arrivée, adressez-vous à l'office de tourisme pour vérifier les horaires en vigueur ou passez-leur un coup de fil.

Les horaires sont souvent très variables en Sicile, voire pas respectés du tout alors qu'ils sont affichés. Les offices de tourisme distribuent quelquefois gratuitement une liste actualisée des lieux de visite avec les horaires d'ouverture (très utile pour les expos temporaires).
– ***Restaurants :*** généralement de 13h à 14h30-15h et de 20h à 23h, mais parfois plus tôt dans les zones touristiques. Les Siciliens déjeunent rarement avant 13h et dînent à partir de 21h. Cela dit, réserver ou arriver tôt permet souvent d'éviter d'attendre dans les endroits les plus appréciés. La possibilité d'être servi jusqu'à 23h et au-delà n'a rien d'exceptionnel.
– ***Églises :*** généralement ouvertes tôt le matin pour la messe (souvent dès 6h30), ainsi que pour les vêpres (ah, les vêpres siciliennes !). Les églises-musées ont des horaires plus étendus, mais certaines églises n'ouvrent jamais leurs portes. La visite des églises est interdite pendant les messes (le dimanche matin notamment).
– ***Musées et sites :*** *aperto ? Chiuso ?* Allez savoir. La fantaisie, qui fait partie des charmes de l'Italie, n'est pas exclue, tant s'en faut, en ce domaine. Les musées ouvrent en général entre 8h et 9h30 pour fermer entre 12h et 14h. Ils rouvrent l'après-midi entre 14h et 15h30 jusqu'à 17h, 18h, voire 19h ou même 20h pour les plus importants. En hiver, les horaires sont réduits. Certains ne font pas de pause déjeuner ; d'autres, assez nombreux, ferment le lundi. Souvent, les sites archéologiques sont accessibles de 9h le matin à 1h avant le coucher du soleil. À savoir cependant : ***tous les musées sont fermés le 1er mai, le jour de Noël, et bien souvent le Jour de l'an.***
– ***Bureaux et administrations :*** le matin seulement.
– ***Magasins :*** en règle générale, de 9h à 13h et de 16h à 19h30, et toujours fermés le dimanche et une demi-journée par semaine (souvent le lundi matin).

LANGUE

Comme vous le découvrirez vite, l'italien est une langue d'un abord facile pour les francophones. En peu de temps, vous en apprendrez quelques rudiments suffisants pour vous débrouiller *(gelato, caffè, mangiare, dormire...)*. Pour vous aider à communiquer, n'oubliez pas notre ***Guide de conversation du routard en italien.***

Les Siciliens, entre eux, parlent un dialecte. Ils seraient encore plus de 70 % à l'utiliser en famille. Le dialecte sicilien n'est cependant pas enseigné et ne fait pas l'objet de la moindre revendication... Si vous maîtrisez mal l'italien, le dialecte sicilien risque de vous être incompréhensible. Pour vous donner une toute petite idée des différences entre le sicilien et l'italien, voici un petit proverbe pour la route : *Fimmina senza amuri è rosa senza uduri* (en italien, cela donne : *Una donna senza amore è come una rosa senza odore*), autrement dit : « Une femme sans amour est comme une rose sans odeur. » Étonnant, non !? Toutefois, ne vous découragez pas : il vous restera toujours la possibilité de joindre le geste à la parole. En outre, certains hôteliers et restaurateurs dans les lieux les plus touristiques parlent le français.

PARLER AVEC LES MAINS

Voilà une spécificité locale. Plus les Italiens sont excités, plus les mains s'agitent ! Autre constatation : les gestes augmentent dès qu'on descend dans le sud de l'Italie. Attention, chaque mouvement est codifié et précis. Une explication : l'unité italienne ayant été tardive (1861), les gens parlaient peu l'italien mais plutôt leur propre dialecte, incompréhensible ailleurs.

Quelques éléments de base

Politesse

Bonjour	*Buongiorno*
Bonsoir	*Buonasera*
Bonne nuit	*Buonanotte*
Au revoir	*Arrivederci*
Excusez-moi	*Scusi*
S'il vous plaît	*Per favore*
Merci	*Grazie*

Expressions courantes

Parlez-vous le français ? l'anglais ?	*Parla francese ? inglese ?*
Je ne comprends pas	*Non capisco*
Parlez lentement	*Parli lentamente*
Pouvez-vous me dire ?	*Può dirmi ?*
Combien ça coûte ?	*Quanto costa ?*
C'est trop cher	*È troppo caro*
L'addition, s'il vous plaît	*Il conto, per favore*

Le temps

Lundi	*Lunedì*
Mardi	*Martedì*
Mercredi	*Mercoledì*
Jeudi	*Giovedì*
Vendredi	*Venerdì*
Samedi	*Sabato*
Dimanche	*Domenica*
Aujourd'hui	*Oggi*
Hier	*Ieri*
Demain	*Domani*

Les nombres

Un	*Uno*
Deux	*Due*
Trois	*Tre*
Quatre	*Quattro*
Cinq	*Cinque*
Six	*Sei*
Sept	*Sette*
Huit	*Otto*
Neuf	*Nove*
Dix	*Dieci*
Quinze	*Quindici*
Cinquante	*Cinquanta*
Cent	*Cento*

Transports

Un billet pour...	*Un biglietto per...*
À quelle heure part... ?	*A che ora parte... ?*
À quelle heure arrive... ?	*A che ora arriva... ?*
Gare	*Stazione*
Horaire	*Orario*

À l'hôtel

Hôtel	*Albergo*
Pourrais-je avoir... ?	*Porrei avere... ?*
Il n'y a pas/plus de...	*Non c'è (ci sono* au pluriel*)/Non c'è più...*
Est-ce que le petit déjeuner est compris ?	*È inclusa la colazione ?*
Pension de famille	*Pensione familiare*
Je désire une chambre	*Vorrei una camera*
À un lit	*Con un letto singolo*
À deux lits	*Con due letti*
Chambre double	*Doppia, matrimonale*

Directions

Où est... ?	*Dove è... ?*
À gauche	*A sinistra*
À droite	*A destra*
Rue	*Via*
Route	*Strada*

CIAO !

Le mot le plus utilisé en Italie vient de sciavo, qui signifie « esclave ». En effet, cette interjection a pour sens « je suis votre esclave », ce qui est une façon un peu appuyée pour dire « je suis à votre service ».

– ***Bon à savoir :*** alors qu'après un « merci » la langue française ne concède un « de rien » que pour mieux signifier que ce rien lui a coûté quelque chose, le petit ***prego*** à l'italienne s'adapte à toutes les circonstances, tel un caméléon idiomatique. Il est le « de rien » bien sûr, qui ponctue le *grazie,* mais aussi le souriant « s'il vous plaît » à la belge qu'on vous tend avec l'addition, le galant « après vous » qui vous ouvre la porte, le vague « installez-vous » du restaurateur à la salle désespérément vide, le « oui ? » interrogatif du préposé au bureau d'accueil, le pressant « allez-y » du résorbeur de files d'attente... Bref, il est intraduisible.

À propos des dialectes

• *dialettando.com* • En italien. Un lien pour se rappeler que la diversité dialectale des régions en Italie est très importante. Pour apprendre quelques expressions typiques et mots de vocabulaire... Succès garanti auprès des Siciliens !

LIVRES DE ROUTE

– ***Le Guépard*** (1958), de Giuseppe Tomasi di Lampedusa, Points, coll. « Grand Roman », 2007. En 1860, la vague républicaine menée par Garibaldi déferle sur la Sicile. Le prince Salina, aristocrate dont le blason représente un guépard, voit se défaire peu à peu l'ordre ancien, alors que son neveu Tancrède, incarnant le monde nouveau, s'enrôle dans l'armée républicaine. Aux soubresauts politiques qui agitent l'île, Giuseppe di Lampedusa (1896-1957) oppose une image immuable, voire fataliste de la Sicile et dresse, à la manière d'un peintre impressionniste, le portrait d'une île éternelle. Belle adaptation cinématographique de Visconti.

– ***Tous les soleils*** (1984), de Bertrand Visage, Le Seuil, coll. « Points » n° 628, 1999. En deuil et enceinte, la jeune et belle Maria nargue les hommes de Soleone. Elle séduit même un juge venu défier le clan. Car nous sommes en Sicile, région jamais nommée. C'est l'atmosphère d'un pays perçue par un enfant auquel rien n'échappe, que le texte de Visage fait revivre sous nos yeux. Avec les odeurs de cuisine, le sirocco qui souffle et le volcan qui fume...

– ***L'Ange aveugle*** (1992), de Tahar Ben Jelloun, Le Seuil, coll. « Points », 1997. À la suite d'un voyage à Naples, en Calabre et en Sicile, Tahar Ben Jelloun a écrit à la demande d'un grand quotidien italien des nouvelles qui ont toutes pour thème la Mafia. Ces récits s'inspirent de faits ou de personnages réels, ce qui leur donne une dimension très instructive : juge anti-Mafia, criminologue, veuve revancharde, grand mafioso émigré des États-Unis ou encore petit brigand de village, tous « vivent la Mafia » ou en vivent à leur manière, mais jamais passive.

– ***La Forme de l'eau*** (1997), d'Andrea Camilleri, Pocket, coll. « Noir » n° 11264, 2004. L'ingénieur Luparello est retrouvé au petit matin mort dans sa voiture, le pantalon baissé. À Vigatà, ville (imaginaire) de Sicile qui ressemble comme 2 gouttes d'eau à Porto Empedocle, à proximité d'Agrigente, tout le monde est d'accord pour clore le dossier, sauf le commissaire Salvo Montalbano. La 1re enquête de ce flic sicilien atypique, qui sait louvoyer entre les écueils pour dénicher la vérité. Une quinzaine d'autres enquêtes de Montalbano sont disponibles chez le même éditeur, hélas desservies par une traduction en français qui ne rend qu'une faible idée de la puissance de la langue originale... Le tout adapté en série TV.

– ***La Concession du téléphone*** (1998), d'Andrea Camilleri, Le Livre de Poche n° 15052, 2001. Filippo Genuardi ne savait pas ce qu'il allait déclencher en demandant l'obtention d'une ligne téléphonique privée. Il est vrai qu'on est à Vigatà en 1890 et qu'une telle demande ne peut qu'attirer l'attention et les convoitises. Quand il n'écrit pas des polars, Andrea Camilleri plonge ses lecteurs dans la Sicile du XIXe s en exhumant de truculentes affaires qu'il transforme en histoires rocambolesques, pour notre plus grand plaisir.

– ***L'Amandière*** (2003), de Simonetta Agnello Hornby, Points, coll. « Grand Roman », 2006. Une jolie déclaration d'amour à la Sicile agricole à travers le portrait d'une femme au destin passionnant. Maria Rosaria Inzerillo est une ramasseuse d'amandes qui entre comme gouvernante dans la famille Alfallipe. À sa mort, on découvre qu'elle est richissime. Les villageois la soupçonnent dès lors d'un lien avec la Mafia locale. Une intrigue bien ficelée.

– ***Borgo Vecchio*** (2019), de Giosuè Calaciura, Folio n° 6879, 2021. Dans le quartier populaire palermitain de Borgo Vecchio, on côtoie des vies d'enfants, de parents, de voyou, de prostituée... tous unis par la misère et le désir de s'en sortir... ou pas. Une tranche de vie palermitaine, admirablement bien écrite, qui ne laissera pas le lecteur insensible.

- ***L'Art de la joie*** (2005), de Goliarda Sapienza, Pocket n° 13510, 2008. Récit qui retrace la vie de Modesta, femme au caractère bien trempé, née en 1900. Sur fond de politique sociale et d'évolution des mœurs, on appréhende ici un portrait de femme qui assume avec force sa sensualité et son indépendance dans la Sicile de la 1re moitié du XXe s en pleine mutation.
- ***À la table de Yasmina, sept histoires et cinquante recettes de Sicile aux saveurs d'Arabie*** (2009), de Maruzza Loria et Serge Quadruppani, Métailié. À la manière des contes amoureux, une jeune femme tente de sauver son frère, arrêté par la cour pour haute trahison, en séduisant le comte Roger Ier de Sicile avec ses savoureuses recettes. Aubergines, pignons, couscous de poisson parviendront-ils à gagner Sa Grâce ?
- ***Vies de Mafia*** (2013), de Delphine Saubader et Henri Haget, 10/18. 12 exemples de vies approchées par la Mafia. Cet ouvrage, rédigé par 2 journalistes de *L'Express,* illustre la part sombre de la Sicile par le biais d'articles, témoignages, documents officiels, et d'une pointe de fiction.
- ***Cosa Nostra, la mafia sicilienne de 1860 à nos jours*** (2007), de John Dickie. Histoire de la Mafia sicilienne qui nous mène au cœur d'une société ultra-secrète dont l'unique objet est de rechercher le pouvoir et l'argent par la violence, en cultivant l'art d'échapper à la justice. Captivant !
- ***Le Goût de Palerme*** (2003), de Jean-Noël Mouret, Mercure de France. Un recueil de textes courts évoquant les différents lieux phares de la ville sicilienne, par de grands auteurs, d'Edmonde Charles-Roux à Edgar Allan Poe en passant par Maupassant. Dépaysant !
- ***Dictionnaire insolite de la Sicile*** (2013), de Régine Cavallaro, éd. Cosmopole. Cette journaliste de formation nous fait découvrir, à travers son œil aiguisé, les richesses et les trésors cachés de la Sicile...
- ***Sur cette terre comme au ciel*** (2012), de Davide Enia, Le Livre de Poche. Davidù, 9 ans, dans le Palerme des années 1980, découvre la boxe aux côtés de son oncle Umbertino, lui-même ancien boxeur talentueux. Le récit de leur vie s'entrecroise avec celui de Rosario, le grand-père ayant combattu en Afrique pendant la 2de Guerre mondiale. S'il faut d'abord s'accrocher un peu pour reconstituer le puzzle, petit à petit l'histoire vous emporte, avec une langue aussi agile et vive que les boxeurs sur le ring. Des personnages attachants aux répliques aussi inattendues que poétiques.
- ***Le Radeau de la Gorgone*** (*Promenades en Sicile* ; 1988), de Dominique Fernandez, photographies de Ferrante Ferranti, éditions Philippe Rey, 2017. Un très beau récit de voyage par Fernandez qui connaît la Sicile depuis 1963. D'une grande culture, d'une belle finesse d'observation, capable de saisir l'âme sicilienne dans ses ombres et ses lumières, l'auteur a grimpé sur les volcans, longé les côtes, exploré les villages, visité basiliques, cryptes, palais, villas, cimetières et vécu parmi les Siciliens si attachants. De loin, son meilleur livre sur la Sicile !

Enfants du pays (comme ***Pirandello*** ou ***Leonardo Sciascia,*** voir la rubrique « Littérature » dans « Hommes, culture, environnement ») ou voyageurs curieux et passionnés, nombreux sont les écrivains fascinés par la Sicile. Parmi les classiques de la littérature de voyage, citons ***Alexandre Dumas*** (*Le Speronare, impressions de voyage en Sicile,* 1835), ***Guy de Maupassant*** (*La Vie errante,* 1885) et aussi ***Goethe*** (*Voyage en Italie,* effectué en 1786 et 1787).

- ***Histoire de la Sicile*** (2009), de Jean-Yves Frétigné, éd. Fayard, coll. « Pluriel », 2018. Difficile d'imaginer un territoire sur lequel se sont succédé autant de civilisations brillantes et si différentes. Les Phéniciens, les Grecs, les Romains, les Arabes, les Normands, les Aragonais et les Espagnols... ont conquis et dominé l'île. Ce livre d'une grande clarté, écrit par un universitaire spécialiste de l'Italie, permet de comprendre ce qui s'est passé en Sicile depuis plus de 2 500 ans jusqu'à nos jours.

PERSONNES HANDICAPÉES

Pour répondre à la loi, de nombreux hébergements se sont équipés d'au moins une chambre pour personnes handicapées, avec douche et portes élargies. Seul hic : il n'est pas rare que l'accès, lui, n'ait pas été aménagé, les rendant de fait inaccessibles ! Même souci dans les villages perchés, de nombreuses ruelles étant en escalier. Quoi qu'il en soit, n'hésitez pas à appeler pour vous renseigner, même si le symbole ♿ ne figure pas dans l'adresse que nous indiquons, car de plus en plus d'hôtes adaptent leur structure. Cela étant, certains déclarent aussi des aménagements qui se révèlent inexistants...

PLAGES

La Sicile compte quelque 1 100 km de côtes, mais cela ne veut pas dire qu'il y a des plages partout ! Si la ***côte sud-ouest*** (Sicile africaine, entre Trapani et Pacino) offre de belles étendues de sable blond, la côte orientale (de Noto à Messine) est souvent plus rocheuse, l'accès à la mer parfois difficile et le sable quelquefois noir. Des sandales en caoutchouc seront les bienvenues pour les galets et les rochers (parfois glissants) où se cachent les oursins.

En été, les plages sont souvent bondées et phagocytées par les régiments de chaises longues et parasols des concessionnaires (les horribles *lidi*) qui en font des plages « payantes ». De plus, elles ne sont pas toujours très propres...

– ***Bon à savoir : attention aux méduses !*** La méduse figurant au centre du blason de la Sicile est inoffensive, mais celles de la mer piquent et blessent. À certains endroits et à certaines périodes de l'année, elles prolifèrent ; on risque alors de faire de mauvaises rencontres dès que l'on s'éloigne un peu du bord. En cas de piqûre, appliquez immédiatement sur la peau une crème à base d'ammoniac qui atténue la sensation de brûlure. Demandez-en à la réception de votre camping ou hôtel, il y a de fortes chances qu'ils puissent vous dépanner.

POSTE

– Les bureaux de poste sont ouverts en général du lundi au vendredi et le samedi matin. Dans les petites villes ou les bureaux secondaires, le rideau tombe dès 13h30 en semaine. Les files d'attente étant souvent longues, il est plus pratique d'acheter ses timbres dans les bureaux de tabac (soit un *tabacchino* ou *tabaccaio,* signalés par un grand « T » blanc sur fond noir).

– Pour la poste officielle, un timbre pour envoyer une carte vers l'Europe revient à 1,15 €. Il existe également un service d'acheminement rapide, *Posta prioritaria* ou *Postamail internazionale* (timbres à partir de 3,50 € pour l'Europe). ***Attention, les boîtes aux lettres des poste italiane sont de couleur rouge.***

– D'autres systèmes privés d'acheminement de lettres ont vu le jour, mais ils manquent souvent de fiabilité. Le plus sûr est donc de poster vos cartes directement au bureau de poste.

SANTÉ

Vaccins

– Depuis le 1er juillet 2021, il est obligatoire dans le cadre de la pandémie de Covid de ***présenter le passe sanitaire européen pour entrer sur le territoire italien.*** Une fois à jour dans sa vaccination, le certificat Covid Europe est délivré directement sur l'application TousAntiCovid (et plus tard par e-mail sur le site de la Sécurité sociale) en scannant le QR code.

Le gouvernement italien demande également de remplir un formulaire avant votre départ sur le site ● app.euplf.eu ●
Pour suivre l'évolution des mesures gouvernementales et européennes, renseignements sur le site italien du ministère de la Santé (● salute.gov.it ●) ou sur celui de l'office de tourisme italien (● italia.it ●)
– Pour les autres vaccins, aucun n'est obligatoire, mais il est préférable d'avoir son rappel antitétanique à jour, surtout si l'on fait du camping. Un répulsif antimoustiques peut s'avérer utile (ces charmantes petites bêtes étant très virulentes en période estivale).

Carte européenne d'assurance maladie

Pour un séjour de courte durée, pensez à vous procurer la carte européenne d'assurance maladie. Il vous suffit d'appeler le ☎ 36-46, de vous connecter par Internet sur votre compte Ameli ou d'en faire la demande sur une borne de votre centre de Sécu. Vous la recevrez sous 15 jours environ. Elle fonctionne dans tous les pays de l'Union européenne ainsi qu'en Islande, au Liechtenstein, en Norvège et en Suisse. C'est une carte plastifiée bleue du même format que la carte Vitale. Elle est valable 2 ans, gratuite et personnelle (chaque membre de la famille doit avoir la sienne, y compris les enfants). Conservez bien les factures pour obtenir les remboursements au retour. Attention, la carte n'est pas valable pour les soins délivrés dans les établissements privés.

TABAC

En Italie, ***la cigarette est interdite dans TOUS les lieux publics*** (restaurants, cafés, bars, discothèques et gares). Interdiction strictement respectée. Il faut dire qu'en cas d'infraction, une grosse amende vous attend à la moindre cigarette allumée (quelques centaines d'euros s'il y a des enfants ou des femmes enceintes à proximité). Il est aussi interdit de jeter son mégot dans la rue : il en coûte une amende de 30 à 150 € (et ça vaut aussi pour les chewing-gums !). Le soir, lorsqu'ils ferment, les *tabacchi* laissent place à un distributeur automatique qui n'est pas toujours bien approvisionné.

TÉLÉPHONE, INTERNET

Téléphone

AVERTISSEMENT : ne vous étonnez pas de voir des numéros de téléphone dont le nombre de chiffres varie (généralement de 8 à 10), c'est normal !

Le téléphone portable en voyage

Un voyageur européen titulaire d'un forfait dans son pays d'origine peut désormais utiliser son téléphone mobile ***au tarif national*** dans les pays de l'Union européenne, sans craindre de voir flamber sa facture. Des plafonds sont néanmoins fixés par les opérateurs pour éviter les excès... Cet accord avantageux signé entre l'UE et ses opérateurs télécoms concerne aussi la consommation de ***données internet 3G ou 4G,*** dont le volume utilisable sans surcoût dépend du prix du forfait national. Par ailleurs, si le voyageur réside plusieurs mois en dehors de son pays, des frais peuvent lui être prélevés...

La connexion internet en voyage

En Sicile, pratiquement tous les hôtels et de nombreux restos ou bars et mêmes certains espaces publics disposent du ***wifi gratuit.*** Mieux que la connexion 4G et 5G qui peut entraîner des frais en usage intensif, le wifi permet aussi de profiter d'un débit parfois supérieur.

Une fois connecté, on accède aussi à tous les services de ***messagerie et de téléphonie par Internet. WhatsApp, Messenger*** (la messagerie de *Facebook*), ***Viber, Skype*** permettent d'appeler, d'envoyer des messages, des photos et des vidéos aux 4 coins de la planète, sans frais. Il suffit de télécharger – gratuitement – l'une de ces applis sur son smartphone, qui reconnaît automatiquement dans votre liste de contacts qui sont aussi connectés.

Urgence : en cas de perte ou de vol de votre téléphone portable

Suspendre aussitôt sa ligne permet d'éviter de douloureuses surprises au retour du voyage ! Le plus simple est de demander la suspension de votre ligne depuis le site internet ou l'appli de votre opérateur. Voici les numéros des 4 opérateurs français, accessibles depuis la France et l'étranger :

- ***Free :*** *depuis la France, ☎ 32-44 ; depuis l'étranger : ☎ + 33-1-78-56-95-60.*
- ***Orange :*** *depuis la France, ☎ 39-00 ; depuis l'étranger : ☎ + 33-969-39-39-00.*
- ***SFR :*** *depuis la France, ☎ 1023 ; depuis l'étranger : 📱 + 33-6-1000-1023.*
- **Bouygues Télécom :** *depuis la France, ☎ 1064 ; depuis l'étranger : ☎ + 33-800-29-1000, 📱 + 33-6-60-61-46-14.*

Appels nationaux et internationaux

- ***Italie → Italie :*** pour les numéros de téléphone fixe, il faut impérativement composer le numéro de votre correspondant précédé du « 0 » et de l'indicatif de la ville.
- ***France → Italie :*** composez le 00 + 39 + indicatif de la ville (précédé du 0) + numéro du correspondant. Pour les portables, 00 + 39 + numéro à 10 chiffres sans le 0. Tarification selon votre opérateur.
- ***Italie → France :*** 00 + 33 + numéro à 9 chiffres de votre correspondant (c'est-à-dire le numéro à 10 chiffres sans le 0).
- ***Renseignements :*** *☎ 12 (gratuit).*
- Pour appeler la ***police nationale,*** composer le *☎ 113* ; les ***carabinieri*** : *☎ 112 ;* les ***sapeurs-pompiers*** *(Vigili del Fuoco)* : *☎ 115.*
- Pour une ***urgence médicale,*** c'est le *☎ 118.*

Internet, wifi

Attention, piratage !

Le wifi public est devenu une véritable passoire ! Il est devenu très facile – même pour un hacker débutant – de s'introduire sur un réseau. La seule parade véritablement fiable est de ne fréquenter que des sites « certifiés ». Ils commencent par « https:// » et affichent un petit cadenas à côté de l'adresse. Dans ce cas, vos transmissions sont cryptées, et donc sécurisées. Les sites les plus sensibles et les plus populaires, comme les banques, ont tous une connexion certifiée.

Enfin, si vous utilisez un ordinateur en libre-service, évitez, dans la mesure du possible, d'entrer votre mot de passe ou toute information sensible ! Une quantité phénoménale de ces postes est infectée par des « enregistreurs de frappes », qui peuvent transmettre vos données à un destinataire mal intentionné. Et si malgré tout vous utilisez ces postes, pensez à bien vous déconnecter et à ne pas cliquer sur l'option « enregistrer mon mot de passe ».

TRANSPORTS INTÉRIEURS

Avion

Palerme, Catane et Trapani ont des aéroports accueillant des vols nationaux et internationaux, opérés par des compagnies aussi bien régulières que *low-cost*, et pour Palerme et Catane villes, directement depuis la France, la Belgique...

Bus

Généralement plus rapide et moins cher que le train. Il existe une compagnie officielle, l'***AST*** *(● aziendasicilianatrasporti.it ●)*, mais elle ne dessert pas toute l'île et ne fonctionne pratiquement jamais le dimanche. Un peu moins chères, les compagnies privées ***SAIS Trasporti*** *(● saistrasporti.it ●)*, ***SAIS Autolinee*** *(● saisautolinee.it ●)* et ***Interbus*** *(● interbus.it ●)* couvrent aussi une bonne partie de l'île. Ajoutez à cela ***pléthore de petites compagnies*** attachées spécifiquement à certaines villes... Par ailleurs, plusieurs lignes de chemin de fer ayant été supprimées, *Trenitalia* a mis en service quelques bus qui desservent les anciennes gares désaffectées.

Seules les grandes villes (Palerme, Agrigente, Syracuse, Messine...) ont une véritable gare routière. Les principales compagnies y ont leur guichet. Dans les cités de moindre importance, on trouve juste un simple arrêt dans la rue. Dans ce cas, ce sont souvent des bars ou autres commerces à proximité qui font office de billetterie ; on peut aussi acheter son billet directement dans le bus à condition d'avoir de la monnaie. Pour les horaires, le plus simple est de consulter le site internet des compagnies ou de s'adresser aux offices de tourisme qui, généralement, s'emploient à les tenir à jour.

– ***Bon à savoir :*** en été, les bus du matin, entre 5h et 7h, sont plus rapides et il fait moins chaud. La combinaison train-bus vous permet de voir un maximum de choses à des prix très raisonnables dans les secteurs géographiques les plus reculés... mais à condition d'avoir du temps devant soi ! Se méfier toutefois du respect pas toujours scrupuleux des horaires : il peut même arriver qu'un bus parte quelques minutes en avance !

Pour les courts séjours, une voiture de location est préférable.

Train

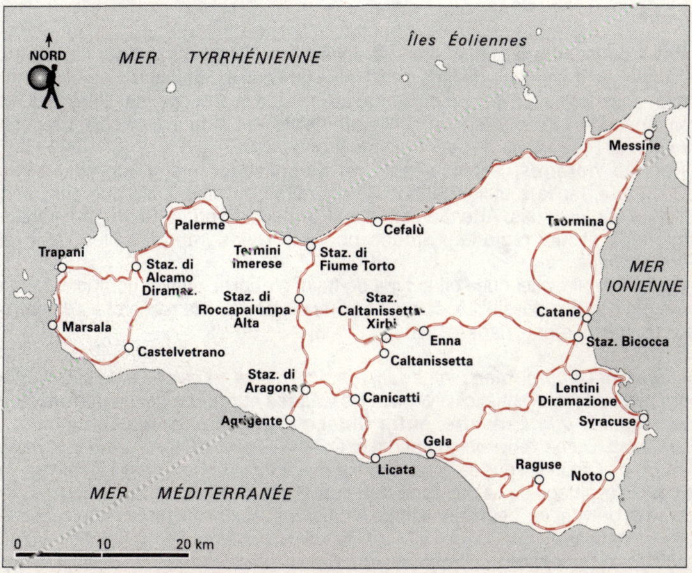

LES CHEMINS DE FER SICILIENS

Réservations et informations

■ ***Trenitalia*** *(chemins de fer italiens) : infos et résas,* ☎ *89-20-21.* • *treni talia.com* • (site traduit en anglais). L'essentiel des trains en Italie est géré par cette compagnie, qui propose des remises intéressantes – quel que soit votre âge – pour voyager à travers tout le pays et pour rejoindre les grandes villes européennes (comme Paris ou Bruxelles)... En Sicile même, cependant, le train n'est pas le moyen le plus pratique pour se déplacer. En outre, dans les petites gares, les guichets sont souvent fermés ou inexistants, il faut donc prendre son billet à un distributeur automatique, dans la gare ou sur le quai, mais évidemment, pour les renseignements, c'est moins commode !

Les types de trains

– Les ***regionale*** sont les trains les moins chers, mais pas les plus rapides ; les ***Intercity*** (normalement un peu plus véloces, plus confortables, mais plus onéreux) sont les trains en grande majorité utilisés sur le réseau ferroviaire italien. La réservation est optionnelle et payante. Vous pourrez faire vos voyages de nuit avec l'***Intercity Notte.***
– Enfin, les routards pressés et plus aisés emprunteront les trains à grande vitesse (l'équivalent de notre TGV) : les ***Frecciarossa,*** les ***Frecciargento,*** les ***Frecciabianca,*** reliant les plus grandes villes entre elles. Réservation automatique à l'émission du ticket, et donc obligatoire. Le mieux, question rapidité et confort, mais aussi le plus cher.
Pour vos billets, vous pourrez privilégier les petits prix *(Super Economy)* et/ou la flexibilité pour les modifier jusqu'à la dernière minute *(Economy, Base).*
N'oubliez pas de composter (en cas d'oubli ou de manque de temps, partez à la recherche du contrôleur après être monté dans le train).

Horaires

– ***Pas trop de retard*** sur les grandes lignes, mais fréquemment sur les petites. Si votre train a un retard de plus de 30 mn, vous pouvez demander une indemnisation sous forme d'avoir. Se présenter assez tôt à la *stazione,* car il arrive qu'un train annoncé au départ sur un quai parte finalement d'un autre quai... C'est ça, l'aventure ! Prévoyez large pour les correspondances.
– Pour les ***horaires,*** le plus simple est de consulter le site internet • *treni talia.com* •, facile à utiliser. Sinon, les horaires propres à chaque gare sont affichés sur les quais. Attention alors aux couleurs : vert et noir pour les trains régionaux et interrégionaux, rouge pour les trains *Intercity,* bleu pour les *Eurostar Italia.*
– ***Bon à savoir :*** quel que soit le type de train, n'oubliez pas de composter votre billet. En cas d'impossibilité, comme en France, partez à la recherche du contrôleur après être monté dans le train.

■ ***Ferrovia Circumetnea :*** *infos sur* • *circumetnea.it* • Les trains de cette petite compagnie desservent exclusivement les ***villages autour de l'Etna dans le sens des aiguilles d'une montre, entre Catane et Riposto, avec changement à Randazzo.*** Durée : environ 4h pour faire Catane-Riposto. On conseille le train qui part tôt de Catane. Pour ceux qui veulent effectuer la boucle dans la journée, il a le double avantage de ne pas avoir de temps d'attente lors du changement à Randazzo et d'éviter les heures chaudes. À ceux qui veulent musarder, nous conseillons un petit arrêt dans la jolie ville de Randazzo. La 2e partie du trajet dure alors 1h30. Puis, pour ***rentrer directement à Catane*** sans rebrousser chemin, ***il faut prendre un train régional à Giarre*** (une station avant le terminus de Riposto), gare située sur la ligne Messine-Catane. Ce dernier tronçon se fait en 30 mn.

Bateau

Toutes les îles siciliennes (les Égades et les Éoliennes) sont desservies par bateau, toute l'année, depuis les ports les plus proches. Beaucoup de liaisons sont assurées par les ***aliscafi*** (catamarans rapides), peu adaptés au gros temps, ce qui implique de fréquents retards ou annulations quand la météo fait des siennes. Les ***ferries*** sont plus sûrs, moins chers, mais aussi moins nombreux et... beaucoup plus lents. En tout état de cause, ne revenez pas au dernier moment avant de prendre un avion, prévoyez une bonne marge. Pour plus d'infos, consulter les rubriques « Arriver – Quitter » des différents archipels et îles – en particulier celle des Éoliennes.

Voiture

C'est la meilleure façon de parcourir la Sicile. En effet, hormis les grands axes, les liaisons des transports en commun restent peu fréquentes et assez aléatoires.

Quelques infos pratiques

– Il est obligatoire de rouler feux de croisement allumés sur les autoroutes et le réseau national (hors des villes), jour et nuit, sous peine d'amende. En général, d'ailleurs, sur une voiture de location – récente – les feux s'allument automatiquement quand on démarre.
– Ne jamais rien laisser en évidence dans une voiture.
– ***Les Siciliens au volant :*** méfiance, dans l'île, les signalisations usuelles tendent à servir de décorations. Au placard, les « stop », les lignes blanches grosses comme un pneu de semi-remorque et les sens interdits ! Idem pour les cédez-le-passage aux ronds-points et vas-y que je te coupe la priorité. En ville, les feux tricolores sont relativement peu nombreux et sur les axes principaux, les véhicules s'avancent de gauche et de droite pour s'insérer dans le trafic ; sans parler des apparitions intempestives de scooters qui se faufilent où ils peuvent. Autrement dit, il faut parfois savoir s'imposer et toujours rester sur ses gardes...
Pas de panique, au bout d'un moment, on se prend au jeu et la conduite se révèle moins sportive (même si la vigilance reste toujours de mise) en dehors des grosses villes et des bords de mer où la circulation, en saison, est particulièrement dense. D'ailleurs, les accrochages sont plutôt rares. Vous noterez aussi que si les Siciliens prennent beaucoup de libertés avec le code de la route, ils acceptent que vous fassiez de même et ne sont pas particulièrement agressifs en retour.
En réalité, votre souci principal sera de trouver votre chemin !
– ***Panneaux de signalisation :*** les indications hétéroclites sont, ou vont, dans tous les sens. Les rues sont souvent mal signalées, parfois les plaques sont illisibles ou masquées par un auvent ou des branches d'arbres. Les sens uniques sont nombreux, les sinuosités encore plus. Une même destination peut d'ailleurs être indiquée par 2 panneaux complètement opposés. Sans parler des carrefours ou ronds-points dont la logique semble échapper au sens commun.
Vous comprendrez, compte tenu des remarques ci-dessus, qu'***une appli de navigation pour smartphone (comme maps.me qui s'utilise sans connexion internet, ou Waze...) ou qu'un bon vieux GPS s'avère très utile pour s'y retrouver, voire indispensable dans certains cas où l'absence de signalisation est totale !***

Stationnement

Réglementé presque partout, il est le plus souvent payant en plein centre-ville (horodateurs, ou règlement auprès d'un préposé – OFFICIEL – au stationnement municipal) comme l'indiquent les ***lignes bleues.*** Il peut aussi être limité et alors requérir l'usage d'un disque horodateur *(disco orario)*, généralement fourni avec les voitures de location (sinon, achat possible dans les bureaux de tabac). Les ***lignes blanches***

Distances en km	AGRIGENTE	CALTANISSETTA	CATANE	ENNA	MESSINE	PALERME	RAGUSA	SYRACUSE	TRAPANI
AGRIGENTE		58	168	95	260	128	132	219	167
CALTAGIRONE	114	82	69	62	162	201	60	104	303
CALTANISSETTA	58		110	36	203	128	125	161	227
CATANE	168	110		87	94	209	104	66	317
CEFALÙ	152	102	182	107	167	69	194	231	171
ENNA	95	36	87		180	135	122	136	245
MARSALA	136	195	333	262	349	124	271	355	31
MESSINE	260	203	94	180		240	196	154	334
MILAZZO	297	239	129	215	38	205	233	189	314
PALERME	128	128	209	135	240		271	258	105
PIAZZA ARMERINA	103	49	94	30	187	169	90	137	272
RAGUSA	132	125	104	122	196	271		90	290
SCIACCA	61	123	233	162	326	97	194	290	107
SEGESTA	146	205	285	214	313	80	279	339	35
SELINUNTE	96	150	269	180	322	119	229	324	93
SYRACUSE	219	161	66	136	154	258	90		365
TAORMINA	220	163	54	137	52	259	153	111	373
TRAPANI	167	227	317	245	334	105	290	365	

indiquent, quant à elles, que le stationnement est gratuit. Certaines villes disposent d'un grand parking gratuit, plus ou moins central, qui s'avère bien pratique...
À Catane et à Palerme, pour simplifier, il y a aussi des stationnements interdits de nuit (pour le passage des bennes à ordures ou des nettoyeuses) ; n'oubliez pas alors de déplacer votre voiture le soir ! Faites aussi attention aux stationnements non autorisés les jours de marché, qui commence vers 5h30-6h du matin. En ce qui concerne les panneaux, sachez que 2 marteaux signifient « jours ouvrables » et que la croix, elle, signifie « dimanche et jours fériés ». Pour éviter toute mauvaise surprise, demandez conseil dans votre hébergement.
Par ailleurs, si les Siciliens semblent souvent se garer n'importe où (et surtout n'importe comment !), certaines subtilités peuvent vous échapper et si vous faites comme eux sans vous être renseigné au préalable, le PV arrive *rapido,* d'autant qu'une voiture de location est facilement repérable.
- ***En cas d'amende :*** pour payer l'amende, se rendre dans le commissariat ou le bureau de poste le plus proche (vous avez 2 mois pour la régler). Sinon, elle sera payée par le loueur sur votre carte de paiement, ou vous la recevrez dans votre boîte aux lettres en France, avec une majoration substantielle. Pour faire des économies (d'argent et de stress), il suffit souvent dans les petites villes de s'écarter un peu du centre pour trouver facilement des places gratuites. Ne reste qu'à marcher un petit quart d'heure (le cœur léger !) pour commencer sa visite.

Les zona a traffico limitato (ZTL)

Dans de nombreuses villes (Syracuse, Palerme, Catane, Raguse, etc.), ***le centre historique est interdit à la circulation par la ZTL (zona a traffico limitato)*** ; cette ZTL, applicable ou non en fonction de certains jours et/ou horaires, est normalement bien indiquée. Inutile d'espérer passer outre car des caméras de surveillance enregistrent les plaques d'immatriculation. Les autorités adressent ensuite un PV au conducteur du véhicule, c'est-à-dire ***à vous*** si vous avez loué une voiture ! Et si vous tournez en rond, sachez que chaque passage devant la caméra vous vaudra un PV ! Une amende (souvent majorée pour défaut de paiement) que vous recevrez tranquillement à votre domicile, parfois 1 an plus tard, en plus des frais de délation prélevés par le loueur ! Un vrai jackpot pour les municipalités italiennes ! Soyez donc vigilant à l'approche des centres-ville, surtout si le GPS accapare toute votre attention. Cependant, ***si votre hébergement est situé en ZTL, demandez conseil en amont à la réception.*** Généralement, les hôtels font le nécessaire auprès des autorités pour vous affranchir de la restriction de circulation, le temps de décharger les bagages...

Stations-service

- En Sicile, ***l'essence coûte cher.*** Pour être au courant du prix du litre, un bon site recense toutes les stations-service de l'île : • *prezzibenzina.it/regioni/sicilia* •
- Les stations-service sont fréquentes sur les autoroutes, où elles sont pratiquement toujours ouvertes.
- Les stations-service en ville ou hors autoroute sont généralement fermées le dimanche et entre 12h30 et 15h30. Dans ce cas, on peut toujours régler (avant de se servir) en espèces ou avec une carte de paiement à un automate, mais il arrive que les cartes étrangères ne fonctionnent pas. Alors soyez prévoyant : gardez toujours des billets en prévision ou faites votre plein pendant les heures d'ouverture.
- Dans les grandes stations-service, vous avez généralement le choix entre le libre-service ou être servi (ceux sont souvent des pompes distinctes) ; sachez que le prix au litre est plus élevé si vous optez pour la 2de solution.

Réseau routier, limitations de vitesse

Le réseau routier est en bon état en ce qui concerne les nationales (SS) et excellent pour les autoroutes. La plupart sont gratuites à l'exception de l'A 18

(Catane-Messine) et d'une partie de l'A 20 (entre Messine et Cefalù). Petite information pratique : ***à la différence de la France, les autoroutes sont indiquées par des panneaux verts et les nationales par des panneaux bleus.*** Sur le réseau secondaire, l'état du goudron est nettement plus aléatoire. Dans certains quartiers des villes, la chaussée est parfois en mauvais état avec des nids-de-poule. Conduire prudemment.
Les ***limitations de vitesse*** sont les mêmes qu'ailleurs en Italie : 120 km/h sur autoroute et 90 km/h sur route.

Location de voitures

– Il est plus avantageux de ***réserver votre voiture depuis la France*** dans le cadre d'un forfait « avion + voiture ». Les prix pratiqués sur place peuvent être beaucoup plus élevés et les garanties offertes souvent moindres.
– Si vous voyagez seul ou à 2, ***louez une petite voiture*** style *Fiat 500*. C'est plus facile pour circuler dans les villes, emprunter les ruelles étroites et se garer dans les villages.
– Ne pas hésiter à lire entièrement le contrat, à passer la voiture en revue, surtout lorsqu'il s'agit de petits loueurs locaux ; et à réclamer un disque horodateur *(disco orario)*.
– Ne signez jamais en blanc le document répertoriant les éventuelles rayures et éraflures. Faites le tour de la voiture lors de sa prise en charge et si vous constatez la moindre éraflure non reportée sur le constat initial, exigez un contrôle contradictoire avec un agent de la compagnie qui la notera sur votre contrat avec sa signature. Méfiez-vous des annotations soi-disant anodines portées en italien ! La prise de voiture se fait souvent de façon décontractée, mais le contrôle de restitution est bien plus serré, alors prenez le temps de refaire le tour du véhicule avec le loueur, aussi au moment de la restitution.
– Certains loueurs obligent à prendre une ***assurance supplémentaire si vous avez moins de 25 ans.***
– La compagnie exige ***toujours*** une empreinte de carte de paiement pour servir de caution (même si votre voyagiste a tout réglé d'avance). La carte doit être au nom de la personne qui loue la voiture.
– ***Sachez qu'en cas de litige à la restitution vous serez débité au bon vouloir du loueur*** et que services qualité ou clientèle sont aux abonnés absents lorsqu'il s'agit d'arbitrer une réclamation !
– Pensez à ***faire le plein avant de rendre la voiture,*** sinon le loueur vous facturera le litre à un prix majoré.
– Les loueurs demandent toujours de fournir une carte de paiement pour régler la location de voiture et bloquer une somme en guise de caution. Mais attention, il existe une ***différence entre une carte de débit et une carte de crédit,*** et il arrive de plus en plus que les agences refusent la carte de débit. Donc vérifiez bien si une mention « CRÉDIT » (débit différé) ou « DÉBIT » (débit immédiat) est inscrite sur votre carte de paiement, sinon renseignez-vous auprès de votre banque (avant votre départ). Par ailleurs, certaines agences exigent que la carte de paiement soit celle de la personne au nom de laquelle la réservation a été faite (et non celle d'un éventuel 2e chauffeur, par exemple).
Vous pouvez accéder à ces informations concernant les conditions de location des loueurs sur le site • *bsp-auto.com* • après avoir lancé votre recherche dans la rubrique « Informations détaillées ».

■ ***BSP Auto :*** ☎ *01-43-46-20-74 (tlj 9h-21h30 – 20h le w-e).* • *bsp-auto.com* • *Remise spéciale de 5 % aux lecteurs de ce guide avec le code « ROUTARD22 ».* Les prix proposés sont attractifs et comprennent le kilométrage illimité et les assurances. *BSP Auto* propose exclusivement les grandes compagnies de location sur place, assurant un très bon niveau de service. Les plus : vous ne payez votre location que 5 jours avant le départ.

bsp-auto.com
+33 1 86 26 90 80
7j / 7
DES PRIX FOUS NÉGOCIÉS POUR VOTRE LOCATION DE VOITURE EN SICILE !
SIXT
Hertz
dollar.
Thrifty
Budget
enterprise
AVIS
Europcar
REMISE DE 5% SUR TOUTES VOS RÉSERVATIONS AVEC LE CODE ROUTARD22
0€
J-5
KILOMÈTRES
ASSURANCES
ANNULATION
PAYEZ 5 JOURS
'ZÉRO FRANCHISE'

Cartes routières

Les cartes routières les plus détaillées et à jour sont celles de *Freytag & Berndt* au 1/150 000 (1 cm = 1,5 km). Il existe aussi une carte *Michelin* au 1/220 000 (1 cm = 2,2 km). Et une carte au 1/250 000 publiée par l'IGN. On vous conseille de vous servir d'une appli *maps* sur votre smartphone (en 3-4G), pour éviter de devoir demander régulièrement votre chemin, en particulier dans les lieux les plus reculés.

Pannes

Il existe en Italie, et en particulier en Sicile, le long des routes, des ***officine meccaniche*** (ateliers de réparation). On vous y prêtera facilement des outils si vous savez bricoler. En revanche, en cas de panne sérieuse, ça risque d'être long et très cher ! Mieux vaut vraiment alors essayer de rejoindre un concessionnaire de votre marque dans une grande ville.
Sur les autoroutes, utilisez, comme chez nous, les bornes d'appel SOS. Sur le reste du réseau routier, les touristes circulant avec une voiture immatriculée à l'étranger peuvent bénéficier des secours routiers gratuits et illimités sur tout le territoire italien de l'*ACI* en composant le ☎ *803-116.* Ils seront reliés à un standard multilingue. Les touristes circulant à bord d'une voiture de location doivent appeler leur loueur, sauf sur les autoroutes où ils utilisent la borne SOS.
Il est obligatoire d'avoir, dans le coffre de sa voiture, un gilet de sécurité fluorescent et un triangle de présignalisation (toutes les voitures de location italiennes en sont équipées).
Pour plus de précisions, consulter le site de l'ACI (disponible en français, via la rubrique « Driving in Italy ») sur ● *aci.it* ● Les bureaux de sécurité routière mettent à votre disposition des informations sur Internet : *infos route* ● *autostrade.it* ● et sur les radios 102,5 (RTL) et 103.3 (Isoradio), ou le *call center* (☎ *840-04-21-21 ; tlj, 24h/24).*

Taxis

Hormis Palerme, Catane et Messine où les taxis sont assez nombreux, dans les autres villes (Trapani, Agrigente...), ils sont rares ou quasi inexistants.
Dans tous les cas, ***à éviter*** autant que possible lors de votre séjour en Sicile, car ici, plus encore que dans le reste du pays, les chauffeurs ne respectent aucun règlement ; ils sont seuls maîtres à bord et vous imposent leur loi ! Refus de mettre le compteur et arnaques fréquentes.
Si vous n'avez pas le choix, tentez a minima de négocier le prix de la course avant de monter. Et prenez uniquement des taxis officiels (les couleurs des carrosseries varient) qui, eux, pratiquent de plus en plus des tarifs fixes pour certaines courses (aéroport/centre-ville, par exemple...).

Scooter

Si vous n'en avez jamais fait, ce n'est pas le moment de commencer ! Si vous avez déjà circulé à scooter, sachez que le port du casque est OBLIGATOIRE.
– ***Conseils :*** même s'il fait chaud, habillez-vous (veste, pantalon et chaussures) et vérifiez que vous êtes bien assuré. C'est le moment de régler la location avec votre carte de paiement internationale qui propose une assistance médicale avec rapatriement ! Un accident est très vite arrivé...

ET PIAGGIO NE SE DÉMONTE PAS

Pendant la guerre, Piaggio construisait des bombardiers. Bien entendu, cette activité lui fut interdite après la capitulation italienne. Voilà pourquoi, en 1946, il sortit le 1er deux-roues : la Vespa (qui signifie « guêpe »). Les roulettes arrière des avions furent réutilisées pour les petites roues des pétrolettes. Piaggio produit aussi des triporteurs genre tuk-tuk.

URGENCES

- ***Numéro d'urgence européen :*** ☎ *112.* Numéro d'urgence commun à la France et à tous les pays de l'UE, à composer en cas d'accident, d'agression ou de détresse. Il permet de se faire localiser et aider en français, tout en améliorant les délais d'intervention des services de secours.
- ***Pompiers pour les incendies de forêt :*** ☎ *1515.*
- ***Assistance routière :*** ☎ *803-803.*
- ***Croce rossa italiana*** *(CRI)* **:** ☎ *118.*
- ***Police :*** ☎ *113.* On vous communiquera l'adresse du commissariat *(questura)* le plus proche de l'endroit où vous êtes.
- ***Pompiers*** *(Vigili del Fuoco)* **:** ☎ *115.*
- ***Dépannage routier*** *(ACI)* **:** ☎ *803-116.*

PALERME ET SES ENVIRONS

PALERMO (PALERME)

(90100) 673 735 hab.

• Plan d'ensemble *p. 77* • Centre *p. 80-81*

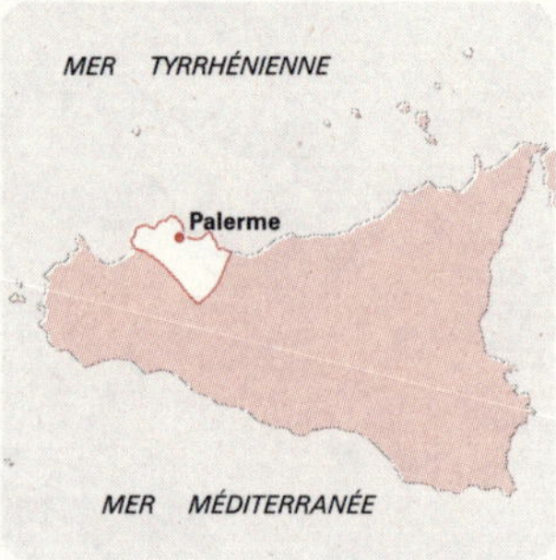

Capitale de la Sicile, Palerme est établie sur un site habité depuis la nuit des temps. Déployée dans sa *conca d'oro* (conque d'or), une terre fertile corsetée de montagnes, elle fait partie de ces villes italiennes qui offrent le plus de contrastes. La raison ? Elle est simple : depuis que les Phéniciens ont débarqué sur le territoire des Sicules pour y créer des comptoirs marchands, au VIIIe s av. J.-C., s'y sont succédé Carthaginois, Grecs, Romains, Vandales, Byzantins, Arabes, Normands, Souabes, Angevins, Aragonais, Espagnols, Autrichiens et Bourbons. Rien que ça ! Aujourd'hui, on pourrait même ajouter Indiens, Ghanéens, Bangladeshis, Tunisiens, Libyens... Évidemment, tout cela concourt à faire de l'antique Πανορμος *(Panormos)* une ville d'un étonnant mélange architectural. Car des palais arabo-normands aux églises baroques, ce sont autant de charmants monuments, souvent aux façades décaties, heureusement parfois restaurés, et laissant toujours entrapercevoir un détail de façade ou de toiture, qui témoignent encore aujourd'hui de sa superbe déchue.

Pourtant, Palerme n'a rien d'une ville-musée. Palerme, c'est une ville qui palpite, qui transpire, une métropole populaire enveloppée d'un pot-pourri d'odeurs, rythmée par ses marchés et par la circulation infernale des scooters qui pétaradent jusque dans les plus étroites venelles. Une ville où se balader le nez en l'air, entre les façades aux couleurs fanées auxquelles s'accrochent des balcons qui jouent à touche-touche et dont pendent les fils à linge. Palerme, c'est une étape indispensable dans votre périple sicilien, logé au cœur d'un *palazzo* séculaire, avec, le soir, à l'heure de la salade de poulpe, une terrasse parfumée !

UN PEU D'HISTOIRE

Palerme, comptoir fondé par les Phéniciens, n'a pas vraiment brillé dans l'Antiquité. Elle n'a retenu de cette période que son nom, *Panormos,* le « grand port de toutes les mers », en référence à la topographie du golfe sur lequel elle est bâtie. Puis, quand les Arabes entreprirent la conquête de l'île par l'ouest, c'est à Palerme qu'ils installèrent leur émirat en 831 : palais, jardins et mosquées y fleurirent rapidement, faisant de la ville l'une des plus fastueuses du pourtour méditerranéen.

PALERME – Plan d'ensemble

Un voyageur arabe la décrivit comme une « seconde Médine ». Elle devait compter environ 300 000 habitants autour de l'an 1000.
Les Normands renforcèrent le rôle de la ville en la choisissant comme capitale en 1072. Palerme doit à Roger II l'une des périodes les plus fastes de son histoire. Roi bâtisseur, il maria avec bonheur les styles mauresque, normand et byzantin, dont la chapelle palatine demeure l'emblématique exemple. Aux XVIIe et XVIIIe s, les Espagnols introduisirent le baroque, achevant de modeler son architecture urbaine.
Centre politique de l'île depuis les Arabes, Palerme endosse parallèlement une image de capitale du crime... La situation a pourtant considérablement évolué depuis les années 1970-1993, période terrible, marquée par une série de crimes et d'attentats contre les représentants de l'État, sans parler des règlements de comptes entre clans. Les effets bénéfiques du « printemps palermitain » de la période Orlando (1985-2000) – avec la restauration de monuments, l'assainissement des quartiers dégradés – sont encore visibles. Et cela continue depuis ses réélections-plébiscites depuis 2012 : une partie des 2 axes majeurs du centre-ville a été piétonnisée, des places entièrement réaménagées, une ZTL limitant la circulation... Bref, Palerme évolue à son rythme malgré un quotidien pas toujours rose.

Arriver – Quitter

En avion

✈ ***Aeroporto di Palermo Falcone e Borsellino*** *(hors plan centre par B1)* **:** *località Punta Raisi, à* ***Cinisi.*** *☎ 800-54-18-80 (n° Vert) ou 091-702-01-11.* *• gesap.it • À env 36 km à l'ouest de Palerme par l'autoroute A 29.* En saison, les compagnies *Transavia, EasyJet, Vueling* et *Ryanair* assurent des vols quotidiens avec Paris-Orly ou Paris-Beauvais. Également de nombreuses liaisons avec Rome et Milan, opérées notamment par *Ita Airways.* Sur place : **loueurs de voitures** *(dans un bâtiment séparé ; accès par navette gratuite),* **pharmacie** *(1er étage),* **distributeurs de billets, change...**

Comment rejoindre le centre-ville de Palerme ?

➢ ***En bus*** *(50 mn)* **:** à 200 m à droite en sortant du terminal. Départs à 5h, puis ttes les 30 mn 5h30-0h30 avec 9 arrêts : via Belgio n° 2, via A. de Gasperi n° 82, via Croce Rossa n° 56, via Libertà (4 arrêts), Teatro Politeama *(plan centre B1)* et terminus à la Stazione Palermo Centrale *(plan centre D3).* Dans le sens retour : départs à 4h, puis ttes les 30 mn jusqu'à 21h30. Billet aller : 6 € ; A/R : 10 € (6,30 € et 11 € dans le bus). Infos : *Prestia e Comandè (• prestiaecomande.it •).* C'est le moyen de transport idéal pour rejoindre Palerme.

➢ ***En train*** *(1h-1h10)* **:** *la gare se trouve à l'intérieur du terminal.*
De Palermo Centrale à l'aéroport, trains 6h-22h env ; dans l'autre sens, trains 6h30-22h. Compter 2 trains/h dans les 2 sens. Prix : 6 €. Durée : 50 mn. En route, le train s'arrête entre autres à Isola delle Femmine, Palazzo Reale Orleans, Vespri.
– Infos *Trenitalia* : *☎ 89-20-21. • trenitalia.it •*

➢ ***En taxi partagé :*** *à droite en sortant de l'aéroport, près des bus Prestia e Comandè.* Taxis blancs pouvant prendre jusqu'à 8 pers et déposer chacune au plus près de son hôtel. Tarif : 7 €/pers.

➢ ***En taxi officiel :*** tarifs forfaitaires fixes (40-50 €) pour rejoindre le centre de Palerme ou Mondello (course majorée) avec les compagnies *Autoradio Taxi (☎ 091-51-33-11)* et *Trinacria (☎ 091-22-54-55).*

Liaisons en bus avec d'autres villes siciliennes

➢ ***Trapani*** *(1h10)* **:** env 4 bus/j. avec la compagnie *Segesta (• shop.buscenter.it •).*

➢ ***Agrigento*** *(2h40)* **:** env 4 bus/j. sauf dim avec la compagnie *SAL (• autolineesal.it •).* Le bus poursuit ensuite vers **Porto Empedocle** (liaison bateau vers les îles de Lampedusa et Linosa).

En train

Stazione Palermo Centrale *(gare centrale ; plan centre D3) :* *piazza G. Cesare.* Infos **Trenitalia** : ☎ *89-20-21.* ● *trenitalia.com* ● Le réseau est peu développé et lent. Comparez bien les temps de trajets avec les bus, souvent bien plus rapides. Consigne à bagages dans l'alignement du quai nº 4.

➢ ***Agrigento*** *(env 2h) :* une dizaine de trains directs/j.

➢ ***Cefalù*** *(50 mn-1h) :* une dizaine de trains directs/j.

➢ ***Messina*** *(env 3h) :* 4-5 trains directs/j.

➢ ***Catania*** *(3h30-5h) :* env 5 trains/j., changement soit via ***Caltanissetta*** (puis bus pour terminer, le plus rapide) soit via ***Messina*** (changement de train).

➢ ***Siracusa*** *(4h30-6h45) :* 2-9 trains/j. avec changement à ***Messina, Catania*** ou ***Augusta.***

➢ ***Trapani*** *(4h-5h30) :* 2-7 liaisons/j. en bus puis train ; avec changement à ***Piraineto*** ou ***Castelvetrano.***

Adresses utiles

- **1** Centro di informazione turistica – C.I.T. (C2)
- **2** Ufficio turistico Provincia di Palermo (B1)
- **3** Consulat de France (B1)
- **8** Social Bike Palermo (C2)
- **10** Farmacia Lo Cascio (C3)
- **11** Farmacia Inglese (B1)
- **12** Poste de police (B3)
- **13** Institut français Palermo (hors plan par A2)

Où dormir ?

- **20** Mamamia Hostel (C2)
- **21** Hotel Ariston (B1)
- **22** B & B Stupor Mundi (B1)
- **24** Hotel Posta (C2)
- **26** B & B Palazzo Pantaleo (B1)
- **27** B & B Sant'Agostino (B2)
- **28** Boutique B & B Il Giardino di Ballarò (B3)
- **31** Hotel Concordia et Hotel del Centro (C3)
- **32** Hotel Villa Igiea (hors plan par C1)
- **33** Hotel Villa Archirafi (D3)
- **34** Grand Hôtel et des Palmes (C1)
- **35** Hotel Columbia (C2)
- **37** Massimo Plaza Hotel (C2)
- **38** Ambasciatori Hotel (C3)
- **40** Residenza d'Aragona (C1)
- **41** A Casa di Amici (B1)
- **42** Palazzo Natoli Boutique Hotel (C3)
- **43** Albergo Verdi (C2)
- **44** B & B Hotel Harmony (D2)
- **45** Hotel Palazzo Sitano (C-D2)
- **46** Grand Hotel Piazza Borsa (C2)
- **47** B & B Casa Makda (A1)
- **48** B & B Hotel Palermo Quattro Canti (C2)
- **49** B & B 22 (C2)
- **50** Butera 28 (D2)
- **52** B & B 10 Serpotta (C1)

Où manger ?

- **60** Ke Palle (C2)
- **61** Trattoria Ferro di Cavallo (C2)
- **62** Gagini (C2)
- **64** Dima's Pizza (C1)
- **65** Frida Pizzeria (C2)
- **66** Bar Al Viale (B1)
- **67** Ciccio Passami l'Olio (D3)
- **71** Cafetteria Vabres (D3)
- **74** Piazza e Cucina (B1)
- **75** Trattoria Corona (A1)
- **76** Buatta (C2)
- **77** Osteria Ballarò (C2)
- **78** Pelledoca (D2)
- **79** Trattoria ai Cascinari (A2)
- **80** MadoniEAT (D2)
- **81** Acanto (B1)
- **82** Dainotti's (B2)
- **83** Casa del Brodo (C2)
- **84** 'Nni Franco u' Vastiddaru (D2)
- **87** Trattoria del Massimo (B2)
- **90** Trattoria da Pino (D1)
- **92** Focacceria Basile (C2)
- **98** Al Fondaco del Conte (B3)
- **99** Bar Touring (D3)
- **125** Basquiat Cafè (B1)

Où manger une pâtisserie ? Où boire un bon café ?

- **112** Pasticceria Scimone (A2)
- **113** I Segreti del Chiostro (C2)
- **114** Pasticceria Cappello (A3)
- **115** Touring Café (C2)
- **116** Cioccolateria Lorenzo (D2)
- **126** Antico Caffè Spinnato (B1)
- **128** Ideal Caffè Stagnitta (C2)
- **129** Bar Casa Obatalà (D2)

Où déguster une glace ?

- **110** Al Gelatone (B1)
- **117** Gelateria Al Cassaro (C2)

Où boire un verre ? Où sortir ?

- **120** Taverna Azzurra et piazza Caracciolo (C2)
- **121** Bar Garibaldi et Botteghe Colletti (C2)
- **122** Nautoscopio (D2)
- **123** Bars de la via Chiavettieri (C-D2)
- **124** Enoteca Butticè (B2)
- **125** Farmacia Alcolica (D2)
- **127** Bocum (C2)

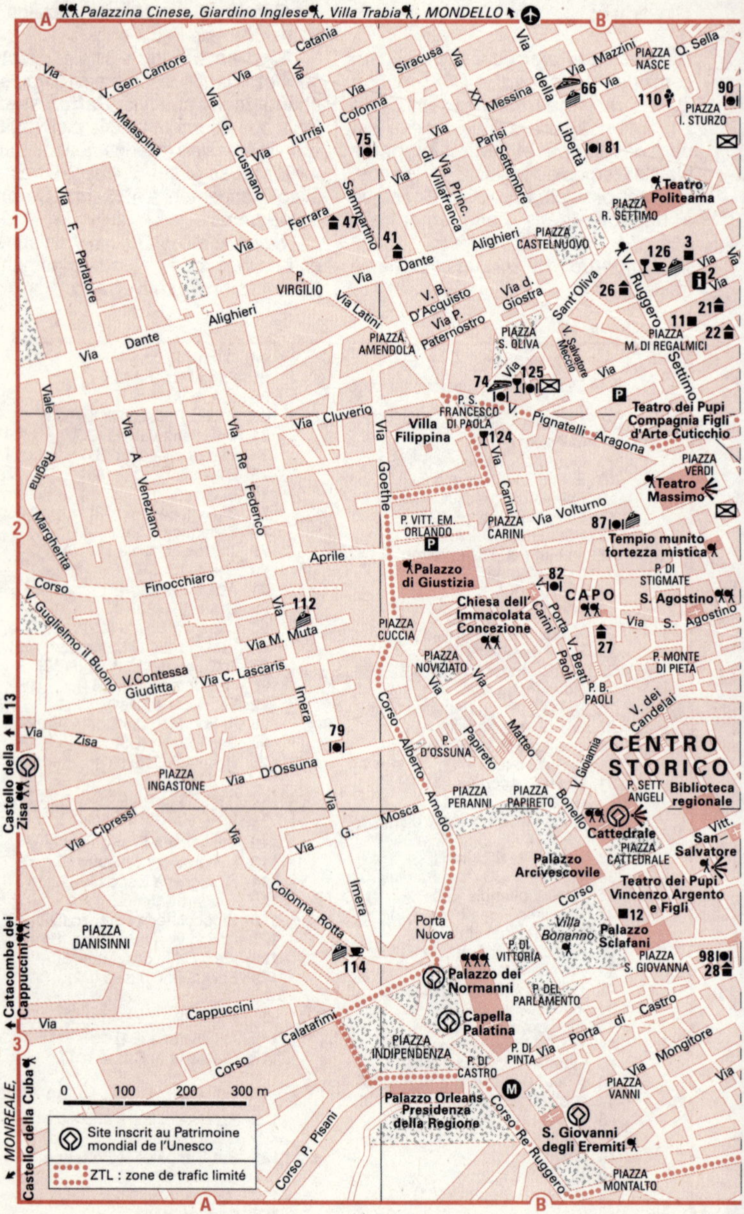

Palazzina Cinese, Giardino Inglese, Villa Trabia, MONDELLO
Site inscrit au Patrimoine mondial de l'Unesco
ZTL : zone de trafic limité
CENTRO STORICO
CAPO
Teatro Politeama
Teatro Massimo
Teatro dei Pupi Compagnia Figli d'Arte Cuticchio
Tempio munito fortezza mistica
Palazzo di Giustizia
Villa Filippina
Chiesa dell' Immacolata Concezione
S. Agostino
Biblioteca regionale
Cattedrale
San Salvatore
Palazzo Arcivescovile
Teatro dei Pupi Vincenzo Argento e Figli
Palazzo Sclafani
Villa Bonanno
Palazzo dei Normanni
Capella Palatina
Palazzo Orleans Presidenza della Regione
S. Giovanni degli Eremiti
Porta Nuova
Castello della Zisa
Catacombe dei Cappuccini
MONREALE, Castello della Cuba
PIAZZA INDIPENDENZA
PIAZZA DANISINNI
PIAZZA VERDI
PIAZZA CARINI
PIAZZA CATTEDRALE
0 100 200 300 m

PALERME – Centre

➢ ***Mazara del Vallo*** *(3h30)* **:** 2-6 liaisons/j. en bus, puis train avec changement à ***Piraineto.***

En bus

Autostazione *(terminal des bus ; plan centre D3)* **:** *piazza Cairoli, derrière la Stazione Palermo Centrale.*
– Plusieurs compagnies se partagent les destinations pour Trapani Agrigento, Castellammare del Golfo, San Vito lo Capo, Scopello et l'entrée de la réserve du Zingaro, Marsala, Mazara del Vallo, Catania, Messina, Enna, Caltagirone et Siracusa : ***AST*** *(● aziendasicilianatrasporti.it ●),* ***Segesta*** *(● buscenter.it ●),* ***Cuffaro*** *(● cuffaro.info ●),* ***Camilleri Argento & Lattuca*** *(● camilleriargentoelattuca.it ●),* ***Russo*** *(● russoautoservizi.it ●),* ***Salemi*** *(● autoservizisalemi.it ●),* ***SAIS*** *(● saisautolinee.it ●),* ***Interbus*** *(● interbus.it ●)...*

En bateau

Stazione Marittima *(embarcadères ; plan centre C1)* **:** *molo Vittorio Veneto, molo Piave et molo Lucia.* Plusieurs compagnies se partagent les traversées. Billetteries sur place. Les principales traversées pour Naples, Gênes, Civitavecchia, Cagliari, Livourne, Salerne, Isole Eolie et Isola Ustica et Tunis avec les compagnies *SNAV (● snav.it ●), Grande Navi Veloci (● gnv.it ●), Tirrenia (● tirrenia-traghetti.it ●), Grimaldi Lines (● grimaldi-lines.com ●), Siremar (● siremar.it ●).*

Orientation

La très commerçante ***via Maqueda*** et le ***corso V. Emanuele*** – appelé *Kassaro* par les Palermitains – constituent les artères historiques de Palerme. Elles se coupent à angle droit aux ***Quattro Canti,*** une place qui constitue le centre géographique de Palerme, véritable nombril de la vieille ville. À partir de cette place, la via Maqueda est piétonne vers le nord jusqu'au ***teatro Massimo*** ; même chose pour le Kassaro qui est fermé à la circulation vers l'ouest jusqu'au ***palais des Normands.*** En prenant comme référence les Quattro Canti, on délimitera, au sud-ouest, le ***quartier populaire de l'Albergheria,*** où se trouve le ***marché très animé du Ballarò,*** et la ***gare,*** où pléthore d'hôtels se sont installés dans des *palazzi* plus ou moins restaurés.
Au sud-est, on découvre l'ancien ***quartier de la Kalsa*** autour de la piazza Marina, ainsi que le ***port.*** Au nord-est, derrière l'église San Domenico, s'ouvre le quartier de la ***Loggia*** où l'on est, au choix, happé par l'ambiance du ***marché de la Vucciria*** ou plongé dans le calme des églises et oratoires. À l'ouest, le corso V. Emanuele conduit vers les plus beaux édifices hérités de l'apogée normande : la ***cathédrale*** et, une fois passé la porta Nuova, le ***palais des Normands*** (avec la ***chapelle palatine***). Enfin, vers le nord-ouest, le ***quartier du Capo,*** plus secret, cultive son ambiance populaire, particulièrement agréable autour de son superbe marché.
Autre coin sympa (bien que réduit) : le fouillis de ruelles *(plan centre B-C2)* coincé entre la piazza Verdi (devant le ***teatro Massimo***) et la piazza Olivella, où se trouve le Musée archéologique.
Enfin, au nord, les abords du teatro Massimo annoncent la partie moderne avec les grands magasins de la via Ruggero Settimo. L'artère mène vers la piazza Castelnuovo, le ***teatro Politeama,*** puis se prolonge par la via della Libertà, grande artère bordée de magasins de luxe, une sorte de Champs-Élysées palermitains.

Circulation et stationnement

À pied

C'est ***la meilleure façon de découvrir la ville,*** mais attention aux longues distances pour rejoindre certains quartiers, comme le quartier de la Zisa par exemple. Ne pas oublier de se rabattre au passage des

2-roues qui se livrent à de véritables gymkhanas.
La petite délinquance rôde encore dans certains quartiers, en particulier au Ballarò. Évitez de toute façon de vous balader à pied dans des quartiers déserts lorsque la nuit est tombée. Mais ne sombrez pas non plus dans la parano !

En bus

Palerme est sillonnée par la navette gratuite ***Free Centro Storicon qu'on appelle aussi l'Arancione*** (ttes les 30 mn, 6h45-21h10), qui fait le tour du centre-ville inscrit en ZTL *(zona a traffico limitato)*. Elle dessert la porta Felice, le palazzo Abatellis, la piazza Bellini, la gare, le palais des Normands, le teatro Massimo et la piazza Marina. Sinon, les bus ***AMAT*** (● *amat.pa.it* ●) desservent tout le reste de la ville. Ticket 1,40 € valable 90 mn ; en vente dans les *tabacchi* (bureaux de tabac), les bars ou les points *AMAT* (à la Stazione Centrale ; via della Libertà, à l'angle de la piazza Castelnuovo ; piazza Giuseppe Verdi, devant le teatro Massimo). Si l'on doit beaucoup circuler, également d'intéressants billets 1-7 j. pour 3,50-16,80 €.

En metropolitana

Une ligne de train urbain gérée par ***Trenitalia*** part de la Stazione Centrale. Fréquences : ttes les 20-30 mn, 5h-21h10. Billet valable 90 mn. Relie essentiellement les faubourgs de Palerme, l'isola delle Femmine et l'aéroport, et n'offre qu'un intérêt limité pour la visite des sites touristiques. Utile, cependant, pour aller visiter la chiesa dei Vespri (arrêt Vespri) et le palais des Normands (arrêt Palazzo Reale Orleans). Infos : ● *trenitalia.it* ●

En voiture

P ***On déconseille fortement de circuler en voiture dans Palerme*** : tout d'abord parce que la circulation y est assez sauvage, mais surtout parce que le centre ancien est désormais protégé par une ***ZTL*** *(zona a traffico limitato)* qui interdit l'accès aux non-résidents en sem (lun-ven 8h-20h). La nuit, elle est active également ven et sam 23h-6h 1er avr-30 nov ; 20h-6h 1er mai-31 oct. Pour y pénétrer quand elle est active (signal lumineux fixe), il faut être soit résident, soit abonné. Si votre logement se trouve dans la ZTL, demandez à votre hôtelier d'enregistrer votre véhicule avant d'y entrer. Ensuite, il faudra s'acquitter d'un forfait journalier de 3-6 € selon votre voiture (ce qui ne dispense pas de payer les parcmètres !). Pour plus d'infos : ● *mobilitasostenibile.comune.palermo.it* ●
Au regard de ces démarches, il peut être judicieux de se garer en dehors de la ZTL. On trouve encore quelques ***places de stationnement gratuites*** (lignes blanches au sol) autour du foro Italico et du foro Umberto I *(plan centre D2)*, à 2 pas du centre historique. Également plusieurs ***parkings payants*** : *piazzale Ungheria (plan centre B1)*, pas loin du teatro Massimo ; *piazza V. Emanuele Orlando (plan centre B2)* ; *piazza Cairoli (plan centre D3)*, derrière la gare centrale ; *via Bara all'Olivella (plan centre C1-2)* ; et *via Marino Stabile (plan centre C1)*, à côté du port. Compter 1-1,50 €/h. On peut aussi se garer sur des places de stationnement payantes (lignes bleues au sol), en évitant les emplacements réservés aux résidents (lignes jaunes)... Enfin, ne jamais laisser d'objets visibles dans la voiture et, surtout, enlever la plaque arrière, de manière à montrer que le coffre est vide.

En taxi

Tous ont un compteur qu'ils utilisent en centre-ville (compter 20 € pour une course moyenne) et des « tarifs particuliers » pour les zones en périphérie (à négocier avant de monter). Les taxis se réservent par téléphone ou se prennent dans les stations. Parmi les plus centrales : à la *Stazione Centrale* (☎ 091-616-20-01), *piazza Ruggero Settimo* (teatro Politeama ; ☎ 091-58-81-33), *piazza Giuseppe Verdi* (teatro Massimo ; ☎ 091-32-01-84), *piazza Indipendenza* (palais des Normands ; ☎ 091-42-27-03), le long de la *via Roma* (☎ 091-58-88-76 ou 19-65)...

Enfin, voici 2 compagnies fréquentables (ce qui n'empêche pas les chauffeurs de n'en faire qu'à leur tête !) : ***Cooperativa Radio Taxi Trinacria*** *(☎ 091-68-78)* et ***Cooperativa Autoradio Taxi*** *(☎ 091-84-81).*

Adresses et infos utiles

Informations touristiques

i *Ufficio turistico Provincia di Palermo* *(plan centre B1,* ***2****)* **:** *via Principe di Belmonte, 92. ☎ 091-58-51-72. • cittametropolitana.pa.it • Lun-ven 8h-13h30 ; fermé sam-dim.* Infos sur Palerme et sa région. Fournit la liste des horaires des musées et des sites à Palerme et ses environs. Se la procurer à votre arrivée. Accueil sympathique et compétent et en français. Sur place, central de réservation d'hébergements, d'excursions...

i *Centro di informazione turistica – C.I.T.* *(plan centre C2,* ***1****)* **:** *via Maqueda, 189. ☎ 091-740-63-50. • palermoviva.it • Lun-jeu 8h-20h, ven 9h30-17h30, dim 9h-19h.* Service minimum, on y récupère parfois un plan de la ville. Vraiment très décevant pour une ville au patrimoine si riche ! *Également d'autres* ***C.I.T.*** *dont : via Cavour (CIT Cavour) ; via Vittorio Emanuele, 353 (CIT Palazzo Gulì) ; vicolo Palagonia All'Alloro, 10-12 (CIT Galletti) ; via Maqueda, 189 (CIT Bellini) ; Banchina Crispi (CIT Porto) ou piazza Verdi, 13 (à l'intérieur du teatro Massimo ; CIT Massimo).* Ce dernier propose un plan de la ville avec ses points d'intérêt, infos transports, agenda culturel...

■ ***Visites culturelles « Sicile Dévoilée » :*** avec Jean-Paul Barreaud *(📱 393-945-64-10 ; • jpb@sicile.net • ; résa par e-mail ou par WhatsApp ; à partir de 100 € – jusqu'à 4 pers incluses – pour la ½ journée, puis 20 €/pers supplémentaire).* Ce guide conférencier franco-italien, installé en Sicile depuis plus de 30 ans, est un vrai connaisseur de sa culture, de ses codes et de ses secrets. Intarissable et sympa, il propose de passionnantes visites guidées de Palerme et du reste de l'île, en dehors des conventions et des sentiers battus (palais privés, histoire de la Mafia...).

■ ***Loredana Cannova :*** *📱 320-078-78-80. • loredanacannova@gmail.com • Résas par mail, WhatsApp.* Cette Sicilienne pur jus, dynamique et pleine d'idées, peut vous concocter selon vos envies une promenade historique, culturelle, gourmande à Palerme mais aussi dans la région (Trapani, Agrigente, Ségeste). Loredana a une chaine YouTube où elle poste régulièrement des reportages. Un bon avant-goût de voyage !

Représentation diplomatique

■ ***Consulat de France*** *(plan centre B1,* ***3****)* **:** *via Principe di Belmonte, 101 (au 1er étage). ☎ 091-58-34-05. • ag.cons.france@virgilio.it • amba france-it.org • Sur rdv seulement. Pour des questions plus générales, contacter le consulat de Naples, dont la Sicile dépend : ☎ 081-598-07-11.*

Transports

■ ***Location de vélos :*** ***Social Bike Palermo*** *(plan centre C2,* ***8****), Discesa dei Giudicci, 21. 📱 328-284-37-34. • socialbikepalermo.com • Tlj 9h30-18h30. Env 15 €/j. (24 € pour les vélos électriques).* Excellente adresse, qui propose des vélos de qualité de différents types (pliant, ville, VTC). Également des tours organisés *(3h, env 40 €).*

Santé, urgences

✚ ***Ospedale civico*** *(hôpital ; plan d'ensemble)* **:** *piazza Nicola Leotta, 4. ☎ 091-666-11-11. Gare : Palermo Vespri ; bus n° 108 (piazza Politeama-piazza Indipendenza-Ospedale) ou n° 246 depuis la Stazione Centrale.*

■ ***Pharmacies :*** *parmi les plus centrales et pratiques,* ***Farmacia Lo Cascio*** *(plan centre C3,* ***10****), via Roma, 1. ☎ 091-616-21-17. Tlj 24h/24.* ***Farmacia Inglese*** *(plan centre B1,* ***11****), via Mariano Stabile, 177. ☎ 091-33-44-82. Tlj 7h30 (8h30 sam, 9h30 dim)-minuit (le w-e, pause 13h30-16h).*

■ ***Poste de police*** *(plan centre B3,* ***12****) : piazza Vittoria, 8 ; face à la cathédrale.* ☎ *091-21-01-11.* En cas de vol, se rendre au bureau « Denuncia ».

Culture

■ ***Institut français Palermo*** *(hors plan centre par A2,* ***13****) : Cantieri Culturali alla Zisa (1er étage), via Paolo Gili, 4.* ☎ *091-21-23-89. Bus n°s 106 ou 110. Lun-ven 9h-13h, 15h-19h ; médiathèque, lun-ven 9h-13h, 15h-19h. Congés : août.* Organise des expos, concerts, spectacles et projections. Destiné en priorité aux Siciliens qui veulent se familiariser avec notre langue et notre culture.

Où dormir ?

– ***Important :*** pour planter sa tente, il faut aller à ***Sferracavallo*** ou à ***isola delle Femmine,*** d'où vous serez à une petite heure du centre de Palerme en bus (voir plus loin « Au nord-ouest de Palermo »). Pas tellement pratique...

Dans le centre historique

Auberge de jeunesse

▲ ***Mamamia Hostel*** *(plan centre C2,* ***20****) : via Roma, 276.* ☎ *351-236-39-57.* 📱 *329-822-09-44. • mamamia.palermo@gmail.com • mamamiapalermo.com • Lit en dortoir (4 pers) env 16 € ; doubles 30-60 €.* Niché dans un immeuble du XIXe s situé en plein centre de Palerme, ce grand appartement livre 5 chambres simples, sobres et nickel, avec sanitaires communs. Également des dortoirs avec salle de bains et *lockers.* Quelques touches de déco contemporaines. Le tout cerne un patio paisible où il fait bon bouquiner ou surfer sur Internet. Accueil serviable et sympa. Une adresse à prix cassés.

De prix moyens à très chic

▲ ***B & B Hotel Palermo Quattro Canti*** *(plan centre C2,* ***48****) : via Vittorio Emanuele, 291.* ☎ *091-33-20-82. • palermo@hotelbb.com • hotel-bb.com • À partir de 70 € la double (promos internet intéressantes en basse saison).* Situation idéale puisque l'hôtel donne directement sur le carrefour des Quattro Canti. Les chambres sont optimisées avec, dans chacune d'elles, une tête de lit d'une photo d'une ville italienne, ce qui donne encore plus envie de découvrir le pays ! L'atout de cet hôtel de chaîne (outre son prix), c'est son incroyable *rooftop* (qui est aussi accessible aux non-résidents le soir pour le dîner ou un *aperitivo*). D'ailleurs, c'est ici qu'on prend aussi son petit déj. Vue panoramique sur la ville... extra !

▲ ***Hotel Columbia*** *(plan centre C2,* ***35****) : via del Celso, 31.* ☎ *091-611-37-77. • info@hotelcolumbiapalermo.com • hotelcolumbiapalermo.com • Congés : nov-mars. Doubles 65-90 €. Parking payant 15 €.* Perdu dans une ruelle un poil lépreuse mais tranquille, un petit hôtel d'une bonne vingtaine de chambres tout confort et proprettes. Déco assez soignée, dans les tons pastel. Un honnête rapport qualité-prix. Accueil tatillon.

▲ ***Boutique B & B Il Giardino di Ballarò*** *(plan centre B3,* ***28****) : via Porta di Castro, 75-77.* ☎ *091-21-22-15. • ilgiardinodiballaro@gmail.com • ilgiardinodiballaro.it • Doubles 90-120 €.* En plein cœur d'un vivant quartier populaire, dans les anciennes écuries du palais Conte Federico attenant, on est séduit par ces 7 chambres confortables, aménagées avec beaucoup de goût (la patronne est designer). L'une est mansardée, l'autre donne sur le jardin verdoyant où s'épanouit un bananier... Une belle adresse de charme – véritable havre de fraîcheur et de tranquillité –, en plein *centro storico.* Accueil pro tout en douceur.

▲ ⛱ ***Ambasciatori Hotel*** *(plan centre C3,* ***38****) : via Roma, 111.* ☎ *091-616-68-81. • booking@ambasciatorihotelpalermo.com • ambasciatorihotelpalermo.com • Réception au 5e étage. Doubles 95-210 €. Parking.* Ce petit hôtel coquet propose une vingtaine de chambres impeccables : les *classic* du 5e étage et les *deluxe* du 3e, dont quelques triples et plusieurs quadruples, à l'ameublement à la fois classique et plaisant. Essayez d'obtenir les chambres avec vue et évitez celles de l'annexe, plus bruyantes. Petit déj servi sur l'élégant toit-terrasse panoramique, qui offre une superbe vue à 360° sur la ville. On peut aussi dîner au même endroit dans le resto chic *Seven* *(plats 18-30 €)* ou profiter du solarium avec douche pour se rafraîchir ! Accueil charmant et pro. Une belle adresse.

Palazzo Natoli Boutique Hotel *(plan centre C3,* ***42****) : via SS. Salvatore, 6. ☎ 091-778-06-66. • info@palazzonatoli.com • palazzonatoli.com •* Un adorable petit hôtel à 2 pas de la cathédrale, idéal pour un couple. Petit hôtel d'une dizaine de chambres lumineuses, à l'atmosphère intimiste et au mobilier raffiné. Petit déj à base de produits bio. Accueil charmant et personnel aux petits soins. Une bonne adresse.

Autour de la piazza Marina

B & B Hotel Harmony *(plan centre D2,* ***44****) : via Lungarini, 44. ☎ 091-617-79-44. 📱 333-592-21-44. • contact@harmonyhotel.it • harmonyhotel.it • Face au palazzo Malvagna. Doubles 75-135 €. Parking gratuit.* Comme son nom l'indique, il y a une petite confusion entre *B & B* et résidence hôtelière, mais c'est clairement la 2de formule qui domine ici. Réparties sur 3 étages, 8 chambres spacieuses, propres et très bien équipées (kitchenette, lit bébé, frigo...). Accueil chaleureux de Giuseppe, qui se mettra en 4 pour vous satisfaire.

Butera 28 *(plan centre D2,* ***50****) : via Butera, 28. 📱 333-316-54-32. • info@butera28.it • butera.it • 100-270 € avec un min de 2 nuits.* Au cœur de la Kalsa se niche une quinzaine de chambres et d'appartements dans un superbe palais du XVIIIe s, surplombant le front de mer. Cet endroit fut le repaire de l'écrivain Giuseppe Tomasi di Lampedusa, qui a écrit le célèbre *Guépard.* Une partie du palais a été transformé par le propriétaire (fils adoptif de l'écrivain) pour accueillir les touristes de passage. Les chambres ont un charme fou, parfois désuet pour certaines, le tout dans un cadre historique et culturel très agréable. Une grande cuisine est mise à disposition pour les hôtes, avec un effort écologique (eau filtrée, tri des poubelles). La pétillante comtesse propose aussi des ateliers de cuisine avec un petit tour de marché au préalable au Ballaro.

Hotel Palazzo Sitano *(plan centre C-D2,* ***45****) : via Vittorio Emanuele, 114. ☎ 091-778-16-10. • hotelpalazzositano.it •* Un hôtel à la situation idéale, à portée des sites culturels. Malgré un hall d'entrée et une grande salle de petit déj un peu austères, on retrouve aux étages des chambres très confortables et vraiment grandes pour certaines (ce qui est plutôt rare à Palerme), parfois mêmes avec balcon. Préférez celles à l'arrière pour éviter le brouhaha des soirées animées du *corso...*

Grand Hotel Piazza Borsa *(plan centre C2,* ***46****) : via dei Cartari, 18. ☎ 091-32-00-75. • piazzaborsa@piazzaborsa.com • piazzaborsa.com • À partir de 190 € la nuit.* Le grand atout de cet hôtel, réuni en 3 palais, c'est son immense cloître de 500 m² qui offre le confort, la farniente et la fraîcheur en période estivale. Le rez-de-chaussée, style Liberty, réalisé par Ernesto Basile (le même que celui du teatro Massimo), a de l'allure, tout comme les chambres (qui, elles, sont très contemporaines) !

Autour du teatro Massimo et des piazze Castelnuovo et Ruggero Settimo

Auberge de jeunesse

A Casa di Amici *(plan centre B1,* ***41****) : via Dante Alighieri, 57. ☎ 091-765-46-50. 📱 328-317-22-05. • info@acasadiamici.com • acasadiamici.com • ♿ En dortoir, 16-24 €/pers ; doubles 50-70 €. Parking payant (15 €).* Une AJ privée proposant aux routards le logement et l'accès à une foultitude d'activités dans le domaine du tourisme écoresponsable. Dans un antique *palazzo* entièrement repensé : au 1er, une poignée de chambres de 2 à 7 lits (non mixtes) se partagent des sanitaires communs ; au 2e étage, 6 chambres quadruples avec leurs propres salles de bains. Cuisine commune, terrasse pour prendre le frais, salle de yoga et tout le tralala. Belle ambiance, chouette déco, et toujours l'envie de bien faire !

Prix moyens

B & B Casa Makda *(plan centre A1,* ***47****) : via Francesco Ferrara, 46. ☎ 091-611-86-23. ● makda@tiscali.it ● Doubles 60-110 €. Parking gratuit.* Élégant appartement sur 2 niveaux, situé près de la piazza Castelnuovo, dans un petit immeuble de style Liberty. Un peu excentré, mais quartier calme. Après avoir traversé l'appart de Makda (où est servi le petit déj), un bel escalier en bois conduit vers les 3 chambres hautes sous plafond, équipées de belles salles de bains. Fresques pour noyer son regard à l'heure de la sieste, déco soignée aux touches orientales. La suite possède même une petite terrasse et un jacuzzi. Joli jardin privatif. Accueil souriant et excellent rapport qualité-prix.

B & B Stupor Mundi *(plan centre B1,* ***22****) : via Mariano Stabile, 136. 328-326-46-42. ● info@bbstupormundi.it ● bbstupormundi.it ● Doubles 60-100 €.* Au 3ᵉ étage d'un bâtiment moderne où on trouve plusieurs hôtels et chambres d'hôtes, un *B & B* agréable et parfaitement tenu par le sympathique Danilo, un Palermitain amoureux de sa ville. Les 4 chambres, sobres et fraîches, ont chacune une déco différente, avec vieux meubles restaurés et petites touches colorées. 2 sont dotées de microterrasses. Petit déj typiquement sicilien servi à table. Une bonne adresse.

Albergo Verdi *(plan centre C2,* ***43****) : via Maqueda, 417 (1ᵉʳ étage). ☎ 091-58-49-28. ● info@albergoverdi.it ● Doubles 60-75 €, avec ou sans petit déj.* Installées dans un immeuble élégant face au teatro Massimo et à sa place arborée, une douzaine de chambres fonctionnelles et nickel ; toutes avec salle de bains. Une adresse simple et efficace à l'accueil cordial et au bon rapport qualité-prix.

Hotel Ariston *(plan centre B1,* ***21****) : via Mariano Stabile, 139 (6ᵉ étage, ascenseur). ☎ 091-33-24-34. ● info@aristonpalermo.it ● aristonpalermo.it ● Doubles 60-85 €. Parking payant possible (12-16 €/j.).* Une demi-douzaine de chambres impeccables (dont une triple), spacieuses et claires, décorées de reproductions de tableaux contemporains pour mieux faire oublier... le carrelage de cuisine ! C'est simple, mais l'effort pour rendre le lieu agréable est réel. De fait, vu le prix, le niveau de confort est excellent. Les chambres côté rue s'ouvrent sur un balcon. Accueil sympa en français. Un bon plan !

De prix moyens à plus chic

B & B Sant'Agostino *(plan centre B2,* ***27****) : via Sant'Agostino, 174. 334-998-83-58. ● info@santagostinobb.it ● santagostinobb.it ● Doubles 80-110 € ; 2 apparts 120-180 € (petit déj en sus). Une bouteille de vin offerte sur présentation de ce guide.* À quelques pas du marché coloré du Capo, dans un quartier populaire attachant, un *B & B* de charme installé dans un ancien palais du XIXᵉ s bien rénové. 4 chambres confortables et élégantes, à la déco contemporaine mais toujours chaleureuse. Petite terrasse pleine de verdure pour prendre l'air, avec vue sur les toits de Palerme. Également 2 appartements tout confort, dont un très vaste avec terrasse. Le petit déjeuner est servi dans une pièce agréable, dont le plafond est peint de fresques. Une excellente adresse !

B & B 10 Serpotta *(plan centre C1,* ***52****) : via Vincenzo Riolo, 10. 335-717-52-74. ● info@bb10serpotta.com ● bb10serpotta.com ● ♿ Doubles 80-120 €. Parking payant.* Dans un quartier qui ne paie pas de mine, situé à 2 pas du centre animé de Palerme, une petite douzaine de chambres et 4 apparts entièrement équipés. Déco résolument classe et confort au rendez-vous : salle d'eau avec douches hydromassantes, salle de gym avec jacuzzi... Excellent petit déj. Une adresse qui satisfera les plus exigeants.

B & B 22 *(plan centre C2,* ***49****) : via Pantelleria, 22. ☎ 091-32-62-14.*

PALERME ET SES ENVIRONS

335-790-87-33. • infobb22@gmail.com • bb22.it • Doubles 120-180 €. Parking payant. Un nid classe et stylé, au cœur du vieux Palerme et du quartier des Loges. En posant ses valises au fond de cette ruelle, on a du mal à croire que le marché populaire de la Vucciria est si près... Élégance et confort caractérisent les chambres (dont un confortable studio avec cuisine) décorées dans un esprit contemporain sans être trop minimaliste. Grande terrasse donnant sur un gigantesque magnolia pour la plus belle. Le petit déj se prend sur une terrasse couverte dont le toit s'ouvre. Une halte de charme à l'accueil très pro.

Residenza d'Aragona *(plan centre C1,* ***40****) : via O. d'Aragona, 25. ☎ 091-662-22-22. • info@residenzadaragona.it • residenzadaragona.it • Doubles 80-120 € ; familiales également.* Dans un vieil immeuble de la « ville nouvelle », une vingtaine de suites spacieuses et tout confort : salle de bains, clim, salon, *e tutti quanti !* Élégante déco, très classique. Bon rapport qualité-prix et accueil courtois.

B & B Palazzo Pantaleo *(plan centre B1,* ***26****) : via Ruggero Settimo, 74h. ☎ 091-32-86-71. 335-700-60-91. • info@palazzopantaleo.it • palazzopantaleo.it • ♿. Prendre la 1re ruelle à droite en venant de la place du teatro Politeama. Double 110 € ; également des chambres familiales. Parking gratuit dans la cour.* Atmosphère raffinée dans ce *B & B* logé à l'étage d'un *palazzo* que l'on atteint uniquement en ascenseur privé. Distribuées le long de couloirs tout blancs, les 6 chambres, tout confort, jouent les élégantes avec leurs carreaux anciens, leurs estampes et leur mobilier en bois laqué. Le petit déj se prend dans une véranda lumineuse, perchée au-dessus des toits. Charmant et très calme.

Hotel Posta *(plan centre C2,* ***24****) : via A. Gagini, 77. ☎ 091-58-73-38. • info@hotelpostapalermo.it • hotelpostapalermo.it • Un peu en retrait de la via Roma. Doubles 70-120 €. Parking payant.* Ici, la tradition est de faire naître les héritiers de la maison dans les chambres ! La notion d'hôtel familial n'est donc pas un vain mot ! La déco a opté pour des lignes résolument modernes ; un aménagement sobre mais chaleureux, prolongé dans la trentaine de chambres confortables. Évitez celles sur la rue, plus bruyantes. Accès à une plage privée, à Mondello *(de mi-juin à mi-sept, 12 € transat + parasol + transfert). Juste à côté, ouverture de leur boutique-hôtel, le* Palazzo del Poeta, *avec des chambres spacieuses et suites tt confort.*

Très chic

Massimo Plaza Hotel *(plan centre C2,* ***37****) : via Maqueda, 437. ☎ 091-32-56-57. • booking@massimoplazahotel.com • massimoplazahotel.com • Doubles 130-300 € (2 nuits min). Parking 15 €. Sur présentation de ce guide, apéritif et petit déj offerts, et réduc de 10 % sur le prix de la chambre.* Idéalement située, cette résidence de charme prend appui sur la place du teatro Massimo. Intime et chaleureuse, elle compte une petite douzaine de chambres bien insonorisées, confortables et à la déco raffinée. Les adeptes du bleu opteront pour une chambre côté rue ; ceux qui préfèrent le rouge choisiront le côté cour. Petit déj servi en chambre, avec le journal du jour, s'il vous plaît ! Accueil charmant.

Grand Hôtel et des Palmes *(plan centre C1,* ***34****) : via Roma, 398. ☎ 091-602-81-11. • despalmes@hoteldespalmes.it • grandhotel-et-des-palmes.com • Doubles 220-450 €. Parking payant à proximité.* L'hôtel le plus connu de la ville pour son style Liberty, redessiné par Ernesto Basile, l'architecte du teatro Massimo en 1907. Parmi ses hôtes, Richard Wagner, qui y termina l'opéra *Parsifal,* et puis Maupassant, Arthur Miller et l'écrivain précurseur du surréalisme Raymond Roussel – qui s'y suicida en 1933. Pour l'anecdote, c'est ici même, le 12 octobre 1957, que les chefs des clans de Sicile et d'Amérique se réunirent pour signer un pacte de non-agression ! Un établissement qui a connu ses heures de gloire, donc, avec sa petite centaine de chambres cossues et parfaitement équipées. Beau hall d'entrée et salons Belle Époque.

Dans le quartier de la gare

De bon marché à prix moyens

☗ ***Hotel Concordia*** *(plan centre C3, **31**) : via Roma, 72 (4e étage). ☎ 091-616-90-62. • info@hotelconcordiapalermo.it • hotelconcordiapalermo.it • Doubles 50-70 €.* Petit hôtel central où le nombre de chambres est égal à celui des apôtres ; sans doute pour rester raccord avec la déco, d'une austérité toute religieuse : lit en fer, mobilier sommaire et pietà au mur... Propre et bien équipé. Également une petite suite colorée, super clean. Évitez les chambres donnant sur la via Roma. Accueil sérieux.

☗ ***Hotel Villa Archirafi*** *(plan centre D3, **33**) : via Lincoln, 30. ☎ 091-616-88-27. • villaarchirafi@libero.it • villaarchirafi.com • ♿ À 500 m à droite en sortant de la gare, un peu avt la mer. Doubles 75-90 €. Parking gratuit. Promos sur Internet.* La façade n'est pas des plus attirante. Elle dissimule pourtant une quarantaine de chambres impeccables. Certaines, très calmes, donnent sur le jardin botanique. D'autres s'ouvrent sur une cour tranquille, au rez-de-chaussée. Également un petit appartement avec grand balcon et cuisine, parfait pour une famille. Terrasse pour le petit déj. Bref, un plan pratique, surtout pour ceux en voiture (parking), même si le quartier n'est pas très engageant le soir.

De prix moyens à plus chic

☗ ***Hotel del Centro*** *(plan centre C3, **31**) : via Roma, 72 (2e et 3e étages). ☎ 091-617-03-76. • info@hoteldelcentro.it • hoteldelcentro.it • Doubles 65-140 €.* On retrouve l'ambiance des vieux hôtels classiques dans cet établissement d'une trentaine de chambres relativement petites. Tout confort, elles sont dotées d'un beau mobilier en bois sombre et de fenêtres à double vitrage s'ouvrant sur un minuscule balcon. Les chambres sur cour sont plus calmes. Petit déj-buffet copieux avec sourire et générosité. Accueil pro.

En dehors du centre-ville

Coup de folie

☗ ***Hotel Villa Igiea*** *(plan d'ensemble et hors plan centre par C1, **32**) : salita Belmonte, 43. ☎ 091-631-21-11. • reservations.villaigiea@roccofortehotels.com • roccofortehotels.com • À la sortie nord de la ville, dans le quartier d'Aquasanta. Doubles à partir de 400 € la nuit. Promos sur Internet.* Ce palace, aménagé dans une villa Art nouveau, a reçu, entre autres, le roi du Siam, Édouard VII et le kaiser Guillaume II ! C'est aussi un véritable musée avec son exceptionnel salon décoré par Ettore De Maria Bergler. La villa avait été construite pour la fille phtisique d'un très riche Palermitain. Mais, lorsqu'elle fut terminée, on s'aperçut que l'air de la *conca d'Oro* ne convenait pas à mademoiselle. On transforma la maison en hôpital avant d'en faire dans les années 1950 un hôtel de très grand luxe (avec de grands travaux entrepris par la chaîne de luxe *Rocco Forte Hotel* en 2019). Magnifiquement situé au bord de la mer, avec jardin exotique et piscine.

Où manger ?

Dans le centre historique

Sur le pouce

🍽 ⛱ ***Ke Palle*** *(plan centre C2, **60**) : via Maqueda, 270. ☎ 091-611-20-09. • info@kepalle.it • Tlj 10h-minuit (1h ven-sam). Moins de 5 €.* Petit local avec comptoir proposant des *arancini*, ces traditionnelles boules de riz panées et frites à déguster sur le pouce ; mais ici revues et corrigées avec originalité. Étonnantes déclinaisons sucrées et salées aux ingrédients inattendus. À dévorer dans la rue piétonne, sur les tables hautes. *Autre adresse, via Terrasanta, 111.*

De très bon marché à bon marché

Frida Pizzeria *(plan centre C2, **65**) : piazza Sant'Onofrio, 37. ☎ 091-550-54-40. • fridapizzeria@gmail.com • Tlj sauf mar 12h30-14h30, 19h30-minuit. Résa indispensable. Pizze 5-15 €.* Terrasse sur une placette tranquille, doublée d'une salle moderne, avec des feuilles de cuivre qui ondulent sur les murs et des toiles colorées évoquant Frida Kahlo. Dans l'assiette, de succulentes pizzas généreusement garnies d'ingrédients goûteux. Également de savoureux desserts maison. Accueil souriant et pro malgré la foule et l'attente. Les Palermitains raffolent de cette petite adresse, et nous aussi !

Ciccio Passami l'Olio *(plan centre D3, **67**) : via Castrofilippo, 4. ☎ 338-909-55-98. Tlj 19h-1h. Résa conseillée. Pizze 5-12 €.* Cette pizzeria moderne et animée déploie son immense terrasse sur une place verdoyante fermée à la circulation. Carte totalement jouissive tant elle est riche : il faudra choisir parmi une centaine de *pizze* différentes ! Farines alternatives possibles comme celles au *kamut* ou au *timilia,* des blés rustiques pauvres en gluten. Les locales à la pâte fine et croustillante, comme le *sfincione* ou la « face de vieille » (tomate, oignon, anchois, *caciocavallo*) sont bien au rendez-vous, mais toutes les originalités sont permises.

Buatta *(plan centre C2, **76**) : corso V. Emanuele, 176. ☎ 091-32-23-78. • info@buattapalermo.it • Tlj midi et soir. Plats 5-13 € ; menu 35 €.* Dans le cadre pittoresque d'une ancienne épicerie réaménagée de manière moderne, avec ses vitrines en bois, colonnes en fonte et touches industrielles. On s'y délecte d'une cuisine du cru, concoctée en misant sur le goût des produits frais de l'île, travaillés sans artifice : *parmigiana* fondante, *bucatini* aux sardines et fenouil, pâtes *alla trapanese...* Délicieux et très abordable. Parfois un peu bruyant.

Trattoria Ferro di Cavallo *(plan centre C2, **61**) : via Venezia, 20. ☎ 091-33-18-35. • trattoria@ferrodicavallopalermo.it • Tlj (sauf dim) 12h-15h, 20h-23h (lun-mar le midi seulement). Plats 5-8 €.* On est séduit par l'animation de cette trattoria familiale, largement plébiscitée par les gens du cru. Gentille terrasse en contrebas de la rue, et plusieurs salles fraîches, hautes de plafond, aux murs rouges bardés de bouteilles de vin et de toiles colorées. Bref, un cadre gai et chaleureux pour une cuisine simple, typique et vraiment pas chère. Le service est parfois un peu débordé, armez-vous de patience.

Prix moyens à chic

Al Fondaco del Conte *(plan centre B3, **98**) : piazza Conte Federico, 24. ☎ 091-652-23-12. • info@alfondacodelconte.it • Tlj sauf lun, midi et soir. Congés : fin janv. Résa conseillée. Repas 25-35 €.* Un îlot de gastronomie dans un quartier populaire animé. Quelle surprise de découvrir cette table bien dressée, égayée de fleurs fraîchement coupées ! Cette adresse familiale sert une cuisine pleine de saveurs. Essayez donc les *antipasti* (excellente *caponata*), la petite friture ou la *pasta allo scoglio* (aux fruits de mer)... Une adresse sérieuse.

Casa del Brodo *(plan centre C2, **83**) : corso V. Emanuele, 175 (angle via Paterno). ☎ 091-32-16-55. • daldottore@casadelbrodo.it • ♿ Tlj, sauf mar en hiver et dim en été. Résa conseillée. Plats 10-25 €.* Cette maison, à l'entrée Art nouveau, a été fondée en 1890 : on n'y servait alors que du bouillon ! Rassurez-vous, les choses ont bien changé. On y trouve désormais de tout : viandes, pâtes, *involtini,* risotto... Grand buffet d'*antipasti.* Une cuisine particulièrement aimée des Palermitains.

Trattoria ai Cascinari *(plan centre A2, **79**) : via D'Ossuna, 43-45. ☎ 091-651-98-04. ♿ Tlj sauf lun et mar : ouv ts les midis (sauf mer), plus le soir mer-sam. Résa indispensable le soir et dim midi. Repas 20-25 €.* Situé dans une partie de la ville peu touristique, ce resto au décor désuet mise sur une clientèle locale, venue se repaître d'une cuisine *cascinara* pas aussi traditionnelle qu'il n'y paraît. Menthe, fenouil sauvage, savant usage des épices font ressortir une foule de saveurs ; à apprécier dès les *antipasti*. Également de bons desserts maison. Service efficace. Une institution locale très bruyante avec un patron jovial.

Osteria Ballarò *(plan centre C2,* ***77****) : via Calascibetta, 25. ☎ 091-32-64-88. • osteriaballaro@gmail.com • Tlj 12h-15h, 19h-23h. Plats 12-18 €.* Une belle adresse, qui prend place dans les écuries du palazzo Cattolica, datant du XVIIIe s. 2 parties distinctes : la 1re salle, rythmée par 2 piliers en pierre et meublée de tables hautes, propose de la *street food* de qualité ; la 2de, plus vaste et plus classique, déroule une carte de plats siciliens agréablement revisités. Un conseil ? La carte des vins est un véritable bottin, avec un choix immense de crus locaux. Accueil aux petits soins.

Autour de la piazza Marina et de la gare

Sur le pouce

Bar Touring *(plan centre D3,* ***99****) : via Lincoln, 15. ☎ 091-616-72-42. Tlj 7h-minuit.* Cette institution palermitaine dispense ses méga-*arancini*, labellisés « *arancina bomba* », dans toute la région. La maison travaille des goûts originaux, introuvables ailleurs, tels que la saucisse de sanglier et autres *ragù* dont elle a le secret. Sinon, tout un panel de salades, *panini* et pâtisseries au format XXL. Choisir et aller s'asseoir sur un banc de la villa Giulia, juste en face.

Cafetteria Vabres *(plan centre D3,* ***71****) : via Michele Cipolla, 83. ☎ 091-617-20-14. Tlj 7h-20h.* Faites un détour par ce quartier banal situé derrière la gare pour goûter aux sublimes *arancini* de ce café typiquement palermitain. Signe de qualité, les voisins s'y pressent pour se ravitailler en fritures ou pâtisseries *(cannoli, cassatina, genovesi con ricotta...)*. Excellent choix de cafés aussi, une bonne raison pour se poser sur la petite terrasse et taper la discute avec les habitués.

'Nni Franco u' Vastiddaru *(plan centre D2,* ***84****) : corso V. Emanuele, 102 (angle piazza Marina). ☎ 091-32-59-87. Tlj 9h-23h (10h-1h le w-e et en été).* Le *vastiddaru*, c'est un sandwich de *porchetta*, salami, emmental et champignons ! Le choix de *panini* et *arancini* est énorme, bon marché, et les chaises en terrasse sous les *Ficus benjamina* sont prises d'assaut par les familles à l'heure où surviennent les fringales.

De très bon marché à bon marché

Pelledoca *(plan centre D2,* ***78****) : piazza Marina, 32-35. ☎ 091-58-84-26. • pelledoca32@gmail.com • Tlj (sauf mar) le soir seulement, 19h-minuit. Pizze 5-10 € ; plats 6-16 €.* Quand les soirées sont douces, la vaste terrasse installée face aux frondaisons de la villa Garibaldi est prise d'assaut. À côté des pizzas, l'autre spécialité de ce resto familial, c'est le poulet grillé frites, sans oublier le bœuf argentin. Service efficace.

MadoniEAT *(plan centre D2,* ***80****) : via Butera, 20. ☎ 091-752-11-749. • madonieat@gmail.com • Tlj sauf lun 10h-21h (22h30 sam) ; horaires restreints en hors saison. Plats du jour et salades à partir de 10 €.* Situé dans le palazzo Butera. Idéal pour une petite pause et pour profiter de la cuisine sicilienne avec des plats tout frais du jour. Beau local lumineux sur 2 étages aux rayonnages remplis de bocaux, et de produits bio (c'est aussi une épicerie) avec des serveurs qui ne sont pas avares d'explications concernant les produits de leur région.

Très chic

Gagini *(plan centre C2,* ***62****) : via Cassari, 35. ☎ 091-58-99-18. • info@gaginirestaurant.it • Tlj sauf lun. 50-55 € sans le vin ; primi 20-30 €, secondi 24-29 €. Dessert 11 €.* Voici l'adresse en vue avec un jeune chef prometteur qui a décroché son étoile il y a peu. Maurizio, de culture italo-brésilienne, a écumé les cuisines des grands chefs européens (en France et en Espagne notamment). Le voici aux commandes de ce restaurant situé dans l'ancien atelier d'Antonello Gangini, sculpteur du XVIIe s. Belle salle aux voûtes rénovées, sol parqueté, mobilier design (mais confortable). Et dans l'assiette ? Originalité et mixité des plats aux influences latines... mais ce sont surtout les produits locaux et la très belle carte des vins qui sont à l'honneur ! Service agréable mais pas pesant du tout.

Autour du teatro Massimo

De très bon marché à prix moyens

Focacceria Basile (*plan centre C2,* **92**) **:** *via Bara all'Olivella, 76.* ☎ *091-33-56-28. Tlj 8h-16h, sauf dim.* Panini *2-4 € ; repas 10-15 €.* Très simple, mais on sait d'emblée à la mine réjouie des clients que la qualité de la table prime sur le cadre. La carte change chaque jour. Et puis faites comme les habitués : foncez aux cuisines et passez commande directement ! Pêle-mêle : *arancini* (boules de riz), *sfincione* (sorte de pizza), *focacce, panini, pane c'a meusa,* etc. Les pâtes du jour sont inscrites sur un écriteau.

Dainotti's (*plan centre B2,* **82**) **:** *via Porta Carini, 52.* 📱 *340-870-34-97. Tlj 9h-15h30 et le soir jeu-sam.* Arancini *2-3 € ; plats à partir de 5 €.* En plein centre du marché du Capo, cette petite adresse de rue remplira les ventres les plus affamés : *arancini, crocchè* mais aussi grillades et plats typiquement siciliens. Une institution sur le marché. Arrivez tôt pour dégotter une place. Pour ceux qui sont pressés, stand avec vente à emporter.

Trattoria del Massimo (*plan centre B2,* **87**) **:** *piazza G. Verdi, 25-26.* ☎ *091-32-61-55.* • *trattoriadelmassimo@legalmail.it* • *Tlj midi et soir. Plats 4-12 € ; menus 18-30 €.* Petite trattoria familiale dans une grande salle proprette, classique dans sa déco et haute de plafond, avec charpente apparente. À la carte, une cuisine traditionnelle de Sicile généreuse, où les classiques ne déçoivent pas. Également de délicieuses pâtisseries, spécialité de la maison. On se goinfre à prix copain ! Service vite saturé.

Autour de la piazza Castelnuovo

De très bon marché à bon marché

Dima's Pizza (*plan centre C1,* **64**) **:** *via E. Amari, 110.* ☎ *091-33-36-27.* • *marialafata@alice.it* • *Tlj 17h-4h (ou plus).* Pizze *4-15 € selon taille, à partir de 2 € la part.* Une foule de *pizze* bien fournies et vendues, selon les appétits, *al taglio* (à la part) ou entières, en taille normale ou familiale. À emporter ou à dévorer sur place, perché sur une chaise haute. Un bon plan, simple et pas cher.

Bar Al Viale (*plan centre B1,* **66**) **:** *via della Libertà, 27 (angle via Mazzini).* ☎ *091-58-30-87. Tlj, le midi et pour l'*aperitivo *(fermé dim en été). Plats 3-9 €.* La grande terrasse ombragée dans la rue piétonne est plébiscitée aussi bien par les employés du quartier que par la jeunesse du coin. Parts de pizza, *focacce,* pâtisseries, glaces, etc. Sur la grand-rue, quelques tables en plein soleil pour se dorer la pilule. Alléluia !

Trattoria da Pino (*plan centre B1,* **90**) **:** *via dello Spezio, 6.* 📱 *349-633-73-58. Tlj le midi, le soir ven-sam seulement. Plats 4-8 €.* Faites comme les gens du quartier : posez donc vos coudes sur les tables de cette trattoria typiquement palermitaine. Cuisine savoureuse, élaborée avec des produits qui frétillaient encore avant d'être roulés dans la chapelure. Être ferme sur ce que l'on commande. Côté ambiance, c'est du 100 % authentique : néons blafards, ventilos, murs aux couleurs de l'équipe de foot locale... Accueil attentionné.

Pizza e Cucina (*plan centre B1,* **74**) **:** *piazza Castelnuovo, 37-38.* ☎ *091-609-01-85. Tlj. Comptez 20 € pour un repas complet.* Difficile de rater ce restaurant à la devanture rouge donnant sur l'immense piazza Castelnuovo. Spécialités siciliennes (les *antipasti* sont fameux... avec une *caponata* exceptionnelle) et les pizzas goûteuses et cuites au four à bois. Aux beaux jours, grande terrasse pour profiter de l'animation de la place tout en se régalant. Gestion familiale, cadre chaleureux et excellent rapport qualité-prix font de cet endroit une excellente adresse.

Basquiat Cafè *(plan centre B1,* ***125****) : via Sant'Oliva, 20. ☎ 091-609-00-90. • basquiatcafe@libero.it • Tlj 13h (15h sam)-0h30 (17h dim).* Tapissé de photos, un petit café gentiment bohème, où se poser à l'abri de la rumeur du trafic autour d'une bière, d'un café, d'une pâtisserie ou d'un plat de pâtes. Clientèle postétudiante, papotant paisiblement sur la petite terrasse couverte.

De prix moyens à chic

Trattoria Corona *(plan centre A1,* ***75****) : via Guglielmo Marconi, 9. ☎ 091-33-51-39. • info@coronatrattoria.it • Compter 25-30 € pour un repas.* Descendant d'une lignée de restaurateurs, Gianni officie désormais avec femme et enfants dans cette jolie adresse lumineuse avec son mobilier en bois clair (on est à 1 000 lieux de la traditionnelle nappe à carreaux !) et son excellente cuisine tournée vers la mer. Ici, que des produits frais dont l'origine et la qualité sont sélectionnées avec soin (que ce soit les olives, les tomates ou les poissons pêchés du jour). Très bons conseils sur le choix des vins et un accueil aux petits oignons. Une de nos tables préférées !

Acanto *(plan centre B1,* ***81****) : via Torrearsa, 10. ☎ 091-32-14-58. 335-22-14-32. • ristoranteacanto@gmail.com • Ouv ts les soirs, plus dim midi. Menu 30 €. Repas env 40 €.* Presque invisible de la rue, cette cour-jardin débute par un espace bar qui se prolonge en resto, dominé par une euphorbe grand format. Bonne cuisine sicilienne de marché, avec quelques emprunts aux voisins méditerranéens... Petite sélection de bons vins, mais assez chers. Lieu branché sans être ostentatoire, le service y étant plutôt relax.

Où manger une pâtisserie ? Où boire un bon café ?

Cioccolateria Lorenzo *(plan centre D2,* ***116****) : via del Quattro Aprile, 7-7a. ☎ 091-54-94-86. 340-243-59-39. • cioccolaterialorenzo@libero.it • Tlj sauf lun 8h30 (9h30 sam-dim)-20h.* Un gros faible pour cet adorable salon de thé installé à 2 pas du palazzo Abatellis dans un petit local agréable, flanqué d'une jolie terrasse fraîche et verdoyante. Délicieux gâteaux du jour, à accompagner d'un café ou d'une *granita*. En basse saison, délicieux chocolats faits maison. Également quelques bricoles salées à dévorer le midi, comme des salades ou *panini*. On adore !

I Segreti del Chiostro *(plan centre C2,* ***113****) : dans le monastère de Santa Caterina d'Alessandria (entrée par la piazza Bellini, au 1er étage à gauche). 327-588-23-02. • isegretidelchiostro.shop@gmail.com • Tlj 10h-18h.* Ce savoir-faire des sœurs du couvent a été longtemps tenu secret (car elles craignaient que leurs recettes soient copiées). Chaque monastère avait sa spécialité. Depuis 2017, les recettes ont été dévoilées et on peut désormais se régaler de *cannoli, cassate, biscotti, buccellatini,* excellents tétons de Venus ou de pantoufles à la pistache. C'est une source financière non négligeable pour la survie du monastère.

Antico Caffè Spinnato *(plan centre B1,* ***126****) : via Principe di Belmonte, 107-115. ☎ 091-32-92-20. • info@spinnato.it • Tlj 7h-1h.* Inauguré en 1860, cet élégant café s'ouvre sur la rue piétonne avec une belle terrasse au calme. À l'intérieur, plusieurs salles avec boiseries et scènes de chasse ! Bien pour une pause gourmande en journée, où l'on sirote un *caffè* en engloutissant pâtisseries fines ou *panini*. Le soir, grand choix de cocktails servis avec tartines ou *patatine*. Une véritable institution locale !

Pasticceria Cappello *(plan centre A3,* ***114****) : via Colonna Rotta, 68 (angle via Giuseppe Albina). ☎ 091-48-96-01. • info@pasticceriacappello.it • Tlj 7h-21h, sauf mer.* La meilleure pâtisserie de Palerme aux dires des gens d'ici. Depuis 1940, la maison fait dans la tuile, la *cassata*, les *cannoli*, les macarons, la praline et autres petites douceurs... Intéressants personnages en sucre et fruits en massepain. Trouveront-ils encore de la place au mur pour afficher leurs diplômes ? Petite terrasse devant pour prendre le temps de déguster.

Pasticceria Scimone *(plan centre A2,* ***112****) : via Imera, 8A. ☎ 091-58-44-48. • pasticceriascimone@gmail.com • Tlj 7h-21h (18h dim), sauf mar.* Cette pâtisserie typiquement palermitaine, fondée en 1950, vous donnera l'occasion de goûter aux meilleures douceurs siciliennes sans trop vous ruiner : *cassata*, fruits en massepain *(martorana)*, babas ou *cannoli* vous séduiront au 1er coup d'œil ! En voiture *Scimone*... car ce n'est pas tout près !

Touring Café *(plan centre C2,* ***115****) : via Roma, 252. ☎ 091-32-27-26. Tlj 6h30-23h. Plats 4-6 €.* Élégant salon de thé blanc et or avec colonnes et vitrine regorgeant d'alléchantes pâtisseries. Bien à l'heure du petit déj ou pour une pause gourmande en journée. Une adresse également courue à midi par les gens travaillant dans le quartier, pour ses salades, *panini*, *arancini*...

Ideal Caffè Stagnitta *(plan centre C2,* ***128****) : discesa dei Giudici, 42-44. ☎ 091-617-25-13. Lun-sam 8h-19h. Fermé dim. • idealcaffe@idealcaffe.it •* Installé en 1928, le plus vieux torréfacteur de Palerme a ouvert à côté de son alléchante boutique un petit local avec comptoir et large terrasse où l'on déguste de fameux crus de cafés, mais aussi des glaces.

Bar Casa Obatalà *(plan centre D2,* ***129****) : via Alloro, 16. ☎ 091-792-03-41. Tlj 7h-20h (17h30 sam), sauf dim.* En pleine Kalsa, petit local d'allure moderne et agréable terrasse sur la placette de l'autre côté de la rue. L'occasion de poser une fesse en sirotant un café ou un rafraîchissement.

Où déguster une glace ?

Al Gelatone *(plan centre B1,* ***110****) : via Bertolino Giuseppe Puglisi, 23. Tlj 11h-0h30 (1h30-2h le w-e).* Un glacier bio new-look pour une expérience gourmande mémorable. Aux murs, des dizaines de récompenses venues saluer l'art de Peppe Cuti, maître glacier réputé dans toute l'Italie. Énorme choix de crèmes glacées, classiques ou originales (pistache, *cassata*, figues de Barbarie...). Ici comme ailleurs à Palerme, il est possible de se faire servir la glace dans une brioche gourmande.

Gelateria Al Cassaro *(plan centre C2,* ***117****) : corso V. Emanuele, 214. • gelaterialcassaro@gmail.com • Tlj 10h30-minuit, sauf mar.* De délicieuses glaces artisanales – parmi les meilleures de la ville – à lécher en arpentant les ruelles du *centro storico*.

Où boire un verre ? Où sortir ?

Le soir, la *movida* palermitaine est dispersée entre ***plusieurs points chauds*** : le port (en particulier en été), la Vucciria et ses environs, la piazza Sant'Euno dans la Kalsa, la piazza Ballarò ou encore les abords de la piazza San Francesco di Paola, près du teatro Massimo... Évidemment, chaque tribu de noctambules a son territoire favori !

Si vous êtes du genre anticonformiste, la ***piazza Caracciolo,*** au cœur du marché de la Vucciria, est faite pour vous. On s'y pose sur les terrasses des nombreux bistrots aux tables en plastique et on danse dans la rue autour de la ***Taverna Azzurra*** *(plan centre C2,* ***120****)*, un bar qui concentre une folle animation.

Près du port, la ***via Chiavettieri*** *(plan centre C-D2,* ***123****)* rassemble toujours les oiseaux de nuit en partance pour leur migration nocturne. Quelques groupes y jouent en live aux beaux jours.

Bar Garibaldi *et* ***Botteghe Colletti*** *(plan centre C2, **121**) : via Alessandro Paternostro, 46 et 79. Ouv ts les soirs.* En quelques mètres, 2 incontournables des nuits palermitaines, où toute la jeunesse branchée se retrouve autour d'un *aperitivo* ou de cocktails peu onéreux, pourtant parfaitement maîtrisés. L'heure avançant, la foule finit par envahir la rue, qui se transforme en véritable salon. Un coup de cœur !

Bocum *(plan centre C2, **127**) : via dei Cassari, 6. ☎ 091-33-20-09. • info@bocum.it • Tlj sauf mar 18h-2h.* Un bar à vins et à cocktails vraiment classe, installé dans une rue animée entre la Vucciria et le port. On est séduit par son décor élégant, qui mêle bois et métal et par ses salons à l'étage, très cosy. Superbe sélection de vins nature, en particulier siciliens, et cocktails de maîtres ès mixologie. N'hésitez pas à demander conseil ! Accueil attentionné.

Farmacia Alcolica *(plan centre D2, **125**) : via Alloro, 133. 📱 388-780-38-39. • farmaciaalcolica133@gmail.com • Tlj 18h-2h sauf mar. Cocktail 10 €.* Cette « distillerie littéraire », ainsi dénommée par les patrons de ce bar à cocktails, est étonnante. Une ambiance bohème aux canapés Louis XV, au vélo de facteur accroché au plafond, aux vitrines aux dizaines de fioles... Chaque objet représenté raconte une histoire... Vous pourrez écouter les récits des patrons en piochant dans la liste des cocktails aux noms de médicaments célèbres : Aspirine (à base de marsala), cortisone (à base de rhum). Un sympathique cabinet de curiosités en quelque sorte...

Enoteca Butticè *(plan centre B2, **124**) : piazza San Francesco di Paola, 12. ☎ 091-251-53-94. • enotecabuttice@gmail.com • Tlj sauf dim, midi et soir. Congés : 10-23 août. Verres 5-8 €. Antipasti et plats 7-18 €.* Cette jeune *enoteca* colorée propose une sélection réjouissante de vins siciliens (mais aussi italiens), pour la plupart bio ou naturels, à déguster au milieu des bouteilles. L'endroit rêvé pour s'initier aux cépages de l'île et à ses terroirs, aussi riches que variés. Petites assiettes savoureuses pour accompagner la dégustation (*antipasti*, pâtes...). Fait aussi caviste.

Nautoscopio *(plan centre D2, **122**) : piazzale Capitaneria di Porto. 📱 366-540-93-82. • nautoscopiopalermo@libero.it • Ouv juin-sept seulement, tlj 9h-2h.* Prendre un verre les pieds dans le sable en plein Palerme, c'est possible ! Ce bar de plage a installé ses salons style paillote au bout du port, sur une petite crique urbaine. On y vient pour siroter un cocktail dans la douceur du soir ou pour assister à des concerts, qui ont lieu sur une miniscène posée face à la mer.

À voir

Palerme compte près de 600 églises et couvents et, en 1723, on y dénombrait 107 princes, 76 ducs, 104 marquis et 39 comtes, dont chacun, ou presque, disposait d'un palais en ville ! Inutile de préciser donc que notre sélection de sites à visiter n'est pas exhaustive... Pourtant, vous aurez tôt fait de vous apercevoir que Palerme recèle un bon nombre de monuments et palais, oubliés des guides, et le plus souvent en piteux état, sans y perdre leur charme pour autant. De la plupart des demeures princières, il ne reste en effet que des façades aux murs lézardés aux balcons branlants... Pour mieux vous laisser happer par ce patrimoine hors du commun, n'hésitez pas à pénétrer dans les ruelles les plus secrètes, à pousser des portes, et gardez toujours le nez en l'air.

– ***Attention :*** nous donnons les horaires relevés lors de notre dernier passage, mais soulignons qu'ils sont soumis à de fréquentes variations depuis la Covid et peuvent mettre les nerfs du visiteur à rude épreuve. Aucun site internet, aucune brochure, aucune carte n'est fiable à 100 %. L'office de tourisme lui-même a quelquefois du mal à s'y retrouver. Seule solution pour être sûr de ne pas faire chou blanc : le coup de fil au préalable, avec l'aide de votre hôtelier si nécessaire.

Réductions, billets groupés

Comme tous les sites subventionnés par l'Union européenne, la *galleria regionale di palazzo Abatellis*, le *museo archeologico A. Salinas*, le *palazzo Mirto*, la *chiesa San Giovanni degli Eremiti*, ainsi que la *Zisa*, la *Cuba* et le *chiostro di Monreale* (en dehors de Palerme) sont gratuits pour les visiteurs originaires de l'Union européenne âgés de moins de 18 ans. Ces sites appliquent aussi un tarif réduit pour les 18-25 ans. N'oubliez pas votre pièce d'identité ! Pour les autres, il existe plusieurs ***billets groupés*** *(cumulativi)*, valables 3 à 5 jours. Mais ces billets combinés évoluant rapidement, nous vous conseillons de vous renseigner lors de votre arrivée. Autres réductions possibles : avec le ***circuito dell'Eccellenza,*** un regroupement de sites peu connus des touristes. Une entrée dans l'un d'eux, par exemple le palazzo Conte Federico, offre une réduction sur tous les autres ; conserver le ticket d'entrée. Même fonctionnement pour le ***circuito del Sacro,*** qui regroupe une quinzaine d'églises et oratoires (la Martorana, San Cataldo, l'oratoire de Santa Cita...).

Le quartier du port et de la Kalsa

C'est le centre historique de Palerme avec ses lacis et ses ruelles aux immeubles délabrés, émaillés de ravissantes églises et de somptueux palais, alternant avec des constructions nouvelles, parfois disgracieuses. Il a terriblement souffert des destructions et bombardements américains de la dernière guerre, mais conserve un charme puissant. Ce quartier populaire est en plein devenir puisque de nombreuses réhabilitations sont en cours. Mention spéciale au ***palazzo Butera,*** immense palais de 7 000 m² consacré à l'art moderne.

Chiesa San Francesco d'Assisi *(plan centre C-D2)* **:** *piazza San Francesco. ☎ 091-58-23-70. Lun-sam 7h-11h30, 16h-18h ; dim 7h30-13h, 16h30-18h.* L'une des plus belles églises de Palerme, mais elle fut totalement détruite en 1942 ! Il subsiste quand même sa façade gothique du XIVe s ornée d'un beau portail (1302) et d'une rosace. Très bel effet de nuit. Intérieur riche avec de belles sculptures des XVe et XVIe s en marbre, notamment une *Madonna del Soccorso* de Domenico Gagini et un saint Georges terrassant le dragon de son fils Antonello, des fresques de Pietro Novelli (dans la chapelle du XVIIe s) et des figures féminines du maître « ès stuc » Giacomo Serpotta (1656-1732) représentant les 8 Vertus : l'Humilité, la Modestie, la Mansuétude, etc. On remarque aussi le plafond à caissons peint et quelques petites fresques. Le tout est malheureusement un peu sombre.

– ***Oratorio di San Lorenzo*** *(via Immacolatella, 5 ; tlj 10h-18h ; entrée : 3 €, réduc)* **:** tout en stuc (XVIe-XVIIIe s). Magnifique travail de Giacomo Serpotta, le virtuose du stuc. On peut admirer ses incroyables statues représentant les vertus. Au-dessus de l'autel se dressait *La Nativité*, dernier tableau peint par le Caravage en 1609, volé en 1969 et jamais retrouvé. Une pâle copie photographique le remplace.

Palazzo Mirto *(plan centre D2)* **:** *via Merlo, 2. ☎ 091-778-33-43. Tlj 9h-19h (13h dim), sauf lun. Entrée : 6 € ; réduc. Billet combiné avec le palazzo Abatellis : 10 €. Petit fascicule en français.* Cet ancien palais privé du XVIIIe s a été légué à la Ville de Palerme par la dernière descendante de la famille Filangeri en 1982. C'est l'un des rares palais de la cité où le mobilier d'époque a été conservé. Ambiance digne du *Guépard*

PRINCES PARANOS

Le palais Mirto est truffé de passages secrets. L'un d'eux permettait aux serviteurs de rejoindre la salle de bal sans se faire remarquer, pour mieux étonner les invités lorsqu'ils débarquaient les bras chargés de victuailles. Dans le salon du voyeur, ce sont les proprios qui observaient discrètement leurs invités par un œilleton, histoire de mieux jauger leur tenue et leurs propos...

avec 38 salles à visiter sur 2 étages. Voir en particulier le très original et minuscule salon chinois, entièrement peint de fresques sur le thème de l'Asie, le fumoir, la salle de bal et son impressionnant baldaquin s'ouvrant sur un patio avec fontaine baroque (rococo même !)... en coquillages. Le mobilier n'est pas en reste : lustres vénitiens, rare collection d'assiettes napolitaines représentant des personnages costumés de toute l'Europe et au-delà, meubles en écaille de tortue, mosaïques, service de porcelaine de Mayence unique au monde avec des motifs d'oiseaux et d'insectes, superbe toile représentant la grande bataille sur le Tigre entre Turcs et Persans en 1514, et on en passe ! On ressort par l'étonnante salle des carrosses et les écuries.

Piazza Marina *(plan centre D2)* : *marché aux puces ts les w-e et j. fériés.*
À l'époque aragonaise, avant les grands travaux de la Renaissance, la piazza Marina était le centre de la cité, accueillant de nombreux palais. Elle a subi pas mal de destructions durant la dernière guerre mais conserve une belle unité. Sur cette place adossée au port, on peut découvrir aujourd'hui :
– Le ***giardino di villa Garibaldi,*** un joli parc qui cache une foule de bustes en pierre (dont Garibaldi, bien sûr), où les vieux Palermitains aiment se retrouver pour jouer aux cartes. Les gigantesques *Ficus magnolioides,* arbres originaires d'Australie, sont très impressionnants.
– Nombreux palais d'époques variées : au n° 60, voici le plus beau, le ***palazzo Steri*** (aussi appelé *Chiaramonte* ; XIVe s), aux airs austères de demeure fortifiée. Confisqué pour devenir la demeure du roi d'Aragon, le palais accueillit le tribunal de l'Inquisition, ses chambres de torture et sa prison, qui donnait alors sur les bûchers destinés aux condamnés à mort... Il est désormais occupé par l'université et peut partiellement se visiter dans le cadre d'une visite guidée *(☎ 091-607-53-06 ; tlj sauf lun 10h-19h ; entrée : 8 €, réduc)* centrée sur les ***prisons de l'Inquisition*** (XVIe-XVIIe s), accolées au palais. On explore avec émotion les cellules aux murs recouverts des dessins des prisonniers, obligés de réaliser des représentations religieuses. Également des bateaux, histoire de s'évader un peu... Dans un style différent, ne manquez pas la façade du ***palazzo Dagnino*** (XVIIIe s), au n° 51 de la place, flanquée d'atlantes tenant des médaillons. Juste à côté, au n° 46, le ***palazzo Galletti di San Cataldo*** (XIXe s), néogothique, montre une façade en pierre ocre.

Prenez le temps de flâner dans le quartier, bordé au nord par la ***Cala*** *(plan centre D2),* le port historique, avec ses quelques bateaux de pêche et sa grande flottille de navires de plaisance. De là, on aperçoit les grues du port de commerce et les silhouettes massives des paquebots à quai. Tout à côté, en limite de la *piazza Marina,* se dresse la ***chiesa Santa Maria della Catena*** *(piazzetta delle Dogane ; tlj 10h-18h ; entrée : 2,50 €, réduc),* du XVIe s, précédée d'un élégant porche, aux portes ornées d'entablements Renaissance... À 100 m vers l'est, franchissez la ***porta Felice*** *(plan centre D2),* de style Renaissance tardive. Le vice-roi qui la construisit en 1582 lui donna le prénom de sa femme, célèbre dans toute la ville pour ses infidélités !

Palazzo Butera *(plan centre D2)* : *via Butera, 18. ☎ 091-752-17-54. • palazzobutera.it • Mar-dim 10h-20h. Entrée : 10 € ; réduc.*
Immense palais du XVIIIe s en plein centre de la Kalsa. On doit son impressionnante rénovation à Francesca et Massimo Valsecchi, collectionneurs milanais. Ce palais de 7 000 m² a nécessité 5 ans de travaux et plus de 200 ouvriers, sous la direction de l'architecte Giovanni Cappelletti C'est désormais un ***incroyable lieu d'échanges artistiques et culturels,*** situé sur les remparts de la ville, donnant sur la célèbre passegiatta delle Cative. Cette riche collection contemporaine a débuté à Londres, puis à Milan dans les années 1960-1970. Auparavant, celle-ci était partagée entre un musée à Cambridge et un autre à Oxford. On conseille surtout de concevoir cette visite comme une ***promenade architecturale et artistique.***

– ***Rez-de-chaussée (anciennes écuries) :*** dans la 1re salle, autour de l'unique pilier s'enroule un escalier en fer et en verre qui est relié par une passerelle à une mezzanine-galerie au sol en verre rétro-éclairé. On peut y admirer les photos de Joshua Cooper consacrées aux lieux sacrés des Amérindiens mais aussi des peintures de l'Allemande Elisabeth Scherfig. Ne manquez pas la ***Cavallerizza,*** pièce monumentale aux 6 colonnes de Billiemi avec des œuvres du couple français Poirier, de Claudio Costa, de Thom Phillips ainsi que des dessins de Tremlett. Pendant les travaux de rénovation du pavement de la chaufferie a été découvert un canal de drainage des eaux de pluie, réalisé avec des tuiles des XVIIIe et XIXe s. Dans celui-ci était nichée une racine qui provenait du jacaranda situé dans la cour. On a décidé de les conserver. C'est désormais une œuvre artistique intégrante au palais !

– ***1er étage :*** impressionnant escalier, conçu au XVIIIe s par Giacomo Amato en marbre rouge de Sardaigne. Admirez la fresque qui a retrouvé tout son éclat (notez les jeunes enfants soufflant sur des bulles de savon).

La pièce-bibliothèque, dont la partie inférieure en noyer date du XVIIIe s, est une pièce majeure du palais puisqu'elle donne accès à la terrasse de 1 000 m^2 donnant sur le front de mer, recouverte en majolique vert. Un must !

– ***2e étage :*** les propriétaires ont volontairement laissé le plafond d'une salle partiellement abîmé pour montrer l'évolution des travaux. On a retrouvé ainsi de nombreux panneaux destinés à être placés au-dessus des portes et des fenêtres. Ils sont désormais exposés tous ensemble dans une même salle, à la demande des propriétaires.

Enfilade de pièces où les artistes français Anne et Patrick Poirier ont intégré des miroirs colorés et des tapis, où l'on peut voir les fresques de Gaspare Fumagalli. Beaux stucs de la salle de bal Seicento (Sassoferrato, Carlo Dolci). Nombreux objets exposés provenant de manufactures de verrerie, de cristallerie ou de céramique du début du XXe s (Daum, Gallé, Loetz, Cappellin), en passant par les porcelaines du XVIIIe s (des manufactures Zsolnay, de Meissen, Ginori, Capodimonte, Chelsea, Tournai) et les meubles et objets Arts & Crafts dessinés par Christopher Dresser, William Burgess, Charles Voysey ou William Benson. Vous trouverez même 2 tableaux d'Andy Warhol et de Gilbert & George... bref, une collection très éclectique !

– Grimpez au dernier étage pour visiter les combles et vous rendre compte de l'incroyable travail de restauration effectué. On y voit l'***enchevêtrement des voûtes en bois*** et sa construction originelle complexe. Le ***belvédère del Torrino*** est incontournable pour sa vue à 360° sur Palerme et sur la mer.

– Avant de regagner la sortie, ne manquez pas de lever la tête pour admirer les plafonds revisités aux formes géométriques et aux tons pastel de David Tremlett. Très réussi !

Le palais, son architecture, sa collection d'art contemporain ne laisseront pas insensible le visiteur. Une visite incontournable dans la tournée des palais palermitains !

Également un ***resto, Le Cattive,*** donnant sur la *passegiatta* et une ***petite épicerie, MadoniEAT,*** qui propose produits locaux mais aussi quelques plats typiques à déguster sur place : bon rapport qualité-prix, tout fait maison... et délicieux !

Museo internazionale delle Marionette Antonio Pasqualino – M.I.M.A. *(plan centre D2) : piazzetta A. Pasqualino (vicolo Niscemi). ☎ 091-32-80-60. • museodellemarionette.it • Mar-sam 10h-18h, dim-lun 10h-14h. Entrée : 6, 50 € ; réduc. Dépliant en français.*

Fondé en 1975 par l'Association pour la conservation des traditions populaires de Palerme, ce musée moderne possède une intéressante collection de *pupi,* ces marionnettes à fil et à gaine, typiques du sud de l'Italie, provenant des régions palermitaine, catanaise et napolitaine. Également d'autres marionnettes italiennes, mais aussi françaises, espagnoles et asiatiques. Le musée propose aussi des spectacles de marionnettes *(tlj en été, moins régulièrement hors saison ; voir programme sur le site internet).*

Les aventures des héros des chansons de geste et les paladins de Charlemagne constituent le sujet principal de cet *opera dei pupi*. Les personnages, aimés ou détestés (Roland, Renaud, la belle Angélique, les féroces guerriers sarrasins, le traître Ganelon), permettaient d'interpréter les expériences de la vie courante en les transfigurant dans un monde éblouissant de gloire. Les spectacles étaient présentés par épisodes et pendant de longs mois dans les quartiers populaires. De nos jours, ce théâtre sicilien perpétue une antique leçon de perfection.
À la différence de notre Guignol lyonnais, où les poupées vivent dans un univers contemporain (les gendarmes, les voleurs...), les marionnettes évoluent ici dans une époque mythique sans aucun lien avec la réalité, comme dans un conte de fées.
➢ Il existe d'autres ***théâtres de marionnettes*** à Palerme, mais beaucoup sont fermés, faute de subventions ou de spectateurs. 3 sont assez faciles à trouver :

■ ***Teatro dei Pupi Vincenzo Argento e Figli*** *(plan centre B3)* **:** *palazzo Asmundo, via Pietro Novelli, 1a.* ☎ *091-611-36-80.* 📱 *339-132-27-79.* • *palazzoasmundo.com* • *Dans une ruelle face à la cathédrale, au niveau du nº 445 du corso V. Emanuele. Spectacle tlj à 17h30 : 12 € ; réduc. L'un des plus accessible et sans résa. Face à la cathédrale.*

■ ***Teatro dell'Opera dei Pupi – Compagnia Figli d'Arte Cuticchio*** *(plan centre C2)* **:** *via Bara all'Olivella, 95.* ☎ *091-32-34-00.* • *figlidartecuticchio.com* • *Visite guidée (2 €) mar-ven 10h-13h, 16h-19h30 ; spectacle (10 € ; réduc) sam-dim à 18h30.*

■ ***Teatro Stabile dei Pupi Carlo Magno*** *(plan centre C1)* **:** *via Collegio di Maria al Borgo Vecchio, 17.* ☎ *091-814-69-71.* 📱 *347-579-22-57.* • *mancusopupi.it* • *Spectacle mar et ven à 17h30 : 10 € ; réduc.*

PALERME ET SES ENVIRONS

★ On atteint ensuite la ***piazza della Kalsa*** *(plan centre D2),* qui était la porte d'entrée du quartier et où résidaient l'émir et les mercenaires arabes il y a 10 siècles. De cette citadelle fortifiée, il ne reste plus que des souvenirs... Les belles façades baroques de la *chiesa di Santa Teresa alla Kalsa,* sur le flanc ouest de la place, et de la *chiesa di Santa Maria della Pietà (via Torremusa, 1),* à 100 m de là, dans la rue parallèle au foro Italico, méritent aussi un coup d'œil, et même une visite si elles sont ouvertes.

★ En bord de mer, sur le *foro Umberto I,* s'étend une ***large promenade verdoyante*** où enfants et ados viennent taper le ballon dans l'herbe ou font du cerf-volant, pendant que les grands joggent, que les mariés se font prendre en photo, et que les amoureux se bécotent sur les bancs publics !

★★★ ***Galleria regionale della Sicilia – Palazzo Abatellis*** *(plan centre D2)* **:** *via Alloro, 4.* ☎ *091-623-00-11. Tlj sauf lun 9h-18h30 (13h le w-e). Dernière entrée 30 mn avt. Entrée : 8 € ; réduc.*
Le musée s'est installé dans le ***palazzo Abatellis,*** un élégant palais de style gothico-catalan réaménagé par l'architecte Carlo Scarpa dans les années 1950. Subsistent, comme témoignages de son lustre passé, son élégante façade, une belle cour bordée de galeries à arcades et quelques plafonds à caissons en bois peint. Mais si l'on vient ici, c'est surtout pour découvrir une très riche collection de peintures (italiennes et flamandes) et un ensemble remarquable d'art religieux sicilien.
Pêle-mêle, au rez-de-chaussée, on trouve des bois sculptés, une *Madone à l'Enfant* de Domenico Gagini, une *Annonciation* sur marbre polychrome d'Antonello Gagini (le fils du 1er), un ***buste d'Éléonore d'Aragon*** par Francesco Laurana. La gigantesque fresque du ***Triomphe de la Mort,*** datée du XVe s, est sans conteste l'une des merveilles du musée, destinée à un palais privé. Cette fresque provient d'un hôpital, et est censée être un message de réconfort pour les malades. Elle a été démontée en 4 parties à cause des bombardements en 1943 puis remontée en 1950 dans le palazzo Abatellis. Elle a été réalisée dans un atelier sans

doute catalan aux influences flamandes et italiennes à l'époque d'Alphonse V d'Aragon. Regardez, au centre, un squelette (représentant la mort) juché sur une monture terrifiante qui vient répandre la mort parmi la population, à commencer par des prêtres transpercés par une volée de flèches. À gauche, de simples villageois avec un cul de jatte à la barbe blanche qui semblent se réjouir du spectacle ; à droite, des nobles richement vêtus et remarquez les 3 dames qui se tiennent le doigt, elles font penser aux Trois Grâces de la mythologie gréco-romaine : personne ne sera épargné ! Certains noteront la proximité de cet ensemble macabre avec l'œuvre de Giacomo Borlone, que l'on peut voir à Clusone près du lac d'Iseo, entre Vérone et Milan. La rumeur court aussi que Picasso s'en est inspiré pour son *Guernica*...

Tout le 1er étage est notamment consacré aux icônes et retables des XIIIe et XIVe s sur le thème de la Vierge à l'Enfant et aussi à la peinture sicilienne du XIIe au XVIIe s. Sa pièce maîtresse ? La ***Vierge de l'Annonciation*** d'Antonello da Messina, icône de la Renaissance italienne et peinture la plus célèbre de Sicile. Le tableau, de petite taille, aurait été réalisé autour de 1475. Ici, pas d'Ange Gabriel venu annoncer la bonne nouvelle à la Vierge : le peintre a choisi de le laisser hors-champ, mais le regard croisé de Marie et sa délicate main tendue semblent tous 2 pointer vers lui. L'arrière-plan, noir et vide de tout détail, permet au spectateur de concentrer son regard sur le visage de la Vierge, d'une grande expressivité. Sa position, de trois-quarts, est typique de la peinture flamande, une influence considérable dans l'œuvre de Messina.

Également, des œuvres de Tommaso di Virgilia (peintre palermitain du XIVe) dont beaucoup d'œuvres ont été perdues. Son chef-d'œuvre, *La Madone à l'Enfant et ses Saints,* inspiré d'Antonio Messina, est splendide. À signaler encore, un triptyque de Jan Gossaert dit « Mabuse », un Flamand égaré en Sicile. Que le lecteur qui a vu un travail plus pinaillé nous écrive ! Cette Madone à l'Enfant, entre sainte Catherine et sainte Dorothée, est un chef-d'œuvre du trompe-l'œil. Certains détails ont dû être peints avec un cheveu. En scrutant bien, on aperçoit des paysages entiers, des scènes champêtres... exécutés sur quelques centimètres carrés ! Ne terminez pas votre visite sans avoir jeté un coup d'œil aux panneaux peints de Vasari et à un étonnant petit meuble de corail et filigrane d'argent datant de la fin du XVIIe s.

En s'éloignant de la mer, c'est-à-dire en remontant la via Alloro, puis en tournant sur la gauche (via della Vetriera), on atteint la grande ***piazza Sant'Euno,*** avec ses pelouses envahies par les familles. Le coin est devenu un lieu de sortie prisé de la jeunesse palermitaine. Au sud-ouest, la place est bordée par la ***basilica Santa Trinità*** (surnommée ***La Magione***), une superbe construction arabo-normande de 1191 *(en principe ouv mar-sam 8h45-12h, 15h-18h30 ; fermé dim-lun).* Si vous avez de la chance, vous pourrez peut-être visiter son joli cloître *(entrée : 4 €).* C'est ici que le roi Tancrède de Sicile, le dernier roi normand, fut enterré. Aujourd'hui, l'église est très prisée pour les mariages !

Un peu plus loin, au nº 84 de la via Garibaldi, se dresse un palais superbement restauré, le ***palazzo Naselli Flores,*** à la belle pierre ocre (notez l'élégance des balustrades à jabots d'oie des balcons), où s'est réuni un comité révolutionnaire en 1860. Il domine la ***piazza della Rivoluzione*** *(plan centre C-D3)* où, sur une petite fontaine moussue, trône *Il Genio di Palermo,* un barbu à la tête couronnée qui tient un serpent dans

UN SAINT À QUI SE VOUER

En vous baladant dans les ruelles de Palerme, vous remarquez peut-être la grande concentration de petits autels votifs insérés dans les murs. Des inscriptions annoncent 100 ou 200 jours d'indulgences pour chaque fidèle qui récitera un Ave Maria devant l'image du saint ou de la sainte qui occupe la niche. Un pardon peu cher payé !

ses mains. Dans le passé, il se trouvait au port et s'appelait « le génie du môle ». Ce quartier, un peu oublié le jour, est très animé la nuit, avec de nombreux bars bordant la place.

En redescendant la rue Garibaldi jusqu'à la *piazza* du même nom, puis la via Lincoln (à gauche), vous gagnez l'entrée de l'***orto botanico*** *(jardin botanique ; plan centre D3)* : *via Lincoln, 2. ☎ 091-238-912-36. • ortobotanico.unipa.it • Tlj 9h-20h (19h avr et sept, 18h mars et oct, 17h nov-fév). Entrée : 6 € ; réduc (10€ avec le museo archeologico Antonino Salinas).* Juste à côté d'entrepôts désaffectés s'élève un bâtiment néoclassique construit en 1789 par Léon Dufourny, architecte français. Autour, le jardin lui-même fut inauguré en 1795. Pendant tout le XIXe s, il était le point de convergence des férus de synthèse chlorophyllienne. De retour d'expéditions lointaines, tous les explorateurs vinrent y semer leur petite graine ou y enfouir leur bouture, tant et si bien que Palerme devint incontournable pour tous les botanistes d'Europe et de Méditerranée. Aujourd'hui, sur plus de 10 ha, on dénombre plus de 12 000 espèces végétales subtropicales. S'y côtoient des succulentes et des cactus, des bambous et des palmiers, sans oublier les plantes carnivores. En sortant, allez donc faire un tour en face, dans la ***villa Giulia,*** un lieu de calme et de recueillement très prisé des Palermitains et plein de secrets. On y brûlait jadis les hérétiques, vous y trouverez la statue du génie de Palerme la plus récente (côté jardin botanique)... Le génie de Palerme est censé protéger la ville, et donc les Palermitains. Il est représenté sous les traits d'un homme barbu portant une couronne et tenant sur sa poitrine un serpent.

Des Quattro Canti à San Giovanni degli Eremiti

Quattro Canti *(plan centre C2)* **:** c'est le nombril de la ville. Son nom, « les 4 chants », sous-entend les 4 vents, soit les 4 saisons... Construite à l'intersection de la via Maqueda et du corso V. Emanuele (1re artère de la ville initiée par les Phéniciens), cette place, aujourd'hui simple carrefour, divisait au début du XVIIe s la ville baroque en 4 grands quartiers. 4 bâtiments à façade concave, sur le modèle d'un ordre architectural dorique, ionique et corinthien, se succèdent sur 3 niveaux. Ils sont ornés de fontaines représentant les 4 fleuves de la ville, elles-mêmes surmontées d'un ensemble de statues représentant Éole, Vénus, Cérès et Bacchus (une allégorie des 4 saisons), lesquelles sont chapeautées par les bons vieux rois Charles Quint et Philippe II, III et IV, eux-mêmes coiffés par les saintes patronnes de Palerme, à savoir Nymphe, Olive, Agathe et Christine. Bref, tout ça forme un ensemble architectural éminemment emblématique de la capitale sicilienne qu'il ne faut rater sous aucun prétexte !

Juste à côté, la ***piazza Pretoria*** *(plan centre C2)* est entourée d'églises et de palais avec, au centre, une grande fontaine de marbre datant de 1553. Elle a été réalisée à l'origine par Francesco Camilleri pour une famille florentine dans un style purement maniériste. À la mort du commanditaire, le fils, ayant besoin d'argent, la vendit au Sénat de Palerme en 1573. Elle est transportée ici en 1575 et installée en 1580. Pour faire le chemin de Florence à Palerme, il a fallu la découper en 646 pièces ! Tout n'est pas arrivé à destination

DES NUS UN PEU TROP NUS

Objet de scandale, la fontaine de la piazza Pretoria a longtemps été surnommée fontana delle Vergogne, c'est-à-dire « fontaine de la Honte ». Épouvantées par la précision anatomique des statues masculines qui l'ornent, les religieuses du couvent voisin envisagèrent de les émasculer mais se contentèrent finalement de leur couper... le nez ! Les nez ont depuis été remis en place, mais les pénis, eux, sont bizarrement tombés ! Malédiction divine, sans doute...

(quelques pièces sont visibles encore au musée Bargello de Florence). Un sculpteur local a donc remplacé les têtes manquantes par les têtes de certains sénateurs ! Cette fontaine a traîné pendant longtemps une réputation sulfureuse. En effet, on l'a appelée longtemps la *fontaine de la Honte,* non pour la nudité de ses statues mais pour son rachat à cette famille florentine. Ses nus et personnages aux figures étranges, qui dissimulent leurs mains dans de longues manches, illustreraient un mystérieux courant ésotérique de l'époque. Les petits malins auront tôt fait de tenter le rapprochement avec Michel-Ange et chercheront le *David* (la copie plutôt, car l'original est à l'Accademia à Florence) ou encore la tête de Moïse de la basilica di San Pietro in Vincoli à Rome. La fontaine est désormais entourée de grilles pour la protéger. Néanmoins, la place est toujours aussi belle, encore plus au soleil couchant ou de nuit, lorsque la fontaine est illuminée.

Palazzo delle Aquile *(hôtel de ville)* **:** *piazza Pretoria, 1. ☎ 091-740-11-11. Tlj 9h-19h (13h dim). GRATUIT.* On y trouve notamment – à gauche en montant l'escalier – le *Génie de Palerme,* une œuvre de la 2de moitié du XVe s à mettre au crédit de Domenico Gagini et Gabriele Di Battista. Notez sur le rebord de la vasque cette inscription assez éloquente : *Panormus conca aurea suos devorat alienos nutrit* (« Palerme dans sa conque d'or se nourrit des étrangers qu'elle dévore »). Tout un programme ! Avec un peu de chance, vous pourrez voir l'épée offerte par Napoléon, exposée dans le bureau du maire ! Autrement, jolie vue sur les églises de la Martorana et de San Cataldo depuis l'étage. Levez la tête et vous apercevrez, dans une niche, une belle statue de Rosalie, sainte patronne de la ville, constamment éclairée, qui veille sur la ville.

Chiesa di Santa Caterina Vergine e Martire *(plan centre C2)* **:** *piazza Bellini. Tlj 9h-19h. Entrée : 3 € ; réduc.* Le couvent dominicain de Santa Caterina (XVIe s) a été fondé, à l'origine, pour accueillir les « femmes de petite vertu »... Son église est l'un des plus beaux édifices baroques de la capitale : marqueterie de marbres polychromes et stucs recouvrent chaque pan de mur, du sol au plafond – lui-même entièrement peint de fresques du XVIIIe s à la gloire de sainte Catherine d'Alexandrie (admirez d'ailleurs sa statue réalisée par Gagini). Ne manquez pas, sur le 1er pilier à droite de l'entrée, l'étonnant bas-relief en couleur évoquant l'épisode de Jonas et la baleine.
Autre incontournable, la ***visite des terrasses*** *(autre entrée par la piazza Pretoria ; tlj 9h-19h ; entrée : 5 € ; 7 € avec cellules des religieuses et 10 € avec le cloître).* En parallèle de la visite de l'église, cet itinéraire à travers les galeries hautes, qui étaient exclusivement réservées aux religieuses, conduit jusque sur les toits : une vue extraordinaire sur Palerme vous y attend ! En chemin, nombreuses pièces décorées de fresques et de pavements en céramique et un aperçu des cellules des sœurs, alignées au-dessus d'un élégant cloître que l'on peut désormais visiter. N'hésitez pas à pousser la porte de la pâtisserie du monastère, située dans le cloître, elles sont délicieuses (voir plus haut dans « Où manger une pâtisserie ?... »).

Chiesa di Santa Maria dell'Ammiraglio *(Sainte-Marie-de-l'Amiral ; plan centre C2-3)* **:** *piazza Bellini. Lun-sam 9h30-13h, 15h30-17h30 ; dim et j. fériés 9h-10h30 (horaires variables). Entrée : 2 € ; réduc.* Également appelée ***Martorana,*** cette église orthodoxe du XIIe s, dotée d'un beau campanile, a conservé, malgré des mutilations successives, un cycle de mosaïques byzantines exceptionnelles, notamment dans sa coupole. Ce sont probablement les plus anciennes de toute l'île et parmi les plus belles ! Ne manquez pas non plus, en entrant, les 2 panneaux évoquant l'origine de l'édifice : à droite figure le roi Roger II en costume d'apparat couronné par le Christ, à gauche son bras droit, le fondateur de cette église : Georges d'Antioche, amiral et numéro 2 du royaume normand, agenouillé aux pieds de la Vierge. Quand la lumière du jour ne suffit pas, des projecteurs payants permettent d'apprécier les ors et les couleurs intenses des mosaïques. Fidèle à ses origines, la Martorana observe encore le rite chrétien oriental. Intéressant à savoir pour la messe chantée du dimanche matin. Un de nos endroits préférés !

Chiesa di San Cataldo (plan centre C2-3) : *piazza Bellini. Tlj 9h-19h. Entrée : 2,50 € ; réduc.* Seulement séparée de la Martorana par un palmier, cette petite église aux coupoles roses semblables à des bonnets d'eunuques date également du XIIe s. Elle a été construite par l'amiral Majone de Bari, 1er ministre de Guillaume Ier, fils de Roger II. Transformée en bureau de poste au XVIIIe s et propriété de l'ordre des chevaliers du Saint-Sépulcre depuis 1937, elle est l'un des plus beaux exemples de fusion entre les architectures religieuses chrétienne et musulmane, avec remplois antiques. La restauration récente de son intérieur lui a rendu tout son éclat : seule ornementation sous ses élégantes voûtes de pierre claire, un pavement à motifs géométriques et rubans de serpentine, porphyre et marbres blanc et miel qui fait écho aux formes de cette construction emblématique de l'architecture arabo-normande en Sicile.

Palazzo Gangi (plan centre C2-3) : *piazza Croce dei Vespri, 6. ☎ 091-616-27-18 (17h30-19h30, sinon laisser un message). • palazzogangi@hotmail.com •* ***Attention, il est très difficile de visiter ce palais en individuel.*** *Visites guidées (2h) sur résa uniquement pour des groupes de 20 pers min, en français ou en italien : 50 €/pers, suivies d'un apéritif. Souvent complet des semaines à l'avance !*
Le tarif élevé s'explique par les frais de restauration supportés sans aucune aide par la famille Vanni Calvello qui, totalement investie, ouvre les portes de son palais familial (1750-1780). C'est d'ailleurs en ce moment le sujet d'une polémique, car la propriétaire menace de vendre si l'État ne lui apporte pas son aide...
C'est l'occasion d'un voyage mythique dans l'histoire d'une dynastie d'aristocrates siciliens. Un lieu tout simplement incontournable ! Lustres de Murano et cristal de Bohême, porcelaines de Meissen... La galerie des Miroirs, avec son pavement en majolique polychrome, est époustouflante. Qu'un tel patrimoine privé n'ait pas été disséminé au fil des siècles est exceptionnel.
D'illustres personnages furent les hôtes de la famille, à commencer par Luchino Visconti, qui y tourna la fameuse scène de bal de son film ***Le Guépard,*** une légende du cinéma. Citons également Wagner, qui acheva ici l'orchestration de *Parsifal.* Ceux qui veulent prolonger leur voyage se plongeront dans *La Sicile au temps des guépards* de J.-B. Naudin, G. Gefen, L. Fasoli et F. Calefati di Canalotti, aux Éditions du Chêne.

LA CHALEUR DU *GUÉPARD*

Pendant le tournage de la fameuse scène du bal dans le film de Visconti Le Guépard *(Palme d'or à Cannes en 1963), la chaleur des projecteurs, ajoutée à la canicule du mois de juillet, abîma les miroirs du palais Gangi ! Grand seigneur, Visconti (qui était d'ailleurs issu de la noblesse) paya de sa poche leur restauration. Les figurants du bal furent tous choisis parmi l'aristocratie palermitaine.*

Galleria d'Arte moderna (GAM ; plan centre C2) : *via Sant'Anna, 21. ☎ 091-843-16-05. • gampalermo.it • ♿ Tlj 9h30-18h30, sauf lun et j. fériés (dernière entrée 1h avt). Entrée : 8 € ; réduc. Audioguide (en anglais ou en italien) : 4 €. Visite guidée (1h30) en français sur résa.*
En plein quartier des *Lattarini* (nom dérivé de l'arabe *attarîn,* l'antique quartier des droguiers), la galerie d'Art moderne occupe un bâtiment né de l'assemblage du palazzo Bonet, un palais de style gothique catalan du XVe s (l'amateur remarquera les fenêtres géminées de l'étage noble, ornées de fines colonnes en marbre de Carrare), avec le couvent adossé à l'église Sainte-Anne de style 100 % baroque et dont la 1re pierre fut posée en 1606. Dans cet espace de 4 700 m² comptant une trentaine de salles sont exposés environ 200 tableaux et sculptures du XVIIIe s aux années 1930 (en Italie, l'art moderne commence au XVIIIe s !), dans l'ensemble assez lyriques et conventionnels. Beaucoup de paysages locaux et de portraits de Siciliens.

La visite débute par un tableau monumental, *I Vespri Siciliani,* signé Erulo Eroli, qui rappelle l'importance des tragiques Vêpres siciliennes survenues au lendemain du Pâques 1282 et qui vit le massacre de 2 000 âmes appartenant à la communauté française de Palerme. Notons qu'à cette date les Siciliens se libérèrent du joug angevin pour faire allégeance au roi d'Aragon. Le soldat rouge à terre est un Français accusé de viol sur la blanche Sicilienne. En partant du musée, pensez d'ailleurs à jeter un œil à la croix emblématique des Vêpres située juste en face sur la placette... Admirez ensuite la sensualité de la douce *Syra* d'Alessandro Rondoni (1877), toute de marbre vêtue (ou dévêtue ?!). Notez les yeux malades du prêtre du *Ritratto di sacerdote infermo,* de Giuseppe Patania, un des principaux peintres de la noblesse du XIXe s. Paysages de Francesco Lojacono, le « voleur de soleil », ami d'Auguste Renoir et d'Oscar Wilde.
De l'autre côté du cloître, œuvres de dénonciation sociale : enfants dans les carrières de soufre, *Madre dell'ucciso* représentant la mère sarde de la victime d'un meurtre. On découvre ensuite une série de portraits de femmes siciliennes, dont la délicate *Fanciulla che esce dal bagno* (Paolo Vetri, XIXe s), une jeune fille sortant du bain, à la belle lumière et au mouvement sensuel de la hanche et de la bouche. Salle consacrée à Antonino Leto (*Saline di Trapani,* paysages de Capri et d'Ischia). Les œuvres de l'étage supérieur datent principalement du début du XXe s. On y voit *Il Peccato* (« Le Péché ») de Franz von Stuck, où la chevelure de la vénéneuse jeune femme chichement vêtue se confond avec le serpent... puis la *Femme aux gants* de Boldini, au regard libéré qualifié de « parisien » ! Enfin, quelques œuvres plus audacieuses : *Donna e Bimbo* de Boglino, *Figura* de Leo Castro, *L'Elegantone* de Bevilacqua, *Il Nomade* de Pippo Rizzo, puis un autoportrait et un joli nu en techniques mixtes de Renato Guttuso. Expos temporaires régulières. Bistrot sur place.

***Chiesa del Gesù** (plan centre C3) : tlj 9h30-18h30, sauf dim (dernière entrée à 17h30) ; visite guidée avec l'association Itiner'ars sur résa : 338-451-20-11 ou 338-722-87-75. • viviapalermo.com •.* 1re église construite sur l'île par les Jésuites à la fin du XVIe s Aussi appelée *casa Professa,* elle fut très endommagée pendant la 2de Guerre mondiale, avant de retrouver sa splendeur d'origine toute de stuc et de nuées d'angelots. C'est l'une des églises les plus exemplaires en matière de baroque sicilien. Notez la fusion entre architecture, sculpture et peinture. On aime... ou pas ! Concerts certains soirs (se renseigner).

En continuant sur la via Ponticello, on arrive à la ***piazza Ballarò** (plan centre C3),* où on entre dans le ***fascinant marché du même nom.*** Il s'étend d'ici au corso Tuköry, en passant par la ***chiesa del Carmine.*** Étals de fruits et légumes à des prix défiant toute concurrence, braseros fumants installés dans la rue, Palermitains avalant debout le traditionnel *pane c'a meusa* fourré aux abats, vendeurs qui haranguent le client... Un vrai bain populaire ! Vous êtes ici dans le quartier de l'Albergheria qui, comme son nom l'indique, accueille des visiteurs étrangers depuis toujours. Cette tradition semble plus que jamais respectée, le quartier prenant des airs de tour de Babel. La ***torre di San Nicolò di Bari** (plan centre C3),* situé via Nunzio Nasi, au n° 18, domine le quartier et peut se visiter sur rendez-vous *(entrée : 5 € ; • terradamare.org/luoghi •).*

Palazzo Conte Federico** (plan centre B-C3) : piazza Conte Federico, 2. • contefederico@contefederico.com • contefederico.com • Visites guidées (env 45 mn ; en italien et en anglais seulement) tlj 11h-16h, sauf mer (résa par e-mail). Compter 10 €/pers ; réduc. Propose également à la loc 7 appartements entièrement rénovés.* Construit sur les anciens remparts du Moyen Âge, incluant même une tour de défense, ce palais de la fin du XVe s est la propriété des Federico depuis le XVIe s. Ce sont les enfants de la famille, Andrea et Nicolò, qui vous mèneront à travers une vingtaine de pièces rustiques ou somptueuses, mais toujours agrémentées de meubles et objets anciens, d'œuvres d'art et de souvenirs de famille. Dans la salle de bal, ne manquez pas les pavements en céramique où une ***étonnante carte de la Palerme médiévale est dessinée. D'illustres hôtes sont passés par le palais, comme Richard Wagner ou Garibaldi, à qui la salle à manger a été dédiée. Et il n'est pas rare de croiser aussi monsieur le comte, passionné par l'architecture et les secrets de son *palazzo,* et ancien pilote de course automobile... Une visite étonnante et vraiment hors du temps !

Palazzo Comitini *(plan centre C3)* **:** *via Maqueda, 100. Visites guidées (1h), parfois en français ; pour plus d'infos, rens auprès de l'office de tourisme. GRATUIT.* L'immeuble, qui abrite aujourd'hui le conseil de la province de Palerme, est un palais du XVIIIe s bâti pour un amiral de la flotte espagnole. Restauré en 1931 après son rachat par le gouvernement provincial, il a conservé ses plafonds en pur style baroque sicilien, ses fresques, ses miroirs, ses tableaux et ses lustres géants en verre de Murano. Les jours où le conseil n'est pas en session, on peut visiter les salles de réunion et bureaux. Vous remarquerez, dans la salle des Armes, des masques à la bouche grande ouverte... ce sont des porte-torches ! L'impressionnante salle Martorana (salle de bal) possède un sol en majolique qui reflète précisément dessins et motifs des fresques du plafond. Ne ratez pas non plus l'ancien boudoir de la princesse, avec ses murs aux céramiques incrustées dans des panneaux de bois. Le chef de cabinet du président de la province y travaille ! Tout est d'époque, exception faite des tentures vertes et rouges ajoutées sous le régime mussolinien – auparavant, tout était doré. Bref, une occasion rare de voir de près l'***intérieur intact*** d'un des nombreux palais de Palerme, dont beaucoup achèvent aujourd'hui de tomber en ruine.

Chiesa di San Giuseppe dei Teatini *(plan centre C2)* **:** *corso V. Emanuele. Lun-sam 7h30-13h, 17h-20h30 ; dim et j. fériés 7h-12h, 16h-20h.* Du XVIIe s ; l'intérieur constitue aussi un bel exemple de ***délire maniériste*** qui illustre bien la phrase « *horror vacui* », ou « Dieu a horreur du vide », avec toujours des matériaux nobles mais arrangés de manière sobre au sol (partie terrienne) en opposition avec le fouillis délirant des parties aériennes et des plafonds (partie céleste), comme pour dire aux gens : « Regardez tout ce qu'on vous promet si vous êtes gentils ! »

La ***piazza Bologni*** *(plan centre C2-3)* s'ouvre ensuite sur la gauche : Charles Quint, statufié en 1630, semble régler la circulation de sa main droite aux doigts écartés.

– ***Museo d'Arte contemporanea della Sicilia*** **:** *☎ 091-58-77-17. • museoartecontemporanea.it •. Tlj sauf lun 9h30-18h30 (9h-13h dim). Entrée : 6 € ; réduc.* Ce musée est abrité dans le palazzo Riso qui était la propriété de la famille Belmonte-Riso. Il a été bombardé pendant la 2de Guerre mondiale en raison des relations compromettantes avec le régime fasciste et le duc. Longtemps abandonné, il a été racheté par la Région en 1986. Après d'importants travaux de rénovation, le palais abrite depuis 2005 un nouvel espace accueillant des œuvres contemporaines. Quelques œuvres d'*arte povera* et celles de Boltanski et son travail sur la mémoire, ainsi que l'intéressante exposition au plafond d'imposantes armoires de Kounellis dans une salle immense à la pierre totalement brute. Impressionnant. Intéressantes expositions temporaires.

– ***Palazzo Alliata di Villafranca*** **:** *piazza Bologni, 20. 📱 324-071-50-43. • palazzoalliatadivillafranca.wordpress.com • Sur résa uniquement.* Ce superbe palais du XVIIIe s présente un extravagant décor constellé de dorures et de stucs, où des *putti* (angelots) rieurs partent à l'assaut des plafonds peints. Sols couverts de majolique, meubles précieux et fresques lui donnent un cachet unique. Superbe fumoir, dont les murs sont tapissés de cuir. Quelques tableaux remarquables aussi, comme une *Crucifixion* de Van Dyck.

Chiesa di San Salvatore *(plan centre B-C3)* **:** *corso V. Emanuele, 398. Tlj 10h-18h (17h pour les toits, dernière entrée à 16h30). Entrée : 3 € ; 4 € avec les toits ; réduc.* Cette église à plan octogonal est emblématique du baroque palermitain avec sa profusion d'angelots en marbre blanc. Les sièges sont disposés en cercle autour de l'autel, et le tout est surmonté de galeries et de loges comme dans une salle d'opéra. Possibilité de monter jusqu'à la coupole et les toits, et de faire le tour de la galerie extérieure, avec une superbe vue panoramique sur la ville.

Cattedrale *(plan centre B2-3)* **:** *corso V. Emanuele. ☎ 091-33-43-73. • cattedrale.palermo.it • Lun-sam 7h-19h ; dim et j. fériés 8h-13h, 16h-19h.*
Avec sa base cubique, elle ne peut renier la mosquée sur laquelle elle s'est élevée (d'ailleurs, l'observateur averti remarque le cartouche en caractère coufique gravé sur la colonne la plus à gauche du portail d'entrée ; il dit en gros : « Il a créé la nuit et inventé le jour pour couvrir la nuit, les étoiles et les planètes, l'univers est donc son œuvre, voudrions-nous qu'il n'en soit point le roi ? » Un message œcuménique en somme, c'est sûrement pour ça qu'on l'a laissé...). Pour savoir à quoi ressemblait l'édifice d'origine, allez sur son flanc droit admirer les absides, où l'on retrouve l'influence arabo-byzantine avec les figures de lave incrustées dans la pierre. La cathédrale présente ainsi un mélange assez étonnant de styles, montrant qu'ici à Palerme les différentes religions successives n'étaient pas tant dans un rapport belliqueux que dans une fascination réciproque... Elle fut ramenée au culte chrétien par un archevêque anglais (XIIe s) sur l'emplacement d'une basilique plus ancienne, que les Arabes avaient transformée en mosquée. Pour brouiller les pistes, consécutivement au tremblement de terre de 1693, qui en avait fait s'écrouler une bonne partie, un architecte italien vide et consolide le monument ; ajoutant, en 1801, un énorme dôme (élément architectural censé évoquer l'unité de l'église depuis le concile de Trente) et remaniant l'intérieur, mais sans fresques au plafond, des fois que ça s'écroule à nouveau...
On pénètre dans la cathédrale par un porche à colonnes (XVe s) qui donne sur le jardin, puis en franchissant une étonnante porte en bois sculpté datant de 1432. Si l'architecture extérieure est séduisante, l'intérieur demeure plus austère. Allez voir tout de même le magnifique devant d'autel en argent et bronze doré et la châsse en argent de la chapelle Sainte-Rosalie (à droite du chœur), patronne de la cité. Notez sur le sol, traversant le chœur en diagonale, devant la chapelle, la ligne méridienne de 1794 (année où les jésuites font « entrer » la science dans les églises) ornée de signes zodiacaux, qui permettait, à l'occasion de la prière de l'Angelus (à 12h pétantes), de connaître pendant environ 3 mn la date du jour...
À gauche de l'entrée, si le cœur vous en dit (rien de très spectaculaire), voici les ***tombes*** des rois normands et des empereurs souabes qui leur succédèrent *(lun-sam 9h-17h30 ; dim et j. fériés, seules les tombes sont ouv 9h-13h ; entrée crypte et trésor : 3 €, 4 € avec les tombes, 8 € avec la visite des toits ; réduc).* Vous pourrez ainsi rendre hommage à Roger II, Frédéric II, Henri VI et Constance d'Aragon. On a découvert dans la tombe de cette dernière, morte en 1222, sa couronne d'or et de pierres précieuses, qui constitue la pièce principale du ***trésor,*** auquel on accède à droite du chœur. Descendez plutôt dans la ***crypte*** voir les sarcophages romains et d'époque paléochrétienne réutilisés pour les archevêques des XIIe-XVe s. Étrange d'entendre les bruits de la rue dans un lieu aussi solennel... La visite des ***toits*** *(tlj 9h-17h30, sauf dim ; 5 €)* offre de superbes vues sur la ville ainsi que sur les tours et coupoles de la cathédrale.
– En face de la cathédrale, les passionnés d'art religieux feront un saut au ***Museo diocesano,*** installé dans un élégant palais du XVe s, le *palazzo Arcivescovile (via M. Bonello, 2 ; ☎ 091-607-71-11 ; • museodiocesanopa.it • ; mar-dim 9h30-13h30 ; entrée : 4,50 €, réduc).* Sous les plafonds à caissons, on découvre les sculptures qui ornaient la cathédrale avant son remaniement au début du XIXe s, et des œuvres provenant d'autres églises de la ville...

Villa Bonanno *(plan centre B3)* **:** l'ancien champ de Mars de la ville est, depuis plus de 1 siècle, un grand jardin planté de palmiers-dattiers, où l'on a retrouvé, en 2001, les ***vestiges d'une villa romaine*** (fragments de mosaïques, colonnes...). Il précède la sévère façade du *palais des Normands,* auquel on accède en passant sous la *porta Nuova,* un arc de triomphe édifié à l'occasion de la venue de Charles Quint en 1535.

PALERME ET SES ENVIRONS

Palazzo dei Normanni (palazzo Reale ; plan centre B3) **:** *piazza Indipendenza. ☎ 091-705-40-06. • federicosecondo.org • Ⓜ Palazzo Reale Orleans. Bus nos 104 et 109. Lun-sam 8h15-17h40, dim et j. fériés 8h15-13h (dernière entrée 40 mn avt).* **Attention,** *dim et j. fériés, les visites de la chapelle palatine sont suspendues 9h45-11h15 en raison de l'office. Évitez de visiter les lieux ces jours-là ! Entrée : 15,50 € incluant la* **cappella Palatina** *(chapelle palatine) et les* **appartamenti reali** *(appartements royaux ; fermés mar-jeu et lors des sessions parlementaires exceptionnelles). Entrée* **giardini reali** *: 2 €. Audioguide : 5 €. Dépliant en français. Attention, file d'attente parfois longue : s'armer de patience ou arriver tôt.* Fortification arabe du IXe s, ce palais, réaménagé et agrandi par les rois normands au XIIe s puis maintes fois remanié, est aujourd'hui le siège du parlement sicilien. Il s'organise autour d'une belle cour entourée de 3 étages de galeries (1560).

– ***Cappella Palatina*** (chapelle palatine) **:** *au 1er étage. Tenue « respectueuse » exigée : ni décolleté, ni débardeur, ni jupe ou short trop courts. Sinon, achat d'une cape possible.* Le point d'orgue de la visite du palais royal ! Commencée par Roger II en 1132 et consacrée 8 ans plus tard, cette chapelle dédiée à saint Pierre et à saint Paul représente le sommet incontesté de l'art arabo-normand. Enclave protégée au cœur du palais, elle a traversé les siècles sans subir de transformations. Seules les mosaïques extérieures ont été ajoutées au XVIIIe s par Ferdinand III, représenté avec son épouse dans le médaillon surmontant l'entrée. L'intérieur est tapissé d'***époustouflantes mosaïques byzantines*** à fond d'or. Malgré les arcs romans, on est à 1 000 lieues du style dépouillé qui prédominait alors en Europe occidentale ! Aux côtés de l'imposante figure du Christ en majesté (pantocrator), les épisodes de la Bible sont illustrés avec un brio et un luxe de détails exceptionnels. Et quand on lève les yeux jusqu'aux plafonds de bois, on découvre toujours plus de couleurs et de labyrinthiques *muqarnas* (caissons en stalactites) typiques de l'architecture islamique. Quand la fusion des cultures d'Orient et d'Occident touche au sublime !

ÇA SENT LE SAPIN...

Le plafond de la chapelle palatine est en Abies nebrodensis, un sapin du parc des Madonie. Peintes a tempera à même le bois, les scènes évoquent toutes le paradis cher à l'Islam : joueurs d'échecs, chameaux, éphèbes, représentant un monde idéal où l'on jouit de tout. Le seul problème, c'est que si l'on devait un jour remplacer les boiseries, ces arbres ont quasiment disparu...

– ***Appartamenti reali*** (appartements royaux) **:** *au 2e étage.* L'ensemble, de style néoclassique, est composé de nombreux salons ornés de délicates fresques – comme celles de la ***sala Pompeiana*** –, d'un curieux cabinet chinois, d'une salle du trône ***(sala rossa)*** et d'une salle de bal au plafond illustrant l'arrivée des Normands en Sicile au XIe s ***(sala gialla).*** Plusieurs pièces sont utilisées par le Parlement de Sicile, ce qui explique leur fermeture régulière. Les seuls vestiges normands des appartements demeurent la ***torre Pisana,*** dont les Aragonais ont détruit l'ornementation, et la ***chambre du roi Roger,*** où de somptueuses mosaïques sur fond d'or (1154) représentent des scènes de chasse peuplées de créatures exotiques (lions, panthères...) ou mythiques (griffons, centaures...).

– ***Sale Duca di Montalto*** (mostra ; expos temporaires) **:** anciennes poudrières où sont organisées des expos temporaires de qualité. Leurs plafonds sont encore en grande partie recouverts de fresques. À côté, vestiges d'un mur punique.

– ***Giardini reali*** (jardins royaux) **:** ce parc, qui renferme un incroyable ficus géant enserrant un pin parasol ainsi que de nombreuses autres essences, a été récemment ouvert aux visiteurs.

San Giovanni degli Eremiti (plan centre B3) **:** *via dei Benedettini, 22. ☎ 091-651-50-19. Tlj 9h-18h30 (13h30 dim et j. fériés). Entrée : 6 € ; réduc.* Petite oasis de verdure paisible au beau milieu du brouhaha des klaxons palermitains, qui constitue une sorte de conservatoire des plantes méditerranéennes. Ce jardin des délices entoure une chapelle normande du XIIe s à coupoles rouges, montrant quelques vestiges de fresques ; le tout flanqué d'un charmant petit cloître à colonnettes.

Des Quattro Canti à la ville moderne

Descendre le corso V. Emanuele et tourner à gauche dans la via Roma pour rejoindre la piazza San Domenico et son église, la ***chiesa di San Domenico*** *(plan centre C2)* : *☎ 091-58-91-72. Tlj 9h-12h, sauf lun. Visite du cloître seulement sur résa auprès de l'association* ***Itiner'ars*** *(📱 338-451-20-11 ou 338-722-87-75 ; • viviapalermo.com •) : 5 €.* On vous a fait grâce de quelques églises au passage, mais celle-ci est remarquable car c'est l'édifice religieux le plus important de Palerme après la cathédrale. Sa façade baroque ornée de stucs et de multiples statues, réalisées par le petit-fils de Giacomo Serpotta, a beaucoup d'allure depuis sa restauration. Les religieux étaient parfois de sacrés architectes ! Un grand nombre de personnages plus ou moins connus reposent dans ses nefs, en faisant l'un des panthéons de la Sicile. Elle possède, en outre, un superbe cloître.
– Entrez dans le grand magasin ***Rinascente,*** qui donne sur la place, et montez jusqu'au dernier étage : vue extraordinaire sur San Domenico et les toits de Palerme. On peut y siroter un verre tout en admirant le panorama.

Mercato della Vucciria *(plan centre C2)* **:** le plus vieux de Palerme, mais qui a perdu ces dernières années pas mal de son activité. Son nom vient du mot français « boucherie ». Il s'étend de la piazza San Domenico, par la discesa Maccherronai, jusqu'à la piazza Caracciolo (placette occupée par des poissonniers), vivante, colorée et très animée le soir, puis se prolonge jusqu'au port par la via Argenteria. Faites le plein d'herbes odorantes, de bocaux d'anchois, de *panini* bien garnis et de *dolci* fondants pas chers. Un endroit surprenant et attachant, emblématique de l'atmosphère populaire de Palerme.

Quartiere della Loggia *(plan centre C2)* **:** s'y installèrent Génois, Amalfitains, Pisans et Vénitiens au XIIIe s. Il se découvre au fil de l'intéressant circuit des ***Tesori della Loggia,*** qui comprend la visite libre d'églises *(GRATUIT)* et d'oratoires *(payant)* riches en œuvres de Van Dyck, Serpotta et autres grands artistes baroques *(☎ 091-843-16-05 ; mêmes horaires pour ts : tlj sauf dim 9h-13h ; billet unique pour les oratoires, à acheter au 1er que vous visiterez : 6 €, réduc).*
– **Oratorio di Santa Cita** *(plan centre C2)* **:** *via Valverde, 3. Tlj 9h-19h. Entrée : 4 € ; 6 € avec l'oratoire du Rosario in San Domenico ; réduc.* On y pénètre par un escalier qui ouvre sur une magnifique cour plantée d'un arbre géant et dominée par une élégante galerie couverte. L'oratoire existe depuis le XVIIe s, avec la naissance de la *compagnie du Rosaire* qui était une assemblée de laïcs qui se réunissait pour prier sous la protection divine. À l'intérieur de l'oratoire, tout est blanc et pourtant quel foisonnement ! Ce bouillonnement de stucs est une œuvre de jeunesse de Serpotta, pape du baroque sicilien. Issu d'une famille de sculpteurs (comme son père et son frère), le jeune Giacomo a de l'or dans les mains et manie à la perfection la préparation du stuc (mélange de plâtre et de marbre). Pour la petite anecdote, il signe toujours avec un serpent sur l'une de ses statues. Une foule de *putti* (angelots) potelés et facétieux s'amusent dans des drapés et guirlandes de fruits, ou donnent l'impression de bavarder, au-dessus de scènes de la vie du Christ, d'impassibles figures allégoriques et des scènes joyeuses telles l'*Annonciation,* la *Visitation* ou la *Nativité* sur le mur de droite. Une évocation de la bataille de Lépante surmonte l'entrée avec en dessous *La Madone du Rosaire,* tableau de Carlo Maratta datant de 1695.
– ***Chiesa di Santa Cita*** *(plan centre C2)* **:** *accessible par la cour-jardin en contrebas de l'oratoire ou par la via Squarcialupo. Ouv seulement le mat en sem.* De prime abord, rien d'ostentatoire, mais allez jeter un œil dans la chapelle du Rosaire située à droite du chœur, c'est un délire total de marbre polychrome, avec des

statues perchées et penchées vers vous qu'on dirait vivantes ! Dans la chapelle de droite, une pietà de Giorgio di Milano (XVe s) et, juste derrière, une cène de facture récente en pâte de verre trône au milieu d'un arc sculpté par Antonello Gagini : drôle de mélange !

- **Chiesa di Santa Maria in Valverde** *(plan centre C2)* **:** *largo Cavalieri di Malta.* Colonnes torsadées, frontons brisés, conches, *putti,* etc. ; bref, tous les ingrédients du baroque sculptés dans le marbre. Notez également les fresques d'Antonio Grano et une toile de Pietro Novelli.
- **Oratorio del Rosario in San Domenico** *(plan centre C2)* **:** *via Bambinai, 4. Tlj 9h-19h. Entrée : 4 € ; 6 € avec l'oratoire de Santa Cita ; réduc.* Retrouvailles avec les stucs de Serpotta qu'on croirait prêts à s'animer ! C'est la même composition, le même plan mystique que l'oratoire de Santa Cita, cité plus haut. Les 12 vertus sont (dont la Sagesse, la Justice, la Pureté, la Charité, etc.) sont symbolisées par des statues élégantes d'une saisissante beauté. Remarquez que toutes les statues sont cernées de coquillages (une mode artistique héritée de l'Antiquité). Le sculpteur s'est encore représenté par le symbole du serpent sur la colonne de Fortune. La peinture de l'autel est de Van Dyck (1625), pour une fois bien éclairée : elle représente sainte Rosalie, qui intercéda auprès du divin pour mettre fin à l'épidémie de peste qui a frappé Palerme en 1624. Remarquez le chérubin se pinçant le nez pour éviter les odeurs pestilentielles ! On découvre également des œuvres de Luca Giordano ou Matthias Stomer et des fresques de Borremans. On doit le *Couronnement de la Vierge,* au plafond, à Pietro Novelli, lequel signe aussi quelques toiles.

Palazzo Branciforte *(plan centre C2)* **:** *via Bara all'Olivella, 2. ☎ 091-888-77-67 ou 091-765-76-21. • palazzobranciforte.it • Mars-oct, mar-dim 9h30-19h30 (nov-fév : 14h30-19h30). Dernière entrée 1h avt. Entrée : 7 € ; réduc. Visite guidée en italien (env 45 mn, parfois en anglais).* Cet immense palais fut considéré un temps comme l'un des plus somptueux de la ville. Il a été cédé en 1801 à la municipalité pour qu'elle y installe un mont-de-piété, activité qui s'est poursuivie jusqu'au début des années 1980 ! Il a, depuis, été racheté par la fondation du *Banco di Sicilia,* qui en a confié la rénovation à Gae Aulenti (la designer de renommée mondiale aujourd'hui décédée, et qui a notamment signé le musée d'Orsay à Paris...). Il abrite désormais plusieurs galeries d'exposition ouvertes à la visite, mais qui ne présentent qu'un intérêt limité. Seule la section archéologie (principalement des céramiques préhistoriques et grecques, dont une grande partie provient des fouilles de Sélinonte) tire son épingle du jeu.

Museo archeologico regionale Antonino Salinas *(plan centre C2)* **:** *via Bara all'Olivella, 24. ☎ 091-611-68-07. Tlj sauf lun 9h30-18h30. Des événements ont régulièrement lieu en fin de sem (ven-dim) : musée alors ouv en nocturne. Entrée : 6 € (10 € avec le jardin botanique valable 2 j.) ; réduc.*

Riche collection provenant de collections privées (notamment celle des Bourbon), de donations familiales ainsi que de fouilles. Il a été référencé comme musée national en 1814. Antonino Salinas était un archéologue et universitaire italien du XIXe s, connu pour ses nombreuses découvertes archéologiques. Il a d'ailleurs légué au musée sa collection privée (nombreux livres et plus de 6 000 pièces de monnaie). Avec ses 3 cloîtres du XVIIe s, sa fontaine et ses plantes luxuriantes – bien frais par grande chaleur –, le plus vieux musée de Sicile est un havre de paix. Les différentes salles rassemblent les découvertes provenant de tous les chantiers de fouilles de l'île. On y découvre quelques pièces incontournables, à commencer par la stèle de pierre noire de Sicile ; une partie de celle-ci, conservée ici, a été donnée par un collectionneur privé : on peut lire les 5 premières dynasties des pharaons. Les autres morceaux de la pierre sont disséminés un peu partout dans le monde, notamment au Caire et au Musée égyptien de Turin.

Tout autour du 3e cloître, on peut admirer les métopes et triglyphes qui ornaient les temples doriques de **Sélinonte** (VIe s av. J.-C.). La reconstitution du fronton du temple C est particulièrement réussie, avec une représentation expressive de l'affrontement entre

Persée et la Gorgone. Juste à côté, dans un atrium lumineux, moulages et vestiges donnent une idée des motifs et couleurs des temples à l'époque grecque.
Plusieurs salles regroupent des sculptures romaines (bustes) et grecques, et le splendide sarcophage des Amazones. Belle collection de bronzes : casques, boucliers, statuettes, et l'étonnant *Bélier* sculpté par un artiste inconnu il y a 23 siècles, trouvé à Syracuse. Également une importante collection de céramiques grecques ainsi qu'un morceau de frise du parthénon d'Athènes (le pied d'une déesse grecque) acheminé au XIXe s par un diplomate anglais et qui doit être prochainement rendu à la Grèce.
Prendre le temps d'observer les scènes peintes : elles sont le reflet de la vie quotidienne antique et considérées comme des sources d'information très sûres pour archéologues et historiens. Enfin, ne pas rater les mosaïques qui ornaient les riches demeures romaines...

En sortant du musée, arrêtez-vous quelques instants dans la ***chiesa di Sant'Ignazio all'Olivella*** *(plan centre C2 ; piazza Olivella, 1 ; ☎ 091-58-68-67 ; lun-sam 7h-11h, 16h30-19h, dim 8h30-12h30),* au riche décor baroque. Dans la 3e chapelle de gauche, un surprenant travail de marbre et de pierres rares, caractéristique de l'art baroque à son apogée.

Teatro Massimo *(plan centre B2) : piazza Verdi. ☎ 091-605-32-67. • teatromassimo.it • Visite guidée (30 mn) tlj 9h30-18h, parfois possible en français (se renseigner). Entrée : 8 € ; réduc. Possibilité de visiter la terrasse (vue imprenable sur Palerme) aux mêmes horaires : 20 €. Programme des spectacles sur le site internet.*
Il s'agit de l'une des 1res salles construites en Europe, la 2e du continent par la taille. Elle a une capacité de 1 350 places, et 700 acteurs peuvent tenir sur la scène. Pas étonnant qu'*Aïda* y soit l'opus le plus joué : les éléphants rentrent sans aucun problème ! Il fut un temps où l'on y entassait jusqu'à 3 000 spectateurs.
Longtemps fermé, le théâtre a servi de décor à une scène fameuse du *Parrain 3*. Restauré, il a rouvert en 1997, et on peut, depuis, découvrir ses plafonds de style Liberty et ses lustres en verre de Murano. La visite permet d'accéder à la loge royale, réservée aux édiles locaux et nationaux, dont les colonnes en acajou sont décorées des armes de la famille de Savoie. Vient ensuite la salle ronde, dite « pompéienne », coiffée d'une coupole asymétrique.

LES GRANDES OREILLES

La salle ronde du teatro Massimo jouit d'une acoustique surprenante, différente selon que l'on se place au centre, sous la coupole ou sur les côtés. La résonance est telle que les nobles de l'époque étaient invités à y chuchoter plutôt qu'à parler à voix haute – d'où son surnom de « salle des Secrets »...

Palazzo Francavilla *(plan centre B2) : via Ruggerio Settimo, 8. ☎ 091-33-68-56. 333-442-39-35. • palazzofrancavilla@gmail.com • palazzofranvavilla.com • Résa obligatoire. Visite par groupes de 10 pers (15 €/pers ; 35 € avec l'aperitivo sur la terrasse). Visite en anglais (et sur demande en français) par les adorables propriétaires. Pour des demandes privées et sur devis, possibilité d'accueillir des mariages, des concerts, des événements culturels.*
Palais édifié en 1783 et acheté en 1801 par le duc de Sperlinga, proche du roi Bourbon de Naples. La façade du palais, à la demande de son héritier, le comte Francavilla, a été restaurée au XIXe s par Ernesto Basile (l'architecte du théâtre Massimo). Il est aussi intervenu pour tout le 1er étage (l'étage noble) avec la rénovation du hall d'entrée, des 2 grands salons et de la bibliothèque. C'est le style Liberty italien, c'est-à-dire l'Art nouveau.
Salon d'entrée au beau plafond polychrome, blason familial incrusté au sol en mosaïque. De belles tenues cérémoniales en brocart en vitrine (le duc de Sperlinga, l'ancêtre des propriétaires, était le majordome du roi de Bourbon).

L'une des pièces les plus intéressantes est la bibliothèque, entièrement conçue par Basile, qui a dessiné aussi le mobilier. On y respire encore l'ambiance intellectuelle et culturelle palermitaine des siècles derniers avec ses milliers de livres et notamment une belle édition anglaise (le propriétaire, malicieux, nous a fait remarque qu'il n'y avait pas de livres commençant par N (car c'était l'initiale de... Napoléon !). Dans la salle de bal, piano allemand qui accueille des concerts mais surtout le tableau aux dimensions impressionnantes (2 m x 2,60 m) ***Le Christ et la Samaritaine au puits*** d'***Artemisia Gentileschi.*** Crèche traditionnelle d'Andrea Tipa de l'école Trapani (1750 ; remarquez que sa signature était toujours ce petit chien au panier). Regardez un service provenant de l'atelier de Sèvres. Pour la petite anecdote, Lafayette, pour payer les dettes contractées au majordome Sperlinga, lui a cédé. Quant à l'ascenseur (entreprise Siggler), c'est le 1er à Palerme à être installé chez des particuliers ; banquette en velours, cabine en bois sentant la cire... une autre époque...
Le clou de la visite, c'est l'élégant jardin d'hiver aux motifs floraux Liberty, donnant sur la superbe terrasse en majolique.
La visite du palais par les propriétaires est vraiment passionnante, ponctuée de petites anecdotes croustillantes et historiques.

À 2 pas, via Scarlatti *(plan centre B2)*, coup d'œil au grandiloquent monument aux morts de l'époque fasciste, ***Tempio munito fortezza mistica.*** Gravé sur le côté, un discours de Mussolini se gargarisant de la conquête de l'Éthiopie, annonciatrice du « retour » du grand Empire romain !

En montant la via Volturno jusqu'à la porta Carini, on pénètre à gauche dans le bouillonnant ***marché du Capo*** *(plan centre B2 ; à visiter le mat)* qui s'étire le long de la via Carini. Ses merveilleux étals de fruits et légumes colorés, ses poissonniers regorgeant de marchandise fraîche, ses épiciers proposant herbes, pistaches, tomates séchées ou épices en font certainement le plus beau marché de Palerme. On se faufile entre les étals qui cèdent ensuite la place, dans la via Sant'Agostino (à gauche), à un genre de bazar oriental débordant de vêtements, fripes, gadgets et colifichets de toutes sortes.
En passant, jeter un coup d'œil à la ***chiesa dell'Immacolata Concezione*** *(via Porta Carini, 38 ; 327-453-21-53 ; tlj 9h-17h – 13h dim ; 2 €),* fleuron du baroque jésuite du XVIIe s. Fresques au plafond, pavement polychrome, profusion de médaillons, de colonnes, d'angelots et de sculptures d'un blanc éclatant... La richesse du décor est impressionnante ! Notez au passage la délicatesse des grilles de l'étage, qui séparaient les religieuses de la population. Si vous passez devant aux heures d'ouverture, ne manquez pas non plus d'entrer dans la ***chiesa di Sant'Agostino*** *(via F. Raimondo, 3 ; ☎ 091-58-46-32 ; tlj 7h30-12h, 16h-18h, fermé dim et lun ap-m)* pour admirer son décor de stuc et les statues de Serpotta. Le portail sculpté et la belle rosace de la façade (XVe s) sont postérieurs à la construction d'origine (XIIIe s). Sur le côté, agréable cloître fleuri de style cistercien, d'où s'échappe une belle salle capitulaire aux voûtes en croisée d'ogives.

Palazzo di Giustizia *(plan centre B2)* **:** *piazza V. Emanuele Orlando.* Un édifice moderne a priori sans intérêt, mais dont toutes les vitres sont blindées. Normal, c'est le siège de l'organisation anti-Mafia. Sur la façade sont affichés les visages de policiers assassinés par l'organisation criminelle. On aperçoit aussi une rampe qui permet aux voitures de s'arrêter devant la grande porte sans que les passagers aient à grimper les marches... La rumeur prétend que les entreprises qui ont gagné l'appel d'offres pour sa construction étaient noyautées par la Mafia !

Repassez piazza Verdi pour suivre la ***via Ruggero Settimo*** *(plan centre B1-2).* Rassurez-vous : pas d'églises, mais seulement des magasins B.C.B.G. et une foule empressée se bousculant sur les trottoirs ! Après le ***teatro Politeama*** *(plan centre B1)* et la piazza Castelnuovo démarre la ***via della Libertà*** *(plan centre B1),* large avenue ombragée par de grands platanes et bordée de boutiques chics. Tout est clean, bien ordonné ; bref, un sacré contraste avec la vieille ville, souvent décatie et plutôt labyrinthique. Si vous êtes bon marcheur, allez jusqu'au ***giardino Inglese*** et à la ***villa Trabia*** *(hors plan centre par B1),* 2 espaces verts où l'on respire un peu, même lors des fortes chaleurs.

Les fanas de polars verront en passant la prison appelée l'***Ucciardone*** *(plan d'ensemble),* située entre le giardino Inglese et le port. Derrière des murs vieillots se cache la prison la plus sophistiquée d'Italie et la mieux gardée. 3 fois plus de matons qu'ailleurs... pour la plupart non siciliens. Toutefois, bon nombre de « parrains » ont été transférés sur la petite île de Pianosa, non loin de l'île d'Elbe. Le plus célèbre « résident » de la prison fut Michele Greco, dit « le Pape », un ancien *capomafia* (chef mafieux) qui y serait devenu fou.

Un peu plus loin

Castello della Zisa *(plan d'ensemble ou hors plan centre par A2)* **:** *piazza Zisa. ☎ 091-652-02-69. Bus nos 106, 122 et 475 depuis Politeama (arrêt Campo Reale). Tlj sauf lun 9h-18h30 (13h dim et j. fériés). Entrée : 8 € ; réduc.*
Dérivé de l'arabe *al Aziz* (« la Splendide »), on ne pouvait trouver meilleur nom que la Zisa pour désigner cette résidence royale construite à partir de 1164 par le roi Guillaume Ier. Situé à l'époque loin des rumeurs de la ville, au cœur d'un parc planté d'orangers et de citronniers, miniature de paradis terrestre, ce « pavillon des délices » était conçu pour procurer détente et bien-être aux souverains. La visite commence par le jardin. Véritable syncrétisme architectural entre l'art byzantin et l'art islamique, la Zisa recèle quelques pièces rares, comme ce fragment de pierre sépulcrale d'un prêtre décédé en 1148, dont le texte est rédigé en 4 langues (hébreux, latin, grec et arabe), ou encore des bassines d'ablution de la période mamelouke (XIVe s) et des mortiers de facture persane (XIe et XIIe s). Côté architecture, on note l'ingénieux système de rafraîchissement de l'air. Sur le toit, des bouches spécialement orientées captaient le brûlant sirocco. D'étroites fenêtres complétaient le système pour amener l'air à se refroidir au contact de l'eau des fontaines, le tout s'échangeant dans un complexe réseau de conduits. Bref, la Zisa avait la clim, comble du luxe dans une ville construite en pierre de tuf, connue pour restituer la nuit la chaleur absorbée le jour !
Maintes fois modifié au cours des siècles, le palais a fait l'objet de grands travaux de restauration après son effondrement partiel en 1971. La salle de la Fontaine, au rez-de-chaussée, est la mieux conservée. Ouverte sur le jardin, elle était alimentée par des sources voisines qui se déversaient dans un grand bassin extérieur, très apprécié des gentes damoiselles. Voici un magnifique témoignage du mélange des genres et un véritable résumé de l'histoire de l'île : les mosaïques murales d'inspiration byzantine représentent des paons (symbole de pouvoir) encadrant des archers d'une blondeur nordique, les *muqarnas* (voûtes en stalactites typiquement arabes) et les fresques, aujourd'hui bien endommagées, datent du passage plus tardif des Espagnols... Notez, dans l'arche côté jardin, une peinture dont les personnages seraient, selon une légende, impossibles à compter !
– Si vous voulez gagner le palais des Normands à pied, redescendez la via Zisa jusqu'à la ***piazza Ingastone,*** typiquement palermitaine, avec son Ave Maria et sa petite église dédiée à Notre Dame de Lourdes, sa *macelleria* (boucherie) et sa *salumeria* (charcuterie) idéale pour se faire confectionner un *panino.* Poursuivez par la via Colonna Rotta (édicules votifs) avant d'arriver au palais proprement dit.

Castello della Cuba *(plan d'ensemble et hors plan centre par A3)* **:** *corso Calatafimi, 100. ☎ 091-59-02-99. Bus no 105. Tlj 9h-19h (13h30 dim). Dernière entrée 30 mn avt. Entrée : 2 € ; réduc.* Construite dans la lignée du castello della Zisa par Guillaume II, la Cuba était également une demeure royale, jadis entourée d'un lac artificiel et ouverte sur le même immense parc à la beauté légendaire, le Genoard. De l'ornementation d'origine, les ruines à ciel ouvert conservent un unique pan de *muqarnas,* stalactites typiques de l'architecture arabe. On peut aussi voir, exposée dans le bâtiment attenant, l'inscription dédicatoire en caractères arabes indiquant l'année de sa fondation : 1180.

DU PARADIS À L'ENFER...

Immense, fleuri, image du paradis terrestre où s'écoulait l'eau des fontaines, le jardin du Genoard fit longtemps fantasmer les hommes. Au XIVe s, Boccace y situait encore une des scènes (assez hot) de son Decameron. Puis le lieu sombra dans l'oubli. Les systèmes d'irrigation bouchés, les lacs asséchés, l'éden se transforma en un terrain vague. Puis, au XVIe s, on y installa un dispensaire, destiné à accueillir les pestiférés.

Catacombe dei Cappuccini *(plan d'ensemble et hors plan centre par A3)* **:** *piazza Cappuccini, 1. ☎ 091-652-73-89. • catacombepalermo.it • Bus n°s 109, 318. Tlj (sauf dim ap-m nov-mars) 9h-13h, 15h-18h. Entrée : 3 € ; réduc. Photos interdites à l'intérieur.*
La création de ce singulier cimetière remonte à la fin du XVIe s, quand, à la suite de l'augmentation du nombre des capucins du couvent, situé en surface, il fallut trouver pour leur sépulture un lieu plus grand et plus décent. Petit à petit, la bonne société en vint à vouloir passer son éternité dans les catacombes, aux côtés des chers frères... De 1739 aux années 1850, les concessions pour les « bienfaiteurs » se multiplièrent, en dépit de l'interdiction de l'exposition des cadavres promulguée en 1837... C'est ainsi qu'on arriva à la création de différentes sections pour les moines, les hommes, les femmes, les professions libérales, les prêtres. Dans les galeries souterraines sont accrochés, comme dans un grand vestiaire, quelque 8 000 corps momifiés, pas bien en forme pour la plupart, car le temps poursuit son œuvre... Cependant, certains présentent encore des lambeaux de chair, des cheveux et des moustaches, mais tous sont sur leur trente et un ! Les femmes sont couchées, la plupart des hommes debout. C'est ici qu'a été tournée la scène fantastique du film de Francesco Rosi, *Cadavres exquis.*
Parmi la kyrielle de corps au garde-à-vous dans les couloirs de cet étrange cimetière, ne pas manquer : le géant *(il gigante),* sur le mur droit du « couloir des hommes », tout droit sorti d'un film d'horreur avec sa bure noire et ses bottes pointues, et la *baby girl,* dans la chapelle. Morte à l'âge de 2 ans en 1920, la petite Rosalia Lombardo fut embaumée par un certain docteur A. Solafia, qui parvint à conserver parfaitement son apparence. Le bon docteur a malheureusement emporté le secret de son procédé dans sa tombe...
La méthode originelle, utilisée pour les moines, consistait à laisser les corps se dessécher sur des claies avant de les exposer au soleil. Ce n'est que plus tard qu'on commença à utiliser des techniques d'embaumement et à parfaire la mise en scène : bain des cadavres dans l'arsenic ou le lait de chaux, enterrement pendant 8 mois, lavage au vinaigre, habillement et installation dans des niches ou des caisses...
Quant au Vélasquez qui repose dans le « couloir des professeurs », aux côtés de 2 colonels en uniformes, il s'agit du peintre Giuseppe Velasquez (ou Velasco) Da Palermo (1750-1827) et non pas du célébrissime peintre espagnol Diego Vélasquez (1599-1660), comme on peut le lire ici ou là...
Ce spectacle est étrange, mais on finit par s'y habituer ; cela dit, on déconseille toutefois la visite aux enfants et aux âmes sensibles !

Chiesa del Santo Spirito *(plan d'ensemble)* **:** *dans le cimitero S. Orsola. ☎ 091-42-26-91. Ⓜ Piazza Vespri. Tlj 9h-12h.* Également appelée *chiesa del Vespro,* cette église a été le théâtre de la révolte des Siciliens contre le pouvoir

PALERME ET SES ENVIRONS

des Angevins. C'est en effet sur son parvis, après les vêpres, que fut amorcée, le mardi de Pâques 1282, l'insurrection qui conduisit au massacre de 2 000 Français.

Palazzina Cinese *(plan d'ensemble)* **:** *viale Duca degli Abruzzi, 1. Sur la droite le long de la route de Mondello, impossible à rater. ☎ 091-707-13-17. En principe, tlj 9h-19h.* Cet étonnant pavillon chinois est un véritable ovni : son architecture aux accents orientaux et ses couleurs criardes interpellent le voyageur en route pour Mondello. Il a été construit en 1799 pour Marie-Caroline d'Autriche (sœur de Marie-Antoinette), sur ordre de Ferdinand III, roi Bourbon de Naples et de Sicile. Son intérieur est un étonnant exercice de style : pièces couvertes de fresques peuplées de mandarins, de temples et de plantes exotiques, décor de contes des Mille et Une Nuits à la limite du kitsch, fumoir ou hammam... Un goût pour l'Orient et ses mystères que l'on retrouve dans nombre de palais palermitains.

Fêtes et manifestations

De juin à septembre, la ville propose une saison complète d'événements culturels avec concerts, projections de cinéma, pièces de théâtre...
- ***Concerts et opéras :*** de septembre à mai, la saison d'opéra se déroule au ***teatro Massimo*** *(• teatromassimo.it •)*. De juin à mi-septembre, ***Estate Al Verdura*** propose des concerts classiques, jazz, folklorique, etc. au ***teatro di Verdura*** *(plan d'ensemble ; viale del Fante, 70b)*. Également de nombreux spectacles en plein air (musique, théâtre, cinéma) dans le cadre enchanteur du parc de la ***villa Filippina*** *(plan centre B2)*, bâtie en 1751 *(piazza San Francesco di Paola, 18 ; ☎ 091-611-65-65)*.
- ***Feux de la Saint-Joseph :*** *dans la nuit du 18 au 19 mars.* On sort tous les vieux rossignols du grenier pour les brûler. Dans les quartiers populaires principalement (par exemple, piazza Magione ; *plan centre D3*). Cette pratique est aujourd'hui discrètement suivie car interdite par les autorités (il n'y avait pas que les vieux objets qu'on brûlait...).
- ***Festino di Santa Rosalia*** (*U Festinu* en sicilien) ***:*** *10-15 juil.* C'est sainte Rosalie, la patronne de la ville, que l'on célèbre durant ces 5 jours (se reporter au paragraphe sur le monte Pellegrino dans la rubrique « Au nord de Palermo », plus bas). Le *festino* culmine le 14 juillet, jour de la procession, où l'on tire le *carro trionfale,* un char si imposant (9 m de long sur 6 m de large) qu'il ne peut remonter qu'une partie du corso V. Emanuele entre la cathédrale et les Quattro Canti. La ville en effervescence se précipite ensuite le soir sur le foro Italico pour un grand feu d'artifice. Puis cette fête reprend le 3 septembre au soir, lors d'une procession nocturne avec flambeaux sur le monte Pellegrino. Les plus croyants et vaillants y montent à pied par la strada Vecchia, et certains gravissent même les dernières marches à genoux en signe de pénitence.
- ***Fête des Morts :*** *2 nov.* La mort en Sicile est souvent célébrée dans la joie et la bonne humeur, comme en témoigne cette fête où les enfants attendent avec une impatience à peine contenue la venue des morts qui leur remettent les cadeaux dont ils ont passé commande. C'est un peu Noël avant l'heure ! Pour l'occasion, les marchands de rue vendent l'*ossa di morto,* biscuit dur recouvert de sucre blanc. Les familles accompagnent les chérubins aux catacombes pour qu'ils touchent les morts, histoire de ne pas couper le lien avec les ancêtres ! C'est aussi l'occasion de se gaver de fruits en pâte d'amande.

AU SUD DE PALERMO

MONREALE (90046 ; 39 410 hab.)

À 7 km au sud-ouest de Palerme, Monreale est la ville natale du grand peintre du XVIIe s Pietro Novelli (voir ses œuvres dans l'oratoire de San Domenico, le

« Panthéon de la Sicile » à Palerme). Très fréquentée, on vous conseille de la rejoindre en bus lors d'un aller-retour dans la journée depuis Palerme, car en voiture, une fois sur place, vous risquez de vous arracher les cheveux pour vous garer.

➢ ***Pour y aller depuis Palerme :*** au départ de la piazza G. Cesare (angle via Roma), env 12-13 bus/j. sauf dim avec ***AST*** *(☎ 091-617-30-24 ; ● aziendasicilia natrasporti.it ●).* Et au départ de la piazza Indipendenza, également env 11 liaisons/j. avec le bus urbain n° 389 de l'***AMAT*** *(☎ 848-80-08-17 ; ● amat.pa.it ●).*

À voir

Cattedrale : *piazza Guglielmo II, 1. ☎ 091-640-44-13. ● prenotavisi taduomo@gmail.com ● monrealeduomo.it ● Lun-sam 9h-12h45, 14h-17h ; dim et j. fériés 14h-17h. Entrée : 14 € (avec le cloître, la chapelle Roano, le musée diocésain et la terrasse), sinon 8 €. Audioguide : 5 €. Pour entrer, les épaules et les jambes doivent être couvertes. Des jumelles sont utiles pour voir les détails de la déco, en particulier le visage du Christ pantocrator. Prévoir de la monnaie pour les projecteurs automatiques.*

Fondée en 1172 par le Normand Guillaume II, la cathédrale porte au pinacle l'art arabo-normand. Comme la chapelle palatine, elle marie avec bonheur les styles qui se sont succédé en Sicile. Les tours massives sont des exemples achevés de l'art normand. Admirer également les superbes portes en bronze du portail central. Réalisées en 1186 par l'artiste Bonanno Pisano, elles sont recouvertes de 42 panneaux figurant des scènes de l'Ancien et du Nouveau Testament. À l'intérieur, les stalactites *(muqarnas)* au-dessus du chœur appartiennent à la grande tradition de l'architecture islamique. À ne pas manquer, le transept nord et la ***chapelle Roano.*** Un chef-d'œuvre du baroque jésuite totalement délirant. La polychromie de marbre évoque un monde d'oiseaux, de monstres et de chérubins, le tout prenant parfois l'aspect d'une guipure tant les détails sont pinaillés. Côté symboles, on n'est pas en reste et, du sol, où on aperçoit Jonas se jeter dans la mer pour calmer la tempête (avant que la baleine ne l'avale), au Christ sur son arbre de Jessé (XVe s), c'est tout un monde à décrypter qui s'offre à nos yeux.

Mais le point d'orgue de Monreale, ce sont ses mosaïques sur fond or. Typiques de l'école de Venise, elles s'éloignent du pur style byzantin. Recouvrant une surface gigantesque (6 340 m²), elles illustrent des épisodes de l'Ancien Testament : la Genèse, la Tentation d'Adam et Ève, l'Arche de Noé... On a coutume de dire que le visage du Christ pantocrator de Monreale est plus sévère que celui de Cefalù. C'est en tout cas la plus grande icône byzantine du monde : 7 m d'écart entre les mains, visage de presque 4 m de haut ! Dans l'abside droite, à côté des tombeaux de Guillaume Ier et de son héritier, la statue de Santa Maria Nuova, patronne de la cathédrale. Sculptée dans le bois au XIIe s, elle fut, paraît-il, « liftée » à l'époque de la Renaissance pour lui donner un visage plus doux !

On peut visiter le ***musée diocésain,*** exposé dans l'abside de gauche. Sur 3 étages, c'est un véritable feu d'artifice de calices, ciboires, ostensoirs, etc., souvent des pièces de grande valeur, réalisées par des maîtres artisans de Trapani en ce qui concerne le corail et l'argent, mais aussi grâce au savoir-faire des joailliers de Palerme pour l'or, les émaux et les pierres précieuses, tous plus ou moins influencés par la tradition byzantine. Par ailleurs, on note pêle-mêle quelques toiles (superbe Crucifixion) de Pietro Novelli, l'enfant du pays, des temperas byzantines du XIIe s, un saint Jérôme d'Antonello Gagini et une Madone à l'Enfant du céramiste toscan Andrea della Robbia. En outre, il contient 3 tombeaux de marbre et un autel renfermant les entrailles de Saint Louis, mort de la peste à Tunis.

De l'intérieur du *duomo,* on a également accès au balcon situé au-dessus du cloître, ainsi qu'au point de vue (injustement appelé terrasse) qui offre un beau panorama sur le cloître et la *conca d'Oro.*

À côté de la cathédrale, le **chiostro** (cloître) : ☎ *091-640-44-03. Tlj 9h-19h (13h dim et j. fériés). Dernière entrée 30 mn avt. Entrée : 6 € ; réduc. Audioguide : 5 €.* C'est un merveilleux festival d'arcades et de doubles colonnettes dites « géminées » ! Les arts roman et islamique sont ici unis dans la plus parfaite harmonie. Observez l'incroyable variété des scènes des chapiteaux : leur interprétation a donné lieu à des débats incessants de théologiens. Une colonne sur 2 est ornée de mosaïques. Carrés, triangles, étoiles, lignes verticales, spirales ou zigzags aux tesselles or, noirs et rouges, symbolisant divers éléments naturels (l'eau, le feu, l'air et la terre), y forment des motifs toujours différents. Dans l'un des angles du cloître, une fontaine intéressera tout particulièrement les routardes, puisque la légende veut que les femmes qui s'y lavent les mains rajeunissent de 10 ans ! Lauriers verdoyants, fleurs et fontaine complètent l'enchantement d'un tel lieu qui n'est pas sans évoquer le jardin parfait du monde musulman avec les 4 arbres symboles : le figuier, le grenadier, le palmier et l'olivier.

LA VIERGE ET LE CAROUBIER

Un jour, Guillaume II le Bon faisait la sieste sous un caroubier quand soudain lui apparut la Vierge. Elle lui révéla que sous sa tête gisait le trésor que son père (Guillaume le Mauvais) avait amassé durant son règne, l'invitant à dépenser cette cagnotte pour construire une cathédrale. Le roi, obéissant, s'exécuta. Mais le trésor était visiblement très en dessous du montant des travaux, car ce que les paroissiens ont retenu, c'est la forte pression des impôts qu'ils durent subir le restant de leur vie...

CORLEONE *(90034 ; 11 370 hab.)*

À 60 km au sud de Palerme, qui aurait cru que ce gentil bourg en apparence si tranquille, comptant 40 églises, jouerait un rôle primordial dans l'histoire du crime organisé en donnant naissance à quelques grands noms de la Mafia, notamment Luciano Liggio (emprisonné à vie à partir de 1974 et décédé en 1993) et Salvatore Riina (emprisonné de 1995 jusqu'à sa mort en 2017). Les sanglants règlements de comptes entre les Corléonais et les gangs palermitains sont encore dans toutes les mémoires en Sicile. Le réalisateur du *Parrain* s'en inspira pour nommer son personnage central : don Corleone. Actuellement, le village cherche à se débarrasser de son image mafieuse sous l'impulsion de son maire et de toute une équipe de jeunes. On y trouve d'ailleurs un musée anti-Mafia *(via Orfanotrofio, 7)...*

➢ ***Pour y aller depuis Palerme :*** env 9 bus/j. avec ***AST*** *(☎ 091-617-30-24 ; • aziendasicilianatrasporti.it •)* et ***Stassi*** *(• stassibus.com •).*

Adresse utile

Ufficio turistico : *dans une petite maison à l'entrée de la villa comunale Giovanni Paolo II. ☎ 091-846-36-55. • comune.corleone.pa.it • Jardin ouv tlj 9h (9h30 dim et j. fériés)-13h, 15h-20h (21h dim et j. fériés) ; l'office proprement dit... eh bien, ça dépend...*

Où boire un bon café ? Où déguster une douceur ?

Pasticceria Sweet Temptation : *piazza Falcone e Borsellino, 1. ☎ 091-846-15-70.* Pâtisseries, glaces et bon café à consommer sur la petite terrasse qui fait écho à la *villa comunale,* derrière le Padre Pio qui tend les bras.

À voir. À faire

Museo civico Pippo Rizzo (musée de la Préhistoire) **:** *via Orfanotrofio, 4. ☎ 091-846-49-07. Dans une rue perpendiculaire à la via Roma qui part de la piazza Garibaldi, sur le côté de la chiesa Madre. Tlj 9h30-13h, 15h30-19h30, sauf dim ap-m. GRATUIT.* Petit musée assez vieillot et sans prétention exposant le résultat des fouilles opérées sur la *montagna vecchia* qui domine le village. Elle était jadis occupée par les Élymes. Quelques fragments et objets de la période grecque. Les pièces majeures semblent être une terre cuite du dieu Bès et une borne romaine « Le Millarium » implantée jadis sur la voie commerciale qui reliait Agrigente à Rome.

Bosco della Ficuzza : *rens à Ficuzza au Consorzio* PAN Sicilia, *dans un box des anciennes écuries du relais de chasse de Ferdinand IV. 335-199-71-26. Pâques-fin sept, tlj 9h-16h30.* L'ancienne chasse royale de Ferdinand IV est une très belle réserve naturelle d'une étonnante biodiversité. De nombreux itinéraires y sont balisés, praticables à pied, à cheval ou à VTT, accessibles à partir de Ficuzza, Godrano et Mezzojuso. En saison, une poignée d'accompagnateurs de pleine nature attend le chaland pour une balade dans la frênaie toute proche (superbe). Au mois d'avril, c'est la saison des orchidées, au mois d'octobre, celle des champignons. Le relief karstique du coin a engendré un abondant réseau hydraulique souterrain ; du coup, les résurgences de la nappe ont sérieusement reverdi la région. Par moments, on se croirait dans le Morvan ou dans le Cantal. Sur place à Ficuzza, la ***Real Casina di caccia*** se visite *(320-477-85-23 ; ● crrf_ficuzza@libero.it ● ; Pâques-fin sept, tlj 9h30-13h30, 15h-18h – dernière entrée 30 mn avt ; GRATUIT).* La résidence de chasse de Ferdinand IV, roi de Naples, fut terminée en 1807. Sa construction, supervisée par Marvuglia (la *Casina Cinese* ainsi qu'un bon nombre d'églises et de *palazzi* à Palerme), est de facture néoclassique. Belle photo de l'extérieur (remarquez Diane et Pan sur le fronton), mais la visite en italien est ennuyeuse et sans grand intérêt.

À L'EST DE PALERMO

BAGHERIA *(90011 ; 1 820 hab.)*

À 15 km à l'est de Palerme, direction Cefalù, cette banlieue n'a rien d'attirant au 1er coup d'œil, mais les amateurs d'art baroque y verront de fort belles villas du XVIIIe s semées entre les quartiers résidentiels.

➢ ***Pour y aller depuis Palerme :*** env 12 bus/j. sauf dim avec ***AST*** *(● aziendasicilianatrasporti.it ●).* Également en 10-15 mn grâce à de très nombreux trains au départ de Palermo Centrale avec ***Trenitalia*** *(☎ 89-20-21 ; ● trenitalia.com ●).*

Où manger ?

Don Ciccio : *via del Cavaliere, 87 ; 250 m en contrebas de la villa Palagonia. ☎ 091-93-24-42. ● castronovofrancesco1966@gmail.com ● Tlj 12h-15h, 20h-22h, sauf mer et dim soir. Congés : août. Penser à réserver le w-e. Plats 8-10 € ; on mange bien pour moins de 30 €.* Fondée en 1942 par Francesco Castronovo, surnommé Don Ciccio, puis reprise par son fils Santino et ses petits-fils Francesco et Salvatore, cette trattoria est restée dans son jus. D'office, on vous souhaite la bienvenue en vous apportant un verre de *zibibbo* (vin blanc liquoreux) accompagné d'un œuf dur et d'une pincée de sel. Puis sont débités les plats proposés. Sinon, choisir sur les photographies couleur de la carte. Excellente cuisine traditionnelle, servie dans une grande salle saupoudrée de tables aux nappes vichy. Pour le dessert : *cannoli* et *cassata*. Une de nos meilleures adresses en Sicile.

À voir

Villa Palagonia : *piazza Garibaldi, 3. ☎ 091-93-20-88. • villapalagonia.it • Tlj 9h-13h, 16h-19h (15h30-17h30 nov-mars). Dernière entrée 30 mn avt fermeture. Entrée : 6 € ; réduc ; gratuit jusqu'à 9 ans.* Bâtie en 1715 par le 5e prince de Palagonia, la villa fut décorée 35 ans plus tard par son petit-fils dans un style surprenant. Encadrant la propriété, le mur d'enceinte est hérissé d'une soixantaine de statues grotesques, difformes et grimaçantes. Il y en eut, paraît-il, jusqu'à 600 ! La renommée de la villa des Monstres attira les 1ers curieux dès le XVIIIe s. Parmi eux, Goethe, qui décrivit les lieux et leur étrange maître dans son *Voyage en Suisse et en Italie.* Les historiens affirment que les statues seraient des caricatures d'amis et de connaissances du prince, auxquelles se mêlent chevaliers et animaux fantastiques. D'autres ajoutent que ce mari jaloux avait pour seul souci de terroriser sa jeune femme... L'intérieur de la villa est, lui, moins enchanteur car il est totalement dépourvu de son mobilier d'origine. On n'en admire pas moins de superbes fresques et mascarons, ainsi qu'un plafond entièrement couvert de miroirs, désormais noircis par les ans.

SOLUNTO (90017)

Parco archeologico : *via Collegio Romano, località Solunto, à* ***Santa Flavia.*** *☎ 091-90-50-43. À env 20 km de Palerme, un peu après Bagheria, par la SS 113. En été, tlj sauf lun 9h-19h (17h30 nov-mars). Ferme à 13h30 dim et j. fériés. Entrée : 4 € ; réduc ; gratuit jusqu'à 17 ans.* Perché sur un éperon dominant la mer, c'est l'un des 3 comptoirs fondés par les Phéniciens en Sicile vers le VIIIe s av. J.-C. Conquis et rasé par Dioniso I de Syracuse au IVe s av. J.-C., le site abrita ensuite une ville grecque, puis fut définitivement abandonné au IIIe s de notre ère. On peut visiter la nécropole et les vestiges de la ville grecque. Jeter aussi un œil dans les 2 pavillons de l'*antiquarium* (le musée, quoi) mais rien de bien transcendant pour les non spécialistes : objets utilitaires, sculptures, fragments d'architecture... Enfin, fantastique panorama.

AU NORD DE PALERMO

MONTE PELLEGRINO

À 15 km de Palerme, la route qui y conduit est pleine de boucles et offre une belle vue sur la capitale sicilienne. Elle est malheureusement fermée aux voitures assez régulièrement, à la suite d'éboulements...

➢ ***Pour y aller depuis Palerme :*** bus no 812 au départ de la via Crispi, devant l'entrée du port *(plan centre C1)* avec l'***AMAT*** *(☎ 848-80-08-17 ; • amat.pa.it •).*

À voir

Là-haut se trouve ***Santa Rosalia*** *(☎ 091-54-03-26),* sorte de Lourdes local bardé de boutiques à touristes, avec couvent, église et grotte *(tlj 7h-19h).*
Fille d'une riche famille bourgeoise, Rosalie (1130-1160) décida de vivre dans la pénitence et la prière dans une grotte au sommet du monte Pellegrino.

Le 15 juillet 1624, ses ossements furent retrouvés après une apparition miraculeuse et portés en procession à Palerme, où ils firent cesser la peste qui ravageait la ville. Rosalie évinça alors dans le cœur des Palermitains Cristina, Ninfa, Oliva et Agata, les 4 anciennes protectrices de la ville, et on fit ériger un sanctuaire à l'endroit même où elle avait vécu. La patronne de Palerme y repose aujourd'hui, couverte d'or et d'argent, entourée de fidèles venus faire vœux de bonheur et de santé. C'est une statue si bien imitée qu'on s'y méprend. De la vraie Rosalie ne subsistent que quelques reliques. L'eau qui suinte de la grotte est si précieuse qu'on la recueille dans des gouttières.
De la grotte, on peut monter jusqu'à la *statue de santa Rosalia,* à 458 m, d'où l'on a une vue panoramique sur la baie de Palerme. La prochaine *festa di Santa Rosalia* aura lieu le 15 juillet 2022 (se renseigner à l'office de tourisme).
Voir aussi la rubrique « Fêtes et manifestations » à Palerme.

AU NORD-OUEST ET À L'OUEST DE PALERMO

MONDELLO *(90121)*

À 11 km au nord-ouest de Palerme, un ancien village de pêcheurs transformé en station balnéaire à la fin du XIXe s-début XXe s. De cette époque subsiste une grosse meringue de style Art nouveau (Liberty), construite par un architecte belge (et destinée à l'origine à la ville d'Ostende) : le *Stabilimento Regina Elena,* qui semble flotter entre 2 eaux à quelques mètres de la plage. Il faut dire qu'au fil des siècles l'érosion des montagnes alentour a doté la baie d'un beau ruban de sable blanc. C'est la plage la plus proche de Palerme, la plus sympa et la plus accessible. Hors saison, il y règne une ambiance bon enfant ; en été, c'est une vraie usine à gaz pour se garer ! Vous êtes prévenu... La plage, largement squattée par les transats et parasols payants, est protégée du vent et possède des douches pour se dessaler. Location de kayaks, de *paddles* et école de kitesurf. Bons glaciers sur le front de mer. Tickets de parking et de bus à vendre au kiosque de l'office de tourisme situé piazza Mondello (devant la fontaine à la sirène au sourire niais).

➢ ***Pour y aller depuis Palerme :*** bus n° 806 au départ de la piazza Sturzo *(plan centre B1)* avec l'***AMAT*** *(☎ 848-80-08-17 ; • amat.pa.it •).* Pour les fêlards, un service de nuit (*notturno* N1) au départ de la piazza Independenza en été.

Où manger ? Où boire un verre ?
Où déguster une glace ?

Touring Cafè Beach : *via Regina Elena, 17. ☎ 091-684-30-26. Tlj 6h-minuit (5h en été).* C'est l'une des succursales du fameux *Bar Touring* de Palerme. Comme dans la maison mère, on y trouve un large choix de pâtisseries, des *panini* variés, des *arancini* au format XL, des plats cuisinés et des salades, à consommer en terrasse ou carrément à emporter sur la plage. À l'arrière, un grand bar branchouille s'installe dans le jardin durant l'été. Belle vue depuis la terrasse du 1er étage.

Testaverde 2.0 : *via Lorenzo Landolino, 8. ☎ 091-45-48-87. • testaverde.info@libero.it • Tlj 7h30-15h, 16h30 (17h dim)-22h. Pas de service sur place lun. Compter 15-25 € selon l'appétit.* Dans une petite rue perdue en retrait de la plage, un traiteur qui cuisine du 100 % sicilien et le sert au poids (n'ayez pas les yeux plus gros que le ventre). Ses *schiacciate* et ses *pizze* sont concoctées avec une farine ayant maturé au moins 48h (c'est plus digeste). Pour le reste, cuisine de *mamma* sicilienne à vous faire regretter de vous être mis au régime.

🍽 ***Bye Bye Blues :*** *via del Garofalo, 23. ☎ 091-684-14-15. • info@byebyeblues.it • ♿ Tlj sauf lun, midi et soir. Résa vivement conseillée. Plats 20-25 € ; menu dégustation 5 plats + dessert 70-80 €. Une flûte de spumante offerte à chaque convive sur présentation de ce guide.* Sous ce mauvais nom de bar américain, ce resto perdu dans un quartier résidentiel cossu cache une table gastronomique de haute volée. Antonio et Patrizia invitent les gourmets à venir déguster une cuisine apprise auprès des plus grands. La carte, largement tournée vers la mer, varie selon le marché du jour et l'humeur de Patrizia, qui œuvre aux fourneaux... Le cadre, sobre et feutré, est propice à la détente, tout comme le service, très pro. Très belle carte des vins. On y parle le français.

Papillon : *via Torremondello (sur la promenade, en allant vers le petit port situé au bout de la baie). Tlj (sauf mer hors saison) 9h-minuit (plus tard en été).* Une petite terrasse sans prétention en balcon sur la mer, idéale pour boire un verre après la plage. Juste à côté, ombragé par un pin parasol immense, ***Al Chiosco*** joue à peu près la même partition. Pour les douceurs et les glaces, allez donc faire un tour au ***bar Scimone,*** une antenne du fameux pâtissier de Palerme *(via Regina Elena, 61 ; tlj 7h-20h30, sauf lun).*

SFERRACAVALLO *(90100 ; 5 320 hab.)*

À 13 km au nord-ouest de Palerme, ce village de pêcheurs, doublé en été d'une station balnéaire bien moins agréable que la précédente, s'ancre au pied d'un gros éperon rocheux. Pas de vrai front de mer, les Palermitains y viennent surtout pour s'attabler en famille devant un plateau de fruits de mer ou un poisson du jour le week-end.

➢ ***Pour y aller depuis Palerme :*** bus nº 101 à prendre via Roma ; arrêt au terminus (Stadio), puis correspondance avec le nº 628 avec l'***AMAT*** *(☎ 848-80-08-17 ; • amat.pa.it •).* Également un service de nuit (*notturno* N2) au départ de la piazza Independenza en été.

Où camper ?

Camping degli Ulivi : *via Pegaso, 25 (dans le village). ☎ 091-53-30-21. 📱 331-288-72-38. • mporion@libero.it • campingdegliulivi.com • ♿ À 500 m de la mer. Ouv tte l'année. Compter 15-20 € pour 2 avec tente et voiture (douche payante) ; loc de bungalows (2-4 pers) 25-55 €.* Tout petit camping (18 emplacements) ombragé par des oliviers, très propre, même en août. Accueil cordial. Lave-linge. Bien pour 1 nuit ou 2.

Où manger ?

🍽 ***Il Delfino :*** *via Torretta, 80. ☎ 091-53-02-82. • amministrazione@trattoriaildelfino.com • ♿ Tlj midi et soir, sauf lun. Menu fixe 30 €, composé d'une dizaine de plats de la mer avec vin blanc local.* Le patron, Antonio, est un ex-bab qui en pince pour les crustacés. En saison : langoustines, langouste et pêche du jour. À peine finit-on un plat qu'il faut attaquer le suivant. Beaucoup de monde. On ne peut pas traîner à table (rentabilité oblige...). Pris d'assaut par les Palermitains le week-end !

🍽 ***Trattoria Temptation :*** *via Torretta, 94. ☎ 091-691-11-04. 📱 329-666-63-32. • temptationsas@libero.it • Tlj sauf jeu (tlj juil-août). Congés : 2 dernières sem de nov. Menu fixe 30 € (boisson comprise).* Avant 3 plats de pâtes et 1 de poisson, on a droit à une dizaine de hors-d'œuvre ! Peppino, le patron, affirme que celui qui ne mange pas bien chez lui ne paie pas, on n'a pas osé le contredire !

ISOLA DELLE FEMMINE (90040)

À 16 km de Palerme, cette autre station balnéaire s'étire face à la petite île qui lui a donné son nom, à 600 m du rivage. On peut aller sur cette île – un caillou abritant de nombreux oiseaux – en barque pour y découvrir non pas des femmes comme son nom pourrait le laisser penser, puisqu'elle est inhabitée, mais d'anciennes fortifications. Son nom actuel provient d'une déformation du mot arabe *foum,* qui signifie « embouchure »...

➢ ***Pour y aller depuis Palerme :*** bus nº 101 à prendre via Roma ; arrêt au terminus (Stadio), puis correspondance avec le nº 616 avec l'***AMAT*** *(● amat.pa.it ●).* Mais nous vous conseillons plutôt le train (ligne Palermo Centrale-Punta Raisi ; arrêt Isola delle Femmine, 1 train ttes les heures à partir de 5h du mat, dernier retour de Palerme à 22h11).

Où camper ?

Camping La Playa : *viale Marino, 55. ☎ 091-867-70-01. 📱 333-186-28-00. ● campinglaplaya@virgilio.it ● laplayacamping.it ● À 800 m de la gare. Ouv 20 mars-15 oct. Compter 22-30 € pour 2 avec tente et voiture ; mobile homes (4-5 pers) 55-120 €.* Planté d'oliviers, face à la mer (plage de sable à 500 m, mais pas terrible), c'est notre camping préféré aux abords de Palerme. Calme, bien tenu et bien équipé : laverie, jeux pour enfants, supérette. Accueil sympa et en français. Bref, une excellente adresse où l'on fait tout pour faciliter votre séjour. Les proprios fournissent des tas de tuyaux précieux pour visiter Palerme.

BORGO PARRINI (90047 ; 35 hab.)

À une trentaine de kilomètres à l'ouest de Palerme, ce hameau, né au XVIe s de la volonté des Jésuites de cultiver la terre, tombe dans l'escarcelle du prince Henri d'Orléans au XVIIIe s. À l'abandon depuis la 2de Guerre mondiale, il a été entièrement relooké par ses habitants dans le style de l'architecte catalan Gaudí. On le visite aujourd'hui de fond en comble : son église – transformée en centre culturel –, ses maisons typiques, ses anciens entrepôts (on cultivait ici le fameux *Moscatello dello zucco,* ce vin doux aux saveurs de miel et d'agrumes très apprécié en Europe au XIXe s). Une visite pleine de poésie à l'issue de laquelle on peut acheter quelques souvenirs dont certains sont fabriqués par le gens du village. Restauration possible sur place *(associazione culturale « Campanili di Borgo Parrini » : 📱 347-137-67-85 (Gaglio) ; ● campaniliborgo1962@virgilio.it ● ; participation 4 €/pers, gratuit moins de 14 ans).*

USTICA (90010 ; 1 360 hab.)

À 60 km au nord-ouest de Palerme, cette île, connue dans toute la Sicile pour la qualité de ses lentilles, surnommée à juste titre la « perle de la Méditerranée », est un vrai paradis pour les plongeurs, car elle est réputée pour ses magnifiques fonds marins. Une partie de ses côtes a été classée réserve naturelle, ce qui n'empêche pas le tourisme de se développer...

➢ ***Pour y aller :*** départ de la *stazione marittima (plan centre C-D1),* du port de Palerme. En été, au moins 3 bateaux/j. avec la ***Siremar*** *(☎ 091-749-33-15 ; ● siremar.it ●).* Compter 1h30-3h de traversée.

LA SICILE AFRICAINE

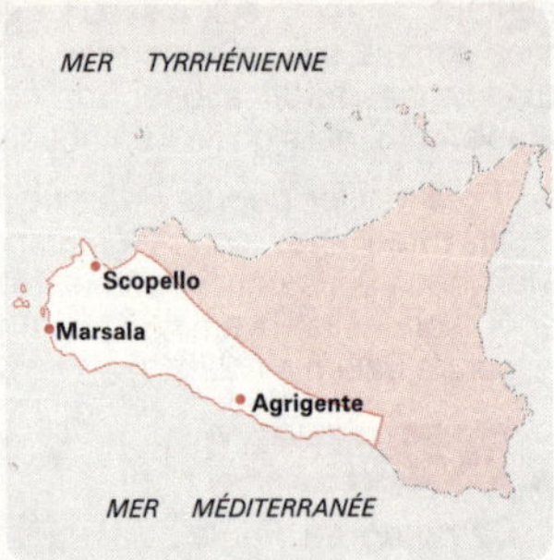

Africaine, elle l'est résolument, cette côte sicilienne, tournée depuis plus de 3 000 ans vers les 1ers comptoirs phéniciens d'Afrique du Nord, puis vers Carthage (l'actuelle Tunis) et aujourd'hui vers la Tunisie tout entière. Rien d'étonnant alors que sur ces terres séparées d'environ 140 km, le couscous se soit acoquiné avec la *pasta* et que résonne encore l'appel du muezzin dans la casbah de Mazara del Vallo. Certes, les vestiges superbement conservés des temples de Sélinonte, de Ségeste et d'Agrigente nous rappellent que la colonne cannelée a bien tenté de s'imposer avant l'arc outrepassé si cher à l'architecture islamique, mais c'est surtout dans la manière dont les ondulations sableuses plantées d'oliviers glissent lentement vers la mer que le rapprochement est le plus évident... Car c'est bien ici d'un paysage nord-africain qu'il s'agit et si lors de votre itinéraire, ces 3 pointures de l'Antiquité constitueront sans aucun doute les 3 temps forts de vos vacances en Sicile, ils ne devront surtout pas éluder le mystérieux village médiéval d'Erice, la délicate moiteur des îles Égades, la captivante Trapani et ses salines, les caves de Marsala et quelques jolies plages aux alentours de Sciacca... Vous avez dit plurielle, la Sicile africaine ?

SEGESTA (SÉGESTE) (91013)

À 80 km de Palerme et à 30 km de Trapani, le temple de Ségeste (Ve s. av. J.-C.) a figuré longtemps sur toutes les cartes postales envoyées de Sicile. Plus récemment, il a servi au tournage du 5e *Indiana Jones,* avec Harrison Ford, Antonio Banderas et Mads Mikkelsen. Il faut dire qu'il a tout d'un décor hollywoodien avec sa pierre blanche et son environnement champêtre. Érigé sur l'acropole nord, le théâtre de Ségeste, lui, est plus récent (IIIe s av. J.-C.), il date de l'époque où les Romains avaient entrepris de restructurer la ville. D'une capacité de 4 000 places, c'est l'un des théâtres les plus suggestifs de toute l'Antiquité. Le découvrir porte à la rêverie et on se dit que les spectateurs de l'époque avaient bien du mérite de pouvoir se concentrer sur les spectacles dans un cadre aussi enchanteur !

Arriver – Quitter

En bus

🚌 ***Trapani** (45 mn)* **:** avec ***Tarantola Bus.*** 4 bus/j. dans les 2 sens, lun-sam ; ne circule pas dim et j. fériés. Dernier retour de Ségeste en milieu d'ap-m. Trajet 40 mn. Départ *piazza C. Montalto.* Infos : ● *tarantolacuffaro.it* ●

Où dormir ? Où manger dans les environs ?

Près du site

Agriturismo Tenute Pispisa Segesta : *contrada Pispisa, à* ***Calatafimi-Segesta.*** *338-412-05-67 ou 388-926-16-12. • infotenutepispisa@gmail.com • Du temple de Ségeste, prendre la direction de « Bruca » puis, 1 km plus loin, un chemin de terre sur la gauche (fléché) ; c'est env 3 km plus loin. Resto tlj midi et soir. Doubles 50-90 €, petit déj inclus. Menu fixe env 30 €.* Niché dans un vallon entouré de collines plantées de vignes et d'oliviers, cet *agriturismo* propose 5 chambres fraîches et spacieuses. On y produit vin, huile d'olive, légumes et fruits ; autant de denrées bio utilisées dans la savoureuse cuisine servie au resto. Balades à cheval possibles, et belle piscine en prime. L'occasion de déconnecter, d'autant qu'il n'y a pas de wifi !

À Buseto Palizzolo (91012)

À 15 km au nord-ouest de Ségeste, un village agricole tranquille avec quelques adresses de qualité où loger et se restaurer.

Agriturismo Fattoria Spezia : *via Agrigento, 112, contrada da Pianoneve-Luziano. ☎ 092-385-12-27. 346-335-39-56. • info@fattoriaspezia.it • fattoriaspezia.it • Ouv tte l'année. Doubles 50-70 €, petit déj compris.* Les ânes, chats, poules, oies, chèvres, lapins, paons... sont les pensionnaires de cette ferme éducative, qui produit aussi de l'huile d'olive, du vin (blanc et rouge) et du miel. On y est accueilli par Ippolita, qui propose 4 chambres pour 2-3 personnes à la déco sobre et un brin rustique. Toutes avec salle de bains, ventilo (pas de clim) et kitchenette. Terrasse privée pour celles du rez-de-chaussée. Un bon plan pour un séjour en famille avec de jeunes enfants (il y a de l'espace), d'autant que certains soirs on fait la pizza en commun.

Hotel Terra degli Elimi : *via Palermo, 71. ☎ 0923-85-50-59. • terradeglielimi@gmail.com • hotelterradeglielimi.it • Ouv tte l'année. Doubles 65-90 €. Parking.* Un petit hôtel de campagne, familial et bien tenu, qui propose une petite dizaine de chambres dont 6 avec balconnet ensoleillé le matin. Déco basique, c'est simple. Excellent accueil de Giovanna qui met un point d'honneur à servir un petit déj avec des produits typiques du coin.

Agriturismo Baglio Fontana : *via Palermo, 26. ☎ 092-385-550-00. • info@bagliofontana.it • bagliofontana.it • Doubles env 80-160 €.* Un des plus charmants *agriturismi* de la région de Castellammare del Golfo. Il s'agit d'un petit manoir *(baglio)* de 1830, entouré de champs de vignes et d'oliviers. Autour d'une cour pavée, une quinzaine de chambres de caractère pour 2 à 5 personnes, meublées à l'ancienne. La plus grande a une belle mezzanine. Derrière les murs épais elles sont fraîches, mais la clim est utile en été. Restaurant sur place : cuisine très soignée, servie dans une jolie salle. Piscine, spa et petit musée familial.

Peppe e Nino : *via G. Fileccia, 14. ☎ 092-385-50-52. • info@peppenino.it • Tlj midi et soir. Menus complets 20-30 € servis midi et soir ; sinon plats 8-12 €. Café offert sur présentation de ce guide.* Savoureuse cuisine de terroir familiale *(cucina casareccia)* servie dans 2 salles simples et rustiques. On peut aussi choisir le jardin à l'arrière. Essayez les *busiate al cinghiale* ou les raviolis à la crème de noix ! Également des pizzas, mais le soir seulement. Une excellente adresse.

Azienda agricola Gervasi Angela : *via Bica Giuseppe (traversa Majorana). 333-656-85-39. • info@aziendagricolagervasi.it • Du centre du village, sortir vers l'est sur la SP 52, puis à droite sur via Mario Majorana, c'est fléché. Seulement ven soir, sam soir et dim midi. Compter 20-25 €.* C'est bien simple, quand on produit de la viande, des légumes, de l'huile, des céréales et du fromage... tout ça dans le respect de l'environnement et qu'on aime par-dessus tout faire la cuisine, le résultat ne se fait pas attendre ! Dans une salle « bricolée » face à la campagne ou trône un monumental four à pizza, Angela propose à ses hôtes une cuisine *kilometro zero* dont l'appellation « terroir » n'est en rien galvaudée !

Le site archéologique

– **Infos pratiques :** *le site se situe à env 6 km au nord de la petite ville de* ***Calatafimi-Segesta,*** *près de l'autoroute A 29. ☎ 092-495-23-56. • parcodisegesta.com • Tlj avr-sept 9h-19h30 (18h30 mars et oct et 17h nov-fév). Dernière entrée 1h30 avt. Entrée : 6 € ; réduc ; gratuit moins de 18 ans. Parking obligatoire : 5 € (navette pour le site incluse). Autre navette pour le théâtre ttes les 30 mn : 1,50 € l'A/R (billet en vente à la boutique) ; sinon env 1 km de montée à pied. Plan ou brochure du site en français en vente à la boutique. Visite conseillée le mat, en raison de la chaleur et surtout pour l'éclairage. Bar sur place.*

Le site : Ségeste est l'un des sites emblématiques de la Sicile. Son origine demeure encore assez floue. L'histoire rapporte que la cité fut fondée par les Élymes, un peuple aux origines obscures installé dans l'ouest de l'île avant les Carthaginois et les Grecs. Selon Thucydide (historien grec du Ve-IVe s av. J.-C.), les Élymes seraient des Troyens réfugiés ici après la chute de Troie en 1183 av. J.-C. Sur place, ils trouvèrent les Sicanes et se mélangèrent à eux. Ennemie jurée de Sélinonte, Ségeste s'allia avec les Carthaginois pour l'écraser en 409 av. J.-C. Un véritable carnage ! Au fil de ses retournements d'alliance, la cité dut lutter pour maintenir sa souveraineté. Ce sont les Romains, en la restructurant, qui lui donnèrent ses quartiers de noblesse. Puis une série de tremblements de terre l'entraîna dans sa chute, avant qu'au VIe s les Vandales ne lui portent le coup de grâce... Et le site sombra dans l'oubli...

De son glorieux passé, il reste aujourd'hui un temple et un théâtre très bien conservés, ce qui est déjà un miracle ! L'antique cité s'étendait sur le haut plateau du mont Barbaro. Elle était dotée d'une agora et ceinte d'un rempart dont on aperçoit encore des fragments.

– Du plus pur style dorique (Ve s av. J.-C.), le ***temple,*** non loin de l'entrée, s'insère avec élégance dans ce paysage de douces collines qui dévalent vers le golfe de Castellammare. À la vue du site, Guy de Maupassant aurait dit qu'il lui paraissait avoir été posé au pied de la montagne par un homme de génie, en précisant que c'était selon lui le seul endroit où il devait être bâti... Et c'est vrai qu'il aligne avec superbe ses 36 colonnes non cannelées ; signe que l'édifice n'a jamais été achevé. Il semble également n'avoir jamais eu de *cella,* la salle centrale où se tenait le culte, ce qui laisse supposer, en fait, que le monument fut un simple péristyle plutôt qu'un temple.

PAS D'IMPÔTS POUR LES RÉFUGIÉS TROYENS

Après la conquête de la Sicile par les Romains au IIIe s apr. J.-C., ces derniers accordèrent l'immunitas (c'est-à-dire une dispense d'impôts) aux habitants de Ségeste en mémoire de leur origine troyenne. Les Romains connaissaient bien l'histoire tragique de la chute de Troie grâce à Virgile (l'Éneide).

– Le ***théâtre*** (IIIe s av. J.-C.), quant à lui, est situé sur le bord du mont Barbaro. Il offre une vue grandiose sur la vallée et le golfe de Castellammare, ainsi que sur un autre ouvrage d'art de notre époque : le sinueux viaduc de l'autoroute ! Bâti dans le tuf local, le théâtre pouvait accueillir 4 000 personnes. Restauré avec minutie, il a retrouvé en partie son allure et constitue un beau témoignage antique. Dans son voisinage se trouvent les ruines d'un ***château médiéval*** (XIIIe s), bâti par un seigneur chrétien qui fit détruire, au passage, la 1re ***mosquée*** identifiée de Sicile (dont on peut voir aussi les restes, à côté) ; on trouve également les vestiges d'une ***église*** du XVe s et, surtout, ceux de l'***agora,*** datés du Ve au IIe s av. J.-C.

– En été, le site archéologique accueille le ***Dionisiache Calatafimi Segesta Festival,*** donnant lieu à des représentations théâtrales, concerts... *Infos et billetterie :* *● dionisiache.it ●*

CASTELLAMMARE DEL GOLFO

(91014) env 15 000 hab.

Dans l'Antiquité, Castellammare était l'entrepôt *(emporium)* et le port de la cité grecque de Ségeste. Adossée à une barrière de collines rocheuses et abruptes, quadrillée de rues étroites et parallèles, la ville haute descend en pente douce jusqu'à son port, formant dans sa partie la plus ancienne une sorte d'éperon qui s'avance dans la mer. En figure de proue, le *castello* arabo-normand. C'est là que l'on trouve les 2 musées de la ville (quand ils sont ouverts). Au pied des remparts – malgré l'affluence en été –, son petit port a conservé un caractère animé, avec un quai des pêcheurs toujours en activité, tandis que la marina occupe de plus en plus d'espace. À l'arrière de la ville, du côté est, s'étend une longue plage de sable sur une dizaine de kilomètres.

Arriver – Quitter

En bus

Arrêt des bus : *piazza della Repubblica.* Desservi par les compagnies ***Russo*** *(● russoautoservizi.it ●)* et ***AST*** *(● aziendasicilianatrasporti.it ●).* Liaisons moins fréquentes voire quasi inexistantes dim et j. fériés. *Russo* assure 1 liaison directe depuis l'aéroport Falcone-Borsellino.

➢ ***Palerme*** *(1h15-2h)* **:** env 5-6 bus/j. lun-sam avec *Russo.*

➢ ***San Vito lo Capo*** *(env 1h)* **:** au moins 2 bus/j. avec *Russo* et *AST.*

➢ ***Scopello*** *(10-20 mn)* **:** env 4 bus/j. avec *Russo* et *AST.*

➢ ***Les plages :*** 5 bus/j. avec *Russo,* en été seulement (8h30-17h30).

En train

Stazione : *à 3 km à l'est du centre-ville (direction Palerme par la côte).* *● trenitalia.com ●*

➢ ***Palerme*** *(2h-2h40)* **:** 5 trains/j. avec changement à ***Piraineto.***

➢ ***Trapani*** *(env 2h15)* **:** env 3 trains directs/j. et d'autres avec changement à ***Castelvetrano.***

Circulation et stationnement

Attention à la zone ZTL. Sinon parking payant à peu près partout 8h-minuit avr-oct. Parking gratuit via Giuseppe Verdi, dans la ville nouvelle.

Adresse et info utiles

Ufficio turistico : *piazza Matteotti, 1. ☎ 092-459-25-55. ● infoturismo@comune.castellammare.tp.it ● Tlj 9h30-13h30, 17h-21h (horaires variables).* Brochure, plan et infos générales sur la ville.

– ***Marché :*** *sam mat, à côté du stade.*

LA SICILE AFRICAINE

Où dormir ?

Camping

⛺ ***Camping Nausicaa :*** *contrada Spiaggia-Plaia. ☎ 092-43-30-30. • info@nausicaa-camping.it • nausicaa-camping.it • ♿ À la sortie est de la ville par la SS 187. Ouv de Pâques à mi-oct. Compter 23-36 € pour 2 avec tente et voiture ; locatifs.* Sur une étroite bande de terre, entre le front de mer et la route, un petit camping tout en longueur et peu glamour. Terrain gravillonneux plat ou en terrasses, avec plus ou moins d'ombre selon l'emplacement. En haute saison, on est vite les uns sur les autres. Sanitaires propres (douches payantes). Bungalows simples mais avec clim. Bar et jeux pour enfants. Bon accueil. Les plages sont en contrebas. Restaurants à environ 1 km (en ville).

De bon marché à plus chic

🏠 ***La Piazzetta Hotel :*** *piazza Europa, 8. ☎ 092-43-55-59. • info@lapiazzettahotel.com • lapiazzettahotel.com • Doubles 70-140 €.* Sur une jolie place avec des palmiers et une fontaine d'eau vive, un peu à l'écart de l'animation, cet hôtel est installé dans un vieux bâtiment à l'intérieur bien arrangé. Les chambres, toutes différentes (belle suite au dernier étage), donnent sur la place pour certaines (4 avec balcon) ou sur les côtés de l'immeuble. Très bon accueil. Seul bémol : pas de parking.

🏠 ***Hotel Cala Marina :*** *via don L. Zangara, 1. ☎ 092-453-18-41. • info@hotelcalamarina.it • hotelcalamarina.it • Doubles 60-150 €. Parking privé payant 6-8 €/j.* Très bel emplacement que celui de ce petit hôtel aux murs jaunes face à la marina. L'accueil jovial et francophone, la taille humaine du bâtiment, la déco soignée, les chambres confortables avec vue pour 3 d'entre elles (les plus chères), voilà autant de raisons pour y loger. Petit déj à prendre sur une terrasse pratiquement les pieds dans l'eau. Une bonne adresse.

🏠 ***Locanda Scirocco :*** *corso Garibaldi, 117. ☎ 092-43-00-10. • info@locandascirocco.it • locandascirocco.it • Dans l'une des rues qui descendent vers le port, à 400 m de celui-ci. Doubles 40-80 € (jusqu'à 110 € en août).* On accède à la réception par un passage garni de plantes. Au rez-de-chaussée, 2 chambres à oublier bien vite. Pour le reste, cette demeure du XVIIIe s compte une quinzaine de chambres convenables (6 d'entre elles peuvent accueillir jusqu'à 6 personnes). Certaines situées dans une dépendance, à 150 m de là. Une adresse d'un rapport qualité-prix correct hors saison.

🏠 ***Hotel Sopra Le Mura :*** *via Giacomo Puccini, 62. ☎ 092-43-30-11. • info@sopralemura.it • sopralemura.it • ♿ Doubles 75-180 € ; familiales.* Situation idéale, en surplomb du port. Dans un immeuble du XVIIe s bien restauré. Petit lobby décoré de curiosités et objets vintage. Une bonne quinzaine de chambres parfaitement équipées, décorées avec de la céramique sicilienne dans les salles de bains ! 4 chambres donnent sur le port, les autres sur la rue piétonne. Petit déj remarquable, composé de bons produits variés et de jus de fruits frais.

Où manger ? Où boire un verre ? Où déguster une glace ?

🍴 ☕ ***Bar del Centro :*** *corso Garibaldi, 107. ☎ 092-41-86-55-30. • email@bardelcentro.it • Tlj sauf lun 7h30-14h30, 18h30-22h. Moins de 5 €.* Le bar *del corso* ? C'est l'arrêt « *arancine* » par excellence ! Idéal pour se caler une petite faim du petit déj au dîner. La formule *arancini* au choix + frites + boisson à moins de 5 € fait un carton. Formule pour végétariens très appréciée. Aussi du sucré.

🍴 ⛱ ***Trattoria La Maidda :*** *corso Garibaldi, 73. À l'angle avec le corso*

Mattarella. 327-331-16-22. • info@trattorialamaidda.com • Tlj midi et soir. Plats 9-20 €. Au cœur de la ville, son emplacement sur le corso Garibaldi, l'artère la plus touristique de la ville, pourrait laisser craindre le pire... Eh bien non ! Cette trattoria propose une cuisine régionale, sincère, fraîche et soignée : spaghettis et *busiate* aux crevettes, calamars, poissons et risotto de la mer, *tagliata di tonno.* Aussi des viandes et des salades fraîches.

La Cambusa : *via Don L. Zangara, 67. ☎ 092-43-01-55. • ristlacambusa@gmail.com • Sur le port. Tlj midi et soir. Plats 9-20 €.* Avec sa situation, sur la promenade du port, on pourrait penser à un attrape-touriste... mais il n'en est rien ! La terrasse, d'abord, bien nette, est très plaisante. Les serveurs accueillants et efficaces sont nombreux. Enfin, la cuisine est tout ce qu'il y a de sérieux, avec des plats sagement tarifés : *risotto di mare* (un must !), moules, rouleaux d'espadon, spaghettis à l'encre de seiche, couscous de poisson...

Egesta Mare : *via Fiume, 10. ☎ 092-43-04-09. En contrebas de la piazza Europa. Tlj sauf lun, midi et soir. Plats 9-16 €.* Quelques marches d'un escalier fleuri, et nous voici sur une terrasse ombragée, bien au calme. S'il y eut un couvent ici jadis, ce serait dommage de ne pas braver le péché de gourmandise ! Cuisine succulente avec une carte classique, où les plats de la mer dominent : thon, calamars, espadon... Et aussi, bien sûr, les pâtes siciliennes traditionnelles (les *busiate*). Attente parfois un peu longue.

Bar Vogue : *via Don L. Zangara, 61. ☎ 092-04-10-06. • voguebarsas@live.com • Tlj sauf lun.* Face à la marina et au club nautique, un bar branché avec sa terrasse et sa grande salle climatisée au décor design, sous de vieilles voûtes en pierre. Le lieu idéal au petit déj, à l'*aperitivo,* ou pour siroter cocktails et bières en soirée. Également des glaces.

À voir

Polo Museale « La Memoria del Mediterraneo », museo del Mare : *via P. Mascagni, 1, dans le castello arabo-normanno. Tlj 10h-13h, 17h-21h ; en hiver, tlj 9h-12h, 15h-19h. GRATUIT. Audioguide (en italien et en anglais) disponible.* ***Fermé pour travaux lors de notre passage.***

Installé dans le *castello,* il présente la géologie et l'histoire maritime de Castellammare. Sérieux topo concernant l'archéologie sous-marine à travers des objets repêchés dans le coin. On y apprend au passage que Scopello est un site très riche en vestiges immergés. La ***pêche au thon*** fait l'objet d'une salle spéciale agrémentée de nombreuses photos et d'un petit audiovisuel. On y apprend que le port thonier d'Al Hammah (le nom arabe de la ville au Moyen Âge) était déjà cité en 1154 par le grand géographe arabe Al Idrissi.

Surtout, ne pas manquer, dans la salle 2, l'***escalier en colimaçon (scala a caracol),*** tout en pierre et comprenant 50 marches. Il serait inspiré d'un escalier de Palma de Mallorca (Baléares, Espagne). Il n'en existerait plus que 8 du genre... dans le monde. Avec 2,60 m de diamètre, il aurait été conçu dans un but défensif. On ne peut y monter.

Museo etnico-antropologico Annalisa Buccellato : *museo del Mare. 331-390-66-34. • museoannalisabuccellato.it • Lun-ven 9h-13h, 15h-19h (horaires variables). Entrée : 2,50 € ; gratuit moins de 12 ans. Explications en italien et en anglais.*

Petit musée des arts et traditions populaires organisé par thèmes : la terre, le blé, le pain, les pâtes, le lait, le fromage, le miel, le vin, le textile... Dans la 1re salle (réception), collection de vieux postes de radio et d'appareils photo. Ne manquez pas cette très rare machine à pâtes (communautaire) de la fin du XIXe s... Au sous-sol, vieux outils agraires, belle collection de boîtes métalliques. Dans la salle la plus basse, une forge ancienne.

DANS LES ENVIRONS DE CASTELLAMMARE DEL GOLFO

Terme Segestane : *località* ***Ponte Bagni.*** *À env 8 km au sud de Castellammare del Golfo, sur la route de Calatafimi-Segesta. • termesegestane.com • Tlj 10h-13h, 16h30-minuit, sauf lun mat et jeu. Fermé début déc-début janv. Entrée : piscine 10 € (max 2h de bain), boue et bain thérapeutique 20 € les 30 mn et sur résa uniquement.*
Ces thermes, situés dans un petit ravin, sont connus depuis l'Antiquité. Selon la légende, c'est ici que les Nymphes firent jaillir de l'eau pour soulager les muscles endoloris d'Hercule de passage dans la région. Ils sont réputés pour leurs propriétés anticathartiques (qui régulent le transit), antiphlogistiques (contre les inflammations) et antiseptiques. On y trouve 3 piscines (dont une intérieure), le long d'une paroi rocheuse. Fortement soufrée, l'eau sort à environ 45 °C et est ensuite légèrement refroidie (environ 40 °C) pour qu'on puisse s'y baigner...

SCOPELLO (91010) 400 hab.

Scopello ferait partie de ces petits villages dont on se passerait volontiers l'adresse sous le manteau si tout le monde n'avait pas la même idée ! Avouons que sa situation (à 2 km de l'entrée sud de la réserve du Zingaro) et son caractère de vieux bourg hors du temps en font un lieu de villégiature tout trouvé pour écumer la région. D'autant qu'à quelques kilomètres en contrebas, d'élégantes petites criques baignées d'une eau cristalline invitent à prendre du bon temps (avoir de bons mollets quand même car elles ne sont accessibles qu'à pied). Enfin, sachez que Scopello se revendique terre natale du fameux *pane cunzatu,* le sandwich typiquement sicilien qui accompagnera les pique-niques de vos vacances en Sicile.
– ***Bon à savoir :*** garer son véhicule peut se révéler très onéreux en saison. Un hébergement pourvu d'un parking permettra de faire de sérieuses économies si vous comptez rester plus de 2-3 jours sur place.

Arriver – Quitter

En bus

Scopello est desservie par la compagnie ***Russo*** *(• russoautoservizi.it •).* Juin-sept, la compagnie ***Tarantola*** *(• tarantolacuffaro.it •)* dessert également l'entrée sud de la réserve du Zingaro. Sinon pour Scopello, l'arrêt de bus se trouve au niveau du grand parking public à l'entrée sud.
➢ ***Castellammare del Golfo*** *(30 mn)* **:** avec *Russo* 4-5 bus/j., 8h-16h30. De mi-juin à mi-sept, les bus venant de Castellammare continuent jusqu'à l'***entrée sud de la réserve du Zingaro.*** À Castellammare, correspondance pour ***Palerme, San Vito lo Capo*** et ***Trapani.***

Où dormir ?

Camping

Agricampeggio Scopello : *via F.V. Mazzarella.* *328-442-87-21. • info@agricampeggioscopello.it • agricampeggioscopello.it • À gauche, juste avt l'entrée du village. Ouv d'avr à mi-oct. Compter 22-30 € pour*

2 pers avec tente, voiture et électricité. CB refusées. Réduc de 10 % sur le prix du séjour (sauf août) sur présentation de ce guide. À 2 pas du village, un camping dépendant d'une ferme pratiquant l'agriculture biologique. Les emplacements sont plats sur des terrasses, à flanc de colline et plus ou moins ombragés. On y vient plus pour la vue splendide sur le golfe que pour l'ombre des petits oliviers et lauriers-roses. Barbecue et tables de pique-nique. Douche chaude payante. Un bon plan hors saison.

De bon marché à plus chic

Casa Vito : *via V. Mazzarella, 6. ☎ 092-454-11-35. 📱 333-863-13-64. • casavito2011@libero.it • ♿ Env 200 m après la place du village, venant du sud. Congés : janv-fév. Doubles 50-60 € (+ 10 € pour les apparts). CB refusées. Parking gratuit.* Dans un jardin baigné des fragrances mélangées de l'oranger, du jasmin et de la lavande. Côté cour, 5 jolies chambres avec salon commun et petite cuisine pour préparer son petit déj. Mais surtout, 7 beaux petits appartements pour 2-3 personnes pleins de charme possédant tous une vue imprenable sur la mer depuis leur petite terrasse. L'un d'eux peut accueillir jusqu'à 5 personnes ; clim partout. Accueil franc et chaleureux en français de Cecilia. Une de nos meilleures adresses en Sicile.

Pensione Tranchina : *via A. Diaz, 7. ☎ 092-454-10-99. • pensione.tranchina@gmail.com • pensionetranchina.com • Doubles 70-100 € ; parasol et serviettes de plage inclus. Parking gratuit.* Au cœur du village, une pension tenue par une dame gentille. Une dizaine de chambres tout confort (clim), au joli mobilier en bois. 2 d'entre elles, les plus chères, ont vue sur la mer. Bonne literie. Pas de TV, vous aurez le temps de lire. Dans la salle commune, les hôtes se régalent – au dîner *(sur résa)* – de la cuisine sicilienne, préparée à base de poisson et de produits maison. Idem pour le petit déj. Une bonne adresse.

Tenute Plaia : *contrada Scopello, 3. ☎ 092-454-14-76. • info@plaiavini.com • agriturismotenuteplaia.it • ♿ Doubles 70-190 €. Parking gratuit.* À 5 mn à pied du bourg, cette *azienda* construite autour d'un vénérable caroubier éclairé la nuit possède une dizaine de chambres alliant confort et simplicité : belle hauteur sous plafond, clim, salles de bains bien pensées. Beaucoup d'espace. En été, le petit déj (copieux et varié) se prend face à la mer, en terrasse. Le soir la maison propose une cuisine locale mettant en valeur les crus bio (*grillo* pour le blanc et *nero d'Avola* pour le rouge) produits sur le domaine. Piscine hydromassante, solarium, location de vélos. Un vrai plan vacances.

Où manger ? Où boire un verre ?

Sur le pouce

Panificio di Stabile e Anselmo : *via Gallupi, 5. Tlj 7h-22h.* Dans une impasse, c'est le boulanger du village, qui réalise des *pani cunzatu*, ces gros sandwichs traditionnels garnis de tomates, *primo sale* (fromage local), anchois... et assaisonnés d'origan et d'huile d'olive. Pour une poignée d'euros, vous êtes calé pour la journée ! À avaler sur le pouce ou sur la petite terrasse ombragée juste devant.

De bon marché à prix moyens

Bar Nettuno : *baglio Isonzo. ☎ 092-454-13-62. • nettunobar@libero.it • Au fond de la cour du baglio (dans le centre du village). Ouv Pâques-fin oct. Tlj 6h-3h du mat (minuit dim). Compter 3-18 €.* Dans la cour du *baglio* (restes du *castello* du XIIIe s) où se dresse un eucalyptus, voici une petite salle design prolongée par une terrasse avec vue sur la mer. On y dévore de délicieux sandwichs, mais aussi des salades et des plats plus élaborés, essentiellement préparés avec poissons et fruits de mer bien frais. Idéal à l'heure de l'*aperitivo.* Service aux petits soins.

De prix moyens à plus chic

La Tavernetta : *via A. Diaz, 3. ☎ 092-454-11-29. Au cœur du village. Ts les soirs. Plats 18-20 € ; compter 35 € sans les vins.* Ce restaurant, qui dispose d'une superbe vue sur la mer et les montagnes depuis sa terrasse, est une bonne table de Scopello. Cuisine bien ficelée et pleine de saveur : tartare de thon rouge (en saison), risotto à la poutargue, raviolis au poisson, boulettes de sardine, *busiate* aux crevettes et pesto de pistaches... Peu de risque que vous soyez déçu ! Accueil et service (parfois en français) au diapason. Si le temps le permet, réservez plutôt en terrasse, la salle n'est pas très guillerette.

À voir. À faire

En fin de journée on peut monter à pied jusqu'à la ***torre Bennistra*** (XIVe s), restaurée et accessible depuis le village en une quinzaine de minutes. De là-haut (200 m au-dessus du niveau de la mer), vue imprenable sur la région et, en particulier, le golfe de Castellammare !

Tonnara di Scopello : *largo Tonnara Scopello, à 2 km en contrebas du village, sur la SP 63 en direction de la réserve du Zingaro. 377-346-10-54. • tonnaradiscopello.it • Parking payant (7 €) un peu avt, au bord de la route ; puis 5 mn de marche. Juin-sept tlj 9h30-19h (18h en hiver). Entrée : 10 € !! ; gratuit moins de 6 ans. Attention, domaine privé recevant des mariages (1-2/sem en saison), le site est interdit d'accès à ce moment-là.*
Ce fut longtemps l'attraction principale de Scopello : une très séduisante crique bordée par quelques vieilles maisons, entrepôts... et 2 tours fortifiées. On peut s'y baigner mais il n'y a pas de plage, juste une rampe de mise à l'eau.
Ce lieu était autrefois le port de Scopello, très actif dans la pêche au thon, d'où son nom. Aujourd'hui, l'activité a cessé et les pêcheurs ont rangé leurs filets. Désormais domaine privé, la visite est contingentée et ne se fait qu'accompagnée à heures fixes pour éviter de déranger les résidents. Ce n'est pas très grave car il n'y a pas grand-chose à voir en définitive. Pour en apprendre plus sur la pêche au thon, attendez d'être à Favignana dans les îles Égades.

Plongée sous-marine : *avec* ***Cetaria Diving Center,*** *via C. Menotti, 4. 338-544-57-61 ou 368-386-48-08 (Vittorio). • cetaria@libero.it • Dans la ruelle qui part sur la droite juste avt la place.* Organise des excursions en bateau avec du *snorkelling* à la clé, jusque dans la réserve naturelle du Zingaro. Également des baptêmes, cours et de belles explorations en plongée avec bouteille.

RISERVA NATURALE DELLO ZINGARO (RÉSERVE NATURELLE DU ZINGARO)

– ***Infos pratiques :*** *située le long de la côte entre les villages de* ***Scopello,*** *au sud, et de* ***San Vito lo Capo,*** *au nord ; donc accessible par 2 entrées. Partant de là, 2 options : soit loger à Scopello, soit loger à San Vito. Les randonneurs purs et durs ainsi que les personnes sans voiture choisiront plutôt Scopello (l'entrée côté San Vito n'étant pas desservie par les bus). Ceux qui réclament un bon petit bain après une rando et aiment se retrouver autour d'une bonne table le soir choisiront* *plutôt San Vito (belles plages et plus de restos). ☎ 092-43-51-08 ou 800-11-66-16 (n° Vert). En cas de problème, faire le ☎ 112 ou appeler le ☎ 092-43-50-93. • riservazingaro.it • Tlj ; avr-sept, 7h-19h30 ; oct-mars, 8h-16h. Accès : 5 € ; réduc ; gratuit moins de 10 ans et plus de 65 ans. La réserve est fermée quand les conditions météo sont mauvaises. Les chiens ne sont pas admis. Vu les tarifs pratiqués pour le stationnement et sachant que depuis le centre de Scopello vous n'êtes qu'à une vingtaine de minutes de marche de l'entrée, laissez donc votre voiture à l'hôtel.*

– ***Les voitures n'ont pas accès à la réserve.*** En venant par le nord, de San Vito lo Capo, la route bitumée devient un chemin de terre qui s'arrête à la billetterie. Même chose pour l'accès sud en venant de Scopello. Dans la réserve, obligation de rester sur les sentiers.

– ***Bon à savoir :*** en été, emporter un chapeau, prévoir de la crème solaire et suffisamment d'eau (pas de buvette à l'intérieur de la réserve !). Pour ceux qui veulent y passer la nuit, on y trouve aussi 2 ou 3 refuges pour 8 personnes max *(oct-mai seulement ; sur résa au moins 1 sem avt : ☎ 092-43-51-08 ; • info@riservazingaro.it • ; tarif 10 €/pers et par nuit ; max 1-2 nuits sur place),* tout simples (ce sont des abris, sans lit ni rien), au milieu de la réserve.

S'il fallait traduire son nom cela donnerait : la réserve du Gitan ! Plusieurs itinéraires permettent de parcourir les 1 650 ha de l'une des plus belles réserves de Sicile, cogérée par WWF Italie. Très fréquentée en été, mais le paysage est superbe, offrant de belles possibilités de baignade et de *snorkelling* dans ses criques sauvages.

Le plus facile est de rester sur le sentier qui longe la mer (7 km), à flanc d'une montagne constellée de petites anses. On s'arrête pour se baigner dans de minuscules criques comme la ***punta della Capreria,*** la ***cala della Disa*** (fermée début 2022 pour raison de sécurité), la ***cala Beretta,*** la ***cala Marinella,*** la ***cala Torre dell'Uzo*** ou encore la ***cala Tonnarella dell'Uzo,*** à l'extrémité nord du sentier. Partant de l'entrée sud, compter 2h de marche pour atteindre cette dernière crique (mais penser au retour... de sorte que 5h de marche aller-retour sont un minimum en comptant les petites pauses baignade). Sachez aussi qu'en été il arrive qu'on marche à la queue leu leu sur le sentier et que toutes les criques affichent complet !

Celles et ceux qui sont pourvus de mollets affûtés emprunteront les sentiers qui montent sur les hauteurs, mais attention, ça grimpe sec ! Cependant, les chemins sont bien balisés et le hors-piste interdit. Ces marcheurs ne manqueront pas de visiter la ***grotta dell'Uzzo*** (compter 1h30 pour y aller).

Hormis le tunnel routier inachevé côté Scopello, le site est sauvage. Il abrite une flore riche (600 espèces de plantes), due à un biotope particulièrement humide et favorable. De nombreuses plantes y sont endémiques, comme la lavande de mer, de même que certaines immortelles ou orchidées. Côté avifaune, c'est ici que niche l'aigle de Bonelli, et, en ce qui concerne les insectes, peut-être aurez-vous la chance d'approcher la ***sauterelle géante*** (8 cm quand même !) ; quant aux reptiles, la réserve se targue de posséder l'un des plus beaux lézards (superbe vert fluo avec une gorge bleu vif !).

Enfin, pour ceux dont la marche en plein cagnard n'est pas la tasse de thé, une aire de pique-nique et de petites expos s'offrent à eux : un ***centre des visiteurs*** et un ***Museo naturalistico*** sont situés à un petit quart d'heure de l'entrée, côté Scopello. Ensuite, en poursuivant vers le nord pendant 2 km, le ***museo della Manna*** est dédié à la récolte et aux différents usages de la sève des arbres ; le ***museo dell'Intreccio*** expose des objets faits à partir d'une fibre naturelle extraite d'un palmier local. Et aussi le ***museo della Cultura contadina*** qui porte sur l'agriculture traditionnelle pratiquée dans la région et enfin, à l'extrémité nord du sentier, le ***museo delle Attività marinare*** présentant la pêche au thon, autre tradition locale. Là, face à ce dernier musée, l'aire de pique-nique nord, avec barbecue, attend les visiteurs...

SAN VITO LO CAPO

(91010) env 4 800 hab.

• Plan *p. 133*

À 45 km de Castellammare del Golfo, au pied d'un haut promontoire rocheux, voici une station balnéaire familiale, bordée d'une grande et belle plage de sable aux eaux limpides. Outre le vieux centre qui abrite la *chiesa di San Vito* du XIIIe s, fortifiée au XVe s, l'intérêt de cette péninsule est sa relative proximité (10 km) avec la fameuse réserve naturelle du Zingaro et dans une moindre mesure avec celle de Monte Cofano et son village... rupestre, côté ouest. Les amateurs de plein air trouveront plusieurs sites d'escalade, des grottes et parmi les plus belles plages et criques de Sicile.

Côté est, difficile de faire l'impasse sur le *lago di Venere,* l'un des meilleurs spots de *snorkelling* et encore moins sur le fameux promontoire du *Monte Monaco,* que l'on peut gravir par un sentier ou bien escalader. Au bout du compte, et malgré que la station demeure très fréquentée en été, voici quelques bonnes raisons d'y poser son sac !

PRENEZ-EN DE LA GRAINE !

À San Vito lo Capo, le terme « Sicile africaine » n'est pas galvaudé ! Outre son sable doré et ses alignements de palmiers, il s'y déroule chaque année en septembre le championnat du monde du couscous ! Allez comprendre pourquoi, après le Sénégal, la Tunisie, la Palestine, Israël et la France (2 fois vainqueur de l'épreuve), c'est la Roumanie qui a empoché le titre en 2021 ! À quand les championnats de sarmalé (le plat national roumain) au Maroc ?

Arriver – Quitter

En bus

Arrêt des bus *(plan A1)* **:** *via P. Mattarella.* Desservi par les compagnies ***Russo*** *(• russoautoservizi.it •)* et ***AST*** *(• aziendasicilianatrasporti.it •).* Les billets se prennent dans le bus. Aussi des navettes pour l'aéroport de Palerme avec ***Airport Bus*** *(• sanvitolocapoairportbus.com •).*

➢ ***Castellammare del Golfo*** *(env 1h)* **:** en été au moins 3 bus/j. lun-sam avec *Russo.* À Castellammare del Golfo, correspondance pour ***Scopello*** et ***Segesta.***

➢ ***Palerme*** *(2h10)* **:** en été juil-août 5-7 bus/j. (3 bus le dim) avec *Russo.* 1-2 bus/j. lun-sam hors saison.

➢ ***Trapani*** *(1h10)* **:** 8 bus/j. lun-sam avec *AST.*

Circulation et stationnement

P À San Vito, la zone ZTL est active de 18h à 7h du mat et la plupart des rues sont tarifées (1h max 8h-18h). Mieux vaut alors opter pour un parking excentré. Il existe 2 grands ***parkings gratuits*** *(via La Goulette – plan B2 – et via Faro – hors plan par A1),* reliés – en été – au centre par un service de navettes gratuites.

SAN VITO LO CAPO

Adresses utiles

- Ufficio turistico (A1)
- **1** Buena Vida (hors plan par A1)

Où dormir ?

- **10** Camping-village El Bahira (hors plan par A2)
- **11** Camping La Pineta (hors plan par B1)
- **12** B & B Le Margherite (A1)
- **13** Hotel Il Melograno (B1)
- **14** B & B La Nicchia (A1)
- **15** Hotel Baia di Venere (B1)
- **16** Timbuktu Hostel (A2)
- **17** Hotel Piccolo Mondo (A1)

Où manger ?

- **12** Profumi di Couscous (A1)
- **20** Salumeria-enoteca Peraino (B1)
- **21** Cortile di Cerere (A1)
- **22** Ristorante Syrah (A1)
- **23** Buena Vida Siciliana (A1)

Adresses et info utiles

Ufficio turistico *(plan A1) :* *piazza Santuario. ☎ 092-397-43-00. • aotsanvito.it • Petit chalet en bois devant l'église, théoriquement juin-oct, horaires (très) variables.*

■ **Distributeurs de billets** *(Bancomat) :* *nombreux dans la via Savoia, l'artère commerçante de la ville.*

■ **Buena Vida** *(hors plan par A1, **1**) :* *Prolungamento, c/o Piccolo Molo Turistico. 333-336-61-95. • buenavida.it •* Organise des sorties en catamaran avec *snorkelling*... Également des excursions aux îles Égades et des plongées sous-marines avec bouteille.

– **Marché :** *ven mat, via P. Mattarella.*

Où dormir ?

Campings

Camping La Pineta *(hors plan par B1, **11**) :* *via del Secco, 90. ☎ 092-397-28-18. • lapineta@camping.it • campinglapineta.it • À env 1 km du centre-ville, sur la route de la réserve du Zingaro. Compter 13-40 € pour 2 avec tente et voiture ; chambres (2-4 pers) 60-130 € (170 € en août), petit déj compris. ½ pens possible. Également des bungalows à la sem.* Long camping sous une dense pinède, donc beaucoup d'ombre. Emplacements rapprochés et vu l'état du sol, mieux vaut être fakir ou posséder un bon matelas. L'ensemble est néanmoins doté de bons équipements : sanitaires nickel, 2 belles piscines, jeux pour enfants, terrains de sport, supérette, resto-bar-pizzeria, animations en été... Également des chambres tout confort avec terrasse, aménagées dans des bâtiments en dur. Bon accueil.

Camping-village El Bahira *(hors plan par A2, **10**) :* *contrada Salinella. ☎ 092-397-25-77. • info@elbahira.it • elbahira.it • À 3 km avt San Vito, bien fléché. Ouv tte l'année. Résa indispensable (et à l'avance !) en été. Compter 12-40 € pour 2 avec tente et voiture ; mobile homes et apparts (max 7 pers) 270-950 €/sem.* Au pied de la falaise (rendez-vous des grimpeurs européens), dans une pinède, voici un camping aux emplacements (en terrasses pour les tentes) assez bien ombragés. Également des mobile homes et petits apparts climatisés. Accès direct à la mer mais pas de plage. Machines à laver, supérette, et resto-bar-pizzeria en saison ; nombreuses activités sportives. 2 piscines, dont 1 pour enfants.

De bon marché à prix moyens

Timbuktu Hostel *(plan A2, **16**) :* *via Pier Santi Mattarella, 199. 329-617-01-29. • info@siciliantimbuktu.com • siciliantimbuktu.com • ♿ Fermé janv-avr. En dortoir 15-30 €/pers ; doubles 50-120 €. Réduc de 10 % sur le prix de la double sur présentation de ce guide.* Bienvenue dans le seul *hostel* de la région, tenu par Marco, un baroudeur polyglotte super accueillant ! Fort de son expérience de voyageur, il a conçu un hébergement ad hoc qui satisfera le plus grand nombre tout en facilitant les échanges : beaux dortoirs (4-7 lits) mixtes ou pas, doubles avec possibilité d'un 3e larron, cuisine tout équipée, espaces communs super cool (bar, terrasse, salle TV, etc.) Et puis Marco est avant tout un grimpeur, il a donc monté un bloc d'escalade et anime des *workshops* dans cette discipline. Un vrai point de chute pour écumer la région !

De prix moyens à plus chic

Hotel Il Melograno *(plan B1, **13**) :* *via Mazzini, s/n (angle via Giardini). ☎ 092-397-25-92. 339-878-93-90. • info@ilmelogranohotel.net • ilmelogranohotel.net • ♿ Ouv de Pâques à mi-oct. Doubles 55-140 €, petit déj inclus.* À 150 m de la plage, ce petit hôtel de la « grenade » (traduction de son nom) abrite une dizaine de

LA SICILE AFRICAINE

chambres au sol carrelé et mobilier coloré, vraiment impeccables, avec salles de bains rutilantes. Les n°s 5 et 10 ont un balcon avec vue sur la rue. Terrasse couverte sur le toit, avec vue partielle sur la mer. Propose aussi des apparts à la semaine. Accueil attentionné.

B & B La Nicchia (plan A1, **14**) : *via Mondello, 61. ☎ 092-362-14-44. 📱 366-898-95-86. • info@lanicchiasanvito.it • lanicchiasanvito.it • Doubles 55-100 €.* Son nom signifie la niche, mais c'est plutôt un nid qu'une niche. Maison blanche aux beaux balcons en fer forgé, avec de jolies chambres climatisées aux tons marins. Assez grandes, et avec un plafond voûté pour l'une d'elles. Elles donnent sur le patio garni de plantes vertes où l'on prend le petit déj. Solarium et jacuzzi sur le toit. À 200 m de là, dans une rue adjacente, la formule « *Nicchia Smart* » offre des chambres un peu plus cosy. Une adresse de qualité.

Hotel Baia di Venere (plan B1, **15**) : *via N. Maniaci, 5. ☎ 092-362-14-66. 📱 338-266-24-72. • info@baiadivenere.com • baiadivenere.com • Doubles 60-120 € (160 € en août !), petit déj inclus.* À 50 m de la plage, la « baie de Vénus » est un petit hôtel familial d'une douzaine de chambres aux tons pastel, avec lits en fer forgé. Certaines sont plus grandes et possèdent un petit balcon avec vue sur la mer (elles sont aussi plus chères). 3 d'entre elles donnent sur un patio. Gentille terrasse ouverte sur le large et agrémentée de plantes pour le petit déj. Accueil courtois.

Hotel Piccolo Mondo (plan A1, **17**) : *via Nino Bixio, 7. ☎ 092-397-20-32. • info@hotelpiccolomondosanvitolocapo.it • hotelpiccolomondosanvitolocapo.it • Ouv avr-oct. Doubles 60-200 €.* À 50 m de la plage, un hôtel familial à taille humaine, tenu par Marco Vultaggio. Au menu, une douzaine de chambres climatisées aménagées dans un style vu et revu mais néanmoins agréables. Les *Junior suites* (les plus chères) ont une terrasse privée et vue sur la mer. Belle terrasse au 2[d] étage. Petit déj avec des produits maison et bien choisis (pain, fromage, confitures, miel, huile d'olive...).

B & B Le Margherite (plan A1, **12**) : *via R. Margherita, 70. 📱 349-198-23-30. • info@lemargheritedisanvito.it • beb.it/lemargheritedisanvito/fr/ • Ouv avr-oct. Doubles 50-120 €.* En plein centre et à 2 mn de la plage, ce *B & B* propose des chambres fraîches et décorées dans le style du pays. Préférer celles donnant sur petit jardin d'agrumes situé à l'arrière. Accueil familial.

Où manger ?

San Vito est la capitale autoproclamée du couscous ! Une tradition réitérée chaque année en septembre lors du célèbre *Cous Cous Fest*. Goûtez-y !

Sur le pouce

Salumeria-enoteca Peraino (plan B1, **20**) : *via Cavour, 81a. ☎ 092-397-26-27. • perainosalumi@alice.it • Tlj sauf dim 8h-14h, 17h-20h. Max 5 €.* Cette charcuterie-œnothèque-épicerie fine prépare à la demande des sandwichs gourmands avec les bons produits qui reposent derrière sa vitrine réfrigérée. N'hésitez pas !

De prix moyens à plus chic

Cortile di Cerere (plan A1, **21**) : *via generale Arimondi, 65. ☎ 092-362-10-62. 📱 334-382-92-95. • info@hotelmediterraneotp.com • Ts les soirs sauf mer. Pizzas 7-16 € ; plats 12-25 € ; couscous (4 formules) 14-22 €.* Accueilli et servi par des sœurs jumelles en salle ou dans le patio, on s'attable sans détour pour une pizza proposée ici façon « classique » ou « gourmet », un couscous ou une assiette de poisson du jour. En cas de coup de mou, essayer le cru « résilience », un *nero d'Avola* « vieilles vignes » de la cantina *Colomba Bianca* de Mazara del Vallo. Pour une bonne soirée.

Buena Vida Siciliana (plan A1, **23**) **:** *via Dogana, 14 (angle via degli Abruzzi). 346-620-49-60. • info@buenavidasiciliana.it • Tlj. Panini 3-7 € ; plats 8-15 € ; taglieri 20-30 €.* Un petit local et quelques tables et chaises qui en font le tour à l'extérieur. C'est donc là que l'on s'installe de préférence. On y sert les fameux *pani cunzatu,* mais aussi des planches de charcut' et des plats plus élaborés qui trouvent leur origine dans la mer comme ce délicieux tartare de thon.

Profumi di Couscous (plan A1, **12**) **:** *via R. Margherita, 80. ☎ 092-397-41-55. • info@ghiblihotel.it • Ouv de mi-avr à mi-oct, tlj midi et soir. Menu 30 € ; compter 35-45 € à la carte. Café et digestif offerts sur présentation de ce guide.* L'une des bonnes tables de San Vito ! Belle cour intérieure plantée de citronniers, précédée d'une non moins élégante salle climatisée, à l'ambiance « mauresco-Liberty ». Côté fourneaux, on travaille les saveurs, on mélange les épices, et on ose une cuisine créative, haute en couleur. L'endroit idéal pour déguster un formidable couscous au poisson. Bonne ambiance.

Ristorante Syrah (plan A1, **22**) **:** *via Savoia, 86. ☎ 092-397-20-28. Tlj midi et soir. Résa quasi obligatoire le soir. Plats 11-35 € ; couscous, compter 20-40 € pour 2 pers.* De tous les restos de la via Savoia, c'est sans doute le meilleur. Savoureuse cuisine très bien présentée. On vous conseille le couscous de la mer, les spaghettis carbonara au thon frais, le risotto aux agrumes et crevettes ou encore les *involtini di pesce spada* (on traduit ? c'est de l'espadon tonton !). Bref, ici, tout est exquis ! Agréable jardin intérieur.

À voir

Chiesa di San Vito (église de San Vito ; plan A1) **:** *via Santuario.* Son architecture massive et trapue évoque plus une maison-forte qu'une église. Elle a pris cette forme au XVe s quand elle a été fortifiée pour se défendre des pirates barbaresques qui écumaient la région. À l'intérieur, la crypte renferme un petit bassin qui servait déjà de baptistère au IVe s *(la vasca di San Vito).* Originaire de Sicile, San Vito fut martyrisé sous l'empereur Dioclétien au IIIe s de notre ère. Sa popularité s'est étendue en Europe. Ses reliques furent acquises par Pépin le Bref, roi de France.

VITO, SAINT PATRON DES DANSEURS

Né à Mazara del Vallo vers l'an 290, San Vito s'est vu infligé le supplice de la poix brûlante par l'empereur Dioclétien qui l'avait fait venir à Rome pour vérifier qu'il était bien capable d'accomplir des miracles comme on le prétendait. Vito (Guy en français), mort en martyr, restera de bons secours pour les croyants, notamment quand l'Allemagne du IVe s sera frappée par une épidémie de chorée de Sydenham, une maladie infectieuse qui affecte le système nerveux central et provoque des contractions involontaires des muscles. La danse de saint Guy, quoi !

Fêtes et manifestations

Plusieurs manifestations et autres festivals organisés chaque année par cette commune particulièrement dynamique ! Citons, en plus de la *Cous Cous Fest,* la fête du Cerf-volant (en mai) ou le festival du Documentaire (en juillet). Les sportifs ne seront pas non plus en reste avec une belle épreuve de triathlon (1er jeudi de mai) et un challenge d'escalade (en octobre) rassemblant les cracks de cette discipline...

ERICE

(91016) env 1 000 hab.

• Plan *p. 139*

Erice est un superbe village médiéval perché en nid d'aigle à 750 m au-dessus de la mer ! On y accède par une route sinueuse au départ de Valderice ou de Trapani ou, encore mieux, par le téléphérique qui part de Trapani. Dans un cas comme dans l'autre, la vue sur la côte et les îles Égades est époustouflante quand le temps est dégagé.
Ici, la topographie du site a imposé aux habitants leur manière de vivre : on laisse sa voiture au parking et on se déplace à pied. Ruelles étroites, maisons agglutinées, passages secrets, escaliers... Le tout constituant un vrai labyrinthe, où tout s'imbrique, se superpose. Pour peu que le brouillard s'en mêle ou qu'il se mette à crachiner, Éryx se mue en village à l'inquiétante étrangeté. Pour faire la nique à cette vie austère, les habitants semblent s'être rabattus sur les douceurs : partout des pâtisseries, des confiseries... mais aussi, le tourisme aidant, des boutiques de céramistes et de faïenciers, car Erice, à l'instar de sa grande sœur Sciacca, est réputée dans toute la Sicile pour la qualité de sa céramique peinte à la main !
– ***Bon à savoir :*** si vous en avez la possibilité, essayez de visiter Erice par temps dégagé. Sinon, la totalité des sols étant pavés ou dallés, mieux vaut être bien chaussé pour les arpenter !

UN PEU D'HISTOIRE

L'origine d'Erice se perd dans la nuit des temps. Pour les Grecs, c'est l'ancienne et mystérieuse *Éryx.* Selon Diodore de Sicile, la cité aurait été fondée par le ***mythique Éryx,*** fils de Vénus et de Butex. Trouvant l'endroit sympa, Eryx y fit construire un temple dédié à sa mère (***Vénus*** pour les Grecs, ***Aphrodite*** pour les Romains). Son culte devint si populaire que les dévots et les pèlerins venaient de toute la Méditerranée pour rendre hommage à la déesse d'une manière insolite et très charnelle (voir encadré). Ce statut de centre religieux dédié à la déesse de la Beauté perdura jusqu'aux Byzantins. De par sa situation stratégique, Erice, qui, soit dit en passant, s'est appelée Monte San Giuliano jusqu'en 1934, a été d'une grande utilité pour les navigateurs, car on allumait chaque soir un grand feu dans le temple de Vénus pour les guider. Conquise successivement par les Arabes, les Normands et les Espagnols, la ville s'est petit à petit fortifiée et dotée d'***une centaine d'églises.*** De ce mélange des genres est né un artisanat singulier dans le domaine du fer forgé, de la céramique et du tissage, pour le plus grand bonheur des visiteurs d'aujourd'hui.

SUR UN COUP DE TÊTE !

La légende raconte qu'au temps où Palerme était sous domination arabe, vivait une jeune fille très belle. Un roi maure lui fit la cour puis parvint à l'épouser malgré la désapprobation des parents de la jeune fille. Mais, le mariage prononcé, la belle s'aperçut que son homme était déjà marié. Folle de rage, d'un coup de sang elle lui coupa la tête. Pour se consoler de cet amour perdu, elle décida de transformer la tête de son défunt époux en pot de fleur (bon, d'accord, on admet, c'est bizarre...), d'y planter une branche de basilic et de l'exposer sur son balcon. Depuis, la Testa di Moro est l'article le plus vendu des céramistes siciliens !

Arriver – Quitter

En bus

Arrêt des bus *(plan A2)* **:** *piazza Grammatico.* Desservi par la compagnie ***AST*** *(• aziendasicilianatrasporti.it •).*
➢ ***Trapani*** *(env 35 mn)* **:** 4-5 bus/j. avec *AST.*

En téléphérique *(funivia)*

➢ ***Trapani*** *(10 mn)* **:** *infos sur • funiviaerice.it •* À Trapani, la station de départ du téléphérique *(funivia)* se situe à l'angle de la via Capua et de la SP 31. À côté, parking payant. Pour s'y rendre depuis le centre de Trapani, bus urbains nos 21 et 23. Le téléphérique arrive à Erice piazza Grammatico *(plan A2).* Il fonctionne tlj en gros de 8h30 (13h lun, 9h30 le w-e) à 20h-20h30. Horaires parfois élargis en hte saison (vérifier sur leur site). Billet A/R : 9,50 € ; réduc.

Circulation et stationnement

P Entre mi-sept et mi-juin, on stationne gratuitement ***piazza San Giovanni*** *(plan B2).* En dehors de cette période, Il faut laisser son véhicule sur le parking situé à l'entrée *(plan A2)* ou dans les rues tout autour de la ville. Sinon, en dehors de la période qui va de mi-novembre à mi-mars, c'est payant partout (compter 2 € la 1re heure, puis 1 €/h supplémentaire).

Adresse utile

Ufficio turistico *(plan A2)* **:** *porta Trapani. • prolocoerice.it • Un kiosque en bois situé sur le parking. Mars-oct, tlj 10h-17h (jusqu'à 19h en août).* Prenez-y le plan du village où figurent les principaux monuments. Accueil très sympa.

Où dormir ?

Prix moyens

Hotel Il Carmine *(plan A1,* ***10****)* **:** *piazza del Carmine, 23. ☎ 092-386-90-89. • info@ilcarmine.com • ilcarmine.com • Congés : de début janv à mi-mars. Doubles 60-100 €. Compter 25-50 € pour un repas complet.* Un endroit insolite que cet ancien couvent fondé au XIVe s, entièrement rénové, avec sa belle cour d'accès, sa petite chapelle et ses parties communes qui résonnent encore de la solennité des lieux. Une huitaine de chambres climatisées pour 2 à 4 personnes, très sobres et aménagées dans les anciennes chambres des moines. Elles sont situées au 1er étage (pas d'ascenseur). 3 d'entre elles possèdent un balcon (avec supplément). Abrite aussi un bistrot-resto. Cuisine sicilienne correcte et agréable lieu pour siroter un verre de vin sicilien.

Hotel Moderno Erice *(plan A2,* ***15****)* **:** *via Vittorio Emanuele, 67. ☎ 092-386-90-16. • info@hotelmodernoerice.it • hotelmodernoerice.it • Doubles 70-100 € ; familiales ; possibilité de ½ pens.* Géré par la famille Catalano, cet établissement dont la partie resto fleure bon les années d'antan est l'un des plus anciens de la ville. Il offre une petite quarantaine de chambres climatisées garnies de meubles de famille ou de facture plus standard. De la terrasse, superbe vue sur la ville.

Camere di Ulisse *(plan A2,* ***11****)* **:** *via Santa Lucia, 2. ☎ 092-386-01-55. • info@camerediulisse.it • camerediulisse.it • Congés : de mi-janv à mi-mars. Doubles 70-90 €. Parking.* Une petite dizaine de chambres aux murs

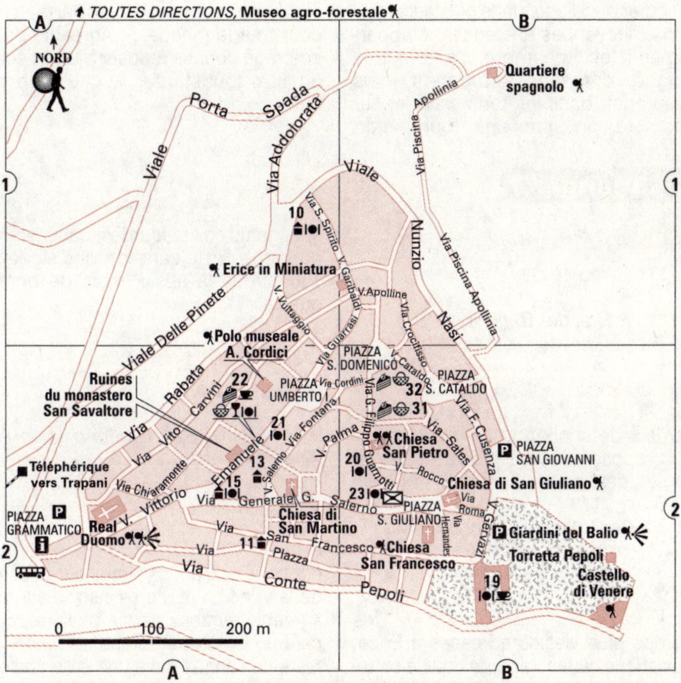

ERICE

- ■ **Adresse utile**
  - ℹ Ufficio turistico (A2)
- **Où dormir ?**
  - **10** Hotel Il Carmine (A1)
  - **11** Camere di Ulisse (A2)
  - **13** Residence San Martino (A2)
  - **15** Hotel Moderno Erice (A2)
- **Où manger ?**
  - **19** Bar del Balio (B2)
  - **20** La Pentolaccia (B2)
  - **21** La Prima Doa (A2)
  - **22** Monte San Giuliano (A2)
  - **23** Ristorante Gli Archi di San Carlo (B2)
- **Où déguster une douceur ?**
  - **22** Pasticceria Grammatico Maria (A2)
  - **31** Pasticceria San Carlo (B2)
  - **32** Antica Pasticceria del Convento (B2)

de pierres apparentes et à la déco classique, réparties dans 2 maisons, de part et d'autre d'une ruelle. Celles donnant sur le petit patio sont un peu « étriquées » mais possèdent la clim. Préférer celles situées dans le grand bâtiment, elles ne possèdent pas (encore) la clim, mais leur belle hauteur sous plafond les rend moins oppressantes. Petit déj servi dans le patio en été.

De prix moyens à plus chic

Residence San Martino *(plan A2, **13**) : via P. Salerno, 5. 349-645-87-07. • casevacanzeerice@gmail.com • casevacanzeerice.it • Apparts (2-4 pers) 60-150 € ; pas de petit déj mais des accords avec la* pasticceria Maria Grammatico *(sur demande).*

Au cœur du village, dans plusieurs maisons mitoyennes anciennes, 8 appartements et 1 chambre. Le tout très soigné, aménagé sobrement mais avec goût, dans les tons clairs et sur une note contemporaine. Tout confort (kitchenette pour les apparts, clim pour tout le monde...). Agréable patio ombragé pour se reposer bien à l'écart du flux touristique. Accueil pro de Maurizio.

Où manger ?

De bon marché à prix moyens

Bar del Balio *(plan B2,* ***19****) : via San Francesco (attenant au jardin du Balio). 347-547-97-74. • mariaantoninaciotta@gmail.com • Ouv mars-oct. Tlj dès 9h. Moins de 5 €.* Un emplacement de choix pour ce petit *corner* qui propose du sucré et du salé à toute heure. Idéal pour un petit déj et quelle vue !

La Pentolaccia *(plan B2,* ***20****) : via G. F. Guarnotti, 17. ☎ 092-386-90-99. • info@ristorantelapentolaccia.it • Tlj midi et soir, sauf mar. Résa indispensable le soir en été. Plats 10-14 €.* Une de nos plus vieilles adresses à Erice, touristique certes, mais de qualité constante. On mange aux 1er et 2e étages, dans plusieurs petites salles décorées de céramiques traditionnelles. Les murs datent du XVIIe s. Ici, la spécialité, ce sont les *tagliatelle della Pentolaccia,* très parfumées... Sinon, soupe de moules, couscous de poisson, etc. Atmosphère un brin chic, mais prix très honnêtes.

La Prima Dea *(plan A2,* ***21****) : via V. Emanuele, 17. ☎ 092-386-92-23. • info@laprimadea.it • Tlj en hte saison ; fermé le soir en basse saison. Plats 14-22 €.* Ce resto dont le nom signifie la « Déesse primordiale » abrite une salle classique à l'étage. On y sert une bonne cuisine du cru simple, efficace et soignée. Salade de poulpe, spaghettis aux palourdes, calamars, et poissons. Belle carte de vins siciliens. Touristique là aussi, mais de bonne qualité.

De prix moyens à plus chic

Monte San Giuliano *(plan A2,* ***22****) : vicolo San Rocco, 7. Au niveau du no 14, via Vittorio Emanuele. ☎ 092-386-95-95. • ristorante@montesangiuliano.it • Tlj midi et soir, sauf lun (tlj en août). Plats 13-25 € (pain et couverts 3 €). Résa conseillée.* L'un des meilleurs restos de la ville ! En été, on s'installe sur une agréable terrasse garnie de lierre, derrière un très beau porche en pierre. Le reste de l'année dans une salle chaleureuse. Côté fourneaux, cuisine de chef pleine de saveur et bien maîtrisée, qui fait la part belle aux produits de saison. On se régale à prix encore raisonnables.

Ristorante Gli Archi di San Carlo *(plan B2,* ***23****) : via San Carlo, 10. 339-234-65-79. Tlj midi et soir, sauf mer. Plats 13-18 €.* Dans une ruelle calme, proche de l'église San Martino, une petite courette avec un peu d'ombre et une salle climatisée sous des arches en pierre. Dehors ou dedans, installez-vous pour savourer une très bonne cuisine sicilienne élaborée avec soin. L'accueil est cordial et le service attentionné. Une très bonne adresse.

Où déguster une douceur ?

Pasticceria Grammatico Maria *(plan A2,* ***22****) : via Vittorio Emanuele, 14. ☎ 092-386-93-90. • mariagrammatico@libero.it • Tlj 9h-minuit en été (18h-19h et 1 j. de fermeture hebdomadaire en hiver). Congés : de mi-janv à fin fév.* Derrière des comptoirs vitrés, des gâteaux et douceurs d'une fraîcheur et d'une qualité irréprochables. Goûtez-nous les *bellibrutti* ou les *palline al pistacchio,* hmm ! À emporter ou à savourer au fond de la boutique, avec un café...

Pasticceria San Carlo *(plan B2,* ***31****) : via G. F. Guarnotti, 52. ☎ 092-*

386-92-35. À côté de la chiesa San Pietro. Tlj 9h-13h, 16h-19h30. Glissez-vous entre les lanières en plastique qui font rideau à la porte d'entrée, entrez dans cette humble boutique où le temps s'est arrêté. Photo du pape au mur, crucifix, vitrines pleines de délices, et petit comptoir derrière lequel s'affaire une dame coiffée d'un bonnet et d'un tablier blanc. 22 spécialités maison à base de pâte d'amande, toutes succulentes ! Goûtez aussi aux *mustazzoli al miele.*

Antica Pasticceria del Convento (plan B2, **32**) : via G. F. Guarnotti, 1. ☎ 092-386-97-77. • anticapasticceriadelconvento@hotmail.it • À 2 pas de la piazza Umberto I. Tlj 8h30-21h. Si les gourmands ne sont toujours pas rassasiés, voici encore des petites douceurs à la pâte d'amande (*torta paradiso, frutta di martorana* à la Toussaint) et autres *genovesi* (à la crème de citron)... Plutôt à emporter.

À voir

– **Bon à savoir :** églises ouv tlj 10h-20h en août (19h juil et sept, 18h avr-juin et oct, 16h mars, 13h30 nov-déc, 17h vac de Noël) ; janv-fév seulement sur résa. Entrées payantes.

– En fait, en ce qui concerne les églises, il existe un billet groupé **MEMS** appelé *Passe-Partout* (6 € ; réduc ; gratuit moins de 10 ans), permettant de visiter le *Real Duomo* et sa *torre di Re Federico, San Martino, San Giuliano, San Giovanni Battista* et les ruines du *monastero San Salvatore* (infos : • ericelamontagnadelsignore.it •). On l'achète en priorité au guichet de *Real Duomo*. Également le billet cumulatif **Erice Card** géré conjointement par l'association *Erice Arte* (• fondazioneericearte.org •) et par la fondation *Ettore Majorana* (• ccsem.infn.it •). Ce forfait donne accès au *castello di Venere*, au *polo museale A. Cordici*, à la *torretta Pepoli*, au *quartiere spagnolo*, à l'*Erice in miniatura* ainsi qu'aux églises *San Francesco* et *San Domenico* (expos relatives au scientifique Ettore Majorana). L'**Erice Card** s'achète au kiosque d'infos touristiques situé *porta Trapani*, au guichet du téléphérique ou directement sur le 1er site visité (6 € ; réduc).

FOUS DE LA MESSE !

Ce sont les Élymes qui introduisirent le culte d'Astarté, la déesse de la Beauté et de l'Amour. Les Grecs l'appelaient Aphrodite, les Romains Vénus. La Vénus d'Erice était censée protéger les navigateurs venus lui déposer des offrandes. Son culte était pratiqué dans l'enceinte même du temple. Et savez-vous comment ? Les marins s'unissaient (physiquement !) avec les prêtresses sacrées du temple (en fait des esclaves qui pratiquaient la prostitution sacrée)... Paraît qu'ils étaient peu à rater la messe !

Il faut consacrer quelques heures dans les venelles et les ***cortiletti*** (courettes). Vous serez frappé par les différents types de pavage, tantôt galets polis et luisant au soleil, tantôt petits carrés prisonniers de longues pierres plates posées en diagonale, noir sur blanc, blanc sur noir, en escalier, avec la rigole millénaire en son centre. ***Les ruelles mènent toujours à des patios fleuris,*** des courettes ombragées par des arches. À noter, sur les portes des maisons, les plaques en céramique avec le nom du propriétaire. Même la brigade des *carabinieri* a la sienne ! Vous pouvez d'ailleurs en faire fabriquer une à votre nom. Cela épatera vos voisins et, de plus, elles sont jolies. Pour découvrir les principaux sites de la ville, 2 itinéraires respectivement de 3 et 4 km sont proposés. Point de départ : le parking de la *piazza San Giovanni (plan B2).*

Real Duomo (chiesa Madrice ; plan A2) : piazza Matrice. ☎ 092-386-91-23. • info@ericelamontagnadelsignore.it • Édifié au XIVe s sur ordre de Frédéric III d'Aragon (appelé aussi Frédéric II de Sicile, allez comprendre...), le bâtiment fut remanié maintes fois au cours des siècles. Dernier lifting en date durant la 2de moitié du XIXe s, quand son plafond s'est effondré. Mais avant d'y entrer, admirer de dehors ce superbe ensemble constitué d'une église crénelée massive et d'un campanile indépendant – la ***torre di Re Federico.*** Au-dessus du porche du *duomo,* notez cette rosace aux délicats entrelacs de pierre. Pour l'admirer, prendre un peu de recul sur la place. Cette finesse extérieure, on la retrouve à l'intérieur de la cathédrale (dotée d'un plan basilical à 3 nefs) avec ses plafonds soutenus par plusieurs colonnes de style corinthien et ses voûtes ornées d'arabesques, ses arcs torsadés, ses chapiteaux et corniches sculptés dans un style néogothique. À droite, en entrant, belle statue de la Madona Assunta attribuée au grand sculpteur ***Francesco Laurana.*** Également un magnifique retable en marbre de l'école des Gagini (XVIe s) dans le chœur. Dans la nef de gauche, petite expo d'art religieux avec des objets liturgiques allant du XVe au XVIIIe s. Enfin, on peut monter (108 marches) au sommet du campanile *(torre di Re Federico ; entrée : 2,50 €),* d'où la vue est superbe sur Trapani, la mer et la campagne vallonnée.

Polo museale A. Cordici *(plan A2)* **:** *vico San Rocco, 1. • fondazioneericearte.org • Avr-oct, tlj 10h-18h (20h en août, 19h en juil et sept). Entrée : 4 € ; réduc ; gratuit moins de 10 ans. Explications en italien et parfois en anglais.* Ce musée essentiellement archéologique présente notamment des pièces de monnaie, et de nombreux objets d'époque romaine découverts sur le site du *castello di Venere (plan B2).* Justement, le fleuron de la collection demeure une ***tête en marbre blanc représentant Vénus*** (la *Dea Ericina*) ! Un escalier métallique en colimaçon descend au sous-sol (panneaux en anglais) où sont exposées des monnaies anciennes, des céramiques, des jarres, de la verroterie, ainsi que des collections d'armes anciennes, peintures et sculptures, objets et vêtements liturgiques. Ne pas manquer dans la salle des peintures (XVIe-XVIIe s) la ***superbe Annunciazione*** en marbre (1525) d'***Antonello Gagini.*** Pour finir, petite section d'art contemporain.

Erice in Miniatura *(Presepe Monumentale Meccanico ; plan A-B1)* **:** *via Spirito Santo, 1. • fondazioneericearte.org • Avr-oct, tlj 10h-18h (20h en août, 19h en juil et sept). Entrée : 4 € ; réduc.* ***Fermé lors de notre passage.*** Des miniatures animées représentant la vie à Erice (et plus largement en Sicile) à l'époque baroque (XVII-XVIIIe s), avec ses métiers, ses traditions... Les nombreux personnages ont été réalisés avec de la cire, du bois, du carton ou de la pierre. On peut passer du temps à tout détailler. Plaira aux curieux de tous âges !

Chiesa di San Giuliano *(plan B2)* **:** *via Roma. Entrée : 2,50 €.*
Bien que reconstruite pendant l'ère espagnole au XVIIe s, c'est l'une des toutes 1res églises de la ville. Son origine remonte à l'arrivée des Normands (XIe s). Le comte Roger, chef des armées, assiégea la ville tenue alors par les Sarrasins et appela San Giuliano à son secours. Le saint, altruiste et efficace, lui vint en aide en faisant surgir dans un halo de lumière un cavalier blanc qui effraya l'ennemi. En remerciement, le comte Roger fit ériger cette église sur les lieux du miracle et ordonna qu'Erice prenne le nom de « Monte San Giuliano », nom que la ville gardera jusqu'à ce qu'un certain Benito Mussolini ne la rebaptise en 1934...
Dans le vestibule d'entrée de cette église baroque dont le portail est de style Renaissance, exposition d'objets liturgiques. Remarquer surtout les céroplasties : des mini-autels votifs sous cloche de verre. Plus loin exposition des *gruppi misteri,* ces groupes de statues mettant en scène la passion du Christ, portés en procession le Vendredi saint comme à Trapani.

Chiesa di San Pietro *(plan B2)* **:** *via G. F. Guarnotti.* L'art religieux baroque emprunte parfois au théâtre certains aspects de son décor. C'est le cas de cette église de 1745. Même si elle n'est pas baroque mais plutôt néoclassique (style inspiré du Bernin et de Borromini), elle a quelque chose de baroque. Voir à l'étage ces 8 loges en bois, bombées et fermées par de curieuses grilles à claire-voie. Des privilégiés assistaient à la messe comme au théâtre, du haut de leur balcon. Admirer aussi la coupole elliptique au-dessus du chœur et le pavement en majolique.

Chiesa San Domenico** (plan B1-2) et **chiosco San Francesco** (plan B2) :* • *ccsem.infn.it* • *Ouv de mi-avr à début nov, tlj 10h-19h. Éligible à l'Erice Card.* La ***fondation Ettore Majorana retrace ici la vie de ce génie de la physique des particules, porté disparu en 1959 et dont les théories intriguent encore les scientifiques du monde entier. Piazza San Domenico : au rez-de-chaussée sa correspondance, des photos, des explications (en italien), à l'étage une expo sur le nombre d'or et la suite de Fibonacci (pour les forts en maths). Dans le chiosco San Francesco (via Conte Hemandes) : expo permanente sur les constellations, le ***piano droit sur lequel jouait Chopin,*** des œuvres de Bruno Ceccobelli *(arte povera)* ainsi qu'une petite expo d'archéologie (temporaire, mais qui dure, comme souvent en Sicile).

***Giardini del Balio** (jardins du Balio ; plan B2) :* ici se trouvait l'emplacement de l'ancien temple devenu, à l'époque normande, le palais et le siège du gouverneur *(baiuolo).* D'où son nom actuel de « Balio ». C'est désormais un jardin qui chapeaute le sommet du bourg. En contrebas, accessible par le parking *San Giovanni,* la **torretta Pepoli** *(entrée : 4 €),* du XIXe s, accrochée au rocher en surplomb de la plaine. Magnifiques panoramas sur les environs.

***Castello di Venere** (plan B2) : juste derrière le castello Pepoli.* • *fondazioneericearte.org* • *Avr-oct, tlj 10h-18h (20h en août, 19h en juil et sept). Entrée : 4 € ; réduc.* C'est ici même qu'à l'époque antique, on allumait de grands feux pour guider les navigateurs et que ces derniers venaient s'accoupler avec les hiérodules (esclaves prostituées) pour s'attirer les bonnes grâces de Vénus (voir encadré). Autrefois relié par un pont-levis, l'endroit n'a jamais cessé d'être occupé. Les Arabes, qui avaient rebaptisé Eryx *Jebel Hamed,* y administraient la justice, mais ce sont les Normands qui lui donnèrent son aspect actuel de forteresse, puis vinrent les Souabes... Installés ici, les Angevins s'y sont fait trucider lors des Vêpres siciliennes. Bref, le temple s'est fait château au fil des siècles, et le temps l'a joliment patiné. Cela dit, l'intérieur présente peu d'intérêt.

Quartiere spagnolo** (plan B1) : via P. G. Spatrisano.* • *fondazioneericearte.org* • *Avr-oct, tlj 10h-18h (20h en août, 19h en juil et sept). À 600 m au nord de la piazza San Cataldo. Entrée : 4 € ; réduc.* ***Fermé lors de notre passage. Bâtiment construit au XVIIe s sur un promontoire rocheux à l'écart du village pour abriter les troupes espagnoles (d'où son nom). Il accueille aujourd'hui une expo d'objets anciens évoquant les traditions siciliennes : l'agriculture, la vigne, la laine (activité pastorale), la construction navale, la pêche au thon, les marais salants...

Museo agro-forestale Baglio San Matteo** (hors plan par A1) : contrada San Matteo.* ☎ *092-386-95-32. À env 6 km au nord d'Erice, par la SP 31 direction Trapani, puis prendre une petite route sur la droite. Tlj 8h-14h (10h-18h dim et j. fériés). GRATUIT.* ***Fermé lors de notre passage. Situé dans une ancienne ferme dominant un vallon, au beau milieu d'une forêt de résineux, ce musée présente le patrimoine naturel et culturel de la Sicile : faune empaillée, flore, agriculture (charrues, pressoirs, etc.), habitat... Quelques ânes et chevaux (vivants) sur le site, et des tables de pique-nique.

Manifestations

- ***Procession du Vendredi saint :*** les statues de la *processione dei Misteri* sont exposées toute l'année dans la chiesa San Giuliano.
- ***Ericestate :*** *août.* Nombreuses manifestations : concerts, expos, Semaine du cinéma et tournois de tennis. Signalons aussi la *procession en l'honneur de Maria SS di Custonaci,* patronne d'Erice, célébrée depuis le XVIe s, qui a lieu le dernier mercredi d'août.

TRAPANI (91100) 69 000 hab.

• Plan *p. 146-147*

Langue de terre entre mer et montagne, la péninsule de Trapani s'étire nonchalamment vers les îles Égades, au large. Idéalement située, la ville a su tirer parti des richesses de la mer et des salines alentour. Sous la domination arabe, elle fut un centre florissant qui extrayait puis commercialisait le marbre de l'arrière-pays, le sel et le corail. Au XVIe s, ses artisans joailliers étaient réputés dans toute l'Europe. Aujourd'hui, si la ville nouvelle, entièrement repensée par Mussolini, n'est pas spécialement attractive au 1er abord, en revanche l'isthme, c'est-à-dire la pointe ouest, organisée autour du corso Vittorio Emanuele, mérite le détour. Dans ce centre historique (interdit aux voitures), tout se fait à pied facilement, au fil de longues rues parallèles croisant des ruelles étroites bordées de *palazzi* et d'églises baroques, tous témoins de l'âge d'or de Trapani.
Cette ville est une bonne base pour partir à la découverte des environs : Erice perché sur sa montagne, les salines horizontales et miroitantes sous le ciel ardent, et au large les îles Égades.

UN PEU D'HISTOIRE

En raison de sa proximité avec l'Afrique (donc avec Carthage), ***Trapani a joué un rôle commercial de 1er ordre en Méditerranée*** depuis l'Antiquité, notamment grâce au commerce du sel (n'oublions pas qu'à une certaine époque le sel était si précieux qu'il s'échangeait à poids d'or). Pas étonnant alors que les Arabes y aient débarqué dès le IXe s pour reprendre en main ce business. Après une période normande pendant laquelle le port de Trapani connaît une ***grande effervescence, notamment grâce aux croisades*** (à cette époque toutes les grandes puissances maritimes : Gênes, Pises, Venise, etc., y avaient pignon sur rue), la ville se fortifie (au sens propre comme au figuré). Entre le XVe et le XVIe s, Trapani connaît un développement remarquable en devenant ***le centre économiquement et politiquement le plus important de Sicile occidentale.*** Elle possédera même son propre sénat et sous Charles Quint deviendra un ***centre intellectuel important.*** Après un XVIIe s calamiteux dû à plusieurs soulèvements provoqués par des famines à répétition et une épidémie de peste, la ville reprend du poil de la bête au XVIIIe s (sa population va même doubler). C'est à cette période que Trapani se pare de ses plus belles églises et *palazzi.* Protagoniste des soulèvements anti-Bourbons, ***la ville soutiendra sans faille Garibaldi*** lors de l'expédition des Mille. Devenue malgré elle une ville stratégique d'un point de vue militaire, Trapani sera copieusement bombardée par l'aviation alliée pendant la 2de Guerre mondiale.

Arriver – Quitter

En avion

✈ ***Aeroporto Vincenzo Florio di Trapani-Birgi*** *(hors plan par D1)* : *à Birgi.* • *airgest.it* • *À 15 km au sud de Trapani par la SP 21.* Liaisons avec les principales villes italiennes (dont Turin, Milan, Bologne et Rome), ainsi qu'avec la Sardaigne (Cagliari) et l'***île de Pantelleria.***

– Loueurs de voitures sur place. En taxi, pour se rendre en ville compter 30 €.

Liaisons en bus depuis l'aéroport

➢ ***Trapani*** *(40 mn)* **:** une douzaine de bus garantis tlj (7h10-21h45 depuis l'aéroport), certains en supplément certains jours en sem (variable) avec *AST* *(• aziendasicilianatrasporti.it •)*. Aussi 3 bus/j. (1 seul le dim) avec *Lumia*. Arrêt à la gare routière et terminus sur le port. Compter 5 € le billet.

En bus

Autostazione *(gare routière ; plan D2)* **:** *piazza Montalto*. Elle est fermée, on attend le bus dehors et on achète son billet au café du coin *(via Virgilio, 9)*. Elle est desservie par les compagnies ***AST*** *(☎ 092-32-10-21 ; • aziendasicilianatrasporti.it •)*, ***Lumia*** *(☎ 092-22-04-14 ; • autolineelumia.it •)*, ***Tarantola*** *(☎ 092-43-10-20 ; • tarantolacuffaro.it •)* et ***Segesta*** *(☎ 061-641-60 ; • segesta.it •)*. À noter que les bus pour Erice, San Vito lo Capo et Palerme partent aussi du port (arrêt juste devant *Egatour Viaggi* – voir plus loin « Adresses utiles » –, où l'on peut aussi acheter ses billets).

➢ ***Segeste*** *(50 mn)* **:** 4 bus/j. sauf dim et j. fériés avec *Tarantola*.

➢ ***Erice*** *(30-40 mn)* **:** 5 bus/j. avec *AST*.

➢ ***San Vito lo Capo*** *(1h30)* **:** 8-10 bus/j. sauf dim avec *AST*.

➢ ***Marsala*** *(50 mn)*, ***Mazara del Vallo*** *(1h20)*, ***Sciacca*** *(2h20) et* ***Agrigento*** *(3h30)* **:** 3 bus/j. (1 seul le dim) avec *Lumia* *(• autolineelumia.it •)*. Dessert l'aéroport de Trapani (Birgi) au passage. La compagnie *AST* dessert aussi ces destinations à raison de 2-3 bus/j. lun-sam seulement.

➢ ***Aéroport Falcone e Borsellino Palerme*** *(1h)* **:** 9 bus/j. avec *Segesta* *(• segesta.it •)*. Pour la ville de Palerme même, env 20 bus/j. (moitié moins le w-e). Départ via A. Staiti, 13, devant l'embarcadère des *aliscafi*, sur le port.

En train

Stazione *(plan D2)* **:** *piazza Umberto I. • trenitalia.com •* Jolie petite gare. Pas de consigne à bagages mais un ***petit office de tourisme régional*** *(☎ 092-354-09-93 ; • stztrapani@regione.sicilia.it • ; lun-ven 9h-14h, plus mer 15h-18h30)*.

➢ ***Marsala*** *(env 30 mn)*, ***Mazara del Vallo*** *(env 1h) et* ***Castelvetrano*** *(env 1h30)* **:** env 8 trains/j. (nettement moins le dim et en été).

➢ ***Castellammare del Golfo*** *(env 2h15)* **:** 3-4 trains directs/j.

➢ ***Palerme*** *(env 4h30)* **:** 3-4 trains/j. (2 seulement dim) avec changement à ***Piraineto***.

En bateau pour les îles Égades

– ***Important*** **:** les billets s'achètent directement au ***Fast Ferry Terminal*** (terminal des *aliscafi*) ou chez *Egatour Viaggi* (voir plus loin « Adresses utiles »).

Fast Ferry Terminal *(catamarans rapides ; plan B3)* **:** *via A. Staiti, 23*. Avec la compagnie ***Liberty Lines*** *(• libertylines.it •)* ou avec la compagnie ***Torre Lines*** *(• torrelines.it •)* mais pour Favignana et en été uniquement.

➢ ***Les îles Égades*** **:** voir plus loin « Les îles Égades. Arriver – Quitter ».

Quai des ferries *(plan B3)* **:** *molo Sanità*. Avec la compagnie ***Siremar*** *(• siremar.it •)*.

➢ ***Les îles Égades*** **:** voir plus loin « Les îles Égades. Arriver – Quitter ».

Où garer sa voiture pour partir dans les îles ?

Un grand parking clos et surveillé d'une capacité de 400 places, le ***parcheggio Egadi*** *(plan D3)*, situé via dei Grandi Eventi (derrière la salle de sport, à l'extrémité du port), dessert le terminal des *aliscafi* par navette gratuite (ligne n° 2) lun-sam 7h-20h30 ttes les 15 mn (en principe ttes les 30 mn dim et j. fériés). Tarif 20 €/24h. *Rens : ☎ 092-350-38-99. • atmtrapani.it •*

En téléphérique *(funivia)*

➢ ***Erice*** *(10 mn)* **:** voir précédemment « Erice. Arriver – Quitter ».

Adresses utiles

- Ufficio turistico (B3)
- **1** Egatour Viaggi (B3)

Où dormir ?

- **10** B & B Il Vecchio Messina et B & B Ai Lumi (A3)
- **11** Hostelleria (B3)
- **13** B & B Belle Époque (D1)
- **14** Hotel Vittoria (C2)
- **15** Residence Palazzo Ossuna (A3)
- **17** Hotel Trapani In (C3)

Où manger ?

- **29** Trattoria La Dolce Vita (hors plan par D1-2)
- **30** La Tavernetta (hors plan par D1-2)
- **31** Rosticceria Al Pollero da Roberto (C3)
- **32** Panificio Bernardo (C3)
- **33** Pizzeria Calvino (A3)

TRAPANI

35 PaccaMora Biobar (B2-3)
36 Trattoria del Corso (C3)
37 Caupona Taverna di Sicilia (A3)
38 Antichi Sapori (A3)
39 Osteria La Bettolaccia (A3)
41 Trattoria Al Solito Posto (D1)
42 Ristorante al Vicoletto (B3)
43 Ristorante Salamureci (A3)
44 Cantina Siciliana (C3)

Où boire un verre en journée ? Où acheter du bon vin ?

51 Tenute Adragna (A3)
52 Bar Il Salotto (B2)

Où déguster une glace ou une *granita* ?

63 Gelateria Colicchia (B3)

Où acheter de bons produits ?

70 Renda (D2)

Circulation et stationnement

Le vieux Trapani, organisé autour du corso Vittorio Emanuele, se visite aisément à pied. Si vous arrivez par le train, la gare est à moins de 10 mn. Si vous êtes en voiture, surveillez les marquages au sol qui indiquent les conditions de stationnement.
Le parking payant (0,10 €/h, max 2,50 €/j.) le plus proche est celui ***piazza Vittorio Emanuele*** *(plan C1-2)*. Il dessert le centre historique et le terminal des *aliscafi* grâce à une navette gratuite (ligne n° 10, lun-sam 7h-20h30, ttes les 30 mn). Sinon il arrive parfois que le ***parcheggio Egadi*** *(plan D3)* soit gratuit dès la fin de l'été.

Adresses utiles

Ufficio turistico *(plan B3)* **:** *via Torrearsa, 34 (angle piazzetta Saturno). ☎ 092-354-45-33. • turismo@comune.trapani.it • Tlj 9h-14h, 17h-20h en juil-août ; sinon lun-ven 9h-14h, plus 15h-17h30 lun et jeu. Fermé le w-e hors saison.* Plan de la ville et infos de base, en italien essentiellement. Un autre office de tourisme (celui de la région Sicile) dans la gare ferroviaire (voir plus haut « Arriver – Quitter. En train »).

Egatour Viaggi *(plan B3,* ***1****)* **:** *via A. Staiti, 13. 334-261-24-56. • egatourviaggi.it • Face au quai des aliscafi. Tlj 6h30-20h en été, sinon ouvre à 8h.* Infos sur les horaires des bus et bateaux, et vente des billets. Consigne à bagages en journée.

Taxis **:** *piazza Umberto I (plan C2), devant la gare ferroviaire (☎ 092-318-978-00).*

Police *(Questura ; plan C2)* **:** *piazza V. Veneto, 5. ☎ 092-359-81-11.*

Ospedale San Antonio Abate *(hôpital ; hors plan par D1)* **:** *via Cosenza, à* ***Casa Santa*** *(banlieue est de Trapani, bus n°s 22 ou 23). ☎ 092-380-91-11.*

Où dormir ?

De bon marché à prix moyens

Hostelleria *(plan B3,* ***11****)* **:** *largo Franchi, 21/23. 320-069-84-35 ou 339-334-65-07 (Roberto) • info@hostelleria.com • hostelleria.com • Lits en dortoir à partir de 15 € ; double 70 € ; sdb à partager.* À mi-chemin entre le port et le centre animé de la vieille ville, dans un immeuble de 8 étages qui n'a pourtant rien de folichon, une auberge de jeunesse qui tient ses promesses : dortoirs mixtes ou réservés aux filles (4, 6 ou 10 lits avec *lockers*) ou chambres doubles, c'est selon... Petit snack, grande salle commune et cuisine tout équipée pour socialiser en préparant son frichti. L'ensemble refait à neuf dans une ambiance très actuelle. Bien sûr, plein de tuyaux à partager et visites organisées certains jours.

B & B Il Vecchio Messina *(plan A3,* ***10****)* **:** *corso Vittorio Emanuele, 71. ☎ 092-32-11-98. 329-107-52-31. • beb.ilvecchiomessina@libero.it • Gravir le grand escalier jusqu'au 1er étage et poursuivre par le petit escalier sur la droite. Doubles 50-55 €.* Un vénérable portail sculpté mène à une belle cour à arcades où se tient un vieil immeuble de caractère. Dans son petit hôtel labyrinthique, Maria, la gérante, propose une huitaine de chambres se partageant 3 salles de bains. Pas de clim, seulement des brasseurs d'air au plafond renforcés par des ventilos sur pied en été. Heureusement, il y a une belle hauteur sous plafond. Décoration basique et vieillotte, mais c'est propre, pas cher et central.

B & B Belle Époque *(plan D1,* ***13****)* **:** *via Passo Enea, 63. 327-051-13-76. • info@bellepoquebnb.it • bellepoquebnb.it • Doubles 50-100 €.* Un peu excentrée, une vieille maison un peu décrépite vu de l'extérieur, aux jolis balcons en fer forgé. Ce *B & B*, tenu par l'aimable Matteo, abrite 3 chambres climatisées arrangées avec soin, dans un style contemporain simple, élégant et coloré. Petit déj (avec d'excellentes *cassatelle* !) pris dans une agréable salle à manger. Accueil anglophone.

De prix moyens à plus chic

Residence Palazzo Ossuna (*plan A3*, **15**) **:** *corso Vittorio Emanuele, 99. ☎ 092-354-73-65. • info@ossunaresidence.it • ossunaresidence.it • Apparts (2-6 pers) 50-180 € ; pas de petit déj.* En plein *centro storico,* dans un palais du XVIIIe s. Ici ce n'est pas une maison d'hôtes, ni un *B & B,* mais la formule appartement à louer. En effet, l'immeuble abrite une dizaine d'appartements nickel et au style contemporain avec salon, cuisine, et même mezzanine pour les plus grands. Vue sur la rue pour les plus chers. Accueil aimable et professionnel. Bon rapport qualité-prix.

Hotel Trapani In (*plan C3*, **17**) **:** *vicolo dei Pescatori, 10. ☎ 092-32-01-19. • info@hoteltrapaniin.it • hoteltrapaniin.it • ♿ Doubles 75-150 €, petit déj compris.* Dans une ruelle paisible débouchant sur le port, proche de l'embarcadère pour les îles Égades, un minihôtel qui abrite de belles chambres standard (clim, bonne literie) aux sanitaires rutilants. Les plus spacieuses sont les plus chères. Petite goutte de muscat de Pantelleria offerte, en prime, à la réception, où règne une douce atmosphère.

Hotel Vittoria (*plan C2*, **14**) **:** *via Francesco Crispi, 4 (angle piazza Vittorio Emanuele). ☎ 092-387-30-44. • info@hotelvittoriatrapani.it • hotelvittoriatrapani.it • Doubles 70-140 €, petit déj compris. Parking juste en face (max 2,50 €/24h).* Gros bâtiment moderne de 75 chambres bien finies, décorées sur une gentille note contemporaine. La plupart donnent sur le grand parking avec la mer en arrière-plan. Bar et salons feutrés au rez-de-chaussée. Une adresse standard et fonctionnelle, bien dans sa catégorie.

B & B Ai Lumi (*plan A3*, **10**) **:** *corso Vittorio Emanuele, 71. ☎ 092-354-09-22. • info@ailumi.it • ailumi.it • Doubles 70-100 € ; studios 95-130 €, petit déj inclus seulement pour la formule* B & B. Dans un *palazzo* du XVIIIe s, une cour à arcades garnie de plantes verte (c'est là que se trouve la réception). Ensuite, grimpez par un escalier jusqu'aux jolies coursives à l'ancienne, vous y trouverez un élégant *B & B.* Il propose 3 chambres et 8 studios climatisés. Le tout arrangé avec goût (mobilier bien choisi, carrelage d'origine). Une adresse centrale avec tous ses avantages et tous ses inconvénients.

LA SICILE AFRICAINE

Où dormir du côté des salines et un peu plus loin ?

De bon marché à prix moyens

Agriturismo-agricampeggio « Villa Maria » : *via Torre di Mezzo, 71, à* **Marausa.** *☎ 092-384-13-63. 📱 340-556-42-25. • villamaria.marausa@tiscali.it • ♿ Ouv tte l'année. Camping 20-24 € pour 2 avec tente, voiture et électricité ; studios 50-60 € ; apparts (4 pers) 90-110 €. CB refusées. Café offert sur présentation de ce guide pour ceux qui résident en chambre.* Accueil authentique de Maria et Leonardo, un couple d'agriculteurs retraités. Ils reçoivent les touristes dans leur *baglio* du XIXe s perdu au milieu d'un domaine de 11 ha. Pour planter sa tente, immense terrain bien ombragé. Sanitaires très simples et en nombre insuffisant à notre avis. Barbecue. Également des studios et appartements fonctionnels et bien équipés (clim, TV, kitchenette...) mais un peu vieillots. Le tout à 300 m de la mer (côte rocailleuse, pas de vraie plage).

B & B Casolare nelle Saline : *via Murana, 25, contrada Nubia, à* **Paceco.** *☎ 092-386-80-20. 📱 342-520-74-20. • casolarenellesaline@gmail.com • casolarenellesaline.it • Doubles 60-90 €.* Située au beau milieu des salines, cette maison centenaire compte une poignée de chambres lumineuses, à la déco rustique et classique, avec balconnet et petit salon pour l'une d'entre elles. Au-dessus du lit, c'est le crucifix ou la Sainte Famille (au choix !), et dans le jardin, palmiers, citronniers, figuiers, et un vieux moulin à sel. L'aimable Maria sert un bon petit déj sicilien avec confitures, *cannoli* et *cassatelle* maison, figues fraîches et figues de Barbarie en saison. Entre septembre et mars, vous êtes aux 1res loges pour observer les flamants roses. Prêt de vélos.

De prix moyens à très chic

Agriturismo Vultaggio : *c/d Misiliscemi, 4, fraz. Guarrato, 91100. ☎ 092-386-42-61. • info@agriturismovultaggio.it • agriturismovultaggio.it • À 25 mn en voiture du centre-ville, sortir par la SS 115 direction Marsala, puis rouler jusqu'au hameau de Guaratto, ensuite c'est fléché. Doubles en formule B & B 70-90 € (compter 14-20 €/pers en plus pour la ½ pens) ; formule « glamping » 63-80 € pour 2 (jusqu'à 7 pers) ; familiales.* Perdu en pleine cambrousse, cet *agriturismo* labellisé *Slow Food* est l'endroit idéal pour décompresser. Une douzaine de chambres climatisées aménagées avec sobriété mais parfaitement tenues. Formule marrante : le « glamping », 2 grandes tentes « safari » aménagées avec cuisine et salle de bains, plantées dans le verger du domaine. Belle piscine avec transats, centre de bien-être, et surtout une table « *kilometro zero* » connue à 100 lieues à la ronde pour la qualité de sa cuisine.

Relais Antiche Saline : *via Giuseppe Verdi, località Nubia, à* ***Paceco.*** *☎ 092-386-80-42. • info@relaisantichesaline.it • relaisantichesaline.it • Juste avt le museo del Sale. Doubles 80-224 € ; familiales.* Situé là encore au milieu des salines, cet ancien *baglio* abrite un hôtel d'une vingtaine de chambres impeccables et fraîches, dans les tons bleu clair. Les plus chères ont une superbe vue sur la mer et les salines. Agréable cour intérieure, toujours dans ces mêmes tons marins, jolie piscine avec jacuzzi, bordée de transats et salle du petit déj sous une belle tonnelle. Une adresse de charme.

Où manger ?

Trapani possède une longue tradition culinaire, notamment en matière de sucré-salé (tradition héritée des Arabes) avec laquelle s'acoquine le poisson. Quelques-unes de nos adresses sont excentrées, gage souvent de tables peu tournées vers le tourisme. N'hésitez pas à y aller, on se gare facilement à proximité.

Sur le pouce

Rosticceria Al Pollero da Roberto *(plan C3,* ***31****) : via Spalti, 65. ☎ 092-336-13-62. Tlj sauf dim et j. fériés. Moins de 5 €.* Dans son petit local qui ne paie pas de mine, Roberto confectionne des *panelle,* ces bons petits triangles de farine de pois chiche, spécialité de la Sicile occidentale, un héritage des Arabes. Sinon, *panini* (petit ou grand), *cabbuci* (sandwichs à base de pâte à pizza) ou *arancini,* au choix. Et pour une note sucrée, remontez la rue de quelques mètres jusqu'à la ***Pasticceria Spalti*** *(via Spalti, 55).*

Panificio Bernardo *(plan C3,* ***32****) : via A. Staiti, 91a. Tlj 6h-22h. Moins de 5 €.* Sur le port, une boulangerie connue depuis les années 1930, où trône une grande photo murale de Trapani. À se mettre sous la dent : biscuits traditionnels, gâteaux, parts de pizza, *panini, arancini, cannoli siciliani, cassate...* Bon et pas cher. Une autre boutique dans le centre *(corso Italia, 50).*

Bon marché

Pizzeria Calvino *(plan A3,* ***33****) : via N. Nasi, 71. ☎ 092-32-14-64. Ts les soirs sauf mar, à partir de 19h. Résa impérative. Pizze (1-2 pers) 6-13 €.* La mode, le bling-bling, les tendances, *Calvino* ne connaît pas ! Au 1er abord, la boutique n'évoque rien d'autre qu'une entreprise de pizzas à emporter.

Erreur, la foule agglutinée au comptoir attend une place pour s'asseoir ! Un étroit couloir mène en effet à 5 petites salles (climatisées) prises d'assaut depuis 1946 par le Tout-Trapani, des grands-parents aux *bambini*. Sous une lumière crue, on déguste de savoureuses *pizze* copieusement garnies et réputées pour être les meilleures de la ville.

PaccaMora Biobar (plan B2-3, **35**) : *piazetta della Cuba, 3. 393-911-60-87. • biobarpaccamorasrls@pec.it • Tlj 7h30-1h. Plats 9-10 € ; verre de vin 4 €.* Un intérieur aéré, façon scandinave, baigné d'une petite musique d'ambiance. Cette adresse bien dans l'air du temps propose au minimum 4 plats du jour sous forme de tartes salées, beignets de légumes ou potage aux céréales. C'est copieux, bio et goûteux (on est quand même en Sicile !). Du solide qu'il convient d'accompagner d'un vin bio ou d'une bière artisanale. Bien aussi pour le petit déj.

La Tavernetta (hors plan par D1-2, **30**) : *via Marino Torre, 206/208. ☎ 092-336-06-20. • scorpione1972s@libero.it • Tlj 7h30-1h. Résa conseillée. Pizzas 5-12 € ; plats 9-15 €.* Dans une petite salle voûtée qui monte rapidement en température, prenez place parmi les familles qui débarquent ici avec toute la smala pour se jeter sur les pizzas et les plats bien ficelés. En Sicile, on aime bien manger, alors on connaît les endroits secrets ! Ne vous fiez pas à la queue qui s'allonge devant la porte le soir, c'est juste pour la *pizza da asporto* (à emporter)...

Prix moyens

Trattoria Al Solito Posto (plan D1, **41**) : *via Orlandini, 30. ☎ 092-32-45-45. • alsolitoposto30@tiscali.it • Tlj midi et soir, sauf dim. Plats 14-22 €.* Dans le Trapani aux rues tracées au cordeau à 10 mn à pied du centre historique, une trattoria comme on les aime, fréquentée par les employés du quartier. Déco chaleureuse (nappes à carreaux, beau carrelage et voûtes en pierre). Cuisine fraîche et sincère, avec quelques spécialités comme les spaghettis aux oursins (en hiver seulement), la timbale de mérou ou encore *il capone lardiato*, la daurade coryphène lardée à l'ail. Un régal.

Trattoria La Dolce Vita (hors plan par D1-2, **29**) : *via Egadi, 21. ☎ 092-387-14-23. • osterialadolcevita@libero.it • Tlj midi et soir, sauf dim. Congés : dernière sem de janv. Résa vivement conseillée. Plats 12-16 €.* Bien à l'écart du centre historique (à 5 mn en voiture, on se gare facilement), une adresse plébiscitée par les gens du coin. Dans un tout petit resto aux murs bardés de photos prises pendant les heures de gloire de *Cinecittà*. Une cuisine ultra-fraîche, copieusement servie et pleine de saveurs, presque exclusivement à base de poisson et crustacés. Une excellente adresse.

Antichi Sapori (plan A3, **38**) : *corso Vittorio Emanuele, 191. ☎ 092-32-28-66. • antichisaporitrapani@gmail.com • Tlj sauf mar et j. fériés. Résa conseillée. Plats 11-16,50 €. Apéritif maison et petite douceur au sésame offerts sur présentation de ce guide.* Très appréciée, une trattoria populaire aux murs empierrés et garnis de vieilles photos augmentée d'un grand barnum sur la place. Cuisine méditerranéenne où le couscous et la *pasta fresca* tiennent le haut du pavé. Les portions sont généreuses. L'ambiance est bonne, des cuisines jusqu'aux serveurs, grâce à l'éternelle bonne humeur du patron Francesco.

Ristorante al Vicoletto (plan B3, **42**) : *via Biscottai, 10. 320-810-36-89. Tlj sauf dim, ouv au déj seulement. Résa conseillée. Plats 14-18 €.* Un resto confidentiel, situé dans un passage de la vieille ville, où il faut sonner pour entrer. On découvre alors une petite salle voûtée chaleureuse, à l'image de l'accueil. Le menu *(kilometro zero)* comporte volontairement peu de plats, un bon signe, et une garantie de fraîcheur des produits. *Busiate* aux crevettes roses, *paccheri* au thon, espadon, poulpe... Une cuisine sicilienne généreuse et délicieuse.

Trattoria del Corso (plan C3, **36**) : *corso Italia, 51. ☎ 092-32-34-75. • trattoriadelcorsotp@libero.it • Tlj midi et soir, sauf dim et j. fériés. Résa conseillée. Plats 13-18 €. Café et* *digestif offerts sur présentation de ce guide.* Cadre clair aux allures de bistrot avec une grande fresque maritime. Dans l'assiette, cuisine du marché bien enlevée qui met en valeur les produits de la mer en suivant les saisons de pêche. Pour le thon et les poissons « bleus » compter avril-mai, et pour la daurade coryphène (*lampuga* ou *capone* en italien), un poisson tropical qui se pêche désormais en Méditerranée, c'est septembre-novembre. Une excellente adresse.

Cantina Siciliana (plan C3, **44**) : *via della Giudecca, 36. ☎ 092-32-86-73. • cantinasiciliana@libero.it • Tlj midi et soir sauf mer. Congés : oct-mars. Plats 10-15 €.* À la limite du quartier juif, face au *palazzo della Giudecca,* cette *osteria* à l'ancienne se maintient bien loin des appétences touristiques. Accueil jovial et service diligent d'un duo de sœurs tunisiennes. L'une œuvre en cuisine, l'autre en salle, elles servent une cuisine goûteuse et bien faite : *sarde allinguate* (sardines), *busiate alla trapanese* (version végétarienne), et bien sûr un inimitable couscous de poisson.

Plus chic

Osteria La Bettolaccia (plan A3, **39**) : *via G. E. Fardella, 25. ☎ 092-32-59-32. • labettolaccia@gmail.com • Tlj midi et soir. Résa conseillée le soir. Plats 16-22 €. Café et digestif offerts sur présentation de ce guide.* Au dehors, de vieux murs épais et patinés par le temps, à l'intérieur 2 petites salles à la déco contemporaine, bien nettes et subtilement éclairées. Cuisine sicilienne traditionnelle plutôt orientée « mer », très soignée, concoctée avec des produits de saison triés sur le volet. Service attentionné.

Ristorante Salamureci (plan A3, **43**) : *piazza Generale Scio, 17. ☎ 092-32-17-28. • salamureci@gmail.com • Tlj midi et soir, sauf lun et j. fériés. Menu dégustation 45 € (sans les vins) ; plats 15-22 €. Café et digestif offerts sur présentation de ce guide.* Sur une belle place, un immeuble ancien qui abrite aussi des chambres d'hôtes. Succulente cuisine réalisée par un jeune chef qui n'utilise que de bons produits. La carte est dominée par la mer (espadon, mérou, seiche, calamars...), savoureuse *caponata,* et 6 sortes de couscous de poisson. Salle à la déco contemporaine et cour intérieure. Bon rapport qualité-prix.

Caupona Taverna di Sicilia (plan A3, **37**) : *piazza Purgatorio, 32. ☎ 092-354-66-18. • tavernadisicilia@libero.it • Tlj midi et soir, sauf mar. Résa conseillée le soir. Plats 14-22 €.* Un peu à l'écart du flux touristique mais toujours dans le centre historique, une adresse *Slow Food* fidèle à ses ambitions. Carte courte pour une cuisine de saison bien troussée à déguster en terrasse ou dans la salle tout en long. Accueil familial et pro.

Où boire un verre en journée ?
Où acheter du bon vin ?

Tenute Adragna (plan A3, **51**) : *corso Vittorio Emanuele, 46. 347-856-65-70. • info@tenuteadragna.it • Tlj sauf mar.* Sur le *corso,* c'est l'espace dégustation-boutique d'un vigneron de la région, bien connu pour l'excellence de ses vins.

Bar Il Salotto (plan B2, **52**) : *angle de la via Torrearsa (nº 104) et de la via Garibaldi. 331-598-19-66. Tlj 7h-2h.* À l'ombre du *Banco di Sicilia,* ce petit *corner* sert d'excellents jus de grenade en saison (septembre-octobre). Le reste de l'année, jus de fruits, cocktails ou petit café à déguster sous les parasols.

Où boire un verre le soir ?

Via della Cuba et alentour (plan B3) : si on fait abstraction des artères ultra-touristiques que sont le corso Vittorio Emanuele et le corso Garibaldi, l'essentiel des bars se concentre *via della Cuba* et dans les rues adjacentes. Épinglons quelques incontournables comme le ***Rakija*** *(salita San Domenico ; tlj à partir de 16h)*, un bar à cocktails qui est une véritable institution, l'***Alibi Birreria*** *(via della Cuba, 23 ; tlj sauf lun à partir de 19h)*, un bar à bières très sympa qui fait le plein dès la tombée de la nuit, le ***Nettuno*** *(piazza Scalo d'Alaggio, 8-10 ; tlj sauf lun à partir de 7h30)* qui, outre un excellent *espresso* et une belle sélection de vins au verre, propose une grignote exclusivement à base de thon. Et dans une formule plus « aseptisée », ne pas oublier le ***PaccaMora Biobar*** pour la qualité de ses vins et bières bio (voir plus haut « Où manger ? »).

Où déguster une glace ou une *granita* ?

Gelateria Colicchia *(plan B3,* ***63****) :* *via delle Arti, 6. Tlj 8h30-0h30.* Cadre « dans son jus » pour ce pâtissier-glacier qui a fait sa réputation sur ses fameuses *granite* au choix de parfums cornélien : figue, pistache, mûre, café, amande, citron et on en passe ! À déguster en terrasse dans la ruelle.

Où faire du shopping ?

Où acheter de bons produits ?

Via Giovanni Battista Fardella *(plan C-D1-2)* **:** depuis que Trapani s'est tourné vers le tourisme, les boutiques de mode qui se trouvaient à l'origine corso Vittorio Emanuele ont quitté le centre historique pour s'installer via Giovanni Battista Fardella. Une artère longue de 1,5 km, jalonnées d'enseignes de prêt-à-porter pour femmes comme pour hommes. Un vrai traquenard si vous y allez avec une carte de paiement en poche !

Renda *(plan D2,* ***70****) :* *via G. B. Fardella, 80. 351-749-80-69. • help@renda.net • Tlj sauf dim 8h30-15h, 17h-20h.* Cette adresse bien connue des locaux dresse un bilan quasi exhaustif de la gastronomie sicilienne. Rien qu'à l'évoquer on en a encore l'eau à la bouche !

À voir. À faire

La vieille ville *(plan A-B2-3)* **:** la ville historique, bordée par la mer de toutes parts, dégage un certain charme et mérite qu'on lui consacre un peu de temps. En journée, l'activité est presque exclusivement concentrée sur les quais. Le centre du vieux Trapani, dont l'arête dorsale demeure le ***prestigieux corso Vittorio Emanuele,*** s'anime dès les prémices de la *passeggiata.* C'est là qu'on vient déguster l'air du soir avec sa petite crête en gelée, pendu au bras de sa Marilyn, car c'est piéton ! ***En chemin, une belle enfilade de palazzi et de charmantes églises,*** ainsi qu'une architecture baroque des plus séduisante.

Chiesa Sant'Agostino *(plan B3)* **:** *piazzetta Saturno.* ***Ne se visite pas, sauf en cas d'expos temporaires.*** Calée sur une mignonne placette avec sa ***fontana di Saturno,*** cette église a conservé sa façade du XIVe s, agrémentée d'une rosace remarquablement ouvragée qui rassemble à elle seule les 3 religions du Livre : les arcs entrelacés sont d'inspiration islamique, les étoiles de David sont juives et l'*Agnus Dei* qui figure au centre est celui des chrétiens. Nichée au-dessus du portail, une Vierge à l'Enfant (encore un coup des Gagini !).

Palazzo Cavaretta *(ou palazzo senatorio ; plan B3)* **:** *corso Vittorio Emanuele, 1 (angle via Torrearsa). L'ensemble abrite des administrations.* ***Ne se visite pas.*** Il marque le début du riche corso Vittorio Emanuele. C'est là que se trouvait l'ancestrale loggia, siège des Pisani. Puis fut bâti un palais, rénové et modifié au fil des siècles. ***Sa façade baroque date du XVIIIe s***. Pour assurer les meilleures protections à la cité, elle est dominée par la sainte patronne de Trapani, épaulée par saint Jean-Baptiste et saint Albert. La massive horloge et le cadran-calendrier, tout en haut, ont été ajoutés en 1828. Attenant au palais, remarquer l'intéressante et massive tour du campanile, datant du XIIIe s, qui n'est autre que la plus ancienne porte de la ville. Elle porte une ***curieuse horloge astronomique de 1596***.

Chiesa del collegio dei Gesuiti *(église du collège des Jésuites ; plan B3)* **:** *corso Vittorio Emanuele, 12. Tlj 9h-12h et 16h30-19h. Entrée : 1 €.*
Construite au cours de la 1re moitié du XVIIe s (1614) elle est représentative du ***style baroque exubérant*** de la Sicile occidentale. Intérieur superbe, avec plafonds roses moulurés, façon bonbonnière, et quelques œuvres maîtresses en marbre à mettre au crédit des meilleurs ciseaux de l'époque. Faites-en le tour et ne ratez pas, dans la nef de gauche, derrière une vitre, cette statue en albâtre de Santa Rosalia réalisée par Tartaglia et la ***jolie chaire*** supportée par 2 paires d'atlantes et une brassée de *putti* studieux.
Remarquable également, juste sous la coupole, le bas-relief du maître-autel, représentant l'Immaculée Conception, attribué au grand sculpteur palermitain Ignazio Marabitti. Enfin, la ***sacristie monumentale*** (à gauche du chœur) abritant un remarquable meuble en noyer et bois de rose (1600) et un beau plafond représentant les pionniers de l'ordre des Jésuites : Ignace de Loyola (un Basque) et François-Xavier (un Navarrais).

Cattedrale San Lorenzo *(plan A3)* **:** *corso Vittorio Emanuele. ☎ 092-32-33-62. Tlj 9h-12h, 16h30-19h.* Construite en 1421 sur ordre d'Alphonse V d'Aragon, elle fut modifiée à plusieurs reprises, mais c'est à l'architecte Giovanni Biagio Amico (XVIIIe s) que l'on doit son aspect actuel. L'intérieur comprend 3 nefs, et une profusion de stucs et de fresques de style néoclassique. Dans la 3e chapelle de la nef de droite, admirer *L'Adoration des bergers* (1631) du peintre flamand Gerardi. Dans la chapelle suivante, encore un Flamand : une ***Crucifixion de Van Dyck.*** À voir aussi quelques pièces maîtresses, dont une sculpture du Christ mort de Tartaglia (dans la chapelle au fond, à droite du chœur),

Chiesa Anime Sante del Purgatorio *ou* **Chiesa Misteri** *(église du Purgatoire ou des Mystères, plan A3)* **:** *via San Francesco d'Assisi, 33, angle avec la via Generale Domenico Giglio. • chiesamisteri.it • Tlj 9h-12h, 16h30-19h. Entrée libre, donation bienvenue.* Construite en 1683, dans un style proche de celui de Francesco Borromini. L'intérieur abrite ***20 groupes sculptés,*** nommés les « ***Mystères*** » de Trapani. Chaque scène représente un épisode de la passion du Christ. Les personnages grandeur nature sont réalisés dans un mélange de bois, de toile et de colle, appelé le *carchét* et connu uniquement à Trapani. Chaque groupe est attribué à un corps de métier : *Jésus au jardin de Gethsémani* aux maraîchers, l'*Arrestation du Christ* aux forgerons, la *Couronne d'épines* aux boulangers, le *Jugement de Pilate* aux bouchers... Ces groupes témoignent par leur style « doloriste » de leur origine espagnole. Ces 20 Mystères sont portés en procession chaque vendredi saint. Il faut entre 12 et 18 hommes pour porter un groupe pesant au minimum 800 kg !

Via Garibaldi *(plan B2)* **:** une voie bordée de palais et d'églises, telle la ***chiesa di Santa Maria dell'Itria*** (XVIIe-XVIIIe s), très chargée en sculptures, et qui conserve une toile représentant saint Augustin peinte par Pietro Novelli (XVIIe s).

Lungomare *(plan A-B-C-D1-2)* **:** remontez la via Torrearsa jusqu'au bout et passez par la place de l'***ancien marché aux poissons*** *(piazza del Mercato del Pesce ; plan B2),* du XIXe s. N'y subsistent que le souvenir de ses étals d'antan, une rangée d'arcades en demi-cercle et une statue de Vénus. Là débute l'ancien chemin de ronde qui chapeaute le rempart nord : très belle balade, perchée au-dessus des flots (des escaliers dérobés permettent d'accéder à une ou

2 poternes en contrebas, donnant sur la plage). On voit courir le rempart jusqu'au massif fortin de la ***punta Santa Anna*** *(plan A2)*.
En continuant la promenade, on accède à la ***torre di Ligny*** *(hors plan par A2-3)*, bâtie au XVIIe s sur un îlot tout au bout de l'isthme. Elle porte le nom d'un vice-roi de Sicile, Claudio Lamoraldo, prince de Ligne (Ligny) et du Saint Empire romain germanique. Elle accueille un petit *Musée archéologique (tte l'année, tlj 10-13h, 16h-19h30, fermé dim ap-m ; entrée : 2 €)* présentant une petite collection d'amphores, d'ancres, ainsi que des rames provenant de bateaux ayant participé à la bataille des Égades, en 241 av. J.-C. Sur l'autre pointe de l'isthme, plus au sud, on peut rejoindre l'***ancien lazaret*** (îlot où les nouveaux arrivants étaient mis en quarantaine avant de pouvoir entrer en ville ; *hors plan par A3*). Désormais relié à la terre ferme par une chaussée, il ferme l'anse du petit port de pêche.

La ville moderne : entièrement repensée pendant la période fasciste. ***Mussolini n'aimait pas le baroque*** et détestait tout ce qui pouvait évoquer l'islam. Pour le dictateur, l'architecture devait faire renaître la puissance des lignes de l'Antiquité et les mythes fondateurs de l'Occident et point barre ! Ainsi est né la *Città Aurea,* une Trapani aérée, aux artères tracées au cordeau avec de remarquables monuments de style Liberty, témoins de leur époque (voir la poste, par exemple). De cette période qui chamboula la ville, on remarque la ***villa Margherita*** *(plan C2),* point de rendez-vous de toutes les générations aux dernières heures du jour. Bustes à la gloire des célébrités locales au milieu de superbes *Ficus macrophylla* datant du XIXe s, qu'encadrent de nombreuses essences tropicales, le tout offrant un ombrage favorable à la sieste ! Mais, avant, ne manquez pas d'admirer la très belle ***fontana del Tritone*** *(plan C2),* située sur la place voisine... Autre époque, s'il vous reste un peu de temps, revenez vers le *centro storico* en passant par l'ancien quartier, pour son ***palazzo della Giudecca*** *(palazzo Ciambra ; plan C3),* un chef-d'œuvre de traitement des textures, où les bossages en pointe de diamant captent à merveille le soleil rasant du soir.

Museo regionale Agostino Pepoli *(hors plan par D1)* **:** *via Conte A. Pepoli, 180. ☎ 092-355-32-69. • regione.sicilia.it • Excentré dans la ville moderne. Bus n°s 25, 28 et 30 depuis la piazza Vittorio Emanuele. Tlj 9h-18h, sauf dim ap-m et lun. Fermeture billetterie 1h avt. Entrée : 6 € ; réduc ; gratuit moins de 18 ans. Brochure-plan en italien et anglais.*
Bordé par un beau parc ombragé et situé dans un ancien couvent de carmélites du XIVe s (remanié aux XVIe et XVIIIe s). Remarquez le beau cloître à l'entrée, ainsi que le prestigieux escalier intérieur en marbre. Ce musée rassemble les collections privées du comte Agostino Pepoli et du général Fardella (2 grands collectionneurs de Trapani), qui s'étendent du XVe au XXe s.

UNE BIBLE TOUT-EN-UN

Au musée Pepoli, une crèche du XVIIIe s (la pièce n° 574 !) est faite entièrement en corail, ivoire et coquillages, avec des scènes de l'Ancien et du Nouveau Testaments, d'une précision ahurissante. Presque toutes les scènes de la Bible y sont représentées, avec de nombreux sujets mesurant à peine 0,5 mm. Quel job, par Abraham !

– Au ***rez-de-chaussée,*** des sculptures religieuses en marbre provenant des églises de la région (les Gagini, encore), une vieille guillotine qui fonctionna à Trapani du temps des Bourbons d'Espagne, un carrosse et puis le drapeau *Il Lombardo* offert par Garibaldi en 1862 à la ville de Trapani.
– Au ***1er étage,*** très beau polyptique du XVe s, céramique toscane de la Nativité (XVIe s), puis jolie collection d'orfèvrerie religieuse typique trapanaise regroupant un travail effectué sur l'ivoire, l'or ou le corail. Voir cette incroyable lampe *(lampada pensile),* et le ***superbe reliquaire*** *(paliotto),* incrusté de perles en corail et grenadines de Bohème, le tout brodé de fils de soie et d'argent, représentant un riche

palais baroque. Plus loin, un reliquaire du XVIe s portant le blason de Charles Quint, ainsi que ce petit crucifix du XVIIe s avec le Christ taillé dans un seul morceau de corail (sauf les bras)...
Plus loin, dans les salles regroupant les œuvres picturales allant du XVe au XVIIIe s, ne pas rater le *San Francesco recevant les stigmates*, du ***Titien*** (XVIe s), mais aussi des œuvres des maîtres flamands du XVIIe s comme ***Matthias Stomer*** ou ***Abraham Brueghel*** (l'un des fils de Brueghel le Jeune) qui signe ici une très belle allégorie de la Terre. Dans un style franchement baroque, une toile du peintre le plus « caravagesque » de son temps : ***l'Espagnolet*** (José de Ribera de son vrai nom), qui signe ici un portrait de San Bartolomeo plus vrai que nature. Poursuivons dans le baroque avec une salle entière consacrée aux grandes toiles d'***Andrea Carreca,*** l'enfant du pays. Après une petite incursion dans le style rococo, la visite se poursuit dans la ***section archéologique*** (ensemble d'objets datant de la préhistoire à l'époque romaine). La plupart des pièces proviennent des sites de Mozia, Birgi et Lilibeo (Marsala aujourd'hui). Très beaux cratères attiques et un insolite rostre en bronze (éperon) de navire romain. Enfin dans une des vitrines, des petits scarabées en stéatite. Ces insectes sacrés datant du VIIe s av J.-C. sont dédiés à la divinité phénicienne Amon, et à Aménophis seigneur de Thèbes (Égypte).
– Les ***autres salles du rez-de-chaussée,*** que vous n'avez pas pu voir en entrant, recèlent une expo sur Trapani au temps de la *Città Aurea* dans les années 1930, ou comment le régime mussolinien a repensé l'urbanisation de la ville. Intéressant.

Chiesa dell'Annunziata *(hors plan par D2)* ***:*** *via Conte A. Pepoli, 178. • madonnaditrapani.it • Jouxte le musée Pepoli. Tlj 9h-12h, 16h30-19h.*
Elle est connue pour son « trésor » caché tout au fond de la nef, derrière le maître-autel : le fameux ***sanctuaire de Maria Santissima Annunziata,*** patronne des marins de Trapani. Un décor d'une richesse incroyable : or, argent et fine marqueterie de marbre entourent la statue de la Vierge, œuvre du Toscan Nino Pisano (XIVe s). Elle est vénérée chaque dimanche dans une ferveur absolument étonnante de nos jours. Chaque fidèle attend son tour dans la longue file devant la grosse grille en bronze du XVIe s qui protège la statue.
Hormis le trésor, voir aussi la ***chapelle des pêcheurs*** (XVe s), d'inspiration arabo-catalane (à droite de la nef), et la ***chapelle des marins*** (XVIe s), dont l'abside, coiffée d'un énorme coquillage, est surmontée d'une coupole arabe (à gauche du chœur).

Manifestations

– ***Processione dei Misteri*** *(procession du Vendredi saint)* **:** sortie annuelle des groupes sculptés dits « des Mystères », lesquels sont exposés dans l'*église du Purgatorio* (voir plus haut). La procession débute le Vendredi saint à 14h et se termine le samedi à 12h.
– ***Luglio Musicale Trapanese :*** *juil-août. • lugliomusicale.it •* Manifestation musicale, et surtout théâtrale, lancée en 1948. Elle a désormais un retentissement international.

DANS LES ENVIRONS DE TRAPANI

Saline di Nubia – museo del Sale *(hors plan par D3)* ***:*** *via Chiusa, s/n, contrada Nubia, à* ***Paceco.*** *320-663-58-18. • museodelsale.it • À env 7 km au sud de Trapani par la route littorale SP 21. Juin-oct, tlj 9h-19h ; horaires réduits en hiver. Entrée : 4 € ; réduc.*
Si vous allez de Trapani à Marsala par la route du Sel, faites un petit détour par les salines. Environ 200 espèces d'oiseaux y ont été recensées. Selon la saison, on y aperçoit des grues, des aigrettes, des flamants roses... Les paysages sont

particulièrement beaux quand le soleil est bas sur l'horizon avec ces grandes salines aux couleurs variables, ces vieux moulins décatis en toile de fond, ces monticules de sel et ces mouettes. Les couchers de soleil sont ici parmi les plus beaux de Sicile !
Profitez-en aussi pour visiter le petit musée du Sel aménagé dans un ancien moulin du tout début du XVe s. Il servait jadis à pomper l'eau de mer afin de la distribuer dans les différents bassins. Photos anciennes, schémas techniques et vieux outils relatifs à cette activité qui a débuté sous les Phéniciens et se poursuit encore aujourd'hui... Vente de sel et bon resto sur place (voir ci-après). Les salines étant aussi l'endroit idéal pour observer les oiseaux, les ornithos en herbe pourront également loger dans la région (voir plus haut « Où dormir du côté des salines et un peu plus loin ? »).

Trattoria del sale : *attenant au musée du Sel. 338-391-59-67. • info@trattoriadelsale.com • En saison touristique seulement, mêmes horaires que le musée. Plats 9-18 €.* Salle ancienne ou agréable terrasse donnant sur les salines. Pas la peine d'y venir exprès, mais si vous passez par ici à l'heure du déjeuner, n'hésitez pas à y casser la croûte.

Riserva naturale Saline di Trapani e Paceco *(hors plan par D3)* **:** *☎ 092-86-77-00. 327-562-15-29. • wwfsalineditrapani.it • À env 5 km au sud de Trapani par la route SP 21. Visite guidée gratuite mer mat et sam mat sur résa (téléphoner ou envoyer un e-mail avt sur • salineditrapani@wwf.it •).*
Cette zone protégée WWF de 1 000 ha de marais salants recèle une flore fragile, colonisée par les papillons et sauterelles, sans oublier – au printemps et à l'automne – des escadrilles d'oiseaux migrateurs, qui viennent s'ajouter aux 200 espèces d'emplumés peuplant les bassins (flamants roses, hérons...). Également des poissons et mollusques endémiques des eaux saumâtres... Outre les visites guidées offertes par les gestionnaires de la réserve, on peut aussi découvrir la région avec les guides de l'association ***Saline e Natura*** *(• info@salinenatura.it • salinenatura.it •).*

ISOLE EGADI (LES ÎLES ÉGADES)

• Carte *p. 159* • Plan Favignana *p. 161*

30 mn d'*aliscafo* séparent Trapani de ce bel archipel de 3 îles classé zone marine protégée. Les îles Égades (du grec *Aegates,* l'île aux chèvres) entrent dans l'histoire en 241 av. J.-C., quand les légions romaines écrasent la flotte carthaginoise, mettant fin à la 1re guerre punique. Puis l'archipel s'enrichit des cultures arabes, normandes, souabes, angevines, aragonaises, qui toutes n'auront de cesse de tirer profit de la pêche au thon rouge, principale ressource de ces îles. En 1874, un riche industriel de Palerme, Ignazio Florio, rachète même tout l'archipel pour faire de cette industrie thonière la 1re entreprise de la Sicile occidentale. Aujourd'hui, Favignana, Levanzo et Marettimo se sont réorientées vers le tourisme. Chacune a son charme, mais Marettimo, plus éloignée et plus sauvage, encore épargnée par la masse des estivants, a tout de même notre préférence.

Arriver – Quitter

Les îles Égades sont desservies par les ***aliscafi*** (bateaux rapides) de *Liberty Lines* *(• libertylines.it •)* depuis Trapani et Marsala, ainsi que par les ***traghetti*** (ferries) de *Siremar* (*• siremar.it •*) depuis Trapani. En été, la compagnie *Torre Lines* (*• torre-lines.it •*) dessert aussi Favignana en bateaux rapides. Les ferries sont moins chers mais plus lents. Si vous voulez prendre votre voiture sur Favignana (pas de voiture autorisée sur Marettimo et Levanzo), c'est aussi l'unique solution. Mais franchement on vous le déconseille. Achat des billets au terminal des *aliscafi,* situés sur le port de Trapani et de Marsala.

– ***Bon à savoir :*** si la mer est trop mauvaise (cela arrive fréquemment en hiver), les *aliscafi* ne partent pas, en particulier pour l'île de Marettimo. Enfin, on conseille de n'acheter qu'un aller simple. Et une fois sur les îles, vous prendrez le retour à l'heure qui vous conviendra le mieux.

En *aliscafo*

Les fréquences sont données à titre indicatif et pour la saison estivale (à partir du 20 juin).

➢ ***De Trapani à Favignana*** *(30 mn)* **:** env 1 bateau/h, 6h50-20h avec *Liberty Lines* ; 5 trajets/j. avec *Torre Lines.*

➢ ***De Trapani à Levanzo :*** env 1 bateau/h, 6h50-20h. Certains sont directs (25 mn), d'autres passent d'abord par Favignana (50 mn en tout).

➢ ***De Trapani à Marettimo*** *(1h15)* **:** 7 bateaux/j., 8h30-20h. Ils passent tous d'abord par Favignana et Levanzo. Attention, nombre de bateaux réduit ***de Marettimo à Trapani.***

➢ ***De Favignana à Levanzo*** *(10 mn)* **:** 10 bateaux/j., 8h10-20h15 env. Nettement moins hors saison.

➢ ***De Favignana à Marettimo*** *(30-45 mn)* **:** 7 bateaux/j. (9h05-20h15 env). Env la moitié d'entre eux passe d'abord par Levanzo.

➢ ***De Levanzo à Marettimo*** *(25 mn)* **:** 6 bateaux/j. (9h25-20h35). Attention, seulement 4 bateaux/j. ***de Marettimo à Levanzo*** (6h20-19h30).

➢ ***De Marsala à Favignana, Levanzo et Marettimo*** *(30 mn)* **:** 5 bateaux/j. (7h-19h30) pour Favignana ; seulement 2 poursuivent vers Levanzo et Marettimo. Fréquences réduites hors saison.

En ferry

➢ ***De Trapani à Favignana*** *(1h)* ***puis Levanzo*** *(min 1h40)* **:** 2-3 bateaux/j. Également 1 bateau/j. ***de Trapani à Levanzo puis Favignana.***

➢ ***De Trapani à Marettimo*** *(3h)* **:** env 1 bateau/j.

FAVIGNANA *(91023 ; 4 300 hab.)*

L'*Aegusa* des Grecs, en forme de papillon, s'appelle aujourd'hui Favignana à cause du *favonio,* soit le « zéphyr », vent chaud printanier qui donne à l'île toute sa douceur. C'est la plus grande et la moins sauvage des îles Égades, néanmoins dotée de belles petites criques pour se baigner. Avec moins de 10 km de long et un relief assez plat dominé par le *monte Santa Caterina* (314 m), l'île se visite en dilettante (surtout à vélo ou à scooter). Certains affirment que c'est ici qu'Ulysse aurait fait escale sur « l'île aux chèvres » ; quoi qu'il en soit, le 1er grand touriste a été largement imité par la suite, car Favignana demeure aujourd'hui la plus courue des îles Égades. Cela se ressent dans les prix et parfois dans l'accueil.

Adresses et infos utiles

Ufficio turistico *(plan A1)* **:** *via Florio, dans la villa Florio. ☎ 092-392-54-43. • welcometoegadi.it • comune.favignana.tp.it • Tlj juin-sept, 9h30-19h (plus tard en juil-août).* Plan du village et des 3 îles de l'archipel, infos transports (bateaux, bus locaux) et loisirs (plongée sous-marine, sorties en mer). En saison, un kiosque au débarcadère.

■ ***Distributeurs de billets :*** *sur chaque place, piazza Europa (plan A1), piazza Madrice (plan A-B1) et piazza Castello (plan A-B2), ainsi qu'à la poste (plan A-B1).*

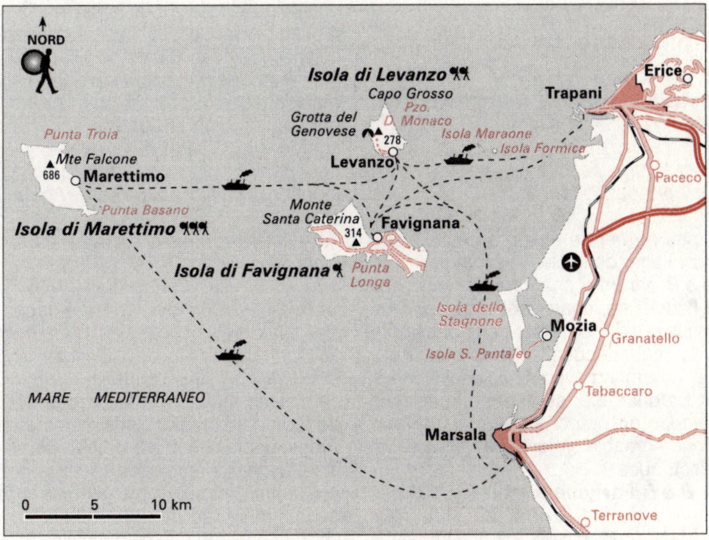

LES ÎLES ÉGADES

■ ***Location de vélos :*** plusieurs adresses face au port et dans les rues adjacentes. *Compter 5 €/j. pour les vélos classiques et 10 € pour un vélo avec assistance électrique (largement suffisant pour visiter l'île, inutile de louer un scooter).*

■ ***Pharmacie :*** ***Farmacia Alberti*** *(plan B1 ; piazza Madrice, 72) ; ☎ 092-392-12-65. Tlj 8h30-13h20, 16h30-20h.*

✚ ***Urgences*** *(guardia medica ; plan A2,* ***1****) :* *via delle Fosse (angle via Dante). ☎ 092-392-12-83.*

■ ***Area Marina Protetta Isole Egadi*** *(plan A1) :* *piazza Europa, 3. ☎ 092-392-16-59. • ampisoleegadi.it • Lun-ven 10h-12h, plus mar et jeu 15h-17h.* Infos sur la zone marine protégée. Ils fournissent aussi les permis de pêche.

Où dormir ?

– ***Important :*** si vous avez décidé de venir en plein été malgré la surpopulation et les tarifs déraisonnablement élevés, pensez à réserver votre chambre très à l'avance.

Camping

⛺ ***Camping-villaggio Egad*** *(hors plan par B2,* ***10****) :* *contrada Arena. ☎ 092-392-15-67. • camping.egad@tiscali.it • campingegad.com • ♿ À 2 km à l'est du village. Ouv fin mars-oct. Compter 20-27 € pour 2 pers avec voiture et tente ; chalets et bungalows (2-4 pers) 30-180 €/nuit.* À 600 m de la plage Lido Burrone, un camping simple, avec d'un côté de la route, un espace ombragé par des eucalyptus, réservé aux tentes et camping-cars et de l'autre une pinède un peu sombre où se serrent des espèces d'igloos en béton (avec clim) et quelques bungalows en bois du type abris de jardin. Épicerie, resto-bar, jeux pour enfants, location de vélos et scooters, plongée sous-marine, animations l'été... L'ensemble pourrait être mis au goût du jour, mais ça peut dépanner pour 1 nuit ou 2.

De prix moyens à plus chic

Affittacamere Al Gattopardo *(plan A2, **17**) : via Libertà. ☎ 092-392-13-94. 📱 347-516-69-99. • gattopardofavignana@gmail.com • algattopardo.eu • Ouv avr-oct. Doubles 50-110 € (160 € en août), petit déj compris.* On est à 2 pas du centre et de la petite plage du village, dans une rue tranquille. Un *B & B* offrant 6 chambres aménagées à l'ancienne, confortables et très bien tenues, avec de vieux carrelages faits à la main. Accueil chaleureux. Petit déj gourmand avec pâtisseries variées et produits bio, servi dans le salon à la déco un peu chargée mais de bon goût. Agréable patio. Location de vélos électriques.

B & B Favignana *(plan B1, **13**) : via Roma, 15. ☎ 092-725-23-98. 📱 348-950-72-24. • bbfavignana@gmail.com • bbfavignana.com • Doubles 50-110 €.* Difficile de faire plus central. À peine 3 chambres à l'étage d'une maison, très propres et plutôt agréables, avec ce qu'il faut de confort (mais pas de clim). Pas vraiment d'espaces communs, il s'agit d'un *B & B* minimaliste, sans véritable accueil. Petit déj servi dans un bar de la piazza Madrice.

Albergo Bouganville *(plan A2, **12**) : via Cimabue, 10. ☎ 092-392-20-33. 📱 335-828-00-75. • info@albergobouganville.it • albergobouganville.it • Ouv Pâques-oct. Doubles 80-180 €, petit déj compris.* Petit immeuble moderne, avec une douzaine de chambres spacieuses, fonctionnelles (clim) et impeccables, au mobilier classique, avec quelques touches de couleur. Réparties sur 2 niveaux, 3 d'entre elles au rez-de-chaussée disposent d'une petite terrasse. La *tonnara* et la plage sont à 2 pas. Une bonne auberge familiale.

Miramare Residence *(hors plan par A2, **11**) : SP Punta Sottile, 10. ☎ 092-392-13-30. 📱 349-843-98-41. • info@miramareresidence.it • miramareresidence.it • À env 2 km au sud du village, direction punta Lunga. Ouv fin avr-début oct. Compter 75-165 € (env 200 € en août) pour 2 pers.* À 50 m de la mer (plagette rocailleuse), un centre de vacances aménagé dans une pinède prolongée par un jardin méditerranéen plaisant où les figuiers donnent à l'ensemble des allures de villages du Far West. Une quarantaine d'agréables maisonnettes en tuf et bois abritant cottage, studios et apparts, tous très confortables ! Service de laverie, jeux pour enfants, ping-pong, beach-volley, location de vélos, bar-resto. Accueil charmant.

Affittacamere Antichi Mulini *(hors plan par B2, **10**) : via Punta Marsala, 18. ☎ 092-392-16-96. 📱 347-886-84-00. • info@antichimulini.it • antichimulini.it • À 1 km au sud-est du village, direction punta Marsala. Ouv avr-oct. Doubles 60-150 €, petit déj compris.* Le « Vieux Moulin » est une demeure de plain-pied bleu et blanc (comme en Grèce) donnant sur une courette agrémentée de plantes vertes. L'accueillant propriétaire propose 5 chambres à la déco simple, au confort suffisant et, surtout, pas trop chères pour l'île.

Affittacamere Villa Antonella *(hors plan par B2, **10**) : via Punta Marsala, 20. ☎ 092-392-10-73. 📱 347-466-67-50. • info@villaantonellafavignana.it • villaantonellafavignana.it • À 1 km au sud-est du village, direction punta Marsala. Ouv tte l'année. Doubles 70-120 €.* Presque à côté du précédent hébergement, dans un quartier verdoyant et tranquille. Un couple de personnes âgées propose 8 chambres correctes pour 2 à 4 personnes, distribuées autour d'une cour fleurie avec terrasse privée et cuisine pour certaines. Un tantinet surfacturé en août, cela reste malgré tout une formule intéressante en moyenne saison.

De plus chic à très chic

Hotel Aegusa *(plan A1, **14**) : via Garibaldi, 11-17. ☎ 092-392-17-39. 📱 346-479-17-78. • info@aegusahotel.it • aegusahotel.it • Ouv avr-oct. Doubles 100-230 €.* On a bien aimé cet hôtel à taille humaine avec sa trentaine de chambres fraîches et arrangées avec soin : beau plancher, plafond voûté et, çà et là, de petites touches de couleurs chaudes. Équipement impeccable : minibar, bons matelas, coffre-fort... Le tout réparti dans une bâtisse

LA SICILE AFRICAINE

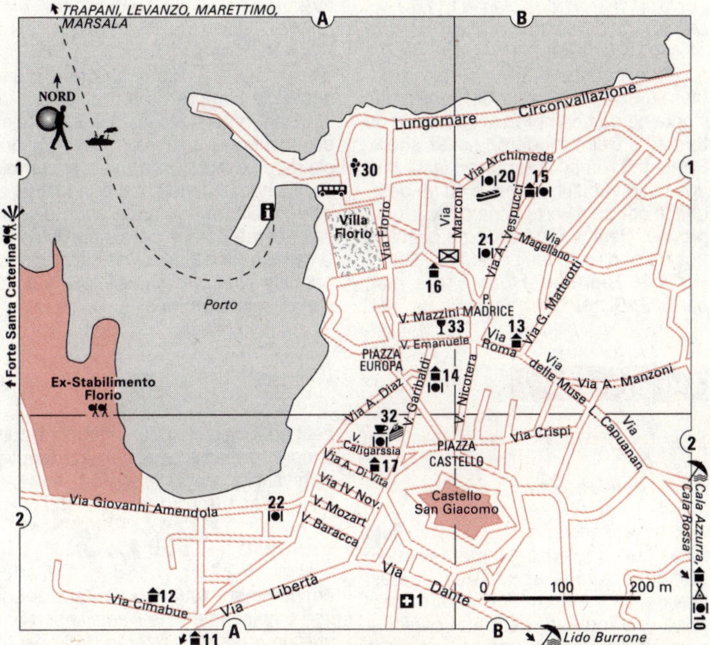

FAVIGNANA

Adresses utiles

- Ufficio turistico (A1)
- 1 Urgences (A2)

Où dormir ?

- **10** Camping-villaggio Egad, Affittacamere Antichi Mulini, Affittacamere Villa Antonella et Cave Bianche Hotel (hors plan par B2)
- **11** Miramare Residence (hors plan par A2)
- **12** Albergo Bouganville (A2)
- **13** B & B Favignana (B1)
- **14** Hotel Aegusa (A1)
- **15** Albergo Egadi (B1)
- **16** Hotel Il Portico (A1)
- **17** Affittacamere Al Gattopardo (A2)

Où manger ?

- **20** Scialae (B1)
- **21** Pakkaro (B1)
- **22** Nautilus (A2)
- **32** Quello che c'è... c'è (A2)

Où déguster une glace ou une pâtisserie ? Où boire un verre ?

- **30** Mama's (A1)
- **32** Pasticceria Effeci (A1-2)
- **33** Camarillo Brillo (A-B1)

de caractère et son annexe, à 2 pas. Certaines chambres ont vue sur le joli jardin intérieur qui sert de terrasse au resto en été. Notre adresse préférée dans cette catégorie.

Albergo Egadi *(plan B1,* ***15****) :* *via C. Colombo, 17. ☎ 092-392-12-32. • info@albergoegadi.it • albergo egadi.it • Ouv avr-oct. Doubles 100-240 €. Menus 25-35 €.* Petit hôtel de charme d'une dizaine de chambres tout confort (clim) dans le style bonbonnière, avec moquette et mobilier un peu ancien. 2 d'entre elles ont une terrasse privée, d'autres un balcon sur la rue. Le soir, repas dégustation renouvelé chaque jour, souvent à base de poisson.

Hotel Il Portico (plan A1, **16**) : via Meucci, 3. ☎ 092-392-17-01. 📱 328-122-70-48. • info@hotelilportico.it • hotelilportico.it • ♿ Ouv avr-oct. Doubles 90-300 €. Un bel hôtel d'une petite vingtaine de chambres avec balcon ou terrasse. Déco moderne assez sobre. Sur le toit, un solarium avec jacuzzi et une belle vue sur la mer, d'où se détache la coupole verte de la *chiesa* toute proche. Petit jardin bordé de palmiers pour le bon petit déj. Loue des vélos.

Cave Bianche Hotel (hors plan par B2, **10**) : strada comunale Fanfalo. ☎ 092-392-54-51. • info@cavebianchehotel.it • cavebianchehotel.it • À env 3 km au sud-est du village. Doubles 135-320 €. Niché au creux d'une ancienne carrière de tuf (calcaire), un étonnant hôtel 4 étoiles d'une trentaine de chambres tout confort, dans les tons clairs, aux murs... de tuf. L'ensemble oscille agréablement entre industriel et design. Charmant jardin avec piscine en L, cerné par les parois abruptes de la carrière. Une adresse de charme pour budgets aisés ou pour celles et ceux qui surveillent les promos.

Où manger ?

Sur le pouce

Scialae (plan B1, **20**) : via Archimede, 24. 📱 327-942-68-63. Ouv mai-oct, tlj sauf mer. Moins de 10 €. Petit local aux couleurs pimpantes avec quelques tables et chaises hautes. Davide, le sympathique gérant, propose une foule de délicieux *panini* et plusieurs plats du jour préparés par des *mammas* attentionnées. Très apprécié des gens de l'île.

De bon marché à prix moyens

Pakkaro (plan B1, **21**) : piazza Madrice, 26. 📱 338-061-33-80. Tlj midi et soir. Plats 10-26 €. Vous l'avez sûrement croisé en débarquant sur l'île, le pêcheur moustachu peint sur la devanture. Ici pas de chichis, il arrive même qu'on aille chercher son plat en cuisine. En attendant, pâtes et poissons remportent l'assentiment de tous pour leur fraîcheur et leur saveur. Une fois étudiée la carte du jour « sauvagement » placardée près la porte, prenez donc place (si vous en trouvez une) dans ce petit bout de resto pour une bonne cure d'iode... et de pistache ! Assez irrégulier en revanche, alors allez-y au 1er service !

Nautilus (plan A2, **22**) : via G. Amendola, 6. ☎ 092-392-16-71. • ristorantenautilus01@gmail.com • Tlj. Menus 15-27 € ; plats 8-18 €. Certes éminemment touristique étant donné son emplacement, le *Nautilus* sert une cuisine qui suit le rythme de la pêche locale. Pas de triche, c'est typique et authentique : tartare de thon rouge, espadon, calamars farcis... *Pane cunzato,* salades et quelques *pizze.* Repas dans une petite salle derrière le bar ou dehors sur une terrasse couverte avec vue sur la plage.

Quello che c'è... c'è (plan A2, **32**) : via Garibaldi, 38. ☎ 092-317-860-46. • quello.che.ristorante@gmail.com • Tlj midi et soir. Ce resto est entièrement tourné vers la mer. Son nom signifie « Il y a ce qu'il y a ». Ce qu'il y a à la carte ? Une cuisine méticuleusement préparée : la liste est longue, thon rouge, espadon, sardines, poulpe, langoustines, pâtes aux fruits de mer, poisson du jour, à accompagner des légumes du jardin du patron. Jolie salle climatisée et quelques tables dans la rue.

Où déguster une glace ou une pâtisserie ?
Où boire un verre ?

Mama's (plan A1, **30**) : via S. Leonardo, 6. Tlj dès 8h30. Face au port, de délicieuses glaces maison. Goûtez celle à la pistache ou au melon, à se damner !

Pasticceria Effeci (plan A1-2, **32**) : *via Garibaldi, 28. • lapasticceriafavignana@gmail.com • En saison, tlj 8h-14h, 17h-minuit ; sinon vendim seulement.* Excellente pâtisserie historique regorgeant de douceurs et autres gâteaux traditionnels (spécialité de crème de pistache), qu'on accompagne d'un café au petit déj ou lors d'une pause gourmande en journée. Également des *panini, arancini...*

Camarillo Brillo (plan A-B1, **33**) : *via Vittorio Emanuele, 18. • info@camarillobrillo.it • Tlj à partir de 18h.* L'un des plus vieux bars du village même s'il a dernièrement connu un p'tit coup de neuf. Cette terrasse donnant sur la *passeggiata* est idéale pour prendre un *aperitivo* gourmand. C'est aussi un bar à cocktails et, en fin de soirée, le patron se met volontiers à gratter sa guitare entre les clients ! Parfois un DJ aussi.

À voir. À faire

Au port, on peut louer les services de pêcheurs pour partir à la découverte des ***grottes marines*** et de la ***cala Rossa,*** aux eaux translucides *(compter env 15 €/pers).* Sinon, d'autres pêcheurs reconvertis dans le tourisme proposent aussi des formules de « *pescaturismo* » : départ vers 9h, retour vers 16h *(compter 50 €/pers).*
Au programme : pêche, baignade et pique-nique à bord du bateau, avec pourquoi pas la prise du jour ! Enfin, Favignana recèle de superbes fonds marins, notamment dans la zone marine protégée, autour de la pointe nord de l'île. Des agences dans le village organisent des sorties pour aller les explorer. On trouve également quelques clubs de plongée *(infos à l'office de tourisme).*
– **Contacts : *Rosario,*** *340-308-41-02. • rosariopescaturismo.com •* ; ***Domenico,*** *349-216-88-45* ; ***Pietro,*** *347-833-19-41.*

LE SANG DE LA « CRIQUE ROUGE »

Le 10 mars 241 av. J.-C., c'est au large de Favignana que les Romains remportèrent la 1re guerre punique en écrasant les Carthaginois. La légende raconte que cette sanglante bataille teinta de rouge les eaux de l'île, d'où le nom donné à la cala Rossa, la « crique Rouge »...

Tonnara Favignana **(ex-Stabilimento Florio** ; plan A1-2) : *via G. Amendola, 29. 338-536-58-99. Au bout du port. Juil-sept, tlj 10h-15h30, 17h-23h30. Avr, juin et oct, tlj 10h-14h, 16h-20h. En été, possibilité de visites guidées en italien (durée : 1h15) à 10h30, 11h, 12h30, 17h15, 18h. Entrée : 6 € ; gratuit moins de 18 ans.*
À la fin du XIXe s, un riche industriel, Ignazio Florio, s'offrit l'archipel des îles Égades pour 2 millions de lires ! Il y développa la pêche au thon et une conserverie qui employa jusqu'à 800 personnes dont 400 femmes, avant sa fermeture en 1982. On visite les hangars où sont entreposés les *parascalmi* (16 m) et les *vascelli* (22 m), les 2 types de rafiots à rames qui servaient à la pêche, tout en prenant connaissance de cette technique ancestrale qui – chaque année en mai-juin – conduisait les thons dans la *camera della morte.* Le poisson était ensuite découpé et cuit dans d'énormes chaudrons en bronze, puis mis en boîtes.
Les bâtiments du site abritent aussi une belle ***expo photo*** permanente sur le thème et un ***antiquarium*** recélant une étonnante collection de rostres et d'amphores vestiges de la bataille des îles Égades qui opposa les légions romaines à la flotte de Carthage (IIIe s av. J.-C.). Ces fameux rostres en bronze étaient fixés à l'avant des navires afin d'éperonner ceux de l'ennemi. Le 1er a été repêché en 2008 et, depuis, on en ramène pratiquement tous les ans. Dans la *sala Torino,* un montage sous forme d'hologrammes explique (en sicilien ou en italien) les techniques de cette boucherie nautique que fut la ***mattanza*** (littéralement « le massacre »),

une corrida marine qui consistait à prélever des thons rouges (qui pesaient parfois jusqu'à 200 kg) lors de leur migration de la Méditerranée vers l'Atlantique. Pour en savoir plus, les cinéphiles ne manqueront pas *Stromboli,* le film de Roberto Rossellini, où le cinéaste a mis en scène une *mattanza.*

Les plages de Favignana : elles sont gratuites mais jamais naturellement ombragées. Prévoir donc un parasol car le soleil tape. La plage de sable du port *(spaggia portuale)* est la plus proche du village. L'eau y est propre. À 3 km au sud du village, la ***spaggia Lido Burrone*** *(hors plan par B2)* est une plage de sable, la seule équipée de parasols sur place. À 3 km aussi du village, la ***cala Monaci*** abrite la ***plage de Marasolo*** *(spaggia di Marasolo),* avec très peu de sable, mais de petites piscines rocheuses naturelles.
Plus loin, à 6 km à l'est du village, la ***scogliera di cala Rossa*** *(hors plan par B2)* est une plage publique dans une anse rocheuse (sans sable). Elle offre une eau couleur turquoise et transparente, mais pas d'ombre. Au sud-est, on atteint facilement la ***cala Azzurra*** *(hors plan par B2),* une plage de cailloux, un autre lieu de baignade privilégié.

Balade à vélo à travers l'île, d'autant plus agréable qu'elle est plutôt plate, à l'exception d'une grosse colline surplombant Favignana. À l'est, les pistes côtières de la côte nord mènent vers la *grotta del pozzo* (inscriptions puniques) et, plus loin, à la ***cala Rossa,*** l'une des plus belles anses de l'île et le site de l'ultime bataille de la 1re guerre punique, en 241 av. J.-C. (voir l'encadré page précédente).
L'ouest de l'île – accessible par un petit tunnel – est certainement sa partie la plus sauvage et, pour certains, la plus belle. Tout à l'ouest, côté sud, la *cala Rotonda* et ses rochers. De la *cala del Pozzo,* côté nord, vue sur Marettimo et Levanzo (beaux couchers de soleil !), un spectacle que l'on retrouve aussi depuis la *punta Faraglione,* qui s'avance dans la zone marine protégée.

Les carrières de tuf : dans la partie sud de l'île, possibilité de visite *333-413-66-73 (le mat) ou 389-804-80-28 (l'ap-m) ; • giardinodellimpossibile.it • Visites guidées (sur résa, en italien ou en anglais) mai-nov tlj sauf dim ; durée 2h30. Entrée : 20 € ; réduc.* Aujourd'hui inexploitées, elles assuraient autrefois, avec la pêche au thon, la prospérité de Favignana. ***Véritable curiosité de l'île,*** les puits sont parfois profonds, et les traces de coupe forment des dessins géométriques d'une étonnante régularité. Certaines de ces excavations, notamment à proximité de la *punta S. Nicola,* contiennent des inscriptions phéniciennes... De cette architecture du vide sont nés de petits jardins, plantés d'essences méditerranéennes, où, ainsi protégés de la brise marine, les habitants cultivent leur potager. À certains endroits, d'anciens filons exploités descendent en cascade vers la mer comme dans un tableau cubiste. C'est l'occasion d'une baignade originale !

Les courageux monteront à pied (compter 30 mn) ou à vélo électrique pour admirer la vue jusqu'au ***forte Santa Caterina*** du XIIe s *(hors plan par A1).* Aujourd'hui abandonné, le site fut d'abord occupé par les Carthaginois, avant de servir de vigie aux Sarrasins. Reconstruit sous le règne des Normands, les Bourbons le transformèrent en prison (1794-1860). De là-haut, la vue est magnifique, mais le sentier qui vous fait passer du niveau de la mer à 300 m d'altitude (compter 1h depuis le village) vous prépare une arrivée au sommet façon homard Thermidor !

LEVANZO *(env 200 hab.)*

Avec ses maisons blanches et cubiques aux toits plats et aux volets bleus, accrochées à la montagne, ce petit port nous rappelle les îles grecques ! On y accède facilement en bateau depuis Favignana ou Trapani. Levanzo, ***la plus petite***

des îles Égades, a gardé un caractère sauvage et authentique. Pas de voitures, peu d'agitation, pas de bruit, Levanzo est propice à laisser filer les heures... Le village suit le rythme de la mer et l'arrivée du bateau.
Une excursion à la journée permet d'explorer la grotte du Génois *(grotta del Genovese),* mais pensez à réserver 48h à l'avance. On peut aussi se balader le long des côtes rocailleuses, baignées par une mer qui hésite entre le bleu cobalt, le turquoise et l'émeraude.

Adresse utile

■ **Compagnies maritimes :** *les guichets* ***Siremar*** *et* ***Liberty Lines*** *se situent au débarcadère ; ouv aux arrivées et départs des bateaux.*

Où dormir ?

De prix moyens à plus chic

B & B Le Finestre sul Mare : *via Pietre Varate, 1. 339-733-01-42. • info@lefinestresulmare.com • lefinestresulmare.com • Au bout du village, sur la gauche en arrivant du débarcadère. Ouv mars-nov. Doubles 110-130 €.* Comme son nom l'indique, ce *B & B* a des fenêtres qui ouvrent sur la mer. Chambres impeccables (avec clim), avec une déco plutôt claire et gaie, et une vue imprenable sur le port (juste au pied du *B & B*) et la mer ! Petit déj pris dans le très agréable salon de la maison.

Residence La Plaza : *via Calvario, 39. 340-235-59-49. • info@levanzoresidence.com • levanzoresidence.com • Sur le* lungomare, *à 10 m par une volée de marches partant à droite du bureau de la grotta del Genovese. Apparts 60-110 €/j. (180 € en août) pour 2 (min 2 nuits) ; aussi des apparts pour 3-4 pers. Loc à la sem possible. Pas de petit déj.* Une résidence posée au cœur du village, proposant 7 apparts tout confort (clim) et nickel, avec petite cuisine. C'est net et clair, avec une déco colorée et agréable à l'œil. Une bonne base pour partir explorer l'île.

Où manger ? Où déguster une glace ? Où boire un verre ?

Sur le pouce

Panetteria La Chicca : *via Calvario, 23 ; juste au-dessus du débarcadère. Tlj 8h30-13h30, 18h-20h.* On peut être modeste et servir de la grande qualité ! *Panini,* parts de pizza et pains délicieux. Goûtez donc au *cabbucio,* un *panino* arrangé de différentes manières et cuit au feu de bois.

De bon marché à prix moyens

Bar Romano : *via Calvario, 5. ☎ 092-392-40-01. • ninolevanzo@gmail.com • À 100 m du débarcadère, sur la gauche. Ouv mai-oct. Plats 8-25 €.* Bar-glacier à l'étage et resto en dessous, avec une agréable terrasse dominant la mer et les bateaux qui se dandinent au mouillage. Endroit idéal pour boire un verre ou lécher une glace en attendant le bateau. Sinon, restez-y pour dîner. Ne demandez pas la carte avec les prix, il n'y en a pas ! On parle avec le serveur qui explique les plats. Excellente cuisine de marché qui suit le rythme de la pêche : moules gratinées, pâtes au thon à la crème d'aubergine, couscous gastronomique... Également d'appétissantes pizzas en soirée.

À voir. À faire

Grotta del Genovese : *lungomare, 27 (infos et résas). ☎ 092-392-40-32. 📱 331-133-02-59 ou 339-741-88-00. • grottadelgenovese.it • Bureau situé en surplomb du port, signalé par une céramique bleue sur sa façade. De mi-mars à fin oct (sur résa par tél ou sur leur site), en principe, accès à la grotte tlj 9h-13h30, 14h30-18h. Mais attention, les horaires peuvent changer. Entrée seule : 12 € ; réduc.* ***Penser à réserver à l'avance.*** *Pour l'excursion (durée 1h50) en bateau ou en 4x4, compter 30 €/pers, entrée comprise ; départ à 10h30 (et à 14h30 en juil-août) ; résa obligatoire 48h à l'avance.*
C'est l'attraction principale de l'île, accessible par voie terrestre à pied (compter 2h de marche depuis le village) ou en 4x4. À la belle saison et par mer calme, possibilité d'y aller en bateau. Les derniers mètres se font de toute manière à pied par un sentier à flanc de falaise. ***Les peintures rupestres et les gravures sont relativement bien conservées.*** La plupart d'entre elles datent d'une période allant du Paléolithique supérieur (à l'époque, Levanzo était encore rattachée au continent) au Néolithique. Les experts pensent que la grotte fut habitée de 10 000 à 6 000 ans av. J.-C. ***Leur valeur pour les chercheurs est de l'ordre de celles découvertes à Lascaux*** ou à Altamira (Espagne).
Une des gravures les plus étranges représente, d'une manière sommaire, un homme casqué vêtu d'une cape sans doute cousue avec des franges pendantes... Et aussi beaucoup de représentations d'animaux – le thon était déjà très présent, mais on y voit aussi des chèvres, des cerfs... nous vous laissons découvrir le reste ! Photos interdites dans la grotte.

Balades à pied : plusieurs possibilités pour partir à la découverte de l'île. La plus grande randonnée pousse jusqu'au *capo Grosso* au nord de Levanzo. Compter 1h-1h30 de marche et autant au retour pour cette balade au milieu de vivifiants paysages avec vue sur la *cala Tramontana* (le sentier traverse le centre de l'île). Ceux qui logent sur l'île iront en soirée admirer le coucher de soleil sur l'îlot *Il Faraglione,* à 15 mn du village en longeant le bord de mer vers l'est.
Si vous passez au moins la journée à Levanzo, allez pique-niquer et vous baigner à la ***cala Minnola,*** à 20 mn à pied du port ; quelques bancs vous attendent dans la pinède. Depuis le port, suivre la route sur la droite du village (en lui faisant face), passer la *cala Fredda* avant d'arriver à la *cala Minnola.* Vous pouvez ensuite continuer en direction de la *cala Calcara* via la *torre Saracena* (une tour en ruine) en ajoutant 20 mn de balade. Renseignements sur les treks à Levanzo : *• levanzo.tp.it/cosa-vedere-levanzo/itinerari-trekking-levanzo/ •*

Tour de l'île en bateau : possible (et recommandé !) avec ***Franco e Alida e la Viola*** *(📱 339-679-16-45 ou 349-602-16-94 ; • francoealidalevanzo.it •)* et ***Levanzo in Barca*** *(☎ 092-392-40-28, 📱 339-736-77-85 ; • levanzoinbarca.it •).*

Plongée sous-marine : avec ***Atmosphere Blu*** *(📱 337-37-78-80 ; • atmosphereblu.it •),* sur le port. *Snorkelling* encadré, baptêmes, cours et explorations avec bouteille ; tel est le programme de ce petit centre de plongée œuvrant dans les eaux limpides, poissonneuses et préservées de l'île.

MARETTIMO (700 hab.)

À 38 km à l'ouest de Trapani, l'île de Marettimo fait partie de ces petits bouts de Méditerranée peu touchés par le tourisme. Les fêtards passeront leur chemin ! La nature impose encore à l'homme ses humeurs : sa météorologie, sa géologie, parfois son inquiétante étrangeté. La mer est profonde, les falaises sont hautes, les sentiers escarpés, les oiseaux hargneux. Ici, pas de route ; les petites criques se méritent. Les grottes ne sont accessibles que par la mer.

Lové au fond d'une anse aux eaux cristallines, son port semble vivre à l'écart du monde. Ici on vit au rythme du poisson ; le cœur de Marettimo bat comme celui du poulpe. Et les familles de pêcheurs, fraîchement reconverties en aubergistes ou en guides, ne font pas exception. On y trouve du coup quelques bonnes adresses. L'accueil y est encore teinté de ce je-ne-sais-quoi qui transforme les vacances en une escapade insolite. Plus d'infos sur ● *isoladimarettimo.com* ●

Un peu d'histoire

Marettimo entre dans l'histoire le 10 mars 241 av. J.-C., quand la victoire des légions romaines sur les Carthaginois met fin à la 1re guerre punique. L'armistice entre les 2 peuples fut signé ici. Située à la pointe ouest de la Sicile, Marettimo était un relais essentiel entre les colonies romaines d'Afrique du Nord et Rome, centre de l'Empire.

Adresses utiles

■ ***Distributeurs de billets*** *(ATM) : corso Umberto I, à gauche de l'église et à la poste.*

■ ***Compagnies maritimes :*** *bureaux* ***Siremar*** *(piazza Umberto I, 5 ; ☎ 092-392-31-44) et* ***Liberty Lines*** *(corso Umberto I, 15 ; ☎ 092-387-38-13) ouv selon départs et arrivées des bateaux.*

■ ***Pharmacie :*** *via Maiorana, 22. ☎ 092-392-30-24. Dans une petite ruelle qui monte face à l'église.*

■ ***Area Marina Protetta Isole Egadi :*** *via Municipio, 3. ☎ 092-392-31-71. ● ampisoleegadi.it ● Tlj 9h-13h en été.* Infos sur la zone marine protégée et les possibilités de l'explorer. Ils fournissent aussi les permis de pêche.

LA SICILE AFRICAINE

Où dormir ?

Prix moyens

Rosa dei Venti : *via Punta S. Simone, 4. ☎ 092-392-32-49. 📱 333-675-88-93. ● rosadeiventiegadi@libero.it ● isoladimarettimo.it ● Suivre le lungomare vers la droite en débarquant. Congés : déc-janv. Doubles 60-80 € ; studios-apparts (2-3 pers) 80-110 € ; pas de petit déj. Loc à la sem obligatoire en août. CB refusées.* Cette « Rose des Vents » nous a bien guidés ! On est accueilli par des îliens aimables et attentionnés. Les chambres et les appartements, simples mais soignés, se trouvent dans un bâtiment situé dans la partie sud du village (à 5 mn à pied de la maison des propriétaires). Décoration sobre, lumineuse, et confort suffisant : carrelage, meubles peints, coin cuisine et, pour certains, la clim (sinon, ventilo)... Très agréable terrasse commune avec vue sur les cubes blancs du village, la mer et, de l'autre côté, la montagne.

B & B La Terrazza : *via G. Pepe, 28. ☎ 092-392-32-52. 📱 368-768-15-71. ● laterrazzamarettimo@libero.it ● bedandbreakfastmarettimo.it ● Ouv de mi-avr à fin oct. Doubles 60-95 €.* Sur les hauteurs du village, quelques chambres décorées dans l'esprit marin et balnéaire, avec salle de bains et la clim (pour certaines). Terrasse plaisante sur le toit, où se prend le petit déj, avec vue imprenable sur la grande bleue, la montagne et le village.

B & B I Delfini : *via Umberto I, 34. ☎ 092-392-31-37. 📱 339-239-98-67. ● info@idelfinimarettimo.it ● Avr-oct. Doubles 55-100 €.* Notre *B & B* préféré à Marettimo, à l'enseigne du dauphin. Avec ses couleurs (blanc et bleu), on songe aux îles grecques encore une fois. Outre l'accueil cordial de la famille, on découvre quelques chambres mignonnes, lumineuses et impeccables, avec salles de bains rutilantes, et une très bonne literie. Celles avec vue sur mer (les plus chères) sont à l'étage. Pas de clim mais un ventilo. Une chambre au rez-de-chaussée, un peu plus fraîche. Pas de TV, pour préserver « l'esprit marin sauvage et loin de tout ». À la place, il y a une super terrasse sur le toit face à la mer. Copieux petit déj, avec pâtisseries et confitures maison.

Plus chic

Marettimo Residence : *via Telegrafo, 3. ☎ 092-392-32-02. • info@marettimoresidence.it • marettimoresidence.it • Côté sud du village, à 550 m de l'embarcadère des ferries. Ouv de mi-mars à oct. Apparts 380-1 250 €/sem pour 2 pers ; 630-2 000 € pour 4.* Adossées à la montagne, plusieurs maisons cubiques blanches aux volets bleus dans le style local dans un beau jardin méditerranéen. Une quarantaine d'appartements clairs, bien nets, à la déco marine, avec kitchenette, ventilo et terrasse privée. La plupart avec vue sur mer aussi. Piscine, jacuzzi et bar. En contrebas, plagette de galets entre les rochers.

Où manger ?

Sur le pouce

La Cambusa : *via Garibaldi, 5b. ☎ 092-392-34-41. • lacambusa@live.it • Avr-sept, tlj 8h30-13h30, 16h30-20h30.* Cette épicerie fine regorgeant de charcuterie, fromages, conserves, vins, etc., élabore aussi – à la demande – de délicieux *panini.* Parfait pour se faire un pique-nique. Quelques tables et chaises dans l'allée. Et, à 2 pas, via Mazzini, on peut faire le plein de fruits et légumes frais...

La Lampara : *via Chiusa, 35. 347-087-37-42. Dans une rue parallèle au corso Umberto I, côté débarcadère. Tlj 6h-minuit, avr-sept. Pizze 1 pers 6-8 €, à la part 2,50 €, familiale env 18 €.* De bonnes parts de pizza et de *focaccia,* à dévorer sur 2 petits bancs bleus dans la ruelle. Simple et bien.

De prix moyens à un peu plus chic

Al Carrubo : *contrada da Pelosa. ☎ 092-392-31-32. • nadiaaliotti@libero.it • À 350 m du débarcadère, remonter la via G. Pepe jusqu'en haut. Tlj en saison, le soir seulement. Plats 11-20 €.* Perché sur sa colline, à l'orée d'une pinède, ce resto familial offre une vue dégagée sur la Méditerranée. On oublie presque d'en profiter tant les plats sont délicieux. Carte de la mer, proposant couscous de poisson, pâtes, *pesce alla griglia, risotto alla marinara...* Sans oublier les desserts maison, « *da morire* » ! Accueil cordial, service efficace et prix justes.

Il Veliero : *via Umberto I, 22. ☎ 092-392-32-74. Mars-oct, tlj midi et soir. Plats env 13 €.* Une terrasse couverte à la déco marine et quelques tables sur le front de mer font de cet endroit l'un des plus agréables de l'île pour dîner. Ici, on travaille en famille : Peppe, le pêcheur qui n'aime que le frais, sa femme Paolonia et leur fille Anna. Côté fourneaux, goûtez donc au *ricciola,* le poisson local, aux *trenette* (pâtes fraîches) aux sardines *(pasta con le sarde)* relevées au fenouil sauvage, sans oublier l'autre spécialité maison : la soupe de langouste *(sur résa).*

Où déguster une glace ? Où boire un verre ?

Caffè Tramontana : *via Campi, 11. Tt au bout du village, à 550 m au nord du débarcadère. Tlj 8h-2h.* Belle terrasse couverte de parasols au-dessus du *porto vecchio* et de la grande bleue. Un cadre de rêve pour siroter son *chinotto,* sa *granita* (à la pêche !), ou pour grignoter un bout sous la vigilance lointaine du castello Normanno...

Onda Blu : *piazza Umberto I, 1. Tlj.* Sa terrasse à l'ombre de l'église est un endroit idéal pour le petit déj, l'*aperitivo,* et à l'heure de la glace de l'après-midi (les meilleures du village !). On y goûte aussi une cuisine délectable à base de produits de la mer. Juste en face, le bar ***Caffè Baia del Sole,*** avec son lot d'habitués, se prête bien aussi à une pause, mais plutôt boissons celle-là.

À voir. À faire

Museo del Mare : *via Campi, 6. ☎ 092-392-30-00. 368-343-81-07. • acsrt marettimo@libero.it • À l'opposé du débarcadère et au bout du corso Umberto I, à gauche dans un renfoncement, face au resto* Il Pirata. *Juil-août, lun-sam 9h30-19h. Le reste de l'année sur rdv, en téléphonant. GRATUIT.*
Modeste musée-archives qui rassemble un fatras d'objets, d'outils et de vieilles photos... relatifs à la pêche, aux traditions marines, etc. Petite expo sur la migration des habitants de l'île vers Monterey en Californie, ville de la pêche par excellence... Voir aussi le catalogue présentant la vingtaine de plantes endémiques de Marettimo, dont la *cipuddrazza,* une liliacée d'un beau violet, ainsi que des affiches illustrant l'océanite tempête, l'***un des plus petits oiseaux marins au monde,*** une espèce protégée qui niche sur l'île. Moyennant une petite donation, vous pourrez également repartir avec une carte topographique, très utile pour les randos. Enfin, les bénévoles qui gèrent le musée organisent des visites guidées du village en passant par le *castello Normanno* et les ruines des *case Romane.*

Randonnées pédestres : elles sont variées. Des balades de 1h à 1 journée à la découverte d'une grande diversité de végétation et de superbes paysages. **Les sentiers sont nombreux, entretenus et balisés.** Ils offrent diverses variantes permettant de créer son propre circuit ou d'atteindre le *pizzo Falcone,* point culminant de l'île à 686 m. Et puis en longeant la côte vers le sud, jusqu'à *praia Nacchi,* quelques criques rocailleuses s'offrent à la baignade. *Rens : • isoladimarettimo.com •*
– ***Bon à savoir :*** attention tout de même sur certains sentiers escarpés lorsque le vent souffle.

Les 8 grottes marines : accessibles uniquement par la mer. Plusieurs guides proposent l'excursion en bateau *(compter 2h30-4h et env 20 €/pers)* : c'est tout simplement merveilleux. Maillot de bain, chapeau, lunettes de soleil et crème solaire sont bien sûr de rigueur, d'autant que des arrêts baignade sont prévus, avec ou sans masque et tuba fournis par le guide, se renseigner avant. Pour réserver, quelques noms : ***Giovanni*** *(333-675-88-93),* ***Pippo*** *(327-768-81-94),* ***Giuseppe*** *(339-124-11-79)...*

Castello Normanno di Punta Troia : *au nord de l'île, au niveau de la punta Troia. Tlj 10h30-14h (mais mieux vaut passer d'abord au museo del Mare pour se faire confirmer les heures d'ouverture). Compter 1h15-1h30 (4 km) pour vous y rendre à pied depuis le débarcadère. Parcours facile, le sentier suit le versant de la montagne.*
Château espagnol du XVIIe s, devenu ensuite prison et visible depuis le port, de jour comme de nuit. Longtemps laissé à l'abandon, il a été restauré et abrite le petit ***museo delle Carceri*** *(mêmes horaires ; GRATUIT),* ou musée des Prisons, avec quelques panneaux sur l'histoire du site et la possibilité de descendre dans les citernes qui servaient de geôles.
Le 2e étage, lui, abrite l'***osservatorio Foca monaca*** *(mêmes horaires que le musée),* qui présente la faune et la flore de l'île en s'attardant, bien sûr, sur les phoques moines dont il y avait une colonie permanente jusque dans les années 1950 (aujourd'hui, ils n'abordent l'île que pour donner naissance, entre mars et novembre).

Case Romane : *à 2 km à l'ouest du village, sur les hauteurs. Pour y monter, compter 40 mn de marche au départ du village en passant par la via Contrada Pelosa.* Quelques ruines romaines et une petite église byzantine. L'ensemble est assez endommagé. Si vous passez par là, faites une halte pour profiter de la vue.

Plongée sous-marine : avec ***Blu Tek Diving*** *(☎ 329-611-36-75 ; • blutekdiving.com •).* De jeunes moniteurs vous font découvrir les merveilles sous-marines entourant l'île, lors de baptêmes, cours et explorations guidées, à partir d'un bateau confortable.

Fête

– ***Festa di San Giuseppe e San Francesco da Paola :*** *18-20 mars.* La fête du saint patron de l'île (c'est saint Joseph) et du patron des pêcheurs donne lieu à des processions religieuses et animations dans le village. Des Siciliens de Monterey (Californie), originaires de l'île, reviennent parfois à Marettimo pour célébrer l'événement à l'occasion de vacances. On déguste entre autres des *pignoli,* fameux biscuit en forme de pomme de pin enrobé de caramel.

MARSALA (91025) 83 000 hab.

• Plan *p. 171*

À 25 km au sud de Trapani. Fondée par les Carthaginois après la perte de Mozia à la fin du IVe s av. J.-C., Marsala est conquise par les Romains et devient la 1re capitale de la nouvelle province de Sicile. La cité s'appelait alors Lilibeo (Lilybée). Pour l'anecdote, Cicéron en fut le 1er percepteur (lire dans « À voir » l'encadré « Cicéron à Lilybée »)... Tête de pont du commerce entre l'Europe et l'Afrique, la ville passe sous contrôle arabe au IXe s et prend le nom de *mars-el-Allah* (« port de Dieu »), d'où son nom actuel. Les pirates et la frilosité de Charles Quint, qui fait fermer le port, achèveront de la ruiner. Mais c'est grâce au vin que la ville a survécu, tant et si bien que, à la fin du XVIIIe s, bien décidés à concurrencer les prestigieux nectars espagnols et portugais, les Anglais s'y établissent pour en doper le commerce.
Marsala est également une étape importante dans le mouvement d'unification de l'Italie *(il Risorgimento).*
C'est ici, en effet, que Garibaldi débarque le 11 mai 1860 avec ses Mille pour partir à la conquête de la Sicile et, de là, marcher sur Rome. Puis vient la 2de Guerre mondiale, qui détruit une grande partie de la ville médiévale. Depuis, le centre historique encadré de belles portes a été restauré. L'occasion d'une gentille halte agrémentée de quelques bonnes adresses.

GARIBALDI ET SES « CHEMISES ROUGES »

En 1860, Garibaldi débarqua à Marsala afin de combattre les Bourbons de Naples et d'intégrer la Sicile à l'Unité italienne. Lors de son exil en Uruguay, il avait récupéré un lot de chemises rouges destinées aux ouvriers des abattoirs. Ces vêtements devinrent l'étendard de son armée de libération.

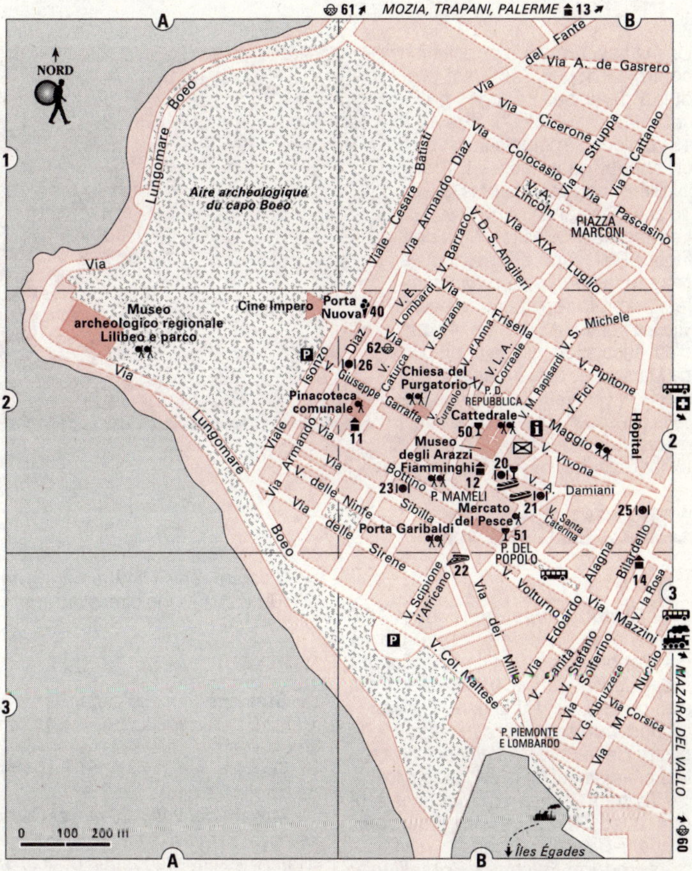

MARSALA

■ **Adresse utile**

- Ufficio turistico (B2)

Où dormir ?

- **11** Hotel Carmine (B2)
- **12** B & B Nonno Gino (B2)
- **13** Hotel Villa Favorita (hors plan par B1)
- **14** B & B Il Vecchio Marsala (B3)

Où manger ?

- **20** Panificio Ragona (B2)
- **21** La Vecchia Salumeria (B2)
- **22** Pizzeria Rosso Pomidoro (B3)
- **23** Trattoria da Pino (B2)
- **25** Il Gallo e L'Innamorata (B2)
- **26** Osteria Siciliando (B2)

Où savourer une glace ?

- **40** Gelateria Romeo (B2)

Où prendre l'*aperitivo* ? Où boire un verre le soir ?

- **20** La Sirena Ubriaca (B2)
- **50** Portale Botteghe Osteria (B2)
- **51** Bars du Mercato del Pesce (B2)

Où acheter du bon vin de Marsala ?

- **60** Cantine Florio (hors plan par B3)
- **61** Cantine Pellegrino (hors plan par B1)
- **62** Enoteca comunale (B2)

À PROPOS DU MARSALA...

Le marsala, un vin d'appellation contrôlée depuis 1969, est produit à partir des cépages *grillo, catarratto* et *inzolia.* Il titre 17 à 19° d'alcool. Apprécié aussi bien en apéritif qu'au dessert, il doit vieillir en barrique de bois de 1 à 10 ans, voire plus.
Les familles Whitaker, Martinez, Florio, Pellegrino et Woodhouse firent fortune grâce à ce vin capiteux, dont la réputation dépassa vite les frontières de l'Italie. Aujourd'hui encore, on voit partir du port de Marsala les bateaux chargés du précieux vin ambré. Car si les Italiens consomment environ les trois quarts de la production, le reste est exporté, surtout vers les États-Unis.

LE VIN DE TRAFALGAR

C'est un Anglais, John Woodhouse, qui mit fin, en 1773, au monopole du vin doux détenu par les Portugais avec le porto. Il commercialisa dans son pays le vin local produit en Sicile qu'il baptisa en toute simplicité « marsala », du nom du port le plus proche... Ce fut un succès immédiat. Après la bataille de Trafalgar, le marsala fut surnommé « le vin de la victoire », car le roi d'Angleterre en avait commandé 520 tonneaux de 420 l pour les hommes de la flotte de Nelson. C'est déloyal : ils avaient donc une potion magique !

Arriver – Quitter

En bus

Terminal des bus : bus **AST** (● *aziendasicilianatrasporti.it* ●) piazza del Popolo *(plan B2-3)* ; bus **Salemi** (● *autoservizisalemi.it* ●) viale Fazio *(hors plan par B3),* devant la gare ferroviaire ; et bus **Lumia** (● *autolineelumia.it* ●) piazza Caprera *(hors plan par B2),* dans le prolongement de la via XI Maggio.

➢ ***Trapani*** *(env 1h25)* **:** 4 bus/j. sauf dim avec *AST* ; dessert l'aéroport ***Trapani-Birgi*** au passage.

➢ ***Aeroporto Falcone e Borsellino*** *et* ***Palerme*** *(2h-2h45)* **:** env 20-22 bus/j. lun-ven (moins le sam et 7 seulement le dim) avec *Salemi.*

➢ ***Mazara del Vallo*** *(env 45 mn),* ***Castelvetrano (site archéologique de Sélinonte,*** *env 1h30)* **:** 2-3 bus/j. sauf dim avec *AST.* Aussi une quinzaine de bus directs pour Mazara avec *Salemi* lun-ven (un peu moins sam, 4 seulement dim)

➢ ***Salemi*** *(35 mn)* **:** 1 bus le mat en sem, 1 bus le soir dim avec *Salemi.*

➢ ***Sciacca*** *(env 1h40)* et ***Agrigento*** *(2h40)* **:** 3 bus/j. (1 le dim) avec *Lumia.*

En train

Stazione *(hors plan par B3)* **:** *viale A. Fazio.* ● *trenitalia.com* ● *À 15 mn à pied du centro storico.*

➢ ***Trapani*** *(env 30-45 mn)* **:** 10 trains directs/j. (4 le dim).

➢ ***Mazara del Vallo*** *(20 mn)* et ***Castelvetrano*** *(50 mn)* **:** 10 trains directs/j. (5 le dim). À Castelvetrano, bus pour le ***site archéologique de Sélinonte.***

➢ ***Palerme*** *(env 4h)* **:** 4 trains/j. avec changement à ***Piraineto.***

En bateau

Embarcadère *(plan B3)* **:** *piazza Piemonte e Lombardo.* Desservi par les *aliscafi* de **Liberty Lines** (● *libertylines.it* ●).

➢ ***Les îles Égades :*** voir plus haut « Les îles Égades. Arriver – Quitter ».

Circulation et stationnement

P Les rues du *centro storico* sont piétonnes (zone ZTL). On conseille donc d'abandonner sa voiture juste en périphérie, sur le ***parking gratuit*** du lungomare Boeo *(plan B3).* On trouve également de la place *viale Isonzo* à l'ouest du centre historique.

Adresses et info utiles

Ufficio turistico (plan B2) **:** *via XI Maggio, 100 (dans le palazzo VII Aprile 1860). ☎ 092-371-40-97 ou 092-399-33-38. • turismocomunemarsala.com • Tlj (sauf dim oct-mai) 8h30-13h30, 15h-20h.* Plan de la ville et infos générales. Bon accueil.

Ospedale Borsellino *(hôpital ; hors plan par B2)* **:** *contrada Cardilla, 1. ☎ 092-375-31-11. À 5 km du centre-ville, direction Salemi.*

Où dormir ?

De prix moyens à plus chic

B & B Nonno Gino (plan B2, **12**) **:** *via G. Garraffa, 88. ☎ 092-336-53-04. 338-496-64-41. • info@bbnonnogino.it • bbnonnogino.it • Congés : de début fév à mi-mars et de début nov à mi-déc. Doubles 60-80 €. Parking privé (10 €/j.) à 200 m. Sur résa en direct, 10 % de réduc sur le prix de la chambre sur présentation de ce guide.* Au cœur du *centro storico,* accès par une cour intérieure. On découvre alors, un beau *B & B* tenu par le sympathique Alessandro, qui se débrouille très bien en français. 3 chambres impeccables, bien équipées (TV, clim, salle de bains) et lumineuses, dans les tons blancs, avec des touches de couleur. Petit déj à prendre dans un bar de la piazza della Repubblica.

B & B Il Vecchio Marsala (plan B3, **14**) **:** *via Stefano Bilardello, 45. 392-863-62-72. • ilvecchiomarsala@gmail.com • ilvecchiomarsala.it • Doubles 70-105 €.* Ressemble plus à un petit hôtel qu'à un vrai *B & B,* d'autant qu'on n'y sert pas forcément le petit déj et qu'il n'y a pas de réception. Accessibles par un ascenseur, les 8 chambres sont impeccables et tout confort (clim), décorées avec sobriété dans les tons marron. Bonne literie, des sanitaires ad hoc, et un coin cuisine équipée pour certaines. La plupart possèdent un balcon. Petite terrasse sur le toit, bien ombragée.

Hotel Carmine (plan B2, **11**) **:** *piazza Carmine, 16. ☎ 092-371-19-07. • info@hotelcarmine.it • hotelcarmine.it • Doubles 105-130 €, petit déj compris ; familiales (5 pers).* Attenant à la Pinacoteca, en plein centre historique. L'hôtel occupe une partie d'un ancien couvent du XIVe s superbement restauré. Une petite trentaine de chambres tout confort (clim), toutes ont du caractère avec leurs poutres, vieilles pierres, arcades, briques et parquet. Elles donnent sur le jardin ou sur la place (calme, quasi piétonne). Très beau bar dans une salle voûtée, grand salon-cheminée communiquant avec un magnifique jardin intérieur. On peut même rentrer son vélo ou sa moto dans l'hôtel gratuitement.

Hotel Villa Favorita *(hors plan par B1,* **13**) **:** *via Favorita, 27. ☎ 092-398-91-00. • info@villafavorita.com • villafavorita.com • Ouv tte l'année. Chambres 75-125 € ; bungalows (2-4 pers) 70-155 €.* Cette ancienne *cantina* a été transformée en hôtel, métamorphose réussie ! Avec ses hauts murs blancs qui forment une grande enceinte, on dirait une hacienda andalouse ou mexicaine. Chambres confortables (clim) et bien nettes, sagement classiques dans leur déco, avec beau carrelage ancien. Également de curieux bungalows-igloos climatisés bien agréables et noyés dans le charmant jardin méditerranéen fleuri qui entoure une grande piscine. Choisir de préférence ceux qui ont été refaits à neuf. Accueil pro et souriant.

Où dormir dans les environs ?

Camping Lilybeo Village **:** *contrada Bambina, 131 bis, à 8 km au sud-est de Marsala. 320-954-39-01. • info@lilybeovillage.it • campinglilybeovillage.it •*

Ouv tte l'année pour les locatifs (avr-nov pour le camping). Compter 22-40 € pour 2 avec tente et voiture (électricité et douche chaude comprise) ; locatifs 60-120 € pour 2 (20 €/pers en plus) ; tarifs dégressifs. Un camping familial à dimension humaine (40 emplacements et une petite dizaine de locatifs). Le tout très bien entretenu (les campeurs planteront leur guitoune plutôt dans le fond, bien à l'ombre). Locatifs en dur, bien conçus et très propres, avec terrasse privative très sympa sur l'arrière. Foot, volley, piscine avec transats. Un excellent point de chute.

Agriturismo Baglio Donna Franca : *contrada Florio, 1, à 10 km à l'est de Marsala, proche du lieu-dit Madonna della Cava. ☎ 092-396-72-40. • info@donnafranca.it • donnafranca.it • Ouv de mi-mars à mi-nov. Doubles 95-125 € (180 € en août) ; dîner env 40 €, vins compris.* La famille Ansaldi possède ce domaine viticole de 20 ha, autrefois propriété de la famille Florio. Le nom du *baglio* est un hommage à madame Florio, Donna Franca, qui fut, dit-on, la plus belle femme de Sicile. Entouré des vignobles, le manoir est géré comme un relais-château, avec une jolie cour intérieure et une piscine. Chambres au standing affirmé donnant sur les vignes. Restaurant sur place, bien pratique vu l'isolement du domaine. Savoureuse cuisine avec des produits naturels et le vin bio de la maison. Accueil avenant et professionnel. Organise des visites guidées gratuites de la cave et du vignoble ; la dégustation en revanche est payante. *Prix : 12-25 € selon nombre de verres.*

Où manger ?

Sur le pouce

Panificio Ragona (plan B2, **20**) : *via Abele Damiani, 10. ☎ 092-395-26-42. Tlj 7h-14h, 17h-20h30, sauf dim. Arancini 1,50-3,50 €.* Modeste local mais qui fait ses preuves depuis 1960 ! Goûtez aux *arancini,* ces grosses boulettes de riz frites contenant une farce : *al ragù* (la classique), crevettes-courgette, espadon-aubergine, fromage-pistache... Une vingtaine de recettes au choix !

La Vecchia Salumeria (plan B2, **21**) : *via Abele Damiani, 30. ☎ 092-395-36-44. • salumerialavecchia@alice.it • Tlj 8h (9h dim)-minuit. Max 10 €.* Ce traiteur-épicerie prépare de succulents *pane cunzatu* et de bons petits plats simples à déguster sur les quelques tables de la courette, à l'arrière. Un bon plan le midi. Accueil gentil.

De bon marché à prix moyens

Pizzeria Rosso Pomidoro (plan B3, **22**) : *via dei Mille, 18. ☎ 092-371-44-72. Tlj, le soir seulement. Pizze 4-9 €.* Un resto tout simple avec son four à bois, prolongé d'une modeste véranda sur rue. Très bonnes et grandes *pizze* élaborées avec des ingrédients goûteux sélectionnés avec soin. Pas moins de 50 recettes. Une adresse d'habitués.

Il Gallo e L'Innamorata (plan B2, **25**) : *via Bilardello, 18. ☎ 092-319-544-46. 📱 329-291-85-03. • info@osteriailgalloelinnamorata.com • ♿ Tlj sauf dim soir et lun. Résa conseillée le soir. Plats 10-16 €. Digestif offert sur présentation de ce guide.* Nous voici dans une ancienne cave à vins voûtée, une petite salle décorée dans les tons chauds. On y sert une savoureuse cuisine *Slow Food* évoluant au gré des saisons et de l'humeur du chef (et de son amoureuse). Plats toujours très soignés et en nombre limité afin de garantir la fraîcheur.

Osteria Siciliando (plan B2, **26**) : *via Garraffa, 3. ☎ 092-302-00-49. 📱 349-737-05-11. • osteriasiciliando@gmail.com • Tlj sauf mer, le soir seulement (ouv aussi dim midi). Plats 14-16 €.* Que l'on prenne une assiette d'*antipasti* ou de charcuterie-fromage à partager, un *primo* ou un *secondo,* l'affaire est présentée avec une pointe d'originalité dans la confection ainsi que dans l'agencement des plats. Une cuisine de saison bien troussée qui, sans être entièrement tournée vers la mer, favorise le bio, le sans-gluten et les circuits courts. Bonne ambiance.

De prix moyens à plus chic

Trattoria da Pino (plan B2, **23**) : via San Lorenzo, 27 (angle via Sibilla). ☎ 092-371-56-52. 📱 340-326-23-37. • michelemaggiotrattoria@gmail.com • Tlj sauf dim soir. Plats 14-34 €. Resto familial peu soucieux de l'évolution des modes. Salle classique avec nappes à l'ancienne, accueil authentique, cuisine locale franche et sans triche. On choisit entre le buffet (hors-d'œuvre copieux), le menu, la carte ou son poisson directement dans le banc de l'écailler (compter 55 €/kg). Fréquentée essentiellement par les gens du quartier. On vous offrira une goutte de marsala à la fin du repas !

Où savourer une glace ?

Gelateria Romeo (plan B2, **40**) : via Sarzana, 10. 📱 340-885-79-30. Tlj dès 10h. De loin, le meilleur glacier de la ville. Une trentaine de parfums dont certains entièrement naturels et bio.

Où prendre l'*aperitivo* ? Où boire un verre le soir ?

Portale Botteghe Osteria (plan B2, **50**) : piazza Filippo Milazzo Maggio, 5. 📱 351-042-45-48. • portalebotteghe@gmail.com • Tlj 18h-1h, sauf lun. Sur le flanc de la cathédrale, ce bar à vins de style contemporain sert une kyrielle de gouleyants vins du cru, dont bien sûr le fameux vin ambré de Marsala. Demandez donc à goûter avant de vous décider ! Également un bar à bières attenant (même maison), avec une dizaine de bières au fût et une trentaine en bouteille. Terrasse animée sur la charmante placette. Parfait pour l'*aperitivo* !

La Sirena Ubriaca (plan B2, **20**) : via Garibaldi, 39. ☎ 092-302-05-00. • lasirenaubriaca@live.it • ♿ Tlj 10h-minuit (parfois plus tard). Congés : janv. À la fois un bar à vins et une œnothèque. Accueil enjoué du patron, qui donne de bons conseils. On peut accompagner son verre d'une petite grignote de saison. Il n'y a qu'à se servir et aller s'asseoir !

Bars du Mercato del Pesce (plan B2, **51**) : porta Garibaldi. Ouv le soir seulement, ven-dim (tlj en août). Amusant, quand les poissonniers ont remballé, des bars prennent leur place... Design, conceptuel, musico-électro ; choisissez celui qui vous ressemble !

Où acheter du bon vin de Marsala ?

Enoteca comunale (plan B2, **62**) : via XI Maggio, 32. ☎ 092-371-34-89. Tlj sauf lun, midi et soir. Dans le *palazzo Fici* dont la cour intérieure circulaire à arcades présente un superbe pavement. Cette œnothèque propose plus de 400 étiquettes de la région, dont une vingtaine de vins de Marsala. Possibilité d'en goûter certains (sans engagement). Fait aussi resto, mais on vous le déconseille.

Cantine Florio (hors plan par B3, **60**) : via V. Florio, 1. ☎ 092-378-13-05. • visitaflorio@duca.it • duca.it • Avr-oct, tlj 9h-13h (13h30 sam), 15h30-18h, sauf sam ap-m et dim. Visite guidée en italien ou en anglais (compter 20-50 €/pers, en fonction de la durée de la visite, de la quantité et du type de vin dégusté). Résa obligatoire (faites-vous préciser les horaires, ils peuvent varier).

– **Bon à savoir :** même si vous ne prenez pas la visite guidée, possibilité d'acheter du vin au magasin. Entrez dans la cour, le magasin se trouve au fond à droite.

– **Visite :** cette cave créée en 1833, qui avait fait cause commune avec Cinzano au début du fascisme, a été rachetée en 1998 par la société *Ilva di*

Saronno, connue pour son *amaretto* original. Elle produit 60 % du marsala de qualité supérieure avec 3,5 millions de bouteilles expédiées annuellement dans 55 pays. La visite guidée permet de découvrir 3 impressionnantes caves-cathédrales de 165 m sur 12 m, sous lesquelles environ 1 400 barriques sont entreposées.

Cantine Pellegrino *(hors plan par B1,* ***61****)* **:** *via Battaglia delle Egadi, 10. ☎ 092-371-99-70. • enotecamarsala@carlopellegrino.it • carlopellegrino.it • Boutique ouv tlj 10h-13h, 15h-18h, sauf dim. Visite guidée payante sur résa (en italien ou en anglais).* Grande cave établie depuis 1880, avec boutique design face à la mer. 3 caves de production : le marsala (vieilli sur place), mais aussi les vins à base de *zibibbo* de l'île de Pantelleria et le vin de table *Duca di Castelmonte* (dans les environs de Marsala). En tout, 150 ha pour une production de 7 millions de bouteilles par an. Si vous faites la visite guidée (qui inclut 3 dégustations), vous verrez les salles de vieillissement et leurs tonneaux californiens et français.

À voir

Porta Garibaldi *(plan B2)* **:** cette porte est un beau vestige du rempart bâti autour de la ville au XVe s, certes largement remaniée au cours des siècles, dont la dernière fois en 1864. Le jour où Garibaldi la franchit pour pénétrer dans la ville, cette ancienne *porta del Mare* perdit ses embruns pour prendre le nom de l'auguste révolutionnaire. Vue de l'intérieur de la ville, elle forme un très bel ensemble avec la ***chiesa dell'Addolorata,*** qui lui est accolée.

Mercato del Pesce *(plan B2)* **:** *tlj sauf dim, le mat seulement (7h-13h).* Attenant à la porta Garibaldi, un petit marché animé, surtout lorsque l'un des marchands se prend pour Pavarotti et qu'il est rejoint par l'ami poissonnier pour un duo tonitruant ! Le soir en fin de semaine, les échoppes se métamorphosent en bars-*lounge* et l'on y fait la nouba jusqu'à fort tard !

Pinacoteca comunale – convento del Carmine *(plan B2)* **:** *piazza Carmine. ☎ 092-371-38-22. • pinacotecamarsala.it • Tlj sauf lun 10h-13h, 19h-21h (17h-19h oct-juin). Entrée (juil-août seulement) : 3 €.* ***En travaux lors de notre passage.*** Elle occupe le ***palazzo Grignani.*** À 50 m de là, au fond de la place, le ***convento del Carmine*** *(mêmes horaires ; GRATUIT).* Cet ancien couvent, quant à lui, accueille en permanence un triptyque d'époque flamande représentant l'*Adoration des Mages.* Possibilité de visite du cloître sur résa, mais vous risquez de rester sur votre faim.

Chiesa del Purgatorio *(plan B2)* **:** *via Scurti, 24. Tlj. Entrée libre mais donation appréciée.* Juste devant, une belle petite place avec fontaine de la même époque, ce qui donne du recul pour l'admirer...

Reconstruite fin XVIIe-début XVIIIe s sur les bases d'une église du XVIe s dédiée à saint Fabien et saint Sébastien, elle présente en façade de ***belles colonnes à base torse encadrant un portail typiquement baroque.*** À l'intérieur, l'abside et les voûtes de la courte nef et des transepts sont décorées de fresques des XVIIe-XVIIIe s. Ici, les paroissiens s'assoient sur des strapontins de théâtre !

Museo degli Arazzi Fiamminghi *(musée des Tapisseries flamandes ; plan B2)* **:** *via Garaffa, 57 (entrée via Garibaldi). ☎ 092-371-13-27. • museodegliarazzimarsala.com • Lun-sam 9h30-13h, 16h-18h ; dim et j. fériés 9h30-12h30. Entrée : 5 € ; réduc. Dépliant en français.* Ce musée conserve ***8 remarquables tapisseries flamandes*** (on les appelle les « Arazzi ») du XVIe s qui racontent la guerre de Titus contre les juifs. Comment sont-elles arrivées à Marsala ? C'est un ***cadeau de Philippe II d'Espagne*** (il régnait aussi sur la Sicile et les Flandres) à l'archevêque de Messine, qui avait été aumônier à la cour d'Espagne. Une merveille de fraîcheur qui laisse l'impression qu'elles ont été tissées hier.

Cattedrale *(chiesa Madre di Marsala ; plan B2) : piazza della Repubblica. Tlj 8h-12h, 15h-20h.* Le chantier de cette imposante *chiesa Madre* fut lancé dans la 1re moitié du XVIIe s, sur l'emplacement d'une église normande du XIIe s. Remaniée plusieurs fois, la cathédrale conserve une ***très belle façade de style baroque.*** Intérieur sobre (et non baroque) avec 3 nefs soutenues par des colonnes massives et une coupole surplombant un chœur en briques apparentes, comme s'il était inachevé. Une couleur qui lui confère un aspect chaleureux. Et puis des toiles des XVIIe-XVIIIe s, ainsi que des sculptures d'Antonello Gagini et de son fils Giandomenico. En sortant, jetez un petit coup d'œil à droite vers le ***palazzo VII Aprile 1860,*** ancienne loggia de 1576, modifiée au XVIIIe s, puis coiffée d'une horloge au XIXe s.

Via XI Maggio *(plan B2)* **:** en remontant cette rue depuis la cathédrale vers la porta Nuova, on s'engage dans la sacro-sainte trajectoire de la *passeggiata marsalese*... Face au nº 98, imposante ***tour quadrangulaire du XVIe s,*** vestige du monastère bénédictin de San Pietro. Au nº 48, le ***palazzo Nuccio*** du XVIIIe s est surtout notable pour ses balcons ouvragés. Au nº 32, très belle façade du ***palazzo Fici*** du XVIIIe s, de style Renaissance avec des motifs baroques... massif à souhait ! Au nº 15, le ***palazzo Spano Burgio*** du début du XXe s, très nouveau riche avec ses balcons à balustres, colonnes à chapiteaux corinthiens et frontons. On aboutit ensuite à la ***porta Nuova,*** vestige de la muraille qui enserrait la ville au XVe s. Une porte totalement remaniée en 1789. Juste en traversant le viale Isonzo, le ***Cine Impero,*** dont le style pour le moins massif célèbre le temps où le Duce « s'voyait déjà en haut de l'affiche » !

Museo e parco archeologico regionale Lilibeo *(plan A2)* **:** *lungomare Boeo, 30. ☎ 092-395-25-35. • parco.archeo.lilibeo@regione.sicilia.it • parcolilibeo.it • Museo : tlj 9h-18h30 (13h30 dim et j. fériés), sauf lun ; area archeologica : tlj sauf lun 9h-coucher du soleil. Horaires variables. Entrée : 4 €, incluant l'accès à l'espace archéologique extérieur ; réduc ; gratuit moins de 18 ans. Feuillet en anglais, certains panneaux explicatifs en français.*

– ***Le parc archéologique*** *(parco archeologico)* **:** c'est en partie sur ce promontoire du *capo Boeo* que s'étendait l'antique Lilibeo (Lilybée), la cité mère à l'origine de la ville actuelle de Marsala. De longs remparts la protégeaient des attaques ennemies. Le parc archéologique consiste en un vaste champ d'herbes folles étendu sur 28 ha ! Mais à vrai dire, rien de très évocateur pour les non-spécialistes. On voit néanmoins un bout de ***voie romaine*** transformée un temps en cimetière, ainsi qu'une ***domus*** et ses restes de mosaïques... Plus près du musée, sous l'église San Giovanni, on peut aussi jeter un œil à la ***grotta della Sibilla*** *(mar-ven 9h-13h seulement),* une cavité rocheuse où coule une source. C'est là que les archéologues ont exhumé la statue de la petite Vénus que l'on voit au musée.

– Le ***musée*** comprend 2 grandes salles qui occupent le *baglio Anselmi,* ancien établissement vinicole du XIXe s.

– Dans la ***1re salle,*** à droite de la billetterie, on découvre d'abord les quelques restes de la ***Nave Punica.*** Il s'agit d'un navire coulé lors de la 1re guerre punique. Présentés dans un berceau métallique, c'est fou comme quelques fragments

CICERON À LILYBÉE : « J'ACCUSE ! »

À l'époque romaine, les villes de Sicile devaient verser un impôt à Rome. Il y avait 2 questeurs (percepteurs du fisc), l'un basé à Syracuse, l'autre à Lilibeo (Lilybée, ancienne Marsala). C'est dans cette dernière cité que Cicéron fut nommé pendant 2 ans (76-75 av. J.-C.). Il avait déjà le goût des plaidoiries. Pour dénoncer la cruauté, l'avidité et la concussion de Verrès, gouverneur de l'île, il écrivit les Verrines, une charge terrible contre cet homme politique sans scrupule. Le réquisitoire de Cicéron fut si violent que Verrès préféra s'exiler.

permettent d'imaginer ce bateau de 35 m de long pour 120 t, construit 3 siècles avant notre ère et propulsé par 68 rameurs (2 par aviron) ! Tout autour une ***impressionnante collection d'amphores*** repêchées à l'ouest de Marsala, ainsi que des bijoux en or (IIIe-IIe s av. J.-C.) retrouvés à faible profondeur à une encablure de la côte. Dans une salle attenante, un autre navire romain, la ***Nave di Marausa*** du IIe s av. J.-C. Petit film. Dans une vitrine, les clous en bronze d'époque.
– Dans l'***autre salle,*** à gauche de la billetterie, l'une des pièces majeures demeure la *statuetta di Venere,* une petite ***Vénus en marbre*** d'époque romaine (Ier-IIe s). Dans la même salle, de nombreuses terres cuites et des gardiens qui matent leur portable. Parmi les nombreux autres vestiges archéologiques, voir les stèles et autres urnes funéraires puniques – d'inspiration égyptienne pour certaines – provenant du *tophet* (cimetière pour enfants) de Mozia (VIe-Ve s av. J.-C.), ou romaines (IIIe-Ier s av. J.-C.), certaines ornées de fresques remarquablement conservées !

Manifestation

– ***Procession du Jeudi saint :*** *à partir de 13h.* Un événement à forte coloration théâtrale avec une procession de 2 km animée par des figurants en costume, dans la tradition espagnole. À ne pas manquer !

DANS LES ENVIRONS DE MARSALA

LES SALINES ETTORE ET INFERSA ; L'ÎLE DE MOZIA

S'ils arrivent du nord, les routards musardeurs quitteront la monotone SP 21, au sud de l'aéroport de Birgi, pour rejoindre les salines qui s'étendent face à la ***lagune du Stagnone,*** fermée par l'*isola Grande.* Sans le bouquet d'arbres qui pousse en son milieu, on ne distinguerait qu'à peine l'***île basse de Mozia*** au large des marais salants. Des *moulins à vent,* qui servent à pomper l'eau d'un bassin à un autre, ponctuent ce paysage tout blanc. De quoi mettre un peu de sel dans les paysages d'une côte autrement un peu fade.

Un peu d'histoire

Ancienne colonie carthaginoise, l'île de ***Mozia,*** également appelée ***San Pantaleo,*** occupe le cœur de la réserve naturelle des îles Stagnone. Fondée par les Phéniciens au VIIIe s av. J.-C., *Mothie,* qui signifiait « marais », connaît, de par sa situation géographique, un rapide essor commercial. Malgré l'implantation des Grecs en Sicile (VIe et Ve s av. J.-C.), les affaires vont prospérer, car la ville est bien fortifiée, et son emplacement lui permet de naviguer jusqu'à Carthage sans devoir longer les côtes ennemies. Du coup, la petite île devient le centre de la résistance carthaginoise... jusqu'à ce que Denys Ier, habile stratège et tyran de Syracuse, ne jette son dévolu sur toute la Sicile. Grâce à d'audacieuses manœuvres militaires, le tyran s'empare de Mozia en 397 av. J.-C. Les survivants du massacre s'enfuient sur la côte et fondent Lilibeo, l'actuelle Marsala.
On peut encore voir une partie importante du mur d'enceinte de 2 375 m qui corsetait Mozia, laquelle était reliée au continent par une chaussée dallée, aujourd'hui recouverte par les eaux, mais qui fut utilisée jusque dans les années 1970 par des attelages hippomobiles.

Arriver – Quitter

Bateaux pour l'île de Mozia

Départs depuis 2 embarcadères, séparés d'env 1 km. Dans un cas comme dans l'autre, compter env 5-6 € (l'A/R) et 10 mn de traversée.

➢ ***Imbarcadero storico G. Whitaker :*** desservi par la compagnie *Arini e Pugliese* (● *ariniepugliese.com* ●). Tte l'année : avr-oct, 10h-14h, 15h-19h ; nov-mars, 9h-15h. Départ ttes les 30 mn. Parking gratuit.

➢ ***Imbarcadero museo Ettore e Infersa*** *(au niveau du musée des Salines)* **:** plutôt celui des groupes, il est desservi par la compagnie *Mozia Line.* Départ ttes les 30 mn 9h15-18h30 avr-oct, jusqu'à 14h seulement nov-mars. Parking gratuit.

Où manger ? Où boire un verre dans le coin ?

Lupa Beach : *via Baia dei Fenici, 91025.* 349-433-72-78. ● *lupabeach13@gmail.com* ● *Ouv avr-oct, tlj 11h-23h (ferme plus tôt hors saison). Résa conseillée le soir.* Pane cunzatu *3,50 € ; plats 7-14 €.* Un emplacement privilégié face à la lagune. Pour un déj vite fait bien fait, une tranche d'espadon grillé, une salade ou un plat de pâtes. Bien aussi pour une flûte de *prosecco* ou un cocktail au coucher du soleil. Un must !

À voir. À faire

Excursion en bateau : *avec* ***Saline della Laguna,*** *au niveau du musée des Salines.* 338-786-04-74. ● *salinedellalaguna.it* ● *Départ ttes les 30 mn 9h30-18h (à partir de nov jusqu'à 15h seulement). Compter 1h et 10 €/pers ; réduc.* À bord de petites embarcations à fond plat couvertes, tour de la *laguna del Stagnone* : de l'eau, des oiseaux, des salines, des moulins à l'horizon et les îles Santa Maria, Grande et Schola.

Jamakite : *contrada Spagnola, 112a (à 500 m de l'imbarcadero storico en allant vers Marsala).* 329-876-71-11. ● *jamakite.com* ● *Avr-oct seulement.* Location de kayaks, *windsurfs*, *wingfoils*, kitesurf et *paddle.* Propose aussi des cours de kitesurf.

Les salines Ettore et Infersa : *contrada Ettora Infersa.* ☎ 092-373-30-03. ● *salinedellalaguna.it* ● *À 10 km au nord de Marsala et 20 km au sud de Trapani. Musée ouv tlj 9h30-20h en juil-sept ; jours et horaires variables le reste de l'année (voir leur site). Entrée du musée seul (Mulino d'Infersa) : 8 € ; réduc. Visites guidées des salines au moins 5 fois/j. en juil-août, 2-3 fois/j. mars-juin et sept-oct, de préférence sur résa ; compter 1h et 16 €.*
Ces salines produisent un sel complet, riche en iode, fluor, magnésium et potassium. Des monticules recouverts de tuiles sont visibles au moment de la récolte, de juillet à septembre. Le Mulino d'Infersa, le plus grand des moulins à vent (de type hollandais), se dresse au bout de la digue. Il renferme un petit musée qui présente les techniques liées au ramassage du sel, au travers d'objets et de vidéos. Une visite instructive mais il est finalement plus intéressant de faire la visite guidée, notamment le soir, quand le soleil couchant enflamme l'horizon.

L'île de Mozia : ***accès à l'île et au musée Whitaker*** *(auquel il faut ajouter le prix du bateau) 6 € ; réduc ; gratuit moins de 4 ans.* Des chemins plus ou moins bien balisés permettent de découvrir à pied cette petite île plate de 45 ha, peuplée de souvenirs antiques et de lézards verts. Son ***emplacement idéal pour les marchands*** phéniciens et carthaginois facilitait les échanges maritimes. Un port naturel fut creusé, et un rempart de plus de 2 km ceinturait et protégeait la

cité. Aidez-vous du plan disponible au musée *Whitaker* (voir ci-après), qui pointe et commente un peu les différents sites. Allez au moins jusqu'à la porte sud (à 5-10 mn à pied du musée), où se trouvent les vestiges d'un temple (le « Kothon ») du VIIIe s av. J.-C., ***dédié au dieu phénicien Baal.*** Pour l'anecdote, savez-vous que Baal faisait souvent partie des noms propres des Carthaginois. Baal signifie « Monsieur ». Hannibal veut dire le « Baal favori », Hasdrubal « le Baal serviteur ».
On peut aussi se rendre à la porte nord, d'où partait la route qui traversait la lagune (à sec à l'époque) au Ve s av. J.-C.
Disséminés autour d'un vaste vignoble, les vestiges de sanctuaires, habitats et nécropoles sont tout de même assez décevants et peu entretenus.
Néanmoins, l'atmosphère de l'île peut justifier la balade, même si ça reste un peu cher pour ce qu'il y a à voir !

Museo Whitaker : *sur l'île de Mozia. ● museodimozia.it ● fondazionewhitaker.it ● Avr-oct, tlj 10h-14h, 15h-19 ; nov-mars, tlj 9h-15h. Explications en italien et en anglais ; brochure en français.*
Une visite qui intéressera surtout les amateurs d'Antiquité. Au début du XXe s, des fouilles importantes ont été entreprises à Mozia par l'Anglais ***Joseph (Giuseppe) Whitaker,*** un riche homme d'affaires palermitain. Passionné d'archéologie, il racheta l'île et s'y installa quasiment jusqu'à sa mort en 1936.
Outre d'innombrables stèles, masques en terre cuite, cratères et céramiques grecques, perles, pièces de monnaie et objets phéniciens fort bien conservés, on peut y admirer une sensuelle statue de marbre dite du ***Jeune de Mozia*** *(Giovane di Mozia),* excavée dans le nord de l'île en 1979. Elle représente un éphèbe, haut de 1,81 m (sans les pieds). Selon les experts, le marbre de cette qualité proviendrait d'Anatolie et serait le même que celui utilisé à Éphèse. D'attendre si longtemps enfoui sous des gravats, les bras lui en sont tombés !
Considérant ses membres en moins, les experts se perdent en conjectures sur l'identité de ce jeune homme : était-il un magistrat punique, un aurige (conducteur de chars) ou une divinité (Hercule) ?
Plus loin, une maquette reconstitue la conquête de Mozia par le tyran Denys de Syracuse en 379 av. J.-C. Enfin, une sculpture représentant 2 lions, parfaitement symétriques, s'attaquant à ce qui semble être un taureau.

MAZARA DEL VALLO

(91026) 52 000 hab.

● Plan *p. 182-183*

À environ 20 km de Marsala, au débouché d'un paysage de vignes et de moissons d'où émergent çà et là les clochers des églises et les *bagli* (fermes fortifiées), Mazara del Vallo mérite à bien des égards une petite halte. Née d'une implantation phénicienne, la ville devient très tôt un centre privilégié pour les échanges culturels et commerciaux. Une situation exceptionnelle, que mettent à profit Grecs, Carthaginois, Romains, Byzantins

QUAND LA CREVETTE DE MAZARA FAIT SA LOI

Mazara s'est rapidement imposée dans la gastronomie mondiale grâce à une toute petite bestiole : l'Aristaeomorpha foliacea, qui n'est autre que le célèbre gambero rosso di Mazara. Une crevette rouge destinée au monde de la « haute cuisine » et adoubée par les chefs du monde entier. Summum du raffinement en matière de goût, elle a même donné son nom à un célèbre guide culinaire : le Gambero Rosso !

et Arabes. C'est d'ailleurs sous la domination de ces derniers que la ville deviendra un centre de rayonnement culturel de 1er ordre... avant que les Normands n'y établissent leur 1er parlement dès 1097, ainsi que le plus vieil évêché de Sicile... Et le défilé des cultures continue : arrivent ensuite les Souabes, les Angevins, les Espagnols, pour finir avec les Bourbons. On ne s'étonnera donc pas de voir la ville teintée d'autant d'influences dans l'architecture, les arts décoratifs, la langue ou encore la cuisine. Cité à vocation maritime, comme en témoignent les chantiers navals et les bateaux de pêche (1re flotte d'Italie), Mazara est aussi une ville historique. À découvrir à pied de placette en placette, au fil des ruelles bordées de palais et d'églises. Une belle endormie qui s'éveillera volontiers au rythme de vos pas !

Arriver – Quitter

En bus

Arrêt des bus** (hors plan par D1) :* derrière l'hôpital, via Casa Santa (face au nº 71) pour ***Salemi *(● autoservizisalemi.it ●)* ; à la station-service *Q8* sur la SS 115 pour ***Lumia*** *(● autolineelumia.it ●)* et ***AST*** *(● aziendasicilianatrasporti.it ●).* Avoir son billet ou de la monnaie pour le prendre dans le bus. Aucun bus urbain pour rejoindre le centre-ville !

➢ ***Marsala** (35 mn) et **Trapani** (2h) :* 2 bus/j. sauf dim avec *AST,* plus 3 bus/j. sauf dim avec *Lumia.*

➢ ***Palerme** (1h50) :* env 12 bus/j. (5 le dim) avec *Salemi.*

➢ ***Castelvetrano** (site archeologique de Sélinonte ; 45 mn) :* 2 bus/j. sauf dim avec *AST.*

➢ ***Sciacca** (1h) et **Agrigento** (env 2h10) :* 3 bus/j. (1 le dim) avec *Lumia.*

En train

***Stazione** (plan D2) : piazza A. de Gasperi. ● trenitalia.com ●* Jolie petite gare. Pas de consigne à bagages mais un guichet pour une fois !

➢ ***Marsala** (20-30 mn), **Trapani** (1h) :* 5 trains directs/j. (4 le dim).

➢ ***Castelvetrano** (25 mn) :* 5 trains directs/j. À Castelvetrano, bus pour le ***site archéologique de Sélinonte.***

➢ ***Palerme** (3h10-4h) :* 4-5 trains/j. avec au moins 1 changement à ***Piraineto.***

Circulation et stationnement

Les ruelles du *centro storico* ne se visitent qu'à pied. Heureusement, il y a un grand ***parking central gratuit*** piazzale G. B. Quinci *(plan A3).* Sinon, 2 ***parkings payants*** : via Tenente Gaspare Romano, 13 *(plan C2)* et au niveau de la gare ferroviaire *(plan D2).*

Où dormir ?

Camping

***Camping Biscione** (hors plan par C1, **11**) : via dei Pescatori, 19, à **Petrosino.** ☎ 092-373-14-44. 📱 333-110-46-33. ● info@campingbiscione.com ● campingbiscione.com ● À mi-chemin entre Marsala et Mazara. Ouv tte l'année. Compter 19-25 € pour 2 avec tente et voiture, électricité et douche chaude comprises. Café offert sur présentation de ce guide.* Situé à 250 m de la plage de Biscione (sable), un modeste camping engazonné sous les palmiers, qui a le mérite d'être à taille humaine et bien tenu. L'ombre est aussi au rendez-vous. Resto-bar-pizzeria en été.

De bon marché à prix moyens

***B & B Cortile Sant'Agostino** (plan C2, **12**) : via Sant'Agostino, 25.*

LA SICILE AFRICAINE

NORD
Chiesa di San Francesco
Miniature di Mazara
MONDELLO PASQUALE
PIAZZA PORTA PALERMO
PIAZZA REGINA
LA CASBAH
14
Largo Dello Scal
Mercato Ittico
30
FIUME MAZARO
Molo Comunalete Caito
PIAZZA MODICA
Chiesa San Nicolò Regale
PIAZZA SAN BARTOLOMEO
PIAZZA CHINEA
PIAZZA E. DITTA
PIAZZA IMMACOLATA
PIAZZA S. VENERANDA
22
PIAZZA S.TERESA
21
23
Museo del Satiro
PIAZZA PLEBISCITO
Collegio dei Gesuiti Museo civico
PIAZZA DELLA REPUBBLICA
Teatro Garibaldi
Museo diocesano
Cattedrale
31
Villa Iolanda
PIAZZALE G. B. QUINCI
Lungomazaro Ducezio
Via Isola delle Femmine
Via Rosalino Pilo
Via Mattana e Guido
Via Epifanio Barracco
Via Gian Giacomo Adria
Via B. Mandina
Via Epifanio
Via Verona
Via Leto
Via Mantova
Via Fiorentino
Via Dante
Corso Vittorio Veneto
Via Monteverde
Via San Francesco
Via Bambino
Via Pilazza
Via Abate Calia
Via della Barca
Via Bagno
Via Porta Palermo
Via del Turco
Via Selinunte
Via Pantelleria
Via Favignana
Via Pescatori
Via N. Cozzo
Via Sferracavallo
Via Goti
Via della
Via Marina
Via S. Nicol
Via Paolo Ferro
Vicolo Giattino
Via Maddalena
Via San Michele
Via Giuseppe Garibaldi
Via Pino
Via Audino Monsignor
Via Bosco
Via San Giovanni
Via San Vito
Via Santa Teresa
Via Itria
Via Dell'Arco
Via del Carmine
Via Plebiscito
Via Dell'Orologio
Via Nicolò Tortorici
Via Conte
Lungomare Giuseppe Mazzini
0
100
200 m
A
B
1
2
3

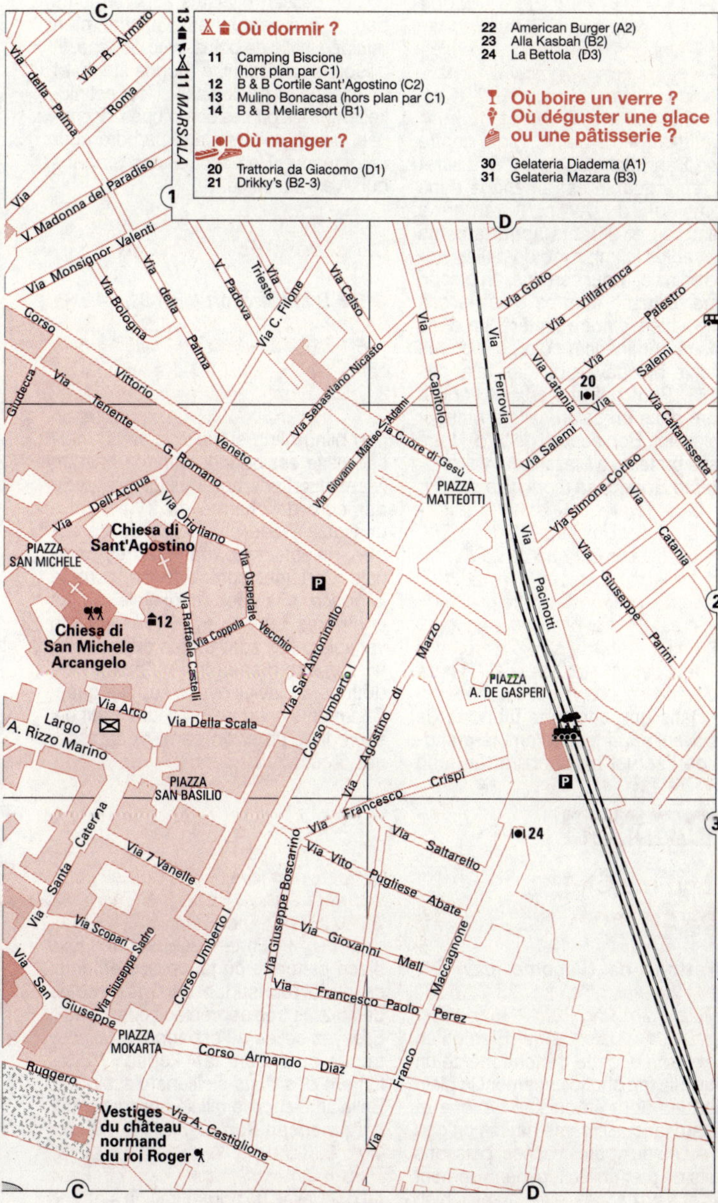

MAZARA DEL VALLO

380-202-74-14. ● cortilesantagostino@gmail.com ● cortilesantagostino.it ● Congés : déc-mars. Doubles 60-80 € et apparts (2-4 pers) 80-110 €. Sur résa en direct, réduc de 10 % sur le prix de la chambre (hors août) sur présentation de ce guide. Blotti contre l'église San Michele, ce *B & B* discret mais remarquable est aménagé dans une maison du XVe s. Il renferme 6 chambres et 2 petits appartements impeccables (clim), avec de belles salles de bains et, pour certains, un balcon ou une terrasse comme c'est le cas pour le « bleu », notre préféré. La déco est claire, lumineuse, colorée, comme rafraîchie et égayée par les faïences ici et là. Petit déj copieux et varié à prendre dans un salon-salle à manger très plaisant. Bon accueil de Vito. Notre adresse préférée à Mazara del Vallo !

Mulino Bonacasa *(hors plan par C1,* ***13****) : via degli Archi, 1. 348-522-22-87. ● stefanobonacasa1958@gmail.com ● Sortir du centre par la via Roma, qui se transforme en via Marsala, puis à la fourche, prendre à droite (via degli Archi), c'est un peu plus loin à gauche. Tte l'année. Apparts 50-65 € pour 2 ; également des apparts jusqu'à 4-5 pers à 60 € en basse saison (oct-avr). Parking clos.* Dans une ancienne fabrique de pâtes ayant appartenu à l'arrière-grand-père de l'actuel propriétaire, un long couloir dessert 6 vastes appartements pour 2 à 5 personnes. Cuisine bien équipée, salle de bains avec douche, lit double en mezzanine (bonne literie) et un canapé en partie basse. Tout est nickel. Dans les parties communes, cheminée, piano, guitare. Jardin arboré pour se détendre. Bon accueil des proprios qui vivent sur place.

De plus chic à très chic

B & B Meliaresort *(plan B1,* ***14****) : via Bagno, 2. ☎ 092-390-64-97. 335-125-01-00. ● residencemelia@gmail.com ● meliaresort.it ● Réception au 7, vicolo Vipera, ouv seulement 15h-20h. Doubles 100-200 €.* Le nom est un peu bling-bling et vide de sens, mais l'adresse est bonne. Dans la casbah (vieux quartier arabo-musulman), cette demeure de charme du XVIIe s offre une dizaine de chambres de caractère, meublées de manière très originale. Certaines sont à thème, comme la *gotica,* à la déco médiévale, ou les chambres Liberty et 1900. De taille variable, elles sont toutes climatisées, la plupart disposent même d'une douche à clavier hyper sophistiquée. Charmante courette intérieure. Petit déj servi dans un salon garni de tapisseries. Accueil charmant.

Où manger ?

De bon marché à prix moyens

Trattoria da Giacomo *(plan D1,* ***20****) : via Salemi, 23a. ☎ 092-393-38-74. Tlj sauf dim soir. Plats 9-15 €, sinon menu fixe 17 € pour 2 pers.* Bien qu'un peu excentrée, cette trattoria mérite un détour. Elle fait quotidiennement le plein d'habitués pour sa cuisine typique et sans fard (accueil même parfois un peu sec). Au menu : pâtes variées, poissons et fruits de mer grillés... généreusement servis et à prix sages, avec du pain bien croustillant (et même pas facturé !). Salle typique et animée. Le bon plan le midi.

Drikky's *(plan B2-3,* ***21****) : piazza Plebiscito, 6. ☎ 092-390-61-74. Ouv ts les soirs, plus le midi mar et jeu. Fermé mer hors saison. Pizze 5-7 € (29 cm), le double pour une familiale (45 cm) ; plats 9-14 €.* En terrasse, sur une jolie place piétonne où jouent les enfants, ce resto touristique sert néanmoins des pizzas très appréciées des locaux. Essayez celles à l'espadon, à la poutargue ou encore la « kebab » ! Également des plats siciliens classiques. Belle ambiance familiale qui nous plaît.

American Burger *(plan A2,* ***22****) : via Molo C. Caito, 43. ☎ 092-319-573-69. Tlj sauf dim midi. Moins de 10 €.* Face au port, avec un nom pareil on s'attend au pire... Mais non, on y sert de bons burgers de qualité. Quelques autres petits plats aussi, comme le crabe à la bière ou la friture de poisson. Pour changer des plats habituels, pourquoi pas ? Excellent accueil.

De prix moyens à plus chic

La Bettola (plan D3, **24**) : *via Franco Maccagnone, 32. ☎ 092-394-64-22. • ristorantelabettola@hotmail.it • Tlj midi et soir, sauf mer. Compter env 40 €.* Depuis 1972, près de la gare, ce resto a maintenu sa ligne de conduite, perpétuant une bonne cuisine régionale, servie dans un décor patiné de boiseries, et de vieilles affiches publicitaires. On se régale de savoureux plats mitonnés dans la tradition, où poissons et fruits de mer dominent la carte. Bons desserts maison et petite carte des vins. Accueil souriant.

Alla Kasbah (plan B2, **23**) : *via Itria, 10. ☎ 092-390-61-26. • allakasbah@hotmail.it • Tlj midi et soir, sauf mer hors saison. Plats 15-18 € ; sélection de 9 antipasti 20 €.* Pour un bon couscous, c'est l'endroit. Il est proposé au poisson, bien sûr, mais aussi à l'agneau ou en version végétarienne. À déguster sur les quelques tables dans la ruelle (aux beaux jours) ou en salle. Ne pas négliger pour autant les plats de tradition sicilienne annoncés chaque jour de la (belle) écriture de Giovanni, le patron.

Où boire un verre ?
Où déguster une glace ou une pâtisserie ?

Gelateria Diadema *(plan A1, **30**) : piazza Regina, au bout du port. Tlj 7h15-2h, voire plus tard en été. Fermé jeu hors saison.* Un kiosque populaire depuis 1943. Serveurs dans leurs jolis tabliers de couleur, sympa et pleins d'humour. Une trentaine de parfums dont le *gelso* (fruit du mûrier) et la *cassata*.

Gelateria Mazara *(plan B3, **31**) : via Porta del SS. Salvatore, 12. • gelateriamazara@gmail.com • Tlj sauf mar 6h-minuit.* L'autre bon glacier de la ville, où l'on peut s'installer sur une agréable terrasse face à la mer. Également du salé (qu'on vous fera réchauffer) et des pâtisseries toutes plus tentantes les unes que les autres. L'occasion de faire une pause gourmande !

À voir

Cattedrale (plan D-C3) : *piazza della Repubblica. Tlj 8h30-12h, 16h-19h.* ***En cours de lifting lors de notre passage.*** Élevée au rang de basilique mineure en 1980 par Jean-Paul II, la cathédrale de Mazara domine la place. Elle se remarque à ses 2 coupoles juxtaposées, l'une plus grande que l'autre, couvertes de céramique verte. Bâtie au XIe s, ***elle fut entièrement remaniée à la fin du XVIIe s.*** De la construction primitive il reste l'abside que l'on peut voir en passant sous le porche à l'arrière. Côté façade (et jardin), au-dessus du portail principal, une sculpture représente le comte normand Roger d'Hauteville piétinant un Sarrasin avec son cheval, tel saint Georges terrassant le dragon... À l'intérieur, ***invraisemblables fresques emberlificotées*** en trompe l'œil et des statues d'angelots suspendues au-dessus de l'abside. Voir aussi le maître-autel en argent, des statues de Domenico Gagini représentant la Transfiguration, et une croix peinte du XIIIe s.

Museo diocesano (plan B3) : *piazza della Repubblica, 16. • museodiocesanomazara.it • Mar-jeu 10h-12h30 ; plus ven-sam 16h30-18h30 ; ouv sur résa dim. GRATUIT, contribution libre.* Il rassemble une collection d'objets liturgiques allant du XIVe au XIXe s. Voir notamment ce splendide ostensoir en argent représentant un griffon ailé (XVIIe s), incrusté de diamants et saphirs. Et côté statuaire : *il Monumento Montaperto* de Domenico Gagini (XVe s), l'étrange *Santa Caterina* avec son épée à la ceinture, ainsi qu'un curieux christ en marbre rose veiné d'Ignazio Marabitti (XVIIIe s).

Piazza della Repubblica *(plan B3)* **:** elle a de l'allure, cette place au cœur de la vieille ville, bordée par la cathédrale et l'ancien *séminaire*. Celui-ci est l'œuvre de l'architecte **Giovanni Biagio Amico** (1744). Remarquer sa façade à double galerie superposée, avec portique et loggia. En face, au coin de la place, le *palazzo Vescovile* avec ses arcades grillagées au niveau de la loggia. Quant au bâtiment de la mairie, sa disgrâce architecturale contribue finalement à sublimer ses petits voisins, dont la cathédrale !

Museo del Satiro danzante *(plan B3)* **:** *piazza Plebiscito. ☎ 092-393-39-17. 335-795-73-99. • satiro.selinunte@gmail.com • (musée adapté aux non-voyants). Installé dans l'ancienne chiesa di Sant'Egidio. Tlj sauf lun 9h-19h15 (dernier billet). Entrée : 6 € ; réduc ; gratuit moins de 18 ans.*
Comme son nom l'indique, la pièce majeure de ce petit musée est la **statue du Satyre dansant** *(Il Satiro danzante)*, l'une des rares œuvres d'art en bronze qui nous soient parvenues de l'Antiquité (à l'époque, on préférait utiliser le bronze pour forger des armes !). Elle aurait été probablement réalisée entre le IVe s av. J.-C. et le Ier s apr. J.-C. par le grand sculpteur grec Praxitèle (c'est une hypothèse). Le plus étonnant est sa découverte par des marins pêcheurs de Mazara del Vallo. Des photos rendent hommage à ces marins qui repêchèrent la statue. Ils remontèrent d'abord une jambe (1997), puis le corps l'année suivante !
Le *Satyre* pèse 108 kg et mesure 2,10 m. On le reconnaît à ses oreilles pointues et l'emplacement laissé vacant pour sa queue. Le fait qu'il soit représenté dansant laisse supposer que le facétieux personnage – un bâton à rubans dans une main et un verre de vin dans l'autre – avait un peu de vent dans les voiles ! Dans un de ses ouvrages, Pline parle des satyres en état d'ébriété et d'extase hypnotique *(Periboetus)*. Des historiens pensent qu'il aurait été sculpté pour célébrer le triomphe des Romains en Syrie et en Palestine (64-63 av. J.-C.). La sculpture aurait ensuite été fixée à une galère romaine en provenance de Grèce, et celle-ci aurait coulé...
Autre pièce à admirer, cette belle patte d'éléphant en bronze – partie d'une statue grandeur nature – trouvée au fond de la mer, et datée entre le IIIe s av. J.-C. et le Ier s apr. J.-C. Les œuvres exposées sont entourées d'une collection d'amphores de tous styles et provenances.

LA SICILE AFRICAINE

Collegio dei Gesuiti – Museo civico *(plan B3)* **:** *piazza Plebiscito, face au museo del Satiro danzante. Tlj 9h-13h, 16h-19h, sauf dim-mar. GRATUIT.* Un élégant porche (XVIIe s) agrémenté d'atlantes très expressifs et d'un bas-relief donne accès à une belle cour intérieure à portique, bordée par les salles du **Museo civico**. Avec ses vestiges archéologiques, vaisselle précieuse, meubles anciens et œuvres de peintres locaux (provenant de donations de riches familles locales), il abrite une belle collection à découvrir. En ressortant, voir, juste à côté, la **chiesa San Ignazio**, toute ronde, dont l'intérieur baroque en ruine, où les *putti* rappellent les décors recherchés par les peintres du XVIIIe s...

Teatro Garibaldi *(plan A3)* **:** *via del Carmine, 15. ☎ 093-67-14-05. Tlj 8h30-13h30, 15h30-18h30 ; horaires réduits dim et j. fériés. GRATUIT.* Au départ des Bourbons, en 1848, les habitants de Mazara entamèrent la construction de ce petit théâtre de 90 places seulement. On employa alors le bois, comme pour fabriquer un banal bateau ; le but étant que le lieu ne doive rien à quelque riche et noble mécène, mais soit une œuvre purement populaire ! Son 1er nom fut d'ailleurs « Théâtre des Gens », avant que ne s'impose celui de « Théâtre Garibaldi » en 1862. Tout est charmant : les loges ornées de velours cramoisi, les baignoires, la scène. Le mieux étant quand même de le découvrir à l'occasion d'un spectacle.

Le quartier de la casbah *(plan A-B1)* **:** Mazara fut autrefois une ville arabe et ce quartier n'a jamais cessé d'être habité depuis. Rappelons que ***Mazara demeure aujourd'hui encore l'une des principales portes d'entrée pour les migrants africains,*** dont la grande majorité est employée dans l'industrie de la pêche ou dans l'agriculture. Cependant, si vous êtes sensible à l'ambiance des villes nord-africaines, vous risquez d'être un peu déçu car il ne s'agit là que d'une casbah

« dortoir » sans trop de commerces et, par conséquent, sans l'effervescence qui caractérise ce genre d'endroit, même si on y entend encore l'appel du muezzin. Cela dit, la balade n'en est pas désagréable pour autant, grâce notamment à de nombreuses œuvres d'art (en céramique ou en matériaux de récup) exposées sur les murs, souvent enrichies de citations philosophiques. Dernière chose, évitez d'y aller un lundi car tout est fermé.
Du côté du port, via molo C. Caito, se dresse la ***chiesa San Nicolò Regale*** *(plan A2)*, à l'endroit même où se trouvait une mosquée construite en 827. C'est d'ailleurs le seul édifice arabo-normand de la ville, une petite église cubique très massive, hérissée de créneaux, avec 3 absides tout juste marquées, et aucun clocher. Vraiment étonnante !

Chiesa di San Francesco *(plan B1)* **:** *piazza San Francesco. Tlj 9h30-13h, 17h-20h. Si l'église est fermée, allez à l'atelier* Miniature di Mazara *(voir ci-dessous), sur la place, où Ignacio Auguanno vous ouvrira la porte.* Cette église baroque est sans doute l'***une des plus belles de Sicile !*** À l'intérieur, les stucs explosent en *putti* et chérubins dans une exubérance de feuilles d'acanthe, le tout papillonnant autour de quelques statues de saints à l'air sérieux. Un ***décor qui évoque l'allégresse,*** l'élan vital, l'innocence angélique, plus que le péché et le trépas. Le style baroque invite au superflu et la fantaisie, à une certaine gaieté divine. L'église renferme aussi une crypte montrant quelques vestiges des fresques de l'ancien sanctuaire, tandis qu'un charmant petit cloître décrépit (XIIIe s) jouxte l'église. Une visite à ne pas manquer !

Miniature di Mazara *(plan B1)* **:** *sur la petite place devant l'entrée de l'église. 328-375-85-45. Tlj 9h30-13h, 15h30-19h. GRATUIT.* C'est un petit atelier-boutique renfermant une collection de miniatures de monuments de la ville. L'artiste local, Ignacio Auguanno, les a réalisées avec des matériaux récupérés et recyclés. La majorité des œuvres sont des églises. Voir la réplique en miniature de l'église di San Francesco.

Chiesa di San Michele Arcangelo *(plan C2)* **:** *piazza San Michele.* ***Ouv seulement le dim,*** *10h-11h pour la messe.* ***Fermé pour travaux lors de notre passage.*** Un autre joyau du baroque, à ne pas rater ! La façade de style néo-Renaissance cache un intérieur richement ornementé. Du lointain XVIIe s, ses bâtisseurs nous ont légué des stucs en guirlandes, en rocailles, en couronnes, que les décorateurs du XVIIIe s ont eu la chance de dorer ; superbe ! Des galeries latérales grillagées du plus bel effet préservent des regards les sœurs bénédictines du couvent adjacent lorsqu'elles assistent à l'office. Notez aussi le superbe ciboire sculpté par Antonello Gagini.

Sur le front de mer, piazza Mokarta, quelques vestiges rénovés du ***château normand du roi Roger*** *(plan C3)*, dont il subsiste une fenêtre...

DANS LES ENVIRONS DE MAZARA DEL VALLO

SALEMI *(91018 ; env 11 000 hab.)*

À 25 km au nord-est de Mazara del Vallo, accessible par l'A 29. Charmante petite ville surplombant un arrière-pays de vignobles qui prend parfois des allures de Toscane. Oubliez la voiture pour en parcourir les ruelles pleines de jolis témoignages du passé. En 1968, le violent tremblement de terre qui ravagea la vallée du Belice fit de nombreux morts à Salemi.

SALEMI, UNE CAPITALE ÉPHÉMÈRE

Salemi n'en est pas peu fière : lorsque Garibaldi débarqua en Sicile, en 1860, afin de provoquer une insurrection générale contre le royaume de Naples, c'est le conseil municipal de Salemi qui lui donna ses pouvoirs au nom de Victor Emmanuel II de Savoie. Sur la tour locale flotta le 1er drapeau tricolore, faisant ainsi de Salemi la 1re capitale de l'Italie.

LA SICILE AFRICAINE

Adresse utile

Ufficio turistico (Pro Loco) **:** piazza della Libertà. ☎ 092-498-14-26. • salemionline.it • À l'entrée de la ville historique. Tlj 9h-13h, 16h-20h (l'ap-m seulement 15h-19h hors saison).

Où manger ?

A Chiazza : piazza Dittatura. 📱 333-700-86-82. À côté de la chiesa Sant'Agostino. Tlj 7h-21h (plus tard le w-e). Moins de 10 €. Cette *champagneria* (cave à *prosecco*), tenue par une bande de jeunes, est idéale pour un petit break-grignote lors de la visite du centre historique. L'occasion de goûter les *biscotti foglio da tè* (biscuits feuilles de thé), une tuile au goût inimitable, spécialité de la ville.

À voir

Museo civico Città di Salemi : via Francesco d'Aguirre. Depuis le parvis de la chiesa Madre, descendre la via F. d'Aguirre. ☎ 092-498-23-76. Tlj sauf lun 10h-13h30, 15h (15h30 dim)-18h30 (19h30 en été). Entrée : 5 € ; réduc.
Une seule entrée pour 4 musées dans des domaines si contradictoires et opposés par leur thème ! On commence par le ***musée d'Art sacré,*** bien dans son élément au sein de cet ancien collège jésuite du XVIIe s. On y voit des pièces religieuses de belle facture, récupérées dans les églises victimes du tremblement de terre de 1968. Parmi elles, une très belle *Adoration des Mages* (XVIIe s). Elle précède une exposition sur les débuts du christianisme. Entre autres pièces remarquables, une Vierge et saint Joseph d'***Antonello Gagini*** et une superbe Madone à l'Enfant de ***Francesco Laurana.*** *Domenico Gagini,* le papa d'Antonello, signe, lui, un beau *San Giuliano* (reconnaissable à son faucon). Le plus bluffant : une reconstitution fidèle par les Jésuites de la ***Casa della Madonna di Loreto*** (dans la région d'Ancona), à laquelle ils vouaient une sacrée adoration. La visite se poursuit à l'étage avec le petit ***musée du pain rituel*** (vite vu), puis on redescend voir le ***Musée archéologique,*** très épuré ; notez quand même la plus vieille boucle d'oreille en or jamais trouvée (IVe s av. J.-C.). Passer ensuite dans les 2 salles consacrées au ***Risorgimento*** (voir encadré) avec la 1re copie de la constitution écrite à Salemi le 14 mai 1860. Belle galerie de portraits. Enfin, au 1er étage (encore), le ***musée de la Mafia*** donne des pistes pour mieux saisir cette « Pieuvre » qu'on voit partout sans jamais vraiment la comprendre : jeux de pouvoir, rapports avec la politique, la religion, la presse. 13 cabines sombres, grandes comme des cellules, évoquent chacun de ces thèmes, et on finit... au parloir. Une autre salle présente un labyrinthe placardé de coupures de presse retraçant son histoire entre 1860 et 2010, avec en point d'orgue l'année 1993 (assassinat des juges Falcone et Borsellino). Plus loin, un petit film intitulé *Vento di Mafia* explique comment ***le marché de l'éolien est devenu une industrie juteuse pour les mafiosi*** désireux de blanchir de l'argent (plus de 1,3 milliard d'euros d'actifs a ainsi été saisi par la justice). La visite se termine par une émouvante galerie de portraits de victimes de cette organisation criminelle. À ne pas manquer !

Museo del Pane rituale : via Cosenza, 26. 📱 347-041-18-56. • museodelpanerituale salemi.jimdofree.com • De la piazza Libertà, remonter la via Amendola, c'est à gauche. Tlj 10h-20h. Entrée : 2,50 € (+ 1 € la visite guidée).
Ce petit musée présente avec grande simplicité plus de 1 000 pains votifs de la région. Car Salemi est réputée pour sa fête du Pain célébrant San Giuseppe (saint Joseph), le 19 mars. Les habitants décorent des autels métalliques de laurier, de myrte, de pains votifs, d'oranges et de citrons, ***véritables œuvres d'art***

LA SICILE AFRICAINE

symbolisant des éléments païens, religieux ou liés aux travaux des champs. Chaque patelin alentour et chaque fête votive ont leurs propres traditions.

Castello arabo-normanno : *au sommet du village. Accès libre à la cour. Mêmes horaires que le Museo civico ; accès aux expos inclus dans le billet du Museo civico (voir ci-contre).* Rien d'exceptionnel, si ce n'est que 3 de ses massives tours cylindriques ont traversé un millénaire. Juste à côté, les vestiges très parcellaires de la *chiesa Madre,* qui n'a pas supporté, elle, le tremblement de terre de 1968.

NUOVA GIBELLINA *(91024 ; env 4 500 hab.)*

À une trentaine de kilomètres au nord-est de Mazara del Vallo, Nuova Gibellina n'est pas une ville qui laisse indifférent. Pour les amateurs d'art contemporain et d'architecture brutaliste, elle est tout simplement incontournable. Pour les autres, Gibellina a autant de charme qu'un parking de supermarché. Quoi qu'il en soit, elle ravit les photographes amateurs et on y trouve 2 musées d'art très agréables à visiter. Les amateurs de land art, eux, pousseront jusqu'à la Gibellina historique (compter 25 mn en voiture), où « *il Grande Cretto* », une œuvre magistrale d'***Alberto Burri,*** se déploie sur l'intégralité du site rasé par le séisme de 1968. Surprenant !

Un peu d'histoire

En 1968, un terrible tremblement de terre détruisait la vallée du Belice et l'intégralité de la vieille ville de Gibellina, faisant 200 morts à la 1re secousse. 1 an plus tard, un certain ***Ludovico Corrao,*** homme politique pour le moins controversé (assassiné en 2011), s'empara de la mairie et décida de reconstruire la ville à une quinzaine de kilomètres de là, attirant dans son projet de nombreux artistes. Ainsi naquit Nuova Gibellina, sorte d'hymne au béton armé, avec ses rues écartelées à tous vents, ses places vides et ses quartiers semblant en permanence à l'abandon. Depuis, de nombreux adeptes du land art ont œuvré en son sein pour tenter de lui redonner du corps. Mais des 15 000 habitants espérés au départ, seulement 4 500 l'habitent aujourd'hui. Espérons que les 2 musées qui ont dernièrement vu le jour lui confèrent enfin un peu d'intérêt auprès du grand public.

À voir

Museo d'Arte Contemporanea (MAC) Ludovico Corrao : *viale Segesta, 1. ☎ 092-452-48-82. • macgibellina.it • Tlj sauf lun 9h30-13h, 15h-18h (16h-20h en été). Entrée : 7 € ; réduc.* Un musée d'art contemporain tout beau tout grand (8 salles) qui propose au public de découvrir les œuvres d'artistes si ce n'est siciliens, à tout le moins majoritairement italiens. En permanence, une salle consacrée au collagiste ***Mario Schifano, l'un des plus grands postmodernistes italiens.*** Artiste fantasque, il fut également musicien (on lui prête même une relation avec Marianne Faithfull à la fin des années 1960). L'occasion aussi de récupérer le plan de la ville où sont localisées les œuvres exposées en plein air.

Museo delle Trame Mediterranee (fondation Orestiadi) : *baglio di Stefano (suivre le fléchage en arrivant en ville). ☎ 092-46-78-44. • fondazioneorestiadi.it • Tlj sauf lun 9h-13h, 15h-18h (dernière entrée à 17h). Entrée : 5 € ; réduc ; gratuit moins de 13 ans.*

Aménagé dans un ancien *baglio* planté au milieu des vignes, un musée qui met en abyme le passé commun à tous les peuples du Bassin méditerranéen. En exposant peu d'œuvres mais extrêmement bien choisies, qui couvrent une période allant du VIe s av. J.-C. au XIXe s, ce musée révèle l'existence d'une ***matrice culturelle commune tissée depuis la nuit des temps.*** Poteries, céramiques, tissages, broderies, dinanderie (travail du cuivre), bijoux, un vrai régal pour les yeux ! Une belle section est consacrée à l'Islam en Sicile. Focus est également fait sur les flux migratoires actuels, avec installations vidéo à l'appui. L'ancienne halle au grain abrite, quant à elle, la collection d'art contemporain de la ***fondation Orestiadi (la plus grande d'Italie).*** Des grands noms tels que ***Joseph Beuys,*** Matta Scialoja ou Mimmo Rotella y sont régulièrement exposés. Place est également faite à la ***photographie*** avec (entre autres) Mustafa Sabbagh et ***Maurizio Galimberti.*** Un vrai bon moment à passer.

CASTELVETRANO *(91022 ; env 32 000 hab.)*

À 25 km à l'est de Mazara et 12 km au nord de Sélinonte, Castelvetrano est célèbre pour son ***pain noir,*** spécialité de la ville connue dans toute la Sicile. Tommaso Rizzo, le responsable local de *Slow Food,* vous le vantera dans sa boutique *Panificio Rizzo – La Bottega del Pane (via Garibaldi, 85 ; tlj 5h-14h, 16h30-21h, sauf dim).*

À découvrir également, le ***Museo civico Selinuntino*** *(via Garibaldi, 50 ; ☎ 092-490-72-97 ; tlj 9h-13h, 15h-18h, sauf dim ap-m ; entrée : 5 €, réduc).* Aménagé dans un *palazzo* du XVIe s, il abrite des collections essentiellement grecques, dont la ***statue en bronze d'un éphèbe*** (Ve s av. J.-C.). Il s'agit d'un *kouros* (jeune homme), représentant l'idéal de la beauté masculine grecque. Elle fut découverte en 1882 par un paysan dans un champ de Sélinonte. Sa destinée est insolite : restaurée en 1927, elle fut volée en 1962 par le père du no 1 de la *Cosa Nostra, Don Ciccio,* en fuite depuis 1995. Interpol la retrouva aux États-Unis en 1968 d'où elle revint en Sicile où, après un petit séjour à Palerme histoire de se refaire une santé, elle fut rendue à Castelvetrano. À voir également, des cratères attiques représentant des ***satyres en train de picoler*** et une balance romaine d'époque byzantine (Ve s apr. J.-C.) joliment ouvragée. Peu d'explications en revanche.

En remontant la via Garibaldi, on parvient jusqu'à la place éponyme où se dresse la ***chiesa Matrice.*** Massive à l'extérieur, elle mérite qu'on en franchisse les portes pour son intérieur richement décoré de stucs du XVIIe s (***Gaspare Serpotta*** a réalisé la voûte de l'abside).

SELINUNTE (SÉLINONTE) (91022)

À environ 30 km à l'est de Mazara del Vallo, et 15 km au sud de Castelvetrano, les restes grandioses de cette importante cité grecque de l'Antiquité sont considérés comme l'un des sites archéologiques les plus remarquables de la Méditerranée. Le parc archéologique, étendu sur 270 ha, est plus grand que le site grec de Paestum, en Campanie. L'ensemble jouxte un petit village balnéaire – *Marinella di Selinunte* – assez touristique en été, mais ourlé d'une belle plage de sable qui s'étend de part et d'autre des habitations et redevient alors sauvage ; une rareté dans la région !

UN PEU D'HISTOIRE

Fondée au VIIe s av. J.-C. par des colons de Megara Hyblaea (une colonie grecque au nord de Syracuse), Sélinonte, qui jouissait d'une puissance considérable, ne pouvait que susciter des jalousies. Forte d'un égo démesuré, elle s'était même acoquinée aux Carthaginois avant de s'attaquer à Ségeste, elle-même alliée des Carthaginois ! Cette alliance vénéneuse lui fut fatale car les Carthaginois appuyés par Ségeste finirent par faire main basse sur la cité en 409 av. J.-C. Plus tard, en 241 av. J.-C., consécutivement à la victoire des Romains lors de la 1re guerre punique, les Carthaginois détruisirent leur propre ville pour éviter qu'elle ne tombe aux mains de l'ennemi, avant de fuir vers Lilybée (l'actuelle Marsala). Puis c'est le grand blanc, Sélinonte s'endort pour plusieurs siècles... avant son réveil lors des 1res fouilles en 1825.

SÉLINONTE, LA VILLE DES BACHELIERS

Dans l'Antiquité, on avait l'habitude de coiffer les héros d'un jour d'une couronne végétale pour les récompenser. En l'occurrence, à Sélinonte, il s'agissait d'un céleri sauvage qui poussait dans le coin. C'est lui qui a donné son nom à la ville et on frappa même une monnaie à son effigie. Rien n'a vraiment changé aujourd'hui, sauf qu'on ne porte plus de distinction sur le crâne quand on a gagné, tout juste a-t-on droit à un bout de papier ! Le mot baccalauréat vient du latin bacca laurea qui signifie « couronne de laurier ».

Arriver – Quitter

– ***Bon à savoir :*** il convient de venir – en bus ou en train – jusqu'à ***Castelvetrano,*** puis de prendre un bus pour ***Marinella di Selinunte,*** où se trouve le site. Et si vous êtes adepte de la petite reine, une piste cyclable permet de gagner le site directement depuis Sciacca.

En bus

Castelvetrano est desservi par les compagnies ***AST*** (*● aziendasicilianatrasporti.it ●*), ***Salemi*** (*● autoservizisalemi.it ●*) et ***Lumia*** (*● autolineelumia.it ●*).

➢ ***Marinella di Selinunte*** (terminus via Persefone, devant le supermarché *3G* ; compter 30-40 mn) ; au moins 5 bus/j. 6h50-16h15 lun-sam avec ***Salemi.*** À Castelvertano, la *capolinea* (tête de ligne) se trouve via Gentile Scientifico (mais le bus dessert au passage la gare ferroviaire et la piazza Matteotti).

➢ ***Marsala*** *(1h30) et* ***Mazara del Vallo*** *(30 mn)* **:** 2 bus/j. sauf dim avec *AST.*

➢ ***Palerme*** via ***Salemi*** *(1h45)* **:** env 7 bus/j. (3 le dim) avec *Salemi.*

➢ ***Trapani*** *(min 2h30)* **:** env 3 bus/j. sauf dim avec *AST* ; même fréquence sauf dim avec *Lumia.*

➢ ***Sciacca*** *(1h30) et* ***Agrigento*** *(2h)* **:** 3 bus/j. (1 le dim) avec *Lumia.*

En train

Stazione di Castelvetrano : *● trenitalia.com ●* À Castelvetrano, bus ***Salemi*** pour le ***site archéologique de Sélinonte*** (voir plus haut).

➢ ***Trapani*** *(env 1h30),* ***Marsala*** *(env 50 mn) et* ***Mazara del Vallo*** *(20-30 mn)* **:** 12 trains directs/j. (4 le dim).

➢ ***Palerme*** *(2h40-3h30)* **:** env 5 trains/j. avec changement à *Piraineto.*

Où dormir ?

De bon marché à prix moyens

B & B Il Pescatore : *via Castore e Polluce, 31. ☎ 092-44-63-03. 377-990-08-01. ● il.pescatore@alice.it ● Dans une rue donnant sur la place de l'ancienne gare (fléché). Ouv tte l'année. Doubles 50-65 € ; familiales. CB refusées.* Dans une grosse maison d'une rue résidentielle du village, 8 jolies chambres lumineuses et colorées. Cuisine-salle à manger pour préparer et prendre ses repas. Petite terrasse au dernier étage, où le petit déj est servi (belle vue sur la zone archéologique). Un bon rapport qualité-prix et une ambiance familiale chaleureuse.

B & B Il Tempio di Hera : *SS 115,*

contrada da Garoffo, 16. 328-194-97-96. • info@iltempiodihera.com • iltempiodihera.com • Au niveau du rond-point quand on arrive à Sélinonte. Doubles 60-75 € (105 € en août). Parking clos (on se rend au site à pied). Dans un bâtiment pas folichon de prime abord mais dont on apprécie ensuite les avantage, 7 grandes chambres lumineuses et bien équipées (clim réversible), les plus chères avec balcon donnant sur le site archéologique. Un petit déj salé-sucré, bien fait, complète un service qui se rapproche de celui d'un hôtel. Bon accueil de Vincenzo.

B & B Demetra Malaphoros : *via Socrate, 2. 328-052-56-72. • info@bbdemetra.it • bbdemetra.it • Doubles 45-90 €.* Dans un quartier résidentiel et calme, un *B & B* qui ressemble à un petit hôtel. On est accueilli en français par Maria, qui vit dans la maison rose en face (parking). 5 chambres climatisées dont 2 donnent sur la courette intérieure où se prend le petit déj.

Où dormir dans les environs ?

Villa Sogno : *contrada Latomie SS 115, sur le côté droit de la route qui relie Castelvetrano et Selinunte, à 4 km au nord du parc archéologique. ☎ 092-44-68-21. 338-877-30-88. • villasogno@gmail.com • villasogno.it • Doubles 70-130 € ; suite plus chère. Sur résa en direct, remise de 10 % sur présentation de ce guide.* Bienvenue chez Cinzia, qui parle très bien le français, et son mari Lorenzo. Ils accueillent les voyageurs dans leur belle villa agrémentée d'une charmante oasis avec une piscine. 8 chambres vraiment impeccables, garnies de meubles anciens (Lorenzo est antiquaire) et dotées d'une literie de qualité optimale. 2 d'entre elles (dont 1 suite) occupent des dépendances et sont traitées à la mode orientale, tout aussi charmantes et soignées. Salle de fitness. Petit déj avec de bons produits maison. Excellent accueil. Un coup de cœur !

Agriturismo Case Sgaraglino : *contrada Latomie Torres, 91022. Sortir de Castelvetrano par le SS 115 direction Sciacca pdt env 5 km, puis sortir sur la SP 13 au niveau de l'échangeur de Rochetta, c'est un peu plus loin sur la droite. ☎ 092-419-10-474. 360-65-59-85. • agriturismocasesgaraglino@gmail.com • agriturismocasesgaraglino.com • Ouv tte l'année. Doubles 56-80 € (110 € en août) ; familiales.* Dans une ferme perdue au milieu d'une oliveraie, une petite dizaine de belles chambres au décor rustique mais très soignées (clim en prévision). Celles de l'étage possèdent une terrasse. Agréables parties communes : cheminée, bibliothèque, grande table pour socialiser. Beaucoup de charme. Le soir, repas typiquement sicilien à partager en terrasse, sous l'ombrière qui donne sur les oliviers. Franco, le patron, vous accueille avec décontraction et se fera un plaisir de vous faire goûter son huile.

Où manger ? Où déguster une glace ?

Sur le pouce

Il Forno Bertolino : *via Scalo di Bruca, 45. ☎ 092-44-63-69. • ilfornobertolino@tiscali.it • À gauche en descendant vers le port. Tlj 5h-21h. Moins de 5 €.* Petite boulangerie sans prétention confectionnant parts de pizza, biscuits traditionnels et surtout un *pane cunzatu* aux sardines avec du pain noir de Castelvetrano.

Gelateria del Porto : *piazza Empedocle, 8.* Sur le port-plage, de bonnes glaces artisanales aux parfums classiques. Réputé aussi pour sa fameuse *granita* au citron, hmm !

De bon marché à prix moyens

Boomerang : *piazzale delle Metope. 334-172-10-79 ou 335-656-37-51. Face au parking. Ts les soirs à* *partir de 19h. Menu unique 26 €.* Vous ne viendrez pas ici pour le décor (un bout de resto bricolé devant un parking avec une terrasse en pelouse synthétique) mais plutôt pour y savourer un poisson grillé (à volonté) arrosé d'un petit jaja maison et ponctué par des fruits de saison et un *cannolo.* En revanche, on vous conseille fortement de réserver car malgré son air de ne pas y toucher, l'adresse s'est forgé une sacrée réputation !

Da Salvo : *via Pigafetta, 12. 334-954-99-48. • ristopizzasalvo@gmail.com • Au bout de la rue Pigafetta. Avr-oct, tlj midi et soir. Pizze et plats 7-16 €.* Une salle avenante avec murs en pierre et plantes vertes en plastique, flanquée d'une terrasse couverte avec (un peu de) vue sur mer. Cuisine régionale avec une dominante de poisson et fruits de mer, élaborée selon des recettes traditionnelles goûteuses et bien tournées. Également de bonnes *pizze* cuites au feu de bois en soirée.

Lido Zabbara : *via Pigafetta. ☎ 092-44-61-94. Tlj le midi mars-mai, plus le soir juin-sept. Congés : nov-fév. Buffet d'antipasti à volonté 14 € le midi, et 20-30 € à la carte le soir (de mi-mai à mi-sept seulement).* Un resto qui surplombe la plage de sable. On s'installe sur une agréable terrasse couverte face à la mer avec même, d'un côté, la vue sur une partie du site archéologique. Un emplacement remarquable pour une cuisine simple et goûteuse. Plusieurs formules : buffet froid avec ou sans poisson grillé, ou poisson grillé seul avec légumes (grillés aussi). Le midi, les propositions sont plus simples, avec buffet d'*antipasti* au forfait et à volonté. Demandez conseil à Joscha, le patron, il parle un peu le français.

LA SICILE AFRICAINE

À voir

Parco archeologico di Selinunte : *accès au niveau du rond-point à l'entrée de Marinella (panneau). 338-784-29-78. • parcoselinunte.com • Tlj 9h-20h (17h hors saison). Dernière entrée 1h avt. Entrée : 6 € ; réduc ; gratuit moins de 18 ans. Pour se placer à l'intérieur du site, possibilité de réserver des places dans les navettes électriques directement au guichet ; trajet 6 € (colline orientale et acropole) ; 12 € (pour une extension jusqu'à la colline de Gaggera, à l'extrémité du site). Les bons marcheurs ou ceux qui veulent prendre leur temps pourront tt faire à pied.*

– **Bon à savoir :** le site comprend 3 zones archéologiques éloignées les unes des autres. On vous conseille de commencer par la colline orientale (temple E), puis de rejoindre l'acropole (temple C), et de là, le sanctuaire de la Malophoros. L'intégralité du trajet peut aussi se faire à pied pour les plus courageux (6,5 km aller-retour !). ***Essayez d'y aller dès l'ouverture,*** avant l'arrivée des groupes, surtout si vous prenez des photos...

– ***La colline orientale :*** *non loin de la billetterie.*

En arrivant, on découvre d'abord le ***temple E,*** le plus majestueux de tous. Érigé au Ve s av. J.-C., ce sanctuaire dorique était consacré à la déesse Héra (l'épouse légitime de Zeus). Ses 38 colonnes ont été relevées en 1958, couplées à de beaux vestiges de l'entablement (la partie supérieure). Déjà très beau le matin, il est magnifique le soir, lorsqu'il est illuminé. Le gros tas de cailloux, derrière, au fond, c'est le ***temple G*** (VIe s av. J.-C.), certainement dédié à Zeus vu ses dimensions : il fallut 1 siècle pour le construire sur plus de 5 000 m^2 (0,5 ha), soit plus de 2 fois la surface du Parthénon d'Athènes. C'était avec le temple dédié à Zeus d'Agrigente, l'***un des plus grands temples de l'Antiquité !*** Le temple G n'était pas encore achevé quand les Carthaginois pillèrent la ville en 409 av. J.-C.

Consacré à Athéna, le ***temple F,*** situé entre les 2 sanctuaires, est le plus petit et le plus endommagé des 3, mais aussi le plus ancien. Il devait compter 6 colonnes en largeur et 14 en longueur.

On peut explorer chacun de ces 3 temples et, l'espace d'un instant, se rêver en Grec de l'Antiquité ; ou simplement s'extasier devant tant de prouesses architecturales et techniques pour soulever et acheminer jusqu'ici – et sans potion magique – des blocs aussi gros extraits à 12 km de là... Sans compter qu'après il fallait garder un peu de force pour les assembler les uns aux autres !

– ***Museo Baglio Florio :*** *à 150 m du temple F. Ouv aux mêmes heures que le site.* Pourquoi Baglio Florio ? Parce que le célèbre entrepreneur sicilien Florio (caves Florio à Marsala) commença la viticulture à Sélinonte. Le musée occupe 2 parties organisées autour d'un grand patio. Dans la 1re sont exposées les ***découvertes archéologiques couvrant une période entre 600 et 250 av. J.-C.*** Les éléments mis en lumière retracent la vie dans les maisons, les commerces et les lieux de culte. On remarque aussi de drôles de fragments de frises latérales représentant des têtes provenant du temple E. Elles font penser aux frises des temples toltèques du Mexique, non ? Une reconstitution de l'entablement du temple Y permet de se rendre compte des différents réemplois des structures au fil des siècles. Dans la 2e partie, une vidéo (en italien) explique la manière dont se sont déroulées les fouilles, avec des salles exposant de la vaisselle en terre cuite et en céramique.

– ***L'acropole :*** la route *dei Templi* (à gauche de l'entrée principale) vous mène au pied de l'autre colline surplombant la mer, entre 2 *fiume* (rivières) aujourd'hui à sec, qui formaient les 2 ports de la cité. On peut aussi y accéder à pied depuis la colline orientale. Il ne reste plus grand-chose à l'intérieur même des remparts, hormis les 14 colonnes du ***temple C*** (VIe s av. J.-C.) relevées en 1925. On imagine que l'édifice était voué au culte d'Apollon. Ses métopes (partie d'une frise composée d'un panneau sculpté) sont exposées au Musée archéologique de Palerme.

En ruines, le ***temple B*** aurait été dédié à ***Empédocle,*** philosophe grec, disciple de Pythagore, qui élabora la théorie de la mutation des âmes. Sur le terrain, plus concrètement, il fut efficace car il libéra Sélinonte de la malaria. C'est pour le remercier que ce temple fut bâti. Se promener le long des remparts permet d'imaginer l'ampleur du site. Remarquer la porte fortifiée particulièrement bien conservée.

– ***Le sanctuaire de la Demeter Malophoros :*** *à 1 km au nord de l'acropole.* Ce sanctuaire, enfoui dans les sables, a livré plus de 12 000 terres cuites funéraires. Il servait de station aux cortèges qui se rendaient à la nécropole voisine. En fouillant les tombes, les archéologues ont retrouvé des ***pièces de monnaie dans la bouche de certains squelettes.*** Selon une croyance, cette obole servait à payer Charon pour transporter le défunt en barque de l'autre côté du Styx, le fleuve des Enfers.

Sur la gauche de Marinella di Selinunte, en regardant la mer, longue ***plage*** de sable fin à perte de vue, dunes et pinède. Le camping y est interdit : l'ensemble constitue la réserve ***Foce del fiume Belice,*** qui s'étend jusqu'à Porto Palo di Menfi. Sur la plage, bar, location de transats et de kayaks.

PORTO PALO DI MENFI (92013) 120 hab.

À environ 20 km à l'est du parc archéologique de Sélinonte par une route qui passe par l'intérieur des terres, contournant la réserve naturelle Foce del fiume Belice, voici Porto Palo, une petite station balnéaire dont la grande plage, *bandiera blu* (pavillon bleu) depuis 2019, a gardé un caractère bon enfant.

En été, ne pas hésiter à s'écarter du village en suivant le littoral vers l'est, la plage y est plus sauvage, notamment vers *Lido Fiori,* bordée de dunes végétalisées, vous y serez plus tranquille.

Où dormir ? Où manger ?

La plupart de ces adresses se situent en fait à Lido Fiori, à 4-5 km à l'est de Porto Palo.

⛺ **Camping La Palma :** *via delle Palme, 29, à* **Lido Fiori.** *☐ 333-914-17-26. • info@campinglapalma.it • campinglapalma.com • ♿ Au bout de Lido Fiori (suivre les panneaux). Ouv avr-sept. Selon saison, 23-31 € pour 2 avec tente et voiture ; locatifs. Réduc de 10 % (hors août) sur présentation de ce guide.* Un camping familial bien ombragé par des pins et des eucalyptus, tout en longueur, et tout au bout... la plage sauvage de Lido Fiori, ourlée par une dune végétalisée. Sanitaires corrects. Barbecue, jeux pour enfants, ping-pong, baby-foot, épicerie... Bon pour une escale de 1 nuit ou 2.

Albergo Villa Fiori Beach : *via dei Pioppi, 19, à* **Lido Fiori.** *☎ 092-57-85-00. • info@villafioribeach.it • villafioribeach.it • Ouv de mi-mars à oct. Résa obligatoire en été. Doubles 55-100 € ; + 22 €/pers en ½ pens.* Une maison moderne en retrait de la route et à 2 pas de la plage de Lido Fiori. Elle compte 6 chambres classiques (lit en fer forgé, carrelage, quelques touches de couleur). La clim est aussi un plus en été. Certaines ont la vue sur la mer. Jardinet et resto. Accueil familial gentil.

Salisà : *piazza degli Oleandri, contrada Fiori. ☐ 333-364-03-60. • info@salisamenfi.it • Avr-sept pour le bar, sinon tlj midi et soir sauf mar pour le resto. Congés : 2de quinzaine d'oct. Plats 11-18 €.* En bordure de plage, près d'un grand parking, une terrasse précédée d'un barnum (heureusement climatisée) qui s'ouvre sur la plage en été. Cuisine régionale savoureuse, avec une dominante de poisson et de fruits de mer. Sans oublier des pâtes et quelques viandes. Accueil jovial.

Hotel Da Vittorio : *via Friuli Venezia Giulia, 9, à Porto Palo. ☎ 092-57-83-81. • davittorioportopalo@gmail.com • ristorantevittorio.it • ♿ À l'entrée du village, prendre le chemin à gauche (c'est fléché). Resto ouv tlj (fermé le soir quand l'hôtel se vide hors saison). Congés : déc-fév. Doubles 100-130 €. Plats 15-25 €. Café et digestif offerts sur présentation de ce guide.* Cet hôtel familial les pieds dans le sable reçoit un monde fou en été ! Il faut dire que la réputation de son resto de fruits de mer n'est plus à faire. Salle vitrée agréable doublée d'une charmante terrasse organisée autour d'un olivier plusieurs fois centenaire. Également une petite quinzaine de chambres pour 2 à 4 personnes, fonctionnelles (et, à la vérité, un peu surévaluées quand on n'est que 2), dont les plus chères ont vue sur la mer.

SCIACCA

(92019) 41 000 hab.

• Plan *p. 197*

Peu engageante au 1er abord (la ville est encerclée de vilains immeubles), Sciacca se révèle à l'approche du corso *Vittorio Emanuele,* bordés d'édifices anciens, tandis qu'au nord de la *via Licata,* elle change radicalement d'aspect. On pénètre alors dans le vieux quartier arabe qui dégringole du château normand en un lacis constitué de venelles pentues et d'escaliers.
Pour la visiter, nous vous conseillons de vous garer sur le port (dont une partie a été récemment aménagée) et d'emprunter ensuite l'escalier qui monte jusqu'à la *piazza Scandaliato.* Côté shopping, la ville doit sa renommée au travail de la céramique peinte à la main (une tradition qui remonte aux Arabes). Enfin, si jamais vous êtes par là à cette période, un grand carnaval a lieu vers la mi-février, avec un défilé de chars allégoriques et des groupes masqués.

LA SICILE AFRICAINE

UN PEU D'HISTOIRE

Ce sont les colons grecs de Sélinonte, soucieux de se refaire une santé dans la grotte vaporeuse de San Calogero, qui fondent Sciacca. Puis les Romains la baptisent *Thermae Selinuntinae* tandis qu'ils pratiquent un ***culte à Saturne*** sur le *monte Kronio.* Ces derniers ne la lâcheront qu'en l'an 340 de notre ère. Après le passage des Vandales (qui ont tout vandalisé), ce sont les Arabes qui commencent réellement à tisser la trame urbaine de la ville. Sous leur règne, Sciacca connaît même une certaine prospérité. Puis elle est conquise par les Normands à la fin du XIe s. Ces derniers la fortifient et construisent des églises, laissant hors les murs les vieux quartiers arabes du *Rabato* et juif de la *Cadda* (qu'on visite aujourd'hui à pied). Quand les Souabes débarquent, ***la ville est déjà un centre important de commerce et d'échanges,*** notamment avec les républiques maritimes de Pise, Gênes et Venise. Une position stratégique que Sciacca gardera jusqu'au XVIe s, essuyant au passage la guerre des Vêpres (dont la paix est signée à Caltabellota, toute proche en 1302). Au cours des siècles suivants, ***Sciacca est le théâtre d'affrontements sanglants entre baronnies rivales,*** avec d'un côté les Perollo, d'origine normande, et de l'autre les Luna, d'origine aragonaise. Près de la moitié des habitants va y passer ! ***Frappée, du XVIe au XVIIIe s, par une série de tremblements de terre,*** de révoltes dues aux famines et par la peste, Sciacca met le turbo pour construire des églises. Dans le même temps la pression des pirates barbaresques l'oblige à se tourner vers Palerme. Désormais consulat sous les Bourbons, Sciacca, dont le business va croissant, devient même l'***une des villes les plus riches de Sicile.*** Une croissance dopée dès le siècle suivant par la découverte en mer des coraillères et le développement des activités thermales.

Arriver – Quitter

🚌 ***Arrêt des bus*** *(plan B2)* **:** *via Agatocle (derrière la villa comunale).* Horaires et billets de bus à l'*Antico Chiosco (piazza S. Friscia, l'extrémité est du corso Vittorio Emanuele ; ☎ 092-52-11-47) ;* lun-sam 5h (9h sam)-14h30 ; dim 8h30-9h, 15h15-15h45. Desservi par les compagnies ***Lumia*** *(☎ 092-52-11-35 ; ● autolineelumia.it ●)* et ***Gallo*** *(☎ 092-704-12-11 ; ● autolineegallo.it ●).*

➢ ***Trapani*** *(min 2h10),* ***aeroporto V. Florio di Trapani-Birgi*** *(1h40),* ***Marsala*** *(min 1h15),* ***Mazara del Vallo*** *(1h) et* ***Castelvetrano*** *(40 mn)* **:** 2 bus/j. (1 le dim depuis l'hôpital mais seulement pour Mazara) avec *Lumia.*

➢ ***Agrigento*** *(min 1h20)* **:** env 8 bus/j. (1 seul le dim depuis l'hôpital) avec *Lumia.*

➢ ***Caltabellotta*** *(env 50 mn)* **:** 3-5 bus/j. lun-sam (attention ! dernier retour possible à 15h le sam) avec *Lumia.*

➢ ***Palerme*** *(1h40)* **:** une dizaine de bus/j. lun-sam (3 le dim) avec *Gallo.*

Circulation et stationnement

🅿 Les ruelles escarpées du *centro storico* ne se visitent qu'à pied. On peut garer sa voiture gratuitement vers le port, via Eleonora d'Aragona ou aux environs des thermes, côté est du centre *(plan B2).* Parkings payants juste à l'entrée du *centro storico* : piazza Sturzo et piazza M. Rossi.

– ***Bon à savoir*** **:** les trottoirs sont inexistants à Sciacca. Il convient donc d'être particulièrement attentif avec de jeunes enfants.

Adresses et info utiles

ℹ ***Ufficio turistico comunale*** *(plan A1)* **:** *corso Vittorio Emanuele, 94. ☎ 092-52-04-78. ● welcomesciacca.com ● Lun-ven 8h-14h, plus mar, jeu 15h-18h (horaires changeants).* Quelques infos.

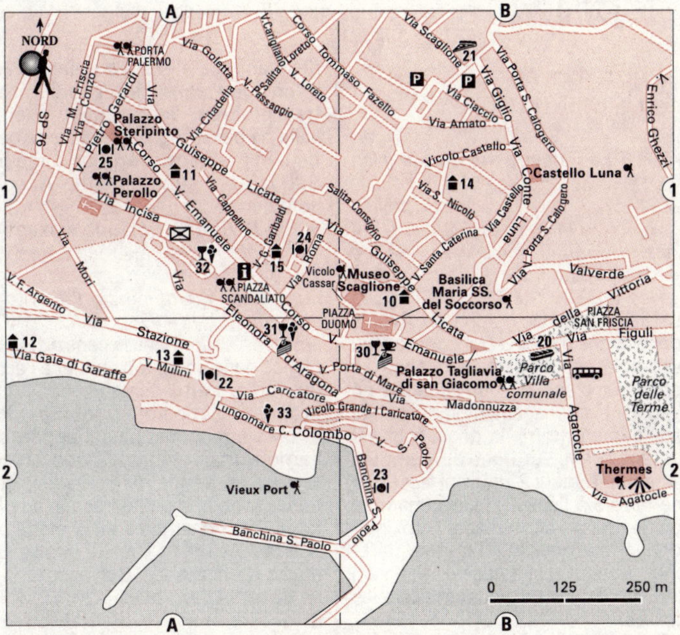

SCIACCA

■ **Adresse utile**

- Ufficio turistico comunale et regionale (A1)

Où dormir ?

- **10** B & B Conte Luna et Conte Perollo (B1)
- **11** B & B Vittorio Emanuele (A1)
- **12** Hotel Aliai (A2)
- **13** Hotel Melqart (A2)
- **14** B & B La Finestra sul Cortile (B1)
- **15** Garibaldi Relais B & B (A1)

Où manger ?

- **20** Paninoteca La Focaccia (B2)
- **21** Pizzeria Conte Luna (B1)
- **22** Trattoria Al Faro (A2)
- **23** Porto San Paolo (B2)
- **24** Hostaria del Vicolo (A1)
- **25** Trattoria La Vecchia Conza (A1)

Où boire un verre ?
Où déguster une pâtisserie ou une *granita* ?

- **30** Bar del Corso (B2)
- **31** Terrazza Scandaglia (A2)
- **32** Bar-cafe Rossi (A1)
- **33** Bar Roma di Aurelio (A2)

***Ufficio turistico regionale** (plan A1) : corso Vittorio Emanuele, 84. ☎ 092-52-11-82 ou 27-44. ● strsciacca@regione.sicilia.it ● À 20 m du précédent, à l'étage. Lun-ven 9h-14h, plus 16h-19h mer.* Infos plutôt sur la région.

■ ***Marché dans l'ancien quartier San Miguel :** ts les sam mat.*

***Ospedale** (hôpital) : via Pompei, 1 (au nord de la ville). ☎ 092-596-21-11.*

■ ***Location de vélos :** chez **100 % Bici** (via A. De Gasperi, 167 ; 329-402-07-78 ; ● bici100x100@alice.it ●). Tlj sauf dim 9h-13h, 16h-20h.*

Où dormir ?

De prix moyens à plus chic

B & B La Finestra sul Cortile *(plan B1, **14**) : via Quartararo, 12. 380-525-42-36. • beb.lafinestrasulcortile@gmail.com • lafinestrasulcortilebb.it • Doubles 55-95 € ; familiales. Parkings gratuits piazza San Nicolò ou piazza Noceto à 200 et 300 m.* Dans l'ancien quartier arabe, un porche du XVIIIe s donne accès à ce *B & B* moderne tenu avec soin par Santina Matalone, qui habite sur place et vous accueille en français. L'aménagement impeccable, l'équipement (clim), la déco, tout est contemporain. Au bout du compte : 5 chambres (dont 2 pouvant accueillir une famille à l'étage), plus 1 chambre pour le routard de passage. La plupart donnent sur cour (d'où le nom, référence au film d'Hitchcock). Petit déj plein de couleur qui vous réveillera les papilles.

Garibaldi Relais B & B *(plan A1, **15**) : via Garibaldi, 39b. ☎ 092-58-48-56. 366-25-89-20. • info@garibaldirelais.it • garibaldirelais.it • Ouv tte l'année. Doubles 60-90 € (110 € en août) ; familiales. Sur résa en direct, réduc de 10 % (hors août) sur présentation de ce guide.* En plein centre, dans un ancien immeuble entièrement refait sur 3 niveaux, une petite dizaine de chambres climatisées, bénéficiant d'une belle hauteur sous plafond, d'un double vitrage efficace et de la clim. Frigo, machine à expresso, dressing dans certaines. Le confort est là. Belle terrasse panoramique pour l'apéro du soir, petit déj « à l'italienne » et accueil en français d'Angela. Très bien.

B & B Conte Luna et Conte Perollo *(plan B1, **10**) : vicolo Gino, 1 (via Giuseppe Licata). ☎ 092-52-31-72. 348-120-36-47. • prenotazioni@contelunasciacca.com • contelunasciacca.com • Ouv tte l'année. Doubles 60-70 €.* Dans une venelle en pente qui se prend au niveau de la piazza Lazzarini, sur la droite du palazzo Graffeo. Belle demeure du XVIIe s, garni d'une petite dizaine de chambres à la déco « magasin de bricolage » sans âme aucune mais très propres. Toutes avec clim et salle de bains. Agréable salle de petit déj. Petite terrasse pour fumeurs. Sauna (en supplément). Accueil commercial.

B & B Vittorio Emanuele *(plan A1, **11**) : corso Vittorio Emanuele, 210. ☎ 092-52-83-21. • hotelvittorioemanuelesciacca@gmail.com • vittorioemanuelebb.it • Doubles 80-140 € (250 € en août).* Dans le *centro storico,* nichée dans un renfoncement à l'écart du *corso,* cette demeure du XVIIe s propose 6 chambres tout confort et bien arrangées, plus 1 appart sur l'arrière mais séparé. Déco chicos (carrelage, sanitaires rutilants), certaines avec une petite fresque au plafond. Les 2 chambres du 3e étage ont une terrasse avec vue sur la mer. Bar au rez-de-chaussée. Bon accueil.

Hotel Aliai *(plan A2, **12**) : via G. di Garaffe, 60. ☎ 092-590-53-88. • hotelaliai@gmail.com • aliai.com • ♿ Doubles 65-110 € ; 1 familiale. Parking gratuit à 50 m, sur le port.* Sur le port, un hôtel familial très accueillant d'une douzaine de chambres très confortables, dont la plupart avec vue sur la mer. Les 3 d'en haut sont mansardées, avec miniterrasse privée donnant sur les bateaux (nos préférées). Déco assez soignée (couvre-lits à rayures jaunes et mobilier en bois foncé) et propreté sans faille.

Hotel Melqart *(plan A2, **13**) : via Mulini, 10-14. ☎ 092-52-18-28. • info@melqarthotel.it • melqarthotel.it • ♿ Doubles 70-130 € ; 1 familiale. Parking payant.* L'escalier grimpant à la vieille ville est juste derrière, mais cet hôtel donne sur les glacières situées face au port. Aménagé dans un ancien bâtiment industriel, entièrement repensé, il abrite une vingtaine de chambres bien tenues (salles de bains hyper modernes), au design contemporain mais pas très bien insonorisées. 4 d'entre elles donnent sur la mer depuis leur balcon. Petit déjeuner « à l'italienne ». Accueil cordial.

Où dormir dans les environs ?

Case del Vivaio : *via Monte Kronio, 22. ☎ 092-58-11-33. 320-079-51-25 (Pascale). • pascaledodin@gmail.com • À env 2 km au nord de Sciacca. Apparts (2-6 pers) 45-100 €. Min 2 nuits (1 sem en août). Pas de petit déj mais cuisine plus thé et café à dispo. CB refusées.* Une vieille maison couverte de lierre, tenue par Pascale et Salvatore, un couple franco-italien. Ils proposent plusieurs maisonnettes dans un jardin fleuri et verdoyant, bien équipées, certaines en duplex, parfaites pour un séjour dans la région. Toutes disposent, en outre, d'un barbecue et certaines ont une cuisine extérieure. Agréable salle commune dans une ancienne serre, avec bibliothèque, télescope, jeux et thé-café à dispo. Petite piscine et beau jardin donnant sur la campagne.

Agriturismo Montalbano : *località Scunchipani. ☎ 092-58-01-54. 389-052-28-94. • info@aziendamontalbano.com • aziendamontalbano.com • À env 7 km au nord de Sciacca. Chambres et apparts (2 pers) 50-100 € (ajouter 30 € en fin de séjour pour le ménage dans les apparts) ; petit déj en sus.* En pleine nature, au beau milieu des oliviers et des arbres fruitiers (orangers, figuiers de Barbarie) cette *azienda agricola* pratique l'agritourisme avec passion et savoir-faire. Les propriétaires proposent une douzaine de chambres et appartements installés dans la maison principale ou dans les dépendances. Intérieur bien tenu et confortable (avec ou sans clim) : tous les hébergements sont avec cuisine et terrasse privée. Très belle piscine et jeux pour enfants.

B & B Baglio Antico Loco : *via Fontana Calda, contrada Montagna. 328-745-09-19. • giovannabarna@live.it • À env 10 km au nord-est de Sciacca, en pleine campagne. Doubles 70-90 €.* La petite route bitumée venue de Sciacca devient un chemin de terre qui s'enfonce dans l'arrière-pays, au cœur d'un paysage magnifique de collines ondulantes et d'oliveraies. Une très gentille dame accueille ses hôtes dans une ancienne ferme en pierre dominant les environs. Seulement 3 chambres de style rustique-chic assez étudié, avec voilages, effets de déco recherchés, clim. Elles donnent sur le jardin et la piscine circulaire où il fait bon prendre le soleil. Ne sert que le petit déj, pas les repas, alors apportez de quoi casser la croûte le soir.

Où manger ?

Sur le pouce

Paninoteca La Focaccia (plan B2, **20**) **:** *piazza S. Friscia. Tlj sauf dim mat 11h30-15h, 18h30-23h. Moins de 5 €.* Devant l'entrée de la *villa comunale*, à la lisière du *centro storico*, ce kiosque bien connu des habitants sert de savoureux *panini* et des parts de *focaccia* et *panelle*, ces petits carrés de pâte à la farine de pois chiches frits. Friture de poisson et frites bien grasses juste à côté au ***Focaccia 2.0.***

De bon marché à prix moyens

Pizzeria Conte Luna (plan B1, **21**) **:** *piazza G. Noceto, 11a. ☎ 092-52-73-98. Tlj sauf mer, le soir seulement. Pizze 6-10 € (familiales jusqu'à 22 €).* Située dans la ville haute (compter un petit quart d'heure à pied du corso Emanuele), au chevet de la chiesa Santa Maria d'Istria. Cette pizzeria attire les habitués qui s'y retrouvent au coude à coude dans une ambiance animée. Salle voûtée aux tons chauds et terrasse. Dans l'assiette, des pizzas cuites au feu de bois. Également les meilleures *arancini* de la ville.

Trattoria La Vecchia Conza (plan A1, **25**) **:** *via Pietro Gerardi, 39. ☎ 092-52-53-85. Tlj midi et soir, sauf dim soir et lun. Menu rapide 20 € (avec boisson) ; dégustation 30 € (sans) ; plats 12-22 €.* Proche du palais Steripinto, le restaurant « Le Vieux Condiment » (c'est son nom) consiste en une salle climatisée sous 2 arches en brique, avec des objets hétéroclites sur des murs. Cuisine classique sicilienne principalement à base de poisson et sans artifice.

Trattoria Al Faro (plan A2, **22**) : *via al Porto, 25. ☎ 092-52-53-49. • enzofaro@live.it • Tlj sauf dim, midi et soir. Résa fortement conseillée. Primi et secondi 6-13 €, poisson à partir de 55 €/kg, ou menu du pêcheur très complet, avec boissons, 35 €.* Une porte discrète dans un virage. Ne pas se fier aux apparences, car c'est sans doute le meilleur resto de poisson de Sciacca. Plats pantagruéliques et goûteux à des prix doux. Tout est frais et préparé à la commande, alors l'attente s'en ressent parfois un peu. Quoi qu'il en soit, on est rarement déçu, d'autant que le décor, quasi immaculé, est une vraie invitation à un repas en amoureux.

De prix moyens à très chic

Porto San Paolo (plan B2, **23**) : *largo San Paolo, 1 (escalier à droite du Bar del Porto). ☎ 092-52-79-82. • porto.sanpaolo@alice.it • Tlj midi et soir, sauf mer. Résa conseillée. Repas env 35 €.* Sur le toit d'une maison surplombant le port, avec une salle vitrée et une terrasse (très convoitée !). On s'attable ici autant pour la vue que pour ce qu'il y a dans l'assiette, que cela provienne de la terre ou de la mer. Grand choix d'*antipasti, primi* et *secondi*... Accueil et service courtois.

Hostaria del Vicolo (plan A1, **24**) : *vicolo Sammaritano, 10. Au niveau des n°s 140 et 144 de la via Giuseppe Licata. ☎ 092-52-30-71. • info@hostariadelvicolo.it • Dans une minuscule ruelle, à gauche de la mairie. Tlj sauf lun. Congés : fin nov-déc. Menus 45-70 € (boisson en sus).* Une petite salle sobre, chic et intime. L'aimable patron adhère au label *Slow Food* et travaille à merveille poissons et fruits de mer, sans oublier les viandes. Comme le prouvent certains plats tels que la morue aux artichauts ou la lotte aux algues *wakamé* et aux pistils de safran... Intéressant choix de fromages siciliens et de desserts maison. Belle carte des vins également. Une adresse pour se faire plaisir.

Où boire un verre ?

Où déguster une pâtisserie ou une *granita* ?

Terrazza Scandaglia (plan A2, **31**) : *piazza A. Scandaliato, 4. ☎ 092-519-033-28. Tlj sauf mer 7h-minuit (2h sam).* En plein centre, ce bar-pâtisserie-glacier bénéficie du meilleur emplacement de la ville. Sa belle terrasse panoramique qui domine le port de Sciacca et la mer est déjà un vrai péché de gourmandise !

Bar-cafe Rossi (plan A1, **32**) : *piazza M. Rossi, 17. ☎ 092-596-01-39. Tlj 5h-21h.* L'endroit paraît banal, mais il est bien connu pour la qualité de son *espresso*. Les employés du coin succombent (plusieurs fois par jour, dit-on) au *caffè speciale*, un *espresso* allongé d'une glace à la vanille dans laquelle la serveuse écrase quelques gaufrettes. Un vrai truc de gourmand !

Bar Roma di Aurelio (plan A2, **33**) : *piazza Dogana, 8. Tlj 7h30-20h30 (14h30 dim).* Sur le port, ce café à la clientèle populaire élabore une savoureuse *granita* au citron (servie dans un petit verre). Une belle tranche d'authenticité sicilienne !

Bar del Corso (plan B2, **30**) : *corso Vittorio Emanuele, 85. ☎ 092-52-44-89. Tlj 5h-minuit.* Un bar du vieux centre tenu par Alberto, un lieu réputé pour son énorme choix de pâtisseries traditionnelles à déguster avec un café en journée ou à l'heure du petit déj. Ici la spécialité est la *cucchitella*, une friandise à base d'amandes et de confiture de courge.

Achats

La ***céramique peinte à la main*** est la spécialité de Sciacca. Le long du corso Vittorio Emanuele, plusieurs ateliers et boutiques proposent de beaux objets fabriqués selon une vieille tradition locale. Si l'on fait abstraction des échoppes purement touristiques, dans lesquelles on retrouve les inévitables *Teste di Moro,* certains artistes œuvrent aussi dans l'art de la table, mais ça reste très cher.

À voir. À faire

– ***Bon à savoir :*** c'est dans le centre historique de Sciacca que le réalisateur Pietro Germi a tourné, en 1963, son film *Séduite et abandonnée,* un chef-d'œuvre de la comédie satirique italienne, dans lequel on retrouve bien le caractère de la ville. Parmi les lieux aperçus dans ce film culte, le bar *Santangelo,* le bar *Scandaglia* et l'immeuble de la pizzeria *Conte Luna* sont toujours là.

Le ***centre historique*** est parsemé d'églises, de *palazzi,* d'hôtels particuliers et de demeures nobiliaires – souvent un peu décatis – devant lesquels ont été posés des panneaux explicatifs. Parmi ces palais, le ***palazzo Tagliavia di San Giacomo*** *(plan B2),* situé *piazza Friscia.* Construit en 1400, il a été entièrement revu en 1800 et présente une ***superbe façade de style néogothique.*** Ne se visite pas. Un peu plus loin, côté « mer » du *corso V. Emanuele,* le ***palazzo Maurici*** (XVIIe s). Il est séparé de la ***piazza Scandaliato*** par l'***ex-collegio dei Gesuiti,*** un bâtiment érigé au tout début du XVIIe s et dans lequel se trouve aujourd'hui la mairie. Avec ses grands palmiers et sa vue panoramique, la place est un lieu de rendez-vous tout trouvé. Elle est fermée côté ouest par l'***ex-convento di San Domenico,*** fondé au XVIe s par Tommaso Fazello, le « père » de l'histoire sicilienne. En poursuivant le *corso Emanuele,* on tombe sur le ***palazzo Perollo*** *(plan A1),* de style gothique tardif (XVe s). Un peu plus loin, de l'autre côté de la rue, en se dirigeant vers la ***porta San Salvatore,*** ne pas rater le ***superbe portail en marbre attribué à Francesco Laurana*** de la *chiesa di Santa Magherita* de style gothique catalan (en travaux). Juste en face, la *chiesa del Carmine,* avec sa rosace gothique. Enfin, à quelques pas de là, en remontant la *via Gerardi,* on tombe sur le plus emblématique des *palazzi* de Sciacca, le ***Steripinto*** *(plan A1),* un palais fortifié construit en 1501, dont la façade est ornée de bossages en pointe de diamant, bel exemple de l'art plateresque (venu d'Espagne) en Sicile. Notez en partie supérieure les créneaux en queue d'aronde, caractéristiques des demeures gibelines. Et pour terminer, toujours en remontant la *via Gerardi,* la ***porta Palermo*** *(plan A1).* Construite en 1553 sous le règne de Charles II de Bourbon, elle possède encore ses 2 grands et hauts battants en bois. Noter le volet en bois par lequel les gardes surveillaient l'extérieur quand la porte était fermée.
Dans ce centre historique ont œuvré des artistes parmi les plus prestigieux de la Renaissance au baroque : Riccardo Quartararo, Michele Blasco, Mariano Rossi,

L'ÎLE MYSTÉRIEUSE

En juillet 1831, un volcan sous-marin entra en éruption au large de Sciacca, provoquant l'apparition d'une île. La nouvelle s'étant répandue dans toute l'Europe, chacun tenta d'y prendre pied ; un marin anglais allant même jusqu'à y planter le drapeau de Sa Très Gracieuse Majesté ! Du coup, Ferdinand II, roi des Deux-Siciles, dépêcha une flotte pour en prendre le contrôle, baptisant, au passage, la lave encore chaude du nom de Ferdinandea. Mal lui en prit, l'île disparut aussi vite qu'elle était apparue, en décembre de la même année !

Francesco Laurana, Giuliano Mancino, Bartolomeo Birrittario, sans oublier les Gagini, qui ont magnifié le décor des églises et des palais.

Basilica Maria SS. del Soccorso *(duomo ; plan B1-2)* **:** *piazza Duomo. Tlj 8h-12h, 16h-19h30.* La *chiesa Madre* est une église majestueuse de style Renaissance, bâtie au XVIIe s à l'emplacement d'une église normande du XIIe s. Gros bloc rectangulaire élégant mais sans clocher. À l'intérieur, 3 nefs éclairées par des coupoles. Sur l'autel, une *madona del Soccorso* de Francesco Laurana et, à droite de celui-ci, une chapelle avec un retable (XVIe s) en marbre d'Antonino Gagini. Étonnant : la fresque peinte sur la voûte de la nef centrale déborde sur les stucs dorés des murs qui, eux-mêmes, ponctuent l'ensemble de la déco, d'inspiration néoclassique...

Museo Scaglione *(plan B1)* **:** *piazza Don Giovanni Minzoni, 1. ☎ 092-58-30-89. • sciaccamusei.it • Tlj 9h-13h, 16h-20h (nov-mars, l'ap-m seulement). Entrée : 5 € ; réduc. Panneaux explicatifs en italien et en anglais.* Ce palais du XIXe s, aménagé dans le style de l'époque, a appartenu à un riche bourgeois de Sciacca. Le style de l'ameublement et de la décoration restitue le temps passé : salon avec piano à queue, collection d'objets divers, pièces de monnaie antiques, gravures, porcelaines, bronze, etc. Dans une des salles, une collection de cartes anciennes pieuses *(santini d'epoca)* et des photos de jadis.

Castello Luna *(plan B1)* **:** *via Castello.* ***Fermé pour travaux.*** Bâti en 1380 sur ordre du comte de Caltabellota et ébranlé en 1740 par un tremblement de terre, il comprenait 4 parties : l'enceinte, la tour cylindrique qui se détache dans le ciel de Sciacca, le donjon dont il ne reste que la base, et le palais comtal dont ne subsiste qu'un mur.
– En remontant la rue Castello, vers la ville haute (quartiers plus populaires), on arrive dans ce qui fut le vieux quartier arabo-berbère, dit le « Rabato ». Ne pas manquer les 3 églises qui bordent la piazza G. Noceto et la piazza Cioccio : la ***chiesa di San Michele Archangelo*** (sculptures représentant saint Jérôme et les épisodes de sa vie datant de 1454), la ***chiesa di Santa Maria dell'Itria*** (beau portail) et la ***chiesa di Santa Maria del Giglio*** (sculptures du XVIIe s en façade).

Les thermes *(plan B2)* **:** *piazza delle Terme.* ***Fermé !*** Dominant la mer, un grand établissement thermal de style Liberty, construit en 1937. De là, joli panorama sur la grande bleue.
– En remontant la via Agatocle vers la piazza Friscia, la ***villa comunale*** est un ravissant petit jardin surplombant la mer.

Le vieux port *(quartiere dei marini ; plan A-B2)* **:** un quartier curieux, aux vieux édifices industriels en partie délabrés. À ne pas manquer, surtout lorsqu'il s'anime avec son *mercato ittico* (marché aux poissons) au moment de la criée.

À voir dans les environs proches de Sciacca

Castello Incantato *(château Enchanté)* **:** *via Filippo Bentivegna, 16. 339-234-01-74. À 3,5 km du centre, direction Agrigento, puis Sant'Anna (panneau). Sinon, bus n°s 4 et 5 depuis le corso Vittorio Emanuele. Tlj sauf lun 9h-13h, 16h30-20h (15h-18h nov-mars). Entrée : 5 € ; réduc. Dépliant en français. Bar et toilettes sur place.*
Dans ce jardin d'oliviers extraordinaire, à flanc de colline, on découvre près de 3 000 têtes sculptées dans la pierre ou le bois – entre 1918 et 1967 – par Filippo Bentivegna (1888-1967). Sorte de Facteur Cheval sicilien, ce paysan sculpteur autodidacte naquit à Sciacca et partit en 1913 chercher fortune en Amérique où il vécut 5 ans.

De retour en Italie en 1918, il fut accusé d'avoir déserté et fut emprisonné. Amnésique, suivi pour problèmes psychiques, l'artiste « fou » surnommé ***« Filippu di li Testi » (« Philippe des Têtes ») aurait sculpté près de 18 000 têtes !*** Beaucoup ont été volées après sa mort. La sculpture lui aurait permis de surmonter ses malheurs. Son « château Enchanté » est considéré comme une ***œuvre majeure de l'art brut,*** notamment par les disciples de Jean Dubuffet. 14 œuvres de Filippo sont exposées au musée d'Art brut de Lausanne.

– Également un petit espace muséal tout blanc mettant en relation certaines œuvres avec des films et photos noir et blanc montrant le travail du sculpteur dans son atelier. Les dessins dans la petite maison centrale représenteraient les gratte-ciel new-yorkais.

TÊTE BLESSÉE, TÊTE INSPIRÉE

En Amérique, Filippo Bentivegna travailla comme ouvrier à la construction des chemins de fer. Une dispute sentimentale avec un rival amoureux dégénéra en bagarre. Il reçut un violent coup sur la tête, ce qui lui provoqua un traumatisme crânien. Il rentra à Sciacca. De sa tête fragilisée mais créatrice sortirent ces remarquables sculptures de têtes.

👁👁 ***Basilica di San Calogero al Monte Kronio :*** *via San Calogero, 1. ☎ 092-590-02-66. Bus nº 1 au départ de la piazza Sturzo (ttes les heures). Tlj sauf dim, 7h30-12h30 et de 15h30 au coucher du soleil.* Perchée sur le sommet verdoyant du monte Kronio, cette basilique représente un bel exemple de baroque sicilien, avec profusion de stucs et de fresques à l'intérieur. Dans l'abside, une statue de San Calogero, commandée en 1535 à Antonello Gagini mais terminé par son fils Giacomo en 1538 car son père était mort entre-temps. San Calogero est un ermite originaire d'Asie Mineure (Turquie actuelle) qui vécut aux Ve-VIe s apr. J.-C. Souvent représenté comme un saint noir, il est l'objet d'une grande dévotion en Sicile, notamment à Sciacca et Agrigente. Il termina sa vie dans une grotte du mont Kronio. Cette grotte-sanctuaire existe toujours, elle est située sous l'église *(📱 334-322-08-88 ; visite le w-e 10h-12h).* Là, remarquable majolique datée de 1545 représentant de nouveau San Calogero.

À la sortie ouest de la ville, la plage de ***San Marco*** se cache dans une petite crique de sable sans prétention, plantée de quelques paillotes...

DANS LES ENVIRONS DE SCIACCA

CALTABELLOTTA *(92010 ; env 4 000 hab.)*

👁👁 À 20 km au nord-est de Sciacca, un village médiéval perché à 950 m d'altitude, dont les maisons s'étagent à flanc de colline au pied d'un éperon rocheux. On y arrive par une route livrant des panoramas remarquables sur la côte et l'intérieur des terres. Un endroit de l'arrière-pays peu connu et qui mérite de l'être. Pour découvrir la ville, attendez-vous à marcher dans des ruelles étroites et pentues pour atteindre le site haut perché de la cathédrale.

LA VIE N'A PAS DE POIS !

Lors des terribles Vêpres siciliennes, les Français qui ne s'étaient pas enfuis par la mer ou fait massacrer dès le début s'étaient fondus dans la population. Pour les démasquer, les Siciliens leur faisaient prononcer les mots « pois chiche », ciciru en sicilien, imprononçable sans accent pour un Français. Nombreux passèrent ainsi par le fil de l'épée.

À l'origine ce fut une cité grecque du nom de *Triokala* (Ve s av. J.-C.), puis un bourg romain, et une cité arabe nommée *Qalat al-Ballut,* « la forteresse des chênes » en arabe, d'où dérive le nom actuel de Caltabellotta. C'est ici, le 31 août 1302, que fut signé le traité de paix mettant un terme aux Vêpres siciliennes (le massacre des Angevins par les Siciliens) et entraînant la mainmise de l'Aragon sur l'île.

➢ ***Pour y aller depuis Sciacca*** *(40 mn)* **:** 3-5 bus/j. lun-sam (dernier retour possible à 15h le sam) avec **Lumia.** *(● autolineelumia.it ●).*

Adresse et info utiles

Ufficio turistico *(Pro Loco)* **:** *dans le palazzo della Signoria, via Madrice, 3. ☎ 092-519-15-107. ● info@prolococaltabellotta.it ● prolococaltabellotta.it ● Au cœur du village. Tte l'année, tlj 9h-13h, 16h-20h (19h nov-mars).* Petite brochure payante avec plan de la ville.

– **Marché :** *le mer.*

Où dormir ?

Pas vraiment de raison de rester dormir à Caltabellota, sauf si vous avez raté le dernier bus un samedi ou que vous avez un peu trop poussé sur le jaja au resto.

Prix moyens

B & B Sotto Le Stelle : *via San Paolo, 35. 338-281-78-62. ● info@bbsottolestelle.it ● bbsottolestelle.it ● Dans le bas du village (fléché). Avr-oct, plus la sem de Noël. Doubles 65-100 €.* Tenu par la même famille que le resto *M.A.T.E.S.* (voir ci-dessous), ce *B & B* propose 5 chambres impeccables, portant chacune un nom de constellation ! On a un faible pour l'*Andromeda,* plus petite et sans vue mais vraiment charmante, aux portes et au mobilier joliment travaillés... Sinon carrelage ancien, plafond peint, mobilier choisi et bonne literie. Elles possèdent toutes un balcon, dont 3 avec vue sur la plaine et la mer au loin.

Où manger ?

De bon marché à prix moyens

M.A.T.E.S. : *vicolo Storto, 3. ☎ 092-595-23-27. 320-488-59-77. ● info@matesonline.it ● Se garer au niveau de la station-service* Eni *et y aller à pied. Avr-oct, tlj midi et soir (le w-e seulement en hiver). Menus 28-35 €.* M.A.T.E.S., cet acronyme, désigne le « Museo delle Antiche Tradizioni Enogastronomiche Siciliana ». Très agréable salle sous une arche en plein cintre, avec des instruments agraires, un pressoir à olives, des baguettes de sourcier fixées aux murs. Leonardo et Laura, qui œuvrent en cuisine, sont des gastronomes « ethniques et régionalistes » qui proposent une cuisine du terroir, goûteuse, fraîche et joliment présentée, à déguster sur l'une des grandes tablées. Une excellente adresse où le temps semble s'être arrêté.

Trattoria La Ferla : *via Roma, 29-31. ☎ 092-595-14-44. ♿ À l'entrée du village, au début de la rue qui monte vers le centre. Tlj sauf lun, midi et soir. Congés : oct. Repas env 30 €.* L'emplacement n'a rien de romantique, mais si vous en avez assez du poisson, cette adresse pour carnivores est faite pour vous ! Si l'on fait abstraction des incontournables plats de pâtes et *bruschette,* le menu n'affiche que des plats de viande, préparés selon des recettes traditionnelles. La carte change bien évidemment au rythme des saisons. Salle vitrée avec super vue sur la vallée et la mer. Excellent rapport qualité-prix.

Où déguster une glace ?

Bar Puccio Paolo : *via Triocola, 2. Devant la station-service Eni. Avr-oct, tlj sauf mar, 6h-22h.* Petit bar de pays tout simple. Le patron fait lui-même ses glaces, très bonnes, avec des saveurs de saison.

À voir

Museo civico di Caltabellotta Palazzo della Signoria : *via Madrice, 3, au cœur du village. Mêmes horaires que l'office de tourisme. GRATUIT.* Remarquable exposition d'une trentaine d'œuvres du sculpteur Salvatore Rizzuti, qui officie encore dans le village. Né dans une famille de bergers, l'artiste est aujourd'hui connu dans le monde entier. Il livre ici une série d'œuvres émouvantes, crues et très suggestives, évoquant notamment les Vêpres siciliennes ou encore en hommage à Piero della Francesca, le grand maître florentin du *Quattrocento*. Aux beaux jours, on peut visiter l'artiste dans son atelier *(rens à l'office de tourisme).*

Basilica cattedrale di Maria Santissima Assunta : *en été, on la visite s'il y a quelqu'un sur place ; compter alors 2-3 €/pers, sinon se renseigner à l'office de tourisme.* Perchée au sommet de la ville, sur un éperon rocheux dominant un vaste horizon. De là-haut, vue superbe ! On y accède à pied par les ruelles en pente que les locaux empruntent en voiture (mais on le déconseille vivement). Son architecture trapue évoque une maison fortifiée plus qu'une cathédrale. De gros murs épais en pierre grise, un campanile inachevé avec 2 modestes cloches, et un escalier conduisant à un beau porche. Le comte normand Roger d'Hauteville construisit à cet endroit, en 1090, une église dédiée à saint Georges, à l'emplacement même où son armée avait vaincu les Arabes. Endommagée par le tremblement de terre de 1968, puis restaurée, l'église présente un intérieur sobre, doté quand même (une fois n'est pas coutume) d'une Madone d'Antonello Gagini ! L'ensemble a conservé son caractère, avec sa nef à piliers et une chapelle richement sculptée sur la gauche en entrant. À voir aussi à environ 7-8 mn à pied de là par la *via San Pellegrino*, la **chiesa della Pietà.** Une petite église édifiée sur une grotte. Souvent fermée, on y va surtout pour la vue.

Eremo e chiesa di San Pellegrino : perché tel un nid d'aigle sur un autre éperon rocheux au-dessus de la ville. Une route accessible aux voitures y monte et se termine en cul-de-sac sur un petit parking. Vue superbe sur Caltabellotta et la vallée. De là part un escalier qui mène vers une bâtisse de pierre massive qui se mêle à la montagne, dont on peut voir la vieille église et les cellules de moines. Entre l'église et le couvent, 2 grottes, celle du Mal et celle du Bien. Cette dernière conserve 2 panneaux en majolique des XVIe et XVIIe s. Attention, il se peut que le site soit fermé. Avant d'y aller, se renseigner à l'office de tourisme ou contacter l'association **Peregrinus** *(329-019-37-25 ou 338-755-65-54)* qui organise des visites guidées sur résa *(compter 5 €/pers pour visiter l'ensemble du site).*

ERACLEA MINOA (92011)

Station balnéaire sans prétention dont la plage disparaît peu à peu, mangée par la mer à cause du réchauffement climatique. Bondée en été et passablement tristoune dès que les plagistes ont regagné leurs pénates, on y va surtout pour découvrir l'**Area archeologica :** *☎ 092-218-39-96. Tlj 9h30-19h en été (ferme à 17h hors saison). Entrée : 4 € ; réduc ; gratuit moins de 18 ans.* En tête de falaise et dominant la mer dans son écrin naturel préservé, ce site archéologique – secondaire – peut constituer une agréable balade en fin de journée. Petit musée sur place.

Les plages

Riserva naturale di Torre Salsa : *à* ***Siculiana,*** *env 9 km au sud-est d'Eraclea Minoa. ☎ 092-281-82-20. 📱 327-774-29-54. • wwftorresalsa.com • Accès par une piste défoncée ; plusieurs entrées* (ingresso) *avec parking payant (compter 6 €) en été. L'entrée la plus utilisée semble être l'*ingresso Pantano. *Une petite marche s'impose pour rejoindre la plage depuis le parking. Visite guidée possible lun, mer et ven (réserver avt). Mais* ***pas de visites guidées 30 juin-15 sept,*** *en raison de la chaleur.*
En bord de mer, petite zone de 762 ha protégée par le WWF, avec de très jolies plages de sable bordées de végétation, où les tortues viennent pondre (la nuit et à certaines périodes).

Siculiana Marina : *à 18 km au sud-est d'Eraclea Minoa, direction Agrigento.* Microstation balnéaire ourlée d'une plage de sable agréable et tranquille hors saison, adossée à la route et aux parkings. À 15 mn de route plus au sud, après le *capo Rossello,* la petite station de ***Lido Rossello*** attire elle aussi beaucoup de monde en été, notamment en raison de son point de vue sur la *Scala dei Turchi* depuis la pointe.

Scala dei Turchi : *à 24 km au sud-est d'Eraclea Minoa, direction Agrigento (à 8 km de cette ville).* Bordée par de hautes falaises d'un blanc éclatant, cette plage aux eaux turquoise est sans doute l'une des plus belles de Sicile. Malheureusement, ce site remarquable, sérieusement agressé par l'érosion marine, est désormais ***impraticable et interdit depuis 2019.*** On peut néanmoins accéder à une plage publique depuis le parking de la ***punta Majata*** *(payant, compter min 8 € en été, un peu moins hors saison).*

AGRIGENTO (AGRIGENTE) (92100) env 60 000 hab.

• Plan d'ensemble et la vallée des Temples *p. 207* • Centre *p. 210-211*

Perchée sur un long promontoire rocheux, la ville moderne d'Agrigente, corsetée d'immeubles, domine une plaine verdoyante plantée d'oliviers qui glisse en ondulant jusqu'à la mer. Du belvédère de cette ville-balcon, on aperçoit la célèbre *vallée des Temples,* l'un des sites les plus remarquables du monde antique. C'est assurément, avec Sélinonte et Ségeste, l'un des temps forts de votre voyage en Sicile ! Mais la ville haute n'est pas à négliger pour autant. Derrière sa morne façade de béton, bat le cœur de pierre du *centro storico* ; à découvrir à pied au fil de ses venelles odorantes, ses escaliers furtifs, ses places bordées de palais et d'églises chargées de saints et de dorures. C'est sans doute là que vous logerez, alors n'oubliez pas vos baskets car ça grimpe sec !

UN PEU D'HISTOIRE

Akragas, l'actuelle Agrigente, fut fondée par des colons grecs venant de Gela, de Crète et de Rhodes en 581 av. J.-C. Longtemps gouvernée par les tyrans, elle connut un essor considérable pendant le règne du redoutable Théron (488-472 av. J.-C.). On lui doit l'agrandissement et l'embellissement de la vallée des Temples, ensemble monumental initié par ses prédécesseurs. Qualifiée de « ***plus belle des villes mortelles*** » par Pindare (l'un des plus grands

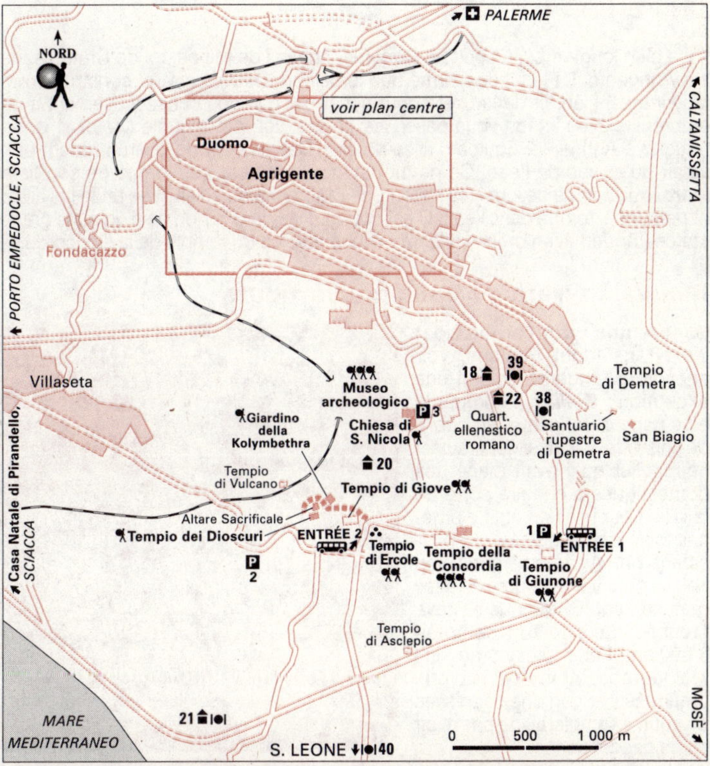

AGRIGENTO – Plan d'ensemble et la vallée des Temples

Où dormir ?		Où manger ?	
18	Colleverde Park Hotel	38	Il Re di Girgenti
20	B & B Villa San Marco	39	Trattoria dei Templi
21	Hotel Baglio della Luna	40	Trattoria Caico
22	B & B Villa La Lumia		

poètes lyriques de la Grèce antique), elle succomba en 406 av. J.-C. sous les assauts répétés des Carthaginois. Dès lors, elle connut différents maîtres sans jamais vraiment retrouver son rang. Les Romains la baptisèrent *Agrigentum*, les musulmans *Kerkent*, qui évolua en *Girgenti*, nom que la cité conservera jusqu'en 1927, date à laquelle Mussolini (encore lui), toujours soucieux de laisser son empreinte dans l'histoire, lui redonne son nom romain italianisé d'*Agrigento*.
Notons par ailleurs qu'Agrigente est la ville de naissance de 2 grands intellectuels que plus de 2 400 ans d'histoire séparent : Empédocle (né en 494 av. J.-C.), l'un des plus grands penseurs de tous les temps, et Luigi Pirandello (1867-1936), Prix Nobel de littérature en 1934.

UN PEU DE MYTHE

Il y a bien longtemps, un certain ***Cocalus,*** ennemi de Minos, roi de Crète, régnait sur Agrigente. La légende affirme que le célèbre ***Dédale*** (grand constructeur de labyrinthes) s'enfuit de la Crète pour échapper à Minos consécutivement à une embrouille avec lui (on vous passe les détails, voir notre guide *Crète*) et vint se réfugier à Agrigente. Équipé d'ailes de cire, Dédale était du genre prudent et ne volait qu'au ras de l'eau. Ce ne fut malheureusement pas le cas de son fiston ***Icare,*** qui, à force de jouer les kakous, se rapprocha du soleil et se brûla les ailes... et patatras... tomba dans l'eau. C'est pourquoi aujourd'hui on peut voir une grande statue (moderne) en bronze d'Icare couché au pied du temple de la Concorde.

Mauvais tyrans et bons gouverneurs

Longtemps gouvernée par les tyrans (dont Phalaris, voir encadré), Agrigente connut une exception : ***Gellias,*** l'homme le plus riche d'Agrigente, un oublié de l'histoire. Il était si généreux et hospitalier qu'il avait placé des domestiques à chaque porte de la ville. Leur mission était d'amener tous les voyageurs qui passaient par Agrigente dans son palais, pour y être nourris et logés gratuitement. On dit que sa cave creusée dans le roc comptait 3 000 amphores pleines de vin ! Malheureusement, vu les prix pratiqués par certaines adresses en août, il semblerait ne pas avoir eu de descendance...

GOUVERNER, C'EST RÔTIR

« Griller dans le taureau de Phalaris » est une expression utilisée pour désigner une souffrance affreuse. Le tyran Phalaris d'Agrigente (fin du VIe s av. J.-C.) était un modèle d'intelligence mais aussi de sadisme. Il fit construire un taureau en bronze, 2 fois plus grand que nature, dont la partie postérieure s'ouvrait de manière à pouvoir y enfourner au moins 2 hommes. Restait plus qu'à allumer un brasier sous la bête pour que ses ennemis rôtissent à petit feu ! Cette pratique a fait visiblement ses preuves au cours des siècles car elle perdura jusqu'au Ve s, utilisée notamment par les Wisigoths qui régnaient à Toulouse.

Arriver – Quitter

En bus

Autostazione *(gare routière ; plan centre C2)* **:** *piazzale Rosselli.* Desservi par les compagnies ***SAIS*** *(● saistrasporti.it ●)*, ***Licata*** *(● autolineesal.it ●)*, ***Fratelli Camilleri & Argento*** *(● camilleriargento.it ●)*, ***Lumia*** *(● autolineelumia.it ●)*, ***Cuffaro*** *(● cuffaro.ifo ●).* Le meilleur moyen pour voyager dans cette partie de la Sicile, les bus étant plus directs et plus nombreux que les trains. Les bus *SAIS* partent devant le cinéma *Astor (plan centre C2)* et non de la gare routière.

➢ ***Sciacca*** *(1h10-1h30)* **:** 6-7 bus/j. (1 seul le dim, pour l'hôpital) avec *Lumia.*

➢ ***Castelvetrano*** *(**site archéologique de Selinunte** ; env 1h50)*, ***Mazara del Vallo*** *(env 2h15)*, ***Marsala*** *(env 2h30)*, ***aeroporto V. Florio di Trapani-Birgi*** *(3h)*, ***Trapani*** *(3h-3h30)* **:** 3 bus/j. le mat (1 seul l'ap-m le dim) avec *Lumia.*

➢ ***Aeroporto di Palermo Falcone e Borsellino*** *(env 3h)* **:** 4 bus/j. sauf dim et j. fériés avec *Licata.*

➢ ***Palerme*** *(2h)* **:** 4-5 bus/j. (1 seul le dim) avec *Fratelli Camilleri & Argento* et 5-7 bus/j. (3 le dim) avec *Cuffaro.*

➢ ***Caltanissetta*** *(1h15-1h30)* et ***Catane*** *(2h50)* **:** env 12 bus/j. avec *SAIS.*

➢ ***Licata*** *(1h)* **:** env 10 bus/j. (sauf dim et j. fériés) avec *Licata.*

➢ ***Gela*** *(1h45)* **:** 4 bus/j. (sauf dim et j. fériés) avec *Licata.*

➢ ***Porto Empedocle*** *(bateau pour les îles Pélagiques ; 20 mn)* **:** 4 bus/j. sauf dim et j. fériés avec *Licata.*

En train

Stazione Centrale *(plan centre C2)* **:** *piazza Marconi. • trenitalia.com •* Attention, ne pas descendre à la station *Agrigento Bassa* (3 km au nord de la ville), mais à *Agrigento Centrale.*
➢ ***Palerme*** *(2h)* **:** 10 trains directs/j. (6 dim et j. fériés).

Circulation et stationnement

Les ruelles du *centro storico* – situées dans la ville haute – ne se visitent qu'à pied. Il faut donc garer sa voiture avant d'y accéder. On trouve sans problème à se garer gratuitement dans la partie haute de la ville, vers la cathédrale. Sinon le long de la route qui descend vers la vallée des Temples (bien respecter les panneaux). Autre solution pas trop chère, le parking de la piazza V. Emanuele *(plan centre C2).*
Pour rejoindre tous les sites d'intérêt, il existe un réseau de ***bus urbains TUA*** *(• trasportiurbaniagrigento.it •)* bien pratique ; départ *piazzale Rosselli* ou devant la gare centrale *(plan centre C2)* : les ***bus n° 1 et n° 3*** desservent le Musée archéologique ainsi que l'*entrée 2 (plan d'ensemble)* de la vallée des Temples puis à certaines heures, la *Casa Pirandello* (tlj 7h10-20h30, ttes les 30 mn). Le ***bus n° 2*** dessert, quant à lui, l'entrée n° 1 *(plan d'ensemble)* avant de boucler vers le lungomare de San Leone et de passer au Musée archéologique au retour (tlj 8h-20h30, env ttes les heures). À noter qu'un 2e bus de la ligne n° 2 emprunte le même chemin au début que la ligne n° 1 en continuant jusqu'au lungomare de San Leone mais il ne fonctionne pas le dim (env 15 bus/j., lun-sam 6h-21h).

Adresses utiles

Punto informativo turistico Porta di Ponte *(plan centre C2)* **:** *piazzale A. Moro, 1. ☎ 092-22-02-50. • provincia.agrigento.it • Lun-ven 9h-13h, 15h-19h, et sam mat. Fermé dim.* ***Service interrompu lors de notre passage.*** Petit kiosque dans un square au début de la via Atenea.

Ospedale San Giovanni di Dio *(hors plan d'ensemble)* **:** *contrada Consolida. ☎ 092-244-21-11. À 6 km au nord de la ville.*

Taxis *(plan centre C2)* **:** *piazza Marconi, devant la gare centrale. ☎ 02-53-53.*

Où dormir ?

Camping

À environ 7 km au sud d'Agrigente, l'adresse qui suit se situe dans la station balnéaire ultra-touristique de ***San Leone*** *(hors plan d'ensemble).* Pour s'y rendre, bus nos 2 ou 3 depuis le *piazzale Rosselli* (gare routière).

Camping Valle dei Templi : *viale Emporium, 94. ☎ 092-241-11-15. • info@campingvalledeitempli.com • campingvalledeitempli.com • À l'entrée de San Leone. Ouv tte l'année. Compter 21-35 € pour 2 avec tente et voiture. Locatifs (2-6 pers) 15-25 €/nuit et par pers. Sur présentation de ce guide, réduc de 10 % sur les tarifs basse saison et 5 % sur les tarifs hte saison (10-28 août).* Un terrain légèrement vallonné, ombragé par des acacias et des eucalyptus, et bien équipé. Sanitaires nickel et en grand nombre (douche chaude payante). Loue aussi des bungalows et mobile homes. Bar, piscine, jeux pour enfants, les temples sont à 1,5 km et la mer à 1 km. Accueil pro et aimable.

Bon marché

Dimora Hostel *(plan centre B2,* ***11****)* **:** *via Santa Lucia, 12. ☎ 092-22-17-18.*

LA SICILE AFRICAINE

■ **Adresse utile**

- Punto informativo turistico Porta di Ponte (C2)

Où dormir ?

10 B & B Liola (A1)
11 Dimora Hostel (B2)
12 B & B Terrazze di Montelusa (B2)
13 Foresteria Monastica Santo Spirito (C2)
14 B & B Camere a Sud (C2)
15 B & B PortAtenea (C2)
17 B & B Le Terrazze di Pirandello (B2)

Où manger ?

15 Sal 8 (C2)

AGRIGENTO – Centre

30 Antichi Sapori (C2)
31 A' Putia Bottega Siciliana (C2)
32 Osteria L'Ambasciata di Sicilia (B2)
33 Arancineria-bar Milano (C2)
35 Kalòs (C2)
36 Civicododici (B2)
37 Osteria Expanificio (A2)

Où boire un verre ? Où sortir ?
Où déguster une glace ?
Où prendre un petit déj ?

50 Nzolia Enoteca (C2)
51 Caffè Concordia (B2)
52 Bar Mojo (C2)
53 Gelateria Le Cuspidi (D2)

331-193-88-01. • dimorahostel@libero.it • À partir de la via, prendre l'escalier qui part à gauche de la chambre de commerce (en face de la Guardia di Finanza). Lits en dortoir (5 ou 7 lits) à partir de 20 € ; doubles à partir de 40 €, petit déj en sus ; familiales. Dans le centre historique, un bâtiment entièrement repensé. Sur plusieurs niveaux, de grandes chambres colorées pour 2 à 4 personnes ainsi que des petits dortoirs mixtes pouvant accueillir 5, 7 ou 9 paires de chaussettes et les routard(e)s qui les portent. Les sanitaires sont parfois en commun, parfois pas. Service de laverie, cuisine commune, living-room avec coin TV, billard, baby-foot. L'ensemble résonne un peu mais reste un excellent point de chute dans cette ville où les prix s'envolent.

Foresteria Monastica Santo Spirito *(plan centre C2,* ***13****) : cortile Spirito, 5. 349-479-24-01 (sœur Gabriella) ou 388-730-47-73 (sœur Teresa). • monsantospirito.2019@gmail.com • Tte l'année, chambre individuelle 35 € ; double 65 €, pas de petit déj mais on a de quoi faire réchauffer thé ou café et les sœurs font d'excellents biscuits.* Juste à gauche de la *chiesa Santo Spirito,* cette *foresteria* accueille le public dans de grandes chambres (certes un peu monacales) mais très bien tenues. Toutes possèdent leur propre salle de bains ainsi qu'un petit crucifix au-dessus du lit. Un bout de cuisine commune pour bricoler son frichti.

Prix moyens

B & B Camere a Sud *(plan centre C2,* ***14****) : via Ficani, 6, au niveau du n° 104, via Atenea. 349-638-44-24. • info@camereasud.it • camereasud.it • Doubles 60-80 €, petit déj en sus ; familiales. Sur résa en direct, réduc de 10 % (nov-mars) sur présentation de ce guide.* En pleine vieille ville, derrière une petite porte discrète, on découvre un intérieur coloré et chaleureux, au parquet bien entretenu (prière de se déchausser), dans lequel on a tout de suite envie de poser son sac. Au menu : 5 chambres climatisées très soignées, bénéficiant d'une bonne literie et de salles de bains impeccables. 2 d'entre elles sont un peu plus grandes, elles accueillent volontiers 4 personnes. Petite terrasse couverte pour prendre le petit déj (avec des produits siciliens). Accueil chaleureux en français.

B & B PortAtenea *(plan centre C2,* ***15****) : via Atenea (angle via C. Battisti). 349-093-74-92. • info@portatenea.com • portatenea.com • Doubles 60-80 €.* Au début du *centro storico,* les vieilles pierres n'excluant ni le bon goût ni la modernité, ce *B & B* distribue ses 5 chambres sur 3 étages. Spacieuses, agréables, fraîches (clim) et bien carrelées, elles donnent sur la rue pour la plupart d'entre elles. La triple, avec 2 fenêtres, est la plus belle à notre goût. Terrasse commune avec très belle vue. Excellent accueil en français de Filippo et Sandra.

B & B Le Terrazze di Pirandello *(plan centre B2,* ***17****) : piazza Luigi Pirandello, 33. 329-937-70-32 (Benji). • info@bbleterrazzedipirandello.it • bbleterrazzedipirandello.it • Doubles 50-90 € (15-20 €/pers en plus) ; familiales.* Un bel emplacement à l'ombre de l'église San Domenico, sur une des plus belles places de la ville. Vieil immeuble mais intérieur moderne. Réparties sur 3 étages, une dizaine de belles chambres colorées bien équipées (clim), dont 1 appart disposant d'une grande cuisine et d'une mezzanine (bien pour une famille). Une seule donne sur la place, les autres, avec ou sans balcon, sur les ruelles. Superbe terrasse sur le toit où l'on prend le petit déj avec vue sur la vallée des Temples. Bon accueil.

B & B Liola *(plan centre A1,* ***10****) : via Duomo, 125. ☎ 092-260-29-26. 347-813-74-37. • info@liolavacanze.it • bbliola.it • Congés : janv. Résa indispensable. Doubles 60-80 €. Sur résa en direct, réduc de 10 % sur le prix de la chambre (sauf juil-août) sur présentation de ce guide. On se gare sans problème dans le quartier.* Petite maison coquette et discrète où vous serez accueilli par l'affable Alfonso. Il propose à ses hôtes 3 chambres colorées (jaune, rose ou bleu) très chaleureuses, avec meubles peints et fresques ou photos murales. Thé, café et frigo à dispo, une foule de docs sur la ville, notre homme a pensé à tout. Le petit déj est servi à la carte (on choisit sur photos), dans la salle du dessous.

B & B Terrazze di Montelusa *(plan centre B2,* ***12****) : piazza Lena, 6 (2e étage). 349-601-99-59. • info@terrazzedimontelusa.it • terrazzedimontelusa.it • Doubles 70-90 €.* Un *B & B* du vieil Agrigente, installé dans une maison appartenant à la même famille depuis 6 générations – la *casa Messina Bonfiglio.* Une demeure de caractère à l'image de l'accueil stylé (et francophone...) de l'adorable Francesco. À disposition, 5 vastes chambres climatisées réparties sur 2 étages, garnies de meubles de famille, aux murs agrémentés de peintures ou de photos d'époque. Le vrai plus en été : 3 grandes terrasses panoramiques plantées de frangipaniers, avec vue sur les toits de la ville, la mer et les temples, parfait pour un verre au soleil couchant. Petit déj copieux.

De prix moyens à très chic

B & B Villa San Marco *(plan d'ensemble,* ***20****) : contrada San Marco, s/n. 351-559-04-34. • info@villasanmarco.com • villasanmarco.com • Non loin du Musée archéologique, prendre la piste au niveau de la station-service (fléché). Fermé nov-mars. Résa obligatoire en été, le plus longtemps possible à l'avance. Doubles 75-125 € ; 1 familiale avec cuisine. Réduc de 12 % sur le prix des chambres sur présentation de ce guide (résa en direct).* Au pied de la vallée des Temples mais déjà au bout du monde ! Dans un environnement verdoyant exceptionnel, une sorte d'arche de Noé tournée vers l'art de vivre et la culture. Le propriétaire, Vincenzo, qui parle un français impeccable, vit sur place avec sa famille. Du jardin, pas besoin de prendre du recul pour voir le temple d'Hercule, il est à 500 m à peine. Vos enfants adoreront les animaux, il y en a de toutes sortes car l'endroit est aussi une ferme didactique. Côté dodo, 7 chambres de caractère bien tenues. Elles sont réparties tout autour de la maison d'origine, une vieille bâtisse taillée dans le tuf, disposant d'un salon chaleureux garni de tout plein de jeux, de livres et d'instruments de musique. Petit déj sur place, mais pas de repas.

Colleverde Park Hotel *(plan d'ensemble,* ***18****) : via Panoramica dei Templi. ☎ 092-22-95-55. • mail@colleverdehotel.it • colleverdehotel.it • Au pied de la vieille ville et à 1,5 km de la vallée des Temples. Doubles 60-220 €.* Situé un peu en hauteur, dans un magnifique jardin d'où la vue est superbe, un hôtel à l'ambiance « *Touring-Club* » qui accueille les individuels comme les groupes. Chambres tout confort, agréablement décorées, quelques-unes avec vue sur les temples. Petit déj « à l'américaine » composé de produits siciliens typiques. Resto sur place. Accueil professionnel.

B & B Villa La Lumia *(plan d'ensemble,* ***22****) : via Passeggiata Archeologica, 19. 320-632-55-68. • info@villalalumia.com • Doubles 90-160 € ; familiales. Parking privé.* Vaste jardin de 4 ha planté d'oliviers millénaires, de myrtes et de caroubiers, dominé par une petite maison bourgeoise du XIXe s. C'est le cadre enchanteur vers lequel sont tournées plusieurs maisonnettes basses et la demeure principale (chambres plus chères). Petit déj dans le jardin avec vue sur la vallée des Temples. Accueil variable.

Où dormir dans les environs ?

De prix moyens à plus chic

Hotel Baglio della Luna *(plan d'ensemble,* ***21****) : via S. A. Guastella, 1c. ☎ 092-251-10-61. • info@bagliodellaluna.com • bagliodellaluna.com • À env 4 km du centro storico. Congés : nov-mar. Doubles 100-150 €, petit déj compris ; familiales. Sur résa en direct, réduc de 10 % sur le prix des chambres sur présentation de ce guide.* Cette vieille demeure flanquée d'une tour de guet du XIIIe s, agencée autour d'une cour carrée avec puits et fontaine, est posée sur le haut d'une colline verdoyante dominant la campagne. Ici, une vingtaine de chambres confortables (clim) et fraîches, à la déco classique et un poil rococo. Les « *superior* » bénéficient d'une déco plus actuelle et sont tournées vers la vallée des Temples. Les plus chères occupent la tour. Jacuzzi dans le jardin. Resto sur place, mais le soir seulement.

B & B Terra Nostra : *contrada Borangio, 5 km avt* ***Cattolica Eraclea*** *(venant d'Agrigente) par la SP 29. ☎ 092-284-99-81. 338-183-98-94. • bbterranostra@libero.it • À env 20 km au nord-ouest d'Agrigente. Congés : oct-mars. Doubles 65-70 €. Sur résa en direct, réduc de 10 % sur présentation de ce guide.* Une maison isolée sur une colline où les vignes et champs d'oliviers ondulent à l'infini. Au choix, 6 chambres coquettes, et soignées. Belle piscine avec solarium, agréable terrasse ombragée par un figuier. Le secteur compte plusieurs sites préhistoriques et des grottes, et on n'est pas loin des plus belles plages de la région. Accueil chaleureux en français.

Où manger ?

Dans la jungle des restos touristiques qui caractérise Agrigente, quelques adresses sortent malgré tout du lot. Goûtez donc aux *cavatelli al cartoccio,* une spécialité locale de *pasta* en papillote.

Sur le pouce

Arancineria-bar Milano *(plan centre C2,* ***33****) : piazza Aldo Moro, 13. ☎ 092-22-52-31. Tlj 7h-21h (minuit dim). Moins de 5 €.* Avec un assortiment d'*arancine* à faire baver une armée d'escargots, la terrasse ombragée du Milano reste un des endroits les plus fréquentés des gens du coin. Bien aussi pour un *espresso.*

Antichi Sapori *(plan centre C2,* ***30****) : via Cesare Battisti, 20. ☎ 092-255-45-85. Tlj 8h-23h, sauf dim. Moins de 10 € pour les sandwichs ; taglieri plus chers.* Tenue par une dame très accueillante, une épicerie fine qui prépare aussi des sandwichs et des plateaux-grignote avec les excellents produits – siciliens – qui reposent derrière le comptoir. À déguster sur une des tables posées devant la boutique.

Prix moyens

Sal 8 *(plan centre C2,* ***15****) : via Cesare Battisti, 8. ☎ 092-266-19-90. • o.montana@tiscali.it • Tlj sauf lun (tlj en août), midi et soir. Résa conseillée. Plats 14-20 €.* Comment ne pas recommander cette table typiquement sicilienne dont le patron est aussi celui qui œuvre en cuisine ? Déjà en arrivant, on vous offre un petit *prosecco,* gage d'un service attentif ! Puis arrivent les choses sérieuses : *linguine* aux gambas, *spaghetti sarde e finocchietto* (pâtes aux sardines et au fenouil sauvage), *cernia* (mérou) de Lampedusa... peu de risques que vous soyez déçu, quoi que vous preniez, des *antipasti* aux *dolci* ! Le tout, c'est de trouver de la place dans l'une des 2 salles (nous, on préfère celle du bas).

Osteria Expanificio *(plan centre A2,* ***37****) : piazza Giuseppe Sinatra, 16. ☎ 092-259-53-99. 388-165-62-94. • ex.panificio@live.it • Tlj midi et soir. Compter 30 € à la carte ; plats 8-16 €.* Planqué dans un recoin d'une placette à 2 pas du Teatro Pirandello, un resto avec une salle en L joliment décorée sur thème du pain (d'où son nom). Cuisine très soignée de terre comme de mer. Quelques spécialités comme les *polpette al pomodoro* (boulettes de viande à la tomate), les spaghettis aux oursins, ou les *brusciulunneddu cù sucu* (on vous conseille de le pointer du doigt sur la carte), une sorte de paupiette de veau aux petits oignons avec des œufs, de la pancetta et des patates. Sinon, moins compliqué à prononcer, leur risotto n'est pas mal non plus.

Civicododici *(plan centre B2,* ***36****) : via Vullo, 12. ☎ 092-22-69-83. • fabricivico@libero.it • Tlj, le soir* *seulement. Plats 9-18 €.* Au choix, quelques tables dans la ruelle, un bar si vous êtes en solo ou une agréable salle voûtée. Un resto sûr de sa cuisine. Normal, Rico, le chef, n'a ni fait le pont ni fait le zouave, il a tout simplement fait l'*Alma*, la célèbre école de cuisine de Parme d'où sont sortis les meilleurs chefs italiens. Alors évidemment, quand il lui prend de revisiter la cuisine du cru, il sait ce qu'il fait. Entre autres *antipasti*, et avant de passer aux *primi*, laissez-vous donc tenter par des *sarde a beccafico* et un petit verre de *grillo* de chez *Feudo d'Arancio*, un blanc au gentil goût d'agrumes...

Osteria L'Ambasciata di Sicilia *(plan centre B2, **32**) : via Giambertoni, 2. ☎ 092-22-05-26. ● dariolo burgio@virgilio.it ● Tlj sauf mar, midi et soir. Congés : nov-fév. Plats 9-17 €.* Avec son étroite terrasse panoramique dans la ruelle, on y vient surtout pour la superbe vue sur la plaine et la mer ! Un peu de tout à la carte : *pasta, risotti, zuppe*, poissons, viandes... grillés ou non.

De prix moyens à plus chic

Trattoria dei Templi *(plan d'ensemble, **39**) : via Panoramica dei Templi, 15. 320-631-15-36. ● trattoriadeitempli@ virgilio.it ● Tlj midi et soir. Résa conseillée. Plats 16-25 €.* Une des meilleures tables d'Agrigente à prix sages. On y sert une cuisine sicilienne soignée et raffinée avec tous les classiques de la région, et des spécialités comme le *caserecce al ragù di triglia* (pâtes aux filets de mulet au fenouil sauvage) et le *calamaro alla griglia su vellutata di zucchine* (calamars grillés sur crème de courgettes).

Kalòs *(plan centre C2, **35**) : piazzetta San Calogero (au-dessus de l'opticien). ☎ 092-22-63-89. ● risto rantekalos2011@libero.it ● Tlj sauf lun, midi et soir. Résa vivement conseillée le soir. Plats 12-25 €.* Une grande salle à la déco tendance : murs gris et quelques touches fleuries, ouverte sur la place grâce à de larges baies vitrées. Et puis ces petits balcons intimes – 1 table, 2 chaises, et basta – avec vue sur la placette et son église. Cuisine traditionnelle de bon aloi, aux envolées créatives, qui sublime les produits frais de l'arrière-pays ou la pêche locale. Excellent pour un dîner en amoureux.

Trattoria Caico *(hors plan d'ensemble, **40**) : via Nettuno, 35, à **San Leone**. ☎ 092-241-27-888. ● maro69maccarrone@gmail.com ● Tlj sauf mar, midi et soir. Résa vivement conseillée. Primi 10-15 €, secondi 15-30 €.* Cette trattoria poisson et fruits de mer labellisée *Slow Food* promet à vos papilles en manque d'iode un vrai petit voyage initiatique. C'est l'occasion de goûter au célèbre *gambero rosso di Mazara*, emblème de la cuisine gastronomique italienne. Pour le décor, une salle chaleureuse noyée sous une avalanche de bouteilles (l'adresse fait aussi *enoteca*) et une terrasse sur le côté.

Il Re di Girgenti *(plan d'ensemble, **38**) : via Panoramica dei Templi, 51. ☎ 092 240 13-88. ● info@ilredi girgenti.it ● Tlj sauf mar, midi et soir. Congés : 2 sem fin nov. Résa conseillée le soir. Plats 12-18 €.* Au bord de la route qui descend vers le site archéologique, on s'y presse pour sa terrasse et sa vue sur les temples ! Belles salles à la déco soignée, et cuisine sicilienne revisitée : petite lasagne d'espadon, spaghettis au jus d'anchois, raviolis de poisson à la sauce d'oursin... Plutôt une adresse pour dîner.

Où boire un verre ? Où sortir ? Où déguster une glace ? Où prendre un petit déj ?

A' Putia Bottega Siciliana *(plan centre C2, **31**) : via Porcello, 18. ☎ 092-22-07-43. ● putiasiciliana@ gmail.com ● Tlj, le soir seulement. Compter 5-12 € (sans le vin).* On aime bien ce petit bar à vins jazzy à la déco claire et plaisante, tout garni de bouteilles. Au programme : des plateaux-grignote (charcuterie et fromage), de délicieux sandwichs et un grand choix de *pani cunzatu*. Une belle adresse côté saveurs, pour ne pas se ruiner.

Nzolia Enoteca *(plan centre C2,* **50***) : piazzetta San Calogero. ☎ 092-205-44-47. • info@nzolia.it • Tlj, sauf lun hors saison.* Longue salle bordée de casiers à bouteilles, terminée par une grotte. Un superbe cadre néo-indus pour déguster des vins de l'île et de toute la Botte, servis au verre. Également une plaisante terrasse devant l'église San Calogero, idéale à l'heure de l'*aperitivo*, qu'on peut accompagner d'assiettes de charcuterie-fromage.

Caffè Concordia *(plan centre B2,* **51***) : piazza Pirandello, 36-37. ☎ 092-22-58-94. Tlj 6h-minuit, sauf lun (ferme plus tôt en hiver).* Juste sur le flanc de la mairie, dont la façade est garnie de végétation, café populaire et bien situé. Bien du petit déj (pâtisseries) au dernier verre du soir, en passant par la pause goûter et l'*aperitivo*... Sert un remarquable lait d'amande. Terrasse donnant sur la place.

Bar Mojo *(plan centre C2,* **52***) : piazza San Francesco d'Assisi, 15. Au niveau de la via Atenea, 64 ; descendre sur la placette, c'est face à l'église. Tlj sauf lun, 18h30 (18h le w-e)-2h (3h ven-sam).* Ici, ça déménage côté musique rock, jazz, pop et salsa, distillée par des DJs ; groupes de musicos aussi certains soirs, rarement avant 23h. En été, ça carbure au mojito et au Cuba libre sur toute la place.

Gelateria Le Cuspidi *(plan centre D2,* **53***) : piazza Cavour, 19. Tlj sauf mar 7h-0h30 ; tlj juil-août.* Depuis 1960, cette *gelateria artigianale* propose de savoureuses pâtisseries et de remarquables glaces onctueuses. Cadre moderne chic et terrasse sur la rue, idéal aussi pour boire un café.

À voir

Parco archeologico Valle dei Templi
(vallée des Temples ; plan d'ensemble)

Classé en 1997 au Patrimoine mondial de l'Unesco, le *parco archeologico* occupe une longue crête portant un prodigieux alignement de monuments aux colonnes doriques, dans un paysage unique d'oliveraies et de ravines plantées d'agrumes. Vraiment magnifique les nuits d'été lorsque les temples sont illuminés !

➢ ***Pour s'y rendre :*** ***bus*** *nos 1, 2 et 3, à partir du piazzale Rosselli (terminal des bus ; plan centre C2) ou de la piazza Marconi (gare centrale ; plan centre C2). • trasportiurbaniagrigento.it • En* ***voiture,*** *2 parkings payants (min 3,50 €) : proche du* ***tempio di Giunone*** *(plan d'ensemble, P 1 ; le plus pratique) ; et un autre en contrebas du* ***tempio dei Dioscuri*** *(plan d'ensemble, P 2).*

– ***Infos pratiques :*** *• parcovalledeitempli.it • Tlj 8h30-20h (23h-minuit en été, se renseigner) ; dernière entrée 1h avt fermeture.* ***Pour échapper aux groupes, allez-y dès l'ouverture,*** *ou le soir en été, quand les temples sont illuminés ; un moment sublime accessible seulement de mi-juil à mi-sept !*
Billet (valable 1 j. pour 1 seule entrée) : 12 € ; réduc ; gratuit moins de 18 ans. Billet jumelé (valable 3 j. pour 1 seule entrée sur chaque site) avec le Museo archeologico : 15,50 € ; 17 € avec le giardino della Kolymbethra ; réduc. Mais attention, c'est soit parc + musée, soit parc + jardin, il n'y a pas de billet groupé donnant accès aux 3 sites. Plan sommaire payant (1 €). Audioguide en français : 5 €. Également des visites guidées (en italien et en anglais surtout).

– ***La visite :*** le mieux est de ***parcourir le site d'est en ouest***, depuis l'***entrée 1*** *(plan d'ensemble)*. Grand parking payant à côté *(plan d'ensemble, P 1)*.

Tempio di Giunone *(temple de Junon ou d'Héra) :* il occupe une situation privilégiée à l'extrémité de la crête rocheuse. Érigé au Ve s av. J.-C., il profita de l'attention toute particulière des Romains qui assimilaient le culte d'Héra (grec), femme de Zeus, à celui de Junon (romain), femme de Jupiter. C'était un temple dédié aux mariages, où les sacrifices d'animaux étaient monnaie courante. Les femmes enceintes venaient y brûler leur ceinture en guise d'offrande à la fécondité (le terme « enceinte » vient d'ailleurs de cette coutume grecque). Selon Pline, ce temple abritait un tableau de l'artiste grec Zeuxis représentant Hélène (et non Junon). Ce peintre avait choisi 5 jeunes filles de Crotone pour copier de chacune ce qu'elle avait de plus beau. Le temple conserve une colonnade quasi intacte, surmontée de son architrave (la partie inférieure de l'entablement, qui comprend la frise et la corniche). Les traces rouges sont des vestiges de feu (probablement du siège de la ville par les Carthaginois en 406 av. J.-C.).

➢ Le chemin descend ensuite au milieu d'amandiers, d'oliviers et de figuiers de Barbarie. Sur le côté, quelques vestiges de l'***ancien rempart hellénistique,*** et puis ces gros rochers creusés de ***tombeaux paléochrétiens*** (IVe-VIIIe s). Remarquez ces niches voûtées (aujourd'hui on dirait du gruyère). À l'origine, elles étaient enduites et peintes. En cours de route, quelques stèles définissent « ***il giardino dei giusti di tutto il mondo*** », avec en point d'orgue celles des juges Falcone et Borsellino, assassinés par la Mafia en 1992. Beau point de vue sur les alentours ! Avant d'arriver au temple de la Concorde, sur la droite, on peut faire une pause (pas spécialement donnée) dans un ***café-resto.***

LA SICILE AFRICAINE

ሕሕሕ Ensuite – temps fort dans la visite de la vallée –, on arrive au chef-d'œuvre d'Agrigente : le **tempio della Concordia** *(temple de la Concorde).* Ce superbe sanctuaire dorique du Ve s av. J.-C. demeure le mieux préservé du site, et certainement l'un des 3 temples du monde hellénique les mieux conservés. Il a survécu aux guerres, aux dégradations pour motifs religieux et aux tremblements de terre ! Grégoire, l'évêque d'Agrigente, le transforma en église chrétienne au VIe s ; au prix de 6 arcades percées dans les murs latéraux... Il servit d'église jusqu'en 1748, date à laquelle il fut rétabli dans sa forme primitive.
Par l'élégance de ses proportions, il est dit « classique » par excellence. Remarquez l'entablement entièrement conservé, et les colonnes en 4 tronçons, plus étroites en haut pour les rendre plus élancées. Et tant qu'on est dans la démesure, notez ces vénérables et superbes oliviers vieux de plus de 500 ans : en écoutant bien, vous entendrez leurs feuilles bruisser de vieilles légendes... Au-devant du temple, couchée sur le sol, une statue en bronze représente ***Icare tombé à terre,*** œuvre du sculpteur Igor Mitoraj (2011). Elle est un rappel d'un mythe fondateur très ancien (voir plus haut dans l'intro « Un peu de mythe »).

➢ En continuant le chemin, vous apercevrez avec un peu de chance les ***chèvres d'Agrigente,*** aux cornes en tire-bouchon, réintroduites dans la vallée pour sauver l'espèce de la menace d'extinction qui pesait sur elle... Également, sur la droite avant d'atteindre le temple d'Hercule, un beau champ de ***tombes paléochrétiennes,*** taillées dans le roc ; partie émergée de catacombes.

ሕሕ Ensuite, dominant la route qui coupe le site en 2, se dressent les ruines du **tempio di Ercole** *(temple d'Hercule ou d'Héraclès).* Considéré comme le sanctuaire le plus ancien d'Agrigente (VIe s av. J.-C.), ce temple dorique archaïque présente un alignement de 9 colonnes coiffées en partie de chapiteaux. À l'origine, il y en avait... 90 ! ***Il est dédié au fils de Zeus et d'Alcmène,*** également vénéré par les Romains sous le nom d'Hercule. Notez que, d'après Cicéron, si ce temple ne correspondait pas à l'harmonie classique habituelle, c'était pour mieux exprimer l'idée de la force d'Hercule...

➢ Longez ce temple par la droite pour gagner la passerelle qui enjambe la route, et ainsi atteindre la partie basse du site. Là se trouve aussi l'***entrée 2*** de la vallée des Temples *(plan d'ensemble)* et son grand parking *(plan d'ensemble,* P ***2).*** Une fois la voie franchie et que vous êtes dans le petit square, jetez un œil en contrebas, vous y verrez le ***tombeau de Théron*** (IIe-Ier s av. J.-C.), construit en souvenir des victimes de la 2e guerre punique. Très suggestif, il a inspiré de nombreux artistes peintres et graveurs dont ***Jean-Pierre Houel*** (son tableau est au Louvre).

🔭🔭 ***Tempio di Giove*** *(temple de Zeus)* **:** une fois la route franchie, on découvre ce temple qui fut l'un des 3 plus importants du monde hellénique. ***Plus grand que le Parthénon d'Athènes,*** il mesure 56 m sur 113 m. En ruine, il en reste quelques colonnes, car les Carthaginois ont détruit en 406 av. J.-C. ce qui était pour eux une représentation insupportable du monde moderne. *O tempora, o mores !* ***Rappelons qu'Agrigente était alors l'une des 1res démocraties au monde...*** et qu'elle n'avait pas d'armée, à part quelques bandes de mercenaires ! La ville fut donc facile à prendre... Pour en revenir au temple, s'il manque tant de blocs de pierre, c'est aussi parce que le tremblement de terre de 1501 mit à bas les dernières colonnes et qu'on se servit d'éléments effondrés pour construire la jetée de Porto Empedocle au XVIIIe s. Essayez seulement de repérer la partie supérieure d'un chapiteau parmi les vestiges au sol pour vous faire une idée de ses dimensions originelles.

LE GÉNIE GREC

En regardant le temple de Zeus, notez que les énormes blocs en pierre de tuf sont presque tous creusés en forme de U sur une de leurs faces. Cette ouverture servait à passer des cordes afin de les déplacer. Mais ce matériau calcaire, d'origine marine (coquillages incrustés), est très friable. Du coup, les Grecs l'enduisaient d'un mélange de poudre de marbre, ce qui permettait à la fois de le protéger, de rappeler la blancheur des temples d'Athènes et de servir de base à une bonne peinture ; car les temples étaient polychromes.

Une des particularités du temple était cette série d'***atlantes géants*** (7,65 m de haut !), debout, les bras repliés autour de la tête, qui étaient intercalés entre les colonnes sur les murs extérieurs. On peut voir une reproduction de cet atlante (*telamon* en italien) en pierre, couché sur la terre dans les ruines du temple, l'original étant conservé au musée.

🔭 Plus bas, le ***tempio dei Dioscuri*** *(temple des Dioscures, ou de Castor et Pollux)* est repérable à ses 4 élégantes colonnettes – soit un angle du temple originel. Pour l'anecdote, sachez que les Romains le remirent sur pied selon un modèle erroné, et qu'il fut à nouveau restauré au XIXe s tel que vous le voyez, mais toujours sur le mauvais schéma... Petit rappel mythologique : Castor et Pollux étaient jumeaux, mais seul Pollux avait droit à la vie éternelle. Zeus, le papa, refusant de la donner également à Castor, prit du coup la décision de les faire vivre en alternance ! Ils passent un jour sur la terre, et un jour dans le royaume souterrain des morts. Belle métaphore du jour et de la nuit. Les différents autels autour du temple seraient, quant à eux, dédiés à Dionysos, dieu du Vin, à Déméter, déesse de la Fertilité, et à sa fille Perséphone...

🔭 ***Giardino della Kolymbethra :*** *accès par l'entrée 2. 📱 335-122-90-42. • fai kolymbethra@fondoambiente.it • fondoambiente.it • Juil-sept, tlj 10h-18h (17h mars-mai et oct ; 14h le reste de l'année). Nocturne en été (se renseigner). Entrée : 6 € ; 4 € si vous avez déjà un billet combiné parc + musée ; réduc. Attention, même si vos enfants ont bénéficié d'une entrée gratuite dans le parc archéologique, ils devront payer l'entrée du jardin 2 € (gestion différente).*

Situé dans une vallée en contrebas du temple des Dioscures, ce jardin de 5 ha est aménagé dans une ancienne carrière. Il offre une ***promenade reposante au milieu des oliviers,*** des citronniers, des orangers et de quelques autres essences en fleurs ou en fruits selon la saison. Une promenade idéale pour échapper à la foule de la vallée et profiter de l'aire de pique-nique dans une atmosphère calme. À son origine, au Ve s av. J.-C., le site était un lac artificiel servant de réserve d'eau et de bassin piscicole, avant de devenir une surface cultivée.

On raconte que les travaux de ce jardin (le bassin notamment) auraient été effectués par des prisonniers carthaginois utilisés par Théron, le tyran d'Agrigente, comme main-d'œuvre à coût « zéro ». ***Le site cache encore près de 17 km de passages souterrains*** (redécouverts au XVIIIe s), qui servaient à alimenter la cité en eau. On peut visiter l'un de ces passages qui s'appelle le ***Percorso Ipogei.*** *Résa obligatoire (possible en ligne), visite en anglais, env 45 mn et 8 €/pers.* Avec ses stalactites, ce lieu prend l'aspect d'une grotte par endroits. Le sentier permet aussi d'accéder au ***tempio di Vulcano*** *(temple de Vulcain)* : 2 colonnes seulement, mais une belle vue sur Agrigente en prime.

Museo archeologico regionale Pietro Griffo : *contrada San Nicola, 12. ☎ 092-240-15-65. • parcovalledeitempli.it • ♿ Plus haut, vers la ville. Parking payant à côté (plan d'ensemble, P **3** ; min 3,50 €). Tlj 9h-19h30. Entrée : 8 € ; réduc ; gratuit moins de 18 ans. Billet jumelé (valable 3 j. pour 1 seule entrée sur chaque site) avec la vallée des Temples : 15,50 € (quand il y a une expo dans le parc, c'est-à-dire presque toujours) ; réduc. Audioguide en français : 5 €.* C'est le musée du site, qui présente de façon moderne (cartels en italien et en anglais, on vous conseille l'audioguide) le produit des fouilles effectuées dans l'ensemble de la zone archéologique. Outre d'innombrables statuettes et céramiques exceptionnelles, on y détaille avec plaisir des plats, de la vaisselle, des lampes à huile, des amphores ainsi qu'un superbe récipient en terre cuite du VIIe s av. J.-C. sur lequel figure déjà la *triquetra* (*triskelès* en grec ou encore *triskell* en breton). Temps fort de ce musée, les éléments d'architecture (gargouilles à tête de lion, stèles, bas-reliefs, mosaïques, ainsi que les différentes techniques de peinture utilisées pour décorer les temples...). Outre les objets usuels, casques, armes, etc., on peut y admirer la *Statue d'un guerrier,* ainsi qu'un superbe éphèbe : le ***Kouros d'Agrigente,*** hélas mutilé ; tous 2 du Ve s av. J.-C.
Enfin, pièce maîtresse du musée : l'***un des atlantes*** *(telamon)* ***originaux*** qui soutenaient l'architrave du *temple de Zeus (tempio di Giove).* Haut de 7,65 m, ce colosse taillé dans le tuf a été reconstitué et exposé dans une grande salle de conférences. Chacun de ces atlantes avait un visage différent et demeurait juché sur un piédestal, entre des colonnes qui devaient mesurer une vingtaine de mètres !
En contraste complet, une belle et ***fine collection de cratères attiques*** (Ve s av. J.-C.) de toutes formes et tailles, avec des décors variés (scènes mythologiques, combats, libations, fêtes, satyres...). Admirez aussi l'alignement de ***sarcophages*** dont celui d'un enfant romain du IIe s apr. J.-C., aux bas-reliefs superbement sculptés. Proche de la sortie, remarquez ce ***cratère attique du Ve s av. J.-C.*** découvert à Gela. Les archéologues furent stupéfaits de ne voir aucun fragment cassé ou manquant ! Il faut se baisser et faire un peu attention pour apercevoir dans des vitrines ces amusants strigiles en bronze, sorte de grands chausse-pieds qui servaient à racler la peau des athlètes pour retirer l'huile dont ils s'oignaient !

➢ En ressortant, empruntez la passerelle métallique qui surplombe ce qui semble être un amphithéâtre avec des gradins taillés dans le roc. Il s'agit en fait de l'***ekklesiasterion,*** lieu où les édiles politiques confrontaient leurs idées avec celles du bon peuple. À noter que cette assemblée *(ekklesia)* était civile, quoique tirant son nom des ecclésiastes de l'Ancien Testament...

DÊMOS ET PAS QUE DES MOTS

Par souci d'égalitarisme, les édiles grecs s'exprimaient depuis le centre d'un cercle, à égale distance de leurs condisciples placés sur les gradins autour et qui n'hésitaient pas à réagir. Une forme de discussion avant l'heure, car le pouvoir (kratos) *appartenait vraiment au peuple* (dêmos) *! D'où l'origine du terme « démocratie ».*

Juste à côté, ne pas manquer la rustique ***chiesa di San Nicola*** construite au XIIe s par des moines cisterciens avec des matériaux arrachés aux temples. À l'intérieur : des voûtes élégantes, et dans l'une des chapelles de droite, un beau sarcophage (IIe-IIIe s apr. J.-C.) dont le bas-relief s'inspire de l'histoire mythologique d'Hippolyte et Phèdre. Une partie du cloître se dresse encore à l'entrée du musée...

La vieille ville *(plan centre)*

Elle se visite à pied. De la *via Atenea,* artère principale du centre historique, part une multitude d'escaliers étroits en lacis, reliant placettes et ruelles imbriquées, le tout finissant parfois en cul-de-sac ou menant à de superbes églises et palais aux façades défraîchies, mais toujours beaux dans leur pathétique noblesse.
– ***Bon à savoir :*** ayez le mollet affûté et soyez bien chaussé, ça grimpe ! Sinon, montez-y directement en voiture (on se gare gratuitement sans trop de difficulté aux alentours de la cathédrale) et découvrez le centre en redescendant. Dernière chose, il existe un ***billet combiné à 6 €*** permettant de visiter la cathédrale, le musée diocésain *(MUDIA)* et la *chiesa di Santa Maria dei Greci.* Il s'achète dans l'un de ces 3 sites.

Le quartier de la cathédrale : en haut de la vieille ville. Il est préférable d'y monter en fin d'après-midi (après 17h), quand il fait moins chaud et quand la lumière s'adoucit. Au no 256 de la via Atenea *(plan centre B-C2),* gravissez la ruelle jusqu'à la *piazza Lena.* Juste en face, un petit escalier coloré *(via Saponara)* part vers la ***chiesa di Santa Maria dei Greci*** *(plan centre B2 ; via S. Maria dei Greci, 31 ; • museodiocesanoag.it • ; avr-oct, tlj sauf lun 10h-13h30, 15h-19h – 10h-13h nov-mars ; horaires variables ; entrée : 2 €).* Située sur le chemin de la cathédrale, datant du XIIe s, elle a été construite sur les restes d'un temple grec dédié à Athéna. Elle est précédée d'un jardinet et d'un beau portail gothique. C'est une petite église normande bâtie sur un ancien temple dorique : on voit encore à l'intérieur les tambours inférieurs de plusieurs colonnes et ***quelques peintures byzantines sur le mur de droite.*** Au centre, remarquez la manière dont est organisée la crypte. Les frères de la congrégation y asseyaient les cadavres de leurs aînés afin de les saigner plus confortablement, pour pouvoir ensuite les embaumer et les momifier. À l'étage, petit *antiquarium* avec quelques objets issus des fouilles (et beaucoup de lecture). Expo photo sur l'Agrigente de la 1re moitié du XXe s, assortie de textes de Pirandello.

➢ Continuez par la via Sant'Alfonso jusqu'à la via Duomo, bordée de part et d'autre de belles maisons du XVIIIe s.

Cattedrale San Gerlando *(plan centre A1) : via Duomo. • cattedraleagrigento.com • museodiocesanoag.it • Avr-oct, tlj sauf lun 10h-13h30, 16h-19h (10h-13h nov-mars). Horaires variables (ouvre parfois à 17h30 l'ap-m). Entrée : 4 € ; 2 € en sus pour la tour.*
Un large escalier mène à sa façade normande (XIIe s), surmontée d'un campanile massif du XVe s orné de fenêtres de style gothico-catalan. À l'intérieur, après être grimpé puis redescendu de la tour pour voir de plus près le ***superbe plafond décoré de la cathédrale (début du XVIe s),*** emprunter l'allée de droite pour découvrir la *torre dell'orologio* (entrée à droite du chœur), construite par les Normands au XIIe s (beau panorama d'en haut). La visite se poursuit vers la ***salle des sarcophages,*** où sont exposés de magnifiques sarcophages sculptés d'époque grecque et romaine impériale (on dirait des neufs !) avec un vrai coup de cœur pour le ***sarcophage de Phèdre,*** à propos duquel Goethe ne tarissait pas d'éloges (et il avait raison, le bougre !) pour l'expressivité et la finesse de trait des personnages. Enfin la cathédrale recèle des œuvres poignantes de Nunzio Magro (peintre du

XVIIe s) qui est à Agrigente ce que Pietro Novelli est à Monreale, à côté de Palerme. Avant de ressortir, jeter un coup d'œil à la bibliothèque (livres liturgiques et correspondance épiscopale).

UN SAINT QUI SE PREND DES PAINS

Mais pourquoi donc, lors des processions votives, les ouailles d'Agrigente lançaient du pain sur leur bien-aimé saint Calogero ? Ce dernier soignait les lépreux. Aussi avait-on l'habitude de lui donner des vivres mais... à distance respectueuse, par crainte des contagions. Cette précaution a donc traversé les siècles.

👁👁 ***Museo diocesano*** *(MUDIA ; plan centre B1)* **:** *via Duomo, 96.* ☎ *093-277-549-152.* 📱 *327-754-91-52.* • *museodiocesanoag.it* • *Tlj sauf lun 10h-13h30, 15h30-19h (10h-13h nov-avr). Horaires variables. Entrée : 3 € ; réduc.* Un véritable musée d'art présentant de riches collections, présentées dans un cadre agréable et bien conçu. La visite commence par un fragment du *soffitto,* le plafond en bois peint (XVIe s) de la cathédrale, ainsi que des fragments de fresques datant du XIVe s. Touchante ***collection d'ex-voto*** montrant des histoires de marins en perdition et des chutes de cheval. Plus loin, un étonnant ***éléphant en marbre*** (XIIe s), ***la pièce la plus ancienne du musée*** qui s'avère être en fait un morceau du fauteuil de l'évêque (trompeur, non ?). Plus loin, de charmants petits reliquaires de Limoges en forme d'église (XIIIe s) ainsi qu'un petit autel portatif utilisé par les Normands pour tenter de convertir les Sarrasins au christianisme. Côté peinture, la collection rassemble des œuvres allant de la fin du maniérisme au XIXe s, dont la célèbre ***Vierge à l'Enfant endormi de Guido Reni.*** Notez aussi Borremans. Dans la veine des trésors d'inventivité dont témoignaient les artisans de l'époque : une curieuse *bottega indo-portoghese* (XVIIe s ; provenant de Goa) en ivoire, sculptée en forme d'arbre, ou encore une canne en ivoire ornée des scènes de l'Ancien Testament, sans parler de la ***belle collection de bijoux en or.***

👁👁 ***Monasterio di Santo Spirito e Museo civico*** *(plan centre C2)* **:** *piazza Santo Spirito.* ☎ *092-22-06-64 (museo). Prendre la ruelle qui grimpe, à hauteur de la via Atenea, 60. Chiesa : lun-ven 9h-13h, plus 15h-19h mar et jeu ; donation bienvenue. Musée : à peu près les mêmes horaires. Fermé le w-e. Dernière entrée 30 mn avt. Entrée : 1 € ; réduc ; gratuit moins de 18 ans.*

– ***Le monastère*** (XIVe s) **:** au rez-de-chaussée, après les vestiges du cloître verdoyant où un haut mur sépare la partie réservée aux sœurs du couvent cistercien attenant, ne manquez pas les jolis portails gothiques aux fenêtres géminées, qui ouvrent sur la belle salle du chapitre. On visite ensuite l'ancien réfectoire, long et voûté, et une chapelle. Au 1er étage, outre le dortoir (transformé en salle de réunion), voir l'ancienne chambre de l'abbesse, située dans la tour carrée avec ses quelques restes de peintures murales, et surtout une ***superbe croix du XVe s en bois peint.*** Également une très expressive sculpture de tête de femme, due à l'école de Domenico Bottega (XVe s). Au 2e étage, une grande pièce sous la charpente a été transformée en ***annexe etno-antropologica del Museo civico,*** où s'accumulent pêle-mêle vieux outils agricoles ou d'artisans et autres objets anciens du quotidien...

– ***L'église :*** façade simple du XIIIe s avec portique gothique. À l'intérieur, stucs du XVIIIe s dans un style baroque exubérant réalisé par ***Gaspare Serpotta,*** une coupole en trompe l'œil, une Madone de Domenico Gagini (à gauche en entrant) ; tout en haut entre les fenêtres de marbre, 6 sculptures de saints 100 % siciliens dominant la nef. Sur le mur de gauche, un curieux crucifix du XVIe s entouré d'un reliquaire ; une porte peinte par Domenico Provenzani (XVIIe s) derrière le retable et, à gauche de celui-ci, une jolie chapelle gothico-normande datant des origines de l'église. C'est superbe !

En sortant – cédez au péché de gourmandise en sonnant chez les sœurs cisterciennes *(au n° 8 de la piazza ; tlj 9h-18h30)* pour faire le plein de *dolci* qu'elles fabriquent elles-mêmes.

Chiesa di San Lorenzo (plan centre B2) : *piazza Purgatorio.* Très belle façade miel et blanc, avec porche encadré de colonnes torses, statues, médaillons, frises... toute la légèreté du baroque, en somme ! L'intérieur tout blanc, transformé en lieu d'expo, est dominé par une coupole en trompe l'œil. Une douzaine de hautes statues féminines s'aligne le long de la nef représentant chacune des vertus chrétiennes pour échapper au Purgatoire : la mansuétude, l'humilité, la prudence...

Teatro Pirandello (plan centre B2) : *dans la mairie, piazza Pirandello, 35. ☎ 092-259-02-20. • fondazioneteatropirandello.it • Lun-ven 9h-13h, 14h30-18h30. Fermé le w-e. Entrée : 2,50 €.* Construite en 1881, superbe salle à l'italienne éclairée par de beaux bras de lumière, avec 4 rangs de balcons et des plafonds joliment peints d'allégories... Son 1er nom fut dédié à la reine Margherita avant de se rebaptiser Pirandello en 1946. Le rideau de scène est peint d'une fresque très locale avec sa vallée des Temples, qui rappelle le passé grec de la ville. Et puis on ne sortira pas d'ici sans se rappeler qu'« il est plus facile d'être un héros qu'un honnête homme. Héros, nous pouvons l'être une fois par hasard ; honnête homme, il faut l'être toujours ». C'est du Pirandello, bien sûr ! Spectacles de novembre à mai (se renseigner).

Casa natale di Luigi Pirandello : *contrada Caos. ☎ 092-262-21-11. À 4 km au sud-ouest de la ville et 2 km de la vallée des Temples, la maison natale de Pirandello est mal indiquée. Le lieu-dit se nomme Kaos. Tlj 9h-19h30. Billet : 4 €, réduc. Explications en italien seulement.* ***En travaux lors de notre passage.*** Maison bien conservée, certes, mais sans caractère architectural ; c'est ici pourtant que le dramaturge italien est né le 28 juillet 1867, et qu'il passa son enfance. Se compose de 4 petites salles à l'étage. On y voit des documents, des objets, des photos de l'époque, notamment son prix Nobel de littérature (1934). Voir aussi le vase grec du Ve s av. J.-C. dans lequel furent placées ses cendres, après sa mort à Rome. Surplombant la côte, une allée piétonne, longue (300 m) et étroite, mène à sa ***sépulture*** placée dans un bouquet d'arbres. Pas de classique tombe chrétienne, mais une grosse pierre brute sculptée.

Fêtes et manifestations

– ***Festa del mandorlo in fiore*** (fête de l'Amandier en fleur) : *10 j. en fév ou mars.* Des groupes folkloriques internationaux se produisent dans la vallée des Temples, au théâtre Pirandello, dans la vieille ville, etc.
– **Fête de San Calogero :** *du 1er au 2e dim de juil.* Ambiance de *fantasia sul mare africano*, entre la piazza A. Moro et la cathédrale. Le tout en musique et en couleurs. Au rythme des tambours, on commémore le souvenir d'un ermite qui aurait parcouru la ville en battant son tambour pour récolter de la nourriture à distribuer aux victimes d'une épidémie. À ne pas manquer.

DANS LES ENVIRONS D'AGRIGENTO

PALMA DI MONTECHIARO (92020 ; 23 000 hab.)

C'est dans ce village, dominé par son ***castello*** en ruine, que vécut Giuseppe Tomasi di Lampedusa, l'auteur du *Guépard* (porté plus tard à l'écran par Visconti). Pour les passionnés de cette extraordinaire description de la société sicilienne du XIXe s, l'arrêt est donc obligatoire ! Fondé par les ancêtres de l'écrivain, le village est baptisé « Donnafugata » dans son roman... Sur place, le charmant ***duomo,*** auquel on accède par un escalier monumental bordé de quelques vieilles maisons, présente une façade baroque intéressante.
Essayez de dénicher le sacristain, qui se fera un plaisir de vous montrer, au fin fond d'une sacristie, les tableaux du Guépard et de sa famille. Au pied du *duomo* à

gauche, face au petit parc verdoyant, entrez aussi dans le ***palazzo ducale*** *(accueil à la bibliothèque municipale au rdc ; ☎ 092-279-92-29 ; horaires variables ; GRATUIT),* qui fut le palais d'été de la famille Tomasi. À l'étage, nombreuses pièces – vides à l'exception de quelques panneaux sur Tomasi et son fameux félidé – avec de beaux plafonds à caissons...

Où manger ?

Vecchio Mulino : *via Ragusa, 7-9. ☎ 092-296-52-00. • vecchiomulino.palma@alice.it • Tlj (sauf dim) midi et mer. Sélection d'antipasti 16 €, plats 12-16 € ; aussi des pizzas mais le soir seulement.* La bonne table du village qui maintient sa qualité au fil des ans. Dans cet ancien moulin à l'intérieur rustique, on déguste une généreuse cuisine du cru, réputée pour son poisson qui fait l'unanimité chez les locaux. Également d'honnêtes *pizze* en soirée.

GELA *(93012 ; 76 000 hab.)*

À 75 km au sud-est d'Agrigente, ville moyenne étendue au bord de la mer, jouissant d'une très longue plage où le général Patton débarqua avec les troupes américaines en 1943. Aucune raison de s'y attarder sauf pour visiter son Musée archéologique, qui rappelle que Gela fut une importante colonie grecque dans l'Antiquité. Pour l'anecdote, le dramaturge athénien Eschyle (525-456 av. J.-C.), auteur des *Perses,* y a séjourné et y a trouvé la mort de curieuse manière (voir encadré).

LA MORT INÉDITE D'ESCHYLE

Invité par le roi de Syracuse, Eschyle se rend en Sicile en 456 av. J.-C. Peu de temps avant, un oracle lui avait assuré qu'il mourrait de la chute d'une maison. Aussi passait-il sa vie au dehors. À Gela, un jour qu'il se promène et contemple le paysage, un rapace passe dans le ciel en tenant une tortue dans ses griffes. Il la lâche de très haut afin de briser sa carapace pour en déguster le contenu. Pas de chance, la tortue vient s'éclater sur le crâne chauve du vieux dramaturge. Eschyle meurt sur le coup.

Museo archeologico regionale : *corso Vittorio Emanuele, 2. ☎ 093-391-26-26. • parco.archeo.gela@regione.sicilia.it • ♿ Tlj sauf dim, 9h-19h (18h30 oct-mars). Entrée : 4 € ; réduc ; gratuit moins de 18 ans.* Gela fut une colonie grecque fondée en 649 av. J.-C. On y découvre le produit des fouilles archéologiques sur la colline locale – occupée dès le IIIe millénaire av. J.-C. –, et notamment dans les tombes dites « du Moulin à vent ». Y ont été extraites de belles céramiques et les vedettes du musée : une ***surprenante tête de cheval*** et des ***autels d'une grande rareté*** présentant des scènes de la mythologie. Et puis des statuettes votives anthropomorphes en terre cuite (IVe s av. J.-C.), fragments divers datant des VIIe-VIe s av. J.-C. provenant de l'acropole, et des Gorgones vraiment en bonne santé. Également une section consacrée à l'épave d'un navire grec renfloué avec son chargement... À l'étage, encore de beaux vases attiques, d'autres céramiques : un étonnant jouet d'enfant, des lampes à huile, ce curieux bas-relief représentant Méduse...

LA SICILE DU CENTRE

On ne fait généralement que traverser le centre de la Sicile, en 1 ou 2 journées, grand maximum. Mais vous ne regretterez pas de nous avoir suivis – à travers ces paysages arides à l'approche de l'été – jusqu'à Caltagirone, 1re de ces 8 villes du baroque tardif sicilien, classées collectivement au Patrimoine mondial de l'Unesco en 2002... Les Siciliens que vous rencontrerez ne cesseront de vous le répéter : cette Sicile-là, si belle mais si pauvre, a encore moins les moyens d'entretenir ses richesses que le reste du pays. D'où cette impression de nostalgie latente ressentie lors de la traversée de certaines bourgades, toutes au caractère différent. Impression vite dissipée dès que vous mettrez le pied dans les villes plus animées du Sud-Est sicilien, sans parler du petit orteil que vous irez tremper dans la mer. En chemin, pour vous retenir de filer tout droit, quelques *B & B* de charme, des restos dans leur jus et des sites culturels et historiques incontournables, comme la villa romana del Casale, près de Piazza Armerina...

CALTANISSETTA (93100) 63 000 hab.

Entourée de profondes vallées et de collines écrasées par le soleil présentant mille variétés de jaunes et de bruns décolorés, blanchis par la poussière, Caltanissetta s'impose comme la 1re grande ville du Centre en arrivant de Palerme. Son nom signifie « le château des femmes » en arabe. Moderne et éclectique – une forte immigration donne des couleurs nouvelles à sa population –, cette capitale provinciale populaire livre des quartiers anciens et de belles églises baroques, à découvrir au hasard des ruelles décaties où les balcons pendent par grappes. Comme un petit air de Palerme, mais en plus modeste. Nous sommes ici en terre ouvrière. Pendant longtemps, l'exploitation du soufre constitua l'activité principale de la région. Épuisées, les dernières mines fermèrent en 1975, relayées par des gisements de sel de potasse... Caltanissetta se visite ainsi en une demi-journée, le temps de découvrir ses quelques églises et surtout son Musée archéologique.

Arriver – Quitter

En bus

Autostazione *(gare routière)* **:** *via Napoleone Colajanni, presque en face de la gare ferroviaire.* Les compagnies ***SAIS Autolinee*** *(• saisautolinee.it •)*, ***SAIS Trasporti*** *(• saistrasporti.it •)* et ***Astra*** *(• astraautolinee.com •)* assurent l'essentiel des liaisons.

➢ ***Enna*** *(45 mn/1h)* **:** 3-5 bus/j. sauf dim avec *SAIS Autolinee.* De là, changement pour ***Caltagirone, Cefalù...***

➢ ***Piazza Armerina*** *(1h)* et ***Gela*** *(2h)* **:** 1-5 bus/j.

➢ ***Agrigento*** *(1h15)* **:** 10-15 bus/j. avec *SAIS Trasporti.*
➢ ***Catania*** *(1h30)* **:** 10-12 bus/j., via l'***aeroporto di Catania-Fontanarossa*** avec *SAIS Trasporti.*
➢ ***Palermo*** *(1h40)* **:** 3-8 bus/j. avec *SAIS Trasporti.*

En train

Stazione *(gare ferroviaire)* **:** *piazza Roma.* • *trenitalia.it* • La ville est située sur la ligne Palermo-Catania, mais attention : la plupart des trains s'arrêtent à ***Caltanissetta Xirbi,*** où il faut changer pour rejoindre ***Caltanissetta Centrale*** (à 10 mn de là).
➢ ***Palermo*** *(env 1h45)* **:** 3-6 directs/j.
➢ ***Enna*** *(env 35 mn)* et ***Catania*** *(1h45-2h)* **:** 2-3 directs/j. D'autres (aussi rapides) avec changement à Caltanissetta Xirbi.
➢ ***Ragusa*** *(env 2h40)* **:** env 2 directs/j. 1 seul le sam et aucun le dim.
➢ ***Agrigento*** *(env 1h30)* **:** 2 directs/j.

Adresses et info utiles

Ufficio turistico *(Pro Loco)* **:** *corso Umberto I, 138 (angle piazza Garibaldi).* ☎ *0934-74-345.* • *prolococaltanissetta.com* • *Tlj 9h-13h, 16h-20h ; 10h-13h, 17h-20h sam.*

Parkings : *piazza Marconi, via Medaglie d'Oro (à côté de la chiesa Santa Croce), et piazza del Mercato.* Payants, comme les places de stationnement alentour (lignes bleues).

– ***Mercato*** *(marché)* **:** *sam mat.*

Où dormir ?

De bon marché à plus chic

B & B Villa Fiocchi : *via C. Benso Conte di Cavour, 112.* 📱 *380-681-61-16.* • *giacomofiocchi25@gmail.com* • *villafiocchi.it* • *Double 50 € ; familiales.* À 2 pas des 2 gares (son jardin sur l'arrière jouxte même celle des bus), cette villa des années 1920 abrite une dizaine de chambres à peine : spacieuses et sobres, avec murs et mobilier moderne blancs, sur carrelage d'époque. Et pas besoin de la clim dans ces vieilles maisons naturellement fraîches !

Hotel Antichi Ricordi : *via Villaglori, 45.* ☎ *093-454-11-97.* 📱 *338-491-09-05.* • *info@antichiricordi.com* • *antichiricordi.com* • *Doubles 65-120 € ; familiales également.* Dispatchées dans plusieurs maisons de la vieille ville – toutes proches de la piazza Garibaldi –, une grosse quinzaine de chambres spacieuses et impeccablement tenues, dont le caractère contemporain se marie avec bonheur aux murs de vieille pierre. Les plus chères sont dotées d'un jacuzzi. Spa sur place. Bon accueil.

Où manger ?

Une spécialité locale est la ***focaccia*** tartinée de foie de veau et de fromage de chèvre chaud ; un régal qui ne se savoure qu'en hiver ! La région produit aussi l'une des liqueurs à base d'herbes aromatiques les plus parfumées d'Italie : l'***amaro averna.***

De très bon marché à prix moyens

La Saporita : *via Fra Giarratana, 60.* ☎ *093-458-32-34. À env 1 km du centre-ville. Lun-ven 6h-14h30, 18h-20h ; sam 6h-14h30 ; fermé dim. Sandwichs ou salades 3-7 €.* Certes, c'est un poil excentré, mais l'endroit se rejoint facilement à pied et le stationnement à proximité est aisé. Mais, surtout, rares sont les repas sur le pouce s'apparentant autant à un festin. Sandwichs et salades sont composés à la demande, et il se révèle difficile de choisir parmi la belle variété de charcuteries, fromages et autres délices ! Le tout servi généreusement, à emporter ou à consommer sur place, au comptoir ou sur une des tables hautes, au milieu des ouvriers et employés de bureau travaillant dans le coin. Accueil charmant. Parfait aussi pour se constituer un pique-nique.

Centro Storico : via C. Benintendi, 133. 329-311-48-72. • ristorantecentrostorico59@gmail.com • Tlj midi et soir, sauf dim. Congés : 1re sem d'oct. Résa conseillée. Carte 25-35 €. Bruschette de bienvenue et liqueur offertes sur présentation de ce guide. Ce resto familial ne manque pas d'élégance dans sa cave fraîche et rustique aux pierres apparentes. Excellente cuisine traditionnelle, mijotée sans détours avec des produits frais de saison. Terrasse sur la placette. Service gentil.

Al Teatrino : via B. Gaetani, 23. ☎ 0934-25-080. Dans une ruelle parallèle au corso Umberto I. Tlj sauf lun. Repas 20-25 € ; pizze 5-8 €. On recommande cette adresse surtout pour ses généreuses *pizze* au feu de bois servies uniquement le soir, à consommer avec un *maurigi,* ce vin rouge gouleyant gorgé de soleil. L'ambiance pouvant devenir irrespirable en été quand le four chauffe, préférer les quelques tables dans la ruelle piétonne pour manger.

Où déguster une pâtisserie ou une glace ? Où boire un verre ?

Caffè Bella : viale Conte Testasecca, 1. ☎ 0934-25-001. • caffebellacl@gmail.com • Tlj 5h30-22h30. Juste devant le parc, une adresse d'habitués derrière son alléchante vitrine de délicieuses pâtisseries, glaces et *granite* maison. Aussi des *panini* et autres bricoles salées à engloutir sur 3-4 tables. Accueil souriant et sincère.

Où acheter du bon *torrone* ?

Torronificio Geraci : via C. Pulci, 10-14. ☎ 093-458-15-70. • info@geraci1870.com • À 2 pas de la gare ferroviaire. Tlj sauf dim ap-m. Une pâtisserie-confiserie qui excelle depuis 1870 dans la fabrication du *torrone,* bio et régulièrement primé dans les concours gastronomiques internationaux. Classique ou fantaisie, il nous affole ! Tout comme les traditionnelles *paste di mandorla,* fruits confits...

À voir

Le centre névralgique de la ville demeure sa ***piazza Garibaldi,*** au croisement du corso Umberto I et du corso Vittorio Emanuele. Tout autour, les points d'intérêt sont proches les uns des autres, rapidement accessibles à pied. Également à ne pas rater : le ***Museo archeologico*** et l'***abbazia Santo Spirito*** voisine, tous 2 à l'extérieur de la ville.

Duomo : piazza Garibaldi. Tlj 8h-12h30 (13h dim) et 15h30-19h (sauf dim). À voir cette façade d'un blanc immaculé, est-il besoin de préciser le style de l'édifice ? L'intérieur possède un plafond peint ultra-baroque exécuté en 1720 par le peintre flamand Borremans, en partie refait après les bombardements de la 2de Guerre mondiale. Ses 3 scènes représentent l'Immaculée Conception, l'Assomption et le triomphe de saint Michel. À découvrir aussi dans le chœur : un orgue superbe avec des panneaux de bois peints, ainsi qu'une *Vierge du Carmel* peinte par le Florentin Paladini (1544-1614) dans l'abside gauche.

Juste en face du *duomo,* la ***rettoria San Sebastiano*** détrônerait presque sa grande sœur avec sa belle façade ornée de colonnes et de statues. Entre les 2, comme pour jouer le juge de paix, la ***fontaine du Triton,*** le monument peut-être le plus fun de la vieille ville, avec ses bêtes en bronze qui ne manquent pas de panache !

Chiesa San Domenico : *piazza San Domenico, derrière le duomo.* Décorée de stucs du XIXe s, elle abrite dans son chœur une splendide *Madonna di Rosario,* peinte par le fameux Paladini.

Palazzo Moncada : *salita Matteotti, 10.* Seigneurs de Caltanissetta durant 4 siècles, les Moncada furent exilés – avec les honneurs ! – à la suite de l'échec d'une conspiration antiespagnole qui plaça sur le trône don Luigi Guglielmo Moncada, duc de Montalto et comte de Caltanissetta. Commencé en 1625, le palais, à la belle façade en pierre de montagne, ne fut donc jamais achevé. Du coup, l'ensemble est un peu triste, malgré une restauration qui a surtout permis à un café de s'installer au rez-de-chaussée. Du balcon prévu, seuls furent réalisés les corbeaux, sculptés de personnages grimaçants en voie de disparition, le temps n'arrangeant pas les détails de leurs visages.

Chiesa Sant'Agata : *corso Umberto I.* Hormis le superbe travail de ciselure de la base des piliers encadrant l'entrée, rien de l'extérieur ne laisse présager la richesse de la déco intérieure. Des autels jusqu'au plafond, tout est orné de splendides marqueteries de marbre polychromes. Voir l'autel consacré à saint Ignace. Époustouflant !

Museo archeologico : *strada Statale, 122 bis. ☎ 093-456-70-62. ♿ À 3 km au nord-est du centre par la SS 122 (panneau « Santo Spirito »). Tlj 9h-13h, 15h30-19h. Fermé dernier lun du mois. Entrée : 4 € ; réduc ; gratuit 1er dim du mois.*
L'organisation des vitrines est ici chronologique, et la muséographie bien étudiée. L'ensemble permet de faire le tour de tout ce qu'ont mis au jour les fouilles effectuées dans la région. Notamment celles de Sabucina, où fut découvert un ***petit temple en terre cuite*** datant du VIe s av. J.-C., une des pièces maîtresses de la collection. Les pièces trouvées là fascinent et émeuvent tout à la fois : cratère représentant une scène de gynécée (maison réservée aux femmes), masque de Gorgone rigolard, pièces de monnaie en bronze avec la tête d'Athena d'un côté, un hippocampe de l'autre, etc. Les vases de la nécropole semblent laisser croire à une nouvelle vie pas triste pour le défunt, à moins qu'ils n'aient été placés là pour lui rappeler les meilleurs moments de la précédente...
Autre pièce maîtresse de la collection : le superbe ***buste de l'empereur Geta*** (189-211), très rare lui aussi, car tous les autres le représentant furent détruits par ce fou de Caracalla ! Ne manquez pas non plus de saluer la superbe ***statue de Coré*** (la Perséphone des Grecs) qui, rachetée à Paris, a pu regagner sa terre natale il y a quelques années déjà.
On y admire également une abondante industrie lithique préhistorique, des ***céramiques grecques*** archaïques et attiques (élégantes figures rouges ou noires dépeignant des scènes mythologiques), et des bétyles, ainsi qu'une très belle collection de ***statues zoomorphes et anthropomorphes*** de la fin du VIIe s-début du VIe s av. J.-C. Tels ces chenets à tête d'animal semblant dessinés par un enfant qui rendent tout à coup le quotidien de l'époque plus proche de nous, et plus compréhensible...

FRÈRES DE SANG

Les frères Geta et Caracalla étaient ennemis depuis leur plus tendre enfance. Désignés tous les 2 par leur père, Septime Sévère, à sa propre succession, ils régnèrent 1 an ensemble. Puis Caracalla transperça la gorge de Geta d'un coup de glaive. Le vainqueur fit aussi détruire toutes les représentations de son frangin. On ne choisit pas sa famille !

Abbazia Santo Spirito : *via Santo Spirito, 57. ☎ 093-456-65-76. À 3 km au nord-est du centre par la SS 122 (panneau « Santo Spirito ») ; à côté du Museo archeologico. Tlj 9h-12h, 15h-19h (16h-20h en été).* Commandée par le roi Roger pour consacrer sa victoire sur les Arabes et les évangéliser, cette émouvante petite chapelle conserve ses 3 absides romanes d'origine, un beau baptistère massif du Moyen Âge surmonté d'un crucifix peint, et des fresques du Pantocrator (XVe s). Dans la sacristie se trouve un curieux confessionnal fait d'une ancienne chaise à porteurs du XVIIIe s richement ouvragée. La tour, elle, date de l'époque arabe et abrite quelques Jésus en cire que le *padre* se fera un plaisir de vous présenter, s'il est là.

Les fêtes de la Semaine sainte

Ce ne sont pas les plus esthétiques de Sicile, mais elles font partie des plus émouvantes. Les fêtes commencent le dimanche des Rameaux ; puis le mercredi matin suivant se déroule le défilé pittoresque de la *Real Maestranza* qui rassemble les anciennes corporations. La procession part de la cathédrale et parcourt les rues du centre historique. Le soir, procession des *Varicedde,* sorte de répétition de celle du Jeudi saint. Le lendemain, on sort de leur musée les *vare,* groupes sculptés représentant des scènes bibliques. Chaque *vara* est escorté par la corporation qui en a traditionnellement la charge. Le soir, messe devant la cathédrale et rebelote pour une procession avec les *vare* illuminés jusqu'au moment *della partenza* (du départ), vers minuit. Pour finir, le Vendredi saint a lieu l'ultime défilé dit « du Christ noir » avec, en tête, les personnalités locales ; alliance séculaire du pouvoir civil, du sabre et du goupillon !

ENNA (94100) 26 000 hab.

Coiffée par les vestiges d'un château lombard, Enna, surnommée par le Grec Callimaque « le nombril de l'île », séduit surtout par sa position : celle d'un belvédère perché à 1 000 m d'altitude, au sommet d'une colline dominant les champs d'or des vallons alentour qui annoncent déjà les monts des Madonie ! Une situation exceptionnelle pour cette ville haute ancienne et authentique, bercée d'une atmosphère paisible et pas touristique du tout. De là-haut, ne manquez pas le coup d'œil – juste en face – sur le village de *Calascibetta,* photogénique en diable...
La ville basse, Enna Bassa, n'a en revanche guère d'intérêt.

Arriver – Quitter

En bus

Autostazione *(gare routière)* **:** *viale Armando Diaz, 80. À env 1 km à l'ouest du centre ancien, diamétralement opposé au château, au bout du corso Sicilia.* Liaisons assurées par la compagnie ***SAIS Autolinee*** *(• saisautolinee.it •).* Tous les bus passent par la ville basse, ***Enna Bassa.***

➢ ***Caltanissetta*** *(env 1h)* **:** 5 bus/j. sauf dim. La route est très vallonnée et colorée.

➢ ***Piazza Armerina*** *(env 40 mn)* **:** 1-5 bus/j. (2-8 bus/j. depuis Enna Bassa).

➢ ***Caltagirone*** *(1h30)* **:** 1-2 bus/j.

➢ ***Catania*** *(1h30)* **:** 3-7 bus/j., via ***Sicilia Outlet Village*** (lire plus loin la rubrique « Achats dans les environs ») et l'***aeroporto di Catania-Fontanarossa.***

➢ ***Palermo*** *(1h45)* **:** 1-2 bus/j. sauf dim (2-6 bus/j. depuis Enna Bassa).

En train

Stazione *(gare ferroviaire)* **:** *à 5 km au nord de la ville par la SS 121.* *• trenitalia.it •* Enna est située sur la ligne Palermo-Catania. Depuis la gare, la compagnie ***SAIS Autolinee***

(● *saisautolinee.it* ●) assure 2 bus/j. sauf dim pour rejoindre la ville haute (15 mn).

➢ ***Palermo*** *(env 1h50)* **:** 3-5 trains/j.

➢ ***Caltanissetta*** *(30-45 mn) et* ***Catania*** *(env 1h15)* **:** 5-10 trains/j., dont certains avec changement à Caltanissetta Xirbi pour Caltanissetta.

➢ Aussi quelques trains avec changements pour ***Agrigento, Ragusa, Modica...***

Adresses et infos utiles

ℹ ***Ufficio turistico regionale :*** *piazza Colojanni, 6. ☎ 093-550-08-75. ● turismoenna.it ● Ouv lun-ven seulement ; 9h-17h (10h-19h en saison).*

– ***Mercato*** *(marché)* **:** *mar mat sur la piazza Europa.*

🅿 ***Parkings :*** circuler en voiture est difficile dans la ville haute, où les places de stationnement sont dures à débusquer. Le plus simple est de se garer sur le parking gratuit de la ***porta Pisciotto,*** sur la via Pergusa (fléché en montant vers le centre d'Enna) ; de celui-ci, une navette (gratuite elle aussi ; 7h-21h) mène au *centro storico,* à 700 m de là. Sinon, possibilité de se garer sur le grand parking (en partie payant) de la ***piazza Bosso,*** devant le *castello di Lombardia.*

Où dormir ?

De bon marché à prix moyens

🏠 ***C.C.Ly Rooms :*** *via Vulturo, 3. ☎ 093-507-22-57. 📱 328-288-28-79. ● info@cclyrooms.com ● ♿ En plein centre, dans une rue parallèle à la via Roma. Nuits en dortoir (8 pers) 20-25 € ; doubles 45-60 €.* Une auberge de jeunesse privée, tartinée de couleurs pimpantes et aménagée dans une bâtisse de caractère assise au bord de la falaise. À dispo, un dortoir mixte avec lits superposés, clim et casiers, et des doubles bien équipées. Fenêtres sur la rue, la place ou le belvédère panoramique. Grande cuisine commune. Tout est nickel, et le bout de terrasse à partager – au petit déj seulement – donne sur l'Etna et la campagne alentour.

🏠 ***Hotel Bristol :*** *piazza Ghisleri, 13. ☎ 0935-196-05-90. ● hotelbristolenna@hotmail.it ● hotelbristolen.it ● En plein centre ; petit parking gratuit juste devant (mais ruelles d'accès étroites). Doubles 75-85 €. Réduc de 10 % sur le prix de la chambre sur présentation de ce guide.* Retiré sur une placette, au calme, un hôtel à la déco standard, mais très bien tenu, confortable et à l'accueil charmant.

De prix moyens à plus chic

🏠 ***P & G design B & B :*** *via F. Vigna, 121-123. 📱 335-633-97-97 ou 73-65. ● dormiaenna@gmail.com ● pgdesignenna.it ● Doubles 80-150 €. 1er petit déj offert sur présentation de ce guide.* Dans une ruelle paisible de la ville haute, à 2 pas de l'animation de la via Roma, cette vénérable maison dotée d'un puits intérieur livre de belles chambres spacieuses, confortables et plus ou moins lumineuses. Aménagements de qualité, bois brut, couleurs chaleureuses, le tout dans un style un rien moderno-vintage. Également des appartements du même tonneau dans d'autres bâtiments à quelques encablures... Accueil charmant.

Où manger ? Où déguster une pâtisserie ou une glace ? Où boire un verre ?

🍴 ***Trattoria La Rustica :*** *via G. Castelferrato. ☎ 0935-25-522. À env 1 km du centre de la ville haute, à proximité de la gare routière. Tlj sauf dim, midi et soir. Repas 20-30 €.* Coup de cœur pour cette petite trattoria de quartier

LA SICILE DU CENTRE

proposant une *cucina casalinga* simple mais ultra-savoureuse, mijotée avec de bons produits frais de saison et servie à prix tenus. Le *vino della casa* est aussi bienvenu pour arroser tout ça ! Accueil aux petits oignons.

Ariston : *piazza N. Colajanni, 6. ☎ 0935-26-038. • ristoranteariston.argento@gmail.com • À 2 pas du duomo et sur le flanc de la chiesa Santa Chiara. Tlj sauf mar, midi et soir. Repas 30-45 € ; pizze 12-20 €.* Née dans les années 1960, cette table est devenue une véritable institution de la ville haute. Cuisine sicilienne on ne peut plus classique mais maîtrisée. À laquelle s'ajoutent, en soirée, de bonnes *pizze.* Le tout servi dans une grande salle soignée en contrebas de la place, ou sur une terrasse bien ombragée.

Delizia Bar : *piazza Duomo, 5-6. ☎ 0935-50-05-49. • delizia.bar@hotmail.it • Tlj 6h30-0h30, sauf mer.* Juste devant le portail du *duomo,* c'est d'abord le lieu idéal pour observer les sorties de messes et autres tranches de vie bien locales. À toute heure, délicieuses glaces et pâtisseries maison, qu'on accompagne volontiers d'un café, avec les habitués du cru.

Caffè Roma : *via Roma, 312. ☎ 0935-50-12-12. Tlj 6h-23h (fermé 14h-17h dim et j. fériés).* Belle salle avec pierres apparentes pour cette *pasticceria-gelateria* fondée en 1921 et à la façade discrète. Le lieu idéal pour une pause gourmande à toute heure : pâtisseries traditionnelles, glaces, mais aussi de bonnes parts de *focacce* et *pizze* et d'excellents cafés.

Où dormir ? Où manger dans les environs ?

Agriturismo Il Mandorleto : *strada Vicinale Gerace, 166 (SP 78, km 6,5), 94100 Enna. ☎ 0935-54-13-89. 📱 333-292-39-30. • info@ilmandorleto.it • ilmandorleto.it • À env 20 km au sud d'Enna par la SS 561, puis à droite la SP 78. Compter 15-22 € pour 2 avec tente et voiture ; doubles 60-70 € ; chalets (2-4 pers) également. Repas (sur résa) 15-20 €.* C'est un hameau perdu au beau milieu de la campagne agricole. Là, une gentille famille de producteurs d'amandes bio propose une aire de camping gravillonneuse, avec postes électriques mais peu d'ombre. Aussi 5 chambres fonctionnelles et de bon confort, propres et dotées de quelques meubles anciens. Également une grosse poignée de chalets en bois dans le joli jardin fleuri, avec clim ou ventilo, et cuisine pour certains. Piscine, bon resto où sont mijotés les produits de la ferme, petit centre équestre, ainsi que de bons conseils pour découvrir la région.

Achats dans les environs

Sicilia Outlet Village : *contrada Mandre Bianche, 94011* ***Agira.*** *☎ 972-95-00-40. • siciliaoutletvillage.com • À env 15 km à l'est d'Enna par l'A 19, sortie « Dittaino-Outlet ». Tlj 10h-20h (21h sam-dim).* Un « village » rassemblant les magasins d'usine des grandes marques de la mode italienne et internationale. Les prix, de 30 à 70 % inférieurs aux boutiques classiques – et aussi souvent plus intéressants que sur Internet –, valent vraiment le déplacement !

À voir. À faire

Duomo : *piazza Mazzini. Tlj 9h-13h, 16h-19h.* Très théâtral, en fait ! Impressionnant surtout par la richesse et la diversité des styles qui le modèlent. Reconstruit au XVe s après un grand incendie, il conserve les absides du sanctuaire d'origine (1307). La tour-clocher du XVIIe s s'est effondrée 2 fois depuis sa construction ! À l'intérieur, colonnes grises en basalte avec chapiteau corinthien : remarquez les têtes de lions, diables et autres chimères qui ornent les piédestaux. Ici, il faut prendre le temps de tout observer : de la chaire en marbre ou des tribunes d'orgues en bois ciselé et peint du XVe s, avec leurs femmes dénudées, jusqu'aux peintures de Borremans et de Paladini, sans oublier le splendide plafond en bois à caissons sculptés de la nef centrale. La grille en fer forgé qui clôt le baptistère provient du château de Lombardie voisin... Bref, le tout compose un ensemble très riche.

Museo archeologico : *piazza Mazzini, 1. ☎ 0935-507-63-04. Tlj 9h-18h. GRATUIT.* Installées dans un palais qui a conservé quelques-uns de ses beaux plafonds et restes de sa splendeur d'autrefois, les collections rassemblées ici proviennent des fouilles archéologiques réalisées dans la province d'Enna. Belles statuettes en terre cuite, magnifiques vases grecs attiques (Ve s av. J.-C.) à figures rouges ou noires, dont le cratère de Cozzo Matrice avec un crâne humain figé à l'intérieur. Ce dernier provient d'une nécropole, comme une grande partie du reste... Un musée à l'origine bien conçu ; malheureusement, nombre de vitrines vides font ressentir le malaise qui pèse sur l'avenir de ces musées que plus personne ne peut entretenir...

À droite de la piazza Coppola, dans la via Candrilli, on peut voir le beau ***campanile San Giovanni,*** seul vestige de cette église du XVe s aujourd'hui détruite. Ses 3 étages de style gothique sont coiffés d'une petite coupole de style arabe.
Piazza Vittorio Emanuele, la ***chiesa San Francesco d'Assisi,*** adossée au palazzo Chiaramonte, conserve elle aussi son campanile d'origine (XVe s), qui servit à la défense de la ville, et, à l'intérieur, un crucifix peint de style gothique tardif. À l'arrière, belvédère panoramique sur la campagne.

Castello di Lombardia : *via Lombardia, 24. Tlj 10h-19 (18h en oct, 17h nov-avr). GRATUIT.* Cet imposant château comptait à l'origine 20 tours, il n'en subsiste que 6. À l'intérieur des remparts, 4 cours se succèdent. Après l'entrée et un rapide coup d'œil sur les vestiges de la *cortile San Nicolo,* on entre dans la *cortile della Maddalena* occupée par une toute petite pinède, puis dans la *cortile di San Martino* qui laisse apparaître les restes des appartements qu'aurait fait construire Frédéric II (petit-fils de Frédéric Ier, dit « Barberousse »). Du haut de la tour Pisana (24 m), vue panoramique à 360° sur les Madonie, le village perché de Calascibetta en face et, par temps clair, l'Etna.

UN ESCLAVE QUI A FAIT L'ENNA

Euno, un esclave originaire de Syrie, est passé à la postérité lors de la 1re grande révolte des esclaves survenue en 135-132 av. J.-C. Réputé pour ses prophéties, il réussit à s'emparer d'Enna à la tête d'une armée informelle de 70 000 hommes. Couronné roi sous le nom d'Antiochos, il dut bientôt se réfugier dans une grotte, où il fut capturé par les Romains. On aperçoit sa statue près du château des Lombards, avec une inscription soulignant qu'il s'est libéré de ses chaînes 2 000 ans avant l'abolition de l'esclavage !

Au pied du château, un chemin mène à la ***rocca di Cerere,*** rocher isolé au bout d'un promontoire, sur lequel on peut deviner les restes d'un temple grec, dédié à Cérès, déesse de l'Agriculture, des Moissons et de la Fécondité. Vaut surtout pour le point de vue.

Manifestations

– ***Semaine sainte :*** la ville compte 15 confréries qui, le Vendredi saint vers 17h, partent de chaque église et, sous les roulements de tambours, convergent vers le

duomo. Chaque confrérie possède son propre costume de pénitent, d'où le nom de défilé des *incappucciati* (encapuchonnés). Cette tradition remonte à la période d'occupation espagnole (XIIIe-XVIIe s). Festival de couleurs et bain de mysticisme. Procession en direction du cimetière avec la statue de la Vierge dell'Addolorata (la Madone des 7 Douleurs) et l'urne du Christ mort dans un cercueil de verre. Impressionnant de voir les 2 000 membres des confréries défiler en silence. Belle cérémonie de la Paix *(Pace)* également le dimanche.
– ***Procession des « Pieds Nus »*** *(fête patronale de la Madonna della Visitazione)* **:** *fin juin-début juil.* Quelque 250 membres de la confrérie revêtus d'une chemise blanche célèbrent la Madone de la Visitation, pieds nus – d'où leur nom de *nudi.* Leur charge se transmet de père en fils.

DANS LES ENVIRONS D'ENNA

***Villaggio bizantino di Vallone Canalotto* :** *contrada da Casa del Mastro,* **Calascibetta.** *328-374-85-53. • villaggiobizantino.it • À env 10 km au nord d'Enna et 5 km de Calascibetta ; accès par la S 290. Ouv seulement w-e et j. fériés 9h30-13h et 15h30-17h30 (automne), 15h-17h30 (hiver), 15h-18h30 (printemps), 16h30-19h (été) ; également en sem sur résa. GRATUIT.*
Le site mérite le détour rien que pour le plaisir de faire une petite promenade dans un environnement naturel superbe, avec une belle vue sur la campagne environnante. Des sentiers jalonnés de quelques panneaux explicatifs vous présentent les vestiges de ce village troglodytique datant de l'époque byzantine (VIe-IXe s). Mais pour prendre la pleine mesure de ce que l'on voit (et accéder aux différentes grottes), l'idéal est de le visiter avec un guide (les contacter en amont via leur site internet).

PIAZZA ARMERINA (94015) 22 000 hab.

• Plan *p. 233*

Piazza Armerina doit surtout sa célébrité à la découverte – à ses portes – de la célèbre *villa romana del Casale,* qui justifie à elle seule un passage prolongé par ici. Mais cette grosse bourgade, qui connut son apogée au Moyen Âge sous le règne de Roger II le Normand, mérite aussi une visite. Le soir venu, il fait bon flâner sur cette colline abrupte (721 m), entre les maisons accrochées en grappes autour du *duomo,* le long des ruelles pavées bordées d'églises et de vénérables palais Renaissance ou baroques au charme décati.

Arriver – Quitter

En bus

Autostazione *(gare routière ; plan B1)* **:** *piazza Senatore Marescalchi.* La plupart des liaisons sont assurées par les compagnies ***SAIS Autolinee*** *(• saisautolinee.it •)*, ***Etna-Interbus*** *(• interbus.it •)*, ***AST*** *(• aziendasicilianatrasporti.it •)* et ***Astra*** *(• astraautolinee.com •).* Sans oublier les bus locaux ***Savit*** *(• savitautolinee.it •),* dont la ligne B dessert la fameuse *villa romana del Casale.*
➢ ***Aidone*** *(15 mn)* **:** 2-5 bus/j. avec *Etna-Interbus.*
➢ ***Enna*** *(45 mn)* **:** 4-8 bus/j. avec *Sais.* Le dim 2 bus/j. seulement de/vers Enna Bassa.

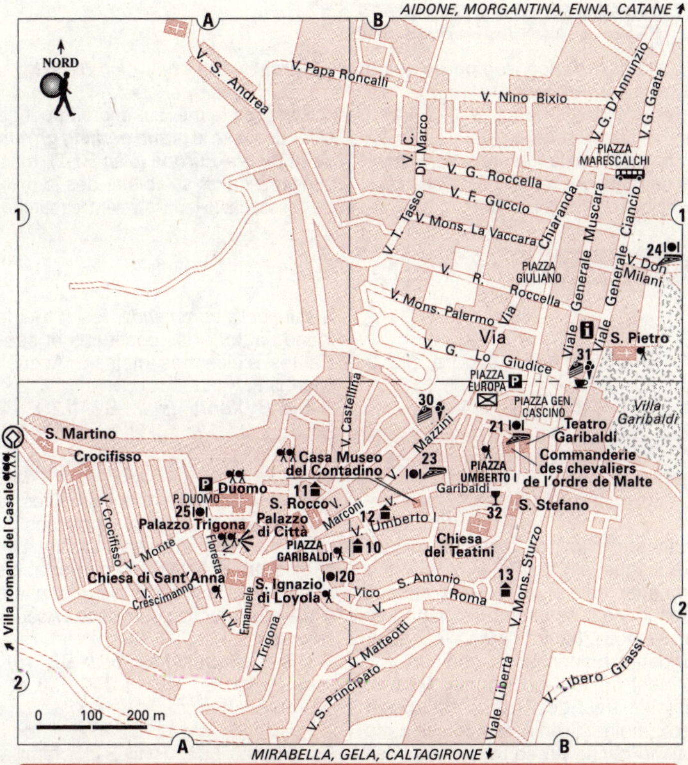

PIAZZA ARMERINA

Adresse utile

- Ufficio turistico regionale (B1)

Où dormir ?

10 B & B Umberto 33 (B2)
11 B & B Antichi Quartieri (A2)
12 B & B Xenia (B2)
13 Giardino delle Zagare B & B (B2)

Où manger ?

20 Trattoria del Goloso (A2)
21 Teatro (B2)
23 Da Totò (B2)
24 Da Nino (B1)
25 La Locanda (A2)

Où déguster une pâtisserie ou une glace ? Où boire un verre ?

30 Pasticceria Restivo (B2)
31 Pasticceria Diana (B1-2)
32 Bla-Bla Wine Bar (B2)

➢ ***Caltanissetta*** *(1h10)* **:** 1-4 bus/j. avec *Astra.*
➢ ***Caltagirone*** *(env 1h)* **:** 1-2 bus/j. sauf dim avec *AST.*
➢ ***Gela*** *(1h)* **:** 1-6 bus/j. avec *Astra.*
➢ ***Catania*** *(1h40)* **:** 2-5 bus/j. avec *Etna-Interbus*, via ***Sicilia Outlet Village*** (lire plus haut la rubrique « Enna. Achats dans les environs ») et l'***aeroporto di Catania-Fontanarossa.***
➢ ***Palermo*** *(2h)* **:** 2-5 bus/j. avec *SAIS.*

Adresses et infos utiles

Ufficio turistico regionale *(plan B1)* **:** *viale Generale Muscara, 47a (1er étage). ☎ 093-568-02-01. Ouv lun-ven, horaires variables. Fermé le w-e.* Outre le plan de la ville, infos sur le sentier de rando « il camino dell'Alleanza » (boucle au nord de la ville).

– **Mercato** *(marché ; plan B1-2)* **:** *jeu mat, piazza Europa.*

Parking : le meilleur endroit pour se garer demeure le ***grand parking gratuit de la piazza Europa*** *(plan B1-2)*, mais penser à retirer sa voiture dès le mercredi soir, car le jeudi s'y tient le marché.

Où dormir ?

Prix moyens

Giardino delle Zagare B & B *(plan B2,* ***13****)* **:** *via Favara, 11. ☎ 093-58-94-14. 347-923-72-89. • info@giardinodellezagare.com • giardinodellezagare.com • Doubles 60-90 €. Sur présentation de ce guide, petit déj ou café offert et réduc de 10 % sur le prix de la chambre.* Dans une ruelle en impasse (évitez d'arriver en voiture jusque-là !), ce *B & B* offre le trio gagnant : calme, confort et accueil attentionné. Les chambres, réparties sur 3 étages, offrent un cadre coquet, pimpant : blancheur et couleurs s'y côtoient en toute harmonie. Mais le véritable atout des lieux, c'est le délicieux jardinet fleuri et arboré que cette maison cache en son sein. Pour les familles ou ceux aimant leur confort, également un beau studio en mezzanine avec kitchenette et accès direct sur le jardin. Un excellent rapport qualité-prix.

B & B Antichi Quartieri *(plan A2,* ***11****)* **:** *via Cavour, 56. 328-964-24-14. • info@bbantichiquartieri.it • bbantichiquartieri.it • Doubles 65-80 €.* Dans une vieille maison derrière le *duomo,* un *B & B* plein de peps. À dispo : d'élégantes chambres, confortables et d'allure contemporaine, dont les couleurs pimpantes symbolisent les quartiers de la ville. Le petit déj, dans la *salla della commenda,* réunit tout le monde autour des confitures et spécialités siciliennes maison. Accueil charmant.

B & B Xenia *(plan B2,* ***12****)* **:** *via Umberto I, 58. ☎ 093-568-64-28. 333-966-26-61. • xenia.2016@libero.it • Fermé nov-janv. Doubles 60-70 €.* On a un gros faible pour les voûtes, le bel escalier et les vieux carrelages de cette charmante maison ancienne. Les chambres, spacieuses, confortables et soignées, offrent une atmosphère digne d'un magazine de déco ! Accueil charmant.

B & B Umberto 33 *(plan B2,* ***10****)* **:** *via Umberto I, 33. 340-558-60-02. • bbumberto33@gmail.com • umberto33.com • Congés : janv. Doubles 60-80 €.* Petit *B & B* familial situé à 100 m de la piazza Garibaldi où Giovanni, le pittoresque et sémillant patron, tient une petite épicerie-œnothèque bien approvisionnée. En tout, 3 chambres pas très grandes, mais raisonnablement confortables. La bleue, un peu plus spacieuse, dispose d'un petit balcon. La verte, donnant sur les toits à l'arrière, est plus calme... En revanche, la 3e, sans fenêtre, se révèle un peu étouffante. Au dernier étage, salle du petit déj agréablement lumineuse avec cuisine commune et balcon sur la ville. Ici, le plus, c'est vraiment l'accueil !

Où dormir dans les environs proches ?

Prix moyens

B & B La Casa sulla Collina d'Oro : *via Piersanti Mattarella. ☎ 0935-89-680. 333-466-88-29. • info@lacasasullacollinadoro.it • À env 2 km au sud du centre-ville. Doubles 80-100 €. Apéritif maison et café offerts sur présentation de ce guide.* Un *B & B* dans le vrai sens du terme, soigné et élégant, dans une belle maison de 1872 surplombant la ville depuis son écrin de verdure, avec 2 terrasses où il fait bon contempler le coucher de soleil sur le *duomo,* avec toute la ville qui s'étale sous vos yeux ; superbe vue également depuis la salle du petit déjeuner. Chambres colorées, confortables, toutes différentes, donnant sur Piazza Armerina pour certaines, sur la vallée pour les autres. Bon accueil. Si jamais l'adresse affiche complet, les mêmes proprios possèdent, un peu plus loin sur la même colline, la ***Casa Rossa Country House*** *(● lacasarossasullacollinadoro.it ●),* un autre bel hébergement, un poil moins cher.

Agriturismo Torre di Renda : *contrada Torre di Renda. ☎ 093-568-02-08. 340-608-70-31. ● info@torrerenda.it ● torrerenda.it ● À 5 km au nord-ouest de Piazza Armerina par la SP 15, direction « villa romana del Casale » ; puis à droite la SP 89a. Doubles 58-85 €. Menu fixe (sur résa) 20-25 €.* Perchées sur une colline dressée face à la ville, et enfouies dans un bois, une vingtaine de chambres agréables, dispatchées entre une ancienne demeure épiscopale (*standard* avec ventilo ou clim selon les étages) et une dépendance plus moderne (*superior* avec clim). Belle piscine *(mai-sept).* Côté fourneaux, bonne cuisine aux portions généreuses, servie dans une belle salle ou sur la grande terrasse embrassant le panorama sur la ville. Jeux pour enfants. Un établissement des plus paisible, géré par une famille francophone.

Où manger ?

Bon marché

Teatro *(plan B2,* ***21****) : via del Teatro, 6-8. ☎ 0935-85-662. ● info@ristoranteteatro.com ● Tlj sauf mer, midi et soir. Pizze 5-7 € ; carte 15-20 €.* L'emplacement a du charme : la terrasse ombragée, coincée entre le théâtre néoclassique et une ancienne commanderie des chevaliers de l'ordre de Malte, donne sur l'église Santo Stefano et les toits de la ville ! À table, bonne cuisine familiale sicilienne, notamment de délicieuses viandes grillées. Le soir, les *pizze,* cuites au feu de bois, sont aussi un bon choix. Service efficace.

Prix moyens

Trattoria del Goloso *(plan A2,* ***20****) : via Garao, 4 (piazza Garibaldi). ☎ 093-568-43-25. ● salvomag65@gmail.com ● Tlj sauf mer. Repas 20-25 €. Café offert sur présentation de ce guide.* Par une entrée discrète on accède à la petite salle coquette avec cuisine ouverte tout inox. Et là, ça fuse ! *Cucina casalinga* sicilienne, simple mais bien menée et pleine de goût. Le tout arrosé de bons vins régionaux. On s'y régale, entre gens du cru et touristes de passage ! Excellent rapport qualité-prix.

La Locanda *(plan A2,* ***25****) : via Laura de Assoro, 2 (piazza Cattedrale). 377-125-35-94. ● dprg@inwind.it ● Tlj sauf jeu, midi et soir. Repas 20-25 €.* Difficile de rêver plus belle situation pour ce petit resto avec une terrasse donnant sur le *duomo.* Ajoutez à cela une cuisine traditionnelle de qualité, des prix justes, un service avenant et efficace, et vous tenez là une bonne petite adresse !

Da Nino *(plan B1,* ***24****) : via Don Milani. ☎ 0935-68-66-53. ● rist.danino@gmail.com ● Tlj sauf lun, midi et soir. Repas 20-30 €.* Une adresse localement très populaire, et il n'est pas rare d'y être entouré de tablées importantes, que ce soit dans la vaste salle ou sur la grande terrasse ombragée. La spécialité de la maison, ce sont les viandes grillées (les amateurs baveront devant les belles pièces exposées au comptoir), mais le soir celles-ci sont durement concurrencées par les bonnes *pizze* !

Da Totò *(plan B2,* ***23****) : via Mazzini, 29. ☎ 093-568-01-53. ● info@ristorantedatoto.net ● Tlj midi et soir. Menu déj 15 € ; repas 20-25 €.* Une salle fraîche et proprette, à la déco un rien datée, avec le four à pizzas qui ronronne au fond. Dans l'assiette, cuisine sans fioritures, simple et efficace. Spécialité de *bocca di lupo* (plat de viande) et poissons classiques. Le copieux menu du jour est aussi une bonne affaire. Sans compter les *pizze* servies seulement en soirée. Une adresse appréciée des habitants du quartier pour une sortie familiale.

Où déguster une pâtisserie ou une glace ? Où boire un verre ?

Pasticceria Restivo *(plan B2,* ***30****)* **:** *via Mazzini, 114.* ☎ *093-568-00-48.* • *pasticceriarestivo@yahoo.it* • *Tlj sauf mar, 8h30-21h.* Succulentes spécialités siciliennes : pâte d'amande, *cannoli, cassatine,* fruits confits, *biscotti* et florentins, etc. En miniature, pour mieux goûter à tout ! La spécialité maison : les *torroncini,* des nougats à la pistache. Également quelques glaces et *granite.* Les gourmands ne seront pas déçus !

Pasticceria Diana *(plan B1-2,* ***31****)* **:** *piazza Gen. Cascino, 34.* ☎ *093-568-22-24.* • *pasticceriadiana@hotmail.it* • *Tlj sauf lun, 8h15-13h30, 16h-20h.* Un must, d'après les locaux ! De délicieuses pâtisseries siciliennes, que l'on déguste avec un café sur la petite terrasse verdoyante et couverte. Quant aux glaces, on en salive encore...

Bla-Bla Wine Bar *(plan B2,* ***32****)* **:** *via Garibaldi, 89.* • *emaric@hotmail.it* • *Ts les soirs sauf dim.* Un bar à vins de poche, flanqué d'une terrasse improvisée avec coussins dans les escaliers de la rue piétonne ! Et, pour accompagner les ballons, *bruschette* et *taglieri* de cochonnaille. En soirée, musique et ambiance *calda* pour ce lieu convivial qui devient branché à mesure que la soirée avance.

Balade dans la vieille ville

Duomo *(plan A2)* **:** *piazza Duomo.* ☎ *093-568-02-14. Tlj 8h30-12h30, 15h30-18h.* L'une des plus étonnantes églises de Sicile. La *basilica SS. delle Vittorie* fut bâtie au sommet de la colline de Piazza Armerina au XVIe s. Son campanile orné de fenêtres à arcs date de l'église primitive. Façade théâtrale avec son escalier et ses colonnes torsadées. Voyez l'intérieur tout blanc et délicatement peint dans des tons bleu layette, jusqu'en haut de sa haute coupole. On y trouve des œuvres intéressantes, comme cet étonnant crucifix planté au-dessus de la nef centrale, peint sur les 2 faces par un artiste sicilien du XVe s, ou les buffets d'orgue en bois doré, le chœur bordé de stalles en bois sculpté et cette arcade signée Gagini...

À côté du *duomo* s'élève le ***palazzo Trigona*** *(plan A2),* du XVIIIe s. Belle vue sur la campagne et la ville depuis le parvis. De là, on peut redescendre par la ***via Monte*** qui offre une belle perspective photogénique, pour ensuite couper par l'une des nombreuses ruelles transversales, comme la ***via Crocifisso*** qui conduit à la ***chiesa del Crocifisso*** (XVIIe s) et, un peu plus loin, à la ***chiesa San Martino...***

Chiesa di Sant'Anna *(plan A2)* **:** *via V. Emanuele, 37.* Bâtie au XVIIIe s et sérieusement défraîchie, mais néanmoins intéressante avec sa structure octogonale, ses grilles de fenêtres gonflées comme les voiles d'un galion et ses corniches vampirisées par la végétation. Presque en face et encore plus sévère, la façade de la ***chiesa Sant'Ignazio di Loyola*** *(plan A2),* du XVIIe s, avec ses pilastres plats, ses chapiteaux doriques, et ses escaliers aussi parsemés de végétation.

Piazza Garibaldi *(plan A2)* **:** c'est le cœur historique de la ville, encadré par quelques beaux monuments, comme la ***chiesa San Rocco*** (1613) et le ***palazzo di***

Città (1700), dont la façade baroque est ornée d'un grand balcon en fer forgé. Et, en remontant la ***via V. Emanuele,*** on découvre d'autres constructions baroques...

Casa Museo del Contadino (plan B2) : via Garibaldi, 57A. 333-913-86-34. Tlj sauf lun, 9h-12h, 15h-18h30. GRATUIT (donation bienvenue). Tout a commencé par une cuillère en bois retrouvée dans une poubelle par Mario, le fondateur de ce musée des traditions populaires. Plus de 50 ans après, celui-ci possède une très belle collection d'objets agropastoraux de la région. Ceux-ci sont exposés dans une maison anciennement occupée par un fermier, dont l'intérieur a été reconstitué comme au XIXᵉ s. Parmi les quelques pépites que vous y découvrirez, ces gants en bois faits maison pour se protéger les doigts lors des travaux. De l'extérieur, l'endroit semble modeste, mais il mérite vraiment votre visite, d'autant que celle-ci se fait en compagnie du propriétaire qui s'exprime dans un excellent français !

Piazza Umberto I *(plan B2)* **:** dans un mouchoir de poche se font face le théâtre néoclassique, les murs robustes d'une ***commanderie des chevaliers de l'ordre de Malte*** bâtie au XIIᵉ s, et la ***chiesa Santo Stefano*** à la façade et au clocher rose rongés par les herbes folles.

Chiesa San Pietro *(plan B1)* **:** *viale Gen. Cascino, 2. Tlj 9h30-12h30, 16h-19h.* Bel exemple d'architecture Renaissance (XVIᵉ s), à la façade épurée. À l'intérieur, dans la nef unique bordée de petites chapelles, le ton change : superbe plafond à caissons en bois peint et, dans les chapelles, quelques bas-reliefs de Gagini. À voir aussi, le maître-autel en marqueterie et une vieille fresque de la *Vierge à l'Enfant* sur le bas-côté gauche, juste avant le chœur. L'église est aussi flanquée d'un *convento* restauré, qui s'ouvre au public lors d'expos temporaires...

Manifestation

– ***Palio dei Normanni*** *(palio des Normands)* **:** *chaque année, les 12, 13 et 14 août.* Magnifique fête médiévale en mémoire de la guerre sainte menée par le comte Roger Iᵉʳ et de sa victoire sur les musulmans, qui conduisit à la libération de la ville. Courses de chevaux (au stade) et défilés en costume d'époque avec narration de l'histoire de la ville (superbes costumes mais spectacle un peu statique). Les tournois (le 14) opposent 4 équipes de cavaliers de 4 quartiers différents. La fête se termine par la procession solennelle du 15 août.

DANS LES ENVIRONS DE PIAZZA ARMERINA

• Plan La villa romana del Casale *p. 238-239*

Villa romana del Casale (villa Mosaici *; voir plan de la villa)* **:** *contrada Casale (SP 90), à Piazza Armerina. ☎ 0935-68-00-36. • villaromanadelcasale.it • À 5 km au sud-ouest de Piazza Armerina par la SP 15. Accès bus* ***Savit*** *(• savitautolinee.it •) : ligne B, 3 bus/j. Tlj 9h-19h (17h oct-mars ; 23h jusqu'au 31 oct). Dernière entrée 1h avt. Entrée : 10 € ; billet groupé avec l'area archeologica di Morgantina et le Museo regionale di Aidone : 14 € ; réduc ; gratuit moins de 18 ans et pour ts le 1ᵉʳ dim du mois. Panneaux en italien et en anglais. Audioguide (2h) : 6 €. Boutiques et cafés sur la place piétonne aménagée à côté du parking payant.*

– ***Important*** **:** on conseille de faire la visite à l'ouverture ou en fin de journée pour éviter la foule et les grosses chaleurs ou, mieux encore, lors des nocturnes le week-end en juillet et août : celles-ci n'étant en général même pas mentionnées dans les horaires affichés, il y a très peu de monde (et le parking est gratuit). Les

1 Salon du Cirque ou Palestre
2 Frigidarium
3 Tepidarium
4 Bains
5 Vestibule de l'Adventus
6 Salle du four
7 Salle intérieure
8 Salle de la mosaïque géométrique à étoiles
9 Salle de la mosaïque perdue
10 Salle de l'enlèvement des Sabines
11 Salle des 4 saisons
12 Salle des Amours pêcheurs
13 Salle de la Petite Chasse
14 Salle de la mosaïque octogonale
15 Salle de la mosaïque à carreaux
16 Couloir de la Grande Chasse
17 Vestibule de Polyphème et d'Ulysse
18 Cubiculum de la scène érotique
19 Cubiculum des fruits
20 Basilique
21 Enfants chasseurs et alcôve des fleurs
22 Salle d'Arion
23 Cubiculum des choristes et des acteurs
24 Vestibule d'Éros et de Pan
25 Salle de la mosaïque à encadrement
26 Chambre des Jeunes Filles en bikini
27 Salle d'Orphée
28 Triclinium

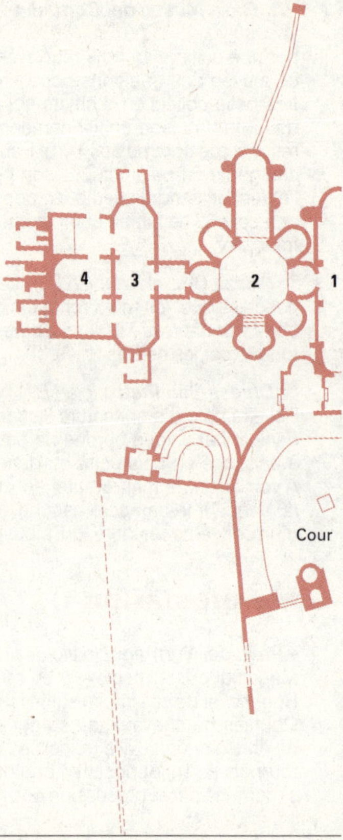

reports au plan que nous vous indiquons – de 1 à 28 – nous sont personnels et ne suivent pas l'ordre des panneaux proposés par la visite.
Située au pied du mont Mangone, dans une riante vallée, cette grande villa romaine date pour l'essentiel du IVe s apr. J.-C. Découverte en 1929 et mise en valeur à partir de 1954, elle fut inscrite au Patrimoine mondial de l'Unesco en 1997. Abritée sous une grande structure en métal et bois, avec des coursives d'observation suspendues, la villa présente un intérêt historique immense, qui passionnera petits et grands ! L'originalité et la qualité artistique de ses mosaïques – superbement bien conservées – en font l'un des grands monuments de Sicile. Elles auraient été composées par des ouvriers spécialisés venus d'Afrique du Nord, sur une période de 50 ans environ. Pour qui ? Il semblerait qu'il s'agisse « seulement » de la luxueuse résidence d'une famille aisée de l'aristocratie sénatoriale romaine. Elle était au centre d'un latifundium

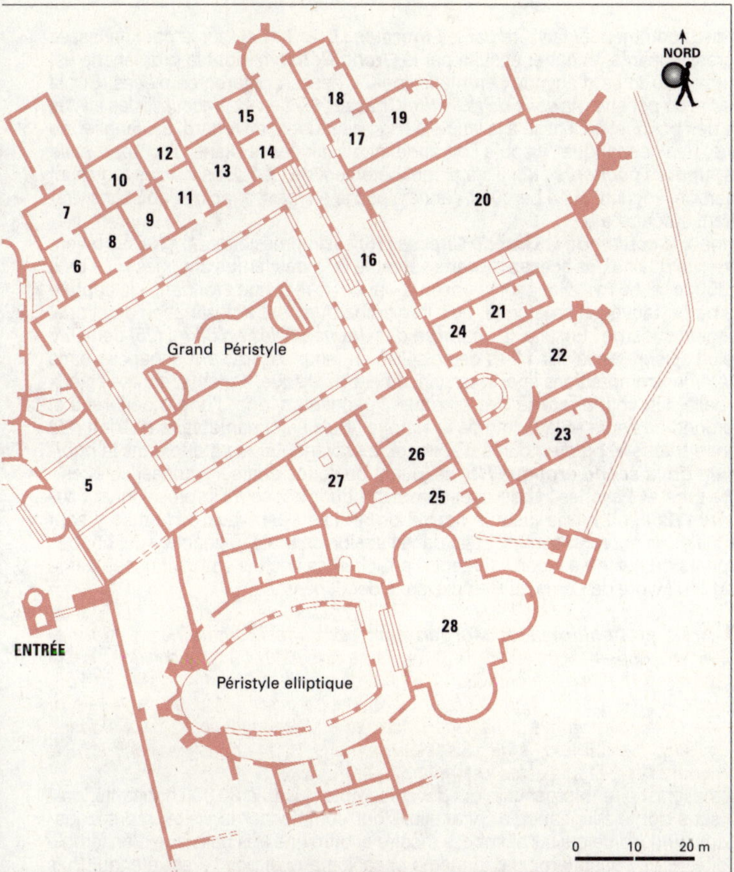

LA VILLA ROMANA DEL CASALE

(domaine agricole) et devait célébrer avec faste les hautes fonctions de son commanditaire. Les scènes composant les quelque 3 500 m² de mosaïques sont un témoignage extraordinaire des mœurs et de la vie sociale de cette époque. Si certaines ont des couleurs un peu passées, d'autres conservent, au contraire, des tons d'une grande vivacité. En temps normal, une quarantaine de pièces sont accessibles...

MOSAÏQUES

À l'origine, le terme « mosaïque » signifiait « grotte des muses ». On ornait de céramiques multicolores ces endroits qui abritaient les statues vénérées par les Grecs et les Romains. Aujourd'hui, ce mot ne rappelle que l'assemblage décoratif. Le terme « musée » a la même origine étymologique.

La visite

On peut commencer la visite par les ***thermes (1, 2, 3 et 4),*** sur la gauche, assez impressionnants, et entrer ensuite par le ***Grand Péristyle*** dont la promenade est tapissée de têtes d'animaux en médaillons. Il dessert différentes pièces. Sur la gauche du péristyle, la ***salle de la Petite Chasse (13)*** servait à accueillir les invités lors des banquets. Chasse à la lance, à l'arc, au faucon, au renard, au sanglier, au lièvre, rien ne manque ; jusqu'à l'offrande faite à la déesse Diane ! À côté, la ***salle des Amours pêcheurs (12).*** Il s'agit tout bêtement de Cupidons joufflus taquinant le gardon, voguant sur 4 barques, canne à pêche en main, avec des poissons virevoltant autour d'eux.

Au fond, le ***couloir de la Grande Chasse (16)*** est impressionnant, et laisse rêveur devant la qualité des scènes de cette véritable B.D. des temps antiques ! Sur près de 350 m² et 66 m de long, on y observe – avec un réalisme étonnant – la capture des bêtes sauvages en Afrique, puis leur embarquement à destination du cirque. Vraiment superbe ! Ensuite, la ***chambre des Jeunes Filles en bikini (26)*** demeure la plus célèbre de la villa ! Des demoiselles en tenue légère sont engagées dans différentes compétitions sportives : lancement du disque, haltères, course et jeux de balle. On voit la remise des prix aux 2 gagnantes, dont l'une a déjà reçu la couronne de fleurs et la palme de la victoire ! Puis l'étonnante ***salle d'Arion (22)*** montre tritons et *putti* entourés d'animaux extravagants. Alors que dans le ***cubiculum de la scène érotique (18)*** se jouent quelques ébats « gymnasticatoires » entre Éros et Psychée ! Mais quel dommage que l'accès à l'impressionnant ***triclinium (28)*** soit fermé jusqu'à nouvel ordre. Les 12 travaux d'Hercule y sont magnifiquement représentés. Et là, dans l'abside centrale, 5 géants – qui ont des serpents en guise de pieds – tentent d'arracher les flèches empoisonnées par le sang de l'Hydre de Lerne qu'Hercule leur a décochées...

Area archeologica di Morgantina : *contrada Morgantina, à* ***Aidone.*** *☎ 0935-87-955. À 15 km au nord-est de Piazza Armerina et à 5 km d'Aidone par la SS 288 (km 41). Pas de bus. Tlj 9h-19h (17h oct-mars) ; juil-août, ven-dim 9h-23h. Dernière entrée 1h avt. Entrée : 6 € ; billet groupé avec le Museo regionale di Aidone : 10 € ; avec la villa romana del Casale et le Museo archeologico di Aidone : 14 € ; réduc ; gratuit moins de 18 ans et pour ts le 1er dim du mois. Venir tôt, ou tard, pour éviter la foule et les insolations en été.*

Cité hellénistique, Morgantina, qui devait compter jusqu'à 30 000 habitants, prêtait sans doute allégeance à Syracuse. Pour commencer la visite, montez jusqu'au point de vue qui surplombe le théâtre et offre une très belle vue d'ensemble du site, vous constaterez par la même occasion à quel point il est étendu. Puis descendre au ***théâtre*** dédié à Dionysos, dieu du Vin. Il pouvait contenir jusqu'à 2 000 personnes lors des sacrifices. Ces derniers se déroulaient juste en face, dans le ***sanctuaire de l'agora,*** dédié à Déméter et Perséphone, dont il ne reste aujourd'hui que la pierre sacrificielle et la base qui accueillait la statue de Coré (Perséphone). Puis la visite se poursuit vers l'extrême droite du site, où se trouvent les ***magasins à céréales*** et le grand ***four*** à brique, avant de revenir en arrière pour accéder au niveau supérieur. Là, une ***maison aux chapiteaux doriques*** marque la demeure d'un magistrat. Cherchez-y donc l'inscription « *eyexei* » incrustée dans le sol, qui signifie « bienvenue » en grec ancien. Cette pièce était certainement une salle de bains, car la 1re attention qu'offrait un Grec à un voyageur de passage était de lui faire prendre un bain ! Enfin, poussez donc à droite jusqu'à la ***casa di Ganimede*** (IIIe s av. J.-C.), dans laquelle sont conservés quelques fragments de mosaïques à motifs géométriques, les plus anciennes mises au jour dans le coin. Pour terminer la visite, passage par l'***agora*** où se trouvent les restes d'un ***Marcellum,*** centre commercial de l'époque, autour d'une structure ronde. À son extrémité ouest, l'agora était bordée par une fontaine monumentale et encore d'autres magasins...

Et si, de la billetterie, vous partez dans la direction opposée au théâtre, vous découvrirez les vestiges de thermes.

Pour la petite histoire, c'est à Morgantina qu'est mort, prisonnier, l'esclave révolté Euno (voir l'encadré dans « À voir. À faire » à Enna)... Pour compléter la visite du site, on conseille un passage par le Musée archéologique d'Aidone, qui conserve les objets archéologiques mis au jour à Morgantina.

Museo regionale di Aidone : *via Torres Trupia, à* ***Aidone.*** *☎ 0935-87-307. Sur les hauteurs du village (panneaux). Tlj 9h-19h. Dernière entrée à 18h. Entrée : 6 € ; billet groupé avec l'area archeologica di Morgantina : 10 € ; avec l'area archeologica di Morgantina et la villa romana del Casale : 14 € ; réduc ; gratuit moins de 18 ans et pour ts le 1er dim du mois. Panneaux en anglais et en italien.*
Petit musée aménagé dans un ancien couvent de capucins du début du XVIIe s, dont la chapelle a été réaménagée en théâtre. On y trouve, disposés par ordre chronologique et thématique, les objets archéologiques découverts dans la région depuis les années 1950, dont l'essentiel provient des fouilles de Morgantina. Certains reviennent de loin, des États-Unis plus précisément, après une exportation illégale ! Cette visite offre aussi l'occasion de saluer des déesses ayant de beaux restes, d'admirer des céramiques grecques, de nombreuses statuettes bien conservées de Perséphone (ou Coré), datant pour la plupart des IVe-début du IIIe s av. J.-C., et même cette baignoire antique en terre cuite provenant des thermes, sans oublier quelques beaux bijoux en os, pâte de verre... À l'étage, profusion de belles céramiques gréco-romaines et une intéressante statuaire en terre cuite, avec notamment de très belles têtes de Gorgones qui n'impressionnent plus personne, et toc !

La Vecchia Aidone : *via Cordova, 88, à* ***Aidone.*** *☎ 0935-87-863. • vecchiaaidone@virgilio.it • Tlj sauf lun. Repas 25-35 €.* Après la visite du musée, cet excellent resto vous tend les bras avec ses savoureuses spécialités du territoire, à déguster dans une jolie salle rustique et soignée, ou en terrasse dans la courette.

Mazzarino : *à env 25 km au sud-ouest de Piazza Armenira.* Égaré bien loin des circuits touristiques, ce séduisant bourg médiéval commerçant est gardé par les belles ruines d'un château d'origine romano-byzantine, habité jusque dans les années 1850. C'est désormais une coquille vide, mais à la silhouette fantasmagorique très évocatrice...
Dans le village, déambulez au hasard d'un lacis de ruelles et le long du beau ***corso V. Emanuele*** jalonné d'églises. Pour jeter un œil à l'intérieur de celles-ci, venir le dimanche matin au moment de la messe. Éviter les heures creuses de la journée pour être certain de pouvoir visiter la ***basilica santuario Maria Santissima del Mazzaro.*** Plusieurs œuvres intéressantes de Filippo Paladini sont disséminées dans différentes églises de la ville, notamment à la ***chiesa San Domenico,*** où vous verrez un Jésus grandeur nature en peau d'addax sur sa croix. À la ***chiesa Santa Maria di Gesù,*** on se croirait presque dans une salle de bal avec tous ces stucs du XVIIIe s ! Coup d'œil également à l'étonnante ***chiesa Madre,*** sur le corso V. Emanuele, dont le toit semble avoir été scalpé ; et à la petite ***chiesa San Giuseppe,*** dans le bas du village, au joli clocher en bulbe multicolore, du même genre qu'à la ***chiesa Signore dell'Olmo,*** vers le château. Enfin, la ***chiesa dei Cappuccini,*** au sud du village, possède un tabernacle dément incrusté de matériaux précieux, œuvre du capucin

LE PRINCE BLING-BLING

Ambassadeur d'Espagne, Carlo Branciforti (1651-1695) présida au parlement de Sicile dans une débauche de faste. Préférant vivre dans son village plutôt qu'à Palerme, il s'y rendait pour siéger avec des centaines de serviteurs, comme un véritable roi accompagné de sa cour. Il incarne l'âge d'or de Mazzarino dans la 2de moitié du XVIIe s. Son palais s'étendait sur près de 4 000 m², avec un théâtre et 2 imprimeries !

Gagliano (1693). Et si, pour terminer, vous allez faire un tour du côté du ***palazzo Bartoli,*** des XVIIe-XVIIIe s, ne manquez pas les corbeaux du balcon surmontant le portail, en forme de chimères.

Tentazioni Ristorante : *corso V. Emanuele, 138. ☎ 0934-190-61-74. • info@tentazionimazzarino.com • Tlj sauf mer. Résa conseillée le soir. Repas 25-30 €.* Quelques tables seulement, dans un cadre frais et pimpant, et une cuisine sicilienne sincère, avec quelques pointes d'originalité et servie avec gentillesse.

CALTAGIRONE

(95041) 38 000 hab.

• Plan *p. 243*

Classée collectivement au Patrimoine mondial de l'Unesco en 2002 avec 7 autres villes baroques du sud-est de la Sicile, Caltagirone est probablement la 1re que vous découvrirez dans l'itinéraire que nous indiquons. Ici, s'il a fallu pas moins de 3 collines pour supporter toute la cité, ses escaliers, sa forêt de toits, la ville ne s'ouvre pas pour autant sur les plaines alentour, contrairement à la plupart de ses voisines. Caltagirone présente plutôt un visage étriqué, comme si elle se recroquevillait sur elle-même. Elle fut d'ailleurs jadis une forteresse, d'origine arabe comme son nom l'indique (*Kalat-al-Ghiran,* le « château des Vases »). Les Byzantins et les Arabes lui donnèrent sa puissance, conservant même après la conquête normande un certain pouvoir et contrôlant largement le développement de l'artisanat de la céramique. Ce sont eux qui apportèrent la technique du vernissage.

Aujourd'hui encore, Caltagirone demeure avant tout une capitale de la céramique et sa visite, émaillée de nombreux ateliers du genre, intéressera les amateurs. On en voit partout, sur les murs, les ponts, les bâtiments civils, les églises et dans une multitude de boutiques. Malgré les tremblements de terre de 1535 et 1693, qui détruisirent une grande partie des monuments civils et religieux ainsi que la totalité des murailles, la ville haute a conservé une grande partie de son tissu médiéval. Le reste fut rebâti dans un style baroque tardif. Et reliant ville basse et ville haute, la *scalinata,* impressionnant escalier de 142 marches, reste le symbole le plus éloquent de sa superbe !

JÉSUS-CHRIST SUPERSTAR

C'est au XVIe s, semble-t-il, que la tradition des crèches s'est implantée en Sicile, en provenance de Naples. Au XVIIIe s, chaque famille finançait la plus belle crèche. On dépensait alors sans compter. Elles se peuplaient de pasturi, *les santons italiens : personnages de la Nativité, bergers, chasseurs et... vendeurs de ricotta ! Caltagirone fut, dès cette époque, un grand centre de fabrication des* pasturi. *Tant et si bien que certains sont aujourd'hui exposés au British Museum de Londres !*

Arriver – Quitter

En bus

Autostazione *(gare routière ; hors plan par B2)* **:** *piazza della Repubblica, face à la gare ferroviaire, à 2 km au sud-est du centre historique.* Les liaisons sont assurées par les compagnies ***AST*** *(• aziendasicilianatrasporti.it •),* ***SAIS***

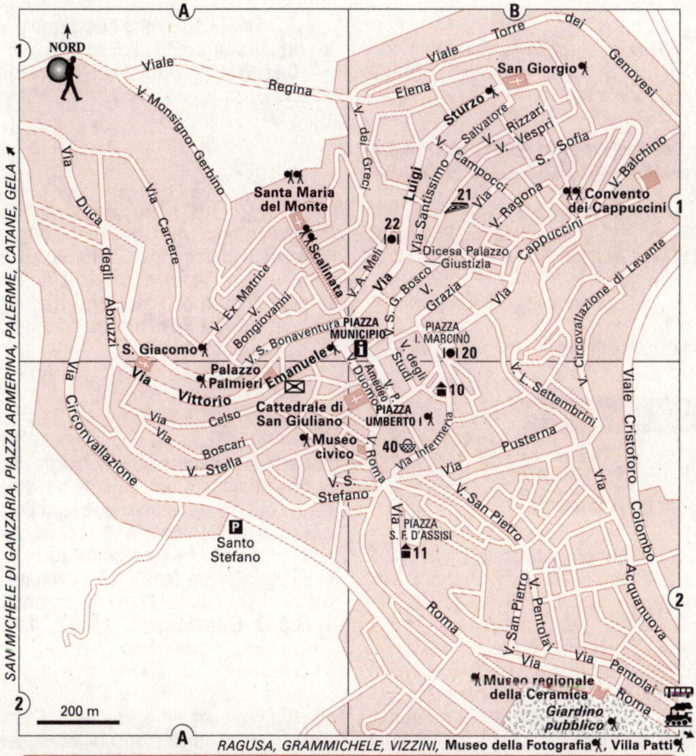

CALTAGIRONE

Adresse utile	Où manger ?
Ufficio turistico (B1)	**20** Trattoria Anima & Core (B1)
	21 La Piazzetta (B1)
	22 Il Locandiere (B1)
Où dormir ?	**Où acheter de belles céramiques ?**
10 Il Piccolo Attico (B2)	**40** Ceramiche Manuello (B2)
11 B & B Gualtiero (B2)	

Autolinee *(● saisautolinee.it ●),* ***Etna-Interbus*** *(● interbus.it ●)* et ***Simili*** *(● viaggisimili.com ●).* Relié au centre historique par les ***bus urbains nos 1, 2, 5 et 7.***

➢ ***Piazza Armerina*** *(1h30)* **:** 1-2 bus/j. sauf dim avec *AST.*

➢ ***Enna*** *(env 1h30)* **:** 1-2 bus/j. avec *SAIS.*

➢ ***Ragusa*** *(2h)* **:** 2 bus/j. sauf dim avec *Simili.*

➢ ***Catania*** *(1h30)* **:** env 10 bus/j. (seulement 3 le dim) avec *AST* et env 3 bus/j. (sauf dim) avec *Etna-Interbus,* via l'***aeroporto di Catania-Fontanarossa.***

➢ ***Siracusa*** *(2h40)* **:** env 5 bus/j. sauf dim avec *AST.*

➢ ***Palermo*** *(env 3h)* **:** 1 bus/j. avec *SAIS.*

En train

Stazione (gare ferroviaire ; hors plan par B2) : *piazza della Repubblica, face à la gare routière, à 2 km au sud-est du centre historique. • trenitalia.it* • Reliée au centre historique par les **bus urbains nos 1, 2, 5 et 7.**

➢ **Catania** *(1h30-2h)* : 2 trains directs/j.

Adresses et info utiles

Ufficio turistico *(plan B1)* : *via Duomo, 15 (angle piazza Municipio). ☎ 0933-49-08-36. • comune.caltagirone.gov.it • Tlj sauf dim, 9h-19h ; hors saison mer-sam uniquement, 9h-14h.*

– **Mercato** *(marché ; hors plan par B2)* : *sam mat (8h-13h), viale Europa et viale Dell'Autonomia, dans la ville moderne.*

Parking *(parcheggio Santo Stefano ; plan A2)* : *via Circonvallazione.* L'option la plus simple est ce grand parking couvert payant, à 10 mn de grimpette du centre historique.

Où dormir ?

De bon marché à prix moyens

Il Piccolo Attico *(plan B2, **10**)* : *via Infermeria, 82 (angle via degli Studi ; 4e étage). ☎ 0933-33-90-20. 📱 320-077-33-15. • info@ilpiccoloattico.it • ilpiccoloattico.it • Congés : fév. Doubles 50-60 € ; familiales et apparts également. CB refusées. Café offert sur présentation de ce guide.* Vous ne regretterez pas les 4 étages à gravir sans ascenseur ! Tout en haut, un confortable appartement de 2 chambres, avec coin cuisine et vue panoramique sur la ville depuis l'étroit balcon. Également 3 chambres spacieuses et lumineuses avec accès indépendant ; 2 d'entre elles pouvant être réunies pour héberger une famille. Mais le must, c'est la terrasse fleurie et ombragée avec vue sur l'Etna par beau temps, et sur la ville quelle que soit la météo ! Une jolie petite adresse, impeccablement tenue par l'avenante patronne qui habite l'étage au-dessous.

B & B Gualtiero *(plan B2, **11**)* : *piazza San Francesco d'Assisi, 20. 📱 339-660-51-91. • info@gualtierosuite.it • gualtierosuite.it • ♿ Doubles 60-95 € ; familiales également.* Cette vieille maison aux attributs pittoresques (plafonds peints, voûtes...) renferme une quinzaine de chambres propres et bien équipées. Déco colorée, voir un poil kitsch. Les plus sympa donnent sur l'église. Accueil gentil. Bref, une adresse simple mais efficace.

Où manger ?

De bon marché à prix moyens

Trattoria Anima & Core *(plan B1, **20**)* : *piazza I. Marcinò, 15-16. ☎ 093-303-05-78. • trattoriaanimaecore87@gmail.com • Tlj sauf mar, midi et soir. Repas 20-25 €.* D'abord une agréable terrasse sur cette belle place bordée de vieux bâtiments de caractère. Dans l'assiette, terre et mer sont déclinées – des *antipasti* aux *secondi* – dans des recettes typiques simples mais goûteuses et maison. Un bon rapport qualité-prix-accueil.

La Piazzetta *(plan B1, **21**)* : *via Vespri, 20A. ☎ 0933-24-178. • lapiazzettarentrooms@tiscali.it • Tlj sauf jeu, midi et soir. Pizze 6-8 €.* Un rendez-vous d'habitués dans un décor mêlant le rustique et une ambiance plus contemporaine, avec notamment des luminaires bien d'aujourd'hui. Dans l'assiette, une quarantaine de bonnes *pizze,* servies seulement le soir. Et on n'y va que pour ça ! Une adresse plutôt pour le soir, donc...

De prix moyens à plus chic

Il Locandiere (plan B1, **22**) : *via L. Sturzo, 59. ☎ 0933-58-292. • dallocandiere@yahoo.it • Tlj sauf dim soir et lun midi. Menu 26 € ; carte 30-40 €. Café ou digestif offert sur présentation de ce guide.* On recommande cette bonne table pour un dîner plutôt chic en amoureux, autour d'un poisson du jour (facturé au poids) ou de fruits de mer excellemment préparés ! Car ici, la mer inspire largement les spécialités, déclinées aussi sous forme de pâtes, sans oublier la formidable sélection d'*antipasti*... Carte des vins bien fournie, servis aussi au verre. Cadre élégant sans être guindé. Bon accueil.

Où acheter de belles céramiques ?

Ceramiche Manuello *(plan B2,* **40**) : *via Infermeria, 15-17. ☎ 0933-52-046. • manuello_ceramiche@virgilio.it •* Un petit atelier animé par 2 filles sympa, et qui tiennent aussi boutique. Bon choix de céramiques colorées, fonctionnelles ou décoratives, au style très classique.

À voir

Le centre-ville : tout s'ordonne autour de la ***piazza Umberto I*** *(plan B2)* et de la ***piazza Municipio*** *(plan A-B1)* voisine. Le ***duomo*** *(via Duomo, 3),* refait au siècle dernier avec une étonnante façade Liberty, abrite un Christ en croix du XVe s. Juste avant la piazza Municipio, à gauche, le ***palazzo della Corte Capitaniale,*** du XVIe s, sert de lieu d'expo d'art contemporain *(via Duomo, 7)* et abrite aussi l'office de tourisme *(via Duomo, 15).* Et juste en face, sur la piazza Municipio, le curieux bâtiment massif de la ***galleria Luigi Sturzo*** (XIXe s), abritant un bar et des expos temporaires...

Scalinata di Santa Maria del Monte *(plan A1)* **:** juste devant la piazza Municipio se dresse ce célèbre escalier monumental, étroite trouée dessinée en 1606 pour relier la ville haute (pouvoir religieux) à la ville basse (pouvoir civil). À l'origine entrecoupé de paliers, il a été remanié dans sa forme actuelle au XIXe s. Ses 142 contremarches ont été décorées en 1956 avec des carreaux de majolique reproduisant des motifs de céramiques anciennes, dont certains dessins figuraient sur des pièces vieilles de 10 siècles ! Lors des fêtes de San Giacomo *(24-25 juil),* toutes les marches sont éclairées par des milliers de photophores. Grandiose ! La *scalinata* monte vers la ***chiesa Santa Maria del Monte.*** Les courageux ou les dévots y découvriront une Vierge à l'Enfant du XIIIe s, la *Madonna di Conadomini,* que les habitants fêtent fin mai-début juin. Pour l'occasion, plus de 4 000 fleurs en pots décorent la *scalinata* en formant des motifs géométriques !

Museo civico *(plan B2)* **:** *via Roma, 10. ☎ 0933-31-590. Mer-jeu 9h30-13h30 ; mar et ven-dim 9h30-13h30, 15h30-18h30. GRATUIT.* Cette bâtisse sévère – qui fut une prison à l'époque des Bourbons (XVIIIe s) – abrite le musée de la ville. Intéressante architecture intérieure sur 3 niveaux organisés autour d'un patio central. Belle collection de céramiques antiques ; curieuse arbalète du XIVe s ; peintures religieuses d'auteurs siciliens mineurs (XVIe-XXe s) ; quelques pièces de mobilier ; chaise à porteurs ; char du XVIIe s porté lors des processions (il fallait 100 personnes pour sortir le saint !)...

Via V. Emanuele *(plan A2)* **:** en la parcourant, vous pourrez voir au passage la façade éclatante du ***palazzo Palmieri*** (nos 20-24), puis le ***bâtiment des postes*** (no 37), typique du style Liberty (Art nouveau). Plus loin encore, on atteint la ***chiesa di San Giacomo*** *(plan A1-2),* où sont conservées, dans une châsse en argent, les reliques du saint protecteur de la ville. Belle façade et portes modernes en bronze. Tout le clan artistique des Gagini contribua à la décoration de l'édifice, le maître réalisant lui-même la châsse protégeant les reliques.

Via Sturzo *(plan B1)* **:** cette rue aux nombreuses façades Liberty mène à la ***chiesa San Giorgio*** *(plan B1),* église-forteresse qui a le privilège d'abriter, dans la 2e chapelle de gauche, un retable attribué à Rogier Van der Weyden, grand peintre flamand du XVe s.

Convento dei Cappuccini *(plan B1)* **:** *via Cappuccini, 138. ☎ 0933-21-753. Sonnez, et l'on vous ouvre. Tlj 9h (10h30 dim)-12h, 15h30-19h. Visite guidée (1h) en italien : 5 €.* Une visite vraiment intéressante. Le frère de service – souvent bavard et passionné – traverse d'abord avec vous la ***pinacothèque*** en s'arrêtant devant un *San Francesco* de Pietro Novelli (XVIe s), une *Santa Agata en prison ayant la vision de San Pietro* d'un peintre inspiré par le Caravage (XVIe s)... Puis la ***sacristie*** et son meuble marqueté, incrusté d'une Vierge de l'école espagnole (XVIe s), et une copie du fameux saint suaire de Turin datant de 1649. S'ouvre alors l'unique ***église*** (construite en 1590) de la ville à avoir résisté au tremblement de terre de 1693. Là, ne pas manquer le retable de Paladini (1604) ; un *Christ en croix* et une *Santa Barbara* peints par Mario Minniti, ami intime du Caravage ; un *Christ mort* au bout d'une perspective de colonnes de Fra Semplice da Verona (il en existe un aussi au musée du Louvre, à Paris) et une étonnante chapelle aux reliquaires (XVIIIe s).
Ensuite, le ***musée d'Art sacré*** renferme une collection de statuettes en albâtre, d'ostensoirs, de calices, d'autels, de crucifix, de reliquaires, de panneaux décoratifs, etc. Sans oublier une *Déposition* peinte par Paladini, et ce curieux pupitre de lecture avec liseuse intégrée du XVIIe s. Enfin, la ***crypte*** abrite une crèche monumentale où la vie de Jésus est racontée par une voix off à l'appui des faisceaux de lumière qui éclairent les personnages ; un son et lumière rustique et touchant !

Museo regionale della Ceramica *(plan B2)* **:** *giardino pubblico. ☎ 0933-58-418. ♿ Accès par le jardin public. Tlj 9h-18h30. Entrée : 4 € ; réduc ; gratuit moins de 18 ans, et pour ts le 1er dim du mois.* La présentation est vieillotte, mais les pièces rassemblées, couvrant l'histoire de la céramique – spécialité séculaire de la ville – depuis les origines, sont souvent rares et magnifiques. Ce sont les Arabes qui, au IXe s, introduisirent des technologies innovantes dans le travail de l'argile (qui abonde dans la région), dont la glaçure qui, en plus du vernissage, permet de rendre les objets imperméables. À ne pas manquer non plus : une foule de céramiques antiques, de rares assiettes et plats en grès émaillé des XIIe et XIIIe s, des protomajoliques, d'étonnants stucs arabo-normands évoquant des hiéroglyphes, des *pasturi* (santons) peints de Caltagirone, etc. Le tout présenté dans le plus grand désordre chronologique, avec pour seules explications quelques textes succincts, uniquement en italien.

Faites un tour en sortant du musée dans le ***jardin public à l'anglaise*** qui abrite, en son sommet, un joli kiosque Liberty. Petit snack pour boire un verre, assis en terrasse.

Museo della Fotografia e del Fischietto *(hors plan par B2)* **:** *via Principessa Maria Josè, 7-9. ☎ 0933-54-567. En face du jardin public. Tlj sauf lun, 9h-17h (18h juil-août). Dernière entrée 1h avt. GRATUIT.* Au rez-de-chaussée, d'abord une étonnante collection de figurines de crèche réalisées par des artisans de Caltagirone. Celles de Riccardo Biavati sont amusantes, avec ses animaux et personnages stylisés... À l'étage, le musée de la Photo proprement dit expose d'anciens appareils et de vieilles images des années 1850-1900 : quelques pittoresques portraits de familles siciliennes mais aussi des clichés venant de Libye, d'Éthiopie ou encore des cathédrales et des nus réalisés en France.

Villa Patti (hors plan par B2) **:** *via Santa Maria di Gesù, 43. ☎ 0933-22-785. Tlj sauf mar, 9h30-13h30, 15h30-18h30. Fermé l'ap-m mer-jeu. Dernière entrée 20 mn avt. GRATUIT.* L'occasion de voir de près l'une de ces jolies villas « à l'italienne », flanquée d'un grand jardin. Redessinée dans un style vénitien, elle abrite désormais un musée consacré à l'ambiance des villas et de leurs jardins : meubles d'époque, gravures, peintures céramiques d'extérieur... Le tout dans une belle atmosphère 1900, avec de beaux plafonds peints.

Fêtes et manifestations

– Si vous voyagez au moment de Pâques, ne ratez pas les ***cérémonies de la Semaine sainte*** avec la passion du Christ, la procession derrière la gigantesque statue de San Pietro et, le dimanche pascal, la *fête de la Giunta*. Foule dense.

– ***Fêtes de la Vierge de Conadomini :*** *3e dim de mai-1er dim de juin.* À cette occasion, la *scalinata* est décorée de plantes et fleurs en pots.

– Plus spectaculaire encore, ne manquez pas la ***fête de San Giacomo*** : *24-25 juil et 14-15 août.* Illumination de toute la *scalinata* de Santa Maria del Monte.

– Tradition oblige, pour les ***fêtes de Noël,*** on confectionne chaque année une crèche monumentale avec des figurines en terre cuite dans le style des Bongiovanni-Vaccaro, les figuristes les plus célèbres du XIXe s.

À VOS MARQUES. PRÊTS ? FEU !

La tradition des illuminations de la scalinata (escalier) de Caltagirone est ancienne. Chacun y va de son lumignon : un gage de bonheur pour l'année à venir ! La disposition des lampes change chaque jour durant les festivités. Au coup de sifflet, des centaines d'habitants se ruent en même temps pour allumer la flamme alors que les lumières de la ville sont éteintes (à 21h30 normalement). Éblouissant !

DANS LES ENVIRONS DE CALTAGIRONE

Militello in Val di Catania (95043) **:** *à 40 km à l'est de Caltagirone par la SS 385 et env 50 km de Catania.*

C'est l'une des 8 villes classées collectivement en 2002 au Patrimoine mondial de l'Unesco, allongée sur le flanc d'une colline, face à une immense plaine agricole brûlée par le soleil. Militello in Val di Catania est une petite ville d'environ 7 000 habitants, sympathique, animée et bien à l'écart des circuits touristiques.

Comme plusieurs de ses voisines du Sud-Est sicilien, elle fut reconstruite après le terrible tremblement de terre de 1693 dans un style baroque tardif. Agréable balade au gré des ruelles grossièrement pavées du centre historique, le long des palais décatis, des bâtisses aux façades joliment crépies de tons pastel mimosa, vert, rose délavé, au pied des églises en pierre blonde, dont les 3 plus impressionnantes sont distribuées le long de la via Umberto I. D'abord, l'immense église et abbaye *San Benedetto* – presque un palais –, puis *San Nicolò,* ses chapiteaux néoclassiques et son petit musée *(ven-dim 10h-12h ; entrée : 2,50 €),* et enfin *Maria Santissima della Stella,* son grand escalier, ses colonnes torsadées, son campanile séparé du corps de l'église. On peut poursuivre par l'élégante *via Porta della Terra* aux réverbères de fer forgé torsadés eux aussi, jusqu'à atteindre la porte flanquée d'une tour ronde, derniers vestiges du château Barresi-Branciforte. Pour terminer, pause fraîcheur au jardin public, une trouée verte semée de kiosques à *gelateria* et *granite* qui s'échappe au milieu de la via Umberto I.

|●| **U Pacha :** *via Donna Giovanna d'Austria, 43. ☎ 0935-81-12-37. • upacha@live.it • Tlj (sauf lun hors saison) midi et soir. Repas 20-25 € ; pizze (soir seulement) 6-9 €.* Un grand antre un peu sombre avec son écran de TV allumé en permanence, ce qui n'empêche en rien les habitants de Militello de s'y retrouver en nombre pour engouffrer un bon plat de pâtes ou, en soirée, une pizza. Simple, efficace, généreux et goûteux.

LA SICILE BAROQUE

RAGUSA (97100) 73 000 hab.

• Plan *p. 250-251*

Classée, comme 7 de ses voisines du Sud-Est sicilien, au Patrimoine mondial de l'Unesco en 2002, la ville se compose de 2 agglomérations séparées par un ravin – *Ragusa Ibla* et *Ragusa Superiore* – réunies en 1926 pour ne former qu'une seule commune, devenue chef-lieu de province. Si des villes comme Caltagirone et Militello (voir chapitre précédent) étaient d'origine prémédiévale, les 6 autres, que l'on découvre en remontant vers Syracuse et Catane, bâties autour d'un château ou sur des fondations monastiques, posèrent leurs 1res pierres au Moyen Âge. *Ragusa Ibla* fut pendant des siècles une cité riche et prospère, jusqu'au tremblement de terre de 1693 qui fit 5 000 morts. Sa reconstruction la dota de magnifiques monuments...

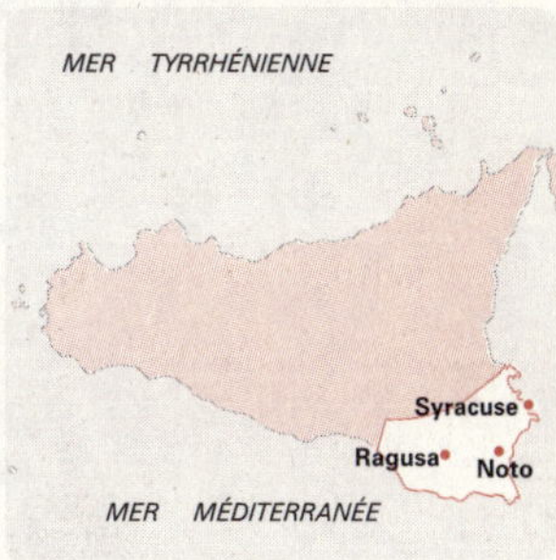

Si *Ragusa Superiore* ne manque pas d'intérêt, notamment autour de la via Roma et de son Musée archéologique, les amateurs d'architecture baroque seront surtout comblés par la profusion de palais et d'églises en pierre blonde que recèle *Ragusa Ibla,* la plus fascinante des cités jumelles, étendue sur un promontoire dominant une vallée pastorale sculptée par les murets en pierres sèches. En gagnant Ragusa par la vieille route de Modica, la vue est sublime : on embrasse d'un regard l'architecture unique et étonnante de cette ville, dont les 2 parties sont reliées entre elles par une étonnante volée de marches bordée d'églises !

Des escaliers à grimper de préférence en fin de journée, pour profiter de la fraîcheur autant que du charme de cette cité d'un autre temps, vivante mais pas reposante ! Les édifices y sont disposés autour du *duomo,* un genre de phare aux lignes courbes si esthétiques ; inoubliable promenade de nuit au pied de sa façade illuminée !

> ### SŒURS JUMELLES
>
> *Ce sont, semble-t-il, des colons byzantins qui donnèrent à la ville son nom actuel, en référence à leur cité d'origine, la puissante Raguse, actuelle Dubrovnik. 2 villes homonymes qui partagent plus que le même nom. En 1667, Raguse la Croate fut dévastée par un tremblement de terre, 26 ans avant celui qui allait frapper Ragusa la Sicilienne. À croire que ce nom était maudit...*

Arriver – Quitter

En bus

Autostazione *(gare routière ; hors plan par A2)* **:** *via Zama, à* ***Ragusa Superiore.*** *Face au Pala Sport, à env 1 km au-delà de la gare ferroviaire.* Les liaisons sont assurées par les compagnies ***Etna-Interbus*** (*• interbus.it •*),

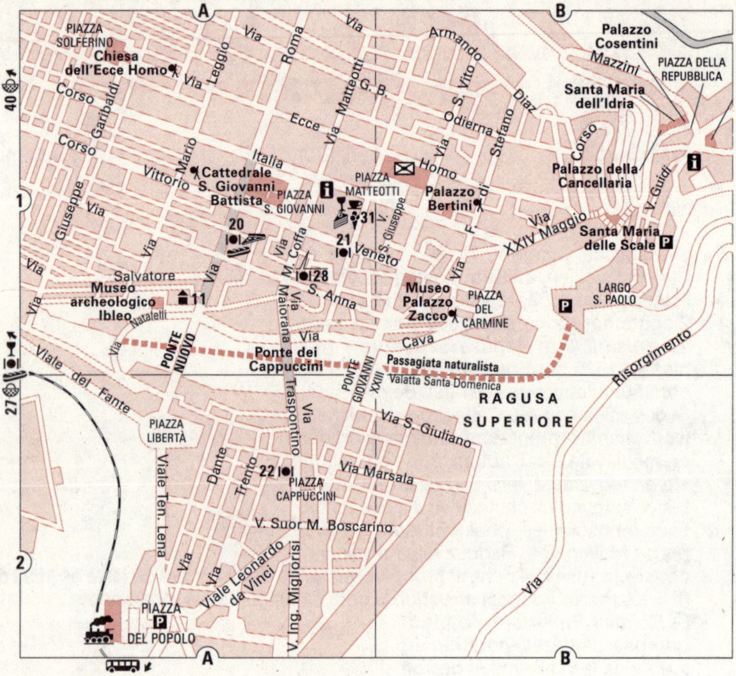

■ **Adresse utile**

- Uffici turistici (A1 et B1)

Où dormir ?

- **11** Mediterraneo Palace Hotel (A1)
- **12** B & B Il Giardino di Pietra (C1)
- **13** B & B L'Orto sul Tetto (C1)
- **14** B & B Caelum Hyblae (C1)
- **15** Hotel dell'Orologio (C1)
- **16** B & B Epoca (D1)
- **17** B & B Il Duomo Relais (C1)

Où manger ?

- **15** La Terrazza dell'Orologio (C1)
- **20** La Grotta (A1)
- **21** Trattoria da Luigi (A1)
- **22** La Taverna del Lupo (A2)
- **23** Salumeria Barocco (D1)

AST *(● aziendasicilianatrasporti.it ●)*, ***Simili*** *(● viaggisimili.com ●)*, ***Tumino*** *(● tuminobus.it ●)*. Reliée au centre historique par les ***bus urbains nos 1, 11 et 33.***

➢ ***Marina di Ragusa*** *(25 mn)* et ***Punta Secca*** *(35 mn)* **:** 8-13 bus/j. avec *Tumino.*

➢ ***Castello di Donnafugata*** *(25 mn)* **:** 4-5 bus/j. avec *Tumino.*

➢ ***Vittoria*** *(50 mn)* **:** 2-4 bus/j. avec *AST.* De là, 1-6 bus/j. pour ***Scoglitti*** *(30 mn)* avec la compagnie *Giamporcaro (☎ 0932-86-62-83).*

➢ ***Modica*** *(25 mn)* **:** 2-14 bus/j. avec *AST,* dont certains poursuivent jusqu'à ***Ispica*** *(env 1h).* De Modica, correspondance pour ***Scicli, Noto, Siracusa...***

➢ ***Caltagirone*** *(2h)* **:** env 2 bus/j. sauf dim avec *Simili.*

➢ ***Noto*** *(env 2h),* ***Avola*** *(2h30)* et ***Siracusa*** *(env 3h)* **:** 2-3 bus/j. sauf dim avec *AST.* Plus de liaisons en changeant à Modica.

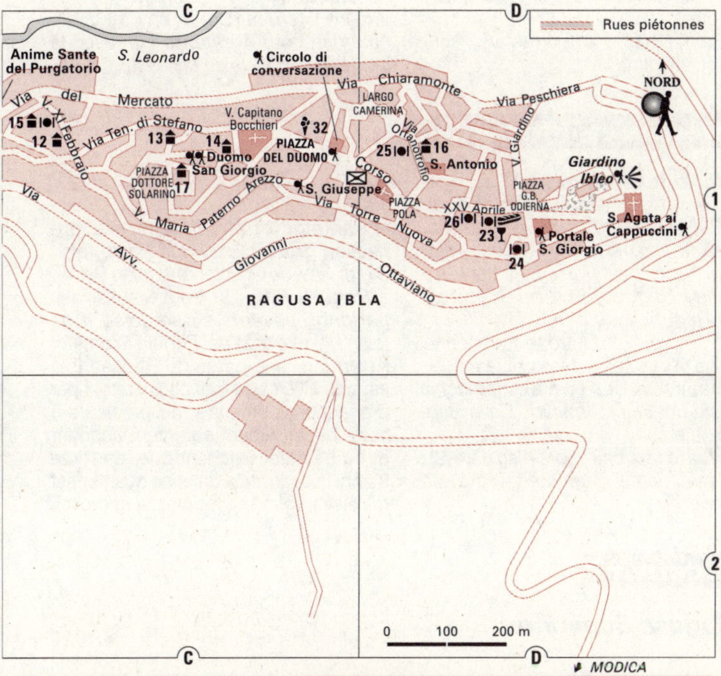

RAGUSA

24 Osteria Quattro Gatti (D1)
25 Trattoria Cucina & Vino (D1)
26 A Rusticana (D1)
27 Delicatessen (hors plan par A1)
28 Taberna dei Cinque Sensi (A1)

Où déguster une pâtisserie ou une glace ? Où boire un verre ?

23 Salumeria Barocco (D1)
30 Prima Classe (hors plan par A1)
31 Caffè Italia (A1)
32 Gelati DiVini (C1)

Achats

27 Delicatessen (hors plan par A1)
40 Disquale – Casa del formaggio Sant'Anna (hors plan par A1)

➢ ***Catania*** *(2h)* **:** 8-13 bus/j. avec *Etna-Interbus*, via l'***aeroporto di Catania-Fontanarossa.***
➢ ***Gela*** *(1h30)* **:** env 1 bus/j. sauf dim avec *AST.*
➢ ***Palermo*** *(4h)* **:** 2-4 bus/j. avec *AST.*

En train

Stazione *(gare ferroviaire ; plan A2)* **:** *piazza del Popolo, à* ***Ragusa Superiore.*** • *trenitalia.it* • Reliée au centre historique par les ***bus urbains nos 1, 11 et 33.*** Le train n'est pas le meilleur moyen d'arriver à Ragusa : privilégiez le bus.
➢ ***Donnafugata*** *(20 mn) et* ***Vittoria*** *(40 mn)* **:** env 4 directs/j. sauf dim.
➢ ***Siracusa*** *(env 2h)* **:** env 4 directs/j. sauf dim. De là, correspondance pour ***Catania.***
➢ ***Modica*** *(env 20 mn)* **:** env 10 directs/j., seulement 1 le dim.
➢ ***Scicli*** *(env 35 mn),* ***Ispica*** *(1h),* ***Noto***

(1h30) et ***Avola*** *(1h40)* **:** env 4 directs/j. sauf dim.
➢ ***Gela*** *(1h10)* **:** 4-5 directs/j., seulement 1 le dim.
➢ ***Licata*** *(1h30)* **:** 2 directs/j., seulement 1 le dim. De là, env 10 bus/j. sauf dim pour ***Agrigento*** *(1h)* avec la compagnie *SAL (● autolineesal.it ●).*

Adresses et infos utiles

🛈 ***Ufficio turistico*** *(plan A1)* **:** *piazza San Giovanni, à* ***Ragusa Superiore.*** *☎ 0932-68-47-80. Lun-ven 9h-19h, le w-e 9h-13h (avr-oct et déc seulement). Fermé dim. Également un* ***autre bureau à Ragusa Ibla*** *(plan B1 ; piazza della Repubblica ; 📱 366-874-26-21 ; mêmes horaires).* Outre le traditionnel plan de ville, infos sur les petites réserves naturelles des environs *(Macchia Foresta del Fiume Irminio ; Cava Randello...)*, etc.
– ***Mercato*** *(marché ; hors plan par A2)* **:** *mer mat, via Psaumida, à* ***Ragusa Superiore.***

🚗 ***Radio-Taxi :*** *☎ 0932-18-35 ou 334-705-89-62.*
🅿 ***Parkings et circulation :*** stationnement **gratuit** *largo San Paolo (plan B1)* et *via Avv. G. Ottaviano (plan B-C1)*, à ***Ragusa Ibla.*** On trouve aussi des **parkings payants** sur le *corso Italia (plan B1)* et *piazza del Popolo (plan A2).* ***Attention,*** une partie de Ragusa Ibla est une ***ZTL*** *(zona traffico limitato)* : par précaution, demander au préalable à votre hébergement comment accéder et où se garer (sachant que, de toute façon, la circulation dans ce quartier est malaisée, voire impossible par endroits).

Où dormir ?

À Ragusa Superiore

De prix moyens à plus chic

🏠 ***Mediterraneo Palace Hotel*** *(plan A1,* ***11****)* **:** *via Roma, 189. ☎ 093-262-19-44. ● info@mediterraneopalace.it ● mediterraneopalace.it ● ♿ Dans une rue piétonne. Doubles 85-150 €. Parking 8 € (sous l'hôtel et le pont ; accès par la via Natalelli).* Une centaine de chambres dans cet hôtel 4 étoiles amarré aux avant-postes du ponte Nuovo. Chambres confortables et spacieuses, aménagées sur une note contemporaine.

À Ragusa Ibla

De prix moyens à plus chic

🏠 ⛱ ***B & B Il Giardino di Pietra*** *(plan C1,* ***12****)* **:** *vicolo Chiasso Guerra, 11-13. 📱 320-956-61-82. ● info@giardinodipietra.com ● giardinodipietra.com ● Dans une ruelle donnant sur la via XI Febbraio. Doubles 75-150 € ; également des familiales. Réduc de 10 % sur le prix de la chambre sur présentation de ce guide (résa en direct).* Ce superbe palais familial du XVIIIe s livre de vastes chambres rutilantes, bien équipées avec, en prime, le charme et l'élégance de l'ancien : hauts plafonds peints, sols en carrelages 1900 et mobilier Art nouveau, Art déco... Belle terrasse avec vue sur Ragusa Superiore pour le petit déj. Petite cuisine, sauna, hammam et massages. Accueil souriant et authentique d'Elena, qui fait visiter sans condition les parties privées pittoresques de sa maison.

🏠 ⛱ ***B & B L'Orto sul Tetto*** *(plan C1,* ***13****)* **:** *via Ten. Di Stefano, 56. ☎ 093-224-77-85. 📱 338-478-04-84. ● info@lortosultetto.it ● lortosultetto.it ● Doubles 65-125 € ; familiales également. Parking dans la rue juste devant.* Pas de potager *(orto)*, mais un étonnant jardinet suspendu au niveau du toit ; perché à l'arrière de la maison, contre la petite terrasse avec pergola où l'on prend le petit déj ! L'ensemble est ravissant avec ses recoins biscornus et sa belle déco moderne sur fond de vieux murs de pierre illuminés. 2 des

3 chambres sont du même acabit et meublées d'ancien, la 3e dans un style plus classique... La maison propose aussi 3 petit apparts dans la même rue. Accueil dynamique.

B & B Caelum Hyblae (plan C1, **14**) : *salita Specula, 11-13. 334-395-76-31. • info@bbcaelumhyblae.it • bbcaelumhyblae.it • En retrait, dans une petite rue en escalier. Congés : de mi-janv à fév. Doubles 70-80 € ; familiales.* Dans une maison précédée d'une appréciable courette fleurie, des chambres propres, de bon confort, avec pierres apparentes et mobilier fonctionnel sans âme. Vue sur les toits pour la plupart.

Hotel dell'Orologio (plan C1, **15**) : *via Ioppolo, 12. ☎ 093-222-83-86. 347-390-89-75. • info@hoteldellorologio.com • hoteldellorologio.com • Doubles 60-90 €.* Une dizaine de belles chambres spacieuses, tout confort et aménagées avec soin, dans un style qui, à grand renfort de meubles anciens, met en valeur les vieilles pierres d'antan. Également une dizaine d'appartements (2 à 4 personnes) du même tonneau, répartis dans plusieurs maisons anciennes du quartier.

B & B Epoca (plan D1, **16**) : *via Orfanotrofio, 43. 349-784-20-34 ou 347-549-35-84. • epoca.bb@gmail.com • epoca-ibla.it • Doubles 70-125 €.* Maria et Costanza, 2 gentilles sœurettes, ont transformé une partie du *palazzo* familial en un *B & B* de charme. À disposition, de superbes chambres spacieuses, confortables et décorées chacune avec du mobilier pittoresque de style Liberty, Art déco... Salles de bains dans les goûts d'aujourd'hui. Agréables parties communes contemporaines, parsemées de meubles anciens, un peu à la façon d'un musée. Agréable terrasse suspendue.

B & B Il Duomo Relais (plan C1, **17**) : *via Dott. Solarino, 61. 333-624-98-92. • info@ilduomorelais.com • ilduomorelais.com • Congés : janv-fév. ♿ Doubles 65-100 €. Minibar offert sur présentation de ce guide.* Amarrée au bord d'un belvédère panoramique, juste au-dessus du *duomo*, cette vieille maison restaurée avec de beaux matériaux livre d'élégantes chambres lumineuses, confortables et proprettes. Déco classique de bon ton, flirtant avec le goût du jour. Certaines chambres proposent un lit à baldaquin, d'autres un balcon... Accueil dynamique.

Où dormir dans les environs ?

Agriturismo Balcone Mediterraneo : *contrada Monsovile (SP 137), 97100 Ragusa. ☎ 093-266-40-46. • info@balconemediterraneo.it • balconemediterraneo.it • À env 20 km au sud-ouest de Ragusa. Tlj 9h-23h30. Doubles 60-70 €. ½ pens possible. Menu 20 €, boisson comprise.* Isolée à flanc de coteaux entre plage et villes baroques, cette ancienne *masseria* en pierre abrite une poignée de chambres simples et fonctionnelles, mais impeccables et bien équipées. La plupart avec terrasse privée d'où la vue embrasse les champs zébrés de murets en pierre sèche, semés de caroubiers. Au fond, le bleu de la mer tranche avec les couleurs champêtres. Accueil familial sympa.

Où manger ?

À Ragusa Superiore

Sur le pouce

La Grotta (plan A1, **20**) : *via G. Cartia, 8. ☎ 093-222-73-70. • info@lagrottaragusa.it • Tlj 17h-1h, sauf mer. Moins de 10 €.* D'alléchantes vitrines dans lesquelles on choisit les ingrédients pour se faire confectionner un délicieux *panino* ! Aussi des parts de *pizze* et de *focacce*, des *arancini*... à dévorer dans 2 petites salles voûtées et tout en longueur. Une adresse largement plébiscitée par les gens du cru.

Delicatessen (hors plan par A1, **27**) : *via Archimede, 32. ☎ 0932-191-05-51. • info@delicatessenragusa.it • À env 1,5 km du ponte Nuovo. Tlj sauf dim et j. fériés, 9h-22h30. Repas 10-15 €. Digestif offert sur présentation de ce guide.* D'un côté, l'épicerie et ses excellents produits, de l'autre la « cantine », et quelle cantine ! Au choix, un assortiment de 3 à 5 plats du jour, de délicieuses salades et une palette de sandwichs d'une rare variété. Le tout à base de délicieux produits de saison, locaux au maximum, servi dans une sympathique salle très haute de plafond (et sonore), avec petites tables individuelles ou grandes tables à partager. Jolie tapisserie à fleurs courant des murs au plafond. Un vrai coup de cœur, tant pour l'esprit que pour les saveurs. On en oublie presque qu'il aura fallu marcher un peu et le quartier, peu séduisant, mais vivant.

Prix moyens

Trattoria da Luigi (plan A1, **21**) : *corso V. Veneto, 96. ☎ 093-262-40-16. Tlj sauf jeu, midi et soir. Repas 20-25 €. Café offert sur présentation de ce guide.* Juste 2 petites salles blanches et fraîches, aux murs parsemés de photos en noir et blanc et d'un peu de déco colorée évoquant la Sicile profonde ; le tout éclairé par des lampes indus'. Au menu, cuisine de marché goûteuse et un poil inspirée. Voir aussi les suggestions du jour. Bon rapport qualité-prix.

La Taverna del Lupo (plan A2, **22**) : *piazza Cappuccini, 22-23. ☎ 0932-76-52-80. • latavernadellupo@gmail.com • Tlj sauf sam midi et dim. Résa conseillée. Repas 20-30 €.* Il suffit de passer le pont pour gagner ce resto de quartier. Déco boisée « à l'ancienne » pour cette agréable salle voûtée, où le patron vous détaille le menu avec gentillesse. Spécialités savoureuses, mijotées selon des recettes traditionnelles simples mais bien tournées, avec les produits frais du jour. Car ici, on ne travaille que ça, et on le fait savoir ! Quelques *antipasti,* une belle palanquée de pâtes maison, sans oublier poissons et viandes de 1er choix. Un régal !

Taberna dei Cinque Sensi (plan A1, **28**) : *via San Sebastiano, 47. ☎ 093-262-67-25. • info@tabernadeicinquesensi.it • Tlj sauf mar, et le midi sam-dim. Repas 20-40 €. Café offert sur présentation de ce guide.* Ce ne sera certainement pas votre repas le plus copieux, mais un réel effort est porté sur les ingrédients, leur préparation, de façon à faire du local, du traditionnel, mais légèrement revisité : un genre de bistronomie à la sicilienne, quoi ! Une fois n'est pas coutume, la carte change ici régulièrement. En revanche, tout étant préparé sur l'instant, il faut parfois patienter un peu. Cadre plaisant et frais dans une petite salle voûtée, à moins que vous ne préfériez une des tables au milieu des bouteilles. Aux beaux jours, on s'installe plutôt en terrasse, dans la ruelle.

À Ragusa Ibla

Sur le pouce

Salumeria Barocco (plan D1, **23**) : *corso XXV Aprile, 80. ☎ 0932-65-24-19. • salumeriabarocco@gmail.com • Tlj sauf mar. Compter 10-15 €.* Petit local livrant une insolente vitrine réfrigérée qui recèle fromages et charcuterie de qualité. À déguster avec un bon verre de vin local ou une bière artisanale du cru, sur les quelques tables de la terrasse dans la rue piétonne. Accueil gentil.

De prix moyens à plus chic

Osteria Quattro Gatti (plan D1, **24**) : *via Valverde, 95. ☎ 0932-24-56-12. • quattrogatti.rg@gmail.com • Ts les soirs sauf dim. Fermé lun en basse saison. Résa conseillée. Repas 25-30 €.* Resto perdu dans une ruelle à l'écart des sentiers touristiques. Au choix pour poser ses fesses : la salle voûtée assez intime ou une terrasse verdoyante avec vue sur les toits de la ville, fraîche en soirée. À la carte, vraie belle cuisine de pays, simple mais pleine de saveurs. Accueil chaleureux.

Trattoria Cucina & Vino (plan D1, **25**) : *via Orfanotrofio, 91. ☎ 093-268-64-47. • info@cucinaevino.eu • Tlj midi (sauf lun-mar) et soir. Résa conseillée. Menus 25-40 € ; repas 25-35 €.* Une élégante salle voûtée et sa gentille terrasse au pied du palazzo Battaglia. Menus et assiettes tardent à arriver. On repart ? Ce serait dommage, car vous passeriez à côté d'une *cucina casalinga* de la terre et de la mer, avec des spécialités typiques des environs, des pâtes maison, de délicieux desserts... Le tout arrosé de bons vins bien choisis. Service stylé sympa.

A Rusticana (plan D1, **26**) : *vico D. Morelli, 4. ☎ 0932-22-79-81. • arusticana@live.it • Tlj sauf mar, midi et soir. Résa très conseillée. Repas 25-35 €.* Salle voûtée à la déco baroquisante sur carrelage vintage, ou grande terrasse de verdure partiellement couverte ; à vous de voir ! Courte carte à base de goûteuses viandes *alla brace* et de *pasta fatta in casa*. Également quelques poissons frais, eux aussi passés au gril. Vin local en carafe ou bonnes bouteilles. Service pro et détendu.

La Terrazza dell'Orologio (plan C1, **15**) : *via Chiasso Arestia, 12/13. ☎ 093-222-83-86. • info@laterrazzadellorologio.com • Tlj midi et soir. Repas 30-35 €.* C'est en fait le resto de l'hôtel du même nom, situé à un jet de pierre de ce dernier. L'endroit est un brin touristique (la majorité des tables étant occupée par les clients de l'hôtel), mais la cuisine plutôt généreuse se révèle de très belle qualité. Aux beaux jours, elle se déguste sur la grande terrasse sur le toit offrant une vue de choix sur Ragusa Superiore. Dommage que le service soit un peu trop pousse-conso...

Où déguster une pâtisserie ou une glace ?
Où boire un verre ?

À Ragusa Superiore

Caffè Italia (plan A1, **31**) : *piazza San Giovanni, 29. ☎ 093-262-11-21. • caffeitaliaragusa@gmail.com • Tlj sauf dim, 7h-22h.* Avec sa salle moderne et son agréable terrasse sur la place, c'est un lieu idéal multiple pour une étape gourmande à toute heure, réputé pour ses délicieuses *gelati, granite* et ses pâtisseries maison – comme les *paste di mandorla* – à accompagner d'un café. Bien aussi pour prendre un verre.

Prima Classe (hors plan par A1, **30**) : *via Ercolano, 7. ☎ 093-265-23-00. • info@primaclassebar.com • À env 1,5 km du ponte Nuovo. Tlj 7h (17h dim)-1h30.* C'est avec surprise que l'on découvre dans ce quartier – certes vivant, mais pas très séduisant – un bar bien dans son époque à la clientèle plutôt branchée, mais de tous âges. Bel intérieur contemporain, spacieux, classe, avec un même petit espace au calme où les travailleurs viennent se connecter. Agréable terrasse aussi sur la rue. Bien pour boire un café en journée, un verre en apéro, avec des breuvages préparés dans les règles de l'art. Également un beau choix de pâtisseries. De septembre à octobre, concerts réguliers.

À Ragusa Ibla

Gelati DiVini (plan C1, **32**) : *piazza del Duomo, 20. Tlj 10h-1h.* Excellentes glaces, aux parfums classiques (amande, pistache...) ou parfois plus rares, sans oublier les fruits de saison... Terrasse sur la place. Une adresse certes touristique, mais qui tient ses promesses.

Salumeria Barocco (plan D1, **23**) : lire plus haut « Où manger ? À Ragusa Ibla ».

Achats

Disquale – Casa del formaggio Sant'Anna (hors plan par A1, **40**) : *corso Italia, 387. ☎ 093-222-74-85. Tlj 8h-13h30, 17h-19h30, sauf mer.* Oui, il faut remonter un bout sur le Corso Italia, mais la sélection de fromages

LA SICILE BAROQUE

siciliens est très belle et vous y trouverez aussi quelques autres bons produits (charcuterie, huiles d'olive, etc.). De plus, même si vos achats risquent de se dérouler uniquement en italien, ce sera avec le sourire.

Delicatessen *(hors plan par A1, 27)* **:** voir « Où manger ? ».

À voir. À faire

– ***Conseil :*** l'idéal est d'attaquer la balade à Ragusa Superiore, pour descendre la *scalinata* (escalier) et ainsi rejoindre Ragusa Ibla. *Pour rentrer, possibilité de prendre – dans un sens comme dans l'autre – les bus urbains nos 11 et 33 (lun-sam), no 1 (dim et j. fériés) ou no 3 les soirs d'été ; arrêts « via San Vito » (plan B1 ; quasi à l'angle du corso Italia) ou « piazza Liberta » (plan A2) à Ragusa Superiore, et « Giardino Ibleo » (plan D1 ; devant l'entrée du jardin) à Ragusa Ibla.*

À Ragusa Superiore

Cattedrale San Giovanni Battista *(plan A1)* **:** *piazza San Giovanni. Tlj 8h-12h30, 15h-19h. Visite du musée (2 €) mar-sam 10h-13h, 16h-19h, et visite clocher (2 €) lun-sam 9h30-12h, 15h-18h30.* L'une des nombreuses réalisations de Gagliardi. Elle symbolise le renouveau de la ville. Commencée au lendemain du tremblement de terre sur la base d'une ancienne église, elle fut terminée en 1778. Son imposante façade baroque, flanquée d'un clocher et précédée d'un immense parvis suspendu, s'inscrit dans la structure rigoureusement rectiligne voulue pour la ville nouvelle. Sur la gauche, dans le jardin, très beaux magnolias, et côté via Roma, coup d'œil sur la façade baroque du *presbytère.* À l'intérieur de la cathédrale, structure à 3 nefs surmontée d'une coupole, décors de stuc rehaussés d'or et anges à taille humaine...

En descendant le *corso Italia (plan A-B1),* levez les yeux – devant le no 33 – sur les fascinantes figures grotesques *(mascheroni irriverenti)* du **palazzo Bertini** *(plan B1).* Là, on observe 3 masques sur la clé de voûte des fenêtres : au centre, le noble seigneur encadré par un pauvre édenté qui tire la langue sous son grand nez et par un riche marchand à la moustache bien peignée et coiffé d'un turban. Une véritable caricature de la pauvreté, du pouvoir et de l'argent, la fameuse trilogie sociale !

Museo Palazzo Zacco *(plan B1)* **:** *via San Vito, 158. Tlj sauf dim-lun et j. fériés, 8h-14h, 15h-18h. GRATUIT.* Construit dans la 2de moitié du XVIIIe s, ce palais affiche une architecture typique de la fin du style baroque. En façade, 2 balcons ventrus en fer forgé, soutenus par des corniches sculptées de masques grotesques. Élégant portail encadré de colonnes corinthiennes et surmonté d'un autre balcon. À l'intérieur, sous-sol rustique avec pierres apparentes abritant une collection d'outils agricoles, où la vie quotidienne est expliquée (en italien et anglais) au fil des mois ; simple, mais bien fait. Dans les étages, les salles voûtées à plafonds peints renferment les sculptures de Carmelo Cappello (1912-1996), artiste du cru de réputation nationale.

Pour zieuter d'autres belles façades ouvragées, il suffit de se balader le nez en l'air dans les rues alentour, notamment *via Roma (plan A1)* et *via Ecce Homo (plan A-B1)*, jusqu'à la *piazza Solferino (plan A1).* Là siège la monumentale ***chiesa dell'Ecce Homo,*** bâtie au début du XIXe s sur une ancienne chapelle. À l'intérieur, bel orgue de 1857.

À Ragusa Ibla

Changement d'atmosphère ! La ville paraît bien loin lorsque l'on flâne dans ce quartier, au pied duquel se faufile un ruisseau qui coule dans un écrin de verdure. Visite à faire le matin, à la fraîche, pour la lumière, ou le soir, pour profiter de l'ambiance...

➢ De Ragusa Superiore, on accède à pied à Ragusa Ibla en descendant le corso Italia, puis en suivant la via XXIV Maggio, avant d'emprunter la fameuse ***scalinata*** *(via Scale ; plan B1),* un escalier de 250 marches plein de charme et de recoins, qui serpente entre églises et bâtiments pittoresques, avec quelques formidables points de vue panoramiques sur Ibla ! D'abord, la ***chiesa Santa Maria delle Scale,*** la plus vieille (XVe-XVIIIe s) et l'une des plus belles de Ragusa, bien connue pour ses élégantes arcades gothiques aux piliers dessinant de fines colonnettes. Plus bas se dresse, appuyé sur un passage couvert, le ***palazzo della Cancelleria*** : encadrements finement ouvragés et balcon joufflu en fer forgé. Juste en dessous par la droite, voici la ***chiesa Santa Maria dell'Idria,*** son clocher couvert de faïence, sa croix de l'ordre des chevaliers de Malte et son intérieur baroque en diable ! Et, à peine plus bas, le ***palazzo Cosentini,*** lui aussi caractéristique du style baroque, montre d'élégants balcons en encorbellements soutenus par des corniches ornées de masques grotesques. Expos temporaires (art moderne) à l'intérieur, pour mieux découvrir les plafonds peints, sols d'origine... Puis, en arrivant sur la *piazza della Repubblica,* la ***chiesa delle Anime Sante del Purgatorio,*** au pied de la colline d'Ibla, marque l'entrée de ce quartier.

*** *Duomo San Giorgio* *(plan C1)* : *piazza del Duomo. Accès par le flanc gauche. Tlj 10h-13h, 16h-18h30.* Construite entre 1739 et 1775, cette église fut baptisée par le génial Rosario Gagliardi du même nom que sa grande sœur de Modica. La voir de préférence le matin, pour la lumière. Elle se montre du plus bel effet avec sa façade élancée légèrement galbée, comme propulsée par cet escalier monumental et pentu. Et sa coupole, qui s'élève à plus de 40 m, achève sa mise en orbite ! Cette coupole, de style néoclassique et cerclée d'une verrière, fut ajoutée au début du XIXe s... L'intérieur, tendu de tissus pourpre et or, abrite quelques œuvres picturales, dont le *Repos en Égypte* de Dario Guerci (1864) dans la nef de droite ; et un *Saint Georges terrassant le dragon,* du même artiste, dans le transept gauche... Mais le clou de la visite se trouve dans la ***sacristie*** *(entrée : 1 €)* : un superbe autel en pierre sculptée représentant saint Georges toujours avec son dragon, entouré de saint Mercure à droite, et de saint Hippolyte à gauche, chacun un pied sur une tête de Maure décapitée ! Réalisé par Gagini en 1575 pour la 1re église, c'est l'un des rares vestiges à avoir survécu au tremblement de terre de 1693...
– Juste à côté, le ***museo del Duomo*** *(Pâques-fin oct, tlj 9h30-12h30, 15h30-18h ; hors saison, le w-e seulement ; entrée : 3 €, réduc)* renferme quelques plans de l'édifice tel qu'il fut conçu à l'origine et d'autres montrant son évolution. On peut aussi y admirer des éléments d'architecture, des bas-reliefs et des statues qui, naguère, ornaient l'édifice. Sans oublier de précieux crucifix, reliquaires, encensoirs, calices, livres de prière, chasubles, bijoux, peintures...

Devant le *duomo San Giorgio* s'étend la ***piazza del Duomo*** *(plan C1),* encadrée de palais. En bas à gauche, le ***circolo di conversazione*** avec sa façade bleu ciel et ses bas-reliefs, datant de 1911. Le soir, les anciens viennent y taper la discute, assis en terrasse pour mieux observer la foule.

Le *corso XXV Aprile* conduit à la *piazza Pola,* centre de l'ancienne Ibla, où s'élève une autre église attribuée à Gagliardi : la ***chiesa San Giuseppe*** *(plan D1 ; tlj 7h30-12h, 15h-18h – 19h en juil-août).* Belle façade bombée en pierre blonde. L'intérieur au plan ovale ressemble un peu à un salon mondain. Les balcons sont protégés par des croisillons permettant aux nonnes de suivre la messe sans être vues. Car, attaché à l'église, il existe un couvent d'une dizaine de sœurs bénédictines (on peut les écouter chanter dans l'église) qui consacrent une partie de leurs murs à l'***Obsculta-museo benedettino*** *(☎ 093-262-17-79 ; ● benedettine-rg.it ● ; tlj sauf dim 10h-13h, plus lun, mer et ven 16h30-18h30 en juil-août, 15h30-17h30 le reste de l'année ; fermé janv-mars et déc ; entrée : 2 €).* Ce musée raconte l'histoire du monastère et la vie des sœurs à travers une foule d'objets anciens qui leur appartiennent...

Au bout du *corso,* le ***giardino Ibleo*** *(plan D1),* un agréable parc planté de pins, de palmiers et d'araucarias. Perché à l'extrémité du piton qu'occupe Ibla, il offre une vue plongeante sur la vallée pastorale de l'Irminio et sur le ravin. Il abrite 2 églises, dont la plus importante, la ***chiesa Sant'Agata ai Cappuccini,*** au fond du parc, renferme un triptyque de Pietro Novelli.

En sortant du parc, sur la gauche dans la *via Normanni,* à quelques mètres seulement, splendide ***portale San Giorgio*** *(plan D1),* portail gothico-catalan de la 2de moitié du XVe s, montrant dans le tympan saint Georges terrassant le dragon. C'est l'un des rares vestiges d'avant le tremblement de terre de 1693. La corrosion a transformé le décor en une véritable dentelle de pierre.

➢ N'hésitez pas ensuite à flâner dans Ragusa Ibla à la découverte des nombreuses ***façades baroques,*** notamment celle du **palazzo La Rocca** *(plan C1 ; via Capitano Bocchieri, 33),* juste derrière la chiesa San Giorgio. Mais il en existe bien d'autres, et nous n'allons quand même pas vous mâcher tout le travail !

➢ ***Passeggiata naturalista :*** depuis la *via Natalelli (plan A1-2),* un escalier descend rejoindre la ***vallata Santa Domenica,*** un étonnant vallon de verdure passant sous les 3 ponts et parcouru par un ruisseau. Le sentier (moyennement entretenu) passe à côté de tombes préhistoriques et de vestiges de moulins, avant de ressortir au niveau du *largo San Paolo (plan B1).*

Fêtes

– ***Fête de San Giorgio :*** *dernier dim de mai, à Ragusa Ibla.* Le saint patron d'Ibla « danse » lors d'une procession pittoresque ! S'ensuit un spectacle pyrotechnique...
– ***Fête de San Giovanni Battista :*** *29 août, à Ragusa Superiore.* Le 2d saint patron de la cité reçoit – dans la ville haute, cette fois – tous les honneurs d'une grande fête populaire. Et pour la circonstance, sa cathédrale revêt son habit de lumière (oh, que c'est beau !).

DANS LES ENVIRONS DE RAGUSA

Entre Ragusa et Donnafugata, la campagne est biffée en tous sens par de petites routes ourlées de murets en pierres sèches. Ici, l'olivier cède sa place au caroubier, un arbre méditerranéen par excellence, très résistant à la sécheresse. La caroube, son fruit, est utilisée dans l'alimentation du bétail, et sa farine comme additif dans l'industrie alimentaire où elle entre dans la composition des glaces, notamment...

DES GRAINES QUI VALENT LEUR PESANT D'OR

Très dures et toutes rigoureusement identiques en poids et en taille, les graines du caroubier furent très tôt utilisées comme poids de référence en joaillerie. Ainsi, la graine de caroube n'est autre que le fameux carat, encore utilisé de nos jours et qui équivaut à 200 mg.

DONNAFUGATA

Attention, un Donnafugata peut en cacher un autre. En 1982, le château fut racheté par la municipalité de Ragusa, qui a conservé ses intérieurs en l'état. L'occasion de découvrir le décor dans lequel vivaient les grandes familles siciliennes à l'époque du *Guépard,* en l'occurrence ici les Arezzo de Spucches. Il ne s'agit pas pour autant du château homonyme longuement décrit dans le livre de Lampedusa ; le Donnafugata du *Guépard* est en réalité le château de Santa Margherita di Belice, vers Castelvetrano !

Castello di Donnafugata : *contrada Donnafugata. • castellodonnafugata.org • À env 20 km au sud-ouest de Ragusa. Juin-oct, tlj sauf lun 9h-19h (16h le reste de l'année). Entrée : 6 € (château et parc) ; réduc ; gratuit moins de 6 ans. Parking : 2 €.*
Ce château médiéval, l'un des plus intéressants de Sicile, sert souvent de décor de films. Son nom, d'origine arabe, signifiait « source de santé ». Il fut largement remanié au XIXe s dans un style néogothique mâtiné d'influences vénitiennes. Sur ses 122 pièces, on en visite (seulement) une trentaine, la plupart meublées : le fumoir, aux tapisseries devenues grises, le salon de musique et la salle de billard décorés de fresques, le salon des glaces (la salle de bal modestement inspirée de la « galerie des Glaces » de Versailles), les appartements privés, la salle d'armes, la bibliothèque... Le tout orné des blasons des familles nobles de Sicile. Si les lieux ont toujours une certaine allure, ils ont malheureusement perdu leur faste d'antan (faute de moyens sans doute), avec un décor qui accuse le poids des années et le passage du temps. Pour compléter la visite, se promener dans le parc de 8 ha, avec ses ficus, ses pins parasols, son labyrinthe de pierre, son kiosque...

MARINA DI RAGUSA

Cet ex-petit port de pêche est devenu une station balnéaire assez prisée, envahie le week-end par les habitants de Ragusa. Les résidences de vacances n'en finissent plus de pousser en retrait de la longue plage, désormais bordée par une ceinture de béton. Et les bateaux de plaisance ont jeté hors du port les chaloupes de pêche. De novembre à fin mars, c'est la morte saison ; en été, familles nombreuses et cornets de glace ! Mais tout ça garde un caractère bon enfant ; rien d'oppressant... Pour des plages un peu plus sauvages – et plus agréables –, pousser plus à l'est, vers Marina di Modica (lire plus loin « Dans les environs de Modica »).

Où dormir ? Où manger ? Où déguster une pâtisserie ou une glace ? Où boire un verre ?

Hotel Miramare : *lungomare Andrea Doria, 42-44. ☎ 0932-61-54-45. • info@hotelmiramareragusa.com • hotelmiramareragusa.com • Doubles 80-170 €. Menu env 25 €. Réduc sur le prix de la chambre sur présentation de ce guide.* Un gros paquebot blanc échoué face à la plage, de l'autre côté de la route passante. Belles chambres tout confort au design épuré, dont les plus chères, avec terrasse, s'ouvrent sur la mer. Préférez plutôt les latérales, moins chères et toutes avec balcon en décrochement et une petite vue sur la plage ; mais évitez celles à l'arrière, donnant sur la cour de service du supermarché voisin ! Grande piscine.

Il Delfino : *lungomare Andrea Doria. ☎ 0932-23-91-83. • info@ildelfinomarinadiragusa.com • À l'est du lungomare. Tlj sauf mer, midi et soir. Pizze 8-10 € ; repas 25-35 €.* C'est un vrai resto de poisson où il fait bon se poser. Une salle agréable et une terrasse devant la plage, pour déguster en paix le risotto ou le poisson du jour, mijotés avec soin. Aussi des *pizze* en soirée.

Caffè delle Rose : *piazza Duca degli Abruzzi, 25-26. ☎ 0932-23-91-02. • info@caffedellerose.net • Tlj (sauf lun hors saison) 7h-21h.* Sur la place centrale, LE bistrot du village avec ses habitués gouailleurs au comptoir, qui se mêlent volontiers aux touristes en été. Plein à toute heure ! Bons cafés et délicieuses *granite, gelati* ou *pasta* maison.

LA SICILE BAROQUE

Où dormir dans les environs ?

Hotel Mar & Sol : *via Lampedusa, 97017* ***Caucana – Santa Croce Camerina.*** *☎ 0932-91-54-45. • info@hotel-maresol.it • hotel-maresol.it • À env 5 km à l'ouest de Marina di Ragusa. Doubles 70-150 €.* Un hôtel les pieds dans l'eau, installé dans une grosse villa balnéaire moderne, coincée entre d'autres. Si en août les prix flambent, le reste de l'année les tarifs contentent une clientèle d'habitués attirée ici par la gentille plage familiale. À dispo, une quinzaine de chambres propres, fonctionnelles et bien équipées, dans les tons blanc et bleu. Les plus chères sont dotées d'un balcon sur la mer ; les autres donnent sur l'arrière et les côtés.

PUNTA SECCA

C'est un charmant village de pêcheurs semé de maisons typiques et baigné de couchers de soleil d'anthologie, les plus beaux de la côte ! Les fans de la série télé ***Il commissario Montalbano*** (adaptée des polars d'Andrea Camilleri) y feront aussi escale pour voir la « maison » du célèbre policier, devenue un *B & B* de charme (La Casa di Montalbano, *via A. Moro, 44 ; • lacasadimontalbano.com •*).

Il Bacio di Zefiro : *piazzetta della Torre, 7. Tlj 7h-minuit.* La petite adresse gourmande de Punta Secca, servant glaces et *granite* artisanales, sur lesquelles les gosses se ruent après la plage !

VITTORIA ET SCOGLITTI *(97019)*

Située à 25 km à l'ouest de Ragusa, ***Vittoria*** est une petite ville dynamique, fondée en 1607 par la volonté de la comtesse Vittoria Colonna Henriquez, qui lui a donné son prénom. Reconstruite après le tremblement de terre de 1693 selon un plan rigoureusement géométrique, elle s'affirme baroque, elle aussi. Les architectes seraient les mêmes, semble-t-il, que ceux ayant dessiné le plan de Noto. Mais ici, rien d'aussi impressionnant : au lieu de palais, ce sont plutôt des maisons bourgeoises et ouvrières qu'ils édifièrent. Car Vittoria demeure avant tout un centre agricole important, spécialisé dans la production de fruits et de légumes et dans la viticulture. De fait, la ville est encerclée par une multitude de serres, véritable mer de plastique. Quant aux vins, ils sont surtout utilisés dans les coupages et pour la fabrication de vinaigre ; on compte néanmoins un cru classé, le *cerasuolo di Vittoria...*
Au centre-ville, la ***piazza del Popolo*** forme une oasis d'une belle unité avec le *teatro comunale* (1877) néoclassique et, juste à côté, l'élégante *chiesa della Madonna delle Grazie,* dotée d'une chaire et d'un maître-autel tout en marbre ouvragé. Le soir, tandis que les anciens papotent sur les bancs, les hirondelles virevoltent dans l'air tiède et le soleil lèche les façades dorées et roses de l'esplanade. Bref, des tranches de Sicile bien authentiques !
À 200 m de là par la via Cavour, sur la ***piazza Ferdinando Ricca,*** siège la *basilica San Giovanni Battista,* plus riche encore avec sa façade à tourelles et son plafond bleu, blanc et or. Le beau pavement en marbre polychrome du chœur est un cadeau des viticulteurs après l'épidémie de phylloxéra qui avait anéanti leurs vignobles à la fin du XVIIIe s. Poursuivez jusqu'au bout de la via Cavour. Là, sur la droite du *castello,* un belvédère embrasse un beau paysage.
Et si vous trouvez que la ville manque un peu d'âmes aux heures chaudes, c'est peut-être parce que ses habitants ont émigré côté plages, pour rejoindre ***Scoglitti,*** leur quartier d'été. Un ancien village de pêcheurs devenu aujourd'hui un lieu de villégiature sans charme...

Sakalleo : *piazza Cavour, 12, à* ***Scoglitti.*** *☎ 0932-87-16-88. Tlj midi et soir. Menus 35-60 €.* Plus une table d'hôtes qu'un resto, car la patronne reçoit chez elle, proposant uniquement poissons et fruits de mer selon la pêche du jour. De l'ultra-frais servi cru – c'est la spécialité ! – ou accommodé selon les recettes séculaires de ses grands-mères. En plus d'une belle rencontre, c'est un véritable régal !

MODICA

(97015) 55 000 hab.

• Plan *p. 263*

Forêt minérale de toits aux tuiles patinées et grimpant sur les flancs d'un vallon, Modica conserve elle aussi un bel ensemble d'édifices baroques. Elle fut longtemps le fief de la famille des Chiaramonte qui parsemèrent une partie de la Sicile de châteaux, résidences et monastères – allant jusqu'à donner leur nom à un style architectural : le *chiaramontano.* Après le tremblement de terre de 1693, les habitations troglodytiques de Modica furent abandonnées ; les habitants, qui n'avaient plus besoin de se défendre contre les envahisseurs, s'installèrent dans la vallée. Manque de chance, en 1902, une terrible inondation ravagea le cœur de la cité ! Pour éviter que cela ne se reproduise, les autorités décidèrent alors de recouvrir les lits de 2 torrents, transformés en rues : le corso Umberto I et la via Marchesa Tedeschi, qui enserrent l'éperon du château, sont ainsi nés !
Modica a conservé de très intéressants monuments baroques, des palais par dizaines et son *duomo San Giorgio,* considéré à juste titre comme l'un des plus beaux monuments de ce style en Sicile. Autant de trésors qui lui valurent d'être classée au Patrimoine mondial de l'Unesco en 2002, à l'instar de 7 de ses voisines du Sud-Est sicilien...
Dernière chose et non des moindres, Modica est réputée dans toute l'Italie pour son chocolat maigre, parfois relevé au piment. Travaillé à froid sans ajout de lait ni de beurre, il est du coup un peu granuleux en bouche, mais vraiment succulent !

Arriver – Quitter

En bus

Autostazione *(gare routière ; plan A1)* **:** *corso Umberto I, au nord de la ville basse.* La compagnie ***AST*** assure ttes les destinations *(• aziendasicilianatrasporti.it •).* Billets auprès du resto *Barycentro (corso Umberto I, 470 ; ☎ 0932-75-33-75 ; juste en face)* ou dans le bus.

➢ ***Ragusa*** *(25 mn)* **:** 2-14 bus/j.
➢ ***Scicli*** *(40 mn)* **:** 3-7 bus/j.
➢ ***Marina di Modica*** *(env 40 mn)* **:** env 6 bus/j. sauf dim.
➢ ***Pozzallo*** *(40 mn)* **:** 4-16 bus/j.
➢ ***Ispica*** *(1h)* **:** 1-12 bus/j.
➢ ***Noto*** *(1h45) et* ***Avola*** *(2h)* **:** 1-7 bus directs/j.
➢ ***Siracusa*** *(2h40)* **:** env 2 bus directs/j. sauf dim.
➢ ***Catania*** *(env 2h20)* **:** 4-8 bus/j., via l'***aeroporto di Catania-Fontanarossa.***
➢ ***Gela*** *(2h)* **:** 1 bus/j. sauf dim.
➢ ***Palermo*** *(4h30)* **:** 2-4 bus directs/j.

En bateau

Ferry express pour Malte *(durée de la traversée : 1h45)* **:** au départ du port de ***Pozzallo,*** à 25 km au sud de Modica, avec ***Virtu Ferries*** *(largo Vespi Siciliani, 70 ; • virtuferries.com •).* La compagnie assure des traversées tte l'année. Compter 1-2 liaisons/j. à l'année. Attention, les voitures de location italiennes ne sont pas autorisées à embarquer pour Malte, et quand la mer est agitée les traversées sont annulées.

En train

Stazione *(gare ferroviaire ; plan A3) :* *via Stazione. • trenitalia.it •* Attention, le train n'est pas le meilleur moyen d'arriver à Modica, privilégier le bus.

➢ ***Ragusa*** *(20 mn) :* env 10 directs/j., seulement 1 le dim.

➢ ***Gela*** *(1h30) :* 4-5 directs/j., seulement 1 le dim.

➢ ***Donnafugata*** *(40-50 mn)* et ***Vittoria*** *(1h) :* 4 directs/j. sauf dim.

➢ ***Siracusa*** *(1h40) :* 4 directs/j. De là, correspondance pour **Catania.**

➢ ***Scicli*** *(10 mn),* ***Ispica*** *(40 mn),* ***Noto*** *(env 1h)* et ***Avola*** *(1h15) :* 4 directs/j. sauf dim.

➢ ***Licata*** *(1h50) :* 1-2 directs/j. sauf dim. De là, env 10 bus/j. sauf dim pour ***Agrigento*** *(1h)* avec la compagnie *SAL* *(• autolineesal.it •).*

Adresses et infos utiles

Ufficio turistico *(plan A-B2) :* *corso Umberto I, 141, à Modica Bassa. 346-655-82-27. • comune.modica.gov.it • Tlj 9h-13h et 15h-19h, sauf dim.* – ***Mercati*** *(marchés) :* *mer mat (8h-13h), via Campo Sportivo, sur la via Nazionale (hors plan par B3) ; et sam mat, sur le parking gratuit du viale Medaglie d'Oro (plan A3).*

Grands parkings gratuits et circulation : *à Modica Bassa, viale Medaglie d'Oro (plan A3 ; face à la gare ferroviaire), et corso Umberto I (plan A1 ; face à la gare routière).* Attention, en saison, en fin d'après-midi, le corso Umberto I – entre l'église San Pietro et le rond-point sur la via Nazionale – passe en ***ZTL*** *(zona a traffico limitato).*

Où dormir ?

Modica peut constituer un bon point de chute pour rayonner dans la région, entre villes baroques et bord de mer. Pour les campings, lire plus bas : « Dans les environs de Modica. Les plages. »

À Modica Bassa

De bon marché à prix moyens

B & B Casa per ferie I Tetti di Siciliando *(plan A1,* ***10****) :* *via Cannata, 24.* ☎ *0932-94-28-43. 340-336-24-49. • siciliando2@gmail.com • siciliando.com • Accès au niveau du nº 292 du corso Umberto I. Congés : janv. Doubles 40-80 €.* Au fond d'une paisible venelle parsemée de plantes vertes, des chambres simples, spacieuses et propres – avec ou sans salle de bains –, toutes sur une note contemporaine agréable et colorée. Et partout de superbes points de vue sur la ville pour contempler le magnifique coucher de soleil par-dessus les toits ! Très bon rapport qualité-prix-accueil (dynamique et souriant).

Adresse utile

- Ufficio turistico (A-B2)

Où dormir ?

- **10** B & B Casa per ferie I Tetti di Siciliando (A1)
- **11** Hotel Le Magnolie (A2)
- **12** Hotel Relais Modica (A2)
- **13** Oro Hotel (A-B2)

Où manger ?

- **20** Osteria dei Sapori Perduti (A1)
- **21** La Contea (B2)
- **22** Ricotta & Co (A1)
- **23** Ornato (A3)

Où déguster une glace ou une pâtisserie ? Où boire un verre ?

- **30** Pasticceria Di Lorenzo (A2)
- **31** Gelateria Fiore (A-B3)
- **32** Caffè dell'Arte (A-B2)
- **33** Latteria (B3)
- **34** Caffè Adamo (B2)

Où acheter du bon chocolat ?

- **40** Antica Dolceria Bonajuto (A2)

MODICA

Prix moyens

🏠 ⛱ ***Hotel Relais Modica*** *(plan A2, **12**) : via T. Campailla, 99. ☎ 0932-75-44-51. ● hotelrelaismodica@gmail.com ● hotelrelaismodica.it ● ♿ Accès par un escalier au niveau du nº 115 du corso Umberto I. Doubles 85-95 € ; familiale également.* Niché en plein centre historique, un gentil petit hôtel d'une dizaine de chambres calmes, claires, spacieuses et tout confort. Nos préférées ont un balcon pour contempler le spectacle inoubliable de la ville. La n° 9 est aussi très jolie, plus petite mais intime avec sa voûte et ses murs tout blancs ; idéale en amoureux ! Et il y a encore la n° 8, moins chère car sans balcon, mais disposant sur le toit d'une terrasse privative, avec transats. Enfin, petite terrasse panoramique commune pour un apéro sous l'égide de saint Pierre et de saint Georges. Bon accueil.

Hotel Le Magnolie *(plan A2, **11**) : via T. Campailla, 24. ☎ 0932-75-25-52. • info@lemagnoliehotel.it • lemagnoliehotel.it • Doubles 75-90 €.* Une grosse poignée de chambres seulement, confortables et dotées d'une déco moderne standardisée, sous de vieilles voûtes peintes. Accueil charmant et pro.

Oro Hotel *(plan A-B2, **13**) : via Campailla, 15. ☎ 0932-94-64-24. • info@orohotelmodica.it • orohotelmodica.it • Doubles 55-100 €.* Dans une vieille demeure du XVIe s à l'entrée-courette ombragée par un bel arbre. Une dizaine de chambres à peine. La moins chère a pour seule source de lumière naturelle une petite fenêtre en hauteur, mais sinon toutes se révèlent plutôt élégantes, soigneusement tenues, avec une déco dans les tons chocolat (normal à Modica !), rehaussée d'oreillers dorés. Accueil charmant.

Où dormir dans les environs ?

Antica Dimora San Filippo : *contrada San Filippo, 97015 Modica. 📱 339-695-58-81. • info@holidaysinsicily.it • holidaysinsicily.it • À env 7 km au sud de Modica par la SP 43, puis à gauche juste avt la discrète église moderne de San Filippo Neri (SP 96) ; c'est 1 km plus loin, à droite dans un virage (pas de fléchage). Fermé de mi-nov à mi-mars. Apparts (2-3 pers) 75-150 €. ½ pens possible.* Perdue au milieu des champs bordés de murets en pierres sèches, c'est une *azienda agricola* familiale où l'on produit de l'huile d'olive. Superbe corps de ferme du XVIIIe s abritant plusieurs appartements (2 à 12 personnes) tout confort, qui peuvent être loués en formule *B & B.* Déco simple – tendance rustique ancien – avec pierres apparentes pour certains. Agréable jardin planté de palmiers, belle piscine *(avr-oct)* et terrasse dominant la campagne. Accueil sympa. Une belle adresse.

Où manger ?

À Modica Bassa

De bon marché à prix moyens

Ricotta & Co *(plan A1, **22**) : corso Umberto I, 261. ☎ 0932-75-11-32. • eligallo65@gmail.com • Tlj sauf lun 9h-23h. Sur le pouce env 5 € ; repas 15-20 €.* La carte ne paie pas de mine, les propositions sont simples, traditionnelles, mais savoureuses. Et pour cause, tout est préparé maison, avec grand soin. Quand on vous propose des raviolis à la ricotta ici, ricotta vraiment il y a. Un délice ! Possibilité également d'opter pour une *focaccia* ou une *scaccia modicana* (une des spécialités de la maison), ainsi que quelques autres bons produits pour se constituer un pique-nique. À manger dans la petite salle pimpante à touche-touche avec le comptoir ou sur la terrasse dans la rue. Et tout cela à prix très doux.

Osteria dei Sapori Perduti *(plan A1, **20**) : corso Umberto I, 228-230. ☎ 0932-94-42-47. • info@osteriadeisaporiperduti.it • Tlj sauf mar-mer midi en basse saison. Repas 20-25 €.* Plusieurs petites salles rustiques aux murs constellés de vieux outils agricoles, et puis cette grande terrasse sur le trottoir aux beaux jours. Dans l'assiette, bonne cuisine de la terre, rustique en diable, avec beaucoup de viande, de pommes de terre, de fèves, de lentilles et de pois chiches. Belle carte des vins siciliens et service aimable.

La Contea (plan B2, **21**) : *via C. Grimaldi, 15. ☎ 0932-94-48-12. • info@pizzerialacontea.com • Tlj, le soir seulement. Repas 15-20 €.* Voici 2 petites salles à la déco basique enserrant une cuisine à demi ouverte, où chauffe le *forno a legna*. On vient surtout ici pour la pizza, et le choix s'avère impressionnant ! La pâte n'est pas très levée, mais les garnitures sont vraiment généreuses. Aussi une petite carte de plats traditionnels bien ficelés. En été, quelques tables dans la ruelle.

Plus chic

Ornato (plan A3, **23**) : *via Pozzo Barone, 30. ☎ 0932-94-24-23. • luca.ornato@tiscali.it • En hte saison, tlj, seulement le soir ; en basse saison, ouv midi et soir mais fermé lun. Repas 30-40 €.* Cette élégante grande salle voûtée est l'antre d'un chef mijotant une sérieuse cuisine de la mer. Poissons et fruits de mer ultra-frais, accommodés selon de savoureuses recettes traditionnelles, parfois un rien réinventées. De quoi émoustiller les papilles ! Service souriant et stylé.

Où déguster une glace ou une pâtisserie ?
Où boire un verre ?

À Modica Bassa

Pasticceria Di Lorenzo (plan A2, **30**) : *corso Umberto I, 225. ☎ 0932-94-53-24. • info@pasticceriadilorenzo.it • Tlj sauf mer, 7h30-13h et 15h30 (16h dim)-20h.* Les meilleures pâtisseries traditionnelles de la ville et autres *biscotti* s'achètent ici ! Accueil familial authentique et sympa.

Caffè Adamo (plan B2, **34**) : *via Marquesa Tedeschi, 17. ☎ 0932-197-25-46. • caffeadamo@hotmail.com • Ouv mar-dim 8h-23h30.* Un café-glacier-pâtissier qui se plaît à innover en utilisant, bien sûr, les meilleurs ingrédients (pistaches ou citrons de Sicile, amandes du Val di Noto). On retrouve ce même souci dans la préparation des cafés avec des versions rarement croisées (cappuccino au lait d'amande, café froid avec glace à l'amande, etc.) et ici, les *granite* sont des *cremolate* (un pur délice !). À l'heure de l'apéritif, on passe au *cremospritz,* soit un spritz revu et corrigé, à base de *granite* à la fraise et à l'orange.

Gelateria Fiore (plan A-B3, **31**) : *corso Umberto I, 19. Tlj. Fermé nov-mars.* Slurp ! De succulentes glaces aux parfums crémeux classiques (pistaches, amandes, etc.) et aux fruits de saison. On s'en pourlèche encore les babines ! Terrasse pour se poser sur le *corso.*

Caffè dell'Arte (plan A-B2, **32**) : *corso Umberto I, 114. ☎ 0932-94-32-57. • info@caffedellarte.it • Tlj sauf mar 7h-13h30, 15h30-21h (22h le w-e).* Autre institution de Modica Bassa, bien connue des locaux pour ses glaces, ses *granite* et ses petites pâtisseries. À dévorer sur la terrasse verdoyante au bord du *corso.* Bien aussi pour boire un verre ou un café à toute heure.

Latteria (plan B3, **33**) : *corso Umberto I, 28. 📱 333-901-33-81. Tlj.* Ce café historique a fait peau neuve ! Longue salle voûtée, parcourue d'un comptoir contemporain, et une équipe dynamique. Un lieu impeccable pour siroter en terrasse, sous les ficus du *corso.* Aussi de délicieuses *gelati, granite...*

Où acheter du bon chocolat ?

Antica Dolceria Bonajuto (plan A2, **40**) : *corso Umberto I, 159. ☎ 0932-94-12-25. • info@bonajuto.it • Tlj 9h-20h30.* Si la tradition du chocolat est très ancienne à Modica, cette petite chocolaterie artisanale familiale demeure une véritable institution locale, fondée en 1880. Et quelle qualité, quels arômes ! Outre le chocolat, d'autres spécialités, comme l'*aranciata,* des oranges confites au miel et, certaines années, du cédrat confit...

À voir

– ***Important*** **:** la ville se divise en 2 parties : ***Modica Alta,*** autour et au-dessus du duomo San Giorgio, et ***Modica Bassa,*** qui s'étend le long du corso Umberto I. Il est facile de passer d'une partie de la ville à l'autre. Enfin... à condition de gravir quelque 400 marches ! Pour faciliter les visites, sachez qu'il existe le ***Trenino Barocco*** *(5 €/pers ; gratuit moins de 8 ans ; tour env 45 mn)* ou le ***City BySee*** *(mêmes conditions),* des petits trains touristiques qui font le tour de Ragusa Alta et Bassa en passant par des rues panoramiques choisies. Pas vraiment notre truc, mais bon, ça épargne quelques montées un peu raides aux jambes !

À Modica Bassa

Corso Umberto I **:** construit sur l'ancien torrent – jadis enjambé par 15 ponts et bordé de 24 moulins –, il constitue l'artère principale de Modica, conduisant aux principaux monuments et accueillant la *passeggiata* (promenade) de la ville. Il faut lever la tête pour ne pas manquer les balcons et les encorbellements. Au n° 158, celui du ***palazzo Tedeschi*** *(plan A2)* est l'un des plus remarquables, avec ses corniches aux figures grotesques ou mythologiques.
Piazza Matteotti, la ***chiesa del Carmine*** *(plan B3)* a conservé son portail et sa rosace d'origine (1390), mais le reste du bâtiment est postérieur au séisme de 1693. Là, dans l'*ex-convento delle Carmine,* se trouve le petit ***museo delle Tradizioni – Gli Arnesi di Una Volta*** *(plan B3 ; ● gliarnesidiunavolta.it ● ; tlj sauf lun 10h-13h, 16h-19h ; entrée : 3 €),* présentant une foule d'objets anciens évoquant une vingtaine de métiers (forgeron, barbier, tisserand...) dans une ambiance un rien fouillis, mais le cadre ne manque pas de cachet. Un peu plus loin, dans la via Marquesa Tedeschi, la ***chiesa Santa Maria di Betlem*** *(plan B2),* célèbre, à juste titre, pour sa chapelle du Saint-Sacrement, de style gothique, qui justifie à elle seule ce petit détour...

Museo civico *(plan A-B2)* **:** *corso Umberto I, 149. ☎ 0932-75-91-11. Tlj 9h-13h, 15h-19h (sauf dim ap-m). Entrée : 3,50 € ; des QR codes permettent d'avoir des explications en français concernant certaines pièces.*
D'abord une approche géologique de la région, et une belle collection d'objets archéologiques évoquant la préhistoire, puis la période gréco-romaine : nombreuses céramiques, dont quelques amphores repêchées au large de Pozzallo... Le clou du musée demeure cependant l'***Eracle di Modica,*** une statuette en bronze d'Héraclès (fin du IIIe s av. J.-C.) mise au jour dans le lit de la rivière Irminio en 1967. Le héros mythologique est représenté nu, négligemment couvert de sa fameuse peau de lion, dont la tête lui fait office de casque ! Enfin, quelques pièces byzantines et médiévales...

TOUT DANS LES MUSCLES, RIEN DANS LA TÊTE

Hercule, le héros antique maintes fois statufié, était connu autant pour ses prouesses physiques que pour ses débordements alcoolisés et ses colères mémorables. Il n'hésita pas à menacer le soleil de le percer d'une flèche, car il brillait trop fort, ou à promettre aux vagues des représailles si elles continuaient à faire tanguer son bateau... Depuis, on a inventé l'alcootest !

Museo del Cioccolato di Modica *(plan A-B2)* **:** *corso Umberto I, 149. 📱 347-461-27-71. ● museocioccolatomodica.business.site ● Dans le même bâtiment et au même étage que le Museo civico. Tlj 10h-14h (13h dim) et 16h-20h ; fermé dim ap-m et lun. Entrée : 3 €.*
Ce petit musée explique très brièvement l'histoire du chocolat rapporté en Europe par les Espagnols au XVIe s, ces mêmes Espagnols qui l'introduisirent à Modica

quand ils gouvernèrent les environs. Mais la véritable curiosité des lieux, ce sont les sculptures réalisées avec ce chocolat (qui a le grand mérite, en plus d'être délicieux, de ne pas fondre – ce qui permet par la même occasion aux œuvres de rester en forme !). Cela va de l'Italie en miniature avec ses principales attractions au portrait d'Audrey Hepburn en mosaïques chocolatées. Une visite très alléchante ! En face, au n° 106, le ***palazzo Grimaldi*** (XIXe s) abrite une modeste pinacothèque aux tableaux très mineurs *(tlj 9h-13h, 16h-20h, sauf dim mat ; GRATUIT)*, mais dont la visite vaut pour son bel escalier en marbre aux voûtes en croisées d'ogives...

Chiesa San Pietro *(plan B2) :* *corso Umberto I, 159a.* Une église on ne peut plus théâtrale avec son escalier monumental et ses 12 apôtres pareils à des acteurs dressés au pied du décor que constitue la façade. Elle fut reconstruite après le tremblement de terre de 1693, grâce à la baronne Petra Mazzara, la fille d'un prince turc, musulmane convertie au catholicisme. Témoin de ses origines orientales, à l'intérieur, un croissant orne son blason représenté sous le balcon de l'orgue. Sinon, la déco assez chargée flirte avec le rococo. Admirez aussi le pavement en marqueterie de marbre datant de 1350. Reliquaire de San Pietro, saint patron de Modica Bassa, porté par une foule en délire lors de sa fête, le 29 juin...

Chiesa rupestre di San Nicolò Inferiore *(plan B2) : piazzetta Grimaldi, 89. Du bas de l'escalier, sur le flanc droit de l'église San Pietro, accès par la via Grimaldi. Grosso modo, tlj 10h-13h, 16h-19h ; en hiver, tlj 10h-13h. Entrée : 2,50 € ; réduc.* Cette minuscule église rupestre (XIIe s), découverte en 1987, est intéressante pour ses fresques colorées du XIVe s, de style byzantin. Elles représentent le Christ pantocrator entouré de plusieurs saints.

En prenant le « chemin des amoureux » (viale Posterla), on peut encore voir quelques vieux habitants demeurant toujours dans des ***maisons troglodytiques,*** dans la falaise, bien que la plupart des familles qui logeaient ici aient quitté les lieux dans les années 1950. À gauche, les escaliers mènent vers Modica Alta et le *duomo San Giorgio,* en passant en contrebas du *castello.*

À Modica Alta

Castello dei Conti *(plan B2) : via F. Crispi. Tlj sauf dim et mar, 10h-19h30 ; hors saison, ouv seulement le w-e. GRATUIT.* Il domine la ville de sa structure massive. On y découvre les restes des geôles, dont les trappes où l'on enfermait les voleurs de bestiaux, entre autres criminels ! Il y a même l'ancienne maison du bourreau, qui ne manquait pas de travail en ce temps-là ! Les salles du château accueillent parfois des expos.

Duomo San Giorgio *(plan B1) : corso San Giorgio. ☎ 0932-94-12-79. Tlj, horaires variables selon saison. Visite du clocher : 2 €.* On admire sans compter cette superbe église baroque construite par Rosario Gagliardi, probablement aidé de Paolo Labisi de Noto, postée au sommet d'un escalier de 250 marches en forme de calice, et qui fut achevée en 1818. Sa magnifique façade en 3 parties et sa tour-clocher semblent s'allonger démesurément, surtout dans la lumière de fin d'après-midi, quand l'édifice apparaît dans

DA VINCI CODE

Le duomo San Giorgio a la particularité de posséder un repère astronomique qui s'étend sur toute la largeur d'un transept. Le soleil passe par un petit orifice dans le mur (en haut à gauche quand vous avez l'autel dans le dos) et, tous les jours à 12h, il indique le signe du zodiaque du moment.

toute sa splendeur. À l'intérieur, les 5 porches correspondent aux 5 nefs, et c'est une singularité qu'elle ne partage qu'avec une seule autre église italienne : le *duomo* de Milan ! Là, allez donc jeter un œil à la ***cappella della Madonina delle Neve,*** la statue originale (celle-ci est une copie) ayant été découverte dans la neige. Cette chapelle est considérée comme miraculeuse, car elle est restée intacte pendant le tremblement de terre de 1693. On peut aussi admirer le 2e tableau en entrant à droite, une *Assomption* de Filippo Paladino (1610), qui a signé son œuvre en y ajoutant un autoportrait : c'est l'homme en bas à droite qui nous regarde... Également plusieurs autels en argent, dont un veillé par le colossal retable, et des illustrations de la passion de San Giorgio...

Chiesa e chiostro Santa Maria del Gesù *(hors plan par B1)* **:** *piazza del Gesù. Tlj, horaires variables. Entrée : env 3 €.* Partiellement détruite lors du tremblement de terre de 1693, l'église conserve quelques-uns de ses attributs architecturaux d'origine (fin du gothique) et un charmant petit cloître du XVIe s. Le lieu, assez dépouillé, accueille régulièrement des expos d'art contemporain...

➢ On peut continuer à flâner dans les ***ruelles de Modica Alta,*** à la découverte d'un quartier qui recèle encore bien d'autres trésors. On s'y perd, on s'y retrouve, on s'y reperd : un vrai bonheur ! Les plus courageux grimperont jusqu'à la ***chiesa San Giovanni*** *(plan B1 ; ouv pdt les messes),* resplendissante au sommet de son large escalier. Baroque évidemment, elle fut elle aussi reconstruite après le séisme de 1693, et son campanile demeure le point culminant de la ville. De là, pousser jusqu'au ***belvédère Pizzo*** *(plan A1),* pour une vue plongeante sur la ville, et au-delà.

Fêtes

– ***Fête de San Giorgio :*** *un dim autour du 23 avr, à Modica Alta.* Feu d'artifice, procession et stands de nourriture et de pacotille pour honorer le saint patron de la ville haute.
– ***Fête de San Pietro :*** *29 juin, à Modica Bassa.* Même chose pour célébrer le saint patron de la ville basse. Chacun son idole, na !
– ***Chocomodica :*** *fin oct-début nov. • chocomodicaofficial.it •* Fête du chocolat avec ses exposants internationaux.

DANS LES ENVIRONS DE MODICA

LES PLAGES

Marina di Modica : *à 20 km au sud de Modica par la SS 194.* Petite station balnéaire familiale et populaire, à la plage encore relativement sauvage, surtout si l'on pousse jusqu'à son extrémité : le cap de Punta Religione. En longeant la côte sur 4 km vers l'ouest, on atteint le minuscule village aux rues pavées de ***Sampieri,*** posté sur une large anse bordée, d'un côté, par une longue plage vierge de toute construction, et, de l'autre, par une grève où somnolent plusieurs chaloupes de pêche. Rien d'extraordinaire, mais voilà sans doute le coin le plus tranquille pour mettre les pieds dans l'eau ! Ambiance familiale, avec quelques loueurs de parasols et d'embarcations à pédales. Aussi une autre petite plage – plus intime – à la sortie de Sampieri, direction Cava d'Aliga (accès au niveau du camping *La Spiaggetta*).

En continuant toujours plus vers l'ouest, les stations balnéaires se succèdent : ***Cava d'Aliga*** et son croissant de sable dessiné entre les rochers, puis ***Donnalucata...*** Mais l'environnement se fait de plus en plus bétonné à mesure qu'on s'approche de Marina di Ragusa (voir plus haut). Vers l'est, ***Pozzallo*** demeure l'autre station balnéaire importante du coin...

Où camper près des plages ?

⛺ **Camping di Vita Vera :** *località Punta Religione, 97015* ***Marina di Modica.*** *📱 338-220-79-01. • info@divitavera.it • divitavera.it • Ouv tte l'année. Compter 27-38 € pour 2 avec tente et voiture. Réduc de 10 % sur présentation de ce guide.* Isolé sur un cap, à quelques pas d'une côte rocheuse et à peine plus de la plage, un petit camping sans chichis mais bien fichu. Pour planter ses sardines, de grands rectangles bien délimités par des tamaris, tous avec bloc sanitaire privé, évier, et même la lumière et l'électricité, incluses dans le prix ! Accueil adorable.

⛺ 🏠 ***Camping La Spiaggetta :*** *viale della Pace (SP 65, km 0,4), 97018* ***Sampieri.*** *☎ 0932-93-97-37. • info@la-spiaggetta.it • la-spiaggetta.it • À la sortie ouest du village, direction Cava d'Aliga. Ouv tte l'année. Compter 15-30 € pour 2 avec tente et voiture.* Bordé par la grande route, mais en surplomb d'une petite plage sauvage, un camping aux emplacements bien délimités par des bosquets de lauriers ou de tamaris, mais au sol gravillonné. Malgré la végétation, l'ombre des arbres est rare ; les places les plus agréables sont abritées sous une voile. Sanitaires bien tenus. Aussi des bungalows avec cuisine, clim et salle de bains. Bar-pizzeria.

DANS LES TERRES

Mulino ad acqua – Museo in Grotte : *via Cava d'Ispica, 89 (SP 32), à Modica. ☎ 0932-77-10-48. • cavallodispica.it • À 8 km à l'est de Modica. Tlj 9h-19h (10h dim) ; nov-mars, fermeture à 17h. Entrée : 3,50 € ; réduc.*

Ce moulin à eau du XVIIIe s cessa de fonctionner en 1956, avant d'être remis en état dans les années 1990 et de produire aujourd'hui de la farine artisanale, pour la gloire du métier ! D'abord, des explications audio en français, assistées d'un schéma à partir duquel les proprios – une famille de meuniers depuis 4 générations – vous racontent le processus de fabrication de la farine. L'eau de la source passe par un cône incliné pour monter en pression et ainsi faire tourner une roue à aubes qui actionne la meule... Ensuite, un parcours fléché conduit le visiteur à l'intérieur de la maison du meunier, où se trouve un petit musée ethnographique abritant une foule d'outils anciens, et jusque dans une habitation troglodytique creusée dans la colline, à côté d'une étable. Puis on remonte la source jusqu'au sommet du cône de pression, dont l'excédent se répand jusqu'au potager de la maison. Il faut alors pénétrer sous la *casa* pour admirer la roue à aubes en mouvement (attention aux éclaboussures !), avant de terminer – juste au-dessus – dans la partie moulin, où le blé est transformé en farine sous vos yeux !

Parco archeologico Cava d'Ispica : *contrada Cava Ispica (SP 32), à Modica. ☎ 0932-77-16-67. • cavallodispica.it • À 8 km à l'est de Modica ; entrée à côté du bar (et parking de l'autre côté de la route) ; un sentier relie le mulino ad acqua et le parc archéologique. Avr-oct, tlj 9h-18h30 ; horaires restreints hors saison. Entrée : 4 € ; 18-25 ans : 2 € ; gratuit moins de 18 ans et pour ts le 1er dim du mois.*

Sur près de 13 km, le long d'une faille, les falaises percées de grottes naturelles ont servi d'habitat et de sépulture aux hommes depuis l'âge du bronze. Sicules et Byzantins y ont laissé le plus de traces : nécropoles, habitations troglodytiques, catacombes paléochrétiennes (IVe-V^e s), gymnasium grec (VIe-V^e s av. J.-C.) et églises rupestres. Un sentier suit les falaises sur environ 600 m, le long des anciennes maisons troglodytiques dans lesquelles on peut parfois pénétrer. Certaines ont même des étages – au Moyen Âge une habitation pouvait compter jusqu'à 9 niveaux ! Le plus intéressant demeure cependant l'immense *grotta della Larderia,* des catacombes totalisant plus de 400 tombes creusées dans le sol et dans les parois d'une interminable grotte.

On peut aussi accéder à cette étrange vallée depuis son autre extrémité, au niveau de la ville d'***Ispica*** (à 15 km) et plus précisément visiter l'***area archeologica Parco Forza*** *(via Cavagrande ; ☎ 0932-95-26-08 ; avr-oct, lun-sam 9h-18h, dim 9h-13h ; nov-mars, tlj sauf dim 9h-13h, plus 1er dim de chaque mois ; entrée : 2 €, réduc, gratuit moins de 18 ans).* Ici, la route longe des maisons troglodytiques jusqu'au parking. En face de celui-ci, on peut visiter les maigres vestiges d'une ancienne forteresse médiévale perchée au bout de la faille, et qui commandait toute la vallée. Le lieu fut longtemps le centre d'Ispica, jusqu'à sa destruction lors du tremblement de terre de 1693. Du parking, on peut aussi descendre dans la vallée et suivre un sentier serpentant sous une végétation luxuriante, entre les falaises. Une balade sympa, hors du monde, à prolonger le temps qu'il vous plaira. Au départ du sentier, petite église rupestre.

SCICLI

(97018) 27 000 hab.

• Plan *p. 271*

Lovée dans une cuvette aux contreforts grignotés par les pins et les maisons troglodytiques, veillée par les solides vestiges d'un château normand délicatement éclairés à la nuit tombée, Scicli fut, à l'instar de ses illustres voisines, entièrement détruite par le tremblement de terre de 1693. Et comme elles ensuite, l'ancienne cité sicule (d'où son nom) fut superbement rebâtie ! Ses ruelles dallées, ses placettes ombragées bordées de magistrales façades, ses nombreux édifices baroques lui ont valu d'être classée, comme 7 de ses voisines du Sud-Est sicilien, au Patrimoine mondial par l'Unesco en 2002... À la tombée du jour, quand le soleil assagi vient caresser la pierre, il fait bon y flâner le nez en l'air, avant d'aller poursuivre la soirée en terrasse, l'œil sur les quartiers populaires où les modestes maisons s'évertuent à grimper les unes sur les autres pour mieux concurrencer les palais.
À l'image de Modica, Scicli peut constituer un bon point de chute pour rayonner dans les alentours : la ville, vraiment jolie, offre une belle unité et n'est point trop grande.

Arriver – Quitter

En bus

Autostazione *(gare routière ; plan A2)* **:** *largo Gramsci (angle corso Mazzini), en plein centre.* Les liaisons sont assurées par la compagnie ***AST*** *(• aziendasicilianatrasporti.it •).* Billetterie au *Bar Rendo (largo Gramsci, 42),* juste en face.
➢ ***Modica*** *(40 mn)* **:** 3-7 bus/j. De là, correspondances pour ***Ragusa, Ispica, Noto, Avola, Siracusa, Marina di Modica, Vittoria, Gela, Palermo...***
➢ ***Catania*** *(env 3h)* **:** 3-5 bus/j., via l'***aeroporto di Catania-Fontanarossa.***
➢ ***Pozzallo*** *(1h10)* **:** 3-5 bus/j.

En train

Stazione *(gare ferroviaire ; plan A2)* **:** *corso Mazzini. • trenitalia.it •*
➢ ***Modica*** *(10 mn)* **:** 4 directs/j. sauf dim.
➢ ***Ragusa*** *(env 35 mn)* **:** env 5 directs/j. sauf dim.
➢ ***Pozzallo*** *(20 mn),* ***Ispica*** *(30 mn),* ***Noto*** *(env 55 mn),* ***Avola*** *(1h05) et* ***Siracusa*** *(1h30)* **:** 4-5 directs/j. sauf dim. À Siracusa, correspondance pour ***Catania.***
➢ ***Gela*** *(1h55)* **:** 2 directs/j. sauf dim.

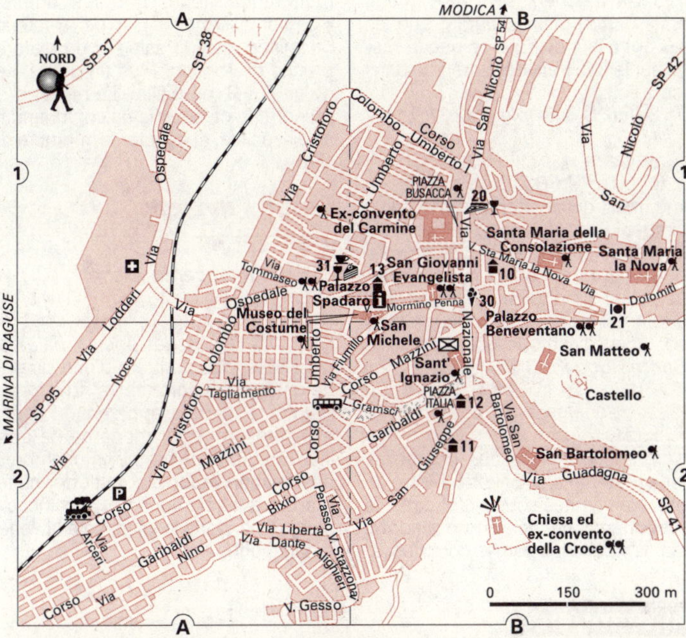

SCICLI

Adresse utile

- Ufficio turistico (B1)

Où dormir ?

- 10 B & B Mormina (B1)
- 11 Scicli B & B (B2)
- 12 Conte Ruggero B & B (B2)
- 13 Hotel Novecento (B1)

Où manger ?

- 20 Pizzeria Pura Follia (B1)
- 21 La Grotta (B1)

Où déguster une glace ? Où faire une pause ? Où boire un verre ?

- 30 Candiano Cremeria (B1)
- 31 Don Tabare (A-B1)

Adresse utile

Ufficio turistico *(plan B1)* **:** *via F. M. Penna, 34.* ☎ *0932-83-96-08 ou 11.* • *comune.scicli.rg.it* • *Dans le palazzo Spadaro, à l'étage. Lun-ven 9h-13h ; fermé le w-e.* Plan de la ville, visite guidée payante du palais...

Où dormir ?

De bon marché à prix moyens

B & B Mormina *(plan B1,* ***10****)* **:** *via Cardaci, 12.* 📱 *392-653-86-78.* • *cicciarellaveronica90@gmail.com* • *Doubles 50-80 €.* Une maison basse, de plain-pied, en plein centre, mais à l'écart de l'agitation car dans une ruelle au calme. Les chambres sont spacieuses et aérées. Sobriété, teintes claires et grande fraîcheur sont de rigueur. Bref, le carton plein, d'autant que les hôtes ont à leur disposition une terrassette sur le toit. Petit déj à prendre dans un café voisin.

Scicli B & B (plan B2, **11**) **:** via Castillett, 17. 327-947-83-29. • info@sciclibeb.com • sciclibeb.com • Doubles 60-80 €. Un *B & B* de qualité, au calme, mais qui se mérite : un escalier à grimper ! En tout, 3 hébergements : la plus grande chambre et la plus petite sont en fait des studios avec kitchenette. C'est simple, net, pratique et la courette est bien appréciable pour se poser. Accueil enthousiaste et gentil.

Conte Ruggero B & B (plan B2, **12**) **:** piazza Italia, 24. ☎ 0932-93-18-40. • info@conteruggero.it • conteruggero.it • Doubles 80-90 € ; familiale ou suite également. Dire que ces chambres aménagées dans le palazzo Mormino Penna sont hautes sous plafond relève de l'euphémisme : ici, on ne manque pas d'air ! Dans les parties communes, l'ambiance fleure bon les années « papier d'Arménie », avec la fausse cheminée dans le salon et un plafond proche du rococo. Plus un petit hôtel qu'un *B & B,* en réalité. Le must : aller prendre un café sur le balcon quand le soleil décline, et écouter le murmure de la rue !

De prix moyens à plus chic

Hotel Novecento (plan B1, **13**) **:** via Duprè, 11. ☎ 0932-84-38-17. • info@hotel900.it • hotel900.it • Doubles 80-130 €. Dans cet ancien *palazzo,* petit hôtel de caractère d'une dizaine de chambres confortables. Tout ici est harmonie, pierres apparentes, lignes élégantes, mobilier moderne de qualité. Et au ciel de certaines chambres, des fresques. Copieux petit déj-buffet préparé avec de bons produits locaux, à apprécier dans le joli patio à la végétation touffue.

Où manger ?

Pizzeria Pura Follia (plan B1, **20**) **:** piazza Busacca. 339-847-65-85. • info@allegrafollia.com • Ts les soirs, sauf lun. Pizze 7-10 €. Une *pizzeria-birreria* populaire qui mérite toujours son nom ! Service efficace, pizza d'anthologie (choix énorme !) et choix de bières relativement important pour étancher sa soif. En hiver, tout le monde se rassemble à l'intérieur, mais dès les 1ers soleils, la terrasse suspendue au coin de la jolie place demeure un atout de choix !

La Grotta (plan B1, **21**) **:** via Dolomiti, 62. ☎ 0932-93-13-63. • info@lagrottascicli.it • Tlj sauf lun, midi et soir. Résa conseillée. Repas 30-35 €. Le chef, Angelo, propose sur une courte carte une cuisine inventive du sud de l'Italie mêlée de quelques touches perso, tout en s'appuyant sur de beaux produits d'une fraîcheur impeccable et « km 0 ». Bref, la recette d'un joli succès qui fait courir les serveurs de table en table !

Où déguster une glace ? Où faire une pause ? Où boire un verre ?

Candiano Cremeria (plan B1, **30**) **:** via Nazionale, 36. ☎ 0932-83-50-76. • info@candianocremeria.it • Tlj 9h-22h. Sur le côté de l'hôtel de ville, un choix fou de parfums crémeux typiquement siciliens, et aussi des fruits de saison. Petite terrasse pour poser une fesse, le temps d'un formidable slurp !

Don Tabare (plan A-B1, **31**) **:** via Aleardi, 16 A. 349-242-83-33. • dontabare@gmail.com • Tlj. Repas 14-35 €. En fait, on vient ici pour un en-cas, un dîner léger (*arancini,* sandwichs, salades), une pause gourmande ou pour l'apéro. Bref, pour combler un creux, qu'il soit salé ou sucré, étancher une soif d'alcool ou de caféine, se rafraîchir (*granite*, etc.). Le tout préparé avec beaucoup de soin et servi avec le sourire et enthousiasme.

Tables joliment disposées sur des estrades rondes sur la placette.

À voir

Piazza Italia *(plan B2)* **:** cette vaste place, cernée de beaux immeubles baroques, est le poumon de la ville avec ses vieux tilleuls. Dominée par la ***chiesa Sant'Ignazio*** (*duomo* ; XVIIe-XVIIIe s), à laquelle répondent 2 beaux *palazzi*, elle est le point de ralliement des anciens qui viennent papoter sur les bancs dès que les martinets commencent à raturer le bleu du ciel aux beaux jours. Dans l'église se trouve la statue équestre, en pâte à papier, de la Madonna delle Milizie. La « Madone des milices », apparue sur son blanc destrier, épée à la main, aurait permis au roi Roger de bouter les Sarrasins. Elle sort chaque année en procession fin mai (voir « Manifestations » plus loin).
En sortant de l'église, lever le nez : sur les hauteurs, à gauche, la *chiesa San Matteo* à côté des vestiges du *castello* perché sur son rocher ; à droite, le *convento della Croce*.

Chiesa San Bartolomeo *(plan B2)* **:** *via San Bartolomeo.* Vigie postée à l'entrée d'une faille fuyant la cité. Dotée d'une élégante façade baroque, l'église (XVe s) fut en grande partie épargnée par le séisme de 1693. Elle abrite une curieuse crèche en bois de tilleul agrémentée d'une trentaine de personnages, réalisés en 1573 par le Napolitain Pietro Padula... Superbe plafond peint.

Palazzo Beneventano *(plan B1-2)* **:** *via Duca d'Aosta.* Magnifique exemple de construction baroque avec sa déco en bossage de pointes de diamant, ses consoles, ses balcons ornés d'êtres fantastiques, ses piliers décorés, ses mascarons représentant des figures de Maures et ses visages féroces en guise de clé de voûte. C'est vraiment l'un des plus extraordinaires du genre dans toute la Sicile !

Via Francesco Mormino Penna *(plan B1)* **:** élégante artère piétonne encadrée d'églises, de palais, et semée de terrasses de cafés. D'abord, jeter un œil à la ***chiesa San Giovanni Evangelista*** *(plan B1)*, annexée au monastère bénédictin (aujourd'hui l'hôtel de ville, dans lequel se trouve le bureau du célèbre commissaire Montalbano). Elle étonne avec son intérieur de forme elliptique, sa profusion de staffs, ses colonnes corinthiennes et son plafond voûté où dominent le bleu et le blanc sur fond d'or, ses lustres en cristal de Murano... Une centaine de mètres plus loin, le ***palazzo Spadaro*** *(plan B1)* est un bel édifice de style baroque tardif *(visite possible ; abrite l'office de tourisme).* Véritable décor de théâtre en pierre, la rue abrite également l'ancienne ***pharmacie Cartia,*** restée dans son jus et visitable sur demande depuis le tournage de la série télé...

LUTTE DES CLASSES

Dans le palazzo Spadaro grimpe un escalier à double rampe, chacune menant vers une entrée. Celle qu'empruntait la famille Spadaro est surmontée d'un tableau évoquant la richesse, celle utilisée par les domestiques représentait la pauvreté... Tout est dit, inutile d'espérer une augmentation !

Chiesa San Michele Arcangelo *(plan B1-2)* **:** *via Penna. En face du palais Spadaro.* L'une des plus anciennes églises de la ville. Les anciens instruments de musique que vous découvrirez, près du lieu où les religieuses assistaient aux offices, à l'abri des jalousies, rappellent un épisode douloureux de l'histoire de la ville : ensevelies lors du tremblement de terre, quelques-unes des sœurs furent sauvées au bout de 3 longues nuits passées à chanter pour se faire entendre... de Dieu et des hommes !

Museo del Costume *(plan B1-2)* **:** *via F. M. Penna, 65. 328-943-20-70. Ouv ven 15h30-18h30 ; sam-dim 10h30-13h, 15h30-18h30. Entrée : 3,50 €.* Tout petit musée très esthétique, qui met en valeur l'habillement et la coiffure des nobles de la région aux XVIIIe et XIXe s... La collection est présentée par roulement, avec des expositions qui changent tous les 3 mois. Au fond du musée, cuisine reconstituée comme en l'ancien temps avec son lot d'objets traditionnels.

Piazza Busacca** (plan B1)* **:** occupée sur tout un côté par l'ex-convento del Carmine.*** Son église est connue pour abriter une image inhabituelle du Christ. Cette *piazza* s'impose aussi pour ses restos-bars en terrasse, un rien branchés...

Via Santa Maria la Nova** (plan B1)* **:** elle conduit à la ***chiesa Santa Maria della Consolazione, avec sa façade Renaissance tardive, réalisée au milieu du XVIIe s, puis – au bout de la rue – à la ***chiesa Santa Maria la Nova,*** perchée sur une collinette d'où elle domine le quartier. Elle fut transformée au XIXe s dans le style néoclassique, très à la mode à l'époque.

Et puis levez la tête ! Sous les vestiges du vieux château médiéval se dresse la robuste ***chiesa San Matteo*** (*plan B2* ; un vrai paquebot de pierres blanches), fondée par les Normands. La colline ressemble à un gruyère avec ses habitations troglodytiques, dont certaines étaient encore occupées par des familles dans les années 1950.

Convento della Croce (*plan B2*) **:** *sur les hauteurs de Scicli. 2 accès possibles : le 1er peut éventuellement se faire en voiture ; de la station-service GIAP située via Bixio, prendre la via Dante Alighieri, monter 900 m, ensuite un chemin (étroit et en mauvais état) part à gauche dans un virage à droite. Il y a aussi un sentier partant au niveau de la chiesa di San Giuseppe ; pentu (être bien chaussé), il est plus rapide ; en revanche, s'il est facile à suivre en descendant, c'est une autre paire de manches en montant. Horaires variables ; lun-ven 9h-13h30, 15h-20h ; sam 9h-13h30, 18h-minuit ; dim 16h-22h. Dernière entrée 1h avt. Entrée : 4 € ; réduc.* L'idéal est de monter en fin d'après-midi pour la lumière (et pour ne pas avoir le soleil de face pour les photos !) ; en revanche, il faut venir pendant les horaires d'ouverture du couvent, car sans pénétrer à l'intérieur, vous ne pourrez pas profiter de la belle vue. Le couvent s'est développé autour de 2 cloîtres voûtés construits au bas Moyen Âge. De là-haut, la vue sur la ville percée de grottes est superbe. Une ville reconstruite, comme Modica, après le tremblement de terre, aux mêmes emplacements qu'elle occupait avant, le long des torrents asséchés : au fil du temps, les maisons basses ont remplacé les galets.

Manifestations

Les habitants de Scicli ont le goût de la fête. Ils célèbrent avec faste la ***Fuite d'Égypte,*** la *calvacata di San Giuseppe (le sam le plus proche du 19 mars).* De même, la ***victoire des Normands contre les Sarrasins*** *(dernier dim de mai).* Le comte Roger fit consacrer une église à la Madonna delle Milizie pour la remercier d'avoir aidé les chrétiens à vaincre les musulmans en apparaissant sur un cheval blanc, épée en main. Pour commémorer l'événement, les habitants se paient des *têtes de Turc,* des gâteaux en forme de turban fourrés de crème pâtissière dans lesquels ils croquent à pleines dents.

NOTO

(96017) 24 000 hab.

• Plan *p. 276-277*

Située dans une région où abondent amandiers et oliviers, Noto s'impose par son style baroque tardif. Après la destruction en 1693 de la 1re Noto – à environ 20 km de là –, un nouveau site fut choisi avec une exposition idéale et la mer en toile de fond !

Les architectes (Noto est la ville d'origine de plusieurs architectes siciliens : Paolo Labisi, Vincenzo Sinatra et Rosario Gagliardi) délaissèrent le charme tortueux si caractéristique des villes siciliennes pour concevoir la nouvelle Noto autour de 3 rues principales parallèles, tracées d'est en ouest afin de bénéficier de la lumière du soleil toute la journée. La rue haute était occupée par la noblesse, celle du centre – à l'exception du *palazzo Landolina* – par le clergé et celle du bas par les classes populaires. De grands axes désormais arpentés par des cohortes de touristes venus découvrir une foule d'églises et de palais, classés – comme 7 villes voisines du Sud-Est sicilien – au Patrimoine mondial de l'Unesco en 2002. Il faut reconnaître que le caractère grandiose de ces monuments a de quoi laisser le visiteur bouche bée quand il le découvre pour la 1re fois. Et c'est sans doute la nuit que cette ville-musée demeure la plus resplendissante, avec un éclairage qui met superbement en valeur les façades.
Les amateurs de vin ne manqueront pas non plus de goûter au *moscato di Noto* dans les restos et bars à vins de cette ville, jeune et gaie, dans tous les sens du terme !

Arriver – Quitter

En bus

Autostazione *(gare routière ; plan D3)* **:** *largo Pantheon.* Les liaisons sont assurées par les compagnies ***Etna-Interbus*** *(● interbus.it ● ; billets au Bar Flora, largo Pantheon),* ***AST*** *(● aziendasicilianatrasporti.it ●)* et ***Caruso*** *(● autolineecaruso.it ●).*
➢ ***Lido di Noto*** *(15 mn)* **:** env 6 bus/j. juin-sept seulement avec *Caruso.*
➢ ***Avola*** *(15 mn)* **:** 3-12 bus/j. avec *AST,* et 6-10 bus/j. avec *Etna-Interbus.*
➢ ***Marzamemi*** *(35 mn)* **:** 5-9 bus/j. avec *Etna-Interbus.*
➢ ***Siracusa*** *(env 1h)* **:** env 8 bus/j. sauf dim avec *AST,* et 3-5 bus/j. avec *Etna-Interbus.* De là, correspondance pour ***Palermo.***
➢ ***Ispica*** *(45 mn)* **:** 3-7 bus/j. avec *AST.*
➢ ***Portopalo di Capo Passero*** *(50 mn)* **:** 4-7 bus/j. avec *Etna-Interbus.*
➢ ***Pozzallo*** *(1h05)* **:** 1-5 bus directs/j. avec *AST.*
➢ ***Modica*** *(1h45)* **:** 2-4 bus/j. avec *AST.* De là, correspondance pour ***Scicli.***
➢ ***Ragusa*** *(1h45-2h20)* **:** env 3 directs/j. sauf dim avec *AST.* Également 2 directs/j. avec *Caruso* en sem.
➢ ***Catania*** *(1h35-2h40)* **:** 3-5 bus/j. avec *AST,* et 3-8 bus/j. avec *Etna-Interbus,* via l'***aeroporto di Catania-Fontanarossa.*** De Catania, correspondance pour ***Palermo.***
➢ ***Taormina*** *(2h50)* **:** env 1 bus/j. avec *Etna-Interbus.*

En train

Stazione *(gare ferroviaire ; hors plan par D3)* **:** *piazza Stazione. ● trenitalia.it ● À 1 km au sud du centre-ville.* Pas de guichet ; il faut acheter son billet en ligne.
➢ ***Avola*** *(5-10 mn) et* ***Siracusa*** *(35 mn)* **:** env 8 trains/j. sauf dim. À Siracusa, changement pour ***Catania.***
➢ ***Ispica*** *(25 mn),* ***Pozzallo*** *(30 mn),* ***Scicli*** *(55 mn) et* ***Modica*** *(1h10)* **:** 6 directs/j. sauf dim.
➢ ***Ragusa*** *(1h30)* **:** env 5 directs/j. sauf dim.
➢ ***Gela*** *(env 2h50)* **:** 2 directs/j. sauf dim.

Adresses et infos utiles

Ufficio turistico *(plan B2)* **:** *corso V. Emanuele, 135.* ☎ *339-481-62-18. ● notoinforma.it ● Tlj, horaires variables selon saison.* Infos sur la route des vins *Strada del Val di Noto...* Organise des visites guidées en français sur résa du centre historique « Noto Barocca », de *Noto Antica* (la 1re Noto détruite

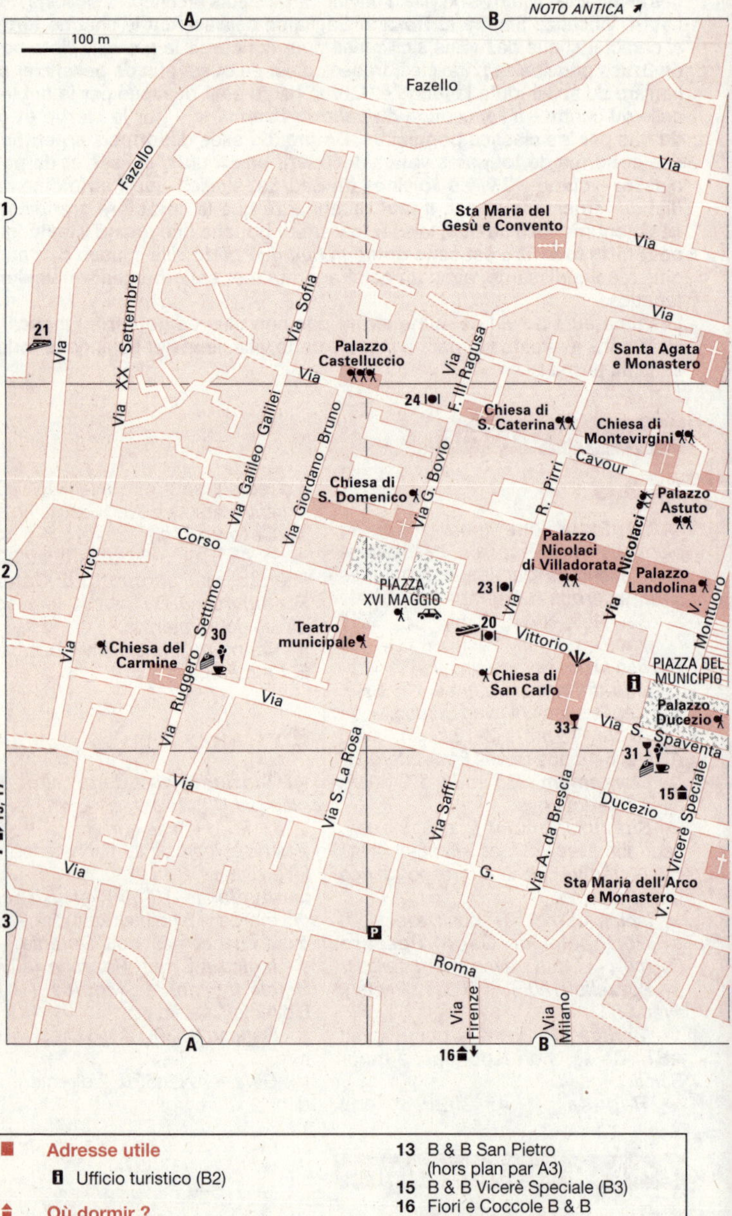

■ **Adresse utile**

Ufficio turistico (B2)

Où dormir ?

10 Ostello Il Castello (C2)
11 B & B Casa Camelia (C2)
12 B & B Vinci (C2)
13 B & B San Pietro (hors plan par A3)
15 B & B Vicerè Speciale (B3)
16 Fiori e Coccole B & B (hors plan par B3)
17 Villa Ambra B & B (hors plan par A3)
18 Hotel Netum (hors plan par D3)

NOTO

Où manger ?

20 Sabbinirica (B2)
21 Casa Matta (A1)
22 Crocifisso (C1)
23 Dammuso (B2)
24 Il Cantuccio (B2)
25 Bedda Matri (C2)

Où déguster une pâtisserie ou une glace ? Où boire un verre ?

30 Pasticceria Mandolfiore (A2)
31 Caffè Costanzo (B2-3)
33 Anche gli Angeli (B2)

en 1693), de la *villa romana del Tellaro,* des lieux évoquant la série télé *Commissaire Montalbano...*
– **Mercato** *(marché) : lun mat, parcheggio Fazello (plan B1).*
Stations de taxis : *piazza XVI Maggio (plan A-B2) ou devant le jardin public (plan D3).*
Parkings : on peut se garer à l'ombre des ficus centenaires du **viale Marconi** *(plan D3 ; payant),* mais encore faut-il trouver une place ! Dans la même zone, autour de la **porta Reale,** quelques **parkings privés payants** *(plan D2).* Sinon, on peut se garer gratuitement (lignes blanches) dans les rues de la ville haute, vers la **chiesa del Crocifisso** *(plan C1),* et de la ville basse, vers la **via Roma** *(plan A-B3).*

Où dormir ?

De bon marché à prix moyens

Ostello Il Castello *(plan C2,* **10***) : via Flli Bandiera, 1. ☎ 0931-89-44-92. 320-838-88-69. • info@ostellodinoto.it • ostellodinoto.it • Lit en dortoir (3-6 pers) env 20 € ; doubles 50-120 €. Formule repas env 15 €. Petit déj et réduc de 10 % sur le prix de la chambre offerts sur présentation de ce guide.* Une belle AJ, installée dans l'ancienne prison de Noto, en surplomb de la ville basse. Une quarantaine de lits dispatchés dans des chambres et des dortoirs voûtés, propres et colorés ; tous de bon confort (lits doubles ou superposés, salle de bains, clim...) et dotés d'une vue plongeante sur la cité et le dos de la cathédrale ! Terrasse commune panoramique, mais pas de cuisine à disposition. Accueil énergique.

Fiori e Coccole B & B *(hors plan par B3,* **16***) : via Novara, 7. 349-070-73-56 ou 340-125-31-43. • info@fioriecoccole.it • fioriecoccole.it • Hors du centre historique, mais à 2 pas de celui-ci ; stationnement gratuit et aisé aux alentours. Ouv avr-sept. Doubles 50-70 € ; familiale également.* Oui, l'environnement est nettement moins éblouissant que celui que vous pourrez admirer quelques rues plus haut, mais on est accueilli comme un prince dans cette maison tenue par un couple d'une extrême gentillesse, veillant à ce que votre séjour se déroule au mieux : literie confortable, belle terrasse pour le petit déjeuner, prêt de parasols pour la plage, bons conseils. Une adresse simple et chaleureuse.

Villa Ambra B & B *(hors plan par A3,* **17***) : via Francesco Giantommaso, 14. ☎ 0931-83-55-54. 320-845-07-63. • info@roomsambra.com • roomsambra.com • À env 800 m du centre-ville ; accès aisé en voiture et stationnement gratuit. Doubles 59-100 €. 1er petit déj offert sur présentation de ce guide.* Cette grosse demeure cossue et vivante fait un peu figure d'oasis dans ce quartier sans âme, légèrement en périphérie. Aux différents étages, des chambres de style plus ou moins classique, plus ou moins actuel, mais toujours nickel et d'un très bon confort. Pour tout le monde, une belle terrasse offrant une vue de choix sur Noto ainsi qu'un accueil attentif et un petit déj de qualité.

Prix moyens

B & B San Pietro *(hors plan par A3,* **13***) : via Cosenza, 9-11. ☎ 0931-83-63-95. 328-221-60-41. • info@bbsanpietro.it • bbsanpietro.it • Au niveau du n° 48 de la via Roma. Doubles 60-80 € ; appart également. Parking gratuit.* Dans une villa proche du centre-ville, une poignée de chambres proprettes, tout confort et de style classique, donnant sur un petit balcon qui fait le tour de la maison. Aussi un appartement du même tonneau avec cuisine, au rez-de-chaussée. Petit jardin verdoyant, où l'on déguste un beau petit déj-buffet. Ambiance familiale et bon accueil, authentique et pro.

B & B Casa Camelia *(plan C2,* **11***) : ronco Camelia, 1. ☎ 0949-292-39-79. 347-802-51-46. • info@bbcasacamelia.it • bbcasacamelia.it • Doubles 60-100 €. CB refusées.* Un petit *B & B* situé dans une ruelle juste derrière le *duomo.* Au choix, 3 chambres (dont 1 familiale avec mezzanine) rutilantes, bien équipées, et décorées simplement : murs blancs et meubles anciens. Petite cuisine commune à dispo. Accueil sympa et pro.

B & B Vinci *(plan C2, **12**) : via Cavour, 115. 347-807-23-85. • info@bedandbreakfastvinci.it • bedandbreakfastvinci.it • Doubles 60-90 €. Réduc de 10 % sur le prix de la chambre sur présentation de ce guide.* À 2 pas des monuments historiques qui font la réputation de Noto, une poignée de chambres confortables et décorées sur une gentille note moderne. Certaines, à l'étage, ont vue sur le jardin ; les autres, au rez-de-chaussée, donnent sur la rue. Également 1 familiale (4 personnes) avec mezzanine. Petite terrasse panoramique commune, d'où l'on aperçoit la pointe de l'île. Bon accueil.

Plus chic

B & B Vicerè Speciale *(plan B3, **15**) : via V. Speciale, 12 (angle via Ducezio). 328-044-04-00. • info@vicerespeciale.com • vicerespeciale.com • Doubles 100-130 €.* En plein centre historique, mais bien en retrait de l'agitation touristique, cette belle bâtisse de caractère renferme des chambres tout confort, au look contemporain sobre et agréable. Seule la suite dispose d'une petite terrasse privée et de sanitaires avec douche et bain. Accueil pro et sympa.

Hotel Netum *(hors plan par D3, **18**) : via Calamandrei, 25. ☎ 0931-83-58-35. • info@hotelnetumnoto.com • hotelnetumnoto.com • Doubles 115-165 €. Grand parking gratuit.* Dans un quartier très calme, facile d'accès et, surtout, à 5 mn à pied du centre-ville. De l'extérieur, cet hôtel ressemble à une banale résidence. Or il n'en est rien : l'intérieur offre des lignes sobres, pures et contemporaines, et des chambres d'un excellent confort. Accueil adorable et petit déjeuner d'une qualité rare.

Où dormir dans les environs ?

Vers l'ouest

Agriturismo Pirainito : *contrada Pirainito, 96019* ***Rosolini.*** *☎ 0931-85-74-75. 333-103-68-22. • info@notoagriturismo.it • notoagriturismo.it • À 15 km au sud-ouest de Noto par la SS 115, puis à droite la SP 17, direction Modica. Doubles 50-60 €. ½ pens possible. Resto ouv le soir seulement, sur résa ; menu fixe à partir de 25 € pour les non-résidents. CB refusées.* Isolée dans la campagne, cette *azienda agricola* produit amandes, oranges et citrons bio. À dispo, des chambres relativement rustiques, mais proprettes, avec ventilo ou clim. Nos préférées donnent sur le jardin, planté d'un magnifique mûrier. Côté fourneaux, cuisine sicilienne authentique et goûteuse, mijotée avec les bons produits du potager – fierté des adorables proprios !

Agriturismo Baglio Genovesi : *contrada Busulmone, 96017 Noto. ☎ 0931-83-90-25. 389-895-82-32. • info@bagliogenovesinoto.com • bagliogenovesinoto.com • À 2,5 km à l'ouest de Noto par la SS 115, puis à droite la SP 24. Ouv mars-sept. Doubles 76-180 €.* Perché sur une colline enrobée d'amandiers (la culture de prédilection de cette exploitation agricole familiale), un corps de bâtiment récent entoure une cour. Il abrite des chambres sobrement décorées, bien équipées et dotées de jolies salles de bains. Belle terrasse du petit déj avec vue superbe sur Noto, au loin. Ainsi qu'une piscine de rêve avec cette même vue. Dommage que les prix connaissent de tels pics de fièvre en haute saison. Accueil sympa et dynamique.

Vers le nord

Campings

Les **2 campings** ci-après se situent dans un environnement résidentiel vert mais dense, aux abords de la station balnéaire bétonnée d'***Avola.***

Camping Sabbiadoro : *via Chiusa di Carlo, 96012* ***Avola.*** *☎ 0931-82-24-15. 338-200-30-31. • info@campeggiosabbiadoro.it • campeggiosabbiadoro.it • À 8 km au nord-est de Noto par*

LA SICILE BAROQUE

la SS 115. Ouv tte l'année. Compter 30-40 € pour 2 avec tente et voiture. Descendant en terrasses vers un ruban de sable bercé par le ressac, ce camping dissimule ses emplacements (au sol dur) sous une végétation luxuriante et paysagère. Beaucoup de monde en été, et du coup le bloc sanitaire s'avère parfois un peu juste... Bar-pizzeria sur place.

Camping Paradiso del Mare : *contrada Gallina – via Fondolupo, 96012* ***Avola.*** *392-249-04-40. • info@paradisodelmare.it • paradisodelmare.it • À env 10 km au nord-est de Noto par la SS 115. Ouv mars-oct. Compter 20-40 € pour 2 avec tente et voiture.* Un petit camping bien tenu et agréablement ombragé par les pins et les eucalyptus. L'espace tout en haut du terrain – plus tranquille – est réservé aux tentes. Petite plage toute proche, mais pas terrible ni très propre. Mini-marché, bar, location de vélos. Accueil sympa.

Où manger ?

Noto connaît le sort de nombre de villes très touristiques : les prix des restaurants tendent à s'emballer sans que la qualité suive pour autant. Dommage !

Bon marché

Casa Matta *(plan A1,* ***21****) : via T. Fazello, 23. 328-927-79-13. • casamattainfo@gmail.com • Tlj sauf lun, le soir seulement. Congés : nov. Résa vivement conseillée. Pizze 7-12 €.* Les meilleures pizzas de Noto, à la pâte gonflée généreusement garnie de bons ingrédients goûteux et cuite au four à pierre. On se régale en terrasse, cernée d'un incroyable jardin de curé, en contrebas de la rue ! Grosse clientèle d'habitués, séduits aussi par l'accueil chaleureux du patron et de sa petite équipe.

Sabbinirica *(plan B2,* ***20****) : corso Vittorio Emanuele, 95. 388-128-03-19. • sabbinirica@gmail.com • Tlj sauf lun 11h-22h. Sandwich, plats, salades 7-15 €.* On vous le concède, ce n'est pas donné. Toutefois, la simple vue des salades, *panini* ou assiettes composées provoque une belle montée de salive ! L'endroit idéal, donc, pour s'offrir un en-cas ou une pause déjeuner savoureuse, à base d'excellents produits.

Prix moyens

Dammuso *(plan B2,* ***23****) : via R. Pirri, 10-12. ☎ 0931-83-57-86. • info@ristorantedammuso.it • Tlj, le soir seulement 19h30-23h. Résa vivement conseillée. Repas env 30 €.* En prise directe sur le terroir local et les bateaux de pêche, c'est une cuisine inspirée par la tradition, mais qui ose quelques digressions mesurées pour étonner nos papilles ! À déguster dans une élégante salle voûtée de pierre. Service vite débordé, mais on se régale.

Bedda Matri *(plan C2,* ***25****) : via Cavour, 84-86. ☎ 0931-196-73-69. Tlj sauf mar. Repas 25-30 €.* Les classiques siciliens préparés et présentés soigneusement, dans un cadre aéré plaisant, soit 2 salles hautes de plafond avec mezzanine où les grandes photos en noir et blanc de *mammas* italiennes et autres objets traditionnels côtoient une déco plus contemporaine. Également une terrasse dans la rue, mais le plaisir se trouve quelque peu gâché par la circulation assez dense.

Plus chic

Crocifisso *(plan C1,* ***22****) : via P. Umberto, 46/48. ☎ 0931-96-86-08. • info@ristorantecrocifisso.it • Tlj sauf mer. Congés : début janv-fin fév. Résa conseillée. Menus 55-100 € ; repas 40-50 €.* On a un gros faible pour cette bonne table installée dans la ville haute, hors des sentiers touristiques. Belle salle voûtée au look contemporain dépouillé. Élégante cuisine traditionnelle de saison qui revisite ses

LA SICILE BAROQUE

classiques pour le plus grand plaisir de nos papilles. Une excellente adresse plébiscitée par les gens du cru.

Il Cantuccio *(plan B2, **24**) : via Cavour, 12. ☎ 0931-83-74-64. • info@ristoranteilcantuccio.it • Ouv ts les soirs sauf lun, plus sam midi et dim midi. Congés : de mi-nov à fév. Repas 35-45 €.* Admirablement situé dans l'aile d'un palais, ce resto chic sans être huppé possède une belle salle voûtée et un patio-jardin romantique à souhait. Juste quelques plats à la carte pour une *cucina casalinga* de marché, traditionnelle, mais fine et subtile. Service avenant et de bon conseil.

Où manger dans les environs ?

Antica Osteria U Suliccenti : *via Aprile Madre, 3, 96019 **Rosolini.** ☎ 0931-85-99-35. À 15 km au sud-ouest de Noto. Tlj en saison ; fermé dim soir et mar hors saison. Repas env 30 €. Café offert sur présentation de ce guide.* Une quinzaine de kilomètres seulement sépare ce restaurant de la ville de Noto, on a pourtant l'impression d'atterrir sur une autre planète ! Voici une *osteria* familiale, une vraie de vraie. Au menu, une cuisine du terroir, plutôt rustique et bien préparée. Ambiance de taverne sans réelle fenêtre sur l'extérieur, avec des murs patinés par le temps et une déco hétéroclite pas franchement dernier cri mais non dénuée d'humour. Accueil charmant.

Où déguster une pâtisserie ou une glace ?
Où boire un verre ?

Caffè Costanzo *(plan B2-3, **31**) : via Spaventa, 7-9. ☎ 0931-83-52-43. Tlj sauf mer, 7h30-22h (23h ven-sam).* Très fréquenté pour ses excellentes *granite, gelati* et *pasta* maison à base de pâte d'amande. Bien aussi pour boire un verre ou un café au comptoir sous une fresque représentant la Cène, ou en terrasse, l'œil sur l'arrière du palais Ducezio. Aussi quelques en-cas salés.

Pasticceria Mandolfiore *(plan A2, **30**) : via Ducezio, 2. • mandolfiorepasticceria@gmail.com • Tlj 7h-22h.* La petite pâtisserie de quartier en dehors du flux touristique. Bonnes pâtisseries traditionnelles, *gelati* et *granite,* servies généreusement.

Anche gli Angeli *(plan B2, **33**) : via A. da Brescia, 20. ☎ 0931-57-60-23. • info@anchegliangeli.it • Tlj 10h30-15h30, 18h30-2h.* Un incroyable bar-*lounge* qui s'étale sous les vénérables voûtes pittoresques d'une crypte appartenant à l'église supérieure ! Intellos et *fashion victims,* jeunes et vieux, gays et hétéros s'y retrouvent pour boire bière, cocktail... dans une ambiance bon enfant. Aussi quelques tables dans la ruelle. Et si vous voulez prolonger, on peut aussi y manger.

À voir

➢ Tout s'ordonne autour du *corso Vittorio Emanuele III* et de la *via Cavour* qui lui est parallèle. Notre itinéraire débute viale Marconi, au *jardin public (plan D3).* Là, la ***porta Reale,*** édifiée en 1838 à l'occasion de la visite de Ferdinand II, roi des Deux-Siciles, marque le point de départ du ***corso V. Emanuele III,*** en grande partie rendu aux piétons. La pierre des édifices, un calcaire couleur miel, prend une belle teinte aux tons chauds en fin d'après-midi.

Chiesa di San Francesco d'Assisi all'Immacolata *(plan C2) : corso V. Emanuele III, 142.* Au sommet d'un escalier à 3 paliers, cette église, flanquée d'un monastère, est l'œuvre des architectes Vincenzo Sinatra et Rosario Gagliardi.

LA SICILE BAROQUE

Façade théâtrale dont le portail est entouré de curieuses colonnes cannelées. À l'intérieur, une seule nef blanche et stuquée, assez monotone. Voir les 2 tableaux de Sozzi, dont le *Sermon de saint Antoine de Padoue,* face aux poissons de Rimini qui boivent littéralement ses paroles ! À droite, belle dalle funéraire en marbre du XVIe s...

Basilica del SS. Salvatore *(plan C2)* **:** *corso V. Emanuele III, 122.* Attenant à son couvent, c'est un édifice impressionnant par ses dimensions et admirable par la couleur de sa pierre dorée ! Au-dessus du portail, longue galerie bordée d'une grille galbée. À l'intérieur, le décor est une vraie pâtisserie égayée de couleurs douces. À noter encore, les fenêtres en moucharabieh, réalisées par Gagliardi, et derrière lesquelles les religieuses observaient sans être vues.

Chiesa di Santa Chiara *(plan C2-3)* **:** *corso V. Emanuele III. Tlj. Accès au campanile payant (env 2 €).* Cette très belle église, œuvre de Rosario Gagliardi (1748), a l'originalité d'être ovale. En entrant, levez les yeux : beau plafond peint sur bois. Véritable bonbonnière de stuc rehaussée d'or et de bronze, l'église abrite aussi une statue d'une douce *Madonna con Bambino* d'Antonello Gagini, disposée sur un autel en marbre marqueté et cerné de *putti* (chérubins). Du campanile, point de vue dominant sur le cœur ancien de Noto !

Cattedrale San Nicolò *(duomo ; plan C2)* **:** *piazza del Municipio. Tlj 9h-20h.* Un monumental escalier à 3 paliers mène à son imposante et riche façade achevée en 1776. Et comme ils partaient de rien, les urbanistes virent grand ! L'édifice, surmonté par les statues des 4 évangélistes, est encadré par 2 campaniles. Bordée de colonnes à chapiteaux corinthiens, cette porte centrale en bronze, affichant un magnifique travail contemporain (1983) qui retrace la vie de saint Corrado, patron de la ville, fut offerte par les chevaliers de l'ordre de Malte... L'intérieur était exceptionnel ; malheureusement, le 13 mars 1996, à 22h13, la nef centrale et la coupole se sont effondrées ! Un véritable miracle que cela ait eu lieu en pleine nuit. Aucune victime, mais des dégâts considérables. Aujourd'hui, c'est un intérieur très épuré qui vous attend...

Le *duomo* est encadré par plusieurs beaux monuments surplombant des bosquets symétriques de ficus. À sa droite, le ***palazzo Vescovile*** (palais épiscopal). Et sur sa gauche, le ***palazzo Landolina,*** construit pour la famille qui fut à l'origine de la reconstruction de la ville. Ceux-là ne devaient pas être à l'étroit dans leurs 70 pièces !

Palazzo Ducezio *(municipio ; plan B-C2)* **:** *corso V. Emanuele III, 139. Tlj 9h30-18h (19h de mi-juil à août). Entrée : 2 € (plus cher en cas d'expo temporaire) ; 4 € avec le théâtre ; accès à la terrasse panoramique (en sus) : 2,50 €.* Œuvre de l'architecte Vincenzo Sinatra, l'hôtel de ville vient clore le bel ensemble architectural qui entoure le *duomo.* Le portique à colonnes est particulièrement harmonieux. Le 1er étage fut ajouté en 1951... À l'intérieur, belle petite salle des miroirs de forme ovale, toute bardée d'or (la seule pièce qui se visite !). Dotée de mobilier Louis XV, elle fit, un temps, office de théâtre pour les familles nobles.

Chiesa di San Carlo *(plan B2)* **:** *corso V. Emanuele III, 121. Accès au campanile payant (env 2 €).* Cette autre église baroque arbore une étonnante façade concave. Un minuscule escalier en colimaçon – tout mignon – permet d'accéder au campanile pour une vue dominante sur le *duomo* et les toits. Profitez-en pour admirer la chaire délirante soutenue par un griffon !

La ***via Nicolaci*** *(plan B2)* monte vers la ***chiesa di Montevirgini,*** caractéristique avec sa façade concave... Dans cette rue, l'édifice le plus intéressant demeure le ***palazzo Nicolaci di Villadorata*** *(tlj 10h-13h30, plus 15h-18h30 sam-dim ; horaires variables hors saison ; entrée : 4 €, réduc).* Dessiné par Rosario Gagliardi vers 1640, ce palais est remarquable avec ses 6 balcons aux consoles chargées de figures grotesques, lions, sirènes ailées, chevaux, ailés eux aussi, et *putti* ! L'architecte avait prévu une rampe pour que le proprio puisse accéder au *piano nobile* sans avoir à descendre de son cheval ! À se demander s'il fallait aussi le porter pour parcourir les 90 pièces ! L'intérieur du palais baigne dans une l'ambiance très *Guépard,* avec ses plafonds peints, ses sols en céramique colorée, ses meubles anciens et cette belle salle de bal intégralement décorée de fresques en trompe l'œil...

Piazza XVI Maggio *(plan A-B2)* **:** elle a beaucoup de charme avec son jardin orné d'une fontaine provenant de Noto Antica, et la somptueuse façade cambrée, en pierre de tuf, de la ***chiesa di San Domenico.*** Encore une œuvre de Gagliardi qui utilisa des courbes pour créer une impression de mouvement et rendre l'architecture plus légère. À l'intérieur, très bel autel de marbre rose et blanc. L'ancien couvent des Dominicains attenant montre un beau portail en bossage...

Teatro municipale *(plan A-B2)* **:** *piazza XVI Maggio. • fondazioneteatrodinoto.it • Tlj. Entrée : 2 €.* Ce bel édifice de 1870, de style néoclassique, offre un intérieur bleu grisé, blanc et or ; le tout rehaussé de velours rouge. Il peut accueillir 320 spectateurs.

Chiesa del Carmine *(plan A2)* **:** *via R. Settimo, 15.* Encore une façade concave, dessinée par Sinatra et Gagliardi en 1743. Son intérieur blanc est chargé de stucs précieux. Le bénitier et la Vierge du maître-autel proviennent de Noto Antica.

➢ La balade à pied révèle encore bien d'autres ***palais, églises et monastères*** dotés de vieilles façades aux balcons bedonnants en fer forgé (cette forme s'adaptait aux paniers des robes des belles dames !), de patios... Bref, de nombreuses surprises attendent les promeneurs attentifs.

Palazzo Castelluccio *(plan A-B1-2)* **:** *via Cavour, 10. ☎ 0931-83-88-81. • palazzocastelluccio.it • Avr-oct, tlj 11h-19h ; le reste de l'année, mer-dim 11h-19h (ou sur résa). Visite libre (12 €) ou guidée (25 €, durée : 1h) ; gratuit moins de 12 ans.* Ce palais à la façade néoclassique, et non baroque, date de 1782 et fut construit par le marquis di San Lorenzo del Castelluccio. Sa famille l'habita jusqu'en 1981. Puis, à la mort du dernier marquis, faute de descendants, il fut légué à l'ordre de Malte qui le laissa à l'abandon, mais le vida de ses meubles. Il s'étend sur 5 000 m² et comporte au total 105 pièces, dont seule une vingtaine se visite aujourd'hui. Le palais, racheté en 2011, est de nouveau habité. Son propriétaire, le Français Jean-Louis Rémilleux, a effectué un formidable travail de restauration en préservant la structure d'origine de l'édifice, tout comme les magnifiques carrelages en céramique (de Caltagirone pour nombre d'entre eux) et en rénovant ses fresques et tapisseries à l'identique. Seules 2 pièces, trop abîmées, ont été « réinventées », mais en respectant l'esprit des lieux. Pour le remeubler, il s'est magnifiquement employé à dénicher un mobilier du XVIIIe s d'origine napolitaine ou sicilienne. Le résultat est splendide, le palais plein d'atmosphère. Rares sont les occasions, sur cette île, de pouvoir admirer une superbe bâtisse à l'intérieur aussi resplendissant que la façade.

Dans la ***via Cavour,*** toujours, à l'angle de la via Fratelli Ragusa, on peut aussi admirer la ***chiesa di Santa Caterina*** *(plan B2)* et, au n° 44, la ***chiesa di Montevirgini*** *(plan B2)* ; succède ensuite, au n° 48, l'imposant ***palazzo Astuto*** *(plan B2),* qui affiche de jolis balcons en fer forgé. Continuer la promenade jusqu'au n° 93, où se trouve le ***palazzo Trigona*** *(plan C2),* facilement reconnaissable avec ses 8 autres balcons ventrus.

➢ Les courageux continueront – par la via Fratelli Bandiera – vers les hauts quartiers de la ville, pour découvrir d'autres édifices comme le ***palazzo Impellizzeri*** (1852), siège des archives de la ville *(plan C2 ; sonnez pour qu'on vous ouvre ; habituellement tlj sauf le w-e 9h-18h30 – 15h ven ; GRATUIT),* et, juste à côté, le

convento di Sant'Antonio di Padova *(plan C1-2)*, normalement ouvert à la visite en saison *(en principe ouv lun-ven 16h-19h30, sam-dim 10h-12h30, 16h-19h30 ; GRATUIT)*, avec une petite exposition (en italien) sur les différents palais de la ville et, depuis sa terrasse, une très belle vue sur la cité. Juste en face du couvent, la belle façade de l'***ex-monastero San Tommaso*** *(plan C1)* et l'impressionnante prison qui occupe tout un pâté de maison. Puis, piazza Mazzini, la grande ***chiesa del Crocifisso*** *(plan C1)*, néoclassique à coupole, qui abrite quelques œuvres provenant de Noto Antica, dont 2 lions en pierre encadrant la nef centrale et une *Madonna* de F. Laurana (XVe s).

Fêtes et manifestations

– ***Fête de San Corrado :*** *2 fois par an, le 19 fév et le dernier dim d'août.* Le saint patron de Noto, chevalier du XIVe s devenu ermite... Grande procession et feu d'artifice.
– ***Fêtes de Pâques :*** le vendredi a lieu la ***procession de Santa Spina.*** Autre temps fort de ces fêtes, le dimanche de Pâques avec La Pace, une rencontre en procession du Christ et de la Vierge dans une mise en scène incroyable !
– ***Infiorata :*** *3e w-e de mai.* À cette occasion sont réalisés de magnifiques tapis de pétales de fleurs. Les motifs changent chaque année.
– ***Noto Musica :*** *début juil-fin août. • notomusicafestival.com • Entrée assez bon marché.* Concerts d'été de musique classique au teatro Noto d'Estate (théâtre en plein air).

DANS LES ENVIRONS DE NOTO

Riserva naturale Cavagrande del Cassibile : *à env 20 km au nord de Noto. Il existe plusieurs accès. Le plus facile et le plus connu (descente au **Laghetto Principale**) : à 10 km d'**Avola**, par la route SP 4 ; fléché. Parking : 3 €. **Entrée officiellement fermée** –par crainte des éboulements–, mais tt le monde passe sur le côté ! Une rando de remplacement **(Laghetti-Carrubella)** part quelques kilomètres plus loin (parking à 3 € accessible et fléché depuis la SP 4, direction Palazzolo Acréide). Dernière solution, pas facile à trouver car signalétique très discrète, mais descente jusqu'au Laghetto Principale un peu plus douce (et autorisée) : accès par le nord de la réserve, bifurcation très raide (et mal indiquée) sur la SP 14 peu avt Canicattini Bagni (en direction de Syracuse), puis la SP 73 qui vous mène jusqu'à un chemin de terre (réserve fléchée, stationnement gratuit au bord de la route).*
Dans tous les cas, ne pas venir s'il a plu ou s'il va pleuvoir à cause des risques de montée des eaux, et prévoir de bonnes chaussures, un couvre-chef, une réserve d'eau importante et votre maillot de bain. En été et le week-end, venir tôt : à cause de la chaleur, mais aussi parce que l'endroit est très apprécié des locaux qui viennent là en famille passer la journée, avec pique-nique et tout le tralala. La rivière Cassibile a creusé ici une sorte de canyon (la « *cava grande* » en question) s'étirant sur 10 km de long et profond de 320 m au maximum. Du 1er parking sur la SP 4, le sentier « *scala cruci* », toujours praticable et entrecoupé de... 575 marches, plonge dans les entrailles du canyon. La descente prend environ 40-45 mn et la remontée 1h. Comme dit précédemment, l'accès sur la rive opposée est plus difficile à trouver mais plus doux (même s'il vous faut toujours descendre et remonter). En été, le milieu quasi désertique des marges hautes contraste avec l'incroyable verdeur du lit de la rivière. Une fois en bas, cascades et baignades dans les *laghetti*, de magnifiques petites cuvettes naturelles où coule une eau claire. Les parois calcaires abritent des habitations troglodytiques et une nécropole de l'âge du bronze.

LE LONG DE LA CÔTE, DE LIDO DI NOTO À MARZAMEMI

LIDO DI NOTO ET SES ENVIRONS

À 8 km au sud-est de Noto, cette petite station balnéaire déroule une plage de sable bordée d'un long ruban de béton, et aménagée à l'italienne, avec transats, parasols et quelques baraques pour grignoter. Baignade surveillée.

Où dormir ?

B & B Solarium : *via T. Laufi, 28. 349-801-01-39. • bebsolarium@gmail.com • Doubles 70-80 €.* Dans une petite rue résidentielle paisible – à 5 mn à pied de la plage –, cette maison moderne renferme de jolies chambres bien équipées et aménagées sur une touche moderne sobre et un poil balnéaire. Terrasse commune couverte avec plantes vertes, où se déploie l'abondant buffet du petit déj. Accueil souriant et pro.

À voir. À faire

Villa romana del Tellaro : *contrada Vaddedi (SP 19, km 5). ☎ 0931-57-38-83. • villaromanadeltellaro.com • Sur la SP 19, direction Pachino ; à 2 km au sud de la bifurcation menant à Lido di Noto. En saison, tlj 9h-19h. Entrée : 8 €.*
Découverte en 1971 lors de fouilles clandestines, cette villa de la 2de moitié du IVe s est connue pour ses quelques mosaïques polychromes dont le nombre est, cependant, nettement plus réduit qu'à la prestigieuse *villa romana del Casale* (lire plus haut « Dans les environs de Piazza Armerina »)... Si, à l'origine, elles s'étendaient sur près de 3 000 m², on n'en admire plus aujourd'hui qu'une infime section. La plus vaste présente une succession de médaillons fleuris nommés « entrelacs de coussins » (en français dans le texte !). Une autre, la plus belle, affichant lions, tigres, chevaux, chiens et chasseurs, a pour thème... la chasse. Une frise de canards, oies, perdrix et faisans l'entoure, aux variétés de tons impressionnantes ! À côté, la mosaïque des cratères est ornée de satyres et de ménades. Et à sa droite, certainement la plus belle, mais aussi la moins bien conservée, montre Ulysse, Achille, Diomède et la tête d'un Troyen. L'épisode fait allusion au paiement de la rançon pour récupérer le corps d'Hector (comment, vous avez oublié votre *Iliade* ?!). Ne vaut certes pas la *villa romana del Casale,* mais constitue une jolie petite mise en bouche.

Les plages

Lido di Noto : pas désagréable, c'est la plage la plus proche de Noto, plutôt large et bondée en été, mais pas trop bétonnée ; une majorité de maisons individuelles et pas de grands ensembles hôteliers disgracieux, le tout cerné de verdure. Si vous dormez sur place, vous n'avez que la rue à traverser pour aller faire trempette !

Riserva naturale Oasi di Vendicari : *au sud, entre Lido di Noto et Marzamemi.* Il s'agit d'un espace protégé, l'un de ces lieux en voie de disparition sur les côtes de la Sicile. Cette zone humide, la plus importante de l'île (1 512 ha), est parsemée d'étangs, de marais salants (dont l'exploitation a cessé dans les années 1950), de roselières et de quelques sources d'eau douce. Elle est une halte migratoire d'oiseaux aquatiques (200 espèces y ont été observées, dont flamants et aigrettes...) ; alors à vos jumelles ! Mais surtout, cette réserve compte 12 km de littoral, et c'est là que se trouvent les plus belles plages du coin, nues, sauvages...

n'allez pas pour autant en déduire qu'elles soient désertes, car il y a foule en été ou le week-end. *Accessibles en plusieurs points le long de la SP 19, tlj avr-oct : 7h-19h30 ; nov-mar : 9h30-16h. Du parking (env 3,50 €/voiture), il faut le plus souvent marcher 1 petit km pour atteindre la plage :*

– ***Eloro :*** à côté du site grec antique d'Eloro ;
– ***Marianelli :*** la plage la plus sauvage et un repère de culs nus ;
– ***Calamosche :*** étroite avancée de sable coincée entre 2 caps rocheux ;
– ***Vecchia Tonnara :*** jolie petite plage sauvage, veillée par les vestiges d'une *tonnara,* flanquée d'une tour de guet construite au XVe s par Pierre d'Aragon. Peu de fond, idéal pour les gosses (jeux de ballon, de raquettes et animaux interdits) ;
– ***Cittadella :*** à côté d'une nécropole byzantine.

On peut aussi, en suivant les ***sentiers balisés*** aux alentours de ces plages (et qui les relient entre elles), découvrir une flore variée allant de l'olivier sauvage au myrte, dont on tire une liqueur, en passant par le thym arbustif, réputé être à la base du meilleur miel de la région. Les palmiers nains abondent, les orchidées fleurissent... Émerge parfois des dunes une nécropole byzantine.

MARZAMEMI

Amarré à 20 km au sud de Noto, cet ancien petit port thonier – sa *tonnara* du XVIIe s fut l'une des plus importantes de Sicile – conserve un charmant vieux quartier de pêcheurs, où toits de tuiles et vieilles pierres forment une belle unité autour d'une vaste place écrasée de soleil. À 2 pas, quelques chaloupes de pêche tanguent dans la rade... Un lieu vraiment superbe, aux petits airs... de Saint-Tropez. Mais touristique en diable en été, et désormais réinvesti – voire saturé – de bars et de restos ! Bref, une ambiance artificielle insoutenable en haute saison, pendant laquelle on conseille de venir ici lécher une glace le temps d'explorer le site. Longue plage à la sortie du village.

Où dormir ? Où manger ? Où déguster une glace à Marzamemi et dans les environs ?

Agriturismo San Lorenzo : *contrada San Lorenzo, 96017 Marzamemi. ☎ 0931-84-10-64. • sanlorenzoagriturismo.net • À 5 km au nord de Marzamemi. Ouv tte l'année. Compter 12-15 €/pers ; loc de maisonnettes 30-50 €/pers. Repas à partir de 20 €.* L'entrée, coincée entre les villas, s'ouvre sur un long terrain verdoyant, débordant sur les champs maraîchers de cette *azienda agricola,* le tout à 300 m d'une agréable petite plage. Petit camping convivial et bien tenu, à l'ombre d'élégants eucalyptus. Barbecue, appentis pour faire sa tambouille (frigo, brûleurs), grandes tablées. Jeux pour enfants, visite de la ferme (ânes, chevaux...), bar et bon resto traditionnel très abordable qui travaille les produits frais de la ferme. Un peu les uns sur les autres en été, mais une bonne adresse quand même. Accueil et ambiance sympa.

Caffé Al Ciclope 2 : *via Marzamemi, 67. ☎ 0931-84-16-60. En saison, tlj 7h-23h.* La « maison mère » de ce café se trouve dans la ville voisine (et beaucoup moins touristique) de Pachino où elle est une véritable et belle institution... mais l'endroit compte aussi nombre d'adeptes à Marzamemi ! Et pour cause : les cafés sont excellents, les pâtisseries et *granite* aussi, les glaces et les en-cas salés itou. À dévorer dans la longue salle ou sur la très sympathique terrasse à l'arrière, bordée de roseaux. Ah ! Et dernier point non négligeable : outre les produits excellents, le cadre plaisant, le service charmant, les prix ont le mérite de garder la tête froide.

Il Tuo Gelato 2 : *via Letizia, 7. Tlj en été 7h-1h ; fermé lun le reste de l'année. Congés : nov-fév.* D'excellentes glaces aux parfums crémeux et goûteux sorbets de saison, à déguster en parcourant ce vieux village pittoresque !

Où acheter de bons produits ?

Campisi : *via Marzamemi, 12. ☎ 093-184-11-66. • campisiprodottitipicisiciliani.it • Tlj 9h-21h.* Une conserverie réputée pour ses rillettes de poisson diversement accommodées, son saucisson de thon, ses filets d'anchois... autant de bons produits pour se constituer un apéro d'anthologie !

PALAZZOLO ACRÉIDE

(96010) 8 000 hab.

• Plan *p. 288-289*

Retour dans les terres pour découvrir une des moins connues parmi les 8 cités classées collectivement au Patrimoine mondial de l'Unesco en 2002. Perchée à 670 m d'altitude au cœur des monts Hybléens *(monte Iblei),* cette petite ville pittoresque aux façades colorées joliment décaties est en effet un peu oubliée des itinéraires de la *Sicilia barocca.* Quel dommage, car, en plus d'être entourée d'une très belle campagne, elle recèle de beaux palais et d'innombrables églises... sans parler des quelques restos remarquables que l'on y débusque ! Par ailleurs, de par sa situation, elle constitue un bon point de chute : vous n'y trouverez pas pléthore d'hébergements, mais les prix y sont autrement plus raisonnables qu'à Noto ou Syracuse (et l'ambiance beaucoup plus tranquille).

Arriver – Quitter

En bus

Autostazione *(gare routière ; plan C3)* **:** *viale Dante Alighieri.* Les liaisons sont assurées par la compagnie *AST (• aziendasicilianatrasporti.it •).* Il s'agit en réalité d'un simple arrêt ; achat des billets à la boulangerie juste à côté ou dans le bus.

➢ ***Siracusa*** *(2h20)* **:** env 10 bus/j. sauf dim. De là, correspondance pour ***Avola, Noto, Ispica, Pozzallo, Modica*** et ***Ragusa.***

➢ ***Catania*** *(2h10)* **:** 4 directs/j. sauf dim, via l'***aeroporto di Catania-Fontanarossa.***

➢ ***Caltagirone*** *(2h)* **:** env 1 bus/j. sauf dim.

Adresse utile

Ufficio turistico *(plan B2)* **:** *piazza del Popolo, 1. ☎ 0931-87-12-47. • comune.palazzoloacreide.gov.it • Dans la mairie. Lun-ven 8h-14h, plus jeu 15h-18h30.*

Où dormir ?

Prix moyens

Sud Est B & B *(plan C3,* ***10****)* **:** *via Giulano, 10. 368-330-90-00 ou 366-311-69-37. • info@sudestbb.com • sudestbb.com • Doubles 70-90 €.* Dans une structure récente, assez centrale, des chambres pimpantes, confortables et impeccables. Pour le petit déj, cela se passe dans le bar voisin !

B & B Attiko *(plan B2,* ***11****)* **:** *ronco Corridore, 10. ☎ 0931-87-53-94.*

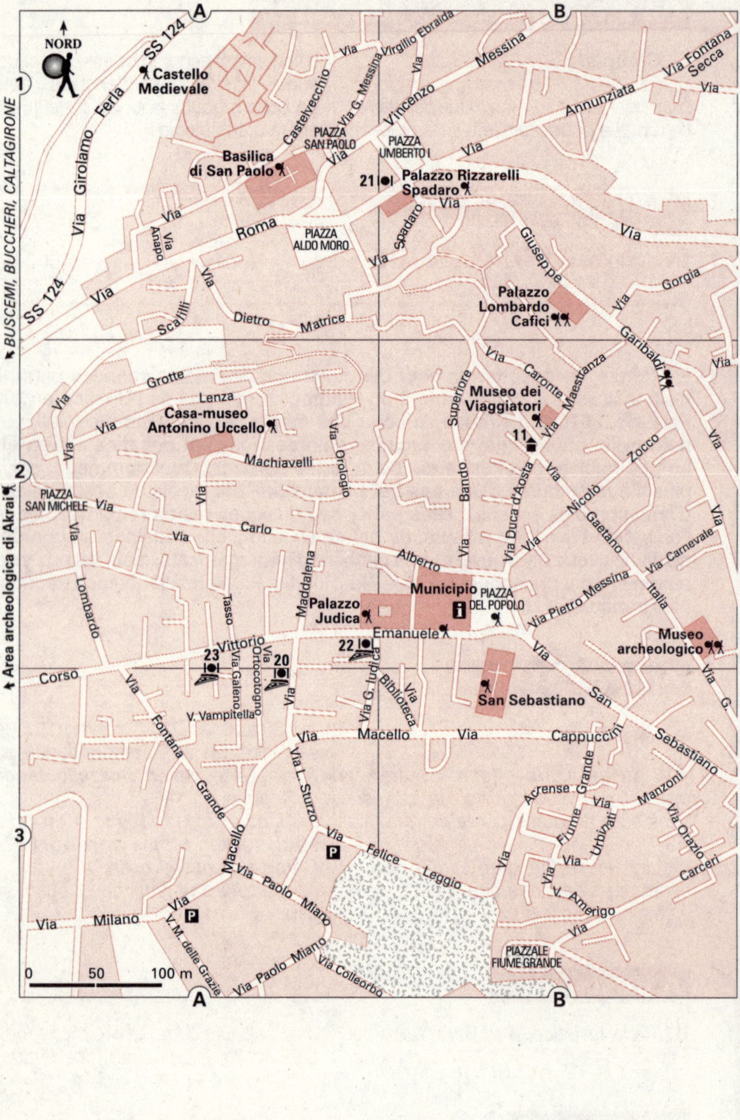

338-685-77-94. • info@attikobnb.it • attikobnb.it • Accès par la via Duca d'Aosta ; sous une voûte en pierre. Doubles 50-70 € ; familiales également. Des chambres simples et fonctionnelles, dotées de meubles anciens. Avouons que l'ensemble fait assez rustique, à réserver peut-être aux budgets les plus serrés. Petites touches de déco ethnique en hommage à la Grèce antique. Grand toit-terrasse avec vue à 360° sur la ville. Cuisine commune à dispo.

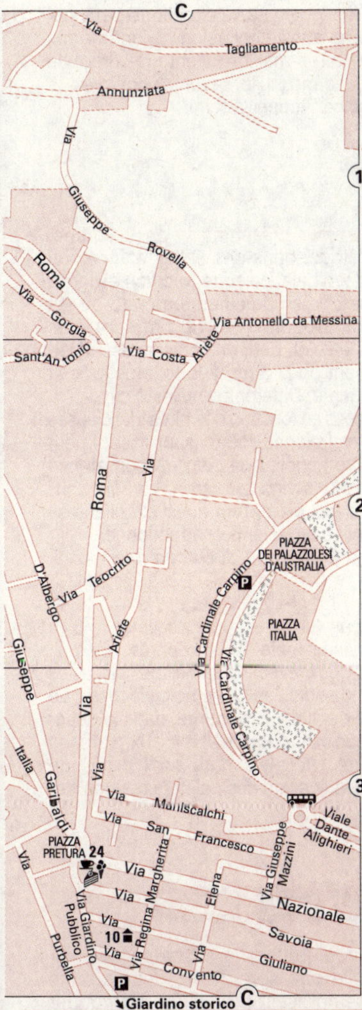

■ **Adresse utile**

Ufficio turistico (B2)

Où dormir ?

10 Sud Est B & B (C3)
11 B & B Attiko (B2)

Où manger ?

20 Lo Scrigno dei Sapori (A2-3)
21 Trattoria del Gallo (A-B1)
22 Andrea (A2)
23 Taverna di Bacco (A2-3)

Où boire un café ? Où déguster une pâtisserie ou une glace ?

24 Corsino (C3)

PALAZZOLO ACRÉIDE

Où dormir dans les environs ?

Aguglia Agriturismo : *contrada Aguglia. 329-299-88-31 ou 329-230-96-12. • info@tenutaaguglia.com • tenutaaguglia.com • À 7 km au sud de Palazzolo Acréide par la SP 24 (km 7,3), direction Noto. Fermé oct-mars. Doubles 145-165 € ; familiales également. Réduc de 10 % sur le prix de la chambre sur présentation de ce guide.* Grande propriété agricole perdue au milieu des champs, à l'orée d'un verger de 18 000 oliviers, cerisiers, noisetiers... Les bâtiments anciens ont été réhabilités pour créer de grandes chambres confortables, à la sobriété rustico-chic, certaines avec mezzanine pour les familles, mais toutes avec terrasse privée. L'excellent petit déj donne aussi l'occasion de goûter aux confitures maison ! Vente de produits de la ferme (huile, savons, confitures...). Piscine. Accueil attentif.

Où manger ?

Lo Scrigno dei Sapori *(plan A2-3,* ***20****) : via Maddalena, 50. ☎ 0931-88-29-41. • info@loscrignodeisapori.com • Tlj sauf lun. Pizze (soir seulement) 5-11 € ; repas 25-35 €.* Lovée au frais sous une belle voûte en pierre, cette petite trattoria mitonne une cuisine de saison raffinée et pleine de saveurs, à base de bons produits du terroir. Beau choix de vins siciliens.

Trattoria del Gallo *(plan A-B1,* ***21****) : via Roma, 228. ☎ 0931-88-13-34. • info@trattoriadelgallopalazzolo.it • Tlj sauf lun, midi et soir. Repas 25-30 €.* Formidable rapport qualité-prix pour cette consistante cuisine familiale faite de bons petits plats ruraux de saison. Spécialité de *stinco di maiale al forno* (jambonneau de porc braisé) et délicieuses pâtes fraîches à la courge. Bon accueil du patron francophone.

Andrea *(plan A2,* ***22****) : via G. Judica, 4. ☎ 0931-88-14-88. • info@ristoranteandrea.it • ♿ Tlj sauf mar, midi et soir. Repas 25-35 €. Café offert sur présentation de ce guide.* À l'étage, dans des salles voûtées où la déco balance entre tradition et lignes plus contemporaines, un resto où les bons produits frais du cru sont triés sur le volet, pour une cuisine essentiellement de la terre, à la fois rustique et élégante. Différentes huiles d'olive proposées en fonction des plats, délicieuses pâtes fraîches, intéressant assortiment de fromages, bon pain maison et jolie carte des vins (au verre). Le soir, honneur aux *pizze,* tout aussi excellentes ! Service aussi lent qu'attentionné.

Taverna di Bacco *(plan A2-3,* ***23****) : ronco Pisacane, 9. 📱 320-644-28-51. Tlj mer-dim 13h-23h (12h le w-e). Repas 20-35 € ; pizze (le soir) 5-7 €.* Cuisine simple, bien préparée, aux prix très doux, avec – comme spécialité – les viandes grillées ou, le soir, les *pizze.* Le tout servi avec le sourire, dans le décor accueillant d'une taverne aux plafonds voûtés. Ici, les murs sont ornés de tableaux ayant des palettes pour cadre.

Où boire un café ?
Où déguster une pâtisserie ou une glace ?

Corsino *(plan C3,* ***24****) : via Nazionale, 2. ☎ 0931-87-55-33. • corsino@corsino.it • Tlj sauf mar, 5h30-22h.* Cafés, pâtisseries, glaces, *granite*, *arancini* et autre en-cas salés, tout mérite le détour dans ce café-pâtisserie. Et ça se sait, car quelle que soit l'heure, les lieux ne désemplissent pas ! Butin à emporter ou à savourer sur la terrasse couverte ou dans la petite salle à l'arrière.

À voir

Le centre-ville gravite autour de la ***piazza del Popolo*** *(plan B2),* veillée par la ***chiesa San Sebastiano*** (1703). L'entrée, dont les colonnes reposent sur des piédestaux sculptés d'angelots et de motifs floraux, est gardée par 2 lions. L'intérieur est tout en dorures et stuc, sauf le maître-autel, en marbre polychrome d'Iran. Autre trésor de l'église : son orgue, le 2e plus ancien de Sicile.

LA SICILE BAROQUE

🏛 ***Corso Vittorio Emanuele*** *(plan A-B2-3)* **:** bordé de belles façades baroques, notamment – au n° 10 – celle du ***palazzo Judica,*** une vraie chantilly !

🏛🏛 ***Museo archeologico Gabriele Judica*** *(plan B2)* **:** *via Italia, 36. ☎ 0931-87-55-75. Mar-sam 9h-18h30, dim-lun 14h-18h30 ; dernière entrée 1h avt. GRATUIT.* Il occupe le palazzo Cappellani et présente, dans une muséographie originale, d'abord une collection de pierres taillées, de céramiques et d'objets en bronze préhistoriques. Puis la visite se poursuit à l'étage par une foule de superbes céramiques grecques, des plus archaïques (IXe-VIIe s av. J.-C.) à motifs géométriques à d'autres plus sophistiquées évoquant quelques événements mythologiques... Aussi de jolies têtes de femmes en terre cuite ; le tout d'une rare élégance et provenant de tombes. Vient ensuite l'ère romaine : belle collection de lampes à huile, petits bronzes votifs...

🏛 ***Museo dei Viaggiatori in Sicilia*** *(plan B2)* **:** *via Maestranza, 5. ☎ 0931-88-38-80. • museoviaggiatori.it • Juin-sept, tlj 9h-13h, 15h-19h. Entrée : 2,50 € ; réduc. Cartels uniquement en italien mais nombre de documents d'origine rédigés en français.*
Ce petit musée s'engage sur les traces des 1ers routards à avoir arpenté la Sicile. Mis en regard avec des photos d'aujourd'hui, cartes géographiques anciennes, gravures et récits du XVIIIe s racontent en creux ces 1ers balbutiements du tourisme. Voir notamment les 2 exemplaires du *Voyage pittoresque* écrit par 2 Français : Jean Houel et l'abbé de Saint-Non.

🏛🏛 ***Via Garibaldi*** *(plan B1-2)* **:** cette rue possède, au n° 127, le ***plus grand balcon*** de Sicile, qui s'étire le long de la façade du ***palazzo Lombardo Cafici.*** En tout, 27 consoles ornées de monstres et de masques grotesques ; bonjour les grimaces ! Autres façades décorées de masques et de figures grotesques en descendant la *via Garibaldi* en direction de la *piazza Umberto I* ; notamment au n° 171. Et encore sur la *piazza,* au-dessus du n° 3.

🏛 ***Palazzo Rizzarelli Spadaro – museo delle Tradizioni Nobiliari*** *(plan B1)* **:** *via Spadaro, 2. ☎ 0931-181-10-45. 📱 333-609-81-26. • tradizioninobiliari.promuseo.com • Visite guidée sur résa ; entrée : 10 €.* Coup d'œil à la façade bleu Méditerranée que l'on aperçoit sur la piazza Umberto I. Si l'intérieur n'a pas conservé son lustre originel, il abrite néanmoins un étonnant petit musée rassemblant les souvenirs d'une famille noble d'extraction française, étalés sur 5 générations (du début du XIXe au XXe s). Profusion de vêtements, photos, vieux papiers, objets divers, avec quelques clins d'œil aux relations qu'entretenait la famille avec les grands de ce monde, les 1ers voyageurs en Sicile... Si le sujet vous intéresse, la maîtresse des lieux, francophone et descendante de cette dynastie, est intarissable.

🏛 ***Basilica di San Paolo*** *(plan A1)* **:** *piazza San Paolo.* Du XVIIIe s, sa façade lyrique est signée Sinatra. En face, la *via Messina* prolongée par la *via Vigilio* mène aux ruines du ***castello*** *(plan A1 ; tlj 9h-20h ; GRATUIT),* d'époque médiévale, offrant une très belle vue panoramique sur la campagne alentour.

🏛 ***Casa-museo Antonino Uccello*** *(plan A2)* **:** *via Machiavelli, 19. ☎ 0931-88-14-99. Tlj 9h (14h dim)-18h30. Entrée : 2 € ; réduc ; billet combiné avec l'area archeologica Akrai 5 €. Brochure en français à demander à l'accueil.* Cette vénérable demeure, en partie troglodytique, abrite une belle collection ethnographique. Le vieux pressoir à olives, dans une grande salle voûtée, est superbe ! Nombreux autres objets plus ou moins insolites, comme ce grand ensemble de frises en bois sculptées et colorées qui ornaient les charrettes de jadis, un étonnant pressoir à miel, des instruments à fabriquer la ricotta, métier à tisser...

🏛 ***Area archeologica di Akrai – Teatro greco*** *(hors plan par A3)* **:** *via Teatro Greco. Tlj 8h30-18h30 (horaires réduits hors saison). Entrée : 5 €.* Cette cité grecque – colonie de Syracuse fondée vers 664 av. J.-C. sous le nom d'Akrai – compta sans doute à son apogée 7 000 à 10 000 habitants. À l'entrée du site, on peut voir l'emblématique petit ***théâtre grec*** du IIIe s av. J.-C., remanié à l'époque romaine. Bien conservé et profitant d'une belle vue sur la vallée, il pouvait accueillir 700 spectateurs, et revit aujourd'hui lors des spectacles d'été... Il s'adosse aux ruines informes du ***bouleutérion,*** lieu de réunion du Sénat de la cité. Juste derrière le théâtre (côté gauche), au fond du cratère, ***2 latomies,*** antiques carrières de pierre transformées en nécropole par les Byzantins. Celle de droite, la plus vaste, se prête le mieux à l'exploration, avec son dédale d'étroits conduits circulant entre les tombes vides (prévoir une lampe de poche). Au sommet du site, on devine ce qui reste du temple dédié à Aphrodite (Artémis et Perséphone avaient également le leur sur place...), mais le Moyen Âge étant passé par là nombre de pierres ont été réutilisées. L'accès aux ***Santoni*** – partie la plus intéressante du site antique d'Akrai – n'est malheureusement plus possible. Imaginez, taillés dans la roche, sur une falaise d'une trentaine de mètres de haut, 12 hauts-reliefs de la fin du IVe s av. J.-C., dont 10 représentent Cybèle, la déesse-mère !

DANS LES ENVIRONS DE PALAZZOLO ACRÉIDE

Necropoli rupestre di Pantalica : *à **Sortino.** 338-475-23-90. • pantalica.org • Au moins 2 accès possibles, depuis **Cassaro** (le plus logique en venant de Palazzolo Acréide), à env 30 km au nord-est de Palazzolo Acréide par la SS 124, puis à gauche la SP 45 et, au niveau de Cassaro, à droite la SR 11. Si vous venez de Syracuse, autre accès fléché par **Sortino.** Quoi qu'il en soit, prévoir de bonnes chaussures, de l'eau, un chapeau et avoir un bon sens de l'orientation ! Le 1er accès de ce site immense (qui s'étend sur 80 ha) est le plus facile, puisqu'il suit l'ancienne voie de chemin de fer dans la belle Valle dell'Anapo.*

Puissante cité sicule, surtout entre le XIIe et le VIIIe s av. J.-C. (âges du bronze et du fer), Pantalica forme le plus important centre protohistorique de toute la Sicile ! Sur le sommet de l'éperon rocheux ont été découverts les vestiges d'un *anaktoron* (palais) d'architecture mégalithique. Les 5 000 tombes creusées dans les parois rocheuses surplombant les gorges boisées et sauvages contenaient pour leur part des objets d'un grand intérêt, qui ont été transférés au musée de Syracuse. La cité, ravagée par les attaques des colons grecs de Syracuse et éclipsée par la construction d'Akrai, fut à nouveau habitée à l'époque byzantine, lorsque les razzias barbaresques menaçaient les côtes.

D'un point de vue archéologique, même si le site est extrêmement important, il peut laisser le promeneur sur sa faim : peu de choses ont passé l'épreuve du temps, même si on aperçoit encore, çà et là dans les parois rocheuses, des cavités et les traces des anciennes nécropoles. Les vestiges de l'*anaktoron* risquent, quant à eux, d'en frustrer plus d'un (d'autant que pour y accéder une partie du chemin se fait par la route).

En revanche, les amateurs de randonnée et de belle nature seront comblés : le site est, d'un point de vue naturel, magnifique. Malheureusement, l'explorer requiert un bon sens de l'orientation, de bonnes jambes et un chouia de patience. Avant de partir, prendre une photo de la carte des sentiers de randonnée affichée au départ des parkings (vous pouvez toujours la demander dans les offices de tourisme de Palazzolo Acréide ou Syracuse ; qui sait ? On peut toujours rêver, peut-être sera-t-elle un jour réimprimée et distribuée aux visiteurs !). Elle vous sera utile par la suite, même si elle manque totalement de clarté ! Les sentiers sont entretenus, les sites fléchés, mais leur nom ne correspond pas toujours à ceux indiqués sur la carte ! C'est là que patience et sens de l'orientation vous seront utiles : à force, on finit quand même par s'y retrouver !

SIRACUSA (SYRACUSE)

(96100) 122 000 hab.

• Plan d'ensemble *p. 295* • Zoom *p. 297*

« Épousez un archéologue, plus vous vieillirez, plus il vous aimera. »

Agatha Christie

« J'aimerais tant voir Syracuse... » chantait Henri Salvador et nous confirmons : cette ville chargée d'histoire figure au rang des étapes incontournables lors d'un voyage en Sicile. Passé ses excroissances industrielles périphériques, elle dévoile une île aux visiteurs, *Ortigia,* qui se parcourt sans fin. Celle-ci, malgré sa petite taille, se révèle magique. L'histoire et les styles s'y bousculent. Les églises baroques ont l'air encore plus espagnoles, le *duomo* s'élève dans l'enceinte même d'un temple grec, les palais font des clins d'œil gothico-catalans... Et, partout, au débouché d'une ruelle, la mer, d'un bleu éclatant, vient concurrencer le ciel azuré ! Le soir venu, à l'heure de la *passeggiata,* les façades s'illuminent, les voitures s'évanouissent et le temps s'arrête. Sur la « terre ferme », 4 quartiers : *Achradine, Tyche, Epipolis, Neapolis.* Ce dernier, dominé par l'immense santuario della Madona delle Lacrime, grand cône moderne en béton renversé de 80 m de haut, concentre la zone archéologique et la plupart des musées...

Conséquence inévitable de la manne touristique qui s'est abattue sur Syracuse, les prix des hébergements et des restos s'envolent, et la qualité du service ne suit pas toujours. Pourtant, en errant au hasard des venelles entrelacées d'Ortigia, en s'écartant à peine des rues les plus courues à la recherche d'une courette oubliée, d'un encorbellement, d'un passage couvert, on tombe encore sur des quartiers populaires où l'on sort le soir le brasero pour faire griller ses saucisses entre voisins. Syracuse est décidément pleine de surprises.

UN PEU D'HISTOIRE

Rivalisant avec Carthage et Athènes sur un plan méditerranéen, Syracuse tenta pendant des siècles d'affirmer l'unité de la Sicile. Fondée en 734 av. J.-C. par des Corinthiens, elle se développe rapidement et devient la plus riche de toutes les colonies grecques, ce qui attire les convoitises des tyrans. Gélon, tyran de Gela, s'en empare en 485 av. J.-C. Séduit par Ortigia, il abandonne la ville qu'il dirige à son frère Hiéron et exhorte les riches de Gela à venir s'installer avec lui à Syracuse. Il entame alors de grands travaux qui ne tardent pas à affirmer la suprématie de la cité. Quelques années plus tard, sa victoire sur les troupes carthaginoises d'Hamilcar se solde par la construction d'un grand temple dédié à Athéna – là même où se dresse aujourd'hui le *duomo* d'Ortigia.

Lui succèdent d'autres tyrans : son frère Hiéron, Thrasybule qui renoue avec la démocratie, Denys l'Ancien qui offre à la ville un rempart de 27 km de long pour la défendre contre la pression carthaginoise. Dion, son beau-frère, enclin à philosopher,

L'ÉPÉE DE DAMOCLÈS

Le tyran Denys de Syracuse avait sous ses ordres un courtisan dénommé Damoclès qui ne cessait de l'envier. Agacé, Denys l'installa sur le trône pour une journée. Damoclès remarqua, juste au-dessus de sa tête, une lourde épée accrochée par un crin de cheval. Le tyran voulait ainsi lui montrer la dangerosité de ce poste !

invite Platon à Syracuse, mais ce dernier n'y fait pas de vieux os. Expédié manu militari par Denys sur un bateau en partance pour Égine, alors en bisbille avec Athènes, Platon ne revoit l'île qu'en 366 av. J.-C., à l'initiative de Denys le Jeune, sérieusement décidé à faire évoluer la tyrannie en royauté constitutionnelle. Bref, une vraie tragédie grecque mêlant trahisons, meurtres et vengeances !
Ce n'est que bien plus tard, en 275 av. J.-C., que Hiéron II inaugure une période de prospérité et de paix... enfin ! Un astucieux système d'alliances lui permet d'échapper aux revers des batailles et à leurs conséquences dévastatrices, jusqu'au jour où Syracuse prend le parti de Carthage contre Rome et se retrouve assiégée.
Finalement, après 3 ans de siège, les Romains, profitant d'un simulacre de négociations, enfoncent la porte de la ville pour se livrer à un pillage en règle ; Syracuse ne s'en remettra jamais. Archimède passe l'arme à gauche au cours des combats. Mince consolation : il paraîtrait que c'est à la suite de cette guerre que Rome, ayant jeté son dévolu sur l'art grec, se mit à le copier à tour de bras !

Arriver – Quitter

– ***Important :*** il est préférable de prendre le bus pour visiter les villes ou sites avoisinants, car les trains sont rares. Par ailleurs, la côte entre Syracuse et Catane n'ayant aucun intérêt, autant prendre la nationale SS 114 ou l'autoroute. Il en va de même entre Syracuse et Noto. À noter que les routes via Palazzolo Acréide sont celles traversant les paysages les plus beaux et les plus sauvages (la SS 124 notamment), ce ne sont pas les plus courtes en revanche (mais vous êtes en vacances, que diable !).

Adresses utiles

- 1 Ufficio turistico regionale (zoom B2)
- 2 Ufficio turistico provinciale (zoom B3)

Où dormir ?

- 10 Lol Hostel (plan d'ensemble A2)
- 13 Siracusa Sweet Home (plan d'ensemble A1)
- 14 Piccolo Hotel Casa Mia (plan d'ensemble A2)
- 15 Lakkios Residence B & B (plan d'ensemble B1)
- 16 Caportigia Boutique Hotel (plan d'ensemble A2)
- 17 Grande Albergo Alfeo (plan d'ensemble A2)
- 18 B & B Vittoria (zoom B2)
- 19 Al Teatro B & B (zoom B3)
- 20 B & B Aretusa Vacanze (zoom B3)
- 21 Design 4 Rooms (zoom B2)
- 22 Palazzo Gilistro (zoom B2)
- 23 La Maison des Rêves B & B et Hotel Teocrito (plan d'ensemble A1)
- 24 Hotel Gutkowski (zoom B2)
- 25 Residence Hotel alla Giudecca (zoom B3)
- 26 Guest House Elettra (plan d'ensemble A1)

Où manger ? Où faire des achats gourmands ?

- 30 La Salumeria – Fratelli Burgio et Caseificio Borderi (zoom B2)
- 31 Sicily Fish & Chips (zoom B3)
- 32 Cala Piada (zoom B3)
- 33 Divino Mare (zoom B2)
- 34 Moon (zoom B3)
- 35 Sicilia in Tavola (zoom B2)
- 36 A Putia delle Cose Buone (zoom B2-3)
- 37 Darsena (zoom A2)
- 38 Archè (zoom B2)
- 40 L'Ufficio (plan d'ensemble A2)
- 41 Olivia Natural Bistrot (plan d'ensemble A1)
- 42 aLevante (zoom B3)

Où déguster une glace ?

- 60 Gelateria Belfiore (zoom A2)

Où boire un verre ?

- 30 La Salumeria – Fratelli Burgio (zoom B2)
- 32 Cala Piada (zoom B3)
- 34 Moon (zoom B3)
- 41 Olivia Natural Bistrot (plan d'ensemble A1)
- 50 Enoteca Solaria (zoom B3)
- 51 Caffeteria Cortile Verga (zoom B2)
- 52 Buvettes du foro Vittorio Emanuele II (zoom B2-3)
- 53 Tinkitè (zoom B3)

SYRACUSE – Plan d'ensemble

En bus

Autostazione *(gare routière ; plan d'ensemble A2)* **:** *corso Umberto I, à côté de la gare ferroviaire.* La plupart des trajets sont assurés par les compagnies ***Etna-Interbus*** *(• interbus.it •)* et ***AST*** *(• aziendasiciliana trasporti.it •). En raison de travaux, lors de votre visite, l'arrêt de bus sera peut-être encore transféré sur le Corso Umberto I, devant le jardin public (plan d'ensemble A2).*

➢ **Bus des plages :** le bus urbain n° 23 dessert ***Arenella, Isola della Maddalena, Terrauza*** et ***Lido Sacramento*** (5-10 bus/j.) ; les nos 21 et 22 vont à ***Fontane Bianche*** (env 3-4 bus/j.).

➢ ***Avola*** *(40 mn) et* ***Noto*** *(1h)* **:** env 6 bus/j. sauf dim avec *AST,* et 3-7 bus/j. avec *Etna-Interbus.*

➢ ***Marzamemi*** *(1h30)* **:** 3-5 bus/j. avec *Etna-Interbus.*

➢ ***Portopalo di Capo Passero*** *(1h45)* **:** 2-5 bus/j. avec *Etna-Interbus.*

➢ ***Palazzolo Acréide*** *(env 1h)* **:** env 10 bus/j. sauf dim avec *AST.*

➢ ***Modica*** *(2h40) et* ***Ragusa*** *(env 3h)* **:** 2 bus/j. sauf dim avec *AST,* via ***Ispica*** et ***Pozzallo.***

➢ ***Caltagirone*** *(2h40)* **:** env 2 bus/j. sauf dim avec *AST.*

➢ ***Catania*** *(1h30)* **:** env 8 bus/j. sauf dim avec *AST,* et 10-15 bus/j. avec *Etna-Interbus,* via l'***aeroporto di Catania-Fontanarossa.***

➢ ***Giardini Naxos*** *(2h30) et* ***Taormina*** *(2h40)* **:** 1 bus/j. avec *Etna-Interbus.*

➢ ***Palermo*** *(3h15)* **:** 2-3 bus/j. avec *Etna-Interbus.*

En train

Stazione *(gare ferroviaire ; plan d'ensemble A1-2)* **:** *piazzale della Stazione Centrale. • trenitalia.it •*

➢ ***Avola*** *(25 mn) et* ***Noto*** *(35 mn)* **:** env 7 trains/j. sauf dim.

➢ ***Ispica*** *(1h),* ***Pozzallo*** *(env 1h15),* ***Scicli*** *(1h30) et* ***Modica*** *(1h45)* **:** 5 directs/j. sauf dim.

➢ ***Ragusa*** *(2h10)* **:** env 4 directs/j. sauf dim.

➢ ***Gela*** *(3h20)* **:** env 2 directs/j. sauf dim.

➢ ***Catania*** *(env 1h10)* **:** 10 directs/j. De là, correspondance pour ***Taormina, Messina, Palermo...***

Circulation et stationnement

Le trafic automobile est fortement réglementé dans le centre historique d'Ortigia, classé *zona a traffico limitato (ZTL)* et surveillé par un réseau de caméras qui identifient les plaques d'immatriculation pour ensuite verbaliser ceux qui n'ont pas l'autorisation d'y circuler. Il est néanmoins possible de déposer les bagages à l'hôtel ou au *B & B* (si celui-ci est officiel !) en ayant – au préalable – transmis votre numéro d'immatriculation au réceptionniste. Pour garer ensuite sa voiture, le ***grand parking couvert Talete*** *(zoom B2 ; piazza C. Battisti, 3)* demeure la meilleure option du quartier *(tarifs : 1,50 € la 1re heure ; forfait 15 €/24h).* Mais ***attention,*** il faut le rejoindre en traversant le *ponte Umbertino (zoom B2),* puis prendre à gauche la via Trieste (ou la via Trento), car le *ponte Santa Lucia* se trouve déjà dans la ***ZTL.***

Autre possibilité : se garer dans la ville moderne où il suffit de s'éloigner légèrement pour trouver des emplacements gratuits...

Adresses et infos utiles

Ufficio turistico regionale *(zoom B2,* ***1****)* **:** *via Maestranza, 33, à* ***Ortigia.*** *☎ 0931-46-42-55. • visitsicily.info • Au fond de la cour à droite, dans un beau palais. Lun-sam 8h30-13h30, plus mer 14h45-17h45. Fermé dim.* Plans de la ville et de la région avec leurs points d'intérêt décrits en français, infos loisirs verts dans la région.

SYRACUSE – Zoom

Ufficio turistico provinciale (zoom B3, **2**) : *via Roma, 31, à* ***Ortigia.*** *☎ 800-05-55-00. • provincia.siracusa.it • Lun-sam 8h-20h, dim 9h30-18h30 ; horaires réduits hors saison.*

Hôpital : ***Ospedale Umberto I*** *(plan d'ensemble A1), via Testaferrata, 1. ☎ 800-01-30-09. Ou* ***Ospedale Rizza*** *(hors plan d'ensemble par A1), viale Epipoli, 72. ☎ 0931-72-41-11.*

Taxis (zoom B2) : *piazza Pancali, 1, à* ***Ortigia.*** *☎ 39-327-867-6185.*

Où dormir ?

Certes, Ortigia offre un cadre autrement plus romantique et séduisant pour dormir que la ville moderne. Toutefois, la dernière présente des avantages non négligeables : outre des prix souvent plus contenus, ceux qui ont une voiture apprécieront l'accès plus aisé et, surtout, de pouvoir se garer gratuitement (demandez conseil à votre hébergement). Du quartier de Neapolis, qui a aussi le mérite d'abriter un certain nombre de sites, Ortigia se rejoint en 15-20 mn à pied.

Côté ville moderne

Auberge de jeunesse

Lol Hostel *(plan d'ensemble A2,* **10**) : *via F. Crispi, 92-96. ☎ 0931-46-50-88. • info@lolhostel.com • lolhostel.com • Congés : janv-mars. Lits en dortoir (4-12 pers) 20-30 €. Café offert sur présentation de ce guide.* Sympa et propre, la seule AJ de Syracuse compte plus de 70 lits répartis dans des chambres et dortoirs avec casier, clim, minifrigo, 1-2 salles de bains selon la taille. À disposition : lave-linge, barbecue, grande cuisine, bar et agréable patio verdoyant pour prendre le soleil. Bon accueil.

De bon marché à prix moyens

Guest House Elettra *(plan d'ensemble A1,* **26**) : *viale Teocrito, 139. 📱 392-267-23-51. • info@elettrasr.com • elettrasr.com • À env 2 km d'Ortigia, mais tt près du parco archeologico. Au 4e étage (petit ascenseur). Doubles 50-65 €.* Dans un immeuble on ne peut plus neutre, des chambres nickel et accueillantes. Déco contemporaine un brin baroquisante, avec lit à baldaquin pour l'une, lustre à breloques pour une autre... Salles de bains assez étriquées, mais le rapport qualité-prix n'en demeure pas moins très bon.

Piccolo Hotel Casa Mia *(plan d'ensemble A2,* **14**) : *corso Umberto I, 112. ☎ 0931-46-33-49. • info@bbcasamia.it • bbcasamia.net • Doubles 60-94 € ; familiales.* À 5 mn à pied d'Ortigia, une vingtaine de chambres réparties sur 2 étages (ascenseur) et dans plusieurs ailes d'un bâtiment de caractère, reliées entre elles par un labyrinthe de couloirs et de coursives extérieures survolant un patio. Bien équipées, plus ou moins spacieuses, elles sont dotées d'un mobilier ancien ou moderne, et d'une vue sur la rue ou le patio. Si possible, préférez celles à l'étage, le rez-de-chaussée étant un peu humide. Accueil gentil et pro.

La Maison des Rêves B & B *(plan d'ensemble A1,* **23**) : *viale Teocrito, 71. ☎ 0931-68-459. 📱 320-178-34-16. • info@bblamaisondesreves.com • bblamaisondesreves.com • À env 1,5 km d'Ortigia. Au 3e étage (ascenseur). Doubles 50-90 €.* Le quartier et l'immeuble ne font certes pas rêver, mais les accueillants propriétaires s'emploient à ce que vous passiez de belles nuits chez eux : si certaines chambres sont un peu étriquées, dans l'ensemble, elles se révèlent confortables, soignées et élégantes. Et pour un réveil en douceur : un petit déj avec des gâteaux maison. Si la maison n'est pas tenue par des Français, tout le monde y parle notre langue.

Hotel Teocrito *(plan d'ensemble A1,* **23**) : *viale Teocrito, 71. ☎ 0931-24-944. • info@hotelteocrito.it • hotelteocrito.it • À env 1,5 km d'Ortigia. Doubles 70-100 €.* Peut-être nous maudirez-vous en arrivant devant cet hôtel situé au 1er étage d'un immeuble peu inspirant. Mais cet établissement fait très bien son travail. Intérieur à la déco classique, plutôt cosy, avec des chambres spacieuses et confortables, à défaut d'être modernes. Accueil lui aussi discret, mais très avenant et de bon conseil. Et puis chaque matin à 8h, vous aurez droit à l'étonnant carillon du santuario della Madonna delle Lacrime, juste en face !

De prix moyens à plus chic

■ ***Siracusa Sweet Home*** *(plan d'ensemble A1,* ***13****) : via L. Cadorna, 84. ☐ 393-170-95-50. Résa à l'avance conseillée. Apparts (2-4 pers) 70-110 €.* À 10 mn à pied d'Ortigia, cette petite maison abrite 5 appartements confortables. Déco moderne couleur taupe. Balcon pour celles situées aux 1er et 2e étages. Et 1 suite pour les amoureux avec lit à baldaquin et salle de bains vitrée. Nickel, même si un peu bruyant à cause de l'avenue très passante.

■ ***Lakkios Residence B & B*** *(plan d'ensemble B1,* ***15****) : via Sbarcadero Santa Lucia, 2b. ☎ 0931-46-54-68. ☐ 338-161-88-53. • info@lakkiosresidence.it • lakkiosresidence.it • Doubles 90-110 €. Café offert sur présentation de ce guide, ainsi que 10 % de réduc sur le prix de la chambre.* Amarrée face aux voiliers du *Porto Piccolo*, cette petite structure propose des chambres confortables et spacieuses (avec une sacrée hauteur de plafond pour la plupart d'entre elles). Déco élégante, vintage ou plus contemporaine, c'est selon. Les plus chères – à l'étage – donnent sur les haubans. La grande suite, quant à elle, bénéficie d'une petite cuisine. Bon accueil en français.

De plus chic à très chic

■ ***Caportigia Boutique Hotel*** *(plan d'ensemble A2,* ***16****) : viale Montedoro, 76. ☎ 0931-58-05-76. • info@hotelcaportigia.com • hotelcaportigia.com • ♿ Doubles 110-240 € ; petit déj 15 €.* À 5 mn à pied d'Ortigia, ce bel immeuble de caractère livre un hôtel aux chambres confortables, qui brillent par leur design sobre et discret, mais bien affirmé et parfaitement intégré aux vieilles pierres. Accueil pro.

■ ***Grande Albergo Alfeo*** *(plan d'ensemble A2,* ***17****) : via N. Bixio, 5 (angle via Malta). ☎ 0931-21-676. • info@alfeo.it • alfeo.it • ♿ Doubles 85-200 €.* Un hôtel idéalement placé et enveloppé d'une ambiance contemporaine savamment distillée dans une coquille ancienne. Distribuées autour d'un patio central, les chambres sont grandes, confortables et élégantes : belle hauteur sous plafond, mobilier contemporain clair et discret, grands voilages... Balconnet avec vue sur la rade pour certaines.

À Ortigia

Prix moyens

■ ***Al Teatro B & B*** *(zoom B3,* ***19****) : via Logoteta, 18. ☐ 379-124-67-37. • alteatrobb@outlook.it • bbalteatro.it • Doubles 60-100 €.* Un excellent petit *B & B* proposant des chambres pas très grandes, mais éclatantes de blancheur et de fraîcheur. Ensemble au calme, à la fois sobre et teinté d'une touche d'élégance. Accueil charmant.

■ ⛱ ***B & B Vittoria*** *(zoom B2,* ***18****) : via V. Mirabella, 18. ☎ 0931-46-21-19. ☐ 335-660-82-79. • mail@vittoriaflorio.it • vittoriaflorio.it • Ouv mars-oct. Doubles 59-74 € ; apparts (3-4 pers) également ; min 2 nuits en été. CB refusées.* *B & B* établi dans un *palazzo* du XVIIIe s. Il faut grimper au 1er étage pour découvrir ce bel endroit organisé autour de 2 jolies terrasses ombragées et parsemées de plantes vertes, où est servi le petit déj. Chambres tout confort, plutôt petites mais soigneusement meublées et décorées de toiles modernes colorées. Accueil sympa et pro.

■ ***B & B Aretusa Vacanze*** *(zoom B3,* ***20****) : vicolo Zuccalà, 1. ☎ 0931-48-34-84. • info@aretusavacanze.com • aretusavacanze.com • Studios (2 pers)*

LA SICILE BAROQUE

60-90 € ; familiales aussi ; min 2 nuits en août. On a un vrai faible pour cette dizaine de beaux studios et appartements tout confort, aménagés dans un édifice du XVIIIe s. Ceux du rez-de-chaussée sont plus sombres et plus bruyants, mais moins chers aussi. Les autres, dans les étages, se montrent plus lumineux, avec des couleurs claires et quelques toiles colorées sur les murs. Très bon rapport qualité-prix-accueil.

De prix moyens à plus chic

Palazzo Gilistro (zoom B2, **22**) : *via Amalfitania, 12. 331-865-08-35. • info@palazzogilistro.it • palazzogilistro.it • Congés : janv-fév. Doubles 90-120 € ; familiales également.* Dans une ancienne maison noble restructurée et appartenant à la même famille depuis des lustres, on ne peut qu'être séduit par les chambres vastes, confortables et aménagées avec élégance sur une gentille note contemporaine. Certaines avec balcon sur rue, et une seule – la plus chère – avec vue sur la mer par-dessus les toits. Service aux petits soins.

Hotel Gutkowski (zoom B2, **24**) : *lungomare di Levante, 26. ☎ 0931-46-58-61. • info@guthotel.it • guthotel.it • ♿ Doubles 75-150 €.* Nommé ainsi en hommage à un voyageur polonais, cet hôtel bien dans le goût d'aujourd'hui joue habilement avec le caractère des lieux et leur agencement plus ou moins biscornu. Les chambres, de taille variable mais nickel et tout confort, sont réparties dans 2 belles maisons anciennes du bord de mer. Les plus chères s'ouvrent sur la Méditerranée, alors que les autres, plus tranquilles, donnent sur des *cortili.* Et, au sommet des 2 bâtisses, jolies terrasses regardant l'azur. Accueil agréable en français. Fait aussi resto, le soir.

Residence Hotel alla Giudecca (zoom B3, **25**) : *via Alagona, 52. ☎ 0931-22-255. • allagiudecca@hotmail.com • allagiudecca.it • Studios (2 pers) 80-180 € ; également apparts 4 pers.* Au cœur de l'ancien quartier juif, dans 3 édifices anciens aux parties communes pleines de charme (patios fleuris...), une vingtaine d'élégants appartements, spacieux et confortables, souvent aménagés sur 2 étages, et la plupart avec terrasse privée. Vue sur la mer pour les plus chers. Le petit plus historique : au sous-sol se trouve le plus ancien *mikhwé* d'Europe, bain rituel juif, creusé dans la roche au Ve s (lire plus loin dans la rubrique « À voir »)...

Design 4 Rooms (zoom B2, **21**) : *via Trento, 20. 349-663-25-07. • sicanisrls@gmail.com • design4rooms.it • Doubles 85-120 € ; pas de petit déj.* Des chambres tout confort et joliment contemporaines : tons gris sobres jusque dans les salles de bains vitrées (sexy, non !?), rehaussés de quelques toiles colorées aux murs. Mon tout aménagé dans un appartement perché en haut d'un vieil immeuble, à 2 pas du fameux marché de Syracuse. Chaleureux salon commun et petite cuisine avec machine à *espresso.*

Où dormir dans les environs ?

B & B Dolce Casa : *via Lido Sacramento, 4, int. 5. ☎ 0931-72-11-35. 348-720-69-31. • contact@bbdolcecasa.it • bbdolcecasa.it • À env 4 km au sud de Syracuse par la SS 115, direction Noto (accès bus n°s 22 et 23). Doubles 65-85 €.* L'environnement de cette charmante villa, située à 5 mn en voiture de la plage, fait d'abord frémir (et pas de plaisir !). Rassurez-vous : vous l'oublierez une fois dans la maison qui se trouve très en retrait de la route, avec un beau jardin agrémenté de palmiers et de fleurs tout autour. Belles chambres bien équipées et proprettes. Les plus petites, vraiment étriquées, sont moins chères. Le meilleur plan : celle avec kitchenette, installée dans une dépendance du jardin. Gâteaux maison au petit déj. Accueil dynamique et souriant.

Où manger ? Où faire des achats gourmands ?

Dans Ortigia

Sur le pouce et bon marché

La Salumeria – Fratelli Burgio (zoom B2, **30**) : *piazza C. Battisti, 4. ☎ 0931-60-069. • lasalumeria@fratelliburgio.com • Tlj sauf dim 7h-15h30. Moins de 10 €.* Plébiscitée par les gastronomes locaux, cette épicerie fine regorge de gourmandises : marmelades, olives, huiles, vins, sauces, fromages, charcuterie, tomates séchées, on en passe et des meilleures ! La maison sert aussi des *taglieri* de charcuterie-fromage, et de succulents *panini* dont on choisit les ingrédients directement dans les alléchantes vitrines réfrigérées, miam, miam ! À accompagner d'un verre de vin sicilien – glou, glou ! – sur les quelques tables de la terrasse, bordée par les étalages hauts en couleur du marché.

Sicily Fish & Chips (zoom B3, **31**) : *via Roma, 123. 328-579-49-92. Tlj 11h-23h. Repas 10-12 €.* Pour un repas sur le pouce pas forcément diététique mais goûteux. Ici le *fish & chips* n'est pas un poisson frit, mais un assortiment de plusieurs petits poissons ultra frais. À moins que vous n'optiez pour le délicieux mix de légumes, frits eux aussi. Pour infos, les portions sont généreuses : à plusieurs, l'idéal est donc de partager. Tout ça à emporter ou à déguster avec une petite bière, posé à une des petites tables sommaires installées dans la rue.

Cala Piada (zoom B3, **32**) : *via Santa Teresa, 8. ☎ 0931-185-32-40. Tlj sauf jeu soir. Congés : janv-fév. Env 10 €.* On est séduit par cette petite cantoche de rue, en fait un petit local, et son agréable terrasse dans la ruelle, à l'ombre d'un vénérable palais. Spécialité de *piada,* cette crêpe locale garnie de jambon, fromage, légumes et autres goûteux ingrédients choisis, et même sucrés ! Aussi des salades, *taglieri* de charcuterie-fromage et de bons desserts maison. Le tout servi à prix doux et avec le sourire ! Bien aussi à l'heure de l'*aperitivo.*

Caseificio Borderi (zoom B2, **30**) : *via de Benedictis, 6. 329-985-25-00. • caseificioborderisr@gmail.com • Tlj 7h-16h, sauf dim. Moins de 10 €.* Bordée par la pittoresque cohue du marché, c'est la coqueluche des amateurs de *panini* ! Une foule impressionnante se presse devant cette épicerie fine dont les appétissants produits de qualité – les fromages maison sont portés avec fierté ! – garnissent de délicieux et copieux sandwichs préparés avec maestria ; à ce point, cela frôle même la performance (on ne voit pas tous les jours autant de gens filmer la confection d'un sandwich !).

De prix moyens à un peu plus chic

Sicilia in Tavola (zoom B2, **35**) : *via Cavour, 28. ☎ 093-146-42-52. 392-461-08-89. • info@siciliaintavola.eu • Tlj sauf lun. Congés : fév. Résa conseillée le soir. Repas 20-35 €.* Une institution locale de longue date ! Petite trattoria à la déco rustico-campagnarde, sous une vénérable voûte en pierre. Spécialité de pâtes fraîches, vraiment savoureuses. Et, pour suivre, de beaux poissons grillés... Ambiance sereine.

Moon (zoom B3, **34**) : *via Roma, 112. ☎ 0931-44-95-16. • info@moonortigia.com • Résa conseillée. Ts les soirs sauf mar. Congés : de mi-janv à mi-fév et de mi-nov à mi-déc. Repas 30-35 €.* *Moon* pour « *Move Ortigia Out of Normality* » et c'est vrai : si la carte propose les traditionnels *antipasti, primi* et *secondi,* en y regardant de plus près, on découvre des plats sortant réellement de l'ordinaire. Et pour cause : viandes, poissons, œufs et lait n'y ont pas droit de cité. Mais ce ne sont pas les papilles qui vont s'en plaindre : on leur promet la lune, et l'objectif est atteint ! D'autant plus que le service est attentif, pro, accueillant. On peut aussi venir là pour l'apéro.

Archè (zoom B2, **38**) : *via Trieste, 16. 333-182-70-91. • gasparelatina.gl@gmail.com • Tlj sauf mer. Repas 25-30 €.* Une cuisine traditionnelle bien préparée et à prix très raisonnables à déguster sur la terrasse ou dans une petite salle en pierres apparentes, dominée par de hautes poutres blanches d'où tombe une roue de charrette et de jolies ampoules de toutes formes. Un cadre plaisant et accueillant donc, à l'image du service.

Divino Mare (zoom B2, **33**) : *via Lanza, 10-12. ☎ 0931-181-02-09. • info@divinomare.it • Ouv le midi seulement, sauf dim (ouv le soir). Congés : nov-mars. Résa conseillée. Repas 25-35 €.* Fraîcheur garantie dans ce petit resto planté juste à côté du marché. Quelques plats du jour à l'ardoise, pour une cuisine simple tournée vers la mer. Gentille terrasse saupoudrée de plantes vertes.

A Putia delle Cose Buone (zoom B2-3, **36**) : *via Roma, 8. 334-352-45-85. • aputiadellecosebuone@gmail.com • Tlj 12h-23h. Repas 15-30 €.* Une adresse très touristique, mais qui propose une cuisine sicilienne classique et bonne, à dévorer dans une petite salle aux murs constellés de toiles colorées. Quelques tables en terrasse dans la ruelle.

De plus chic à très chic

aLevante (zoom B3, **42**) : *largo della Gancia, 5. ☎ 0931-24-226. • info@alevanteortigia.it • Tlj sauf mer. Résa conseillée le soir. Menu 25 € ; compter env 35 € à la carte.* Sur une agréable placette face à la mer, avec une jolie vue sur le château au loin (pour peu que le regard daigne jouer à saute-mouton sur les voitures garées devant !). Ici, le chef a décidé de s'affranchir des grands classiques et de travailler de la toque pour composer des plats qui sortent de l'ordinaire sicilien, en faisant la part belle aux poissons et en privilégiant les produits d'une grande fraîcheur. Toutes les propositions ne se valent pas, mais dans l'ensemble elles demeurent réjouissantes. Et, en dessert, le cheese-cake fait partie de ces gourmandises que l'on n'oublie pas.

Darsena (zoom A2, **37**) : *riva Garibaldi, 6. ☎ 0931-66-104. • direzione@ristorantedarsena.it • Tlj sauf lun, midi et soir. Repas 35-55 €.* Dans un coin paisible d'Ortigia – hors du flux touristique –, les baies vitrées de cette brasserie s'ouvrent sur une darse du port où sont amarrés quelques bateaux de pêche. Depuis plus de 50 ans, on y mijote poisson et *frutti di mare* de façon classique, et toujours selon la pêche du jour. Aussi quelques viandes pour les irréductibles... Beaucoup de familles du cru le dimanche, mais c'est un peu plus calme en semaine. Gentille terrasse sur le port.

Côté ville moderne

Olivia Natural Bistrot (plan d'ensemble A1, **41**) : *viale Teocrito, 18. ☎ 0931-61-364. • info@olivianaturalbistrot.it • Tlj sauf lun soir. Panino env 7 € ; repas 15-20 € ; pizza (le soir) env 10 €.* Stratégiquement située entre le musée et le parc archéologiques, c'est un peu l'adresse que l'on rêve de trouver : à toute heure de la journée, elle « fait le job » avec d'excellents cafés, de délicieuses *granite,* des en-cas à emporter, une assiette composée ou le *primo* du jour au déjeuner, à moins que l'on opte pour le généreux *panino* accompagné de sa salade. En début de soirée, c'est aussi parfait pour l'apéro ou une pizza. Le tout servi dans un cadre cosy et frais, avec tables individuelles ou à partager et petits arbres d'intérieur !

L'Ufficio (plan d'ensemble A2, **40**) : *via Tripoli, 17-19. ☎ 0931-96-29-18. • lufficioristorante.it • Ts les soirs sauf dim. Plats 12-25 € ; menus 35-50 €.* Bien aux antipodes du brouhaha touristique, on n'atterrit pas par hasard dans cet excellent resto de quartier. Cuisine ouverte sur une salle gentiment moderne et chaleureuse, flanquée d'une terrasse sur rue. À l'ardoise, une rafale de plats du jour inventifs et pleins de saveurs, mais pas vraiment copieux (vous voilà prévenu !) ; essentiellement à base de fruits de mer et de poisson hyper frais.

Où déguster une glace ?

Gelateria Belfiore (zoom A2, **60**) **:** *via L. Greco Cassia, 5.* • *belfiore.gelati@virgilio.it* • *Tlj sauf lun.* Des glaces artisanales maison concoctées avec des ingrédients triés sur le volet. Parmi les classiques, des parfums crémeux à se damner, et une foule de délicieux sorbets aux fruits de saison. Service tout en sourire et gentillesse.

Où boire un verre ?

Enoteca Solaria (zoom B3, **50**) **:** *via Roma, 86. ☎ 0931-46-30-07.* • *enotecasolaria@live.it* • *Tlj sauf dim.* Une œnothèque trentenaire où découvrir un large choix de vins siciliens à prix doux. Bouteilles à emporter et verres de vin à siroter en grignotant quelques *bruschette* et *taglieri* de charcuterie-fromage, installé à l'une des tables en bois brut posées au pied des rangées de bouteilles, ou en terrasse sur le trottoir.

Tinkitè (zoom B3, **53**) **:** *via della Guidecca, 61-63. 347-636-35-52. Tlj dès 18h.* Légèrement à l'écart de l'agitation, avec une agréable petite terrasse protégée par des plantes grasses, un endroit sympa où prendre l'apéro au milieu des habitués et des visiteurs de passage qui, comme vous, ont été attirés par l'aspect accueillant de ce bar à vins ! Cocktails à prix raisonnables, bières siciliennes. Quant à la salle, on a l'impression d'entrer dans un salon privé.

Caffeteria Cortile Verga (zoom B2, **51**) **:** *via Maestranza, 33. 333-168-32-12.* • *cortileverga@gmail.com* • *Tlj à partir de 17h (variable hors saison). Fermé de janv à mi-mars. Assiettes 10-25 €.* Charmant petit bar caché au fond de la cour d'un vieux *palazzo* (office de tourisme régional au rez-de-chaussée). Éclairée par des bougies, une terrasse intime et romantique à souhait ; le lieu idéal pour descendre cocktails, verres de vin et bières, que l'on peut accompagner d'une dînette : *bruschette*, salades, sandwichs... Bref, une belle adresse, un poil chic, décalée et loin de la foule.

Buvettes du foro Vittorio Emanuele II (zoom B2-3, **52**) **:** *en été seulement.* Un lieu sympa pour siroter au soleil couchant sur ce quai bordé de ficus, où les yachts s'alignent comme à Saint-Trop' !

Voir aussi plus haut dans la rubrique « Où manger ? Où faire des achats gourmands ? » : ***La Salumeria – Fratelli Burgio*** (zoom B2, **30**), ***Cala Piada*** (zoom B3, **32**), ***Moon*** (zoom B3, **34**) et ***Olivia Natural Bistrot*** (plan d'ensemble A1, **41**).

LA SICILE BAROQUE

À voir

Dans Ortigia

Prenez votre temps et faites tout à pied ! La balade dans les ruelles, où pratiquement toutes les maisons ont une particularité, est vraiment extraordinaire ! La *via Vittorio Veneto (zoom B2)*, juste en retrait du front de mer, présente une magnifique succession de façades de palais aux portails et balcons sculptés, comme celle du ***palazzo Bongiovanni*** *(zoom B2 ; via Mirabella, 55 – angle via V. Veneto).* Autre bel édifice à ne pas manquer dans le coin : le monumental ***palazzo Impellizzeri*** *(zoom B2-3 ; via Maestranza, 99)*, occupé par les services culturels de la ville. Sa façade est ornée de masques de lions, aigles coiffant le portail et corniche de toit avec de gros moustachus ! Promenez-vous le soir aussi, lorsque les monuments sont illuminés ; la balade est fantastique, surtout du côté de la fastueuse place ovale du *duomo*, superbement mise en lumière et piétonne. Coup d'œil encore au ***palazzo Beneventano del Bosco*** *(zoom B3)*, face au *municipio*... Attention tout de même aux *scippatori* (pickpockets), qui apprécient ce quartier très fréquenté pour opérer.

Museo del Papiro Corrado Basile (musée du Papyrus ; zoom B3) : *via Nizza, 14 (dans l'ex-convento di Sant'Agostino). ☎ 0931-22-100. • museodelpapiro.it • Tlj sauf lun : mai-sept, 10h30-18h (14h dim) ; oct-avr, 10h-14h. Dernière entrée 1h avt. Entrée : 5 € ; réduc.*
Intéressant petit musée privé entièrement dédié au *Cyperus papyrus,* plante introduite en Sicile vers 250 av. J.-C., et précisément sur la rivière Cyané, à 1 km au sud de Syracuse. L'expo est consacrée aux différentes applications du papyrus, de l'époque des pharaons à celle de Saverio Landolina, un Sicilien qui, au XVIIIe s, revalorisa l'utilisation de cette plante pour la fabrication du papier (dont le nom dérive justement de *papyrus*)...

Tempio di Apollon (ruines du temple d'Apollon ; zoom B2) : *largo XXV Luglio, à l'extrémité est de la piazza E. Pancali.* Quelques vestiges de ce qui fut le 1er temple dorique de Sicile (VIe s av. J.-C.) : bases de colonnes trapues, fragments de murs... Au final, peu d'objets, mais quand même impressionnant !

Mercato (marché ; zoom B2) : *via Trento, entre la piazza E. Pancali (au sud) et la piazza C. Battistti (au nord) ; de part et d'autre du marché couvert (antico mercato). Ts les mat sauf dim.* Un vrai petit bonheur que de parcourir cette rue aux étalages colorés débordant de fruits, de légumes, d'épices, de poissons, de vie, quoi ! Et ici, les lieux pour manger sur le pouce ne manquent pas.

Piazza Archimede (zoom B2) : bordée d'anciens palais. Au n° 29 se trouve le ***palazzo Lanza*** (XVe s), le plus ancien, affichant un certain charme dans la décrépitude de sa façade... Cette place demeure le salon mondain de la ville, *il salotto buono.* Au centre, superbe fontaine avec naïades et sirènes chevauchant des tritons. Alors qu'en face le *Banco di Sicilia* trône dans un édifice corpulent.

ARCHI DOUÉ !

Un savant génial s'illustrait alors : Archimède est le créateur de la célèbre « pince », une sorte de grue géante qui agrippait les bateaux romains pour les hisser partiellement hors de l'eau avant de les laisser retomber avec fracas ! Les historiens se demandent encore à quoi elle ressemblait exactement. Il mit aussi au point des catapultes fort efficaces et, à en croire la légende, des miroirs géants qui mettaient le feu aux voiles de la flotte ennemie depuis la côte...

Duomo (zoom B3) : *piazza Duomo. • kairos-web.com • Tlj sauf dim 8h30-18h30 (9h-17h30 en hiver). Entrée : 2 € ; réduc. Audioguide (30 mn) en français : 3 €.*
Son incroyable mélange de styles lui confère une grande originalité. Quand la façade normande s'effondra, à la suite du séisme de 1693, on la remplaça par une architecture baroque massive mais fort altière. L'intérieur, imprégné d'une atmosphère mystique, est exceptionnel et dégage une grande solennité : en effet, l'église fut édifiée directement dans un temple dorique, lui-même construit au Ve s av. J.-C. en l'honneur d'Athéna, grâce au butin ramassé lors de la victoire des Syracusains sur les Carthaginois en 480 av. J.-C. Et ses massives colonnes sont toujours là, encastrées dans les murs, de chaque côté de la nef ; étonnant ! On peut aussi voir des traces architecturales de l'époque byzantine et de l'ère musulmane, lorsque le sanctuaire fut transformé en mosquée... Beau plafond à caissons en bois peint, très haut au-dessus de la nef principale. Ne pas manquer le baptistère normand du XIIIe s (à droite en entrant), les bénitiers (2 anges de marbre soutenant une vasque) et les 2 chaires, dont les colonnettes reposent sur des lions en marbre, comme souvent en Toscane... Dans la chapelle de droite : reliquaire avec des ossements de sainte Victoire et, au fond, crucifix du XIIIe s. Dans la chapelle de gauche : une statue en marbre de la *Madonna della Neve* (VIe-IXe s). Bref, une visite émouvante malgré le nombre de visiteurs. Venir plutôt de bon matin.

Sur la droite du *duomo,* une porte mène à l'***Ipogeo*** *(zoom B3 ; piazza Duomo ; ouv seulement en cas d'expo temporaire ; entrée : env 5 €),* 16 m sous terre. Il s'agit là en fait d'une ancienne carrière grecque, exploitée jusqu'à la période espagnole... Si elle alimenta en blocs de pierre la construction du *duomo,* ses salles et galeries – qui débouchent sur le port – furent transformées en abri antiaérien pendant la 2de Guerre mondiale, pouvant accueillir jusqu'à 3 800 personnes !

Chiesa di Santa Lucia alla Badia *(zoom B3) :* *piazza Duomo. Tlj sauf lun 11h-16h.* Petite église joliment baroque d'Ortigia qui a eu son heure de gloire quelque temps puisqu'elle accueillit la célèbre toile du **Caravage** (1573-1610) *L'Enterrement de sainte Lucie,* patronne de la ville, réalisée en 1608, alors que le sulfureux peintre venait de fuir Malte... En 2020, ce tableau a regagné la *basilica di Santa Lucia al Sepolcro* de Neapolis, son église d'origine (voir plus bas).

Fonte Aretusa *(fontaine d'Aréthuse ; zoom B3) :* c'est d'abord une curiosité géologique que cette source d'eau douce à quelques mètres de la mer ! Aujourd'hui, à l'ombre d'un papyrus, quelques canards disputent aux oies les maigres bouts de pain que leur lancent les promeneurs compatissants !

On atteint ensuite le ***foro Vittorio Emanuele II*** *(zoom B3),* un quai bordé de ficus, où s'alignent les yachts. En été, quelques buvettes sympa pour siroter au soleil couchant...

Castello Maniace *(zoom B3) :* *pazza F. di Svevia. En été, tlj 8h30-19h30, sauf lun ap-m ; horaires plus restreints hors saison. Dernière entrée 45 mn avt. Entrée : 7 € ; réduc.* Dressée à la pointe sud d'Ortigia, cette forteresse de l'époque de Frédéric II porte le nom du général byzantin qui reconquit la ville aux Arabes en 1038... Il s'agit d'une construction carrée de 51 m de côté avec une tour circulaire à chaque angle. La position stratégique de ce *castello,* construit entre 1232 et 1240 avec l'aide de nombreux artisans musulmans (payés pour l'occasion), attira la convoitise de ceux qui voulaient annexer la Sicile à travers les siècles. Angevins, Aragonais croisèrent le fer en ces lieux, avant que le château central ne serve de prison au XVe s. En 1704, une explosion de la poudrière en atomisa une bonne partie. Une fois reconstruit, le *castello* regagna sa vocation militaire sous Napoléon... À l'intérieur, belle salle à colonnes soutenant des voûtes gothiques. Et, à l'extérieur, un ***antiquarium*** regroupant quelques éléments d'architecture et une foule de céramiques mises au jour *in situ,* comme ces curieuses grenades à main vernissées du XVIe s... La visite vaut aussi pour le panorama, mais encore faut-il réussir à hisser le nez au-dessus des solides murailles !

Galleria regionale di Palazzo Bellomo *(zoom B3) :* *via Capodieci, 16. ☎ 0931-69-511. Tlj sauf lun 9h-19h (13h30 dim et j. fériés). Dernière entrée 30 mn avt. Entrée : 8 € ; réduc ; gratuit le 1er dim du mois ; billet combiné avec le parco archeologico della Neapolis 13,50 €. Audioguide (1h) en français : 3 €.*
Ce palais a été érigé à l'époque souabe, au XIIIe s, puis agrandi et, surtout, surélevé au XVe s. La visite commence par le patio orné des armoiries et blasons d'aristocrates sculptés dans le marbre, pièces rescapées du tremblement de terre de 1693. Voir notamment le blason du roi Charles II, impressionnant par sa taille. Sur le côté, dans une salle vitrée, plusieurs carrosses...
Au rez-de-chaussée, des éléments d'architecture délicatement sculptés, un sarcophage du VIe s, un fragment de mosaïque avec des lions dorés, une jarre gravée des XIe et XIIe s, sur laquelle on notera l'influence arabe. Également quelques bois des XIVe et XVe s, dont un remarquable polyptyque de l'école syracusaine. L'influence aragonaise se fait sentir avec la tombe en marbre de Carrare d'Eleonor Branciforte (1525).
À l'étage, on est accueilli par un plan en relief en bois de Syracuse, réalisé au XVIIIe s. Puis, posée sur chant, la pierre tombale d'un chevalier (XVe s), avec sur une face le preux raidi avec son épée entre les jambes, et, sur l'autre, la Vierge avec le Christ mort sur ses genoux. Juste à côté une *Madone allaitant,* de Gagini (XVe s). Plus loin, superbe *Annonciation* d'Antonello da Messina (1474), en provenance de la chiesa dell'Annunziata de Palazzolo Acréide. Puis superbe sarcophage de Giovanni Cardinas, sculpté en 1506 par Gagini. Et dans la salle carrée,

un très étrange ex-voto du virtuose de la cire Gaetano Giulio Zumbo (1656-1701), représentant une scène de la peste (notez les petits rats qui dévorent les cadavres, un scorpion, un margouya) dans une petite boîte en bois. À côté, une étonnante tête du Christ en cire et le *Martyre de sainte Lucie* de Mario Minniti (1577-1640), sans oublier quelques huiles sur toiles de Costantino Carasi (XVIIIe s)... Vraiment un bel endroit. Contrairement au Musée archéologique, les œuvres sont bien présentées et en nombre suffisamment contenu pour que l'on prenne le temps et le plaisir de contempler chacune d'entre elles.

★ ***Mikhwé*** *(zoom B3)* **:** *dans l'Hotel Résidence alla Giudecca, via Alagona, 52. ☎ 0931-22-255. Visite guidée sur résa.* Les travaux de restauration de l'édifice ont révélé un puits grec et, derrière un mur, un escalier bouché, entièrement taillé dans le roc. Une fois dégagé, ils ont mis au jour le plus ancien *mikhwé* d'Europe : un bain rituel juif, aménagé sur le site même d'une source, où les femmes se rendaient pour se purifier après un accouchement ou les menstruations. En tout, 3 bains sont creusés dans la salle principale et 2 autres dans de toutes petites pièces latérales, sans doute réservées aux personnes les plus influentes de la communauté.

★ 👪 ***Opera dei Pupi*** *(théâtre de marionnettes ; zoom B3)* **:** *via della Giudecca, 22. ☎ 0931-46-55-40. • pupari.com • Tlj sauf dim 11h-13h, 15h-19h. Horaires des spectacles (env 50 mn) variables. Entrée : 10 € ; enfant 6 €.*
Très populaire en Sicile, la tradition des marionnettes est aussi réputée à Syracuse ! En général, elles racontent avec poésie des histoires de chevaliers, leurs batailles, leurs conquêtes, leurs amours... Pourquoi ne pas assister à un spectacle ?!
Et juste en face du théâtre, on peut jeter un coup d'œil à l'***atelier*** *(via della Giudecca, 17-19),* où plusieurs artisans soigneux donnent vie aux fameux *pupi.* Puis, à 2 pas de là, ne manquez pas non plus le ***museo dei Pupi*** *(zoom B3 ; via della Giudecca, 1 ; ☎ 0931-199-55-31 ; • museodeipupisiracusa.it • ; tte l'année, sauf de mi-janv à fév, tlj sauf dim 11h-13h, 15h-19h ; entrée : 3 €, enfant 2 €, billet combiné avec spectacle 10,50 € adulte, 6 € enfant)* abritant la collection de marionnettes anciennes de la famille Vaccaro Mauceri, qui anime le théâtre depuis plusieurs générations. Le musée n'est pas grand, mais un réel effort est fait pour expliquer la passion des frères qui créèrent le théâtre et ses marionnettes, et l'histoire des lieux (textes en français).

Dans Neapolis

Petite mise en garde : Syracuse n'est pas Agrigente. Nul temple dorique dressé sur une crête épousant la lumière du soir, seulement des ruines éparses, dans une ville neuve pas très glamour.

★ ***Santuario della Madonna delle Lacrime*** *(plan d'ensemble A1)* **:** *viale Teocrito, via del Santuario et via L. Cadorna. • madonnadellelacrime.it • Accès bus n° 2 depuis le parking du molo Sant'Antonio (plan d'ensemble A2). Tlj 7h30-12h30, 16h-19h30.* En 1953, un tableau de la Vierge se serait mis à verser des larmes ! Il n'en fallut pas plus à 2 architectes français pour édifier ce sanctuaire étonnant, un vaisseau spatial détonnant à la gloire du béton armé ! Se mettre au centre du Cône, lever les yeux et savourer une pluie de larmes de lumière en profitant du calme... et de la fraîcheur. Petit musée sur place. Et dans la crypte, jetez aussi un coup d'œil à la salle des ex-voto et son amoncellement de corsets et de béquilles... ambiance !

★★★ ***Museo archeologico regionale Paolo Orsi*** *(plan d'ensemble A1)* **:** *viale Teocrito, 66. ☎ 0931-489-51-12. Accès bus n° 2 depuis le parking du molo Sant'Antonio (plan d'ensemble A2). Tlj sauf lun 9h-18h (14h dim et j. fériés). Dernière entrée 1h avt. Entrée : 10 € ; billet groupé avec le parco archeologico della*

Neapolis : 13,50 € (valable 3 j.) ; réduc ; gratuit moins de 18 ans, et pour ts le 1er dim du mois. Audioguide en français (visite env 1h45) : 5 € (dans le musée, texte en italien et en anglais).

On vous prévient, nombre de pièces magnifiques sont ici rassemblées, mais la visite est extrêmement dense et la présentation, qui se veut pédagogique, n'est pas forcément très fun (ni très digeste). Les passionnés parcourront donc le musée de bout en bout. Les autres pourront s'inspirer de la sélection des œuvres à ne pas manquer, signalées sur les écrans à l'entrée des différentes sections. Grosses collections préhistoriques : du Paléolithique (silex, ossements), du Néolithique et de l'âge du bronze (outils, armes, bijoux, élégantes jarres funéraires de Pantalica, étonnantes dalles funéraires en relief évoquant de manière très stylée... l'acte sexuel !). Puis une énooooorme section grecque avec de très beaux vases attiques (Ve s av. J.-C.) prestigieux, de petites statuettes fines en céramique, des amphores de taille impressionnante, d'innombrables statuettes de Déméter et Coré, sans oublier quelques statues uniques au monde, comme cette fameuse statue de la *Vénus de Landolina,* un *Kouros de Lentini,* une *Dea Madre* (Sainte Vierge) allaitant 2 enfants, et puis cette *Vénus Anadyomène sortant de l'eau,* copie romaine d'une statue de la période hellénistique qui séduisit Guy de Maupassant... À l'étage, statuaire et mosaïques romaines de très belle facture et, pour finir : le célèbre sarcophage d'Adelfia, magnifiquement ciselé de scènes bibliques. Aussi une belle collection numismatique *(mar-sam 9h30-13h30 – mer jusqu'à 17h30 ; dernière entrée 30 mn avt).*

Chiesa e catacombe di San Giovanni *(plan d'ensemble A1)* **:** *via San Sebastiano. • kairos-web.com • Accès bus no 2 depuis le parking du molo Sant'Antonio (plan d'ensemble A2). Juil-août, tlj 10h-13h, 14h30-18h ; mars-juin et sept-oct, tlj 9h30-12h30, 14h30-17h30 ; nov-fév, tlj sauf lun 9h30-12h30, 14h30-16h30. Fermé janv. Visite guidée obligatoire (30-40 mn) en italien et en anglais : 8 € ; réduc.*

Sous les ruines de la ***chiesa di San Giovanni*** – toute 1re église de Syracuse (VIe s) –, voici d'intéressantes et vastes catacombes taillées dans la roche calcaire, et qui demeurent bien fraîches, même pendant les grosses chaleurs estivales. Ces tombes remontent aux IVe et Ve s, à l'époque des 1ers martyrs chrétiens. La chambre funéraire la plus célèbre est celle appelée ***rotonda di Adelfia,*** où l'on a retrouvé un beau sarcophage de facture romaine daté du IVe s et gravé de scènes bibliques (exposé au *Museo archeologico* ci-avant)...

Les ossements furent retirés des *loculi* pendant la 2de Guerre mondiale et placés dans une fosse commune, le lieu devant servir alors d'abri antiaérien ! La visite guidée permet d'accéder également, sous la basilique, à la ***crypte de San Marciano*** (le 1er évêque de Syracuse), dans laquelle saint Paul aurait prêché (mais où n'a-t-il pas répandu la bonne parole dans l'Est méditerranéen, celui-là ?!). Quant à l'église, qui doit sa très belle rosace aux Normands, elle a perdu son toit lors du tremblement de terre de 1693. Cela ne l'empêche pas d'être toujours consacrée et que des mariages y soient encore célébrés.

Basilica e catacombe di Santa Lucia al Sepolcro *(plan d'ensemble B1)* **:** *piazza Santa Lucia. ☎ 0931-64-694. • kairos-web.com • Ouv seulement sur résa. Visite guidée (40 mn) en italien ou en anglais : 8 € ; réduc ; billet combiné avec les catacombes di San Giovanni 10 €.*

Construite à l'époque byzantine (VIe s), à l'endroit même où sainte Lucie, la vierge de Syracuse, aurait subi son martyre en 303. Cette église doit sa forme actuelle aux Normands (XIIe s), quand bien même elle fut restaurée après le tremblement de terre de 1693 et dotée d'une galerie extérieure à colonnade. À l'intérieur, un crucifix du XVe s et, à côté du presbytère, la colonne de granit près de laquelle Lucie se serait fait martyriser. Vierge issue d'une riche famille romaine, elle préféra se convertir au christianisme et donner tous ses biens aux pauvres que de se marier. Elle fut dénoncée aux autorités par son fiancé dépité...

Juste à l'extérieur, sur la place, une ***chapelle baroque octogonale*** (accès par le sous-sol de la basilique) édifiée en 1630 abrite la tombe de la sainte, mais pas son corps. Après avoir transité par Constantinople, il repose désormais à Venise. À en croire l'inscription en latin au-dessus du tombeau, le peuple de la ville attend toujours son retour... C'est en ce lieu qu'est de nouveau accroché depuis 2020 le tableau du **Caravage** *L'Enterrement de sainte Lucie,* qui avait été prêté pendant quelques années à la *chiesa di Santa Lucia alla Badia,* à Ortigia, près du *duomo.* Sous la basilique, ces immenses ***catacombes*** chrétiennes – creusées dès le IIIe s à partir d'un ancien système hydraulique grec – figurent parmi les plus grandes et les plus anciennes de Sicile, et leurs galeries plongent bien en dessous du niveau de la mer ! On n'en visite qu'une infime partie. Plus de sépultures, mais seulement des excavations et 2 crânes pour l'ambiance ; les ossements ayant été évacués pendant la 2de Guerre mondiale pour servir d'abri antiaérien aux habitants du quartier ! Sur l'une des voûtes, une fresque byzantine (VIIIe s), en partie effacée, dessine une croix encadrée par les visages des 40 martyrs chrétiens de Sébaste (Turquie). À l'époque, tous les sarcophages étaient recouverts de fresques.

MISE EN ABYME

En creusant les catacombes de Santa Lucia pour y enterrer leurs martyrs, les 1ers chrétiens mirent au jour une salle de culte païen ornée de fresques (elle ne se visite pas). Séduits, ils décidèrent de les conserver en l'état, en prenant tout de même soin de gommer les visages et surtout les parties génitales des personnages peints. Une religion si jeune et déjà si prude...

Latomia dei Cappuccini *(plan d'ensemble B1) : largo della Latomia.* ***Actuellement fermé pour une durée indéterminée, en raison d'un problème de sécurité.*** Dans ces anciennes carrières, les plus vieilles de la ville (VIe s av. J.-C.), 7 000 prisonniers athéniens furent enfermés après leur attaque ratée de la cité en 413 av. J.-C., et périrent de froid et de faim. Et le lieu est devenu, au fil du temps, un véritable labyrinthe ponctué de voûtes naturelles et de cavités, cerné par une végétation luxuriante et fraîche, fruit de 300 ans de labeur des moines capucins qui cultivaient ici leur potager. Également un beau point de vue sur ces carrières depuis l'hôtel *Villa Politi,* juste à côté. Une visite étonnante !

Parco archeologico della Neapolis *(hors plan d'ensemble par A1) : via Paradiso. Accès bus n° 2 depuis le parking du molo Sant'Antonio (plan d'ensemble A2). À 10 mn à pied du Musée archéologique. Tlj ; juil-août et 1re quinzaine de sept 8h30-19h30 ; mai-juin et 2de quinzaine de sept, grosso modo 8h30-19h ; le reste de l'année, ferme env 1h avt le coucher du soleil ; dernière entrée 1h avt. Entrée : 13 € ; billet groupé avec le museo archeologico regionale Paolo Orsi : 18 € (réduit 9 €), valable 3 j. ; réduc ; gratuit moins de 18 ans, et pour ts le 1er dim du mois. Audioguide en français : 5 €.*
– ***Important :*** sachez que le *théâtre grec* – site majeur du parc – est recouvert, en été, par les installations techniques du festival de tragédies classiques, qui défigurent quelque peu le lieu ! Impossible alors d'accéder à la scène ni même aux gradins...
– ***L'église San Nicolò dei Cordari*** *(XIe s)* **:** des centaines de corps y ont été enterrés durant la grande famine qui frappa la ville en 1672. On peut voir un squelette à travers le plancher en partie vitré.
– ***L'amphithéâtre romain :*** l'un des plus grands d'Italie. Il conserve une certaine unité avec ses gradins envahis par les herbes folles. À l'époque, certains spectateurs achetaient un siège et y faisaient graver leur nom, disposant ainsi d'une sorte d'abonnement à vie !
– ***L'autel d'Hiéron II :*** mesurant initialement 198 m sur 23, il n'en reste plus aujourd'hui que la plate-forme taillée dans le roc qui lui servait de base. Ça donne quand même une sacrée idée de son importance, vu qu'on y sacrifiait pour Zeus plusieurs centaines de bœufs !

– ***Le théâtre grec :*** le plus vaste de la Sicile et l'un des plus grands du monde grec ! Creusé dans le roc autour du Ve s av. J.-C., il mesure 138 m de diamètre et pouvait accueillir jusqu'à 15 000 spectateurs. Euripide et Eschyle y virent jouer leurs pièces, et des spectateurs célèbres honorèrent ces lieux : Archimède, Platon, Pindare et Sapho, la poétesse de l'amour. Sur les murs de chacun des 9 secteurs sont gravés les noms de personnalités, dont celui de Hiéron lui-même, de sa femme et de Zeus. Les lettres sont encore visibles. Les Espagnols y installèrent plus tard des moulins à eau. Celle-ci arrive par la grotte Nymphée au-dessus des gradins, vers où elle est acheminée par un aqueduc.

– ***Les latomies :*** du grec *litos* (pierre) et *temnos* (taille). Ces anciennes carrières fournissaient les blocs de pierre pour la construction des temples, des fortifications et des palais. La ville en comptait 8. Certaines servirent plus tard de prison (lire plus haut « Latomia dei Cappuccini »), ensuite de lieu de culte païen puis chrétien... Ici, la voûte qui recouvrait la mine s'est écroulée lors d'un tremblement de terre, formant ce vaste cratère désormais occupé par un parc botanique touffu, où poussent agrumes et bambous. Dans les parois du cratère s'enfoncent encore 2 latomies intactes, des tunnels creusés à la force des bras. Seul se visite le fameux ***Orecchio di Dionisio*** (l'Oreille de Denys), une cavité tonitruante de 65 m de long et 23 m de haut. Faites comme tout le monde, allez vous égosiller à l'intérieur !

L'OREILLE EN COIN

La plus connue des latomies (carrières) de la zone archéologique de Syracuse a été surnommée l'« Oreille de Denys » par le peintre le Caravage lorsqu'il visita la ville en 1608. Pourquoi ? Parce qu'elle a la forme d'un immense pavillon. Mais aussi, dit-on, car son acoustique est telle que Denys, tyran de Syracuse, pouvait écouter de loin les discussions des prisonniers qui y travaillaient...

À faire

➢ ***Excursion en bateau :*** *à partir du Porto Grande (zoom A2), face au Grand Hotel Ortigia et un peu partout autour du port.* Balade en bateau qui fait le tour d'Ortigia *(1er départ en général à 9h, dernier à 19h ; durée 40 mn ; 10 €/pers env, mais tt se négocie !).* Également une sortie combinée avec les grottes marines et arrêt baignade, soit au niveau du chateau, soit aux grottes *(durée 1h15 ; 15 €/pers).*

Baignade

Eh oui, on peut se baigner à Ortigia, sur le grand rocher devant le ***forte Vigliena*** *(zoom B3),* auquel on accède par escaliers et passerelles ; ou plus au sud sur la plagette de sable grossier de ***Cala Rossa*** *(zoom B3).* Sinon, on peut se rendre à ***Arenella,*** une plage de sable accessible avec le bus no 23. Mais la vraie plage à Syracuse, c'est ***Fontane Bianche*** (à mi-chemin sur la route d'Avola par la SS 115 ; accès bus nos 21 et 22). Mais n'espérez pas trouver là une plage de rêve ! On peut aussi aller faire trempette du côté de la ***peninsula della Maddalena,*** qui ferme le sud de la baie de Syracuse, à ***Lido Sacramento,*** et dans les rochers de ***Plemmirio*** et de ***Terrauzza*** (accès bus no 23). Sinon, toujours sur cette péninsule, face à Ortigia, la ***punta della Mola*** est croquée de jolies criquettes, fréquentées par quelques rares connaisseurs...

Fêtes et manifestations

– ***Festival de tragédies classiques :*** *chaque année, dans le théâtre antique, mai-juil.* • *indafondazione.org* • Spectacles de qualité pour cette manifestation qui existe depuis plus de 50 ans !

– ***Fêtes et procession de Santa Lucia :*** *1er dim de mai et 13 déc (fête patronale).* On attribue à la sainte patronne de la ville un miracle : celui d'avoir fait tomber du ciel, en 1646, des centaines de cailles, alors que la ville souffrait de la famine (*Ortigia,* en grec ancien, veut justement dire « caille », il était temps qu'on vous le dise !)... Lors de la fête patronale, la statue en argent de la sainte, haute de 3,70 m (pour 1,3 t !), est portée en procession du *duomo* d'Ortigia à la *basilica Santa Lucia al Sepolcro* de Neapolis. Et elle revient la semaine suivante !

– ***Ortigia Film Festival :*** *1 sem mi-juil.* Festival cinématographique à l'occasion duquel on peut assister, le soir, à des projections en plein air de films sous-titrés en anglais, notamment sur la place entre le *municipio* et le *duomo (zoom B3).*

DANS LES ENVIRONS DE SYRACUSE

Castello Eurialo *(hors plan d'ensemble par A1) : à 8 km au nord-ouest de Syracuse par la SP 46. ☎ 0931-71-17-73. Prendre la via Epipoli pour Belvedere. Accès : bus nos 11, 25 et 26 (25 mn). Tlj : avr-sept 9h-19h30 ; ferme plus tôt le reste de l'année. Entrée : 4 € ; réduc ; gratuit moins de 18 ans.*

Il s'agit des ruines du château de l'ancienne fortification grecque, construite par Denys l'Ancien entre 402 et 397 av. J.-C. pour protéger Ortigia. Il fit alors ériger une immense muraille de 10 m de haut sur 3 m de large et 27 km de long (les *mura dionigiane*), qui entourait la colonie grecque en passant sur les collines d'Epipoli. À juste titre, ce *castello* est considéré comme l'une des plus belles et des plus complètes œuvres militaires à mettre au crédit des Grecs ! Pour sa réalisation, il fallut 60 000 hommes et 6 000 paires de bœufs ! Ces ouvrages furent améliorés 100 ans plus tard par Agathocle, qui fit agrandir la forteresse sur la colline et creuser de nombreux fossés et tunnels dont on aperçoit les restes. C'était l'une des plus importantes forteresses de l'Antiquité. Le nom d'Eurialo trouve son origine dans celui du lieu (« tête de clou »). Selon Diodore de Sicile, c'est de là qu'Archimède incendia les navires romains avec son miroir géant... Beau panorama... on voit même le complexe pétrochimique !

LA SICILE IONIENNE

CATANIA (CATANE)

(95100) 313 000 hab.

• Plan *p. 312-313*

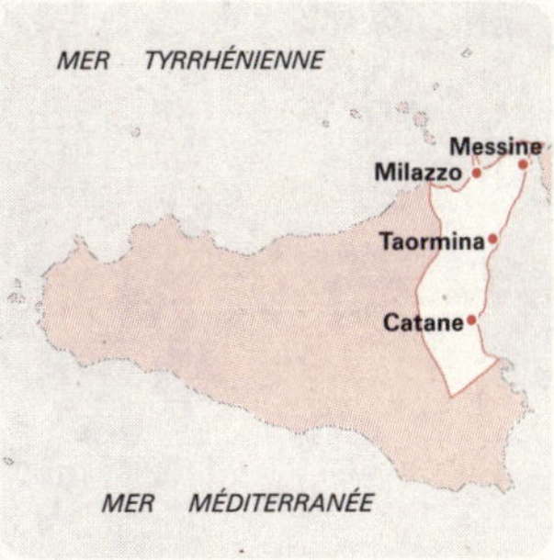

« Lorsque le volcan éternue, Catane tremble », affirme un dicton populaire ! Depuis sa fondation en 728 av. J.-C. par des colons grecs de Chalcis, la cité vit au rythme des humeurs de l'Etna. Détruite à plusieurs reprises par de terribles tremblements de terre et d'infernales coulées de lave, elle est reconstruite avec panache par l'architecte Giovanni Battista Vaccarini consécutivement au désastre qui ébranle la Sicile du Centre en 1693. Toutefois, en dépit de ce passé douloureux, Catane, l'*Atene Sicula* (l'Athènes sicilienne), demeure un véritable creuset d'art et de culture, et ne cesse de damer le pion à ses rivales ! À l'origine, le *Siculorum Gymnasium,* créé en 1434 par Alphonse le Magnanime, s'impose comme la 1re université de l'île. Dès lors, la ville intègre et véhicule toutes sortes d'idées nouvelles, à tel point que les Siciliens – et plus particulièrement les Palermitains – prétendent encore aujourd'hui que Catane n'est pas des leurs et la surnomment... la « Milan du Sud » !

Désormais capitale économique de la Sicile en raison de sa situation géographique privilégiée dans la plaine fertile au sud de l'Etna, elle demeure le 1er marché agricole de l'île. Par ailleurs, ses gisements de gaz et de pétrole ont permis l'implantation de nombreuses industries. Catane est donc une ville jeune, riche et dynamique, qui peut effrayer au 1er abord, mais qui, une fois apprivoisée, n'en demeure pas moins séduisante. Son marché aux poissons – le plus vivant et pittoresque de Sicile – est une expérience unique en son genre ! Et parcourir ses ruelles de suie, ourlées de *palazzi* et d'églises baroques, provoque un véritable enchantement. La patrie du musicien Vincenzo Bellini (1801-1835) et de l'écrivain Giovanni Verga (1840-1922) réserve donc de belles surprises... Dernière chose, Catane est l'une des villes les plus chaudes d'Europe, il peut y faire 50 °C à l'ombre au plus fort de l'été !

Arriver – Quitter

En avion

✈ ***Aeroporto di Catania-Fontanarossa*** *(hors plan par A3)* **:** *via Fontanarossa. • aeroporto.catania.it • À 5 km au sud de Catane par la SS 114.* Desservi essentiellement par les compagnies *Ryanair, Volotea, Alitalia...* qui assurent des liaisons régulières avec les principales villes italiennes (Rome, Milan...). En saison, *EasyJet* propose 1 vol/j. avec Paris-CDG et plusieurs vols hebdomadaires avec Lyon, Nantes, Nice et Toulouse ; et *Ryanair* avec Marseille... ***Attention, ces liaisons ont pu être suspendues***

LA SICILE IONIENNE

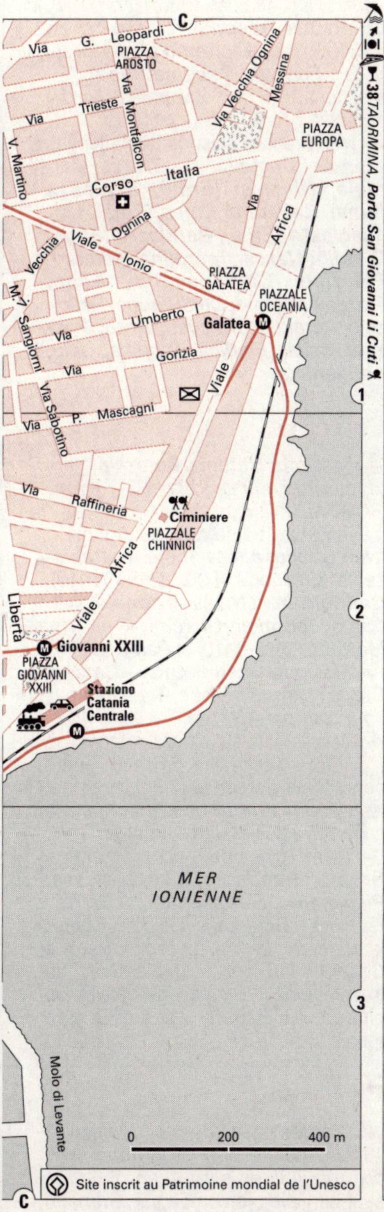

Adresses utiles

1 Ufficio turistico di Catania (A3)
2 Ufficio turistico Provincia di Catania (A2)

Où dormir ?

10 Ostello degli Elefanti (A3)
11 B & B Gattopardo House (A2)
12 B & B Central Suites (B3)
13 B & B Acqua dell'Arte (A3)
14 B & B Antica Dimora (A3)
15 B & B Holland International Rooms (B3)
16 Hotel Biscari (B3)
17 B & B Faro (A2)
18 B & B Sciara Larmisi (B3)
19 Casa d'Aria (A-B2)
20 B & B Rosso Corallo (A2)
21 B & B Il Leone Blu (A3)
22 Hotel Rigel (B2)
23 B & B Asmundo di Gisira (A3)
24 Hotel Romano House (A2)

Où manger ?

30 Scirocco Sicilian Fish Lab (A3)
31 Vizi & Vertu (B1)
33 La Pizzoleria (A3)
34 Trattoria Aldo (A2)
35 Trattoria Saltimbocca (B1)
36 Trattoria da Antonio (A3)
38 Cutilisci (hors plan par C1)
39 Me Cumpari Turiddu (A2)
40 Il Sale Art Café (A2)
41 Trattoria Paranza (B3)
42 Al Vicolo (A2)

Où déguster une pâtisserie ou une glace ?

50 Savia (A2)
51 I Dolci di Nonna Vincenza (A3)

Où boire un verre ? Où sortir ?

60 First (A2)
61 Vermut (A2)
62 Nievski (A3)
63 A Putìa dell'Ostello (A3)
61 Barnaut (A0)
65 Gammazita (A3)

depuis l'épidémie de Covid. Dans le hall des arrivées : ***offices de tourisme communal*** *(● comune.catania.it ●)* et ***provincial*** *(● turismo.cittametropolitana.ct.it ●),* loueurs de voitures, distributeurs de billets...

➢ ***Bus pour le centre-ville de Catania*** *(20 mn)* **:** avec la ligne ***Alibus*** *(à gauche en sortant du hall des arrivées ; ● amt.ct.it ● ; bus ttes les 25 mn, tlj 4h40-minuit ; ticket : env 4 € – achat dans le bus).* Plusieurs arrêts dans l'hypercentre : *corso Italia (plan B1), piazza Verga (plan B1), piazza Trento (plan A1), via Etnea (plan B1-2), piazza Stesicoro (plan A2), corso Sicilia (plan A2)...*

➢ Une foule de bus réguliers pour ***Taormina, Messina, Siracusa, Noto, Modica, Ragusa, Caltagirone, Piazza Armerina, Enna, Palermo, Gela, Licata, Agrigento...*** font escale à l'aéroport. Kiosques des compagnies ***Interbus*** *(● interbus.it ●),* ***SAIS Autolinee*** *(● saisautolinee.it ●)* et ***SAIS Trasporti*** *(● saistrasporti.it ●)* à droite en sortant du hall des arrivées. Les bus de la compagnie ***AST*** *(● aziendasicilianatrasporti.it ●)* passent aussi par là...

➢ ***Bus pour Milazzo*** *(1h50)* et ***les îles Éoliennes* :** avec la compagnie ***Giuntabus Trasporti*** *(● giuntabustrasporti.com ●)* en partenariat avec ***SAIS Autolinee*** (même guichet). Avr-sept, une ligne – calée sur les départs et arrivées des bateaux – relie l'aéroport de Catane au port de Milazzo, via Messina. Compter 2-10 bus/j.

***Radio Taxi Catania* :** *☎ 095-33-09-66 (24h/24). ● radiotaxicatania.org ● Compter 25 € pour rejoindre le centre-ville.*

En bus

Autostazione *(gare routière ; plan B2)* **:** *via Archimede, à 200 m de la gare ferroviaire Catania Centrale.* Les guichets des compagnies *SAIS* et *Interbus* se trouvent à 2 pas : via d'Amico, 179-187. Achat dans le bus pour celles qui n'ont pas de billetterie. L'essentiel des destinations est desservi par les compagnies ***SAIS Trasporti*** *(● saistrasporti.it ●),* ***SAIS Autolinee*** *(● saisautolinee.it ●),* ***Interbus*** *(● interbus.it ●),* ***AST*** *(via Sturzo, 230 ; ● aziendasicilianatrasporti.it ●),* ***Giuntabus Trasporti*** *(● giuntabustrasporti.com ●),* ***Alibrando*** *(● alibrando.net ●),* ***Ferrovia Circumetnea*** *(FCE ; ● circumetnea.it ●),* ***Zappalà & Torrisi*** *(● zappala-torrisi.it ●)...*

➢ Nombreuses liaisons quotidiennes avec ***Aci Castello, Aci Trezza, Acireale, Nicolosi (Etna), Sapienza (Etna), Zafferana Etnea (Etna), Linguaglossa (Etna), Randazzo (Etna), Giardini Naxos, Taormina, Milazzo, Palermo, Caltanissetta, Enna, Piazza Armerina, Caltagirone, Palazzolo Acréide, Siracusa, Noto, Pozzalo, Scicli, Modica, Ragusa, Gela, Agrigento...***

En train

Stazione Catania Centrale *(gare ferroviaire centrale ; plan C2)* **:** *piazza Giovanni XXIII. ● trenitalia.com ●*

➢ Plusieurs trains directs quotidiens avec **Siracusa** *(env 1h05),* **Caltanissetta Xirbi** *(env 1h30),* **Enna** *(1h15),* **Caltagirone** *(1h30),* **Acireale** *(10-15 mn),* **Taormina-Giardini** *(40 mn-1h),* **Messina** *(1h10-2h10)* et **Palermo** *(3h).*

Stazione Circumetnea – Catania Borgo *(gare ferroviaire Circumetnea ; hors plan par A1)* **:** *via Caronda, 352a. ● circumetnea.it ● Station de métro « Borgo ».* Les trains de cette petite compagnie desservent exclusivement les ***villages autour de l'Etna,*** dans le sens des aiguilles d'une montre.

➢ Arrêt possible notamment à ***Bronte, Randazzo, Linguaglossa, Piedimonte, Santa Venera*** et ***Giarre*** ; terminus à ***Riposto,*** sur la côte. Depuis la gare de Giarre, ***retour direct à Catania*** *(30 mn)* possible avec un train régional. Pour plus de détails, lire plus loin « L'Etna. Le tour de l'Etna en train ».

En bateau

Ferries pour Salerno *(Campanie ; 13h)* **:** depuis le **port de Catane** *(hors plan par A3),* en saison, env 1 ferry/j. sauf dim avec la compagnie ***Grimaldi Lines*** *(● grimaldi-lines.com ●).*

Ferries express pour Malte *(2h)* **:** depuis le *port de Pozzallo,* à 150 km au sud de Catania, avec *Virtu Ferries*

(● *virtuferries.com* ●), qui organise les transferts en bus depuis Catania (2h). Compter 2-4 ferries/j. en saison. Attention, les voitures de location italiennes ne sont pas autorisées à embarquer pour Malte. Et quand la mer est agitée, les ferries sont annulés ! La guitoune qui prend les résas et vend les billets se trouve dans le *port de Catania (plan B3).*

Orientation, circulation et stationnement

Catane s'ordonne selon un quadrillage régulier, réalisé par l'architecte Vaccarini à la suite du tremblement de terre de 1693. Le cœur de la vieille ville bat autour de la ***piazza del Duomo*** *(plan A3)*, tandis que la ***via Etnea*** *(plan A1-3)*, véritable épine dorsale dans l'alignement du volcan, semble avoir été construite de manière à pouvoir le surveiller en permanence !

🅿 La circulation automobile est difficile, d'autant que les ruelles de l'hypercentre historique sont classées en ***zona a traffico limitato*** *(ZTL)* et ***donc interdites aux voitures non autorisées.*** Mais la ville s'explore facilement à pied, après avoir stationné son auto à l'hôtel ou dans un ***parking payant*** : ***parcheggio Villa Bellini*** *(plan A2 ; via Etnea, 290 ; face au jardin Bellini)* ou ***parcheggio Autorimessa Centrale*** *(plan A2 ; via Domenico Cimarosa, 3 ; au sud du jardin Bellini).* Aussi de ***nombreuses places de stationnement payantes*** (lignes bleues) sur la *piazza Grenoble (plan A-B2)* et la *piazza Verga (plan B1).* Se garer de préférence aux heures creuses pour avoir les meilleures chances de trouver une place... même parfois gratuite (lignes blanches) dans les rues autour de la vieille ville.

Adresses et infos utiles

Informations touristiques et culturelles

ℹ ***Ufficio turistico di Catania*** *(plan A3,* **1***)* **:** *via V. Emanuele II, 172.* ☎ *095-742-55-73 ou 800-84-10-42 (gratuit).* ● *comune.catania.it* ● *À 2 pas du duomo. Tlj 8h-19h (dim 8h30-13h30). Aussi un bureau à l'aéroport.* Plan-dépliant pointant les curiosités de Catane à découvrir avec un itinéraire de trek urbain, infos transports, loisirs et exploration de l'Etna, agenda culturel...

ℹ ***Ufficio turistico Provincia di Catania*** *(plan A2,* **2***)* **:** *via Etnea, 63.* ☎ *095-401-40-70.* ● *turismo.cittametropolitana.ct.it* ● *Dans le palazzo Minoriti. Lun-ven 9h-12h, plus mar et jeu 15h-17h30. Fermé le w-e. Également un bureau à l'aéroport.* Infos sur toute la province de Catane et particulièrement sur l'Etna : cartes des randonnées, liste des guides officiels...

■ ***Alliance française*** *(hors plan par A1)* **:** *via Caronda, 482.* ☎ *095-44-42-82.* ● *alliancefrct.org* ●

Représentations diplomatiques

■ ***Agence consulaire de France*** *(plan B1)* **:** *via Giuffrida, 73.* ☎ *095-43-10-42.* ● *f.testoniblasco@gmail.com* ● S'adresser à M. Testoni Blasco ; dépend du *Consulat général de Naples.*

■ ***Consulat honoraire de Belgique*** *(hors plan par A1)* **:** *via Escriva, 2.* ☎ *095-43-86-22.* ● *consolebelgiocatania@tiscali.it* ●

■ ***Consulat honoraire de Suisse*** *(hors plan par C1)* **:** *via Morgioni, 41, à* **San Gregorio di Catania.** ☎ *095-38-69-19.* ● *catania@honrep.ch* ●

Santé, urgences

■ ***Pharmacies de nuit : Europa*** *(corso Italia, 111 ;* ☎ *095-38-35-36)* et ***Cutelli*** *(via V. Emanuele II, 54 ;* ☎ *095-53-14-00).*

✚ ***Garde médicale*** *(plan C1)* **:** *corso Italia, 234.* ☎ *095-37-71-22.*

✚ ***Ospedale Garibaldi*** *(hors plan par A1)* **:** *piazza Santa Maria del*

Gesù, 5. ☎ 095-759-11-11. Le plus proche du vieux centre.

■ **Polizia** *(plan A3)* **:** *piazza Santa Nicolella, 8. ☎ 095-736-71-11.*

■ **Carabinieri** *(plan B1)* **:** *piazza Verga, 8. ☎ 095-53-78-22.*

Transports

Bus urbains AMT : *• amt.ct.it • Billet : 1 € ; valable 90 mn.*

– **Métro :** *• circumetnea.it • Tlj 7h-21h10, sauf dim et j. fériés. Billet : 1 € ; valable 90 mn.* Le réseau métropolitain compte une dizaine de stations, dont plusieurs en plein centre. La *fermata* (station) « Borgo » est connectée à la **gare ferroviaire Circumetnea,** d'où partent les petits trains desservant les villages de l'Etna (lire plus haut « Arriver – Quitter. En train »). À terme, ce métro devrait relier l'aéroport...

Radio Taxi Catania : *☎ 095-33-09-66 (24h/24). • radiotaxicatania.org •* Sinon, ils sont nombreux sur la **piazza Giovanni XXIII** *(plan C2 ; gare ferroviaire centrale),* **piazza del Duomo** *(plan A3)* et **via Etnea** *(plan A1-2 ; villa Bellini).*

Où dormir ?

Auberge de jeunesse

Ostello degli Elefanti *(plan A3,* **10***)* **:** *via Etnea, 28. ☎ 095-226-56-91. 📱 340-067-60-68. • info@ostellodeglielefanti.it • ostellodeglielefanti.it • Lits en dortoir (4-8 pers) 20-30 € ; doubles 50-75 €.* Au cœur de la cité, une AJ privée installée dans un *palazzo* du XVIIe s, décoré de touches personnelles colorées par la sémillante Angela, proprio francophone dévouée aux routards de passage. Belle hauteur sous plafonds – recouverts de fresques ! – pour les dortoirs, spacieux et confortables (clim, casiers...) ; tous avec sanitaires extérieurs nickel. L'un d'eux est même réservé aux femmes. Aussi une seule chambre double, très grande et romantique. Sur place : machine à laver, prêt de vélos, salle commune avec canapé et ordis, sans oublier le magnifique **bar/toit-terrasse** panoramique *(mai-oct, dès 18h30 ; ouv aussi aux non-résidents).* Bref, une très belle adresse ; foncez !

De bon marché à prix moyens

B & B Gattopardo House *(plan A2,* **11***)* **:** *via Minoriti, 10. ☎ 095-518-61-29. 📱 346-861-72-52. • info@gattopardohouse.com • gattopardohouse.it • Doubles 50-90 € ; familiales aussi ; pas de petit déj. Réduc de 10 % sur le prix de la chambre sur présentation de ce guide.* Dans un grand immeuble Liberty qui a gardé ses beaux carrelages et une partie de son mobilier d'époque, une vingtaine de chambres spacieuses et bien tenues, réparties dans plusieurs appartements. Les moins chères possèdent leur salle de bains privative sur le palier. Beaux volumes, c'est frais et agréablement meublé ; belles fresques au plafond en prime pour les plus onéreuses. Très bon rapport qualité-prix. Un bon plan dans le centre !

B & B Central Suites *(plan B3,* **12***)* **:** *via del Vecchio Bastione, 51. ☎ 095-817-67-92. 📱 392-843-02-66. • centralsuitescatania@gmail.com • Doubles 50-80 € ; familiales aussi. 1er petit déj offert sur présentation de ce guide.* Récemment rénové, ce vénérable palais familial abrite désormais plusieurs belles chambres spacieuses et colorées ; toutes avec salle de bains extérieures mais privées. Et de-ci de-là : quelques beaux plafonds stuqués, de jolis carrelages vintage d'origine... Bref, une adresse tranquille, simple mais efficace ; le style en plus ! Excellent rapport qualité-prix-accueil.

B & B Acqua dell'Arte *(plan A3,* **13***)* **:** *via Colombo, 46. ☎ 095-34-99-49. 📱 340-871-86-79. • info@acquadellarte.it • acquadellarte.it • Doubles 70-110 € ; familiales et apparts également. Parking 5 €/j.* Une petite dizaine de beaux hébergements spacieux, lumineux et proprets, aménagés dans 2 appartements cossus. Déco classique ou plus moderne, à vous de voir ; petite pointe de raffinement en prime ! Belle cuisine commune à dispo. Accueil aimable. Une adresse bien agréable.

B & B Antica Dimora *(plan A3, **14**) : via Plebiscito, 23. 345-840-29-72. • anticadimoracaruso@gmail.com • bbanticadimoracatania.com • Doubles 50-90 € ; familiales également ; petit déj en sus 5 €.* À 2 pas du pittoresque marché aux poissons, c'est une maison bourgeoise où tout commence entre miroirs et banquettes de velours... dans l'étonnant ascenseur particulier ! À l'étage, une poignée de grandes chambres bien équipées et sobrement arrangées avec un rien d'élégance. Fresques d'origine sous de hauts plafonds pour certaines. Préférez celles sur le patio, plus au calme. Bon accueil.

B & B Holland International Rooms *(plan B3, **15**) : via V. Emanuele II, 8. ☎ 095-53-36-05. 348-568-03-56. • info@hollandintrooms.it • hollandintrooms.it • Doubles 50-85 € ; familiales également ; pas de petit déj. Parking gratuit dans la cour.* À l'étage d'un palais du XVIIIe s à la façade décrépite, ce charmant couple italo-hollandais propose quelques coquettes chambres nickel et de bon confort, avec ou sans salle de bains. Belles fresques aux plafonds voûtés pour certaines. Et tout ça tourne autour d'un salon des années 1970, où règne un bric-à-brac surprenant !

Prix moyens

Hotel Biscari *(plan B3, **16**) : via Anzalone, 7. ☎ 095-250-02-09. • info@hotelbiscari.com • hotelbiscari.com • Doubles 60-90 €. Parking 5 €/j.* Au 2e étage sans ascenseur d'un palais baroque au patio enrobé d'une glycine, une dizaine de chambres fonctionnelles et propres, mais sans charme. Les moins chères avec salle de bains extérieure privée. Balcon sur rue pour la plupart et certaines démesurément spacieuses. Superbe terrasse en étage où il est possible de prendre son petit déj ou de boire un verre en contemplant les toits de la vieille ville. Accueil souriant et gentil. Un rapport qualité-prix correct.

B & B Faro *(plan A2, **17**) : via San Michele, 26. 349-457-88-56. • info@bebfaro.it • bebfaro.it • Congés : nov. Double 80 € ; apparts (4 pers). CB refusées.* Mignonnettes, lumineuses, spacieuses, vivantes et toutes différentes. Ici, on ne fait pas dans la série, mais bien dans la pièce unique ! Plusieurs chambres tout confort, décorées avec passion par un artiste peintre, Antonio, qui a son atelier dans la rue, et par sa femme Anna, sculptrice. Toutes dotées d'un petit balcon et accessibles par un atrium garni de fleurs. Aussi des appartements du même tonneau, équipés de mobilier vintage. La salle du petit déj est reposante, tout comme l'atmosphère générale, aux allures de musée d'art contemporain. Et puis plein de bons conseils pour explorer Catane et sa région. Un vrai coup de cœur !

B & B Sciara Larmisi *(plan B3, **18**) : piazza Cutelli, 3. 340-624-15-29. • sciaralarmisi.it • Doubles 70-120 € ; familiales également. Réduc de 10 % sur la chambre sur présentation de ce guide.* Coup de cœur pour ce *B & B*, tenu par Emanuele, le dynamique et gentil proprio. Aménagées dans un immeuble de caractère du XIXe s, plusieurs jolies chambres bien équipées et décorées sur une note vintage qui nous plaît : beaux carrelages d'époque, affiches publicitaires anciennes vantant les qualités de la Fiat 500... Mais l'autre atout, c'est la formidable et grande terrasse sur la *piazza*.

Casa d'Aria *(plan A-B2, **19**) : via Coppola, 14. ☎ 095-31-51-32. 335-771-31-86. • casadariacatania@gmail.com • casadaria.it • Doubles 60-110 € ; apparts (2-4 pers) 70-130 €.* Aria – la gentille proprio – est décoratrice d'intérieur. Dans cet élégant immeuble du XIXe s, elle a établi une petite dizaine d'appartements confortables et cosy. Déco qui met en valeur l'architecture originelle des lieux (voûtes, vieux carrelages...), tout en apportant une touche moderne discrète, tirant sur le vintage. Mezzanine et balcon ou terrasse pour la plupart. Bon rapport qualité-prix. Et pour les gros budgets, Aria propose aussi les luxueuses suites ***Dimora di Sicilia*** *(via Montesano, 5 ; • dimoradisicilia.it •).*

B & B Rosso Corallo *(plan A2, **20**) : via Umberto I, 56. ☎ 095-093-02-12. 340-984-54-53. • info@bebros*

LA SICILE IONIENNE

socorallo.it • bebrossocorallo.it • Doubles 60-90 € ; familiales. B & B installé dans un appartement livrant plusieurs jolies chambres spacieuses et bien tenues ; toutes avec du carrelage Liberty – le style de l'immeuble, un balcon sur rue avec double vitrage. La moins chère est plus petite, mais mansardée. Bon accueil pro.

B & B Il Leone Blu *(plan A3, **21**)* **:** *via Castello Ursino, 38 (2e étage). 324-609-28-83. • info@illeoneblu.it • illeoneblu.com • Doubles 60-100 €.* B & B installé dans un petit palais du XIXe s. On est séduit par les quelques belles chambres confortables, arrangées sur une gentille touche moderne, sobre et discrète, avec des matériaux de qualité. Et pour rehausser l'ambiance, quelques plafonds d'origine, voûtés, stuqués et peints ! Plus chère, la suite a vraiment beaucoup de charme. Accueil sympa. Une très bonne adresse.

Hotel Rigel *(plan B2, **22**)* **:** *viale della Libertà, 63. ☎ 095-53-49-11. • hotelrigelcatania.it • Double 80 €.* Un peu excentré sur un boulevard sans charme, c'est un établissement nickel d'une quinzaine de chambres agréables et de bon confort (double vitrage...), à la déco colorée. Préférer celles du 1er étage, donnant sur la petite rue paisible du côté : beau parquet et balcon en prime. Une adresse pratique si l'on arrive tôt ou tard en bus ou en train. Accueil aimable.

De plus chic à très chic

B & B Asmundo di Gisira *(plan A3, **23**)* **:** *via Gisira, 40. ☎ 095-097-88-94. • info@asmundodigisira.com • asmundodigisira.com • Doubles 180-350 €. Verre de bienvenue offert sur présentation de ce guide.* Admirablement situé sur l'élégante piazza Mazzini, ce *palazzo* grandiose du XVIIIe s livre une dizaine de grandes chambres lumineuses et tout confort, à la déco oscillant entre moderne-design et classique de style. Formidable terrasse au-dessus des arcades de la *piazza* ! Accueil sympa et pro. Une très belle adresse.

Hotel Romano House *(plan A2, **24**)* **:** *via di Prima, 20. ☎ 095-352-06-11. • info@romanohouse.it • romanohouse.it • Doubles 120-160 € ; familiales également.* Un hôtel élégant, de grand confort, où tout est calme et volupté ! Chambres design, belles fresques au plafond, ce palais du XVIIIe s – superbement restauré – a beaucoup de style ! Bar-*lounge* cosy avec des clins d'œil aux stars de cinoche d'antan. Une adresse pour se faire plaisir !

Où manger ?

Sur le pouce ou bon marché

Scirocco Sicilian Fish Lab *(plan A3, **30**)* **:** *piazza di Benedetto, 7. ☎ 095-836-51-48. • info@sciroccolab.com • Tlj 10h-minuit. Moins de 10 €. Sorbet au citron offert sur présentation de ce guide.* Juste devant le marché aux poissons – quasi du producteur au consommateur –, ces 2 minuscules comptoirs de *street food* travaillent poissons et fruits de mer – façon friture – avec goût et simplicité. Le tout servi dans des cornets en papier, avec des piques en bois en guise de fourchette. À arroser d'un verre de vin local ou d'une bière artisanale du cru. Quelques tables et chaises hautes, avec vue imprenable sur l'animation authentique du marché.

Vizi & Vertu *(plan B1, **31**)* **:** *via Umberto I, 163. ☎ 095-53-89-91. • nerialfio.vizi@gmail.com • Tlj sauf dim 9h-14h30, 17h-22h. Moins de 10 €.* Bien en dehors du flux touristique, c'est une alléchante épicerie fine de quartier ! On pioche avec envie dans l'insolente vitrine réfrigérée pour se faire confectionner un délicieux sandwich. Aussi des *taglieri* de charcuterie-fromage et une volée d'*antipasti* à déguster avec un verre de vin local sur les 2-3 tables hautes à l'intérieur. Une bonne adresse aux mille tentations !

La Pizzoleria *(plan A3, **33**)* **:** *piazza Mazzini, 1 (angle via Garibaldi).*

☎ 095-34-99-02. Tlj sauf lun, le soir seulement. Compter 10-20 €. Ce ne sont ni des *bruschette,* ni des *pizze,* ni des quiches, mais un doux mélange des 3 : des *pizzoli* ! Le chef en sert des plus simples aux plus sophistiquées : au poulet, à la bière, aux cèpes, à la *caponata...* C'est copieux et 1 seule suffit bien pour 2 personnes, à moins que vous n'emportiez l'excédent dans un carton pour bouloter à l'hôtel ! Agréable terrasse sous les arcades de la jolie place, entourée de *palazzi* séculaires.

Trattoria Aldo *(plan A2, **34**) : piazza Sciuti, 2. ☎ 095-31-11-58. Tlj 12h-15h, sauf dim. Repas 15-20 €.* Juste à côté du grand marché de Catane, cette cantine de quartier affiche une atmosphère lambrissée à mi-chemin entre le chalet de montagne et le sauna naturiste ! Dans l'assiette, pas de la grande cuisine ni de recettes vraiment typiques, mais des spécialités *casalinghe* simples, fraîches et roboratives. Viandes et poissons du jour cuits *alla brace.* Le tout servi avec entrain et à prix tenus. Bref, une belle et authentique adresse d'habitués.

Prix moyens

Trattoria Saltimbocca *(plan B1, **35**) : via Asilo Sant'Agata, 24 (angle via Costa). ☎ 095-53-13-37. Tlj midi et soir. Repas 20-30 €.* Formidable accueil authentique et sincère de Giancarlo, le souriant patron de cette trattoria de quartier, hors des sentiers touristiques. On s'y régale d'une cuisine traditionnelle familiale, simple et fraîche, mijotée avec des produits de la mer (mais pas que !) bien choisis. Aussi des plats rustiques et typiques, à dévorer dans une salle climatisée quelconque ou en terrasse sur une rue tranquille.

Trattoria da Antonio *(plan A3, **36**) : via Castello Ursino, 59. ☎ 095-218-49-38. • trattoriadaantonio15@gmail.com • Tlj sauf lun, midi et soir. Repas 20-30 €.* À 2 pas du castello Ursino, c'est d'abord une gentille terrasse agrémentée de plantes vertes, menant à une salle soignée et un rien kitsch, aux couleurs chaleureuses. Dans l'assiette, *cucina siciliana casalinga* bien menée, qui fait la part belle aux pâtes maison. Également un poisson du jour et quelques viandes bien préparés. Une bonne adresse, traditionnelle et efficace, qu'affectionnent les locaux.

Cutilisci *(hors plan par C1, **38**) : via S. Giovanni Li Cuti, 69. ☎ 095-37-25-58. • info@cutilisci.it • Tlj sauf mar midi. Pizze 8-15,50 € ; carte 20-30 €. Digestif offert sur présentation de ce guide.* Un peu excentrée, au bord d'un petit port de pêche (lire plus loin « À voir ») qui sert de piscine aux Catanais (d'amusantes tranches de vie authentiques !), cette jolie maison rose abrite un agréable resto où l'on peut déguster *crostone,* pâtes, couscous de poisson et *pizze* en terrasse... face à la mer ! Bien aussi pour boire un cocktail en grignotant à l'heure de l'*aperitivo...*

De prix moyens à plus chic

Me Cumpari Turiddu *(plan A2, **39**) : piazza Turi Ferro (Spirito Santo), 36-38. ☎ 095-715-01-42. • putia@mcturiddu.it • Tlj le soir (cuisine ouv le midi et en continu le w-e). Compter env 35 € à la carte.* D'abord une belle salle voûtée – au cadre délicieusement indus'-vintage – ouverte sur les fourneaux. Savoureuse cuisine de marché – à la fois *Slow Food* et moderne – qui mijote les bons ingrédients frais du terroir, souvent bio. Déclinée sous forme de plats simples et abordables côté bistrot, du genre *taglieri, panini,* salades... Également des spécialités plus élaborées, un poil inventives et tout aussi goûteuses, mais plus chères et servies au fond, côté resto. Agréable terrasse sur rue. Fait aussi épicerie fine. Service stylé, gentil et pro. Ce *ristrò* est une adresse exceptionnelle, bravo !

Il Sale Art Café *(plan A2, **40**) : via Santa Filomena, 10-12. ☎ 095-31-68-88. • info@ilsaleartcafe.com • Tlj, le soir seulement. Pizze 9-12 € ; carte 25-40 €.* Dès l'arrivée, ça promet : florilège de pains maison (tomates, truffes, sésame, pavot...) à déguster avec de l'huile d'olive. Puis on choisit entre des plats de poisson à la cuisson précise (essayer celui en croûte de pistache !), des pâtes au dressage élaboré ou une pizza d'exception, savoureuse et craquante, l'une des meilleures que nous ayons dégustées en Sicile ! Et puis de bons desserts pour finir en fanfare. Ça se passe en terrasse dans une ruelle vivante et bien connue des noctambules, où s'alignent d'autres restos de qualité ; à moins qu'on préfère s'installer dans l'une des jolies petites salles voûtées, au frais. Service efficace et attentif. Une belle adresse.

Trattoria Paranza *(plan B3,* ***41****) : via Calì, 11. ☎ 095-53-86-21. • trattoriaparanza@virgilio.it • Tlj sauf dim soir, 10h30-16h, 19h-1h. Repas 30-45 €.* Très bon resto de poisson, où le patron vient lui-même prendre les commandes et pousse parfois un peu à la conso. Cependant, les pâtes maison aux fruits de mer et le poisson du jour sont servis à prix tenus, tout comme les « sushiliano », sushis siciliens, tiens, tiens ! Et puis un petit coin de carte pour satisfaire les irréductibles viandards. À déguster dans une jolie salle voûtée, parsemée de grandes photos noir et blanc d'auteurs, et flanquée d'une agréable terrasse.

Al Vicolo *(plan A2,* ***42****) : via del Colosseo, 5-7. ☎ 095-836-07-30. • info@alvicolopizzaevino.it • Ts les soirs, plus le midi sam-dim en saison. Résa conseillée. Pizze 8-16 € ; carte 25-40 €.* D'abord, une grande et agréable terrasse bourdonnante de locaux, qui envahit toute la ruelle. À la carte, d'excellentes pizzas, mais aussi des viandes goûteuses, l'autre spécialité de la maison qui concocte aussi sa propre charcuterie, déclinée en *taglieri*. Et pour arroser le tout, bon choix de vins du coin ou de bières artisanales. Service prévenant.

Où déguster une pâtisserie ou une glace ?

– ***Cocasse et coquin :*** ne quittez pas la ville sans avoir goûté aux « seins de sainte Agathe » ! Pour savourer ces gâteaux au nom évocateur, rendez-vous à la Sainte-Agathe, début février...

Savia *(plan A2,* ***50****) : via Etnea, 302-304 (angle via Umberto I). • segreteria@savia.it • Tlj sauf lun, 7h45-21h30.* Depuis 1897, *Savia* passe pour être la meilleure pâtisserie de Catane ! Goûtez donc à leurs fameux *cannoli, paste di mandorla...* Aussi d'excellentes glaces et *granite* maison et de bons en-cas salés *(arancini, fagottini...).* Agréable terrasse sur la via Etnea, face au jardin Bellini.

I Dolci di Nonna Vincenza *(plan A3,* ***51****) : piazza S. Placido, 7. • sanplacido@dolcinonnavincenza.it • Tlj sauf dim ap-m, 9h-20h.* Pâtes de fruits, liqueurs, *torrone, cannolicchi* (*cannoli* allongés), parts de tartes, *paste di mandorla...* Également de succulentes glaces et des *granite* maison à se damner ! Le tout présenté dans des armoires de grand-mère distillant une belle ambiance « à l'ancienne », avec 2 chaises pour poser une fesse. Aussi une autre boutique à l'aéroport...

Où boire un verre ? Où sortir ?

– ***Important :*** Catane, ville étudiante, est plutôt du soir ! Ambiance jeune et tapageuse dans les nombreux bars ***autour du teatro Bellini*** *(plan A-B3)*, notamment dans la ***via Teatro Massimo*** *(plan A3)* et la ***via Euplio Reina*** *(plan A3).* Aussi de joyeux fêtards ***via Santa Filomena*** *(plan A2),* prolongée par la ***via Gemmelaro,*** toutes 2 jalonnées de petites terrasses où il fait bon siroter un spritz le nez au vent des réverbères ! Enfin, de bonnes tranches de rigolade du côté de la ***piazza Currò*** *(plan A3).*

First *(plan A2,* ***60****) : via Martinez, 13. • firstcatania@gmail.com • ♿ Tlj sauf lun, 18h-1h.* On a un petit faible pour ce bar à vins-bières-cocktails qui déploie sa belle terrasse sur une charmante placette d'un vieux quartier de Catane, entre mobilier de récup et plantes vertes. Également quelques bricoles à grignoter, du genre *panini,* salades, *pizze, taglieri* de charcuterie-fromage...

Vermut *(plan A2,* ***61****) : via Gemmelaro, 37. • originalvermut@gmail.*

com • Tlj 11h-2h. Minuscule bar, dont la clientèle déborde généreusement sur la rue et sa terrasse. Dans les godets, des vermouths, bien sûr, mais aussi des cocktails latinos et une jolie rafale de *vini siciliani.* Et pour mettre un peu de solide dans le liquide, quelques plats simples du marché, du genre *taglieri* de charcuterie-fromage, salades, carpaccio...

Nievski (plan A3, **62**) **:** via Alessi, 15/17. • nievski@hotmail.com • Tlj 17h30-1h, sauf lun. Ce bar-resto ouvert depuis une trentaine d'années nous tourne la tête avec son cocktail « Lénine » ! Le ton est donné dès l'entrée : plutôt « Che »... Rouge aussi, le vin, avec un choix intéressant qui vous fait faire le tour de la Grande Botte. On y grignote aussi sur un coin de table en terrasse dans les escaliers et on refait le monde jusqu'à pas d'heure. Une institution !

A Putìa dell'Ostello (plan A3, **63**) **:** piazza Currò, 1. • agoraho stel@gmail.com • Ouv 24h/24. On est séduit par la grande et agréable terrasse sur cette place tranquille, rendez-vous des jeunes et des moins jeunes pour boire un verre en écoutant, certains soirs, de la musique live. On peut aussi y engloutir d'excellentes pizzas.

Barnaut (plan A3, **64**) **:** via Auteri, 27. • barnautcatania@gmail.com • Tlj. Un petit bar sympa pour sa terrasse bohème au mobilier dépareillé où les habitués – plutôt branchés – passent tout au long de la journée et jusque tard, pour un café, un verre de vin, une bière ou un cocktail. Concerts certains soirs.

Gammazita (plan A3, **65**) **:** piazza di Svevia, 92. • gammazitainfo@gmail.com • Tlj. Bar littéraire avec tables et chaises dépareillées installées sous l'énorme caoutchouc d'une placette, face au château, et tout en matériaux de récup. Atmosphère un brin bohème et clientèle hétéroclite de tous âges. Excellents cocktails maison inspirés.

À voir

– **Important :** le **Catania Pass** (• cataniapass.it • ; 12,50 € pour 1 j. ; 16,50 € pour 3 j. et 20 € pour 5 j. ; forfaits famille 23-38 € ; achat dans les sites concernés et les offices de tourisme) offre la visite du *Museo diocesano* et des *Terme achiliane,* du *castello Ursino,* du *Museo Belliniano* et du *museo Emilio Greco,* en même temps que des réductions chez des prestataires partenaires (hébergements, restos, excursions, boutiques...).

Piazza del Duomo (plan A3) **:** l'étonnante **fontaine de l'Éléphant,** appelée *U Liotru* en dialecte sicilien, capte l'attention de tous les promeneurs ! Très animée le soir, la place est en quelque sorte l'agora de la cité. C'est aussi le point d'arrivée pour ceux qui empruntent la *via Etnea* à l'heure bénie de la *passeggiata.* On trouve bien sûr sur cette place le **duomo** (lun-sam 7h-12h, 16h-19h ; dim et j. fériés 7h30-12h30, 16h30-19h30), de style baroque. Édifiée au XIe s par les Normands de Roger Ier pour honorer sainte Agathe, patronne de la ville, la cathédrale a été remaniée plusieurs fois, notamment après le tremblement de terre de 1693. Elle est parée d'une majestueuse façade de style borrominien, œuvre de Vaccarini. À l'intérieur, les 3 nefs aux piliers massifs sont d'époque normande, le tout éclairé par une élégante coupole. Des personnages illustres y ont trouvé le repos éternel, comme Bellini (nef de droite), le cardinal Dumest (belle momie masquée, nef de

UN ÉLÉPHANT, ÇA TROMPE ÉNORMÉMENT

Sculpté en 1736 par Vaccarini, le pachyderme de la piazza del Duomo – sur lequel trône un obélisque – est devenu l'emblème de la cité (cette statue rappelle étrangement celle du Bernin à Rome, située piazza della Minerva). La statue doit son surnom à une légende. En 725, Catane hébergeait un magicien qui réussit à transformer son éléphant en pierre de lave.

droite) et, avant eux, Constance d'Aragon (transept droit) et nombre de ses descendants, notamment à partir de la fin du XIIIe s, date à laquelle Catane fut proclamée capitale du royaume de Sicile par les Aragonais. Mais ce sont aussi de belles toiles qui méritent le coup d'œil, comme dans le 5e autel de la nef de gauche, le *Martyre de sainte Agathe* du maître toscan ***Paladini*** (1605) ; et dans celui d'avant, la toile très sombre de ***Borremans*** représentant Sant'Abate (1740). Allez-y pour le rosaire du soir, l'éclairage jaune baigne l'intérieur d'une atmosphère particulière.
Juste à droite du portail du *duomo,* un petit escalier conduit aux ***thermes d'Achilliane*** *(billetterie au Museo diocesano, via Etnea, 8 ; ☎ 095-28-16-35 ; • museodiocesanocatania.com • ; lun, mer et ven 9h-14h, mar et jeu 15h-18h, sam 9h-13h, dim et j. fériés sur résa ; entrée : 7 € ; billet combiné avec le Museo diocesano 10 € ; autre billet combiné avec le Museo diocesano et le monastero dei Benedettini 14 € ; réduc).* Datés du IIe s apr. J.-C., ils furent découverts après le tremblement de terre de 1693. La visite vaut surtout pour leur complexe système de canalisation d'époque romaine et puis cette étonnante salle voûtée soutenue par 4 piliers, avec quelques restes de déco stuquée...
Toujours sur la même place, un ***ancien séminaire*** du XVIIIe s et le ***municipio*** se font face. Sur le flanc droit de celui-ci, « pile-poil » à l'angle de la place, se tient la curieuse ***fontana dell'Amenano*** (XIXe s), sculptée dans du marbre blanc de Carrare et personnifiant – avec corne d'abondance et cascade – le fleuve Amenano qui coule en sous-sol...
Enfin, sur le flanc gauche du *duomo,* surmontée d'un imposant dôme octogonal, se dresse la majestueuse ***chiesa Badia di Sant'Agata*** *(via V. Emanuele II, 182b ; tlj sauf lun, 9h30-12h30, 16h-19h – 19h-20h30 dim ; visite de la coupole : 4 €).*

✦✦ *Piazza della Università* *(plan A3)* **:** on y découvre d'abord le ***palazzo della Università,*** actuel siège du rectorat, avec sa belle façade où est gravée l'inscription « Siculorum Gymnasium ». À l'intérieur, le charmant patio est l'œuvre de Vaccarini, réalisée en 1730 : entouré d'harmonieuses arcades, un superbe pavement ouvragé alterne pierre blanche et galets de lave noire... Juste en face, le ***palazzo San Giuliano,*** avec son inscription de façade « Università degli Studi », fut construit par l'infatigable Vaccarini, avec un patio plus sobre mais verdoyant... Un peu plus haut, la ***collegiata S. Maria dell'Elemosina*** *(via Etnea, 23 ; tlj sauf lun et mar ap-m, 10h-12h, 17h-19h – jusqu'à 20h le w-e)* montre une majestueuse façade concave. Elle fut reconstruite après le tremblement de terre de 1693, avec un intérieur baroque en diable.

✦✦ *Via Etnea* *(plan A1-3)* **:** entièrement recouverte de dalles taillées dans du basalte volcanique local, elle s'étend de la piazza del Duomo jusqu'au pied de l'Etna, d'où son nom ! Elle rythme la vie de Catane. On se plaît à y flâner, à admirer les vitrines d'élégantes boutiques, les façades des églises, des palais...

✦✦✦ *Palazzo Biscari* *(plan A-B3)* **:** *via Museo Biscari, 10-16. ☎ 095-328-72-01. • visite@palazzobiscari.it • palazzobiscari.it • Horaires variables des visites guidées par le sympathique proprio francophone, Ruggiero Moncada. Prendre rdv par tél ou par e-mail. Accueille parfois des expos, se renseigner. Entrée : 8 € ; réduc.*
C'est le plus bel édifice civil de la ville ! Ruggero Moncada, le propriétaire, héritier de la grande famille qui a érigé le palais, voue une véritable passion au lieu et commente lui-même les visites qui durent entre 20 mn et 1h en fonction de votre intérêt et de son envie de vous faire découvrir ce bijou ! C'est un écrin du XVIIIe s qui, jadis, était situé juste en bordure de mer. D'où le magnifique escalier tarabiscoté en forme de déferlante, du pur style rococo, et cette étonnante façade – côté mer – flanquée de statues et autres sculptures pleines de symboles... La visite passe par la salle de bal, toute en dorures et volutes, arabesques et enluminures ! Levez les yeux au plafond pour apercevoir Naples, Olympe et le dieu Vulcain, entourées de nymphes et d'angelots potelés et joufflus s'empiffrant de vin, cueillant des grappes, moissonnant et soufflant dans tout ce qu'ils peuvent... Cette salle fut transformée en terrain de tennis par le général Montgomery pendant la

2de Guerre mondiale... et les vitres des fenêtres s'en souviennent ! Quelques pas sur le superbe sol carrelé de majolique, et s'ensuit l'appartement de l'épouse d'Ignazio (5e prince de Biscari). Alors là, c'est la totale, le sol est en marbre polychrome d'époque romaine, les murs entièrement recouverts de marqueterie en bois précieux : palissandre, ronce de noyer, bois de rose, amourette mouchetée, chef-d'œuvre de l'ébénisterie française ; des panneaux sur lesquels sont encastrés des meubles d'époque, pleins à craquer de porcelaine de Chine. Évidemment, verrerie en cristal de Bohême ou de Murano, argenterie et *tutti quanti !* Voilà qui provoqua l'admiration de Goethe lors de son célèbre voyage en Sicile...

MF *(Museum & Fashion ; plan A-B3)* **:** *via Museo Biscari, 16. ☎ 095-250-31-88.* ***Actuellement fermé.*** *Sinon ouv tlj sauf lun, 10h-14h. Entrée : 5 € ; réduc.* Attenante au *palazzo Biscari,* une expo dédiée à l'approche créative de la styliste Marella Ferrera. Très agréablement mis en valeur par l'éclairage et conçu comme un ouvrage qu'on effeuille, le musée se présente sous forme d'une série de tableaux mettant en avant les grandes composantes de la mode que sont la couleur, les motifs, la texture. On admire quelques créations vestimentaires originales, à base de papyrus, de corail, de chanvre, de papier, de pierre, de céramique, de cuivre ou plus généralement de métal ! Des matières sauvagement emmêlées ou tissées, crochetées, soutachées ou brodées, pour des créations mettant en valeur des techniques séculaires sur des matériaux contemporains.

Via Crociferi *(plan A2-3)* **:** bordée de belles demeures bourgeoises et d'églises baroques, toutes reconstruites après le tremblement de terre de 1693. Incontournable ! Au début de la rue, voici la superbe ***chiesa San Benedetto*** *(entrée via Teatro Greco, 2 ; ouv mar, ven et sam 10h-13h30, 14h30-18h, plus 1er dim du mois 11h-17h ; entrée : 6 €, réduc, audioguide en français compris),* richement décorée et attachée au couvent du même nom, où vivent encore une vingtaine de sœurs... À côté, on trouve le ***museo d'Arte contemporanea Sicilia*** *(via S. Francesco d'Assisi, 30 ; ☎ 095-617-20-35 ; ● museomacs.it ● ; tlj sauf lun, 10h30-17h30 ; entrée : 5 €, réduc),* intéressant petit musée d'Art contemporain aux expos temporaires variées... Puis en s'avançant encore dans la *via Crociferi,* c'est l'***ancien collège des Jésuites*** qui retient l'attention pour son élégante cour à portique et sa charmante ***chiesa S. Francesco Borgia*** *(mar-sam 8h30-13h30 ; plus 15h-17h mar et jeu).*

Teatro romano *(plan A3)* **:** *via V. Emanuele II, 262. ☎ 095-715-05-08. Tlj 9h-19h. Dernière entrée 30 mn avt. Entrée : 6 € ; réduc ; gratuit 1er dim du mois. Spectacles (théâtre, musique...) mai-sept.* Si le site a probablement accueilli des orateurs grecs à partir du Ve s av. J.-C., les vestiges visibles aujourd'hui sont intégralement romains. Pillé au XIe s par les Normands, Roger Ier ayant autorisé l'utilisation du marbre pour la construction de la cathédrale, le théâtre dégage aujourd'hui encore une atmosphère insolite et plutôt dépouillée. Car sous les placages de marbre raffinés sommeillait la pierre de lave brute... Du coup, la noirceur du vaste édifice tranche avec les façades des immeubles environnants. Sa *cavea* (gradins en demi-cercle), dont la capacité d'accueil avoisinait les 7 000 personnes, a conservé une certaine unité ; tout comme les déambulatoires et les tunnels d'accès nichés sous les gradins. L'arène est remplie d'eau, présence de rivières qui serpentent sous Catane oblige. Quelques chapiteaux, fragments de frises et de statues sont exposés à l'entrée du site, dans l'***Antiquarium.*** Et l'on observe une foule d'élégants éléments architecturaux en marbre un peu partout dans les couloirs... Aussi un petit ***Musée archéologique*** exposant – pêle-mêle et dans un vieil appartement resté dans son jus ! – des vestiges du Néolithique, des céramiques gréco-romaines... À l'arrière du site, voir enfin l'***odéon,*** construction semi-circulaire de 40 m de diamètre, pouvant accueillir 1 500 personnes pour des représentations musicales ou de danse. Il s'y déroulait aussi les répétitions des spectacles du théâtre voisin, relié à l'odéon par un souterrain...

Castello Ursino – Museo civico (plan A3) **:** *piazza Federico di Svevia. Tlj 9h-19h. Dernière entrée 1h avt. Entrée : 6 € (plus cher si expo temporaire) ; réduc ; gratuit moins de 6 ans.*
À l'origine, les vagues baignaient les flancs de cet austère ouvrage militaire commandé au XIIIe s par Frédéric II de Souabe. Mais les débordements de l'Etna en décidèrent autrement et les coulées de lave de 1669 éloignèrent définitivement la forteresse de la mer. De plan quadrangulaire et ceint de douves, sa fonction défensive est évidente. Successivement palais, prison et caserne, il abrite aujourd'hui le ***Museo civico,*** qui rassemble notamment la collection des Bénédictins, provenant de leur monastère après que celui-ci a été saisi au moment de l'unité italienne...
Au ***rez-de-chaussée,*** on déniche ainsi quelques œuvres remarquables de l'Antiquité : statuaire gréco-romaine (un torse monumental en marbre de l'empereur Giulio Claudio du Ier s apr. J.-C.), vases attiques (Ve s av. J.-C., dont un représentant Persée décapitant Méduse), statuettes en terre cuite et 2 splendides Vénus en marbre comme il en existe si peu à travers le monde ! Le Moyen Âge y est aussi présent, avec de brillantes icônes ou des retables de belle facture et d'intéressantes collections de pièces en ivoire et en bronze...
Au 1er étage, la ***pinacothèque*** recèle plus d'une centaine de toiles : on note surtout le *Portrait d'un gentilhomme* du Gréco, mais aussi des œuvres de Borremans et de Pietro Novelli, dont ce curieux *Saint Jean Baptiste* étendu torse nu dans une position lascive ! Superbe *Adoration des Mages* de Wobreck, et encore de fines brosses de l'école du Caravage, Matthias Stomer, sans oublier Antonello de Saliba (superbe *Vierge à l'Enfant,* 1497), José de Ribera...
Au 2e étage, les peintres *catanesi* Rapisardi, Liotta et Attanasio... La visite se termine du côté de la billetterie et de la boutique – par quelques mousquetons accompagnés de leurs cornes à poudre finement gravées.
Enfin, ***dans la cour,*** plusieurs cuves de sarcophages, des éléments d'architecture (colonnes...) et, sur le portail de l'arrière-cour, d'antiques graffitis de prisonniers !

Teatro Massimo Bellini (plan A3) **:** *piazza Bellini. Agenda des représentations : • teatromassimobellini.it • Visites guidées (45 mn) sur résa mar-sam (à 9h, 10h, 11h et 12h). Entrée : 6 € ; réduc.* Construit par l'architecte Sada, dans un style plutôt éclectique, ce théâtre dédié à Bellini fut inauguré le 31 mai 1890 avec la 1re de *Norma.* Ce qui, pour l'époque, portait Catane au rang des grandes villes d'art lyrique, à l'instar de Paris et de Milan. La façade est chargée d'ornement et d'allégories ; le sculpteur s'est payé toutes les têtes des compositeurs du moment, ou presque ! Notez aussi le beau portail avec grilles en fer forgé par lequel entraient les carrosses. À l'intérieur, l'ambiance est aux velours cramoisis. Perché au 3e étage, ce qui est rare, le foyer arbore fièrement la statue du maestro. Véritable icône, on le retrouve même au ciel de la grande salle, tout de bleu vêtu, emporté vers le paradis par des anges ! Autrement, mise en abyme de miroirs, force pilastres et dorures sur fond rouge, pour ce théâtre à l'acoustique exceptionnelle.

Casa Museo Verga (plan A3) **:** *via S. Anna, 8 (2e étage). ☎ 095-715-05-98. Tlj 9h-13h, 14h30-18h, sauf dim. Entrée : 4 € ; réduc. Audioguide en français (40 mn) compris.* Dédiée à l'autre célébrité de la ville, cette maison-musée recèle une bibliothèque de plus de 2 500 volumes ayant appartenu à l'auteur. Giovanni Verga (1840-1922) est considéré comme le principal représentant du vérisme italien, une école littéraire (et artistique) axée sur la représentation de la réalité quotidienne. Cette visite se résume à faire le tour de l'appartement (chambre, bureau, salle à manger...) où naquit et mourut l'auteur de *Maître Don Gesualdo.* Et, à défaut de connaître parfaitement son œuvre, il offre la possibilité de découvrir un intérieur *catanesi* avec papiers peints, carrelages et mobilier d'époque.

Le marché aux poissons (pescheria ; plan A3) **:** *piazza Alonzo di Benedetto. Ts les mat, sauf dim.* C'est le plus grand, le plus beau et certainement le plus authentique des marchés aux poissons de Sicile ! C'est comme si une marée

LA SICILE IONIENNE

géante était entrée en ville pour déposer sur les étalages des mareyeurs et des poissonniers tout ce que la mer cultive en secret. Dans un capharnaüm digne des plus beaux films de Fellini, on se harangue, on se hèle, on s'invective ! Ici un étal plein à ras bord de moules et de coques, là un espadon pointe son rostre vers le ciel, plus loin un thon rouge finit d'ensanglanter la rue. Et ça poisse, ça luit, ça suinte, ça embaume ! Les touristes mêlés aux autochtones en prennent plein les mirettes et les naseaux ! On y va pour prendre le pouls de cette Sicile millénaire ; prenez des photos à tour de bras si le cœur vous en dit, mais faites gaffe à vos affaires ! Et si la faim vous tiraille, on trouve là – parmi les étalages – plusieurs restos de la mer, dont ***Scirocco Sicilian Fish Lab*** (*plan A3, **30***; lire plus haut « Où manger ? »), bien et pas cher du tout, sans oublier, dans une gamme supérieure, ***Antica Marina*** *(via Pardo, 29 ; ☎ 095-34-81-97 ; • ant.marina@hotmail.it • ; tlj sauf mer ; menus 25-65 €, carte 25-35 €),* une valeur sûre qui ne déçoit pas. Les locaux y viennent d'ailleurs régulièrement festoyer en famille !

La « très » vieille ville : *délimitée par la via di Prima au nord et par la via di Sangiuliano au sud (plan B2).* Après le séisme de 1693, Catane fut reconstruite sur les éboulis et les coulées de lave. Les moyens techniques n'existaient pas pour tout raser. Résultat, le long des rues débordent d'énormes rochers, montant parfois jusqu'au 1er étage. Assez unique dans une grande ville ! Mais attention, ***ce quartier n'est pas spécialement bien fréquenté de jour comme de nuit.***

Chiesa San Nicolò L'Arena *(hors plan par A3)* **:** *piazza Dante. Tlj 9h-19h (9h-13h dim et j. fériés). Visite coupole : 3 € (dernière entrée 45 mn avt fermeture).*
C'est l'une des plus grandes églises de Sicile ! Ses travaux ont débuté dans la 2de moitié du XVIe s, sous la houlette de l'architecte Contini, mais l'Etna en a décidé autrement : la coulée de lave de 1669 puis le tremblement de terre qui suivit 24 ans plus tard ont tout anéanti. Du coup, le projet fut confié aux architectes Battaglia et Ittar, mais ils n'eurent guère plus de chance et, faute de moyens, les travaux furent abandonnés en 1735. Aujourd'hui, dépourvue d'ornementations en façade, la *chiesa* présente un aspect austère. Cependant, entrez-y : l'intérieur aux proportions monumentales présente – au sol et en travers du transept – une magnifique méridienne datant de 1841, balayée par son point lumineux.

LE TUBE DE L'ÉTÉ 1787

Goethe, qui visita Catane, était admiratif de l'orgue de l'église San Nicolò. Il faut dire qu'à l'époque l'appareil magistral – que Donato del Piano avait mis 13 ans à construire – totalisait près de 3 000 tuyaux et parvenait à imiter le son de presque tous les instruments de musique ! Il a été vandalisé depuis.

Museo di archeologia dell'Università di Catania *(hors plan par A3)* **:** *via Biblioteca, 4. ☎ 095-710-27-67. À côté de la chiesa San Nicolò L'Arena, dans l'enceinte de l'université. Ouv lun, mer et ven 9h-13h (sur résa). Fermé pdt vac scol. GRATUIT.*
Ce petit musée archéologique expose des objets de la préhistoire au Moyen Âge, en passant par l'Antiquité gréco-romaine. Touchante maquette de bateau (IIIe-IIe s av. J.-C.) avec ses rameurs et des petits dauphins dessinés sur la coque ; étonnant sistre grec rectangulaire en bronze, associé au culte de la déesse Isis ; curieux strigile (racloir) en bronze, utilisé par les athlètes pour se nettoyer la peau après les compétitions ; magnifiques vases attiques...

Monastero dei Benedettini *(hors plan par A3)* **:** *piazza Dante, 32. • monasterodeibenedettini.it • ♿ Visite guidée (1h30) en italien ttes les heures, tlj 10h-17h (11h-18h en août). Fermé 25 déc. Résa très conseillée. Tarif : 8 € ; billet combiné avec le Museo diocesano et les Terme Achilliane 14 € ; réduc.*
Édifié dès le XVIe s et reconstruit au XVIIIe s, ce 2e plus grand monastère d'Europe par sa taille (après celui de Mafra au Portugal) abrite aujourd'hui une partie de

l'université de Catane, section des sciences humaines. D'abord, on y entre par la piazza Dante, juste à côté de la chiesa San Nicolò L'Arena. Notez la grandiloquence de la façade, avec ses balèvres en pointe de diamant, ses fruits, ses mascarons, œuvre de l'inventif Antonio Amato (XVIIe s)... La visite guidée nous mène à travers les ***2 cloîtres,*** avant de rejoindre la ***bibliothèque*** au sous-sol du complexe, qui seul a survécu au tremblement de terre de 1693. Là se trouvait la cuisine des moines du monastère primitif... Ensuite, coup d'œil aux anciennes ***cellules*** et à la ***chapelle privée des moines*** (transformée en salle de conférences !), puis aux ***stanze dell'Abate*** *(ouv seulement w-e et j. fériés)* livrant des fresques néoclassiques, avant d'emprunter le ***couloir de l'horloge,*** long de... 230 m ! Un détour par le ***jardin des novices*** et nous voici dans le ***hall d'entrée,*** vaste, circulaire et surmonté d'une coupole qui accueillit un observatoire astronomique au XIXe s. Viennent ensuite le ***grand réfectoire,*** puis la ***cuisine,*** jolie pièce aux carrelages colorés, dotée d'un foyer central et surmontée d'une coupole soutenue par de solides colonnes ! Là, plusieurs trous ronds la relient aux anciennes ***caves,*** où les denrées étaient stockées : un espace étonnant avec son puits de 32 m de fond et une structure moderne rouge et design, soutenant l'étage supérieur ! C'est alors que le prestigieux ***escalier monumental*** marque la fin de la visite, avec sa double rampe à balustres en marbre de Carrare et sa dizaine de bas-reliefs en stuc.

Anfiteatro romano *(plan A2)* **:** *piazza Stesicoro. Ouv mar-dim 9h-13h30, 14h30-17h (mais on le voit mieux depuis la rue !). GRATUIT.* Après avoir servi de carrière pendant des siècles, ces quelques éléments de structure en pierre volcanique dressés au centre de la place permettent à peine d'imaginer l'ampleur de l'édifice, symbole de la prospérité de la ville romaine, qui pouvait accueillir jusqu'à 15 000 spectateurs !

Giardino Bellini *(plan A1-2)* **:** *via Etnea. Tlj 6h-22h (23h en été, 21h en hiver).* Jardin romantique au cœur de la ville pour prendre le frais, car Catane demeure la ville la plus chaude de Sicile ! Au niveau de son entrée principale sur la via Etnea, il est séparé de la rue par un mur impressionnant de *Ficus benjamina.* Sur les hauteurs, joli kiosque à musique. Et sur le flanc droit, aire de jeux pour enfants.

Orto botanico *(plan A1)* **:** *via Etnea, 397. • ortobotanicoitalia.it • Lun-ven 9h30-18h30, sam 9h30-12h30 ; fermé dim. Dernière entrée 1h avt. GRATUIT.* Planté voici plus de 160 ans, ce charmant jardin couvre une superficie de 16 000 m^2. Plantes exotiques dans l'*Hortus generalis,* alors que l'*Hortus siculus* présente une foule d'espèces méditerranéennes ou endémiques de la Sicile. Pour les amoureux de calme, de verdure et de fraîcheur.

Ciminiere *(plan C2)* **:** *viale Africa, piazzale R. Chinnici.* Bel exemple de reconversion du patrimoine industriel, ces anciennes raffineries de soufre abritent désormais un complexe culturel ! Une visite à faire en famille...

– ***Museo del Cinema :*** *☎ 095-401-19-28. Tlj sauf lun : juin-sept, 10h-18h ; oct-mai, 9h-17h. Dernière entrée 1h avt. Entrée : 4 € ; réduc ; gratuit moins de 6 ans.* Propose un parcours thématique intéressant sur l'histoire du cinéma, agrémenté de projecteurs, de caméras, d'affiches anciennes... Sans oublier les projections d'extraits des grands classiques du genre (frères Lumière, Méliès, etc.). Une salle bardée de photos en noir et blanc est aussi dédiée aux films tournés en Sicile, d'autres reconstituent des décors emblématiques du cinéma italien. Enfin, encore quelques vieilles photos évoquent Catane comme l'une des capitales du cinéma italien...

– ***Museo Storico dello Sbarco in Sicilia – 1943*** *(musée du Débarquement)* **:** *☎ 095-401-19-29. Mêmes horaires et prix que le précédent. Dernière entrée 2h avt.* Passionnant ! Une véritable immersion dans la 2de Guerre mondiale vue depuis la Sicile : décors reconstitués, simulation d'attaques aériennes vécues d'un bunker avec effets sonores et sensoriels. Puis on parcourt librement des salles où sont reconstitués des événements historiques du débarquement en Sicile, ses grandes batailles, l'avancée de chaque section alliée, la victoire et l'armistice. Le tout enrichi de nombreux films d'archives, d'expos d'armes et d'uniformes, de cartes, de vieux papiers, de photos en noir et blanc, de maquettes... Et à grand renfort de personnages en cire troublants de vérité comme... Hitler et Mussolini !

Porto San Giovanni Li Cuti *(hors plan par C1)* **:** *à env 3 km au nord du centre-ville, direction Taormina ; en contrebas du viale Ruggero di Lauria (panneau).* Coincé par la route, c'est un petit port authentique, bordé de maisons anciennes et situé en lisière de la ville. Miniplage de sable noir très fréquentée par les Catanais pour une baignade populaire rafraîchissante. Et le long de la côte, des pontons – avec plages privées – ont été installés au-dessus des gros rochers noirs surplombant la mer... En été, agoraphobes s'abstenir, ou alors allez-y la nuit, quand les pêcheurs au lamparo balaient le rivage en quête de poulpe, l'atmosphère est assez irréelle !

Les plages : au sud de Catane, le long du *corso Kennedy (SS 114),* s'étend **Lidi Playa** *(hors plan par A3),* belle plage de sable clair bordée d'un cordon de verdure, mais quasi entièrement aménagée en plages privées *(accès en bus urbains AMT n° D).* Aussi des **plages de sable noir ou rocailleuses au nord de Catane** *(hors plan par C3),* direction *Aci Costello* et *Aci Trezza (accès en bus urbains AMT n*os *3, 4 ou 5).*

Marchés

– ***Marché aux poissons de la piazza Alonzo di Benedetto*** *(appelé* ***pescheria*** *; plan A3)* **:** *ts les mat sauf dim (lire plus haut « À voir »).*
– ***Marché de la piazza Carlo Alberto*** *(plan A2)* **:** *au bout de la via Pacini, il s'étend jusqu'à la piazza Stesicoro, sur la via Etnea. Ts les mat sauf dim, plus sam-ap-m.* Beau marché traditionnel et authentique, coloré et bien vivant : fruits, légumes, fringues, etc. Une joyeuse animation qu'on aime beaucoup !

Fête et manifestation

– ***Fête de Sant'Agata :*** *début fév, pdt 3 j.* C'est la plus importante. Processions de la sainte patronne et des *candelore,* cierges démesurés. La malheureuse fut martyrisée au IIIe s par un proconsul romain qui lui fit couper les seins pour avoir refusé de céder à ses avances... Depuis, on les mange sous forme de gâteaux à l'occasion de sa fête ! Cette dernière est célébrée depuis 1126, année où ses reliques furent rapportées de Constantinople. Sainte Agathe est aussi de sortie de temps en temps pour calmer les fureurs de l'Etna, et il paraît que ça marche !
– ***Saison lyrique :*** *oct-juin. Concerts et ballets au teatro Bellini. Agenda des représentations : ● teatromassimobellini.it ●*

DANS LES ENVIRONS DE CATANE

ACI CASTELLO (95021 ; 18 000 hab.)

À environ 10 km au nord-est de Catane par la SS 114, ce village tire son nom du château normand qui domine la côte dans le prolongement d'une jolie place – la *piazza Castello* – suspendue où s'épanouit un superbe araucaria. Autour de la place, on trouve quelques bistrots et glaciers. Ce site témoigne aussi de la genèse du système volcanique de l'Etna, il y a 550 000 ans, d'origine marine, comme le prouvent ces curieux rochers de lave en coussin *(pillow-lava)* qui entourent le château et d'où l'on peut piquer une tête dans l'azur méditerranéen !

LA SICILE IONIENNE

À voir

Castello normanno (château normand) : *piazza Castello. 320-433-96-91. • comune.acicastello.ct.it • Tlj ; de mi-juin à août, 9h30-13h, 16h-20h30 ; le reste de l'année, 9h-13h, 15h-19h (17h nov-mars). Dernière entrée 15 mn avt. Entrée : 3 € ; réduc ; gratuit moins de 6 ans. Feuille explicative en français.* Profilé comme une étrave de bateau, un étonnant édifice du XIe s en pierre de lave. Le rocher sur lequel il est construit – en à-pic sur la mer ! – a la particularité d'être une formation géologique antérieure à celle de l'Etna. Du bastion, on profite d'une vue superbe sur la côte et Aci Trezza. À l'intérieur, petit musée géologique et paléontologique qui retrace succinctement le quaternaire. Aussi une section archéologique avec quelques amphores et ancres antiques, mais rien d'exceptionnel. Et derrière le petit jardin botanique, installé sur une terrasse dominant l'azur, une salle est dédiée au peintre local Jean Calogero (1922-2001).

ACI TREZZA *(95021 ; 5 000 hab.)*

Une halte plaisante, à environ 12 km au nord-est de Catane. Petit bourg de pêcheurs sur lequel veillent les *scogli dei Ciclopi* (appelés aussi *Faraglioni*), de fameux îlots de lave classés ***zone maritime protégée*** *(• isoleciclopi.it •)*. Selon la mythologie grecque, ils auraient été jetés par le cyclope Polyphème pour empêcher la fuite d'Ulysse, après que le héros lui eut percé l'œil d'un pieu acéré. Visconti y tourna l'un de ses 1ers films, *La terre tremble,* adapté du roman de Giovanni Verga, *Les Malavoglia...* Dans le port même, on observe d'intéressantes petites formations basaltiques.

Où manger ? Où déguster une glace ? Où boire un verre ?

Gran Cafè Solaire : *via Provinciale, 81. 345-165-68-22. Tlj.* Très peu de glaces et de *granite,* mais que du *buonissimo* ! Laissez-vous tenter par un cône *torrone-pistacchio,* slurp ! Fait aussi *tavola calda* avec des *panini, tramezzini,* salades, *arancini...* Terrasse dans la rue. Bref, une bonne adresse multiple et incontournable dans le village !

Trattoria Da Federico : *via Provinciale, 115. ☎ 095-27-63-64. • trattoriadafederico@live.it • À droite de l'église, au-dessus du port. Tlj sauf lun. Congés : déc. Repas 20-40 €.* La bonne table du village, servant d'excellentes spécialités de poisson ultra-frais, mijotées avec soin. Aussi une bonne palanquée de pâtes pour les fauchés et quelques viandes pour les irréductibles. Depuis la terrasse, vue sur le port... par-dessus les scooters en stationnement ! Mais une valeur sûre malgré tout.

Où danser ?

Banacher : *via XXI Aprile, 79 (SS 114). • banacher.it • Ouv en été seulement. Entrée payante.* En plein air dans un magnifique jardin planté de palmiers géants, cette discothèque peut accueillir jusqu'à 4 000 personnes ! Resto, terrasses, piscine et bar démesuré font partie du décor. Tenue correcte recommandée. Beaucoup de monde les week-ends. On y vient de toute la Sicile !

À faire

Sorties en mer : sur le port en saison, quelques chaloupes-taxis vous déposent sur l'îlot d'en face *(3-5 €/pers l'A/R)* – ancré dans l'*area marina protetta Isole*

Ciclopi (● *isoleciclopi.it* ●) – à partir duquel on pratique aisément le ***snorkelling en famille.*** Aussi des possibilités de ***balade côtière*** *(compter 25 €/2h pour 2 pers)* et quelques ***canoës*** et ***paddle boards*** à louer sur le front de mer vers Aci Castello... Mais, côté bronzette, mieux vaut avoir des prédispositions de fakir, car pas un grain de sable à l'horizon !

Fête

– ***Sagra del Pesce Spada*** *(fête de l'Espadon)* **:** *fin juin.* ● *festasangiovanni.it* ● Un barbecue géant où l'animal est passé sur le gril à l'occasion de la fête de saint Jean Baptiste, patron de la ville ! Animations et marché artisanal.

ACIREALE

(95024) 52 000 hab.

● Plan *p. 331*

Bordée par la *riserva naturale La Timpa* – étroit ruban de verdure côtier –, Acireale est une agréable ville baroque devant l'Éternel, accrochée au flanc de l'Etna pour ne point tomber dans la mer. Ancienne station thermale, elle est aussi la ville du citron, de la pâtisserie et du théâtre de marionnettes ! Très tôt portée vers les arts, cette ville d'eaux (sulfureuses) ne compte pas moins d'une centaine d'églises ! Tant et si bien qu'aux beaux jours les mariages s'y célèbrent à une cadence infernale ! Et les photographes ne manquent alors pas de décor avec les façades ouvragées de la *chiesa di San Sebastiano,* de la *basilica dei Santi Pietro e Paolo* et du *duomo...* Dernière chose, Acireale célèbre l'un des plus beaux carnavals d'Italie...

Arriver – Quitter

En bus

Fermate (arrêts des bus) **: piazza Indirizzo** *(au nord de la ville, face au jardin public Villa Belvedere ; plan B1)* et **piazza Duomo** *(en plein centre ; plan A2).* Desservies par les compagnies ***AST*** (● *aziendasicilianatrasporti.it* ●), ***Interbus*** (● *interbus.it* ●) et ***Zappalà & Torrisi*** (● *zappala-torrisi.it* ●).

➢ ***Catania*** *(35 mn-1h)* **:** 1-4 bus/h sauf dim avec *AST* et 1-4/j. avec *Interbus* et env 6 bus/j. sauf dim avec *Zappalà & Torrisi* ; le tout via ***Aci Trezza*** et ***Aci Castello.*** À Catania, correspondances pour ***Palermo, Caltanissetta, Enna, Piazza Armerina, Caltagirone, Palazzolo Acréide, Siracusa, Noto, Pozzallo, Scicli, Modica, Ragusa, Gela, Agrigento...***

➢ ***Taormina*** *(1h10-1h25)* **:** 1-4 bus/j. avec *Interbus.*

➢ ***Messina*** *(3h10)* **:** env 1 bus/j. sauf dim avec *Interbus.*

➢ ***Zafferana Etnea*** *(45 mn)* **:** env 6 bus/j. sauf dim avec *Zappalà & Torrisi.*

En train

Stazione *(gare ferroviaire ; hors plan par A-B2)* **:** *via San Girolamo, 51 (SP 199).* ● *trenitalia.com* ● *À 1,5 km au sud de la ville (bus locaux ou taxis pour rejoindre le centre).*

➢ ***Catania*** *(10-15 mn),* ***Taormina-Giardini*** *(env 30 mn) et* ***Messina*** *(env 1h30)* **:** 10-20 directs/j. À Catania, correspondances pour ***Siracusa, Caltanissetta Xirbi, Enna, Caltagirone*** et ***Palermo.***

Adresse et info utiles

Ufficio turistico *(plan A2)* **:** *via Settimo, 5. ☎ 095-89-52-49. • comune.acireale.ct.it • À 2 pas du duomo. Tlj sauf dim 9h-13h, 15h30-19h30.* Plan de la ville avec descriptions en français de ses principaux monuments, infos transports, agenda culturel...

– **Mercato** *(hors plan par B1)* **:** *sam mat, via dello Stadio, à côté du stadio Tupparello.*

Où dormir à Acireale et dans les environs ?

Prix moyens

B & B La Durlindana *(plan A2,* ***10****)* **:** *via Consentini, 18, à Acireale. ☎ 095-60-57-50. 📱 392-230-42-80. • info@ladurlindana.it • ladurlindana.it • Doubles 50-100 € ; familiales également. CB refusées. 1er petit déj offert sur présentation de ce guide.* En plein centre, grande et belle maison tranquille aux vastes chambres proprettes et de bon confort. Déco parfois rehaussée par quelques touches de couleur vive, mais demeurant dans un gentil jus vintage pour l'ensemble, avec portes vernissées, vieux meubles et miroirs au tain piqué par les années. Certaines chambres du rez-de-chaussée donnent sur un charmant jardinet engazonné, plantée d'un beau feijoa (goyavier du Brésil), de citronniers et mandariniers... Accueil aux petits oignons. Bref, une adresse hors pair !

Residenza Cavour *(plan A2,* ***11****)* **:** *via Cavour, 17, à Acireale. 📱 393-914-55-10. • info@residenzacavour.it • residenzacavour.net • Doubles 70-85 € ; familiales également.* À 2 pas du *duomo,* cette demeure de caractère renferme une dizaine de chambres bien équipées et plus ou moins grandes. Tons pastel façon bonbonnière et quelques meubles sobres, lits à l'ancienne... Vue sur la rue ou le *cortile.* Cuisine commune à dispo.

B & B Aci e Galatea *(plan A2,* ***12****)* **:** *via San Carlo, 22, à Acireale. 📱 338-561-93-86. • info@aciegalatea.it • aciegalatea.it • Congés : janv. Résa très conseillée. Doubles 60-130 €. CB refusées. Réduc de 10 % (fév-avr et oct-déc) sur le prix de la chambre.* Grande maison rutilante du XIXe s située au cœur du vieux Acireale. Quelques chambres confortables et toutes différentes. L'une possède une terrassette privative avec cuisine d'été, une autre, une mezzanine... Déco soignée, de style chic et classique : parquet ou carrelage vintage, jolis meubles anciens, rideaux brodés. Mais l'atout du lieu demeure aussi son vaste toit-terrasse commun, verdoyant et ombragé. Une adresse tout en délicatesse, comme l'accueil.

Agriturismo Il Limoneto *(hors plan par B1,* ***13****)* **:** *via D'Amico, 41, à* ***Scillichenti.*** *☎ 095-88-65-68. 📱 339-268-36-04. • illimoneto@gmail.com • illimoneto.it • À 3 km au nord d'Acireale par la SS 114. Fermé de mi-nov à mi-mars. Apparts (2-4 pers) 50-90 € ; pas de petit déj. Parking gratuit.* Limoncello *maison offert sur présentation de ce guide.* Perdus au beau milieu d'une luxuriante plantation familiale d'agrumes bio de 4 ha, une dizaine d'appartements – du studio au 2 pièces – dispatchés dans les dépendances de l'*azienda agricola.* Confortables (cuisine, terrasse privée...), fonctionnels et nickel, sans oublier la déco sobre et un rien rustique. Également plusieurs terrasses intimes avec solarium et vue sur l'Etna, ou même sur la mer bordée par les villages de pêcheurs côtiers. Barbecues à dispo. La plage n'est pas loin, mais il est nécessaire de prendre la voiture pour s'y rendre. Accueil sympa et en français de Fabrizio, le proprio, qui mitonne confitures, miel et *limoncello* maison, tout en distillant de bons conseils pour visiter la région.

B & B Palazzo Giovanni *(hors plan par B1,* ***13****)* **:** *via XXI Aprile,*

LA SICILE IONIENNE

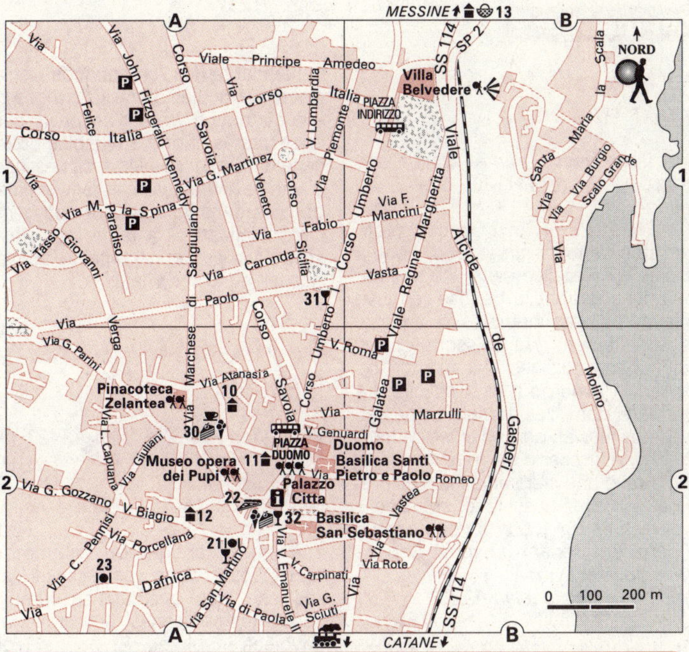

ACIREALE

Adresse utile

- Ufficio turistico (A2)

Où dormir ?

- **10** B & B La Durlindana (A2)
- **11** Residenza Cavour (A2)
- **12** B & B Aci e Galatea (A2)
- **13** Agriturismo Il Limoneto et B & B Palazzo Giovanni (hors plan par B1)

Où manger ?

- **21** La Nassa (A2)
- **22** Frumento (A2)
- **23** Vico Proietto (A2)

Où déguster une pâtisserie, une glace ? Où boire un verre ?

- **30** Bar Al San Domenico (A2)
- **31** Famiglia Espedito (A1)
- **32** Caffè Cipriani (A2)

103, à ***Stazzo.*** *☎ 095-764-23-05. 347-514-24-80. • info@palazzogiovanni.it • palazzogiovanni.it • ♿ À 5 km au nord d'Acireale par la SP 2 ; et 10 mn à pied du petit port de Stazzo. Congés : nov. Doubles 60-100 € ; familiales. CB refusées. Parking gratuit. Limoncello offert sur présentation de ce guide.* Belle ambiance chaleureuse et proprette dans ce *B & B* aménagé dans la villa fin XIXe s du grand-père des gentils proprios, producteurs d'agrumes bio. Une demi-douzaine de chambres de bon confort et portant toutes le nom d'une femme de la famille. Côté déco : meubles anciens, plafonds peints et carrelages d'époque. Superbe *rooftop* où est servi le petit déj avec les confitures maison, sur fond des citronniers à perte de vue de l'*azienda agricola* familiale et d'Etna fumant. Belle adresse et accueil adorable de Silvio, le maître des lieux. On aime !

Où manger ?

De bon marché à prix moyens

La Nassa (plan A2, **21**) : *piazza Marconi, 19. 347-909-69-02. Tlj sauf lun-mar, le soir seulement. Repas 10-15 €, aperitivo 13 €.* Concept étonnant que ce resto *street food,* dont la cuisine est installée dans une roulotte fumante, bordant la gentille terrasse éclairée par des loupiotes. À la carte, essentiellement des poissons et des fruits de mer cuisinés – façon friture ou plancha – avec goût et simplicité. Le tout servi dans des cornets en papier, avec des pics en bois en guise de fourchettes. À arroser d'un verre de vin de l'Etna ou d'une bière artisanale du cru. On a bien aimé aussi la formule *aperitivo,* histoire de goûter un peu à toute la carte en prenant un verre. Service dynamique et sympa.

Frumento (plan A2, **22**) : *piazza Mazzini, 9. ☎ 095-60-14-96. • frumentosrls@pec.it • Ts les soirs, plus le midi jeu-dim. Pizze 6-15 €.* À 2 pas du *duomo,* une charmante terrasse verdoyante – un rien branchée sous ses petites lanternes romantiques – sur la placette, doublée d'une salle moderne. À la carte, une volée d'*antipasti,* quelques fritures et de formidables pizzas, généreusement garnies avec des ingrédients de haute qualité et régulièrement primées dans les concours du genre. On choisit aussi la farine et donc le style de la pizza : napolitaine, *sottile*... Accueil jeune et sympa.

De prix moyens à plus chic

Vico Proiette (plan A2, **23**) : *via Dafnica, 88. ☎ 095-763-70-43. • info@vicoproiette.it • Tlj sauf mar. Congés : janv. Repas 15-30 €. Café offert sur présentation de ce guide.* Jardin intérieur romantique ou salle un brin rétro ; posez donc vos fesses ! Dans l'assiette, juste quelques savoureuses spécialités siciliennes du marché, aux envolées inspirées. Et pour chaque plat, un vin est recommandé ! Bon rapport qualité-prix pour cette excellente table.

Où déguster une pâtisserie, une glace ?
Où boire un verre ?

Bar Al San Domenico (plan A2, **30**) : *piazza San Domecino, 28. • pasticceriaalsandomenico@virgilio.it • Tlj 7h30-minuit, sauf lun.* Le trublion qui a détrôné les institutions locales ! Gentille terrasse ombragée en vue de la jolie chiesa San Domenico pour ce bar régulièrement récompensé lors de concours gastronomiques pour ses *gelati e granite,* à se damner ! Également quelques délicieuses pâtisseries maison et autres bricoles salées à grignoter à toute heure avec un café. On adore !

Famiglia Espedito (plan A1, **31**) : *piazza Garibaldi, 1 (angle corso Umberto I). Tlj 7h-23h.* Plébiscité par les gens du cru, c'est un petit *caffè* flanqué d'une charmante terrasse fraîche et ombragée par de gros ficus, avec vue sur la verdoyante *piazza,* bien connue pour ses bars qui se remplissent vite en soirée. Également de belles assiettes pour picorer à l'heure de l'*aperitivo* et quelques plats maîtrisés. Bref, le lieu idéal pour siroter en papotant. Service charmant.

Caffè Cipriani (plan A2, **32**) : *piazza Vico, 3. • caffecipriani@gmail.com • Tlj sauf mer, 4h-minuit.* Face à la chiesa di San Sebastiano, depuis 1957, c'est un poste d'observation privilégié pour assister aux mariages ! Cette grande terrasse ombragée et verdoyante est aussi le lieu parfait pour sacrifier au culte des *granite con panna e brioche* et aux succulentes spécialités à la pistache typiquement siciliennes.

À voir

Piazza Duomo *(plan A2)* **:** elle concentre plusieurs monuments baroques, tels que, à droite, le ***palazzo Città*** (1659), dans lequel on trouve une expo permanente d'uniformes historiques *(tlj sauf dim, 9h-13h, 15h30-19h ; GRATUIT),* dont celui d'Alessandro III, tsar de Russie, sans oublier quelques pièces napoléoniennes... La ***basilica Santi Pietro e Paolo*** toute blanche, au centre de la place, a été remaniée au XVIIIe s et renferme, sur la gauche en entrant 2 élégants retables de Pietro Paolo Vasta... Et sur la gauche de la place, voici le ***duomo*** *(mêmes horaires),* construit au début du XVIIe s, avec une façade toute rose, refaite dans le style gothique au XIXe s sur les projets de Giovan Battista Basile et de Stefano Ittar. Beau portail à colonnes en marbre blanc de Blandamonte et de jolis campaniles recouverts de majolique. À l'intérieur de cet édifice consacré à l'Annonciation, c'est du baroque version « grand spectacle ». À visiter le nez en l'air ! Les fresques de Giuseppe Sciuti, situées sur la voûte de la nef centrale, plus récentes (1905), côtoient celles de Pietro Paolo Vasta (1736-1737). Au sol dans le transept, une méridienne en marbre...

Basilica San Sebastiano *(plan A2)* **:** *piazza Vigo. Tlj 9h-12h30, 16h-20h.* Superbe façade blanche baroque qui flamboie en fin d'après-midi ; précédée d'un perron à balustrade, surmonté de 10 statues en pierre calcaire figurant prophètes et autres personnages bibliques. Notez à l'extrême droite, celle de David, visiblement très content d'avoir décapité Goliath ! À l'intérieur, maître-autel on ne peut plus baroque, entouré de fresques de Pietro Paolo Vasta illustrant les épisodes de la vie de saint Sébastien, patron protecteur de la ville. Elles font de cette église l'un des monuments les plus importants de la Sicile orientale relatif à cet art. À voir aussi, le ***museo del Tesoro*** *(tlj 9h-12h30, 16h-20h ; entrée : 1 €),* exposant calices, ostensoirs, crucifix, vêtements et autres objets liturgiques, dont les 2 bras-reliquaires de San Sebastiano en argent (1593), ainsi qu'une intéressante collection d'ex-voto bijoux, car Acireale était, avec Messine, l'un des plus grands centres d'argenterie pendant toute la période baroque...

LE CARBONE CARBONISÉ

À l'intérieur de la chiesa di San Sebastiano, le saint suaire d'Acireale est une copie conforme de celui de Turin. Il fut réalisé en 1644, par superposition à l'original afin de le « décalquer » et par là même de le sacraliser. Mais le 29 novembre 1853, jour de la Saint-Narcisse, la foudre s'abattit sur l'église et détruisit l'urne d'argent qui avait servi à le transporter. Depuis, le suaire – miraculeusement intact – est porté chaque année en procession le jour du Vendredi saint !

Museo opera dei Pupi *(plan A2)* **:** *via Alessi, 5. ☎ 095-768-56-11. Tlj 9h-13h, 15h30-19h30, sauf dim. GRATUIT.* Après avoir connu un beau succès avec leur 1er théâtre de marionnettes fondé en 1887, les maîtres locaux de cet art – Pennisi et Macrì – inaugurèrent ce théâtre fixe en 1928. Transformé aujourd'hui en un charmant musée municipal, il présente une quarantaine de poupées – en situation de scène – des années 1930-1940, principales figures des aventures chevaleresques qui tenaient en haleine les spectateurs d'antan : *Paladini* contre *Sarrazini,* entendez chrétiens contre musulmans ! Avec, chez les 1ers, pour vedette incontestée, Orlando, toujours de rouge vêtu et portant un aigle sur la tête. Et pour leur donner vie, 3 personnes œuvraient en coulisse : la 1re pour manœuvrer les bons, la 2e pour méchants et la 3e pour les voix de tout ce petit monde ! Bref, un gentil petit musée dont les commentaires en italien du gardien font revivre cette belle tradition théâtrale typiquement sicilienne et aussi les intrigues les plus populaires...

Pinacoteca Zelantea *(plan A2)* **:** *via Marchese di Sangiuliano, 17. ☎ 095-763-45-16. Dans la bibliothèque municipale.* ***Actuellement fermé.*** *Sinon ouv l'été, mar-sam 10h-13h, plus mar 15h30-18h30 ; le reste de l'année, mar-sam mat 10h-13h, 15h30-18h30. GRATUIT.*
Une visite intéressante, permettant d'approcher quelques toiles du baroque et du rococo (école de Rubens ou napolitaine). Pêle-mêle : Giuseppe Ribera, Vito d'Anna, Mattia Preti, Carlo Maratta, Giacinto Platania (un enfant du pays, l'un des plus grands peintres et fresquistes du XVIIe s en Sicile), ou encore Pietro Paolo Vasta (encore un p'tit gars d'Acireale, qui fut l'un des maîtres du baroque tardif). Et dans 2 salles attenantes : un plâtre de Rosario Anastasi (XIXe s) mettant en scène *Aci e Galatea* ; plusieurs scènes de la Sicile rurale profonde et autres portraits peints par Saru Spina (1857-1943) ; un buste en marbre de Jules César et quelques objets archéologiques provenant des environs de Capo Mulini ; sans oublier le carrosse dans lequel Ferdinand de Bourbon a posé ses fesses lors de sa visite à Acireale en 1806.

Villa Belvedere *(plan B1)* **:** *piazza Indirizzo.* C'est le jardin public de la ville, d'où l'on admire la mer, l'Etna et – sur la droite – une statue d'Acis et Galatée (l'original en plâtre est à la *pinecoteca Zelantea*). Également quelques bustes d'illustres locaux, des jeux pour enfants...

Fêtes, manifestation et spectacles

– ***Fête de San Sebastiano*** *(ou fête des Dévots)* **:** *20 janv.* Procession au départ de l'église San Sebastiano. Ne ratez pas *a nisciuta* (la sortie) du saint porté par les dévots, pieds nus.
– ***Carnavale di Acireale :*** *fin fév-début mars. • carnevaleacireale.it •* L'un des plus beaux de Sicile et même de toute l'Italie ! Défilés de chars, grosses têtes en papier mâché et jeux populaires. À ne manquer sous aucun prétexte si vous êtes dans le coin à cette période !
– ***Fête de Santa Venera :*** *26 juil, plus nombreuses festivités la sem précédente.* Procession du *ferolo* et des *candelori* en bois portés par les représentants des corporations des arts et métiers.
– ***Spectacles de pupi*** *(marionnettes)* **:** *se renseigner à l'office de tourisme, car les représentations ne sont pas régulières. Elles se déroulent en principe tte l'année, sur résa mer et sam-dim au* ***teatro Turi Grasso*** *(via Nazionale per Catania, 195, vers Capo Mulini ; • operadeipupi.com •) ou chez* ***Ariosto e Calabretta*** *(via S. Maria delle Grazie, 6, à S. Caterina ; 📱 347-004-78-71). Compter 5 €/adulte, 3 €/enfant.* De grande qualité !

L'ETNA

• Carte *p. 336-337*

Le plus grand volcan d'Europe reste toujours l'un des plus actifs de la planète et l'un des plus dangereux. Il est inscrit au Patrimoine mondial de l'Unesco depuis juin 2013. Quelques chiffres donnent une idée de l'importance de cette « montagne vivante » qui surplombe l'une des plus belles îles de la Méditerranée : 1 200 km² de superficie avec un périmètre de base d'environ 135 km et une altitude de 3 330 m environ, qui varie en fonction de son activité. On estime même qu'il a grandi de quelque 60 m depuis le

début du XXe s ! Patrie des cyclopes qui projetaient des rochers d'une simple pichenette dans la mer ; atelier de Vulcain, dieu du Feu, qui y forgeait les armes de Jupiter ; demeure du géant Typhon et d'Adramos, le mythique Etna est – depuis la nuit des temps – le siège des divinités chtoniennes. Depuis les navigateurs téméraires de l'Antiquité jusqu'aux grandes plumes de la littérature, il a intrigué, fasciné, subjugué, pour finalement faire couler autant d'encre qu'il a déversé de lave ! Alexandre Dumas, routard avant la lettre, relatait le volcan en ces termes : « Rien n'est comparable à ce que l'on voit du haut de l'Etna... Jamais je n'avais vu Dieu de si près et jamais, par conséquent, je ne l'avais vu si grand. »
Cependant, malgré le danger permanent, les flancs du volcan concentrent la plus forte densité de population de l'île. La raison ? La fertilité de ses épanchements. Jusqu'à 1 000-1 200 m d'altitude, des plantations d'orangers ou de citronniers se succèdent. Au-delà et jusqu'à 1 500 m, ce ne sont que zones boisées ou couvertes de genêts. À partir de 1 500 m, les coulées de lave ne laissent plus aucune chance à la végétation. D'autant que la neige les recouvre plusieurs mois par an.
Le XXe s a été riche en éruptions, et le XXIe s a commencé fort avec celles de 2001 et de 2002 (qui a duré jusqu'à fin janvier 2003), puis on en dénombre une dizaine, dont, récemment, celle d'octobre 2021. Citons aussi les petits saupoudrages de cendres intempestifs qui contraignent les autorités à fermer régulièrement l'aéroport de Catane, et parfois même celui de Reggio di Calabria... De quoi occuper à plein temps les scientifiques ! Longtemps délaissé par les vulcanologues, l'Etna est désormais très surveillé et très étudié. On en arrive même à faire de curieuses découvertes. Certaines recherches montreraient ainsi que l'Etna est un volcan transformiste ! On pensait jusqu'alors qu'il appartenait à la catégorie des volcans de type « point chaud », dont les éruptions se caractérisent par des rejets de lave visqueuse en provenance directe des profondeurs de la terre, contrairement aux volcans de type « subductif », dont l'activité éruptive se traduit par de fréquentes explosions dues au frottement des plaques continentales (cas du Stromboli, par exemple). Mais v'là-t'y pas que des échantillons de lave prélevés à différents stades de sa longue évolution (500 000 ans) ont montré que l'Etna se transformerait en volcan de type explosif ! Sa teneur en basalte provoquerait cette évolution... Et ces scientifiques d'être amenés à caresser l'idée que si l'Etna est de plus en plus actif ces derniers temps, c'est justement à cause de ces histoires de tectonique des plaques, d'où de sérieuses inquiétudes pour un futur lointain. Mais ces études ne font pas l'unanimité chez les vulcanologues...
Quoi qu'il en soit, depuis sa parution, le cratère sud-est, situé à plus de 3 000 m d'altitude, n'en finit pas de s'ébrouer. C'est la raison pour laquelle, depuis quelque temps déjà, *l'accès à la partie sommitale du volcan (3 300 m) est strictement réglementé. Et c'est uniquement en compagnie d'un guide vulcanologue assermenté que vous pourrez espérer aller tutoyer la gueule du dragon, et seulement si les conditions d'activité le permettent !* À Sapienza, la *Funivia dell'Etna,* société à but (très) lucratif qui détient le monopole de son ascension programmée, n'a accès qu'à la base du cratère sud-est, situé un peu en dessous des 2 900 m d'altitude... Ensuite, il faut un guide vulcanologue pour terminer l'ascension. Et même si l'Etna s'impose comme une attraction touristique majeure de la Sicile, il peut aussi s'explorer autrement et sans forcément dépenser beaucoup d'argent. Pour peu qu'on se donne la peine de se renseigner, il y a mille façons d'appréhender gratuitement ou pour 3 fois rien le volcan, comme randonner dans la verdoyante vallée du Bœuf *(valle del Bove),* explorer des grottes de lave, observer les nombreux papillons qui virevoltent sur les flancs du géant ou simplement le regarder fumer, tranquillement assis en terrasse, dans un des pittoresques villages qui lui font la nique avant sa prochaine colère !

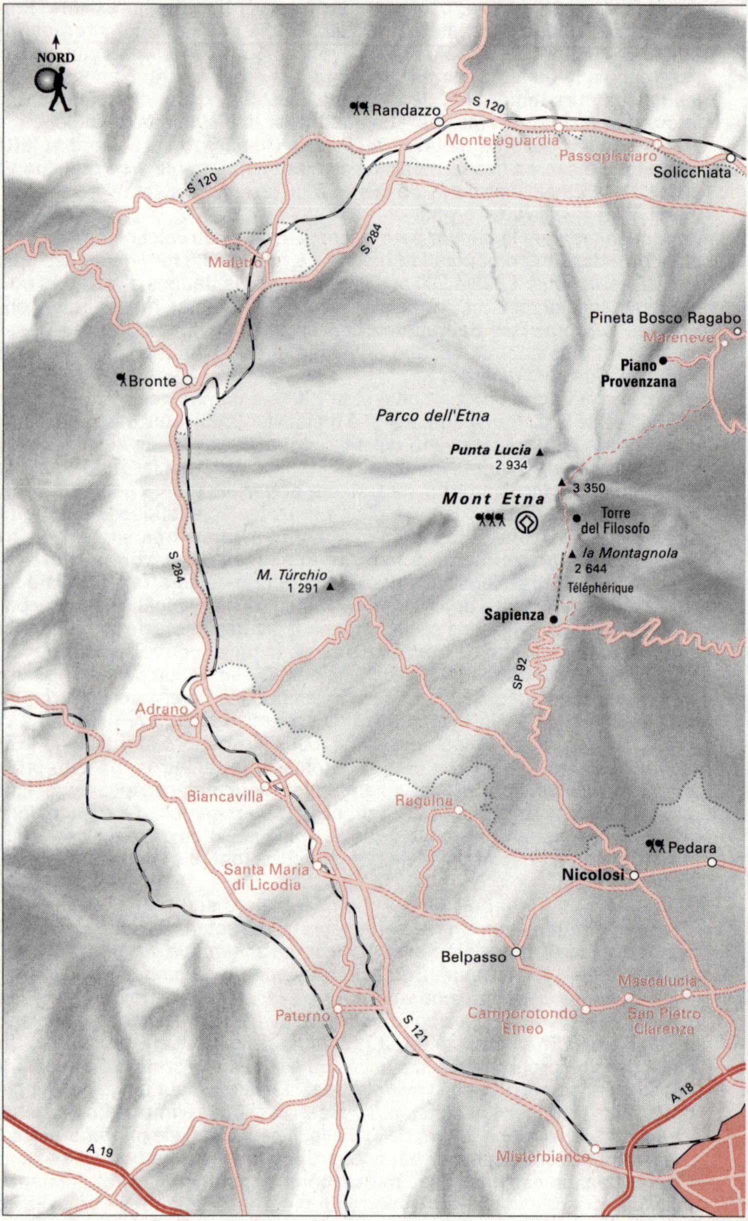
NORD
Randazzo
S 120
Montelaguardia
Passopisciaro
Solicchiata
S 120
S 284
Maletto
Pineta Bosco Ragabo
Mareneve
Piano Provenzana
Bronte
Parco dell'Etna
Punta Lucia
2 934
3 350
Mont Etna
Torre del Filosofo
la Montagnola
2 644
Téléphérique
M. Túrchio
1 291
S 284
Sapienza
SP 92
Adrano
Biancavilla
Ragalna
Pedara
Nicolosi
Santa Maria di Licodia
Belpasso
Mascalucia
Camporotondo Etneo
San Pietro Clarenza
Paterno
S 121
A 18
A 19
Misterbianco

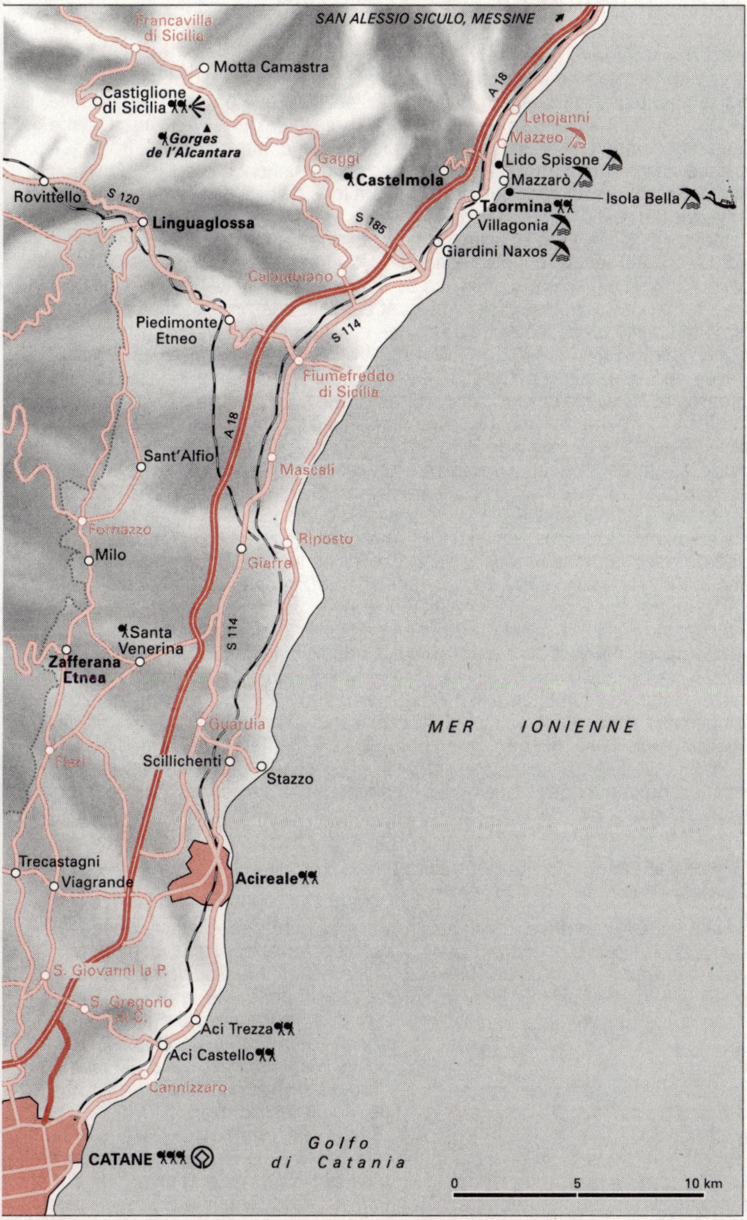

L'ETNA ET SES ENVIRONS

LES HUMEURS RÉCENTES DU GÉANT

Quand bien même la plus grande éruption récente de l'Etna remonte à 1992 (la 2e de son histoire en importance après celle de 1669), le volcan est, ces derniers temps, plus actif que jamais. Le 13 juillet 2001, une éruption significative s'accompagne d'un tremblement de terre. Dans les jours qui suivent, une violente éruption accompagnée d'émission régulière de lave commence sur 3 fronts. Le pire est évité in extremis, car l'éruption baisse soudainement d'intensité le 1er août, pour finalement cesser complètement. Seule la forêt de pins de Piano Provenzana – l'une des plus belles du coin – prit feu.

À l'automne 2002, le volcan s'agite de nouveau. Une fracture s'ouvre sur le versant nord. La coulée de lave qui s'en échappe détruit totalement Piano Provenzana, alors qu'au même moment se crée une 2de fracture sur le flanc sud, prolongement de la 1re. La coulée de lave dure 3 mois, et anéantit une zone habitée épargnée lors de la coulée précédente. En 2004, une éruption a duré près de 5 mois et a fait une victime. Entre mai 2008 et juillet 2009, d'importantes coulées envahissent la vallée du Bœuf, tandis qu'en 2012 de nouveaux épisodes de fontaine de lave s'intensifient au niveau des récents cratères sud-est. En 2013, le cratère Voragine se remet à tousser après une quinzaine d'années d'inactivité, en janvier d'abord, puis le 26 octobre. La vallée du Bœuf est de nouveau envahie par une coulée de lave de 16 km de long, en juillet 2014. Puis, en décembre 2015, une explosion très impressionnante – la plus importante depuis 20 ans – et en mai 2016 nouvelle éruption du cratère Voragine... Puis, grosse frayeur en mars 2017, quand une pluie de lave – résultat d'une explosion dans un nouveau cratère formé à 3 200 m – mit en déroute les randonneurs en faisant 10 blessés légers ! Et ce n'est pas fini : en août 2018, le volcan entre de nouveau en éruption après une explosion, tout comme en mai 2019, qui vit la formation d'un petit cratère, et pendant 3 jours, le flanc sud de l'Etna – la vallée du Bœuf en particulier – zébré par des coulées de lave spectaculaires mais sans danger pour la population ; bref, une « éruption touristique », selon les spécialistes ! Nouveaux soubresauts en juillet 2019, avec une activité explosive intermittente et des coulées de lave, ou encore en février 2021 avec des nuages de cendres montant jusqu'à 6 km d'altitude. Enfin, des études menées depuis 2016 montrent que l'Etna glisse lentement vers la mer, en tout cas le flanc sud-est. Ce déplacement pourrait, dans le plus catastrophique des scénarios, provoquer des tsunamis en Méditerranée. Mais ce n'est pas pour tout de suite. Ouf !

Le tour de l'Etna en train

Ferrovia Circumetnea : *départ de Catane, à la* ***stazione Circumetnea – Catania Borgo*** *(hors plan de Catane par A1), située à 1,5 km au nord de la stazione Catania Centrale et facilement accessible en métro (arrêt « Borgo »).* • *circumetnea.it* • *Dans le sens des aiguilles d'une montre, compter 4-8 trains/j. sauf dim et j. fériés pour Randazzo ; et là, changement pour Riposto, le terminus de la ligne. Durée : env 4h pour faire Catane-Riposto.* Les trains de cette petite compagnie desservent exclusivement les ***villages autour de l'Etna dans le sens des aiguilles d'une montre, entre Catane et Riposto.*** On conseille le train qui part tôt de Catane. Pour ceux qui veulent effectuer la boucle dans la journée, il a le double avantage de ne pas imposer de temps d'attente lors du ***changement à Randazzo*** et d'éviter les heures chaudes. À ceux qui veulent musarder, nous conseillons un petit arrêt à Randazzo. La 2de partie du trajet dure 1h30. Puis, pour ***rentrer directement à Catane*** sans rebrousser chemin, ***il faut prendre un train régional à Giarre*** (une station avant le terminus Riposto), gare située sur la ligne Messine-Taormina-Catane. Ce dernier tronçon se fait en 30 mn.

➢ Ne soyez pas déçu par les 1ers kilomètres qui traversent les banlieues grises de Catane, les paysages vous réservent ensuite de très bonnes surprises ! Le train passe, entre autres, par ***Paterno, Adrano, Bronte, Maletto, Randazzo*** (changement), puis ***Linguaglossa, Piedimonte, Giarre*** (retour direct à Catane avec train régional) et ***Riposto*** (terminus), en traversant des paysages tantôt verdoyants, tantôt désolés, mais toujours avec le géant fumant en arrière-plan !

L'ascension de l'Etna

L'ascension proprement dite, c'est-à-dire la visite des cratères, s'effectue à partir du ***refuge de Sapienza*** au sud-ouest du volcan.

Toute excursion sans guide au-delà de 2 900 m est interdite. En altitude, les conditions climatiques sont instables et changent subitement. Le brouillard peut voiler le paysage en un instant, et des orages éclatent sans prévenir. Autre danger, on croit marcher sur de la lave froide, et c'est en réalité une fine croûte dissimulant du magma encore en fusion ! ***Attention, on oublie trop souvent que l'Etna continue à tuer.*** Même si l'accès est libre jusqu'à 2 900 m (sauf pendant les éruptions), ***se faire accompagner par un guide vulcanologue est obligatoire sur le tronçon final : entre 2 900 et 3 330 m d'altitude.*** On tient à nos lecteurs ! Et c'est souvent une expérience et un échange enrichissants. D'autre part, la présence de dioxyde de soufre et de poussière peut gêner les personnes sujettes à l'asthme ; à leur déconseiller donc, tout comme à celles souffrant de problèmes cardiaques. D'un point de vue pratique, pensez à ***réserver votre guide vulcanologue bien à l'avance*** et réaliser l'ascension tôt le matin, à vous munir d'un coupe-vent, d'un masque antipoussière (ou d'un simple foulard), de bonnes chaussures et d'un petit sac à dos pour votre pique-nique, avec suffisamment d'eau. En outre, prévoyez du cash en cas de terminaux bancaires capricieux.

> **PAS DE FUMÉE SANS FEU**
>
> *Les habitants de Catane ont pour habitude de lire les humeurs du volcan dans sa fumée. Ainsi, si la fumée est très blanche et très épaisse, il n'y a en principe pas lieu de s'inquiéter ; si, en revanche, elle est noire ou d'un bleu presque transparent, une éruption peut être imminente !*

LA SICILE IONIENNE

L'ASCENSION PAR LE SUD, DEPUIS SAPIENZA

C'est le départ du téléphérique. ***Sapienza*** ne présente aucun intérêt, c'est un grand parking payant *(6 €/j.)*, ceinturé d'échoppes de souvenirs vendant des babioles en fausse lave !

Arriver – Quitter

En bus

Sapienza est desservi par la compagnie ***AST*** *(● aziendasicilianatrasporti.it ●)*.

➢ ***Catania*** *(2h)* **:** 1-3 bus directs/j. Prévoir un peu d'avance car ce bus est très prisé ! Tlj à 8h15 (arrivée à Sapienza à 10h15). Retour de Sapienza à 16h30, arrivée à Catane à 18h30 ; le tout via ***Nicolosi.*** On peut ainsi aisément enchaîner l'A/R et la balade dans la journée. Aussi d'autres bus avec changement à Nicolosi pour ceux qui veulent prendre leur temps et, pourquoi pas, dormir à Sapienza...

Adresses et infos utiles

– ***Important :*** d'une manière générale, avant de vous lancer bille en tête dans les réservations, prenez conseil auprès des hôtels et des chambres d'hôtes de Nicolosi ; ils offrent souvent des coupons de réduction sur les randos proposées par la société du funiculaire *(funivia dell'Etna).* Certains peuvent même vous conseiller un guide vulcanologue et vous refiler plein de tuyaux pour vous approcher du géant hors des hordes et en toute sécurité, sans pour autant casser votre tirelire.

Bureau des guides de l'Etna sud : *au pied du funiculaire, sur le parking du refuge de Sapienza. 389-349-60-86. • info@etnaguide.com • etnaguide.eu • Tlj 8h30-17h30. Également un autre bureau à Nicolosi (lire plus loin).* Excursions possibles toute l'année, y compris en hiver par temps de neige (rando à raquettes...). Mais le gros des excursions se pratique aux beaux jours, selon 2 formules combinant chacune un accès par le funiculaire :

– ***La grande excursion*** (connectée avec le bus *AST* de 8h15 au départ de Catane, retour vers 15-16h sur le parking pour reprendre le bus de 16h30 ; impec !). *Max 20 pers, résa conseillée. Compter 85 €/pers. Le prix inclut le téléphérique, les 400 m de dénivelée en bus 4x4, la rando guidée et l'équipement : chaussettes, chaussures de marche, casque et même la veste (tarifs proposés à 50 €).* C'est l'excursion la plus classique, une sorte de poule aux œufs d'or pour la compagnie qui exploite le site, mais, restriction des zones sommitales oblige, elle ne vous porte qu'à 2 900 m. Altitude à partir de laquelle – en fonction de l'humeur du géant et selon la permission des autorités – ***un guide vulcanologue prend le relais – c'est obligatoire – pour vous conduire jusqu'aux cratères sommitaux à environ 3 330 m.*** Ensuite, vous redescendez en empruntant le belvédère de la vallée du Bœuf (compter environ 2h30, hors pique-nique). Quand la zone sommitale est accessible, il faut compter environ 1h30 entre l'arrivée des bus 4x4 à 2 900 m et le sommet proprement dit ; à ajouter aux 2h30 du circuit précédent évidemment. Soit un total de 6h, il faut donc être en bonne condition physique ! À déconseiller aux personnes souffrant d'asthme et d'insuffisance cardiaque. ***N'oubliez pas de vous tartiner de crème solaire et d'emporter de l'eau !***

– La ***petite excursion*** est beaucoup plus courte et tranquille, avec finalement peu de marche. *Départs en continu jusqu'à env 15h en été. Compter 65 € (plus un supplément pour les chaussures et le reste du matériel, si besoin).* Même début que la précédente, téléphérique et les 400 m de dénivelée en 4x4 inclus. Puis on crapahute pendant 40-50 mn en direction des cratères 2002-2003. Le tour fait 1,5 km et c'est plutôt cool !

– ***Autre plan :*** pour ceux qui veulent économiser quelques deniers et qui ne sont pas effrayés par la marche (ou sont allergiques aux bus 4x4), nous conseillons de prendre le funiculaire jusqu'à 2 500 m, puis de suivre à pied la piste parallèle à celle empruntée par les bus 4x4 jusqu'à la *torre del Filosofo* (2 900 m, pas de risque de se perdre, compter environ 1h30 de montée sans difficulté). Redescendre par le même chemin pour reprendre le funiculaire ou continuer la descente à pied jusqu'au parking de Sapienza.

– Enfin, ceux qui veulent ***« sentir » l'Etna*** sans bourse délier pourront se rendre à droite du parking pour voir les cratères tout mimi formés en 1992. De là, on peut poursuivre jusqu'à 2 100 m pour jeter un coup d'œil au cratère né, lui, en juillet 2001, sur une petite fracture. Compter 1h de montée tranquille sur un petit chemin ne présentant pas de grosses difficultés...

■ ***Funivia dell'Etna :*** *juste au-dessus du parking de Sapienza. • funiviaetna.com • Tlj 9h-16h30 (15h45 déc-mars). Tarif : 30 € l'A/R ; 5-10 ans 23 €.* C'est le téléphérique pour le sommet !

■ ***AITNE MED :*** *347-080-09-02 ou 348-871-59-08. • infotrek@aitnemed.com • aitnemed.com •* Une association de guides accrédités volcan, moniteurs de ski et de VTT. Compétents et francophones, ils proposent aussi des randos à pied ou à VTT électrique sur les pentes l'Etna. Groupe de 10 personnes environ, mêmes tarifs que les copains.

Urgences médicales : *☎ 113 ou 095-780-13-57 (garde médicale de Nicolosi).*

Où dormir ? Où manger ? Où boire un verre ?

Rifugio Sapienza : *piazzale Rifugio Sapienza. ☎ 095-91-53-21. • info@rifugiosapienza.com • rifugiosapienza.com • Doubles 60-125 € ; familiales également. Carte 20-35 € ; pizze 5-12 €.* Ce bâtiment moderne – à l'aplomb du grand parking de Sapienza – renferme une vingtaine de chambres fonctionnelles, bien équipées, lumineuses et propres. Et pour égayer le tout, une petite pointe de déco montagnarde avec des meubles en sapin. Au choix : vue sur Catane par-dessus le grand parking, ou sur l'Etna à l'arrière. Resto-pizzeria-bar sur place. Accueil gentil et pro.

L'ASCENSION PAR LE SUD, DEPUIS NICOLOSI

(95030 ; 7 500 hab.)

À 700 m d'altitude, à mi-chemin entre Catane et le *rifugio Sapienza* – facilement accessibles en bus – Nicolosi s'impose une base idéale pour découvrir l'Etna et sa région. Petite ville très sicilienne, elle est dominée par les *monti Rossi,* cratères dont l'apparition remonte à la grande éruption de 1669, aujourd'hui recouverts d'une pinède... Si par chance vous y êtes le 5 juillet, jour de la Saint-Antoine, vous assisterez à une grande fête qui dure environ 3 jours. La ville tout entière se met alors sur son trente et un ! Et c'est l'occasion pour les *Catanesi* de monter ici prendre un peu le frais. Le jour J, le curé bénit les animaux de compagnie ainsi que veaux, vaches, cochons, couvées... Le jour suivant, c'est au tour des voitures ! Bref, de belles tranches de Sicile authentique !

Et si vous passez par ***Trecastagni,*** un village voisin, ne manquez pas de voir dans l'église les ex-voto peints sur bois, représentant des miracles. Fête patronale les 9 et 10 mai. Sans oublier ***Belpasso,*** toujours dans la région, où les gourmands goûteront aux *torroncini condorelli,* spécialité de nougat de la ville exportée dans le monde entier (lire plus bas « Où manger ? Où déguster une pâtisserie, une glace dans les environs ? »).

Arriver – Quitter

En bus

Nicolosi est desservie par la compagnie ***AST*** *(• aziendasicilianatrasporti.it •).*

➢ ***Catania*** *(env 1h)* **:** env 8 bus/j., 1 seul le dim.

➢ ***Sapienza*** *(env 1h)* **:** env 3 bus/j., 1 seul le dim.

Adresses et infos utiles

Ufficio turistico : *piazza V. Emanuele II, 32. ☎ 095-91-44-88. Ouv habituellement lun-ven 9h-13h30, plus mer-jeu 16h-18h ; fermé le w-e.* Plan de la ville, infos route des Vins *(strada del Vino del Etna),* agenda culturel et une foule de renseignements précis pour explorer la zone du volcan... Bon accueil.

Bureau des guides de l'Etna Sud : *piazza V. Emanuele II, 43. ☎ 095-791-47-55. 389-349-60-86. • info@etnaguide.com • etnaguide.eu • Tlj 8h30-17h30.* C'est le bureau en ville des guides du refuge de Sapienza (lire plus haut). Personnel compétent et souvent francophone.

Bureau du parco dell'Etna : *via del Convento, 45. ☎ 095-82-11-11. ● parcoetna.ct.it ● Lun-ven 9h-12h30, 15h30-17h30 ; fermé le w-e.* Toutes les infos sur cet espace protégé de 58 000 ha, englobant le volcan : sentiers de rando, faune et flore... Guide de découverte du parc en français.

Supermercato Decò : *via della Quercia, 24. Tlj 8h-20h (13h30 dim).* Bien approvisionné, pour se constituer un pique-nique pour la rando.

– **Mercato** (marché) **:** *dim mat, dans le centre.*

Où dormir ?

Camping

Mons Gibel Camping Park : *via Nicolosi (SP 4), à* **Belpasso.** *389-885-01-03 ou 347-325-05-60. ● monsgibelcampingpark@gmail.com ● monsgibelcampingpark.it ● À 4 km à l'ouest de Nicolosi par la SP 4. Ouv tte l'année. Compter 15-25 € pour 2 avec tente et voiture. Loc de vélos. Réduc de 10 % sur présentation de ce guide (sauf juil-août).* Tout petit camping installé sur un terrain en pente et doté de terrasses aux emplacements plus ou moins ombragés. Sanitaires nickel. Accueil souriant et attentionné. Bref, une adresse simple mais efficace.

De bon marché à prix moyens

B & B Polifemo Etna : *via Dante Alighieri, 19. ☎ 095-491-45-35. 348-650-02-12. ● info@polifemoetna.com ● polifemoetna.com ● Doubles 50-75 € ; appart (4 pers) env 100 €.* Dans un coin tranquille du centre, Orazio, qui connaît l'Etna comme sa poche, propose quelques appartements (les plus grands avec mezzanine) desservis par un long balcon, donnant sur une courette parsemée de plantes vertes. Aussi une petite dizaine de chambres dans une autre bâtisse, juste en face. Le tout est confortable, soigné et même un poil coquet ! Sauna et hammam pour se requinquer après la rando. Délicieux petit déj avec produits locaux. Bref, une belle adresse !

B & B Sotto il Vulcano : *via Mompilieri, traversa V. ☎ 095-91-48-51. 328-262-10-59. ● bebsottoilvulcano@gmail.com ● sotto-ilvulcano.it ● À l'entrée de la ville en venant de Catane (SP 171). Doubles 50-70 € ; familiales également. Sur présentation de ce guide, café offert, ainsi que 10 % de réduc sur le prix de la chambre (résa en direct).* Dans un gentil coin de campagne à 500 m du centre-ville, plusieurs agréables chambres tout confort et nickel, avec accès indépendant sur le jardin. Petite salle commune, histoire de déplier la carte du coin. Voilà pour le décor ! Mais ici, ce sont les proprios qu'on adore : la volcanique Antonella et le brillant Salvo, guide naturaliste, ont fait de leur *B & B* une mission quasi sacerdotale ! Petit déj pantagruélique et d'excellents conseils pour parcourir des chemins de rando à 100 lieues des tours organisés. Dans le centre-ville, ils proposent aussi un appart avec terrasse et 3 chambres indépendantes, toutes avec salle de bains. Une adresse que nous aimons beaucoup.

B & B Etna House : *via Mompilieri, traversa V, 7. ☎ 095-91-01-88. 347-113-65-12. ● info@bedandbreakfastetnahouse.it ● bedandbreakfastetnahouse.it ● À l'entrée de la ville en venant de Catane (SP 171). Doubles 55-70 € ; familiales également.* Dans un coin verdoyant et tranquille – à 500 m du centre-ville –, c'est une poignée de chambres tout confort, à la déco soignée mais limite kitsch ! Dans le jardin, piscinette, table de ping-pong et barbecue. Idéal pour un séjour avec des enfants. Accueil dynamique.

Hotel Alle Pendici : *viale della Regione, 18. ☎ 095-791-43-10. ● info@hotelallependici.com ● hotelallependici.com ● Doubles 70-80 €.* En bordure du centre et au bord d'une avenue plantée de pins, petit hôtel familial d'une petite dizaine de chambres rutilantes et de bon confort. Murs bicolores et meubles en bois foncé. Préférer celles de l'étage et orientées sur le petit jardin ombragé à l'arrière. Bon accueil francophone.

Sant'Antonio Garden B & B : *via della Quercia, 7. ☎ 095-791-46-86. 347-877-99-69. • antoniotomaselli@live.com • Doubles 60-70 € ; petit déj en sus.* Située au cœur d'un quartier résidentiel calme, à 10 mn à pied du centre-ville, cette grande maison livre une dizaine de chambres confortables et proprettes. Murs recouverts de *stucco* vénitien laqué et mobilier original. Certaines possèdent un balcon sur rue, mais on préfère les autres, donnant sur l'agréable jardinet-terrasse à l'arrière. Accueil courtois.

Où manger ?

De bon marché à prix moyens

Pizzeria Antichi Proverbi : *via Rapisarda, 2. ☎ 095-91-49-24. Tlj, le soir seulement.* Pizze *4-10 € ; plats 7-15 €.* Ici, ça dépote ! Il faut dire que les *pizze* sont goûteuses, pas chères et bien servies. Aussi une volée d'*antipasti,* des pâtes et quelques assiettes complètes... L'hiver en salle, nappes à carreaux rouges et *tutti quanti* ; l'été sous un hangar bordé d'une terrasse fleurie. On arrive en famille avec force poussettes et progéniture accrochée à ses baskets ! Service ultra-rapide et bon rapport qualité-prix-accueil.

Pizzeria 7 + : *viale della Regione, 7. ☎ 095-791-63-16. Tlj, le soir seulement.* Pizze *5-12 € ; plats 7-12 €.* Bon, on vous prévient, pointez-vous de bonne heure, sinon l'attente est longue et le service moyen. En revanche, vous mangerez l'une des meilleures pizzas de la région. Croustillante et joufflue, elle déborde largement de l'assiette ! Et pour ne pas trouver porte close à l'heure du déj, ils ont aussi, dans la même rue, le resto **Oro dell'Etna** *(viale della Regione, 27 ; ☎ 095-586-09-93 ; tlj sauf mar),* spécialisé dans les burgers et les pizzas... Service avenant.

Osteria Tipica 1877 : *via Gibuti, 17. 340-057-67-65. • antonella1877@hotmail.it • Tlj sauf mer, le soir seulement ; plus le midi dim et j. fériés. Repas 15-25 €. Digestif ou café offert sur présentation de ce guide.* Une petite *osteria* dissimulée dans une ruelle tranquille et prisée des locaux. L'assiette est typique, on y mange aussi bien des *bruschette,* des *panini,* des salades et des *risotti* (leur spécialité !), que des plats de viande simples et autres légumes frits, mitonnés dans la tradition locale. Pas de chichis dans le service, ça se passe sur des nappes en papier, dans une salle plutôt mignonnette ou sur la simili-terrasse à l'arrière.

De prix moyens à plus chic

Osteria del Siciliano : *via Battisti, 202. ☎ 095-91-16-89. • info@osteriadelsiciliano.com • Ouv lun-dim, midi et soir (sauf dim hors saison). Fermé mar. Résa très conseillée. Repas 25-35 €. Digestif offert sur présentation de ce guide.* La bonne table de Nicolosi ! Ancien pressoir à vin, cette jolie bâtisse en pierre a su conserver toute son authenticité. On y déguste des spécialités de la région dans une salle rustique ou dans le micropatio. Joliment dressés, les plats suivent le marché et les saisons ; voir les suggestions à l'ardoise. On s'est régalés !

Trattoria La Chianina : *via Longo, 8. ☎ 095-288-28-43. • carnezzerialachianina@gmail.com • Tlj sauf lun, le soir seulement ; plus le midi sam-dim. Résa conseillée. Repas 25-40 €.* La vedette incontestée de ce resto aux nappes à carreaux, c'est la *chianina,* cette savoureuse viande bovine qui fait la réputation culinaire de la Toscane, déclinée ici sous toutes ses formes : les papilles des viandards seront comblées ! Agréable terrasse et accueil gentil.

Où déguster une pâtisserie, une glace ? Où boire un verre ?

Dolce Vita Café : *piazza V. Emanuele II, 31. • info@dolcevita-cafe.com • Au coin de la place principale, juste à côté de l'office de tourisme. Tlj 6h-1h, sauf lun (tlj en été).* Avec les habitués du cru, on s'attable à la terrasse couverte pour une pâtisserie-café, un bon petit déj, un verre à toute heure et même un petit *panino* pas cher. Une adresse très couleur locale !

Pasticceria Marialuisa : *via Garibaldi, 127. • marialuisapasticceria@gmail.com • Tlj 7h30-minuit, sauf lun.* Un salon de thé design qui détonne dans ce monde rustique des pourtours de l'Etna ! On y lèche les meilleures glaces de Nicolosi, c'est sûr. Aussi des pâtisseries pas données mais délicieuses, qu'on accompagne volontiers d'un café. Une adresse qui se la joue un peu...

Où manger ? Où déguster une pâtisserie, une glace dans les environs ?

À Putia dé Perivancu : *via Bellini, 18, à **Viagrande.** ☎ 095-789-46-98. • info@perivancu.it • Au centre du bourg, à côté de la poste. Tlj sauf dim ap-m (plus mer ap-m hors saison). Moins de 10 €.* Ouvert en 1926, c'est un incroyable *alimentari* de village – véritable institution locale – débordant d'une multitude d'appétissants produits locaux et où il est possible de se faire confectionner de délicieux sandwichs. Produits de qualité et ambiance sympathique ! Idéal avant d'entamer une excursion sur l'Etna.

Gran Caffè Urna : *piazza Urna, 36, à **Viagrande.** ☎ 095-789-45-79. • barurna@tiscali.it • Tlj 6h-minuit. Repas 10-30 €.* Autre institution du village, ce grand café – ouvert dans un bâtiment de caractère en 1885 – sert de bonnes pâtisseries et des glaces maison, mais aussi quelques plats du jour simples et pas chers du tout (*pizze* le soir). Atmosphère villageoise et clientèle d'habitués jusque sur la grande et formidable terrasse verdoyante. Bon accueil. On aime !

Bar-pasticceria Condorelli : *via V. Emanuele III, 536, à **Belpasso.** ☎ 095-91-22-05. • condorelli@condorelli.it • Tlj 6h-21h. Fermé lun.* Spécialité de *torroncini* (nougats fruités en papillotes), *frutta martorana* (un peu trop sucrés) et autres délicatesses à base de pâte d'amande. Hmm ! Agréable terrasse face à l'église.

À voir. À faire à Nicolosi et dans les environs

Basilica Santa Caterina d'Alessandria : *via S. Caterina, 2, à **Pedara.** À env 5 km à l'est de Nicolosi par la SP 4. Tlj 7h-12h, plus 17h15-20h30 dim.* Malgré sa façade austère, due aux colonnes de *pietra lavica* qui encadrent son portail (en passant, notez, de part et d'autre de l'oculus central, les 2 amours bedonnants !), la *chiesa Madre* de Pedara est riche de fioritures baroques en trompe l'œil. Flanquée d'un beau campanile surmonté d'un cône en céramique polychrome, cette église fut construite en 1574, agrandie 2 ans avant le tremblement de terre de 1693, puis reconstruite selon les structures des églises paléochrétiennes à 3 nefs dépourvues de transept. À l'intérieur, au fond de la nef de droite, un autel consacré à sainte Catherine d'Alexandrie, objet de grande dévotion et surmonté d'une toile du *cavaliere calabrese* Mattia Preti (XVIIe s ; dans le style de l'école napolitaine), représentant le martyre de sainte Catherine...

La Vierge de Mompilleri : *à 1,5 km de Nicolosi.* Vedette incontestée de cet important sanctuaire marial, cette Vierge, demeurée intacte grâce à une bulle d'air formée pendant la coulée de lave qui ravagea le village en 1669, fait l'objet d'une adoration sans retenue de la part des gens du coin. Dans la grotte, ce n'est qu'une copie, l'originale étant dans l'église. Elle se trouve aujourd'hui à une dizaine de mètres sous le niveau du sol actuel. En bas, on remarque quelques éléments constitutifs de l'église restés à leur place pendant la coulée qui s'épancha des *monti Rossi* tout proches...

➢ **Randos :** *à partir de la cava Asero de Nicolosi (en gros 4 km au nord du village), un sentier pavé de type mazzacanata (littéralement, « pavé avec des pierres à tuer les chiens ») conduit en 20 mn de marche jusqu'aux champs de lave de la coulée de 2001.* Sur place, belles photos à faire des genêts jaunes émergeant de la lave noire, le genêt de l'Etna étant le 1er arbuste à coloniser la lave après une éruption (floraison en juin-juillet). Dans la carrière proprement dite, on voit clairement les strates des différentes coulées. Il n'est pas rare d'y trouver aussi quelques tailleurs de pierre, virtuoses du burin, qui calibrent ici la *pietra lavica* servant à construire les maisons.

L'ASCENSION PAR L'EST, DEPUIS ZAFFERANA ETNEA (95019 ; 9 000 hab.)

À mi-chemin entre Taormina et Catane, cette petite ville se trouve aussi sur une route d'accès (SP 92) à ***Sapienza*** (voir « L'ascension par le sud, depuis Sapienza » plus haut). Mais pour entamer l'ascension de l'Etna, ***pas de transport public*** ; il faut avoir son propre véhicule ou passer par une agence.

Zafferana Etnea, dont la majorité de la commune est couverte d'une châtaigneraie (en fleur et magnifiquement odorante au printemps), est la ville des apiculteurs, qui produisent à eux seuls plus de 20 % du miel italien ! La spécialité locale demeure le miel d'oranger, sans compter les miels agrémentés de fruits secs : amandes, noisettes, pistaches... Excellent ! Dans le centre, la ***chiesa Madre*** est remarquable avec son campanile double. Bel exemple de baroque tardif. Sa façade en pierre blanche de Syracuse contraste avec l'imposant escalier curviligne en pierre de lave qui lui fait face.

À CHACUN SA TECHNIQUE

En 1992, devant la progression rapide de la coulée de lave, les habitants ont porté en procession la statue de la Madone. Et ça a marché ! Les autorités territoriales soudainement touchées par la grâce, sans doute, se sont mises illico au travail pour entreprendre des travaux colossaux, utilisant des explosifs afin de détourner la lave. Pèlerinage le 1er samedi de juin.

Arriver – Quitter

En bus

Zafferana Etnea est desservie par les compagnies ***AST*** *(● aziendasicilianatrasporti.it ●)* et ***Zappalà & Torrisi*** *(● zappala-torrisi.it ●).*

➢ ***Catania*** *(1h05)* **:** env 13 bus/j. sauf dim avec *AST.*

➢ ***Acireale*** *(45 mn)* **:** env 6 bus/j. sauf dim avec *Zappalà & Torrisi.*

Adresse et info utiles

Ufficio turistico : *via Garibaldi, 317. ☎ 095-708-28-25. ● comune.zafferana-etnea.ct.it ● Dans le palazzo municipale (mairie), face à la place principale. Tlj 9h-13h, 15h30-19h30 (15h-19h nov-mars).* Plan de la ville avec ses monuments principaux, infos sur les vins de l'Etna et tous les renseignements sur les excursions et balades autour du volcan (liste des guides locaux...). Bon accueil.

– ***Mercato*** *(marché)* **:** *ven mat, via Roma.*

Où dormir ?

B & B La Ginestra dell'Etna : *via delle Ginestre, 27d. ☎ 095-708-13-02. 340-183-77-48. • info@ginestradelletna.it • ginestradelletna.it • À 500 m du centre-ville. Double 60 € ; familiales.* Sur les hauteurs verdoyantes et résidentielles de la ville, c'est une maison moderne, lumineuse et rutilante, entourée d'un agréable jardin. Au choix, plusieurs belles chambres spacieuses et bien équipées, dont certaines avec terrasse et 1 seule avec salle de bains séparée, mais privée. Cuisine et salon communs. Bon petit déj, avec des confitures maison. Depuis la terrasse, belle vue mer. Accueil attentionné et authentique d'un gentil couple de retraités, qui vit sur place.

B & B Anna & Alfredo : *via Majorana, 29. 329-925-53-08. • info@annaealfredobb.it • annaealfredobb.it • Doubles 60-85 € ; familiales.* Résolument contemporaine et design, cette maison d'architecte livre de belles chambres confortables, lumineuses et spacieuses, dont 1 suite équipée d'une immense baignoire. Aussi un appartement (5 personnes) avec cuisine. Déco simple, sobre et de bon goût, avec matériaux de qualité ; et grandes terrasses panoramiques partout. Accueil charmant des proprios qui vivent sur place. Excellent rapport qualité-prix.

Etna GloB & B : *via Monte Grappa, 28. 330-69-30-57. • etnaglob@icloud.com • En plein centre-ville, à 2 pas de la place principale. Doubles 70-140 € ; familiales.* On est séduit par les chambres spacieuses, confortables et d'allure contemporaine, chacune à la déco évoquant un continent. La suite « America », avec son jacuzzi privé et son balcon est la plus grande et la plus chère aussi. Le tout aménagé dans une maison moderne avec cuisine, patio, hammam et jacuzzi communs. Excellent accueil de Giuseppe, le patron, qui possède aussi le **B & B Perla dell'Etna** *(via Roma, 210 ; doubles 60-70 €),* installé au 2e étage d'une vieille maison de la rue principale. Là, quelques chambres fonctionnelles et colorées, toutes avec petit balcon sur la mer ou l'Etna ; sauna sans supplément en prime. Le bonheur des randonneurs !

Airone Wellness Hotel : *via Cassone, 67 (SP 92). ☎ 095-708-18-19. • info@hotel-airone.it • aironewellnesshotel.com • ♿ À env 2 km à l'ouest du centre-ville par la SP 92, direction Sapienza. Doubles 105-160 € ; familiales également.* Sur les hauteurs vertes de Zafferana, grand hôtel construit en 1937 et bordé d'un magnifique jardin en terrasses. Une soixantaine de chambres modernes, fonctionnelles et bien équipées, à défaut d'avoir un charme renversant. Terrasse sur mer pour les plus chères. Et pour vous détendre après une balade sur le volcan : 2 piscines et un sauna en accès libre ! Resto sur place. Bon accueil pro.

Où manger ? Où déguster une pâtisserie, une glace ? Où boire un verre ?

Belvedere : *via dei Giardini, 4. ☎ 095-50-48-44. • grassoalfio@hotmail.com • Face au jardin communal. Tlj 11h-1h ; fermé lun en basse saison. Pizze 4-20 €, menu 25 € ; carte 20-30 €. Café offert sur présentation de ce guide.* Dans une jolie véranda ou sur la grande terrasse panoramique en bordure du jardin public, on se régale des délicieuses et copieuses *pizze.* Aussi un large choix de pâtes, de salades, de *bruschette* et autres spécialités locales aux cèpes et à la pistache... Bref, une bonne adresse familiale où l'on sirote aussi des verres en terrasse pour profiter de la jolie vue panoramique.

Antica Dolceria dell'Etna : *via Garibaldi, 309. ☎ 095-708-43-11. • info@anticadolceriadelletna.it • Tlj 5h30-23h30 (minuit ven et 1h le w-e). Moins de 10 €. Arancini, cartocciate* (chaussons fourrés à ce qu'on veut !), *pizzette,* mais aussi des glaces et autres petites douceurs siciliennes maison ; à consommer en terrasse avec vue sur l'église.

Dolceria Salemi : *via Longo, 28.* • *dolceriasalemi@alice.it* • *Tlj sauf lun 8h-13h, 16h-20h30.* Petite pâtisserie familiale plébiscitée depuis 1947 par les locaux pour ses *foglie da tè,* de succulentes tuiles, spécialités de la ville déclinées à la pistache, à la noisette et aux amandes. Aussi de fameuses *paste.* Mon tout servi avec sourire et gentillesse.

Où dormir ? Où manger ?
Où déguster une pâtisserie, une glace ?
Où boire un verre dans les environs ?

B & B La Casa di Pippinitto : *via Pennisi, 44, à* ***Santa Venerina.*** *333-972-56-58.* • *info@lacasadipippinitto.it* • *lacasadipippinitto.it* • *À 8 km à l'est de Zafferana par la SP 41, puis la SP 491. Doubles 80-125 € ; familiale et appart également. Café et apéritif maison offerts sur présentation de ce guide.* Dans une vieille demeure plantée à côté d'un grand cèdre, en limite d'un verger luxuriant produisant oranges, citrons et mandarines, plusieurs chambres et appartements tout confort et aménagés avec goût. L'ensemble est égayé par la patine des vieux meubles et quelques objets que les gentils proprios ont rapportés de leurs nombreux voyages. Dans le jardin, des hamacs vous attendent pour la sieste. Le petit déj – concocté avec les produits de l'*azienda agricola* – est un vrai bonheur ! Une bien belle adresse.

Agriturismo Case Perrotta : *via Andronico, 2 (SP 54), à* ***Sant'Alfio.*** *095-96-89-28. 338-372-01-94.* • *caseperrotta@caseperrotta.it* • *caseperrotta.it* • *À 7 km au nord de Zafferana par la SP 59, puis à droite la SP 54. Resto ouv à ts au déj le w-e, plus le soir sur résa pour les clients. Doubles 80-90 € ; familiales également. ½ pens possible. Menus 20-35 €.* Sur un domaine oléicole agrippé – par 700 m d'altitude – aux pentes de l'Etna, une dizaine de belles chambres fraîches et ventilées mais bien équipées, toutes différentes et habillant avec bonheur la vieille pierre qui leur sert d'écrin. Car si les moines bénédictins qui vivaient jadis en ce monastère du XVe s ont déménagé, il y plane encore l'âme de leur penchant pour la bonne chère ! Un sentiment qu'on partage du petit déjeuner jusqu'au repas du soir, les plats étant élaborés avec les bons produits maison de saison. Un excellent plan pour se relaxer entre la mer et le volcan !

Osteria 4 Archi : *via Crispi, 9, à* ***Milo.*** *095-95-55-66.* • *info@4archi.it* • *À 5 km au nord de Zafferana par la SP 59. Résa obligatoire. Tlj sauf mer, le soir seulement ; plus le midi sam-dim et j. fériés. Pizze 5-12 € ; carte 20-35 €.* Resto de campagne ancré dans un village, qu'il dépasse largement de sa réputation ! Vieille maison à la déco rustique, chargée d'un bric-à-brac d'objets anciens. Dans l'assiette, savoureuse cuisine du cru *Slow Food* orientée vers la terre et qui suit le marché. Des ingrédients de grande qualité pour des spécialités soignées et servies à prix tenus. Aussi de bonnes *pizze* que familles et copains viennent dévorer en continu le week-end. Excellent rapport qualité-prix. Service sympa, mais vite débordé.

Pasticceria Russo : *via V. Emanuele, 105, à* ***Santa Venerina.*** • *informazioni@dolcirusso.it* • *À 8 km à l'est de Zafferana par la SP 41, puis la SP 491. Tlj sauf mar 7h30-14h30, 15h30-21h (21h30 et en continu le dim) ; tlj en août.* Pâtisserie traditionnelle réputée – depuis 1880 – pour ses spécialités de *frutta martorana* (pâte d'amande) et d'*africani,* qu'on savoure dans une salle bien fraîche. Aussi de nombreux *dolcini di mandorla* agrémentés de noisette, citron, mandarine, pistache...

Bar Vittorio Papotto : *piazza Duomo, 12, à* ***Sant'Alfio.***

• barpapottojunior@gmail.com • À 7 km au nord de Zafferana par la SP 59, puis à droite la SP 54. Tlj sauf jeu 5h45-13h30, 14h45-22h30. La bonne pâtisserie du village avec ses savoureuses *paste.* Ici, tout est *casalinga,* y compris les glaces. Agréable terrasse face au *duomo,* rendez-vous des locaux.

Où acheter du bon miel ?

Oro d'Etna – Azienda agricola Costa : via San Giacomo, 135. ☎ 095-708-14-11. • info@orodetna.it • Tlj 8h30-18h30 (19h en été). Cette ferme produit de délicieux miels de citron, d'orange, d'eucalyptus, etc., mais aussi d'autres bonnes choses issues du terroir local : vins, liqueurs, huile d'olive, conserves, cosmétiques...

À voir. À faire dans les environs

Castagno dei Cento Cavalli : via Castagno dei 100 Cavalli, à **Sant'Alfio.** À 2 km au nord-ouest du bourg par la SP 84. Ce châtaignier – de 50 m de circonférence ! – est considéré comme l'un des plus vieux d'Europe : il aurait, paraît-il, entre 2 000 et 4 000 ans ! Ne vous attendez pas à un arbre majestueux. L'auguste ancêtre est tortueux, ratatiné et béquillé de toutes parts. Il serait plus juste de parler d'un groupe d'arbres ayant la même souche d'origine. La légende raconte que, lors d'un orage, la reine d'Aragon s'y réfugia accompagnée des 100 chevaliers qui composaient sa suite. Depuis ce jour, on l'appelle le *castagno dei Cento Cavalli,* le « châtaignier des Cent Chevaux » ! Buvette et resto sur place.

➢ **Balade vers le monte Zoccolaro** *(1 739 m)* **:** une balade facile, à éviter toutefois avec des enfants car il faut marcher le long de la crête. Passer à l'office de tourisme de Zafferana Etnea avant d'entreprendre la grimpette pour connaître la faisabilité, les conditions climatiques et pour récupérer un petit topoguide sur les sentiers (kilométrage, temps de parcours, etc.). À environ 10 km de Zafferana Etnea (direction *rifugio Sapienza*), prendre la bifurcation pour le *monte Pomiciaro* et grimper vers le *monte Zoccolaro.* En 45 mn de marche environ, on atteint un promontoire avec vue magnifique sur tout le versant sud et en particulier la fameuse *valle del Bove* (la vallée du Bœuf), en fait un plateau de 7 km sur 5 ! À l'est et au sud, sur les minces crêtes latérales qui le délimitent, d'étranges blocs de lave émergent. Ce sont des dykes, sortes de canaux qui alimentèrent les éruptions antérieures à l'actuel Etna. La vallée du Bœuf est d'une inquiétante étrangeté ; parmi les coulées de lave plus ou moins récentes se développe une végétation d'épineux en coussinet, *spinosanto,* saponaire, mais aussi barbe-de-capucin et *donna vita,* dont les gens du coin ont depuis toujours su tirer parti, notamment pour se soigner ou... faire de l'eau-de-vie !

➢ **Balade vers la coulée de lave de 1992 :** infos impératives à l'office de tourisme avt de partir, pour connaître l'état du terrain. Pour accéder au plus près du volcan, 19 km de route. On peut aussi monter à la coulée de lave *(colata lavica)* à *Piano dell'Acqua,* à 2,5 km au-dessus du village (indiqué depuis le centre). Aujourd'hui, il subsiste un chaos impressionnant à flanc de colline.

Museo del Palmento : via Palombaro, 56, à **Santa Venerina.** 377-198-06-59. • museodelpalmento@yahoo.it • Tlj 9h30-19h30. GRATUIT. Installé dans une étonnante bâtisse du XXe s, en fait un ancien pressoir viticole conservé dans son jus, ce petit musée privé, créé par un peintre italien et une céramiste française, regroupe des objets de la vie quotidienne et autres outils agricoles. En plus de ces témoignages du passé, il est aussi possible de visiter l'atelier de céramique et de faire des achats.

Spazio Anime dell'Etna : *via Nenni, 31, à Zafferana Etnea. S'admire de l'extérieur.* On aime bien les œuvres d'Antonio Barrica, un artiste analphabète qui, dans la lignée de *Filippu di li Testi,* son maître de Sciacca, donne une âme à la pierre de l'Etna. Dans son jardin de bord de route, une foule de sujets sculptés dans la lave, à mi-chemin entre art primitif et art populaire. Émouvant en tout cas !

L'ASCENSION PAR LE NORD, DEPUIS PIANO PROVENZANA

L'ascension par le nord de l'Etna demeure la moins évidente mais certainement la plus sauvage, la plus verdoyante et la moins touristique du secteur. Une fois à ***Linguaglossa,*** il faut encore rejoindre ***Piano Provenzana*** (1 810 m) qui se trouve à près de 20 km au sud-ouest (pas de transports publics). Et pour explorer ce flanc de l'Etna, on conseille de se faire accompagner par le *Gruppo Guide Etna Nord* ou les *Guide Vulcanologiche Etna Nord,* basés à Linguaglossa et Piano Provenzana (lire plus bas « Adresses utiles »). On découvre alors un paysage lunaire, aux pentes calcinées, jonché de blocs de lave hirsute. On peut voir la *Punta Lucia* au pied de la coulée de lave datant de l'éruption de 1986. Par beau temps, on aperçoit aussi les îles Éoliennes au large de Milazzo, les monts Nebrodi et la côte calabraise. Mais on peut aussi se contenter de belles balades à pied, à son rythme, avec de bonnes chaussures de marche... et du souffle ! Infos à l'office de tourisme de Linguaglossa. Et en hiver, à Piano Provenzana, les amateurs de ski profitent d'un télésiège et de plusieurs téléskis ; le tout desservant environ 5 km de pistes. Bref, une véritable expérience que de skier en regardant la mer !

LINGUAGLOSSA *(95015 ; 5 000 hab.)*

Perché à 550 m d'altitude entre mer et montagne, c'est un village tranquille, centre de l'industrie du bois et point de passage obligé pour entreprendre l'ascension de l'Etna par son flanc nord. Aussi de belles balades dans cette région encore épargnée par le tourisme... Côté gastronomie, la spécialité de la région, c'est la saucisse (*salsiccia al ceppo,* c'est-à-dire « à la main sur un socle de bois » !). Les autochtones en raffolent tellement qu'il n'existe aujourd'hui pas moins d'une dizaine de boucheries-charcuteries dans le village ! La région est également productrice d'un bon petit vin dont les vignes poussent généreusement sur les versants de l'Etna, d'où leur appellation : *Etna DOC,* déclinée en *rosso* et en *bianco.*

NE NOUS BÂTON PAS !

On prétend que Sant'Egidio, le patron et protecteur de Linguaglossa, parvenait à stopper la lave avec son bâton. En la détournant un jour vers le village voisin de Castiglione di Sicilia, il fut à l'origine d'une brouille terrible entre les 2 villages. Pour apaiser les esprits, le bout de bois miraculeux serait aujourd'hui précieusement conservé dans le coffre d'une banque. Avec interdiction d'y toucher !

Arriver – Quitter

En train

Stazione Ferrovia Circumetnea : *piazza Castrogiovanni, 7.* Lire plus haut « Le tour de l'Etna en train ».

En bus

Fermata *(arrêt des bus)* ***:*** *piazza Castrogiovanni, face à la gare ferroviaire Circumetnea.* Desservie par la

compagnie **FCE** (● *circumetnea.it* ●).
➢ ***Randazzo*** *(30 mn)* et ***Catania*** *(50 mn)* **:** 4-7 bus/j. sauf dim.
➢ ***Castiglione di Sicilia*** *(20 mn)* **:** 2-4 bus/j. sauf dim.

Adresses utiles

ℹ ***Ufficio turistico :*** *piazza Annunziata, 8. ☎ 095-64-30-94. ● comune.linguaglossa.ct.it ● Sur une petite place face à l'église de la via Roma, la rue principale. Habituellement, tlj 9h-13h, 15h-20h (19h oct-avr).* Une foule d'infos sur l'Etna et aussi un petit musée : expo sur la faune, herbier, minéraux et des objets d'artisanat local. Liste des producteurs de vin *Etna DOC* du coin, agenda culturel... Excellent accueil compétent.

ℹ ***Gruppo Guide Etna Nord :*** *via Roma, 81/83. ☎ 095-777-45-02. 📱 348-012-51-67. ● guidetnanord.com ● Dans la rue principale. Ouv lun-sam 16h-20h.* Animé par une équipe compétente, francophone et sympa, proposant des excursions pour tous niveaux vers le cratère central, le cratère 2002 (environ 2h30) et jusqu'aux cratères sommitaux (6-7h)... Sans oublier les activités hivernales !

ℹ ***Guide Vulcanologiche Etna Nord :*** ***à Piano Provenzana.*** *📱 345-574-13-30. ● guidevulcanologicheetna.it ●* Comme le copain, propose plusieurs treks (3-7h) gradués selon vos envies, depuis les cratères intermédiaires et jusqu'aux sommitaux, en passant parfois par les bois, un belvédère, une grotte...

Où dormir ?

🏠 ***B & B Casa Etna :*** *via Trento, 4. ☎ 095-63-31-84. 📱 347-534-69-49. ● info@casaetna.com ● casaetna.com ● Doubles 60-70 € ; familiales également. CB refusées.* En plein centre, dans une maison de maître fin XIXe s, ce sont plusieurs chambres fonctionnelles, propres et bien équipées (frigo, évier, four à micro-ondes...) ; toutes avec terrasse ou balcon. Plus spacieuse, celle du 2e étage est aussi dotée d'une cuisine et d'une grande terrasse ouverte sur l'église. Amusante salle du petit déj, voûtée et décorée à la fresque. Accueil sympa de Nino, moniteur de ski, qui dispense de bons conseils pour explorer ce versant nord de l'Etna.

🏠 ***B & B Villa Refe :*** *via Mareneve, 56. ☎ 095-64-39-26. 📱 334-347-70-48. ● villarefe@alice.it ● villarefe.it ● ♿ À 500 m du centre, sur la route de Piano Provenzana ; un peu après la gare ferroviaire, sur la droite. Doubles 50-80 € ; familiales. CB refusées.* Maison récente et assez quelconque, mais fraîche et admirablement tenue. Une demi-douzaine de chambres climatisées, pratiques et spacieuses, dont une avec cuisine et une autre, à l'étage, avec terrasse sur l'Etna. Petit jardin et cuisine commune à dispo.

🏠 |●| ***Shalai Resort :*** *via Marconi, 25. ☎ 095-64-31-28. ● resort@shalai.it ● shalai.it ● Doubles standard 110-170 €.* L'Etna a son confort ! Dans une rue paisible du vieux centre, un petit hôtel de charme aménagé dans cette maison noble du XVIIe s, à la façade pittoresque. Une grosse dizaine de chambres confortables, douillettes et discrètement contemporaines, avec de beaux plafonds peints d'origine pour certaines et des balcons sur la rue tranquille ou le gentil micropatio verdoyant. Bon resto et spa sur place. Accueil adorable et pro. Une adresse étonnante !

Où manger ?

|●| ***Gastronomia L'Aurora :*** *via Umberto, 127. ☎ 095-64-70-03. ● alicebucurei@gmail.com ● Dans la rue qui monte vers la gare ferroviaire. Tlj sauf mar. Moins de 10 €.* Petit local surchauffé par un four à bois où dorent

poulets et saucisses du cru. Et dans les vitrines, de bons petits plats préparés, des *arancini* (une vraie spécialité, car la patronne détient le *Guinness World Record* du *più grande del mondo* !) et autres « chaussons fourrés » traditionnels... à engloutir sur les 3-4 tables de la petite terrasse, ou à emporter dans le sac à dos pour ripailler sur les pentes de l'Etna.

Macelleria Dai Pennisi : *via Umberto, 11. ☎ 095-64-31-60. • info@daipennisi.it • Dans la rue qui monte vers la gare ferroviaire. Tlj 9h-23h, sauf lun. Repas 15-35 €.* Cette excellente boucherie-charcuterie locale fait aussi resto dans une agréable salle fraîche et moderne, avec vue sur les alléchantes vitrines réfrigérées et la cuisine. Dans l'assiette, burgers, sandwichs, pâtes, mais aussi de belles pièces de viandes de tout 1er choix, mitonnées avec soin. Bonne carte des vins de l'Etna. Accueil familial gentil et attentif.

Pizzeria Sciaramanica : *via Mareneve, km 2,9. ☎ 095-64-30-07. À 3 km au sud-ouest du centre, direction Piano Provenzana. Tlj sauf lun (tlj en été), le soir seulement ; plus dim midi. Pizze 7-22 €. CB refusées.* Pour beaucoup, on dévore ici les meilleures pizzas de la région, aux tailles gargantuesques ; 1 seule pour 2 personnes suffit ! À dévorer dans une ambiance simple et toute familiale. Le week-end, il faut être patient...

Où déguster une pâtisserie, une glace ?
Où boire un verre ?

Bar Le Palme : *piazza Annunziata, 4. • info@barlepalme.com • Tlj sauf lun 7h-23h.* Dans ce bar d'habitués, on concocte d'excellentes pâtisseries traditionnelles, dont les succulentes *paste di mandorla*, à emporter dans votre sac à dos. Aussi de bonnes glaces maison et quelques bricoles salées à grignoter à toute heure, debout au comptoir ou en terrasse. Accueil gentil.

Où acheter du bon vin ?

Il Vino della Rosa : *via Roma, 116. • ilvinodellarosa.it • Tlj 9h30-13h et 16h-20h30, sauf lun mat.* Face à l'église, c'est une petite boutique vendant exclusivement les vins du coin – d'appellation *Etna DOC* – à tendance bio de préférence. Accueil sympa, et de bons conseils pour visiter les caves de la région...

Où dormir ? Où manger ?
Où boire un verre dans les environs ?

Chalet Clan dei Ragazzi : *via Mareneve, à* ***Pineta Bosco Ragabo.*** *☎ 095-64-36-11. 340-735-09-07. • chaletclandeiragazzi@gmail.com • etnanordchalet.it • À 15 km au sud-ouest de Linguaglossa, direction Piano Provenzana. Emplacement de camping 20 € pour 2 avec tente et voiture ; double 70 € ; familiales également. ½ pens et pens complète possibles. Repas 15-25 €.* Logé sous une pinède à 1 500 m d'altitude, ce beau chalet livre – à l'étage – une poignée de jolies chambres bien équipées et nickel. Déco montagnarde rustique en bois clair. Aussi d'autres piaules du même tonneau, aménagées dans plusieurs maisonnettes en bois en contrebas, sans oublier la possibilité de planter sa tente sur le terrain. Bon resto-bar sur place, aux spécialités du cru simples, mais goûteuses et mijotées avec les produits frais du coin. Accueil francophone charmant et plein de bons conseils pour les balades. Bref, une belle adresse à dimensions variables.

B & B Il Glicine : *via S. Giuseppe, 8, à* ***Piedimonte Etneo.*** *347-447-60-14 ou 392-353-37-55. • info@etnaglicine.eu • etnaglicine.com • À 4 km au sud-est de Linguaglossa par la SS 120. Doubles 80-90 € ; familiales.* On est séduit par ces belles chambres, spacieuses, confortables et claires, meublées à l'ancienne. Le tout aménagé dans une grande et vénérable maison (vieux pressoir à vin rustique), entourée d'un vaste jardin avec magnifique piscine d'où l'on admire le volcan sans compter ! Également un appartement ouvert sur le jardin, qui s'avère un bon plan en famille. Petit déj soigné et servi au bord de la piscine en été. Accueil chaleureux et francophone. Bref, un endroit qui a vraiment du charme !

Tenuta di Fessina : *via Nazionale, 22 (SS 120), à* ***Rovittello.*** *☎ 0942-39-53-00. • fessina@tenutadifessina.com • tenutadifessina.com • À 4 km à l'ouest de Linguaglossa, direction Randazzo. Doubles 130-220 €.* Accolée au chemin de fer où passe parfois le pittoresque autorail de l'Etna, cette vieille *tenuta* viticole – constituée de plusieurs maisons – s'ouvre généreusement sur le vignoble. À la manière d'une coopérative, elle appartenait à plusieurs familles du coin, qui y transformaient leur raisin... Aujourd'hui, on y produit encore d'élégants vins d'appellation *Etna DOC,* à côté d'une demi-douzaine de chambres confortables et cosy. Beaux intérieurs qui mettent en valeur l'architecture originelle des lieux avec, de-ci de-là, un meuble ancien, un fauteuil design... Superbe et digne d'un magazine de déco ! Grand salon commun flanqué d'une terrasse sur les vignes. Visite, dégustation et achat possible. Accueil aux petits soins.

Cave Ox : *via Nazionale, 159 (SS 120), à* ***Solicchiata.*** *☎ 0942-98-61-71. • sandrodibella@live.it • À 7,5 km à l'ouest de Linguaglossa, direction Randazzo. Tlj sauf mar.* Pizze *8-14 € (le soir seulement) ; carte 20-30 €.* Installé dans un hameau viticole des pentes de l'Etna, c'est un resto de campagne *Slow Food,* bien connu des gens du cru. D'abord, une belle terrasse verdoyante, puis une salle soignée toute blanche, avec des voûtes en pierre de lave. À la carte, des petits plats simples et savoureux, mitonnés avec de bons produits frais puisés dans le terroir local. En soirée, également des pizzas copieusement garnies et cuites au feu de bois ; à dévorer en famille ou entre potes dans une belle ambiance fraternelle, à laquelle se joint Sandro, le dynamique patron. Belles cartes de vins du coin. *Bravissimo !*

À voir dans les environs

Grotta dei Ladroni : *entre Fornazzo et Piano Provenzana. Une dizaine de km après Fornazzo, à proximité du rifugio Citelli (panneau).* Le sentier ne présente pas de difficulté. Il débouche sur une petite boulaie où une main courante entoure l'entrée d'une cavité. Cette dernière est facilement accessible. Ce type de grotte servait autrefois à stocker la neige, qui était par la suite transformée en glace puis revendue. Prévoir une lampe de poche.

Fêtes

– **Fête de San Rocco :** *mi-août.* Fête traditionnelle avec la *cursa ne sacchi* (course en sacs) et la *Scassata di Catusi* (avec un bâton, on casse une urne, sorte de tirelire en terre cuite qui contient soit des pierres, soit de l'argent).
– **Fête du patron de Linguaglossa, Sant'Egidio :** *1er sept.* Procession dans les rues de la ville, puis on place la statue du saint face au cratère du volcan, en signe de protection.

LES GORGES DE L'ALCANTARA

Classé *parco fluviale,* l'Alcantara est une rivière côtière de 52 km de long qui se jette dans la mer Ionienne, au sud de Giardini Naxos. Mais au préalable, elle se faufile dans les entrailles d'orgues basaltiques, une formation géologique résultant de la solidification du magma lors de sa montée vers le cratère. Ne restait plus au temps qu'à faire son œuvre… ou plutôt son chef-d'œuvre ! Les millénaires ont raboté, puis entaillé la gangue de roche et de lave qui recouvrait ces étranges murs de basalte, pour finalement les faire apparaître au grand jour. Puis les eaux ont pris le relais, peaufinant ce travail de sape, magnifiant la roche en adoucissant ses arêtes prismatiques, pour finalement donner aux parois des fameuses *gole dell'Alcantara* (gorges) un rendu digne d'une véritable œuvre d'art. Le seul bémol dans l'histoire, c'est que le site – sur la commune de *Motta Camastra* – est surexploité par une entreprise privée qui pratique des tarifs absolument prohibitifs au regard de ce qu'il y est permis de voir ; alors que la portion « publique » – nous la recommandons vivement – est certes réduite mais demeure un bon point d'entrée pour explorer les gorges en barbotant…

Arriver – Quitter

En bus

Les *gole dell'Alcantara* (gorges de l'Alcantara ; sur la commune de Motta Camastra) sont desservies par la compagnie ***Interbus*** *(● interbus.it ●).*

➢ ***Taormina*** *(55 mn)* **:** env 10 bus/j. en saison.

➢ ***Castiglione di Sicilia*** *(20 mn)* **:** 2-4 bus/j.

Adresse utile

Ufficio turistico & biglietteria scala comunale « Gole dell'Alcantara » : *via Nazionale SS 185, km 55, à* ***Motta Camastra****. ☎ 0942-98-90-61 ou 50-07. ● comunemottacamastra.gov.it ● golealcantara.it ● Dans un petit chalet face à l'entrée des gorges. En principe, tlj avr-début nov : 8h30-20h de mi-juin à août, 9h-19h sept et de mi-avr à mi-juin, 9h-18h oct-début nov et 1re quinzaine d'avr.* Infos sur les gorges et billetterie pour gagner la partie communale. Attention, les gorges peuvent fermer temporairement pour conditions climatiques, se renseigner avant de se rendre sur place.

À voir

Les gorges de l'Alcantara : *l'accès par l'entrée communale coûte 1,50 € ; billet à retirer à la billetterie située dans un chalet sur la route nationale, face à l'entrée. Au préalable, laissez votre voiture au parking communal à 2 pas (venir tôt car les places sont comptées) : 1 €/h.*

Il suffit de descendre les 220 marches de l'escalier, d'enfiler son maillot de bain et hop ! En avant pour une marche dans l'eau et même un bain tonique, car l'eau est à... 8-10 °C ! De part et d'autre de la rivière, on trouve ici des plages de gravier pour étendre sa serviette et bronzer, mais arrivez tôt pour avoir une place au soleil. Et à ceux qui veulent explorer les gorges, on conseille des chaussures antidérapantes car les rochers sont glissants et certains passages assez casse-gueule ; le mieux étant de payer les services d'une société de canyoning et body rafting locale, comme ***Etna Traventura*** *(📱 338-194-97-77 ; ● etnatruvatura.com ●),* dont le chalet jouxte celui de la billetterie communale, face à l'entrée publique du site.

LA SICILE IONIENNE

DANS LES ENVIRONS DES GORGES DE L'ALCANTARA

CASTIGLIONE DI SICILIA (95012 ; 3 000 hab.)

Perché à 620 m au-dessus de la mer et bénéficiant d'un panorama à 360° sur toute la région, le site de Castiglione fut habité par les Grecs dès 403 av. J.-C. Ces derniers ayant bien compris tout l'intérêt de construire un fort dominant la rivière de l'Alcantara, à l'époque seul point d'accès à la Sicile de l'intérieur. Les Romains aménagèrent des ouvrages d'art (d'où le nom *Alcantara* qui, en arabe, signifie « pont »), les Arabes des systèmes d'irrigation, les Normands et les Souabes des forteresses et des églises... Car vu sa position stratégique, Castiglione – de tout temps âprement disputée – prospéra pendant des siècles, grâce notamment à la production d'olives, de noisettes et de lin. Aujourd'hui, ce petit bourg endormi sur ses lauriers recèle quelques belles églises baroques et offre un panorama à couper le souffle. Pas étonnant qu'il soit classé parmi les ***Borghi i più belli d'Italia*** !

Arriver – Quitter

En bus

Castiglione di Sicilia est desservie par la compagnie ***Interbus*** (*● interbus.it ●*).

➤ ***Gole dell'Alcantara*** *(20 mn),* ***Giardini Naxos*** *(50 mn-1h) et* ***Taormina*** *(1h15)* **:** 1-4 bus/j.

➤ ***Randazzo*** *(35 mn)* **:** 1-2 bus/j.

➤ ***Bronte*** *(1h10) et* ***Cesarò*** *(1h35)* **:** env 1 bus/j. sauf dim.

➤ ***Messina*** *(2h10)* **:** env 1 bus/j. sauf dim.

Adresse et info utiles

Ufficio turistico : *via Regina Margherita, 77. ☎ 0800-01-05-52. ● comune.castiglionedisicilia.ct.it ● Dans la ville haute. Tlj 8h30-14h, 15h30-19h.* Plan du village avec ses monuments remarquables, agenda culturel...

– ***Mercato*** (marché) **:** *mer mat (8h-13h).*

Où dormir ? Où manger ? Où déguster une pâtisserie, une glace ? Où boire un verre ?

Cento Tarì Guest House : *via Regina Margherita, 28. ☎ 0942-98-45-01. 349-359-70-90. ● centrotari.com ● Doubles 90-120 € ; familiales également.* En pleine vieille ville, cette maison noble renferme des chambres confortables, nickel et dotées d'une déco moderne passe-partout. Toutes avec balcon et la plus chère avec terrasse. Agréable toit-terrasse panoramique pour musarder. Accueil souriant et pro.

Hotel Federico II : *via Baracca, 2. ☎ 0942-98-03-68. ● info@hotelfedericosecondo.com ● hotelfedericosecondo.com ● Doubles 60-95 € ; familiales également. Repas 18-25 €. Café offert sur présentation de ce guide.* Dans une bâtisse du XVIIe s, une dizaine de chambres confortables et de style moderne fonctionnel, mais dont le choix des couleurs peut être discutable, bon ! En tout cas, l'ensemble est calme et cosy. Au resto ***Sine Tempore*** *(tlj sauf mer),* en contrebas, on sert une cuisine sicilienne qui se défend, à base de produits du terroir. Accueil familial gentil et pro.

Enoteca La Dispensa dell'Etna : *piazza S. Antonio, 2. ☎ 0942-98-42-58. ● info@ladispensadelletna.eu ● Tlj. Menu 25 € ; carte 15-30 €. Café offert sur présentation de ce guide.*

C'est un bar à vins idéal pour s'initier aux vins qui mûrissent sur les pentes de l'Etna. Et pour accompagner les ballons, des *taglieri* de charcuterie et de fromages locaux, mais aussi de bons petits plats très corrects. À déguster dans une salle fraîche et agréable, ou en terrasse sur la jolie place. Vente de bouteilles et de produits locaux.

Bar Damico : *via Umberto, 10. Tlj 6h30-minuit, sauf lun (tlj en saison).* Ce petit bar est réputé pour ses glaces auprès des locaux, sa *granita al limone* et ses succulentes *paste* qu'on accompagne volontiers d'un café. À déguster le temps d'une pause en terrasse, de l'autre côté de la rue, avec vue sur la vie locale.

À voir

Chiesa Sant'Antonio Abate : *piazza Sant'Antonio.* Immanquable avec sa façade concave alternant calcaire et lave, et son clocher à bulbe. Construite au début du XVIIe s, elle est relativement sobre avec sa nef unique. Quelques mosaïques de marbre polychrome au maître-autel.

Basilica Madonna della Catena : *piazza Maria SS. della Catena.* Sa construction – en forme de croix grecque – date du milieu du XVIIe s, évidemment sur la base d'une autre église plus ancienne. Puis elle fut modifiée et agrandie avant de recevoir un dôme. À l'intérieur, au-dessus du maître-autel, une *Madonna della Catena* en marbre blanc de Carrare (école de Gagini, mais on ne sait pas quel membre de cette vaste tribu l'a réalisée !).

Castello di Lauria : *via E. Pantano, 46. ☎ 0800-01-05-52 (gratuit). Tlj de mi-avr à oct ; 9h30-13h30, 15h-19h30 (18h30 de mi-avr à juin et sept-oct) sinon 10h-13h et 15h-17h. GRATUIT.* Tout en haut du village – construit sur le rocher –, c'est l'ancien *castellum* des Romains, revu à la sauce normando-souabe et étroitement lié au développement et à la prospérité de la ville... On y découvre une chapelle avec des tombes et un petit musée exposant les quelques vestiges archéologiques du site.

Chiesa Santa Domenica** (Cuba bizantina)* **:** *à 3 km à l'ouest du village par la SP 7II (panneaux).* Perdue dans la plaine verdoyante – au beau milieu des parcelles de vigne – cette église des VII-IXe s demeure ***le plus important exemple d'architecture byzantine en Sicile ! Un étonnant gros cube en pierre de lave, surmonté d'une coupole avec, à l'intérieur, 2 volées de colonnes supportant l'édifice.

TAORMINA (98039) 11 000 hab.

• Plan *p. 356-357*

Taormina surfe encore sur la vague des romantiques qui l'ont encensée au XIXe s. Car cette ville médiévale, noyée dans les fleurs, sorte de petit Saint-Trop' perché sur son rocher comme s'il craignait l'eau, offre assurément l'un des plus beaux panoramas de l'île !
Dès la fin du XIXe s, la découverte de ses sites antiques, associée aux plaisirs balnéaires alors en plein boom, fit de ce petit bijou en équilibre entre ciel et mer une étape incontournable pour les artistes et les voyageurs parcourant l'Europe. Taormina était alors le rendez-vous des grands industriels et des têtes couronnées (Guillaume II, Édouard VII, Rothschild, Krupp...). Mais le surplus de notoriété rompt parfois le charme, tant et si bien que Taormina a bien du mal à enrayer – et c'est bien dommage – la vilaine bétonite qu'elle a contractée ces dernières années, le tout dans une ambiance ultra-touristique et un rien branchée...

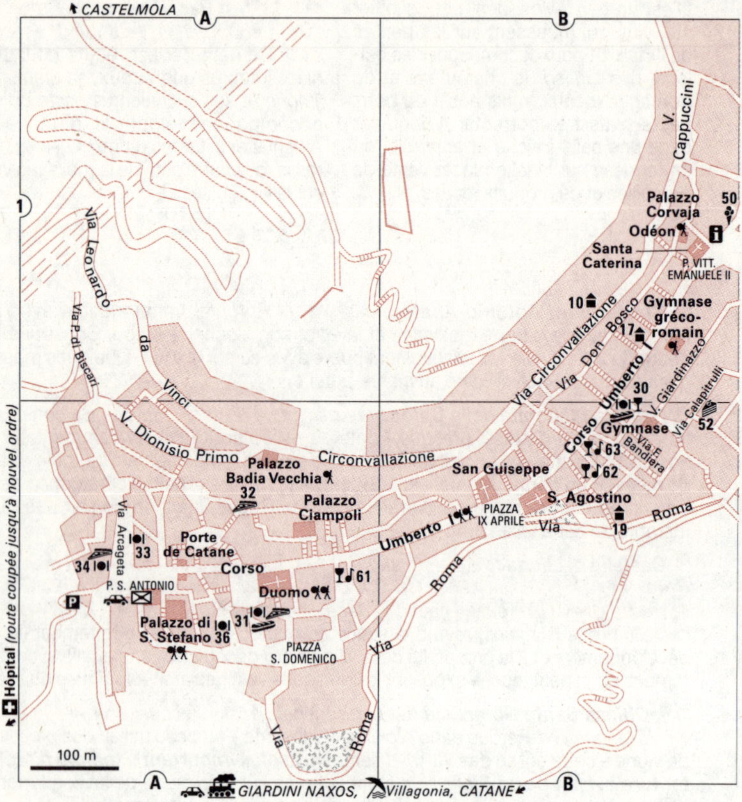

■ **Adresse utile**

- Ufficio turistico regionale (B1)

Où dormir ?

10 Hostel Taormina (B1)
11 Residence Terra Rossa (D1-2)
12 Hotel Villa Nettuno (C1)
13 Pensione Casa Grazia et B & B Mamma Maria (C1-2)
15 Hotel Villa Astoria (D1)
16 Hotel La Pensione Svizzera (D1)
17 Hotel Victoria (B1)
18 Hotel Villa Belvedere (C2)
19 Hotel Villa Schuler (B2)

Où manger ?

30 Arco Rosso (B1-2)
31 Antica Rosticceria Da Cristina (A2)
32 Pizzeria Villa Zuccaro (A2)
33 Trattoria Tiramisù Mimmo & Son (A2)

UN PEU D'HISTOIRE

On pense que ce sont des colons grecs établis à Naxos, au pied de cette montagne, depuis le VIIIe s av. J.-C. qui, chassés en 403 av. J.-C. par le tyran Denys de Syracuse, choisissent le promontoire du mont Tauro, jusque-là occupé par les Sicules, pour fonder la cité de Tauroménion.

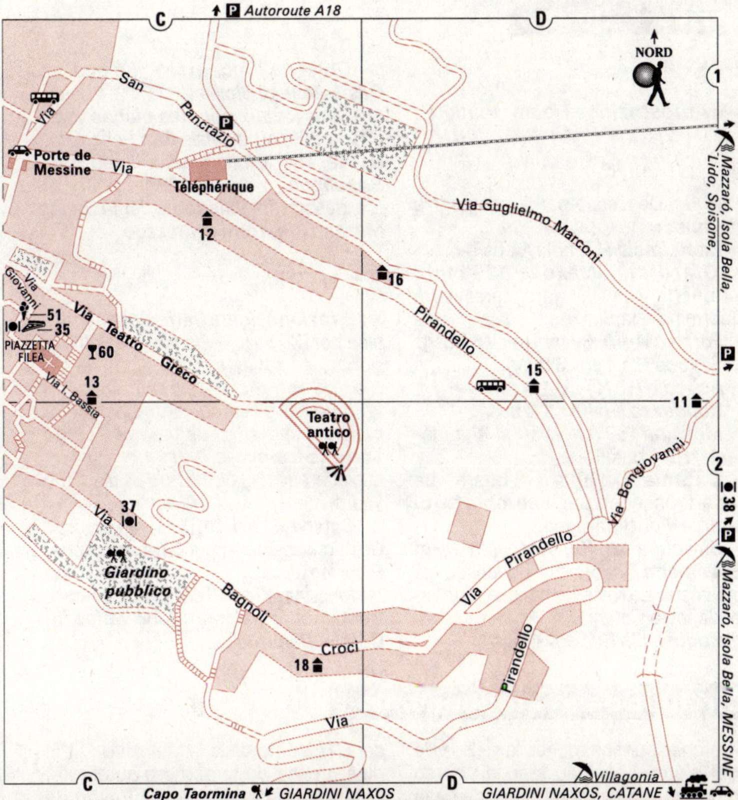

TAORMINA

34 Malvasia (A2)
35 Trattoria Myle e i suoi Sapori (C1)
36 Trattoria Don Ciccio (A2)
37 Al Giardino (C2)
38 Trattoria Il Barcaiolo (hors plan par D2)

Où déguster une glace, une pâtisserie ?

50 Gelatomania (B1)
51 Bam Bar (C1)
52 Laboratorio Pasticceria Roberto (B1-2)

Où boire un verre ? Où sortir ?

30 Arco Rosso (B1-2)
60 Timoleone Café (C1)
61 Daiquiri (A2)
62 Morgana Lounge Bar (B2)
63 Re di Bastoni (B2)

La ville devient capitale de la Sicile à l'époque byzantine, après la chute de Rome. Les Arabes la détruisent pour en reconstruire une plus belle, avant de la perdre en 1079 au profit du Normand Roger de Hauteville. Sa vitalité et sa prospérité datent de cette période.

Arriver – Quitter

En bus

Autostazione *(gare routière ; plan D1-2)* **:** *via Pirandello, à 10 mn à pied du centre-ville, par la porte de Messine, juste après le départ du téléphérique.* Desservie par la compagnie **Interbus** *(• interbus.it •).*

➢ **Castelmola** *(15 mn)* **:** 1 bus/h.

➢ **Giardino Naxos** *(20 mn)* **:** 1-4 bus/h, via la gare ferroviaire « Taormina-Giardini ».

➢ **Forza d'Agrò** *(30 mn)* **:** env 5 bus/j.

➢ **Savoca** *(1h)* **:** env 3 bus/j.

➢ **Acireale** *(1h10)* **:** 1-4 bus/j.

➢ **Randazzo** *(1h40)* **:** 1-2 bus/j.

➢ **Messina** *(50 mn-1h50 si changements)* **:** 1-4 bus/j.

➢ **Catania** *(1h10)* **:** 1-2 bus/h. La plupart passent par l'***aeroporto di Catania-Fontanarossa.***

➢ **Siracusa** *(2h40),* **Noto** *(2h50)* et **Marzamemi** *(3h25)* **:** env 1 bus/j. en été seulement. Le reste de l'année, correspondance à *Catania.*

➢ **Ragusa** *(3h10)* **:** env 4 bus/j.

➢ **Gole dell'Alcantara** *(55 mn)* et **Castiglione di Sicilia** *(1h15)* **:** 2-4 bus/j.

Bus locaux pour les plages *(plan C1)* **:** au départ du *viale San Pancrazio,* en été, env 15 bus/j. de la **Linea Blu-Beachbus** *(• taorminaservizipubblici.it •)* desservent **Villagonia, Isola Bella, Mazzarò, Spirone** et **Mazzeo.**

En train

Stazione *(gare ferroviaire ; hors plan par D2)* **:** *via Nazionale, 43, à* ***Villagonia.*** *À 4 km au sud de Taormina, au pied de son rocher. • trenitalia.com • La gare est reliée au centre historique par de nombreux* ***bus locaux – Linea Verde*** *(• taorminaservizipubblici.it •) et la plupart des bus* ***Interbus*** *passant par Taormina.*

➢ **Catane** *(40 mn-1h10)* **:** 11-30 directs/j. De là, changement pour **Siracusa, Enna, Palermo...**

➢ **Messina** *(40 mn-1h05)* **:** 11-22 directs/j. De là, changement pour **Milazzo, Cefalù, Palermo...**

Circulation et stationnement

Perchée sur son rocher, la vieille ville – qui s'étend tout au long du corso Umberto – est piétonne et fermée à la circulation. Seuls des rares véhicules autorisés, comme les ***taxis,*** ont le droit d'y pénétrer. Si vous montez à Taormina en voiture, l'unique solution consiste à se garer dans l'un des ***3 parkings payants*** et surveillés, mais très coûteux ! L'énorme ***parcheggio Porta Catania*** *(plan A2),* au sud-ouest, se trouve quasi à l'entrée de la ville, à 2 pas de la piazza Sant'Antonio. Aussi le grand ***parcheggio Lumbi*** *(hors plan par C1),* au nord de la vieille ville et le plus proche de la sortie d'autoroute. Puis le ***parcheggio Porta Pasquale*** *(plan C1),* plus petit mais juste hors les murs. Enfin, il existe le ***parcheggio Mazzarò*** *(hors plan par D2),* au pied du téléphérique. *Compter 1€/h et 13-15 €/j. Infos : • taorminaservizipubblici.it •* Et seuls les plus courageux laisseront leur voiture au ***parking gratuit*** de la *via Bongiovanni (plan D2),* pour ensuite rejoindre le centre historique par un escalier en 20-25 mn, ouf !

Adresses et infos utiles

Ufficio turistico regionale *(plan B1)* **:** *piazza Santa Caterina. ☎ 0942-23-243. • taormina.it • Dans le palazzo Corvaja. Juin-sept, tlj sauf dim 8h30-14h15, 15h30-18h45 (sam 9h-13h, 16h-18h30) ; hors saison, tlj sauf le w-e.* Plan de la ville pointant ses curiosités, agenda culturel, infos pour explorer le *parco fluviale dell'Alcantra...* Profitez-en pour visiter une petite partie du joli palazzo Corvaja (XVe s), dominé par 2 tours crénelées et qui accueillit en 1410 le 1er parlement sicilien *(expos temporaires).*

■ **Téléphérique** (funivia ; plan C1) **:** *via Pirandello, à 300 m de la porta Messina. • taorminaservizipubblici.it • Tlj 8h (9h lun)-1h (20h hors saison). Départ ttes les 15 mn. Billet A/R 6 €.* Il relie Taormina à Mazzarò et facilite l'accès aux plages.
Taxis : *piazza V. Emanuele II, porte de Messine (plan C1), ☎ 0942-23-000 ; piazza S. Antonio, porte de Catane (plan A2), ☎ 0942-62-80-90 ; à la gare ferroviaire (hors plan par D2), ☎ 0942-51-150. Infos : • assotaxitaormina.com •*

■ **Farmacia Ragusa** (plan A2) **:** *piazza Duomo, 9. ☎ 0942-23-231. Tlj 8h30-13h, 16h30-20h30, sauf dim.*
Ospedale San Vincenzo (hôpital ; hors plan par A2) **:** *contrada Sirina. ☎ 0942-57-91.*
■ **Polizia** (police ; plan A2) **:** *piazza San Domenico. ☎ 113 ou 0942-61-11-11.*
– **Marchés :** *ts les mat sauf dim, via Cappuccini (vers l'Arco dei Cappuccini ; plan B1). Autre marché mer mat, piazza Goethe (plan A1).*

Où dormir ?

Auberge de jeunesse

Hostel Taormina (plan B1, **10**) **:** *via Circonvallazione, 13. ☎ 0942-62-55-05. 349-102-61-61. • taorminahostel@gmail.com • taorminahostel.net • Lit en dortoir (8-10 pers) env 20 €/pers ; doubles 50-75 €. Pas de petit déj mais cuisine à dispo ou café-croissant pour 1 €.* Dans cette vieille maison qui a gardé son carrelage Liberty, on a repeint les murs et affiché toutes sortes d'infos, pour une ambiance jeune et sympa. Côté dodo, 3 dortoirs (les filles ont le leur, les autres sont mixtes), avec caissons individuels. Aussi 2 chambres doubles confortables dans la cour, dont celle du haut avec cuisine est presque luxueuse. Grande terrasse pour palabrer ou parfaire son bronzage. Accueil avenant. Et, dans le même esprit, le proprio a ouvert l'***Hostel Taormina Beach*** à Giardini Naxos, pour ceux qui ne peuvent pas se passer du bord de mer et... de sa cohue estivale !

De bon marché à prix moyens

Residence Terra Rossa (plan D1-2, **11**) **:** *via Bongiovanni, 12. ☎ 0942-24-536. • info@residenceterrarossa.com • residenceterrarossa.com • Congés : janv-fév. Doubles 70-110 € ; familiales. Parking 10 € (gratuit sur présentation de ce guide), et stationnement gratuit à 200 m.* Un joli petit complexe touristique dans un grand jardin paysager à flanc de colline, avec vue panoramique sur la mer et les plages d'Isola Bella et de Mazzarò. Autour de la belle piscine, une trentaine de studios et d'appartements ventilés (l'air du large fait le reste !) et bien équipés, avec cuisine, balcon ou véranda. Également plusieurs doubles, plus modestes mais pas désagréables, avec clim pour celles donnant sur l'arrière. Peu éloignée à la fois de la plage et du centre historique, cette adresse jouit d'une tranquillité inhabituelle pour Taormina. Excellent accueil de la maîtresse des lieux, francophone, qui prodigue de bons conseils pour réussir votre séjour.

Hotel Villa Nettuno (plan C1, **12**) **:** *via Pirandello, 33. ☎ 0942-23-797. • info@hotelvillanettuno.it • hotelvillanettuno.it • Congés : de mi-nov à mars. Doubles 50-85 € ; familiales également. Petit déj 4 €.* Vieille demeure Liberty de famille accrochée à la colline, dans un incroyable jardin luxuriant dominé par un petit temple à colonnes et offrant un superbe panorama ! Bon rapport qualité-prix pour cette bonne douzaine de belles chambres confortables (mais sans TV !), nickel et d'allure moderne ; certaines avec balcon sur le jardin, nos préférées. Salon « à l'ancienne » recélant de vieux meubles patinés. Accueil gentil. Bref, un bon petit plan qui a du charme !

Pensione Casa Grazia (plan C1-2, **13**) **:** *via Bassia, 20. ☎ 0942-24-776. 339-774-55-09. • casagrazia@libero.it • Congés : nov-mars. Doubles 50-70 € ; familiales également ; pas de*

LA SICILE IONIENNE

petit déj. Dans un quartier qui garde une saveur toute locale, une gentille pension familiale aux chambres impeccables et bien équipées, avec balcon sur la ruelle ou la mer. Dans le lot et tout en haut, une minisuite s'ouvrant sur une miniterrasse avec maxi vue sur la ville ! Bref, l'un des meilleurs rapports qualité-prix de la ville et un accueil en or de Mario, le proprio.

B & B Mamma Maria (*plan C1-2,* **13**) **:** *via Re T. D'Altavila, 1-3. ☎ 0942-57-41-93. 📱 320-434-21-01. • mammamaria.taormina@libero.it • mammamaria.it • Doubles 70-115 €.* Un bel immeuble, planté dans une ruelle tranquille du centre, à 2 pas du Teatro greco. Une allée bordée de plantes vertes, puis la salle du petit déj avec quelques portions de murs aux pierres apparentes. Dans les étages, une poignée d'agréables chambres, fonctionnelles et proprettes, la plupart avec balcon sur le village. Celle du haut – la plus chère – jouit même d'une terrasse sur mer. Tarifs un poil surestimés en haute saison. Accueil souriant.

De prix moyens à plus chic

Hotel Villa Astoria (*plan D1,* **15**) **:** *via Pirandello, 38. ☎ 0942-23-943. 📱 347-037-25-81. • info@villastoriataormina.com • villastoriataormina.com • Ouv mars-nov. Doubles 75-110 € ; familiales. Parking 12 €.* Plaisante villa ancienne aux fenêtres géminées, dissimulée derrière un grand caroubier. Au choix, une douzaine de chambres tout confort, aménagées dans un style contemporain sobre et fonctionnel. Les plus chères ont une formidable vue mer plongeante depuis leur balcon, les autres donnent sur le jardinet. Toit-terrasse panoramique. Bon accueil de Mauro, le dynamique patron.

Hotel La Pensione Svizzera (*plan D1,* **16**) **:** *via Pirandello, 26. ☎ 0942-23-790. • info@pensionesvizzera.com • pensionesvizzera.com • Ouv mai-oct et pour Noël. Doubles 130-170 € ; familiales également. Parking 15 €/j.* Dans une vénérable et élégante villa Liberty, une vingtaine de chambres lumineuses, modernes et tout confort. Balcon sur mer pour certaines, qui ne sont pas forcément les plus chères. Mais c'est au moment du petit déj, servi dans l'agréable jardin-terrasse ombragé de palmiers, que vous prendrez toute la mesure de ce décor superbe ! Accueil courtois.

Hotel Victoria (*plan B1,* **17**) **:** *corso Umberto I, 81. ☎ 0942-23-372. • info@albergovictoria.it • albergovictoria.it • Ouv avr-oct. Doubles 85-150 € ; familiales également.* Un petit « 2-étoiles » sur le prestigieux corso Umberto I ! Derrière cette façade de caractère se cache une vingtaine de chambres coquettes, confortables et propres, avec balcon sur le *corso* animé ou sur la venelle tranquille à l'arrière. Accueil gentil. Une adresse on ne peut plus centrale.

Très chic

Hotel Villa Belvedere (*plan C2,* **18**) **:** *via Bagnoli Croci, 79. ☎ 0942-23-791. • info@villabelvedere.it • villabelvedere.it • ♿ Congés : déc-fév. Doubles à partir de 190 € ; familiales également. Parking 30 €. Réduc de 10 % sur le prix de la chambre sur présentation de ce guide et apéritif offert.* Cette ancienne villa de maître transformée en hôtel de charme est l'endroit idéal pour trouver calme et repos, mais pour cela, il faut casser sa tirelire ! Une cinquantaine de belles chambres ultra-confortables et classiques dans leur déco, pour une ambiance cosy à souhait. Et quasi toutes donnent sur la mer, par-dessus le magnifique jardin en contrebas, organisé autour de la piscine. Resto sur place. Accueil pro.

Hotel Villa Schuler (*plan B2,* **19**) **:** *piazzetta Bastione, via Roma. ☎ 0942-23-481. • info@hotelvillaschuler.com • hotelvillaschuler.com • ♿ Congés : déc-fév. Doubles à partir de 175 € ; familiales également ; min 3 nuits. Parking 18 €.* Un bel hôtel dans une grande maison 1900 aux murs roses et aux volets verts. Réparties sur 3 niveaux (espace commun au 4e étage), une trentaine d'agréables chambres lumineuses, tout confort et dont la déco donne dans le classique sobre. La plupart avec petit balcon sur mer, les autres donnant sur un frais jardin méditerranéen. Bref, une adresse chic, doublée d'un bon accueil.

Où dormir dans les environs ?

Prix moyens

B & B Invito al Viaggio : *via Umberto, 183 (angle via Tende), à* ***Giardini Naxos.*** *348-310-46-91. • bbinvitoalviaggio@gmail.com • bbinvitoalviaggio.it • Face à la mairie. Résa bien à l'avance impérative. Doubles 60-85 €. Réduc de 10 % sur le prix de la chambre sur présentation de ce guide.* Dans la partie ancienne et tranquille de Giardini Naxos, c'est un charmant petit *B & B* de quelques chambres proprettes et bien équipées. Déco simple, mais de bon goût et chaleureuse. Et une étroite plage de petits galets à 2 pas ! Accueil gentil. Bref, une excellente adresse bien à l'écart de l'univers touristique impitoyable de cette cité balnéaire très courue en été.

B & B A Casa di Amici : *via Naxos, 79, à* ***Giardini Naxos.*** *320-446-88-35. • info@bebacasadiamici.it • bebacasadiamici.it • Doubles 50-100 €.* Dans la ruelle parallèle au front de mer tapageur, voici des chambres pas très lumineuses, mais nickel et de bon confort ; gentille touche de déco contemporaine en prime. Mon tout aménagé dans l'un des appartements d'un immeuble moderne rutilant. Accueil sympa et pro. Une bonne adresse à 2 pas de la plage, blindée en été !

Où manger ?

Sur le pouce ou bon marché

Arco Rosso *(plan B1-2,* ***30****) :* *via Naumachie, 7. 335-582-18-30. Tlj 12h (18h dim)-1h, sauf mer. Moins de 10 €.* Excellents *panini, bruschette,* salades et autres *taglieri* de charcuterie-fromage ; à dévorer sur les quelques tables en terrasse dans la ruelle en escalier, ou sur la tablée de la petite salle rustique. Le tout accompagné d'un grand choix de vins locaux et d'alcools préparés à base d'herbes et d'agrumes. Bien aussi pour boire un verre en soirée.

Antica Rosticceria Da Cristina *(plan A2,* ***31****) :* *via Strabone, 2. 0942-21-171. • info@rosticceriadacristina.com • Tlj 8h30-1h. Moins de 15 €.* Une institution locale de longue date ! C'est un comptoir débordant de délicieux *arancini,* de *pizze al taglio,* de *bruschette,* de *panini...* À dévorer sur le pouce, ou en terrasse dans l'escalier de la ruelle jouxtant l'échoppe. Également une salle climatisée moderne avec un self-service avantageux en tous points : variété des bons petits plats du jour traditionnels, *qualità ottima* et prix tenus ; le sourire en prime.

Pizzeria Villa Zuccaro *(plan A2,* ***32****) :* *piazza Carmine, 5. 0942-62-80-18. • info@villazuccaro.com • Tlj, le soir seulement.* Pizze 5-10 € ; *repas complet 16 €. Sur présentation de ce guide, 10 % de réduc sur l'addition.* D'abord une formidable terrasse cernée de verdure ! Un lieu impec pour dévorer les meilleures *pizze* de Taormina ; belles, généreusement garnies, cuites au feu de bois et servies à prix copain.

De prix moyens à plus chic

Trattoria Tiramisù Mimmo & Son *(plan A2,* ***33****) :* *via Arcageta, 9. 0942-388-87-41. • tiramisutaormina@gmail.com • Tlj sauf lun, le soir seulement. Repas 25-45 €.* À l'écart du flot touristique, cette petite trattoria est très prisée des locaux pour ses produits de 1re fraîcheur cuisinés avec

LA SICILE IONIENNE

talent, mais aussi quelques originalités qui poussent forcément à revenir. Si poisson et fruits de mer sont à l'honneur, les viandards ne sont pas pour autant oubliés. À déguster sur la gentille terrasse fleurie au bord de la rue.

Malvasia (plan A2, **34**) : *via Arcageta, 8. 340-307-70-32. • ristorantemalvasia@virgilio.it • Tlj midi et soir. Repas 20-45 € ; pizze 7-15 €.* À l'écart de l'agitation, ce petit resto attire autant les touristes qui cherchent du calme que les locaux, fidèles depuis des lustres. On y apprécie la cuisine traditionnelle simple, mais généreuse, sincère et d'un bon rapport qualité-prix, qui oscille entre la terre et la mer. Voir aussi les suggestions du jour. Salle sans fioritures ou terrasse, à vous de choisir !

Trattoria Myle e i suoi Sapori (plan C1, **35**) : *via Giardinazzo, 57. ☎ 0942-62-58-07. • casteldimyle@virgilio.it • Tlj. Congés : de mi-nov à mi-mars. Repas 30-40 € ; pizze 5-15 €. Digestif offert sur présentation de ce guide.* Tenu par un couple qui produit aussi du vin sur les collines de Castelmola, ce resto aux couleurs ensoleillées est précédé d'une agréable terrasse dans la ruelle piétonne. Les bonnes saveurs locales se conjuguent dans des plats traditionnels de bonne facture. Aussi des *pizze* servies midi et soir. Service efficace et sympa.

Trattoria Don Ciccio (plan A2, **36**) : *via Rosso, 19. ☎ 0942-62-83-41. • trattoriadonciccio@gmail.com • Tlj sauf jeu (tlj en saison). Repas 25-35 €.* Les maîtres mots d'un resto qui tourne sont : produits de qualité, savoir-faire et service courtois. Ici, tout est réuni ! Toujours au charbon, le patron n'a de cesse que de courir vers la cuisine pour en ressortir avec des assiettes copieuses et bien présentées. Côté décor, une petite salle fraîche aux intonations rustiques, flanquée d'une terrasse sur rue.

Al Giardino (plan C2, **37**) : *via Bagnoli Croci, 84. 339-300-17-20. • algiardino@tin.it • Face à l'entrée du giardino pubblico. Tlj midi et soir. Repas 25-35 €.* Hors du flux touristique, ce resto traditionnel familial revisite ses classiques. Pâtes maison et des spécialités de la mer et de la terre bien menées, soignées et pleines de goût. À dévorer sur 2 terrasses – au rez-de-chaussée et à l'étage – avec vue sur le *giardino pubblico* et ses bougainvilliers touffus. Bon rapport qualité-prix-accueil.

Où manger après la baignade ?

Trattoria Il Barcaiolo (hors plan par D2, **38**) : *via Castelluccio, 43, à* **Mazzarò**. *☎ 0942-62-56-33. • infogarufi@yahoo.it • Sur la plage de Mazzarò ; accès par le téléphérique ou en bus (éviter la voiture, stationnement difficile). Tlj sauf mar. Congés : début janv-mars. Résa obligatoire. Menus 30-60 € ; repas env 40 €.* Évidemment, on paie un peu l'emplacement : quelques tables sous la treille, juste au-dessus des chaloupes de pêche tirées sur le sable ! Là, les enfants apprécient de pouvoir barboter plutôt que de rester à table avec les adultes... Dans l'assiette, de savoureuses spécialités de poisson, les meilleures du coin, c'est sûr ! Bon accueil, authentique et sincère.

Où déguster une glace, une pâtisserie ?

Gelatomania (plan B1, **50**) : *corso Umberto I, 7. • sarettobambara@gmail.com • Tlj 9h30-23h30 (0h30 le w-e).* Les meilleures *gelati* et *granite* de la ville ! Savoureux parfums crémeux classiques et sorbets de saison dont le goût des fruits explose en bouche. À tester absolument !

Bam Bar (plan C1, **51**) : *via di Giovanni, 45. • bambartaormina@tiscali.it • En saison, tlj 7h-23h ; fermé lun hors saison.* Excellentes *granite* artisanales aux parfums de saison, à déguster à toute heure, dans une salle coquette et colorée, ou sur la terrasse installée dans la rue piétonne.

Un rendez-vous très prisé des personnalités du show-biz, avec lesquelles le patron aime à se faire photographier. Slurp, on recommande !

Laboratorio Pasticceria Roberto *(plan B1-2, **52**) : via Calapitrulli, 9. Tlj 9h30-21h30.* En découvrant la profusion et la beauté des fruits en massepain, le choix de *cannoli*, l'intrigant *Mafiosi al pistacchio* et autres délicatesses, on se croirait arrivé au palais de Dame Tartine ! Tout est confectionné avec soin et doigté dans ce petit laboratoire d'où s'évadent d'envoûtants effluves parfumés, par le gentil et pittoresque Roberto, surnommé *il mago dei cannoli !* Résisterez-vous à la tentation ?

Où boire un verre ? Où sortir ?

Timoleone Café *(plan C1, **60**) : via Timoleone, 6. • carlopapaletimoleone@gmail.com • Dans une ruelle en escalier perpendiculaire à la via Teatro Greco. Tlj sauf dim, à partir de 17h30. Congés : nov-fév. Repas 10-20 €.* Un verdoyant havre de paix, caché dans une ruelle ignorée du flot de touristes qui file tout droit vers le Teatro greco sans la voir ! Et pourtant, ce lieu est magique, surtout le soir aux lueurs des photophores. Bons cocktails, vins de l'Etna au verre et bières artisanales locales à prix raisonnables ; qu'on accompagne volontiers de *bruschette,* d'*antipasti* et même de quelques plats de pâtes. À déguster sur un coussin dans l'escalier de la ruelle ou dans le patio arboré d'un romantisme fou !

Daiquiri *(plan A2, **61**) : piazzetta Paladini, 4. • info@daiquiri-taormina.com • Tlj 18h-2h.* Un succès fou pour ce bar-*lounge* à cocktails dont la charmante terrasse – garnie de coussins et de petites tables – est installée sur une charmante placette. Ambiance animée et plutôt branchée. Et puis quelques *piadine,* histoire de mettre un peu de solide dans le liquide !

Morgana Lounge Bar *(plan B2, **62**) : via Morgana, 4. • info@morganabar.it • Tlj à partir de 18h. Congés : janv-mars.* Des miroirs et puis du papier peint rose et du bleu turquoise pour ce bar-*lounge* inattendu et branchouille, où la jeunesse de passage sirote des cocktails en papotant bruyamment, sur fond de musique à la mode distillée par un DJ. Charmant patio verdoyant avec comptoir et canapé. Une adresse *gay friendly,* mais pas que !

Re di Bastoni *(plan B2, **63**) : corso Umberto I, 120. • redibastoni@hotmail.com • Tlj. Congés : janv-fév.* Incontournable petit bar coloré tendance jazzy, dans une jolie salle ouverte sur le *corso.* Grand choix de bières et d'alcools, à siroter jusque tard. Évitez d'y manger.

Arco Rosso *(plan B1-2, **30**) :* lire plus haut « Où manger ? ».

Où se baigner dans les environs ?

Toute proche, la petite presqu'île d'***Isola Bella*** (accès payant : 4 €) offre la plus belle plage (de galets) de Taormina dans une réserve naturelle, mais elle est bondée en été. Et les autres plages du coin – ***Mazzarò, Lido Spisone, Villagonia*** et ***Giardini Naxos*** – n'ont pas un charme renversant et sont aussi prises d'assaut en haute saison ! Accès facile en téléphérique pour Isola Bella et Mazzarò ; en bus pour les autres. Pour être un peu plus au calme, poussez donc jusqu'au ***cap Sant'Alessio*** *(à 10 km au nord),* où se trouvent des plages un peu moins surpeuplées (et même quasi désertes en dehors de l'été), mais bordées par le chemin de fer !

À voir. À faire

Teatro antico *(plan C1-2) : via Teatro Greco, 49. ☎ 0942-23-220. • parconaxostaormina.com • Tlj dès 9h et jusqu'au coucher du soleil (horaires très*

LA SICILE IONIENNE

variables, voir sur le site). Attention, fermeture vers 17h-18h les jours de spectacle. Entrée : 10 € ; réduc ; gratuit moins de 18 ans et pour ts le 1er dim du mois. Audioguide en français : 5 € ; réduc.
Bon, soyons francs, si on fait abstraction de la vue qu'on a du haut des derniers gradins, c'est vraiment très cher pour ce que c'est, comparé aux autres théâtres gréco-romains que recèle la Sicile ; vous voilà prévenu ! On conseille aussi de venir à l'ouverture pour éviter la horde touristique et faire de belles photos.
Creusé dans la roche comme une coquille tournée vers la mer, il fut érigé au IIIe s av. J.-C. sous Hiéron II, tyran de Syracuse. Totalement remanié par les Romains au IIe s apr. J.-C., ce vaste demi-cercle de 109 m de diamètre pouvait accueillir jusqu'à 4 000 spectateurs, ce qui en fait le 2e plus grand théâtre de l'île, après celui de Syracuse ! Doté d'une acoustique parfaite, il indique l'importance que *Tauroménion* (la Taormina des Grecs) eut dans le passé. Les architectes lui adjoignirent aussi un mur de scène à 2 étages, creusé de niches jadis ornées de statues. Il s'écroula en partie et libéra à nouveau le panorama.
– ***Festival d'art de Taormina*** *(Taormina Arte)* **:** • *taormina-arte.com* • Chaque année, de juin à août, le théâtre recouvre sa fonction originelle lors de cette rencontre internationale de cinéma, d'opéra, de théâtre, de danse et de musique. Revers de la médaille : pendant les mois d'été, le *Teatro antico* se montre, du coup, défiguré par les installations scéniques !

🏛🏛 ***Corso Umberto I*** *(plan A-B1-2)* **:** il fend la ville médiévale en 2, offrant tous les soirs le spectacle haut en couleur de la *passeggiata.* Les belles façades des demeures nobiliaires rappellent que Taormina fut une ville prospère bien avant d'être l'égérie des artistes et de leurs mécènes à la fin du XIXe s, puis... des touristes branchés du XXIe s ! Citons le ***palazzo Corvaja*** *(plan B1),* construit par les Arabes au Xe s. Siège du parlement de Sicile au début du XVe s, il reste dans la même famille pendant 400 ans et traverse l'histoire en gardant son influence islamique, encore visible aujourd'hui dans le détail de ses fenêtres cintrées ainsi que dans ses portes. C'est aujourd'hui le siège de l'office de tourisme régional. Juste en face se dresse la ***chiesa Santa Caterina*** à nef unique et au look baroque, mais sans trop en faire ! Plus loin, au niveau de la *piazza IX Aprile (plan B2),* 2 églises : la ***chiesa Sant'Agostino*** de style gothique sicilien, très sobre avec son plafond en carène de navire renversée, et la ***chiesa San Giuseppe,*** située à côté de la tour de l'Horloge, typiquement baroque avec son grand portail en marbre de Taormina. C'est le siège de la Confrérie des âmes du purgatoire ; d'ailleurs, prenez le temps de scruter les niches à droite et à gauche, vous verrez quelques humains en train de brûler leurs péchés dans les flammes, quel boulot ! Le long du *corso* qui conduit à la *porta Catania (plan A1),* belles façades dont certaines présentent des fenêtres à colonnes géminées typiques du Moyen Âge... Sur la droite, avant d'arriver au *duomo,* le ***palazzo Ciampoli*** *(plan A1)* se dresse avec majesté en retrait d'une petite place. Ce splendide manoir, qui date du début du XVe s, a été entièrement détruit par les bombardements en 1943. Reconstruit à l'identique, sa structure est caractéristique du gothique catalan...

🏛🏛 ***Duomo*** *(plan A2)* **:** *piazza Duomo. Tlj 9h-20h.* Cathédrale-forteresse « à la normande » érigée sur les ruines d'une petite église du Moyen Âge dédiée à saint Nicolas. C'est la construction la plus ancienne de l'époque médiévale qui subsiste dans la ville, comme l'attestent les voûtes croisées en ogive des absides... Elle fut ainsi reconstruite aux XVe et XVIe s selon un plan en croix latine à 3 nefs. Superbe portail avec ses 2 colonnes corinthiennes cannelées et sa rosace Renaissance. Le portail latéral n'est pas mal non plus, encadré par sa vigne mythique (Dionysos n'est jamais très loin à Taormina !). Le tout dominant cette jolie ***fontaine baroque*** de 1653, décorée d'un centaure au féminin, emblème de la cité qui trône sur la *piazza Duomo...* À l'intérieur, une statue de la *Madone à l'Enfant* d'Antonello Gagini (à droite de l'abside principale) et une icône achéropite (non exécutée par la main de l'homme, tiens, tiens !), que les anges eux-mêmes auraient peinte avant de la remettre en mains propres à l'évêque Pancrace ; c'était au Ier s apr. J.-C. !

L'observateur – à qui on ne la fait pas – note qu'ils ont dû la reprendre depuis, car seule est visible la mante d'argent qui la sertit (travail bien humain, lui, et remarquablement représentatif de l'école de Messine). Enfin, un polyptyque d'Antonello de Saliba et une visitation de saint Joseph et Zacharie d'Antonino Giuffrè (école d'Antonello da Messina)...

*Palazzo dei Duchi di Santo Stefano*** (plan A2) : *via Spuches, 1. ☎ 0942-62-01-29. Au bout du corso, à gauche, avt de franchir la porte de Catane. En principe, tlj sauf lun 9h30-12h30, 15h30-18h30 (16h30-20h en été) ; mais mieux vaut téléphoner avt. GRATUIT.*
Siège de la fondation Mazzullo, sculpteur contemporain dont les œuvres sont exposées dans le beau jardin, ce palais fortifié est un chef-d'œuvre de l'art gothique arabo-normand du XIIIe s. Le motif de la frise supérieure, typiquement d'influence islamique, alterne pierre volcanique noire et losanges de calcaire, tandis que les fenêtres sont, elles, de style gothique avec leurs petits arcs trilobés. C'était l'ancienne maison des Spuches, nobles de haute lignée d'origine espagnole. Expos temporaires dans la belle salle à voûte d'ogive du rez-de-chaussée et à l'étage.

***Palazzo Badia Vecchia** (plan A2) : *via Circonvallazione, 30. Ne se visite pas.*
Cette tour-palais du XIVe s – de fine architecture médiévale – rappelle celle des ducs de Santo Stefano par le style et la frise bicolore qui délimite les 2 étages. Belles fenêtres géminées de style gothico-chiaramontano, avec frises et entrelacs. Créneaux en queue-d'aronde.

***Giardino pubblico** (plan C2) : *via Bagnoli Croci. Tlj 8h-18h (plus tard en été).*
Ce jardin public à l'exubérante végétation était, au début du XXe s, la propriété privée d'une Anglaise richissime, Lady Florence Trevelyan (1852-1907). Férue d'ornithologie, cette originale dessina de curieuses constructions censées favoriser la nidification des oiseaux et son observation ; l'une des attractions du parc. Plus étendu qu'il n'en a l'air, le *giardino* est un lieu de détente et de rencontre prisé des villageois. On y trouve des bancs douillettement encastrés dans les massifs de bougainvillées, avec vue sur la mer... Magique, aussi avec les éclairages nocturnes !

Les plus curieux pourront jeter un coup d'œil au ***gymnase gréco-romain*** *(plan B1)* situé *via Naumachie,* juste en dessous du *corso Umberto I,* dont il constitue d'ailleurs les fondations. Un lieu frais et agréable. Aussi les vestiges d'un ***odéon romain*** *(plan B1)* du Ier s av. J.-C., à l'arrière du *palazzo Corvaja...*

Les nostalgiques du film mythique *Le Grand Bleu* de Luc Besson iront au ***capo Taormina*** *(tt en bas, à 3 km au sud-est du centre par la via Pirandello ; hors plan par C2).* Là se trouve l'hôtel où a séjourné l'équipe du tournage et où Rosanna Arquette raffolait, paraît-il, de *pasta ai frutti di mare* ! Les amateurs de plongée sous-marine pourront pousser plus loin la balade...

Plongée sous-marine : la réserve naturelle d'***Isola Bella*** fait la joie des plongeurs confirmés, comme des débutants en quête de sensations nouvelles et de découverte des fonds marins. Rendez-vous au ***Diving Center Nike*** *(sur la plage de l'Isola Bella, juste en dessous de Taormina ; 339-196-15-59 ; ● divenike taormina.com ●).* Accueil francophone sympa. Aussi des sorties *snorkelling* quotidiennes en haute saison, idéales en famille.

Fêtes et manifestations

– ***Venerdì Santo*** *(Vendredi saint)* **:** *à Pâques.* Impressionnante procession de femmes vêtues de noir, tête couverte !
– ***Corpus Domini :*** *mi-juin.* Toutes les rues de Taormina sont recouvertes de fleurs. Aussi des broderies typiques aux fenêtres.
– ***Fête de San Pancrazio :*** *9 juil.* Le saint patron de la ville est célébré lors d'une belle procession.

– ***Taormina Arte :*** *de mi-juin à mi-sept.* ● *taormina-arte.com* ● Cette grande rencontre internationale de cinéma, d'opéra, de théâtre, de danse et de musique a lieu dans le prestigieux *teatro antico.*
– ***Taormina Film Fest :*** *fin juin-début juil.* ● *taorminafilmfest.it* ● Né dans les années 1950, il attire le gratin des acteurs, des réalisateurs et des producteurs du 7e art international, qui défendent leurs films en compétition.

DANS LES ENVIRONS DE TAORMINA

GIARDINI NAXOS *(98035 ; 10 000 hab.)*

Giardini Naxos étale ses eaux de cristal sur une côte en lambeaux dominée par l'imposante silhouette du Tauro. Une des cartes postales les plus expédiées de la côte ionienne ! Pas étonnant que les Grecs, habiles navigateurs et grands esthètes, aient décidé d'implanter ici leur 1re colonie en Sicile... Mais, portée par sa longue plage de sable clair, la ville est aujourd'hui devenue une station balnéaire touristique en diable, avec tous ses excès...

Museo e area archeologica di Naxos : *au bout du lungomare Schisò, juste avt le cap.* ☎ *0942-51-001.* ● *parconaxostaormina.com* ● *Tlj dès 9h et jusqu'au coucher du soleil (horaires très variables, voir sur le site). Entrée : 4 € ; réduc ; gratuit moins de 18 ans et pour ts le 1er dim du mois. Panneaux en italien et en anglais.*
On ne le dirait pas, mais Naxos, édifiée environ 1 an avant Syracuse, vers 735 av. J.-C., demeure la plus ancienne colonie grecque de Sicile ! Elle fut même une cité très prospère, porte d'entrée du pays pour les Grecs, avant d'être jalousement détruite par Syracuse en 403 av. J.-C., alors gouvernée par Denys Ier l'Ancien... On peut voir ce qu'il en reste, c'est-à-dire pas grand-chose : des fondations de maisons gagnées petit à petit par les herbes folles, dans une vaste ***zone archéologique*** gentiment verdoyante avec vue sur la côte et sur l'Etna ! Le ***musée,*** quant à lui, présente plus d'intérêt, réparti dans 2 bâtiments dont la tour d'un fortin des XVIe-XVIIe s. Il rassemble les objets archéologiques recueillis depuis le début des fouilles sur le site en 1953. Collection d'ancres, d'amphores et de meules retrouvées sous la mer, céramiques grecques archaïques et attiques, éléments architecturaux et puis ces pièces rares en relation avec les mythes de Coré (Perséphone), de la Gorgone...

CASTELMOLA (98030) 1 100 hab.

À quelques coups de volant au-dessus de Taormina, ce village – classé parmi les plus beaux bourgs d'Italie – est dominé par son château qui culmine à 530 m au-dessus du niveau de la mer. Autant dire que la vue de là-haut mérite à elle seule le voyage ! Pas de monument exceptionnel ni de réelle unité architecturale, mais un enchevêtrement de ruelles pavées, bordées de vieilles maisons en pierre pittoresques. Il y règne une atmosphère plutôt calme

PHALLUSMANIA

Au temps des Grecs, les phallophories étaient des défilés au cours desquels les villageois brandissaient de gigantesques phallus ! Un culte repris par les Romains dans leurs bacchanales et leurs liberalia, *car l'organe mâle en pleine forme était considéré comme un signe protecteur. Et comme aujourd'hui encore le culte des symboles masculins est très vigoureux au Japon, il est courant de rencontrer des Nippons en visite au* Bar Turrisi *!*

qui tranche avec la cohue et les embouteillages du bord de mer. Montez-y en fin d'après-midi et restez-y dîner, ce sera l'occasion de siroter un petit *vino alla mandorla* (vin d'amande) en méditant sur la mer, l'Etna, la Sicile et les vacances...

Arriver - Quitter

En bus

Castelmola est desservie par la compagnie ***Interbus*** (● *interbus.it* ●).

➢ ***Taormina*** *(15 mn)* **:** env 1 bus/h.

Circulation et stationnement

La circulation automobile est interdite dans le centre historique. Laisser sa voiture au ***parking payant*** situé à l'entrée du village, face à l'*Hotel Villa Sonia* *(1 €/h).*

Adresse utile

Ufficio turistico : *piazza Sant'Antonio.* ● *comunedicastelmola.gov.it* ● *À l'entrée du vieux bourg, à côté de la pharmacie. Tlj, habituellement 8h30-18h30 (20h juin-sept).* Plan du village, horaires des bus, agenda culturel...

Où dormir ?

Hotel Villa Sonia : *via Porta Mola, 9.* ☎ *0942-28-082.* ● *info@hotelvillasonia.com* ● *hotelvillasonia.com* ● *À l'entrée du village, face au grand parking. Congés : de mi-nov à mars. Doubles 90-120 € ; familiales également. ½ pens et pens complète possibles. Parking payant.* Hôtel d'une bonne quarantaine de chambres spacieuses et confortables. Mobilier ancien, luminaires Belle Époque, ça a du style et on s'y sent bien ! Certaines donnent sur la rue et le jardin, les autres sur l'Etna et la campagne. Piscine, jacuzzi, sauna, resto et *tutti quanti !* Vue grandiose sur l'intérieur des terres et l'Etna. Accueil sympa et pro.

Où manger ?

Pizzeria Nina : *piazza S. Giorgio (via Tutti i Santi).* ☎ *0942-88-228.* ● *info@barsangiorgio.com* ● *À l'arrière de l'Antico Caffè San Giorgio (même proprio), à l'entrée du vieux bourg. Tlj. Pizze 8-10 €.* Voici d'excellentes pizzas cuites au feu de bois et servies sur une gentille terrasse panoramique avec vue époustouflante sur Taormina et Isola Bella.

La Taverna dell'Etna : *via de Gasperi, 29.* ☎ *0942-28-868.* ● *finocchitosalvatore@libero.it* ● *Tlj. Congés : déc-fév. Repas 20-30 €. Digestif offert sur présentation de ce guide.* La bonne table du village se déploie sur une terrasse avec vue vraiment agréable au coucher du soleil. À côté de la carte traduite en 4 langues, foncez donc sur l'ardoise et ses suggestions du jour. Cuisine traditionnelle pleine de saveurs et qui mijote les bons produits frais du terroir local.

Où boire un verre ? Où déguster une glace ?

Antico Caffè San Giorgio : *piazza Sant'Antonino, 1.* ● *info@barsangiorgio.com* ● *Sur la place à l'entrée du vieux bourg. Tlj 7h30-19h (23h en saison).* Tout le gotha est passé par cette véritable institution du village depuis 1907, pas guindée pour autant. Vue extraordinaire sur la Calabre depuis la terrasse. Goûtez ABSOLUMENT au *vino alla mandorla* de leur production, dont la recette imaginée par le créateur des lieux – M. Blandano – est l'une des meilleures de Sicile. Aussi quelques *panini, bruschette, arancini* et *pizzette* pour combler un petit creux.

Bar Ohana Cosmopolitan da Pippo : *via de Gasperi, 39.* • *ohanacosmopolitandapippo@gmail.com* • *Tlj 8h-23h.* Un petit bar familial offrant, derrière sa baie vitrée, une vue superbe sur la mer. On peut y siroter un *vino alla mandorla,* déguster les meilleures glaces du village, ou grignoter *bruschette,* salades, *arancini* et parts de pizza à prix réduits.

Bar Turrisi : *piazza Duomo, 19.* • *turrisi@turrisibar.it* • *Tlj 10h-1h.* Ambiance verticale dans cette maison dont les 3 étages avec balcons sont couronnés par un beau toit-terrasse. Et pour atteindre cette situation perchée, on profite au passage d'une riche collection d'objets et d'œuvres à la gloire du phallus, du sol au plafond ! Petite boutique dédiée au zizi... Fait aussi resto.

Randonnée pédestre au monte Venere

Une balade facile et peu connue d'environ 2h aller-retour jusqu'au ***monte Venere*** (près de 900 m d'altitude). Elle permet de découvrir le plus beau point de vue de la région, portant sur des kilomètres à la ronde. À l'entrée de Castelmola, prendre la route qui monte sur la droite et passer devant le cimetière, puis l'énorme antenne-radar. Ça grimpe assez dur au début. Emporter de l'eau et un chapeau.

À LA RENCONTRE DE LA SICILE PROFONDE

Voici quelques escapades sur la route de Messine, facilement réalisables en voiture à partir de Taormina. Les amoureux de la Sicile authentique apprécieront ces petits villages qui s'enracinent dans un terroir séculaire. Le temps passe ici léger comme un voile, sans altérer l'impénétrable âme sicilienne. En plus, les promoteurs immobiliers et leurs bétonnières sont tenus en respect loin des villages !

FORZA D'AGRÒ *(98030 ; 900 hab.)*

Perché à 420 m d'altitude, on se promène en silence dans les ruelles de ce charmant petit village, en saluant les anciens qui vivent au rythme du soleil... Une bonne tranche de Sicile version carte postale, en somme !

Francis Ford Coppola ne s'y est pas trompé, c'est ici, sur la place de la *chiesa della Annunziata* et celle la *chiesa di S. Antonio Abate,* qu'il a planté le décor de plusieurs séquences de ses 3 épisodes du *Parrain.* Il faut dire que, dans ce village, tout en églises (la plupart du XVIe s) et en belvédères, où la pierre lutte contre les herbes folles, le pittoresque ne manque pas ! Tout en haut, les ruines du château normand (XIIe s) et un vieux cimetière.

COPPOLA, *TUTTA LA FAMIGLIA*

Le Parrain 3 *est sorti sur les écrans 19 ans après le 1er volet de la saga ! Ce film regroupe tout le clan de Francis Ford Coppola, à savoir sa sœur Talia Shire ; et sa fille, Sofia (elle-même réalisatrice bien connue). Et devinez qui s'y est collé pour la musique ? Carmine Coppola, le papa !*

Allez-y en juin, quand la *festa della Trinità* réunit les confréries des villages de *Forza* et de *Gallodoro* (quelques kilomètres plus bas). Tous les 2 ans – une fois chez l'un, une fois chez l'autre –, c'est un foisonnement de costumes traditionnels : robe blanche et manteau rouge (bleu azur pour Gallodoro). La grand-messe est suivie d'une procession, puis, le soir, d'un feu d'artifice.

Arriver – Quitter

Forza d'Agrò est desservie par les compagnies **Interbus** (• *interbus.it* •) et **Jonica** (• *jonicatrasporti.it* •).

➢ ***Taormina*** *(35 mn)* **:** env 5 bus/j. avec *Interbus.*

➢ ***Messina*** *(1h-1h15 mn)* **:** 1 bus/j. avec *Jonica.*

➢ ***Savoca*** *(30 mn)* **:** env 2 bus/j. avec *Interbus.*

Où dormir ? Où manger ?
Où déguster une glace ? Où boire un verre ?

La Bouganville B & B : *via de Joannon, 8-10. ☎ 0942-72-11-15. 348-410-68-64. • natalie.gb56@yahoo.it • Doubles 65-80 €.* Dans cette demeure de style Liberty, une poignée de chambres confortables et coquettes, avec lit en fer forgé, meubles patinés, carrelage vintage et balcon. Agréable terrasse fleurie pour prendre l'excellent petit déj concocté avec des produits frais, bio et « km 0 » par la gentille maîtresse de maison. Et puis plein de bons conseils sur les choses à faire dans le coin.

Bar Eden : *piazza Cammareri, 1. ☎ 0942-72-10-12. Tlj 7h-22h, sauf lun (tlj en été). Moins de 10 €.* On s'y cale l'estomac de petits snacks bon marché, du genre *panini, focacce, arancini,* salades... Aussi d'excellentes *granite* maison, à déguster en terrasse près de la fontaine. Un lieu stratégique.

Trattoria Anni'60 : *via SS. Annunziata, 10. ☎ 0942-72-10-97. • infotrattoriaanni60@gmail.com • Tlj sauf jeu. Repas 20-30 €. Café offert sur présentation de ce guide.* En plein cœur du village, on est séduit par cette trattoria, dont les photos en noir et blanc aux murs évoquent la grande époque du cinéma italien. Un vrai rendez-vous des gens du cru, séduits aussi par la généreuse cuisine *casalinga* qui fait des allers-retours entre la mer et la terre. Des plats bien menés et servis à prix très honnêtes. Voir aussi les suggestions du jour. Véranda-terrasse sur le rebord du village. Service sympa et pro.

Bar La Dolce Vita : *viale delle Rimembranze, 15. Tlj.* À l'entrée du village, c'est un petit bar familial bien connu pour ses *gelati.* Peu de choix, mais une qualité *ottima* ! Bien aussi pour boire un verre ou un café à l'écart de la foule touristique. Service jeune et dynamique.

SAVOCA (98038 ; 1 700 hab.)

Perchée sur un éperon rocheux, Savoca est dominée par les ruines d'un château normand du XIe s, construit sur des fortifications romaines, byzantines, puis arabes, avant d'être proclamé « château royal » au XIVe s. D'où l'importance de la ville dès cette époque – l'une des plus peuplées de la région de Messine – et jusqu'à son déclin à la fin du XVIIIe s...

Aujourd'hui, on y croise d'abord de nombreux cinéphiles sur les traces du ***Parrain 1,*** car les scènes du mariage de Michael Corleone furent tournées ici même ! Mais il y a aussi ceux qui, le temps d'une escapade, veulent échapper aux embouteillages des plages pour partir à la découverte de cette Sicile plus authentique. De son glorieux passé, le village – ***classé parmi les plus beaux bourgs d'Italie*** – a hérité de superbes demeures nobiliaires, ainsi que d'un chapelet d'églises, dont la

chiesa San Nicolò, d'origine médiévale puis remaniée, où fut tournée la fameuse scène du *Parrain.* De là, jolie vue panoramique sur le village, les ruines du château et le calvaire... Puis, en continuant plus avant, on découvre la ***chiesa Madre*** (XIIIe s), d'origine byzantine (fresques d'époque à l'intérieur, de part et d'autre de la porte), qui fut entièrement remaniée à la fin du XVe s dans le style Renaissance, alors que la paroisse ne comptait que 5 000 âmes. De cette époque, on remarque son portail surmonté des armoiries du bourg et d'un oculus finement sculpté.

Arriver – Quitter

Savoca est desservie par les compagnies **Interbus** *(● interbus.it ●)* et **Jonica** *(● jonicatrasporti.it ●).*

➢ ***Forza d'Agrò*** *(30 mn)* **:** env 2 bus/j. avec *Interbus.*

➢ ***Taormina*** *(1h)* **:** env 3 bus/j. avec *Interbus.*

➢ ***Messina*** *(1h10)* **:** env 2 bus/j. avec *Jonica.*

Adresse utile

Ufficio turistico : *via Pineta. ☎ 0942-76-11-25. ● comunesavoca.gov.it/turismo ● À l'entrée du village. Tlj 9h-14h, plus 14h-18h le w-e.* Petit plan du village avec ses monuments remarquables.

Où dormir ?

Casa per Ferie *(Associazione San Damiano)* **:** *convento dei Cappuccini, via Cappuccini, 10. ☎ 0942-79-87-69. 338-548-12-23 ou 380-694-84-08. ● info@conventocappuccinisavoca.com ● conventocappuccinisavoca.com ● Ouv tte l'année pour les groupes ; juin-oct pour les individuels. Compter 20-25 €/pers. CB refusées.* Ceux qui veulent s'essayer à la vie de moine façon « tourisme » peuvent toujours réserver ici. Au rez-de-chaussée, réfectoire avec des fresques originales du XVIIe s, qui donne sur une grande terrasse offrant une vue sur Santa Lucia et la mer. Situées à l'étage, la petite vingtaine de chambres occupe les anciennes cellules des moines. Avec ou sans salle de bains, elles disposent toutes d'un petit lavabo. Sinon, un grand dortoir d'une quinzaine de lits. La nuit, paraît que les fantômes du dessous hantent les couloirs... On n'a pas osé vérifier !

Où manger ? Où boire un verre ? Où déguster une glace ?

Bar Vitelli : *piazza Fossia, 7. 334-922-72-27. ● info@barvitelli.it ● Face au belvédère. Tlj 9h-23h (ferme plus tôt en hiver). Plat env 15 €.* Une petite halte sous la tonnelle de ce bistrot d'anthologie s'impose ! Dans cette antique demeure du XVIIIe s, peuplée d'objets hétéroclites, aux murs bardés de photos du tournage du *Parrain* (c'est ici même que fut tourné le retour du mariage d'Apollonia avec Michael Corleone, alias Al Pacino), de scènes bucoliques du vieux Savoca... Bien pour un *long drink* à la tombée du jour ou une *granita* au citron, la spécialité de la maison. Aussi quelques bons plats simples (salades, toasts...), mais aux prix surestimés.

Il Sambuco Pane Condito : *via Cappuccini, 19. 349-093-22-02. Moins de 10 €. En contrebas du convento dei Cappuccini. Tlj en saison, le soir seulement.* Une équipe jeune et sympa prépare selon vos envies des *panini* bien garnis. Aussi des assiettes de charcuterie-fromage et des glaces. Simple, bien, et pas cher du tout.

LA SICILE IONIENNE

À voir

Outre de belles ***églises,*** Savoca possède son petit ***Museo comunale*** *(via S. Michele, 4 ; ☎ 0942-76-11-25 ; tlj 9h-13h, 15h-18h – plus tard juil-août ; entrée : 2,50 €, réduc)* livrant une foule impressionnante de vieux outils agricoles et d'autres objets anciens du quotidien, des instruments de torture, ainsi que des vieux papiers et... le clap original du film *Le Parrain* ! Mais à l'instar de Palerme et de Gangi, ses ***catacombes*** vous laisseront certainement le plus vif souvenir ! Ainsi, jouxtant le *convento dei Cappuccini,* une crypte recèle une vingtaine de corps momifiés en robe de bure ou en costard, avec ou sans chaussures ! Autrefois debout, parés pour le jour de leur résurrection, habillés sur leur trente et un, ils sont désormais allongés et protégés par une vitre depuis qu'un petit malin entreprit de les bomber en vert fluo ! Pour visiter tous ces p'tits gars-là, s'adresser au couvent juste à côté *(via dei Cappuccini, 10 ; 📱 338-548-12-23 ; • conventocappuccinisavoca.com • ; sonner et on vient ouvrir ; avr-oct, tlj 9h-19h30 ; horaires restreints hors saison ; donation demandée).*

CASALVECCHIO SICULO *(98032 ; 800 hab.)*

À voir vite fait en passant, ce petit village perché sur sa montagne cache 7 vieilles églises, dont la plus intéressante du bourg même semble être la ***chiesa Madre*** dédiée à *Sant'Onofrio* (beaux sols en marqueterie de marbre, plafond lambrissé, quelques toiles de Gaspare Camarda, début XVIIe s).

Basilica dei SS. Pietro e Paolo d'Agrò : *località S. Pietro. 📱 340-398-99-39. En arrivant de Savoca, sortir du village (env 3 km) par la SP 19 et prendre à gauche la petite route qui descend. Tlj 9h-13h, 15h-19h (mais mieux vaut téléphoner avt). Donation libre.*
Isolée dans la campagne, c'est l'une des églises de style byzantino-arabo-normand les plus importantes de Sicile. Son origine remonte aux environs de 560, mais son aspect encore visible aujourd'hui date du règne du roi Normand Roger (XIIe s), dernier à avoir apporté sa patte à l'édifice. L'intérieur est vide, mais il donne une bonne idée des volumes et de l'appareillage en brique qui la constitue. Fidèle au style byzantin, le mariage des différents matériaux est superbe ; de puissantes colonnes de granit surmontées de chapiteaux en calcaire sont coiffées de rehausses en lave noire. La présence de plusieurs dômes est typiquement arabe. Le côté normand de « l'histoire » est caractérisé par la structure même de l'église à 3 nefs, précédée de 2 clochers de part et d'autre de l'entrée, comme les grandes cathédrales de Palerme, Cefalù ou Monreale. Bref, un petit bijou d'architecture !
Par ailleurs, si vous venez à Casalvecchio Siculo le dernier week-end de juin, ne ratez pas l'***antica fiera di San Pietro e Paolo d'Agrò,*** le plus vieux marché de Sicile, datant de l'Antiquité et qui autrefois pouvait durer jusqu'à 11 jours ! Il se déroule au débouché de la vallée sur la rivière Agrò. C'est l'occasion de faire griller des agneaux.

MESSINE (98100) 237 000 hab.

• Plan *p. 373*

N'en veuillez pas à Messine de ne pas posséder le charme dont vous rêviez en abordant la Sicile. C'est qu'elle a connu une histoire plutôt mouvementée ! Frappée par un terrible séisme en 1783, elle fut pratiquement anéantie

en 1908 par le plus gros tremblement de terre jamais enregistré en Europe, suivi d'un raz-de-marée. Près de 70 000 personnes – soit la moitié de sa population – moururent au cours des 20 s que dura le séisme. Pour ajouter à son malheur, elle fut la cible d'intenses bombardements lors de la 2de Guerre mondiale. Alors on ne s'étonnera pas si cette métropole industrielle, reconstruite selon des normes antisismiques autour de larges avenues, n'a presque rien conservé – hormis dans son musée – de l'antique *Zancle,* conquise et rebaptisée par les Messéniens et décrite par Cicéron comme « une des plus grandes et des plus opulentes cités de la Sicile ».
Aujourd'hui, Messine est une grosse ville portuaire et commerçante, embouteillée et bruyante, qui ne vaut l'arrêt que pour son charmant quartier du *duomo,* organisé autour de sa belle cathédrale d'origine normande ; et pour son *Museo regionale* renfermant notamment 2 toiles du Caravage ! Vous l'aurez compris, on y vient surtout pour prendre le ferry en direction de l'Italie continentale...

Arriver – Quitter

En train

Stazione Messina Centrale *(gare ferroviaire principale ; plan B2)* **:** piazza della Repubblica. ● trenitalia.com ●

➢ ***Palermo*** *(2h50-3h15)* **:** env 7 directs/j. et d'autres avec 1 changement.

➢ ***Taormina*** *(40 mn-1h05),* ***Acireale*** *(1h10-1h40)* et ***Catania*** *(1h15-2h)* **:** env 20 trains/j., moitié moins le dim.

➢ ***Siracusa*** *(env 2h30)* **:** 3-6 directs/j. et d'autres avec changement à *Catania.*

➢ ***Enna*** *(3-4h)* **:** 2-7 trains/j. avec changement à *Catania.*

➢ ***Italie continentale* :** ts les trains reliant la Sicile au reste de l'Italie passent par Messine. Env 2 directs/j. pour ***Roma*** *(7h30-8h30)* et ***Napoli*** *(6h05)* ; et env 1 train de nuit pour ***Milano*** *(18h10).* Aussi d'autres trains avec changements.

En bus

Autostazione *(gare routière ; plan B2,* ***3****)* **:** *piazza della Repubblica, à côté de la gare ferroviaire.* Desservie par les compagnies ***SAIS Autolinee*** *(● saisautolinee.it ●),* ***SAIS Trasporti*** *(● saistrasporti.it ●),* ***Interbus*** *(● interbus.it ●),* ***Giuntabus Trasporti*** *(● giuntabustrasporti.com ●)* et ***AST*** *(● aziendasicilianatrasporti.it ●)* qui possèdent chacune une billetterie sur la place.

➢ ***Taormina*** *(50 mn-1h50)* **:** 1-4 bus/j. avec *Interbus.*

➢ ***Giardini Naxos*** *(55 mn-1h10)* **:** 2-3 bus/j. sauf dim avec *Interbus.*

➢ ***Randazzo*** *(1h50),* ***Bronte*** *(2h25)* et ***Cesarò*** *(2h55)* **:** env 1 bus/j. sauf dim avec *Interbus.*

➢ ***Castiglione di Sicilia*** *(2h10)* **:** env 1 bus/j. sauf dim avec *Interbus.*

➢ ***Acireale*** *(3h10)* **:** env 1 bus/j. sauf dim avec *Interbus.*

➢ ***Catania*** *(1h50)* **:** 9-23 bus/j. avec *SAIS Autolinee.* Quasi tous passent par l'***aéroport de Catane.*** À Catania, correspondance pour ***Siracusa, Enna, Caltanissetta, Agrigento*** et ***Ragusa.***

➢ ***Palermo*** *(2h40)* **:** 4-7 bus/j. avec *SAIS Autolinee.* ***Attention, pas de liaisons directes avec l'aéroport de Palerme.***

➢ ***Milazzo*** *(1h30)* **:** 4-17 bus/j. avec *Giuntabus Transporti* et *AST.*

➢ ***Italie continentale* :** env 1 bus/j. avec ***Napoli, Bari, Lecce, Brindisi, Roma, Milano...*** avec *SAIS Trasporti.*

Fermata Jonica *(arrêt des bus Jonica ; plan B2,* ***4****)* **:** *via Savoca (angle piazza Cavallotti).* ● jonicatrasporti.it ● Achat des billets directement dans le bus. Compagnie régionale qui dessert ***Forza d'Agrò*** (1 bus/j.) et ***Savoca*** (3 bus/j.).

Liaisons maritimes

Porto *(embarcadère ; plan B2)* **:** Messine compte plusieurs quais d'embarquement. Les ferries de la compagnie ***Caronte & Tourist*** *(● carontetourist.it ●)* se prennent viale della Libertà, 24 *(hors plan par B1,* ***5****)*

MESSINE

Adresses utiles

- 1 Ufficio turistico comunale (B2)
- 2 Ufficio turistico Citta Metropolitana di Messina (A1-2)
- 3 Autostazione (B2)
- 4 Fermata Jonica (B2)
- 5 Quai de la compagnie Caronte & Tourist (hors plan par B1)
- 6 Quai des compagnies Bluferries, Blu Jet et Liberty Lines (B2)
- 7 Terminal Tremestieri (hors plan par B2)

Où dormir ?

- 10 Garibaldi B & B (B2)
- 11 B & B Cairoli (A2)
- 12 B & B Opera Relais (B2)
- 13 B & B Elysium (B2)
- 14 Borgo Musolino Country Resort (hors plan par A1)

Où manger ?

- 20 Rosticceria Famulari (A2)
- 21 Osteria del Campanile (A2)
- 22 Farine (B2)
- 23 Fratelli La Bufala (B2)
- 24 La Trattoria Morello (A2)
- 25 I Ruggeri (B1)

Où déguster une pâtisserie, une glace ?

- 30 Pasticceria Irrera (A2)
- 31 Pasticceria Ragusa (B2)

Où boire un verre ? Où sortir ?

- 40 Bars autour de la piazza Duomo (A-B2)
- 41 Cavallino Bar (B2)

pour rejoindre Villa San Giovanni (Calabre). Même destination pour les bateaux de ***Bluferries*** *(• bluferries.it •)* qui, eux, appareillent via Rizzo *(plan B2,* ***6****)*, en plein centre-ville, ou du ***terminal Tremestieri*** *(hors plan par B2,* ***7****)*, à 7 km au sud de Messine. Enfin, seuls les piétons embarquent via Rizzo *(plan B2,* ***6****)*, en plein centre-ville, à bord des *aliscafi* rapides de la compagnie ***Blu Jet*** *(• blujetlines.it •)* pour atteindre Villa San Giovanni ou Reggio di Calabria ; et ceux de ***Liberty Lines*** *(• libertylines.it •)* vers les îles Éoliennes.

➢ ***Villa San Giovanni*** *(Calabre ; 30 mn)* **:** 1 ferry ttes les 40 mn, 24h/24 (ferries pour trains, voitures et piétons), avec *Caronte & Tourist.* Idem avec la compagnie *Bluferries.* Aussi 8-10 *aliscafi*/j. avec *Blu Jet,* pour les seuls piétons.

➢ ***Reggio di Calabria*** *(Calabre ; 30 mn)* **:** 6-16 *aliscafi*/j. avec *Blu Jet,* pour les piétons.

➢ ***Îles Éoliennes* :** 1-5 *aliscafi*/j. avec *Liberty Lines,* pour les piétons. Pour des traversées plus nombreuses, plus rapides et moins chères, nous conseillons d'embarquer à Milazzo.

➢ ***Salerno*** *(Campanie ; 10h)* **:** 1 ferry/j. avec *Caronte & Tourist.*

Circulation, stationnement

– ***Transports urbains* :** Messine est sillonnée par un réseau de bus et de tramways opéré par la compagnie *ATM (• atmmessinaspa.it •).* Tickets en vente dans les bureaux de tabac et kiosques à journaux : 1,50 € (2 € vendu à bord) pour un aller simple (valable 100 mn) ; 2 € pour un ticket de 2 trajets dans la même journée et 4 € pour un billet valable à la journée.

P ***Parking Cavalotti*** *(plan B2)* **:** *via Magazzini Generali. 24h/24.* Le plus grand et le plus pratique du centre-ville. Aussi le **parking La Farina** *(plan B2 ; via La Farina – angle via Maddalena ; tarif : 1 €/h, fermé dim).*

Adresses utiles

ℹ ***Ufficio turistico comunale*** *(plan B2,* ***1****)* **:** *piazza della Repubblica. ☎ 090-772-37-28. • comune.messina.gov.it • Tlj – sauf le w-e – 9h-13h, 15h-18h30 (17h mar et jeu).* Plan de la ville avec ses points d'intérêt, infos transports, agenda culturel...

ℹ ***Ufficio turistico Citta Metropolitana di Messina*** *(plan A1-2,* ***2****)* **:** *corso Cavour, 86. ☎ 090-776-10-48. • cittametropolitana.me.it • Tlj 8h-13h, 14h30-16h30, sauf le w-e.* Plan de la ville pointant ses monuments historiques, infos parc naturel des Nebrodi...

✚ ***Garde médicale*** *(hors plan par B2)* **:** *via La Farina, 253n. ☎ 090-293-25-10.*

■ ***Farmacia Bruni*** *(plan A2)* **:** *via Battisti, 222. ☎ 090-293-95-31. Tlj 8h30-13h30 (9h-13h sam), 16h-20h ; fermé sam ap-m et dim.*

🚗 ***Taxis* :** *☎ 090-65-05.*

■ ***Consignes à bagages* :** *à la billetterie de la compagnie de bus SAIS Autolinee (plan B2 ; piazza della Repubblica, à gauche en sortant de la gare ferroviaire).*

Où dormir ?

Prix moyens

🏠 ***Garibaldi B & B*** *(plan B2,* ***10****)* **:** *via Garibaldi, 108. ☎ 090-957-42-65. 📱 339-332-76-12. • info@garibaldimessina.it • garibaldimessina.it • Double env 75 €.* Au dernier étage d'un immeuble des années 1970 qui donne sur le boulevard principal, c'est un bel appartement lumineux et sa demi-douzaine de chambres confortables, quasi toutes avec balcon. On préfère celles donnant sur le quai pour observer les mouvements des bateaux dans le port. Équipement de qualité, avec matelas à mémoire de forme et douches « multijets ». Accueil chaleureux et aux petits soins. Notre coup de cœur à Messine !

B & B Cairoli *(plan A2,* ***11****) : piazza Cairoli, 65 et via dei Mille, 89. 388-321-12-68. • info@cairolibandb.it • cairolibandb.it • Doubles 70-90 € ; familiales également.* Une dizaine de chambres dispatchées dans 2 appartements donnant sur la verdoyante et agréable *piazza.* Confortables et dotées d'une déco contemporaine simple et de bon goût : tons gris, bois brut... Bon rapport qualité-prix et un excellent accueil, souriant et pro.

B & B Opera Relais *(plan B2,* ***12****) : via I° Settembre, 111. ☎ 090-91-46-81. 328-897-27-63. • info@operabnb.com • operabnb.com • Doubles 70-90 €.* Cet immeuble de caractère livre un appartement transformé en *B & B.* Une petite dizaine de chambres confortables, spacieuses et même un poil baroques dans leur déco, résolument moderne. Accueil gentil et pro.

B & B Elysium *(plan B2,* ***13****) : via S. Elia, 11. 346-530-00-31 ou 340-541-50-59. • elysiumbnb@gmail.com • elysiumbnb.com • Doubles 60-80 € ; familiales également.* Très bon rapport qualité-prix pour ces quelques belles chambres spacieuses, confortables et modernes, aménagées dans un grand appartement tranquille, logé dans un immeuble de style, à 2 pas du port.

Plus chic

Borgo Musolino Country Resort *(hors plan par A1,* ***14****) : condrada Musolino, colli San Rizzo. 347-169-68-38. • reservation@borgomusolino.com • borgomusolino.com • À 10 km à l'ouest de Messine. Doubles 90-160 €.* Perdue sur le flanc d'une colline au beau milieu des bois, cette maison de maître du XIXe s domine la mer et les îles Éoliennes dans toute son élégance. Une petite dizaine de chambres spacieuses, tout confort et délicieusement vintage, dont certaines s'ouvrent sur une jolie terrasse. Grande piscine et resto sur place. Bref, une belle adresse de charme.

Où manger ?

Très bon marché

Rosticceria Famulari *(plan A2,* ***20****) : via Battisti, 143. ☎ 090-77-14-47 • tempiodeiricordi@hotmail.it • Tlj 8h30 (9h dim)-23h. Arancino 2 €/pièce.* Véritable institution familiale locale, c'est la cantoche des gens du quartier et des étudiants, spécialisée dans l'*arancino,* ce beignet de riz en forme de poire et fourré d'ingrédients divers. Bon choix de saveurs différentes, avec parfois des mélanges étonnants, création du brillant patron ! Et de délicieux *cannoli* pour finir sur une note sucrée. Simple et bien.

De bon marché à prix moyens

Osteria del Campanile *(plan A2,* ***21****) : via Loggia dei Mercanti, 7. ☎ 090-71-14-18. • info@osteriadelcampanile.com • Tlj midi et soir. Repas 20-30 € ; pizze 7-10 € (soir seulement).* Agréable terrasse dans une rue calme et arborée, ou salle climatisée à la déco très sicilienne ; à vous de voir ! Ici, tout est bon ! Les *risotti, raviolini e la pasta* à toutes les sauces, le poisson, bien frais et à la cuisson précise, le *filetto* pour les viandards. On a aussi craqué pour les *pizze* ! Accueil à l'image de la qualité des lieux. Bref, courez donc dans cette autre institution locale !

Farine *(plan B2,* ***22****) : via I° Settembre, 57-61. 392-032-58-01 Tlj midi et soir ; uniquement le soir le w-e. Pizze 6-12 €.* Un établissement qui donne envie dès la porte d'entrée franchie ! Déco résolument indus', très aérée et épurée, avec des volumes aux faux airs de loft « arty ». Dans la cuisine séparée de la salle par une grande baie vitrée, on prépare de savoureuses *pizze,* des pâtes maison, de bons burgers et des salades. Longue liste de bières artisanales pour faire descendre le tout. Ambiance à la cool et un poil branchée.

Fratelli La Bufala (plan B2, **23**) : via Vittorio Emanuele II, 1. ☎ 090-66-25-13. • flb-messina@fratellilabufala.com • Tlj midi et soir. Repas 20-30 € ; pizze 5-10 €. Une chaîne montée par 3 frères originaires de Campanie, fils d'un producteur de *mozzarella di bufala,* qui connaît un succès international. Spécialités de pizzas avec, vous l'aurez deviné, de l'excellente mozza importée tout droit de Naples. Aussi des pâtes et de belles pièces de... bœuf, évidemment ! Cuisine impeccable, à l'image du service en uniforme, hyper pro.

La Trattoria Morello (plan A2, **24**) : via XXIV Maggio, 10-12. ☎ 090-640-98-11. • guerris2001@yahoo.it • Tlj sauf dim, le midi seulement ; plus sam soir. Repas 25-30 €. Cette petite trattoria de quartier *Slow Food* propose juste quelques plats de tradition, simples et goûteux. Le tout mitonné avec des bons ingrédients locaux, frais et de saison. Petite salle chaleureuse aux couleurs pleines de soleil et grandes tablées en bois épais. Accueil gentil de la *mamma* en salle et du fiston aux fourneaux.

Plus chic

I Ruggeri (plan B1, **25**) : via Pozzoleone, 21. ☎ 090-34-39-38. • info@iruggeri.it • Tlj sauf dim. Congés : sept. Repas 40-50 €. D'abord une élégante terrasse sous les arbres de la rue, puis une salle toute contemporaine sur fond de musique jazzy. À la carte, cuisine créative au dressage flamboyant, mijotée avec de bons produits frais. On s'est régalés !

Où déguster une pâtisserie, une glace ?

Pasticceria Irrera (plan A2, **30**) : piazza Cairoli, 12. • info@irrera.it • Tlj 8h-21h (14h dim-lun). Depuis 1910, cette institution locale réalise toutes les spécialités siciliennes : *cassata, frutta martorana,* etc. Également d'excellentes glaces et la possibilité de boire un café ou même un verre en grignotant.

Pasticceria Ragusa (plan B2, **31**) : via Garibaldi, 109. • ragusaeventisrl@gmail.com • Mar-sam 9h-20h45, dim 9h-14h et 16h30-20h45. L'autre bonne petite pâtisserie du centre-ville, avec son comptoir à glaces artisanales et sa petite terrasse à l'ombre dans la ruelle. Accueil gentil.

Où boire un verre ? Où sortir ?

La soirée commence par la *passeggiata* autour de la ***piazza Cairoli*** et du ***viale San Martino*** (plan A-B2). Puis, vers 21h30, l'activité migre vers les ***nombreux bars en terrasse autour de la piazza Duomo*** (plan A-B2, **40**), notamment ***via Lepanto, via Garibaldi*** et ***via Battisti.*** Nous, on a un faible pour le ***Cavallino Bar*** (plan B2, **41** ; via Garibaldi, 114), flanqué d'une terrasse où l'on sirote – avec les locaux dans une belle ambiance fraternelle – cocktails, verres de vin et bières artisanales dès l'*aperitivo.* Aussi quelques bricoles à grignoter.

À voir. À faire

Le rôle clé joué par Messine dans l'histoire de la Sicile mérite qu'on visite son centre historique, autour du *duomo.* Les plus pressés se contenteront d'admirer, en partant ou en arrivant, l'émouvante statue de la Madone, posée en haut d'une colonne de 60 m érigée sur le donjon du fort San Salvatore, à l'entrée du port.

Duomo (plan A-B2) : piazza Duomo. • messinarte.it • Tlj (sauf pdt les offices du w-e et des j. fériés) 7h30-12h30, 16h-19h30. Audioguide en *français : 3 €.* Ravagée par le séisme de 1908, la cathédrale normande du XIIe s fut reconstruite dans les années 1920 avant d'être incendiée par les bombardements alliés de la 2de Guerre mondiale. Patiemment, les habitants se remirent au travail pour permettre sa réouverture au culte dès 1947. Beaucoup de pièces originales ont disparu, remplacées par d'habiles reconstitutions. C'est le cas des mosaïques des absides et des charpentes peintes des 3 nefs... Toutefois, la façade principale présente encore ses 3 portails originaux de style gothique tardif (XIVe-XVIe s). Encadrée de délicats entrelacs, la porte centrale est surmontée d'un magnifique médaillon figurant le Couronnement de la Vierge. Remarquer aussi les frises retraçant la vie dans les campagnes médiévales qui courent sur la façade.

À LA BONNE HEURE...

Messine possède la plus grande horloge astronomique du monde, intégrée dans le campanile du duomo. Conçue par des artisans strasbourgeois en 1933, elle est animée de nombreux automates. À 12h pile, rendez-vous pour un petit spectacle de 12 mn : le lion rugit, le coq chante, et la célèbre Madonna della Lettera, *la sainte patronne, reçoit d'un ange une lettre accordant sa protection aux habitants de Messine. Du bout de sa flèche, un ange désigne l'éphéméride, tandis qu'au-dessus du cadran est indiquée la position des planètes dans le système solaire. Ah oui ! l'horloge donne l'heure, aussi...*

– ***Le campanile :*** *avr-oct, tlj 10h-13h (plus 16h-19h en août) ; fermé en hiver, mais visite possible sur demande au guichet du musée. Peut être fermé sans préavis en cas de pluie ou de vents violents. Entrée : 4 € ; billet couplé avec le musée de la Cathédrale 6 € ; réduc.*
Entièrement détruit au XIXe s, ce campanile fut reconstruit en 1933, avec 236 marches qui passent derrière les engrenages de l'horloge (dont le mécanisme est l'un des plus compliqués du monde !) et conduisent – à 60 m au-dessus du parvis – à un beau panorama sur les environs. Dans l'escalier, des panneaux en français décrivent la symbolique de chaque personnage.

– ***Museo della Cattedrale :*** *tlj 10h-13h (9h-15h30 les j. de passage de paquebot de croisière, en général mar), sauf dim. Entrée : 4 € ; billet couplé avec le campanile 6 € ; réduc. Audioguide en français : 1 €.* Le musée présente le trésor du *duomo,* composé de plus de 400 pièces : ostensoirs, crucifix, reliquaires et autres objets liturgiques d'une grande valeur artistique. La pièce la plus ancienne est une lampe en cristal de roche en forme de pomme de pin (Xe-XIIIe s). À côté, voir aussi le reliquaire contenant les cheveux de la Vierge, qui sort en procession le 3 juin de chaque année. Propice au recueillement, l'éclairage tamisé met magnifiquement en valeur le travail minutieux des orfèvres ! Sur le mur du fond, remarquer la *Manta d'Oro* réalisée au XVIIe s. Conformément à la tradition orientale de recouvrir les images sacrées de métaux précieux, ce parement d'or rehaussé de joyaux entourait les figures peintes de la Madonna della Lettera – patronne de Messine – et de l'Enfant Jésus. Son manteau était aussi recouvert des bijoux offerts par les paroissiens en signe de dévotion... Idem à l'étage, cet étonnant ex-voto dédié à la Madonna delle Grazie

LE DOIGT MIRACULEUX

La Madonna della Lettera, protectrice de Messine, fait référence à une légende selon laquelle Marie aurait adressé une missive accompagnée d'une mèche de ses cheveux pour remercier les Messiniens de s'être convertis rapidement au christianisme. Plus récemment, un miracle fut réalisé par le pape Pie XI en 1934 quand, de son bureau du Vatican, il illumina la Vierge du port de Messine à distance ! Faut dire que Marconi lui avait fabriqué une radiocommande !

(XIXe-XXe s), constitué de bijoux personnels, de montres et de fragments de corail rouge accrochés les uns aux autres. Il provient de Pace, un village de pêcheurs...

Fontana di Orione *(plan A2)* **:** *piazza Duomo.* Ce chef-d'œuvre maniériste d'Angelo Montorsoli, disciple de Michel-Ange, a été édifié en 1553 pour commémorer l'inauguration d'un aqueduc. Dédiée au géant Orion, fondateur mythique de Messine, la fontaine a miraculeusement échappé à tous les séismes. Autour de la vasque principale, de beaux nus étendus dans des positions lascives et représentent le Tibre, le Nil, l'Èbre et la rivière Camaro ; cette dernière étant canalisée par ledit aqueduc alimentant la fontaine.

Chiesa Santissima Annunziata dei Catalani *(plan B2)* **:** *piazza Catalani. ☎ 090-77-48-95. Visite sur résa seulement.* Cette église de style arabo-normand fut bâtie entre 1150 et 1200, probablement sur le site d'un temple antique. Belle coupole sur tambour d'influence byzantine à la croisée de la nef et du transept, et remarquable polychromie créée par l'alternance de calcaire, de pierre de lave, de brique et de marbre. La façade à 3 portails date du XIIIe s. Ancienne église des marchands catalans, d'où son nom, elle se trouve en dessous du niveau de la rue actuelle, car les bâtisses alentour ont été reconstruites sur les décombres du séisme de 1908...

Museo regionale di Messina *(MuMe ; hors plan par B1)* **:** *viale della Libertà, 465 (entrée via Cacopardo). ☎ 090-36-12-92. Ⓣ arrêt Museo (terminus). Tlj 9h30-18h (13h dim), fermé lun. Dernière entrée 30 mn avt. Entrée : 8 € ; réduc ; gratuit moins de 18 ans et pour ts le 1er dim du mois.*
C'est un petit musée de grande qualité, à la scénographie aérée et qui peut se visiter rapidement. Il présente une collection d'objets archéologiques, de sculptures et de peintures du XIIe s au XVIIe s. On découvre d'abord des éléments d'architecture médiévale et plusieurs belles mosaïques, dont une *Madonna col Bambino.* Puis, des peintures sur bois et autres sculptures religieuses des XIVe-XVe s... Ne manquez pas ensuite les 2 œuvres d'**Antonello da Messina** : un petit tableau double face où figure la *Vierge à l'Enfant* d'un côté et un *Ecce Homo* (Christ à la couronne d'épines) de l'autre ; puis l'exceptionnel *Polyptyque de saint Grégoire* (1473), bien qu'incomplet et endommagé, témoigne du génie de l'artiste au sommet de son art... Ensuite, 2 statues en marbre figurant l'Annonciation, signées **Domenico Gagini.** Et des toiles d'**Antonello de Saliba** (élève et neveu d'Antonello da Messina), de la peinture flamande, un médaillon en céramique de **della Robbia** et encore d'autres sculptures d'**Antonello Gagini** (fils de Domenico). Mais les joyaux du musée demeurent *L'Adoration des bergers* et *La Résurrection de Lazare,* 2 grandes toiles réalisées par le **Caravage** lors de son séjour à Messine, 1 an avant sa mort en 1610. Son art du clair-obscur éclate dans la pénombre de l'espace qui lui est réservé.
Aussi quelques beaux exemples typiquement siciliens du travail de l'argent et de la marqueterie en pierre. Sans oublier la petite collection d'objets archéologiques, céramiques, cuves de sarcophage décorées de bas-reliefs et fragments de statues, le tout mis au jour dans des fouilles locales.

Cimitero monumentale *(hors plan par A2)* **:** *via Catania, 118. Tlj 8h-13h, sauf mer ; plus mar et jeu 14h-17h.* Véritable galerie d'art en plein air sur près de 22 ha à flanc de colline (beau panorama), c'est l'un des cimetières monumentaux les plus grands d'Italie. Tous les courants artistiques sont représentés, du néobaroque au néoclassicisme en passant par le purisme.

UNE RÉACTION... À CHAUX !

Suite au monstrueux séisme du 28 décembre 1908 qui ravagea la quasi-totalité de Messine, une décision radicale fut envisagée par les autorités italiennes. Devant l'ampleur des dégâts et, surtout, le nombre de cadavres disséminés dans les décombres, on hésita à couvrir la ville de chaux vive et à... l'abandonner ! Cette idée folle fut finalement rejetée, et la reconstruction de la ville s'étala sur 25 ans. Ouf, Messine l'a échappé belle !

Piazza Cairoli *(plan B2)* **:** grande place moderne traversée par le tramway, totalement ombragée par de gigantesques *Ficus benjamina.* Zone en partie piétonne agrémentée de kiosques et de bancs pour faire une pause au cœur de la ville (voir plus haut les adresses « Où déguster une pâtisserie, une glace ? »).

Où piquer une tête dans le coin ?

Pour piquer une tête à Messine même, remonter la ***via delle Libertà*** vers le nord. Autour du ***n° 300*** ou plus au nord encore, vers le ***n° 1037,*** vous trouverez moyen de faire trempette sur les petites plages de galets du détroit. Mais attention aux courants dangereux !

Manifestation

– ***Défilé des géants Mata e Grifone :*** *13-14 août et procession de la Grande Vara 15 août, point d'orgue des fêtes du mois d'août* (Ferragosto). La procession mobilise un millier de personnes attelées à 2 longues cordes et tirant un char de 8 t (la *Vara*) pour conduire la Vierge de l'Assomption jusqu'au *duomo.* Elle y reste exposée jusqu'à fin août.

MILAZZO (98057) 31 000 hab.

• Plan *p. 381*

En Sicile, histoire et mythologie sont bien souvent mêlées et Milazzo ne déroge pas à la règle. Ne dit-on pas que les troupeaux du dieu Soleil traversaient le site et qu'Ulysse fit naufrage sur cette même côte avec ses compagnons ? L'antique Milae a connu une histoire prospère. Malheureusement, la ville fut fortement bombardée lors de la 2de Guerre mondiale, tandis que son golfe magnifique est aujourd'hui défiguré par une monstrueuse raffinerie. Toutefois, Milazzo est juste assez éloignée du complexe industriel pour prétendre ignorer son existence et mérite une halte avant d'embarquer pour les îles Éoliennes. La ville compte quelques belles maisons anciennes, perdues entre les bâtisses récentes du bord de mer et du centre. De loin en loin, quelques églises témoignent de la richesse de la cité, tandis que le château rappelle l'importance du site. Milazzo est également réputée pour ses agréables soirées. Les jeunes viennent d'aussi loin que Messine pour profiter de ses bars et flâner sur le lungomare Garibaldi, très agréable et animé en soirée, surtout les week-ends d'été.

Arriver – Quitter

En bus

Fermata *(arrêt des bus ; plan A3)* **:** *au port.* Milazzo est desservie par les compagnies ***Giuntabus Trasporti*** *(• giuntabustrasporti.com •)*, ***AST*** *(• aziendasicilianatrasporti.it •)* et ***SAIS Trasporti*** *(• saistrasporti.it •).*

➢ ***Messina*** *(1h30)* **:** 4-17 bus/j. avec *Giuntabus Transporti* et *AST.*

➢ ***Tindari*** *(1h25)* **:** env 1 bus/j. sauf dim avec *AST.*

➢ ***Aeroporto di Catania*** *(3h)* **:** avr-sept seulement, 2-10 bus/j. avec

Giuntabus Transporti puis *SAIS Autolinee* (● saisautolinee.it ●).

➢ ***Roma et les grandes villes du sud de l'Italie :*** env 1 bus de nuit/j. avec *SAIS Transporti.*

En navette privée

➢ ***Aeroporto di Catania*** *(1h50)* **:** avec **Eolian Shuttle** (☎ 0902-40-37-09 ; ● eolianshuttle.com ●). Env 6 transferts/j. Tarifs : 25 € en été, 35 € en hiver. Mars-oct, seulement sur résa, min 24h à l'avance.

En train

Stazione *(gare ferroviaire ; hors plan par B3)* **:** *via degli Orti. ● trenitalia.com ● Excentrée à 4 km au sud-est du port.* **Bus AST nº 5** entre la gare et le port (10 mn), env 20 départs/j. sauf dim.

➢ ***Messina*** *(20-35 mn)* **:** env 12 directs/j.

➢ ***Palermo*** *(env 2h40)* **:** env 6 directs/j.

➢ ***Cefalù*** *(1h40-2h10)* **:** env 7 directs/j.

➢ ***Taormina*** *(1h40-2h15) et* ***Catania*** *(env 2h30)* **:** env 5 trains/j. avec changement à *Messina.*

Liaisons maritimes

Porto *(embarcadère ; plan A3)* **:** les compagnies maritimes disposent presque toutes d'une ***billetterie sur la via dei Mille*** *(plan A3),* face au port. Certaines ont aussi un service de consigne à bagages.

■ ***Siremar*** *(plan A3)* **:** *via dei Mille, 26. ☎ 090-928-34-15. ● siremar.it ● Tlj.* Ferries pour les ***îles Éoliennes*** et ***Naples.*** C'est la compagnie la moins chère avec ***Navigazione Generale Italiana*** (● ngi-spa.it ●), qui partage les mêmes bureaux.

■ ***Liberty Lines*** *(plan A3)* **:** *Nuovo Terminal Aliscafi, via Rizzo. ☎ 090-928-41-93. ● libertylines.it ● Tlj.* C'est la compagnie des *aliscafi* (hydrofoils) assurant plusieurs liaisons quotidiennes rapides avec les ***îles Éoliennes,*** mais réservées aux seuls piétons.

■ ***Navisal*** *(plan A3)* **:** *via dei Mille, 34. ☎ 090-922-49-26. ● navisal.com ● Tlj.* Croisières à la journée pour ***Panarea, Stromboli, Lipari*** et ***Vulcano.***

■ ***Tarnav*** *(plan A3)* **:** *via dei Mille, 17. ☎ 090-922-36-17. ● tarnav.it ● Tlj.* Croisières à la journée pour les ***îles Éoliennes.***

➢ ***Îles Éoliennes :*** les *aliscafi* de la compagnie *Liberty Lines* assurent 2-3 traversées/j. pour ***Alicudi*** *(3h)* et ***Filicudi*** *(2h30),* 4-6/j. pour ***Ginostra,*** 13-16/j. pour ***Lipari*** *(1h),* 4-8/j. pour ***Panarea*** *(2h)* et ***Stromboli*** *(3h),* 6-7/j. pour ***Rinella*** *(1h30),* 11-13/j. pour ***Salina*** *(1h30)* et 11-15/j. pour ***Vulcano*** *(1h).* Par ailleurs, les ferries des compagnies *Siremar* et *NGI* opèrent 2-19 traversées/sem – juin-oct seulement – pour ***Vulcano, Lipari, Salina, Rinella, Panarea, Ginostra, Stromboli, Filicudi*** et ***Alicudi.***

➢ ***Palermo*** *(4h)* **:** env 1 *aliscafo*/j. avec *Liberty Lines* en été seulement.

➢ ***Vibo Valentia*** *(Calabre ; 3h)* **:** env 1 *aliscafo*/j. avec *Liberty Lines* en été seulement.

➢ ***Napoli*** *(Campanie ; 14h)* **:** juin-sept, 2-3 ferries/sem avec *Siremar.*

– ***Important :*** réservés aux seuls

■ **Adresses utiles**

- Ufficio turistico (B3)
- 2 Adige Car Center (B3)
- 3 Garage Ferrari (A3)
- 4 Garage Central (B2)

Où dormir ?

- 10 Hotel Central (A3)
- 11 Marina Inn B & B (B2)
- 12 B & B Maredomus (B2)
- 13 Re Umberto B & B (A2)
- 14 Alter Ego B & B (A2)
- 15 Petit Hotel (A3)
- 16 La Chicca Palace Hotel (A3)
- 17 La Bussola Hotel (B3)

Où manger ?

- 20 Trattoria La Casalinga (B2)
- 22 Pizzeria Doppio Zero (B2)
- 23 Osteria Al Bagatto (A3)

Où déguster une glace, une pâtisserie ?

- 30 Sikè Gelato (B2)
- 31 Chantilly Cafè (B2)

Où boire un verre ? Où sortir ?

- 40 Totù (A2)
- 41 Picnic (A3)
- 42 Bar Washington (B1)

A
B
NORD
Salita
Castello
Porticella
V. Cambria
Polifemo
Duomo
vecchio
V. Giovanni XXIII
Scolaro
1
Capo Milazzo
Grotta
d'Italia
V. Castriciani
V. Montecastro
V.
S. Domenico
Via
V. S. M. Maggiore
Garibaldi
Marinaio
V. Ventimiglia
S. F. Rodriguez
V. Scopari
42
12
Via
V.
Papino
PIAZZA
S. PAPINO
V.
Pistorio
V. Impallomen
V. Quartiere
Via
Salemi
V. Calatafimi
Risorgimento
PIAZZA
ROMA
V. Colombo
Settembre
Lungomare
Via
Buono
V. d'Amico
Via Risorgimento
11
20
2
Via
Duomo
E. Cosenz
31
V. Riolo
4
40
dei
Colosi
V.
13
V. Umberto
PIAZZA
PERDICHIZZI
V. Medici
30
PIAZZA
REPUBBLICA
V. Madonna d. Lume
Via Vitt. Veneto
Generale
14
Sole
V.
V. Pescheria
22
Tremonti
PIAZZA
DUILIO
V. Crispi
Via
La
Rosa
16
Via
Via
Via
V.
V. Piraino
10
Via
Regis
V.
M.
Regis
Molo M. Arullo
23
Maio
V.
V.
Celi
41
Rizzo
V. L.
Via
Giovanni
S.
Scala
Berte
Brigiani
V.
15
3
V. Matteotti
Via
Via
Minniti
dei
V.
3
Mille
PIAZZA
S. CUORE
îles Éoliennes, NAPOLI,
PALERMO, VIBO VALENTIA
Magistri
17
2
V. Nino Bixio
V. de Gasperi
200 m

MILAZZO

piétons, ***les aliscafi sont 2 fois plus rapides que les ferries,*** mais ils coûtent presque 50 % de plus ! Les départs des navires sont soumis aux conditions météo, notamment les ***aliscafi qui restent au port en cas de mauvaise mer.*** À la belle saison, les *aliscafi* sont pris d'assaut par les Siciliens qui passent le week-end sur les îles Éoliennes ; pensez à réserver votre billet à l'avance ! Et attention : afin de limiter les embouteillages et compte tenu des problèmes de stationnement et de ravitaillement en carburant, ***le transport en ferry des voitures non résidentes sur les Éoliennes est limité, voire parfois impossible en été.***

Stationnement

🅿 Le temps d'un séjour dans les îles Éoliennes, il est plus économique de laisser sa voiture à Milazzo. En général, les véhicules sont interdits d'avril à octobre sur Lipari, Alicudi, Filicudi, Stromboli, Panarea et Vulcano (dérogation possible pour Lipari et Salina avec attestation délivrée par l'hôtelier ou le loueur pour min 7 j. consécutifs passés sur place). Aussi les parkings gardés permettent-ils de prendre la mer l'esprit tranquille (résa conseillée en été), mais attention : bien se faire préciser les prix et les horaires avant d'embarquer, car la plupart ferment la nuit. En voici quelques-uns : ***Adige Car Center*** *(plan B3, **2** ; via XX Luglio, 20 ; 📱 348-154-34-09 ; • autoserviziadige.it •)*, ***Garage Ferrari*** *(plan A3, **3** ; via Minniti, 77 ; 📱 349-289-31-84 ; • garageferrarimilazzo.com •)* et ***Garage Central*** *(plan B2, **4** ; via Borgia, 70 ; ☎ 090-928-24-72 ; • centralmilazzo.com •). Généralement ouv tlj 7h-21h. Compter 12-15 €/24h.*

Adresses utiles

ℹ ***Ufficio turistico*** *(plan B3)* **:** *piazza Duilio, 20. ☎ 090-922-28-65. • comune.milazzo.me.it • Tlj sauf le w-e 9h-14h, plus mer 15h-18h.* Dans un ancien couvent de carmélites. Plan de la ville pointant ses quelques monuments historiques, agenda culturel...

■ ***Garde médicale*** *(plan A2)* **:** *via Impallomeni, 45. ☎ 090-928-11-58.*

■ ***Farmacia Castelli*** *(plan A3)* **:** *largo dei Mille, 5. ☎ 090-928-18-92. Lun-sam 8h-21h ; dim 8h30-13h30, 15h30-20h30.* La plus près du port.

■ ***Location de vélos :*** chez ***Eolienbike Cicloturismo*** *(📱 328-949-58-97 ; • eolienbike.com •).* Location de vélos de ville, de course et VTT.

Où dormir ?

De bon marché à prix moyens

🏠 ***Hotel Central*** *(plan A3, **10**)* **:** *via del Sole, 8. 📱 380-205-53-71. • ciccio.pr90@hotmail.it • Doubles 50-60 € ; pas de petit déj.* À 2 pas du *porto,* hôtel d'une dizaine de chambres propres et bien équipées, récemment rénovées sur une touche vintage, bien dans l'air du temps. Une petite adresse, certes, mais qui tient ses promesses. Bon accueil.

🏠 ***Marina Inn B & B*** *(plan B2, **11**)* **:** *via R. d'Amico, 1. ☎ 090-213-80-47. 📱 338-742-58-68. Doubles 50-80 €.* Au 2e étage d'un vénérable *palazzo* du XIXe s, cette adresse dégage énormément de charme ! On y trouve des chambres de bon confort, spacieuses, voire immenses, avec balcon sur mer pour la plupart. Sans compter les plafonds peints, les meubles anciens, les vieux lustres et le carrelage d'époque ; bref, un ensemble vintage sans fioritures qui nous plaît. Excellent accueil. Un super plan.

🏠 ***B & B Maredomus*** *(plan B2, **12**)* **:** *via Marina Garibaldi, 185. ☎ 090-*

LA SICILE IONIENNE

928-73-32. 📱 347-632-05-52. • info@maredomusmilazzo.it • maredomusmilazzo.it • Doubles 50-80 € ; familiales également. Réduc de 10 % sur le prix de la chambre (séjour de 3 nuits min) sur présentation de ce guide. C'est une jolie maison de caractère toute rose, pourvue d'épais murs de pierre qui garantissent fraîcheur et tranquillité. Une poignée de chambres claires, spacieuses et soignées, avec balcon sur la marina pour l'essentiel. Gentille déco colorée, rehaussée de toiles contemporaines. Accueil adorable.

Prix moyens

Re Umberto B & B *(plan A2, **13**) : via Umberto I, 95. ☎ 090-922-42-91. 📱 347-501-60-40. • bbreumberto.com • Doubles 65-90 € ; familiales également.* C'est à l'étage de l'élégante maison de ses aïeuls que Piero a aménagé plusieurs confortables chambres avec un goût simple mais efficace. Certaines avec balcon galbé en fer forgé donnant sur une rue tranquille prestigieuse, bordée de palais. Bon accueil.

Alter Ego B & B *(plan A2, **14**) : via del Sole, 95. 📱 348-225-67-97 ou 349-240-69-57. • info@alteregomilazzo.it • alteregomilazzo.it • Doubles 75-100 €.* Nichée dans une petite rue paisible, cette maison rouge de caractère livre plusieurs jolies chambres tout confort et mansardées. Déco sur une gentille note contemporaine chaleureuse et soignée. Balcon pour quelques-unes. Également un appartement familial avec cuisine, du même tonneau. Accueil pro et sympa.

Petit Hotel *(plan A3, **15**) : via dei Mille, 38. ☎ 090-928-67-84. • info@petithotel.it • petithotel.it • ♿ Doubles 80-100 €. Parking 10-12 €.* Idéalement situé pour un départ tôt dans les îles, un « petit hôtel » d'une dizaine de chambres à l'ambiance zen. On y apprécie les carrelages à motifs ainsi que la déco aux couleurs toutes méditerranéennes. Certaines chambres avec balcon sur mer et d'autres plus calmes avec vue latérale. Belle terrasse sur le toit pour le petit déj. Accueil souriant et en français.

Plus chic

La Chicca Palace Hotel *(plan A3, **16**) : via La Rosa, 1. ☎ 090-924-01-51. • info@lachiccahotel.com • lachiccahotel.com • Doubles 120-240 €. Réduc de 10 % sur le prix de la chambre sur présentation de ce guide.* Cet hôtel central livre un vaste hall qui mélange les styles avec une certaine audace ! Les chambres, sobres et modernes, affichent des couleurs chaudes et sont toutes dotées d'un balcon. Certaines, au 3e étage, ont vue sur le château ou la mer. Accueil pro. Une excellente adresse.

La Bussola Hotel *(plan B3, **17**) : via Bixio, 11. ☎ 090-922-12-44. • info@hotelabussola.it • hotelabussola.it • ♿ Doubles 85-215 €. Parking payant.* Une belle adresse design dans les tons blanc cassé, violine ou marron, contrastés par de jolies moquettes et parquets laminés. Une petite trentaine de chambres spacieuses, confortables et agréables. Les moins chères donnent sur les rues latérales, alors les plus onéreuses s'ouvrent sur le port et même sur la superbe terrasse pour certaines. Accueil aimable et pro.

Où manger ?

De bon marché à prix moyens

Trattoria La Casalinga *(plan B2, **20**) : via R. d'Amico, 13. ☎ 090-922-26-97. • trattorialacasalingua@libero.it • ♿ Tlj sauf dim soir. Repas 20-30 €.* Un resto d'habitués situé dans une agréable ruelle tranquille, qui fait honneur au poisson et aux fruits de mer. Aussi des pâtes maison, quelques salades et des viandes pour les irréductibles. Mon tout copieusement servi. Bref, l'occasion de goûter aux grands classiques de la cuisine sicilienne, à accompagner d'un honnête pichet de *vino della casa.* Terrasse très courue en été. Service attentif et efficace, même quand c'est plein. Une adresse de qualité constante.

Pizzeria Doppio Zero *(plan B2,* ***22****) : via Crispi, 37. ☎ 090-928-44-33. Tlj, le soir seulement. Pizze 6-10 €.* On s'installe sur cette terrasse disposée le long du *lungomare* pour choisir une pizza parmi les meilleures de Milazzo. Pâte bien croustillante et bons produits de rigueur. Aussi une volée d'*antipasti,* des pâtes et quelques *secondi*... Un 20/20 pour ce « double zéro » !

De prix moyens à plus chic

Osteria Al Bagatto *(plan A3,* ***23****) : via Regis, 11. ☎ 090-922-42-12. • info@locandadelbagatto.com • Tlj sauf dim, le soir seulement. Repas 25-45 €.* Pour changer du poisson et des fruits de mer, ce resto *Slow Food* est spécialisé dans les viandes du terroir alentour. Le tout sublimé dans des recettes sans esbroufe, oscillant entre tradition et originalité, qui mettent en valeur les saveurs brutes des ingrédients. À déguster dans une salle fraîche aux murs couverts de carrelage – façon boucherie – dans une ambiance jazzy.

Où déguster une glace, une pâtisserie ?

Sikè Gelato *(plan B2,* ***30****) : via Marina Garibaldi. • sikegelato@gmail.com • Tlj sauf lun 13h-minuit.* De succulentes glaces crémeuses en diable et aussi quelques sorbets de saison, qu'on peut déguster dans une brioche pour faire comme les Siciliens !

Chantilly Cafè *(plan B2,* ***31****) : via Borgia, 59. • info@chantilycafe.it • Tlj sauf mar 6h30-minuit (1h sam).* Le lieu est réputé pour ses délicieuses *granite,* à savourer au microcomptoir climatisé ou assis en terrasse sur rue. Aussi quelques bonnes glaces et sorbets de saison et d'excellentes pâtisseries traditionnelles à avaler dès l'heure du petit déj, avec un café. Le lieu idéal pour une pause gourmandissime.

Où boire un verre ? Où sortir ?

Totù *(plan A2,* ***40****) : via XX Settembre, 21. Tlj 7h-2h. Fermé lun.* Un poil à l'écart du front de mer et de ses terrasses ronflantes, poussez donc jusqu'à ce bar dont la belle ambiance fraternelle et bourdonnante est dopée par un orchestre chaque soir en terrasse. Programmation éclectique sympa. Également une carte de petits plats qui semblent aussi faire l'unanimité.

Picnic *(plan A3,* ***41****) : via Manzoni, 24. Tlj 19h-2h.* Dans une rue paisible à 2 pas du port, un « *secret spot* » qu'affectionnent les locaux pour ses bonnes bières artisanales et ses cocktails maison. À siroter sur la terrasse encadrée par une rangée d'arbustes ou dans la grande salle à la déco rustique. Aussi des sandwichs, *pizze* et quelques plats simples à partager, histoire de mettre un peu de solide dans le liquide. Et puis c'est grosse ambiance tous les soirs.

Bar Washington *(plan B1,* ***42****) : via Marina Garibaldi, 291. Tlj 7h-0h30 (2h sam-dim), sauf lun (tlj en saison).* Selon l'heure et les envies, on y savoure cafés, bières fraîches et cocktails sur la terrasse fraîche et cosy, à l'ombre de grands arbres et le regard perdu vers la mer. Vraiment un bel endroit.

À voir

Castello *(plan A-B1) : salita Castello. ☎ 090-922-12-91. • comune.milazzo.me.it • Tlj sauf lun 9h-13h30, 16h30-20h30 (9h-18h30 oct-mai). Entrée : 5 € ;*

réduc ; gratuit moins de 10 ans et pour ts le 1er dim du mois. Visite guidée (1h30) en français ts les dim à 18h30 (plus ven en juil-août) sur résa (339-625-23-13) ; tarif 5 € en sus, réduc.
Déjà à l'époque antique, le site est hautement stratégique pour la défense du littoral. Mais il faut attendre l'occupation arabe du IXe s, relayée par celle des Normands puis des Souabes de Frédéric II au XIIe s, pour que l'ancienne petite forteresse construite par les Grecs ne prenne peu à peu de l'ampleur. À la fin du XVe s, les Espagnols donnent à l'ensemble ses dimensions actuelles en flanquant la citadelle d'une jupe extérieure de solides remparts, ceinte de 5 tours. Bien conservés, ils protégeaient alors un bourg intérieur dont témoigne l'ancien *duomo* bien restauré du XVIIe s, consacré à saint Étienne, 1er martyr de la chrétienté, exemple assez peu commun d'architecture Renaissance en Sicile. Et sans oublier l'ancien couvent bénédictin...
Le *castello* joue un grand rôle dans l'histoire militaire du pays : base militaire des Anglais lors des guerres napoléoniennes, Garibaldi y remporte le 20 juillet 1860 une bataille stratégique dans sa conquête de la Sicile. La conscription obligatoire imposée par ce dernier entraîne la transformation du lieu en prison pour enfermer les nombreux réfractaires ; vocation conservée jusqu'en 1960, « hébergeant » au passage les opposants au fascisme... Une reconversion qui a altéré quelque peu les structures intérieures de la citadelle. Le *castello* abrite depuis sa récente rénovation un certain nombre d'expos temporaires pour remplir ses nombreuses salles tristement vides. De même, il accueille en juillet le *Festival InCanto Mediterraneo (● festivalincantomediterraneo.it ●),* un rendez-vous musical distillé par des chorales internationales... Enfin, depuis la pointe nord des remparts, un escalier interminable descend jusqu'à la ***plage du Ponente.***

Duomo vecchio *(plan A-B1)* **:** *dans l'enceinte fortifiée du castello.* Cette cathédrale est édifiée à l'emplacement de 2 églises de rite orthodoxe. Inaugurée au début du XVIe s, puis remaniée jusqu'au XVIIe s, elle a été récemment rénovée pour recevoir des expos temporaires. Beau portail de style maniériste, fidèle aux courants architecturaux de la Renaissance. À l'intérieur, des fresques attribuées à Pietro Novelli, ainsi qu'une copie de la fameuse *gabbia di Milazzo,* une cage en fer à la mesure d'un homme, retrouvée par hasard en 1928. Enfin, notons que la coupole a été volontairement ratatinée, de manière à ne pas gêner les tirs d'artillerie en provenance du château qui la surplombe !

Les vestiges de l'ancien Milazzo : ils ne sautent pas aux yeux au 1er abord et restent modestes comparés à d'autres villes, dans une Sicile si prodigue en la matière. En balade dans le centre, on tombe, ***piazza Caio Duilio*** *(plan A-B2-3),* sur la belle façade rose de l'ancien **couvent des Carmélites** (1574) qui héberge l'office de tourisme. Pour la petite histoire, Victor-Amédée II de Savoie y aurait séjourné avec toute sa cour en 1714, peu après avoir été couronné roi d'une Sicile qu'il échangea ensuite contre la Sardaigne, plus proche de ses terres natales. À voir encore sur cette jolie place, la ***chiesa del Carmine*** (XVIe s), juste à droite et, en face, le ***palazzo Proto*** (XVIIIe s) qui servit de quartier général à Garibaldi. Enfin, la ***ville haute*** *(plan B1-2)* débute au-delà de la *piazza Roma* et s'étage jusqu'au ***castello.*** C'est l'ancien quartier espagnol, toujours assez pittoresque avec ses couleurs de bonbonnière qui annoncent déjà les îles Éoliennes.

La ***plage du Ponente*** *(plan A1-2)* étale ses petits galets sur la côte ouest de Milazzo, bordée tour à tour par du béton ou un cordon de verdure. Sa plus belle portion se trouve certainement tout au nord, avant le Capo Milazzo...

DANS LES ENVIRONS DE MILAZZO

CAPO MILAZZO

À 6 km au nord de Milazzo par une jolie route panoramique livrant quelques échappées sur la mer, contemplée secrètement par de belles demeures,

LA SICILE IONIENNE

calfeutrées derrière leurs grilles et jardins. Le cap offre un large panorama sur la côte sicilienne, avec au loin l'Etna et, par temps clair, les îles Éoliennes. La petite place avec point de vue, parking et restos marque la fin de l'aventure automobile. Sur la gauche, un escalier pour descendre au *sanctuaire rupestre dédié à saint Antoine de Padoue* *(tlj 9h-19h)*. Tout droit, une petite route bitumée se rétrécit et des panneaux, sur la gauche, invitent vers un sentier qui délivre rapidement de superbes points de vue. Tout au bout, descente vers une petite crique où un creux se remplit d'eau à marée haute, formant la « *piscina di Venere* »...

TINDARI (TYNDARIS)

À environ 30 km à l'ouest de Milazzo, sur les hauteurs de la commune de ***Patti.*** Fondée en 396 av. J.-C. par Denys l'Ancien, tyran de la colonie grecque de Syracuse, pour y établir 600 mercenaires, Tindari passe au IIIe s av. J.-C. sous l'autorité des Romains. Ces derniers lui apportent une grande prospérité et renforcent les remparts latéraux déjà imposants à l'époque grecque. Ce qui n'empêche pas les Sarrasins de la détruire en 836.
Sur place, le site archéologique de la cité gréco-romaine domine la mer et les superbes lagunes de Marinello, classé en réserve naturelle avec sa sublime plage. Et puis les échoppes de bondieuseries en tout genre s'adressent en priorité à la foule des pèlerins convergeant vers ce curieux sanctuaire de la Vierge noire *(Madonna nera)*, construit sur cette colline prestigieuse à partir de 1957...

Où manger ?

Trattoria Pane e Vino : *via Manzoni, 82/84 (SS 113). 330-55-99-33. • giovannigranata1985@gmail.com • Au carrefour de la route menant au grand parking du sanctuaire. Tlj 9h-minuit. Menus 13-20 €.* Resto de campagne en prise directe sur l'*azienda agricola* familiale plantée dans le massif des Nebrodi. Dans l'assiette, *antipasti* monstrueux, puis de copieux *secondi* à base de viandes grillées. Autant d'ingrédients savoureux et « km 0 », mis en scène dans des recettes simples et locales, qui subliment leur goût brut. Miam ! Et en dessert, quelques *biscotti* trempés dans de la *malvasia,* histoire de faire de gros slurp ! Sans oublier l'honnête *vino della casa,* bien frais, gloups ! Ambiance rustique à l'intérieur, tout comme à l'extérieur avec quelques tablées en terrasse. Un rendez-vous des locaux en famille le week-end, authentique et pas cher du tout !

À voir. À faire

Accès au site archéologique et au sanctuaire : *parking obligatoire au pied de la colline (1€/h). Avr-oct, navette de bus ttes les 5 mn, tlj 9h-20h (1 € l'A/R). À pied, prévoir 15-20 mn de montée.*

Area archeologica : *via del Teatro Greco. ☎ 090-136-90-23. • tindari.org • À 5 mn à pied par la rue qui part en face du sanctuaire de la Madonna nera. Tlj 9h-18h30 (17h30 oct, 17h mars, 16h nov-fév). Fermé lun hors saison. Entrée : 6 € ; réduc ; gratuit moins de 18 ans et pour ts le 1er dim du mois.*
On passe d'abord par un ***petit musée*** qui conserve quelques beaux fragments de statues en marbres et des céramiques. Puis sur la gauche, le ***théâtre grec*** (IIIe-IIe s av. J.-C.) occupe un superbe emplacement face à la mer et aux îles Éoliennes. D'une capacité de 2 500-3 000 spectateurs, il fut légèrement remanié par les Romains pour accueillir les jeux du cirque. Une partie des gradins et quelques éléments de la scène demeurent encore visibles. Concerts et représentations théâtrales y sont d'ailleurs organisés en été. En revenant sur ses pas le long du

decumanus superiore (l'artère est-ouest), on rencontre des vestiges de ***thermes*** avec quelques canalisations en terre cuite et de belles mosaïques dont la *trinacria*, emblème de la Sicile. Enfin, voici les impressionnantes ruines de la ***basilique romaine,*** qui précédait le ***forum...***

Basilica santuario Madonna nera *(Vierge noire) : via Monsignor Pullano. • santuariotindari.it • En été, tlj 7h30-12h45, 14h30-20h (19h dim et j. fériés) ; ferme 1h plus tôt le soir hors saison. GRATUIT.* Consacrée en 1979, cette église à la façade plaquée de marbre rose – qui se voit de loin sur son promontoire – attire de nombreux pèlerins tout au long de l'année et en particulier le 1er dimanche de septembre. Intérieur très coloré et couvert de mosaïques franchement kitsch !

Au pied du rocher de Tindari, accessible depuis le village d'Oliveri, une magnifique et longue ***plage*** de sable, bordée par les lagunes photogéniques de la ***riserva naturale dei Laghetti di Marinello*** *(• tindari.org •).* Selon la légende, elle reproduit le visage de la Vierge noire qui l'aurait miraculeusement créée pour sauver un nouveau-né tombé de la falaise sous les yeux de sa mère. Et pourtant, cette dernière était si effrayée par son teint d'ébène qu'elle n'avait pu se résoudre à l'implorer... Une histoire de dingue !

LES ÎLES ÉOLIENNES

• Carte *p. 390-391*

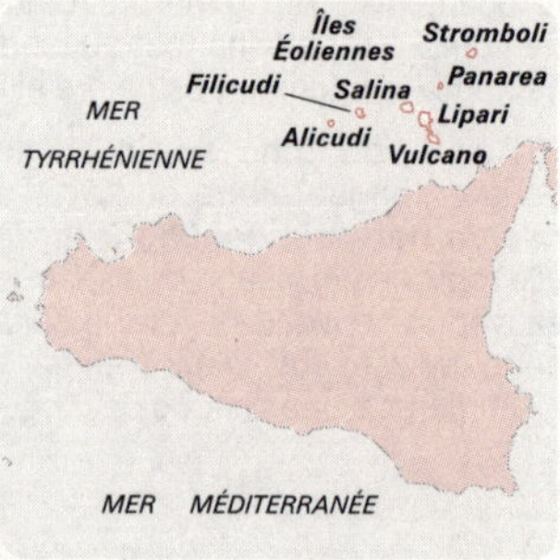

Elles sont 7. 7 îles flottant au large de la côte nord-est de la Sicile, dessinant comme les pales d'une hélice géante sur les eaux de la mer Tyrrhénienne, dont elles ont émergé. Toutes volcaniques, elles diffèrent en âge, en taille, en aspect et en ambiance, s'entourent ou non de fumerolles et de poussières d'îlots, mais ont toutes enflammé la plume des auteurs les plus illustres. L'archipel couvre 121,6 km², dont 37,6 km² pour la seule Lipari et 34 km² pour la petite Panarea. Impossible de dire laquelle est la plus belle. Comme les 7 notes de la gamme, elles possèdent toutes leur fulgurance, cultivent leur complétude... En un mot : elles sont uniques.

Depuis le départ d'Ulysse, rien n'a changé ou presque, si ce n'est le sillage blanc des *aliscafi* (hydroglisseurs) biffant l'outremer qui les sépare, et la (re)conquête balnéaire de ces terres sèches et revêches – jadis délaissées et razziées par les pirates. Depuis longtemps, la vie s'éternise ici entre les précieuses heures tièdes de l'aube et la sacro-sainte *passeggiata* du soir, qui prend des façons d'immobilité, à la faveur d'une *granita* aux figues ou d'un verre siroté entre amis ou en amoureux, les yeux sur le bleu.

Mieux vaut, si possible, éviter la période s'étendant de juillet à fin août, lorsque les îles se gorgent de visiteurs et que les prix explosent. Au printemps, idéal pour la randonnée, la nature est plus belle : la flore éclate de vigueur. En automne, on se baigne encore très agréablement. En hiver, les quelque 15 000 habitants qui vivent ici à l'année retrouvent la paix, « leurs » îles, rythmées par les allers-retours réduits des ferries, véritable cordon ombilical qui les rattache tantôt à la Sicile, tantôt au continent.

Pas d'aéroport ici, rien que des bateaux – joli gage d'isolement. Une fois sur place, suivant la grandeur de l'île, c'est en 2-roues, parfois en bus ou en voiture, plus souvent à pied qu'on se déplace, au gré de petites routes étroites, de venelles et de sentes sillonnant un maquis tout habillé d'essences méditerranéennes. Les pentes sont partout raides, les falaises omniprésentes, la roche triomphante. Les vieilles dentelles de lave aux relents lunaires, les émanations de soufre, l'obsidienne et la pierre ponce attestent de l'héritage volcanique environnant. Mieux encore, le sommet du Stromboli semble appeler de ses vœux les plus

UNE TERRE D'ÉMIGRATION ET D'EXIL

Avant 1914, l'archipel était peuplé de plus de 40 000 habitants. Ils ne sont plus que 15 000 de nos jours : les Amériques, l'Australie et la Nouvelle-Zélande ont accueilli les Éoliens fuyant la misère, le phylloxéra ou les dangers du Stromboli. Dans les maisons liparotes, on trouve ainsi souvent un souvenir ou un cadeau en provenance des antipodes.

courageux, pour assister, les yeux écarquillés, à ses explosions de magma rougeoyant dans la nuit. Plus près des côtes, les chemins se parfument des envoûtantes senteurs d'oranger et de chèvrefeuille, débouchant sur des criques tapissées de galets et de plus rares plages de sable noir aux eaux cristallines.
Les Éoliennes, c'est, entre juin et début septembre, 2h30 d'hydroglisseur seulement depuis Palerme et son aéroport desservi par les vols à bas coût. Alors, c'est pour quand ?

UN PEU DE GÉOLOGIE

À l'échelle de l'histoire de la planète, l'archipel des Éoliennes est jeune : il n'a guère plus d'1 million d'années. Mais pourquoi ces volcans en pleine Méditerranée ? La raison est finalement assez simple. Comme pour l'Etna, la subduction de la plaque continentale africaine sous la plaque européenne induit des mouvements de magma, qui remonte sous la pression à travers les multiples fissures de l'écorce terrestre. Dans certains cas, un volcan sous-marin se forme et, si l'éruption dure assez longtemps, une île perce la surface des eaux. Ainsi est née chacune des Éoliennes. Certaines des cheminées volcaniques, coupées du magma nourricier, sont restées immergées. D'autres, mangées par l'érosion, sont déjà retournées au néant : ainsi du volcan sous-marin Sisifo, vieux de 1,3 million d'années, qui fond doucement au nord-ouest de l'archipel. D'autres encore progressent, comme le gigantesque Marsili, le plus dangereux du complexe, pointant actuellement vers 450 m sous la surface. Les vulcanologues redoutent son effondrement, qui risquerait de provoquer un terrible raz-de-marée en mer Tyrrhénienne...
Panarea, Filicudi, Alicudi, Salina et Lipari sont les plus anciennes des îles actuelles : elles sont apparues au cours des derniers 250 000 ans, pour s'éteindre progressivement il y a 30 000 à 10 000 ans. Vulcano et Stromboli ont pointé leur nez plus tard : il y a environ 120 000 ans pour la 1re, 85 000 ans pour la 2de, ce qui explique qu'elles soient encore en activité. Si la dernière éruption de Vulcano remonte à 1890, le Stromboli, lui, ne cesse de s'ébrouer depuis au moins 2 millénaires, alternant phases paroxystiques et périodes plus calmes.
Classées à l'Unesco parce qu'elles représentent le modèle même de formation des archipels volcaniques, les îles ont donné leur nom à 2 des types d'éruption les plus communs : strombolien et vulcanien. Le 1er désigne des émissions de lave assez fluide, continues et assez peu dangereuses, l'absence relative de gaz réduisant les risques d'explosion. Le 2d est, au contraire, caractérisé par un magma plus visqueux qui s'accumule sous forme d'un dôme empêchant le dégazage du volcan, jusqu'à ce que la pression finisse par le faire violemment exploser. Attention danger !

Se loger dans les îles

– Les Éoliennes n'ont pas d'eau ; des bateaux-citernes en apportent de Sicile, de Calabre et même de Naples, à un rythme soutenu en plein été (tous les 1 ou 2 jours). Pensez-y en prenant votre douche ! Conséquences : pour diminuer le nombre de draps et de serviettes lavés chaque jour, une loi invite théoriquement, en haute saison, à louer un appartement pour une durée minimale de 7 jours consécutifs ; pour les hôtels qui ont un restaurant, un minimum de 3 jours en demi-pension est imposé. Cela étant dit, ces dispositions sont rarement respectées, c'est plutôt la loi de l'offre et de la demande qui prime.
– La ***saison touristique*** commence grosso modo à ***Pâques pour se terminer à la mi-octobre.*** Les îles les plus touristiques s'éveillent en 1er (Lipari, Stromboli, Vulcano, Salina), les autres étant souvent en léthargie prolongée jusqu'en mai-juin – les établissements y ferment

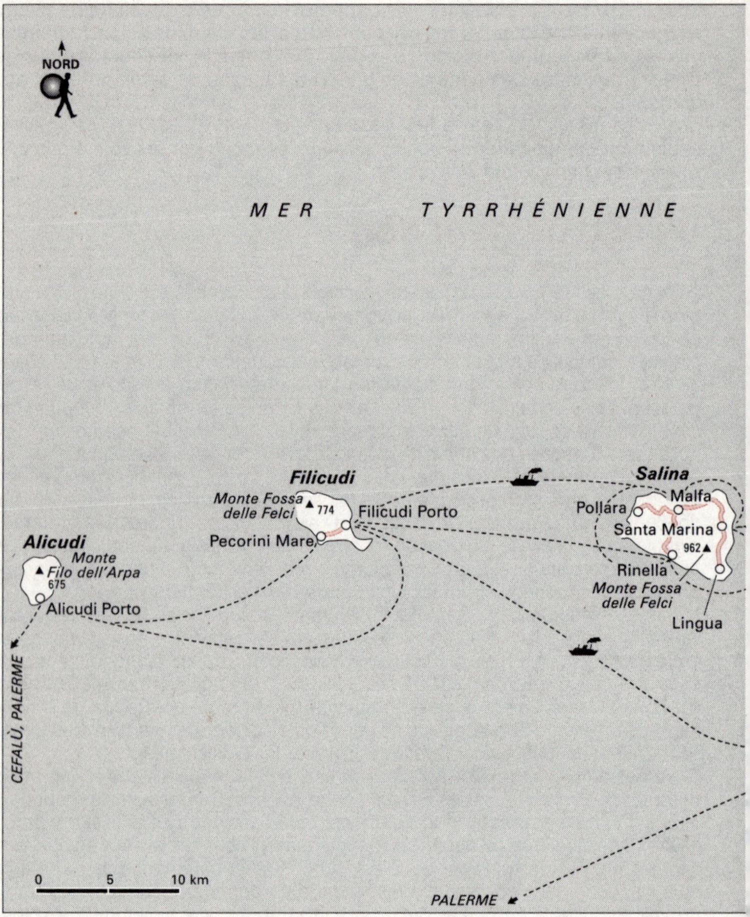

souvent leurs portes dès la fin septembre. En basse saison, les hôtels et restos ouverts sont rares en dehors de Lipari.

– Le summum de la fréquentation est atteint ***entre le 5 et le 25 août.*** Se loger à cette période *(altissima stagione)* est un vrai casse-tête. Il faut alors ***impérativement réserver.*** En plus, cela coûte une fortune : les prix sont multipliés par 3 ou 4 par rapport à leur plus bas de début et fin de saison ! Les multiples plaintes concernant le mauvais rapport qualité-prix des hébergements de l'archipel que l'on peut trouver sur les forums s'expliquent en fait surtout par ces tarifs disproportionnés et non parce que les hôtels sont mauvais, mais ils sont bien trop chers, alors, pour ce qu'ils proposent (souvent 150-200 € le 3-étoiles).

– En mi-saison (jusqu'à mi-juillet et à partir de début septembre), on peut séjourner dans les Éoliennes sans nécessairement réserver à l'avance.

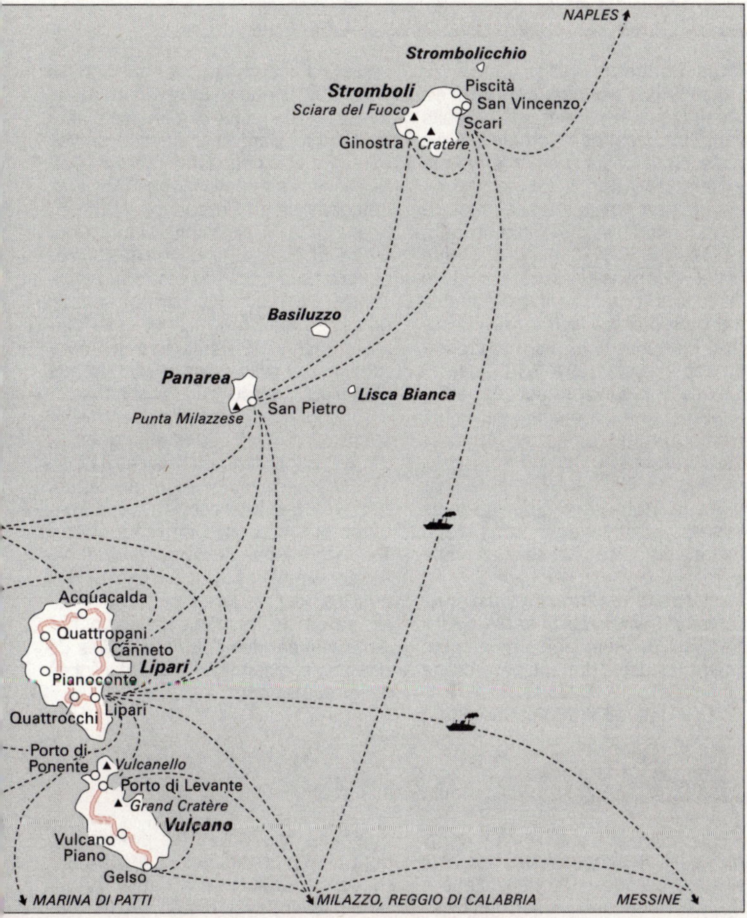

LES ÎLES ÉOLIENNES

Reste que, compte tenu de la capacité des hébergements, les groupes ont tôt fait d'occuper la totalité des chambres !

– Si vous êtes retardé à l'arrivée dans les îles (vol annulé, hydroglisseur bloqué à Milazzo pour mauvais temps...), avertissez votre logeur pour qu'il ne cède pas votre chambre à quelqu'un d'autre. Il le fera peut-être quand même en vous facturant aussi la nuit que vous auriez dû passer sur place (pratique malheureusement très courante).

– En début et fin de saison, à votre arrivée au port, nombreuses seront les propositions... avec ou sans autorisation officielle. Si c'est « sans », en cas de contrôle, le loueur occasionnel est passible d'une forte amende et... l'occupant aussi ! Mieux vaut donc se renseigner.

– La taxe communale de séjour est incluse dans le prix du billet du bateau. Refusez de la payer une 2de fois si on vous la réclame.

Quelques autres recommandations

– Petits budgets, prenez garde, ***la vie sur les îles est plus chère qu'en Sicile*** (logique, la plupart des produits devant être importés). Comme signalé ci-dessus, les coûts suivent le rythme des saisons – non seulement pour l'hébergement, mais aussi au restaurant, par exemple, où l'inflation peut atteindre 40 à 60 %, rien que ça ! Idem pour les locations de scooters ou de voitures, qui vont du simple au double (voire carrément à la tête du client). Pour 1 € dépensé en mai ou octobre, vous dépenserez 1,20 à 1,50 € de mi-juin jusqu'à mi-juillet et souvent entre 2,50 et 3 € au mois d'août ! Du coup, notre fourchette des prix indiqués dans la rubrique « Budget » du chapitre « Sicile utile » peut être fortement rehaussée. Pour vous aider à mieux préparer votre voyage, nous vous indiquons les prix en basse et en haute saison.

– En saison, il est ***interdit aux non-résidents d'embarquer leur voiture*** sur les îles. De toute façon, on ne peut vraiment les utiliser qu'à Lipari, Salina et, éventuellement, Vulcano et Filicudi. Les dates d'interdiction varient un peu d'une année sur l'autre, mais elles s'appliquent généralement de mi-juin ou début juillet à fin septembre ou octobre. Gare à l'amende à l'arrivée du ferry, elle peut atteindre 1 640 € ! Si vous êtes motorisé, vous trouverez des garages à Milazzo (voir « Stationnement » à Milazzo, plus haut). Pour Lipari et Salina, il existe des dérogations pour certaines réservations de 7 jours minimum dans des structures officielles qui doivent pour cela fournir un certificat. De manière générale, ***mieux vaut privilégier le vélo, le bus ou le scooter*** pour découvrir les îles.

– *Kompass* édite une bonne ***carte*** de l'archipel au 1/25 000 (K 693) que l'on trouve parfois dans les librairies à Lipari et dans certains bureaux de tabac, pour 10-15 €. Plus souvent, vous tomberez sur les cartes de rando *Metro Trekking* éditées par *Arbatus Editrice.* Assez sommaires mais pas chères (6 €) et utiles pour visualiser tous les itinéraires possibles. La même maison publie parallèlement des ***guides détaillés*** de chaque île, disponibles en anglais et en italien seulement.

Arriver – Quitter

Pas d'aéroport ici ! Les ***ferries*** *(traghetti)* et les ***hydroglisseurs*** *(aliscafi)* relient les Éoliennes au continent et à la Sicile, assurant aussi les liaisons inter-îles. *Liberty Lines* propose le plus grand nombre de rotations en *aliscafi* mais aussi les bâtiments les plus récents (sans être pour autant de 1re jeunesse). Ceux de *Siremar* sont plus anciens, mais la compagnie dispose aussi de ferries (trajets moins chers, mais plus longs). *NGI (Navigazione Generale Italiana),* nettement moins utilisée, assure exclusivement des liaisons en (vieux) ferries, pas très fréquentes.

– ***Les rotations sont nombreuses entre juin et septembre.*** Il peut toutefois être ***judicieux de réserver*** au moment des jours fériés, durant l'*altissima stagione* d'août ou si vous vous trouvez sur l'une des plus petites îles – comme Alicudi, où les possibilités sont bien plus réduites. Il serait dommage de rater votre avion de retour pour n'avoir pas anticipé ! Sachez toutefois que les réservations sont taxées de quelques euros. Les rotations sont en général moitié moins nombreuses en ***basse saison,*** mais il y a théoriquement au moins un *aliscafo* par jour qui dessert chaque île. Les ferries sont, eux, moins fréquents mais moins sensibles au mauvais temps.

– L'*aliscafo* coûte 50 % plus cher que le ferry. Par beau temps, le 2d est plus agréable, car on peut rester sur le pont et voir approcher les îles. Les *aliscafi,* fermés et climatisés, transportent exclusivement des passagers ; ils sont 2-3 fois plus rapides et bien plus fréquents.

– Pour faire votre planning, les sites d'*Eolie Booking* (● eoliebooking.com ●)

et de *Aferry* (● aferry.fr ●) permettent de consulter facilement les horaires des traversées. Sachez cependant qu'il n'inclut pas les ferries de la *NGI*.

– En été, la liaison quotidienne au départ de Palerme est intéressante, quoiqu'un peu longue. Sinon, oubliez Messine et Reggio : ***mieux vaut partir de Milazzo,*** d'où les rotations sont autrement plus nombreuses. Le port est desservi par des navettes directes depuis l'aéroport de Catane (voir la rubrique « Arriver – Quitter. En avion » de cette ville).

– Si vous envisagez plusieurs liaisons inter-îles (et que vous avez un planning fixe en tête), mieux vaut acheter tous vos billets d'un coup, car plus on achète de billets, moins ils coûtent chers à l'unité. Et on s'épargne ainsi la queue avant chaque trajet.

– Le nombre de liaisons donné ci-après concerne la période juin-sept ; le reste de l'année, elles sont moins régulières. Attention, en cas de vent fort, les *aliscafi* restent à quai.

➢ ***De/vers Palermo :*** pour ***Alicudi, Filicudi, Salina, Lipari*** et ***Vulcano,*** juin-début sept avec *Liberty Lines* en *aliscafo* à 13h50. Respectivement 1h55, 2h30, 3h25, 4h et 4h20 de trajet. Retour de Vulcano à 7h25. Pour ***Panarea*** et ***Stromboli,*** changement à Salina.

➢ ***De/vers Napoli :*** pour ***Stromboli, Panarea, Salina (Rinella), Lipari*** et ***Vulcano,*** mar, ven et dim en ferry avec *Siremar.* Départ à 20h, compter env 10h de mer pour Stromboli, qui est la 1re île desservie, et 13h40-15h35 pour Lipari. Retours les lun et jeu (en soirée). Fonctionne tte l'année. Résa indispensable en été. Sinon, 1 *aliscafo*/j. à 14h30 depuis Naples avec la *SNAV* (☎ 081-428-55-55), juin-début sept (compter 4h30 de trajet pour Stromboli). Durant cette période circule aussi *Alilauro* (☎ 081-497-22-52), départ tlj à 7h10 de Lipari pour Naples (trajet env 7h) ; achat des billets auprès de *Siremar.*

➢ ***De/vers Milazzo :*** pour ***Vulcano*** et ***Lipari,*** 11-16 liaisons/j. en *aliscafo* (45 mn à 1h20 de trajet) 6h-19h30 ; 1-2 liaisons/j. en *traghetto* (1h30-2h). Pour ***Salina,*** 13 liaisons/j. en *aliscafo* (env 1h30) 6h30-19h30 ; 1 en *traghetto* à 8h (2h35). Pour ***Filicudi*** et ***Alicudi,*** 3 liaisons/j. en *aliscafo* 6h30-15h10 (respectivement 2h30 et 3h de trajet) ; 1 en *traghetto* à 8h, tlj sauf mar et ven (env 4h de trajet). Pour ***Panarea*** et ***Stromboli,*** 8 liaisons/j. en *aliscafo* 6h-16h30 (env 2h et 2-3h de trajet respectivement), 1-2 liaisons/j. en *traghetto* (env 5h et 6h-6h45), tlj sauf mer et dim.

➢ ***De/vers Reggio di Calabria :*** pour ***Vulcano, Lipari, Salina, Panarea*** et ***Stromboli,*** 1-2 liaisons/j. en *aliscafo* avec *Liberty* (env 1h30-2h15 pour Vulcano, 3h30-4h pour Stromboli). Pour ***Filicudi*** et ***Alicudi,*** changer à Lipari ou Salina. Il y a aussi des bateaux pour ***Messina.***

➢ ***Des environs de Calabre*** *(env 110 km au sud)* **:** possibilité de rejoindre certaines des îles à bord de grosses vedettes, par exemple avec *Savadori Navigazione* (☎ 096-339-40-44), au départ de Vibo Marina ou de Tropea. Ces liaisons dépendent des conditions météo.

Liaisons inter-îles

Les îles ne sont pas toutes desservies de la même manière. Lipari, capitale de l'archipel, est la mieux lotie, de même que Vulcano, en raison de sa proximité avec la Sicile. De l'une à l'autre, on compte 1 *aliscafo* ttes les 30-60 mn en plein été ! Salina est une île carrefour, avec ses 2 ports (Santa Marina pour les liaisons vers Panarea et Stromboli, Rinella pour Filicudi et Alicudi). Panarea et Stromboli, très touristiques, sont bien desservies, Filicudi et Alicudi un peu moins.

Les lignes régulières fonctionnent bien dans l'ensemble et les retards sont assez légers. Dans certains ports, vous trouverez des listings bien pratiques indiquant les horaires par île de destination, toutes compagnies confondues.

En dehors de la très haute saison (grosso modo, de mi-juillet au 25 août), vous pourrez acheter vos billets au coup par coup, cela donne plus de souplesse. Mais attention à la météo :

si le vent forcit, les *aliscafi* ne peuvent plus naviguer et, si la mer se creuse, c'est au tour des ferries de rester à quai. Il est arrivé que des passagers embarqués à Lipari pour Stromboli se retrouvent à Naples, faute de pouvoir débarquer...
Les compagnies ont un bureau ou un petit kiosque sur chacune des îles, toujours au niveau du débarcadère ou à quelques pas. Dans les plus petites, ils n'ouvrent souvent que quelques minutes avant l'arrivée du bateau... c'est alors la cohue ! Mieux vaut anticiper.

■ ***Siremar :*** ☎ *090-57-37 (call center).* • *siremar.it* •

■ ***Liberty Lines :*** ☎ *092-302-20-22.* • *libertylines.it* •

■ ***NGI :*** ☎ *800-25-00-00 (n° Vert) ou 090-928-40-91 à Milazzo.* • *ngi-spa.it* •*ou carontetourist.it*

■ ***SNAV :*** ☎ *081-428-55-55.* • *snav.it* •

Comment découvrir les îles ?

Pour découvrir l'archipel, plusieurs formules sont envisageables, en fonction de la saison, de votre budget et du temps dont vous disposez.

– ***Le logement dans une île + sorties journalières :*** vous vous installez en camp de base sur l'une des îles et vous rayonnez à la journée en ferry. C'est envisageable à partir de Lipari, Salina et Vulcano, voire Panarea, plus centrales. C'est plus difficile à partir des 3 autres. Le seul hic, à moins de se cantonner à 1 ou 2 excursions pendant son séjour, c'est qu'on passe son temps dans le bateau.

– ***L'itinérant en logeant d'île en île :*** c'est un peu risqué hors saison (fréquence des liaisons inter-îles moindre, risque de mauvais temps), en revanche, c'est une bonne solution de juin à mi-juillet et en septembre-octobre, car cela permet de découvrir les îles à son rythme et de mieux s'en imprégner. En août, en revanche, il peut être difficile de trouver un hébergement juste pour 1 ou 2 nuitées ou sans réservation.

– ***Les excursions organisées à la journée :*** privilégiez les petits bateaux (attention toutefois à l'état de la mer, les retours sont parfois impossibles) et évitez les usines transportant plus de 200 personnes ! La formule peut revenir cher si l'on est en famille, mais elle permet de se rendre sur plusieurs îles dans une même journée. Vous n'en aurez alors qu'un (très) rapide aperçu, dans une ambiance purement touristique, entre boutiques de souvenirs, plages surpeuplées et coups de trompe pour la remontée à bord...

– ***Les locations de pneumatiques (gommoni) ou barques à moteur*** (à la belle saison) permettent de découvrir les côtes, criques et plages autrement inaccessibles à son rythme. Location avec ou sans chauffeur (pour les moteurs de plus de 30 CV, avoir son permis mer).

LIPARI

(98055) 10 000 hab.

• Carte de l'île *p. 397* • Plan Lipari-Ville *p. 399*

Lipari a de tout temps été la plus habitée des îles. Les 1ers colons y ont débarqué vers la fin du Ve millénaire av. J.-C. pour faire commerce de l'obsidienne (matériau le plus tranchant de l'époque), produite en quantité par son volcan formateur. Perché sur une acropole tombant dans la mer, son centre historique *(il castello)*, corseté de remparts d'époque espagnole, révèle plusieurs millénaires d'occupation. Aujourd'hui en grande partie occupé par le Museo archeologico, il émerge entre 2 ports. Au sud, *Marina Corta,* ses barques de pêche et juste ce qu'il faut d'agréables terrasses ; au nord, *Marina Lunga,* une rade en eaux profondes

où s'amarrent les bateaux de ligne. De l'un à l'autre, le petit bourg s'organise autour du très commerçant corso Vittorio Emanuele et de la via Garibaldi, bordés tous 2 d'une foison de magasins, boutiques et petits restos touristiques. Pour le reste, la *Meligunis* des Grecs (littéralement « la douce »), capitale des Éoliennes depuis toujours, offre quelques possibilités d'excursions et de belles plages de galets. Plus importante et plus peuplée que ses voisines, Lipari apparaît, grâce à sa position centrale, comme un parfait point d'ancrage pour rayonner dans l'archipel.

DÉBARQUEMENT À LIPARI

1544 : date funeste dans l'histoire de Lipari. Cette année-là, une flotte de 140 navires ottomans, commandée par le terrible Barberousse et secondée par 5 bâtiments français (François Ier s'était allié avec les Turcs), saccagea la ville, trucida une partie de la population et emmena plus de 8 000 habitants pour les vendre sur les marchés aux esclaves en Afrique. Pour évoquer l'épisode, les Liparotes parlent de « ruina ». Charles Quint envoya une colonie d'Espagnols pour repeupler l'île et renforcer les murailles. Le pape Paul III, lui, finança la reconstruction des églises. Chacun son boulot.

LA VILLE DE LIPARI

Adresses et infos utiles

Informations touristiques, poste

Servizio turistico (plan B2) **:** *via Maurolico, 17. ☎ 090-922-28-65. • comunelipari.gov.it • Lun-ven 9h-13h, plus lun, mer et ven 16h-18h. Fermé le w-e.* Service minimal.

Santé et urgences

■ **Pharmacies :** **Sparacino** (plan B2, **1**), *corso V. Emanuele, 176-178 ; ☎ 090-981-13-92.* **Farmacia internazionale** *(plan B2, **1**), sur le corso toujours, au nº 128 ; ☎ 090-350-54-34.* **Farmacia Cincotta** *(plan B2, **1**), via Garibaldi, 60 ; ☎ 090-601-99-26. Aussi à Canneto,* **Farmacia Morsillo,** *via Marina Garibaldi, 72 ; ☎ 090-981-14-28.* Pharmacie de garde indiquée sur la vitrine.

Ospedale civile (plan B3) **:** *via Sant'Anna. ☎ 090-98-851 (urgences au 118).*

■ **Carabiniers :** *via Madre Florenzia Profilio. ☎ 090-981-13-33.*

Divers

■ **Consigne à bagages** (plan B1, **3**) **:** *chez* **Noleggio Da Luigi,** *via Mariano Amendola, face au débarcadère des aliscafi. 338-301-43-44. Tlj 8h-20h. Compter 4 € la journée, 8 € pour la nuit.*

Parking (plan A1) **:** *via dei Cappuccini. • eolieparking.it • Du débarcadère, prendre direction Pianoconte, puis tt de suite à droite, après le parking des navettes Urso. Compter 1,50 €/h et 15 €/24h (10 € de mi-oct à mi-mars).*

■ **Station-service :** **Agip,** *à la sortie de la ville en allant vers Canneto, via F. Crispi (sur le front de mer). CB acceptées.*

Transports

Bus

Bus URSO (plan B1) **:** *via Cappuccini, kiosque devant le débarcadère des aliscafi. ☎ 090-981-10-26. • ursobus.com •* Horaires affichés (variant selon saison). Forfaits 6, 10 et 20 voyages, valables au choix sur les seules lignes urbaines *(7-20,50 €)* ou dans toute l'île *(10-28 €)* ; à l'unité, compter 2,10-3,10 € selon destination.

➢ ***De/vers Canneto :*** service continu ttes les 15-40 mn en été.

➢ ***De/vers Acquacalda*** *(via Cannetto et Cave di Pomice)* **:** 13 bus/j. en sem 7h15-23h ; 10 bus/j. dim et j. fériés 8h30-23h.
➢ ***De/vers Quattrocchi, Pianoconte*** *et* ***Quattropani* :** 13 bus/j. lun-sam 6h-20h30 ; 8 bus/j. dim et j. fériés 7h45-22h30.
➢ ***De/vers Valle Muria*** *(plage)* **:** 3 bus/j. tlj sauf dim, théoriquement à 8h45, 11h45 et 15h30 ; dernier retour à 15h45.
Le plus difficile reste la liaison entre Acquacalda et Quattropani : il vous faudra obligatoirement repasser par Lipari-Ville...

Taxis

Les distances sont courtes, mais le kilomètre cher. Il existe des tarifs imposés et des taximètres mais, dans la pratique, les prix varient d'un chauffeur à l'autre et de la capacité de chacun à discuter... Rallier Canneto depuis Lipari (5 grosses minutes) revient à près de 15 € ! Sinon, compter environ 60 € pour le tour de l'île non-stop ou 50 €/h. Têtes des stations aux arrivées des hydroglisseurs et des ferries.

Location de voitures, 2-roues, bateaux

On peut louer voitures, minibus, vélos, scooters, Zodiac *(gommoni)* et barques à moteur pour 4 à 12 passagers. Il existe une dizaine de loueurs officiels et d'autres, occasionnels, qu'il vaut mieux éviter si vous ne voulez pas avoir de problèmes mécaniques ou d'assurance. Attention, dans tous les cas, vous êtes assuré au tiers et restez responsable des dégâts causés à l'engin loué. Un conseil : vérifiez vos assurances multirisques, elles couvrent parfois ce genre de sinistre. Sinon, c'est le moment de régler avec votre carte de paiement internationale. À 2-roues, le port du casque est obligatoire.

■ ***Da Marcello*** *(plan B1,* ***2****)* **:** *via Sottomonastero, à l'arrivée des ferries, sur le quai. ☎ 090-981-12-34. 📱 333-160-75-78. • noleggiodamarcello.com • Tlj. Congés : nov-fév. Loc de vélos 8-15 €/j. ; 2-roues 15-40 €/j. selon cylindrée et saison ; voitures 40-90 €/j.* Marcello et Ilaria (qui parle plutôt bien le français) proposent des véhicules en bon état, avec assurance, type scooters, Vespa, Smart, Méhari et Fiat Punto décapotables.

Agences de voyages et associations

■ ***Menalda Tours*** *(plan B1,* ***4****)* **:** *corso V. Emanuele, 235. ☎ 090-988-05-73. • menaldatours.it • Tlj 9h-13h, 16h-20h, sauf dim.* Accueillants et efficaces, ils proposent tous les services que l'on peut attendre d'une agence de voyages (excursions, billetterie, réservations d'hôtel, etc.).

■ ***Nesos*** *(plan B2,* ***7****)* **:** *via V. Emanuele, 24. ☎ 090-981-48-38. 📱 331-566-07-71. • nesos.org • Ouvre en général en fin de matinée et à 17h30. Congés : août.* Cette association de guides-accompagnateurs de pleine nature, chercheurs et autres experts en zoologie, botanique, géologie et vulcanologie, s'engage en faveur de la promotion d'un tourisme responsable dans l'archipel. Elle organise des randos guidées dans toutes les îles, sauf dans la zone du cratère de Stromboli, en groupes de minimum 5 personnes et maximum 14 personnes, de longueurs et d'intérêt variables. *Compter 15-20 €/pers + le prix du bus ou du bateau si nécessaire, ou 75-100 € par groupe de 1-5 pers (120-160 € au-delà).* À Lipari et Vulcano, déjeuner ou pique-nique en option *(10 €)* pour certaines balades. Édite aussi une brochure (en italien, en anglais et en allemand) décrivant – photos aériennes à l'appui – les 15 plus belles randos à faire dans les îles *(7 €)* ; on la trouve dans certaines librairies.

■ ***Isole Isole* :** *📱 347-606-26-06. • curieelisabeth@gmail.com • isoleisole.it •* Élisabeth Curie vit une véritable passion pour les Éoliennes. Traductrice, guide archéologique, elle organise aussi des séjours et itinéraires pour les individuels ou les groupes : réservation d'hébergement, locations, organisation de randonnées... Accueil plein de charme et de courtoisie.

L'ÎLE DE LIPARI

Où dormir ?

- **17** Agriturismo Monte delle Cristule
- **18** Agriturismo La Dolce Vita
- **20** Azienda agrituristica Tivoli
- **21** Azienda agrituristica U Zu Peppino
- **24** Agriturismo Casa Gialla
- **26** Casa Papiro
- **27** Case Vacanze Ostello Baia Unci
- **28** B & B Antico Palmento
- **29** Albergo Casajanca et B & B Frajmari
- **30** Residence La Villetta
- **31** Residence Acquacalda

Où manger ?
Où boire un verre ?
Où déguster une glace ?

- **29** Il Piccolo Bar
- **50** A Menza Quartara
- **53** Da Marisa
- **54** Le Macine
- **55** La Bussola et Papisca
- **56** Naghet Cafe

■ ***Servizio Spiagge Sonia*** *(plan B1,* ***8****)* **:** *à l'extrémité du corso V. Emanuele, devant le débarcadère des aliscafi. 📱 328-588-70-11. ● taxi_mare@hotmail.com ● Ouv juin-sept. Compter 6-10 €/pers l'A/R selon la plage, minibus et bateau compris.* Ce service vous emmène vous baigner sur les plages isolées de la côte nord-est de l'île, autrement atteignables seulement à pied. Dans un 1er temps, minibus jusqu'à Canneto, puis environ 10-20 mn de *gozzi* (barque à moteur) jusqu'à Pietra Liscia, Cave di Pomice, Spiagge Bianche, White Beach... On vous dépose sur la plage et on convient d'un rendez-vous pour vous récupérer.

Courses alimentaires

– À la belle saison, vous trouverez des ***poissonniers*** proposant les prises du jour dans des estafettes garées sur le corso V. Emanuele ou près du port des ferries. Fraîcheur garantie !

Alimentation Lucchese *(plan B1,* ***6****)* **:** *à l'extrémité du corso V. Emanuele, côté port. Tlj 8h-13h30 et 16h-20h, dim mat uniquement (7h-22h en été).* Excellents produits frais et de production artisanale (câpres, tomates séchées, condiments divers, *malvasia,* etc.), mais attention aux prix, élevés !

Où dormir ?

De bon marché à prix moyens

Diana Brown *(plan B2,* ***10****)* **:** *vico Himera, 3. ☎ 090-981-25-84. 📱 338-640-75-72. ● info@dianabrown.it ● dianabrown.it ● Dans une venelle près de la chiesa San Pietro. Doubles 50-150 € (min 4 nuits en août).* Une douzaine de chambres de bon confort pour le prix, réparties de part et d'autre de la ruelle. Elles sont toutes bien propres, avec clim et chauffage, et 5 ont un petit coin cuisine. Privilégier les étages pour plus de lumière. Notre préférée ? La n° 2, spacieuse, avec sa cuisine extérieure et son grand balcon. En prime : solarium, bon petit déj, jeux, ombrelles, serviettes de plage en prêt, laverie possible et petite pièce avec w-c et lavabo à dispo pour entreposer ses bagages et faire sa toilette avant un départ tardif. Accueil aux petits soins en prime.

■ **Adresses utiles**

- i Servizio turistico (B2)
- **1** Pharmacies (B2)
- **2** Location de véhicules Da Marcello (B1)
- **3** Consigne à bagages (B1)
- **4** Menalda Tours (B1)
- **6** Alimentation Lucchese (B1)
- **7** Nesos (B2)
- **8** Servizio Spiagge Sonia (B1)

Où dormir ?

- **10** Diana Brown (B2)
- **11** Maria Lo Nardo (B1-2)
- **12** Zagara B & B (A1)
- **13** Mamamia Guesthouse (B2)
- **14** Hotel Aktea (A1)
- **15** Hotel Mea (A1)
- **16** Residence La Giara (A1)
- **19** Hotel Poseidon (B1)
- **22** B & B Casa Mafalda (B3)
- **23** Residence Hotel Baia Portinenti (B3)
- **25** Hotel Rocce Azzurre (B3)
- **26** Hotel Villa Meligunis (B3)

Où manger ?

- **40** Mancia e Fui (B2)
- **41** Kasbah Caffè (B2)
- **42** Panificio di gentile Pietro (B1)
- **43** Da Gilberto e Vera (B2)
- **44** Caffè La Vela (B2)
- **45** Pescecane (B1)
- **46** La Nassa (B3)
- **47** E Pulera (A2)
- **49** Filippino (B1)
- **52** Trattoria del Vicolo (B1)

Où boire un café ? Où déguster une pâtisserie, une *granita* ou une glace ?

- **60** Pasticceria Subba (B2)
- **62** Chicco Tosto (B1)
- **63** Fiore di Sale (B2)
- **64** Pasticceria Giovanni d'Ambra (B3)

Où boire un verre ?

Où danser ?

- **70** Caffè La Precchia (B2)
- **71** Il Giardino di Lipari (B2)
- **72** Turmalin Club (B1-2)

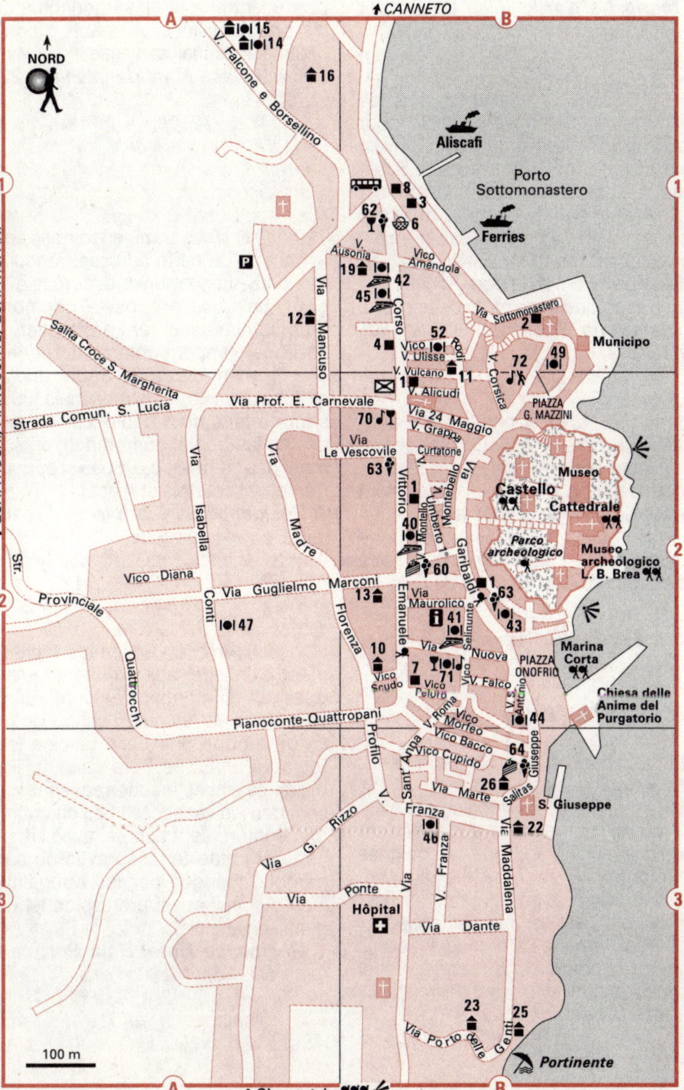

LIPARI – Ville

Maria Lo Nardo (plan B1-2, **11**) : *vico Ulisse, 32-34. ☎ 090-988-04-31. 📱 342-174-53-34. • info@lonardo.it • lonardo.it • Doubles 45-150 € ; petit déj au bar 3 €.* La dizaine de chambres, nickel mais sombres pour certaines, ont toutes sanitaires privés, coin cuisine (ou frigo) et clim. Seule celle du rez-de-chaussée, ouvrant sur la ruelle, n'a pas de terrasse, mais elle peut accueillir 4 personnes. Terrasse surplombant les toits. Un bon rapport qualité-prix à 5 mn du port. Accueil serviable avec quelques mots de français.

Mamamia Guesthouse (plan B2, **13**) : *via G. Marconi, 13. ☎ 090-988-02-42. 📱 328-691-87-06. • lipari@mamamiasicily.com • Ouv mars-oct. Doubles 45-130 €.* Dans une rue tranquille du centre-bourg, quelques chambres sans charme mais bien tenues, façon pension de famille. Elles sont hautes de plafond, toutes avec (petite) salle de bains. La familiale regroupe 2 chambres et 1 salle de bains. Cuisine à disposition. Accueil gentil de Luigi.

De prix moyens à plus chic

Zagara B & B (plan A1, **12**) : *via F. Mancuso, 7. 📱 333-286-38-59. • info@zagarabeb.com • zagarabeb.com • Ouv mai-oct. Doubles 70-140 € ; familiales également.* Idéalement situé à 2 mn du port, dans une rue résidentielle calme, ce *B & B* loue une poignée de chambres en rez-de-chaussée, ouvrant sur un bien agréable jardinet ombragé où est servi le petit déjeuner - pile-poil entre les 2 orangers. Tout le confort standard est au rendez-vous. Accueil doux avec un peu de français.

Hotel Poseidon (plan B1, **19**) : *via Ausonia, 7. ☎ 090-981-28-76. • info@hotelposeidonlipari.com • hotelposeidonlipari.com • À 2 mn du port, à l'angle du corso. Ouv mars-oct. Doubles 65-150 €.* Ce petit hôtel très central et néanmoins calme s'organise en plusieurs niveaux autour d'une jolie cour intérieure transpercée par un immense palmier. Environ 20 chambres de bon confort, toutes climatisées et avec frigo, jouent la carte du sobre bleu-blanc-mer. Celles du 1er étage possèdent une terrasse grignotée par les bougainvillées. Agréable salon à l'entrée et accueil serviable.

B & B Casa Mafalda (plan B3, **22**) : *via Maddalena, 15. ☎ 090-981-25-99. 📱 339-722-22-78. • info@casamafalda.it • casamafalda.it • Prendre la petite rue qui monte face à la chiesa San Giuseppe, puis à gauche après les escaliers. Doubles 70-212 € ; familiales 130-240 €.* Nous sommes tombés sous le charme de cette adresse tranquille, aux parties communes décorées avec goût. La *Casa* propose 7 chambres bien lumineuses (en particulier au 2e étage), impeccablement tenues ; 3 sont en mezzanine. Seule une (la no 33) a une vue sur la mer, mais toutes sont parfaitement équipées. Au petit déj, du jambon et du fromage, du saumon, des crêpes... c'est pas si courant. Personnel courtois et réactif.

Residence La Giara (plan A1, **16**) : *via Com. B. Zagami. ☎ 090-988-03-52. • info@residencelagiara.it • residencelagiara.it • Pratiquement sur le port, à l'arrière de la via Crispi (accès direct par une venelle). Doubles 80-150 €.* Voici un ensemble typiquement balnéaire, aux bâtiments imbriqués sur différents niveaux face à un vaste parc entretenu au centre duquel se développe une belle piscine (pas toujours chauffée hors saison). Palmiers, essences méditerranéennes, ça sent bon les vacances ! Les chambres, tout confort, sont sobres, avec kitchenette et petite terrasse avec ou sans pergola, mangée par les bougainvillées. Accueil aussi professionnel que gentil, en anglais.

Residence Hotel Baia Portinenti (plan B3, **23**) : *via Porto delle Genti. ☎ 090-981-42-32. 📱 335-659-19-57. • info@baiaportinenti.it • baiaportinenti.it • ♿ À 2 pas de la microplage de Portinente. Congés : janv-fév et nov. Doubles sans ou avec cuisine 80-190 € ; séjour de 5 nuits min en août. Réduc de 10 % sur le prix de la chambre sur présentation de ce guide.* La trentaine d'appartements, assez récents, spacieux et pour tout dire agréables, peuvent accueillir de 2 à 4 personnes. Ils sont bien équipés : la moitié dispose d'un coin cuisine (avec ou sans micro-ondes), quelques-uns

LES ÎLES ÉOLIENNES

ont une vue sur la mer et tous ont un balcon ou une terrasse. Le mobilier (généralement en rotin) est un peu composite et les cabines de douche un peu petites (comme souvent). Vous profiterez d'agréables espaces communs, du jacuzzi et du solarium. Et vous pourrez même admirer les vestiges romains préservés dans un coin du jardin ! Navettes pour le port. Très bon accueil.

De plus chic à très chic

Hotel Rocce Azzurre *(plan B3, **25**) : via Maddalena, 69. ☎ 090-981-32-49. • info@hotelrocceazzurre.it • hotelrocceazzurre.it • À moins de 10 mn du centre, sur un bout de rocher dominant la miniplage de Portinente. Ouv avr-oct. Doubles 150-230 €.* Le bâtiment n'est pas très engageant, mais sa situation est séduisante : à l'écart du centre, en avancée sur la mer, il abrite une trentaine de chambres de bon confort, aux tonalités jaunes ou bleues, carrelages azur et lithos. La majorité profite de la vue sur la mer. Terrasse et accès privé à un ponton flottant pour lézarder au soleil. Personnel charmant.

Hotel Mea *(plan A1, **15**) : via Falcone e Borsellino. ☎ 090-981-20-77. 📱 320-191-45-60. • info@hotelmealipari.com • hotelmealipari.com • Au début de la route haute de Canneto. Ouv de mars à mi-nov. Doubles 100-330 € ; familiales.* Ce fier paquebot adossé à la colline abrite une quarantaine de chambres impeccables. À l'instar des parties communes éthérées, elles sont toutes joliment nappées de blanc et de tonalités crème, égayées de sols aux céramiques traditionnelles et, de-ci de-là, d'un mur parme et de coussins turquoise. Tout cela dégage une belle prestance. Le personnel est à la hauteur, la restauration inégale... La superbe vue sur la mer et la jolie piscine compensent allègrement.

Hotel Aktea *(plan A1, **14**) : via Falcone e Borsellino. ☎ 090-981-42-34. • info@hotelaktea.it • hotelaktea.com • ♿ Au début de la route haute de Canneto. Ouv avr-oct. Doubles 90-300 €.* Voisin immédiat du *Mea*, l'*Aktea*, à la façade jaune, affiche lui aussi 4 étoiles au compteur, des palmiers, une piscine (plus grande encore) et un service pro (en français). Parmi la quarantaine de chambres spacieuses, toutes avec terrasse ou patio privatif, très peu ont vue sur la mer... dommage. Leur déco est plutôt sobre : jolis meubles en bois sombre, carrelage à motifs, salles de bains avec douche multifonction ou baignoire à remous pour les plus chères (et cabine un peu exiguë pour les autres). Le restaurant sert une cuisine éolienne et méditerranéenne, majoritairement axée sur le poisson. Service de plage.

Hotel Villa Meligunis *(plan B3, **26**) : via Marte, 7. ☎ 090-981-24-26. 📱 324-094-80-42. • info@villameligunis.it • villameligunis.it • Au-dessus de Marina Corta, par les escaliers qui grimpent depuis la chiesa San Giuseppe. Ouv avr-oct. Doubles 120-290 €.* Cette ancienne demeure du XVIIe s abrite une quarantaine de chambres et suites confortables dont certaines avec terrasse, assez spacieuses mais vieillissantes. Le gros plus, c'est le grand toit-terrasse panoramique, piscine avec vue sur le port et la citadelle, piano-bar et restaurant de cuisine éolienne (pas toujours ouverts). Petit déjeuner toutefois décevant. L'adresse mériterait dans l'ensemble un petit coup de fouet au vu du prix.

Où dormir dans les environs ?

Agriturismo Monte delle Cristule *(carte de l'île, **17**) : località Monte Gallina. ☎ 090-981-21-10. 📱 334-364-39-80. • info@agriturismolipari.it • agriturismolipari.it • Env 700 m après l'église de l'Annunziata, sur la route de Pianoconte, prendre à gauche (direction Contrada da Monte) ; demander qu'on vienne vous chercher au port, le lieu est difficile à trouver ! Congés : 15 déc-15 janv. Doubles 50-90 €. En principe, min 3 nuits en hte saison ; petit déj 8 €.* Tenu par un couple anglo-italien et leurs enfants, ce lieu haut perché, en marge de l'agitation de Lipari, ne recueille que des éloges. On y apprécie le cadre naturel, la vue panoramique sur la grande bleue (les couchers de soleil y sont fabuleux), les bons petits déj et les coups de main de Kevin, qui emmène ou récupère ses hôtes au port matin et soir. Sinon, il n'y a jamais que 30 mn de marche pour y redescendre (7 km par la route). Les 2 charmantes maisons éoliennes ocre jaune abritent 2 chambres, 1 studio et 1 appart jusqu'à 5 personnes. Rien de luxueux, mais le tout est bien aménagé et chacun dispose de quoi cuisiner.

Agriturismo La Dolce Vita (*carte de l'île*, **18**) : *contrada da Monte. 360-96-99-60. • ladolcevitalipari@gmail.com • agriturismo-lipari.com • À 5 km du port en voiture, 2 km à pied. Transfert sur demande (plus que conseillé). Ouv mai-fin sept. Doubles 70-145 €. ½ pens possible. Min 2 nuits (4 en août).* En pleine cambrousse, par les routes de Pianoconte et de la Valle Muria, le lieu n'est accessible que par un chemin de terre raviné, soit en 4x4, soit à pied (sur les derniers 400 m). Un couple de Bolognais a retapé ce petit corps de ferme à grand renfort de céramiques locales, de mobilier et d'objets du bout du monde pour en faire un *B & B* hippie flashy au possible... Les 4 chambres donnent sur une grande cour-terrasse sur laquelle loge une petite piscine carrée avec une vue époustouflante sur Lipari et les îles au large. Table d'hôtes sur résa, tirant parti des productions maison (légumes, câpres, olives, figues, plantes aromatiques...). Une adresse ressourçante à souhait.

Où manger ?

Sur le pouce

Mancia e Fui (*plan B2*, **40**) : *corso V. Emanuele, 94. ☎ 090-981-35-05. Tlj midi et soir.* Cette *rosticceria* occupe un emplacement stratégique sur le *corso*, attirant une foule dense pour ses *arancini* tout chauds à 2 € (il vous faudra peut-être attendre la prochaine fournée). On y trouve aussi parts de pizza et *pitoni* (sortes de *calzone* messinais), plus quelques bancs dans la rue (piétonne) pour engloutir le tout.

Panificio di gentile Pietro (*plan B1*, **42**) : *corso V. Emanuele, 241. ☎ 090-981-14-51. Tlj 5h-21h. Pizze 2-3 € ; panini 3,50-5 €.* Les parasols dans la rue suffiront au printemps, mais, en plein été, vous apprécierez les quelques tables sous la clim. Les *arancini* tiennent bien la route, les *panini* aussi... Pietro connaît son métier et, en plus de ça, on trouve de quoi se sucrer les papilles.

Da Gilberto e Vera (*plan B2*, **43**) : *via Garibaldi, 22. ☎ 090-981-27-56. • info@gilbertoevera.it • Tlj, horaires variables selon saison. Panini 3,50-5 €.* Certains considèrent cette petite sandwicherie, à une encablure de Marina Corta, comme la meilleure d'Italie, pas moins ! On est plus mesurés, même s'il faut reconnaître que les *panini* préparés à la demande avec un jambon qui fond sous la langue et un fromage légèrement piquant, rehaussés de tomates confites, olives, ail, menthe et câpres, à peine réchauffés pour croquer sous la dent, sont très efficaces. Vous pourrez les accompagner d'un verre de blanc ou de rouge, éolien ou sicilien, ou choisir une bouteille parmi les plus de 300 étiquettes proposées pour apprivoiser le patrimoine œnologique sicilien. Quelques tables et tabourets en terrasse. Accueil top.

De bon marché à prix moyens

Caffè La Vela (*plan B2*, **44**) : *piazza Onofrio. ☎ 090-981-26-00. Tte l'année, tlj 7h-1h en été. Repas 20-35 €. Digestif offert sur présentation de ce guide.* Sur le très joli et très touristique port de pêche de Marina Corta, ce café offre une escale sympathique pour profiter de l'animation et de la vue sur les barques. Le choix de (grandes) salades est vaste, les petits plats sont frais et de bonne tenue, et les prix se tiennent. Les gourmands commanderont le plateau dégustation sicilien.

Pescecane (plan B1, **45**) : *corso V. Emanuele, 223. ☎ 090-981-27-06. • info@pescecanelipari.it • Tlj midi et soir, sauf jeu. Congés : de déc à mi-janv. Pizze 6-13 € ; carte 25-30 €.* Pas de monstre marin ici (comme ce *pescecane* tiré des aventures de Pinocchio), mais de bonnes *pizze* à la pâte fine mais pas craquante, à déguster dans la grande salle orange et turquoise, entre poutres et long zinc, ou en terrasse dans la rue (piétonne et très animée en été). Évitez le reste, médiocre, et prévoyez un temps d'attente certain !

Trattoria del Vicolo (plan B1, **52**) : *vico Ulisse, 15. ☎ 090-981-10-66. • trattoriadelvicolo@gmail.com • Tlj sauf jeu, le soir seulement. Résa conseillée. Plats 9-20 € ; menu 25 €.* Niché dans une ruelle typique débouchant sur le corso V. Emanuele, le resto aligne quelques tables à l'extérieur, et plein d'autres dans sa salle intérieure éthérée, plutôt chic. Parmi nos meilleures surprises de Lipari, on y déguste une cuisine traditionnelle à base de produits locaux vraiment goûteuse, inventive et joliment présentée. Mention spéciale pour les pâtes au poulpe et le risotto à la burrata. Service parfois débordé.

Kasbah Caffè (plan B2, **41**) : *vico Selinunte, 43. ☎ 090-981-10-75. • info@kasbahlipari.it • ♿ Tlj, à partir de 19h. Pizze 9-12 € ; plats 12-16 €.* La cuisine ouverte sur la ruelle, impeccablement tenue, donne le ton. Ce resto un peu différent compte parmi ses points forts une grande cour-jardin intérieure bercée d'une petite musique d'ambiance. La pile de bûches nourrit le four à pizzas et le reste de la carte s'appuie largement sur des produits locaux un peu revisités.

De prix moyens à chic

La Nassa (plan B3, **46**) : *via G. Franza, 36. ☎ 090-981-13-19. • info@lanassa.it • En saison, en principe tlj, le soir seulement. Plats 15-25 €.* Vous dégusterez, dans ce joli restaurant aux 2 belles terrasses, une cuisine éolienne délicate et bien balancée, inspirée de vieilles recettes de famille. Les pâtes réussissent l'exploit d'être à la fois simples et délicieuses. Si elle n'est pas là, en revanche, inutile de venir : le reste de la famille se repose beaucoup trop sur elle et ne suit pas vraiment côté cuisine ni service (lent). On reste toutefois un peu sur sa faim au vu du prix.

Filippino (plan B1, **49**) : *piazza Municipio, au pied de la citadelle. ☎ 090-981-10-02. • filippino@filippino.it • ♿ Tlj midi et soir. Compter 35-50 € à la carte. Digestif offert sur présentation de ce guide.* Depuis 1910, la famille Bernardi règne sur cette belle brasserie, devenue un incontournable de la scène gastronomique locale. La magnifique terrasse fleurie sur les hauteurs de Lipari et les élégantes salles décorées d'assiettes de céramique pourraient faire hésiter le routard. Mais, finalement, les prix ne sont pas si élevés, si on se contente de piocher dans ce que la maison a l'habitude de (bien) faire : pâtes maison, risotto aux seiches ou espadon aux câpres. Si les portions sont un peu justes et l'ambiance un peu usine, le personnel (en nombre) est aux petits soins, et en français.

E Pulera (plan A2, **47**) : *via Isabella Conti. ☎ 090-981-11-58. • epulera@epulera.it • ♿ Ouv de mi-avr à mi-oct, ts les soirs. Carte env 40 €.* On dîne ici dans un coquet jardin d'agrumes abondamment fleuri, sous des tonnelles où sont disposées de très jolies tables en céramique représentant les îles de l'archipel. Le cadre est séduisant, le service sérieux et attentif. La carte fait largement honneur aux spécialités éoliennes. Reste néanmoins, parfois, un sentiment de déception à la 1re bouchée. Certains disent même que cette institution, liée au clan Bernardi (du *Filippino*), se repose sur ses lauriers ! On aurait tendance à partager cet avis. Affaire à suivre...

Où boire un café ? Où déguster une pâtisserie, une *granita* ou une glace ?

Chicco Tosto (plan B1, **62**) : corso V. Emanuele, 273. ☎ 090-981-12-12. Tlj dès 6h. Besoin de vous réveiller ? L'*espresso* est bon et bien corsé, le cappuccino parfait et s'accompagne à loisir d'un *biscotto* fourré à la cannelle et aux pommes (par exemple). La terrasse, enveloppée de parasols colorés et de verdure, est accueillante.

Fiore di Sale (plan B2, **63**) : corso V. Emanuele, 167. Tlj en saison 9h-1h. Il y a la boutique principale sur le corso Emanuele où l'on peut siroter les *granite* artisanales sur des coussins en terrasse et *Fiore di Sale* sur la via Garibaldi, au 50, où elles sont servies à partir d'un simple comptoir sur la rue. Par les chaudes soirées, la queue s'étend, s'étend, s'étend... Les goûts de fruits sont purs, délicats, parfumés. La figue ? La pêche ? On adore.

Pasticceria Giovanni d'Ambra (plan B3, **64**) : via Salita San Giuseppe, 5. ☎ 090-601-92-25. Tlj. On aime bien ce coin de ruelle caché juste au-dessus du petit port de Marina Corta, avec ses quelques tables, ses bonnes *granite* et ses biscuits siciliens – excellentes *fiore di mandorla, cannoli* à accompagner d'un petit verre de malvoisie à 1 €, etc. Parmi la *frutta di Martorana* (en pâte d'amande), il y en a en forme de moules et de sandwichs au jambon ! Un peu cher peut-être.

Pasticceria Subba (plan B2, **60**) : corso V. Emanuele, 92. ☎ 090-981-13-52. Mars-nov, tlj 9h-23h (ouvre plus tôt et ferme plus tard en plein été). Cette pâtisserie historique, fondée en 1930, est réputée pour ses glaces riches et crémeuses, sa pâte d'amande aux morceaux de cédrat et... ses serveurs peu amènes. À vrai dire, les adresses précédentes nous ont davantage convaincus.

Où boire un verre ? Où danser ?

Caffè La Precchia (plan B2, **70**) : corso V. Emanuele, 191. ☎ 090-981-13-03. • cafelaprecchia@gmail.com • Tlj, sauf dim hors saison. Plats 13-15 €. Pierre angulaire de la « *movida liparese* », comme dit le boss, ce café-bar à la terrasse débordant largement sur le *corso* est bondé à toute heure. Petit déj le matin, repas froid le midi, *granite* au soleil triomphant, verre de vin pour l'apéro ou cocktail le soir, à chaque heure sa raison d'y faire halte ! Concerts certains soirs en été.

Il Giardino di Lipari (plan B2, **71**) : via Nuova. 339-329-90-29. • ilgiardinodilipari@gmail.com • Tlj. Plats 12-18 €. Ce *garden cafe* aménagé dans un jardin abandonné redomestiqué séduit par son cadre serein aux chaises colorées, ses banquettes sur palettes, sa pénombre vespérale incitant aux rapprochements, ses cocktails, et ses bons concerts quasi quotidiens à la belle saison (tendance *world music*). Une jolie note culturelle dans le ciel touristique de Lipari. On peut aussi manger, pour ne pas dire bien y manger. Reste que les prix sont élevés et le service parfois dépassé.

Turmalin Club (plan B1-2, **72**) : piazza Mazzini. Ouv selon programmation, voir leur page Facebook. Concurrente de la *Raya* de l'île de Panarea, cette boîte installée au pied du *castello* attire bien du beau monde. Au programme : DJs de renom et musique électro. *Tappa obbligatoria* (incontournable), comme on dit ici...

À voir. À faire

2 rues sont particulièrement animées. Le ***corso Vittorio Emanuele*** (plan B1-2) est l'artère principale, l'épine dorsale de Lipari-Ville. Il concentre commerces, bars et restaurants très touristiques. Piéton en soirée, de même qu'aux beaux jours,

il est le théâtre de la *passeggiata* quotidienne. Presque parallèle et encore plus touristique, la ***via Garibaldi*** *(plan B2)* part de la piazza Mazzini (hôtel de ville) et contourne la citadelle jusqu'au port de Marina Corta.

Principal point d'intérêt de la ville, le ***castello*** *(plan B2)* occupe l'acropole historique de Lipari, corsetée de remparts par les Espagnols après la destruction des anciennes fortifications par Barberousse en 1544. Ce piton de lave, dominant les 2 anses d'accostage les plus commodes de l'île, a depuis toujours servi de refuge aux populations durant les périodes de troubles. Toutes les civilisations qui ont peuplé Lipari depuis 5000 av. J.-C. y ont laissé des traces, empilées sur près de 10 m d'épaisseur. Vous n'y trouverez pas de château à proprement parler, mais un véritable livre d'histoire à remonter le temps, révélé par les chantiers de fouilles à ciel ouvert, avec des interpages de poussières soufflées par le volcan. Les archéologues y ont mis au jour de quoi remplir tout un musée ! La forteresse conserve aussi en son sein un bon paquet de sarcophages de la période hellénistique (il y en avait près de 3 000 un peu partout en ville), ainsi que les églises de l'*Immacolata* (expos temporaires), de l'*Addolorata* et de *Santa Maria delle Grazie*. Le palais des Évêques, édifié sur les ruines d'un monastère normand du XIIe s attenant à la cathédrale, est lui aussi d'époque baroque ; il abrite une section du *Museo archeologico*.

Cattedrale di San Bartolomeo *(plan B2)* **:** *de la via Garibaldi, on y accède par un escalier monumental, appelé via del Concordato, construit en 900.* À l'origine normande, elle a été rebâtie après l'invasion ottomane dans un style baroque, avec 3 nefs. Elle abrite, à gauche de l'autel, une statue en argent du saint patron de l'île, San Bartolomeo, représenté sous l'aspect d'un vieillard, avec ses dépouilles sur le bras (il aurait été écorché vif). Pesant 400 kg, elle fut offerte par les Liparotes au début du XVIIIe s, consécutivement au séisme qui détruisit en grande partie la Sicile orientale mais épargna Lipari. Le plafond est décoré de fresques. Sur le côté droit de la cathédrale se détache un cloître normand du XIIe s *(accès : 1 €)* avec d'intéressants chapiteaux de colonnes sculptés d'animaux. Elle est aujourd'hui le principal lieu de culte de l'archipel.

Museo archeologico Luigi Bernabò Brea *(plan B2)* **:** *☎ 090-988-01-74. Tte l'année, tlj 9h-19h30 (13h30 dim et j. fériés) ; dernière entrée 1h avt. Entrée : 6 € ; réduc ; gratuit moins de 18 ans et pour ts le 1er dim du mois. Les collections sont réparties dans 6 bâtiments de part et d'autre de la cathédrale ; gardez votre ticket pour le montrer à chaque entrée. Attention, l'ap-m, une partie du musée peut être fermée.* Pour suivre la chronologie, commencez par le palais épiscopal, à droite de la cathédrale. Les explications sont données en italien et en anglais.

Pavillon Préhistoire et fondation grecque de Liparà : salles I à X

Occupant le palais épiscopal, les sections les plus anciennes témoignent de l'occupation des 1res colonies humaines des îles au Néolithique et mettent en lumière l'importance de l'obsidienne, de son extraction à sa commercialisation, dès le Ve millénaire av. J.-C. Cette pierre volcanique offrait alors le meilleur tranchant connu ! On découvre aussi poteries et meules de pierre de cette époque. L'âge du bronze (IIIe millénaire av. J.-C.) a également livré pas mal de vestiges, de même que la période s'étendant du IIe millénaire jusqu'à environ 1300 av. J.-C., marquée par l'arrivée des Mycéniens depuis l'actuelle Grèce (céramiques, poteries). D'autres vestiges attestent diverses vagues de peuplement qui s'ensuivirent jusqu'en 900 av. J.-C., poteries exogènes et un inattendu collier d'ambre de la Baltique.

Pavillon Époque gréco-romaine : salles XX à XXVII

La section située à gauche de la cathédrale est principalement consacrée aux âges classiques, mais couvre en fait toute la période s'étendant entre le VIIIe s av. J.-C. et le XVIe s. Les 1res salles se consacrent aux nécropoles protogrecques, où ont été découverts urnes funéraires de grande taille et sarcophages en terre cuite ou en pierre. Vient ensuite, à l'étage, la période grecque classique, durant laquelle se développent, sur l'acropole, un théâtre et des lieux de culte consacrés à Éole et Héphaïstos (vu l'environnement, ce dieu des Enfers ne devait pas manquer de boulot !). On y découvre force poteries rouges sur fond noir (aux scènes mythologiques parfois très fines) et un ensemble exceptionnel de terres cuites « à argument théâtral » du IVe s av. J.-C. Ce sont de petites statues et des masques (liés au culte de Dionysos) de très belle facture représentant les personnages classiques de la tragédie et de la comédie du temps de Sophocle et Euripide. Mentionnons aussi monnaies, bijoux, objets d'époque romaine, puis quelques vitrines (sommaires) consacrées aux périodes byzantine, normande puis Renaissance – autrement moins riches. On termine en redescendant au rez-de-chaussée pour parcourir la section d'archéologie sous-marine, aux impressionnantes pyramides d'amphores provenant des 4 coins de la Méditerranée.

Les autres pavillons

Face au palais épiscopal, un pavillon est dédié à la préhistoire des 6 autres îles (dites « mineures ») de l'archipel. Toujours face au palais, l'intéressante section consacrée à la volcanologie des îles est très riche mais a un défaut majeur : les panneaux explicatifs sont uniquement en italien, dommage ! Le petit musée épigraphique est fermé (depuis un moment) jusqu'à nouvel ordre. Quant à l'église Sainte-Catherine et la vieille prison (attenantes à la billetterie), elles accueillent des expos temporaires d'art contemporain.

Côté sud du palais épiscopal, le ***parco archeologico*** *(plan B2),* semé de sarcophages, s'étend autour de la *chiesa di Santa Maria delle Grazie* (XVIIIe). Il s'ouvre à l'ouest sur le théâtre reconstruit et offre un panorama splendide des remparts sur le port de Marina Corta.

Marina Corta *(plan B2)* **:** ce charmant petit port encombré de *gozzi* (barques de pêche) se niche au pied même de l'acropole et des murailles du *castello.* Éminemment touristique, il réussit le tour de force d'être aussi apprécié des visiteurs que des locaux, qui s'y retrouvent à l'heure heureuse de la *passeggiata.* On aime beaucoup la manière qu'a la vénérable *chiesa delle Anime del Purgatorio* (XVIIe) de s'amarrer directement sur les quais. Elle abrite une très grande crèche *(Presepe del Mare)* restituant la vie d'autrefois à Lipari *(entrée : 1 €).* Sur la place, en face, on vit sans hâte, butinant de terrasse de café en restaurant, le regard perdu sur le va-et-vient des anciens pêcheurs reconvertis en taxis des mers. Au-delà, en remontant derrière la *chiesa de San Giuseppe* et l'hôtel *Meligunis,* on tombe sur un lacis de ruelles étroites. Les enfants y jouent au ballon, les vieux assis sur une chaise s'oublient des heures devant les portes qui ne ferment jamais, et les femmes s'échangent les nouvelles du jour en dialecte local, sur une petite place ornée de trompe-l'œil représentant des scènes de vie locale – où se mêlent, dans un étonnant syncrétisme, des personnages bien réels.

BALCONS LIPAROTES

En levant le nez dans les rues les plus anciennes, on aperçoit des balcons en fer forgé. À chaque angle se détache une sorte de rose des vents. En fait, elle représente la poignée de l'épée normande utilisée comme talisman pour écarter le mauvais sort.

La seule **plage** (de galets) de Lipari-Ville se trouve à ***Portinente*** *(plan B3),* au pied de l'*Hotel Rocce Azzurre* (voir « Où dormir ? »). Pas plus grande qu'un mouchoir de poche, elle est très vite surpeuplée, mais on aime bien son atmosphère familiale d'habitués.

À voir dans les environs

Le point de vue de l'observatoire géophysique *(carte de l'île et hors plan par A3)* **:** *à pied, grimpette à travers les vignes et les câpriers (env 1h de Lipari-Ville), ou par la route (en partant par la via Rizzo).*

Perché sur un piton, le bâtiment fait face à l'île de Vulcano et son cratère, séparés de Lipari par un bras de mer de 1 000 m de large. Du miniparking attenant, un chemin s'avance vers la pointe de Pietralunga, offrant un point de vue époustouflant sur les falaises de la côte ouest, les volcans jumeaux de l'île de Salina, et Vulcano bien sûr. Au loin se détachent Filicudi et Alicudi.
En avançant vers le bout de terre (attention notamment si vous êtes avec des enfants), vous découvrirez à vos pieds les ***Faraglioni.*** Le plus grand de ces 2 rochers pointus surgit à 78 m au-dessus de l'eau. On dit qu'il s'agit de 2 des doigts d'Éole qui se sont solidifiés. En réalité, ces îlots sont les ultimes vestiges d'un ancien volcan disparu – plus précisément de sa bouche éruptive, aux roches plus résistantes à l'érosion. Il est possible d'approcher des Faraglioni par la mer et de visiter, à proximité, la ***grotta degli Angeli,*** à la grande arche marine. La navigation dans le secteur est vraiment agréable, particulièrement au soleil couchant. Au retour, les amateurs de randonnée pourront emprunter, au 1er carrefour (à droite), la petite route qui s'insinue vers la Punta della Caprazza et regagne Lipari-Ville en surplombant la côte est.

Spiaggia Valle Muria : *à env 4 km au sud-ouest de Lipari-Ville (prendre la direction Pianoconte, puis à gauche, c'est fléché).* ***Accès interdit car risque d'éboulements.*** Cette plage de gros sable est considérée, avec les *spiagge Bianche* situées au nord de Canneto, comme l'une des plus belles de l'île. Encadrée par 2 promontoires rocheux, elle est accessible à pied ou par la mer. Évidemment, elle est bondée en été. Le must : revenir au port de Marina Corta en barque en passant au pied des Faraglioni.

LE TOUR DE L'ÎLE

Une route (37 km) longe l'essentiel de la côte orientale et nord, se lance à l'assaut de la montagne et vient atterrir sur les plateaux cultivés, offrant des points de vue superbes sur l'archipel. Vous pourrez explorer l'essentiel du territoire en bus, mais rien ne vaut un scooter ou une petite voiture pour progresser à son rythme, sans avoir besoin de repasser par Lipari-Ville (pas de bus entre Acquacalda et Quattropani). Nous déconseillons, par ailleurs, de rejoindre Canneto depuis Lipari-Ville à pied, le trajet est rapide mais peut s'avérer dangereux (long tunnel et pas de trottoir). La balade vous occupera facilement la journée en prenant votre temps, avec escale dans l'un ou l'autre des bons restos de campagne de l'île. En partant dans le sens contraire des aiguilles d'une montre, offrez-vous, à la sortie de Lipari, un détour par Pirrera et Forgia Vecchia (vieux panneau difficilement lisible), d'où se découvre l'un des plus beaux panoramas de l'île.

Canneto *(98050)*

À 5 km au nord de Lipari, c'était autrefois un bourg destiné à héberger les familles des ouvriers qui travaillaient dans les carrières de pierre ponce. À présent, c'est le seul vrai village balnéaire grâce à sa grande plage de galets, très fréquentée en été. On y trouve pas mal d'hébergements, mais ce sont surtout des Italiens qui résident ici. À notre avis, Lipari-Ville offre une base plus intéressante et pratique.
– Sur le bord de mer et dans la rue parallèle (via Battisti), une poste, 2 *bancomat,* quelques épiceries-supérettes et 2 loueurs de scooters.

Où dormir ?

De bon marché à prix moyens

Casa Papiro *(carte de l'île,* ***26****) : via Enrico Toti, 22. ☎ 090-981-21-04. 📱 331-321-57-37. • bblipari.it • Tt au bout de la ruelle, en remontant. Congés : nov-déc. Doubles 45-100 € ; apparts 3-8 pers 60-200 €/j.* Cette grande maison pleine de charme, tenue par un jeune couple à l'hospitalité irréprochable, est un petit coup de cœur. Chambres propres et confortables, dont certaines bénéficient d'une vue sur la mer, tandis que les autres donnent sur une paisible terrasse ombragée. Cela dit, le toit-terrasse contente tout le monde avec son joli panorama sur les îles de Panarea et Stromboli. Rapport qualité-prix imbattable. Ne manque plus que la piscine pour parfaire le décor, bonne nouvelle, c'est en projet...

Case Vacanze Ostello Baia Unci *(carte de l'île,* ***27****) : via Marina Garibaldi. ☎ 090-981-15-40. 333-109-12-49. • info@liparicasevacanze.it • liparicasevacanze.it • Juste à côté du camping et de l'arrêt des bus URSO. Ouv mars-oct. Apparts 30-80 € pour 2 ; également des doubles 13-45 € ; lit en dortoir 13-20 € ; petit déj 5 €.* Ne confondez pas avec le camping, ce n'est pas la même structure. Vous trouverez ici des appartements pour 2 à 6 personnes avec coin cuisine et TV, propres et avec clim. Situés dans une ruelle, sur l'arrière, ces derniers sont bien au calme et relativement récents, mais pas toujours très lumineux. Terrasses et balcons offrent pour certains une vue sur la baie de Canneto. Transfert possible depuis le port de Lipari sur demande. Bon accueil.

De prix moyens à... très chic

B & B Antico Palmento *(carte de l'île,* ***28****) : vico San Cristoforo. ☎ 090-981-23-08. 347-676-66-22. • info@anticopalmento.info • anticopalmento.info • Ouv avr-sept (en hiver sur résa). Doubles 60-115 €.* Glissez-vous dans la ruelle partant à droite de l'église San Cristoforo, vous y trouverez ce gentil *B & B* sans prétention mais très bien tenu, aux 3 chambres fort bien équipées. Assez grandes, elles peuvent accueillir 2, 3 et 4 personnes. Le petit déj (de qualité) est servi sur le toit-terrasse, l'accueil est sympathique, et les propriétaires viendront vous chercher (et vous ramener) au port.

Albergo Casajanca *(carte de l'île,* ***29****) : via Marina Garibaldi, 115 ; via Galileo Galilei, 3. ☎ 090-988-02-22. 347-256-55-17. • info@casajanca.it • casajanca.it • Accès par une ruelle au niveau du Tano Bar, sur la place. Ouv de mi-avr à oct. Doubles 60-150 €. Prévoir le transfert depuis le port.* Rien de standard ici, mais du rose bonbon ou du bleu clair, des meubles anciens et des toiles contemporaines (en vente) qui enjolivent gaiement les parties communes. La dizaine de chambres, aménagées dans une ancienne fabrique de savon (à base de pierre ponce) entièrement restructurée, sont confortables et bien équipées. Elles donnent sur un petit patio de galets délicieusement arboré où glougloute une piscinette aux eaux thermales (43 °C). L'atmosphère est très reposante. Accueil gentil en français.

Dans une annexe, le ***B & B Frajmari*** : *au 109. Mêmes contacts que l'adresse précédente. Doubles 60-150 €.* Des 3 jolies chambres (avec clim), 2 disposent d'un balcon avec vue sur le large. On y accède par un escalier en colimaçon un peu étroit. Notre préférée : la « Stromboli », spacieuse à souhait, avec un balcon face à la mer. Ceux qui logent ici ont accès à la petite piscine thermale de l'*Albergo Casajanca* et y prennent le petit déj, avec de délicieuses confitures maison !

Residence La Villetta *(carte de l'île,* ***30****) : via Calandra Coste, 1. ☎ 090-981-30-00. • lavilletta.hotel@virgilio.it • lavilletta.it • Ouv avr-oct. Séjour min 3 j. en août. Doubles 65-240 € ; appartements.* Perché en terrasses à la sortie nord du village, cet appart-hôtel domine la mer avec superbe. Piscine, petit jacuzzi et solarium y attendent leur lot de vacanciers, de même que la douzaine de studios (2 ou 3 personnes) et la quinzaine d'appartements (4-6 personnes). Rien de très original, mais tout le nécessaire est là, propreté incluse, et les prix restent corrects. Transfert gratuit depuis le port de Lipari et plage à 5 mn.

Où manger ? Où boire un verre ? Où déguster une glace ?

La Bussola (carte de l'île, **55**) : *via Archimede, 2. ☎ 090-988-08-81. • info@ristorantelabussola.com • À un angle de rue sur la Marina Garibaldi, entre le camping et la piazza San Cristoforo, face à la plage. Tlj midi et soir, sauf mer oct-mai. Plats 12-18 €.* Les *pizze* au feu de bois (servies le soir seulement) sont bonnes, tout comme les *antipasti* et les spécialités locales à base de produits de la mer (raviolis à la langouste, risotto à l'encre de seiche...). La belle terrasse en bord de mer est réservée aux plus dépensiers, les accros de la pizza resteront au bord de la route... Les prix sont élevés et la qualité de la cuisine et du service peut varier d'un jour à l'autre, dommage.

Il Piccolo Bar (carte de l'île, **29**) : *via Marina Garibaldi, 106. ☎ 090-981-31-39. Tlj 7h-minuit (plus tard en été).* Pas si petit, ce bar, surtout côté terrasse, étalée à l'ombre d'un barnum, face au départ des bateaux-navettes menant aux Spiagge Bianche. On s'y rafraîchit d'une excellente *granita* à la figue et les plus gourmands craquent pour un *cannolo*... ou 2.

Plus au centre de la plage (au n° 67), **Papisca** (carte de l'île, **55**) n'est pas mal non plus. *Via Marina Garibaldi, 67. ☎ 090-981-23-62. 331-458-08-56. • papisca81@icloud.com • Tlj à partir de 9h.* Passé 13h, *rosticceria* et *tavola calda* d'un bon rapport qualité-prix entrent en jeu.

À voir dans les environs

Spiagge Bianche : sous ce nom se cachent plusieurs criques successives nichées au pied des falaises de la côte nord-est de l'île, qui n'ont de blanc que les vieilles carrières de pierre ponce qui les entourent (voir ci-dessous). Sinon, c'est le turquoise des eaux qui prédomine. Des navettes maritimes y mènent depuis le front de mer de Canneto pour 5-6 €, mais on peut aussi y descendre à pied, depuis plusieurs sentiers plus ou moins signalés en bord de route (environ 1,5 km au nord de Canneto). Rude remontée en prévision (10-15 mn) !

À peine quitté Canneto, la route grimpe, traversant bientôt les ***anciennes carrières de pierre ponce de Campo Bianco,*** fermées fin 2007 lorsque l'Unesco promulgua un arrêt pour la protection du site. Une centaine de personnes y travaillaient alors encore. Les gisements, qui couvrent près de 22 % de la surface de l'île, entre Canneto et Acquacalda, étaient jadis exploités sur 8 sites différents.

Peu après le km 8, une petite route descend à ***Porticello,*** où vous trouverez les principaux vestiges des installations. Le lieu semble avoir été abandonné en plein travail ; les machines, les stocks et les pontons extérieurs sont encore en place. Il est théoriquement interdit de s'y aventurer, mais certains passent outre pour apercevoir les milliers de tonnes de pierre ponce en sacs encore empilés ! Celle d'ici est réputée être la meilleure du monde : elle contient 70 % de silicate. Le plus souvent gris clair, légère au point de flotter sur

VOYAGES AU BOUT DE LA NUIT

Sous Mussolini, les opposants au régime étaient envoyés dans les îles Éoliennes, où beaucoup moururent en quelques mois de silicose, dans les mines de pierre ponce. On a, depuis, inventé un mot pour décrire la forme locale de cette maladie respiratoire due à l'accumulation de poussières dans les poumons : la liparose ! Malaparte fit, quant à lui, un séjour forcé au castello en 1934. En 1945, c'est la fille du Duce, mariée au comte Ciano, qui y séjourna sous bonne garde anglaise...

l'eau (!), elle est constellée de myriades de petits trous (vacuoles) formés par les gaz magmatiques lors des explosions violentes. Reconnue pour sa résistance à l'usure, elle était déjà utilisée par les Romains pour alléger les voûtes de leurs constructions et donner un meilleur liant à leur ciment. Le Colisée de Rome en est truffé !
Au-delà du long ponton, un chemin littoral conduit à la petite ***Havana Beach,*** étalée au pied même des installations de pierre ponce. Une drôle d'ambiance flotte sur cette plagette blanche aux eaux tièdes et translucides, entre corps volontiers dévoilés, rochers et vestiges rouillés tapissant la côte et les abords immédiats...

De retour sur la route principale, moins de 1 km après Porticello en direction d'Acquacalda, vous tomberez sur la ***veine d'obsidienne du mont Pilato.*** L'essentiel du secteur appartient à des propriétés privées, mais vous verrez luire de loin, sur le versant, cette pierre noire dure et brillante, issue de la vitrification lors du refroidissement des coulées de lave. Très tranchante, l'obsidienne a fourni les 1ers couteaux et grattoirs aux hommes du Néolithique, ainsi que des pointes de flèches. Aussi aisée à travailler que le silex mais beaucoup plus acérée, elle faisait l'objet d'un commerce s'étendant dans pratiquement tout le Bassin méditerranéen, jusqu'à la vallée du Rhône. Il fit de Lipari l'un des foyers humains les plus peuplés de la Méditerranée occidentale vers 3000 av. J.-C.

Acquacalda

Poursuivez jusqu'à Acquacalda, village peu touristique et pour cause, sans grand intérêt mis à part sa grande plage de galets que longe la route. Les souvenirs de l'activité minière sont encore bien présents, avec une zone de pontons métalliques où les minéraliers chargeaient la pierre ponce.

Où dormir ? Où manger ?

Residence Acquacalda *(carte de l'île,* ***31****) : via Lungomare. ☎ 090-988-02-01. 331-424-26-02. • info@residenceacquacalda.it • residenceacquacalda.it • Ouv fin mai-fin sept. Doubles 70-160 € ; apparts 4-6 pers 170-320 €.* Envie de vous oublier face à la mer et loin des foules ? L'adresse devrait vous plaire. Vous y trouverez une vingtaine de chambres assez spacieuses, avec clim, TV et coin cuisine dans son armoire *(30 € en sus par séjour).* Les jolis carrelages et les tonalités jaunes, bleues ou rouges mettent de bonne humeur, et l'accueil en français de Milena achève de convaincre. On regrettera juste que seules 4 chambres et les 3 apparts aient une vue sur la mer. Transfert inclus pour le port.

Naghet Cafe *(carte de l'île,* ***56****) : via Mazzini. 335-100-35-10. Tlj.* Panini *5-7 € ; plats 10-17 €.* Les choix sont très limités à Acquacalda, et celui-ci est sans doute le meilleur. Dans l'assiette, des choses simples à base de produits frais, salades, *pane cunzato, granite* et cocktails le soir face à la mer. Évitez le jambon aux figues ou melon, bon mais microscopique, et surveillez votre note (petits abus épisodiques).

Quattropani

Après Acquacalda, la route serpente sur environ 8 km à flanc de montagne, au-dessus de la mer et face à l'île de Salina, pour rejoindre les hauteurs verdoyantes de Quattropani. Au printemps, la garrigue au flanc du mont Chirica se pare d'une explosion de couleurs.

Où dormir ? Où manger ?

Azienda agrituristica Tivoli *(carte de l'île,* ***20****) : via Quartara, 17. ☎ 090-988-60-31. 📱 333-194-26-49. ● info@agriturismolipari.com ● agriturismolipari.com ● À l'entrée du village en venant d'Acquacalda, sur la droite, en contrebas de la route (se garer dans le virage, au risque de se retrouver coincé plus bas !). Téléphoner avt d'arriver. Doubles 60-90 € ; ½ pens env 25 €/pers ; 2 nuits min. Apparts 2 pers 250-350 €/sem. CB refusées.* Dans une maison familiale perchée face à la mer, 3 chambres avec sanitaires privés et clim, ainsi que de petits appartements, tout aussi simples, calmes et propres. La déco est sans prétention aucune, voire vieillissante, mais les espaces extérieurs, agréablement rafraîchis par la brise marine, sont exquis. De la terrasse envahie par la glycine se dégage une superbe vue sur Salina. Petit déj un peu léger, mais la cuisine familiale (le soir seulement) est de qualité. Accueil sympathique et chaleureux.

A Menza Quartara *(carte de l'île,* ***50****) : via Aria Morta, 50. ☎ 090-988-62-36. Sur le bord de la route, à la sortie sud de Quattropani. Mars-oct, tlj (sauf mar en hiver) midi et soir. Carte 20-30 € ; excellentes pizze 8-11 €, mais hors saison seulement le w-e.* Cet endroit typique fait le plein en raison de la qualité de ses *pizze* et de sa cuisine à base de produits des fermes voisines. C'est le rendez-vous des Liparotes connaisseurs qui viennent y manger le soir le traditionnel lapin à l'aigre-douce. En été, terrasse avec vue époustouflante.

À voir

Chiesa vecchia : *à la sortie sud de Quattropani (fléché).* Perchée sur son promontoire, cette petite église de style grec est ravissante. Il y a parfois des messes sans prêtre, un lecteur de cassette posé sur l'autel... Depuis le parvis, vue splendide sur la proche Salina et, au-delà, les îles de Filicudi et Alicudi noyées dans la brume de chaleur. Attention, si vous êtes avec des enfants, évitez la crypte et ses ossements... un tantinet glauque.

Les carrières de kaolin : *à la sortie sud de Quattropani (fléché).* Si vous êtes véhiculé (même en 2-roues), garez-vous à l'ancien poste de contrôle en dur et descendez à pied par les chemins étriqués. Ces carrières de kaolin, déclinant toutes les nuances de l'arc-en-ciel ou presque, ne sont pas très impressionnantes mais font tout de même leur petit effet. Le paysage, lui, l'est davantage. Sous vos yeux se déroulent les falaises de la côte ouest de Lipari. En à peu près 2h, un petit chemin d'environ 5 km permet de rejoindre les thermes de San Calogero (puis Pianoconte), en passant successivement par une zone de fumerolles, une source d'eau sulfureuse, la punta Palmato et la cala Fico. La zone est complètement déserte, la vue et les paysages saisissants. Superbe !

Pianoconte

Cette bourgade entourée de champs cultivés est une halte appréciée pour ses restaurants traditionnels. À la sortie sud, une route conduit, en 2 km, aux vestiges des ***thermes de San Calogero.*** Là, au pied d'un établissement thermal fermé en 1975, se serrent une grotte sudatoire (tholos) mycénienne de 1500 av. J.-C., des ruines grecques et une piscine romaine à degrés, remplie d'une eau à 60 °C. L'accès est gratuit, mais il faut passer par le bâtiment des thermes, qui abrite l'***eco museo della Memoria*** *(📱 339-688-41-61 ; ouv juin-sept, lun-sam 10h-18h30 et sept-oct 10h-14h).* La visite guidée de l'étage, longuette, est payante *(5 €).* Elle permet de découvrir quelques salles consacrées à la pierre ponce et des images d'époque (environ 15 mn) qui illustrent bien la difficulté de ce travail et sa dangerosité – on disait alors que les *furnari,* qui travaillaient aux fours, signaient un « contrat de la mort »...

Où dormir ? Où manger ?

Azienda agrituristica U Zu Peppino *(carte de l'île,* ***21****) : via Stradale. ☎ 090-982-23-30. 📱 366-312-10-49. • info@uzupeppino.com • uzupeppino.com • À l'entrée nord du village. Ouv mars-nov. Resto soir uniquement, sur résa. Doubles et apparts 4-6 pers 45-80 €. Menu env 20 €. U Zu Peppino,* c'est comme à la maison. On y vient avant tout pour une soirée sans chichis à la découverte de la cuisine liparote, au gré d'une farandole de hors-d'œuvre avec ou sans viande, suivie de 2 *primi* et 2 *secondi* au choix, accompagnés de pain fait maison. Le vin, un peu râpeux, titre gentiment ses 14°... alors attention à la route sinueuse pour redescendre à Lipari (à 5 km). Faites appel au service de la navette *(gratuit)* ou logez dans l'une des 5 chambres à l'ancienne ou dans l'appart (pour 4), à la déco désuète mais tous propres et spacieux. Essayez d'avoir la n° 5 pour sa vue panoramique. Accueil aux petits soins.

Agriturismo Casa Gialla *(carte de l'île,* ***24****) : via V. Sopra, 4. 📱 339-474-09-02. • info@casagialla.it • casagialla.it • Le bus de Lipari-Ville s'arrête juste devant. Ouv avr-sept. Doubles env 40-70 €. ½ pens env 30 €/pers. Séjour de min 3 nuits, et 1 sem en août. Transfert au port 5-15 € (selon l'heure).* Reconvertie en chambres d'hôtes et appartements, la ferme (ocre) jaune de Bartolo et Simonetta continue de produire fruits et légumes, câpres, vin, huile et autres tomates séchées. On déguste tous ces bons produits lors de dîners (fixes) d'anthologie, avant de se retirer dans ses pénates. Les 8 chambres et apparts, frais quoique sans clim, ont tous salle de bains et terrasse privées. Les chambres avec de jolis lits en fer forgé et des sols en céramique claire sont les meilleures. En prime, un bon petit déj (confitures à tomber) et une visite *(gratuite)* du *Museo contadino*, créé par les proprios pour restituer les ambiances rurales d'autrefois.

Da Marisa *(carte de l'île,* ***53****) : via Stradale. ☎ 090-982-22-43. 📱 338-884-75-81. • info@idolcidimarisa.it • À la sortie sud du village. Congés : fév. Pâtisserie 8h30-18h30, resto le soir à partir de 19h tlj sauf mer.* La réputation de Marisa n'est plus à faire, surtout côté pâtisseries traditionnelles : on défile chez elle toute la journée pour repartir avec son chargement de *fiore di mandorla, sesamini* et autres *pasticciotti di marmellata di zucca* (à la confiture de citrouille). Le soir, on s'attable dans la grande salle – on ne peut plus banale – pour déguster une cuisine éolienne naviguant sur la vague *Slow Food,* fidèle à ses racines et préparée uniquement à base de produits de saison. Que diriez-vous de raviolis d'aubergine ? De pâtes aux gambas et pesto de pistache ? Une véritable institution à Lipari.

Le Macine *(carte de l'île,* ***54****) : via Stradale, 9. ☎ 090-982-23-87. 📱 368-036-01-44. • info@lemacine.org • Au centre du village. Service gratuit de navette depuis la ville. Ouv Pâques-fin oct. Pizzas (soir seulement) 7-9 € ; carte 35-40 €. Attention, coperto à 5 €.* Ce restaurant de terroir s'imprègne de la réalité rurale des Éoliennes du début du XXe s à travers une vaste collection d'objets agrestes et un pressoir à olives dans la cour. Grande salle avec baie vitrée, service nappé, petite terrasse ombragée qui sent bon le chèvrefeuille. Dans l'assiette, d'excellents *antipasti,* mais aussi du poisson (attention au prix, au kilo), de bonnes *pizze* et l'indéboulonnable lapin à l'aigre-douce. Service attentif.

Quattrocchi

Reprenez ensuite la route pour Lipari en marquant l'étape obligatoire au ***belvédère de Quattrocchi*** (1 km environ après le village) : vue superbe sur les falaises, Vulcano et les pitons rocheux des Faraglioni.

En continuant votre descente vers Lipari, faites une petite halte à l'***église de l'Annunziata*** pour son étonnant escalier extérieur en entonnoir.

VULCANO

(98050) 700 hab.

• Carte de l'île *p. 415* • Plan Vulcano Porto *p. 417*

Flottant à 1 km tout juste au sud de Lipari, par-delà un bras de mer peu profond, Vulcano est, avec Stromboli, l'une des îles les plus jeunes de l'archipel (environ 120 000 ans). Guy de Maupassant, de passage lors de sa dernière éruption, qui dura 2 ans, de 1888 à 1890, l'a décrite à merveille dans son livre *La Vie errante.* Cette île-volcan, à la majesté certaine, est composée de 2 caldeiras adjacentes, dont la plus jeune (6 000 ans) se dresse au-dessus même du petit port – en apparence stoïque et pourtant envahi d'odeurs (tenaces) sulfurées. Les Anciens en avaient fait l'île sacrée d'Héphaïstos, le dieu du Feu. Du VIe s av. J.-C. à la fin du XIXe s, la terre n'a, c'est vrai, pas cessé de manifester ses humeurs. Les chercheurs, eux, s'accordent à dire que Vulcano est l'un des volcans les plus dangereux du monde. Ils ont même donné son nom à un type d'activité (dite « vulcanienne ») caractérisée par des explosions brutales survenant en raison de la formation de bouchons de lave dans les cheminées volcaniques. Fumerolles et émanations de soufre attestent que Vulcano n'est qu'endormi et peut se réveiller à tout moment.

Le volcan et les bains de boue sulfureuse attirent pas mal d'excursionnistes à la journée, venus de Lipari en barque à moteur ou en voilier, de Sicile ou de Calabre à bord des ferries ou de grosses vedettes. Attention, le site des bains de boue est actuellement fermé. Mais le soir, en dehors de la très haute saison, l'île retrouve sa sérénité. On apprécie alors mieux le charme simple de son petit port, grandi sur un isthme, entre étranges protubérances de lave du Porto di Levante (où accostent les bateaux) et longue plage de sable noir de Porto di Ponente – la plus belle de l'archipel, assurément. Au nord se détache la presqu'île de Vulcanello, formée lors d'une éruption survenue à l'aube de l'époque romaine. Au sud, une unique petite route contourne le volcan, grimpant d'abord vers la vénérable bourgade de Vulcano Piano, avant de redévaler jusqu'au hameau de Gelso, à la pointe sud, où flotte une jolie odeur de bout du monde.

C'EST MALIN !

D'après l'Odyssée, le dieu Éole, plein de bienveillance, reçut Ulysse avec sympathie et enferma les vents hostiles dans une outre qu'il remit au héros, ne laissant sur la mer que le zéphyr pour lui permettre de rentrer rapidement chez lui, à Ithaque. Malheureusement, les marins d'Ulysse, rongés par la curiosité, ouvrirent l'outre pendant le sommeil de leur capitaine. Libérés brutalement, les vents de tempête se déchaînèrent, entraînant très loin de leur destination Ulysse et son insupportable équipage.

Comment se déplacer ?

En bus

Service de bus Scaffidi Bus : ☎ *090-985-30-73.* 📱 *338-696-17-23.* De mi-juin à mi-sept, des bus partent du port de Porto di Levante pour Gelso ou capo Grillo via le village de Piano. On prend son billet à bord. Prix : 2,70 €.

➢ ***De/vers Gelso Spiaggia :*** à 10h15, 11h35 et 16h30. Retours à 10h45, 12h05 et 17h. Trajet : 20 mn. Moins nombreux hors saison et ne circulent pas le dim.

➢ ***De/vers capo Grillo :*** ttes les 1-2h, 8h-18h ; retours 7h30-17h15 (2 seulement j. fériés). Trajet : 15-20 mn. Idem hors saison.

En taxi

Taxis Santi : *366-302-87-12. • santi.romeo@alice.it •* Roméo Santi parle bien le français et ne compte pas son temps pour faire découvrir l'île aux visiteurs. Une valeur sûre.

Location de véhicules

■ **Noleggio da Luigi** *(plan B2,* ***7****) : via Provinciale. ☎ 090-985-22-08. 347-760-02-75. • luigisprint@tiscali.it • nolosprintdaluigi.com • À 5 mn du débarcadère. Ouv Pâques-fin sept, sinon téléphoner. Selon saison et modèle, 7-10 €/j. pour un vélo, 35-50 €/j. pour un scooter, 55-85 €/j. pour une voiture (un peu plus cher pour les Mini Moke).* Luigi et Nidra (qui parle très bien le français) vous donneront avec le sourire tous les tuyaux pour profiter au mieux de votre séjour à Vulcano. Ils louent des véhicules en bon état, fiables et bien assurés. Excellent accueil, mais insistez pour payer par carte (l'Italie a besoin de rentrées fiscales !).

■ **Noleggio da Paolo** *(plan B2,* ***8****) : ☎ 090-985-21-12. 338-139-28-09. • rentpaolo@alice.it • rentvulcanoisoleeoliedapaolo.it • À gauche du débarcadère. Ouv mai-oct, tlj 7h-19h.* Une autre adresse sérieuse qui propose à peu près les mêmes services, mais un poil plus chère. Beaucoup de leurs véhicules sont neufs, ils acceptent les CB et peuvent livrer le véhicule à votre hôtel. Ils louent aussi du matériel de trekking et *snorkelling*.

■ **Station-service** *(plan A2,* ***9****) : via Lentia, à la sortie du village en direction de Piano.* Fonctionne avec des billets de banque quand la station est fermée.

VULCANO PORTO

Adresses utiles

■ **Banques :** ***distributeur*** *à la poste uniquement (plan B2,* ***1****).*

■ **Consignes à bagages :** *au bureau de Liberty Lines à Porto di Levante (plan B2,* ***2****) ou à l'entrée des bains de boue (mêmes horaires). Env 3 €/bagage.*

■ **Pharmacie :** ***Bonarrigo*** *(plan B2,* ***3****), via Favaloro, 1. ☎ 090-985-22-44. Derrière la poste, passer le supermarché Conad, au fond de la rue. Tlj 8h-13h, 17h-20h.*

■ **Guardia medica** *(plan B2,* ***4****) : un peu après la pharmacie, à env 100 m. ☎ 090-985-22-20. Tlj 8h-20h.*

■ **Supérettes :** *les 2 principales sont* ***Alis*** *(plan B2,* ***5****), à 2 pas du port (tlj 9h-21h), et* ***Conad*** *(plan B2,* ***6****), un peu caché derrière la poste (tlj sauf dim ap-m).*

■ **Canoe Kayak Club Aeolian Islands** *(hors plan par B1,* ***10****) : dans la résidence* Vulcano Blù, *en contrebas de la piscine, en bord de mer. 333-317-88-00. • infosiciliainkayak@gmail.com • sicilyinkayak.com • Fonctionne de début mars à mi-nov (déc pour certaines activités). Résa au moins la veille. 40-55 €/pers, à négocier éventuellement si vous êtes plusieurs. Max 10 pers par sortie, pas de min.* Eugenio Viviani est diplômé de la Fédération italienne de canoë-kayak et parle bien le français. Il propose avec son équipe des sorties à la journée ou jusqu'à 6 jours, pour débutants comme pour confirmés, avec nuit en tente ou bivouac sur la plage et dîner de poisson frais ! Son circuit de nuit sous la lune est génial. On explore principalement la côte est de Vulcano et l'ouest sauvage de Lipari. Également du *paddle* et de la voile.

Où dormir ?

Si Vulcano n'est souvent que l'objet d'une excursion à la journée, on vous conseille vraiment d'y passer la nuit, ne serait-ce que pour attaquer l'ascension du volcan à l'aube, quand il ne fait pas encore trop chaud. Cela dit, une

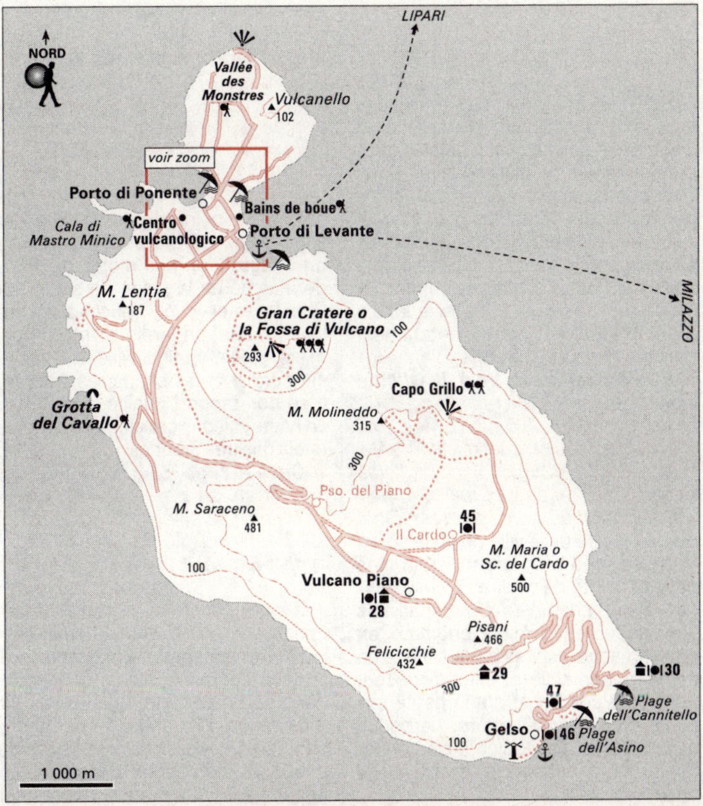

L'ÎLE DE VULCANO

Où dormir ? Où manger ?	**30** Agriturismo Punta Aria
	45 Il Diavolo dei Polli
28 Maria Tindara	**46** Trattoria da Pina
29 B & B La Casa delle Stelle	**47** Da Gaetano

population estivale plus de 50 fois supérieure à celle du reste de l'année pose un réel problème, notamment en ce qui concerne l'eau potable. Pensez-y en vous douchant.

De bon marché à prix moyens

Hotel Torre (plan B2, **6**) **:** *via Favaloro, 1. ☎ 090-985-23-42. 333-655-20-11. • info@hoteltorrevulcano.it • hoteltorrevulcano.it • Ouv tte l'année. Doubles 50-80 € ; pas de petit déj. CB refusées.* Les 7 chambres, simples mais proprettes, ont toutes la clim et une salle de bains éclairée par le haut. Leur petit coin cuisine sur la terrasse est pratique ; en plus, ça crée des liens avec les voisins. Bon accueil.

Hotel Faraglione (plan B2, **2**) **:** *via Porto Levante, 2. ☎ 090-985-22-30. 340-902-44-27. • hotel@*

faraglione.it • hotelfaraglione.com • Réception au bureau de Liberty Lines. Congés : déc-fév. Doubles 50-100 € ; familiales aussi. Posé face au quai des ferries, l'endroit n'est pas tout jeune mais reste globalement bien tenu, avec une dizaine de chambres simples, propres et hautes de plafond (avec clim). Celles bénéficiant d'une terrasse sur le port sont plus agréables mais nécessairement plus bruyantes. La patronne parle un peu le français. L'hôtel profite également de sa situation pour proposer un service de bar et de restauration (cuisine locale et *pizze*), notamment pour les visiteurs en transit.

Bed & Breakfast Villa Il Glicine (hors plan par B2, **23**) : *contrada Porto Levante. 338-575-46-78. • info@villailglicine.com • villailglicine.com • Ouv avr-sept. Doubles 35-65 € selon saison. Café ou apéritif maison offert sur présentation de ce guide.* À 5 mn du port, cette belle villa de style éolien trône au fond d'un grand jardin clos pavé et planté de pins, au pied du volcan. Ses 3 chambres personnalisées sont décorées d'objets originaux en papier mâché inspirés par le théâtre de marionnettes sicilien. Elles disposent de tout le confort et d'une petite terrasse couverte. À l'arrière, barbecue et four à bois, pas toujours bien entretenus. Douce adresse pour un réveil au chant des oiseaux.

De prix moyens à plus chic

Pensione La Giara (plan B2, **25**) : *strada Provinciale 179, 18. ☎ 090-601-82-80. 392-862-89-23. • goffredoderossi@pensionelagiara.com • pensionelagiara.com • Ouv avr-oct. Doubles 60-140 € ; familiales. ½ pens possible 20 €/pers.* On l'attendait, ce rafraîchissement ! À quelques pas du port, *La Giara* s'est offert un nouveau visage, visible dès le mignon patio d'entrée. Côté nuit, on joue la simplicité, des chambres sans chichis, confortables et propres. On profite de la terrasse panoramique lors du petit déj ou en barbotant dans le jacuzzi, oui oui. Également quelques chambres annexes à 100 m du bâtiment principal. Un très bon rapport qualité-prix sur l'île et un accueil en français.

Villa Saracina (plan A2, **22**) : *strada Provinciale, 15. ☎ 0295-74-22-30. 347-878-26-56 (Jana). • mail@villasaracina.it • villasaracina.it • À env 1 km du port. Ouv tte l'année. Doubles 80-140 € ; familiales. Apéritif offert sur présentation de ce guide.* Commençons par le point négatif : ce *B & B* est situé assez loin du port, aux marges du village, à un peu moins de 10 mn de marche de la plage de sable noir. Pour le reste, vous y trouverez une très jolie piscine, un jardin planté de palmiers, pins et bougainvillées. L'accueil est cordial et les chambres colorées, d'un bon rapport qualité-prix, surtout en haute saison ; certaines ne sont toutefois pas très grandes.

Casa Arcada (plan B2, **20**) : *strada Provinciale, 179. Peu après La Giara en s'éloignant du port. ☎ 090-985-26-12. 347-649-76-33. • info@casaarcada.it • casaarcada.it • Ouv avr-nov. Doubles 70-170 € ; apparts 2-5 pers à la sem (400-1 400 € selon saison). Petit déj env 10 €.* À mi-chemin entre le port et le départ de l'ascension du cratère, confort et calme sont réunis dans cette élégante bâtisse aux airs d'hacienda. Elle abrite 2 charmantes chambres avec salle de bains indépendante, sobrement décorées. Les apparts sont quant à eux dotés d'une cuisine couverte extérieure. La jolie terrasse et le toit-solarium avec panorama s'ajoutent à la liste des atouts, sans parler de l'accueil bienveillant de la propriétaire.

Hotel Aura (plan B2, **24**) : *via Lentia. ☎ 090-985-20-82. 327-713-99-96. • booking@hotelaura.it • hotelaura.it • Derrière l'église. Ouv avr-sept. Doubles 70-180 € ; familiales également.* L'hôtel, bien tenu et de style éolien, se niche au fond d'une ruelle, au calme et pourtant en plein centre. Ses 22 chambres se répartissent autour d'une cour pavée verdoyante, dotée d'une belle piscine avec vue privilégiée sur le volcan. Elles sont plutôt agréables et de bon confort bien que démodées, toutes avec sols en céramiques bleues ou vertes, mobilier en rotin et bois clair. Dommage que le petit déj ne soit pas toujours à la hauteur...

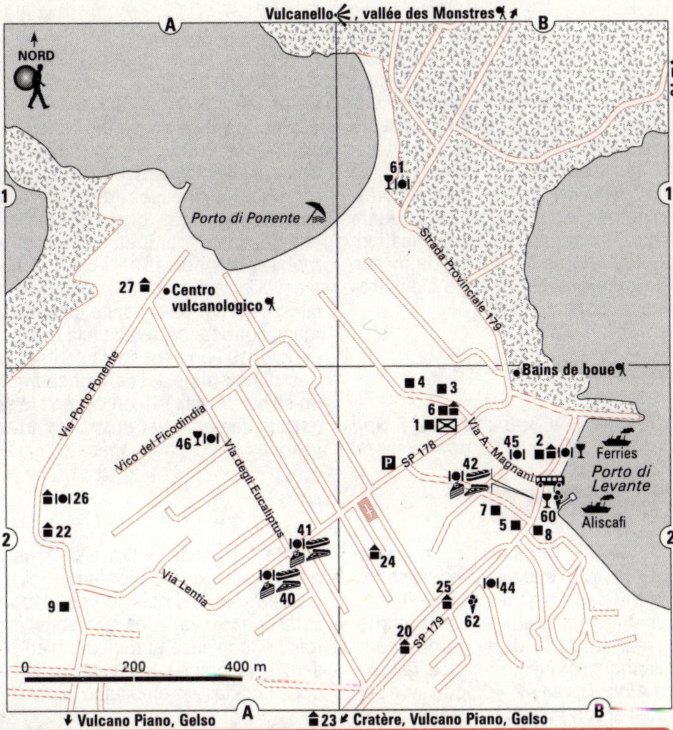

VULCANO PORTO

Adresses utiles

- **1** Distributeur (B2)
- **2** Consigne à bagages (Liberty Lines ; B2)
- **3** Pharmacie Bonarrigo (B2)
- **4** Guardia medica (B2)
- **5** Supérette Alis (B2)
- **6** Supérette Conad (B2)
- **7** Noleggio da Luigi (B2)
- **8** Noleggio da Paolo (B2)
- **9** Station-service (A2)
- **10** Canoe Kayak Club Aeolian Islands (hors plan par B1)

Où dormir ?

- **2** Hotel Faraglione (B2)
- **6** Hotel Torre (B2)
- **20** Casa Arcada (B2)
- **22** Villa Saracina (A2)
- **23** Bed & Breakfast Villa Il Glicine (hors plan par B2)
- **24** Hotel Aura (B2)
- **25** Pensione La Giara (B2)
- **26** Hotel Orsa Maggiore (A2)
- **27** Hotel Les Sables Noirs & Spa (A1)

Où manger ?

- **40** Alongi (A2)
- **41** La Ciambella d'Oro (A2)
- **42** Pescheria (B2)
- **44** La Forgia di Pagliaro Maurizio (B2)
- **45** Ficodindia (B2)
- **46** Malvasia (A2)

Où boire un café et grignoter un morceau ? Où déguster une glace ?

- **60** Ritrovo Remigio (B2)
- **61** Sunset Beach (B1)
- **62** Gelato di Antonio (B2)

Hotel Orsa Maggiore (*plan A2, **26***) **:** *via Porto Ponente. ☎ 090-985-20-18. • info@orsamaggiorehotel.eu • orsamaggiorehotel.com • À env 600 m de la plage de sable noir, à la sortie de la ville. Ouv de mi-avr à mi-oct. Doubles 80-180 € ; familiales également. ½ pens possible. Navette gratuite pour le port.*

Repas complet 30 €. Les 20 chambres disposent de tout le confort et donnent pour la plupart sur la très agréable piscine depuis laquelle on peut apercevoir les fumerolles du *cratere.* Les 4 *superior,* les plus sympa, sont un peu à l'écart, dans une petite annexe, avec terrasse privative. Mieux vaut, en revanche, éviter les 4 autres chambres, plus petites et donnant sur la rue. Autre bémol : la mauvaise insonorisation. Rodolfo, le proprio, cuistot de métier, veille à ce que l'on mange bien. Très bon accueil en français.

De chic à très chic

Hotel Les Sables Noirs & Spa *(plan A1,* ***27****) :* *via Porto Ponente.* ☎ *090-98-50.* • *info@hotelvulcanosicily.com* • *lessablesnoirs.it* • *Ouv fin mai-fin sept. Doubles 200-400 €. Transfert depuis le port.* Fondé dans les années 1950, ce bel hôtel implanté aux portes de la plage de sable noir a connu une vraie cure de jouvence. Il compte une cinquantaine de chambres et suites lumineuses (dont certaines avec vue sur mer), d'un confort douillet, déclinant parquet flottant et joli mobilier aux notes Art déco. L'accueil bienveillant, la piscine, le bon petit déj largement tiré de produits locaux et la magnifique terrasse face à la mer pour l'apéro, où l'on peut se vautrer sur l'un des bancs matelassés, concourent à un séjour réussi. Ah, on oubliait le spa (en supplément) avec sauna, hammam, vasques à hydromassages...

Où manger ?

Dans cette île volcanique, les prix explosent en saison et ne sont pas franchement justifiés... Pour caler un creux à bon compte, poussez la porte de l'une ou l'autre boulangerie. Notre préférence irait plutôt à ***Alongi*** *(plan A2,* ***40****),* pour son bon accueil et son joli assortiment de pâtisseries traditionnelles, mais ***La Ciambella d'Oro*** *(plan A2,* ***41****),* à 2 pas, dispose d'un plus grand choix de *focacce, pane cunzato* et autres parts de pizza. Sur une note rigolote, les soirs d'été, la ***pescheria*** *(plan B2,* ***42****),* située pile-poil face au *Ritrovo Remigio,* se transforme en resto : on y mange du poisson à toutes les sauces ou juste grillé, servi sur de simples assiettes en plastique. Sympathique mais, attention, les prix ne sont pas indiqués (et sont élevés) !

Bon marché

Malvasia *(plan A2,* ***46****) :* *via degli Eucaliptus.* *346-603-95-39.* • *maurizio.malvasia@gmail.com* • *Ouv avr-oct, tlj midi et soir. Plats 10-25 €. Digestif offert sur présentation de ce guide.* Qu'il est doux de s'installer sur les bancs de cette salle ouverte ou en terrasse, dans le joli jardin avec le cratère en arrière-plan. Fleurs, coussins bigarrés, verres fantaisie en céramique peints à la main, il flotte comme un parfum de goûter d'enfance ici. On n'y sert pas une cuisine très élaborée (*pani cunzatu,* salades, poissons) mais fraîche, copieuse et toujours bien présentée. Le grand bar s'anime en soirée, bons cocktails et ambiance festive.

Prix moyens

Ficodindia *(plan B2,* ***45****) :* *via A. Magnani,* ***Porto di Levante.*** *335-760-94-52.* • *ficodindiavulcano@gmail.com* • *Tlj mai-oct, midi et soir. Résa conseillée. Repas 15-30 €.* Expressions et dictons en italien habillent les murs blancs de ce petit restaurant aux tables en bois clair, parsemées de cactus. La carte propose de bonnes salades, planches de produits locaux et *pizze* bien exécutées, mais ce sont surtout les copieux *pani cunzatu* qui remportent la mise. Le tout accompagné d'un bon verre de *malvasia.* Accueil et présentation des plats en français et avec le sourire. Arrivez tôt ou réservez, les 2 tables en terrasse ne vous attendront pas !

La Forgia di Pagliaro Maurizio *(plan B2,* ***44****) :* *via Provinciale, 45.* *334-766-00-69. Tte l'année, tlj. Plats 10-25 € ; formule env 30 €.* Jour après jour, Maurizio virevolte entre salle et fourneaux, sourit aux enfants, passe de l'anglais au français ou à l'italien, ajoute un dessin sur les murs dorés... Très sévère avec les résas (la cuisine, ça se respecte !), il offre un amuse-gueule aux accents de curry, une corbeille de pain maison, conseille, soupèse un poisson, dépose un malvoisie pour accompagner le dessert... La cuisine, généreuse, est éolienne mais revisitée par des notes parfois exotiques. Maurizio a vécu en Inde et en a tiré un stupéfiant syncrétisme.

Où boire un café et grignoter un morceau ?

Où déguster une glace ?

Ritrovo Remigio *(plan B2,* ***60****) : à Porto di Levante, face au débarcadère. Tlj 6h-2h.* Depuis 1960, c'est le « café du port » de Vulcano. Le perco y produit un excellent petit noir et des cappuccinos du tonnerre, à aller commander au bar. Pour le reste, aucun miracle : des pâtisseries et *salato* lambda, des chaises en plastoc et un accueil renfrogné. Attention, service payant ! Ah, quand même, les crèmes glacées sont bonnes !

Sunset Beach *(plan B1,* ***61****) : sur la plage de Porto di Ponente. • sunsetbeachvulcano@libero.it •* C'est un coquet bar-resto de plage, ancré les pieds dans le sable noir, où il fait bon descendre une bière fraîche en taillant une bavette avec les proprios, grignoter un *panino* (pas cher), une salade à la ricotta locale ou même un poisson du jour. Le soir, les cocktails pointent leur nez.

Gelato di Antonio *(plan B2,* ***62****) : via Provinciale. Tlj 7h-1h !* Quelques jolis fauteuils sur une petite terrasse invitent à déguster d'excellentes glaces et *granite* artisanales (avec ou sans brioche). On en redemande !

VULCANO PIANO

À 7 km, la caldeira de Piano, hors d'atteinte des explosions du volcan, est habitée depuis l'Antiquité. Elle est constituée d'une succession de hameaux jadis agricoles disséminés parmi la végétation.

Où dormir ? Où manger ?

Maria Tindara *(carte de l'île,* ***28****) : via Provinciale, 37. Sur la droite de la route en arrivant à Piano. ☎ 090-985-30-04. • info@mariatindaravulcano.it • mariatindaravulcano.it • Doubles 80-120 €. Plats 12-18 €.* Les 10 chambres de ce resto de village, en activité depuis 1962, sont coquettes, modernes même, avec de jolis dessus-de-lit colorés. Le resto, installé dans une grande véranda climatisée, sert une cuisine familiale qui tient la route : tagliatelles maison, pâtes fraîches à la sauce *vulcanara* (tomates, ail, basilic), grillades d'agneau et, les mercredis et samedis de juin à septembre, *pasta e fagioli con le cozze* (pâtes aux haricots et aux moules)... Le petit vin rouge du patron (œnologue de formation) est léger et gouleyant.

Il Diavolo dei Polli *(carte de l'île,* ***45****) : dans le hameau d'Il Cardo, à env 1 km de la route principale, en direction du capo Grillo (fléché). ☎ 090-985-30-34. • diavolodeipolli@gmail.com • Ouv Pâques-nov. Plats 8-20 €.* Ici, vous êtes en pleine nature. La propriétaire, qui œuvre aux fourneaux, travaille la terre en priorité. Sa spécialité ? Les viandes rôties sur un gigantesque gril, le lapin et l'agneau. Quelques poissons du jour également. La salle, pimpante avec ses tables bien dressées aux nappes rouge et jaune, est décorée de force assiettes et objets campagnards. Mais il serait dommage de se priver de la véranda ou de la grande terrasse.

GELSO

Du rebord de la caldeira de Piano, la route redescend en lacet vers ce hameau de quelques maisons, posé au pied de la montagne, avec son petit bout de quai. Les paysages sont ici beaucoup plus sauvages. En longeant le bord de mer sur la droite, on accède, en 5 mn à pied, à un phare (assez laid). Mais l'incontournable, c'est la belle ***spiaggia dell'Asino,*** une plage de sable noir vers laquelle on dévale par un chemin pentu (garez-vous le long de la route, vers le resto *Da Gaetano*).

Où dormir ? Où manger ?

■ ***B & B La Casa delle Stelle*** *(carte de l'île,* ***29****)* **:** *env 4 km après le resto Maria Tindara à Vulcano Piano, 3 km avt Gelso (contrada Gelso). ☐ 334-980-41-04. • simobon@hotmail.com • Ouv mai-oct. Doubles 60-85 €. CB refusées.* Il est impératif d'être véhiculé pour loger dans cette maison isolée, joliment fleurie et perchée face à la mer (vue imprenable). On y trouve tout juste un appartement avec cuisine, 2 chambres (louées ensemble ou séparément) et 2 salles de bains, donnant sur une terrasse ombragée caressée par la brise de mer, idéales pour 2 couples ou 1 famille. Le petit déj est servi par la maman, avec des confitures maison.

■ |●| ☂ ***Agriturismo Punta Aria*** *(carte de l'île,* ***30****)* **:** *env 1 km avt d'arriver à Gelso. ☎ 029-574-22-30. • info@puntaaria.it • puntaaria.it • Doubles 70-110 €. Repas env 50 €. Transfert depuis le port 40 €. CB refusées.* Ne vous laissez pas abuser par le nom : cet « agrotourisme » a quelque chose d'industriel avec son immense domaine planté de vignes (malvoisie) et d'oliviers en terrasses, ses grands panneaux à l'entrée, ses chemins raides et bétonnés, son resto avec vue panoramique sur la mer... Reste que le lieu n'est pas désagréable. Il dispose d'une quinzaine de logements répartis dans plusieurs petits bâtiments, certains proches de la mer, d'autres plus sur les hauteurs (tous avec salle de bains et coin cuisine). Le resto débite une bonne cuisine sicilienne mais, attention, il n'y a pas de carte, donc pas de prix indiqués ! Le must : l'adorable petite plage de sable noir del Cannitello (avec chaises longues et snack).

|●| ☂ ***Trattoria da Pina*** *(carte de l'île,* ***46****)* **:** *au bout de la route, face à la mer. ☐ 368-66-85-55. • danielemaniaci.dm@gmail.com • Ouv de mi-avr à mi-oct, tlj midi et soir. Plats 7-16 € ; repas 25-32 €.* Franco au service, *zia* Pina à la cuisine, voilà une association qui marche, même si le service est parfois dépassé en plein été. L'assiette, confectionnée au jour le jour, fait la part belle aux produits de la mer. On a bien aimé les spaghettis à l'espadon et ceux à l'encre de seiche et fenouil sauvage, et pour finir, la crème de citron. Quelques tables en terrasse, devant le petit port.

|●| ☂ **Da Gaetano** *(carte de l'île,* ***47****)* **:** *sur la droite de la route, 600 m env avt d'arriver au port de Gelso. ☐ 347-721-65-32. Ouv midi et soir, parfois fermé hors été... Congés : janv-fév. Résa conseillée. Compter 30-35 €. CB refusées.* Le restaurant occupe l'étage d'une vieille maison précédée par une large terrasse offrant un beau panorama. Chantre de la cuisine sicilienne, Gaetano propose depuis 1959 d'excellents *antipasti* et poisson frais. Spécialité de *pennette alla Gelso.* Portions généreuses, mais les prix restent tout de même un peu élevés.

À voir. À faire sur l'île

Pour explorer l'île, l'idéal est de louer un 2-roues ou une petite voiture (éviter les quads, ils se traînent et polluent). En saison, le bus permet de rejoindre Vulcano Piano, cap Grillo et Gelso, mais il ne passe que 3 fois par jour (voir « Comment se déplacer ? »).

L'ascension du Vulcano : *le sentier débute à env 1 km de Porto di Levante, en direction de Piano (panonceau) ; de là, le sommet de la Fossa di Vulcano est à env 40 mn.*
Cette superbe randonnée est abordable pour toute personne en condition physique normale, sous réserve d'éviter les heures chaudes. En montant tôt le matin, on avance la plupart du temps à l'ombre. On trouve des chaussures de marche chez les loueurs de voiture et de 2-roues de la ville (voir « Comment se déplacer ? »), mais le sentier est suffisamment aisé pour monter en tennis.
Très rapidement, un superbe ***panorama*** se détache sur le village, la presqu'île de Vulcanello et les îles voisines de Lipari et Salina, dans l'alignement l'une de l'autre. Parvenu au bord du cratère, on aperçoit de longs rubans de fumerolles qui dansent dans le vent. En s'approchant, on distingue de grands à-plats de cristaux de soufre, d'un jaune canari intense ; ne tentez pas de les prendre, mais ils font de superbes photos. Évitez de rester trop longtemps dans le secteur et couvrez-vous le visage si vous décidez de traverser la zone des fumerolles. Au contact de l'air et de la vapeur d'eau, le soufre se transforme en acide sulfurique, qui peut décolorer ou ronger sournoisement les vêtements (on ne s'en aperçoit en général que dans les jours qui suivent). Pour effectuer le tour du cratère (45 mn), préférez passer par la droite, pas de fumerolles à franchir et une jolie vue sur la Sicile par temps découvert. En tout état de cause, ***ne descendez pas dans le cratère,*** où s'accumule le CO_2. Les piquets plantés sur la croûte de lave sont des balises électroniques reliées à l'observatoire géophysique de Lipari, qui détectent les mouvements millimétriques de la surface.

Centro vulcanologico Marcello Carapezza – Gruppo nazionale per la Vulcanologia *(plan A1) : via Porto di Ponente.* ☎ *090-985-25-28.* • *ilvulcanoinforma.it* • *Juil-sept, tlj 9h30-12h30, 17h-20h. GRATUIT.* Ce centre donne au public des informations scientifiques sur Vulcano, Stromboli et la formation des îles en général. Des étudiants en sciences, sous la tutelle de scientifiques du CNR et de la protection civile italienne, vous expliqueront (en anglais) le pourquoi du comment et vous présenteront les principaux types de lave émis par les volcans de la région. Demandez à voir la vidéo (8 mn 30) en version française.

Les bains de boue *(I Fanghi ; plan B2) : à* ***Porto di Levante. Fermé pour travaux.*** *Sinon, avr-oct, tlj 8h-19h (7h-21h en saison). Accès : 4 € (douche 1 €).* Les poches d'air comprimé dans le sous-sol sont libérées dans la mer et aux abords de la plage. Elles traversent les nappes phréatiques sulfureuses, formant en surface une mare de boue aux propriétés thérapeutiques, reconnues dans le traitement de l'arthrose, des maladies de peau et respiratoires. L'odeur d'œuf pourri n'est pas très agréable, voire vraiment incommodante et, si vous restez immergé trop longtemps, elle ne vous quittera pas pendant plusieurs jours, surtout les cheveux, mesdames ! Vous ressortez, en revanche, avec une peau de bébé. Évitez de vous mettre de la boue sur le visage, et ***surtout pas dans les yeux.*** Prévoyez des chaussures en caoutchouc ou empruntez les passages en bois pour rejoindre la mare, car le sol peut être brûlant par endroits. Trempez-vous ensuite dans la mer en vous faisant masser par les colonnes de bulles d'air chaud qui glougloutent depuis les fonds marins. Ces bains sont déconseillés aux moins de 15 ans et aux cardiaques.

UN STEVENSON SANS ÎLE AU TRÉSOR

Dans la 2de moitié du XIXe s, un Gallois du nom de James Stevenson racheta la partie nord de l'île pour y exploiter la viticulture et rouvrir les mines de pierre ponce et de soufre. En 1888, le volcan se paya une éruption mémorable, ensevelissant les installations et les hommes qui y travaillaient. Stevenson revendit tous ses biens ainsi que sa villa néomédiévale (encore visible face aux bains de boue).

La plage de sable noir de Porto di Ponente : superbe, elle ourle l'isthme constitué par les écoulements de lave de Vulcanello, un petit cône adventif qui se souda à l'île principale lors de l'éruption de 1550. Bordée d'hôtels, elle est envahie de parasols et de chaises longues en saison, mais la baignade y est très agréable. Ne manquez pas la promenade en fin d'après-midi, quand le soleil se couche derrière les Faraglioni.

La vallée des Monstres *(carte de l'île et hors plan par B1)* **:** *au nord-est de la péninsule de Vulcanello. Prenez la direction du* Therasia Resort *puis, une fois sur les hauteurs, à droite au principal carrefour ; c'est fléché un peu plus loin.* Au cours de ses éruptions, le Vulcanello a formé ces drôles de concrétions de lave hautes de 1 à 2 m, dans lesquelles les gens ont cru déceler des « monstres ». Rien d'incontournable, d'autant que le secteur est mal entretenu et largement privé. La vue sur Lipari, par ailleurs, est belle.

Capo Grillo *(carte de l'île)* **:** à Piano, on vous conseille de virer à gauche pour rejoindre ce point de vue, d'où l'on embrasse un vaste panorama sur Vulcanello, Lipari, Salina, Panarea et Stromboli. Pour y aller, continuer jusqu'au bout de la route après le restaurant *Il Diavolo dei Polli* (voir à Vulcano Piano « Où dormir ? Où manger ? »).

Au sud de l'île, vers Gelso, 2 jolies plages de sable noir invitent au farniente et à la baignade. Atteinte en pénétrant dans l'enceinte de l'*Agriturismo Punta Aria,* la petite ***spiaggia del Cannitello*** *(carte de l'île)* laisse tout juste la place pour une quinzaine de chaises longues (bon snack). Pour l'atteindre, garez-vous juste au-dessus du restaurant. Plus près du hameau, la ***spiaggia dell'Asino*** *(carte de l'île),* elle aussi aménagée en été, est un peu plus longue.

Grotta del Cavallo *(carte de l'île)* **:** *accès en bateau (compter 20-25 €/pers).* Cette grotte marine creusée dans les falaises de la côte ouest est connue pour ses draperies censées évoquer le profil d'un cheval... On y entend surtout les touristes brailler pour faire jouer l'écho. On préfère faire trempette dans la ***baignoire de Vénus*** *(piscina di Venere),* une belle piscine naturelle formée dans les rochers, tout contre la mer.

SALINA (98050) 2 300 hab.

• Carte de l'île *p. 425* • Plan de Santa Marina *p. 427*

Dressés sur les eaux au nord de Lipari, les 2 cônes presque identiques de Salina lui ont valu, dans l'Antiquité, le nom de *Dydimê* (« les Jumeaux »). Le *monte Fossa delle Felci* (962 m) et son voisin le *monte Rivi* (854 m) écrasent de leur superbe, à l'est, le mignon petit port de Santa Marina, noyé sous les bougainvillées, où l'on débarque généralement. Ils font écho, à l'ouest, au *monte dei Porri* (860 m), séparé par une ancienne croupe de lave où prospère la vigne. Malgré les épidémies de phylloxéra qui

UN VIN QUI NE FAIT PAS PERDRE LA TÊTE !

Le malvoisie est, avec le muscat, un des plus anciens cépages connus. Originaire de Grèce, il a très tôt essaimé un peu partout en Europe, jusqu'en Angleterre, où l'on en faisait une grande consommation au Moyen Âge. La légende rapporte que Georges Plantagenêt, grand buveur devant l'Éternel, condamné à mort pour avoir trahi son frère le roi Édouard IV, aurait choisi d'être exécuté en 1478 par noyade dans une barrique de malvoisie !

jetèrent jadis une partie de la population sur le chemin de l'exode, on en tire encore le fameux malvoisie, très apprécié depuis l'Antiquité.
L'image est belle et augure bien de cette île (27 km²) encore sauvage, où de nombreux sentiers invitent à de longues randonnées dans la garrigue. Au fil de la pente – ardue –, genêts, myrtes et arbousiers cèdent la place aux châtaigniers et chênes verts. Au-delà se détachent les bourgades de Malfa (devenue zone de villégiature) et de Leni, desservies par de petites routes « tortillonnantes ». Plus loin, voici la plagette de Rinella, où s'arrêtent aussi quelques *aliscafi* en route vers Filicudi, à l'ouest de l'archipel, et le hameau de Pollara, rendu célèbre par ses falaises et pour avoir servi de cadre au film *Il Postino,* avec Massimo Troisi et Philippe Noiret.

LA CÂPRE AUX MILLE VERTUS

Outre le malvoisie, Salina produit pas mal de câpres. Au cours de vos promenades, vous tomberez forcément sur cet arbuste persistant de 30 à 50 cm de haut, aux feuilles rondes caractéristiques, dont les basses branches sarmenteuses rampent souvent sur le sol. De très élégantes fleurs blanches aux étamines d'un mauve éclatant les ornent parfois. Un oubli, sans doute... car ce sont leurs boutons, récoltés à la main au petit matin, avant la floraison, qui donnent les câpres, une fois plongés dans une saumure de gros sel marin. Les anciens leur attribuaient des propriétés stimulantes et même aphrodisiaques ! Vous trouverez aussi des bocaux de *cucunci,* moins connus sous nos latitudes. Késéksa ? Nul autre que le fruit du câprier, appelé « capron » en français. Petit, de forme oblongue, il possède un goût similaire, un peu moins fin, et se mange comme un cornichon.

Comment se déplacer ?

Les centres d'attraction de l'île sont assez disséminés. On trouve facilement à louer un véhicule (mieux vaut réserver en haute saison) mais, si on a le temps, on peut se rabattre sur le très bon service de bus.

En bus

Les bus de la compagnie *CITIS (plan Santa Marina B2 ; • trasportisalina.it •)* desservent efficacement les différents villages et hameaux de l'île. Ils ont parfois un peu de retard en basse saison, car ils ont pour habitude d'attendre l'arrivée des bateaux. Les horaires (ci-après ceux de juil-août ; horaires réduits le soir en dehors de cette période) sont affichés aux débarcadères de Santa Marina et Rinella, aux arrêts de Malfa et dans certains hôtels. Les prix sont calculés en fonction des kilomètres parcourus : compter 1,90 € (3 € l'A/R) jusqu'à 10 km ; 2,40 € (3,80 € l'A/R) 10-15 km ; 2,70-2,90 € (4,20-4,80 € l'A/R) au-delà de 15 et 20 km.

➢ ***De/vers Rinella*** *(depuis Lingua, via Santa Marina, Malfa et Leni)* **:** env ttes les heures (ttes les 1h30 le soir) 7h15-0h30. Dernier retour de Rinella à 23h35 pour Santa Marina et 1h15 pour Malfa.
➢ ***De/vers Pollara*** *(depuis Malfa)* **:** 12 bus/j., ttes les 1-2h, 6h-23h10. Dernier retour de Pollara à 23h25.

En taxi

Les tarifs se tiennent et sont tous assez élevés. Compter par exemple 20 € pour rejoindre Malfa depuis Santa Marina.

Taxi di Daniela : *333-616-74-91.*
Taxi di Maratona Antonello : *☎ 090-984-34-81. 339-506-77-44. • a.maratona@alice.it •* Fait aussi location de voitures avec chauffeur.

Location de véhicules

On trouve un seul loueur à Santa Marina, plus cher et dont les véhicules (voitures comme 2-roues) sont malheureusement très mal entretenus et tombent souvent en panne. Mieux vaut privilégier l'un des 3 loueurs de Malfa – qui acceptent en général de livrer le véhicule à Santa Marina si besoin.

■ ***Tourist Service*** *(carte de l'île,* ***1****) : via Roma, 112A, à* ***Malfa.*** *☎ 090-984-40-34. 📱 339-275-77-65. • touristservicesas.it • En face de la station-service. En saison, tlj 9h-13h, 16h-20h ; fermé dim nov-mars. Scooters 15-40 €/j. selon saison et cylindrée, VTT env 12 €/j., voitures (Fiat 600 ou Punto) 35-70 €/j.* Propose aussi un service de taxi-navette.

Adresses et infos utiles

ℹ ***Kiosque d'information*** *(plan Santa Marina A2) : via Roma, 27, à* ***Santa Marina*** *; au-dessus du quai, petit local derrière Granite e Gelati. • lovesalina.it • Mai-oct, tlj 8h-13h, 16h30-20h.* On apprécie cette (rare) initiative locale et la bonne volonté du jeune Paolo pour aider les visiteurs. Il parle bien le français et réservera entre autres pour vous la visite du museo civico del Vino.

■ ***Distributeur :*** *il n'y en a qu'un sur l'île (Banca Nuova), à* ***Malfa,*** *au carrefour des routes de Santa Marina et Leni-Rinella (carte de l'île,* ***3****).*

■ ***Pharmacies :*** *via Risorgimento, 146 ; à* ***Santa Marina*** *(plan Santa Marina A2,* ***4****). ☎ 090-984-30-98. Également à* ***Malfa*** *(☎ 090-984-41-88), à l'orée de la place de l'Église, via Umberto I, et à* ***Leni*** *(☎ 090-980-90-53).*

■ ***Guardia medica :*** *☎ 090-984-40-05 (à* ***Malfa****) ;* ***urgences*** *☎ 118 (à* ***Santa Marina****).*

■ ***Carabinieri :*** *☎ 090-984-30-19.*

■ ***Stations-service :*** *à* ***Santa Marina*** *(plan Santa Marina A2,* ***5****) et* ***Malfa*** *(carte de l'île,* ***1****), sauf dim hors saison.* Les 2 possèdent une pompe automatique qui fonctionne avec des billets de banque quand la station est fermée.

■ ***Supermercato Conad*** *(carte de l'île,* ***8****) : via Roma, 161, à* ***Malfa.*** *Lun-sam 8h30-13h, 17h-20h ; dim 8h30-12h30 ; horaires réduits en hiver.* Le seul supermarché à proprement parler de l'île. Sinon, on trouve 2 épiceries dans la rue principale (via Risorgimento) de Santa Marina.

Où dormir ?

À Santa Marina

De bon marché à prix moyens

🏠 ***Da Marusca*** *(plan Santa Marina A1,* ***11****) : via Roma, 13. Suivre la 1re ruelle privée sur la gauche. 📱 340-106-69-13 ou 340-974-19-96. • casavacanzelarosa@gmail.com • damarusca.com • Ouv mai-oct. Studios-apparts 2-4 pers, 55-100 €. CB refusées.* Sur les hauteurs de la ville, voilà une affaire rondement menée entre mère et fils. Le duo propose, dans une belle demeure aux murs épais, 6 beaux appartements, hauts de plafond, spacieux, très bien équipés et vraiment confortables. Les *case blu, azzura* et *arancio* sont nos préférées, un brin plus chaleureuses que les 3 autres, mais toutes jouissent d'une magnifique terrasse (parfois partagée) avec vue sur la mer et sur Lipari. Très bon rapport qualité-prix et accueil gentil.

De prix moyens à très chic

🏠 ***B & B da Sabina*** *(plan Santa Marina B1,* ***12****) : via Risorgimento, 5C. ☎ 090-984-31-34. 📱 333-272-60-25 (Sabina). • info@bbsalina.com • bbsalina.com • À l'extrémité de la via Risorgimento, dernière maison à gauche, juste avt le pont. Ouv avr-oct. Doubles 70-140 €. CB refusées.* Enfin un vrai *Bed & Breakfast* ! Des 3 chambres, toutes avec salle de bains et clim, 2 possèdent une petite terrasse sur l'arrière, côté volcan. La déco est simple, mais on sent l'envie de bien faire. La bonne

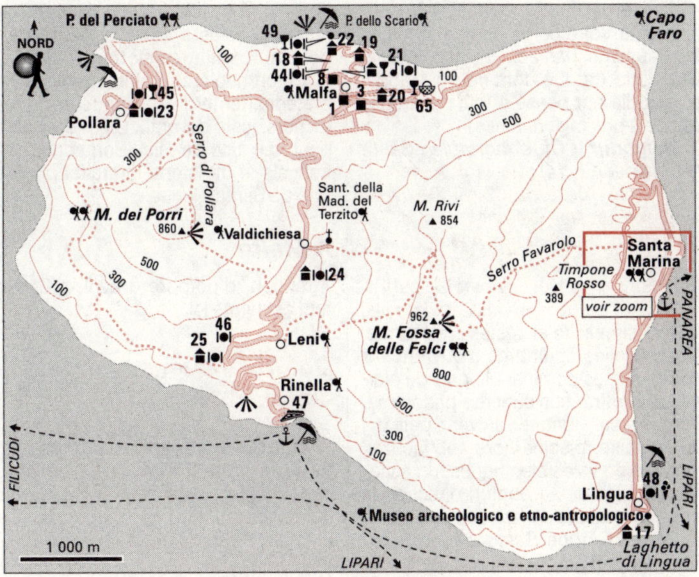

L'ÎLE DE SALINA

Adresses utiles

1 Tourist Service et station-service
3 Distributeur
8 Supermercato Conad

Où dormir ?

17 La Salina Hotel Borgo di Mare
18 Turkiscu Room & Breakfast
19 A' Alera Room & Breakfast
20 Principe di Salina
21 Hotel Ravesi et Hotel Signum
22 Il Gelso Vacanze
23 La Locanda del Postino
24 Agriturismo Galletta
25 Al Belvedere Salina

Où manger ?

23 Azienda Agrituristica Al Cappero
24 Agriturismo Galletta
44 A Quadara
45 L'Oasi
46 Villa Carla
47 Pizzeria Da Marco
48 Il Gambero

Où déguster un *pane cunzato* ou une glace ? Où boire un verre ?

21 Bar Ravesi
48 Da Alfredo
49 In Sé Natura

Où déguster et acheter du malvoisie ?

65 Azienda agricola Francesco Fenech

humeur de Sabina est communicative, son bagou légendaire, et son petit déj est servi sur la terrasse qui domine la mer et le Stromboli. La plage ? Elle est à 2 mn à pied !

Le Sette Vele *(plan Santa Marina A1, 13)* **:** *via Sanità, 38. ☎ 090-984-31-91. 📱 328-550-31-82. • info@lesettevele.it • lesettevele.it • La via Sanità débute en face du nº 33 de la via Risorgimento. Ouv tte l'année. Doubles 70-185 €.* Les 5 belles chambres, tout confort, disposent chacune d'un coin cuisine et toutes, sauf une, d'une vue sur la mer avec terrasse. La déco, séduisante, oscille entre marine et ethnique, rappels d'Indonésie et fenêtres à jalousie. Solarium, jacuzzi sur la terrasse, minisalle de fitness en plein air pour entretenir votre corps bronzé, transats face au large, hamac... les accueillants Giancarlo (tatoué comme un Maori !) et Claudia ont pensé à tout. Une belle escale à prix raisonnables.

Halgoduria Club *(hors plan Santa Marina par A2,* ***14****) : via Tagliamento, 4. 327-936-76-05 ou 327-660-47-62. • halgoduriasalina@gmail.com • halgoduriaffittacamere.it • À la sortie de Santa Marina, sur la gauche en direction de Lingua. Ouv juin-sept. Doubles 80-170 € ; suites 4-6 pers également.* Mêlant simplicité et zestes d'élégance, 4 des 6 jolies chambres s'ouvrent sur des terrasses dominant le port de plaisance et offrant un superbe panorama. Pour le reste : tentures au vent, petit déj à l'anglaise, piscine hors sol, jacuzzi, location de vélos électriques, un escalier qui conduit au ponton direction la mer... un vrai coin de paradis.

Hotel I Cinque Balconi *(plan Santa Marina B1,* ***15****) : via Risorgimento, 36. ☎ 090-984-35-08. 389-925-88-19. • info@icinquebalconi.it • icinquebalconi.it • Ouv tte l'année. Doubles 80-250 € selon saison.* Il n'affiche que 3-étoiles au compteur mais en vaut peut-être plus que beaucoup de 4-étoiles du coin... Aménagé dans 2 beaux édifices du XIXe s, près de l'extrémité de la rue piétonne (un peu bruyante le matin), ce petit hôtel décline chambres spacieuses et hautes de plafond, céramiques d'époque, beaux carrelages, mobilier de caractère et balcons en fer forgé. La *colazione* se prend à l'arrière dans un petit jardin, le tout sur fond de simplicité et de service très pro.

À Lingua

La Salina Hotel Borgo di Mare *(carte de l'île,* ***17****) : via Manzoni, 4. ☎ 090-984-34-41. • info@lasalinahotel.com • lasalinahotel.com • ♿ Ouv de mi-avr à mi-oct. Doubles 80-260 €.* Ce bel établissement a investi un ancien hameau de pêcheurs typiquement éolien bâti en bord de mer. Ses 2 douzaines de chambres, de très bon confort, sont bien équipées et toutes différentes, avec mobilier sobre mais élégant, quelques touches de vert olive ou de bordeaux. La plupart possèdent un balcon ou même une grande terrasse. La sieste sous la petite pergola aux voilages flottants semble incontournable, à moins que vous ne préfériez tenter la baignade entre les rochers, juste devant... Un endroit rêvé pour une lune de miel. Bon accueil en français et transferts (gratuits) pour le port de Santa Marina.

À Malfa

Attention, d'octobre à avril, presque tout est fermé ici.

De prix moyens à plus chic

Il Gelso Vacanze *(carte de l'île,* ***22****) : via Nilo. Sur la droite en descendant du centre par la via Nuova Indipendenza, au bout d'une allée de pins. ☎ 090-984-40-90. 338-971-44-06. • info@ilgelsovacanze.com • ilgelsovacanze.com • Ouv mai-oct. Doubles 80-160 €, petit déj inclus. Sur présentation de ce guide, réduc de 10 % sur le prix de la chambre (hors juil-août).* À 300 m de la plage, lové au fond de son allée dans un joli parc (pins, palmiers, bougainvillées, cactus...), ce bâtiment de style éolien a tout pour plaire. Carrelage ancien au sol, colonnes, pergola et belle terrasse panoramique lui confèrent un charme particulier. Les chambres sont presque toutes tournées vers la mer, spacieuses, avec terrasse privée sur laquelle on peut même prendre son petit déj. Gianfranco, le propriétaire, a le sens de l'accueil et du conseil. Une adresse paisible et sans fausse note.

Turkiscu Room & Breakfast *(carte de l'île,* ***18****) : via Scalo, 21. ☎ 090-984-44-62. 333-446-14-08. • info@turkiscu.it • turkiscu.it • Ouv avr-oct. Doubles 75-160 €, petit déj inclus.* Le *Turkiscu,* c'est un haut-fond des environs, sur lequel les pêcheurs locaux attirèrent jadis des pirates ottomans pour mieux les faire passer de vie à trépas... Après avoir plaqué sa vie milanaise, Lorenzo a ouvert ce beau *B & B* dans une maison néoclassique retapée avec goût. Les 5 chambres, fort spacieuses et bien équipées, ont toutes

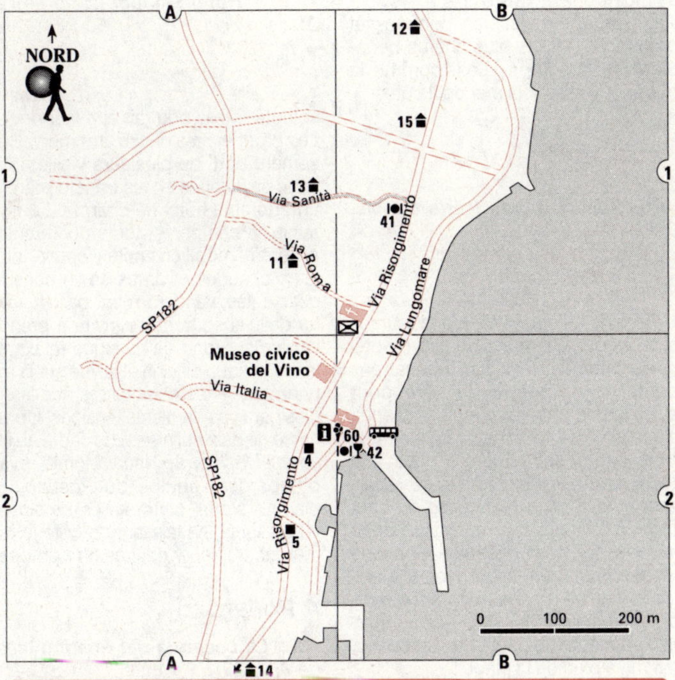

SANTA MARINA

- **Adresses utiles**
  - Kiosque d'information (A2)
  - **4** Pharmacie (A2)
  - **5** Station-service (A2)
- **Où dormir ?**
  - **11** Da Marusca (A1)
  - **12** B & B da Sabina (B1)
  - **13** Le Sette Vele (A1)
  - **14** Halgoduria Club (hors plan par A2)
  - **15** Hotel I Cinque Balconi (B1)
- **Où manger ?**
  - **41** Cucinotta (B1)
  - **42** Portobello (A-B2)
- **Où déguster une glace ?**
  - **60** Granite e Gelati (A-B2)

une terrasse ou un balcon, et un mobilier moderne qui contraste élégamment avec le cadre. En prime : un bon petit déj maison, un apéro en musique les soirs d'été, la piscine devant la porte et les vignes des voisins (proches) sous les yeux depuis les balcons du 1er étage. Attention, pas d'accès en voiture, pensez-y si vous êtes chargé ! Accueil discret et serviable.

A' Alera Room & Breakfast *(carte de l'île,* ***19****) : via Roma, 10-12. ☎ 090-984-41-68. 339-757-17-14. • info@alerasalina.it • alerasalina.it • Congés : nov-avr. Doubles 80-280 €, petit déj inclus.* Voici un lieu hors du commun. Perché à l'approche de la mer, avec une multitude de terrasses panoramiques, ce *B & B* se distingue par son style résolument contemporain. Lumières multicolores, lignes épurées, touches de déco bien senties, chaises transparentes, on est presque là dans une atmosphère urbaine qui détonne.

Les moins chères des 6 chambres sont toutes petites mais bien conçues et confortables, et les plus chères bénéficient de superbes vues, comme la *deluxe,* ouverte sur la mer de 2 côtés.

De plus chic à très chic

Principe di Salina *(carte de l'île,* ***20****) : via Nazionale, 3. ☎ 090-984-44-15. • info@principedisalina.it • princi pedisalina.it • Ouv mai-début oct. Doubles 110-270 €. Menu unique le soir 30 €.* Posté à l'entrée de Malfa, sur les hauteurs du village, ce boutique-hôtel est parfaitement tenu par des patrons constamment sur le qui-vive pour devancer les attentes de leurs clients. La douzaine de confortables chambres, d'une blancheur virginale mais aux touches de déco ethniques, se répartissent sur 2 niveaux – celles du haut étant 30 € moins cher en raison de la vision du toit d'en dessous. Chacune dispose d'une terrasse privée tournée vers la mer. La grande piscine à débordement est superbe, et la vasque thermale attenante un petit plus. Et tout ça, à 15 mn à pied de la plage !

Hotel Ravesi *(carte de l'île,* ***21****) : via Roma, 66. ☎ 090-984-43-85. 331-666-23-75. • info@hotelravesi.it • hotel ravesi.it • Ouv avr-oct. Doubles 75-270 €. Bar 8h-minuit. Apéritif offert sur présentation de ce guide.* C'est un grand jardin sur la colline, étendu au pied de l'église, cerné de vignes et planté d'agrumes, de terrasses ombragées bien ciselées, de jolis tapis de gazon et d'herbes aromatiques. L'ancienne propriété familiale, réinventée en hôtel-cocon 3 étoiles (c'est un hôtel écologique certifié Écolabel européen) par ce charmant couple franco-italien, décline une quinzaine de chambres avec terrasse ou balcon (avec ou sans vue mer), assez simples mais d'une prestance certaine, avec céramiques et cadres aux murs. La suite occupe sa propre maisonnette au cœur du jardin ! La très belle piscine à débordement se fond avec la mer à l'horizon, face au bar aménagé dans l'ancien chai (la déco en témoigne abondamment). Sur le côté, petit jardin joliment aménagé où l'on déguste d'excellents cocktails à l'*aperitivo* (de qualité).

Hotel Signum *(carte de l'île,* ***21****) : via Scalo, 15. ☎ 090-984-42-22. • info@hotelsignum.it • hotelsignum.it • Ouv de mi-mars à oct. Doubles 150-520 € ; suites.* « Luxe, calme et volupté », telle pourrait être leur devise. Les propriétaires ont su tirer merveilleusement parti de plusieurs vieilles maisons paysannes en les transformant en un adorable hôtel de charme. La trentaine de chambres, toutes différentes, arborent mobilier ancien épuré, couleurs chaudes et draps en lin dans les *deluxe* (les *standard* n'ont pas de vue). La délicieuse terrasse invite à prendre l'apéro sur fond de musique relaxante, la magnifique piscine et la vue sur la mer rythment l'ensemble, tandis que le spa dissipera vos dernières tensions. Un vrai havre de paix qui a servi de cadre au film *Journal intime,* de Nanni Moretti, avant d'héberger l'équipe du *Postino.* Un plaisir à s'offrir plutôt en basse saison, vu les tarifs, en laissant de côté le restaurant, trop cher pour ce qu'il propose.

À Pollara

La Locanda del Postino *(carte de l'île,* ***23****) : via Picone, 10. ☎ 090-984-39-58. 335-677-97-33. • info@lalocandadelpostino.it • lalocandadel postino.it • Ouv mai-oct. Doubles 120-200 € ; également des familiales.* Amelia et Mauro ont retapé un ancien *palmento* et proposent une dizaine de chambres confortables avec chacune une petite salle de bains colorée. Presque toutes donnent sur la mer et le soleil couchant, que l'on peut contempler à loisir depuis le hamac pendu sur les vastes terrasses privées. Elles sont fraîches mais meublées de manière un peu spartiate. On y déguste une bonne cuisine sicilienne et l'accueil est gentil.

À Leni

Prix moyens

Agriturismo Galletta *(carte de l'île,* ***24****) : via Ruvoli, 7. À mi-chemin entre Malfa et Rinella. ☎ 090-980-91-92. 333-367-17-06. • info@gallet tasalina.com • gallettasalina.com • À Valdichiesa, prendre à gauche peu* *après la bifurcation menant à l'église. Chambres ouv tte l'année, resto midi et soir. Résa conseillée en été. Doubles 65-110 €. Plats 8-15 €.* C'est avant tout une exploitation agricole, nichée entre vignes et panorama. Le lieu est d'une tranquillité absolue, sauf peut-être quand les convives se mettent à commenter la qualité des plats ! Excellents, tout simplement, ils déclinent le meilleur du terroir local, sans chichis mais avec de vrais goûts affirmés. On a beaucoup aimé l'*aperitivo,* les *spaghetti all'eoliana* et le veau au malvoisie et aux câpres (du domaine). Les chambres, rustiques mais propres, donnent sur la grande terrasse du resto, dominant la mer de loin.

De plus chic à très chic

Al Belvedere Salina *(carte de l'île,* ***25****) : via Santa Lucia, 11. ☎ 090-738-54-33. 339-606-81-30. • info@belvederesalina.com • belvederesalina.com • À la sortie de Leni, à droite dans le virage. Doubles (avec kitchenette) 85-250 € ; apparts et suites 105-420 €. Dégustation de produits artisanaux sur présentation de ce guide à l'arrivée.* L'accueillante Francesca a commencé en ouvrant un *B & B* et propose aujourd'hui cet hôtel-résidence aux 5 belles chambres. 2 suites et 1 « villa » (jusqu'à 6 personnes), toutes différentes et joliment mises en scène. Impeccablement tenues, elles sont bien équipées, déco de bon goût quoiqu'un peu simpliste pour les *standard,* si l'on excepte le miroir en bois d'olivier sculpté par le grand-père. On aime les terrasses plantées sur plusieurs niveaux dominant le large, les bons petits déj à base de produits locaux et les dîners maison *(sur résa).* Dommage que les prix grimpent autant en été.

Où manger ?

À Santa Marina

Difficile de trouver un resto pleinement satisfaisant ici : même si ça peut être vraiment bon, c'est toujours trop cher...

Cucinotta *(plan Santa Marina B1,* ***41****) : via Risorgimento, 66. ☎ 090-984-34-75. Tlj sauf lun. Plats 10-25 €, la plupart des pâtes env 12 €.* On apprécie avant tout les 2 belles terrasses en retrait de la rue piétonne, où il n'est pas toujours simple d'obtenir une table. La mer et Panarea sont dans le viseur, le service plutôt attentionné et, dans l'assiette c'est frais, la cuisine éolienne tient la route. Vous ne devriez pas être déçu, surtout si vous privilégiez les plats de pâtes.

Portobello *(plan Santa Marina A-B2,* ***42****) : via Lungomare, 2. ☎ 090-984-31-25. • portobellosalina@gmail.com • Pâques-oct, tlj midi et soir. Plats 12-27 € ; poisson facturé 75 €/kg !* Posée sur le port, cette institution fondée depuis près de 40 ans s'est forgé une solide réputation pour son service et la qualité de ses plats. Typiquement éoliens, à base uniquement de produits locaux, ceux-ci ne sont pas donnés et pas très copieux, mais ils déclinent assez subtilement les saveurs d'ici. Essayez, par exemple, les pâtes à l'amande et au fenouil sauvage, celles aux petites tomates crues et piment *(al fuoco)* ou encore les spécialités japonaises, plutôt réussies. La carte des vins n'est pas en reste, ni côté qualité ni côté prix...

À Lingua

Il Gambero *(carte de l'île,* ***48****) : piazza Marina Garibaldi, 2. ☎ 090-984-30-49. • info@gamberosalina.it • À l'extrémité du lungomare, face à la mer. Plats 8-25 € ; repas 40 €.* D'un côté, un bar-pizzeria pour manger sans (trop) se ruiner, façon *pane cunzato,* salades et *panini.* De l'autre, un resto prolongé par une volée de tables en terrasse très demandées, face à la mer, où l'on sert une bonne cuisine éolienne de poissons et fruits de mer – chère mais copieuse. Pour ne pas voir enfler la note, les *spaghettoni alle vongole* restent un bon choix. Attente parfois longue.

À Malfa

Pour un croc rapide, faites simplement halte au *Malvasia Caffè-Rosticceria,* sur la piazza centrale. Sympa de prendre un *arancino,* un *pane cunzato* ou une *granita* à l'ombre des palmiers. Pour de bonnes pizzas au feu de bois, *U Cucunciu* a la cote. Mais globalement, il est plutôt difficile de bien manger à bon prix dans le coin...

A Quadara *(carte de l'île,* ***44****) : via Roma, 88. ☎ 090-984-40-00. Ouv mai-oct. Tlj, le soir seulement. Plats 12-20 €.* Si vous n'avez pas abusé de l'*aperitivo* du *Bar Ravesi,* à 2 pas d'ici, vous apprécierez la bonne cuisine éolienne servie dans ce restaurant. *Antipasti* et plats de pâtes réussis, pas à tomber non plus, mais les assiettes sont copieuses et joliment dressées. Jolie salle lumineuse et agréable terrasse quoique donnant sur la rue principale, parfois bruyante. Autre bémol : l'attente quasi systématique, mais peu importe quand on tient probablement le meilleur rapport qualité-prix du village.

À Pollara

L'Oasi *(carte de l'île,* ***45****) : via Chiesa. 349-005-91-27. • alessandroalizzo@hotmail.com • Mai-sept, tlj 9h30-21h30. Moins de 15 €.* C'est un simple kiosque, implanté juste avant l'église, devenu quasi légendaire pour sa projection quotidienne d'*Il Postino* (à 18h). On y grignote un *panino* (bon choix), une *focaccia* ou une salade, on s'y rafraîchit d'un cocktail de jus de fruits ou d'une *granita* à la pastèque, avant d'aller photographier le trompe-l'œil de Massimo Troisi sur la placette attenante. Loue des kayaks à la « plage » de Pollara.

Azienda Agrituristica Al Cappero *(carte de l'île,* ***23****) : via Marina, 8. ☎ 090-984-39-68. 333-590-51-55. • info@alcappero.it • Pâques-fin sept, tlj sauf mar, le soir seulement. Repas env 20 €.* Cette exploitation de câpres et *cucunci,* perchée sur les hauteurs de Pollara, ne brille pas par l'originalité de sa déco ni par sa terrasse (un peu latérale à la mer), mais plutôt par son assiette : *tagliatelle di casa Famularo* (aux aubergines et parmesan, courgettes et pancetta), traditionnelles *pasta* aux sardines et fenouil et, côté viande, seulement du lapin. La carte est courte et évolue en fonction de l'arrivage, gage de fraîcheur ! En dessert, craquez pour la tarte à la crème de citron et faites descendre le tout avec le digestif maison : l'*allorino della casa,* un truc à base de laurier qui vous requinque en 10 s chrono ! Petite boutique vendant la production et quelques chambres, à la semaine seulement.

À Leni et Rinella

Villa Carla *(carte de l'île,* ***46****) : via Santa Lucia, à* ***Leni.*** *☎ 090-980-90-13. Prendre la rue qui monte face aux tennis. Juin-août, tlj, le soir seulement. Résa conseillée.* Carla et Carmelo réinventent le restaurant : pas de panneau, pas de salle, juste 2 terrasses devant leur maison où, l'été venu, ils servent des petits plats du cru. Les raviolis aux câpres sont un classique, quoique tout le monde n'apprécie pas, les tagliatelles fraîches aux agrumes et pistache aussi, sans oublier bien sûr les poissons du jour. Les légumes proviennent du potager. Le choix est oral et réduit, ce qui peut pousser à s'emmêler les pinceaux... et à voir la facture gonfler.

À Leni, ne pas oublier l'***Agriturismo Galletta*** (voir « Où dormir ? ») pour son excellente cuisine familiale éolienne d'un très bon rapport qualité-prix, servie sur une terrasse panoramique bien ventilée dominant la mer de loin. Un must.

Pizzeria Da Marco *(carte de l'île,* ***47****) : via Rotabile, 18, à* ***Rinella.*** *☎ 090-980-92-31. 339-870-46-71. • damarco@alice.it • Juste au-dessus du port. Tlj juil-sept, midi et soir ; le soir seulement oct-juin. Pizze 5-13 €.* La carte, longue comme le bras, ne décline pas moins de 70 *pizze* ! Elles sont réputées être parmi les meilleures de l'île. Vous pourrez les savourer dans la grande salle ouverte où tournoient les ventilos. Lorsqu'il y a foule, on vous donne un ticket, comme à la Sécu !

LES ÎLES ÉOLIENNES

Où déguster un *pane cunzato* ou une glace ? Où boire un verre ?

Granite e Gelati *(plan Santa Marina A-B2,* ***60****) : à* ***Santa Marina****, un kiosque bleu à gauche de l'église. Ouv Pâques-sept.* On y déguste de bonnes *granite* artisanales dans un petit jardin dissimulé sous la verdure. Le coin des locaux, assurément. Au goûter, n'hésitez pas à tenter la *granita* au café recouverte de *panna* et brioche !

Da Alfredo *(carte de l'île,* ***48****) : à* ***Lingua****, sur le quai.* ☎ *090-984-30-75.* • *angelosalina75@hotmail.com* • *Ouv Pâques-oct.* Pane cunzato *15 €. Apéritif maison offert sur présentation de ce guide.* Le resto, niché dans la ruelle à l'arrière, est bon mais cher, alors pourquoi ne pas se contenter d'un groooos *pane cunzato*, à base de tomates fraîches, aubergines, thon, câpres, herbes de la montagne et mozzarella ? On mange à 2 dessus ! Les *granite* aux fruits de saison sont aussi réputés être les meilleurs de l'île, mais il faudra vous battre pour attirer l'attention d'un serveur... Bien vérifier votre note et recompter votre monnaie.

In Sé Natura *(carte de l'île,* ***49****) : via Scalo, 12, à* ***Malfa.*** ☎ *090-914-64-18.* • *ristoranteinsenatura@gmail.com* • *Jouxte l'hôtel* Punta Scario. Notre coup de cœur à Malfa. Une situation exceptionnelle surplombant la plage de Punta Scario, un panorama offrant un superbe coucher de soleil, un cadre élégant qui dégage calme et sérénité, des cocktails originaux, un buffet de qualité pour l'*aperitivo,* une douce musique en fond sonore, un personnel délicat et de jolis plats pour poursuivre cette belle parenthèse. Un moment privilégié. Allez, on s'arrête. Foncez !

Bar Ravesi *(carte de l'île,* ***21****) : via Roma, 66, à* ***Malfa.*** ☎ *090-984-43-85.* • *info@hotelravesi.it* • *Ouv avr-oct, tlj 8h-minuit.* Face à la belle piscine de cet hôtel élégant et ses canapés de jardin, le bar occupe l'ancien chai, décoré d'un pressoir et d'objets agrestes. Le soir, l'apéritif dînatoire y prend une dimension gastronomique, avec un intéressant buffet de petits plats éoliens et de très bons cocktails. Quelques concerts et expos en août.

Où déguster et acheter du malvoisie ?

Le *malvasia* (AOC) est un vin blanc liquoreux célèbre, que les vaisseaux romains transportaient déjà dans des amphores jusqu'à Rome pour le plaisir de César ! Sa fabrication résulte d'un séchage des grappes sur claies au soleil (passerillage) pendant 2 semaines après la récolte. Dans les *palmenti,* on les foule toujours au pied. La production a tendance à se raréfier et les prix augmentent en conséquence ; le malvoisie de Salina reste le meilleur. Ce nectar ambré se déguste au dessert, légèrement frappé. Attention, il peut titrer 15° ! Parmi la dizaine de producteurs de l'île, regroupés vers Malfa et Valdichiesa, beaucoup proposent des dégustations-vente (prix similaires) plus ou moins informelles.

Azienda agricola Francesco Fenech *(carte de l'île,* ***65****) : via Mirabito, 41, à* ***Malfa.*** ☎ *090-984-40-41.* • *info@fenech.it* • *fenech.it* • *À la sortie de Malfa en direction de Santa Marina, panneau sur la gauche. Mai-sept, 10h30-12h30, 18h30-20h30. Congés : janv-fév et nov-déc. Compter 18-20 € pour une bouteille de* malvasia *et 30 € pour un* passito*, sans oublier quelques blancs et rouges très corrects.* Possibilité de dégustation *(gratuite)* au débotté, mais mieux vaut téléphoner avant, car le sémillant Francesco Fenech est souvent dans ses vignes. Sinon, c'est sa femme, autrement plus timide, qui s'y collera. Leurs vins estampillés bio ont été primés dans de nombreux concours.

Azienda agricola Gaetano Marchetta : *via Umberto I, 9, à* ***Malfa.*** ☎ *090-984-40-48.* • *gaetano@vinidisalina.it* • *vinidisalina.it* • Du malvoisie, oui, mais aussi de la grappa, du vin, de l'huile d'olive vierge, des câpres et des *cucunci*, des pestos de câpres ou de noix...

Azienda agricola Virgona : *via Bandiera, 2, à* ***Malfa.*** *☎ 090-984-44-30. 338-745-59-12. • info@malvasiadellelipari.it • malvasiadellelipari.it • Tte l'année.* Au programme : rouge, blanc, grappa et, bien sûr, le malvoisie, sans oublier une sélection de préparations traditionnelles.

Carlo Hauner Azienda agricola : *via Umberto I, à* ***Lingua.*** *☎ 090-984-31-41. • info@hauner.it • hauner.it •* Parmi les grandes entreprises viticoles locales, *Hauner* produit quelque 50 000 bouteilles de malvoisie par an. Le petit-fils du fondateur, Andrea, vous fera visiter le domaine, de vignes et de câpriers (en italien).

À voir. À faire

Les ***balades dans l'île*** sont légion, grâce à un bon réseau de routes étroites et sinueuses reliant les 3 communes de l'île (bien desservies par le bus). On ne vient guère ici pour les plages, assez passables, mais plutôt pour la randonnée (au printemps) et pour se mettre au vert, entre exploitations de câpres et de malvoisie. De ce point de vue, Malfa, cernée par les vignes, est un peu plus favorisée, même si Santa Marina, le port principal, sur la côte orientale, est joliment noyée dans la verdure.

Étagée sur la colline, ***Santa Marina*** se présente sous l'aspect d'une charmante bourgade, avec un *lungomare* desservant une plage médiocre et une rue principale parallèle (la via Risorgimento) rendue aux piétons à la belle saison, où s'alignent quelques charmantes boutiques (pas vraiment bon marché puisque très fréquentées par les touristes). Tout cela est joliment fleuri de bougainvillées, palmiers et autres cycas impressionnants. Dans une ruelle sur la droite à 100 m de la poste, vous pourrez visiter le petit ***museo civico del Vino*** *(plan Santa Marina, A2 ; ☎ 090-984-31-28 ; visite libre en juil-août 19h-21h, guidée le reste de l'année tlj 9h30-13h30, 16h30-20h30, sauf dim ap-m ; téléphoner alors pour réserver ou passer au kiosque d'information),* installé dans un ancien *palmento.*

Au sud-est de Salina, à 3 km de Santa Marina par une route en cul-de-sac, ***Lingua*** s'amarre contre l'ancienne saline qui a donné son nom à l'île. En saison, le village se mue en une sorte de station balnéaire de poche, avec sa poignée de restos sur le quai et sa plage de galets où l'on se baigne à l'abri de brise-lames. Le ***Museo archeologico e etno-antropologico*** *(carte de l'île ; ☎ 090-984-33-96 ; en principe mai-sept, tlj 9h-12h30, sauf dim ; entrée : 6 €, réduc)* se compose de 2 petites sections. Dans la 1re sont exposés quelques vestiges mis au jour lors des fouilles des sites archéologiques de la région, en particulier du village de l'âge du bronze de Portella (rien de bien impressionnant). Dans la 2de, mobilier, outils, maquettes et objets du quotidien rendent hommage au passé agraire et maritime de l'île.

Au nord de Santa Marina, la route passe près du ***capo Faro*** *(carte de l'île).* Ses quelques maisons anciennes ont été en partie investies par un *resort* de luxe entouré de vignes (malvoisie). Un chemin à emprunter à pied descend à une petite crique. La plongée avec masque et tuba est praticable, mais attention aux courants.

La route, progressant à flanc de montagne, au-dessus de la mer, parvient à ***Malfa,*** un village serein situé à flanc de colline, au milieu des vignes. Si nombre de maisons restent en ruine, d'autres ont été restaurées par la bourgeoisie sicilienne ou italienne, et pas mal d'hôtels ont ouvert ; le tout reste néanmoins fort agréable et paisible. En contrebas, des escaliers descendent à la ***spiaggia dello Scario*** *(carte de l'île),* une petite plage très rocailleuse encadrée de courtes falaises (ouille, les pieds !). Rien d'extraordinaire, mais on peut y faire du *snorkelling* et manger en saison une bonne salade fraîche au snack *Maracaibo.* Location de parasols et matelas gonflables.

Tout à l'ouest, l'île présente sa façade la plus sauvage. Rendez-vous favori des visiteurs au *tramonto* (coucher du soleil), la ***punta del Perciato*** *(carte de l'île),* signalée par un improbable fortin à créneaux; livre un panorama imprenable sur un cirque de falaises plongeant dans l'abîme marin : les vestiges d'un cratère à demi englouti vieux de 13 000 ans, sur le flanc duquel se niche le hameau de ***Pollara*** (70 habitants), 100 m au-dessus de la mer. Le site a été rendu célèbre par le film *Le Facteur (Il Postino),* de Michael Radford, qui raconte l'exil imaginaire, sur une île italienne, du Prix Nobel de littérature Pablo Neruda (joué par Philippe Noiret) et sa rencontre avec un ancien pêcheur devenu facteur cycliste, incarné par Massimo Troisi – qu'il initie à l'art de l'amour épistolaire. La mort de ce dernier, 12h tout juste après la fin du tournage, en a fait un film culte. On retrouve aujourd'hui son image en trompe l'œil sur la place de l'église, à côté du snack *Oasi,* qui diffuse le chef-d'œuvre chaque soir à 18h... La maison de Neruda-Noiret se trouve un peu au-dessus, via Picone, 10, et, plus loin, une ombre du postier à vélo se détache sur le chemin de la plage (suivez les panneaux « Mare »). Enfin, « plage » est vite dit... Imaginez plutôt un escalier de 170 marches dévalant jusqu'à une crique étroite aux eaux claires, où une dizaine de hangars à bateaux ont été creusés à même le tuf. Certains y plongent ou s'y trempent, avec vue panoramique sur l'écran des falaises. En contournant l'anse sur son côté droit, vous découvrirez une superbe arche naturelle qui avance dans la mer. Pour finir, au risque de casser un peu le mythe, rappelons que l'essentiel d'*Il Postino* a été tourné à Procida, une île du golfe de Naples...

De Malfa, une route se hisse vers le hameau de ***Valdichiesa,*** amarré sur la croupe séparant les 2 volcans jumeaux de Salina. Les vignes sont ici légion. On peut jeter un coup d'œil au *sanctuaire de la Madonna del Terzito (carte de l'île),* qui fait l'objet d'un pèlerinage depuis le XVIIe s. On traverse ensuite ***Leni,*** posé en surplomb, 200 m au-dessus de la mer, où se détachent quelques belles demeures bourgeoises du début du XXe s, puis on plonge vers ***Rinella.*** Tout en bas, une mini-plage de sable noir un peu caillouteux (la plus prisée de l'île malgré sa modestie) s'entoure d'un noyau de maisons cubiques et colorées, face à un quai où les *aliscafi* s'amarrent plusieurs fois par jour.

De nombreuses ***randonnées pédestres*** sont réalisables sur l'île. Procurez-vous la carte *Metro trekking (Arbatus Guide),* qui permet d'identifier pas moins d'une vingtaine de variantes avec, pour points d'orgue, les 2 volcans du *monte Fossa delle Felci* (962 m) et du *monte dei Porri* (860 m). Les itinéraires sont, une fois n'est pas coutume, relativement bien balisés.

– Plutôt réservée aux bons marcheurs, l'ascension du ***monte Fossa delle Felci*** (plus haut que le Stromboli) offre une vue remarquable sur tout l'archipel et sur son cratère au pourtour envahi par la végétation. La partie haute constitue une réserve botanique et animalière. Il existe pas moins de 6 voies d'accès, partant entre autres de Lingua (3h15), Santa Marina (2h50), Malfa (3h10), Valdichiesa (2h) et Leni (3h30). La plus fréquentée, qui ne présente pas de difficulté majeure, part de derrière le sanctuaire de la Madonna del Terzito à Valdichiesa. Les chemins venant de l'est sont globalement un peu plus ardus. En été, le meilleur choix consiste à monter du côté le plus à l'ombre au moment où vous partez ! Évitez les heures les plus chaudes et emportez suffisamment d'eau (vous n'en trouverez pas en chemin).

– Le ***monte dei Porri*** est accessible depuis Valdichiesa (2h50) ou depuis la fortification militaire de la *punta del Perciato,* sur la route de Pollara (1h45), où le bus pourra vous déposer. Pour l'itinéraire complet, prévoyez 3h15 d'ouest en est et 4h10 d'est en ouest (autrement dit : y a pas photo !). Une variante permet de revenir de Pollara à Leni par l'extrémité ouest de l'île (environ 4h) mais, là, ça commence à faire long ! Cela dit, le sentier, contournant le monte dei Porri par l'ouest, domine pendant un bon kilomètre le demi-cratère de Pollara, offrant une vue superbe.

PANAREA

(98050) 300 hab.

• Carte de l'île et zoom San Pietro *p. 435*

Les Grecs l'appelaient Hycesia. La plus petite île de l'archipel (3,4 km²), renommée pour la clarté de ses eaux, doit son développement touristique à une histoire pour le moins singulière. À la fin des années 1950, Panarea agonise doucement, sans eau courante ni électricité. C'est alors que feu Antonioni débarque pour entreprendre de filmer l'absence, le vide, avec pour actrice principale sa femme, Monica Vitti, et pour décor le paysage désolé de Lisca Bianca. *L'Avventura* est présenté à Cannes en 1960 et défraie la chronique. Devenue célèbre du jour au lendemain, Panarea est littéralement razziée par un groupe de Milanais aisés qui rachètent à bas prix toutes ses maisons abandonnées. Peu à peu, l'île s'affirme comme le Saint-Trop' de la mer Tyrrhénienne, attirant une faune de snobinards plus ou moins friqués, de m'as-tu-vu débarqués des hélicoptères d'*Air Panarea* et de jeunes hipsters venus danser jusqu'au bout de la nuit... Rien de bien routard ici. Certes, le cadre est joli, avec ruelles ourlées de maisons blanches superbement fleuries, jardins élégants et flottille d'îlots volcaniques flottant au large. Mais en dehors du capo Milazzese et des maigres vestiges de son village préhistorique, spectaculairement perché au sud, rien à voir si l'on n'est pas adepte de shopping chic et de bronzette.
Tout ici est encore plus cher que dans les autres îles et le va-et-vient constant des taxis électriques filant à fond de train dans les ruelles pour faire 300 m est pour le moins irritant. Bref, Panarea, victime de son succès, relève plutôt de l'excursion à la journée...

L'ARCHIPEL DE PANAREA, PARADIS DES PLONGEURS

À Panarea, le complexe volcanique, assez ancien, est en grande partie immergé. Sa dernière saute d'humeur, il y a environ 50 000 ans, a donné naissance à un dôme de lave, fragmenté depuis en une poussière d'îlots de pierre ponce et de kaolin (les Formiche, ou « fourmis ») séparés par des eaux relativement peu profondes : Dattilo et les rochers des Panarelli, Lisca Nera, Bottaro et Lisca Bianca. Plus au nord, ***Basiluzzo,*** la plus grande île inhabitée des Éoliennes

Adresses utiles

- **1** Supermercato Da Pina (zoom B2)
- **2** Guardia medica (hors zoom par A2)
- **3** Pharmacie Sparacino (zoom A1)
- **4** Pharmacie Cincotta (zoom B2)
- **6** Supermercato Bruno (zoom A2)
- **8** Supermercato Tesoriero (zoom B1)
- **9** Eolosub Diving Center (zoom B2)

Où dormir ?

- **10** B & B Da Luca (carte de l'île et hors plan zoom par A1)
- **11** Da Francesco (zoom B1)
- **12** Hotel Cincotta (zoom B2)
- **13** Hotel Oasi (zoom A1)
- **14** Hotel Quartara (zoom A1)
- **15** Albergo Girasole (carte de l'île)

Où manger ?

- **11** Da Francesco (zoom B1)
- **20** Panarea Bakery (zoom A2)
- **21** Da Antonio il Macellaio (zoom A1)
- **22** O'Palmo (zoom A1)
- **23** Cusiritati (zoom A-B1)
- **24** Da Adelina (zoom B1)

Où manger une *granita* ?
Où boire un verre ? Où sortir ?

- **30** Bar da Carola (zoom A-B1)
- **31** Discoteca Raya (zoom B2)

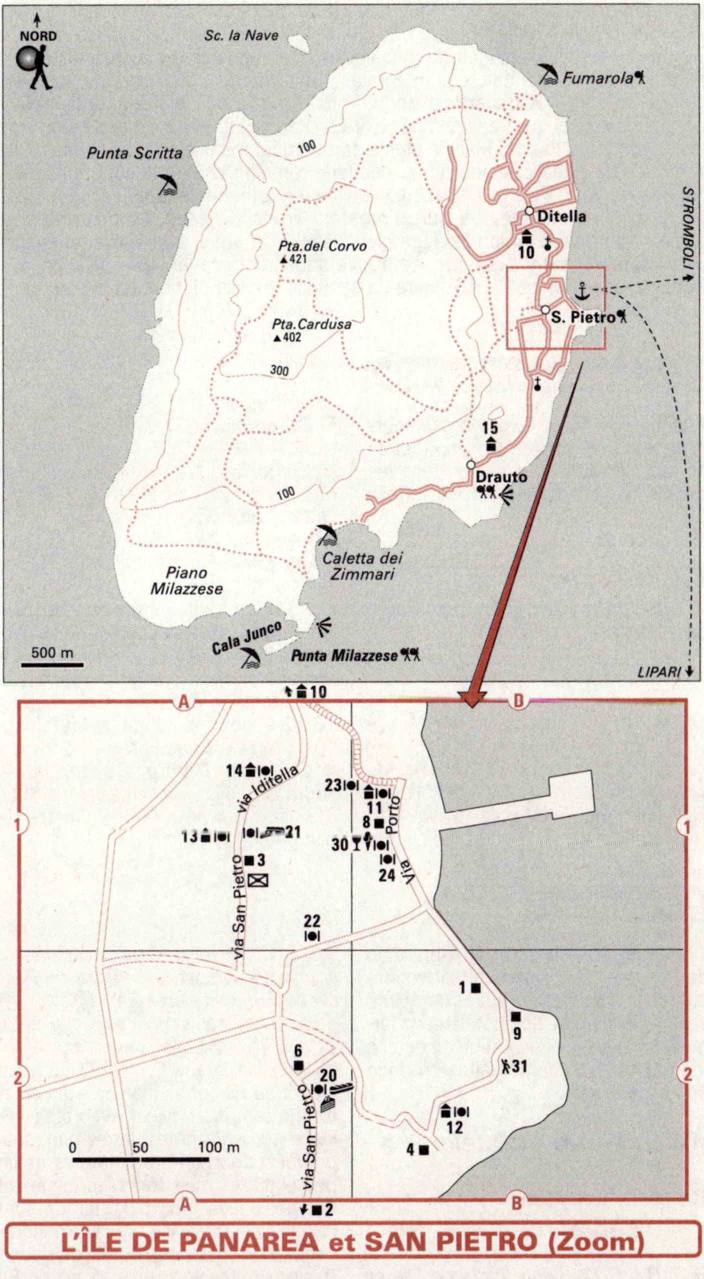

L'ÎLE DE PANAREA et SAN PIETRO (Zoom)

(0,3 km²), prend la forme d'une table penchée d'un côté. De l'autre, une rupture sismique a cassé net ce bloc d'obsidienne qui s'est enfoncé dans la mer. On y a mis au jour les vestiges de mosaïques d'une maison romaine. L'ensemble a été classé réserve naturelle intégrale : il est interdit d'y débarquer, mais les plongeurs vont y explorer les fonds, habités par moult murènes, poulpes et barracudas, ainsi que l'épave d'un navire anglais pointant par 28 m de fond – où réside un grand mérou. Mais le plus extraordinaire reste le spot de la *Pescheria sommersa* où des vestiges d'une pêcherie romaine engloutie sont conservés par 8 m de fond. Plus bas (- 18 m), l'activité hydrothermale toujours vigoureuse voit plusieurs colonnes de bulles monter vers la surface... La garantie d'un bain chaud doublé d'un massage bienfaisant ! Un autre spot similaire, encore plus impressionnant peut-être, se trouve dans le chenal entre Lisca Bianca et Bottaro. À l'automne 2015, Panarea a accueilli le championnat italien de photo sous-marine.

Adresses et infos utiles

Attention, de nombreux établissements indiquent une adresse via San Pietro : en fait, certains sont situés dans les ruelles qui en partent ou via Iditella (allant vers Ditella)...

■ ***Bancomat :*** *seulement un distributeur sur l'île, à la poste (plan zoom A1), via San Pietro.*

■ ***Guardia medica*** *(hors plan zoom par A2,* ***2****) : via San Pietro, en quittant le port vers le sud. ☎ 090-98-30-40.*

■ ***Pharmacies : Sparacino*** *(plan zoom A1,* ***3****), via Iditella. ☎ 090-981-13-92. Fin mai-fin oct, en principe tlj 8h30-13h, 16h-20h (fermé le w-e hors saison). Également* ***Farmacia Cincotta*** *(plan zoom B2,* ***4****), face à l'hôtel du même nom (lun-sam 9h15-13h, 16h-20h).*

■ ***Carabinieri :*** *☎ 090-98-31-81 (en saison seulement).*

■ ***Épiceries : Supermercato Tesoriero*** *(plan zoom B1,* ***8****), face au débarcadère.* ***Supermercato Bruno*** *(plan zoom A2,* ***6****), via San Pietro ; et* ***Supermercato Da Pina*** *(plan zoom B2,* ***1****), sur le port.*

Taxis : des voiturettes de golf électriques, seules capables de se glisser dans les ruelles, servent de taxis. À moins d'être vraiment fatigué, mieux vaut marcher, car elles sont chères : 10-12 € pour la plage à tout juste 10-15 mn à pied du port.

■ ***Eolosub Diving Center*** *(plan zoom B2,* ***9****) : sur le port. 338-824-27-25. • eolosub.it •* Centre de plongée.

Où dormir ?

Conséquence du côté ultra-branché de Panarea, l'hébergement est encore plus cher que dans les autres îles. Hors saison, la plupart des hôtels sont fermés. Ici aussi, l'alimentation en eau se fait par bateau-citerne, faites-en donc un usage modéré !

À San Pietro et Ditella

De prix moyens à plus chic

B & B Da Luca *(carte de l'île et hors plan zoom par A1,* ***10****) : via Iditella. 333-675-35-47. • bbdaluca@panarea.com • bed-breakfast-panarea.it • Passer l'église puis, après 5 mn de marche, prendre la rue qui monte à gauche, entre 2 murets ; c'est tt en haut. Doubles et studio pour 2 pers 65-190 €.* Luca, un enfant de l'île, et sa maman – qui court tout le temps – veillent avec bienveillance sur leurs hôtes, logés dans une poignée de chambres simples et un peu sombres mais très bien tenues et équipées. Les gros plus, ici, ce sont l'accueil et la terrasse avec vue panoramique, où l'on partage le petit déj autour d'une lourde table de bois commune. En prime : une 2de large terrasse herbeuse avec quelques chaises longues et le transfert en voiturette assuré (gratuitement) depuis le port.

Da Francesco *(plan zoom B1, **11**) : via San Pietro. ☎ 090-98-30-23. 340-847-88-52. • info@dafrancescopanarea.com • dafrancescopanarea.com • À droite du débarcadère, sur la hauteur, panneau bien visible. Congés : déc. Doubles 80-240 €. Plats 8-20 €.* Un poil retiré du brouhaha estival du port, cet hôtel familial se distingue par sa position panoramique et les terrasses qui lui permettent d'en profiter – celle du petit déj, mais aussi celles des chambres n°s 10 et 11. De bonne taille et confortables comme les 8 autres, elles ne brillent cependant pas par leur déco. Au resto, la cuisine est sans chichis et tire plutôt bien son épingle du jeu, comme avec ces *spaghetti alla disgraziata* un peu relevés, mêlant câpres, olives et ricotta. Au final, hôtel un poil cher mais côté resto, un assez bon rapport qualité-prix.

De plus chic à très chic

Hotel Cincotta *(plan zoom B2, **12**) : via San Pietro. ☎ 090-98-30-14. • info@hotelcincotta.it • hotelcincotta.it • Ouv de début avr à mi-oct. Doubles 140-380 €.* Sa jolie situation – il est agrippé aux rochers au-dessus des vagues – lui vaut bien des adeptes. Nous, on le trouve très cher et la piscine d'eau de mer sacrément envahie à la belle saison, avec sa terrasse trop étroite pour accueillir tout le monde... Reste cette omniprésence maritime qui séduit, un bout de jardin presque luxuriant et 35 chambres tout confort quoique vieillissantes. En plein été, évitez celles de l'aile nord, à la jolie vue sur mer mais attenantes à la boîte *La Raya*, QG des fêtards de l'île ! Bon resto de poisson (cher).

Hotel Oasi *(plan zoom A1, **13**) : via San Pietro, 3. ☎ 090-98-33-38. • info@hoteloasipanarea.com • hoteloasipanarea.com • Doubles 85-300 €.* Voici la quintessence de l'esprit de Panarea : un hôtel 4 étoiles looké à mort, comme sorti d'un catalogue de voyages, avec 10 chambres distribuées autour d'une piscine encadrée de fauteuils de jardin, lits de jour et myriade de coussins. Cadre chic, avec confort achevé, notes marines, belle végétation, céramiques siciliennes au sol et terrasse vue mer pour les plus chères. Dommage que la douche, aux parois pliantes en plastique, fasse un peu tache. Autre regret : le snobisme d'une partie du personnel. Attention, certains apparts se trouvent à quelques pas de l'hôtel. Le resto maison, *Da Pina*, situé à 200 m, est généralement à la hauteur de sa renommée, mais les tarifs sont là aussi dissuasifs.

Hotel Quartara *(plan zoom A1, **14**) : via San Pietro, 15. ☎ 090-98-30-27. • info@quartarahotel.com • quartarahotel.com • Du port, prendre l'escalier grimpant à droite jusqu'à la via Iditella, sur la gauche. Doubles 180-500 €. Plats 6-22 €. Transfert inclus pour le port.* Maria Pia, Daniela et leurs filles sont aux petits soins pour leurs hôtes : *granita* offerte à l'arrivée, sourire de rigueur, offres de soins et massages... Le service vaut bien ses 4 étoiles. Le petit déj est top, avec un grand choix de pâtisseries maison et fruits frais, le jacuzzi sur la terrasse supérieure est rafraîchissant et la vue dominante sur la mer fait son petit effet. Les chambres bénéficient d'une décoration raffinée, avec mobilier indien, belles céramiques et une douche agréable, assez rare pour être souligné. Attention cependant à éviter les 3 ouvrant sur le passage latéral, peu tranquilles et assez sombres. On y mange plutôt bien, snacks et bons plats de pâtes, pour pas si cher.

À Drauto (700 m au sud)

Albergo Girasole *(carte de l'île, **15**) : via Drauth, 45. ☎ 090-98-30-18. 328-861-85-95. • girasolepanarea@gmail.com • hotelgirasole-panarea.it • Dans le village. Ouv mai-fin sept. Doubles 110-260 €. Navette incluse.* Cette auberge aux relents de *B & B*, noyée sous les fleurs et les arbres, se trouve à 10 mn à pied de l'animation de San Pietro, sur la droite, en suivant la rue menant à la plage de Zimmari. Sa douzaine de chambres, aux noms de fleurs ou de roches, sont toutes différentes et pleines de caractère, entre hauts plafonds, belles céramiques, lits en fer forgé (ou non) et couleurs chatoyantes. Toutes ont salle de bains, clim et frigo. Celles situées tout en haut, avec vue sur les côtes siciliennes, sont super. Dommage que les prix s'envolent en haute saison, pas vraiment justifiés.

Où manger ?

Comme tout à Panarea, les prix explosent et ne recoupent pas forcément la qualité attendue... Attention au poisson, souvent vendu au poids *(70-75 €/kg en général).*

Pour vous nourrir sans vous ruiner, poussez jusqu'à la ***Panarea Bakery*** *(plan zoom A2, **20**)*, via San Pietro, où vous trouverez *panini*, pâtisseries, *focacce* et autres parts de pizza (servies dans une petite panière) pour quelques euros. On peut même manger sur place.

De prix moyens à très chic

Da Antonio il Macellaio *(plan zoom A1, **21**) : via San Pietro, 20. ☎ 090-98-32-58. • ristorantemacellaio@gmail.com • En montant en direction de Ditella, sur la droite. Mars-nov, tlj midi et soir. Pensez à réserver. Compter 15-40 €.* Pas de carte, pas de poisson, mais de la viande sur le grill et des *pizze*. La 1re, pas mal persillée, provient directement de la boutique de boucher attenante et du passé argentin du boss... Les 2des, très correctes, offrent l'occasion d'un dîner au resto (enfin !) pas ruineux. Salle vitrée donnant sur la mer et terrasse.

O'Palmo *(plan zoom A1, **22**) : via San Pietro, 8. ☎ 090-98-31-55. • opalmo@live.it • Dans la rue partant à gauche du débarcadère, après l'hôtel* Lisca Blanca. *Ouv mai-oct, tlj midi et soir. Plats 15-25 €.* Ne vous laissez pas décontenancer par le look snob des serveurs et la musique électro. La cuisson des poissons est parfaite et les pâtes excellentes, à l'instar de ces (gros) *paccheri* à l'éolienne, que vous ne regretterez pas. Au final, c'est sans doute l'un des meilleurs rapports qualité-prix de l'île !

Cusiritati *(plan zoom A-B1, **23**) : via San Pietro. Sur la hauteur à droite du débarcadère, par l'escalier. ☎ 090-98-30-22. • cusiritati@libero.it • Ouv mars-oct, tlj midi et soir. Menu dégustation 75 € ; à la carte env 60 €.* Service nappé (le soir), sets de table en osier, beaux verres, terrasse panoramique dominant le port et les îlots de Panarea... le cadre est sensas'. La cuisine, elle, si elle n'est pas mauvaise, tombe plutôt dans le registre du « correct » à des tarifs cher payés. Furetez sur la carte pour dénicher les plats les plus abordables...

Da Adelina *(plan zoom B1, **24**) : via Comunale Mare, 28. 📱 334-113-24-96. • info@adelina-panarea.com • Plats 17-30 €.* Un peu chic mais pas trop, *Da Adelina* se hisse au 1er étage d'un bâtiment du port avec terrasse couverte. Arrivez tôt ou réservez l'une des 3 tables en prise directe avec la vue : la *passeggiata* se déroule à vos pieds. La cuisine se veut un brin inventive, à l'image de ce carpaccio de thon au gingembre ou de la *parmigiana* servie avec sorbet au basilic ! Parfois ça marche, parfois pas (des épinards avec un steak de thon ?!). Service un peu snob à notre goût.

Voir aussi ***Da Francesco*** *(plan zoom B1, **11**)* dans « Où dormir ? ».

Où manger une *granita* ? Où boire un verre ? Où sortir ?

Bar da Carola *(plan zoom A-B1, **30**) : face au débarcadère. Tlj 6h-minuit.* On y trouve le plus grand choix de *granite* des îles (25 !), à 4 € tout de même... La spécialité ? Pêche-malvoisie. Pas mal, mais on préfère les simples figues et figues de Barbarie. On peut aussi grignoter un *panino*, des *arancini*, une salade *(env 10 €)*, ou encore s'y offrir un cocktail, idéalement installé sur la petite terrasse nappée de bleu marine, face à la plage de galets et au Stromboli, au loin.

Discoteca Raya *(plan zoom B2,* ***31****)* **:** *sur le port, au bout à gauche. De mi-juil à mi-sept seulement, en fin de sem. Entrée : jusqu'à 50 € !* Au cœur de l'été, des bateaux charters venus de nuit de Lipari déversent leur lot quotidien de *wanna be hipsters* et de jeunes fanas de clubbing venus s'encanailler dans cette boîte mythique, où s'enchaînent les mêmes musiques électro éculées et commerciales. Dans la foule, quelques trentenaires et vieux beaux, et parfois une tête d'affiche du gotha européen, du show-biz ou du foot... On ne dort pas beaucoup dans le secteur.

À voir. À faire

Au-delà du village de ***San Pietro,*** où s'amarrent ferries et *aliscafi,* quelques sentiers (plus ou moins bien fléchés) invitent à découvrir l'île. Rien d'exagérément sportif. Au pire, comptez 3h pour faire le tour de l'île via la côte ouest, solitaire.

Balade vers le sud : peu après avoir quitté le port, l'***église San Pietro Apostolo*** mérite un coup d'œil pour sa belle mosaïque du parvis représentant une scène de pêche. Mais déjà, on atteint la bourgade attenante de ***Drauto,*** QG des plus belles villas, entourées de jardins foisonnants où le regard se perd. Beaucoup sont la propriété de personnalités de la jet-set – dont les yachts dodelinent au large. Après 20-30 mn de marche, tout au bout de la rue pavée, se dessine la ***caletta dei Zimmari*** avec son restaurant-bar-dancing d'été. Des voiturettes électriques peuvent conduire les paresseux jusque-là. La petite plage de sable, grisâtre et plutôt sale, voit s'empiler les vacanciers les uns sur les autres ! Traversez la marée humaine et franchissez la barre rocheuse. En 10 mn, vous atteindrez les modestes vestiges du village bâti à l'âge du bronze sur le promontoire déchiqueté de la ***punta Milazzese*** dardant son long éperon rocheux au-dessus de 3 criques caillouteuses. Le panorama est superbe. On trouve là les fondations ovales de 22 huttes datant du XVe au XIIIe s avant notre ère. Un endroit idéal pour pique-niquer le soir, en admirant le coucher du soleil. En contrebas, la ***cala Junco*** et ses gros galets baignés par des eaux cristallines tenteront ceux qui n'ont pas peur d'un peu de ressac.

Balade vers le nord : à peine quitté le port débute le quartier de Ditella, annoncé par une autre église consacrée à San Pietro Apostolo (linteau posé à l'envers et beau confessionnal en bois peint). Environ 15-20 mn plus avant, la rue s'étrécit puis se fait chemin. Un panneau, à droite, indique la ***spiaggia Fumarola,*** à 10 mn à peine par un sentier cabossé. En vous approchant, vous verrez quelques bouches sulfureuses et dépôts jaunes dans le talus soulignant cette « plage » de gros cailloux. Rien d'extraordinaire, surtout si vous êtes allé à Vulcano !

➢ ***Balade en bateau :*** *loc de barque à moteur (2-4 pers) au port, 60-120 €/j. selon saison, sans ou avec « chauffeur ». Elle est livrée avec glacière pour le pique-nique et quelques matelas pour se dorer la pilule.* Idéal pour rejoindre la punta Milazzese et découvrir l'archipel de Panarea, mais vérifiez bien les conditions météo et ne vous aventurez pas en mer sans connaissances suffisantes.

STROMBOLI

(98050) env 500 hab.

• Carte de l'île *p. 441* • Plan Stromboli *p. 443*

La plus excentrée des îles de l'archipel est aussi la plus célèbre et la plus impressionnante. Homère y fait débarquer Ulysse fuyant le Cyclope, Jules

Verne y situe le retour des héros du *Voyage au centre de la Terre.* Ici, plus qu'ailleurs, on comprend ce que sont les Éoliennes : des cônes plongeant vers le fond de la mer Tyrrhénienne, à plus de 2 km sous la surface. Si vous l'abordez en bateau, inutile de chercher un mouillage sûr : les fonds dégringolent à quelques brasses du rivage. Trônant au-dessus d'un attachant chapelet de hameaux à la blancheur cycladique, striés d'escaliers et de ruelles perpendiculaires à des plages d'une noirceur sépulcrale, le volcan exhale en permanence poussière et gaz, parfois accompagnés d'un *boum* retentissant et de filets de magma. Voilà plus de 2 millénaires que ce « phare de la Méditerranée » brille ainsi quasi continuellement...

Au gré des phases paroxystiques et des destructions, les *Strombolani* ont parfois pris peur, voguant vers d'autres horizons. Ceux qui sont restés, depuis trop longtemps sous la menace, exhibent une sorte de décontraction mêlée de respect pour le monstre qui, du jour au lendemain, pourrait les anéantir. Même le petit port de Ginostra et sa cinquantaine d'habitants, à l'autre bout de l'île, ne sont pas à l'abri...

Attention, mieux vaut éviter de programmer votre visite en toute fin de séjour, il est assez fréquent que la houle ne permette pas de repartir en *aliscafo,* il serait dommage de rester coincé sur l'île et manquer votre retour...

LE VOLCAN

AVOIR VENT DE L'HISTOIRE

Stromboli n'a jamais vraiment eu bonne réputation depuis l'Antiquité. Les Grecs y voyaient le siège d'Éole, dieu capricieux responsable des tempêtes. Tous les auteurs de l'Antiquité ont décrit le Stromboli avec le même effroi. Plus tard, Grégoire le Grand y vit le siège des damnés, donc la porte d'enfer sur la terre. Avec tout ça, rien d'étonnant à ce que l'on ait attendu le XVIIe s et Torricelli (puis Pascal) pour cesser de croire que les volcans étaient à l'origine des vents qui soufflent sur Terre !

Le Stromboli, en activité quasi permanente depuis la plus haute Antiquité, expulse 3 à 7 fois par heure (en moyenne) des lambeaux de lave incandescente jusqu'à 100-200 m de hauteur. On les observe depuis le point le plus haut du cratère, environ 150 m au-dessus de la grande marmite. À ces explosions coutumières s'en ajoutent d'autres, plus puissantes, dont la force s'échelonne entre « majeures » (2 à 5 par an, projections jusqu'à 500 m de hauteur) et « paroxystiques » (tous les 5-10 ans). Les dernières du genre remontent à 2002-2003 et, dans une moindre mesure, à 2007. La 1re s'est accompagnée de coulées de lave dévalant jusqu'à la mer et d'un raz-de-marée (vague de 11 m) ressenti jusqu'en Calabre et en Sicile, provoqué par un glissement de terrain majeur dans la zone de la sciara del Fuoco (« pente du feu »). Ce couloir d'évacuation naturel du volcan, en forme de toboggan, se prolonge de 700 m sous l'eau ! En avril de la même année, une grosse explosion a envoyé une colonne de cendres jusqu'à 2 km de hauteur ; des bombes volcaniques sont tombées sur Ginostra, endommageant des maisons. ***Plus récemment, en juillet 2019, 2 fortes explosions, précédées de coulées de lave, ont coûté la vie à un randonneur.***

Ces épisodes ont entraîné un renforcement important de la sécurité, avec ***interdiction aux particuliers de monter le Stromboli sans guide assermenté*** (voir détails plus loin) et la construction d'abris sommaires contre les projections au sommet. Le modèle de prévision des explosions a, quant à lui, été affiné par la détection de l'accroissement anormal de la quantité de CO_2, plus efficace que les simples enregistrements sismiques. Une batterie de 84 instruments de mesure a aussi été (ré)installée : suivi des déformations des pentes par capteurs GPS et inclinométriques, surveillance automatique des émissions gazeuses, bouée

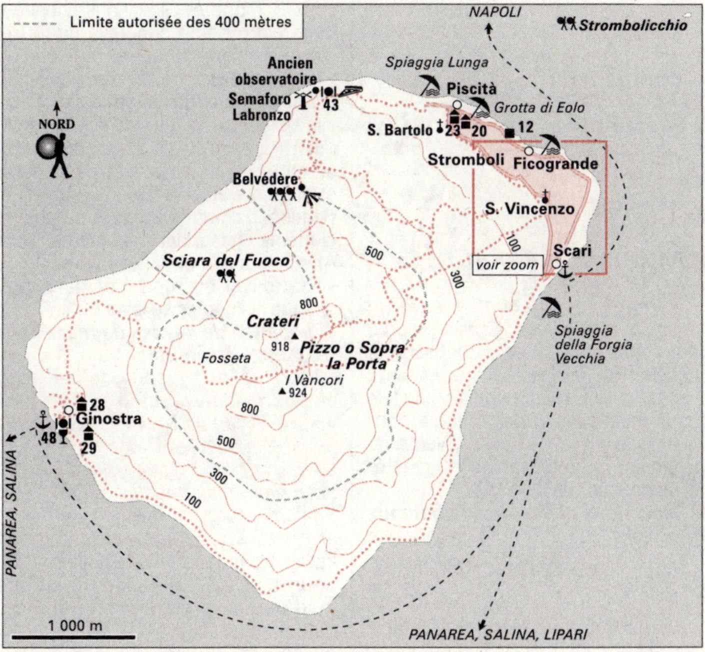

L'ÎLE DE STROMBOLI

Adresse utile	**28** B & B MareSole
12 Centro Mare Stromboli	**29** B & B Luna Rossa
Où dormir ?	**Où manger ?**
20 Casa del Sole	**43** L'Osservatorio
23 Albergo Brasile	**48** L'Incontro

« antitsunami » au pied de la sciara del Fuoco, etc. Toutes ces infos sont transmises en temps réel aux observatoires régionaux. Pas de doute, Stromboli réserve encore, à ses habitants et ses visiteurs, de nombreuses surprises...

LE VILLAGE DE STROMBOLI

Adresses et infos utiles

■ ***Bancomat*** *(plan A1 et B1,* ***1****)* **:** *devant la supérette, via Roma, et via Regina Elena (la ruelle qui monte), juste après l'hôtel* La Sirenetta *(plan A1,* ***1****).*

■ ***Pharmacie :* Simone** *(plan A1,* ***2****), via Roma, 11.* ☎ *347-184-03-22. Juste avt l'église San Vincenzo, en venant du port. Fin juin-sept, tlj 8h-19h ; le reste de l'année, tlj 9h-13h, 16h-19h, sauf sam ap-m et dim.* On y vend aussi de la crème solaire (et des souvenirs !).

■ ***Guardia medica*** *(plan A1,* ***3****)* **:** *à l'ambulatorio, via V. Emanuele, après l'église San Vincenzo, sur la droite en*

LES ÎLES ÉOLIENNES

venant du port. ☎ *090-98-60-97. Permanence 8h30-12h30, 16h30-20h ; urgences 24h/24.*

■ ***Carabinieri :*** *via Picone, 5.* ☎ *090-98-63-72.*

■ ***Supermarché*** *(plan B1,* ***1****) :* *via Roma. Lun-sam 8h30-13h, 16h30-19h30 ; fermé dim.*

Activités

■ ***Totem Trekking*** *(plan B1,* ***5****) :* *piazza San Vincenzo, 4.* ☎ *090-986-57-52.* • *totemtrekkingstromboli.com* • *Tlj, horaires variables selon saison.* Shorts, pantalons, coupe-vent, chaussures, chaussettes, lampes torches, sacs à dos... Il ne vous manquera rien une fois passé dans cette immanquable boutique de la place de l'église. Vente ou location selon vos besoins et le matériel disponible.

■ ***Excursions et location de bateaux Pippo*** *(plan B2,* ***8****) :* *via Marina, face à l'hôtel Ossidiana.* 📱 *348-055-92-96.* • *giovanniutano1984@gmail.com* • *Compter 15-25 €/pers pour faire le tour de l'île, aller prendre l'apéro, dîner à Ginostra ou aller voir la sciara del Fuoco de nuit.* Pippo et Giovanni stationnent dans cette petite cahute à un jet de pierre de l'embarcadère. Le tour de l'île, assez classique, dure environ 4h30 et comprend arrêts baignade et courte escale à Ginostra. La *sciara,* c'est environ 1h15 en tout : on stationne un peu au large pour regarder le volcan tousser et on rentre au port. Bonne ambiance. Beaucoup d'autres agences proposent la même chose, dans les mêmes prix. Attention à la météo : pas agréable de se retrouver sur une mer dansante, lorsque les orages se lèvent...

■ ***Location de kayaks de mer : Centro Mare Stromboli*** *(carte de l'île,* ***12****), plage de Ficogrande (situé au niveau de la buvette).* 📱 *338-505-15-43 (Angelica).* • *62geli@libero.it* • *Ouv de mi-juin à fin sept. Compter 20 €/h, 30 €/2h pour un kayak biplace, moitié moins cher pour un monoplace. Également loc de masques et tubas et planches de stand-up paddle.* En kayak, compter environ 2h aller-retour pour la sciara del Fuoco ; la balade guidée est proposée chaque fin d'après-midi *(25 €).*

Où dormir ?

En très haute saison (de mi-juillet à fin août), il est très difficile de se loger si l'on n'a pas réservé ; hors saison, presque tout est fermé, alors reste l'intersaison, finalement assez peu fréquentée jusqu'au 15 juillet et quasi déserte en octobre. En prévenant votre hôtel de l'heure de votre arrivée, on pourra venir vous chercher au port avec une voiturette-taxi.

De bon marché à prix moyens

🏠 ***Casa del Sole*** *(carte de l'île,* ***20****) :* *via D. Cincotta, dans le quartier de Piscità.* ☎ *090-98-63-00.* 📱 *347-004-53-76.* • *info@casadelsolestromboli.it* • *casadelsolestromboli.it* • ♿ *Ouv en principe de mi-mars à mi-nov. Dortoir (5-6 lits) 25-35 €/pers ; doubles 60-110 €. Pas de petit déj. Téléphoner avt d'arriver.* Unique vraie option de l'île pour les voyageurs sac au dos, cette agréable pension est tenue par l'accueillante Francesca, qui parle un peu l'anglais. Les dortoirs, aux lits séparés et non superposés, sont un peu vieillots mais bien tenus, avec de très hauts plafonds typiques des maisons anciennes, sans clim ni ventilo, mais il n'y fait (généralement) pas trop chaud. Également 10 chambres privées simples mais plus récentes et joliment décorées ; 4 ont leur propre salle de bains, 2 partagent celle des dortoirs. Ici, l'ambiance est décontractée et conviviale, surtout dans la cuisine commune. Hamacs pour les moments plus calmes et terrasse panoramique toute bleue avec une vue imprenable sur le volcan d'un côté et la mer de l'autre. On a craqué pour la petite crique juste en dessous *(grotta di Eolo).*

🏠 ***Residence Aquilone*** *(plan A1,* ***21****) :* *via V. Emanuele, 29.* ☎ *090-98-60-80.*

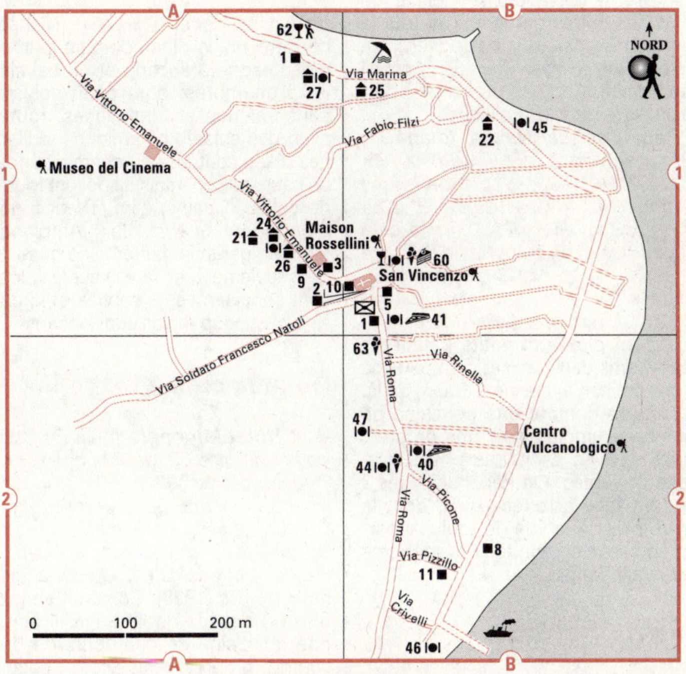

STROMBOLI

■ **Adresses utiles**

- **1** Bancomat et supermarché (A1 et B1)
- **2** Pharmacie Simone (A1)
- **3** Guardia medica (A1)
- **5** Totem Trekking (B1)
- **8** Excursions et location de bateaux Pippo (B2)
- **9** Stromboli Adventures (A1)
- **10** Magmatrek et Stromboli Fire Trekking (A-B1)
- **11** Il Vulcano a Piedi (B2)

Où dormir ?

- **21** Residence Aquilone (A1)
- **22** Pensione La Nassa (B1)
- **24** B & B La Lampara (A1)
- **25** Hotel Miramare (B1)
- **26** La Locanda del Barbablù (A1)
- **27** La Sirenetta Park Hotel (A1)

Où manger ?

- **40** Pizzeria Rosticceria Da Giovanni (B2)
- **41** Da Luciano (B1)
- **44** Il Canneto (B2)
- **45** Punta Lena (B1)
- **46** Ristorante da Zurro (B2)
- **47** Trattoria ai Gechi (B2)

Où déguster une glace ?
Où boire un verre ?
Où danser ?

- **60** Ritrovo Ingrid (B1)
- **62** La Tartana Club (A1)
- **63** Lapillo Gelato (B2)

• aquiloneresidence@virgilio.it • aquiloneresidence.it • Au fond de la ruelle qui longe sur la gauche le resto La Lampara. *Doubles 50-110 €.* La dizaine de chambres se répartit dans des bungalows plus ou moins accolés entourés d'un agréable jardinet de citronniers – où est servi le petit déj. Certaines sont plus colorées, plus lumineuses ou mieux situées que

d'autres ; 2 partagent une salle de bains, les autres ont la leur et tout le confort nécessaire ; 3 disposent, en outre, d'une cuisine extérieure. Accueil attentionné. Au final, un bon rapport qualité-prix pour les Éoliennes.

Pensione La Nassa *(plan B1,* **22***) : via Marina. ☎ 090-98-60-33. 📱 339-239-95-85. • info@lanassastromboli.it • lanassastromboli.it • En contrebas du village, à 10 mn à pied du port, direction Ficogrande ; en face du resto* Punta Lena. *Ouv avr-sept. Doubles 70-120 € ; familiales ; pas de petit déj. CB refusées. Parking payant.* Occupant plusieurs petits bâtiments bas répartis dans un jardin un peu sec et une maison ancienne à 100 m de là, la pension compte une douzaine de chambres simples mais très propres, chacune avec sanitaires privés, terrasse et ventilo. On déconseille les 3 qui font face à la réception, dont la terrasse est à la vue de tous. Appartements sur demande. Propriétaires très arrangeants.

De prix moyens à plus chic

Albergo Brasile *(carte de l'île,* **23***) : via Soldato D. Cincotta, dans le quartier de Piscità. ☎ 090-98-60-08. 📱 348-905-26-28. • info@strombolialbergobrasile.it • strombolialbergobrasile.it • ♿ Dans une rue qui descend en face de l'église San Bartolo. Ouv nov-mars. Doubles 70-140 € ; familiales.* La douzaine de chambres, entourant une courette blanche plantée de 2 citronniers et d'un vieil olivier, est peinte aux couleurs du Brésil : jaune et vert ; le bleu du ciel complète le drapeau. Simples, avec douche, frigo et ventilo, elles sont d'une propreté irréprochable et parfaitement au calme. Certaines bénéficient de la vue sur la mer et 2 suites, un peu à l'écart, ont en plus clim et terrasse ou patio privé. Accueil très gentil en français. Panorama splendide sur l'église et le volcan depuis le grand toit-terrasse carrelé. Un vent de légèreté souffle sur cette adresse.

B & B La Lampara *(plan A1,* **24***) : via V. Emanuele, 27. 📱 339-738-98-49. • info@lalamparastromboli.com • lalamparastromboli.com • Ouv tte l'année. Doubles 60-140 €.* Nichées derrière un jardinet dominé par un gigantesque araucaria et un palmier, les 5 chambres, d'un beau volume, sont fraîches et lumineuses, toutes avec des sols en céramiques siciliennes. Elles sont un peu chères, surtout en haute saison, mais disposent toutes de salle de bains, clim, TV et frigo ; 2 partagent une cuisine. Ambiance familiale garantie. La terrasse du resto (soir seulement) et sa vue sur le volcan sont séduisantes, le service et la cuisine beaucoup moins convaincants.

De plus chic à très chic

Hotel Miramare *(plan B1,* **25***) : via V. Nunziante, 3, dans le quartier de Ficogrande. ☎ 090-98-60-47. • info@miramarestromboli.it • miramarestromboli.it • Ouv de mai à mi-oct. Doubles 100-185 €, transfert depuis le port compris.* C'est le plus ancien hôtel de l'île (1928). Construit en gradins au-dessus de la plage, il abrite une quinzaine de chambres de bon confort, propres, mais assez dépouillées (mobilier désuet, peu de déco). Leur vrai plus, c'est la situation : toutes ont un balcon et une vue sur la mer. La terrasse réserve un cadre agréable pour le petit déj. Excellent accueil (en français).

La Locanda del Barbablù *(plan A1,* **26***) : via V. Emanuele, 17-19, San Vincenzo. ☎ 090-98-61-18. • info@barbablu.it • barbablu.it • 150 m après l'église San Vincenzo. Ouv mars-oct. Doubles 99-193 €. Café offert sur présentation de ce guide.* Jadis réputée pour son resto, la maison, dotée d'une imposante façade jaune et bordeaux, n'a conservé qu'un piano-bar *(19h-23h)* et 5 chambres – dont 2 avec vue sur le volcan et 3 sur la mer. Elles sont meublées avec beaucoup de goût et de caractère : céramiques anciennes au sol, poteries, objets XIXe s ou gravures, elles ont même pas mal de charme. Agréable terrasse avec vue sur le volcan. Dommage que l'accueil de certains membres du personnel soit un poil prétentieux et les prix aussi gonflés...

La Sirenetta Park Hotel (plan A1, **27**) : *via Mattina, 33, Ficogrande. ☎ 090-98-60-25. • info@lasirenetta.it • lasirenetta.it • Ouv de mi-avr à oct. Doubles 165-300 €. Menus 15-40 €.* Cet hôtel date de 1952 mais a toujours fait l'objet d'un entretien suivi, tant et si bien qu'aujourd'hui il a toujours fière allure. Il propose une cinquantaine de chambres de très bon confort semées au fil de petites terrasses et de ravissants jardinets. Belle piscine d'eau de mer, solarium en amphithéâtre, salons, boutique, fitness, tennis, spa, massages et club de plongée... Accueil serviable et en français, la grande classe pour ce vrai 4-étoiles aux normes internationales. Bon restaurant qui fait face à la plage de sable noir, mais petit déj à améliorer.

Où manger ?

De bon marché à prix moyens

Pizzeria Rosticceria Da Giovanni (plan B2, **40**) : *via Roma. ☎ 090-98-63-01. Ouv avr-oct, tlj. Pizze et plats 6-18 €.* Pas d'ambiance éolienne, pas de vue depuis la terrasse, pas de miracle côté pâtes, mais des *pizze* tout simplement excellentes, mitonnées par Giovanni, *Napolitano vero* – bandana sur le front et verbe facile au palais. Sans gluten possible.

Da Luciano (plan B1, **41**) : *via Roma, 15. ☎ 090-98 60-88. Ouv tte l'année jusque tard le soir. Pizze 6-17 € (midi et soir) ; plats 15-25 €.* La 1re salle (sur la rue) abrite un bar débitant parts de pizza pas chères et pâtisseries, à consommer sur place ou à emporter. Pour le resto, il faut grimper en terrasse, avec en prime une large vue sur la mer. Le service est plutôt bien rodé, la cuisine correcte et copieuse (dont de bonnes *pizze* au feu de bois). Reste à surveiller la note, car ça grimpe assez vite !

L'Osservatorio (carte de l'île, **43**) : *à 2 km de Piscità (env 25 mn) et près de 5 km de l'église de San Vicenzo (1h), aux avant-postes de la sciara del Fuoco. ☎ 090-958-69-91. 📱 339-314-12-14. • acquaroalbertoa61@gmail.com • Navette gratuite depuis Piscità sur simple appel. Pâques-début nov, tlj 10h-22h (minuit-1h en plein été). Pizze 7-12 € (le soir seulement) ; plats 7-25 €. CB refusées.* C'est l'ancien observatoire du volcan transformé en bar-pizzeria. On n'y mange pas si mal que ça et pas si cher non plus si l'on s'en tient aux *pizze*. De là, on peut déjà apprécier très correctement le spectacle quand le volcan veut bien s'ébrouer. Service plutôt lent.

Il Canneto (plan B2, **44**) : *via Roma, 64. ☎ 090-98-60-14. Tlj 7h-minuit env.* Café et pâtisseries le matin, snacks en journée, *granite* par les chauds après-midi, poissons et fritures le soir... l'adresse remplit tous les offices, sans trop de prétentions monétaires. La cuisine, éolienne, tient la route.

De prix moyens à chic

Punta Lena (plan B1, **45**) : *via Marina, 8. ☎ 090-98-62-04. ♿ • info@ristorantepuntalenastromboli.it • De mai à mi-oct, tlj sauf mer midi. Plats 12-22 €, mais poisson au kilo au-delà de 250 g ; couvert 4 €.* Favori des anniversaires et des soirées en duo, c'est le gastro de l'île, dressé sur son trente et un. La jolie salle avec baie vitrée, baignant dans une élégante déco en bleu et blanc, est posée au bord de l'eau (réservez 1 ou 2 jours avant pour une table avec vue). Inutile de se ruiner en poisson : la spécialité de la maison, ce sont les *spaghetti alla strombolana*, délicatement relevés de fenouil sauvage. Accueil de bonne humeur.

Ristorante da Zurro (plan B2, **46**) : *via Crivelli, 5. Port de Scari, presque en face de l'embarcadère, sur la gauche. 📱 338-134-24-95. Pâques-fin oct, tlj midi et soir. Plats 14-22 € ; repas 40 €, mais poisson au kilo ; couvert 4 €.* C'est en général Zurro lui-même, à la grande barbe poivre et sel, qui vient annoncer les plats du jour : toujours du poisson en fonction des arrivages, également ces simples mais copieux *spaghetti alla strombolana* mitonnés selon une recette de la mamma Filippa – histoire de comparer avec ceux du *Punta Lena.* Vous pourriez aussi essayer les raviolis noirs *pietre di mare,* au poisson. Terrasse ou salle à la déco marine.

Trattoria ai Gechi *(plan B2,* ***47****) : via Salina, 12. ☎ 090-98-62-13. 338-357-75-59. • ninozac@libero.it • Ouv tlj de mi-avr à mi-oct, midi et soir. Plats 10-25 €.* On apprécie la grande terrasse couverte mais aérée aux tables en bois blanc, nichée au détour d'une ruelle, au-dessus d'un jardin planté de grands cactus candélabres et d'un gros palmier. Le cadre plaira à tous. On aurait aimé en dire autant de la cuisine (éolienne revisitée) : elle tire, certes, son épingle du jeu par sa fraîcheur, mais on reste un peu sur sa faim. Service attentif et jolie carte des vins pas trop chère.

Où déguster une glace ? Où boire un verre ? Où danser ?

Ritrovo Ingrid *(plan B1,* ***60****) : pl. San Vincenzo, en face de l'église. Pâques-oct, tlj jusque tard.* La vue est admirable depuis la terrasse de ce café baptisé en souvenir de l'héroïne (Ingrid Bergman) du film *Stromboli.* Au centre de tout, toujours animé, si ce n'est surchargé, il offre un beau choix de pâtisseries, glaces, *granite* (aux morceaux de fruits !), *pizze* au feu de bois et petite restauration. Le cappuccino du matin y devient vite un rituel.

Lapillo Gelato *(plan B2,* ***63****) : via Roma. Mai-oct, tlj.* Bon choix de crèmes glacées artisanales et de *granite* sortant un peu de l'ordinaire, notamment choco-cannelle, mandarine ou bergamote !

La Tartana Club *(plan A1,* ***62****) : plage de Ficogrande. ☎ 090-98-60-25. Juste après* La Sirenetta Park Hotel. *De mi-juin à début sept.* Au buffet au kilo du midi *(30 €/kg),* conçu pour les plagistes, succède l'heure de l'apéro, servi sur plusieurs terrasses avancées vers la mer, avec vue superbe sur le Strombolicchio et son phare. L'ambiance est chic, un peu toc, sur fond épisodique de musique live ou DJ.

À voir. À faire

– La rue principale, la via Roma, part de Scari, le port des *aliscafi,* et monte vers l'***église San Vincenzo,*** au cœur du village. Le parvis de cette dernière offre une vue exceptionnelle sur la mer et le Strombolicchio. Au-delà commence la via V. Emanuele. En continuant tout droit sur environ 2 km, on rejoint l'agréable quartier de ***Piscità,*** très calme et verdoyant, où se multiplient les résidences secondaires enguirlandées de bougainvillées. Environ 250 m après l'église *San Bartolo* se trouve le départ du chemin d'accès à l'*ancien observatoire* du volcan (aujourd'hui transformé en pizzeria) et au belvédère. Tout au long du parcours, des venelles fleuries, sur la droite, descendent vers la mer. Une route côtière relie parallèlement Scari à Piscità via la grande plage de sable noir de ***Ficogrande.*** Les panneaux verts, intrigants, qui bordent le littoral indiquent l'itinéraire à prendre et les points de rassemblement en cas d'alerte au raz-de-marée !
Les distances étant courtes, il n'y a pas de voitures, mais seulement des scooters et des voiturettes-taxis électriques parfaitement silencieuses. Ne jamais les prendre sans avoir négocié le prix auparavant (assez cher).

Les amateurs de 7e art et les fans de la grande Ingrid Bergman iront en pèlerinage devant la demeure rose *(plan A1)* où elle vécut un amour fou avec Rossellini lors du tournage de *Stromboli, terra di Dio,* au printemps 1949 (certains soirs d'été, le film est projeté sur grand écran à la *Libreria Sull'Isola*). La ***maison Rossellini*** se trouve via V. Emanuele, 100 m environ après l'église San Vincenzo, sur la droite. Une plaque a été apposée sur la façade.

PROPOS VOLCANIQUES

En 1949, lorsque le grand cinéaste Rossellini s'éprit de la belle Ingrid Bergman, il était toujours marié à la diva du cinéma italien, la volcanique Anna Magnani. Pas question, donc, pour les 2 tourtereaux, de partager officiellement le même toit pendant le tournage (certainement pour faire des économies). Au cinéaste la maison rose, à la blonde Nordique la blanche d'à côté. Situation d'autant plus scabreuse que l'épouse délaissée s'installait tous les soirs à proximité pour injurier à distance son mari infidèle...

***Museo del Cinema di Stromboli** (plan A1) :* *via V. Emanuele. • museodistromboli.it • Dans l'école, lun-ven 10h (11h jeu)-13h (12h en basse saison). Donation appréciée.* Tenu l'été par Alberto, un sympathique réalisateur italien vivant à Barcelone, ce petit musée est une émanation d'un projet pédagogique de l'école locale. Vous n'y verrez pas *Stromboli, terra di Dio,* mais une panoplie de documentaires des années 1950 à 1980 retraçant l'évolution de l'île, de son passé austère et ardu jusqu'à son avènement touristique. Même en hiver, durant l'année scolaire, une petite salle demeure dédiée à ces archives, que vous pouvez demander à visionner.

***Centro Vulcanologico – Centro operativo INGV** (plan B2) :* *via Marina, à env 200 m à l'est du port. ☎ 090-98-67-08. • ingv.it • Juin-sept, tlj 10h-13h, 17h-20h. GRATUIT.* Installé dans un simple Algeco, ce microcentre d'exposition se charge de présenter la géologie de l'archipel éolien et de Stromboli en particulier ; les courtes visites guidées sont organisées par des étudiants en sciences. Vous pourrez y voir 2 films tournés lors des dernières grandes éruptions, en 2002-2003 et 2007.

Strombolicchio : vous ne pouvez pas manquer cet îlot amarré face à la plage de Ficogrande. Ultime vestige d'un volcan vieux de 200 000 ans, il n'a conservé que la lave dure de sa cheminée. Il a été décapité pour construire à son sommet un phare et culmine aujourd'hui à environ 50 m. On ne peut pas y grimper, le site étant classé à la fois zone militaire et réserve naturelle en raison de la présence d'une plante et d'un lézard endémiques. Mais ce sont ses fonds marins qui attirent les amateurs. Si vous avez loué une embarcation, son pilote s'approchera du rocher pour vous montrer ce curieux profil de cheval découpé dans la lave et vous laisser faire trempette dans les eaux cristallines tout en profitant d'une belle vue sur l'île.

Plages et criques : après Vulcano, c'est Stromboli qui possède les plus belles plages de sable des Éoliennes – un sable noir, parfois un peu grossier ou mêlé de galets. Celle s'étendant au sud du débarcadère, la ***spiaggia della Forgia Vecchia,*** n'est pas trop envahie et offre une vue directe sur le chemin tracé dans le sable qui redescend du volcan. Quelques barques s'y alanguissent. La plus populaire – la moins sauvage, donc – est celle de ***Ficogrande.*** Au niveau de *Piscità,* plusieurs petites criques se révèlent au débouché de ruelles partant de la via Regina Elena. Notre préférée, dite de la ***Grotta di Eolo,*** bien ombragée mais toute petite, se niche juste en contrebas de la *Casa del Sole* (voir « Où dormir ? »). Une plage de sable noir plus grande, la ***spiaggia Lunga,*** se dessine juste après Piscità en prenant le chemin de l'observatoire.

L'ASCENSION DU STROMBOLI

Visiter Stromboli sans faire l'ascension du volcan, c'est un peu comme si, à New York, vous boudiez la statue de la Liberté ou l'Empire State Building... Quand bien même le spectacle fascinant des projections de lave est sujet à l'humeur du géant (risque d'explosions majeures ou phases de dormance) et aux facéties d'Éole (vent fort, nuages ou brouillard), il serait dommage de ne pas tenter l'expérience : on n'a pas tous les jours l'occasion d'approcher un volcan actif ! Il ne s'agit, certes, pas d'une balade pour promeneurs du dimanche. Une montagne de 924 m à escalader en partant (presque) du niveau de la mer, ce n'est pas rien. Cela étant dit, certains le font avec des enfants de 10 ans, pour peu qu'ils aient l'habitude de la randonnée.

Conseils et infos utiles

Une ascension très encadrée

– Important : début 2021, l'activité du volcan avait réduit l'accès du volcan à 400 m d'altitude, contre 920 m en temps normal. Et ce, même pour les randonnées encadrées par des guides. Bien se renseigner sur les conditions d'accès au moment de votre voyage.

Dans le passé, certains visiteurs se sont distingués par leur imprudence, conséquence de nombreux accidents, pour certains mortels. Depuis 2020, des règles strictes ont été fixées pour renforcer la sécurité du site : ***un guide accrédité est désormais obligatoire au-delà d'une altitude de 290 m.*** Il vous faudra donc faire appel à l'une des agences proposant l'aventure (voir plus bas). Certaines ont meilleure réputation mais, à vrai dire, le programme varie peu : tout le monde part 2-3h avant le coucher du soleil de la place de l'église, par groupes de 20 personnes maximum, généralement regroupées en fonction de la langue parlée. Toutes les agences empruntent l'itinéraire principal, bien raide, qui s'élève directement au-dessus du village, d'abord à travers un dense matorral de « bambous » puis, au-delà de la limite de végétation (500 m), en zigzags le long de l'arête principale. La progression se poursuit sur fond de soleil couchant dans un sable de scories jusqu'au sommet que l'on atteint au terme de 2h30 à 3h d'effort. En fait, le temps de parcours dépend plus de l'avancée des groupes précédents (que l'on suit sans les dépasser) que des capacités de chacun – même si, lorsque les participants sont assez nombreux, les agences tendent à constituer des groupes plus « forts » et d'autres plus « faibles » par souci d'unité. Des pauses sont régulièrement marquées et ceux qui constatent leur incapacité à poursuivre peuvent rebrousser chemin jusqu'à l'altitude de 500 m (un guide « balai » y est posté).

Parvenu au sommet au crépuscule, c'est souvent l'embouteillage, surtout en été, et il faut attendre son tour pour pouvoir se rapprocher du cratère et bénéficier du meilleur point de vue – un maximum de 80 personnes est autorisé à cet endroit. En attendant, on boit, on grignote, on se change et on commence à pousser des « oh » et des « ah » à chaque lueur orangée. Ensuite, tout est question de chance : le volcan se manifestera-t-il ? Les nuages se tiendront-ils bien à distance ? Suspense. Une heure à méditer sur la beauté du monde pour les uns, ou à chercher le meilleur cliché pour les autres, puis tout le monde redescend, de nuit (environ 1h30), par un sentier raide mais facile, progressant un bon moment dans la cendre épaisse. C'est là que la frontale révèle toute son utilité. S'il a plu les jours précédents, vous êtes chanceux : la poussière sera réduite. Sinon, le guide distribue un masque, tandis que l'on pense déjà à la bonne douche qui nous attend... Retour devant l'église après 5h30 à 6h de balade.

ATTENTION, pensez à vérifier une éventuelle fermeture du site en amont de votre voyage. Tout d'abord, ***l'ascension peut être purement et simplement interdite*** pour un moment (parfois plusieurs mois !) en raison d'un risque d'explosions paroxysmiques – ce sont en général les périodes en apparence les plus calmes qui posent le plus grand risque. Votre excursion peut aussi être ***annulée à cause de la météo.*** Ou écourtée par mesure de sécurité si, comme souvent en fin d'été, les orages enveloppent subitement le sommet. Elle peut aussi avoir lieu alors que le volcan dort : ne comptez pas trop sur les agences, dans ce cas, pour vous prévenir... Le mieux est de bien se renseigner avant le départ auprès de ceux qui viennent de faire la rando et de consulter le site de l'INGV (● *ingv.it* ●). Enfin, sachez que tous ceux qui passent outre et tentent la montée en solo sont susceptibles de récolter une amende de 500 €.

Voies alternatives

Vous pouvez aussi décider de tenter l'ascension par l'une des ***2 autres voies autorisées,*** pour peu que l'une ou l'autre agence propose des départs. Ils sont nettement moins fréquents et il vous faudra probablement recourir aux services d'un guide privé. Les 2 voies sont plus longues et plus difficiles. Celle partant de Ginostra, suivie d'une redescente à San Vincenzo, a un inconvénient : elle se fait constamment au soleil jusqu'à ce qu'il se couche. Quant à l'itinéraire longeant le versant nord de la sciara del Fuoco, il exige de parcourir en plus les 3 km d'approche et se révèle plus vertigineux sur sa partie finale.

Équipement indispensable

De bonnes chaussures de marche, une frontale ou une torche (avec piles de rechange), un sac à dos avec au moins 1,5 l d'eau par personne et quelques provisions sans oublier, en demi-saison, une veste et/ou un coupe-vent pour résister à la température sommitale (inférieure de 10-20 °C). Tout cela se trouve chez les loueurs (voir « Adresses et infos utiles » au village de Stromboli). Le reste est accessoire : change pour ceux qui ont trop transpiré, guêtres pour la redescente dans la poussière, bâtons de marche. L'agence fournit le casque. Les lentilles de contact sont déconseillées, le vent assez fort se chargeant de cendres et de poussière ; mieux vaut vos bonnes vieilles lunettes. Attention, les guides vérifient l'équipement minimal avant le départ.

Les guides

Il existe 4 structures de guides qui travaillent plus ou moins ensemble – en regroupant parfois leurs clients en basse saison. *Tarif unique : 28 € (dont 3 € de taxe communale) pour les adultes, 25 € pour les moins de 14 ans.* En période chargée, il est ***indispensable de réserver*** et de reconfirmer 1 semaine avant. Les plannings sont particulièrement remplis au mois de juin (beaucoup de groupes), un peu moins en juillet mais, en été, le départ en fin d'après-midi, encore très chaud, est éprouvant ! Globalement, ne vous attendez pas à des explications trop poussées : les guides sont pour la plupart des locaux ou des montagnards venus travailler pour la saison, pas des scientifiques.

■ ***Magmatrek*** *(plan A-B1,* ***10****) : via V. Emanuele, derrière l'église San Vincenzo. ☎ 090-986-57-68. ● info@magmatrek.it ● magmatrek.it ●* Cette agence très sérieuse vérifie l'équipement et constitue (autant que possible) des groupes selon les langues parlées – voire, si nécessaire, suivant la forme physique des participants. Les enfants sont acceptés à partir de 10 ans.

■ ***Stromboli Adventures*** *(plan A1,* ***9****) : via V. Emanuele. ☎ 090-98-60-95. 📱 339-532-72-77. ● info@stromboliadventures.it ● stromboliadventures.it ● Groupe de 20 pers.* Une autre agence compétente, disposant d'accompagnateurs certifiés pour aller voir le barbecue. Stefania, à la gestion, parle bien le français. Guides privés possibles pour l'itinéraire de la *sciara* et excursions spéciales avec les enfants dès 6 ans.

■ ***Stromboli Fire Trekking*** *(plan A-B1,* ***10****) : via V. Emanuele (à côté de Magmatrek), et kiosque via Roma. ☎ 090-98-62-64 ou 63-54. 📱 366-428-02-56 (Antonino, en français). ● info@strombolifiretrekking.com ●*

strombolifiretrekking.com • Une dizaine de guides alpins expérimentés, attentifs et impliqués.

■ ***Il Vulcano a Piedi*** *(plan B2, **11**) :* *via Pizzillo, près du port.* ☎ *090-98-61-44.* • *info@ilvulcanoapiedi.it* • *ilvulcanoapiedi.it* • Le gros plus, des randonnées privées toute l'année.

Les autres points d'observation

Le belvédère *(carte de l'île) :* si vous ne vous sentez pas d'attaque pour l'ascension complète, vous pouvez vous rendre par vos propres moyens jusqu'à 290 m. Il faudra, en revanche, faire appel à un guide pour rejoindre le belvédère situé à 390 m d'altitude, juste en bordure de la *sciara del Fuoco* (voir ci-après). Mais qu'y voit-on ? La large saignée de la sciara del Fuoco, impressionnante, puis, avec un peu de chance, de soudaines gerbes de feu surgissant du cratère du Stromboli. À défaut, il faudra se contenter de fréquents grondements accompagnés de fumées noires.

Y aller de préférence juste avant le coucher du soleil pour admirer le spectacle de nuit et prévoir une torche pour la redescente. Évidemment, on n'est pas au sommet, mais on voit parfaitement les gerbes de lave qui illuminent la nuit et on peut contempler ce spectacle fascinant aussi longtemps que souhaité. Les moins en forme rejoindront *L'Osservatorio* par la navette du resto.

Sciara del Fuoco *(carte de l'île) :* si vous ne pouvez faire ni l'une ni l'autre des excursions, des bateaux proposent tous les soirs, en saison (quelques départs également en basse saison), de vous conduire face à la spectaculaire *sciara del Fuoco* *(15-25 €/pers pour env 1h15 ou plus si halte à Ginostra). Les agences ont un kiosque au port de Scari ainsi qu'à la plage de Ficogrande en saison (voir « Adresses et infos utiles » au village de Stromboli).* La *sciara* est un couloir (un vrai toboggan) de 700 m de large dans lequel dégringolent les lambeaux de lave refroidis une fois éjectés. Pendant les grandes éruptions, la lave s'y écoule jusqu'à la mer, mais c'est rare : une fois tous les 40 ans en moyenne !

GINOSTRA

Accessible exclusivement par la mer, ce petit village perché au-dessus de son port est une curiosité, avec seulement 40 habitants permanents ! Seuls les *aliscafi* et le ferry de *Siremar,* qui relient Stromboli aux autres îles, y font halte, à raison de 3-4 passages quotidiens en été. Seule autre possibilité : venir lors d'une excursion (le lieu est populaire pour l'apéro du soir...) ou louer un bateau au port de Scari. Pas grand-chose à faire ni à voir ici, juste le temps d'apprécier ce sentiment de bout du monde. Attention, pas de distributeur et cartes de paiement acceptées uniquement au *Puntazzo,* ça fait partie du jeu !

Où dormir ? Où manger ?

On trouve 2 épiceries à Ginostra : l'une juste à côté de l'église, l'autre via S. Vincenzo. Elles sont mieux approvisionnées en saison. Le *Bazar Ginostra* *(• bazarginostra.com •)* se double d'un service de location de bateaux et de gestion de location de maisons de vacances dans le village.

B & B MareSole *(carte de l'île, **28**) : au bout du chemin montant vers le village.* ☎ *090-981-17-87.* 📱 *338-717-21-10.* • *info@ginostra-bb.com* • *ginostra-bb.com* • *Ouv de mi-juin à sept. Doubles 60-100 €.* Dominant la mer de ses terrasses et balcons communs ou privés, la maison est léchée par la brise, offrant un panorama imprenable. L'accueil de Teresa est gentil, ses chambres réparties sur plusieurs niveaux sont spacieuses et confèrent une certaine intimité malgré l'étroitesse des communs. Le petit déj servi avec figues fraîches en été et confitures maison est un régal. Comme on dit ici : un vrai *angolo di paradiso...*

B & B Luna Rossa *(carte de l'île,* ***29****) : via Piano, 3, à une centaine de mètres au-dessus du resto* L'Incontro, *par la gauche.* ☎ *090-988-00-49.* *338-141-46-20.* • *info@ginostra-stromboli.it* • *ginostra-stromboli.it* • *Ouv avr-oct. Doubles 50-110 € ; en été, petit déj servi à* L'Incontro *(tenu par les parents de la propriétaire), sur place le reste de l'année.* Un groupe de maisonnettes un peu à l'écart du village. C'est soigné et la poignée de chambres, toutes avec salle de bains, ventilo et frigo, est joliment décorée. Cuisine commune en plein air, petites terrasses avec vue sur les îlots et réveil au chant des oiseaux ! Idéal pour celles et ceux qui veulent se couper du monde, mais bonjour la remontée au retour de la baignade ! Loue également 3 chambres similaires à l'*Affittacamere Mare Blu,* avec quelques touches de déco – tables de chevet peintes, toiles aux murs. Cuisine commune à disposition.

L'Incontro (carte de l'île, **48**) : *en haut du chemin principal qui monte depuis le port.* ☎ *090-981-23-05.* *339-738-64-32.* • *info@ristorantelincontroginostra.com* • *Ouv à l'année, tlj. Plats 15-28 €. CB refusées.* Le choix est assez simple, il n'y a que 2 restos à Ginostra, c'est dire s'il est capital d'attirer les curieux qui passent par ici. C'est avec une situation remarquable, une double terrasse donnant sur la mer, un bon petit déj, du poisson frais et de copieuses assiettes de pâtes, dont la recette change d'une fois à l'autre que celui-ci tire son épingle du jeu. La note peut vite être salée, mais l'accueil est enthousiaste et on passe définitivement un bon moment.

FILICUDI (98050) 250 hab.

• Carte *p. 453*

À une vingtaine de kilomètres à l'ouest de Salina, loin de la fête et de l'agitation, Filicudi paraît déjà plus lointaine, même pour les Éoliens. On y vient avant tout pour son côté sauvage et le calme que procurent ses quelques plages de galets (pas géniales au demeurant). Pas mal d'artistes y ont une résidence secondaire. L'avant-saison est idéale pour découvrir le maquis méditerranéen en fleurs et les mois d'été sont plus calmes que dans les îles voisines. Du port, dominé par la forteresse naturelle du capo Graziano, une route en lacet, longue de 7 km, rejoint le village de *Pecorini* puis son port, pourtant séparés d'à peine 2 km à vol d'oiseau. C'est dire si l'île est montagneuse ! Ailleurs, seuls les sentiers, pas mal escarpés, permettent d'explorer le territoire.

Adresses et infos utiles

- ***Carabinieri :*** ☎ *090-988-99-42.*
- ***Guardia medica :*** ☎ *090-988-99-61.*
- ***Pharmacie*** (carte, **1**) : *sur le quai de* ***Filicudi Porto.*** *393-477-88-29. Tte l'année, lun-ven 9h-13h, 16h-19h ; w-e 9h-13h (tlj 8h-22h en été).*
- ***Distributeurs*** (carte, **1**) : *2 bancomat. Le 1er un peu caché au pied de l'escalier, à droite du bureau de la Siremar, à* ***Filicudi Porto.*** *Le 2d au bout de la rue principale en longeant le quai, sur la droite (parfois à court en hte saison).*
- ***Épiceries :*** *3 épiceries pour trouver de quoi faire un pique-nique. Une à* ***Pecorini Mare*** *(seulement en saison) et 2 sur le front de mer à* ***Filicudi Porto*** *(les mieux fournies).*
- ***Centro Noleggio Filicudi*** (carte, **1**) : *sur le quai de* ***Filicudi Porto.***

☎ 090-988-99-84. 📱 340-957-98-31. • filicudi.cenf@gmail.com • Juin-sept, tlj 8h-20h (env). Scooters 15-35 €/j. 9h-18h selon saison et puissance, 20-45 €/24h. Loue aussi des voitures *(sur résa)*, des embarcations, et propose le tour de l'île en bateau avec baignade à la grotta del Bue Marino *(25 €/pers ; min 4 pers)*.

■ ***Station-service*** *(carte,* ***2****)* **:** *en quittant* ***Filicudi Porto,*** *au début de la route pour monter au village, sur la gauche (automate acceptant cartes et billets).*

■ ***Servizio Navetta Pino :*** *📱 340-148-46-53.* Pour rallier Filicudi Porto à Pecorini Mare en passant par Valdichiesa. Sur demande seulement.

Où dormir ?

Hormis les chambres de l'épicerie, qui sont sur le port, toutes les autres adresses vous promettent une bonne marche à pied pour y accéder. Téléphonez pour qu'on vienne vous chercher.

🏠 ***B & B La Piazzetta*** *(carte,* ***10****)* **:** *sur le port. 📱 345-168-21-22 (Fabrizio). • fabrizioacquaro@hotmail.com • Ouv Pâques-oct. Double 70 €. CB refusées.* Voici 3 chambres, pas plus, dans l'appart de l'accueillant Fabrizio, qui tient la supérette (la plus éloignée du débarcadère). Bien ventilées grâce à leur imposant volume, elles sont simples mais super propres. On partage la salle de bains. Agréable petite terrasse sur l'arrière pour le petit déj. Un des hébergements les moins chers de l'île.

🏠 🍽 🍸 ***Affittacamere Villa La Rosa*** *(carte,* ***11****)* **:** *via Rosa, 24. ☎ 090-988-99-65. 📱 377-290-36-20. • villalarosafilicudi@gmail.com • villalarosa.it • ♿ Sur les hauteurs, à 2,5 km de Filicudi Porto par la route ou à 15 mn à pied par un chemin très raide. Congés : nov. Doubles 90-130 €, petit déj inclus (en été). ½ pens possible. Plats 10-15 €.* Lieu de rencontre du village, ce resto-bar-glacier-pâtisserie-épicerie (accessoirement boîte en été !) propose une douzaine de chambres dans un bâtiment bas et son annexe, situés à 100 m de là. Elles ont toutes la clim, sauf 2, et une terrasse donnant sur un jardin. Certaines profitent en plus de la vue mer. Au resto, cuisine savoureuse à des prix raisonnables, la meilleure de l'île, les habitants ne s'y trompent pas. Transfert possible.

🏠 ***Casa Monti de Luca B & B*** *(carte,* ***12****)* **:** *via Rocca di Ciauli, 29. 📱 328-240-48-07. • info@casamontideluca.it • casamontideluca.it • Accès par un chemin caché, juste après l'hôtel* La Rosa *(pas de panneau). Doubles 120-180 €, transfert inclus. Café offert sur présentation de ce guide.* Pourquoi diable s'installerait-on ailleurs ? Dans leur noble maison perchée sur la colline, derrière ses grands murs, Renzo et Miguel (Italo-Argentin) ont façonné un charmant *B & B* de 3 chambres mettant en valeur l'héritage architectural des lieux – beaux sols en céramique, mobilier de famille d'époque, hauts plafonds, tentures et objets chinois ou japonais hérités d'ancêtres voyageurs... 2 donnent sur la terrasse principale, tournée vers la mer, la 3e à l'arrière, dans un recoin intime. Tout ici est pensé, fleuri, décoré, subtil. Pas de clim (les murs sont épais), mais tout le reste est en place, jusqu'à ce charmant salon-bibliothèque accessible aux hôtes.

🏠 🍽 ***Hotel La Canna*** *(carte,* ***13****)* **:** *via Rosa, 43. ☎ 090-988-99-56. 📱 336-92-65-60. • info@lacannahotel.it • lacannahotel.it • Juste à côté du resto* Villa La Rosa. *Ouv d'avr à mi-sept. Doubles 110-160 € ; petit déj 10 €. ½ pens (obligatoire juin-sept pour les chambres avec vue mer !) 30 €/pers. Plats 10-14 €. Digestif offert sur présentation de ce guide.* Cet établissement familial aménagé avec goût n'a pas volé ses 3 étoiles. Sa quinzaine de chambres climatisées (dont 3 avec terrasse) est joliment suspendue entre ciel et mer – à l'image de la belle piscine (la seule de l'île !), posée au-dessus dans son cadre de palmiers. Nos préférées ? Les nos 11 à 14, plus modernes, tendance bleu et blanc, avec mobilier

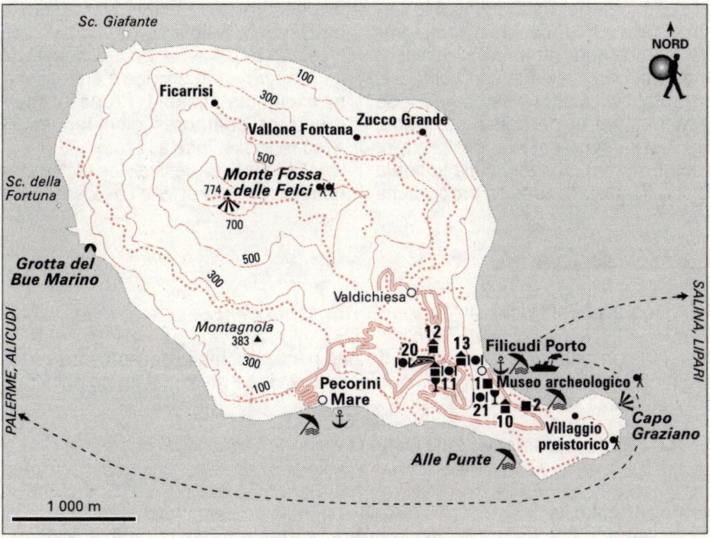

L'ÎLE DE FILICUDI

■ Adresses utiles	**11** Affittacamere Villa La Rosa
1 Pharmacie, distributeurs et Centro Noleggio Filicudi	**12** Casa Monti de Luca B & B
2 Station-service	**13** Hotel La Canna
Où dormir ?	**Où manger ? Où boire un verre ?**
10 B & B La Piazzetta	**20** Il Boschetto
	21 Da Nino sul Mare

de style ancien et jolis sols en céramique azur. La table est l'une des meilleures de l'île. Prix raisonnables pour la qualité des prestations. En principe, transfert pour le port. Côté resto, large carte mais cuisine somme toute assez banale.

Où manger ? Où boire un verre ?

Il Boschetto (carte, **20**) : *località Rocca di Ciauli (à égale distance des 2 ports), à gauche, env 200 m après l'hôtel* Villa La Rosa. *347-992-25-14 ou 340-953-74-14. Mieux vaut téléphoner avt pour connaître les jours d'ouverture. Plats 8-17 €. CB refusées.* Un resto ? Plutôt une maison de village avec quelques tables en plastique sous un abricotier centenaire, cerné d'amandiers à peine plus jeunes. On y dîne d'une bonne cuisine du cru, concoctée par Maria selon les disponibilités : simples pâtes aux tomates cerises et basilic du jardin, espadon grillé, etc. Inutile de prendre un dessert : là, c'est du préfabriqué.

Da Nino sul Mare (carte, **21**) : *à* **Filicudi Porto,** *sur le quai.* ☎ *090-988-99-84.* • *info@filicudieolie.it* • *Bar tte l'année, resto en saison seulement. Plats 7-18 €.* La trilogie insulaire s'y déroule chaque jour que Dieu fait : petit noir du matin pris sur la terrasse, face à la plage (de galets), *granite* de 11h pour attendrir le soleil, et dîner aux chandelles le soir venu. Là, les tables en plastique se couvrent de jolies nappes et de belles assiettes, que garnissent salade de poulpe, taboulé sicilien, *spaghetti alle vongole* ou penne aux amandes en proportions fort généreuses. À l'intérieur : glaces, pâtisseries, *tavola calda*... Seul hic : c'est un peu l'usine quand débarque un *aliscafo*, et le service s'en ressent, pas toujours aimable. Propose aussi quelques chambres bien tenues et avec terrasse, face à la mer.

|●| Voir aussi, ci-dessus, les restos des hôtels *La Canna* et *Villa La Rosa*.

À voir. À faire

Museo archeologico : *à **Filicudi Porto,** sur le front de mer, à côté du bar-ristorante Da Nino. Juil-août, tlj 9h30-13h30, 15h-18h. Ouv sur résa hors saison. GRATUIT.* Un petit musée qui présente des pièces archéologiques découvertes sur l'île et une section ethnographique avec une vieille presse. Rien de palpitant, on en a vite fait le tour.

Le village préhistorique de Capo Graziano : *le départ du chemin se trouve au bout du quai, env 400 m après la station-service, sur la gauche, dans un virage à droite (panneau). Il faut 15-20 mn de grimpette pour y accéder.* Occupant un terre-plein sur le flanc de cette forteresse naturelle gardant l'approche de Filicudi Porto, des fondations en pierre de huttes et des tombes datant du XVIIIe au XVIe s av. J.-C. (âge du bronze) ont été mises au jour. De là, on peut continuer le sentier jusqu'au sommet, pour une vue imprenable sur Filicudi et l'ensemble de l'archipel.

Envie de baignade ? Ce n'est pas gagné... Les galets de la longue plage de **Filicudi Porto,** plutôt jolie, sont glissants. Ne vous attendez pas à beaucoup mieux à **Pecorini Mare.** Reste juste, au sud-est de l'île, à environ 800 m du port par la route, la plage de galets d'***Alle Punte,*** aux eaux limpides. En été, le grand nombre de plaisanciers en témoigne : c'est LE spot de l'île.

■ ***Filicudi Wildlife Conservation :*** *sur le port de **Pecorini Mare.** 349-440-20-21. • info@filicudiconservation.com • filicudiconservation.com • Avr-sept.* Cette association de protection de l'environnement organise des sorties en bateau en compagnie d'un biologiste marin pour aller observer les cétacés (croisez les doigts !) et les tortues marines *(Caretta caretta)*. Départ vers 10h, retour vers 15h. Propose aussi le tour de l'île ; des excursions vers Alicudi, *snorkelling* et randos sur l'île. Lorsqu'une tortue blessée est recueillie, elle est soignée dans un bassin conçu à cet effet au *Phenicusa Hotel* de Filicudi Porto.

Balade en bateau : le tour de l'île en bateau *(Marco Polo Filicudi, à **Pecorini Mare** ; 340-677-27-38 ; env 25 €/pers pour 2h)* vous fera découvrir la *grotte du Bœuf-Marin (grotta del Bue Marino),* dont l'entrée permet le passage d'une barque. À l'intérieur : des jeux de lumière bleutée extraordinaires. Vous pourrez aussi nager au pied de *La Canna,* une tour de roche volcanique de 70 m qui surgit hors de l'eau.

Randonnée : de bien jolies balades au hasard des chemins (non fléchés) vous conduiront à travers les hameaux peu à peu remis en état. Ici règnent le palmier, l'olivier, le genêt, l'arbousier et le romarin. Voici 2 suggestions.

– Partir de Valdichiesa par le chemin muletier pour rejoindre le hameau abandonné de ***Zucco Grande*** (1h). Après la dernière maison, un sentier mène à la ***Vallone Fontana,*** une des rares sources de l'île, cachée dans une grotte (chemin facile d'accès) ; après une pause fraîcheur, léger retour sur vos pas pour prendre le sentier qui monte dans un amphithéâtre naturel aux terrasses envahies par le maquis. Poursuivre jusqu'à la ***pointe de Ficarrisi*** pour son superbe panorama sur le rocher de ***La Canna*** et l'île d'Alicudi. Compter environ 5-6h aller-retour.

– Une autre balade consiste, toujours depuis Valdichiesa, à grimper au sommet du ***monte Fossa delle Felci,*** le point culminant de l'île, à 774 m. Compter 1h30 à 2h aller. Par beau temps, la vue est fabuleuse.

ALICUDI (98050) 100 hab.

• Carte *p. 455*

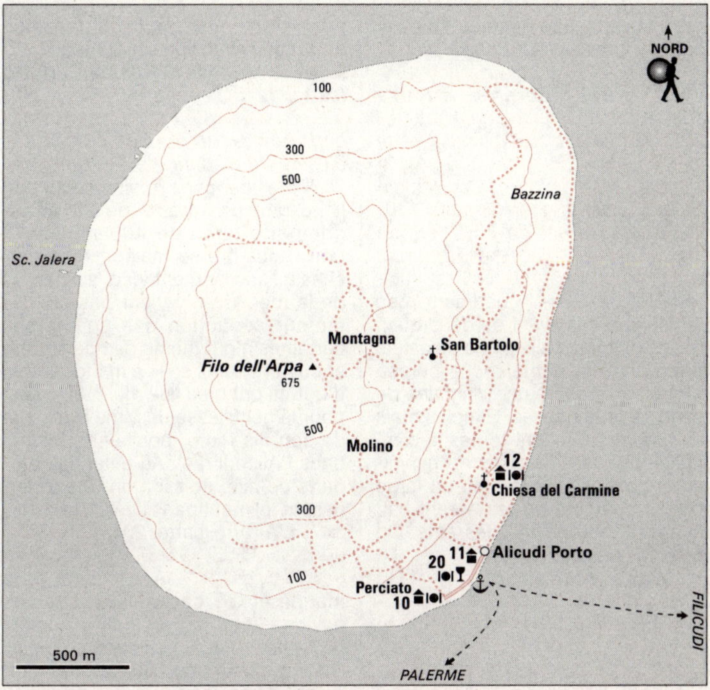

L'ÎLE D'ALICUDI

Où dormir ? Où manger ?	**11** Casa Mulino
Où boire un verre ?	**12** La Mimosa di Rosina Barbuto
10 Hotel-ristorante Ericusa	**20** L'Airone

C'est un lieu étrange et sauvage, loin des rumeurs du monde, évoqué par Nanni Moretti dans son film *Journal intime.* Sur ce cône volcanique presque parfait de 5,2 km², l'homme est réduit à la portion congrue : quelques volées de maisons étagées, agrippées au flanc sud-est du monstre endormi, que relient escaliers et chemins empierrés. La mule reste ici le seul moyen de transporter marchandises et mobilier... Les vieilles terrasses griffent la montagne, témoignant d'une activité agricole jadis intense. Victimes de la crise du phylloxéra, nombre d'habitants ont déserté au début du XXᵉ s, fuyant vers l'Australie ou les Amériques. En hiver, une grosse centaine d'habitants s'accrochent encore à cette terre ingrate. Il arrive alors qu'Alicudi reste isolée pendant plusieurs jours pour cause de mauvais temps : seul un ponton non protégé la dessert. En été, l'île revit avec le retour des résidents secondaires.

Où dormir ? Où manger ? Où boire un verre ?

Vous trouverez une épicerie au port, à côté du bar-resto *L'Airone*.

Hotel-ristorante Ericusa (carte, **10**) **:** *via Regina Elena. ☎ 090-988-99-02. ● ericusa@tiscali.it ● alicudihotel.it ● À 200 m du port vers la gauche (après l'héliport). Ouv de juin à mi-sept. Doubles en ½ pens 160-200 € ; supplément de 25 €/pers en pens complète. CB acceptées (le seul lieu de l'île qui les prend).* C'est l'unique hôtel de l'île – le bâtiment rose que l'on voit dès avant de débarquer. Situé devant une belle plage de galets noirs, contre la petite roche percée de Perciato, il abrite une vingtaine de chambres en terrasses. Simples mais bien propres, elles ont toutes la clim, un frigo, une salle de bains et un mini-balcon donnant sur la mer. La large terrasse couverte du restaurant est, elle aussi, tournée vers les flots. On n'y mange pas mal du tout.

Casa Mulino (carte, **11**) **:** *via Regina Elena. ☎ 090-988-96-81. ● alicudicasamulino.it ● Sur le port. Ouv avr-oct. Studios 2 pers 80-110 € ; 2 pièces (4 pers) 130-200 € selon saison. Loc seulement à la sem en août, sauf dispo.* Pile-poil face au débarcadère, ces appartements pour 2 à 4 personnes n'ont pas de charme et rien de luxueux (mobilier formica, chaises plastique, ventilo), mais ils sont fonctionnels. Certains ont une kitchenette. Leur point fort : un bout de terrasse ombragée avec vue sur la mer.

La Mimosa di Rosina Barbuto (carte, **12**) **:** *via Vallone. ☎ 090-988-99-37. 📱 368-361-65-11. ● rosinabarbuto.it ● Sur les hauteurs. Doubles 50-70 € ; petit déj 5 €. Dîner env 25 €.* Résider chez Rosina se mérite. Il ne faut pas moins de 20 mn de grimpette (près de 400 marches !) pour rejoindre sa maison rose perchée à flanc de montagne, au-dessus de la mer. On n'y vient pas pour le facteur séduction des chambres : certaines n'ont même pas de fenêtre et ouvrent sur la salle à manger. Mais d'autres ont bien vue mer. On y vient pour la gentillesse de Mme Rosina et de son fils Piero, pour une plongée dans l'Alicudi réel. Au dîner, les produits de l'île, poisson en tête, atterrissent joliment dans l'assiette.

L'Airone (carte, **20**) **:** *sur le front de mer. 📱 338-497-82-77. Ouv mai-oct. Plats 12-20 €.* À la fois bar de la marine et QG des voileux, *L'Airone* navigue entre le petit noir du matin, le *granite* du goûter et l'apéro du soir. On y déguste une cuisine étonnamment fraîche et bonne. Pas de carte : on vous annonce les plats du jour, façon salade de poulpe aux pommes de terre chaudes (ou au melon), carpaccio de poisson, *spaghetti alla alicudiana,* espadon grillé, etc. Accueil peu concerné, dommage.

À voir. À faire

Rien ! Alicudi est une île pour oublier le monde et les réflexes acquis. Arrêtez de chercher quelque chose à faire et contentez-vous d'égrener les plages de galets, de vous baigner, de faire la sieste et de bien manger. Si vous insistez, le dédale de chemins et de sentiers grimpant par-delà les 2 églises vous donnera l'occasion de randonnées mémorables dans un cadre empreint d'un rare silence. Au sommet de l'édifice, le Filo dell'Arpa (675 m) offre une vue imprenable sur l'immensité des flots.

LA SICILE TYRRHÉNIENNE

LES MONTS NEBRODI

Difficilement accessibles sans voiture, car les liaisons entre les villages sont peu fréquentes, voire inexistantes. Étendue sur plus de 50 km, cette « île dans l'île » tire son nom du mot *nebros,* qui signifie « chevreuil » en grec. Effectivement, ses vallées fertiles et ses épaisses forêts de hêtres, de chênes ou d'ormes abritent une faune riche et variée. D'une altitude moyenne de 1 300 m, les monts Nebrodi présentent un visage rieur en été, figé en hiver avec des pâturages enneigés. Veilleur infatigable, le *monte Soro* domine le *parco naturale regionale dei Nebrodi* *(infos : ● parcodeinebrodi.it ● parks.it/parco.nebrodi ●)* **depuis ses 1 847 m !**

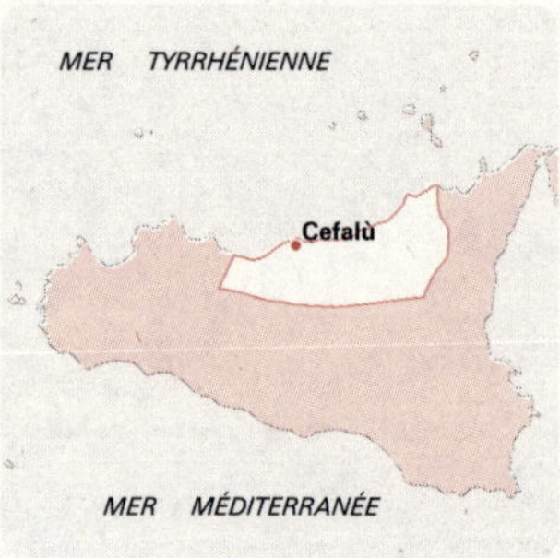

SAN MARCO D'ALUNZIO *(98070 ; 2 000 hab.)*

Niché à 550 m d'altitude, le bourg s'agrippe fermement sur les 1ers contreforts des Nebrodi. Il concentre ses petites maisons au sommet de la colline, réunies dans un lacis de venelles au maillage particulièrement dense. Ignoré des circuits touristiques traditionnels, San Marco renferme pourtant un patrimoine culturel considérable. Ses habitants s'enorgueillissent de posséder ***22 églises et 5 couvents !*** Un peu après l'entrée du village, en hauteur, veille le ***temple d'Hercule,*** un petit sanctuaire grec du IVe s av. J.-C., bien rénové. Bref, de quoi consacrer à ce petit bourg une jolie balade !

Adresse utile

Ufficio turistico : *via Aluntina. ☎ 0941-79-73-39. ● comune.sanmarcodalunzio.me.it ● À côté de la chiesa Madre. Tlj 9h30-13h, 15h30-19h.* Plan du village pointant tous ses monuments, liste des *B & B,* infos sur le parc naturel des Nebrodi...

Où dormir dans les environs ?

B & B Giardino di Sicilia : *contrada Contura, à* ***Sant'Agata di Militello.*** *328-707-46-15. ● home@giardinodisicilia.com ● giardinodisicilia.com ● Doubles 90-110 €. Repas 15-20 €.* Un havre de paix de 3 ha, planté d'arbres fruitiers et d'oliviers, qui domine la mer. Une douzaine de chambres confortables, à la déco simple mais soignée. Mon tout dispatché dans des maisonnettes en forme d'igloo, inspirées par les cabanes de bergers du coin et naturellement fraîches. Le couple de proprios, vraiment adorable, vous indiquera les balades et autres visites culturelles des environs. Ils sont aux petits soins pour leurs hôtes et préparent un excellent petit déj avec des fruits frais du jardin, des confitures et pâtisseries maison. À prendre en terrasse, avec vue sur les îles Éoliennes au large. Cours d'italien et de cuisine pour ceux que ça branche.

À voir

Museo della Cultura et delle Arti figurative bizantine e normanne : *via Ferrarolo, 96. ☎ 0941-79-77-19. Tlj 9h30-12h30, 15h30-19h30. Entrée : env 2,50 € ; réduc.* Installé dans un ancien monastère bénédictin des XVIe-XVIIe s, ce musée présente d'abord – dans l'ancienne église – une section évoquant les ***arts figuratifs d'influence byzantino-normande,*** notamment des fragments de fresques, des tronçons de colonnes byzantines et des missels de rite gréco-orthodoxe... Puis une section ***archéologie,*** avec des éléments d'architecture gréco-romaine, allant du IVe s av. J.-C. au IIIe s de notre ère. Aussi des céramiques, des monnaies et des bijoux de la même période... Enfin divers objets du Moyen Âge, dont les pièces maîtresses demeurent ces 2 amphores géantes retrouvées à Tusa.

CESARÒ (98033 ; 2 400 hab.)

Village de montagne typique et perché sur son rocher. Une étape pour ceux qui veulent s'attaquer aux randonnées dans le parc naturel des Nebrodi, car c'est ici qu'on trouve le plus d'infos : cartes, petits topos, etc. Pas grand-chose à faire ici, sinon s'extasier sur la belle vue depuis le sommet, au pied de la statue *Signore della Montagna,* sorte de potit « Corcovado » local !

Arriver – Quitter

En bus

Cesarò est desservie par la compagnie ***Interbus*** *(● interbus.it ●).*

➢ ***Bronte*** *(30 mn-1h)* et ***Randazzo*** *(1h-1h30) :* env 2 bus/j. sauf dim.

➢ ***Taormina*** *(3h15)* et ***Messina*** *(3h40) :* env 1 bus/j. sauf dim.

Adresse utile

Ente Parco dei Nebrodi *(bureau du parc) : dans le palazzo Zito, via Bellini, 79. ☎ 095-773-20-61. ● parcodeinebrodi.it ● Lun-ven 9h-13h, plus mer et w-e 15h-17h30.* Une foule d'infos sur le parc et ses sentiers, cartes détaillées et payantes des randonnées...

Où dormir ?

Où manger à Cesarò et dans les environs ?

Agriturismo Lo Scudiero di San Teodoro : *contrada Fondachello, à* ***San Teodoro.*** *320-874-80-58. ● info@loscudiero.it ● loscudiero.it ● À env 10 km au sud de Cesarò par la SS 120, direction Troina ; au km 152, prendre à gauche la petite route à gauche, direction « contrada Casale Nuovo ». Double 65 € ; familiales 90-110 €. ½ pens et pens complète possibles.* Perdue au

LA SICILE TYRRHÉNIENNE

cœur d'un beau vallon tranquille, cette ancienne ferme toute en pierre aligne – dans une longue bâtisse mitoyenne – une petite dizaine de chambres sobres, agréables et bien équipées. Fabuleux réveil face à l'Etna ! Piscine pour se la couler douce. Bonne cuisine de terroir. Possibilité d'excursions équestres ou en 4x4 dans les environs. Bref, l'adresse idéale pour un séjour côté nature.

Hotel Ristorante Fratelli Mazzurco : *via Conceria (SS 120). ☎ 095-773-21-00. • hotel_mazzurco@tin.it • ristorantefratellimazzurco.it • À l'entrée de Cesarò, au niveau du carrefour de la SS 120. Double env 60 € ; familiales également. ½ pens et pens complète possibles. Resto ouv tlj sauf dim-lun. Menus 20-30 €, carte 25-30 €.* Cet hôtel-resto familial propose une petite dizaine de chambres fonctionnelles et de bon confort, mais sans grand charme. Côté papilles, la maison fait tout, du *salumi* au fromage en passant par le pain ! La table est réputée et s'avère d'un bon rapport qualité-prix-accueil. Gentille et agréable terrasse bordée de verdure à l'arrière.

Relais Villa Miraglia : *contrada Femmina Morta, à Cesarò. ☎ 095-883-48-98. • info@relaisvillamiraglia.it • relaisvillamiraglia.it • À 12 km au nord de Cesarò par la SS 289, km 22. Doubles 120-180 € ; familiales également. ½ pens et pens complète possibles. Menu 30 € ; carte 15-40 €.* En pleine forêt, ce gros chalet livre une dizaine de chambres confortables et cosy, aménagées sur une belle note montagnarde contemporaine. *Standard* plutôt petites, mais *suites* mansardées et dotées d'une baignoire dans la chambre, en plus de la salle de bains ; idéales en amoureux ! Le resto suit le rythme des saisons avec sa cuisine traditionnelle maîtrisée, qui fait la part belle aux viandes et légumes du terroir. Sentiers de rando à proximité. Bon accueil pro. Le lieu parfait pour se mettre au vert.

B & B Good Morning Etna : *via Falcone, 29, à **Bronte.** 📱 328-676-95-81. • goodmorningetna@gmail.com • À 15 km au sud-est de Cesarò. Doubles 55-70 € ; familiales également.* Sur les hauteurs tranquilles de Bronte, cette maison moderne renferme plusieurs jolies chambres bien équipées et décorées dans le style du moment. La moins chère avec salle de bains extérieure mais privée. Accueil en français et aux petits soins des proprios qui vivent sur place.

Panificio La Spiga d'Oro : *contrada Erranteria, à **Maniace.** À 10 km à l'est de Cesarò par la SS 120. Tlj 7h-22h30 ! Moins de 10 €.* L'endroit idéal pour un *pane condito* maison, avec tout ce qu'il faut pour le garnir : charcuterie maison, fromages du coin, tomates séchées, olives et même des fruits. Une halte appréciée des randonneurs dès l'aurore. Accueil sympa.

À voir. À faire à Cesarò et dans les environs

Museo della Conoscenza delle Tradizioni dei Nebrodi : *dans le palazzo Zito, via Bellini, 79. ☎ 095-773-20-61. Tlj 9h-13h et 15h30-17h30 (19h30 dim). Entrée : 5 € ; réduc.* Cet étonnant palais de style Liberty offre l'occasion d'admirer quelques plafonds décorés à la fresque, du beau mobilier, des livres anciens... Certaines salles présentent des scènes de la vie d'autrefois et des vieux métiers. Expos temporaires.

➢ ***Belle balade au départ de la villa Miraglia :*** prendre la direction du **monte Soro,** puis suivre la route en direction du lac ***Biviere di Cesarò.*** Avec beaucoup de chance, on peut observer en mai-juin le phénomène dit *acque rosse,* engendré par les algues rouges qui colorent l'eau. L'essentiel du trajet s'effectue en voiture, jusqu'au 1er lac, *Maulazzo,* puis on arrive sur une piste en mauvais état, uniquement accessible en VTT. Mais elle peut être empruntée à pied : prévoir 30 mn de marche.

Bronte : capitale de la pistache, le village agricole de Bronte ne présente pas d'intérêt particulier, à part sa situation – au pied de l'Etna – qui en fait une porte d'entrée sans aucun touriste dans le *parco dell'Etna.*

Castello Nelson : *corso Maniace, 1, à* ***Maniace.*** *☎ 095-69-00-18. • comune.bronte.ct.it/la_citta/ • À 12 km à l'est de Cesarò par la SS 120. Fin 2021, le château était toujours* ***fermé au public pour restauration*** *(et ce depuis fin 2016 !) ; se renseigner sur une éventuelle réouverture...* Ancienne abbaye bénédictine transformée en château. Construite en 1173 et abandonnée après le tremblement de terre de 1693, l'abbaye resta inoccupée jusqu'à ce que le roi de Naples, Ferdinand IV de Naples et III de Sicile, l'offre en 1799 à l'amiral anglais Horatio Nelson, pour le remercier d'avoir réprimé la révolution napolitaine et pendu le prince Caracciolo à la grande vergue de son navire ! On y découvre la ***chiesa di Santa Maria,*** une église typiquement bénédictine avec sa structure à 3 nefs et colonnes rondes alternant avec des colonnes hexagonales. Très beau portail de style gothique normand. Il est constitué de 10 chapiteaux sculptés en marbre, porphyre et grès avec, d'un côté, le sempiternel bestiaire du Moyen Âge et, de l'autre, l'histoire de la Genèse avec Adam et Ève expulsés du paradis, le travail du meunier, du paysan et la guerre... À l'intérieur, superbe icône byzantine du XIIIe s et triptyque du XIVe s appartenant au courant dit « de la *Scuola del Sud* ». Les ***appartements du château,*** quant à eux, conservent les meubles de la famille Nelson...

GROS TITRES

Ferdinand IV de Naples, mari de Marie-Caroline d'Autriche (la sœur de Marie-Antoinette), était aussi Ferdinand III de Sicile, Ferdinand II de Hongrie et Ferdinand Ier du royaume des Deux-Siciles. Connu pour ses mœurs légères alors qu'il était dominé par son épouse (les chroniqueurs affirment qu'elle poussait un peu trop sur l'opium, mais qu'elle avait toute sa tête, contrairement à sa sœur !), il était la risée de son peuple, qui s'étonnait de cette énumération farfelue de titres alors que les idées de la Révolution française gagnaient du terrain...

RANDAZZO *(95036 ; 11 000 hab.)*

Plantée au beau milieu d'une terre viticole, cette jolie petite ville médiévale s'impose comme le point de départ idéal pour visiter les parcs de l'Alcantara, de l'Etna et des Nebrodi. Avec ses vieux murs et ses ruelles dallées aux couleurs anthracite, son centre historique ne manque pas de charme. Quelques églises remarquables, un petit musée archéologique et une sympathique *casa della Musica* invitent l'amateur d'art et de vieilles pierres à poser son sac ici. Et en plus de ça, on y mange très bien !

Arriver – Quitter

En bus

Randazzo est desservie par les compagnies ***Interbus*** *(• interbus.it •)* et ***Ferrovia Circumetnea*** *(• circumetnea.it •).*

➢ ***Cesarò*** *(1h-1h30)* **:** env 2 bus/j. sauf dim avec *Interbus.*
➢ ***Bronte*** *(35 mn)* **:** 3-4 bus/j. sauf dim avec *Interbus* et *Ferrovia Circumetnea.*
➢ ***Castiglione di Sicilia*** *(30 mn)* **:** 1-2 bus/j. avec *Interbus.*
➢ ***Messina*** *(1h45)* **:** env 1 bus/j. sauf dim avec *Interbus.*
➢ ***Taormina*** *(1h40)* **:** 1-2 bus/j. avec *Interbus.*
➢ ***Catania*** *(1h40)* **:** 4-8 bus/j. sauf dim avec *Ferrovia Circumetnea* et *Interbus.*
➢ ***Linguaglossa*** *(30 mn)* **:** 4-7 bus/j. sauf dim avec *Ferrovia Circumetnea.*

En train

Randazzo est desservie par les petits trains de la compagnie ***Ferrovia Circumetnea*** *(• circumetnea.it •)* qui font le tour de l'Etna dans le sens des aiguilles d'une montre.

➢ **Bronte** *(30 mn)* et **Catania** *(env 2h)* **:** env 8 trains/j. sauf dim et j. fériés.
➢ **Linguaglossa** *(30 mn)*, **Giarre** *(1h)* et **Riposto** *(1h15 ; terminus)* **:** env 4 trains/j. sauf dim et j. fériés. Depuis Giarre, ***retour direct à Catania*** *(30 mn)* possible avec un train régional.

Adresses utiles

Ufficio turistico (Pro Loco) : *via Bonaventura (au museo dell'Opera dei Pupi). 328-452-69-65. • comune.randazzo.ct.it • Tlj 9h-13h, 15h-19h. En été, aussi un point info installé à l'angle du corso Umberto I et de la via Regina Margherita. Sinon, plan de la ville à dispo au museo di Scienze naturali (lire « À voir. À faire »).* Plan du village avec ses lieux d'intérêt et quelques infos sur le coin : parcs de l'Etna et des Nebrodi, gorges de l'Alcantara...

Sicilia Mountain Trekking : *333-298-21-89. • info@siciliamountaintrekking.it • siciliamountaintrekking.it •* Natale, guide francophone sérieux et sympa, propose des excursions sur le versant nord de l'Etna, dans le parc de Nebrodi et dans les gorges de l'Alcantara, à pied, en 4x4...

Où dormir ?
Où manger à Randazzo et dans les environs ?

Bed & Bike Ai Tre Parchi : *via Tagliamento, 49. ☎ 095-799-16-31. 329-897-09-01. • info@aitreparchibb.it • aitreparchibb.it • Congés : janv. À 10 mn à pied de la gare ferroviaire et du centre historique. En journée, s'adresser au magasin en bas. Doubles 60-80 € ; familiales également.* Aux 2e et 3e étages d'un immeuble moderne sans charme dans un quartier résidentiel, une douzaine de jolies chambres réparties dans 2 appartements avec terrasse et salon en commun. Spacieuses et de bon confort, elles sont quasi toutes dotées d'un balcon avec vue sur l'Etna. Matteo, le jovial proprio, est passionné de vélo. Il peut vous faire découvrir le parc naturel de Nebrodi, l'Alcantara ou les versants de l'Etna en *mountain bike*, qu'il loue aussi...

Turismo rurale Parco Statella : *via Montelaguardia, 2/s. ☎ 095-92-40-36. 331-533-90-15. • info@parcostatella.com • parcostatella.com • ♿ À 4 km à l'est de Randazzo par la SS 120. Resto tlj sauf dim-lun. Double 80 € ; familiales également. Menus 25-35 €. Café offert sur présentation de ce guide.* Dans un parc arboré, cette maison ancienne recèle une dizaine de chambres confortables et décorées de manière rustique, avec du bois et des lits en fer forgé. Les plus grandes sont aussi dotées d'une cuisine. Également une belle suite familiale aménagée dans un ancien *palmento* – lieu où l'on pressait et stockait le vin – superbe ! Côté resto, excellente cuisine sicilienne généreusement servie dans une grange décorée d'objets d'art populaire. Accueil aimable. Bref, un bel endroit pour se mettre au vert.

Agriturismo L'Antica Vigna : *via Montelaguardia. 349-402-29-02. • info@anticavigna.it • anticavigna.it • À 6 km à l'est de Randazzo par la SS 120. Doubles 70-80 € ; familiale également. Ferme pdt l'hiver. Menus 25-30 €.* Cachée au bout d'un chemin, cette longue bâtisse jaune paille surplombe les vignes. Les chambres, rustiques et spacieuses, sont de bon confort et réparties dans plusieurs bâtiments dispersés sur l'exploitation agricole bio. Belle piscine, terrain de tennis et jeux pour enfants. Côté fourneaux, cuisine copieuse et goûteuse, concoctée avec les produits de la propriété et servie en terrasse ou dans l'ancien pressoir. Accueil chaleureux en français. Une bonne adresse en famille.

Agriturismo L'Eremo du Zu' Paolo : *contrada Pozzoleo, à* ***San Domenico Vittoria.*** *☎ 095-92-51-70. 333-905-80-58. • info@*

leremoduzupaolo.com • leremoduzupaolo.com • À env 14 km au nord de Randazzo par la SS 116, sur la droite. Doubles 60-80 € ; familiales aussi. ½ pens possible. Compter 20-35 € à la carte. Perdu en pleine nature vallonnée par 1 200 m d'altitude, ce petit bout de ferme dispose de plusieurs chambres pratiques et bien équipées. Le petit déj – concocté avec les produits bio de la maison – est servi en terrasse ou devant la cheminée où trônent fièrement les portraits des anciens. Accueil familial gentil. Une bonne tranche de Sicile authentique et aussi le point de départ idéal pour des randos dans le parc naturel des Nebrodi.

Trattoria San Giorgio e il Drago : *piazza San Giorgio, 28. ☎ 095-92-39-72. • sangiorgioeildrago@hotmail.com • Tlj sauf mar. Congés : janv. Repas 20-35 €.* La bonne table du village recèle un lieu étonnant ! C'est une vieille maison du XVIIIe s adossée à l'ancien mur d'enceinte de la cité médiévale et dont la gentille terrasse donne sur la façade mélancolique d'un ancien couvent et d'une usine en ruine... Dans l'assiette, cuisine *Slow Food* soignée et pleine des saveurs saisonnières ; mélange réussi de tradition et de modernité. Impressionnante carte des vins de l'Etna, mais pas que. Et le petit *vino della casa* est une bonne affaire pour pas cher ! On peut aussi s'attabler dans la belle salle avec cheminée. Bref, une expérience culinaire à ne pas rater.

Où déguster une bonne *granita* ou une pâtisserie ?
Où acheter de bons produits locaux ?
Où boire un verre ?

Pasticceria Arturo : *via Umberto I, 73. ☎ 095-92-10-68. Tlj sauf mer 7h30-14h, 15h-minuit.* Dans un palais du XVe s, surprenante pâtisserie de style Liberty ! Tout y est : moulures au plafond, peinture glacée, grande vitrine, comptoir en bois... Spécialité de *paste di mandorla,* de gâteaux secs et de *granite.* Le lieu idéal dès le petit déj. Terrasse dans la rue.

Il Buongustaio dell'Etna : *via Umberto I, 8. 320-976-06-23. • dapippocala@live.it • Tlj 9h30-minuit (plus tôt l'hiver).* Le temple du bon produit du terroir de l'Etna ! On trouve tout ce qui se fait de bon sur les pentes du volcan. Charcuterie, fromages, vins, liqueurs, huiles d'olive, confitures, douceurs aux amandes... Possibilité d'emballage sous vide. Et comme tout ça met en appétit, on peut s'installer en terrasse pour dévorer un délicieux sandwich ou une assiette de charcuterie-fromage ; mon tout accompagné d'un petit coup de blanc !

À voir. À faire

Randazzo est une agréable petite ville organisée autour de la ***via Umberto I,*** qui constitue en quelque sorte sa colonne vertébrale. Rappelons qu'en 1210, alors que la peste sévissait à Palerme, Constance d'Aragon était venue s'y réfugier. Randazzo était alors l'une des villes les plus peuplées de Sicile et possédait même sa propre armée. De cette glorieuse période et des siècles qui suivirent, elle a conservé quelques vieilles demeures, qu'on peut aujourd'hui découvrir à l'aide d'un ***petit plan fourni par l'office de tourisme...***

Le ***petit train qui circule autour de l'Etna*** relie Catane à Riposto (voir « Arriver – Quitter » plus haut) dans le sens des aiguilles d'une montre, avec changement à Randazzo. C'est l'une des meilleures manières d'approcher le géant à moindre effort. D'un bon rapport qualité-prix, il permet d'admirer toutes sortes de paysages, des champs de lave de différentes époques aux forêts d'agrumes.

Tout ça au fil d'un trajet long de 110 km pour la boucle complète, qui égrène un chapelet de villages où l'on peut monter et descendre à discrétion. Le train atteint son point le plus élevé au plateau du Maletto. De là, belle vue sur les cratères sommitaux. Randazzo est l'endroit où les voyageurs changent de train pour redescendre sur Riposto et Giarre, d'où l'on peut attraper la classique ligne ferroviaire régionale Messine-Catane. En outre, un service de bus *(tlj sauf dim)* permet de relier les gares figurant sur le trajet.

Basilica Santa Maria Assunta : *piazza Santa Maria. • basilicasantamaria.it • Tlj 9h-12h30, 16h-19h.* Malgré les importantes modifications subies entre les XIIIe et XVIIe s, cette basilique construite pendant la période souabe (entre 1217 et 1239) est considérée comme l'une des églises les plus éminemment représentatives de l'architecture médiévale en Sicile. Quand bien même son campanile du XIXe s en modifie largement la silhouette, l'extérieur est remarquable avec sa maçonnerie compacte de blocs de basalte, qui lui donne un aspect de forteresse. L'intérieur à 3 nefs soutenues par 2 rangées de colonnes à chapiteaux corinthiens a été rénové au XVIe s, puis au XVIIIe s, avec l'adjonction d'un dôme au-dessus du transept et la création d'une voûte en berceau désormais recouverte de fresques. Notons aussi de superbes vitraux ; ceux situés à l'extrémité du transept gauche évoquant les liens entre la ville et l'Etna (rappelons que la coulée dévastatrice de 1981 a bien failli rayer Randazzo de la carte !)...

Les amateurs d'églises pousseront jusqu'à la ***chiesa San Martino*** *(piazza San Martino),* qui possède ***le plus beau campanile de Sicile*** (XIIe-XIVe s), bicolore et présentant un style mariant l'architecture souabe à celle de la Renaissance tardive. Elle recèle quelques œuvres intéressantes, comme un ciboire gothique et des fonts baptismaux en marbre rouge (XVe s), une sculpture de Vincenzo Gagini (le fils d'Antonello), ainsi qu'une toile d'Antonello de Saliba...

Musei civici : la municipalité gère 3 petits musées, plutôt intéressants et vite visités *(entrée : 3,50 € chacun ; 7 € pour un billet combiné).* D'abord, le **Museo archeologico** *(via Castello ; ☎ 095-92-18-61 ; dans le castello Svevo du XIIIe s, juste en face de la chiesa San Martino ; tlj 9h30-13h)* présente une belle collection de bronzes et de bijoux en or du IVe s av. J.-C., ainsi qu'une flopée de statuettes votives, de belles et prestigieuses céramiques (attiques et ioniques) de la période hellénistique, dont l'*oenochoé Vagliasindi* (Ve s av. J.-C.) – pièce la plus importante du musée – portant une scène mythologique à figure rouge ; le tout découvert dans les environs de la ville. Ensuite, le ***museo di Scienze naturali*** *(corso Umberto I, 118 ; ☎ 095-92-16-15 ; tlj 9h30-13h, plus mer, ven et dim 15h-19h)* permet d'identifier tous les oiseaux (naturalisés) qui s'égosillent ou tournoient au-dessus de vos têtes dans la campagne environnante. On y trouve aussi des guépards, des autruches et d'autres espèces venues d'ailleurs. Aussi des échantillons de roches volcaniques et des fossiles. Enfin, le ***museo dell'Opera dei Pupi*** *(via Bonaventura ; ☎ 095-799-16-11 ; tlj 9h-13h)* présente – sans aucune info – la collection privée de Nino Calabrese di Francesco, soit une quarantaine de marionnettes de la fin du XVIIIe s au début du XIXe s, en provenance de Messine.

Casa della Musica : *via Santa Caterinella, 19. 📱 349-400-13-57. • secolibui.com • liuteriaseverini.it • Tlj aux heures d'atelier (pas vraiment d'horaires, mieux vaut appeler avt pour un rdv). Visite guidée d'env 1h, avec démonstrations musicales. Entrée : env 8 € ; ½ tarif enfants.*
Giuseppe, musicien et luthier passionné, présente en français, dans son atelier-musée qui fleure bon le cyprès fraîchement raboté, une superbe collection d'instruments de musique couvrant une période allant de la préhistoire au baroque : mandoline, luths, cloches, piano-forte, etc. Le plus étonnant, c'est la harpe

éolienne : on la place dans un courant d'air et le vent peut alors exploiter des harmoniques insoupçonnés. Absolument bluffant ! Accueil gentil.

CERAMI (94010 ; 2 000 hab.)

Petit bourg adossé à un rocher qui, sous certains angles, fait penser à une tête de sphinx, Cerami a connu ses heures de gloire en tant que colonie grecque. On s'y arrête désormais pour ses églises baroques. Ici, on ne compte pas moins de 4 confréries religieuses, lesquelles imposent un calendrier de fêtes hautes en couleur qui s'échelonnent de la Semaine sainte à début septembre. La plus ancienne d'entre elles – la confrérie de San Michele – a été créée il y a plus de 900 ans ! Autant dire que, les jours de fête, tout le canton déboule pour assister aux processions ! Le reste du temps, Cerami somnole entre ses vieux murs, ses rues en pente et ses églises aux coupoles coiffées de majoliques et d'herbes folles.
Si vous passez dans le coin, ne ratez pas les soirs des Jeudi et Vendredi saints, le 2e samedi de mai, le dernier dimanche de juillet, le 28 août, les 7-8 septembre et on en passe... *Infos : ● comune.cerami.en.it ●*

Où dormir ? Où manger ?

B & B – Trattoria da Carmelina : *corso Roma, 127. ☎ 0935-93-12-09. 📱 333-503-17-89. ● info@trattoriadacarmelina.it ● Double env 50 €. Repas 10-15 €.* Pour plonger dans les bras de Morphée, une poignée de chambres fonctionnelles, colorées et bien tenues. Bien choisir, car certaines sont assez petites et d'autres dotées d'un balcon. Côté papilles, la trattoria n'a pas de carte, mais propose chaque jour un menu complet, varié et servi à prix copain. Le tout concocté avec les produits frais du cru, sans oublier la bonne *pasta* maison et, en dessert, un lointain héritage d'influence arabe : le *cavatiaddu atturratu,* un biscuit trempé dans l'eau de cannelle saupoudré de poudre d'amande et de sucre. Accueil gentil.

NICOSIA (94014 ; 14 000 hab.)

Dominée par les vestiges d'un château arabo-normand, une petite ville de montagne perchée sur 4 collines. Si vous arrivez des Madonie, fini le calcaire, voici ces rues pavées de lave noire qui prennent au soleil l'allure du métal en fusion. Ancienne cité médiévale (elle fut l'une des plus importantes villes de Sicile au Moyen Âge), elle est dotée de nombreux palais aristocratiques et de belles églises... Dernière chose : c'est à Nicosia qu'on trouve la meilleure *mozzarella di bufala* de Sicile, avis aux amateurs !

Arriver – Quitter

Nicosia est desservie par les compagnies **Interbus** *(● interbus.it ●)* et ***SAIS Trasporti*** *(● saistrasporti.it ●).*
➢ **Catania** *(2h-2h30)* **:** 4 bus/j. avec *Interbus,* seulement 1 le dim.
➢ **Palermo** *(env 3h)* **:** env 1 bus/j. sauf dim avec *SAIS Trasporti.*

Adresse utile

Ufficio turistico : *piazza Garibaldi (dans le palazzo di Città). ☎ 0935-67-21-11. ● comune.nicosia.en.it ● Tlj 9h-13h, 16h-20h.* Plan de la ville, agenda culturel...

Où manger ? Où déguster une glace ? Où boire un verre ? Où acheter de bons produits ?

Quadrifoglio : *via Umberto I, 5. ☎ 0935-64-63-09. Tlj sauf lun. Carte env 25 € ; pizze 8-12 €. Café et digestif offerts sur présentation de ce guide.* À mi-chemin entre la *tavola calda* et la trattoria, le *Quadrifoglio* a le mérite de contenter tout le monde ! Bonne cuisine traditionnelle simple mais bien menée. Aussi des *pizze*.

Bar Antica Gelateria : *piazza Garibaldi, 8. • alessandrogranata74@yahoo.it • Tlj 6h-minuit.* L'adresse impec pour se rafraîchir au milieu des chauds après-midi siciliens ! Préférer la terrasse sur la place, plutôt que l'intérieur, un rien étriqué. Bon choix de glaces, des pâtisseries maison et quelques bricoles salées à grignoter avec les habitués.

La Boutique dei Prodotti Artigianali : *via Salomone, 8. 388-245-36-45.* Cette petite boutique toute simple regorge de produits tout beaux, tout bio : du pain maison, de gros jambons, des bouquets d'origan et du fromage. Idéal pour se faire un *pane condito* avant de partir en randonnée.

À voir

Campée sur la ***piazza Garibaldi,*** place principale de la ville, voici la ***cattedrale San Nicola*** (XIVe s) qui a conservé son campanile et sa façade d'origine malgré de tardifs remaniements. Splendide portail flanqué des emblèmes des princes d'Aragon. À l'intérieur, des sculptures de Gagini (chaire et fonts baptismaux)... De la *piazza Garibaldi,* remonter la ***via Francesco Salomone.*** Au ***nº 37,*** remarquez le ***palazzo La Motta Salinella*** (1739), typiquement baroque avec ses griffons et ses mascarons, ses oculi et ses gargouilles. Presque en face, au ***nº 37,*** le ***palazzo Caprini*** (XVIIIe s) est beaucoup plus sobre avec son portail Renaissance et ses balustres à jabot d'oie. Quelques murs en béton plus loin, prenez à droite le ***largo Nicosia*** et poursuivez votre ascension par la ***via Diego Ansaldi.*** Quelques mètres plus loin, juste après le ***nº 6*** et son ***palazzo La Via*** (XVIIIe s ; il appartenait jadis à une riche famille de Gascons installée en ville dès le XIIIe s), prendre à gauche les escaliers, puis au niveau de la 6e volée, à droite pour arriver à la ***basilica Santa Maria Maggiore*** (XIIIe-XVIIIe s), dont la section supérieure, en partie effondrée, semble avoir été remontée à la va-vite, au-dessus de son beau portail ouvragé *(entrée au niveau du carillon ; tlj 9h-13h, 16h-18h).* À l'intérieur, le trône de Charles Quint (extrémité de la nef de droite) et un beau polyptyque en marbre représentant des épisodes de la vie de la Vierge par Antonello Gagini.

SPERLINGA *(94010 ; 700 hab.)*

Dressé aux portes du massif des Madonie, le ***château de Sperlinga*** émerge d'un paysage de collines d'une harmonie quasi toscane ! Cette forteresse inexpugnable assure la fonction de gardien depuis des temps immémoriaux. Blotti à ses pieds, un gentil chaos de maisons grignote la montagne sur laquelle il est perché. Dans ce village, ***classé parmi les plus beaux bourgs d'Italie,*** vit une population pour le moins singulière. Elle parle un dialecte gallo-italique, dont certains mots sont empruntés à la langue française. C'est le parler piémontais des soldats et des colons qui arrivèrent en Sicile au XIVe s, sous la domination des Normands... Mais Sperlinga est aussi bien connue des photographes, car c'est ici qu'en juillet 1943 ***Robert Capa*** immortalisa un paysan du coin en train de montrer à un *GI* américain fraîchement débarqué la direction prise par les Allemands en fuite ; une photo qui a fait 1 000 fois le tour du monde !

Où boire un verre ?

Bar Al Castello : *piazza Castello, 17. 338-548-33-24. Tlj.* Au pied de la rampe d'accès du château, ce petit troquet dispose d'une agréable terrasse bien connue des habitués et des *carabinieri.* Idéal pour reprendre des forces après la visite. Bon accueil.

À voir

Castello : *piazza Castello, 15. ☎ 0935-64-32-11. • sperlinga.net • La billetterie fait aussi office de tourisme et toilettes publiques ! Tlj 9h (9h30 le w-e)-13h et 15h (14h30 le w-e)-17h30. Entrée : 5 € ; réduc.* Les anciens prétendent que le château est apparu un jour avec le rocher... comme par magie ! L'histoire, moins poétique, affirme que le 1er ouvrage défensif fut érigé au XIe s par les 1res vagues de Normands. La forteresse se confond indéniablement avec le rocher et comprend différents corps de bâtiment souvent creusés dans le tuf : les ***entrepôts,*** la ***forge,*** les ***écuries,*** la ***chapelle,*** la ***cuisine,*** les ***puits,*** les ***salles d'apparat...*** Sans oublier la ***terrasse supérieure*** cernée de créneaux, accessible par un escalier raide aux marches usées (attention, vous êtes prévenu !). C'est là que des Angevins en poste à Sperlinga choisirent de se barricader pour échapper aux persécutions, lors des tristement célèbres Vêpres siciliennes en 1282. Ils sont alors parvenus à tenir le coup plus d'1 an, aidés par quelques seigneurs locaux. Au pied du château, un ***petit musée*** – taillé dans la roche – présente quelques outils agricoles ainsi qu'un métier à tisser sur lequel une vieille dame tisse des tapis avec des bandelettes de coton. Du château, redescendre par la ruelle qui passe à gauche du bar *Al Castello.* Un chemin taillé dans la roche longe des ***habitations troglodytiques*** jusqu'en bas du village. Étonnant !

LES MADONIE

Classé en 2004 sur la liste des *Geoparks* de l'Unesco, c'est une splendide chaîne de montagnes comprise dans le périmètre *Castelbuono, Petralia Sottana, Polizzi Generosa* et *Collesano.* Elle présente 2 paysages distincts. Côté sud, vers Gangi, de petites routes s'immiscent entre de larges vallées, vertes ou colorées par le rose violacé du sainfoin d'Italie au printemps, mordorées et plutôt dépouillées en été ; un paysage qui rappelle un peu la Toscane, où courent de rares filets d'eau. Côté nord, vers Castelbuono, les pentes dévalent sec, les routes tournicotent à n'en plus finir entre d'immenses forêts de chênes ou de hêtres, ou partent à l'assaut des maquis de myrtes, de genêts ou de lentisques. La création de zones protégées et l'ouverture du *parco naturale regionale delle Madonie* *(infos : • parcodellemadonie.it • parks.it/parco.madonie •)* **en 1989 sur 40 000 ha ont mis un frein à la destruction de la faune et de la flore de cette région sauvage et unique du paysage méditerranéen. Car c'est ici que l'on trouve les 29 derniers spécimens d'*Abies nebrodensis,* un épicéa qui, malgré son nom qui laisse penser qu'il est originaire des Nebrodi, ne pousse que dans les Madonie, plus exactement sur les pentes du monte Scalone.**

Un parc qui se prête à merveille aux randonnées : à pied, à VTT et même à cheval, car il y fait aussi plus frais qu'en plaine... On trouve une soixantaine de sentiers balisés, de différentes longueurs et de niveau de difficulté variable ; certains en boucle.

Enfin, visiter les Madonie, c'est aussi partir à la découverte de ses villages médiévaux, tous plus ou moins perchés, hérissés de belles églises ceinturées par des ruelles figées dans le temps. Loin des sentiers battus, évidemment, et tous pourvus d'office de tourisme...

UN PEU D'HISTOIRE

Habiles conquérants, les Arabes tirent rapidement profit de la richesse naturelle des Madonie, développant d'ingénieux systèmes d'irrigation et de drainage, à dessein de créer une agriculture prospère. Ils introduisent de nouvelles cultures (agrumes, coton, mûrier, pistachier), alors que les traditions agricoles héritées de l'époque romaine se consacraient exclusivement à la production du blé... Durant le Moyen Âge, la population se concentre autour des châteaux, entraînant le dépeuplement des campagnes. Ce n'est qu'aux XVIe et XVIIe s que le développement des zones agricoles engendre de nouveaux bourgs et favorise l'extension des vieux villages. Par la suite, les Madonie connaissent de grandes vagues d'émigration vers les États-Unis (début XXe s) et vers l'Europe (années 1960)...

GANGI (90024 ; 6 700 hab.)

Classé parmi les ***plus beaux bourgs d'Italie,*** Gangi se présente d'un seul bloc sur sa colline de 1 011 m d'altitude, comme un essaim d'abeilles ou une coulée de maisons collées les unes aux autres ; comme si tout le monde se pelotonnait pour se tenir chaud ! En face s'étendent à perte de vue les champs vallonnés. Notons que Gangi est la patrie des 2 *Zoppo* (les Boiteux), peintres du XVIe s, dont on retrouve des œuvres un peu partout.

Arriver – Quitter

En bus

Gangi est desservie par la compagnie ***SAIS Trasporti*** (● *saistrasporti.it* ●).
➢ ***Petralia Soprana*** *(env 40 mn),* ***Petralia Sottana*** *(40-50 mn) et* ***Palermo*** *(env 2h30)* **:** 2-3 bus/j.
➢ ***Castelbuono*** *(env 1h05) et* ***Cefalù*** *(1h45)* **:** 1 bus/j.

Adresse utile

Ufficio turistico : *piazzetta Zoppo di Gangi (corso Umberto I). ☎ 0921-50-14-71. ● gangiborgodeiborghi.it ● Juste sous la poste, après la piazza del Popolo. Tlj sauf lun 9h-13h, 15h30-19h30.* Plan du village avec itinéraire de découverte à pied de ses monuments, infos sur le parc naturel des Madonie...

Où dormir ?
Où manger à Gangi et dans les environs ?

Bon marché

Agriturismo Capuano : *contrada Capuano. ☎ 0921-64-41-32. ● agricapuano@libero.it ● agriturismocapuano.com ● ♿ (resto seulement). À 7,5 km au sud de Gangi par la SP 14. Doubles 55-60 €. ½ pens possible. Repas 25 €. CB refusées.* Perdu au milieu de nulle part, l'*agriturismo* s'étire parmi les vignes. Chambres propres mais sans charme particulier. Large vue sur la vallée. Possibilité de prendre ses repas à la ferme : cuisine traditionnelle, préparée avec les produits du jardin. Se méfier du vin, rustique et franc, qui fait scintiller plus que des étoiles ! Accueil gentil et un rien *roots*.

Pizzeria Demetra : *SP 14 (angle via Spirito Santo). ☎ 0921-64-41-44. Tlj (sauf lun), le soir seulement.* Pizze *5-10 €.* Juste au pied du village, ce resto fait l'unanimité chez les gens du cru pour ses pizzas généreusement garnies, cuites au feu de bois et servies avec le sourire dans une grande salle moderne quelconque. Une excellente adresse à prix doux.

Prix moyens

B & B Villa Rainò : *contrada Rainò. ☎ 0921-64-46-80. 338-779-84-44. • info@villaraino.it • villaraino.it • À 2,5 km au nord de Gangi. Double 80 €. ½ pens possible. Au resto (résa conseillée), menu gargantuesque 25 €, boisson comprise.* Il faut descendre un chemin pentu qui sillonne la campagne agricole, pour atteindre cette longue demeure de maître du XIXe s, perdue au milieu des champs. À dispo, une dizaine de chambres spacieuses et climatisées, qui baignent dans une atmosphère désuète, avec carreaux à motifs, armoires de grand-mère, petits lustres soutenant des brasseurs d'air et parfois des baignoires sur pieds... Et depuis la grande terrasse et l'immense piscine, on admire Gangi en contre-plongée ! Côté resto, on se régale de la cuisine traditionnelle pleine des saveurs de la saison, même si l'on ne dort pas sur place. Accueil chaleureux et attentif. Une belle adresse peinarde qui nous plaît beaucoup.

Hotel Miramonti : *via Nazionale, 19. 338-213-27-02. • h.miramonti@yahoo.it • hotelmiramontisicily.com • Double env 70 €.* Installé dans un immeuble moderne quelconque, juste à côté de la station-service, cet hôtel, tenu par la même famille que le *B & B Villa Rainò,* livre une douzaine de chambres fonctionnelles, propres et bien équipées. Suffisant pour larguer ses bagages et partir à la découverte du cœur de la ville, à 10-15 mn de grimpette à pied...

Trattoria Sant'Anna : *via Sant'Anna, 2. ☎ 0921-60-24-22. • info@trattoriasantanna.it • Dans le haut du village, en contrebas du corso Umberto I, presque face à la poste. Tlj sauf mer. Congés : début nov. Menus à partir de 20 € ; repas env 30 €. Digestif ou café offert sur présentation de ce guide.* Une trattoria qui fait grand bruit chez les fines bouches du cru ! Le chef mitonne une cuisine *Slow Food* pleine de goût et inspirée par le marché. De bons produits *chilometro zero* choisis avec soin dans le terroir local et travaillés avec talent. À déguster dans d'agréables salles un poil rustiques ou sur la charmante terrasse avec une vue sur les toits du village. Un must, c'est sûr !

À voir

Le village : le charme de Gangi ne se révèle qu'aux courageux, à ceux qui sont prêts à partir à pied à l'assaut des ruelles pentues jusqu'à atteindre, tout en haut, la ***piazza del Popolo*** et sa terrasse panoramique, dominant une cascade de toits en tuiles, prolongée par la plaine et son patchwork de champs agricoles. Là-haut, encerclée de bancs où palabrent les anciens, se dresse la ***chiesa San Nicolò*** *(chiesa Madre),* flanquée d'une ancienne tour de guet, la ***torre***

PRÊTRE MAUDIT

Tous les prêtres momifiés des catacombes de la chiesa San Nicolò sont présentés debout, sauf un, allongé dans un cercueil fermé par 2 cadenas. C'est que Vitale, à la fois prêtre et médecin, n'avait pas droit à la résurrection. Il se serait suicidé en sautant dans le vide par une fenêtre. À moins que ce ne soit un accident. Vitale était aveugle...

Ventimiglia (XIVe s), détachée du corps de l'église auquel elle est reliée par une voûte. La tour fait office de clocher depuis qu'elle est devenue, au XVIe s, propriété des chevaliers de l'ordre de Malte. Dans le chœur de l'église, derrière l'autel, immense tableau du *Jugement dernier,* peint par au XVIIe s le *Zoppo di Gangi,* disciple de Guido Reni. On peut ensuite descendre dans l'étonnante ***crypte*** *(entrée : 2 €),* où se dressent dans leur niche une vingtaine de prêtres momifiés entre 1735 et 1870, embaumés dans leur habit liturgique pour être prêts le jour de la résurrection. Ils sont bien sapés, certes, mais franchement pas bien fringants ! Ensuite, en prenant le *corso Umberto I,* on trouve sur la gauche, le ***palazzo Bongiorno,*** palais du XVIIIe s édifié par une puissante famille et qui abrite aujourd'hui la salle du conseil municipal. Au plafond, fresques en trompe l'œil de Gaspare Fumagalli ; et fréquemment des expos temporaires *(tlj 9h-13h, 15h30-19h30, sauf lun ; GRATUIT).*

Museo civico : *corso Vitale, 54. ☎ 092-168-99-07. Tlj 9h-13h, 15h-19h30, sauf lun. Entrée : 3 € ; réduc.*
Installé dans un palais du XIXe s, ce petit musée présente – au rez-de-chaussée et au 1er étage – les huiles, aquarelles et fusains de ***Gianbecchina*** – qui méritent à eux seuls la visite ! Paysages, portraits de paysans aux traits ombrageux, scènes champêtres, tout un florilège de couleurs et d'odeurs, que ce maître de la peinture, décédé en 2001 à l'âge de 92 ans, a su immortaliser. De son travail sur la Sicile, Gianbecchina disait : « Dans ce pays, je ne cherche pas d'idéal, mais je découvre la beauté et l'ampleur de la Grèce païenne, la ténacité des Arabes, la débrouillardise des Normands, l'exubérance des Espagnols, la somme des caractères qui constituent notre peuple... »
Au 2e étage, aussi d'intéressants vestiges archéologiques mis au jour sur le monte Alburchia, qu'on aperçoit depuis la terrasse-belvédère face au musée. Il semblerait que l'antique Gangi ait des origines crétoises, d'où le Minotaure comme symbole de la ville. La légende raconte aussi que des bœufs auraient tiré les restes des colonnes antiques afin de construire l'actuelle *chiesa San Nicolò (chiesa Madre)...* Belle petite collection de céramiques. Aussi quelques armes à feu dont une *spingarda,* long fusil pour tirer le gibier d'eau. Enfin, la petite section ethnographique – dans la maison d'en face – expose des outils agricoles d'antan et de vieux objets du quotidien.

Manifestations

– ***Procession du Saint-Esprit :*** *lun de Pentecôte (ap-m).* Les villageois déambulent dans les rues pentues, arborant de lourdes statues sorties des églises.
– ***Sagra della Spiga :*** *2e dim d'août et tte la sem qui le précède.* Fête du village en l'honneur de Cérès.

PETRALIA SOTTANA (90027 ; 2 800 hab.)

Charmant village perché à 1 000 m d'altitude au cœur du parc naturel des Madonie. Dans le ***corso Paolo Agliata,*** rue principale fermée aux voitures le week-end à l'heure de la *passeggiata,* voici 2 vieilles églises qui s'opposent. Sur la ***torre Civica*** (XVIe s) adossée à la ***chiesa della Misericordia*** (XVIIe s), un intéressant et très ancien cadran solaire. Sur la ***chiesa di San Francesco*** (XVe s), presque en face, voir aussi la grande plaque de marbre de 1862, indiquant les anciennes mesures et leurs valeurs correspondantes dans le système décimal et métrique. Elle était destinée aux paysans.
Plus haut, la ***chiesa Madre*** domine superbement la vallée de sa belle pierre blanche, à la fois rude et patinée, qui donne à la ville son nom (du grec *petra,* la pierre). Beau portail de style gothique-catalan. Dans le chœur, un polyptyque

gothique tardif attribué à Gaspare da Pesaro fait face à un San Onofrio de Giuseppe Salerno, tandis qu'à droite une *Nativité* d'Antonello Gagini reçoit chaque jour des dons alimentaires pour les pauvres. En franchissant l'arcade sous le campanile, on rejoint la ***chiesa della SS. Trinità alla Badia,*** dont le beau portail du XVIe s s'ouvre sur un magnifique retable en marbre sculpté, attribué au sculpteur Giandomenico Gagini (un des fils d'Antonello).

Arriver – Quitter

En bus

Petralia Sottana est desservie par la compagnie ***SAIS Trasporti*** *(● saistrasporti.it ●).*

➢ ***Palermo*** *(1h45)* **:** 2-3 bus/j.
➢ ***Petralia Soprana*** *(10-15 mn) et* ***Gangi*** *(45 mn)* **:** 2-3 bus/j.
➢ ***Cefalù*** *(2h)* **:** 1 bus/j.

Adresse et info utiles

Ufficio turistico : *corso Agliata, 100. ☎ 0921-64-18-11. ● petraliavisit.it ● Lun-ven 8h30-14h, 15h-18h30 ; le w-e 9h30-12h30, 15h30-18h30.* Plan du village avec itinéraire de découverte à pied de ses monuments, infos sur le parc naturel des Madonie (vente de la carte des randonnées) et autres loisirs en famille *(Parco Avventura Madonie...),* horaires des bus, etc. Au sous-sol, le petit ***museo civico Antonio Collisani*** *(entrée : 2 €)* présente une collection de pièces archéologiques de la Sicile et du Bassin méditerranéen. Aussi une section dédiée à la géologie pour mieux comprendre la formation des montagnes...

– ***Grand marché :*** *sam mat, corso Agliata.*

Où dormir ? Où manger ?

B & B Domus Lilio : *via Federici, 14. 327-382-98-40. ● info@domuslilio.com ● domuslilio.com ● Double 65 € ; familiales 90-110 €.* Cette petite maison en vieilles pierres de pays renferme plusieurs chambres pour 2 à 4 personnes, dispatchées sur 3 niveaux. Très colorées et de bon confort, elles offrent une belle vue sur la vallée. Une très bonne adresse pour vivre au rythme du village.

Hotel Il Castello : *via Gen. di Maria, 27. ☎ 0921-64-12-50. 340-969-76-94. ● info@il-castello.net ● il-castello.net ● Resto tlj sauf mer, le soir seulement, plus dim midi. Doubles 70-120 €. Repas 20-35 € ; pizze 5-10 €.* Une adresse de charme, installée – sur la hauteur du village – dans une partie du château normand du XIe s, joliment rénovée. Les chambres sont confortables et décorées dans un goût néorustique. Les plus chères possèdent un lit à baldaquin et une terrasse privative. Très bon petit déj, avec une foule de produits maison. Et côté resto, c'est LA bonne table du village, bien connue pour ses savoureuses spécialités traditionnelles en prise directe sur le terroir local, sans oublier les fameuses *pizze* ; à déguster sur une belle terrasse. Demander aussi à visiter la cave ! Bon rapport qualité-prix-accueil.

Où boire un verre ? Où déguster une glace ?

La Terrazza : *piazza Umberto I, 1. Tlj sauf lun.* Sur la place de la *chiesa Madre,* une formidable terrasse qui domine la vallée ! Un lieu incontournable pour boire un verre ou lécher une glace, à l'heure où le soleil se couche. Vue sublime, c'est sûr !

Fête et manifestation

– ***Fête annuelle :*** *1er dim après le 15 août.* Fête qui reconstitue chaque année d'antiques coutumes paysannes. Un cortège à cheval, formé par les nouveaux époux et leurs parents, traverse les rues principales de la ville. Il est suivi du *ballo della Cordella,* durant lequel les participants dansent en tenant de longs rubans de couleur attachés autour d'un mât surmonté de gerbes de blé : un hommage à Cérès (Déméter chez les Grecs), déesse de l'Agriculture et des Moissons, et symbole de fécondité.
– ***Festival Jazz Manouche :*** *3 j. fin août.* Un événement unique dans le sud de l'Italie, qui accueille une foule de musiciens italiens et étrangers, avec quelques grosses pointures du genre. Une programmation intense de concerts et des *jazz sessions* à travers le centre historique.

PETRALIA SOPRANA *(90026 ; 3 300 hab.)*

Juché sur l'arête d'une montagne à quelques kilomètres au-dessus de Petralia Sottana, c'est le village le plus élevé des Madonie, à 1 147 m d'altitude. Classé parmi les ***plus beaux bourgs d'Italie,*** il a conservé son aspect médiéval, avec ses tortueuses ruelles pavées, ses fontaines, ses placettes et ses quelques belles églises. Notamment la ***chiesa Madre*** (XIVe s) qui, toute blanche et précédée d'une loggia, recèle quelques toiles du baroque (Filippo Randazzo da Nicosia, José de Ribera...), ainsi qu'une Madone à l'Enfant en *terra cotta* d'Antonino Vanello (XVe s). Dans le centre également, la ***chiesa Santa Maria di Loreto*** (XVIIIe s) est bordée d'un belvédère offrant une vue sur la campagne agricole vallonnée à couper le souffle !
Et pour s'imprégner de l'atmosphère du village, rendez-vous au ***sympathique troquet sur la piazza del Popolo !*** Dans les environs, aussi un étonnant ***museo Arte Contemporanea SottoSale*** *(MACESS ; via del Salgemma, fraz. Raffo ; 366-387-87-51 ; • associazionesottosale@gmail.com • ; ouv sur résa, sam 14h-18h, visite 5 €),* installé dans une ancienne mine de sel et qui présente des statues... en sel.

Arriver – Quitter

Petralia Soprana est desservie par la compagnie ***SAIS Trasporti*** *(• saistrasporti.it •).*
➢ ***Petralia Sottana*** *(10-15 mn)* et ***Palermo*** *(2h15)* **:** 2-3 bus/j.
➢ ***Gangi*** *(40 mn)* **:** 2-3 bus/j.
➢ ***Cefalù*** *(env 2h)* **:** env 1 bus/j.

Adresse et info utiles

Ufficio turistico : *corso Umberto I, 72. ☎ 0921-64-07-00. • comune.petraliasoprana.pa.it • Lun-ven 8h-14h, 15h-18h ; le w-e 9h30-12h30, 15h30-17h30.* Plan du bourg pointant ses principaux sites historiques, infos sur le parc naturel des Madonie, agenda culturel...
– ***Marché :*** *ven mat, corso Umberto I.*

Où dormir ?

Où manger à Petralia et dans les environs ?

Hotel Residenza Petra : *via Errante, 5. ☎ 0921-68-13-21. 339-736-61-85. • info@residenzapetra.it • residenzapetra.it • Double 80 € ;*

familiales également. Le seul hôtel du village s'est installé entre les murs en pierres apparentes d'une maison médiévale, joliment rénovée. Une quinzaine de chambres tout confort et spacieuses pour la plupart. Accueil pro et sympa.

La Locanda di Cadi et osteria A Fuoco Lento : *borgo Cipampini. 328-541-35-67 ou 338-289-01-00. • info@lalocandadicadi.it • lalocandadicadi.it • À env 7 km au sud de Petralia Soprana. Résa indispensable. Double 65 € ; familiales aussi. ½ pens possible. Repas (sur résa seulement) 30-35 € (moins cher le midi en sem). Café, digestif et petit déj offerts sur présentation de ce guide.* Un petit chaos de maisons perdues au beau milieu de douces collines. Voilà tout le décor de cette poignée de chambres pleines d'authenticité (mais sans clim). Ici, rien d'ostentatoire, on vit d'abord pour soi, pour le plaisir d'être là, d'accepter ce que la terre donne, de partager une conversation autour d'un plat, d'un vin... On s'y régale de savoureux petits plats originaux mitonnés avec les bons produits du cru. Une adresse remarquable de simplicité.

Trattoria da Salvatore : *piazza San Michele, 3. ☎ 0921-68-01-69. Tlj sauf mar. Repas 20-30 € ; pizze 5-10 € (le soir seulement).* C'est parmi les produits estampillés *chilometro zero* qu'œuvrent, de conserve, Salvatore et sa fille. Leur cuisine *Slow Food* suit le rythme des saisons pour un beau feu d'artifice de saveurs authentiques ! Les viandards ne manqueront pas les grillades. Pour passer un bon petit moment sous les auspices de Bacchus, jamais bien loin ici... Charmante terrasse devant la fontaine glouglouglouglou... gloutante de la placette.

Où boire un verre ?
Où déguster une pâtisserie, une glace ?

Bar Aspromonte : *corso Umberto I, 89. • leonardo.albanese@alice.it • Tlj sauf lun.* Ce bar de pays s'impose pour déguster une part de *sfoglio delle Madonie* maison, un délicieux gâteau local pas vraiment *leggero* ! Aussi des glaces artisanales et l'occasion de se poser un peu.

Fête

– **Fête patronale :** *20-29 juin.* Dédiée aux *SS. Pietro e Paolo*, c'est la fête majeure du village, donnant lieu à une procession pittoresque réputée dans toute la Sicile ; mais aussi à des concerts, des feux d'artifice... Bref, une grosse semaine de liesse, suite à quoi les commerçants prennent des vacances pour se remettre !

PIANO BATTAGLIA

De Petralia Sottana, une route (SP 54) serpente sur 18 km en direction de Piano Battaglia, à 1 572 m d'altitude – ***cœur du parc naturel des Madonie*** – et aussi le site géologique le plus important de la zone. Bref, le point de départ idéal pour les randonneurs en quête de nature farouche ! Ce n'est pas un village, mais juste une station de sports d'hiver, qui vit aussi – avec ses refuges – pendant les mois d'été, avant de s'endormir le reste de l'année (hors saison, mieux vaut donc prévoir les sandwichs !). Et c'est ici, sur les pentes du *monte Scalone,* dans ces régions reculées et sauvages, que poussent les derniers *Abies nebrodensis,* une espèce d'épicéa endémique à la région...

– ***Infos randonnées, VTT et ski :*** s'adresser au bureau d'information du *parc naturel régional des Madonie*, à **Cefalù** *(• parcodellemadonie.it • parks.it/parco.madonie •)*, ou sur place auprès de la société *Piano Battaglia* *(• pianobattagliaemadonie.it •)* qui exploite le site, loue des VTT, propose des randonnées guidées...

Où dormir ? Où manger ?

Rifugio Marini : *contrada Piano Battaglia. ☎ 0921-64-90-12. 335-777-22-69. • info@rifugiomarini.it • rifugiomarini.it • Compter 70 €/pers en ½ pens et 85 €/pers en pens complète ; réduc enfants.* Perchée à 1 600 m d'altitude, cette structure gérée par le *Club alpin italien* compte une petite vingtaine de chambres (2-4 lits) du style colo, simple et pratique, mais toutes avec salle de bains et beau parquet. Dans les parties communes : billard, baby-foot et salle de jeux de société. Location de VTT.

CASTELBUONO *(90013 ; 8 800 hab.)*

En voilà une agréable étape ! Située à environ 15 km de la mer et 25 km de Cefalù, Castelbuono est une petite ville dynamique zébrée de ruelles pavées courant de place en placette, où s'étendent des terrasses de cafés résonnant de concerts les soirs d'été. On y trouve un château renfermant un gentil musée, ainsi que quelques églises qui valent le coup d'œil, notamment la ***Matrice Vecchia*** (XIVe s ; piazza Santa Margherita), dotée de superbes fresques (très belle sainte Catherine d'Alexandrie du XIVe s), d'une *Madone à l'Enfant* d'Antonello Gagini et d'un impressionnant polyptyque d'influence byzantine (XVIe s) ; sans oublier la crypte...

PURGE

Castelbuono et sa région sont réputées pour produire la manna, suc végétal censé guérir bien des maux. On incise le tronc des frênes pour en récolter la précieuse substance. La manna est connue depuis l'Antiquité et utilisée encore aujourd'hui comme... laxatif !

Arriver – Quitter

En bus

Castelbuono est desservie par les compagnies ***SAIS Trasporti*** *(• saistrasporti.it •)* et ***AST*** *(• aziendasicilianatrasporti.it •).*

➢ ***Palermo*** *(1h40)* **:** 1-4 bus/j. avec *SAIS Trasporti* et *AST.*

➢ ***Cefalù*** *(40 mn)* **:** 6-8 bus/j. sauf dim avec *SAIS Trasporti* et *AST.*

➢ ***Isnello*** *(20 mn)* **:** env 3 bus/j. sauf dim avec *AST.*

➢ ***Gangi*** *(1h05)* **:** env 1 bus/j. avec *SAIS Trasporti.*

Adresses et info utiles

Ufficio turistico : *via Umberto I, 75. ☎ 0921-67-11-24. • prolococastelbuono.it • Tlj 9h30-13h, 16h-18h30 ; fermé dim ap-m.* Plan de la ville avec ses centres d'intérêt, infos sur le parc naturel des Madonie (vente plan du parc en français), agenda culturel...

Discovery Madonie : *via Fonte di Camar, 73. ☎ 0921-67-62-36. 320-146-45-63. • discoverymadonie.com •* Une agence sérieuse proposant une foule d'activités de tous niveaux dans les Madonie : randonnées pédestres, VTT, balades à cheval, varappe, raft... Les familles y trouvent aussi leur compte !

– ***Marché :*** *jeu mat, via Manzini.*

Où dormir ?

B & B Villa Letizia : *via Isnello. ☎ 0921-67-32-47. 333-908-38-96 ou 328-429-38-76. • villaletiziainn@gmail.com • bebvillaletizia.it • À droite avt le pont et la montée vers le centre-ville (panneau). Doubles 60-80 € ; familiales* *également. Parking gratuit.* Cette grosse maison moderne en brique, postée à flanc de colline face au village, recèle plusieurs chambres spacieuses et confortables dans des tons pastel. Certaines s'ouvrent – côté village – sur la terrasse commune dotée d'une cuisine d'été et d'un barbecue. Bon petit déj préparé par la chaleureuse et francophone Letizia. Son fils, Giuseppe, gère, quant à lui, le ***B & B Villa Letizia Inn*** *(via Mazzini, 7),* une petite maison de ville, derrière le château. Pour le même prix, voici d'autres chambres confortables et contemporaines ; la vue en moins. Là aussi, patio commun avec cuisine d'été et barbecue.

B & B Panorama : *via Isnello, 34. ☎ 0921-67-22-91. 338-317-12-23. • divitagiuseppe54@libero.it • bbcastelbuono.com • C'est la maison mitoyenne au* B & B Villa Letizia. *Double 60 € ; familiales 80-100 €.* Dans le même esprit que sa voisine, le *B & B* de Teresa possède quelques chambres simples mais confortables, dont la plupart avec cuisinette. Elles partagent une grande terrasse donnant sur le *castello* et semée de transats. Aussi 1 appart tout équipé pour 6 personnes, avec terrasse privée. À l'arrière, barbecue à dispo. Au petit déj, confitures maison et fruits du jardin.

Où manger ? Où boire un verre ?
Où déguster une pâtisserie, une glace ?

Do House : *via da Milano, 5. ☎ 0921-67-12-86. • domenicomazzola1984@gmail.com • Tlj sauf mer 11h-2h. Moins de 10 €.* En terrasse dans la ruelle fraîche et à l'ombre d'une élégante arcade, ce bon petit resto conviendra à ceux qui ne veulent pas se ruiner. À la carte, *panini,* salades, *bruschette, taglieri* de charcuterie-fromage et des petits plats bien ficelés. Simple et bien, foncez !

Al Vecchio Palmento : *via Failla, 2. ☎ 0921-67-20-99. Tlj sauf lun. Repas 15-30 € ; pizze (soir seulement) 4-10 €.* On y mange bien et le jardin est enchanteur ! Le jour, une treille protège de la chaleur accablante, alors que le soir, elle s'illumine sous les lueurs des loupiotes. Préparée avec des produits *chilometro zero,* c'est une cuisine de chef traditionnelle et savoureuse. Les enfants rient et les verres tintent... que demander de plus ?!

Nangalarruni : *via delle Confraternite, 7. ☎ 0921-67-12-28. • nangalaruni@libero.it • Tlj sauf mer (tlj en saison). Compter env 40 € à la carte. Digestif offert sur présentation de ce guide.* On recommande chaudement ce resto installé dans une vieille maison et dont la salle aux pierres apparentes – sombre et fraîche – est prolongée de quelques tables dans la ruelle. L'assiette est remplie d'une cuisine *Slow Food* bien menée et pleine des saveurs du terroir local. Les champignons *(funghi)* y figurent en vedette. La bonne table de Castelbuono, c'est sûr ! Belle carte des vins.

Pasticceria Fiasconaro : *piazza Santa Margherita, 10. • fiasconaro@fiasconaro.com • Tlj sauf mer 9h-21h (plus tard en été).* En plus de ses goûteuses glaces artisanales, cette excellente maison est aussi connue pour ses délicieuses pâtisseries traditionnelles, qu'elle exporte... dans le monde entier ! Agréable terrasse sur la place principale, plébiscitée par les anciens, qui sirotent à longueur de journée.

Où dormir ? Où manger dans les environs ?

Rifugio Francesco Crispi : *Piano Sempria. ☎ 0921-67-22-79. 368-98-98-87. • rifugiocrispi@hotmail.it • rifugio-crispi.it • À 7 km au sud de Castelbuono. Compter 55-60 €/pers en ½ pens et 65-70 €/pers en pens complète. Menu 25 €. CB refusées.* Un refuge du *Club alpin italien,* qui date des années 1970. Isolé tout au bout d'une minuscule route, au cœur de la forêt et au départ de nombreux sentiers pédestres et VTT. Bien qu'exiguës, les chambres aux lambris patinés possèdent un charme désuet qui vous rappellera un peu le film *Les bronzés font du ski* ! Toutes possèdent une salle de bains privée. Et côté fourneaux : cuisine locale simple et roborative ; à dévorer sous le préau de la terrasse ou à l'intérieur, au pied de la cheminée. Un lieu convivial et retiré, idéal pour profiter de la nature.

Agriturismo Bergi **:** *contrada* ***Bergi.*** *☎ 0921-67-20-45. 368-710-28-48. • info@agriturismobergi.com • agriturismobergi.com • À 3 km au sud-est de Castelbuono, sur la SS 286 (km 17,60). Doubles 80-100 € ; familiales également. Menus 18-45 €. Café et apéritif offerts sur présentation de ce guide.* Des petits airs de Toscane pour cet agrotourisme dominant les collines alentour... Prenez une grande bâtisse en pierres sèches surplombant une belle piscine avec vue sur la campagne, ajoutez-y une vingtaine de maisonnettes tout autour, avec des chambres tout confort et bien aménagées. Saupoudrez le tout de produits bio 100 % maison (miel, fruits, légumes, huile d'olive, confiture, liqueurs et *manna* traditionnelle). Voilà donc la recette qui satisfait les hôtes ! Aussi quelques excursions organisées, des cours de cuisine, une visite commentée de la ferme et des VTT en location. Bref, de quoi passer de bonnes vacances en famille, non ?!

À voir

Castello dei Ventimiglia – Museo civico **:** *piazza Castello. ☎ 0921-67-12-11. • museocivico.eu • Tlj 10h-13h15 et 15h45-19h. Dernière entrée 15 mn avt. Entrée : 5 € ; réduc.* Massif et solitaire, le château érigé au XIVe s par la puissante famille Ventimiglia veille imperturbablement sur le village. D'abord une courte section urbaine est consacrée à l'histoire de la ville, de ses églises et de ses monuments. Puis, une petite collection archéologique présente des pièces de monnaie et des fragments de céramique provenant des fouilles du château. Au rez-de-chaussée, puis à l'étage, de nombreuses salles abritent des expos d'art contemporain, peu en rapport avec l'histoire du site... Au passage, voir la belle cour intérieure surmontée d'une galerie couverte, sans oublier – au 2e étage – la section d'art religieux renfermant notamment le fameux trésor de Sant'Anna (beau travail d'argenterie, superbes bijoux de style oriental des XVIIIe et XIXe s). Et la chapelle stuquée de chérubins, d'amours et d'allégories en pagaille, offrant un spectacle délirant qui tranche avec l'allure générale des lieux, plutôt austère.

Fête et manifestations

– ***Fête patronale*** **:** *17-27 juil.* Dédiée à Sant'Anna, c'est la fête religieuse la plus importante du village et sa traditionnelle procession.
– ***Festival Ypsigrock*** **:** *début août. • ypsigrock.it •* Depuis plus de 20 ans, cet étonnant festival de musique éclectique favorise de jeunes talents.
– ***Castelbuono Jazz Festival*** **:** *août.* L'autre événement qui fait la réputation musicale du village depuis plus de 2 décennies et accueille des pointures du genre.

À voir dans les environs

Gole di Tiberio *(gorges de Tiberio)* **:** *condrada Tiberio, à* ***San Mauro Castelverde.*** *371-464-76-07. • goleditiberio.com • À 6 km à vol d'oiseau au nord-est de Castelbuono, mais 32 km par la route ! Infos et résas par tél.* Au cœur de la rivière Pollina, on explore les gorges de Tiberio – longues de 400 m – en raft, puis « les pieds dans l'eau » ! À la découverte de la faune et de la flore fluviales, des fossiles et des grottes où les brigands se réfugiaient naguère...

ISNELLO *(90010 ; 1 500 hab.)*

Perché à 580 m d'altitude, Isnello surgit des collines verdoyantes au sortir d'un virage, dominé par les clochers de ses églises et les ruines de son vieux château médiéval. Ici s'écoule une existence paisible sous un ciel des plus purs de Sicile. Ce n'est donc pas un hasard si un petit parc d'observation astronomique s'y est installé...

Arriver – Quitter

En bus

Isnello est desservie par la compagnie ***AST*** *(● aziendasicilianatrasporti.it ●).*

➢ ***Cefalù*** *(1h30)* et ***Castelbuono*** *(20 mn)* **:** env 3-4 bus/j. sauf dim.

Où manger ?

La Brace : *via Castelbuono, 14. ☎ 0921-66-28-10. ● ristorante-labrace@libero.it ● Tlj sauf lun (tlj en août). Congés : nov. Carte 25-35 € ; pizze (soir seulement) 5-12 €. Café ou digestif offert sur présentation de ce guide.* Plantée juste au-dessus du lacis des ruelles du village, c'est une maison ancienne rustique, avec poutres et pierres apparentes. Au menu, savoureuse cuisine *Slow Food* simple et fine, en prise directe sur des bons produits de saison, dont le chef sublime les goûts bruts. Excellent rapport qualité-prix. On s'est régalés !

À voir. À faire

Centro internazionale per le Scienze Astronomiche Gal Hassin : *via della Fontana Mitri. ☎ 0921-66-28-90. 📱 329-845-29-44. ● galhassin.it ● À 1,5 km à l'est d'Isnello par la SP 9. Ouv le w-e seulement. Résa obligatoire. Visite guidée (2h30) : 12 € ; réduc.* Petit parc astronomique ouvert en 2016 dans une zone naturelle où le ciel est clair et la pollution lumineuse très faible. À côté de son télescope perché sur le mont Mufara (1 865 m) voisin, qui fait le bonheur des scientifiques, le parc accueille aussi le grand public pour une intéressante visite guidée de ses cadrans solaires, son planétarium, sa collection de météorites... Sans oublier sa dizaine de télescopes braqués vers le ciel et avec lesquels on observe le ciel en fin d'après-midi et de nuit.

CEFALÙ

(90015) 14 000 hab.

● Plan *p. 479*

Classée parmi les *plus beaux bourgs d'Italie,* Cefalù, adorable station balnéaire, est un prototype de carte postale. Un ancien port de pêche médiéval, coincé entre les flots bleus et un roc vertigineux coiffé de remparts, derniers vestiges d'un château fort médiéval. Au pied de la falaise, le cap est si ténu que les maisons semblent dire : « Ne poussez pas ! » La vieille ville révèle bien vite ses atouts : des ruelles pavées où dégringolent les

balcons et une somptueuse cathédrale normande joliment éclairée la nuit. Ajouter à ça une belle plage de sable fin – avec quelques enclaves publiques – et on comprend vite pourquoi Cefalù s'impose comme une destination touristique très prisée de la côte tyrrhénienne.

TÊTE DE GREC

Derrière la cathédrale de Cefalù, un visage semble se découper dans la falaise de la Rocca, le rocher de 270 m de haut qui surplombe la ville. Peut-être s'agit-il du Kefaloidon *(de kefalè, la tête) des Grecs, qui baptisèrent ainsi la ville, car ils voyaient dans ce rocher une tête d'homme.*

Arriver – Quitter

En train

Stazione *(gare ferroviaire ; plan A2)* **:** *piazza della Stazione.* • *trenitalia.it* • Pas de consigne à bagages.

➢ ***Palermo*** *(45 mn-1h)* **:** env 18 trains/j., la moitié le dim. Plus pratique que le bus. À la gare de Palerme, changement facile pour l'***aeroporto di Palermo.***

➢ ***Messina*** *(2h-2h30)* **:** env 10 directs/j.

➢ ***Milazzo*** *(env 1h40)* **:** 8-12 directs/j.

➢ ***Agrigento*** *(2h10-2h40)*, ***Enna*** *(2h-2h45)* et ***Catania*** *(3h30-5h30)* **:** 6-14 trains/j. avec changement à *Termini Imerese.* Seulement 2-6 trains le dim.

En bus

Autostazione *(gare routière ; plan A2)* **:** *piazza della Stazione, au niveau de la gare ferroviaire.* Desservie par les compagnies ***SAIS Trasporti*** *(• saistrasporti.it •)* et ***AST*** *(• aziendasicilianatrasporti.it •).*

➢ ***Palermo*** *(2h10)* **:** 1-7 bus/j. avec *SAIS Trasporti* et *AST.* Pas pratique, préférer le train.

➢ ***Castelbuono*** *(40 mn)* **:** 5-8 bus/j. sauf dim avec *SAIS Trasporti* et *AST.*

➢ ***Gangi*** *(2h)* **:** env 1 bus/j. avec *SAIS Trasporti.*

➢ ***Petralia Soprana*** *(2h)* et ***Petralia Sottana*** *(2h10)* **:** env 1 bus/j. avec *SAIS Trasporti.*

Circulation et stationnement

La circulation est interdite dans la vieille ville pour les non-résidents. Et vu l'étroitesse de certaines rues, c'est sans doute une bonne chose pour vos nerfs !

Parkings payants **:** il existe plusieurs terrains privés *(env 7 €/12h)* le long du *lungomare (plan A2),* zone où l'on trouve aussi des places de stationnement payantes avec horodateurs *(lignes bleues au sol ; compter 1 €/h, 8 €/24h).*

Bus urbains **:** la compagnie ***Sommatinese*** *(• sommatinese.it •)* opère ***3 lignes de bus*** desservant le centre, le port et la périphérie. En saison, compter 1 passage/h ; env 1,20 €/ticket, valable 1h30.

Adresses utiles

Infos touristiques

Ufficio turistico *(plan B1,* ***1****)* **:** *corso Ruggero, 77. ☎ 0921-42-10-50.* • *comune.cefalu.pa.it* • *cefalu.it* • *Tlj sauf dim 8h-20h (14h sam).* Plan de la ville, liste des hébergements, agenda culturel, infos loisirs... Un bureau qui a le mérite d'exister !

Ente parco delle Madonie *(bureau du parc ; plan B1,* ***2****)* **:** *corso Ruggero, 116. ☎ 0921-92-33-27.* • *parcodellemadonie.it* • *parks.it/parco.madonie* • *Tlj sauf dim 8h-14h, 15h-18h.*

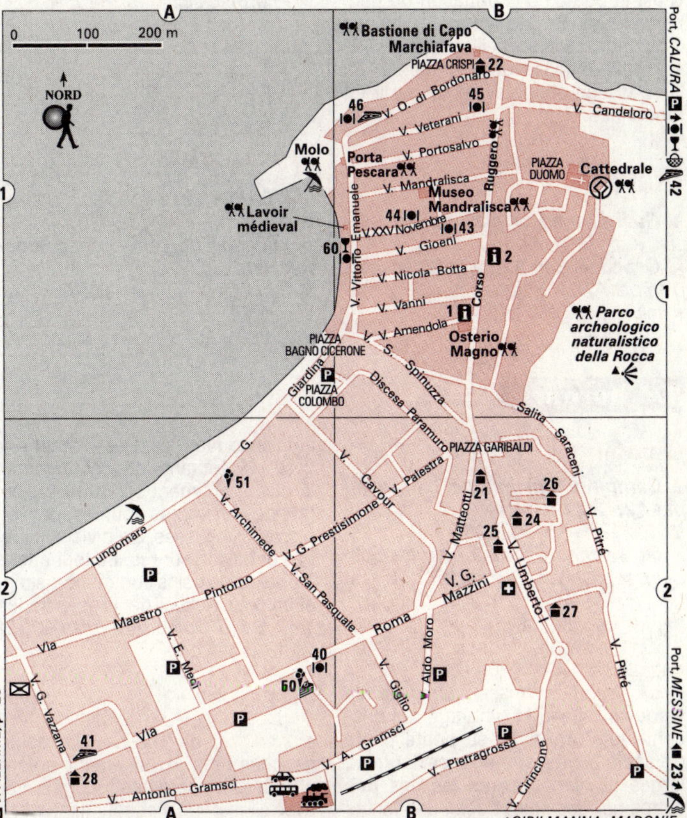

CEFALÙ

Adresses utiles

- 1 Ufficio turistico (B1)
- 2 Ente parco delle Madonie (B1)

Où dormir ?

- **20** Camping San Filippo (hors plan par A2)
- **21** B & B Locanda Cangelosi (B2)
- **22** B & B Dolce Vita (B1)
- **23** B & B Alba Tra i Pini et A Tonnara B & B (hors plan par B2)
- **24** Bohémien B & B (B2)
- **25** Cortile Umberto I B & B (B2)
- **26** B & B La Casa del Geko (B2)
- **27** Art Deco B & B (B2)
- **28** Artemis Hotel (A2)

Où manger ?

- **40** Pasta & Pasti (A2)
- **41** Pizzeria White Horse (A2)
- **42** Enoteca La Trinacria, Al Faro et La Tavernetta (hors plan par B1)
- **43** Le Chat Noir (B1)
- **44** La Brace (B1)
- **45** La Botte (B1)
- **46** Kentia Al Trappitu (B1)

Où déguster une glace, une pâtisserie ?

- **50** L'Angolo delle Dolcezze (A2)
- **51** Gelantico (A2)

Où boire un verre ?

- **42** Enoteca La Trinacria (hors plan par B1)
- **60** Enoteca Le Petit Tonneau (B1)

C'est le bureau d'information du parc naturel régional des Madonie. Bonnes indications sur ses villages, musées et carte détaillée des sentiers *(3 €)*. Un passage obligé avant de partir en randonnée.

Urgences

Guardia medica (plan B2) : *via Mazzini, 8. ☎ 0921-42-36-23.*

Ospedale San Raffaele Giglio (hors plan par A2) : *contrada Pietrapollastra-Pisciotto. ☎ 0921-92-01-11.*

■ **Pharmacies :** *Messina (plan B2), via Roma, 13, ☎ 0921-42-17-89 ; **Cirincione** (plan B1), corso Ruggero, 144, ☎ 0921-42-12-09 ; **Vacanti** (plan A2), via Vazzana, 6, ☎ 0921-42-25-66.*

Transports

Taxi Cefalù (plan A2) : *piazza della Stazione. ☎ 0921-40-07-40.*

■ **Location de vélos :** chez **Scooter for Rent** *(📱 338-230-90-08 ; • scooterforrent.it •)*, VTT et vélos électriques *(15-25 €/j. selon modèle).*

Où dormir ?

Camping

Camping San Filippo *(hors plan par A2,* **20**) : *contrada Ogliastrillo. ☎ 0921-42-01-84. 📱 333-523-10-00. • info@campingsanfilippo.com • campingsanfilippo.com • À 4 km à l'ouest de Cefalù par la SS 113. Accès bus E depuis la gare. Ouv avr-oct. Compter 23-33 € pour 2 avec tente et voiture ; bungalows 2-4 pers 40-110 € la nuitée selon saison et capacité.* Long terrain verdoyant, fleuri et ombragé qui descend vers la mer et sa petite plage de sable. Emplacements caillouteux, larges et bien séparés les uns des autres par des haies ; ceux des tentes étant au plus près de la mer. Sanitaires impeccables. Aussi quelques bungalows en bois, façon coques de bateau retournées, avec salle de bains et coin kitchenette en extérieur. Jeux pour enfants et bar-épicerie. Accueil familial souriant. Bref, une belle adresse bien tenue, comme il en existe, hélas, peu en Sicile. Bravo !

De bon marché à prix moyens

B & B Locanda Cangelosi (plan B2, **21**) : *via Umberto I, 26. ☎ 0921-42-15-91. 📱 333-232-38-66. • locandacangelosi@hotmail.it • locandacangelosi.it • Résa impérative en été. Doubles 43-53 €.* À l'entrée de la vieille ville, certainement la pension la moins chère de Cefalù, qui tire tout son charme de son ambiance familiale, très « comme à la *casa* ». Entourant un salon commun à la déco gentiment surannée, voici de grandes chambres voûtées, convenables et climatisées, avec vieux carrelages et balcon sur rue. Le tout attenant à 2 salles de bains communes, simples et propres. Accueil gentil et en français.

B & B Dolce Vita (plan B1, **22**) : *via Carlo Ortolani di Bordonaro, 8. ☎ 0921-92-31-51. 📱 329-44-62-74. • info@dolcevitabb.it • dolcevitabb.it • Doubles 50-110 €. Wifi gratuit sur présentation de ce guide.* Une poignée de chambres joyeusement colorées et dotées d'une petite touche vintage, avec clim et vue mer pour certaines. En prime, une grande terrasse qui se jette littéralement dans la grande bleue ! Quant aux tarifs, ils sont parmi les plus abordables du vieux centre. Si avec ça, on ne fait pas des heureux...

B & B Alba Tra I Pini *(hors plan par B2,* **23**) : *via dei Casali, condrada San Cosimo. ☎ 0921-92-15-93. 📱 333-545-40-08. • info@albatraipini.it • albatraipini.it • À 3 km au nord de Cefalù. Doubles 60-110 €.* Perchée au sommet de la falaise qui domine la baie et la ville, cette jolie maison abrite des chambres simples et fraîches, dont la plupart disposent d'un balcon avec *vista mare*. Environnement exceptionnel, panorama idem, calme absolu et accueil en douceur. Une super adresse pour les routards qui souhaitent s'en mettre plein la vue !

De prix moyens à très chic

Bohémien B & B (plan B2, **24**) : *via Umberto I, 15c. 349-808-29-14. • booking@bohemienbeb.it • bohemienbeb.it • Doubles 100-250 €. Café offert et réduc de 10 % sur le prix de la chambre sur présentation de ce guide.* Installé dans une bâtisse de caractère à l'entrée du centre historique, ce *B & B* dispose de chambres aménagées avec goût, chacune sur un thème pictural : la petite « Dalí » en mezzanine, « Toulouse » avec sa grande salle de bains, « Bianco e Nero » qui donne sur la cour ; et notre préférée, la vaste « Warhol », avec ses murs jaunes, sa reproduction de la célèbre sérigraphie de Marilyn et son balcon en surplomb de la rue, la plus chère. Agréables parties communes.

Cortile Umberto I B & B (plan B2, **25**) : *via Umberto I, 72. 327-696-63-00. • info@cortileumberto.it • cortileumberto.it • Doubles 90-150 €.* À l'orée de la vieille ville, traversez donc le *cortile* de ce vieil édifice de caractère et montez donc jusqu'à ce *B & B* livrant une atmosphère contemporaine simple et élégante. Plusieurs chambres confortables et cosy, certaines avec balcon sur rue. Notre préférée, pour 4 personnes, se trouve sous les toits avec terrasse et cuisine. Accueil aux petits soins.

B & B La Casa del Geko (plan B2, **26**) : *via Cimino, 21. 320-765-66-76. • lacasadelgeko@gmail.com • casadelgeko.com • Doubles 80-130 €.* Dans une rue enrobée de galets qui monte vers la Rocca, cette vieille maison étroite livre voûtes, pierres apparentes, poutres et plusieurs chambres confortables et bien tenues, avec balcon. Petite vue mer pour celle du dernier étage. Accueil adorable en français.

Art Deco B & B (plan B2, **27**) : *vicolo Anonino, 4. ☎ 0921-82-05-20. 327-744-51-90. Doubles 65-140 €.* Dans une ruelle accolée à la Rocca, c'est une maison du début XXe s avec boiseries de style, plafonds peints et plusieurs chambres spacieuses, bien équipées et gentiment vintage. Et puis encore d'autres plus petites mais plus fraîches et s'ouvrant à l'arrière sur le charmant patio verdoyant. Accueil sympa et pro.

A Tonnara B & B (hors plan par B2, **23**) : *via della Tonnara, 3. ☎ 0921-92-15-86. 348-444-45-39. • info@atonnara.com • atonnara.com • À l'est de Cefalù, de l'autre côté du rocher. Doubles 90-145 €.* Structure moderne et design, genre maison d'architecte, livrant studios et chambres de très bon confort. Auréolé de grands miroirs, l'ensemble est lumineux et spacieux avec baie vitrée donnant sur le port et la mer pour la plupart. Le moins cher n'a pas de vue directe sur l'eau mais une terrasse privative à part, surplombant l'ensemble. Pas mal non plus ! À défaut de piscine, on trouve une petite crique à proximité pour se baigner. Une belle adresse pour les routards exigeants.

Artemis Hotel (plan A2, **28**) : *via Roma, 101. ☎ 0921-42-13-30. • info@artemiscefalu.it • artemiscefalu.it • Doubles 65-200 €. Parking payant.* À 10 mn à pied de la vieille ville et 5 mn de la plage, c'est un bel hôtel moderne d'une cinquantaine de chambres agréables et tout confort. Gentil patio pour prendre le petit déj. Le tout situé dans une zone de restos et de commerces que les locaux recommandent volontiers.

Où manger ?

Bon marché

Pasta & Pasti (plan A2, **40**) : *via Roma, 17. ☎ 0921-42-47-86. • pastaepasti2015@libero.it • Tlj sauf mer, au déj seulement. Plats 6-8 €.* D'abord une terrasse couverte et ventilée, rendez-vous des habitués et des gens de passage qui – sans se ruiner – viennent dévorer une assiette de pâtes maison, une salade de la mer, une part de *lasagne al forno,* ou des *involtini* (paupiettes) ; à choisir à l'ardoise ou dans la longue vitrine réfrigérée. Simple et bon ; l'accueil familial, gentil et sincère en prime.

Pizzeria White Horse (plan A2, **41**) : *via Roma, 106. ☎ 0921-42-01-37.*

Tlj sauf mer, le soir seulement. Pizze 5-12 €. À seulement 5 mn à pied de la plage, un resto que les gens du cru recommandent volontiers pour ses belles pizzas généreusement garnies d'ingrédients de qualité et cuites au feu de bois. À dévorer dans une salle soignée ou en terrasse dominant la rue. Service souriant.

Enoteca La Trinacria *(hors plan par B1, **42**) : via Porta Giudecca, 60-62. ☎ 0921-92-50-77. • info@latrinacriacefalu.it • À 5 mn à pied du centre, en allant vers le port. En saison, tlj 9h30-minuit. Repas 15-20 €.* Hors des sentiers touristiques et accolé à la Rocca, c'est d'abord une épicerie fine regorgeant de bons produits 100 % siciliens. Belle sélection de fromages, de charcuteries, de pâtes, sans oublier la riche sélection de vins et de bières artisanales. Et en puisant directement dans l'épicerie, on vous concocte quelques bons petits plats de tradition, simples, goûteux et servis à prix justes sur une terrasse en surplomb de la mer. Bien aussi pour un *aperitivo* d'anthologie. Accueil familial gentil et authentique.

Prix moyens

Le Chat Noir *(plan B1, **43**) : via XXV Novembre, 17. ☎ 0921-42-06-97. • info@ristorantelechatnoir.it • Tlj sauf mer. Résa conseillée le soir. Congés : déc-janv. Repas 20-25 €.* On recommande volontiers cette trattoria *Slow Food* qui mijote les délicieuses spécialités de l'île, tout en se permettant quelques originalités. Ingrédients de saison triés sur le volet. Aussi de bons plats de pâtes pour les fauchés. À déguster entre la jolie salle voûtée aux pierres apparentes, le coquet patio fleuri et la terrasse dans la ruelle paisible. Excellent rapport qualité-prix-accueil.

La Brace *(plan B1, **44**) : via XXV Novembre, 10. ☎ 0921-42-35-70. • noemail@gmail.com • Tlj le soir seulement. Fermé mer. En été, résa conseillée. Repas 20-30 €.* C'est une belle petite salle fraîche et voûtée rouge carmin, de style Art déco. On s'y laisse guider par une carte courte mais étudiée, s'écartant des classiques sans renier ses racines siciliennes. Bon choix de vins pour tous les budgets. Une valeur sûre de qualité constante.

Al Faro *(hors plan par B1, **42**) : via Porta Giudecca, 62a/b. ☎ 0921-42-44-09. • francescaruggiero065@libero.it • À 5 mn à pied du centre, en allant vers le port. Tlj sauf mer. Résa conseillée. Repas 20-30 €.* Adossé à la Rocca, juste au pied du phare, ce resto offre – depuis sa gentille terrasse – la plus belle et inoubliable vue de Cefalù ! Une atmosphère romantique avec éclairage tamisé et musique jazzy, pour des plats inventifs, concoctés avec soin et panache. Du bon poisson, bien sûr, mais aussi du fromage de brebis grillé, des pâtes maison... servis à prix raisonnables.

De prix moyens à plus chic

La Botte *(plan B1, **45**) : via Veterani, 20. ☎ 0921-42-43-15. • labotteristorante87@libero.it • Tlj sauf lun. Résa conseillée le soir. Menu 45 € ; repas 20-35 €.* C'est une belle salle voutée, fraîche et soignée, d'allure un rien rustique. Cuisine dans la tonalité générale. Juste quelques plats à la carte, mitonnés selon le marché et sans artifice, histoire de mettre en valeur les goûts bruts des savoureux ingrédients. Service pro. Bref, une belle adresse, haute en saveurs.

La Tavernetta *(hors plan par B1, **42**) : contrada Presidiana. ☎ 0921-42-25-10. • la-tavernettacefalu@gmail.com • Sur le port, à 15 mn à pied de la vieille ville. Tlj sauf lun. Résa conseillée en saison. Carte 20-40 € ; pizze 4-11€.* Nichée au bout du port, *La Tavernetta* profite d'une quiétude bienvenue lorsque la saison touristique bat son plein à Cefalù. Du coup, les locaux fréquentent assidûment sa grande terrasse surplombant les bateaux et les rochers de la Calura. Dans l'assiette, voici des spécialités traditionnelles réussies et savoureuses, où le poisson tient la vedette ; sans oublier les bonnes *pizze* en soirée. Service impeccable. Une bonne adresse.

Kentia Al Trappitu *(plan B1,*

46) : *via Bordonaro, 96.* ☎ *0921-42-38-01.* ● *ristorantekentia@gmail.com* ● *Tlj. Menus 20-30 € ; carte 25-40 € ; pizze 4-15 €.* Si le vieux pressoir à huile du XVIIe s est toujours là, la salle aux belles voûtes est désormais drapée d'une déco contemporaine sobre, qui se la joue un peu. Aussi lui préfère-t-on la formidable *terrazza sul mare,* à l'arrière ! Au menu, cuisine maîtrisée mais un poil chère, largement tournée vers la mer. Également de bonnes *pizze* proposées aussi à midi. Service chic et pro.

Où déguster une glace, une pâtisserie ?

L'Angolo delle Dolcezze *(plan A2,* ***50****) : via Novelli, 2-4.* ● *info@langolodelledolcezze.it* ● *Tlj sauf jeu.* Parmi les meilleures glaces artisanales de Cefalù, crémeuses à souhait ou aux fruits de saison. Le tout vendu dans un kiosque sur rue ou dans la pâtisserie à l'arrière, proposant aussi un large choix de gâteaux à dévorer dès le petit déj.

Gelantico *(plan A2,* ***51****) : lungomare Giardina, 11. Tlj.* L'autre glacier bien connu des gamins de la plage ! De goûteuses *gelati* artisanales bio à déguster dans un cornet, ou – comme les Siciliens – dans une brioche ouverte en 2 ! Aussi des *granite* pour se rafraîchir.

Où boire un verre ?

Enoteca Le Petit Tonneau *(plan B1,* ***60****) : via V. Emanuele, 49.* ● *info@lepetittonneau.it* ● *Tlj 9h-23h.* Cette *enoteca* propose un comptoir et 3 tables au fond de la salle, sur un surprenant petit balcon perché au-dessus de l'eau ! L'occasion de découvrir les richesses du vignoble sicilien, *limoncello* compris. Également de bonnes petites bricoles à grignoter à toute heure. Bref, le lieu idéal pour un *aperitivo* d'anthologie face au soleil couchant.

Voir aussi la terrasse de l'***Enoteca La Trinacria*** *(hors plan par B1,* ***42****),* vraiment agréable pour écluser un verre de vin à l'heure de l'*aperitivo,* face au soleil couchant (voir plus haut « Où manger ? »).

À voir. À faire

Cattedrale *(plan B1) : piazza del Duomo.* ● *cattedraledicefalu.org* ● *Avr-oct, tlj 8h-18h ; le reste de l'année 8h-13h, 15h30-17h. GRATUIT.* Dressée au pied de la Rocca, cette impressionnante cathédrale-forteresse normande doit sa construction à un vœu du roi Roger II qui, en 1131, survécut à une violente tempête en s'échouant sur la plage de Cefalù. On prétend que le roi l'a voulue aussi prestigieuse que celle de Monreale. Elle est en tout cas plus humaine et moins solennelle. Conforme aux canons de l'architecture islamique, elle ne cède en rien aux modèles byzantins, en particulier pour l'ordre iconographique général et la séparation de toute la partie postérieure de l'édifice du corps des nefs... On conseille de venir l'admirer en fin d'après-midi, quand le soleil fait flamboyer la façade ; ou la nuit, quand elle est joliment illuminée.

À l'intérieur, voici 3 nefs dépouillées et soutenues par d'antiques colonnes de granit à chapiteaux dépareillés. Mon tout dominé par la figure imposante du ***Christ pantocrator*** (« tout-puissant ») de l'abside principale. Réalisé en mosaïque sur fond doré avec des inscriptions en grec et en latin, il date de 1148 et demeure contemporain de ceux de la cathédrale de Monreale et de la chapelle palatine de Palerme. Comme eux, il vous bénit de la main droite et tient un évangile dans la main gauche. Ses 2 doigts tendus symbolisent sa double nature, humaine et divine, les 3 autres, joints, figurent la Sainte Trinité. Remarquez sa physionomie très orientale et son regard qui semble dominer toute l'église ! La cathédrale de Cefalù a été classée au Patrimoine mondial de l'Unesco en 2015.

➢ Le complexe religieux de la cathédrale se visite aussi sur ***3 itinéraires thématiques*** permettant d'accéder au trésor, à la salle capitulaire, au cloître, puis d'admirer de plus près la fameuse mosaïque du Christ pantocrator et de grimper dans le clocher. Mais l'ensemble manque un peu de richesse pour le prix demandé *(5-8 € ; infos : ● itinerarium.it ●).*

Museo Mandralisca *(plan B1) : via Mandralisca, 13. ☎ 0921-42-15-47. ● fondazionemandralisca.it ● Tlj 9h-19h (23h juil-août). Entrée : 6 € (plus cher si expo temporaire) ; réduc.* Installé dans le sublime *palazzo* du baron de Mandralisca, ce musée offre un bel aperçu de la curiosité éclectique de ce personnage du XIXe s, mécène et philanthrope éclairé. On y découvre de belles céramiques antiques, des peintures et du mobilier des XVe-XIXe s, des coquillages, des animaux naturalisés ou encore des cartes et des monnaies anciennes... Les plus belles pièces se trouvent au 1er étage, à côté de la bibliothèque. Là, ne manquez pas le ***cratère grec*** (IVe s av. J.-C.) décoré d'une scène de marché (un vendeur de poisson et son client) d'une grande réalité. On y distingue la pièce de monnaie dans la main de l'acheteur... Plus loin, une lumière crépusculaire entoure un authentique et formidable chef-d'œuvre, le petit *Portrait d'un homme* peint vers 1470 par ***Antonello da Messina.*** Certains voient dans cette figure au sourire énigmatique le portrait d'un marin de Lipari. Le fond noir et la finesse d'exécution de cette huile sur bois rappellent les maîtres flamands...

La vieille ville : la rue principale, le ***corso Ruggero*** *(plan B1),* éminemment touristique, est jalonnée de magasins en tout genre. Noir de monde aux heures de la *passeggiata,* qui s'éternise pendant l'été. Jetez un œil, au ***n° 71*** *(à l'angle de la via Amendola, à côté de l'office de tourisme),* sur les fenêtres à arcades de l'ancienne demeure du roi Roger II, appelée ***Osterio Magno*** (XIIIe-XIVe s ; ne se visite pas). N'hésitez pas ensuite à vous écarter du *corso* pour emprunter les petites ruelles pavées perpendiculaires qui descendent vers la mer. On tombe parfois sur de petits autels dédiés à la Vierge...
Puis, en bas d'un bel escalier donnant au niveau du n° 59 de la *via V. Emanuele* se cache le ***lavoir public médiéval*** *(plan B1),* alimenté par une rivière souterraine et secrète, dit-on, qui se jette ensuite dans la mer. L'occasion d'une pause fraîcheur en trempant, pourquoi pas, ses pieds dans l'eau glacée !
On peut ensuite pousser jusqu'à la ***porta Pescara*** *(plan B1),* percée en 1570. Elle donne accès par un petit escalier au minuscule port historique de Cefalù – le ***Molo*** – et sa plagette coincée au pied des bâtisses plongeant dans la mer. Enfin, après avoir remonté la *via Bordonaro,* crochet par le ***bastione di Capo Marchiafava*** *(plan B1),* un superbe belvédère qui s'avance telle une étrave dans la grande bleue.

Parco archeologico naturalistico della Rocca *(le Rocher ; plan B1-2) : accès par la piazza Garibaldi (plan B2). Tlj 9h-19h (16h nov-mars). Entrée : 4 € ; réduc ; gratuit moins de 6 ans. En été, y aller dès l'ouverture pour échapper à la chaleur. Chaussures obligatoires (pas de tongs).* On grimpe (1h) au sommet de la falaise le long d'un chemin pavé en escalier puis d'un sentier, en partie ombragés par des pins. En haut (270 m), à côté du superbe panorama sur la mer et la ville, se dressent les vestiges de la ***forteresse médiévale*** où Charles d'Anjou fut enfermé pendant la fameuse révolte des Vêpres siciliennes en 1282. En redescendant, jetez aussi un coup d'œil aux restes du ***temple de Diane,*** de l'***église médiévale,*** puis aux ***fours*** et ***citernes,*** sans négliger les ***fortifications byzantines...***

Plages *(plan A2) :* jolies mais très fréquentées en été, elles profitent d'un sable assez fin. La longue ***plage du lungomare Giardina*** *(plan A1-2)* jouit, en arrière-plan, d'une vue formidable sur le bourg d'origine, sa cathédrale et son rocher. Aussi la petite ***plage de Piazza Marina*** *(plan A1),* bordé par la vieille ville et le *Molo,* quai historique de Cefalù. Et de l'autre côté de la Rocca, on trouve encore la ***plage de Calura*** *(hors plan par B2).* Enfin, ceux qui préfèrent se poser sur les ***rochers*** iront barboter derrière la vieille ville. Accès par des escaliers au bout de la *via Candeloro (hors plan par B1).*

Fête et manifestations

– **Marché :** *sam mat ; en été, largo Polveriera (hors plan par B2), devant le cimetière ; hors saison, le long du lungomare Giardina (plan A2).*
– **Fête de San Salvatore** (patron de la ville) **:** *début août.* Plusieurs manifestations clôturées par une procession et un feu d'artifice.
– La ville organise pas mal de ***concerts en été*** qui, comme la plupart des manifestations et des animations, ont lieu sur le *lungomare Giradina (plan A1-2)* et *piazza del Duomo (plan B1).*

DANS LES ENVIRONS DE CEFALÙ

Excursions dans le massif des Madonie – classé parc naturel régional – et ses petits villages traditionnels : au départ de Cefalù, bus pour ***Castelbuono, Gangi, Petralia Soprana*** et ***Petralia Sottana*** (voir plus haut « Arriver – Quitter »).

Santuario di Gibilmanna : *località Gibilmanna. ☎ 0921-42-18-35. • gibilmanna.santuario@libero.it • À 15 km au sud de Cefalù par la SP 54bis.* ***Église*** *: tlj, en principe 8h-12h, 15h-18h ;* ***musée*** *: tlj en principe 10h30-12h45, 15h30-17h45 ;* ***bibliothèque*** *sur rdv. Visite du musée sur demande ; GRATUIT.*
Perché à 600 m d'altitude au beau milieu des arbres du massif des Madonie, ce monastère franciscain fut fondé en 1535 sur les ruines d'une abbaye bénédictine. Du parvis de l'église, beau panorama sur les collines alentour et la mer. Flanquée de 2 clochers carrés, l'église du XVIIe s est assez sobre, excepté, à l'intérieur, la chapelle de droite, dont l'autel exubérant, de style baroque, est dédié à la Vierge (XVIIIe s)... Ce gentil petit complexe monastique est encore habité par plusieurs moines qui ont permis la création d'un ***petit musée*** (explications en français) consacré à la vie de l'ordre à travers les siècles. On y découvre des vêtements liturgiques finement brodés, un orgue archaïque, des outils anciens, une collection d'orfèvrerie, des confessionnaux ressemblant à des colonnes Morris, l'émouvante statue d'une pietà délicatement dorée (salle 9) et, partout, pléthore de peintures et statuettes religieuses...

LA CÔTE À L'EST DE CEFALÙ

CASTEL DI TUSA *(98079 ; 1 000 hab.)*

C'est après avoir serpenté 20 km vers l'est en surplomb de la mer (quelle vue !) sur la SS 113 (quelques criques rocailleuses en contrebas) qu'on atteint ce petit port de pêche tranquille, étiré le long d'une plage de galets. Le soir, à l'heure où les femmes sortent les chaises sur le pas des portes pour profiter de fraîcheur, les hommes tirent leur chaloupe sur la grève, le long du pont de chemin de fer, avant d'aller batailler aux cartes à la terrasse d'un troquet !
➢ ***Comment y aller :*** 9 trains/j. (seulement 3 le dim) pour ***Cefalù*** *(25 mn). Infos : • trenitalia.it •*

Où dormir ? Où manger ?

Camping Lo Scoglio : *sur la SS 113, km 164. ☎ 0921-33-43-45. 📱 368-68-80-61. • info@loscoglio.eu • loscoglio.eu • À 2 km à l'ouest de Castel di Tusa. Ouv avr-sept. Résa très conseillée en août. Compter 19-38 € pour 2 avec tente et voiture ; doubles 50-100 € ; apparts (4 pers) 60-120 € ; transport compris entre gare ferroviaire de Tusa et le camping. Réduc de 10 % sur votre hébergement (hors août) sur présentation de ce guide.*

LA SICILE TYRRHÉNIENNE

Petit camping sommaire et pépère, situé juste en bord de mer, dans un coin tranquille et isolé. Ne soyez pas effrayé par le chemin de fer juste derrière, les trains ne circulent pas la nuit ! Emplacements sous les arbres, juste en surplomb de l'eau. Sanitaires propres. Aussi des chambres basiques avec salle de bains et kitchenette à l'extérieur. Jolie plage de galets aux eaux limpides. Supérette, snack-bar. Atmosphère tranquille et familiale – sans animation tapageuse – même au cœur de l'été.

Atelier sul Mare Museo Albergo : *via Battisti, 4. ☎ 0921-33-42-95. • info@ateliersulmare.it • ateliersulmare.com • Résa conseillée. Doubles 120-180 €. Menu env 25 €. Visite guidée de l'hôtel tlj à 12h en été (le w-e hors saison) : 7 € ; gratuit pour les clients.* En bord de plage, un hôtel original, aménagé dans un musée d'art contemporain ! Une quarantaine de chambres étonnantes, conçues par des artistes du monde entier. Certaines sont pleines d'humour, d'autres lumineuses et colorées ou parfois déjantées, voire oppressantes. Bref, il y en a pour tous les goûts, et passer une nuit sur place est une expérience mémorable ! Resto en terrasse au bord de l'eau. Fait aussi résidence d'artistes et musée. On peut poursuivre l'expérience en allant voir les installations d'art contemporain disséminées dans les environs (boucle de 50 km à réaliser en voiture, plan fourni à la réception).

SANTO STEFANO DI CAMASTRA *(98077 ; 4 700 hab.)*

À 25 km à l'est de Cefalù et 9 km de Castel di Tusa par la SS 113. Bourgade tranquille et agréable, perchée sur une colline dominant la mer et réputée pour ses ***ateliers de céramique,*** dont les boutiques s'alignent par dizaines le long de la rue principale. Et les couleurs flashent, sortez les lunettes de soleil ! Plage à moins de 2 km, dont celle de ***Villa Margi,*** où l'on trouve l'étonnante *Finestra,* œuvre contemporaine de Tano Festa...

➢ ***Comment y aller :*** 14 trains/j. (seulement 6 le dim) pour ***Cefalù*** *(35 mn). Infos : • trenitalia.it •*

Où dormir ? Où manger ?
Où déguster une glace ? Où boire un verre ?

B & B I Colori dell'Arcobaleno : *via Riso, 1. 320-656-45-03. • info@bbicoloridellarcobaleno.it • bbicoloridellarcobaleno.it • Doubles 50-70 €.* Gentille petite structure proposant des chambres doubles ou triples et des appartements (4 personnes) avec cuisine. Ensemble bien équipé et doté d'une déco pimpante et colorée. Grand salon – lui aussi plein de couleurs – et flanqué d'une agréable terrasse où est servi le petit déj. Une bonne étape, en toute simplicité.

Trattoria da Giannino : *via Garibaldi, 14. ☎ 0921-33-17-48. • trattoriadagiannino@tiscali.it • Tlj sauf jeu. Repas 15-25 €.* Les gens du cru recommandent volontiers cette longue salle voûtée, fraîche et soignée, tout comme la cuisine d'ailleurs, traditionnelle et pleine de saveurs. La carte fait des allers-retours entre la mer et la terre pour le plus grand plaisir de nos papilles. Aussi une terrasse à l'arrière.

Gelateria Bradamante : *via Vittoria, 82.* Dans la rue centrale bariolée de boutique de céramiques, cette *gelateria* concocte de délicieuses glaces crémeuses à souhait et pleine de goûts. Sans parler des quelques savoureux sorbets aux fruits de saison, slurp !

Le Palme Caffè : *via Collegio, 11. ☎ 0921-33-75-09. Tlj 8h-minuit. Pizze en soirée 4-10 €.* Posé sur le rebord du village, un bistrot que les locaux plébiscitent pour sa magnifique terrasse panoramique ; impec pour siroter un cocktail au soleil couchant et même enchaîner sur une pizza, parmi les meilleures du coin !

À voir

Museo della Ceramica : *via Famularo, 1. 349-298-79-08. • museodellaceramica.com • Tlj sauf lun 10h-13h, 16h-20h. Entrée : 3 €.* Installé dans le *palazzo Trabia* de style Liberty, qui sert aussi d'office de tourisme (infos sur le parcours d'art contemporain de la région et le *parco naturale regionale dei Nebrodi*), ce musée présente une intéressante collection de céramiques plutôt modernes, ainsi qu'un petit *antiquarium.* Aux étages, beaux sols en majolique et une expo permanente d'art contemporain (Ugo Nespolo, Ugo La Pietra, entre autres...).

HOMMES, CULTURE, ENVIRONNEMENT

BOISSONS

Les appellations

On fait du vin en Italie depuis l'Antiquité ! Colons grecs, romains, puis étrusques, tous s'y sont adonnés avec passion, mais c'est à l'époque médiévale que la viticulture prit une place importante autour des grandes abbayes. L'Italie confirme d'année en année sa place de 1er producteur mondial avec près de ***43 millions d'hectolitres par an*** ; en compétition permanente avec la France (36,7 millions) !
La viticulture italienne repose sur 3 types d'appellations. Les ***IGT*** *(Indicazione geografica tipica)* désignent des vins de pays de bonne qualité répondant à une simple indication géographique. Les ***DOC*** (*Denominazione di origine controllata* ; l'équivalent de nos *AOP*) sont des appellations d'origine contrôlée qui garantissent le respect de règles de production assez contraignantes. Du coup, certains producteurs, qui souhaitent s'en affranchir, commercialisent parfois des vins de grande qualité sous le simple nom de vins de table... ***Il existe plus de 300 DOC en Italie, dont 23 proviennent de Sicile.*** Quant aux prestigieuses ***DOCG*** *(Denominazione di origine controllata e garantita),* accordées par le président de la République sur avis du ministère de l'Agriculture et des Forêts, elles subissent une réglementation encore plus pointilleuse. La Sicile ne compte qu'***une seule DOCG : le cerasuolo di Vittoria*** (province de Raguse).

Les différents types de vins en Sicile

La production annuelle de vin en Sicile est de 8 millions d'hectolitres par an. Le vignoble s'étend sur 180 000 ha. Il semblerait que le vin sicilien soit l'un des plus anciens au monde. La vigne s'est implantée en Sicile avec les Phéniciens et les Grecs – dès le VIIe ou VIIIe s av. J.-C. – et occupe de vastes pans du territoire. La seule province de Trapani produit ainsi 10 % des vins italiens ! Cela sans compter la proportion importante de vins non étiquetés, vendus en barrique ou en bouteille plastique (apportez les vôtres !) et généralement consommés dans la famille ou les restos et bars du coin. Ce *vino sfuso* est parfois l'occasion de bonnes surprises à des prix éminemment raisonnables (dès 1-2 € le litre).
Si le contrôle systématique de la qualité est assez récent et les techniques de vinification pas encore toujours parfaitement maîtrisées, les années 2000 ont vu une explosion des petites productions de qualité.
Les terres ***autour de l'Etna*** produisent des blancs secs au goût particulier et des rouges minéraux aux relents de pinot noir tirés du cépage *nerello mascalese.* Classés sous l'appellation ***Etna DOC,*** ils titrent parfois 15° (et même plus !) et leurs prix sont surestimés. Il faut dire aussi que ce sont les vins de la mythologie solaire, qui figuraient à la table de Jules César ! ***Dans la région de Palerme,*** Casteldaccia produit le *corvo,* qui accompagne parfaitement la viande, et l'*ala,* un vin apéritif. Dans ***le centre et le sud-est*** de la Sicile, vous trouverez les blancs de *Donnafugata* et les rouges *cerasuolo* et *nero d'Avola,* très puissants. Près de Vittoria, goûtez donc au *cerasuolo* produit en biodynamie par l'Azienda Agricola Cos, qui vieillit ses vins en amphores ! Le *nero d'Avola* peut, lui, être assez inégal ; parmi les meilleurs, citons ceux de Planeta, de Milazzo et le *Duca Enrico de Duca di Salaparuta.*

Au XVIIIe s, c'est un Anglais qui inventa le ***marsala*** pour concurrencer le monopole des Portugais avec leur porto. Résultat ? Un vin fortifié à la limite du liquoreux (18-20°). Essayez ceux de De Bartoli. Des ***îles Éoliennes*** (Salina surtout) provient l'excellent ***malvasia*** (malvoisie), un vin doux à rapprocher du xérès espagnol, issu du passerillage des grappes après récolte (elles sont déshydratées 2 semaines au soleil pour concentrer le sucre). Pour ceux qui apprécient les digestifs doux-amers, on ne peut que conseiller le très populaire ***amaro averna,*** un bitter à base d'amande produit à Caltanissetta depuis 1868. Il existe bien entendu beaucoup d'autres vins et même des itinéraires permettant de partir à leur découverte (dans la province de Ragusa, par exemple).
Au fait, ne soyez pas surpris si vous apercevez un Sicilien ajouter de l'eau dans son vin ; c'est une pratique courante ici (on parle d'« allongé ») !

Bière

La bière locale par excellence est la ***Messina*** brassée à l'orge de Sicile. Les 2 autres répandues dans toute la péninsule et brassées depuis le XIXe s sont la ***Peroni,*** blonde et légère – que l'on trouve toutefois moins facilement que sur le continent – et la ***Moretti,*** dont la bouteille ornée d'un quinqua à moustaches coiffé d'un chapeau de feutre vert séduira les collectionneurs ! Sinon, la Sicile n'échappe pas à la mode des bières artisanales qui se multiplient çà et là. Dommage que leurs prix soient souvent dissuasifs.

Café

Tout le monde connaît l'incontournable ***espresso,*** mais rares sont les Italiens qui le demandent. En effet, certains le souhaitent ***ristretto*** (serré), ***lungo*** (allongé) ou encore ***macchiato*** (« taché » d'une goutte de lait). Si vous demandez un ***americano,*** vous obtiendrez, selon les endroits, un expresso double ou un café en poudre infâme ! Le café au lait se dit ***caffè latte.*** À ne pas confondre avec le fameux ***cappuccino,*** coiffé de mousse de lait. À moins que vous ne préfériez le ***caffè corretto,*** c'est-à-dire « corrigé »... d'une petite liqueur !
Les Italiens le boivent debout au comptoir, où il est bien moins cher que servi à table (surtout si c'est en terrasse et dans un lieu assez touristique). Dans les bons cafés, il est en général servi accompagné de son petit verre d'eau (plate ou gazeuse).

Eau

L'eau du robinet est potable, mais elle n'est jamais servie dans les restaurants, où l'on vous propose toujours de l'eau minérale, ***naturale*** (plate) ou ***frizzante*** (gazeuse ; on dit aussi *gassata* ou *con gas*). On vous regardera d'un drôle d'œil si vous insistez pour avoir une carafe (si vous y tenez vraiment, demandez *acqua del rubinetto* mais c'est plutôt mal vu et le meilleur moyen d'être illico catalogué de touriste radin !).

CINÉMA

La Sicile a inspiré aux plus grands réalisateurs italiens de nombreux films et parmi eux quelques chefs-d'œuvre. À noter aussi que Catane compte un très intéressant musée du Cinéma...
– ***La terre tremble*** (*La terra trema,* 1948)**:** un des 1ers films de Luchino Visconti, tourné à Aci Trezza (à côté de Catane), avec des habitants du village. Exploités, des pêcheurs essaient de se révolter et voient leurs tentatives durement réprimées. Du cinéma-vérité politique, 1er volet d'une trilogie sociale restée inachevée, qui devait comporter un volet sur les mines de soufre siciliennes.

– ***Le Bel Antonio*** (*Il Bell'Antonio,* 1960) **:** de Mauro Bolognini, avec Marcello Mastroianni, Claudia Cardinale et Pierre Brasseur. De retour dans sa ville natale, Catane, un séducteur épouse une fille de bonne famille. Mais derrière les apparences d'un couple idéal se noue un drame secret : le mariage ne peut être consommé, par la faute d'Antonio, frappé d'impuissance. Un scénario de Pasolini adapté d'un roman de Vitaliano Brancati.

HOLLYWOOD ACHÈTE DES VIGNES ROYALES

Le dernier roi des Français, Louis-Philippe, avait épousé une princesse sicilienne qui possédait des vignes près de Palerme. Après des années d'abandon, elles furent finalement récupérées par la famille... Coppola. Le réalisateur américain savait de quoi il parlait quand il tourna sa trilogie du Parrain !

– ***Salvatore Giuliano*** (1961) **:** le 1er grand film-dossier de Francesco Rosi, tourné sans vedette. Rosi, par une construction originale, cherche à percer le mystère entourant Giuliano, sorte de Robin des Bois séparatiste, anticommuniste, devenu un tueur sans pitié, soutenu par la Mafia et finalement assassiné par celle-ci. Dans un style hollywoodien diamétralement opposé, Michael Cimino a signé ***Le Sicilien*** (1987), avec Christophe Lambert dans le rôle de Giuliano. Un film tiré de la biographie romancée du mythique bandit écrite par Mario Puzo, l'auteur du *Parrain.*

– ***Divorce à l'italienne*** (*Divorzio all'italiana,* 1962) **:** film de Pietro Germi, avec Marcello Mastroianni, Daniela Rocca et Stefania Sandrelli. Film tourné à Ispica, charmante petite ville entre Raguse et Noto. Le baron Cefalù imagine un plan machiavélique pour se débarrasser de sa femme et épouser sa jeune cousine craquante (le divorce est alors interdit en Italie). Une comédie à l'italienne grinçante et un joli rôle interprété par l'excellent Marcello. Du même réalisateur, ***Séduite et abandonnée*** (*Sedotta e abbandonata,* 1963) est une comédie satirique tournée dans la ville de Sciacca. Un chef-d'œuvre dans le genre !

– ***Le Guépard*** (*Il Gattopardo,* 1963) **:** on ne présente plus ce chef-d'œuvre de Visconti, avec Claudia Cardinale, Alain Delon, Burt Lancaster, et Palme d'or à Cannes. Le roman de Lampedusa donne lieu à une somptueuse reconstitution des derniers moments de l'aristocratie sicilienne (la scène du bal, tournée au palais Gangi, à Palerme, dure pendant près d'un tiers du film). Le tournage s'est déroulé à Palerme, Ciminna, Palma di Montechiaro et Santa Margherita Belice, village de l'arrière-pays d'Agrigente, qui s'est autoproclamé « Città del Gattopardo ». Lire aussi les anecdotes de tournage dans le paragraphe consacré au palais Gangi dans le chapitre sur Palerme...

– ***Cent jours de Palerme*** (1984) **:** de Giuseppe Ferrara, avec Lino Ventura. L'histoire vraie des 100 derniers jours de Carlo Alberto Dalla Chiesa, soit la durée de ses fonctions en tant que préfet de Palerme avec pour objectif de lutter contre la Mafia, avant d'être assassiné à la mitraillette avec sa femme et son garde du corps en 1982.

– ***Kaos, Contes siciliens*** (1985) **:** d'après l'œuvre du dramaturge Pirandello, dont les frères Taviani adaptèrent 4 nouvelles. Un film poétique, hommage à la Sicile du début du XXe s, tourné en partie à Raguse et sur l'île de Lipari.

– ***Cinéma Paradiso*** (1989) **:** avec Philippe Noiret et Salvatore Cascio. Le film qui a révélé Giuseppe Tornatore, réalisateur sicilien. Une grande partie du tournage se tint dans le village de *Palazzo Adriano* (province de Palerme). Dans la Sicile rurale des années 1950, l'enfance et l'adolescence de Toto, rythmées par les projections au cinéma Paradiso. Une histoire d'amitié, pleine de nostalgie pour la vie villageoise d'autrefois.

– ***Oublier Palerme*** (1989) **:** de Francesco Rosi, d'après le roman d'Edmonde Charles-Roux, avec James Belushi. Un homme politique new-yorkais, dont la famille est originaire de Sicile, part en voyage de noces à Palerme. Il va tomber dans un piège habilement tendu par la Mafia.

– ***Marchand de rêves*** (*L'Uomo delle Stelle,* 1995) **:** de Giuseppe Tornatore. Dans les années 1950, un escroc parcourt la Sicile en se faisant passer pour un envoyé de *Cinecittà* venu découvrir de nouveaux talents. En fait, il fait payer les bouts d'essai qu'il tourne et file ensuite...
– ***Rendez-vous à Palerme*** (2008) **:** de Wim Wenders, avec Dennis Hopper et Giovanna Mezzogiorno. Un photographe allemand rencontre une Italienne, restauratrice dans un musée de Palerme. Débute une drôle d'histoire d'amour avec, en arrière-plan, le thème de la mort.
– Côté bon gros « nanar » (les Italiens savent bien faire aussi !), on pourra citer, juste pour le plaisir du titre, ***Mimi métallo blessé dans son honneur*** (1972), avec tout de même Giancarlo Giannini. Malgré son succès à l'époque (du moins en Sicile), ce film tend aujourd'hui vers l'oubli, même des plus cinéphiles !
– Le cinéma italien aujourd'hui est malheureusement assez mal distribué en France. Peu de monde se souvient, en effet, de l'excellent film ***Il Cento Passi*** (2000) qui relate l'histoire d'un jeune journaliste militant anti-Mafia, Giuseppe Impastato, assassiné en 1978. Il a obtenu de nombreux prix, dont ceux du meilleur scénario et du meilleur acteur à la Mostra de Venise en 2000. En janvier 2003, les plus chanceux ont pu voir sur grand écran le beau regard de Valeria Golino dans ***Respiro,*** un film d'Emanuele Crialese se déroulant à Lampedusa. Du même réalisateur suivirent 2 autres films : ***Golden Door*** (2007), dans lequel joue Charlotte Gainsbourg et ***Terraferma*** (2012), grand prix du jury à Venise, qui traitait déjà de l'arrivée des migrants sur l'île de Lampedusa et du dévouement de ses habitants pour leur venir en aide. En 2007, ***Le Metteur en scène de mariages,*** de Marco Bellocchio, avec Sergio Castellito, fut tourné à Cefalù. En 2009, Marco Amanta raconte, avec ***La Sicilienne,*** l'histoire de la fille d'une famille mafieuse, jouée par Veronica D'Agostino, l'actrice de *Respiro,* qui rompt la loi du silence. En 2012, une autre histoire d'une famille sicilienne nous est racontée par Daniele Cipri avec ***Mon père va me tuer,*** récompensé à la Mostra de Venise. En 2016, sortie de ***Bienvenue en Sicile,*** où Arturo, épris de Flora, traverse l'Atlantique sous les traits d'un soldat américain pour convaincre le père de sa douce de lui offrir sa main, alors promise à un caïd de la mafia new-yorkaise. Enfin, ***Il Traditore*** *(Le Traître),* sorti en 2019, est un excellent film de Marco Bellocchio qui relate l'histoire d'un repenti de la Mafia, Tomaso Buschetta, interprété brillamment par Pierfrancesco Favino. Scène remarquable du maxi-procès retentissant de 1986 des membres de la Cosa Nostra mis en examen par le juge Falcone. Magistral.
– Certains films étrangers ont utilisé des décors siciliens : ***Le Grand Bleu*** (1989), de Luc Besson (Taormina), ***Maudite Aphrodite*** (1995), de Woody Allen (le théâtre de Taormina), ***Le Talentueux Mr. Ripley*** (1999), d'Anthony Minghella, remake de *Plein soleil,* ***Ocean's Twelve,*** de Steven Soderbergh (2004), quelques séquences de ***Star Wars, épisode III : La Revanche des Sith*** (2005), de George Lucas, tournées sur l'Etna, sans oublier ***Le Parrain 1, 2*** et ***3*** (1972, 1974 et 1990), de Francis Ford Coppola, films références (américains) sur la Mafia italienne. Dernièrement, ***Indiana Jones n° 5,*** dont la sortie officielle est prévue à l'été 2023, a connu entre autres décors les sites de Ségeste, Erice et Castellammare del Golfo.

Les îles Éoliennes ne pouvaient pas laisser non plus indifférents les cinéastes :
– ***Stromboli*** (1950) **:** de Roberto Rossellini, avec Ingrid Bergman. Une Lituanienne retenue dans un camp de réfugiés épouse, sans le connaître, un soldat démobilisé originaire de Stromboli. Elle n'arrive pas à s'adapter à la vie rude que l'on mène sur l'île et finit par être rejetée par les habitants.
– ***Vulcano*** (1950) **:** de William Dieterle. La petite histoire dit qu'Anna Magnani, qui partageait la vie de Rossellini avant que celui-ci ne fasse scandale en épousant Ingrid Bergman, commanda par jalousie un film à Dieterle, réalisateur américano-allemand, pour contrer le film *Stromboli* (voir plus haut). Le résultat est un vrai mélo. À voir pour la Magnani.
– ***L'Avventura*** (1960) **:** de Michelangelo Antonioni, avec Monica Vitti et Lea Massari. Des membres de la jet-set italienne font une croisière dans les îles Éoliennes ;

après une dispute, une des jeunes femmes disparaît. Un film difficile, mais de bien belles images de Panarea et de l'îlot voisin de Basiluzzo. D'autres scènes, très belles, dans la 2de partie du film, furent tournées à Milazzo, Noto et Taormina. Le film fondateur du style si particulier d'Antonioni, traduisant l'incommunicabilité entre les êtres. Prix spécial du jury à Cannes.
– ***Journal intime*** (*Caro diario*, 1993) **:** film autobiographique de Nanni Moretti. Un des 3 « chapitres » de ce film, le plus déjanté et hilarant, se déroule sur Lipari, Salina, Stromboli, Panarea puis Alicudi. Fuyant la frénésie de Rome, Moretti cherche le calme et l'apaisement en passant d'île en île. D'abord dérouté par le tourisme de masse, puis par 2 organisatrices d'événements mondains et un maire mégalomane, il se retrouve à Alicudi, île dépourvue d'électricité, pour mieux fuir, car il réalise à quel point il est insupportable de rater les derniers épisodes de la série télé *Amour, Gloire et Beauté* ! Prix de la mise en scène à Cannes en 1994.
– ***Le Facteur*** (*Il Postino*, 1994) **:** de Michael Radford, avec Massimo Troisi, Philippe Noiret et Maria Grazia-Cucinotta. Mario, un facteur sans instruction, devient l'ami du grand poète chilien en exil Pablo Neruda, qui entreprend son éducation et l'encourage à déclarer son amour pour la belle Béatrice. Belle histoire d'amitié entre un intellectuel et un homme du peuple. Troisi est mort quelques heures après la fin du tournage à Salina.
– ***Salvo*** (2013) **:** film policier de Fabio Grassadonia et Antonio Piazza, avec Saleh Bakri et Sara Serraioco. Violence et passion au cœur de la Mafia sicilienne. Impitoyable homme de main de l'organisation criminelle, Salvo choisit d'épargner Rita, la sœur de celui qu'il est venu tuer. Celle-ci est aveugle et fascine étrangement son kidnappeur : un lien particulier et intangible les unit désormais. A reçu le grand prix de la semaine de la critique à Cannes.

Pour aller encore plus loin...

● ***cinecitta.com*** ● En italien. Site officiel du géant italien avec le box-office hebdomadaire, des infos et l'actualité du cinéma...
● ***siciliafilm.wordpress.com*** ● Un site (en italien) consacré aux films tournés en Sicile jusqu'au début des années 2000. Classés par ordre chronologique (du muet à nos jours) ou par lieux de tournage, la plupart des films possèdent une fiche détaillée avec résumé, anecdotes, affiche originale et un extrait en streaming. On y passerait des heures !
● ***anica.it*** ● En italien. Le site de l'association du cinéma et de l'audiovisuel italiens possède une base de données qui remonte à 1929 (● ***archiviodelcinemaitaliano.it*** ●). Une mine d'or !

CUISINE

Où manger ? Comment s'y retrouver ?

– ***Rosticceria-gastronomia* :** correspond au traiteur français. Vend des plats à emporter avec parfois quelques tables et chaises pour poser une fesse.
– ***Alimentari* :** épiceries disposant d'une vitrine réfrigérée regorgeant de bons produits et pouvant confectionner – à la demande – un délicieux sandwich pour quelques euros.
– ***Tavola calda* :** c'est une sorte de cantine servant une restauration rapide toute simple, avec quelques plats cuisinés à prix très abordables.
– ***Pasticceria* :** on y trouve une grande variété de gâteaux et de pâtisseries mais aussi des sandwichs, des paninis, des *arancini*. On paie d'abord à la caisse, puis on se dirige vers le comptoir afin d'être servi.
– ***Salumeria* :** il s'agit d'une épicerie fine qui propose le plus souvent des produits du cru. Il arrive qu'une *salumeria* possède son propre espace dégustation. On

vous concocte alors de généreux sandwichs ou plateaux-grignote *(taglieri)* qu'on accompagne parfois d'un verre de vin.
– ***Pizzeria :*** les vraies *pizzerie* possèdent un four à bois, qui n'est généralement allumé que le soir. Aussi de bonnes *pizze* dans certaines boulangeries *(panificio)*, vendues à la part *(al taglio)*.
– ***Trattoria :*** c'est un restaurant à gestion familiale, l'équivalent du bistrot français proposant une *cucina casalinga.* Choix restreint de plats, censé garantir une plus grande fraîcheur de la cuisine.
– ***Osteria :*** à l'origine, endroit modeste où on allait pour boire et qui proposait un ou 2 plats pour mettre un peu de solide dans le liquide... L'appellation a été reprise par des restaurateurs (transformée parfois en « *hosteria* » pour faire plus chic !) pour donner un goût d'antan tout en appliquant des tarifs moins modiques... On la compare à nos brasseries.
– ***Ristorante :*** resto qui se veut plus... gastronomique. Dans cette catégorie, on trouve tout et son contraire, et souvent une note un peu salée en fin de repas. Attention à ne pas vous laisser appâter par la déco guindée, par la terrasse avec vue plongeante ou par les serveurs stylés et rabatteurs.
– ***Enoteca*** *(bar à vins)* ***:*** on y mange et on y boit ! Les œnothèques s'enorgueillissent d'une riche sélection de vins, servis au verre ou à la bouteille, ainsi que d'un excellent choix de fromages et de charcuteries. Certaines se révèlent de véritables restos. D'autres accueillent les œnophiles à l'heure de l'apéro, pour grignoter au comptoir, un ballon à la main. C'est vraiment le meilleur moyen de découvrir les vins d'une région.

Et l'aperitivo ?

Originaire de l'Italie du Nord, c'est une formule remarquable pour marier tous les plaisirs à moindres frais ! À l'heure fatidique de l'*aperitivo,* beaucoup d'établissements proposent ainsi un buffet (souvent à volonté) de petits plats typiques accessibles dès le 1er verre payé. Bière ou verre de vin, qu'importe le flacon. Très convivial, nourrissant et nettement meilleur qu'un bol de cacahuètes ; bref, une formule qui a du succès !

Marchés alimentaires

Véritable institution dans les villes et villages italiens, le *mercato* a lieu une à plusieurs fois par semaine. On y trouve les excellents produits du terroir local : charcuterie, fromages, vins, huile d'olive, miel, fruits, légumes, etc., mais aussi des petits traiteurs qui étalent d'alléchants *antipasti...* Idéal pour se constituer un excellent pique-nique à prix juste, ou rapporter chez vous quelques souvenirs gourmands ! Nous indiquons donc le plus souvent possible les jours de marché.

MANGER COMME 4

Les palmenti *sont des chais traditionnels, souvent transformés en pressoirs à olives ou greniers à blé. Il en subsiste encore plusieurs en Sicile et dans les îles Éoliennes. Symboles d'abondance, ils ont donné jour à une expression populaire,* mangiare a quattro palmenti... *qui signifie « se bâfrer ».*

Comment manger à l'italienne ?

Antipasti

Ces hors-d'œuvre sont toujours très tentants. Saucisson *(salame)*, jambon *(prosciutto)*, viande de bœuf séchée *(bresaola)* côtoient aubergines, courgettes et poivrons grillés, tomates confites, crudités, fromages, fruits de mer et anchois marinés. Dans certains cas, de plus en plus rares, ces hors-d'œuvre sont servis sous forme de buffet. Vérifiez alors si ces *antipasti* sont à discrétion, façon buffet, ou facturés au poids. Vous éviterez ainsi une surprise désagréable au moment de l'addition.

Primi

La place d'honneur revient à la *pasta,* qui constitue l'essentiel des *primi* dans la plupart des cartes. Véritable institution, nous lui avons consacré un paragraphe spécial (voir plus loin). *Risotto* et soupes *(minestre)* sont plutôt des plats servis en Italie du Nord, mais il n'est pas rare en Sicile de voir du riz servi à toutes les sauces...

Secondi

Étant donné l'importance du *primo,* le plat de viande ou de poisson ne joue pas le même rôle que dans nos menus. Le poisson et les fruits de mer, qui dominent largement les cartes sur le littoral, sont des mets de luxe. Le 1er est souvent vendu au poids, à un prix oscillant entre 40 et 75 € le kilo selon le lieu et la catégorie de l'établissement (c'est aux Éoliennes qu'il est le plus cher). Il faut d'ailleurs avoir un sacré appétit pour coupler *primi* et *secondi* !

Contorni

Les *secondi* sont généralement servis sans garniture *(contorni).* Il faut donc commander – et payer – celle-ci à part. On vous proposera, selon la saison, des salades, des pommes de terre ou des légumes, servis froids ou sautés à la poêle (*verdura cotta* ou *saltata in padella*).

Sorbetti, gelati et granite

La Sicile revendique volontiers l'invention de la crème glacée en la personne de ***Procopio dei Coltelli,*** le fondateur du restaurant *Le Procope* à Paris (remontant à 1686). En vérité, il ne serait pas étonnant que son origine soit orientale, le mot « sorbet » venant de l'arabe *sharbet,* qui signifie « glaçon fruité ». C'est Marco Polo qui aurait rapporté cette trouvaille en Italie, et sa consommation se serait développée à la cour des Médicis, à Florence, sous le nom de *sorbetti.*

On ne peut pas non plus quitter la Sicile sans avoir dégusté la ***granita,*** un mélange de glace pilée et de sirop ou purée de fruits, servie dans un verre (voir encadré ci-avant). Aux alentours de 17h-18h, le rituel immuable de la *passeggiata* conduit naturellement le promeneur vers son *gelataio* attitré.

FONTE DES GLACES

À la fois boisson et dessert, l'excellente granita est constituée de glace pilée additionnée de sirop ou, dans le meilleur des cas, de compotée de fruits. Syracuse est connue pour sa granita aux amandes, Trapani pour sa granita aux mûres (gelsi)*, Catane pour sa granita à la pistache, et les îles Éoliennes pour leurs granite aux figues* (fichi) *et figues de Barbarie* (fichi d'India)*. La scursunera (au jasmin) reste la plus originale. À consommer dans... une brioche !*

Dolci

Les pâtisseries et confiseries sont innombrables et succulentes. On les déguste plutôt dans les ***pasticcerie*** (pâtisseries) qu'au restaurant, où le choix de desserts est souvent limité, voire industriel.

Les spécialités culinaires siciliennes

Réputée pour son raffinement depuis l'Antiquité, la cuisine sicilienne s'est développée en additionnant et mêlant les traditions culinaires des différents peuples qui se sont succédé en Sicile. On oppose souvent la cuisine pauvre des campagnes à celle des palais, mais de nos jours les ingrédients sont, pour l'essentiel, les mêmes. Les pâtes, comme la *pasta con le sarde* (aux sardines), *ai ricci* (aux oursins), *ai masculini* (tout petits anchois), *con pesto di pistacchio e gamberi* (pesto de pistache et crevettes), y occupent évidemment une place de choix. En guise d'***antipasti,*** on trouve artichauts frits, *capelli* (sortes de crêpes), *parmigiana* (un gratin d'aubergine au parmesan), *caponata* (sorte de ratatouille aux câpres) et l'éternelle *insalata di mare,* qui fait souvent la part belle au poulpe et au céleri. Les Siciliens mangent aussi du riz : les *risotti* aux crustacés et au poisson sont fameux, sans oublier les *arancini,* boulettes de riz farcies avec des légumes, de la viande ou du fromage, de la taille d'une petite orange – comme leur nom l'indique –, que l'on mange sur le pouce. Les *arancini* de l'est de la Sicile sont plus pointues, allez savoir pourquoi ! Enfin, de la semoule de couscous (héritage de l'occupation arabe) et des légumes : brocolis, asperges sauvages, aubergines, céleri... sans oublier les condiments : câpres, olives, tomates séchées, etc.

POURQUOI « TOMATE » SE TRADUIT-ELLE PAR *POMODORO* ?

Les grands navigateurs découvrirent la tomate chez les Aztèques, au Mexique. Il s'agissait à l'origine d'un fruit de couleur jaune, d'où son nom de « pomme d'or », pomodoro en italien. Sa parenté botanique avec la mandragore (la racine des sorcières) fera d'elle un fruit ambigu. Longtemps délaissée dans le nord de l'Europe, elle ne sera mangée crue qu'à partir du XXe s !

– ***Les poissons :*** à l'évidence, les Siciliens ne pouvaient ignorer le poisson et les fruits de mer. Ils sont majoritaires sur les cartes et les menus des restaurants du littoral, avant les viandes. Des sardines au thon frais en passant par l'incontournable espadon *(pesce spada),* sans oublier les mollusques marins, le poulpe *(polpo),* le calamar *(calamaro),* la seiche *(seppia),* ils sont très souvent préparés en *involtini* (rouleaux) ou cuisinés de très nombreuses façons, notamment panés, en papillote, farcis d'amandes, de pistaches, de pignons et de raisins secs, ou en soupe, comme dans la savoureuse *cuscusu.* Cela vous rappelle quelque chose ? Le ***couscous de poisson*** est souvent présent dans les menus de la côte ouest (Sicile africaine), mais aussi à Catane.

– Les ***viandes*** sont souvent relevées de sauces piquantes. Goûtez à l'opulent *farsumagru* de veau farci et aux *polpettoni* (pains de viande) variés ; on mange aussi de l'agneau *(castrato)* et du lapin, notamment dans le sud-est de la Sicile et sur les îles Éoliennes (*coniglio all'agrodolce,* le lapin à l'aigre-douce).

– Les ***fromages*** sont les mêmes que dans le reste de l'Italie du Sud : le *provolone* (un fromage de vache à pâte filée, identifiable à sa forme ovale), le *caciocavallo* (le « fromage à cheval », vendu par paires disposées à cheval sur un bâton de bois), la *ricotta* (fromage de brebis à pâte molle abondamment utilisé dans toutes sortes de recettes, des *ravioli* à la *cassata* en passant par les lasagnes), le *bocconcini* (littéralement, « petites bouchées » de mozzarella) et le *pecorino* (qui joue en Sicile le rôle du parmesan).

– ***Dolci :*** on doit beaucoup, en ce domaine, aux Arabes. La pâte d'amande (*pasta di mandorla – frutta martorana* en forme de fruits) y occupe une place de choix, de même que les agrumes confits. Pâtisserie incontournable, la *cassata* traditionnelle se fait avec du *pan di Spagna* (sorte de génoise) découpé en disques, que l'on garnit de ricotta, de fruits confits, de chocolat, et que l'on recouvre ou non de glaçage. Très riche et, honnêtement, un peu écœurant si l'on n'est pas habitué.

Autre classique, les *cannoli* se présentent sous la forme de petits cylindres de pâte frite fourrés à la ricotta, au chocolat ou à la crème pâtissière. Moins connus : les *amaretti* (macarons aux amandes), les *sfinci* à l'anis (sortes de beignets moelleux), le *biancomangiare* (une gelée au lait d'amandes), les *agnelli pasquali* et la *ternello di Sicilia* (nougat aux pistaches artisanal vendu sur les marchés). À signaler aussi, les étranges gâteaux votifs ou traditionnels des fêtes religieuses comme les seins d'Agathe consommés à Catane pour célébrer la sainte... Et puis comment parler des *dolci* sans évoquer les *gelati* (glaces) si réputés et les excellentissimes *granite* ? Pour faire bonne mesure, on leur a carrément consacré une section entière (voir plus haut) !

Pizza

Vient-elle de la pita grecque ? Évoquée au moins depuis le XVIe s, la pizza n'existe sous sa forme actuelle que depuis le XIXe s. C'est dans les quartiers pauvres de Naples qu'elle a grandi : simple rond de pâte roulé sur lui-même, agrémenté d'un petit quelque chose suivant la richesse du moment, elle nourrit d'abord les dockers le midi, avant de faire des émules dans toute la ville, puis la péninsule. Il y aurait aujourd'hui près de 200 variantes dans sa préparation !

PIZZA ROYALE !

En 1889, pour célébrer la venue à Naples de la reine Marguerite, femme d'Umberto I, on prépara une pizza spéciale en son honneur. Pour rendre hommage à la nation nouvellement unifiée, elle devait évoquer le drapeau italien : tomate pour le rouge, mozzarella pour le blanc et basilic pour le vert. La margherita était née !

Les bonnes pizzas sont cuites au feu de bois et préparées par un pizzaiolo. D'une manière générale, la pâte des pizzas siciliennes est moins levée que celle de Naples et un peu plus cassante. Sachez aussi qu'il existe d'autres modèles que les *pizze* rondes à la tomate. Il y a, par exemple, la *pizza bianca* (blanche), sans sauce tomate, ou la *pizza al taglio* ou *al metro* (pizza à la coupe ou au mètre) – sous forme de grands rectangles découpés à la dimension souhaitée. Dans beaucoup de boulangeries, on peut acheter une part de pizza à emporter (pour 2-3 € en général).
En Sicile, certaines *pizzerie* proposent aussi la *schiacciata* (sorte de *focaccia* fourrée avec ce que l'on veut), une spécialité de Catane.
Dans le sud de l'Italie et dans les îles, la pizza n'est traditionnellement proposée que le soir. Toutefois, certains restos la proposent aussi le midi à l'intention des touristes.

Pasta (e basta !)

Chaque Italien en mange plus de 26 kg par an contre 8 seulement pour les Français ! Les Siciliens, dit-on, dépasseraient même cette moyenne nationale... Pas peu fier, on ne revendique ici rien de moins que leur invention, avant même le retour de Marco Polo de Chine. Le 1er texte parlant de *maccheroni,* daté de 1250, situerait précisément leur origine à Scicli, dans la province de Ragusa.
On ne va pas vous énumérer toutes les sortes de pâtes (il y en aurait près de 300) ni toutes les recettes, d'autant que leur forme et la façon de les préparer varient selon les régions.
En Sicile, on connaît en particulier les *maccheroni alla norma,* une spécialité de Catane, avec sauce tomate à l'ail, aubergines, ricotta et basilic frais. Les Palermitains revendiquent en particulier la *pasta con le sarde,* des *bucatini* avec des sardines, des anchois, du fenouil sauvage

SPAGHETTI ALLA PUTTANESCA

Cette sauce composée d'ail, de piment, de câpres, de tomates et d'anchois au sel est plutôt relevée. On dit que la simplicité de ce plat revigorant permettait aux prostituées de le préparer rapidement entre 2 clients.

Les pâtes courtes		Les pâtes longues	Les pâtes farcies
Gnocchi : pâtes courtes de forme oblongue. Préparées avec un mélange de farine et de pommes de terre. 	**Conchiglie** : pâtes concaves et striées en forme de coquillage. 	**Spaghetti** : longues et fines, elles raffolent des sauces à base d'huile, de tomates ou de crème… 	**Ravioli** : carré de pâte poché et farci de viande, de fromage ou de légumes. 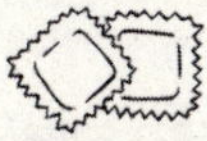
Rigatoni : courtes et creuses. Tubes striés, légèrement courbés. 	**Farfalle** : en forme de nœud papillon, d'où leur nom (*farfalle* signifiant « papillon »). 	**Tagliatelle** : larges et plates, à utiliser de préférence avec des sauces au beurre, à la crème et/ou aux légumes. 	**Tortellini** : plus grands que les raviolis, ils sont farcis avec un mélange de viande et de parmesan. *Tortellini* est le pluriel de *tortellino*, signifiant « petite tarte ». 
Orecchiette : pâtes courtes et grosses, typiques des Pouilles. Elles ont la forme de petites oreilles d'où leur nom. 	**Fusilli** : pâtes en spirale, originaires de Campanie. 	**Pappardelle** : 2 fois plus larges que les *tagliatelle*. 	**Cappelletti** : « petits chapeaux » en italien, ces raviolis farcis sont traditionnellement à la viande, et servis dans un bouillon. 
Penne rigate : version moderne de *maccheroni*, en forme de tubes striés aux extrémités biseautées. Elles représentent ¼ du marché, juste derrière les *spaghetti*. 	**Trofie** : préparées comme les *gnocchi* avec farine et pommes de terre, ces pâtes très fines sont originaires de Ligurie. À consommer avec du pesto, comme le veut la tradition locale. 	**Lasagne** : très célèbres, que l'on fait cuire au four (connues comme *lagane* dans le Sud). 	**Cannelloni** : en forme de larges tubes farcis de viande de 7 à 10 cm de long et de 2 à 3 de diamètre. 

et une chapelure, passés au four. Cette chapelure se retrouve aussi dans plusieurs recettes éoliennes. Autres classiques : la *pasta alle vongole* (spaghettis aux palourdes), les gros *paccheri* à l'aubergine et à la tomate, la *pasta fave e ricotta* (aux fèves), etc. Certaines préparations siciliennes étonnent carrément, comme ces splendides raviolis au citron ou aux pistaches à la crème. Miam !
La liste ci-après pourra vous aider dans votre choix.

Pâtes sans œufs

– *Bucatini :* spaghettis géants avec un tout petit trou central.
– *Busiate :* sorte de macaronis torsadés.
– *Conchiglie :* en forme de coquillage.
– *Farfalle :* papillons.

– *Fusilli :* en forme de spirale.
– *Maccheroni :* macaronis.
– *Margherita :* extrudées, longues et plates, de longueur moyenne.
– *Occhi di pernice :* minuscules, pour les soupes, en « œil de perdrix ».
– *Penne :* sortes de tuyaux biseautés.
– *Puntine :* en grains de riz.
– *Rigatoni :* tubes courts et un peu torsadés.
– *Ziti :* spaghettis géants tubulaires.

Pâtes aux œufs

– *Cannelloni :* en forme de polochon, pour les gratins.
– *Capellini :* cheveux d'ange.
– *Fettuccine :* longues et plates.
– *Lasagne :* larges, longues et plates.
– *Linguine :* sorte de spaghettis aplatis.
– *Tagliatelle :* comme les *fettuccine.*
– *Tonnarelli :* spaghettis carrés, blancs ou verts.
– *Tortellini :* en forme d'anneau, fourrés.
– *Tortelloni :* la taille au-dessus, fourrés.

Le succès du *Slow Food*

Pas mal de restaurants italiens affichent l'autocollant « *Slow Food* ». On reconnaît le label au petit escargot à la coquille jaune. Ce mouvement culinaire, né à Bra dans le Piémont, a décidé, dans les années 1980, de défendre les vraies valeurs de la cuisine traditionnelle, particulièrement celles des petites *trattorie* du terroir. Le retour du « bien-manger » et la volonté de préserver la diversité sont les ambitions de la politique *Slow Food.* On parle ici d'une cuisine de marché : l'idée, c'est de respecter la nature, le rythme des saisons et d'attendre le bon moment pour apprécier tel ou tel produit. La patience est souvent de mise : il faut le temps d'apprécier la carte (ou de digérer les propositions à l'ardoise), le temps de préparer la commande, puis de déguster.
Infos : ● slowfood.com ●

Petit lexique culinaire

Acciughe ou *alici*	Anchois
Aglio	Ail
Anatra	Canard
Anguria ou *cocomero*	Pastèque (*melone d'acqua* dans le Sud)
Aragosta	Langouste
Baccalà	Morue
Brodetto	Soupe de poisson
Brodo	Bouillon
Calamari	Calamars
Casalinga ou *casareccia*	Comme à la maison, « ménagère »
Cassata	Génoise à la ricotta
Castrato	Mouton
Cozze	Moules
Fegatini di pollo	Foies de volaille
Fegato	Foie
Fritto misto	Friture de poissons, de fruits de mer ou de légumes, ou *antipasti* salés comme l'*arancino*
Frutti di mare	Fruits de mer
Gamberi	Crevettes

Gamberoni	Langoustines
Granchio	Crabe
Granita	Glace pilée parfumée
Maiale	Porc
Noce	Noix
Panna	Crème épaisse
Pasticceria	Pâtisserie
Polpette	Boulettes de viande
Porcini	Bolets, cèpes
Prosciutto	Jambon
Saltimbocca	Escalope de veau roulée avec une tranche de *prosciutto,* une feuille de sauge et servie avec une sauce au vin blanc
Semifreddo	Glace avec divers coulis
Spumone	Glace légère aux blancs d'œufs
Tartufi	Truffes
Tiramisù	Gâteau à base de mascarpone (crème épaisse) et de biscuits imbibés de café, le tout saupoudré de cacao
Torta	Gâteau
Tramezzino	Sandwich de pain de mie coupé en triangle
Vongole	Palourdes ou clovisses

Pour aller plus loin

● ***lacucinaitaliana.it*** ● En italien. Un site bien conçu et très exhaustif ! Des recettes à foison (de la plus traditionnelle à la plus inventive), classées par types de plats, de régions ou de produits. Articles sur l'actualité de la gastronomie italienne.

CURIEUX, NON ?

– Les Italiens ont l'habitude, le matin, de se contenter d'un ***café-croissant*** *(caffè con cornetto)* sur le zinc au lieu d'un copieux petit déjeuner. Dans certains cafés, on règle d'abord à la caisse et on présente le ticket pour passer la commande au comptoir.
– Vous passerez pour un ***touriste*** si vous commandez un cappuccino après 11h !
– La ***bouteille d'eau minérale*** est généralement apportée d'office sur la table, entraînant un supplément de 2 à 4 €.
– La ***pasta*** fait partie intégrante du repas, qu'on mange en « *primo* » avant le plat principal, mais c'est devenu de plus en plus rare qu'un Italien en mange à chaque repas.
– Un Italien consomme en moyenne 100 boules de glace par an et par personne, dans un pays qui en produit 6,8 milliards pendant la même période. Record d'Europe !
– L'***addition*** est traditionnellement majorée du *pane e coperto* (2-5 € par personne).
– Dans les églises, les sacristains sont souvent remplacés par des ***tirelires électriques*** (en général 1 €) pour éclairer les chefs-d'œuvre sans forcer la main.
– Dans tous les hôtels, un ***cordon d'alarme*** – signalé par un discret panneau – pend au long du mur de la douche ou de la baignoire. Un dispositif de sécurité imposé par la loi, en cas de malaise : une traction déclenche une sonnerie à la réception. Mais vu le nombre de clients qui pensent que c'est le cordon de la ventilation, voire une corde à linge... il est plutôt rare que quelqu'un prenne la peine de se déplacer.

> **LA FRENCH TOUCH**
>
> *Un proverbe italien prétend : « Quand vient l'heure de la sieste, seuls les chiens et les Français se promènent. » À méditer !*

– La ***sieste (il pisolino)*** fait partie des traditions italiennes depuis l'Antiquité (particulièrement dans le sud du pays). L'été surtout, tout s'endort après le déjeuner. Les boutiques ferment, la circulation ralentit, et les travailleurs de la 6e heure (sieste vient de *sexta hora*) sont l'exception. Le plus sage, après tout, serait pour le visiteur de suivre ce rythme réputé reconstituant pour l'esprit et le corps.

– ***La passeggiata*** (la promenade) **:** l'une des images les plus évocatrices est sans nul doute cette coutume du Sud. La *passeggiata* est le petit tour que font bras dessus, bras dessous les Italiens en fin de journée, juste avant le coucher du soleil. Toujours bien habillé, si ce n'est franchement tiré à 4 épingles (le vêtement joue un grand rôle dans les mœurs italiennes), c'est l'occasion de se montrer – à pas lents – et par là même de montrer l'autre, celui qu'on a choisi ! C'est aussi le moment de la journée où la queue devant les glaciers s'allonge à vue d'œil...

ÉCONOMIE

Les nombreuses invasions et civilisations qu'a connues la Sicile ne lui ont pas seulement laissé des traces archéologiques et culturelles, elles ont aussi marqué d'une forte empreinte son devenir économique. Aux Phéniciens, 1ers commerçants de l'île, succédèrent les Grecs pour qui la Sicile (appelée *Trinakria* ou « Trinacrie ») était une sorte de nouveau monde, une possible « Amérique » au cœur de la Méditerranée. Les colons grecs venus de Corinthe, Mégare, Sparte n'avaient plus beaucoup de liens avec leur cité mère. En fait, les Grecs s'implantèrent en Sicile, y construisirent des cités et des temples magnifiques, mais la métropole n'en tirait aucun bénéfice économique, politique ou militaire.

Après les Grecs, à qui l'on doit l'implantation de l'olivier sur l'île, arrivent les Romains, beaucoup plus calculateurs et stratèges. Ils utilisèrent la Sicile comme une simple colonie, ainsi devient-elle le ***« grenier à blé » de la République romaine.*** Ils l'épuisèrent par de lourds impôts et par le système des grandes propriétés *(latifundia),* dont l'unique but était de fournir les céréales et la nourriture nécessaires aux troupes conquérantes des Césars.

Puis ce fut au tour des ***Arabes*** (de 827 à 1061 apr. J.-C.), qui eurent le même amour et la même considération pour cette terre que les Grecs. Ce sont eux qui introduisirent les meilleures techniques d'irrigation et un grand nombre de nouvelles cultures : le bigaradier (orange amère), le caroubier, la canne à sucre, le coton, le citronnier et le sumac, producteur de tanins et de laques.

La ***période souabo-normande*** apporta l'indigotier, plante importante à partir de laquelle on extrait le bleu indigo utilisé dans la teinture des tissus. Ensuite, l'île végéta pour n'être plus qu'un objet de litiges et de convoitises entre puissances étrangères. Sols épuisés, forêts exsangues, transactions commerciales réduites, archaïsme de l'agriculture et de l'exploitation des mines, la Sicile devint l'enfant pauvre de l'unité italienne.

Au XXe s, la découverte et l'extraction des minerais, du pétrole, le développement du tourisme et l'aide européenne ont été les facteurs essentiels du renouveau économique tant attendu. Comme à l'époque antique, ce sont encore les régions périphériques qui ont prospéré, laissant le centre du pays se débattre avec ses problèmes de pauvreté et de chômage – problèmes qui ont amené bon nombre de ses habitants à s'expatrier vers le continent. C'est que la Sicile reste durement frappée par le chômage, elle fait même partie des 10 régions européennes qui en enregistrent le taux le plus élevé. Il toucherait environ 21,3 % de la population active (jusqu'à 53 % chez les moins de 25 ans, contre 33 % pour la moyenne nationale italienne). Un quart des familles vivraient au-dessous du seuil de pauvreté, alors que ***l'économie parallèle est des plus florissante*** et celle de la Mafia au sommet de la rentabilité. Tout se tient !

Une situation lourde accentuée par l'***endettement record de l'île*** ; à tel point que le maire de Palerme, Leoluca Orlando, déclarait avec fracas voici quelques années : « La Sicile est la Grèce de l'Italie ! » Devant cette situation financière tendue, l'État italien débloque des fonds d'urgence et subordonne ses transferts de crédits à la baisse des effectifs dans l'administration et à la réduction du déficit de la sécu locale... Quant à l'Union européenne, elle a restreint ses versements de fonds structurels à la Sicile...

L'ÉLECTEUR EST ROI

Pour expliquer la situation financière fragile de la Sicile, le pouvoir central italien dénonce le clientélisme de l'ex-gouverneur local. Sur ce territoire durement frappé par le chômage, la Région aurait distribué avec largesse les emplois publics pour s'assurer autant de voix aux élections. La Sicile compte ainsi 83 % de fonctionnaires de plus que toute autre région du pays, dont près de 25 000 gardes forestiers ! Les fonctionnaires attachés au siège du conseil régional sont plus nombreux que ceux travaillant au 10 Downing Street, le cabinet du 1er ministre anglais...

Le tourisme

La Sicile a tout pour plaire. Le soleil, la mer, un patrimoine architectural exceptionnel, plusieurs sites et monuments classés au Patrimoine mondial de l'Unesco, une cuisine succulente, sans parler du sens de l'hospitalité... Il s'agit à la fois d'un *tourisme balnéaire* (comme à Cefalù) et *culturel* (comme à Agrigente). Malgré plus de 1 000 km de côtes, le choix des belles et grandes plages reste cependant assez réduit. Le littoral sicilien est constitué de côtes escarpées et rocheuses. On se baigne souvent dans des criques étroites et caillouteuses. Résultat : la Sicile ne connaît pas vraiment les effets du tourisme balnéaire de masse, comme d'autres côtes méditerranéennes. La crise sanitaire n'a évidemment rien arrangé : ici, comme presque partout ailleurs, la fréquentation touristique est soumise aux annonces faites en matière de lutte contre la propagation de la Covid. Difficile de prévoir quoi que ce soit.

Les mines et l'industrie

Le secteur industriel (construction incluse) occupe 8,4 % de la population active et participe à environ 17 % du PNB de la Sicile. L'île possède d'***importants gisements de minerais.*** Elle a été la 1re productrice mondiale de soufre durant de nombreuses années, mais n'a pas su s'adapter aux nouvelles techniques d'extraction. Dans les années 1950 démarra l'exploitation du pétrole à Gela et à Ragusa, puis celle de ses dérivés, qui développèrent les industries chimiques et pétrochimiques : raffineries à Augusta, Milazzo, Gela, Porto Empedocle, Ragusa (revêtements bitumineux) et Syracuse. Le complexe d'Augusta, qui raffine du pétrole et produit du carburant sans plomb, est l'un des plus importants d'Europe. Le centre de l'île voit enfin émerger un peu d'activité industrielle grâce à l'extraction et à la transformation des sels de potasse. La Sicile possède peu d'industries : quelques implantations dans l'industrie automobile et la mécanique, des chantiers navals (à Palerme), l'électronique, les nouvelles technologies et la recherche (à Catane, où *IBM* et *STMicroelectronics* se sont installés dans « l'Etna Valley »).

L'agroalimentaire et la pêche

Le secteur de l'agroalimentaire (vin, fruits, huiles d'olive et pâtes) est peu important. Il permet cependant un certain équilibre entre les populations rurales et citadines et ralentit l'exode vers les villes.
La pêche, en revanche, ***est l'un des secteurs d'activité les plus vivants de l'île*** (qui possède le quart de la flotte italienne). Malgré la surexploitation de ses eaux, la Sicile a su se moderniser par une bourse aux poissons (et surtout au thon) en temps réel entre les différents ports et par un plan de repeuplement des fonds marins. Elle a aussi réussi à transformer ce secteur en activité écotouristique grâce au projet « pêche et tourisme » à Trapani et grâce à la transformation des *tonnare* (anciennes madragues) en écomusées de la pêche (Favignana, Bonagia, Cap Granitola...). Trapani, Mazara del Vallo, Sciacca et Messine sont aujourd'hui les ports les plus actifs de Sicile, avec une flotte de pêche artisanale qui représente environ un quart de la flotte italienne. On y pêche principalement du thon, des sardines et de l'espadon.

L'agriculture

Elle occupe 12 % de la population active, contre environ 4 % pour la moyenne nationale italienne, avec une surface de terres cultivées de 1 734 000 ha, soit 67 % de la superficie de l'île. Elle n'arrive cependant pas à nourrir tous ses habitants. Près de 50 % de la surface agricole est dévolue aux céréales. Le pays exploite en particulier le ***blé*** (comme au temps des Romains), avec un rendement supérieur en zones côtières. On y cultive aussi la ***vigne,*** essentiellement pour la vinification, le coton et les fruits – en majorité les agrumes, dont les mandarines et aussi le ***citron*** –, qui représentent environ 90 % de la production de l'Italie, ***1er producteur mondial.***
La ***production d'olives et d'huile d'olive*** est aussi une activité importante de l'île. On estime à 20 millions le nombre d'oliviers répartis sur une surface totale de 158 000 ha. L'oléiculture sicilienne représente environ 14 % de la production nationale italienne après la Calabre et les Pouilles. Les grands secteurs de culture se trouvent dans la province de Messine, Trapani, Palerme et surtout Agrigente (plus de 60 000 t par an).
Pour l'anecdote, le ***papyrus*** ne pousse en Europe qu'en Sicile, car cette plante ne vit qu'en zone humide (voir la rubrique « Achats » dans « Sicile utile »). Le manque d'eau et le régime des *latifundia* (grands domaines agricoles qui utilisent encore aujourd'hui des techniques archaïques) sont autant d'obstacles au développement et à la modernisation de ce secteur d'activité.

ENVIRONNEMENT

Agriculture, industrie (relative faible), urbanisation, extension du réseau routier... les paysages siciliens ont, comme tant d'autres, été fortement modifiés par l'homme, entraînant une fragilisation des sols et des versants. Les risques naturels, liés aux séismes et éruptions, sont entre autres accrus par les abus du secteur immobilier, qui a bétonné à tout-va, souvent sans respecter les normes antisismiques. Nombre de constructions ne sont pas non plus (immédiatement) rattachées à un réseau de distribution d'eau ou de traitement des déchets, accentuant les problèmes de pollution et de qualité de l'eau – denrée rare sous ces latitudes, et pourtant mal gérée, voire détournée.
L'exemple des ***côtes siciliennes*** est parlant : elles ont été défigurées par pas moins de 160 000 constructions illégales ou abusives. Pourquoi cette nuance ? Parce que certaines constructions illégales ont été plus ou moins légalisées par diverses amnisties successives... On a même inventé, dans les années 1980, le concept de « construction illégale par nécessité », le droit au logement prévalant

sur l'obtention du permis de construire. Exemple criant à Agrigente, dans la ***vallée des Temples*** (pourtant classée par l'Unesco !), où quelque 600 constructions illégales ont été dénombrées ! Les autorités locales et régionales ont toujours couvert ces constructions sauvages, populaires car court-circuitant l'État et ses contraintes.

Néanmoins, la sensibilité des citoyens face aux problèmes d'environnement grandit au fil des années. L'organisation écologiste *Legambiente* (● *legambientesicilia.it* ●) mène des actions concrètes « pour rendre la Sicile plus moderne, plus juste et plus belle ». Son président explique que « le secteur des énergies renouvelables en Sicile a construit des anticorps pour se défendre contre l'infiltration de la Mafia et de la corruption des cols blancs ». Parallèlement, l'association se bat au quotidien pour faire évoluer les mentalités en s'opposant, par exemple, à la pêche des poissons juvéniles (autorisée par la Sicile bien qu'interdite par l'Europe...). La pêche des poissons juvéniles consiste à pêcher et manger un poisson qui n'a pas pu se reproduire une seule fois. C'est le plus sûr moyen de condamner une espèce à la disparition. L'association lutte aussi contre l'urbanisme sauvage, les constructions nouvelles parfois réalisées dans des zones protégées et la mauvaise gestion des déchets (il n'est pas rare de croiser des colonies de sacs-poubelles aux bords des routes)... Un combat mené en parallèle d'une action de promotion du développement durable.

Parcs et réserves

Pour contenir la dégradation des territoires et leur usage irrationnel, plusieurs zones protégées ont été instituées. On dénombre aujourd'hui 5 parcs naturels régionaux et 76 réserves régionales, représentant environ 10,5 % du territoire sicilien. Parmi ceux-ci, le ***parc de l'Etna,*** fondé en 1987, est le plus ancien, et celui dans lequel on peut observer une faune particulièrement riche et fertile grâce aux débris volcaniques. Celui des ***Madonie,*** classé en 1989, regroupe la moitié des espèces végétales et animales de la Sicile et fait partie du réseau mondial des Géoparcs, programme européen visant à promouvoir une stratégie de développement durable. Quant à la ***réserve du Zingaro,*** qui n'est traversée par aucune route côtière, elle abrite une partie de la flore sicilienne endémique, 650 espèces végétales, beaucoup d'oiseaux, dont le faucon pèlerin, et une vaste faune marine côtière... Sans oublier les ***6 espaces marins protégés,*** répartis autour de l'île et offrant à explorer de magnifiques univers !

GÉOGRAPHIE

Plus grande île de la Méditerranée (25 832 km²), la Sicile semble géographiquement marquée par le chiffre 3 avec ses 3 pointes lui donnant une forme de triangle (Trinacrie, dérivé de son nom grec de *Trinakria*), ses 3 principales chaînes de montagnes et... les 3 km de détroit la séparant du sud de la Botte italienne. La Sicile est marquée par des paysages d'une grande variété et d'une grande richesse. C'est le long du littoral nord-est que la montagne marque le plus les paysages. Entre Messine et Termini Imerese s'enchaînent les 3 massifs des Apennins siciliens, prolongement des Apennins calabrais : les monts *Peloritani,*

UN SOMMEIL AGITÉ

L'Etna, plus grand volcan d'Europe (surface de 1 250 km²), a le sommeil pour le moins agité. Il se réveille périodiquement. Plus un volcan se manifeste régulièrement, évacuant son trop-plein d'énergie, moins il risque de le faire violemment. Idem pour le Stromboli, en éruption quasi continue depuis 2 500 ans. En revanche, 2 grands endormis, Vulcano et, pire encore, le Vésuve, qui domine la baie de Naples, font craindre le pire...

Nebrodi et *Madonie,* ces derniers culminant à 1 979 m au pic Carbonara. Bien entendu, ce sont des nains à côté de l'Etna, le plus haut volcan d'Europe, qui domine la vaste plaine de Catane (430 km²) de ses 3 350 m. Les vieux monts *Iblei,* d'origine volcanique eux aussi, constituent une 2e chaîne étirée en écharpe à travers le centre-est de la Sicile. Elle veille sur l'Altopiano Solfifero, un plateau de moyenne altitude (500 m) entaillé de canyons, qui descend presque jusqu'au littoral sud-est. De là émergent des pitons rocheux sur lesquels se sont construites des villes de moyenne importance, comme Enna. Mentionnons, enfin, dans le nord-ouest de l'île, les modestes Monti di Gibellina. ***Sur les côtes,*** on note la présence de quelques plaines, surtout dans le sud et le sud-ouest de l'île. Peu de rivières, encore moins de fleuves : comme ailleurs dans le Bassin méditerranéen, les cours d'eau se transforment en torrents au moment des pluies et s'assèchent souvent dès le printemps. Le plus long fleuve permanent, le Salso Himeras (ou Himera meridionale), s'étire sur 144 km. On trouve tout de même quelques lacs dans les plateaux de Sicile centrale. Concernant l'hydrographie, le *Simeto,* le *Salso* et le *Platani* sont les 3 fleuves qui dominent par leur taille ! En fonction de l'altitude et de la région, la garrigue des collines arides et les plateaux semi-désertiques cèdent la place aux zones cultivées (oliviers, agrumes, vignes, etc.), ou même à la forêt.

Une histoire volcanique

Pour reprendre le dicton sicilien : « Lorsque le volcan éternue, Catane tremble ». L'Etna aurait entre 300 000 et 600 000 ans, pas si vieux si l'on compare sa formation géologique avec celle des montagnes qui, elles, sont nées il y a des millions d'années ! Il y a eu, jadis, les 1res éruptions sous-marines au niveau de la collision des plaques eurasienne et africaine, annonçant alors le début du volcanisme ! Sa position rend la Sicile sujette aux ***tremblements de terre*** : 17 morts en 1990 entre Catane et Raguse, 370 morts en 1968, 95 000 approximativement entre Messine et Reggio di Calabria en 1908... En février 1783, Messine et sa région furent anéantis par un séisme de magnitude 6 à 7 sur l'échelle de Richter, provoquant près de 25 000 victimes. Et ce séisme fut suivi d'un tsunami qui détruisit le port de Messine ! Par-delà ses déterminants géographiques, la Sicile s'affirme avant tout comme le territoire européen au tempérament le plus volcanique. L'Etna est de type ***strombolien,*** ses éruptions sont effusives ou explosives ; les éruptions « stromboliennes » se caractérisent par la projection de lave fluide, de roches chaudes et de cendres. Il existe différents types de volcans, et 2 d'entre eux ont été surnommés en hommage aux volcans italiens (*strombolien* et *vulcanien*). Le mot « ***Etna*** » serait, selon des historiens, un mot d'origine phénicienne signifiant « mont de la fournaise ». À Catane, on surnomme l'Etna le *Mongibello,* ce qui signifie la « montagne des montagnes ». Qui n'a vu ces images de l'Etna, volcan bouillonnant déversant sa lave en fontaines ou en torrents ? Homère en parlait déjà. Pindare surnommait ce monstre terrible la « colonne du ciel » et Thucydide mentionnait 3 grandes explosions survenues après l'arrivée des colons grecs. Qui n'a entendu parler du ***Stromboli*** et de ses petites explosions quasi ininterrompues depuis 2 500 ans, ainsi que les multiples fumerolles du ***Vulcano*** ? Ici, on vit au rythme des volcans ! Au gré des mouvements profonds de l'écorce terrestre, le magma remonte par des séries de fissures, nourrissant autant de cônes, certains émergés (les îles Éoliennes, par exemple), d'autres encore immergés, comme le Marsili, le plus grand volcan sous-marin d'Europe (long de 70 km pour 20 km de large !).

Les îles

Les îles et archipels siciliens ne couvrent pas moins de 220 km². Les 7 îles Éoliennes (115,4 km²), inscrites au Patrimoine mondial de l'Unesco depuis 2000, sont situées au nord-est de la Sicile, l'île d'Ustica (8 km²) au nord-ouest. Véritable système volcanique, les îles sont nées du glissement entre les plaques eurasienne et africaine. On parle de 7 îles, car seules celles-ci sont habitées, sinon l'archipel en compte au total 17. Aujourd'hui, le ***Vulcano*** et le ***Stromboli*** sont les derniers volcans actifs. Les 3 îles Égades (37,45 km²), beaucoup plus anciennes, se trouvent à l'ouest, Pantelleria la volcanique (83 km²) au sud-ouest, à la latitude de la Tunisie, et les 3 îles *Pelagie* (25,5 km²), avec Lampedusa, plus au sud encore... Ces dernières font, géologiquement parlant, partie du continent africain ! Toutes présentent un climat méditerranéen particulièrement sec, aux pluies très faibles et aux températures très élevées en été. Attention au sirocco, vent brûlant qui vient du Sahara : il peut même y rapporter du sable ! Le sirocco souffle surtout en mars ou novembre, et il ne se ressent pas de la même façon si on se trouve sur la partie orientale ou occidentale de la Sicile.

À propos des volcans

• *swisseduc.ch/stromboli* • En anglais, en allemand ou en italien. Vous saurez tout sur les volcans dans le monde, dont le Stromboli. Magnifique album d'images (photos et vidéos) retraçant ses éruptions sur un demi-siècle – constitué par un photojournaliste suisse tombé amoureux du « monstre ». Vous pourrez également découvrir ou approfondir vos connaissances sur l'Etna. Pour les « vulcanophiles ».

HISTOIRE

L'Antiquité : Phéniciens, Carthaginois

Les 1ers flux migratoires semblent indiquer un peuplement important de ***Sicanes,*** originaires d'Afrique du Nord ou de la péninsule Ibérique, suivis par les ***Sicules,*** apparemment des Indo-Européens passés par la péninsule italienne. On parle aussi des ***Élymes,*** un peuple mystérieux établi dans l'Ouest, autour de Ségeste, dont la légende veut qu'ils soient des ***Troyens*** ayant émigré d'Asie Mineure après la chute de Troie. La grande île, riche de promesses, attire bientôt de plus gros poissons : les ***Phéniciens*** seraient arrivés au XIe s av. J.-C. et, selon Thucydide, auraient fondé Syracuse avant Carthage. Les ***Carthaginois,*** descendants des Phéniciens, établissent leurs 1ers comptoirs commerciaux à l'ouest (Palerme, Solunto, Mozia) vers 900 av. J.-C. Ils adorent leurs propres dieux dont Baal Hammon, divinités venues d'orient. Arrivent ensuite les ***Grecs,*** lancés eux aussi dans un grand mouvement d'occupation de la Méditerranée centrale à partir de 735 av. J.-C.

La Sicile grecque : l'âge d'or de la Sicile

La 1re colonie grecque de Sicile fut ***Naxos*** (aujourd'hui Giardini Naxos), fondée en 735 av. J.-C. sur la côte est de l'île. Mais d'où venaient ces colons grecs et pourquoi ? Arrivés de Megare, de Corinthe, de Sparte, des Cyclades, ils fondèrent des comptoirs qui devinrent des cités importantes. Il se passa en Sicile ce qui se passa aussi en Calabre et en Campanie (la « Grande Grèce »). Ces pionniers quittèrent leur patrie pour 2 raisons principales : l'esprit d'aventure et le désir d'une vie meilleure sur de nouvelles terres fertiles.
D'abord implantés sur la seule côte est, les Grecs font de l'île un grenier à blé ; et ***la Sicile connaît vite son 1er âge d'or*** au VIe s av. J.-C., devenant un important centre d'échanges commerciaux. On estime sa population à 1 300 000 habitants au Ve s av. J.-C., soit davantage qu'au début du XVIIIe s !
Les cités grecques de ***Sélinonte*** et d'***Agrigente*** comptent parmi les plus belles du monde grec, magnifiées par de nombreux temples doriques, dédiés à Zeus (Jupiter), Athena (Minerve), Hera (Junon), Héraclès (Hercule)... Certains temples

sont plus grands et plus beaux que le Parthénon d'Athènes. À l'époque grecque, la ville de ***Syracuse*** comptait 1 million d'habitants. Sa richesse était devenue proverbiale. Ainsi, quand un homme se vantait de sa fortune, on lui rétorquait : « Tout cela ne vaut pas la 10e partie de ce que possède un Syracusain ! » La flotte de guerre de Syracuse était alors la plus redoutable du monde antique. L'art de vivre d'Agrigente, son goût effréné pour le luxe, les plaisirs et l'hédonisme, devint légendaire dans le Bassin méditerranéen. En raison de sa forme triangulaire, l'île s'appella Trinakria, la ***Trinacrie*** (voir encadré).

C'est avec ***Homère*** que la Sicile entre dans le patrimoine littéraire de l'humanité. Il situe plusieurs passages de l'***Odyssée*** en Sicile. Ainsi Ulysse affronte-t-il Charybde et Scylla dans le détroit de Messine. Selon Homère toujours, les Cyclopes et les Lestrygons auraient vécu en Sicile. Le philosophe ***Platon*** fut le conseiller du tyran Denys de Syracuse. Il tenta en vain de le ramener à des idées plus démocratiques.

Né à Syracuse, le savant ***Archimède*** mit son génie au service de la défense de sa cité. Il conçut des machines de guerre capables de lancer des flèches et des lances à de grandes distances. Il poussa le tyran Hieron II à construire le plus grand et le plus puissant navire de l'Antiquité, un paquebot mixte fait pour la croisière et la guerre (voir encadré dans « Personnages célèbres »).

UN CURIEUX TRISKÈLE

Cet insigne à 3 branches constitue le blason actuel de la Sicile. Il représente une tête de méduse dont la chevelure est formée de serpents, au centre d'un triskèle comprenant 3 jambes. Celles-ci semblent tourner autour de la tête monstrueuse. Elles représentent les 3 angles de la géographie triangulaire sicilienne. Quant à la méduse, c'est une figure de la mythologie grecque. Méduse se vantait trop de sa belle chevelure. Jalouse d'elle, la déesse Athéna aurait changé celle-ci en serpents. À la fin, le héros Persée trancha la tête de Méduse. Bien fait !

Les tragédies d'***Eschyle*** furent jouées en Sicile dans des théâtres en plein air. Le dramaturge a vécu à Gela où il est mort en recevant... une tortue sur la tête (voir encadré à Gela) !

Plusieurs ***grands mythes grecs*** et histoires mythologiques ont aussi fait souche en Sicile et font partie du patrimoine immatériel de l'île : le mythe d'Acis et Galatée à Acireale, la grotte du cyclope Polyphème et le port d'Ulysse. Près de Syracuse, la fontaine d'Aréthuse et son amant Alphée changé en fleuve. Les héros grecs ont laissé leurs traces ici et là : Héraclès (Hercule des Romains) à Eraclea Minoa, le philosophe Empédocle à Agrigente. À Agrigente, encore, on dit que le Crétois Dédale aurait fui Minos pour se réfugier dans cette cité grecque. Son fils Icare, qui faisait route avec lui, ayant brûlé ses ailes de cire en s'approchant trop près du soleil, tomba dans la mer.

PAS DE CADEAU !

Dans l'Antiquité, on montait sur le volcan y jeter des objets d'or et d'argent en offrande à Vulcain, dieu du feu. Si le volcan les « recrachait », c'est qu'il n'en voulait pas, et le donateur indigne était alors précipité dans les flammes. C'est bien la peine de faire des cadeaux !

La Sicile romaine de 227 av. J.-C. à 468 apr. J.-C.

La ***montée en puissance des Romains*** n'épargne pas la Sicile : ils se débarrassent des Carthaginois à l'occasion des guerres puniques et vassalisent les Grecs. La Sicile tombe dans leur escarcelle pour 700 ans. L'île devient une province romaine, le « grenier à blé de la République romaine ». Terre nourricière aux

vastes domaines agricoles *(latifundia)*, sa seule fonction est d'assurer une bonne part des besoins en blé de Rome (et aussi d'assurer une villégiature confortable aux riches Romains). ***Virgile*** mentionne la Sicile dans l'*Énéide*. Le héros Énée s'enfuit de Troie en portant son père affaibli sur ses épaules. Il fait escale en Sicile et se rend ensuite à Carthage où il rencontre la reine Didon, dont il tombe amoureux. ***Cicéron*** a vécu en Sicile où il fut percepteur des impôts à Marsala (Lilybée à l'époque romaine).
Des révoltes d'esclaves montrent que la vie n'est pas rose pour tout le monde, mais aucun événement majeur ne vient troubler cette longue période, l'île n'ayant plus de rôle politique. Une fois l'Empire romain tombé comme un fruit mûr sous les assauts des Barbares, les Byzantins prennent la relève après un rapide intermède vandale et goth.
Enthousiasmé par la situation au cœur de la Méditerranée de la Sicile, l'empereur byzantin Justinien ordonne la conquête de la Sicile. Il y envoie 15 000 hommes en 523 apr. J.-C. et charge le général Bélisaire de chasser les Ostrogoths. Résultat positif : en 535, la Sicile passe sous ***domination byzantine.*** L'île séduit l'empereur Constant II, qui s'installe à Syracuse en 663, décidant d'en faire sa nouvelle capitale... Aux VIe et VIIe s, la Sicile byzantine connaît la paix et la prospérité, mais l'héritage byzantin est faible comparé à l'héritage grec.

La Sicile arabe et musulmane : 827-1061 apr. J.-C.

Les ***Arabes*** en pleine expansion jettent leur dévolu, depuis l'Ifriqiya (l'actuelle Tunisie et l'est algérien), sur cette île si proche des côtes africaines (2 jours de bateau). La conquête arabe de la Sicile est lente, elle dure 138 ans ! Les armées byzantines résistent à cette invasion musulmane. Celle-ci commence à Mazara del Vallo en 827 apr. J.-C. et se termine en 965 apr. J.-C. à Rometta. L'île est dominée par les Arabes durant 2 siècles et demi. Ils y développent l'irrigation qui rend possible de nouvelles cultures (canne à sucre, palmier-dattier, coton, mûrier, etc.)... ***Palerme est alors la capitale de la Sicile musulmane. C'est l'une des principales métropoles européennes,*** peuplée de 300 000 habitants.

LA NONNE, LE BÈGUE ET L'ÉMIR

En 826, Euphemius, alors amiral de la flotte byzantine en Sicile, voulut contraindre une nonne à l'épouser. Choqué par cette attitude (peu orthodoxe), l'empereur byzantin Michel II, dit le Bègue, expédia illico un de ses sbires afin de couper le nez du marin (on se demande pourquoi le nez, d'ailleurs !). Mais Euphemius ne se laissa pas faire : après avoir refroidi le sbire, il se rebella et s'empara de Syracuse. Défait peu de temps après, il fuit en Ifriqiya et alla monnayer la Sicile auprès de l'émir Ziadet-Allâh Ier, qui constitua une armée sur-le-champ. C'est ainsi que commença la conquête de l'île par les Arabes en 827.

La ville de Palerme compte alors près de 300 mosquées. Elle sert de modèle à l'édification du Caire, capitale de la dynastie Fatimide. Les chrétiens sont tolérés mais doivent payer un impôt spécial. Un cahier des charges détaillé les oblige notamment à ne pas édifier de nouvelles églises, à ne pas faire de prosélytisme chrétien, ni pleurer leurs morts avec ostentation, ni les ensevelir auprès des musulmans. Ils vivent dans la ségrégation religieuse, les chrétiens portent un morceau de tissu représentant un porc et les juifs un singe ! Chrétiens et juifs vivent dans une sorte de clandestinité. Malgré cela, il y a beaucoup de couples mixtes chrétien-musulman dans les rues de Palerme. La Sicile devient l'émirat de Sikiliy, quasi autonome mais dépendant officiellement du califat fatimide.

Mais les émirs n'ont pas vraiment le temps de profiter des retombées de leur mise en valeur de l'île, car la reconquête chrétienne se profile déjà à l'horizon...

La Sicile normande : 2d âge d'or

Dans l'imaginaire et la mémoire collective des Siciliens, la Sicile normande marque le ***2d âge d'or*** de l'histoire de l'île. C'est la seule période où la Sicile eut un roi et un gouvernement propre. Le pape, préférant les chrétiens d'Occident, soutient les ***Normands,*** qui mettront 30 années (de 1063 à 1091) à faire main basse sur la Sicile arabe. Ce n'est pas une guerre de religion même si elle ressemble à une croisade. Originaires d'Hauteville-la-Guichard (aujourd'hui une commune de la Manche), les frères Hautéville répondent à l'appel du pape. De nombreux cadets de la petite et moyenne noblesse, descendants des Vikings, s'engagent dans la guerre de conquête. Ils s'emparent du sud de l'Italie. À Robert, dit « le Guiscard » (le rusé), la Calabre, les Pouilles et la Campanie ; et à Roger dit « le Grand Comte », la Sicile. Les Normands ont l'intelligence de ne pas vouloir faire table rase du passé : la Sicile indépendante se dote d'une chancellerie trilingue, latine, grecque et arabe. Roger II, qui succède à son père, le comte Roger Ier, est lui-même polyglotte. Il est couronné le jour de Noël 1130 dans la cathédrale de Palerme. Les souverains normands parlent arabe. Leurs pièces de monnaie portent des lettres arabes.
Cette période, de la fin du XIe s à la fin du XIIe s, est la grande époque de la Sicile comme en témoignent les nombreuses réalisations de l'***art arabo-normand*** (Palerme, Monreale, Cefalù). Mais le 4e souverain normand n'a pas d'héritier et la couronne passe, par le jeu des alliances, dans les mains des Hohenstaufen allemands. La fille de Roger II, Constance d'Hauteville, a épousé Henri VI, le fils de Frédéric Ier dit Barberousse, de la famille des Hohenstaufen. Le fruit de leur union est Frédéric II de Hohenstaufen.
Né à Palerme, ***Frédéric II*** est un adepte du cumul car il règne sur 5 royaumes : le royaume d'Arles et de Bourgogne, la Germanie, le royaume d'Italie et celui de Sicile. Il est aussi roi de Jérusalem et même empereur du Saint Empire romain germanique. Devenu encombrant et omnipuissant, le pape ne l'aime pas et l'excommunie. Bien qu'héritier de la tradition chrétienne, Frédéric II est présenté comme un libre penseur anticlérical et dans la *Divine Comédie* de Dante, il apparaît comme l'Antéchrist. Pourtant c'est un des plus grands souverains de son époque, en avance sur son temps. La capitale de son empire est à Foggia dans les Pouilles, mais il choisit la cathédrale de Palerme pour être enseveli dans un cercueil de porphyre.
Nouvelle floraison des arts sous son règne, édification d'églises, de palais, de cathédrales et de châteaux forts. Mais c'est le feu d'artifice qui prélude à la fin de la dynastie Souabo-normande. Des bisbilles amènent encore des Français, les Angevins cette fois, à venir traîner leurs guêtres dans le coin pour défendre la papauté. Le 3 août 1282, Pierre d'Aragon débarque à Trapani pour chasser les Angevins. Le ***massacre des Vêpres siciliennes*** (1282) met un terme à la présence des Angevins. La paix de Caltabellotta en 1302 scelle la domination de l'Aragon.

La Sicile aragonaise et espagnole (1302-1860)

Désormais, ce sont les Aragonais puis les Espagnols qui vont régner sur la Sicile, quasiment sans interruption, jusqu'à l'unité italienne (1860). À l'origine, encore un mariage royal entre l'empereur Frédéric II et Constance d'Aragon, fille du roi d'Aragon. À l'époque le royaume d'Aragon (capitale Saragosse) est une puissance européenne. Frédéric III, roi de Sicile, a du sang souabe, normand et aragonais dans les veines. De nombreuses familles nobles de Catalogne s'installent en Sicile. L'île devient une partie indivisible du royaume d'Aragon. Le roi séjourne à Barcelone et la Sicile est administrée par un vice-roi nommé par le souverain. Après l'union de l'Aragon et de la Castille (1479), la monarchie espagnole est formée et contrôle la Méditerranée et le Nouveau Monde. Les Espagnols introduisent l'Inquisition en Sicile (que les Siciliens ignoraient) et chassent les juifs.

À partir du XVIe s, le royaume de Sicile est associé à celui de Naples pour former le ***royaume des Deux-Siciles.*** Avec l'arrivée au pouvoir de Charles Quint, la dynastie des Habsbourg d'Espagne domine l'Europe. Le roi d'Espagne est aussi empereur du Saint Empire romain germanique. La Sicile n'est plus qu'une pièce d'un vaste ensemble dominé par Madrid et Vienne. Petit à petit, l'île décline : l'aristocratie s'arc-boute sur ses privilèges, le clergé (non sicilien pour la plupart) s'en met plein les poches et le peuple courbe l'échine. Curieusement même sous contrôle espagnol, la Sicile ne s'hispanise pas. L'arabe a laissé plus de traces en Sicile que l'espagnol.

Les ***Bourbons*** (branche espagnole issue des Bourbons de France par Louis XIV) qui succèdent aux Aragonais introduisent quelques réformes tardives, mais jamais les Espagnols ne seront appréciés par la population. La Sicile est en ébullition, le dernier Bourbon, Ferdinand II, bombarde Messine dans les années 1840 pour mater la rébellion.

L'indépendance italienne

C'est pour cette raison que ***Garibaldi*** choisit, en 1860, la Sicile pour débarquer avec ses mille Chemises rouges : encore une invasion, mais, cette fois, les envahisseurs sont accueillis à bras ouverts et ***la Sicile est rapidement intégrée au royaume italien.*** Ce qui ne suffit pas à assurer la prospérité de l'île : à la fin du XIXe et au début du XXe s, ses habitants émigrent massivement (1 million de personnes), surtout en direction des États-Unis. Et, juste retour des choses, ***c'est la Sicile que choisissent les Américains pour débarquer en juillet 1943,*** 11 mois avant la Normandie.

LA CASTIGLIONE

On la surnommait « la plus belle femme du siècle ». Elle fut envoyée par Cavour, père fondateur de l'Italie, pour séduire Napoléon III afin de le convaincre de favoriser l'unité italienne. Sitôt dit, sitôt fait ! Elle devint la maîtresse de l'empereur à 18 ans (lui en avait 47...). Et Napoléon III devint bizarrement un grand défenseur de l'unification de l'Italie !

Ce débarquement des Alliés (baptisé « Husky ») réunit les Américains, les Britanniques et les Canadiens. Le ***général Patton*** commande les forces américaines et le ***général Montgomery*** les autres forces. La logistique est énorme et d'une complexité inouïe : 450 000 hommes, 1 800 canons, 4 000 avions, 3 200 navires de guerre, 600 chars d'assaut... Les Américains débarquent sur la côte sud de la Sicile (Licata, Gela), les Canadiens vers Pachino (pointe sud-est) et les Britanniques près de Syracuse, à l'est. Après 38 jours de combats intenses, la campagne des Alliés s'achève par la prise de Messine le 17 août 1943. Pour Winston Churchill, « c'était la plus grande opération amphibie qui n'ait jamais été tentée dans l'histoire ». Curieusement, sur le terrain, très peu de monuments commémorent ce débarquement des Alliés en Sicile alors que c'est par là qu'a débuté la libération de l'Europe ! Il existe toutefois un intéressant ***musée du Débarquement*** à Catane... Jusqu'au 11 février 1944, la Sicile est contrôlée par l'AMGOT *(Allied Military Government of Occupied Territories).*

La fin de la 2de Guerre mondiale voit se manifester un fort ***courant séparatiste*** : ce sont les aristocrates siciliens, relayés par la Mafia, qui essaient de se mettre à l'abri de ce qui se profile à l'horizon, sous l'impulsion des partis issus de la Résistance. Les grands propriétaires terriens craignent une vraie réforme agraire qui mettrait fin au système latifundiaire, fondé sur les grandes propriétés, presque encore comme dans l'Antiquité ! ***Une armée de volontaires indépendantistes est levée. Voyant cela, Rome accorde à la Sicile en mai 1946 un statut spécifique,*** celui de l'autonomie, qui servira de modèle à 4 autres régions italiennes. Le parlement régional peut édicter des lois qui ont priorité sur celles de l'État italien dans plusieurs domaines (comme le tourisme, les transports, la santé, l'industrie, etc.), et il ratifie (ou non) les lois nationales. Cette situation constitutionnelle autorise de beaux bras de fer entre État et région et ne facilite pas les choses au quotidien...

Et aujourd'hui...

Hormis les ***toussotements de l'Etna,*** l'histoire contemporaine de la Sicile est ponctuée de nombreux faits en rapport avec la ***Mafia*** ou la lutte anti-Mafia (lire aussi plus bas « Mafia »). Au début des années 2000, les attaques répétées contre les juges par le gouvernement Berlusconi mettent d'abord un frein à la lutte judiciaire contre Cosa Nostra. Mais l'arrestation régulière de parrains, dont Bernardo Provenzano en 2006 à Corleone, marque un tournant. Peu à peu, la société civile se réveille et affirme sa volonté de briser l'*omertà,* la loi du silence. Et quand Romano Prodi devient président du Conseil de 2006 à 2008, la politique anti-Mafia devient plus active. Les coups portés à Cosa Nostra se succèdent et, en 2009, c'est au tour du n° 2 de la Mafia palermitaine, Domenico Raccuglia, recherché depuis une quinzaine d'années, d'être arrêté... En parallèle, nombre de mafieux sont jugés et emprisonnés. Mais la « Pieuvre » semble increvable, d'autant qu'elle apparaît toujours solidement enracinée dans les sphères du pouvoir. Aussi, en 2012, le gouverneur de Sicile, Raffaele Lombardo, est inculpé pour « soutien externe » à la Mafia et poussé à la démission. Alors que, 1 an plus tôt, son prédécesseur, Salvatore Cuffaro, était condamné à 7 ans de prison pour ses liens avec l'organisation criminelle. Dès 2012, c'est Rosario Crocetta (Parti démocrate, centre gauche ; en poste jusqu'en 2017) qui assume la présidence de la région Sicile. Et cette même année a vu aussi s'intensifier encore la lutte anti-Mafia, avec l'opération « Apocalypse » ! Dès lors, l'actualité sicilienne fait état de fréquents coups de filet, de redditions négociées et encore de quelques règlements de comptes... Alors que l'évêque de Monreale a décidé en 2017 que les parrains – de baptême ou de confirmation – ne pourraient plus être choisis parmi les mafieux ; scandale dans l'organisation !
Presque plus discrets ces derniers temps, les agissements de la Mafia se sont aussi réorientés avec l'arrivée massive de migrants sur le sol sicilien, infiltrant les centres d'accueil, détournant les aides publiques et transformant même les naufragés en travailleurs clandestins asservis ! Une exploitation sans vergogne de la misère humaine au cœur d'une ***crise migratoire*** sans précédent, et que la Sicile subit de plein fouet de par sa situation géographique face à la Libye (lire plus bas « Immigration »).
En 2020, lors de la pandémie de la Covid, 373 mafieux – dont Francesco Bonura, chef de la Cosa Nostra – ont été libérés pour désengorger les prisons italiennes. Mais la crise a aussi profité aux mafieux en liberté, pour qui il a été plus facile d'étendre leur pouvoir sur les personnes en difficulté face à la crise.

Quelques dates

La Sicile grecque : Sikelia ou Trinakria

– ***735 av. J.-C. :*** fondation, par des colons venant d'Eubée et de l'île cycladique de Naxos, de la 1re colonie grecque à Naxos (aujourd'hui Giardini Naxos) et, 1 an plus tard, de celle de Syracuse par les Corinthiens.
– ***580 av. J.-C. :*** fondation d'Agrigente par des colons installés à Gela.
– ***491 av. J.-C. :*** règne du tyran Gélon à Gela, puis à Syracuse (à partir de 485).
– ***480 av. J.-C. :*** Syracuse écrase l'armée carthaginoise (bataille qui voit la mort d'Hamilcar, le chef des Carthaginois).

– ***478-466 av. J.-C. :*** règne du tyran Hiéron Ier à Syracuse, puis de son frère Thrasybule. Syracuse rayonne dans le domaine de la culture (Pindare et Eschyle, le poète et le dramaturge grecs viennent à Syracuse).
– ***415 av. J.-C. :*** expédition punitive et siège de Syracuse par les Athéniens (Syracuse s'est attaquée à des alliés d'Athènes) et, 1 an plus tard, défaite d'Athènes.
– ***409 av. J.-C. :*** revanche des Carthaginois qui, sous la conduite d'Hannibal de Giscon (ne pas confondre avec Hannibal Barca qui vécut 2 siècles plus tard), détruisent Sélinonte et Himère. Les 2 villes ne s'en relèveront jamais.
– ***406 av. J.-C. :*** Denys Ier l'Ancien prend le pouvoir à Syracuse dont le rayonnement ne sera jamais aussi grand que sous son règne. Syracuse est la seule cité grecque à s'opposer à la domination carthaginoise.
– ***278-276 av. J.-C. :*** Syracuse, de plus en plus menacée par les Carthaginois, demande de l'aide à Pyrrhus, roi d'Épire qui prend le titre de roi de Sicile ; mais, versatiles, les Siciliens désavouent leur nouveau monarque, qui rentre en Grèce.
– ***264-241 av. J.-C. :*** 1re guerre punique, Rome contre Carthage. Vaincus, les Carthaginois évacuent la Sicile.

La Sicile romaine

– ***227 av. J.-C. :*** la Sicile devient une province romaine.
– ***De 218 à 201 av. J.-C. :*** 2e guerre punique, saccage de Syracuse (qui, entretemps, s'est alliée aux Carthaginois) par les Romains. Mort d'Archimède (en 212).
– ***De 138 à 131 et de 104 à 99 av. J.-C. :*** révoltes d'esclaves (appelées « guerres serviles »).
– ***468 apr. J.-C. :*** fin de l'influence romaine, remplacée par celle des Vandales.

La Sicile médiévale (byzantine et arabe)

– ***491 apr. J.-C. :*** Théodoric et ses Ostrogoths s'installent dans l'île.
– ***535 :*** arrivée des Byzantins avec Bélisaire, qui conquiert la Sicile avant de prendre Rome et Ravenne.
– ***652 :*** 1res incursions (timides) arabes en Sicile, soit 30 ans à peine après l'hégire (l'an 1 de la religion musulmane).
– ***663 :*** règne du Byzantin Constant II à Syracuse, où le pouvoir byzantin, qui se sent menacé à Constantinople, s'installe pour quelques années.
– ***827 :*** les Arabes débarquent à Marcala, puis conquièrent Palerme en 831. Jusqu'en 902, la dynastie arabe des Aghlabides étend son empire sur l'île : Messine, Modica, Ragusa, Enna, Syracuse en 878 et enfin Taormina.

DES ÉMIRS QUI PORTENT BIEN LEUR NOM

Installés à Palerme depuis 947, les émirs kalbites, très attachés à leur pratique islamique, mirent sur pied à Palerme en 962 un événement pour le moins singulier. Ils organisèrent non pas un apéro géant (Facebook n'existait pas encore !), mais un rassemblement où 14 000 jeunes garçons furent circoncis simultanément ! C'est peut-être la seule fois où les jeunes filles purent être tranquilles...

La Sicile normande

– ***1061 :*** fin de la mainmise arabe sur la Sicile, début de la conquête des Normands. Noto capitule en 1091. Début du règne de la famille d'Hauteville.
– ***1130 :*** Roger fils, ou Roger II, devient le 1er roi de Sicile, mais, vassal du pape, il doit combattre les musulmans et les chrétiens orthodoxes (byzantins).

La Sicile des Souabes et des Angevins

– ***De 1189 à 1282 :*** la Sicile passe à la maison (germanique) de Souabe ; règne de Frédéric Ier de Sicile, qui devient empereur sous le nom de Frédéric II (1194 à 1250).

L'arrivée des Aragonais

– ***1282 :*** révolte des Vêpres siciliennes, entraînant le départ des Français et l'arrivée de Pierre II d'Aragon.
– ***De 1425 à 1442 :*** règne d'Alphonse V d'Aragon.

La Sicile espagnole et moderne

– ***1513 :*** les juifs sont chassés. Introduction de l'Inquisition.
– ***1535 :*** visite de Charles Quint à Palerme. Ce sera la seule visite d'un roi d'Espagne pendant toute la période de la suzeraineté de la Sicile à la couronne d'Espagne.
– ***1570 :*** développement de Messine, qui devient la base de la flotte chrétienne luttant contre les Ottomans.
– ***1624 :*** peste à Palerme.
– ***De 1647 à 1678 :*** rébellions infructueuses contre les Espagnols.
– ***1693 :*** terrible tremblement de terre dans l'est de l'île (5 % de la population est tuée).
– ***1713 :*** la Sicile passe à la Savoie après le traité d'Utrecht.
– ***1718 :*** la Sicile passe à l'Autriche. La Sicile est autrichienne entre 1720 et 1734.
– ***1735 :*** retour dans le giron espagnol avec le début de la dynastie des Bourbons ; Charles de Bourbon puis Ferdinand.
– ***1806 :*** arrivée des Anglais.
– ***1816 :*** création du royaume bourbon des Deux-Siciles (des Français) et abrogation de la Constitution de 1812.
– ***De 1848 à 1860 :*** insurrections réprimées par Ferdinand II ; expédition des Mille avec Garibaldi, rattachement de l'île au royaume d'Italie.
– ***1861 :*** proclamation de l'unité italienne.
– ***1908 :*** terrible tremblement de terre à Messine.
– ***1920-1940 :*** la période fasciste voit le régime s'attaquer à la Mafia. Le préfet Mori, à la poigne de fer, obtient quelques résultats.

La Sicile contemporaine

– ***1940 :*** entrée en guerre de l'Italie.
– ***1943 :*** débarquement des Alliés dans la nuit du 9 au 10 juillet. Libération de la Sicile en 38 jours, avec l'aide de la Mafia, dont certains membres furent installés à des postes clés par les Américains.
– ***1945 :*** exécution de Mussolini et de ses ministres.
– ***1946 :*** création de la Région autonome de Sicile.
– ***1958 :*** la Mafia fait sauter les bureaux du journal *L'Ora*.
– ***1968 :*** tremblement de terre dans la vallée du Belice.
– ***De 1973 à 1976 :*** luttes parlementaires, assez peu efficaces, contre la Mafia.
– ***1981 :*** le député communiste Pio La Torre fait passer une loi qui autorise la Brigade des finances à enquêter sur les enrichissements douteux. Il paiera de sa vie cette audace en 1982.
– ***1982 :*** assassinat par la Mafia du super préfet Dalla Chiesa, vainqueur des Brigades rouges et dont on attendait beaucoup en Sicile.
– ***1986 :*** 1er procès contre 474 *mafiosi*.
– ***1992 :*** assassinat par la Mafia de Salvo Lima, du juge Falcone et du juge Borsellino.
– ***1993 :*** arrestation du nº 1 de la Mafia, Salvatore Riina, dit Totò.

MUSSOLINI ET LA FAMILLE

Le Duce eut 5 enfants de sa femme légitime. Lui qui prônait la famille traditionnelle eut en parallèle une autre épouse, Ida, qui lui donna un fils, Albino. Agacé par l'acharnement amoureux d'Ida, il la fit interner ainsi que son fils. Ils moururent tous les 2 en asile. Mussolini eut aussi de nombreuses maîtresses, dont une belle juive (eh oui !) qui le rendit fou. Mais il l'était déjà !

– ***1995 :*** début du « maxi-procès » de Giulio Andreotti, pour ses liens présumés avec la Mafia.
– ***2000 :*** Palerme accueille la convention de l'ONU contre le crime organisé.
– ***2001 :*** raz-de-marée électoral, la Maison des libertés de Berlusconi, alliée à un parti néofasciste, rafle une écrasante majorité des sièges aux élections ; et Leoluca Orlando est remplacé par Diego Cammarata, candidat du parti de Berlusconi, à Palerme lors des élections municipales.
– ***2007 :*** arrestation de 4 chefs mafieux en Sicile, dont Salvatore Lo Piccolo, présenté comme le successeur de Bernardo Provenzano, arrêté en 2006.
– ***2009 :*** arrestation de Domenico Raccuglia, n° 2 de la Mafia palermitaine.
– ***2010 :*** arrestation à Marseille de Giuseppe Falsone, l'un des associés de Provenzano, chef de la Mafia arrêté en 2006.
– ***2011 :*** éclaboussé par un nouveau scandale, Berlusconi démissionne. Il est remplacé par un économiste : Mario Monti. La même année, de nombreux Tunisiens et Libyens fuient leurs pays et débarquent sur les côtes italiennes, générant des tensions au sein de la population italienne.
– ***2012 :*** démission de Mario Monti. La lutte anti-Mafia s'intensifie, c'est l'opération « Apocalypse ».
– ***2013 :*** arrestation à Londres de Domenico Rancadore, l'un des chefs de la Mafia sicilienne, recherché depuis 20 ans. Près de 400 immigrants clandestins trouvent la mort au large de l'île de Lampedusa.
– ***2014 :*** Domenico Rancadore de nouveau arrêté, 1 semaine après avoir été déclaré libre par la justice anglaise à la suite de son arrestation en 2013. Le tribunal italien réclame 7 ans de prison. 1 mois plus tard, c'est Antonio Lo Russo, chef d'un puissant clan de la Camorra, qui est pris à Nice. Il était en fuite depuis 4 ans. Arrivée de Matteo Renzi (Parti démocrate) à la présidence du Conseil. À 39 ans, il est le plus jeune chef de gouvernement jamais nommé !
– ***2015 :*** Sergio Mattarella, réputé pour son sens de la justice (il combat ardemment la Mafia), devient le nouveau président de la République italienne. L'afflux des migrants s'intensifie...
– ***2016 :*** l'année voit aussi débarquer par bateaux 181 000 réfugiés sur les côtes italiennes, dont la plupart en Sicile. Soit une hausse de 18 % par rapport à 2015 et toujours un nombre aussi effarant de morts par noyade ! Démission du président du Conseil Matteo Renzi, après l'échec de son référendum constitutionnel...
– ***2017 :*** en pleine crise migratoire, le G7 se réunit à Taormina, dans une certaine tension autour de la sortie des États-Unis des Accords de Paris contre le réchauffement climatique.
– ***2019 :*** Leoluca Orlando, maire de Palerme (Parti démocrate), tient tête à Salvini, refusant d'appliquer le nouveau décret anti-migration.
– ***2020 :*** 1er pays européen atteint par la Covid-19. Crise économique et sociale sans précédent.
– ***2021 :*** les régions de Messine, Catane et Sciacca sont frappées par de violents cyclones méditerranéens.

IMMIGRATION

La Sicile, avant-poste de l'Europe

Longtemps pays d'émigration, l'Italie est depuis le début des années 2010, malgré elle, avec la Grèce et l'Espagne, l'une des principales portes d'entrée vers l'Europe pour des centaines de milliers de migrants et réfugiés chassés de leurs pays par les guerres et les crises politiques ou économiques : printemps arabes retournés au néant, avancées islamistes, dictatures, guerres et pauvreté sur le sol africain, mille et une raisons poussent à partir.

Par ailleurs, depuis la chute de Kadhafi en 2011, plus aucune autorité ne contrôle la Libye, devenue elle aussi, sur le continent africain, un pays charnière pour l'immigration. Aucune autorité libyenne ne parvient à arrêter les départs.
Située à seulement 113 km des côtes tunisiennes, l'île sicilienne de Lampedusa se trouve en 1re ligne. À peine débarqués au terme d'un coûteux et périlleux voyage, les migrants sont conduits au centre de rétention, dans l'attente d'une hypothétique régularisation de leur situation ou d'un plus probable retour forcé à la case départ. Un centre toujours surchargé, où les conditions de vie oscillent entre mauvaises et déplorables. Mais que peut faire ce caillou de 20 km² face aux vagues désespérées ? Au pire de la crise tunisienne, on y compta jusqu'à 2 fois plus de réfugiés que d'habitants... Fermer les yeux et laisser passer ? Une chose est sûre : chaque frontière fermée accentue la mortalité. Les habitants de Pozzallo, petite commune du sud de la Sicile, l'ont bien compris, en ouvrant un centre d'accueil et de secours aux migrants toujours plus nombreux. Face à l'indifférence des institutions, au manque de moyens, au silence et l'inaction des autres pays européens, l'exaspération sévit et la question migration devient un enjeu hautement politique.

De *Mare Nostrum* à *Triton*... ou quand les ONG pallient les manquements des pouvoirs politiques

À la suite d'un énième naufrage marqué par la mort de 366 personnes près de l'île sicilienne de Lampedusa, le gouvernement italien met en place en 2013 l'opération *Mare Nostrum.* Son objectif : venir en aide aux réfugiés en détresse. Intervenant jusque dans les eaux territoriales libyennes, les navires de la marine italienne sauvent ainsi des eaux 150 000 personnes en 1 an, ensuite transférées directement dans le sud du pays...
Très critiquée pour le supposé appel d'air qu'elle créerait et faute de financements suffisants et d'une réelle politique d'accueil de la part des autres pays européens, *Mare Nostrum* cède sa place en 2014 à *Triton,* une opération non plus de sauvetage, mais exclusivement sécuritaire conduite par l'agence de contrôle des frontières européennes Frontex, avec le soutien des 18 pays membres de l'espace Schengen. 3 fois moins financée, elle se contente de jouer les gardes-frontières sans jamais quitter les eaux italiennes. Les naufrages reprennent leur danse macabre et le flot ne se tarit pas pour autant...
De leur côté, plusieurs ONG arment des navires de sauvetage patrouillant jusque dans les eaux libyennes. Mais à partir d'août 2017, pratiquement toutes les ONG stoppent leurs opérations devant la pression des autorités italiennes et le renforcement des contrôles libyens visant à réduire les départs de migrants. Autant de manœuvres que beaucoup dénoncent comme une « dérive politico-militaire »...
En 2018, les élections générales italiennes se soldent par l'arrivée au pouvoir d'une coalition extrême droite-parti populiste, et la nomination de Matteo Salvini au poste de ministre de l'Intérieur. Ce même Matteo Salvini qui a fait de la question migratoire un de ses principaux sujets de campagne, en promettant de la combattre activement. Malheureusement, dès juin 2018, il tient sa promesse en refusant de laisser débarquer dans un de ses ports les 629 migrants de l'*Aquarius.* Une fois encore, l'Europe montre son incapacité à réagir.
Durant l'été 2019, Salvini persévère et le drame de l'*Aquarius* se répète en juin avec l'interdiction faite au navire humanitaire *Sea Watch 3* d'entrer dans le port de Lampedusa. La capitaine du navire, l'Allemande Carola Rackete, finit par forcer le blocus italien afin de débarquer les 42 migrants à son bord. Elle est arrêtée, puis finalement libérée en juillet. En août, Salvini réussit à faire voter au Sénat un nouveau « décret sécurité » durcissant encore le 1er décret anti-immigration voté à l'automne 2018. Puis courant août, rebelote avec le bateau de l'ONG espagnole *Open Arms* et ses 107 migrants sauvés le 1er août en Méditerranée. Eux aussi se voient refuser par Salvini le droit d'accoster sur l'île de Lampedusa, sauf que cette interdiction n'est signée que par le ministre de l'Intérieur, alors qu'elle devrait aussi

l'être par les ministres de la Défense et des Transports. Le navire reste bloqué 3 semaines au large de la Sicile avant que le procureur d'Agrigente s'oppose à Salvini en ordonnant le débarquement.
Suite à la démission de Conte début 2021 en raison de sa difficulté à gérer la pandémie de Covid, Mario Draghi, ancien banquier, est appelé à la rescousse. Les Italiens espèrent que « super Mario » fera mieux que son successeur et prendra des décisions fortes et humaines. En attendant, la situation est loin d'être réglée et les migrants continuent d'affluer. Début novembre 2021, plus de 800 candidats à l'exil étaient sauvés in extremis d'une mort annoncée par un bateau de l'ONG allemande Sea Eye. L'année 2021 voit près de 60 000 migrants débarquer en Italie, soit le double de personnes enregistrées en 2020 (chiffres du ministère italien de l'Intérieur).

LITTÉRATURE

La beauté de la Sicile, la dureté implacable du soleil et l'isolement de la vie insulaire ont fait les beaux jours de la littérature sicilienne, avec en trame de fond quelques réflexions politiques.
Giuseppe Tomasi di Lampedusa (1896-1957), duc de Palma, prince de Lampedusa, mena pendant 60 ans une vie paisible d'aristocrate. Jusqu'au jour où... il publia un livre intemporel, résumant l'identité du peuple sicilien avec brio : *Le Guépard* (1958). Superbement adapté au cinéma par Visconti.
C'est à la Mafia que ***Leonardo Sciascia*** (1921-1989) s'est attaqué. Son arme : le roman policier, comme dans *Le Jour de la chouette* ou *La Mer couleur de vin.* Il a publié aussi plusieurs essais contre le pouvoir en place et en a profité pour faire lui-même de la politique.
Si ses romans ne sont pas des plus connus, son théâtre figure, en revanche, parmi les plus célèbres du monde contemporain : *La Fleur à la bouche, Ce soir on improvise* et, bien sûr, *Six personnages en quête d'auteur.* Pour ceux qui voudraient mieux connaître ***Luigi Pirandello*** (1867-1936), Prix Nobel de littérature en 1934, sachez qu'il a écrit 237 nouvelles regroupées sous le titre *Nouvelles pour une année.*
Quant à ***Andrea Camilleri*** (1925-2019), scénariste et metteur en scène, ce n'est qu'en 1992, à l'âge de 67 ans, qu'il a connu le succès littéraire avec *La Saison de la chasse.* Il a inventé le personnage du sarcastique commissaire Salvo Montalbano dans *La Forme de l'eau,* qui, comme ses autres romans, nous plonge dans la Sicile profonde, ses particularités, sa langue... Il était avant sa mort l'auteur le plus populaire d'Italie, ce qui lui permit de faire des déclarations fracassantes, notamment contre Berlusconi...
Il est possible de se plonger dans le conte pour enfants *La Fameuse Invasion de la Sicile par les ours* du grand écrivain italien ***Dino Buzzati,*** illustrant lui-même ce récit de guerre extraordinaire, où l'humour côtoie le fantastique.
Enfin, ne manquez pas *L'Art de la joie,* roman de la Catanaise mutine ***Goliarda Sapienza*** (1924-1996), jugé aujourd'hui comme une œuvre majeure de la littérature contemporaine italienne.

MAFIA

Les différentes Mafias

Il existe 5 grandes organisations criminelles en Italie : la Camorra napolitaine, la 'Ndrangheta calabraise, la Sacra Corona Unita des Pouilles, l'Anonima Sequestri sarde (beaucoup moins importante) et, bien sûr, la ***Cosa Nostra*** (« ce qui est à nous » ou « notre chose ») sicilienne. Ce nom, utilisé pour différencier la Mafia sicilienne des autres, a probablement été inventé par des mafieux italo-américains. À l'origine, « Mafia » ne désignait que l'organisation criminelle sicilienne avant de devenir un terme générique. La Cosa Nostra fut longtemps surnommée l'*Onorata Società* (« l'honorable société »), car elle était régie par un code d'honneur très strict, qui interdisait de s'en prendre aux femmes et aux enfants. Cette ligne de conduite fut abandonnée pour faire face à la concurrence des autres Mafias, mais elle refuse toujours de pratiquer l'enlèvement contre rançon.

UN RECRUTEMENT EXIGEANT

La Mafia, en règle générale, est salement réac donc refuse les gays dans ses rangs. Ainsi que les communistes, les fils illégitimes, les divorcés... et les femmes ! Il est important d'être catholique. D'ailleurs, on ne tue généralement pas lors des fêtes religieuses. Heureusement, on en compte beaucoup !

Étymologie de la Mafia

La plupart des spécialistes placent l'origine de la Mafia à l'époque de la domination espagnole, marquée par son cortège d'injustices contre le peuple. Pour résister à l'oppression, un mouvement clandestin se serait organisé : la *mûafât* – un terme arabe venant de *mû* (courage) et de *afât* (protéger), transformé ensuite par l'usage en *mafia.* Mais le terme ne s'est diffusé qu'à partir des années 1860 et cette étymologie n'est pas du goût de tout le monde : « On a écrit à peu près n'importe quoi sur l'origine du mot. Il n'est qu'une altération de *Mia Fida* qui signifie : « Ma Foi », « ce en quoi je crois », propose de son côté Jacques Kermoal dans son livre *La Mafia se met à table* (Actes Sud). De toute façon, les principaux intéressés n'utilisent pas ce terme...

Les origines

La Mafia naît donc probablement au XVIe s sous le régime espagnol, alors que la Sicile perd tout statut d'indépendance et devient un vice-royaume. La course aux privilèges et aux prébendes pousse alors la noblesse à délaisser ses domaines ruraux pour se rapprocher des villes. Les régisseurs des propriétés agricoles, issus de la paysannerie, se substituent inexorablement aux aristocrates.

Au XIXe s, cette nouvelle bourgeoisie agreste joue depuis longtemps un rôle dans les coulisses du pouvoir, en exerçant le contrôle du territoire. Au moment de l'unification, elle s'associe à l'aristocratie libérale pour financer l'expédition de Garibaldi en Sicile. Objectif : chasser les Bourbons qui n'offrent en 1860 aucune perspective d'avenir. Il faut lire à ce sujet *Le Guépard,* de Giuseppe Tomasi di Lampedusa (voir « Livres de route » dans « Sicile utile »)...

Fattori, campieri, guardiani et *curatoli* (régisseurs, miliciens paysans, gardiens et curateurs des domaines) obéissent alors à un chef qu'ils appellent *Vossià,* Votre Seigneurie, claire parodie des modes de l'ancien régime. L'*omertà,* ou loi du silence, est une règle qu'aucun homme « digne de ce nom » ne saurait transgresser, sous peine de mort. Cette règle, parmi d'autres, est encouragée par une culture atavique que l'on retrouve un peu partout en Méditerranée. Dans la culture sicilienne, exposée depuis des siècles à toutes les dominations, l'art de la prudence dans la gestion des rapports sociaux a donné naissance à de nombreux proverbes très clairs : *a megghiù parola e chidda chi nun si dici* (« la meilleure parole est celle que l'on ne dit pas »), *a casa degli autri, 'n si fa la legge* (« dans la maison d'autrui, on ne fait pas la loi »), *fidarsi è bene, non fidarsi è meglio* (« se fier, c'est bien ; ne pas se fier, c'est mieux »), etc.

Une irrésistible ascension

Au fil des années, la mainmise de l'*Onorata Società* dégénère vers un pouvoir parallèle toujours plus étendu. Du contrôle du territoire on passe peu à peu à celui des consciences. La Mafia donne le travail, ou ne le donne pas ; permet l'ouverture des commerces, ou ne le permet pas. Durant le *Ventennio,* les années fascistes, Mussolini donne mandat au préfet Mori d'éliminer la Mafia par tous les moyens. Les coups portés par le « préfet de fer » sont terribles ! Mais, en 1929, confronté au coût de ses guerres, le Duce, à court d'argent, se ravise et le parti fasciste engrange les subsides de la criminalité organisée... La Mafia s'en sort, mais apprend sa leçon : pour se replacer dans le jeu politique et éviter de succomber à la volonté d'un État fort et déterminé, l'*Onorata Società* s'intéresse au contrôle des villes. Elle n'a dès lors de cesse que de se faire une place à Rome.

La Mafia est, dès les années 1950, présente au sein de l'État, s'opposant à tout ce qui peut menacer ses propres intérêts. À cette même époque, elle obtient de ses cousins américains le contrôle du trafic international de drogue. Certaines banques peu regardantes deviennent des piliers de l'organisation, et les ramifications s'internationalisent ; les mouvements de fonds deviennent considérables et, face à de tels enjeux, la violence se déchaîne. L'ascension du clan des Corléonais (le don Corleone joué par Brando dans *Le Parrain* s'inspire clairement du village de Corleone) signe une dérive dans l'ultra-violence : racket, assassinat de tout opposant, élimination systématique de toute personne liée au clan adverse... La Mafia fait alors beaucoup parler d'elle. Les années sanglantes des sixties font de Palerme le petit « Chicago du Sud » !

L'État contre la Mafia

Au début des années 1980, l'État décide enfin de s'attaquer aux racines du mal, qui gangrène considérablement les rouages économiques, politiques et sociaux du pays. L'arsenal législatif se renforce. La création du délit d'association mafieuse permet aux juges d'élargir leurs enquêtes aux complices. Les mafieux les plus importants se voient systématiquement condamnés à la prison à perpétuité. Le général Dalla Chiesa et le juge Chinnici traquent avec acharnement les bandes mafieuses, mais aussi leurs comptes en banque et les mouvements illicites de capitaux. C'est l'époque des « repentis », qui brisent enfin l'*omertà* contre des remises de peines et de la loi Pio La Torre (du nom du député), qui permet la confiscation des biens des condamnés. Dalla Chiesa, Chinnici et La Torre sont tous assassinés entre 1982 et 1983. Le nombre des victimes politiques s'allonge : une guerre frontale Mafia-État est engagée. Mais c'est le début d'une ère nouvelle, marquée par une résistance dans tous les secteurs de la vie sicilienne.

Les assassinats, au printemps 1992, des juges Falcone et Borsellino, organisés avec des moyens exceptionnels, montrent bien la détermination de la Mafia et ses ramifications dans les plus hautes sphères politiques du pays. Mais avec ces meurtres, la Mafia s'aliène une grande partie de l'opinion publique, lasse de ces tueries à répétition. L'opération *Mani pulite* (mains propres) permet d'asséner de durs coups à la « Pieuvre ». Giulio Andreotti, président du Conseil à sa grande époque, est traîné en justice en 1995. Certes, il est absous de toute accusation ; mais peut-être cela est-il dû à une providentielle disposition de prescription relative aux années les plus gênantes ? Personne en Italie n'est dupe.

L'arrestation à Palerme, le 15 janvier 1993, du n° 1 de la Mafia, Salvatore Riina, dit Totò, chef du clan des Corleone et commanditaire des meurtres des juges Falcone et Borsellino, est un formidable pas en avant dans la lutte. Ce coup d'éclat, accompagné des aveux soudains de quelques chefs d'entreprise et hommes politiques repentants, entraîne une vague de suicides. Le 24 mai 1996, 4 années jour pour jour après l'assassinat du juge Falcone, Giovanni Brusca, l'homme qui avait actionné le détonateur, est arrêté après une longue traque. Chef de la Cosa Nostra, Brusca avait été l'organisateur des attentats contre Saint-Jean-de-Latran à Rome et contre la galerie des Offices de Florence. Sa cruauté est légendaire, et cette grosse prise réjouit une grande partie de la Sicile. Il est mort en prison en 2017.

La « Pieuvre » est un phénix !

CHARITÉ BIEN ORDONNÉE...

En 2008, Vittorio Sgarbi, le maire de Salemi, martelait haut et fort que la Mafia n'existait plus et entendait le prouver en ouvrant un musée de la Mafia qui rangerait définitivement l'organisation criminelle dans les livres d'histoire. 4 ans plus tard, le conseil municipal de la ville était dissous pour infiltrations mafieuses...

Des condamnations de personnalités politiques ont suivi, comme celles, dans les années 2010, de 2 présidents de la région Sicile, Totò Cuffaro et Raffaele Lombardo, envoyés l'un comme l'autre pendant 7 ans en prison pour « complicité mafieuse » (le 2d pour « connivence extrême » !). La « Pieuvre » n'est pas pour autant vaincue. Si Bernardo Provenzano, le *capo dei capi* (« chef des chefs »), successeur de Totò Riina, en cavale depuis 1963, a lui aussi été finalement arrêté en 2006, puis son successeur Salvatore Lo Piccolo en 2007, d'autres ont pris le relais. On parle d'un parrain de la région de Trapani, l'introuvable Matteo Messina Denaro, réputé pour sa sauvagerie et lui-même en cavale depuis 1993.

Pour certains, les facultés d'adaptation de la Mafia font qu'elle a toujours un temps d'avance. Selon un juge à la retraite, ex-membre du « pool » anti-Mafia, la *pax mafiosa* règne, car Cosa Nostra n'a plus vraiment besoin de la violence (qu'elle sous-traite désormais) pour assurer sa domination. L'infiltration dans l'économie et la finance lui permet de continuer à bien vivre, tout en s'exposant moins. En Italie, 2 entreprises sur 10 seraient contrôlées par des sociétés liées à des clans mafieux. Ceux-ci régentent notamment 20 % du marché du bâtiment... À Palerme même, 80 à 90 % des entreprises et des commerces seraient encore soumis au racket *(pizzo)*.

En fait, le phénomène de l'argent sale a cessé d'être une spécialité sicilienne, ou même italienne. Il concerne aujourd'hui toute la planète, tant la Cosa Nostra est devenue une organisation transnationale, surfant sur la mondialisation. Selon le journal *La Repubblica*, « au train où vont les choses, le risque est que, dans les 5 années à venir, l'Europe soit submergée par un flux d'argent criminel qu'il ne sera plus possible d'endiguer ». Le chiffre d'affaires cumulé des organisations mafieuses italiennes serait d'environ 150 milliards d'euros, soit 8 % du PIB de l'Italie ! Et ce pour des profits s'élevant à environ 100 milliards d'euros...

Initiatives citoyennes

Malgré les risques, la société sicilienne évolue. Des initiatives anti-Mafia voient le jour, comme celle du comité ***Addiopizzo*** *(Adieu Racket ; • addiopizzo.org •)*, créé en 2004 par des étudiants palermitains lassés du racket dans leur ville. Ils sont à l'origine d'un réseau de commerçants insoumis (à la Mafia !) et proposent même un guide pour une consommation éclairée : plus de 1 000 enseignes qui résistent à la « Pieuvre » dans le guide 2017 et plus de 13 000 consommateurs qui s'engagent à y faire leurs courses en priorité. Le magasin ***Punto Pizzo Free***, situé 172, via V. Emanuele, à l'angle de la via Pater Nostro à Palerme, s'est ouvert dans le même esprit. Autre extension, ***Addiopizzo Travel*** *(• addiopizzotravel.it •)* organise des visites à thème anti-Mafia et s'engage à faire résider ses clients chez des hôteliers ne payant pas le *pizzo* ! Soulignons aussi le travail du ***centre de documentation Giuseppe Impastato*** (du nom d'un jeune militant anti-Mafia assassiné en 1978), qui mène des études sur l'organisation criminelle et dispose d'importantes ressources documentaires, largement accessibles sur Internet *(• centroimpastato.com •)*, dont une partie traduite en français. À Salemi (voir le chapitre « La Sicile africaine »), ne ratez pas le courageux ***museo della Mafia***, qui dit tout de cette gangrène sociétale... et ce, malgré la cocasse anecdote relatée plus haut.

MÉDIAS

Votre TV en français : TV5MONDE, la 1re chaîne culturelle francophone mondiale

Avec ses 10 chaînes, ses 14 langues de sous-titrage et sa nouvelle plate-forme numérique TV5MONDEplus, TV5MONDE s'adresse à 353 millions de foyers dans 198 pays du monde par câble, satellite et sur IPTV et est présent dans plus de 3 millions de chambres d'hôtel. Vous y retrouverez de l'information, du cinéma, du divertissement, du sport, du documentaire... Préparez votre séjour grâce au site de voyage • *voyage.tv5monde.com* • et restez connecté avec les applications et le site • *tv5monde.com* • Demandez à votre hôtel le canal de diffusion de TV5-MONDE et contactez • *tv5monde.com/contact* • pour toutes remarques.

Presse

2 grands quotidiens nationaux se partagent le gâteau : ***Il Corriere della Sera*** et ***La Repubblica.*** La presse spécialisée talonne de près ces journaux généralistes, car ***La Gazzetta dello Sport*** arrive en 3e position des ventes (sur près de 90 titres pour un lectorat qui oscille entre 5 et 6 millions) avec plus de 450 000 exemplaires vendus par jour. De même, le quotidien économique ***Il Sole 24 Ore*** est diffusé à près de 400 000 exemplaires. Mais il existe une myriade de journaux locaux, couvrant parfois toute une région ou juste une ville comme ***La Gazzetta del Sud*** à Messine ou ***Giornale di Sicilia*** à Palerme. On peut aussi citer ***L'Ora,*** édité à Palerme, qui s'est souvent illustré pour ses sujets à sensation liés à la Mafia ; également ***La Sicilia,*** quotidien catanais de centre droit.

MUSIQUE

La musique en Sicile est une affaire de cœur, peu ou pas d'école : la tradition populaire fut assez forte pour influencer les mélomanes en herbe. La ***siciliana*** (chant de bergers) a largement inspiré les pièces instrumentales et vocales des XVIIe et XVIIIe s. La ***tarantella,*** danse folklorique populaire, trouve ses origines en Italie du Sud ; un temps considérée comme une danse diabolique, elle fut bannie avant d'incarner la danse de la résistance contre les dogmes du pape. Mais surtout, la Sicile a donné naissance à Scarlatti et Bellini (voir la rubrique « Personnages célèbres »). La Sicile influença par ailleurs Verdi et ses *Vêpres siciliennes...*

PATRIMOINE CULTUREL

L'art grec

On trouve en Sicile des vestiges d'architecture civile et sacrée. Les 1ers sont constitués de forts et de villes d'importance différente. Les forts se sont développés tout particulièrement vers la fin du VIe s avant notre ère. Bâtis dans des lieux stratégiques, ils assuraient la défense des villes et des routes principales. On en trouve de beaux exemples à Erice et à Capo Soprano, près de Gela.

De nombreuses villes siciliennes ont, quant à elles, conservé le modèle grec, imaginé par l'urbaniste Hippodamos de Milet, organisé selon des axes nord-sud et est-ouest.

L'architecture sacrée se compose essentiellement de ***temples de style dorique*** et de ***théâtres.*** Construits en dehors des villes, ils sont souvent situés sur des sites exceptionnels. Les théâtres, édifiés dans les environs d'un temple, servaient à la célébration des fêtes dionysiaques. Surtout ne manquez pas ceux ***d'Agrigente,***

de Sélinonte et ***de Ségeste*** ! Ceux de Syracuse et de Taormina sont moins spectaculaires car souvent encombrés de matériel en prévision des spectacles qui y sont donnés, surtout l'été.
Il ne subsiste que très peu de témoignages de la peinture grecque en Sicile. Toutefois, de nombreux vases ont réussi à nous parvenir, en particulier les superbes cratères attiques aux figures rouges ou noires, apparus à Athènes à la fin du VIe s av. J.-C. Figures mythologiques, scènes de la vie quotidienne ou sportive s'y côtoient.

L'époque romaine

Sous l'occupation romaine, la Sicile fut reléguée au rang de grenier à blé de l'empire, comme à peu près toutes les colonies. ***Peu de monuments romains*** datant de cette époque sont donc visibles. À cela s'ajoutent les nouvelles techniques de construction : plus malins que les Grecs, au lieu d'utiliser de la pierre, les Romains coffraient leurs murs avec de petites briques de part et d'autre, avant de couler du mortier au centre... Le tout recouvert de plaques de marbre, pour faire plus joli ! Seul bémol : les monuments romains ont beaucoup moins bien résisté au temps, quand ils n'ont pas été tout bonnement détruits pour récupérer les matériaux par les constructeurs d'églises.
Restent l'***amphithéâtre de Syracuse,*** dans lequel se déroulaient des combats de gladiateurs, ainsi que ***celui de Catane*** et l'***odéon de Taormina.*** Sans oublier, bien sûr, les sublimes mosaïques de la ***villa romana del Casale*** !

L'époque paléochrétienne

Outre quelques ***ruines de catacombes*** découvertes à proximité des villes, c'est à partir de 725 que la Sicile entre vraiment dans l'ère paléochrétienne. À cette époque, de nombreux groupes d'artistes et de moines débarquent sur ses côtes, fuyant Byzance et l'interdiction formulée par l'empereur de reproduire des images sacrées. De cette époque ne subsistent que ***quelques habitations troglodytiques,*** ainsi que des ***cube,*** c'est-à-dire de ***petites églises cubiques,*** qu'il est possible d'apercevoir dans la région de l'Etna (vers Randazzo, Castiglione di Sicilia, Casalvecchio Siculo, Santa Venerina), près de Noto (Citadella) et de Syracuse.

L'époque arabo-normande

Que reste-t-il des 2 siècles d'occupation arabe des IXe et Xe s ? Mis à part quelques épigraphes par-ci par-là, peu de monuments subsistent. Mais leur style est encore bien présent, souvent repris ou assimilé. Il est présent dans la multiplicité des dômes, des arabesques et dans la manière d'assembler les différents matériaux (dont la céramique), de leur donner à la fois légèreté, couleur et symétrie. Sans compter leur penchant pour l'harmonie du parcours de l'eau (la 1re clim, quoi !), mais aussi pour les jardins, leur savoir-faire en matière de cuisine sucrée ainsi que leur science de l'irrigation, une somme de compétences qui marqua la Sicile en profondeur...
Durant leur présence sur l'île, les Arabes la transforment radicalement d'ailleurs : Syracuse cède sa place de capitale à Palerme. De nouvelles cultures agricoles y sont alors introduites, notamment les agrumes. Une maîtrise de la technique qui fascina les Normands, lesquels marquent à leur tour l'île en construisant forteresses, églises fortifiées, palais... En voulant rivaliser avec Byzance, la Sicile se mue en un grand chantier. De nombreuses églises et cathédrales sont édifiées par des moines architectes qui, dans un savant mélange d'influences romane, byzantine et arabe, donnent naissance à de magnifiques chefs-d'œuvre, comme la chapelle palatine à Palerme ! Les mosaïques sur fond d'or y côtoient les voûtes en stalactites et les coupoles orientales.

Le baroque

Le baroque, omniprésent en Sicile, est l'aboutissement de l'œuvre des jésuites du Basque Ignace de Loyola. Conséquence de la Réforme, au XVIe s, l'Église catholique voit ses lieux de culte désertés par une masse de plus en plus nombreuse de pratiquants. Il est urgent de les faire revenir dans le droit chemin. Une politique globale est organisée par la Compagnie de Jésus (1540) du précité Ignace. Il faut du beau, du grandiose, de la solennité. De l'architecture à la peinture en passant par la musique et la sculpture, tout est revu et réinventé pour attirer à nouveau les fidèles et les déserteurs de l'Église. Ce mouvement artistique, d'une ampleur sans égale, se fait muraille de Chine de la foi, la « vraie », celle de l'Église romaine. Comparée à un croissant de lune, cette barrière spirituelle représentée par l'art baroque a son épicentre à Prague et sa pointe méridionale en Sicile. Elle s'étend aussi aux colonies espagnoles d'Amérique.
L'appartenance de l'île à la couronne d'Espagne au XVIIe s est le facteur déterminant du développement de ce nouvel art au service de la foi. Mouvement fulgurant, car la Sicile possède la pierre et le marbre nécessaires pour la construction et des influences arabes et byzantines pour magnifier toutes les créations. Suprême et effroyable coup de pouce : le séisme de 1693, qui détruit une bonne partie des édifices de Sicile du Centre et de l'Ouest, oblige les autorités à repenser entièrement l'urbanisme des villes ; à l'est : de Noto à Ragusa en passant par Avola, Scicli, Modica, Vittoria... ; et à l'ouest : de Palerme à Bagheria et Trapani.
On fait alors appel aux plus grands architectes : ***G.-B. Vaccarini*** (1702-1769), originaire de Palerme et influencé par l'architecte romain Borromini (on lui doit la reconstruction de Catane et la fameuse fontaine de l'Éléphant qui rappelle celle du Bernin à Rome...), ***G. Amato,*** originaire aussi de Palerme et ***R. Gagliardi*** (1680-1726), natif de Syracuse, à qui l'on doit la reconstruction de Noto, de Modica et de Ragusa, avec son splendide *duomo San Giorgio* et son escalier monumental !
Les palais épiscopaux ne sont pas oubliés ; ceux de Bagheria représentent la quintessence même de cet art.
La maîtrise du stuc est représentée par le sculpteur ***Giacomo Serpotta*** (1656-1732) et la peinture par le sulfureux Michelangelo Merisi (1573-1610), dit ***le Caravage*** qui, fuyant Malte, fait un court séjour en Sicile en 1608, où l'on peut voir, notamment, *L'Enterrement de sainte Lucie,* exposé dans la petite *chiesa di Santa Lucia alla Badia* à Syracuse.
Le mouvement et la contorsion semblent être les éléments communs à tous ces artistes. Fini le beau statique, hiératique, l'équilibre des formes ; il faut plaire, attirer, étonner et non reposer l'esprit. Les pilastres deviennent colonnes et vont jusqu'à se torsader, les vides se remplissent de statues de marbre en extase et de toiles qui font l'éloge de saints et de martyrs, les façades ne connaissent plus la ligne droite. Tout devient jeux de perspective, présentation théâtrale ; le foisonnement du décor va jusqu'à l'extrême : angelots, têtes de Sarrasins, mascarons grotesques, lions et sirènes se multiplient à tous les encorbellements et sur tous les encadrements et les balcons s'enflent tels des jabots d'oies, les grilles des fenêtres deviennent ventrues. Toute surface devient objet de sculptures.
Poussé à son extrême, cet art évolue vers le ***rococo,*** dont le Giacomo Serpotta demeure le précurseur...

Peintres et sculpteurs siciliens

– ***Francesco Laurana*** *(1430-1502)* **:** originaire de Dalmatie, il ne vécut que 6 ans en Sicile, pendant lesquels il eut le temps de diffuser les canons de la Renaissance. Sur l'île, il est surtout connu pour ses Vierges à l'Enfant, qu'on retrouve à Palerme notamment *(chiesa San Francesco d'Assisi)* et à Messine *(Museo regionale),* ainsi que pour son admirable buste d'Éléonore d'Aragon à Palerme *(palazzo Abatellis).*
– ***Antonello da Messina*** *(vers 1430-1479)* **:** un des plus grands peintres des débuts de la Renaissance italienne. Né à Messine mais formé à Naples, il est

peut-être allé en Flandre (son art représente en effet une synthèse entre l'art flamand et la peinture italienne) avant de s'installer à Venise et de revenir en Sicile. On lui doit sûrement l'importation, sinon la diffusion, de la technique de la peinture à l'huile dans la péninsule. Ses admirateurs ne manqueront pas les 4 musées siciliens (Palerme, Syracuse, Messine et Cefalù), où on admire quelques-uns de ses tableaux.

– ***Antonello Gagini*** *(1478-1536)* **:** il est issu d'une famille de sculpteurs considérée comme la plus talentueuse de son temps. Aidé de ses 4 fils, eux-mêmes sculpteurs, il doit répondre à un nombre exorbitant de commandes durant toute sa vie. Ses plus grandes œuvres sont la *Sainte Vierge de l'Escalier* à Palerme, le *Saint Giovanni* à Castelvetrano et le *Crucifix* d'Alcamo.

– ***Pietro Novelli*** *(1603-1647)* **:** peintre le plus important de la Sicile du XVIIe s. La visite d'Anthony Van Dyck en Sicile influença fortement sa peinture, qui se fit plus douce et élégante. Puis les voyages successifs du peintre à Rome et à Naples le conduisent à adopter un style réaliste et populaire. De retour en Sicile en 1637, Novelli consacra le reste de ses jours à peindre des sujets essentiellement religieux tout en assumant la tâche d'architecte royal.

UN PEU D'ORDRE DANS LES GAGINI

Le 1er à entrer dans l'histoire, c'est Beltrame, né à Gêne au début du XVe s. Mais c'est son petit-fils, Domenico, qui connaîtra une reconnaissance internationale. Né en 1420, il fait ses études à Florence, devient l'élève de Brunelleschi, puis s'installe à Palerme en 1463. Il a un fils : Antonello (né en 1478), peut-être le plus connu puisqu'il est allé à Rome aux côtés de Michel-Ange. Antonello aura lui-même 5 fils dont le plus célèbre est Antonino (né en 1504). Évidemment, tous sculpteurs, voilà pourquoi les Gagini ont martelé leur nom dans toutes les églises de Sicile !

– ***Giovanni Becchina, dit Gianbecchina*** *(1909-2001)* **:** né à Sambuca di Sicilia, il fut l'un des peintres les plus actifs du XXe s en Sicile. Ses tableaux, toujours très colorés, évoquent une Sicile paysanne faite de portraits d'hommes ombrageux et de scènes de la vie quotidienne. Depuis sa 1re exposition à la Biennale d'art contemporain de Venise en 1938, Gianbecchina n'aura de cesse de produire aquarelles, huiles, dessins et gravures. Son « cycle des pains » est son œuvre la plus célèbre. Un grand nombre de ses tableaux se trouvent au musée de Gangi, dans les Madonie.

– ***Renato Guttuso*** *(1912-1987)* **:** peintre sicilien postcubiste le plus important du XXe s. Né à Bagheria, il suit le parcours de la plupart de ses confrères peintres ou sculpteurs, en allant s'installer dans les centres actifs de l'Italie continentale, en 1930. Il reste pourtant toute sa vie très attaché à sa terre natale, qu'il peint de façon colorée, violente et dramatique à travers sa fresque *Les Funérailles de Togliatti* (1972) ou dans *Vucciria* (1974), qu'il a légué à l'université de Palerme, notamment. Dans certaines de ses œuvres, on retrouve des références à Picasso : c'est le cas de *La Fuite de l'Etna.*

Architectes siciliens

– ***Giacomo Amato*** *(1643-1732)* **:** on lui doit un grand nombre d'édifices de Palerme dont les fontaines et les façades du carrefour le plus célèbre : les *Quattro Canti.* Pour parvenir à ce savoir-faire, il s'est beaucoup inspiré de Borromini, qu'il a connu lors de sa formation artistique à Rome. On retrouve aussi certaines de ses œuvres à Catane, où il a secondé Vaccarini.

– ***Rosario Gagliardi*** *(1680-1726)* **:** architecte peu connu de tradition baroque, il a pourtant créé un mouvement architectural avec d'autres urbanistes-architectes siciliens. Grand admirateur du Bernin et de Borromini, on retrouve ses principales œuvres à Ragusa Ibla : cathédrale *San Giorgio* et église *San Giuseppe.*

– ***Giovanni Battista Vaccarini*** *(1702-1768)* **:** il participa activement à la reconstruction de Catane avec l'aide de Giacomo Amato, à la suite de la destruction de la ville par l'éruption de l'Etna en 1669 et le tremblement de terre de 1693. Le palais *Senato,* la fontaine *dell'Elefante* et la superbe église *Sant'Agata* sont entièrement de lui.

– ***Ernesto Basile*** *(1857-1932)* **:** architecte sicilien, fils de Giovanni Basile (théâtre Massimo de Palerme), il a bâti – lui aussi, mais dans un tout autre style – quelques-uns des plus beaux édifices de la partie moderne de Palerme. C'est la construction du kiosque Vicuri qui l'a fait connaître, alors qu'il avait déjà 40 ans. Ernesto Basile s'inscrit dans le courant Art nouveau, dont le plus bel exemple est le *Grand Hotel Villa Igiea* (1899-1900), où il parfait le travail du bois, du fer forgé, du verre et du marbre.

Quelques repères artistiques

Avant J.-C.

– ***6000 av. J.-C. :*** peintures rupestres dans les grottes du monte Pellegrino et de l'île Levanzo.

– ***750-580 av. J.-C. :*** les Grecs d'Eubée fondent Naxos, Zancle (Messina) et Syracuse.

– ***Vers 510 av. J.-C. :*** construction du temple d'Héraclès, à Agrigente, dans la vallée des Temples.

– ***480-479 av. J.-C. :*** les Agrigentins, après la victoire remportée sur les Carthaginois, construisent un temple pour remercier Zeus.

– ***400-250 av. J.-C. :*** prospère, Syracuse devient capitale de la Sicile orientale.

– ***Vers le IIIe s av. J.-C. :*** construction du théâtre grec à Ségeste ; construction du théâtre grec à Taormina, sous Hiéron II, tyran de Syracuse.

– ***241 av. J.-C. - 400 apr. J.-C. :*** après la 1re guerre punique, la Sicile devient romaine.

Après J.-C.

– ***535-827 :*** la Sicile passe sous domination byzantine.

– ***597 :*** à Agrigente, le temple de la Concorde est transformé en basilique chrétienne, consacrée à saint Grégoire delle Rape.

– ***1061-1091 :*** le comte normand Roger de Hauteville conquiert la Sicile. L'île connaît une période brillante sur le plan culturel. Construction des cathédrales de Palerme, Monreale, Cefalù, Messine.

– ***1143 :*** construction de l'église de la Martorana, qui donne vie à une joyeuse composition gréco-arabe.

– ***1148 :*** mosaïques du Christ pantocrator dans l'abside à Cefalù.

– ***1185 :*** sous Guillaume II, début de la construction de la cathédrale de Palerme.

– ***1693 :*** tremblement de terre, destruction et reconstruction de Catane, Noto et Ragusa.

– ***1783 :*** tremblement de terre à Messine.

– ***1908 :*** tremblement de terre à Messine et à Reggio di Calabria.

PERSONNAGES CÉLÈBRES

– ***Empédocle*** *(495-435 av. J.-C.)* **:** né d'une riche famille d'Agrigente, Empédocle refusa toute charge officielle mais fut un fervent partisan de la démocratie. Dans sa pensée, l'être est à l'origine une sphère parfaitement unie et sans faille. Mais la haine a tôt fait de tout détruire, tandis que seule l'amitié est à même de tout reconstruire. Il en résulte que haine et amitié n'ont de cesse de se combattre. Ses théories sur la nature et les 4 éléments (eau, terre, air et feu) traverseront les siècles, quant à l'opposition haine-amitié, elle intéressera un certain Sigmund

Freud... Sa mort fait l'objet d'une légende tenace : Empédocle se serait suicidé en se jetant dans l'Etna, mais le volcan aurait rejeté l'une de ses sandales.

– ***Archimède** (287-212 av. J.-C.) :* un Grec de Syracuse, un des savants les plus importants de l'Antiquité et homme aux talents multiples (mathématique, mécanique, statique, hydrostatique, etc.). On lui doit, directement ou indirectement, la loi du levier, le centre de gravité, la vis sans fin, la poulie, l'engrenage, le calcul de Pi... Et, bien sûr, le fameux théorème d'Archimède (vous vous souvenez ? « Tout corps plongé dans un fluide subit une poussée verticale, dirigée de bas en haut, égale au poids du fluide déplacé. »). Sa découverte lui valut de pousser son non moins fameux cri de guerre *Eurêka* (« j'ai trouvé » en grec). Genre professeur Nimbus, toujours occupé par ses travaux (mais pas pour autant éloigné des réalités, car son génie fut utilisé pour défendre Syracuse assiégée par les Romains), on dit qu'il ne vit pas arriver le soldat romain qui allait le trucider, parce qu'il était trop absorbé par la recherche d'une démonstration mathématique...

YACHT ANTIQUE

Archimède avait convaincu le tyran de Syracuse de construire un immense vaisseau, qu'on nomma La Syracusaine. *Ce navire de luxe pouvait aussi servir à la guerre (il était armé de catapultes). Des mosaïques illustrant des scènes de l'*Iliade *ornaient les cabines et les couloirs. L'eau potable coulait dans des vasques après avoir circulé dans des tuyaux en plomb. Les passagers profitaient d'un jardin intérieur, priaient Aphrodite dans un temple et pouvaient monter à cheval dans un petit manège. Finalement, le splendide vaisseau fut offert au pharaon Ptolémée qui l'ancra au pied du phare d'Alexandrie...*

– ***Giovanni Verga** (1840-1922) :* un des plus grands auteurs classiques de la littérature italienne. Fortement influencés par le « romantisme social », la plupart de ses romans prennent place en Sicile, où il met en scène des personnages qui peinent à se sortir de leur milieu social. Parmi ses plus grands chefs-d'œuvre, *Les Maravoglia* (1881) et *Mastro-don Gesualdo* (1889) et, parmi ses nouvelles, on cite *La Vie aux champs* (1880) et *Nouvelles paysannes* (1883). La plupart de ses œuvres sont aujourd'hui traduites dans toute l'Europe.

– ***Luigi Pirandello** (1867-1936) :* né à Porto Empedocle, près d'Agrigente et Prix Nobel de littérature en 1934. Auteur d'une œuvre importante, notamment de *Six personnages en quête d'auteur,* cette pièce d'avant-garde pour l'époque, dans laquelle 6 personnages échappent à tout contrôle. On y a vu une œuvre annonçant le Nouveau Théâtre. Pour connaître la vie sicilienne, on peut aussi lire *Nouvelles pour une année* (il n'y en a pas 365, mais seulement 237). Pirandello, il faut le savoir, a pleinement adhéré au fascisme mussolinien, dès les années 1920, avant de prendre quelque peu ses distances sur la fin de sa vie.

– ***Padre Pio** (1887-1968) :* probablement l'un des saints les plus vénérés de Sicile. Francesco Forgione, né dans les Pouilles, reçut le 20 septembre 1918 la visite d'un personnage ayant les pieds et les mains ensanglantés : le Christ ! Il s'évanouit et constata à son réveil que ses mains, ses pieds et son flanc saignaient. La superstition populaire fit le reste. Les foules crièrent au miracle, tandis que les autorités religieuses, sceptiques, multipliaient les analyses. Elles cédèrent finalement sous la pression, béatifiant en 1999 le prêtre capucin barbu. La consécration eut lieu le 16 juin 2002, lorsque 500 000 pèlerins envahirent la place Saint-Pierre pour assister à sa canonisation par le pape. La Sicile, imbibée de dévotion populaire, est inondée de références au saint homme.

– ***Giuseppe Tomasi di Lampedusa** (1896-1957) :* né à Palerme, cet aristocrate sicilien est entré dans la légende avec son extraordinaire roman, *Le Guépard.* Homme solitaire et silencieux, surnommé « le Monstre » en raison de sa culture abyssale, il livra à ses contemporains l'histoire d'une fin, la sienne, celle d'une société de grands seigneurs méridionaux. Il disparut en 1957, peu de temps avant l'immense succès de son récit.

– ***Frank Capra*** *(1897-1991)* **:** non, tous les immigrés siciliens du début du XXe s n'ont pas fini membres de la branche américaine de l'« honorable société ». Né à Bisacquino, au sud de Corleone, Capra est arrivé aux États-Unis en 1903 et a fait à Hollywood une des plus belles carrières de réalisateur qui soient. Cinéaste de l'optimisme et du bonheur, il est l'inventeur, avec Lubitsch et McCarey, de la comédie américaine, tendance fable sociale (dans sa riche filmographie, on peut distinguer *L'Extravagant Mr Deeds,* 1936, *Mr Smith au Sénat,* 1939, *L'Homme de la rue,* 1941 et *La vie est belle,* 1946).

– ***Lucky Luciano*** *(1897-1962)* **:** né à Lercara Friddi, à 65 km au sud-est de Palerme. Luciano émigre à New York avec sa famille en 1906. Lancé dans le milieu, il survit à un coup de pic à glace au cou (d'où son surnom de « Lucky », le chanceux) et élimine en 1931 2 parrains (américano-siciliens, eux aussi) pour devenir un boss important qui porte beau et vit dans une suite au *Waldorf-Astoria.* Un certain Frank Sinatra, fils d'immigré sicilien originaire du même village, le fréquente assidûment. Lucky tombe en 1936 pour proxénétisme, condamné à 30 ans de prison, mais ses services rendus à l'armée américaine pendant la guerre, depuis sa cellule, le font expulser vers l'Italie (voir encadré) ! Là, il organise le trafic de drogues dures à destination des États-Unis. Il meurt officiellement d'une crise cardiaque à Naples, à moins qu'il n'ait été opportunément empoisonné.

LA MAFIA AU SERVICE DES ALLIÉS

Pendant la 2de Guerre mondiale, les Américains avaient promis à Lucky Luciano de le libérer, à condition qu'il mobilise le syndicat des dockers de New York, contrôlé par la Mafia, pour empêcher les sabotages perpétrés par des agents infiltrés à la solde des nazis.

– ***Leonardo Sciascia*** *(1921-1989)* **:** né à Racalmuto (province d'Agrigente). « L'âme de la Sicile », a-t-on pu dire de cet écrivain. Proche du peuple, il a su exprimer dans de nombreux récits, le plus souvent courts et fondés sur une intrigue policière, la réalité de la vie sicilienne dominée par 2 puissances, l'Église et la Mafia. Il n'y a pas eu de meilleur observateur de la « sicilitude », mais Sciascia, témoin engagé (il avait accepté pendant un temps d'être un élu sous l'étiquette de communiste indépendant), avait l'habitude de dire que son île était « une métaphore du monde ». Son œuvre est immense, constituée pour l'essentiel de courts romans et écrite dans une langue précise, ciselée, sans le moindre lyrisme, mais aussi d'essais. Plusieurs de ses œuvres ont été adaptées au cinéma (*Le Contexte* devenu *Cadavres exquis,* réalisé par Francesco Rosi ; *Todo Modo,* réalisé par Elio Petri).

– ***Enzo Maiorca*** *(1931-2017)* **:** né à Syracuse, ce plongeur de légende est le 1er homme à avoir atteint en apnée la profondeur de 50 m, pour finalement franchir en 1988 – à l'âge de 57 ans – la barrière mythique des 100 m, son dernier record ! La même année, sa rivalité avec l'apnéiste français Jacques Mayol (mort en 2001) inspira le film *Le Grand Bleu* à Luc Besson. Mais, estimant que l'image donnée de lui était caricaturale (son rôle était tenu par un Jean Reno pittoresque...), Maiorca obtint l'interdiction de diffusion du film en Italie jusqu'en 2002 ; date à laquelle il valida un montage plus flatteur !

– ***Leoluca Orlando*** *(né en 1947)* **:** maire (courageux) de Palerme de 1985 à 1990, de 1993 à 2000 et de nouveau en poste depuis 2012. L'homme qui a défié la Mafia. Rien ne prédisposait cet homme à se lancer dans le combat contre la « Pieuvre ». Sa famille venant de l'arrière-pays palermitain (Prizzi, Corleone), il a bien connu le système de l'intérieur. Il a osé dire tout haut à la classe politique italienne ce que beaucoup pensaient tout bas. Élu de la Démocratie chrétienne, le parti le plus lié à la Mafia, il la quitte et passe à gauche au début des années 1990. Palerme a pu retrouver une certaine honorabilité pendant ses 2 mandats, les Palermitains lui en sont reconnaissants, d'où sa réélection en 2012. En 2019, il

tient tête au vice-président du Conseil et ministre de l'Intérieur Matteo Salvini, refusant d'appliquer le nouveau décret anti-migration.
– ***Salvo Montalbano :*** né à Vigatà, dans le sud-est de la Sicile. Commissaire de son état. Non, ne cherchez pas dans une encyclopédie, Salvo Montalbano est un personnage fictif, tout comme Vigatà est une ville imaginaire, mais il est devenu, en Italie, un tel phénomène qu'il méritait bien sa place ici. Il est tiré de l'imagination d'Andrea Camilleri (1925-2019). Ce dernier a vendu des millions d'exemplaires depuis la naissance du commissaire, en 1997. La Mafia bien entendu est en toile de fond, mais ce qui intéresse surtout Camilleri, c'est de confronter son commissaire avec la vie de province, ses petitesses et ses grandeurs cachées. Et il y en a un paquet...
– Sans oublier les people d'origine sicilienne : ***Frank Sinatra, Al Pacino, Claudia Cardinale, Robert De Niro, John Travolta, Martin Scorsese...***

POPULATION

4 968 410, c'est le nombre d'habitants en Sicile en 2020. La concentration de la population se trouve principalement à Palerme et Catane, puis elle se disperse dans des petites villes et bourgs de la région.
D'abord, à l'exubérance parfois agaçante des Romains, les Siciliens opposent une discrétion étonnamment tranquille ! Le contact est peut-être moins facile, mais il est certainement plus chaleureux, plus authentique. La gentillesse des Siciliens se manifeste naturellement, que vous sollicitiez un simple renseignement ou que vous demandiez un service. Il n'est pas rare de voir un(e) Sicilien(e) enfourcher son scooter ou prendre sa voiture pour vous conduire à l'adresse recherchée !
Tant de fois envahis et s'étant fait imposer tant de choses, les Siciliens se sont forgé un caractère indépendant et malicieux. À nous, finalement, de nous adapter à cet état d'esprit. Là, peut-être, réside la différence entre un chouette voyage défilé de cartes postales et un merveilleux séjour de rencontres et d'échanges.
À part ça, on retrouve une relation à la mort, commune aux autres pays méditerranéens. Elle est présente ici dans tous les aspects de la vie sociale. Femmes en noir et, sur les murs des villes, un invraisemblable placardage de faire-part de décès, grands comme des affiches et souvent enluminés – les riches s'offrant même, en plus, des têtes de Christ en couleur. La famille annonce le décès, mais aussi les voisins, le bureau ou l'usine, le club de foot, etc. Et puis après il y a l'affiche pour remercier, pour le 1er anniversaire du décès, le 2e, etc.

RELIGIONS ET CROYANCES

La religion occupe une place importante dans la vie des Siciliens. Non seulement car, à l'exception des temples antiques, tout ou presque de ce qui est à voir dans l'île s'appelle *duomo* ou *chiesa,* mais aussi parce que la religion imprègne encore fortement la vie quotidienne. La plupart des grandes festivités sont des fêtes patronales qui demeurent autant d'occasions de vénérer le saint ou la sainte qui, dans le passé, ont marqué l'histoire de la ville. Ces manifestations sont donc de grands moments pour montrer sa dévotion : il suffit d'avoir vu, à Palerme, *U Festinu,* la grande commémoration du miracle accompli par sainte Rosalie, pour comprendre que de nombreux Siciliens vivent ces moments comme si le miracle datait d'hier... Et c'est sans parler de la Semaine sainte et de Pâques, célébrées avec autant de ferveur aux 4 coins (pardon, aux 3 coins) de l'île !
Il nous est arrivé de suivre en voiture, par le plus pur des hasards, un... corbillard. Le pourcentage des gens qui s'arrêtaient et se signaient au passage du convoi était très élevé et il ne s'agissait pas que de petites vieilles (voir également la rubrique « Population » plus haut) !

SITES INSCRITS AU PATRIMOINE MONDIAL DE L'UNESCO

En coopération avec le Centre du patrimoine mondial – Organisation des Nations Unies pour l'éducation, la science et la culture

Pour figurer sur la liste du Patrimoine mondial, les sites doivent avoir une valeur universelle exceptionnelle et satisfaire à au moins un des 10 critères de sélection. La protection, la gestion, l'authenticité et l'intégrité des biens sont également des considérations importantes.
Le patrimoine est l'héritage du passé dont nous profitons aujourd'hui et que nous transmettons aux générations à venir. Nos patrimoines culturel et naturel sont 2 sources irremplaçables de vie et d'inspiration. Ces sites appartiennent à tous les peuples du monde, sans tenir compte du territoire sur lequel ils sont situés. Pour plus d'informations : • whc.unesco.org •

L'ITALIE, CHAMPIONNE DU MONDE

Sur près de 1 000 sites répertoriés par l'Unesco au Patrimoine mondial, l'Italie remporte la 1re place avec près d'une soixantaine de monuments ou lieux ! La France n'est pas si mal classée avec pas loin d'une cinquantaine de sites au compteur.

- ***La Palerme arabo-normande et les cathédrales de Cefalù et de Monreale :*** classées en 2015, il s'agit de 9 monuments religieux et civils datant de l'époque du royaume normand de Sicile (1130-1194). À Palerme : 2 palais, 3 églises, une cathédrale et un pont.
- ***La villa romaine du Casale à Piazza Armerina :*** inscrite en 1997, c'est une villa luxueuse du IVe s apr. J.-C., avec des mosaïques aussi sublimes qu'exceptionnelles.
- ***La zone archéologique d'Agrigente :*** inscrite en 1997. Vestiges grecs datant du VIe s av. J.-C. La majorité des temples doriques est intacte.
- ***Les îles Éoliennes :*** inscrites en 2000. Exemple exceptionnel de construction et destruction d'îles par le volcanisme.
- ***Les villes du baroque tardif de la vallée de Noto :*** inscrites en 2002. Caltagirone, Militello in Val di Catania, Catane, Modica, Noto, Palazzolo Acréide, Ragusa et Scicli sont des villes du sud-est de la Sicile qui témoignent de l'art et de l'architecture du baroque tardif. Toutes ont été reconstruites après le tremblement de terre de 1693.
- ***Syracuse :*** inscrite en 2005. La ville historique, fondée au VIIIe s av. J.-C., regorge de vestiges architecturaux : théâtre grec, amphithéâtre romain, temple d'Athéna (transformé en *duomo*) et un fort, sur l'île d'Ortigia.
- ***La nécropole de Pantalica :*** inscrite en 2005. À 32 km au nord-est de Palazzolo Acréide. Entre le XIIIe et le VIIe s av. J.-C., plus de 5 000 tombes ont été taillées dans les falaises.
- ***Le mont Etna :*** inscrit en 2013. Renommé pour son niveau d'activité volcanique, sa géologie, son écosystème et ses valeurs culturelles et pédagogiques.

THÉÂTRE DE MARIONNETTES *(PUPI)*

Le théâtre des marionnettes géantes à fils ou *teatro dei pupi* est né en Italie et en Sicile au XVIe s, puis s'est développé aux XVIIIe et XIXe s pour devenir un spectacle populaire qui s'est largement maintenu dans l'île jusqu'aux années 1950. Le spectacle, à quelques variantes près, a pour base l'histoire des chevaliers et des chansons de geste ; surtout celle de Roland (Orlando) avec Charlemagne (Carlo Magno) et les horribles Sarrasins représentés par Ferraù ; pour corser l'intrigue, un peu de trahison avec Gano, dit Magonza (Ganelon) et un peu de sel chevaleresque : Renaud, le roturier (Rinaldo), amoureux de la même femme que son ami Roland, Angélique (Angelica). Amour et haine sur fond de guerre aux infidèles. Un parent du *Rāmāyana,* l'épopée de la mythologie hindoue présentée en spectacle de marionnettes dans une grande partie de l'Asie, mais en version occidentale. Le plus extraordinaire reste la grandeur et le harnachement de ces poupées de bois. Elles mesurent entre 80 cm et 1,20 m et sont habillées de vêtements aux couleurs chatoyantes et d'armes damasquinées. On peut encore voir quelques spectacles dans différentes villes de Sicile, notamment à Acireale, Syracuse et Palerme.

les ROUTARDS sur la FRANCE 2022-2023

(dates de parution sur • *routard.com* •)

Découpage de la FRANCE par le ROUTARD

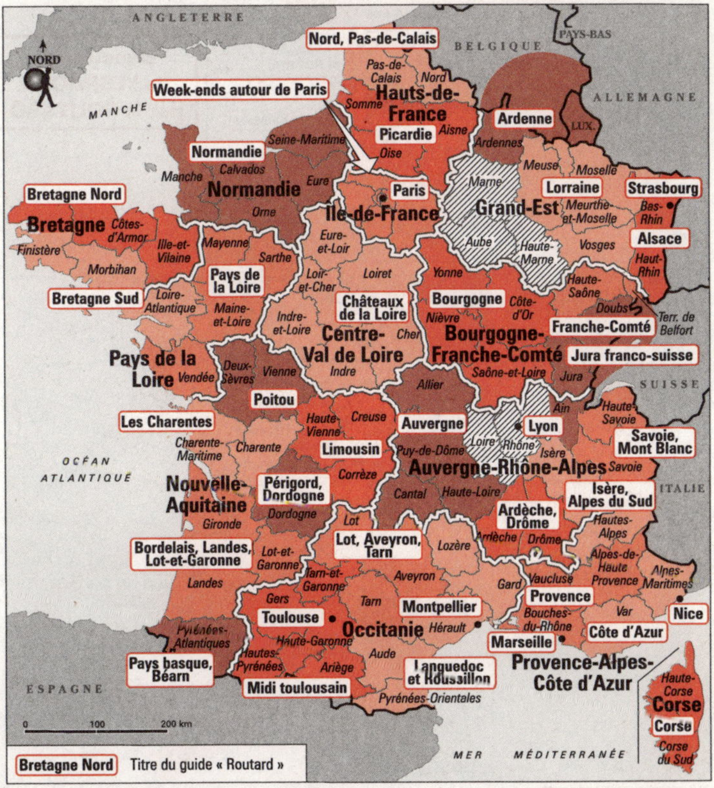

Autres guides sur la France

- Nos meilleurs campings en France
- Nos meilleures chambres d'hôtes en France

Autres guides sur Paris

- Paris
- Paris balades
- Restos et bistrots de Paris
- Le Routard des amoureux à Paris
- Week-ends autour de Paris

Le Routard à vélo

- EuroVelo6
- La Bourgogne du Sud à vélo
- La Flow Vélo
- La Loire à Vélo
- La Vélo Francette
- La Vélodyssée (Roscoff-Hendaye)
- Le Canal des 2 mers à vélo
- Paris Île-de-France à vélo
- ViaRhône
- Les plus belles escapades à vélo en France

les ROUTARDS sur l'ÉTRANGER 2022-2023

(dates de parution sur • **routard.com** •)

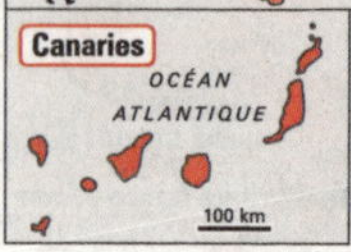

Découpage de l'ESPAGNE par le ROUTARD

Découpage de l'ITALIE par le ROUTARD

Autres pays européens

- Allemagne
- Angleterre, Pays de Galles
- Autriche
- Belgique
- Bulgarie
- Crète
- Croatie
- Danemark, Suède
- Écosse
- Finlande
- Grèce continentale
- Hongrie
- Îles grecques et Athènes
- Irlande
- Islande
- Madère
- Malte
- Norvège
- Pays baltes : Tallinn, Riga, Vilnius
- Pologne
- Portugal
- République tchèque, Slovaquie
- Roumanie
- Suisse

Villes européennes

- Amsterdam
- Berlin
- Bruxelles
- Budapest
- Copenhague
- Dublin
- Lisbonne
- Londres
- Moscou
- Naples
- Porto
- Prague
- Saint-Pétersbourg
- Stockholm
- Vienne

les ROUTARDS sur l'ÉTRANGER 2022-2023

(dates de parution sur • *routard.com* •)

Découpage des ÉTATS-UNIS par le ROUTARD

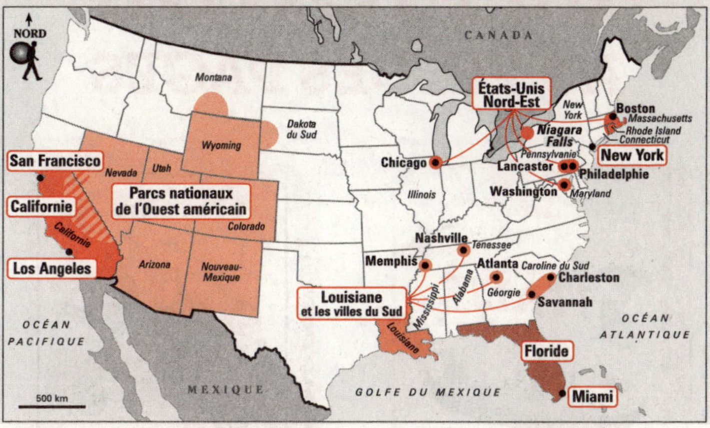

Autres pays d'Amérique

- Argentine
- Brésil
- Canada Ouest
- Chili et île de Pâques
- Colombie
- Costa Rica
- Équateur et les îles Galápagos
- Guatemala, Belize
- Mexique
- Montréal
- Pérou, Bolivie
- Québec et Ontario

Asie et Océanie

- Australie côtes est et nord + Red Centre
- Bali, Lombok
- Bangkok
- Birmanie (Myanmar)
- Cambodge, Laos
- Chine
- Hong Kong, Macao, Canton
- Inde du Nord
- Inde du Sud
- Israël et Palestine
- Istanbul
- Jordanie
- Malaisie, Singapour
- Népal
- Shanghai
- Sri Lanka (Ceylan)
- Thaïlande
- Tokyo, Kyoto et environs
- Turquie
- Vietnam

Afrique

- Afrique du Sud
- Égypte
- Kenya, Tanzanie et Zanzibar
- Maroc
- Marrakech
- Sénégal
- Tunisie

Îles Caraïbes et océan Indien

- Cuba
- Guadeloupe, Saint-Martin, Saint-Barth
- Île Maurice, Rodrigues
- Madagascar
- Martinique
- République dominicaine (Saint-Domingue)
- Réunion

Guides de conversation

- Allemand
- Anglais
- Arabe du Maghreb
- Arabe du Proche-Orient
- Chinois
- Croate
- Espagnol
- Grec
- Italien
- Japonais
- Portugais
- Russe
- G'palémo (conversation par l'image)

Livres-photos/Livres-cadeaux

- 50 voyages à faire dans sa vie
- 52 escapades nature en France **(nouveauté)**
- 52 week-ends coups de cœur en Europe (city trips)
- 52 week-ends coups de cœur en France
- 120 coins secrets en Europe
- 1 200 coups de cœur en France
- 1 200 coups de cœur dans le monde
- Cahier de vacances du Routard
- La France de Stéphane Bern
- Nos plus belles balades et randos en France **(nouveauté)**
- Road Trips Monde
- Road Trips en France
- Sacré : 100 lieux d'inspiration divine **(nouveauté)**
- Voyages
- Voyages : États-Unis
- Voyages : France
- Voyages : Italie

INDEX GÉNÉRAL

INDEX GÉNÉRAL

PALERMO (PALERME)

LISTE DES CARTES ET PLANS

« OSONS LE PAS DE CÔTÉ »

Le surtourisme ? Tous concernés. Et pourtant, à l'écart des grands flux touristiques, il existe plein de pépites méconnues, souvent oubliées des circuits trop encombrés. Ici un site ignoré ; là un quartier secret ; plus loin un village caché au charme discret, avec un troquet d'une autre époque… Il existe une infinité de lieux peinards que l'on a envie de mettre en avant avec ce pictogramme. Un vagabondage enfin calme favorisé aussi par les **visites aux heures creuses.** Vive le *slow trip* !

#osonslepasdecote

Remarque importante aux hôteliers et restaurateurs

Les enquêteurs du *Routard* travaillent dans le plus strict anonymat. Aucune réduction, aucun avantage quelconque, aucune rétribution n'est jamais demandé en contrepartie. Face aux aigrefins, la loi autorise les hôteliers et restaurateurs à porter plainte.

Avis aux lecteurs

Le Routard, ce n'est pas comme le bon vin, il vieillit mal. On ne veut pas pousser à la consommation, mais évitez de partir avec une édition ancienne. Les modifications sont souvent importantes.
Les réductions accordées à nos lecteurs ne sont jamais demandées par nos rédacteurs afin de préserver leur indépendance. Les hôteliers et restaurateurs sont sollicités par une société de mailing, totalement indépendante de la rédaction, qui reste donc libre de ses choix. De même pour les autocollants et plaques émaillées.

Avec routard.com, choisissez, organisez, réservez et partagez vos voyages !

✓ Rejoignez la plus grande communauté francophone de voyageurs : **plusieurs millions d'internautes.**
✓ Échangez avec les routarnautes : forums, photos, avis d'hôtels.
✓ Retrouvez aussi toutes les informations actualisées pour choisir et préparer vos voyages : près de 300 guides destinations, une centaine de dossiers pratiques et un magazine en ligne pour découvrir tous les secrets de votre destination.
✓ Enfin, comparez les offres pour organiser et réserver votre voyage au meilleur prix.

Les **Routards** *parlent aux* **Routards**

Faites-nous part de vos expériences, de vos découvertes, de vos tuyaux et de vos coups de cœur. Aidez-nous à remettre l'ouvrage à jour. Indiquez-nous les renseignements périmés. Faites profiter les autres de vos adresses nouvelles, combines géniales... On adresse un exemplaire gratuit de la prochaine édition à ceux qui nous envoient les meilleurs courriers, pour la qualité et la pertinence des informations.
Quelques conseils cependant :
– Envoyez-nous votre courrier le plus tôt possible afin que l'on puisse insérer vos tuyaux sur la prochaine édition.
– N'oubliez pas de préciser l'ouvrage que vous désirez recevoir, ainsi que votre adresse postale.
– Vérifiez que vos remarques concernent l'édition en cours et notez les pages du guide concernées par vos observations.
– Quand vous indiquez des hôtels ou des restaurants, pensez à signaler leur adresse précise et, pour les grandes villes, les moyens de transport pour y aller. Si vous le pouvez, joignez la carte de visite de l'hôtel ou du resto décrit.
En tout état de cause, merci pour vos nombreux mails.

122, rue du Moulin-des-Prés, 75013 Paris

• *guide@routard.com* • *routard.com* •

Routard Assurance *2022*

Enrichie au fil des années par les retours des lecteurs, *Routard Assurance* reste l'assurance voyage référence des globe-trotters. Tout y est inclus, même la **Covid** : frais médicaux, assistance rapatriement, bagages, responsabilité civile... Avant votre départ, appelez *AVI* pour un conseil personnalisé. Besoin d'une **attestation Covid,** d'un avis médical, d'une prise en charge dans un hôpital ? Téléchargez l'appli mobile *AVI International* pour garder le contact avec *AVI Assistance* et disposer d'un vaste réseau médical à travers le monde. *AVI Assistance* est disponible 24h/24 pour une réponse en temps réel. De simples frais de santé en voyage ? Envoyez les factures à *AVI* dès votre retour, ils vous remboursent sous une semaine. *Le Colisée Gardens, 10 avenue de l'Arche, CS 70126, 92419 Courbevoie Cedex. ☎ 01-44-63-51-00. • avi-international.com • Ⓜ La Défense.*

Édité par Hachette Livre (58, rue Jean-Bleuzen, CS 70007, 92178 Vanves Cedex, France)
Photocomposé par Jouve SAS (561, rue Saint-Léonard, 53100 Mayenne, France)
Imprimé par Dupliprint (Quai n° 2, 733, rue Saint-Léonard, BP 3, 53101 Mayenne Cedex, France)
Achevé d'imprimer : mai 2022
Collection n° 13 - Édition n° 01
23/2975/1
I.S.B.N. 978-2-01-718796-7
Dépôt légal : mai 2022

PAPIER À BASE DE FIBRES CERTIFIÉES